SCHÄFFER
POESCHEL

Die Steuerberaterprüfung
Band 2

Michael Preißer (Hrsg.)

Unternehmenssteuerrecht und Steuerbilanzrecht

2002
Schäffer-Poeschel Verlag Stuttgart

Bearbeiterübersicht:

G. Kölpin:	Teil A I-V
T. Maurer:	Teil C
M. Preißer:	Teil A I, V, B
T. Vollgraf:	Teil D

Die Deutsche Bibliothek – CIP-Einheitsaufnahme

Unternehmenssteuerrecht und Steuerbilanzrecht :
Die Steuerberaterprüfung Band 2 / Michael Preißer (Hrsg.)
- Stuttgart : Schäffer- Poeschel, 2002
    ISBN 3-7910-1844-2

Gedruckt auf säure- und chlorfreiem, alterungsbeständigem Papier.

ISBN 3-7910-1844-2

Dieses Werk einschließlich aller seiner Teile ist urheberrechtlich geschützt. Jede Verwertung außerhalb der engen Grenzen des Urheberrechtsgesetzes ist ohne Zustimmung des Verlages unzulässig und strafbar. Das gilt insbesondere für Vervielfältigungen, Übersetzungen, Mikroverfilmungen und die Einspeicherung und Verarbeitung in elektronischen Systemen.

© 2002 Schäffer-Poeschel Verlag für Wirtschaft · Steuern · Recht GmbH & Co. KG
www.schaeffer-poeschel.de
info@schaeffer-poeschel.de
Einbandgestaltung: Willy Löffelhardt
Druck und Bindung: Ebner&Spiegel GmbH, Ulm
Printed in Germany
August / 2002

Schäffer-Poeschel Verlag Stuttgart
Ein Tochterunternehmen der Verlagsgruppe Handelsblatt

Der Herausgeber

Prof. Dr. Michael Preißer
ist Steuerberater und Professor für Unternehmenssteuerrecht und Wirtschaftsprivatrecht an der Fachhochschule Nordostniedersachsen in Lüneburg (Ausbildung der Wirtschaftsjuristen), deren Schwerpunkt "Steuerrecht und Prüfungswesen" er mitbegründet hat. Er war vorher in Bayern Leiter der Betriebsprüfung. Danach lehrte er als Professor der Beamtenfachhochschule in Hamburg. Er ist Autor zahlreicher Aufsätze sowie Referent der BFA und verschiedener Fortbildungseinrichtungen und privater Lehrinstitute zur Vorbereitung auf die Steuerberaterprüfung und seit 1997 freiberuflich in der Hamburger Kanzlei Graf von Westphalen, Bappert & Modest.

Die Autoren

Steuerberater Gerhard Kölpin
war Groß- und Konzernbetriebsprüfer in Hamburg und Lehrbeauftragter am Fachbereich Finanzen der Fachhochschule für öffentliche Verwaltung in Hamburg. Er ist Autor verschiedener Steuerzeitschriften und lehrt in Kursen zur Vorbereitung auf die Steuerberaterprüfung.

Prof. Dr. Torsten Maurer
ist Professor für Unternehmenssteuerrecht und Wirtschaftsrecht an der Berufsakademie Stuttgart und Referent in der Aus- und Fortbildung von Steuerberatern bei der Steuerberaterkammer Stuttgart. Daneben ist er Lehrbeauftragter der Steinbeis Hochschule Berlin und Autor in verschiedenen Fachzeitschriften zu Fragen des Gesellschafts- und Steuerrechts.

Prof. Dr. Michael Preißer
s.o.: Der Herausgeber

Steueramtsrat Thomas Vollgraf
ist hauptamtlicher Lehrer an der Landesfinanzschule sowie Lehrbeauftragter am Fachbereich Finanzen der Fachhochschule für öffentliche Verwaltung in Hamburg. Er ist außerdem Autor verschiedener Fachzeitschriften, Referent an der BFA und verschiedener Fortbildungsveranstaltungen und privater Lehrinstitute zur Vorbereitung auf die Steuerberaterprüfung.

Vorwort des Herausgebers

System statt Chaos

Vor gut 20 Jahren hat Ludwig Schmidt das Einkommensteuerrecht von den Fesseln der unzähligen (und sporadischen) Erkenntnisquellen zweiten Ranges befreit, in dem er eine Kommentierung des EStG vorlegte, die nur dem Gesetz verpflichtet war. Eine ähnliche Leistung vollbrachten Tipke und Kruse mit dem Kommentar zum Verfahrensrecht. Damit war das Steuerrecht in diesen Kernbereichen für den Praktiker berechenbar geworden. Spätere Werke folgten.

Der Lernende (und damit Suchende) steht hingegen der Fülle des Stoffes – zumal angesichts des unüberhörbaren Abgesangs auf das „chaotische Steuerrecht" – nach wie vor ratlos gegenüber. Dieses Anliegen haben wir aufgegriffen.

Das vorliegende Werk unternimmt den Versuch, das gesamte Steuerrecht – soweit es für das schriftliche Steuerberaterexamen von Bedeutung ist – in drei Bänden auf faire, d.h. überschaubare Weise aufzubereiten. Das Gliederungskonzept der drei Bände lehnt sich an die Vorgaben der Prüfung an. Während es im dritten Band (Verfahrensrecht, Umsatzsteuerrecht und Erbschaftsteuerrecht) in Reinform verwirklicht werden konnte und den Klausuren des ersten Tages entspricht, haben wir uns bei den ersten zwei Bänden eher von dogmatischen Aspekten leiten lassen. Im ersten Band wird das materielle Ertragsteuerrecht (Einkommen- und Gewerbesteuerrecht sowie das Internationale Steuerrecht) präsentiert, so wie es für jedermann (und jede Frau) gilt. Dem zweiten Band ist das Unternehmenssteuerrecht vorbehalten, das von den drei Unternehmensträgern (Einzelperson, Personengesellschaft und Kapitalgesellschaften) geprägt ist und sich insbesondere mit den Fragen der jeweiligen Gewinnermittlung auseinandersetzt. Das immer wichtigere Umwandlungssteuerrecht wird aus Gründen des Sachzusammenhangs ebenfalls im zweiten Band abgehandelt.

Wir holen den Leser (besser: Mitarbeiter) bei vorhandenen Grundkenntnissen (Buchführung, Erstellen von Steuererklärungen, rechtliche Grundlagen) ab und zeigen die Strukturen der Rechtsgebiete auf. Dabei haben die zahlreichen Beispiele, die sich an der aktuellen BFH-Rechtsprechung, der Gestaltungsberatung und an typischen Klausurproblemen orientieren, weniger illustrierenden, sondern „kooperativen" Charakter. Das Buch ist – getreu einem Motto von Konfuzius, wonach nur das selbst Erstellte (und nicht das Gehörte oder Gelesene) zum Verständnis beiträgt – als aktives Medium konzipiert. Somit ist das Werk für jeden Autodidakten als ausschließliche Grundlage für das StB-Examen geeignet. Es erspart allerdings nicht die notwendige Praxis im Schreiben von sechsstündigen Klausuren. Besonders wichtig war uns die Verzahnung der einzelnen Teildisziplinen. Sowohl in den Beispielen wie im Text wird auf die Interdisziplinarität, auch zu den rechtlichen Disziplinen (Gesellschaftsrecht und Erbrecht), Wert gelegt.

Wir wollen mit dem dreibändigen Lehrwerk auch ein ausbildungspolitisches Ziel verfolgen, nachdem es kein Hochschul-Curriculum für den Beruf des Steuerberaters gibt.

Die Darstellungen erfolgen auf gesicherter dogmatischer Grundlage der jeweiligen Einzeldisziplin, orientieren sich primär am Gesetz, vernachlässigen aber nicht die weiteren „Quellen" des Steuerrechts, insbesondere die Richtlinien und BMF-Schreiben, soweit sie als Hilfsmittel in der Prüfung zugelassen sind. In einzelnen, meist hochaktuellen Fragen mag uns der Leser nachsehen, dass wir auch bemüht waren, die Diskussion mit zu gestalten.

Da Steuerrecht – ähnlich dem Prozessrecht – auch „Praxisrecht" ist, können alle Autoren auf eine Doppelqualifikation als Theoretiker und Praktiker verweisen, die durch Prüfungserfahrung ergänzt wird. Bei rein theoretischen Ansätzen zur Durchdringung des Steuerrechts treten die vorhandenen Strukturen nur allzu gerne in den Hintergrund, um einem Prinzip den Vortritt zu lassen.

So war es eine glückliche Fügung, dass sich im Autorenkreis die Kraft des Südens (Bähr, Maurer, J. Schmidt, Schuster) und die Klarheit des Nordens (Kölpin, V. Schmidt, Vollgraf) zusammengefunden haben, um mit dem Herausgeber und dem Schäffer-Poeschel Verlag gemeinsam das Erstlingswerk zu erstellen.

Wir möchten an dieser Stelle den wissenschaftlichen Mitarbeitern danken, die maßgeblich am Zustandekommen des Werkes beteiligt waren. Aus der Vielzahl sind insbesondere die Studenten des Fachbereichs Wirtschaftsrecht an der Hochschule Lüneburg, Dominic Reuters und Frank Hülskamp, hervorzuheben, ebenso wie Assessor, Dipl.-Finanzwirt Henning H. Rüth und RA/StB Dr. Thomas Lange, die uns mit ihren kritischen Anmerkungen vorangebracht haben. Herr Holger Köllmann hat das Projekt in technischer Hinsicht von Anfang bis Ende begleitet.

Mein besonderer Dank gilt dem Projektleiter aus dem Hause des Verlages, Harald Dauber, der das Projekt auch in kritischen Phasen mit kräftigem Nachdruck unterstützt und vorangetrieben hat.

Es würde uns freuen, wenn mit dem vorliegenden Werk das Steuerrecht insgesamt wieder berechenbarer und überschaubarer wird, auch wenn der Weg zu dieser Erkenntnis nicht immer einfach ist („per aspera ad astra"). Die Leser sind – mit ihrer Kritik – eingeladen, uns auf diesem – gelegentlich steinigen – Weg zu begleiten.

Lüneburg, im Juli 2002   Michael Preißer

Vorwort der Autoren

Besteuerung der Einzelunternehmen

Nicht nur Goethe war ein (später) Freund der Buchführung, wohl wegen seiner Vorliebe für geschlossene Systeme. Ohne im Kernbereich des 2. Bandes Grundkenntnisse der Buchführung vermitteln zu wollen (diese werden vorausgesetzt), erhält der Leser zahlreiche Gelegenheiten, seine Fähigkeiten auf diesem Gebiet zu testen und zu vervollkommnen. Im Vordergrund steht jedoch die Gewinnermittlung der Einzelunternehmen.

Zunächst wird die Einnahme-Überschuss-Rechnung erläutert. Getreu dem Konzept, so strukturiert wie möglich vorzugehen, wird die Einnahme-Überschuss-Rechnung anhand der bilanzrechtlichen Vermögenskategorien vorgestellt. Im Klartext: Das Betriebsvermögen und dessen Erfassung bildet den Rahmen, den die spezielle Technik der Einnahme-Überschuss-Rechnung ausfüllt. Dies erlaubt eine fast synoptische Darstellung beider Gewinnermittlungstechniken, der Einnahme-Überschuss-Rechnung und des Betriebsvermögensvergleichs, die sich spätestens bei der Verprobung (Wechsel der Gewinnermittlung) bezahlt macht.

Die Darstellung des Bilanzrechts (Bilanzsteuerrecht), oft auch als "Mathematik des Steuerrechts" bezeichnet, schließt sich an und wird abgerundet durch die „technischen Aspekte". Kernpunkt der Abhandlung des Bilanzsteuerrechts ist die Maßgeblichkeit der Handelsbilanz für die Steuerbilanz, welche für die steuerliche Gewinnermittlung von ausschlaggebender Bedeutung ist. Die Darstellung ist folgerichtig an den Bestimmungen des Dritten Buches des HGB ausgerichtet. Sie ist gegliedert in Bilanzierungsgrundsätze, Bewertungsgrundsätze und Bewertungsvorschriften. Ergänzend zu den Vorschriften des Handelsrechts werden die Bilanzierungs- und Bewertungsvorschriften des Steuerrechts und ihre Anwendung im Rahmen der Maßgeblichkeit dargestellt und erläutert. Die Darstellung wird abgerundet durch die Besprechung der einzelnen Bilanzpositionen unter Berücksichtigung der bindenden höchstrichterlichen Finanzrechtsprechung.

Im Abschnitt „Technische Aspekte" werden die Auswirkungen der Berichtigungen von Bilanzposten und Posten der Gewinn- und Verlustrechnung auf den steuerlichen Gewinn erläutert. Beschrieben werden die Methoden der Mehr- und Wenigerrechnung, wie sie in der steuerlichen Außenprüfung verwendet werden. Darüber hinaus wird die Notwendigkeit der Anpassung der von der steuerlichen Außenprüfung berichtigten Posten in der Buchführung des geprüften Unternehmens dargestellt.

Besteuerung der Personengesellschaften

Der knappen „Ressource Gesetz" (hauptsächlich: § 15 Abs. 1 Nr. 2, § 15 Abs. 3 und § 6 Abs. 1 Nr. 2 EStG) steht ein umfangreiches Themengebiet gegenüber. Die (nur im deutschsprachigen Wirtschaftsraum) populäre Personengesellschaft stellt immer noch die am weitesten verbreitete Rechtsform des so genannten Mittelstandes dar. Damit wird zwanglos die Praxis- und Prüfungsrelevanz verdeutlicht.

Hauptthemen in der geschlossenen Darstellung (einzig § 15a EStG wird bei den Verlusten erläutert) der Steuerfragen und Gewinnermittlung der Personengesellschaften sind:

- die weitgehende steuerrechtliche Verselbständigung der Personengesellschaften, die ihren Niederschlag in dem eigenen Terminus "Mitunternehmerschaft" gefunden hat;
- die sich daraus ableitende Divergenz zwischen der Handelsbilanz einer Personengesellschaft einerseits und der Steuerbilanz einer Mitunternehmerschaft andererseits;
- insbesondere aber das Phänomen der sogenannten Doppelgesellschaften (allen voran die Betriebsaufspaltung und die GmbH & Co-KG), die hauptsächlich unter dem Regime der Besteuerung der Mitunternehmerschaften, aber auch der Kapitalgesellschaften stehen und von daher beide Techniken in sich vereinen.

Den Abschluss der Darstellung bilden die Veräußerung der Beteiligung sowie die schwierige und bis heute nicht gelöste Frage der Beteiligung an einer Personengesellschaft als Wirtschaftsgut.

Umwandlungssteuerrecht

Der Beruf des Steuerberaters ist gekennzeichnet durch die Vielfalt des verwobenen Steuerrechts, das trotz der Bekundungen der Politik bzw. des Gesetzgebers in den letzten Jahren nicht einfacher geworden ist. Die Schnelllebigkeit der Gesetze ist unter anderem auch sehr gut am Umwandlungssteuerrecht nachzuvollziehen; wurde gerade die letzte Gesetzesänderung verdaut, steht doch schon die nächste vor der Tür. Die Idee des Herausgebers und des Verlages, für die Praxis, insbesondere für die Vorbereitung auf die Steuerberaterprüfung, ein kompaktes zusammenfassendes aber dennoch auf alle Themengebiete des Examens hinführendes Werk zu schaffen, wurde von mir mit Freude aufgenommen. Diesbezüglich ist dieses Buch als Unterstützung für die Prüfung, aber auch darüber hinaus als Nachschlagewerk zu verwenden. Mit meinem Schwerpunktthema – Besteuerung von Gesellschaften – wird dem Leser, mit dem Teilbereich „Umwandlungssteuerrecht" ein Weg durch das Umwandlungssteuerecht – das alle steuerlich relevanten Themen in sich vereint – aufgezeigt.

Körperschaftsteuer

Das Körperschaftsteuergesetz wurde zum Veranlagungszeitraum 2001 einem grundlegenden Wandel unterworfen. Dieser Wandel betrifft zwar in erster Linie – neben der Absenkung des Steuersatzes auf 25 % – die Rechtsfolgen von Gewinnausschüttungen, er hat aber auch Auswirkungen auf die Einkommensermittlung von Kapitalgesellschaften. Diese Auswirkungen sind z.T. systembedingte Änderungen (z.B. § 8b Abs. 1 und 2 KStG), z.T. aber auch Verschärfungen als Gegenfinanzierungsmaßnahmen (z.B. § 8a KStG).

Vorwort der Autoren

Das Körperschaftsteuerrecht lässt sich zumindest während des 15-jährigen Übergangszeitraumes nach wie vor in zwei Teile gliedern, nämlich in Besteuerungsfragen auf der Einkommenserzielungs- und auf der Einkommensverwendungsebene. Dieses Buch folgt der oben genannten Zweiteilung. Nach einer Einführung und Fragen zur persönlichen Steuerpflicht beschäftigen sich das dritte Kapitel mit der Einkommenserzielungs- und das vierte Kapitel mit der Einkommensverwendungsebene.

Innerhalb des vorliegenden Gesamtwerkes nimmt das Körperschaftsteuerrecht nur einen vergleichsweise kleinen Raum ein. Dieser entspricht aber der Wertigkeit dieses Rechtgebietes innerhalb des Steuerberaterexamens, in dem erfahrungsgemäß die zweite Klausur in etwa zu 1/3 bis knapp der Hälfte das Körperschaftsteuer-Recht abprüft. Darüber hinaus ist zu bedenken, dass wichtige Fragen der Einkommensermittlung von Kapitalgesellschaften teils im Einkommensteuerrecht, vor allem aber im Steuerbilanz-Recht geregelt sind, welches eine gesonderte Behandlung erfahren hat. Daher sollen an dieser Stelle insoweit auch nur körperschaftsteuerliche Besonderheiten der Ermittlung des Einkommens behandelt werden.

Das Werk folgt weitgehend dem Klausurschema von Körperschaftsteuerklausuren. Zunächst sind Ausführungen zur persönlichen Steuerpflicht zu machen, die bei einer Kapitalgesellschaft mit Sitz im Inland relativ knapp ausfallen können, aber nie fehlen dürfen.

Der Schwerpunkt der Klausuren liegt auf der Ermittlung des Einkommens bzw. auf der Berechnung der Körperschaftsteuer-Belastung. Bei diesen Fragestellungen bietet sich die hier verwendete strikte Trennung in die Einkommenserzielungs- und Einkommensverwendungsebene an. Bei Problemstellungen in Bezug auf die Ermittlung des Einkommens kommt es neben der Lösung der Detailprobleme vor allem auf die Systematik der Einkommensermittlung an; der Nutzer sollte sich deswegen an dem unter III. 2.2 vorgelegten Schema orientieren und sich überlegen, ob ein Vorgang zu Änderungen **innerhalb** oder **außerhalb** der Bilanz führt.

Es ist davon auszugehen, dass die Steuerfolgen von Gewinnausschüttungen in der Übergangszeit künftig einen Schwerpunkt von Klausuren bilden werden. Daher sind in diesem Teil ausführliche Beispiele eingearbeitet worden, die anhand des Gesetzestextes selbständig gelöst werden sollten.

Hamburg, Lüneburg, Stuttgart im Juli 2002

Gerhard Kölpin
Torsten Maurer
Michael Preißer
Thomas Vollgraf

Inhaltsverzeichnis

Vorwort des Herausgebers		VII
Vorwort der Autoren		IX
Abkürzungsverzeichnis		XXXV

A		Besteuerung der Einzelunternehmen	3
I		Grundfragen der Gewinnermittlung (inklusive § 4 Abs. 3-Rechnung)	3
	1	Hauptunterschied zwischen dem Betriebsvermögensvergleich und der Einnahmenüberschuss-(oder § 4 Abs. 3-)Rechnung	4
	1.1	Überblick	4
	1.2	Der technische Unterschied im Einzelnen	5
	1.3	Der Personenkreis für die Überschussrechnung	6
	1.4	Formalia (Aufzeichnung, Wahl der Gewinnermittlung)	7
	1.4.1	Aufzeichnung und Aufbewahrung	7
	1.4.2	Wahl der Ermittlungsart	9
	2	Die Überschussrechnung im Einzelnen	9
	2.1	Der „Überschuss" der Betriebseinnahmen über die Betriebsausgaben	9
	2.1.1	Die Betriebseinnahmen im Gewinnsteuerrecht	9
	2.1.2	Besonderheiten bei den Betriebseinnahmen	12
	2.1.3	Die Sonderbehandlung durchlaufender Posten (§ 4 Abs. 3 S. 2 EStG)	13
	2.2	Die Technik des § 11 EStG	14
	2.2.1	Leistungen an Erfüllung statt und erfüllungshalber	14
	2.2.2	Der „Kurze Zeitraum" bei den regelmäßig wiederkehrenden Betriebseinnahmen und -ausgaben	15
	2.2.3	§ 11 EStG und der Betriebsausgaben-Abfluss	16
	2.3	Einzelne Posten der Überschussrechnung	16
	2.3.1	Das Umlaufvermögen	17
	2.3.2	Das abnutzbare Anlagevermögen	18
	2.3.3	Das nicht abnutzbare Anlagevermögen	20
	2.4	Spezialfragen der Überschussrechnung	22
	2.4.1	Entnahmen und Einlagen (Technische Fragen)	22
	2.4.2	Die Bedeutung von (Bar-)Geld	26
	2.4.3	Probleme mit der Umsatzsteuer bei der Überschussrechnung	26
	2.4.4	Der Tausch	28
	2.4.5	Das ungelöste Problem: Gewillkürtes Betriebsvermögen bei § 4 Abs. 3 EStG?	29
	2.4.6	§ 4 Abs. 3 EStG bei Erwerb und Verkauf mit wiederkehrenden Zahlungen	30
	2.4.7	Zusammenfassung (Schema zur § 4 Abs. 3-Rechnung)	31
	2.5	Der Wechsel der Gewinnermittlung (mit Kurzrepetitorium Bilanztechnik)	37
	2.5.1	Gründe für den Wechsel	37

2.5.2	Das technische Problem und die Lösung	38
2.5.3	Zusammenfassende Fallstudie	40
2.5.4	Auswirkungen auf verschiedene Bilanzposten – Übersicht	47
2.5.5	Ausgewählte Fragen zum Wechsel	52
2.5.5.1	Der Rechnungsabgrenzungsposten	52
2.5.5.2	Die Rücklage für Reinvestition (§ 6c EStG)	52
3	Bedeutung der Entnahmen und Einlagen bei der Gewinnermittlung	53
3.1	Arten und Notwendigkeit der einzelnen Korrekturposten – Übersicht	53
3.2	Die Entnahmen beim Einzelunternehmer	56
3.3	Die Einlagen beim Einzelunternehmer	59
3.3.1	Grundzüge und Wirkungsweise der Einlage	60
3.3.2	Gegenstand der Einlage, insbesondere die Nutzungs(-aufwands)einlage	61
3.3.3	Die Bewertung der Einlage	63
3.4	Gesellschaftsrechtliche Privatvorgänge, insbesondere die Einlage	65
3.4.1	Der Privatbereich und die gesellschaftsrechtliche Gewinnermittlung	66
3.4.1.1	Personengesellschaften	66
3.4.1.2	Kapitalgesellschaften	67
3.4.2	Steuerrechtliche Fragen zum Privatbereich der Personengesellschafter	67
3.4.3	Der Privatbereich der Gesellschafter bei einer Kapitalgesellschaft, insbesondere die verdeckte Einlage	69
3.5	Erweiterter Anwendungsbereich	71
3.5.1	Neue (nichtfiskalische) Betätigungsfelder für Entnahmen/Einlagen	71
3.5.2	Der „Einsatz" im Outbound-Bereich – Überblick	72
4	Absetzung für Abnutzung	74
4.1	Planmäßige Abschreibung auf das abnutzbare Anlagevermögen – Absetzung für Abnutzung und Substanzverringerung (ohne Gebäude-AfA)	74
4.1.1	Einführung (Zweigleisigkeit der AfA)	74
4.1.2	Die planmäßige AfA im Steuerrecht – Überblick	75
4.1.2.1	Ein (erster) Vergleich der linearen und der degressiven Absetzung für Abnutzung	75
4.1.2.2	Die Leistungs-AFA gemäß § 7 Abs. 1 S. 5 EStG	76
4.1.3	Die Ausnahme: Absetzung für außergewöhnliche technische oder wirtschaftliche Abnutzung (§ 7 Abs. 1 S. 6 EStG)	76
4.1.4	AfA-Berechtigung	77
4.1.5	Beginn und Ende der AfA	77
4.1.5.1	Beginn der AfA	77
4.1.5.2	Ende der AfA: Ausscheiden des Wirtschaftsguts	78
4.1.6	Die Bemessungsgrundlage bei der AfA (R 43 EStR)	78
4.1.7	Nachträgliche Herstellungskosten	79
4.1.8	Nachholung der AfA (R 44 Abs. 10 EStR und H 44a ESt)	80
4.1.9	AfA nach außergewöhnlicher Absetzung oder Teilwertabschreibung	81
4.1.10	AfA nach Gewährung eines Zuschusses in einem auf das Jahr der Anschaffung oder Herstellung folgenden Wirtschaftsjahr	81

4.1.11	Maßgeblichkeit der Handelsbilanz für die Steuerbilanz bei der Wahl der linearen oder degressiven AfA	81
4.1.12	Übersicht: Lineare, degressive und Leistungs-AfA	81
4.2	AfA bei Gebäuden	82
4.2.1	Allgemeines	82
4.2.2	Lineare AfA nach § 7 Abs. 4 EStG	83
4.2.2.1	Der AfA-Satz	83
4.2.2.2	Außerordentliche Absetzung	84
4.2.2.3	Beginn der Nutzungsdauer (§ 11c Abs. 1 EStDV)	84
4.2.2.4	Bemessungsgrundlage für die AfA	85
4.2.2.5	Überführung von Grundstücken und Grundstücksteilen vom Privatvermögen in das Betriebsvermögen und umgekehrt (R 43 Abs. 6 EStR)	86
4.2.2.6	Zuschuss in einem dem Jahr der Anschaffung oder Herstellung folgenden Wirtschaftsjahr	87
4.2.2.7	AfA nach einer Wertaufholung gemäß § 6 Abs. 1 Nr. 1 S. 4 oder § 7 Abs. 4 S. 3 EStG	87
4.2.2.8	Besonderheiten bei nachträglichen Herstellungskosten	88
4.2.3	Staffel – Degressive AfA nach § 7 Abs. 5 EStG	89
4.2.3.1	Degressive AfA bei neuen Wohngebäuden	89
4.2.3.2	Übergang zu anderen AfA-Methoden und Absetzung für außergewöhnliche Abnutzung	90
4.2.3.3	Bemessungsgrundlage für die Absetzung für Abnutzung	90
4.2.3.4	Nachträgliche Herstellungskosten	90
4.2.4	AfA bei Personengesellschaften (bei Mitunternehmern)	90
4.2.5	Nachholung unterlassener AfA	91
4.2.6	Maßgeblichkeit der Handelsbilanz für die Steuerbilanz bei der Wahl der linearen oder degressiven AfA	92
4.2.7	AfA bei selbständigen Gebäudeteilen	92
4.3	Gemeinsame Vorschriften für erhöhte Absetzungen und Sonderabschreibungen (§ 7a EStG, R 45 EStR)	92
4.3.1	Nachträgliche Herstellungs- oder Anschaffungskosten	92
4.3.2	Nachträgliche Minderung der Anschaffungs- oder Herstellungskosten	93
4.3.3	Mindestabsetzung bei erhöhten Absetzungen	94
4.3.4	AfA neben Sonderabschreibungen	95
4.3.5	Kumulierungsverbot	95
4.3.6	Abschreibungen bei mehreren Beteiligten	95
4.3.7	Buchmäßiger Nachweis	95
4.3.8	AfA nach Sonderabschreibungen	95
4.4	Sonderabschreibung gemäß § 7g EStG	97
4.4.1	Persönliche Voraussetzungen	97
4.4.2	Sachliche Voraussetzungen	97
4.4.3	Höhe der Abschreibung	98

4.4.4	Ansparabschreibung für künftige Wirtschaftsgüter	98
4.4.4.1	Begriff (§ 7g Abs. 3 EStG)	98
4.4.4.2	Voraussetzungen (§ 7g Abs. 3 S. 3 EStG)	98
4.4.4.3	Begünstigte Wirtschaftsgüter (§ 7g Abs. 3 S. 1 EStG)	98
4.4.4.4	Bildung der Rücklage (§ 7g Abs. 3 S. 2 EStG)	99
4.4.4.5	Investitionsabsicht	99
4.4.4.6	Höchstbetrag der Rücklage (§ 7g Abs. 3 S. 5 EStG)	99
4.4.4.7	Auflösung der Rücklage (§ 7g Abs. 4 EStG)	99
4.4.4.8	Gewinnzuschlag (§ 7g Abs. 5 EStG)	100
4.4.4.9	Abschließende Beispiele	100
4.4.5	Ansparabschreibung für Existenzgründer (§ 7g Abs. 7 EStG)	101
4.4.5.1	Grundsätze	101
4.4.5.2	Einschränkungen bei bestimmten Branchen (§ 7g Abs. 8 EStG)	101
5	Das aktuelle Thema: Schuldzinsen bei der Gewinnermittlung	101
5.1	Das gemischte Kontokorrentkonto	102
5.2	Das Zwei- oder Mehrkontenmodell	104
5.3	Die „überlagernde" Neuregelung des § 4 Abs. 4a EStG (StÄndG 2001)	106
5.4	Zusammenfassende Fallstudie	107
II	**Der Betriebsvermögensvergleich**	**110**
1	Bilanzierungsgrundsätze	110
1.1	Allgemeines	110
1.2	Vollständigkeitsgebot	110
1.3	Unterschied Vermögensgegenstand/Wirtschaftsgut	110
1.4	Persönliche Zurechnung der Wirtschaftsgüter	111
1.4.1	Allgemeine Grundsätze	111
1.4.2	§ 39 Abs. 2 Nr. 1 AO in der Bilanzierung	111
1.4.2.1	Unmittelbarer Anwendungsfall des wirtschaftlichen Eigentums	112
1.4.2.2	Ergänzungstatbestände (Auflistung)	112
1.5	Das Finanzierungsleasing als besondere Form des wirtschaftlichen Eigentums	113
1.5.1	Das Leasing als „Auslöser" für § 39 Abs. 2 Nr. 1 AO	113
1.5.2	Die allgemeinen Kriterien der subjektiven Zuordnung beim Leasing	114
1.5.3	Besonderheiten in der bilanziellen Darstellung des Leasings	115
1.6	Mietereinbauten	117
1.6.1	Allgemeines	117
1.6.2	Scheinbestandteile	118
1.6.3	Betriebsvorrichtungen	118
1.6.4	Sonstige Mietereinbauten/Mieterumbauten	118
1.6.4.1	Erste Fallgruppe: Mieter ist wirtschaftlicher Eigentümer	118
1.6.4.2	Zweite Fallgruppe: Betriebliche Zweckbauten	119
1.6.4.3	Dritte Fallgruppe: Immaterielle Wirtschaftsgüter	119
1.7	Das Betriebsvermögen aus steuerlicher Sicht	120
1.7.1	Grundsatz	120

1.7.2	Notwendiges Betriebsvermögen	120
1.7.3	Notwendiges Privatvermögen	120
1.7.4	Gewillkürtes Betriebsvermögen	120
1.7.5	Gliederung des Betriebsvermögens	121
1.8	Bilanzierungsverbote	122
2	Maßgeblichkeit der Handelsbilanz für die Steuerbilanz	122
2.1	Grundsatz der Maßgeblichkeit der Handelsbilanz für die Steuerbilanz	122
2.1.1	Allgemeines	122
2.1.2	Der Grundsatzbeschluss des Bundesfinanzhofs vom 03.02.1969	123
2.1.3	Durchbrechung der Maßgeblichkeit	125
2.1.4	Die Einheitsbilanz	126
2.1.4.1	Wirtschaftlicher Hintergrund	126
2.1.4.2	Historische Entwicklung der Gesetzgebung zur Einheitsbilanz	127
2.1.5	Ein Spezialfall: Die umgekehrte Maßgeblichkeit bei Inanspruchnahme der Wertaufholungsrücklage gem. § 52 Abs. 16 EStG	127
2.1.6	Aufstellung einer abweichenden Steuerbilanz	129
2.1.7	Anpassung der Bilanzposten außerhalb der Bilanz	131
2.1.8	Kritische Betrachtungen zur Maßgeblichkeit	132
2.1.9	Einfluss der Europäischen Gerichtshofsrechtsprechung auf die Maßgeblichkeit	133
2.1.10	Gibt es noch die Maßgeblichkeit der Handelsbilanz für die Steuerbilanz?	134
2.1.10.1	Die Bestandsaufnahme	134
2.1.10.2	Fazit	135
2.1.10.3	Schematische Darstellung der Abweichungen zwischen Handelsbilanz und Steuerbilanz	136
2.1.10.3.1	Darstellung der Abweichungen für alle Unternehmensformen	136
2.1.10.3.2	Darstellung der Abweichungen nur für Kapitalgesellschaften	138
2.1.10.3.3	Darstellung der Abweichungen für Personengesellschaften	139
2.1.10.3.4	Darstellung der Abweichungen nur für Einzelunternehmen und im Rahmen des Sonderbetriebsvermögens bei Personengesellschaften	140
3	Einzelne Ansatzvorschriften	140
3.1	Immaterielle Vermögensgegenstände	140
3.1.1	Bilanzierungsvorschriften	140
3.1.1.1	Grundsätzliches Bilanzierungsgebot	140
3.1.1.2	Bilanzierungsverbot	141
3.1.1.3	Entgeltlicher Erwerb eines immateriellen Wirtschaftsguts	141
3.1.2	Immaterielles Gesamtwirtschaftsgut	141
3.1.3	Immaterielle Einzelwirtschaftsgüter	142
3.1.4	Geschäfts- oder Firmenwert	142
3.1.4.1	Definition	142
3.1.4.2	Berechnung des Firmenwerts	143
3.1.4.2.1	Indirekte Methode	143
3.1.4.2.2	Direkte Methode	144

3.1.4.2.3	Gegenüberstellung der beiden Methoden	145
3.2	Rechnungsabgrenzungsposten	146
3.2.1	Aktive Rechnungsabgrenzung	146
3.2.2	Passive Rechnungsabgrenzung	146
3.2.3	Gemeinsame Voraussetzung für die Bildung von Rechnungsabgrenzungsposten	147
3.2.4	Spezialvorschriften	147
3.2.5	Damnum (Disagio)	148
4	Bewertungsfragen	149
4.1	Bewertungsgrundsätze	149
4.1.1	Allgemeines	149
4.1.2	Die einzelnen Grundsätze	149
4.1.2.1	Bilanzidentität (§ 252 Abs. 1 Nr. 1 HGB)	149
4.1.2.2	Going-Concern-Prinzip (§ 252 Abs. 1 Nr. 2 HGB)	149
4.1.2.3	Einzelbewertung, Stichtagsprinzip (§ 252 Abs. 1 Nr. 3 HGB)	149
4.1.2.4	Vorsichts-, Realisations- und Imparitätsprinzip (§ 252 Abs. 1 Nr. 4 HGB)	150
4.1.2.5	Abgrenzungsgrundsätze (§ 252 Abs. 1 Nr. 5 HGB)	150
4.1.2.6	Bewertungsstetigkeit (§ 252 Abs. 1 Nr. 6 HGB)	150
4.1.2.7	Wertaufhellungsgrundsatz (§ 252 Abs. 1 Nr. 4 HGB)	151
4.1.3	Anwendungsgrundsätze für die Wertaufhellung	153
4.1.3.1	Tag der Bilanzaufstellung	153
4.1.3.2	Bessere Erkenntnis nach der Bilanzaufstellung	154
4.1.3.3	Wertaufhellende und wertbeeinflussende Tatsachen	154
4.1.3.4	Wertaufhellende Tatsachen	154
4.1.3.5	Wertbeeinflussende Tatsachen	154
4.1.3.6	Die Wertaufhellungstheorie bei Pauschalbewertungen	155
4.2	Bewertungsvorschriften nach Handels- und Steuerrecht	156
4.2.1	Handelsrechtliche Bewertung des abnutzbaren Anlagevermögens	156
4.2.2	Steuerrechtliche Bewertung des abnutzbaren Anlagevermögens	157
4.2.3	Handelsrechtliche Bewertung des nicht abnutzbaren Anlagevermögens	158
4.2.4	Steuerrechtliche Bewertung des nicht abnutzbaren Anlagevermögens	160
4.2.5	Handelsrechtliche Bewertung des Umlaufvermögens	161
4.2.6	Steuerrechtliche Bewertung des Umlaufvermögens	161
4.2.7	Voraussichtlich dauernde Wertminderung und Wertaufholung im Steuerrecht	162
4.2.7.1	Gesetzliche Vorschriften	162
4.2.7.2	Anweisungen der Finanzverwaltung	163
4.2.7.3	Definition der dauernden Wertminderung im BMF-Schreiben vom 25.02.2000	163
4.2.7.4	Teilwertabschreibung beim abnutzbaren Anlagevermögen	163
4.2.7.5	Wertaufholung beim abnutzbaren Anlagevermögen	164
4.2.7.6	Teilwertabschreibung beim nicht abnutzbaren Anlagevermögen	165
4.2.7.7	Wertaufholung beim nicht abnutzbaren Anlagevermögen	166

4.2.7.8	Teilwertabschreibung beim Umlaufvermögen	166
4.2.7.9	Wertaufholung beim Umlaufvermögen	167
4.2.7.10	Die Verwaltungsmeinung zur dauernden Wertminderung (Kritik)	167
5	Bewertungsmaßstäbe und Erwerbsmodalitäten	168
5.1	Anschaffungskosten	168
5.1.1	Handelsrecht	168
5.1.2	Steuerrecht	169
5.1.2.1	Einzelkosten/Gemeinkosten	169
5.1.2.2	Gesamtkaufpreis für mehrere Wirtschaftsgüter	169
5.1.2.3	Gebäudeabbruch im Zusammenhang mit dem Erwerb eines Grundstücks	170
5.1.2.4	Übernahme von Verbindlichkeiten	170
5.1.2.5	Anschaffung in Fremdwährung	171
5.1.2.6	Umsatzsteuer (Vorsteuer)	171
5.1.2.7	Zuschüsse zur Anschaffung oder Herstellung von Anlagegütern	171
5.1.2.8	Nachträgliche Minderung der Anschaffungskosten	172
5.1.2.9	Garantierückbehalt	172
5.1.2.10	Verdeckte Gewinnausschüttung	172
5.1.2.11	Tausch	173
5.1.2.12	Finanzierungskosten	174
5.1.2.13	„Fiktive" Anschaffungskosten in Fällen des unentgeltlichen Erwerbs	174
5.1.2.14	Unentgeltlicher Erwerb im Privatvermögen und Einlage in das Betriebsvermögen	174
5.2	Herstellungskosten	175
5.2.1	Handelsrecht	175
5.2.2	Steuerrecht	176
5.3	Börsen- oder Marktpreis	178
5.4	Beizulegender Wert	178
5.5	Teilwert	179
5.5.1	Allgemeines	179
5.5.2	Vermutungen für die Höhe des Teilwerts (Teilwertvermutung)	179
5.5.3	Widerlegung der Teilwertvermutung	180
5.6	Gemeiner Wert	180
III	**Einzelne Aktivposten**	**181**
1	Grundstücke und Gebäude	181
1.1	Allgemeines	181
1.2	Gebäudeteile	182
1.2.1	Grundsatz	182
1.2.2	Gebäudeteile als selbständige Wirtschaftsgüter	182
1.2.3	Einteilung eines Gebäudes nach Funktionszusammenhang (R 13 Abs. 4 EStR)	183
1.2.4	Zugehörigkeit von Grundstücken und Grundstücksteilen zum Betriebsvermögen von Einzelunternehmen	184

1.2.4.1	Notwendiges Betriebsvermögen (R 13 Abs. 7 EStR)	184
1.2.4.2	Gewillkürtes Betriebsvermögen (R 13 Abs. 9 EStR)	185
1.2.4.3	Behandlung der Grundstückseinnahmen und -ausgaben	185
1.2.4.4	Wegfall der Voraussetzungen für die Behandlung als Betriebsvermögen	185
1.2.5	Zugehörigkeit von Grundstücken und Grundstücksteilen zum Betriebsvermögen von Personengesellschaften	185
1.2.5.1	Notwendiges Betriebsvermögen (R 13 Abs. 11 und 12 EStR)	185
1.2.5.2	Gewillkürtes Betriebsvermögen	187
1.2.5.3	Grundstücksteile im Betriebsvermögen von Personengesellschaften	188
1.2.5.4	Wegfall der Voraussetzungen für die Behandlung als Betriebsvermögen	188
1.2.6	Zugehörigkeit von Grundstücken und Grundstücksteilen zum Betriebsvermögen von Kapitalgesellschaften	188
1.2.7	Weitere Fälle zu R 13 EStR	189
1.2.8	Bilanzsteuerliche Behandlung von Bodenbefestigungen	191
1.2.9	Die Behandlung des Erbbaurechts	192
1.2.9.1	Grundlagen der Bilanzierung des Erbbaurechts	192
1.2.9.2	Die Bilanzierung im Einzelnen	193
1.2.9.2.1	Bestellung des Erbbaurechts	193
1.2.9.2.2	Errichtung des Bauwerks	195
1.2.9.2.3	Erbbauzinsen	196
1.2.9.2.4	Erschließungskosten	196
1.2.9.2.5	Anspruch auf Übergang des Bauwerks in das Eigentum des Erbbauverpflichteten	197
1.2.9.2.6	Einlage eines Erbbaurechts in das Betriebsvermögen	197
1.2.9.2.7	Beendigung des Erbbaurechts	198
2	Technische Anlagen, Maschinen, Betriebs- und Geschäftsausstattung	200
2.1	Technische Anlagen und Maschinen	200
2.2	Betriebs- und Geschäftsausstattung	201
2.3	Geleistete Anzahlungen	201
2.4	Anlagen im Bau	201
3	Beteiligungen an Kapitalgesellschaften	201
3.1	Vorbemerkung	201
3.2	Begriff	202
3.3	Bewertung	202
3.3.1	Anschaffungskosten	202
3.3.2	Niedrigerer beizulegender Wert/Teilwert	202
3.4	Beteiligungserträge	203
3.4.1	Allgemeines	203
3.4.2	Sonderfall der „phasengleichen Aktivierung"	204
3.4.3	Höhe der Beteiligungserträge	205
4	Wertpapiere	205
4.1	Allgemeines	205

Inhaltsverzeichnis

4.2	Zurechnung der Wertpapiere zum Betriebsvermögen	205
4.3	Anschaffungskosten	206
4.4	Niedrigerer Stichtagswert/Teilwert	206
4.4.1	Grundsatz	206
4.4.2	Ermittlung des niedrigeren Teilwerts	208
4.5	Einzelbewertung/Durchschnittsbewertung	208
4.6	Anwendung von Verbrauchsfolgeverfahren?	210
4.7	Bezugsrechte und junge Aktien	210
4.8	Behandlung der Stückzinsen	211
4.9	Behandlung der Wertpapiererträge	212
4.9.1	Buchmäßige Behandlung der Erträge aus Aktien	212
4.9.2	Buchmäßige Behandlung der Erträge aus festverzinslichen Wertpapieren	213
5	Vorräte	214
5.1	Definition	214
5.2	Teilwertabschreibungen bei Warenvorräten	214
5.2.1	Teilwertabschreibung beim Sinken der Einkaufspreise	215
5.2.2	Teilwertabschreibung bei Unbrauchbarkeit oder Beschädigung der Ware	215
5.2.3	Teilwertabschreibung beim Sinken der Verkaufspreise	215
5.3	Teilwertermittlung bei Eigenerzeugnissen wegen gesunkener Verkaufspreise	217
5.4	Gängigkeitsabschlag	219
5.5	Verlustfreie Bewertung/retrograde Ermittlung des Teilwerts	219
5.6	Bewertungsvereinfachungsverfahren	220
5.6.1	Durchschnittsbewertung	220
5.6.1.1	Handelsrechtliche Regelung	220
5.6.1.2	Steuerrechtliche Regelung	220
5.6.2	Verbrauchsfolgeunterstellung	221
5.6.2.1	Handelsrechtliche Regelung	221
5.6.2.2	Steuerrechtliche Regelung	221
5.6.2.3	Unterschied Handelsrecht/Steuerrecht	221
5.6.2.4	Vorratsbewertung nach der Lifo-Methode	222
5.6.2.5	Teilwertabschreibungen (R 36a Abs. 6 EStR)	223
5.7	Festwert	224
5.7.1	Handelsrechtliche Regelung	224
5.7.2	Steuerrechtliche Regelung	224
6	Forderungen und ihre Bewertung	225
6.1	Forderungen im Anlagevermögen und Umlaufvermögen	225
6.2	Bewertung der Forderungen	226
6.2.1	Anschaffungskosten	226
6.2.2	Niedrigerer Stichtagswert/Teilwert	226
6.2.3	Verrechnungsverbot	229

7	Bewertung von Fremdwährungsposten in der Bilanz	229
7.1	Einleitung	229
7.2	Bewertungsgrundsatz	229
7.3	Zeitpunkt der Bewertung	231
7.3.1	Devisenbestände und Konten in ausländischer Währung	231
7.3.2	Forderungen und Verbindlichkeiten in ausländischer Währung	231
7.3.3	In ausländischer Währung angeschaffte Vermögensgegenstände	231
7.3.4	Schwebende Geschäfte	232
7.4	Devisentermingeschäfte	233
7.5	Geschlossene Position	234
7.6	Wertpapiere in ausländischer Währung	236
IV	**Einzelne Passivposten**	**238**
1	Steuerfreie Rücklagen	238
1.1	Übertragung stiller Reserven bei der Veräußerung bestimmter Anlagegüter (§ 6b EStG)	238
1.1.1	Grundsatz	238
1.1.2	Voraussetzungen	238
1.1.3	Übertragung aufgedeckter stiller Reserven	239
1.1.3.1	Begünstigte Wirtschaftsgüter	239
1.1.3.2	Höhe der Übertragung	240
1.1.4	Bildung einer Rücklage	240
1.1.5	Auflösung der Rücklage	240
1.1.6	Gewinnzuschlag	240
1.1.7	Übertragung von Gewinnen aus der Veräußerung von Anteilen an Kapitalgesellschaften	241
1.1.7.1	Allgemeines	241
1.1.7.2	Die steuerfreie Rücklage	241
1.1.7.3	Anwendung auf Personengesellschaften	243
1.1.7.4	Behandlung von einbringungsgeborenen Anteilen	244
1.1.8	Übertragungsmöglichkeiten in personeller Hinsicht, insbesondere bei Mitunternehmern	244
1.1.9	Aufgabe oder Veräußerung des Betriebs	247
1.1.10	Fortführung der Rücklage bei der Realteilung von Personengesellschaften	247
1.2	Übertragung stiller Reserven bei Ersatzbeschaffung (R 35 EStR)	247
1.2.1	Voraussetzungen	247
1.2.2	Höhere Gewalt/behördlicher Eingriff	248
1.2.3	Entschädigung	248
1.2.4	Übertragung aufgedeckter stiller Reserven	249
1.2.5	Ersatzwirtschaftsgut	250
1.2.6	Bildung einer Rücklage für Ersatzbeschaffung (RfE)	250
1.2.7	Auflösung der Rücklage	250
1.2.8	Aufgabe und Veräußerung des Betriebs	250

1.3	Rücklage gemäß § 7g Abs. 3 EStG	251
1.4	Euroumrechnungsrücklage (§ 6d EStG)	251
1.5	Rücklage gemäß § 52 Abs. 16 EStG	251
2	Rückstellungen	252
2.1	Allgemeines	252
2.2	Rückstellungen in der Handelsbilanz	253
2.2.1	Bilanzierungsvorschriften (§§ 249 und 274 Abs. 1 HGB)	253
2.2.2	Bewertungsvorschriften (§ 253 Abs. 1 HGB)	253
2.3	Rückstellungen in der Steuerbilanz	253
2.3.1	Bilanzierungsvorschriften (Grundregel)	253
2.3.2	Gesetzliche Vorschriften über Rückstellungen im Steuerrecht	254
2.3.2.1	Präzisierung der Grundregel	254
2.3.2.2	Ausnahmen von der Grundregel	254
2.3.3	Bewertung von Rückstellungen in der Steuerbilanz (§ 6 Abs. 1 Nr. 3a EStG)	255
2.4	Spezielle Probleme bei der Bildung von Rückstellungen in der Steuerbilanz	256
2.4.1	Der Haupttyp: Rückstellung für ungewisse Verbindlichkeiten	256
2.4.2	Rückstellung für öffentlich-rechtliche Verpflichtungen	256
2.5	Besondere Rückstellung in der Handelsbilanz	258
2.6	Einzelne Rückstellungen in der Steuerbilanz	259
2.6.1	Ausgleichsverpflichtung nach § 89b HGB	259
2.6.2	Bonus	260
2.6.3	Bürgschaft	260
2.6.4	Gewinnbeteiligungen, Tantiemen, Gratifikationen	260
2.6.5	Jahresabschlussarbeiten und Mehrsteuern	261
2.6.6	Provisionen	261
2.6.7	Prozesskosten	261
2.6.7.1	Passivprozess	261
2.6.7.2	Aktivprozess	261
2.6.7.3	Höhe der Rückstellung	261
2.6.8	Schadenersatzverpflichtungen	262
2.6.9	Sozialplan	262
2.6.10	Substanzerhaltungsverpflichtung	262
2.6.11	Urlaub und Gehaltsfortzahlung (Krankheitsfall)	262
3	Verbindlichkeiten	263
3.1	Verbindlichkeiten im Anlagevermögen und Umlaufvermögen	263
3.2	Bewertung der Verbindlichkeiten	263
3.2.1	Rückzahlungsbetrag	263
3.2.2	Höherer Stichtagswert/Teilwert	263
3.2.3	Abgeld/Aufgeld	264
3.2.4	Verbindlichkeiten in ausländischer Währung	265
3.2.5	Abzinsung von Verbindlichkeiten	265
3.3	Steuerfreie Rücklage	266

3.4	Bewertung von Rentenverbindlichkeiten	266
3.5	Saldierungsverbot	267
V	**Technische Fragen**	**268**
1	Notwendigkeit von Anpassungen	268
1.1	Betriebsvermögensvergleich	268
1.2	Die Zweischneidigkeit der Bilanz	268
1.3	Gewinnauswirkung von Bilanzberichtigungen auf das Ergebnis von zwei aufeinander folgenden Jahren	268
1.4	Gewinnauswirkung der Berichtigung von Entnahmen und Einlagen	269
2	Die „Mehr/Weniger"-Rechnung	270
2.1	Die Bilanzpostenmethode	271
2.2	Einzelfälle (gleichzeitig Formale Darstellung)	271
2.2.1	Erhöhung eines Aktivposten	271
2.2.2	Erhöhung eines Passivpostens	275
2.2.3	Änderungen im „Privatbereich"	276
2.2.4	Korrektur der nicht abzugsfähigen Betriebsausgaben gemäß § 4 Abs. 5 und 7 EStG	277
2.2.5	Zusammenfassung/Formular bei der Mehr-/Weniger-Rechnung	278
3	Notwendigkeit der Anpassungen an die Prüferbilanz	278
3.1	Allgemeines	278
3.2	Anpassungsbuchungen in der Buchführung des geprüften Unternehmens	279
4	Bilanzberichtigung, Bilanzänderung und Bilanzenzusammenhang	283
4.1	Bilanzberichtigung und Bilanzänderung	283
4.1.1	Bilanzberichtigung nach § 4 Abs. 2 S. 1 EStG	283
4.1.2	Bilanzänderung nach § 4 Abs. 2 S. 2 EStG	285
4.2	Der Bilanzenzusammenhang und seine Durchbrechung	287
B	**Besteuerung der Personengesellschaft als Mitunternehmerschaft**	**291**
I	**Grundfragen zur Mitunternehmerschaft inklusive Einkunftsermittlung**	**291**
1	Die Personengesellschaft im Steuerrecht – Überblick	291
2	Mitunternehmerschaft versus Personengesellschaft und andere Begrifflichkeiten	292
2.1	Mitunternehmerschaft und Personengesellschaften	292
2.2	Weitere Begrifflichkeiten	294
3	Transparenzgrundsatz und Besteuerung gemäß § 15 Abs. 1 Nr. 2 EStG	296
3.1	Einführung	296
3.2	Ebene der Mitunternehmerschaft	297
3.2.1	Die gewerblich tätige Mitunternehmerschaft	297
3.2.2	Die gewerblich geprägte Personengesellschaft	299
3.2.3	Die weder gewerblich tätige noch gewerblich geprägte Personengesellschaft	301

Inhaltsverzeichnis XXV

3.3	Ebene der Gesellschafter (Mitunternehmer-Initiative und Mitunternehmer-Risiko)	303
3.3.1	Mitunternehmer-Initiative	303
3.3.2	Mitunternehmer-Risiko	303
3.3.3	Einzelfälle	304
3.3.4	Die verdeckte Mitunternehmerschaft	306
3.2.5	Die doppelstöckige (mehrstöckige) Personengesellschaft	307
4	Technik des Transparenzgrundsatzes: Die Gewinnkomponenten der Mitunternehmer	308
4.1	Einführung: Zweistufige Gewinnermittlung	308
4.2	Der Hintergrund der Regelung	309
4.2.1	„Gewinnanteil"	309
4.2.2	„Vergütungen für Tätigkeit im Dienst der Personengesellschaft und für die Überlassung von Wirtschaftsgütern"	310
4.2.3	Die Ergänzungsbilanz	312
4.2.4	Ein Problemfall: Die Tätigkeitsvergütung als Sonder-Betriebseinnahme, Gewinnvorweg oder Entnahme?	313
5	„Mehr- und Weniger-Rechnung" bei der PersG (Mitunternehmerschaft)	316

II	**Das Betriebsvermögen und die Ermittlung des laufenden Gewinnes bei der Mitunternehmerschaft**	**318**
1	Übersicht zur Gewinnermittlung bei der Mitunternehmerschaft – Schema	318
2	Die Gewinnermittlung auf der 1. Stufe (I): Das Steuerergebnis der Gesamthand	319
2.1	Die Steuerbilanz der Gesamthand	319
2.2	Auswirkungen für die Gewinnermittlung	320
2.3	Geänderte Gewinnverteilung	322
3	Die Ergänzungsbilanz: individueller Anteil am Gesamthandsergebnis	323
4	Das Sonder-Betriebsvermögen und die Sonderbilanz	326
4.1	Übersicht	326
4.2	Das Sonder-Betriebsvermögen I	327
4.2.1	Der Grundtatbestand	327
4.2.2	Das Konkurrenzproblem mit dem eigenen Betriebsvermögen	328
4.2.3	Die spezielle Gewinnermittlung beim Sonder-Betriebsvermögen I	329
4.2.3.1	Ein Standardfall	330
4.2.3.2	Das aktuelle Problem: Pensionsrückstellungen	332
4.3	Das Sonder-Betriebsvermögen II	333
4.3.1	Der Grundtatbestand	333
4.3.2	Anwendungsfälle zum notwendigen und gewillkürten Sonder-Betriebsvermögen II	335

III	**Die Doppelgesellschaften im Konzept der Mitunternehmer-Besteuerung**	**336**
1	Klarstellung	336
2	Die GmbH & Co. KG	336
2.1	Grundsatzverständnis und Erscheinungsformen	336
2.2	Die Gewinnermittlung bei der GmbH & Co. KG	339
2.3	Das Betriebsvermögen bei der GmbH & Co. KG	341
2.4	Besonderheiten	345
2.4.1	Die einheitliche GmbH & Co. KG	345
2.4.2	Die Anteilsveräußerung	345
2.4.3	Die verdeckte Gewinnausschüttung bei der GmbH & Co	347
3	Die (atypisch) stille Gesellschaft, insb. die GmbH & atypisch still	349
3.1	Die Grundaussage zur (atypisch) stillen Gesellschaft	349
3.2	Die GmbH & atypisch still – ein Kind der Praxis	351
3.3	Optionen der GmbH & atypisch Still nach der Unternehmenssteuerreform	354
4	Die Betriebsaufspaltung	355
4.1	Terminologie, Erscheinungsformen und Charakteristikum der Betriebsaufspaltung	355
4.2	Die Voraussetzungen der Betriebsaufspaltung	357
4.2.1	Die erste Voraussetzung: Die sachliche Verflechtung	357
4.2.2	Die personelle Verflechtung	359
4.2.2.1	Die Ehegatten- (und Familien-)Betriebsaufspaltung	360
4.2.2.2	Sonstige Problemfälle bei der personellen Verflechtung	361
4.3	Die steuerlichen Folgen der Betriebsaufspaltung	363
4.3.1	Begründung der Betriebsaufspaltung	363
4.3.2	Laufende Besteuerung – Checkliste	364
4.3.3	Beendigung der Betriebsaufspaltung	366
4.4	Die mitunternehmerische Betriebsaufspaltung	367
4.5	Die unerkannte Betriebsaufspaltung	368
5	Die „neue" KGaA und neuere Typenverbindungen	371
5.1	Die Kapitalgesellschaft-KGaA bzw. die GmbH & Co. KGaA	371
5.2	Die Stiftung & Co. KG	372
IV	**Anfang und Ende einer Personengesellschaft**	**373**
1	Gründung einer Personengesellschaft	373
1.1	Sacheinlage aus dem Privatvermögen	373
1.2	Sacheinlage aus dem Betriebsvermögen – Einzel-Wirtschaftsgüter	374
2	Der Sonderfall: Die Einbringung nach § 24 UmwStG	375
2.1	Überleitung von der Sacheinlage (Einzel-Wirtschaftsgüter) zur Einbringung (Betrieb)	375
2.1.1	Einführung	375
2.1.2	Die Voraussetzungen des § 24 UmwStG	375
2.1.3	Rechtsfolgen der Einbringung	376

2.2	Einführender Fall zu § 24 UmwStG	376
2.3	Das Wahlrecht und die unterschiedliche Interessenslage	378
2.4	Teilwertvariante	379
2.4.1	Folge für die offene Handelsgesellschaft	380
2.4.2	Folge für den Einbringenden	380
2.5	Buchwertvariante	380
2.5.1	Die erste Buchwertvariante	380
2.5.2	Die zweite Buchwertvariante	382
2.6	Zwischenwertvariante	383
2.7	Spezialprobleme bei § 24 UmwStG	383
2.7.1	Zuzahlung in das Privatvermögen des bisherigen Einzelunternehmers	383
2.7.2	Gegenstand der Einbringung und Voraussetzung für das Wahlrecht	386
3	Die laufende Besteuerung der Personengesellschaft	387
4	Die Auflösung der Personengesellschaft	387
5	Die Realteilung der Personengesellschaft	387
5.1	Historische Einleitung und gesellschaftsrechtlicher Hintergrund	387
5.2	Tatbestand und Rechtsfolgen bei einer Realteilung von steuerfunktionalen Einheiten	389
5.3	Einzel-WG als Teilungsmassen?	391
5.4	Realteilung mit Spitzenausgleich	392
5.5	Auswirkungen auf andere Steuern	394
V	**Die Beteiligung an einer Personengesellschaft inklusive Personenstandsänderungen**	**395**
1	Einführung	395
2	Die Bilanzierung der Beteiligung	396
2.1	Die Beteiligung in der Handelsbilanz	396
2.2	Die Beteiligung in der Steuerbilanz	398
2.3	Alternativdarstellung: Beteiligung an der PersG als immaterielles Wirtschaftsgut	399
3	Der Eintritt in die Personengesellschaft	400
4	Die Veräußerung der Beteiligung (§ 16 Abs. 1 Nr. 2 EStG)	400
4.1	Grundtatbestand und Modalitäten	400
4.1.1	Das Sonder-Betriebsvermögen bei § 16 Abs. 1 Nr. 2 EStG	400
4.1.2	Bruchteilsveräußerung von Mitunternehmeranteilen	402
4.1.3	Veräußerungsvorgang und -zeitpunkt	402
4.2	Die Besteuerung beim Veräußerer	403
4.3	Auswirkungen auf die Personengesellschaft und den Neugesellschafter	404
4.3.1	Zu- und Abschreibung (?) in der Ergänzungsbilanz des Erwerbers	404
4.3.2	Fortschreibung der Ergänzungsbilanz	407
4.3.3	Besonderheiten	409
4.4	Zivil- und verfahrensrechtliche Überlegungen/Behandlung der Beteiligung als einheitliches Wirtschaftsgut (Mindermeinung)	412

5	Das Ausscheiden durch An-/Abwachsung	414
5.1	Die An-/Abwachsung als Anwendungsfall des § 16 Abs. 1 Nr. 2 EStG	414
5.2	Problemfelder beim Ausscheiden	416
5.3	Die Sachwertabfindung als besondere Form der Abfindungsvereinbarung	418
5.4	Alternativbehandlung (Beteiligung als Wirtschaftsgut)	419
6	Die Vererbung	420
VI	**Sonderfragen**	**421**
1	Inter-/intrasubjektive Übertragungen von Wirtschaftsgütern bei einer Mitunternehmerschaft	421
2	§ 35 EStG im Recht der Personengesellschaften	422
C	**Körperschaftsteuerrecht**	**427**
I	**Das Körperschaftsteuersystem vor und nach dem Steuersenkungsgesetz**	**427**
1	Das Prinzip des Anrechnungsverfahrens	427
2	Das Prinzip der „hälftigen Doppelbelastung"	429
3	Die Besteuerungsprinzipien im Übergangszeitraum	431
II	**Die persönliche Körperschaftsteuerpflicht**	**434**
1	Die persönliche Steuerpflicht von Körperschaften und Sondervermögen	434
1.1	Überblick	434
1.2	Körperschaftsteuerpflicht eines Vereins	437
2	Die persönliche Steuerpflicht von Kapitalgesellschaften	439
2.1	Beginn und Ende der unbeschränkten Steuerpflicht	439
2.1.1	Grundlagen	439
2.1.2	Beginn der unbeschränkten Steuerpflicht	440
2.1.3	Ende der unbeschränkten Körperschaftsteuerpflicht	441
2.2	Folge der unbeschränkten Steuerpflicht	441
2.3	Beschränkte Steuerpflicht von Kapitalgesellschaften	441
2.4	Beschränkte Steuerpflicht sonstiger Körperschaften	442
3	Besteuerung der öffentlichen Hand	443
3.1	Überblick	443
3.2	Tatbestandsmerkmale des Betriebes gewerblicher Art	443
3.3	Rechtsfolgen der wirtschaftlichen Betätigung der öffentlichen Hand	444
3.3.1	Vor dem Steuersenkungsgesetz	444
3.3.2	Nach dem Steuersenkungsgesetz	445
4	Besteuerung von steuerbegünstigten Körperschaften	447
4.1	Überblick	447
4.2	Voraussetzung der Steuerbefreiung	448
4.2.1	Formale Anforderungen	448
4.2.2	Materielle Anforderungen	448

4.3	Rechtsfolgen	451
4.3.1	Umfang der Steuerbefreiung	451
4.3.2	Steuerfolge	453
III	**Die sachliche Körperschaftsteuerpflicht**	**456**
1	Überblick	456
2	Ermittlung des Einkommens einer Kapitalgesellschaft	457
2.1	Veranlagungszeitraum und Einkommens-Ermittlungszeitraum	457
2.2	Ermittlung des zu versteuernden Einkommens	458
3	Körperschaftsteuerliche Besonderheiten	460
3.1	Körperschaftsteuerliche Hinzurechnungen	461
3.1.1	Nicht abzugsfähige Gewinnminderung aus Beteiligungen	461
3.1.2	Nicht abzugsfähige Betriebsausgaben	462
3.1.3	Nicht abzugsfähige Aufwendungen	463
3.1.4	Nicht ausgleichsfähiger Verlust	464
3.2	Körperschaftsteuerliche Kürzungen	465
3.2.1	Kürzungen der Beteiligungserträge	465
3.2.2	Gewinnanteile an den Komplementär einer Kommanditgesellschaft auf Aktien	467
3.2.3	Abziehbare Spenden	468
4	Verdeckte Gewinnausschüttungen	468
4.1	Überblick	468
4.2	Abgrenzung offene Gewinnausschüttung und verdeckte Gewinnausschüttung	470
4.3	Grundlagen der verdeckten Gewinnausschüttung	470
4.3.1	Tatbestand der verdeckten Gewinnausschüttung	470
4.3.1.1	Grundtatbestand	470
4.3.1.2	Sonderfall: Beherrschender Gesellschafter	472
4.3.2	Erscheinungsformen der verdeckten Gewinnausschüttung und Konkurrenzen	474
4.3.2.1	Erscheinungsformen	474
4.3.2.2	Konkurrenzen	476
4.4	Rechtsfolgen der verdeckten Gewinnausschüttung	477
4.4.1	Überblick	477
4.4.2	Rechtsfolgen bei der Kapitalgesellschaft	478
4.4.2.1	Rechtsfolgen auf der Einkommenserzielungsebene	478
4.4.2.2	Rechtsfolgen auf der Einkommensverwendungsebene	483
4.4.3	Rechtsfolgen beim Anteilseigner	483
4.5	Einzelfälle	486
4.5.1	Verstoß gegen das Wettbewerbsverbot/Geschäftschancenlehre	486
4.5.1.1	Zivilrechtliche Grundlagen	486
4.5.1.2	Steuerliche Folgen	487
4.5.2	Geschäftsführer-Vergütung (außer Pensionszusage)	490
4.5.2.1	Zivilrechtliche Grundlagen	490

4.5.2.2	Steuerliche Folgerungen	490
4.5.3	Pensionszusagen	494
4.5.4	Risikogeschäfte	495
4.6	Fremdfinanzierung durch ausländische Anteilseigner	496
4.6.1	Überblick und Grundstruktur	496
4.6.2	Tatbestandsmerkmale des § 8a KStG	497
4.6.2.1	Überlassung und Vergütung von Fremdkapital	497
4.6.2.2	Überlassung durch Anteilseigner	498
4.6.2.3	Überschreiten des safe haven	498
4.6.2.4	Anteiliges Eigenkapital	500
4.6.2.5	Umgehungsschutz	501
4.6.3	Rechtsfolgen	501
4.6.4	Konkurrenzen	502
5	Verdeckte Einlagen	503
5.1	Überblick	503
5.2	Abgrenzung von offenen und verdeckten Einlagen	504
5.3	Begriff der verdeckten Einlage	505
5.4	Rechtsfolgen der verdeckten Einlage	507
5.4.1	Rechtsfolgen auf der Ebene der Kapitalgesellschaft	507
5.4.2	Rechtsfolgen auf der Ebene des Anteilseigners	509
5.5	Einzelfälle	510
5.5.1	Forderungsverzicht	510
5.5.2	Verzicht auf eine Pensionszusage	511
5.5.3	Zuwendung von Vorteilen an Schwestergesellschaften	512
5.5.4	Verdeckte Einlage von nahe stehenden Personen	513
IV	**Die Steuerliche Behandlung der Ergebnisverwendung bei KapG**	**515**
1	Überblick	515
2	Steuerliche Folgen der Gewinnthesaurierung	515
2.1	Rechtsfolgen im Anrechnungsverfahren	515
2.2	Rechtsfolgen nach der Systemumstellung	516
2.3	Rechtsfolgen in der Übergangszeit	517
2.4	Umgliederungsmaßnahmen im Sinne des § 36 KStG	517
2.4.1	Überblick	517
2.4.2	Vorbereitungsschritte für die Umgliederung	518
2.4.3	Umgliederung im Einzelnen	522
3	Steuerliche Folgen der offenen Gewinnausschüttungen	526
3.1	Überblick	526
3.2	Steuerliche Behandlung der offenen Gewinnausschüttung im Anrechnungsverfahren	527
3.2.1	Auf Gesellschaftsebene	527
3.2.1.1	Grundlagen des Anrechnungsverfahrens	527
3.2.1.2	Ausnahmen von der Verwendungsreihenfolge (§ 28 Abs. 3 KStG)	531
3.2.1.3	Verfahrensrechtliche Verklammerungen im Anrechnungsverfahren	534

3.2.2	Auf Ebene der Anteilseigner	534
3.3	Steuerliche Behandlung der offenen Gewinnausschüttung nach dem StSenkG	537
3.3.1	Auf Gesellschaftsebene	537
3.3.2	Auf Ebene des Anteilseigners	539
3.4	Steuerliche Behandlung der offenen Gewinnausschüttung im Übergangszeitraum	540
3.4.1	Überblick	540
3.4.2	Auswirkungen auf Gesellschaftsebene	541
3.4.3	Auswirkungen auf Ebene der Anteilseigner	552
4	Steuerliche Folgen der verdeckten Gewinnausschüttung	553
4.1	Überblick	553
4.2	Steuerliche Behandlung der verdeckten Gewinnausschüttung im Anrechnungsverfahren	554
4.3	Steuerliche Behandlung der verdeckten Gewinnausschüttung nach dem StSenkG	556
4.4	Steuerliche Folgen der verdeckten Gewinnausschüttung im Übergangszeitraum	556
5	Steuerliche Folgen von Verlusten (Einkommensverwendungsebene)	562
5.1	Überblick	562
5.2	Folgen von Verlusten im Anrechnungsverfahren	562
5.2.1	Grundlagen	562
5.2.2	Berechnung des optimalen Verlustrücktrags	566
5.3	Die steuerliche Behandlung von Verlusten nach dem Steuersenkungsgesetz	569
5.3.1	Grundlagen	569
5.3.2	Verluste über den Systemwechsel hinweg	569
V	**Die Bedeutung der Organschaft**	**571**
1	Überblick	571
2	Gesellschaftsrechtliche Grundlagen der Organschaft	572
3	Steuerrechtliche Voraussetzungen der Organschaft	574
3.1	Organgesellschaft und Organträger	574
3.2	Finanzielle Eingliederung	575
3.3	Sonderfall: Mehrmütterorganschaft	577
3.4	Ergebnisabführungsvertrag	578
4	Einkommensermittlung bei der Organschaft	580
4.1	Überblick	580
4.2	Einkommensermittlung der Organgesellschaft	581
4.3	Einkommensermittlung des Organträgers	584
5	Besonderheiten der Organschaft	586
5.1	Vorzeitige Beendigung von Organschaften	586
5.2	Auskehrung vororganschaftlicher Rücklagen	586
5.3	Besteuerung von Ausgleichszahlungen	587

VI	**Die Bedeutung von Kapitalmaßnahmen**	**590**
1	Die Bedeutung von Kapitalerhöhungen	590
1.1	Gesellschaftsrechtliche Grundlagen der Kapitalerhöhung	590
1.2	Steuerliche Besonderheiten der Kapitalerhöhung	592
1.2.1	Steuerliche Behandlung der Kapitalerhöhung aus Gesellschaftsmitteln nach altem Recht	592
1.2.2	Steuerliche Behandlung der Kapitalerhöhung aus Gesellschaftsmitteln nach Systemwechsel	593
2	Die Bedeutung der Kapitalherabsetzung	595
2.1	Die gesellschaftsrechtlichen Grundlagen der Kapitalherabsetzung	595
2.2	Steuerliche Besonderheiten der Kapitalherabsetzung	596
2.2.1	Behandlung der Kapitalherabsetzung nach altem Recht	596
2.2.2	Behandlung der Kapitalherabsetzung nach Systemwechsel	597
2.2.3	Vereinfachte Kapitalherabsetzung ohne Auskehrung von Vermögen	598
3	Die steuerliche Behandlung der Liquidation	600
3.1	Gesellschaftsrechtliche Grundlagen der Liquidation	600
3.2	Besonderheiten der Liquidation auf Gesellschaftsebene	601
3.2.1	Systematische Grundlagen	601
3.2.2	Einkommensermittlung im Abwicklungszeitraum	602
3.2.3	Auswirkungen der Vermögensverteilung im Anrechnungsverfahren	603
3.2.4	Auswirkungen im Übergangszeitraum	604
3.3	Besonderheiten auf der Ebene des Anteilseigners	605
3.3.1	Systematische Grundlagen	605
3.3.2	Auswirkungen im Anrechnungsverfahren	606
3.3.3	Auswirkungen im Übergangszeitraum	607
D	**Umwandlungssteuerrecht**	**613**
I	**Allgemeines**	**613**
II	**Zivilrechtliche Grundlagen der Umwandlung**	**615**
1	Fälle der Verschmelzung	615
2	Verschmelzung zur Aufnahme	619
3	Verschmelzung zur Neugründung	620
4	Fälle der Spaltung	621
5	Aufspaltung zur Aufnahme oder Neugründung	622
6	Abspaltung zur Aufnahme oder Neugründung	624
7	Ausgliederung zur Aufnahme oder Neugründung	624
8	Formwechsel	624
9	Vermögensübertragung	625
III	**Steuerrechtliche Grundlagen der Umwandlung**	**626**
1	Aufbau und Rechtsquellen	626
2	Anwendung des UmwStG	628
3	Steuerliche Rückwirkung	629

IV	**Umwandlung von der Kapitalgesellschaft auf die Personengesellschaft**	**633**
1	Steuerliche Regelungen des übertragenden Rechtsträgers	633
2	Steuerliche Regelungen des übernehmenden Rechtsträgers	634
3	Übernahmegewinn/Übernahmeverlust	636
4	Behandlung des Übernahmeverlustes	639
5	Besteuerung des Übernahmegewinns	641
6	Schicksal des gesondert festgestellten Guthabens sowie des „EK 02"	643
7	Einlagefiktion nach § 5 UmwStG	644
8	Gewinnerhöhung durch Vereinigung von Forderungen und Verbindlichkeiten	646
9	Besteuerung nicht wesentlich beteiligter Anteilseigner	647
10	Vermögensübergang auf eine natürliche Person	648
11	Umwandlungen von der KapG auf die PersG nach Rechtslage bis 31.12.2000	648
12	Umwandlung von der GmbH in die GmbH & Co. KG	653
13	Formwechsel von einer KapG in eine PersG	655
V	**Verschmelzung von Kapitalgesellschaften**	**656**
1	Steuerliche Behandlung beim übertragenden Rechtsträger	657
2	Steuerliche Behandlung beim übernehmenden Rechtsträger	660
3	Verhältnis von § 12 Abs. 3 S. 2 UmwStG zu § 8 Abs. 4 KStG	662
4	Betriebsprüfung bei der übertragenden Gesellschaft nach Umwandlung	663
5	Übernahmefolgegewinn bei der Verschmelzung von Kapitalgesellschaften	663
6	Übergang des Körperschaftssteuerguthabens i.S.d. § 37 KStG bzw. der unbelasteten Teilbeträge i.S.d. § 38 KStG	663
7	Gliederung des vEK nach der Rechtslage bis einschließlich 2000	664
VI	**Spaltung**	**669**
1	Bilanzielle Darstellung der Spaltung	671
2	Spaltung im Steuerrecht	672
3	Steuerliche Bilanzierung des übertragenden/aufnehmenden Rechtsträgers	675
4	Missbrauchstatbestände des § 15 Abs. 3 UmwStG	675
5	Übergehender Verlustabzug nach § 10d EStG	678
VII	**Einbringung in eine Kapitalgesellschaft**	**683**
1	Steuerliche Ansätze bei der Kapitalgesellschaft	684
2	Veräußerungspreis und Anschaffungskosten bei der Einbringung	689
3	Zeitpunkt der Einbringung und Rückwirkung	692
4	Einbringung von der GmbH & Co. KG in die GmbH	696

VIII	**Einbringung in eine Kapitalgesellschaft der Europäischen Gemeinschaft**	**697**
1	Inländische Kapitalgesellschaft als Einbringende	697
2	Ausländische Kapitalgesellschaft als Einbringende	699
3	Unbeschränkt körperschaftsteuerpflichtige Kapitalgesellschaft bringt eine EG-Betriebsstätte in eine EG-Kapitalgesellschaft ein	700
4	Anteilstausch über die Grenze	702
IX	**Formwechsel**	**703**
Stichwortregister		**705**

Abkürzungsverzeichnis

A	Abschnitt
a.A.	anderer Ansicht
a.a.O.	am angegebenen Ort
AB	Anfangsbestand
Abs.	Absatz
Abschn.	Abschnitt
AdV	Aussetzung der Vollziehung
a.E.	am Ende
AEAO	Anwendungserlass zur Abgabenordnung
a.F.	alte Fassung
AfA	Absetzung für Abnutzung
AFG	Arbeitsförderungsgesetz
AG	Aktiengesellschaft; Arbeitgeber
agB	außergewöhnliche Belastung
AIG	Gesetz über steuerliche Maßnahmen bei Auslandsinvestitionen der deutschen Wirtschaft (Auslandsinvestitionsgesetz)
AK	Anschaffungskosten
AktG	Aktiengesetz
Alt.	Alternative
AN	Arbeitnehmer
AnfG	Gesetz über die Anfechtung von Rechtshandlungen außerhalb des Insolvenzverfahrens vom 05.10.1994 (BGBl I 1994, 2911)
Anm.	Anmerkung
AO	Abgabenordnung
arg.	argumentum
Art.	Artikel
AStG	Außensteuergesetz
AV	Anlagevermögen
Az.	Aktenzeichen
BA	Betriebsausgabe
BAG	Bundesarbeitsgesetz
BaföG	Bundesausbildungsförderungsgesetz
BauGB	Baugesetzbuch
BayObLG	Bayrisches Oberlandesgericht
BB	Betriebs-Berater
BBauG	Bundesbaugesetz
BE	Betriebseinnahmen
BesitzG	Besitzgesellschaft
BetriebsG	Betriebsgesellschaft
BeurkG	Beurkundungsgesetz

BewG	Bewertungsgesetz
BfF	Bundesamt für Finanzen
BFH	Bundesfinanzhof
BFHE	Bundesfinanzhof-Entscheidungen
BFH/NV	Sammlung amtlich nicht veröffentlichter Entscheidungen des Bundesfinanzhofes
BGB	Bürgerliches Gesetzbuch
BGBl	Bundesgesetzblatt
BGH	Bundesgerichtshof
BGHSt	Bundesgerichtshof in Strafsachen
BGHZ	Amtliche Entscheidungssammlung des Bundesgerichtshofs
BiRiLiG	Bilanzrichtliniengesetz
BMF	Bundesminister/-ium für Finanzen
BMG	Bemessungsgrundlage
BRAGO	Bundesgebührenverordnung für Rechtsanwälte
BRD	Bundesrepublik Deutschland
BP	Betriebsprüfung
BPO	Betriebsprüfungsordnung
BR-Drs.	Bundesratsdrucksache
BS	Buchungssatz
Bsp.	Beispiel
BStBl	Bundessteuerblatt
Buchst.	Buchstabe
BV	Betriebsvermögen
BVerwG	Bundesverwaltungsgericht
BVV	Betriebsvermögensvergleich
BVerfG	Bundesverfassungsgericht
BVerfGE	Bundesverfassungsgericht-Entscheidungen
BverfGG	Bundesverfassungsgerichtsgesetz
bzgl.	bezüglich
BZRG	Bundeszentralregistergesetz
bzw.	beziehungsweise
CH	Schweiz
DB	Der Betrieb (Zeitschrift)
DBA	Doppelbesteuerungsabkommen
DepotG	Depotgesetz
dgl.	dergleichen
d.h.	das heißt,
DNotI	Informationsdienst des Deutschen Notarinstituts
DStjG	Deutsche Steuerjuristische Gesellschaft e.V. (Band)
DStR	Deutsches Steuerrecht (Zeitschrift)
DStZ	Deutsche Steuer-Zeitung

EFG	Entscheidungen der Finanzgerichte
EFH	Einfamilienhaus
EG	Erdgeschoss; Europäische Gemeinschaft
EGAO	Einführungsgesetz zur Abgabenordnung
EGV	Vertrag zur Neugründung der europäischen Gemeinschaft vom 25.03.1957
EigZulG	Eigenheimzulagengesetz
ErbbauVO	Erbbaurechtsverordnung
ErbGleichG	Erbrechtsgleichstellungsgesetz vom 16.12.1997, BGBl I 1997, 2968
ErbStG	Erbschaftsteuergesetz
ErbStR	Erbschaftsteuerrecht
Erl.	Erlass
ESt	Einkommensteuer
EStDV	Einkommensteuer-Durchführungsverordnung
EStG	Einkommensteuergesetz
EStR	Einkommensteuer-Richtlinien
ETW	Eigentumswohnung
EU	Europäische Union
EuGH	Gerichtshof der Europäischen Gemeinschaften
EÜR	Einnahmen-Überschuss-Rechnung
E-USt	Einfuhrumsatzsteuer
EV	Eigenstumsvorbehalt
evtl.	eventuell
e.V.	eingetragener Verein
EW	Einheitswert
EWIV	Europäische Wirtschaft. Interessenvereinigung
EZ	Erhebungszeitraum
f., ff.	folgende, fortfolgende
FA	Finanzamt
FAGO	Geschäftsordnung für die Finanzämter
FG	Finanzgerichte
FGG	Reichsgesetz über die freiwillige Gerichtsbarkeit vom 17.05.1898
FGO	Finanzgerichtsordnung
FGO-ÄndG	FGO-Änderungsgesetz
FinMin	Finanzministerium
FN	Fußnote
FörderGG	Fördergebietsgesetz
FVG	Gesetz über die Finanzverwaltung
GbR	Gesellschaft bürgerlichen Rechts
geb.	geboren
gem.	gemäß
GenG	Genossenschaftsgesetz

GewO	Gewerbeordnung
GewSt	Gewerbesteuer
GewStDV	Gewerbesteuer-Durchführungsverordnung
GewStG	Gewerbesteuergesetz
GewStR	Gewerbesteuer-Richtlinien
GF	Geschäftsführer
G'fter	Gesellschafter
GFZ	Geschossflächenzahl
GG	Grundgesetz
ggf.	gegebenenfalls
GmbH	Gesellschaft mit beschränkter Haftung
GmbHG	Gesetz betreffend die Gesellschaft mit beschränkter Haftung
GrESt	Grunderwerbsteuer
GrEStG	Grunderwerbsteuergesetz
GrS	Großer Senat
GrStG	Grundsteuergesetz
GrStR	Grundsteuer-Richtlinien
GruBo	Grund und Boden
G+V	Gewinn- und Verlustrechnung
GVG	Gerichtsverfassungsgesetz
GWG	Geringwertige Wirtschaftsgüter
H	Hinweis (zu Richtlinien)
h.A.	herrschender Auffassung
HB	Handelsbilanz
HFR	Höchstrichterliche Finanzrechtsprechung (Entscheidungssammlung)
HGB	Handelsgesetzbuch
HK	Herstellungskosten
h.L.	herrschende Lehre
h.M.	herrschende Meinung
HR	Handelsregister
HS	Halbsatz
HV	Handelsvertreter
i.d.F.	in der Fassung
i.d.R.	in der Regel
IdW	Institut der Wirtschaftsprüfer
i.e.S.	im engeren Sinne
i.H.v.	in Höhe von
inkl.	inklusive
insb.	insbesondere
InsO	Insolvenzordnung
InvZulG	Investitionszulagengesetz

i.S.d.	im Sinne des (der)
i.S.e.	im Sinne eines/-r
IStR	Internationales Steuerrecht
i.S.v.	im Sinne von
i.Ü.	im Übrigen
i.V.m.	in Verbindung mit
i.w.S.	im weiteren Sinne
JStG	Jahressteuergesetz
JGG	Jugendgerichtsgesetz i.d.F. vom 11.12.1974
Kap.	Kapitel
KapESt	Kapitalertragsteuer
KapG	Kapitalgesellschaft
KapVermStG	Kapitalvermögensteuergesetz
Kfz	Kraftfahrzeug
KG	Kommanditgesellschaft
KGaA	Kommanditgesellschaft auf Aktien
Kj.	Kalenderjahr
Komm.	Kommentar
KraftStG	Kraftfahrzeugsteuergesetz
KSt	Körperschaftsteuer
KStG	Körperschaftsteuergesetz
KStR	Körperschaftsteuer-Richtlinien
KWG	Kreditwesengesetz
LAG	Landesarbeitsgericht
Lit.	Literatur
LSG	Landessozialgericht
LSt	Lohnsteuer
LStDV	Lohnsteuer-Durchführungsverordnung
LStR	Lohnsteuer-Richtlinien
lt.	laut
L+F	Land- und Forstwirtschaft
L+L	Lieferungen und Leistungen
m.a.W.	mit anderen Worten
m.E.	meines Erachtens
MEG	Miterbengemeinschaft
MFH	Mehrfamilienhaus
Mio.	Millionen
Mrd.	Milliarden

MU	Mitunternehmer
MüKo	Münchener Kommentar
m.w.N.	mit weiteren Nachweisen
nat.	natürlichen
Nato	Nordatlantischer Verteidigungspakt („North Atlantic Treaty Organization")
ND	Nutzungsdauer
n.F.	neue Fassung
NJW	Neue Juristische Wochenschrift
Nr.	Nummer
nrkr.	nicht rechtskräftig
OECD-MA	OECD-Musterabkommen
OFD	Oberfinanzdirektion
o.g.	oben genannte/-r/-s
OG	Obergeschoss
OHG	Offene Handelsgesellschaft
OLG	Oberlandesgericht
OrgG	Organgesellschaft
OrgT	Organträger
OVG	Oberverwaltungsgericht
OWiG	Gesetz über Ordnungswidrigkeiten
PartG	Partnerschaftsgesellschaft (steht auch für Parteiengesetz)
PartGG	Partnerschaftsgesellschaftsgesetz
PassG	Passgesetz
PersG	Personengesellschaft
PersHG	Personenhandelsgesellschaft
PV	Privatvermögen
R	Richtlinie
RA	Rechtsanwalt
RAP	Rechnungsabgrenzungsposten
RennwLottAB	Ausführungsbestimmungen zum Rennwett- und Lotteriegesetz
RfE	Rücklage für Ersatzbeschaffung
RFH	Reichsfinanzhof
RG	Reichsgericht
rkr.	rechtskräftig
Rspr.	Rechtsprechung
Rz.	Randziffer

S	Satz
s.	siehe
SB	Schlussbilanz
s.b.	sonstiger betrieblicher
SGB	Sozialgesetzbuch
sog.	so genannte/-n/-r/-s
SolZ	Solidaritätszuschlag
Steufa	Steuerfahndung
StÄndG	Steueränderungsgesetz
StB	Steuerbilanz; Steuerberater
StBerG	Steuerbereinigungsgesetz
StBG	Steuerberatergesetz
StBGeBV	Steuerberatergebührenverordnung
StED	Steuerlicher Eildienst
StEntlG	Steuerentlastungsgesetz vom 24.03.1999, BGBl I 1999, 402
StGB	Strafgesetzbuch
StKl.	Steuerklasse
StMBG	Gesetz zur Bekämpfung des Missbrauchs und zur Bereinigung des Steuerrechts
StPfl.	Steuerpflichtige/n/r
StPO	Strafprozessordnung
str.	strittig
StSenkG	Steuersenkungsgesetz vom 23.10.2000, BGBl I 2000, 1428
StuW	Steuern und Wirtschaft
StVBG	Steuerverkürzungsbekämpfungsgesetz
TabakStG	Tabaksteuergesetz
TW	Teilwert
Tz.	Textziffer
u.a.	unter anderem
UntStFG	Unternehmenssteuerfortentwicklungsgesetz vom 20.12.2001, BGBl I 2001, 3858
UE	Umwandlungssteuererlass
U.E.	Unseres Erachtens
UmwG	Umwandlungsgesetz
UmwStG	Umwandlungssteuergesetz
UR	Umsatzsteuer-Rundschau (Zeitschrift)
USt	Umsatzsteuer
UStÄndG	Umsatzsteueränderungsgesetz
UStB	Der Umsatz-Steuer-Berater
UStDV	Umsatzsteuer-Durchführungsverordnung
UStG	Umsatzsteuergesetz
USt-Id-Nr.	Umsatzsteueridentifikationsnummer

USt-VA	Umsatzsteuervoranmeldung
u.U.	unter Umständen
UV	Umlaufvermögen
VA	Voranmeldung, Verwaltungsakt
VAZ	Voranmeldungszeitraum
vE	verdeckte Einlage
vEK	verwendbares Eigenkapital
VermBG	Vermögensbildungsgesetz
VerwGrS	Verwaltungsgrundsätze
vGA	verdeckte Gewinnausschüttung
vgl.	vergleiche
VollStrA	Vollsteckungsanweisung
VorSt (VSt)	Vorsteuer
VStG	Vermögensteuergesetz
v.T.	vom Tausend
V+V	Vermietung und Verpachtung
VwGO	Verwaltungsgerichtsordnung
VwVG	Verwaltungsvollstreckungsgesetz
VwZG	Verwaltungszustellungsgesetz
VZ	Veranlagungszeitraum
WertV	Wertermittlungsverordnung
WG	Wirtschaftsgut
wistra	Zeitschrift für Wirtschaft, Steuer, Strafrecht
Wj.	Wirtschaftsjahr
WK	Werbungskosten
WoP	Wohnungsbauprämie
WP	Wirtschaftsprüfer
WÜRV	Wiener Übereinkommen über das Recht der Verträge vom 23.05.1969
ZASt	Zinsabschlagsteuer
z.B.	zum Beispiel
ZEV	Zeitschrift für Erbrecht und Vermögensnachfolge
ZFH	Zweifamilienhaus
ZG	Zollgesetz
Ziff.	Ziffer
ZPO	Zivilprozessordnung
z.T.	zum Teil
z.v.E.	zu versteuerndes Einkommen
ZVG	Zwangsversteigerungsgesetz
zzgl.	zuzüglich

Teil A

Besteuerung der Einzelunternehmen

A Besteuerung der Einzelunternehmen

Das Gliederungskonzept des zweiten Bandes folgt der wirtschaftlichen Realität und zugleich den rechtlichen Rahmenbedingungen, die auch für das Steuerrecht bindend sind. Es gibt nach dem deutschen Unternehmensrechtsverständnis nur drei Unternehmensträger: Die Einzelperson, die PersG und die KapG[1]. Jeder dieser Unternehmensträger ermittelt als Ergebnis seiner wirtschaftlichen Betätigung den Gewinn, der zugleich die betriebliche[2] Besteuerungsgrundlage darstellt. Die Gewinnermittlungen der PersG und der KapG folgen – auch hier – als jeweilige Spezialregelung der Gewinnermittlung des Einzelunternehmers.

I Grundfragen der Gewinnermittlung (inklusive § 4 Abs. 3-Rechnung)

Das deutsche Einkommensteuerrecht fußt auf einer Zweiteilung der Einkünfte in Gewinn- und Überschusseinkünfte (sog. Dualismus der Einkunftsarten bzw. der Einkunftsermittlung), § 2 Abs. 2 EStG.

Für die **Gewinnermittlung** sind mehrere Ermittlungstechniken vorgesehen. Die wichtigsten sind dabei der – auf einer Bilanz basierende – Betriebsvermögensvergleich (BVV[3]) nach § 4 Abs. 1 EStG und die Überschussrechnung nach § 4 Abs. 3 EStG[4]. Beide Ermittlungstechniken sind gleichberechtigt und stehen selbständig nebeneinander[5].

Ausgehend von der Überschussrechnung werden im ersten Gliederungspunkt die wichtigsten Gemeinsamkeiten und Unterschiede der betrieblichen Gewinn-Einkunftsermittlungen dargestellt. Die thematische Überleitung zum Bilanzrecht, dem die anschließende Darstellung gewidmet ist, leistet hier der „Wechsel der Gewinnermittlung", dem zugleich die Funktion eines Kurzrepetitoriums der Bilanztechnik zukommt.

---

[1] Die **Unternehmens-Trias** bleibt auch nach der Unternehmensteuerreform 2000/2002 für das Steuerrecht bindend, da der rechtspolitische Vorstoß einer Option von PersG für die KSt im Gesetzgebungsverfahren im Juli 2000 gescheitert ist.
[2] Hier als Sammelbegriff für gewerbliche, selbständige und L+F-Einkünfte.
[3] Dieser wiederum lässt sich historisch auf die **Reinvermögenszugangstheorie** zurückführen, der zufolge das Gesamtergebnis betrieblicher Betätigung einschließlich der (z.B. durch Verkauf) realisierten **Wertsteigerungen** erfasst wird.
[4] Daneben kommt noch die Gewinnermittlung nach Durchschnittssätzen in der Landwirtschaft (§ 13a EStG) sowie die ertragsunabhängige Tonnagesteuer nach § 5a EStG (aus dem Betrieb von Handelsschiffen) in Betracht.
[5] H.M. (vgl. *Weber-Grellet* in Kirchhof-Söhn, § 4 D 3 sowie *Segebrecht*, 2000, Einnahmenüberschussrechnung, Rz. 3).

1 Hauptunterschied zwischen dem Betriebsvermögensvergleich und der Einnahmenüberschuss-(oder § 4 Abs. 3-)Rechnung

1.1 Überblick

Die Vorgängerbestimmung (§ 12 Abs. 1 S. 3 EStG 1925) zur heutigen „Einnahmen-Ausgaben-Rechnung" (bzw. Einnahmenüberschussrechnung oder kurz: Überschussrechnung) nach § 4 Abs. 3 EStG machte die Anwendung dieser „vereinfachten" Gewinnermittlungstechnik von fehlenden wesentlichen Schwankungen im Betriebsvermögen abhängig. Diese Wechselbezüglichkeit zwischen (einer Bestandsveränderung in) dem Betriebsvermögen und der Überschussrechnung wurde im Jahre 1954 fallengelassen.

Damit ist der Weg für ein **verselbständigtes technisches** Verständnis der Überschussrechnung nach § 4 Abs. 3 EStG frei geworden[6]. Natürlich führen nur Geschäftsvorfälle, die durch **WG des Betriebsvermögens** ausgelöst werden, zu berücksichtigungsfähigen Ergebnissen bei der Überschussrechnung. Anders formuliert: Erträge oder Aufwendungen mit WG des Privatvermögens sind für die steuerliche Gewinnermittlung nach § 4 Abs. 3 EStG obsolet. Damit ist gleichzeitig zum Ausdruck gebracht, dass zentrale Begriffe der betrieblichen Gewinnermittlung wie Betriebseinnahmen (BE), Betriebsausgaben (BA) oder der Begriff des WG in beiden Ermittlungsmethoden einheitlich gebraucht werden.

Zwei Gesichtspunkte sind bei der Auslegung von § 4 Abs. 3 EStG allerdings in der Rspr. des BFH von Bedeutung gewesen:

- Anders als die bilanzielle Gewinnermittlung durch BVV nach § 4 Abs. 1 und §§ 5 ff. EStG (inkl. § 4a – § 4e EStG) ist die Überschussrechnung vom Gesetzgeber sehr zurückhaltend mit (heute) nur fünf Sätzen geregelt worden. Die als **Ist- oder Geldrechnung** konzipierte § 4 Abs. 3-Rechnung ist insoweit zwangsläufig lückenhaft (eine „lex imperfacta"[7]).

- Die Regelungslücken werden dabei weitestgehend – unter dem Gesichtspunkt der **„Totalgewinnidentität"** – durch einen Rückgriff auf die Rechtsfolgen der bilanzierenden Gewinnermittlung geschlossen. Die Rspr. lässt sich dabei in der Beurteilung der Gewinnauswirkung von Geschäftsvorfällen, bezogen auf die gesamte Lebensdauer des Unternehmens, von einem **einheitlichen** Gewinnbegriff leiten (BFH vom 06.12.1972, BStBl II 1973, 293). Die unterschiedliche zeitlich-periodische Berücksichtigung der einzelnen Geschäftsvorfälle ändert nichts an dieser Grundsatzfeststellung (zuletzt BFH vom 15.04.1999, BStBl II 1999, 481).

---

[6] Aus didaktischen Gründen fußt die hier gewählte Darstellung zur § 4 Abs. 3-Rechnung weitestgehend auf einem einheitlichen, das Bilanzrecht einbeziehendem Gesamtverständnis.

[7] Der Begriff wird hier in dem Sinne gebraucht, dass die gesetzliche Regelung nicht den kompletten Regelungsbedarf abdeckt (vgl. *Weber-Grellet* a.a.O. § 4 A 23 – im Unterschied zur Frage, ob die Norm ohne echte Verweisungen auf andere Gesetze auskommt).

1.2 Der technische Unterschied im Einzelnen

Als Eckpfeiler zur Charakterisierung der Hauptunterschiede werden herkömmlich die Begriffe „Soll-Rechnung" bei der Bilanzierung und „Ist-Rechnung" bei § 4 Abs. 3 EStG verwendet.

Beispiel 1: Ermittlungsbedarf bei Kleinunternehmer U
U erbringt am 27.12.01 ordnungsgem. eine – umsatzsteuerfreie – Lieferung (bzw. eine Dienstleistung) gegenüber dem Kunden K. Hierüber wird noch in 01 eine Rechnung über 10.000 € erstellt. Die Rechnung wird im Februar 02 von K bezahlt.
Gleichzeitig bestellt U am 22.12.01 Ware auf Ziel vom Lieferanten L (5.000 € zzgl. 16 % USt). Die Ware wird am 20.01.02 bezahlt; die Wiederbeschaffungskosten (TW) der Ware betragen am 31.12.01 nur noch 4.000 €.
U möchte die Auswirkungen wissen, je nachdem ob er bilanziert oder nach § 4 Abs. 3 EStG seinen Gewinn ermittelt.

Während beim BVV die Inventur bzw. die Bestandskonten (Grundlagen der Schlussbilanz) die maßgeblichen Informationen für die Gewinnermittlung nach § 4 Abs. 1 EStG liefern, spielt die Ermittlung und Bewertung des BV bei der Überschussrechnung grundsätzlich keine Rolle. Der Grundsatz der Bilanzwahrheit, der über die Vollständigkeit und den Wert des BV Aufschluss gibt, ist hier nicht einschlägig.

Unter dem Regime des § 4 Abs. 3 EStG werden im jeweiligen VZ nur die **tatsächlichen Einnahmen und Ausgaben** dieser Periode erfasst. Anders als bei den Überschusseinkünften nach § 2 Abs. 2 Nr. 2 EStG (§ 2 Abs. 1 Nr. 4 – Nr. 7 EStG), die der Quellentheorie[8] folgen, werden jedoch bei der § 4 Abs. 3-Rechnung auch **realisierte Wertveränderungen** (i.d.R. Veräußerungen von Anlage-WG) des BV berücksichtigt.

Lösung:
Bei ordnungsgem.er[9] Lieferung (Leistung) des U ist unter dem Gewinnregime des BVV die Forderung des U als Aktivposten und damit als Gewinn (i.H.v. 10.000 €) im Jahre 01 auszuweisen, während bei der „Kassenrechnung (Cash-Prinzip)" des § 4 Abs. 3 EStG erst die Bezahlung im Jahre 02 zu einem Gewinnausweis führt.
Ebenso bleibt nach der Überschussrechnung der Wareneinkauf in 01 unberücksichtigt – und dies in zweifacher Hinsicht:

---
[8] Danach werden nur die Erträge aus der Quelle besteuert, aber nicht die Veräußerung der Einkunftsquelle selbst.
[9] Wegen des Realisationsgebotes nach § 252 Abs. 1 Nr. 4 HGB (ggf. i.V.m. § 5 Abs. 1 EStG) ist der Gewinn aus der Lieferung (Dienstleistung) nur dann als **Forderung** auszuweisen, wenn der Anspruch (hier: aus Kaufvertrag) entstanden ist und ihm keine Gewährleistungsansprüche (z.B. Wandelung, Minderung, Schadensersatz) gegenüberstehen.

- Erstens erfolgt eine Gewinn- (hier: Verlust-) Berücksichtigung erst mit der Bezahlung in 02[10] und
- zweitens bleibt die beim Bilanzierenden ggf. vorzunehmende TW-AfA nach § 6 Abs. 1 Nr. 2 S. 2 EStG (bei voraussichtlich dauernder Wertminderung) unberücksichtigt, da eine Bestandsermittlung und -bewertung bei der Überschussrechnung gerade nicht stattfindet.

Die steuerlichen Auswirkungen hängen demnach von den persönlichen Leistungsmerkmalen im jeweiligen VZ ab und können – je nach Gewinnermittlungsart und Steuersatz – zu einer unterschiedlich hohen Steuerbelastung führen (**keine „Totalsteueridentität"**).

1.3 Der Personenkreis für die Überschussrechnung

Ausgehend von **§ 2 Abs. 2 Nr. 1 EStG** i.V.m. § 2 Abs. 1 Nr. 1 – 3 EStG kommen als (Gewinn-)Überschussrechner nur Land- und Forstwirte (L+F), Freiberufler und Gewerbetreibende in Betracht. Nachdem die L+F in diesem Buch nicht näher behandelt wird, erschließt sich das Wahlrecht der Gewinnermittlung nach § 4 Abs. 1 EStG bzw. nach § 4 Abs. 3 EStG grundsätzlich nur für Freiberufler und Gewerbetreibende. Für letztere Personengruppe sehen allerdings §§ 140[11], 141[12] AO regelmäßig die Buchführungspflicht vor, so dass im Ergebnis nur Freiberufler und nichtkaufmännische Kleinstgewerbetreibende zwischen beiden Techniken wählen dürfen.

Beispiel 2: Steuerliche Zweiklassengesellschaft auf dem Flohmarkt
Ein Angestellter A und ein Selbständiger S Dipl.-Ing. verkaufen auf dem Flohmarkt je einen zwei Jahre alten Laptop (AK: 2.100 €; betriebsgewöhnliche ND: 3 Jahre[13]) für 1.000 € (netto). Der Laptop wurde in beiden Fällen ausschließlich bei der Arbeit eingesetzt und ist in den Veranlagungen vom FA als Arbeitsmittel anerkannt worden.

---

[10] Beim Bilanzierenden wirkt sich der Wareneinkauf – unter Gewinngesichtspunkten – allerdings auch erst bei der **Veräußerung** (bzw. der Entnahme) der Ware durch den qua Bestandsveränderung geänderten Wareneinsatz aus.
[11] Nach § 140 AO ergibt sich auch für das Steuerrecht eine übertragene Buchführungspflicht aus §§ 238 ff., 1 ff. HGB (bzw. den kaufmännischen Nebengesetzen) für **alle Kaufleute**. Wegen § 1 Abs. 2 HGB n.F. (seit 01.07.1998) gilt dies für die Gewerbetreibende **nicht**, deren Betrieb einen in kaufmännischer Weise eingerichteten Geschäftsbetrieb nicht erfordert (kein Handelsgewerbe). Für diese Rest-Gruppe der Klein(st)gewerbetreibenden hängt die Buchführungspflicht in Zukunft davon ab, ob sie sich in das HR nach § 2 HGB eintragen lassen oder nicht. Die Eintragung nach § 2 HGB ist konstitutiv (rechtsbegründend).
[12] Eine **originäre** steuerliche Buchführungspflicht besteht für alle Gewerbetreibende, die die dort genannten Grenzen für den Umsatz (260.000 €) bzw. den Gewinn (25.000 €) überschreiten; allerdings erst nach Aufforderung durch das FA (s. auch § 141 Abs. 2 AO zur zeitlichen Geltung).
[13] Aufgrund der neuen AfA-Tabellen (BStBl I 2000, 1532) wird bei PC nunmehr von 3 Jahren ND (früher: 4 Jahre) ausgegangen.

Lösung:
A konnte bei seiner Einkunftsermittlung nach § 19 EStG die jährliche AfA für den Laptop i.H.v. je 700 € als WK nach §§ 19, 9 Abs. 1 Nr. 7 S. 1 (Nr. 6 S. 2) EStG absetzen, ohne den Veräußerungsgewinn zu besteuern.
Der selbständige Ingenieur S hatte ebenso bei der laufenden Gewinnermittlung die (i.d.H. identische) AfA als BA nach § 4 Abs. 4 i.V.m. § 4 Abs. 3 S. 3, § 7 Abs. 1 EStG zu berücksichtigen. Anders als bei Überschusseinkünften sind jedoch bei der Gewinneinkunftsart des § 18 EStG die Wertsteigerungen der eingesetzten betrieblichen WG zu berücksichtigen. Nachdem der Restwert des Laptop 700 € (2.100 € AK ./. 1.400 € AfA) und der Kaufpreis 1.000 € betragen, hat S noch einen Veräußerungsgewinn von 300 € zu versteuern.

In diesem Zusammenhang ist auf eine Unsitte in der Praxis hinzuweisen, die sich heute bei geschlossenen Immobilien-Fonds (und früher bei Bauherrenmodellen) eingebürgert hat, der zufolge die Aufteilung (und gelegentlich auch die Ermittlung) der Besteuerungsgrundlagen nach § 21 EStG in der Sprache der Bilanzierung erfolgt (Bsp.: „Kapitalkonten" bei Privatinvestoren!).

1.4 Formalia (Aufzeichnung, Wahl der Gewinnermittlung)

1.4.1 Aufzeichnung und Aufbewahrung

Anders als beim BVV (§§ 145 ff. AO) fehlen für die Überschussrechnung von Gesetzes wegen sowohl eine ausdrückliche Aufzeichnungspflicht wie eine Aufbewahrungspflicht. Abgesehen von zahlreichen Einzelaufzeichnungspflichten innerhalb[14] und außerhalb[15] des EStG, die auch für den Überschussrechner gelten, hat der Überschussrechner in der Art der Aufzeichnung der BE bzw. BA freie Hand. Die Vorfrage der Aufzeichnungspflicht hat vor allem Konsequenzen für das Folgeproblem der Schätzung seitens des FA.

Beispiel 3: Die Handakte des Rechtsanwalts
Nur aus der Handakte (Endabrechnung/Kostenblätter) des Strafverteidigers R ergibt sich für das Jahr 01, dass ein jugendlicher Sexualstraftäter sein Honorar (5.000 € brutto) durch wirksame Abtretung einer Exklusivveröffentlichung in der BamS (Titel: Gerontophiler Eindringling im Altenheim: „Ich war drin") beglichen hat. Im Rahmen einer Außenprüfung im Jahre 08 (PZR: 01 – 05) geht es um die Frage, ob die Unterlagen aus der Handakte verwertbar sind, ggf. ob bei berechtigter Verweigerung die Einnahmen geschätzt werden dürfen.

---

[14] Bsp.: § 4 Abs. 3 S. 5 EStG: Verzeichnis des nicht abnutzbaren AV; § 4 Abs. 4a EStG: Schuldzinsenabzug; § 4 Abs. 7 EStG: nicht abzugsfähige BA; § 6 Abs. 2 S. 4 EStG: GWG; § 6c Abs. 2 EStG: Übertragung stiller Reserven.
[15] Nach §§ 143, 144 AO muss bei Händlern der Wareneingang und -ausgang aufgezeichnet werden; insb. fallen darunter allerdings die umfangeichen Aufzeichnungspflichten nach dem **UStG** (§ 22 UStG; s. allerdings auch die Erleichterung nach § 63 UStDV).

Im Falle nicht ordnungsgemäßer Aufzeichnung der Unterlagen hat die Finanzverwaltung grundsätzlich die Möglichkeit der Schätzung (§ 162 Abs. 2 S. 2 AO). Diese Rechtsfolge greift natürlich nicht, wenn es keine einschlägige Aufzeichnungs- und Aufbewahrungspflicht gibt. Für die § 4 Abs. 3-Rechnung wird mehrheitlich die Auffassung vertreten, dass es zwar keine bestimmte Form der Aufzeichnung (z.B. keine Notwendigkeit einer geschlossenen Kassenbuchführung oder einer täglich-chronologischen Aufzeichnung oder der Entnahme/-Einlagenerfassung)[16] gäbe, hingegen eine **vollständige Belegsammlung bzgl. der BE** und ein dokumentierter Nachweis der **betrieblichen Veranlassung jeder BA** vorliegen müsse. Ansonsten dürfe geschätzt werden.

Lösung:
Vorgreiflich ist darauf hinzuweisen, dass nur solche Informationen abgefragt werden dürfen, die nicht dem Berufsgeheimnis unterliegen (§ 200 i.V.m. § 102 AO). Diese auch bei einer Außenprüfung in eigener Sache geltenden Ermittlungsvorschriften führen dazu, dass bzgl. der Handakte eines RA (StB/WP) reine Mandanten-Tatsachen mangels Entbindung vom Berufsgeheimnis nicht preisgegeben werden dürfen. Andererseits stellen hiervon separierte Eintragungen ermittlungstaugliche Besteuerungsgrundlagen dar. Bei textlich-körperlicher Trennung kann die Auskunft zu Daten, die aus den Kostenblättern ersichtlich sind, nicht verweigert werden[17].
Die steuerrelevante Information der wirksamen Abtretung des Pressehonorars kann jedoch nur dann abgefragt (bzw. bei Verweigerung geschätzt) werden, wenn sie noch aufbewahrt sein müsste. Aus dem Gesamtkontext des § 147 AO entnimmt die h.M. (der Finanzverwaltung und der Rspr.[18]) eine **zehnjährige Aufbewahrungspflicht** (§ 147 Abs. 3 i.V.m. § 147 Abs. 1 Nr. 1 – 4 AO) für sämtliche Belege. Die nur sechsjährige Aufzeichnungspflicht für sonstige Unterlagen kommt deshalb nur dann in Betracht, wenn sie zur Überprüfung des Vollständigkeitsgebotes bzgl. der BE und des Richtigkeitsgebotes bei den BA **nicht erforderlich** sind.
Für umsatzsteuerpflichtige BE – wie im vorliegendem Fall – wird schließlich auf das Aufzeichnungsgebot des § 22 UStG zurückgegriffen und insoweit die Zehnjahresfrist reklamiert. Diese Auffassung kann aber nicht richtig sein, da das USt-Recht nicht über die Dauer der einkommensteuerrelevanten Aufzeichnung zu entscheiden hat (mit dem Ergebnis, dass für Ärzte und dgl. eine kürzere Frist gilt).
Mit den o.g. Argumenten kann das FA die Herausgabe der Handakte verlangen (Zehnjahresfrist) und bei verweigerter Mitwirkung eine Zuschätzung vornehmen. Hierbei liegt auch kein Verstoß gegen § 50 Abs. 2 BRAGO (fünfjährige

---

[16] So auch der BFH vom 12.12.2001 (StuB 2002, 508) und *Heinicke/Schmidt*, § 4 Rz. 374 f.
[17] Ähnliches gilt für die sog. **Patientenkartei** bei Ärzten etc.
[18] Dies wird mit allgemeinen Überlegungen zur Feststellungslast im Steuerrecht begründet, § 200 AO-Kartei, Karte 2.2. sowie zum Umfang der Aufzeichnungspflicht (BFH vom 15.09.1992, BFH/NV 1993, 76): Alle Bankauszüge sind vorzulegen, wenn über dieses Girokonto des § 4 Abs. 3 – Rechners sowohl betrieblicher wie privater (!) Bankverkehr abgewickelt wird.

Aufbewahrung der Handakte) vor, da seit 1999 mit § 147 Abs. 3 S. 2 AO sichergestellt ist, dass durch kürzere berufliche Aufbewahrungspflichten die steuerlichen Fristen nicht außer Kraft gesetzt werden können.

1.4.2 Wahl der Ermittlungsart

Für den verbleibenden Kreis der Gewinneinkunftserzieler (**Freiberufler und Kleinstgewerbetreibende**), die zwischen der Ermittlung nach § 4 Abs. 1 EStG und nach § 4 Abs. 3 EStG wählen dürfen, stellt sich wegen der z.T. deutlichen Steuerauswirkungen die Frage, wie (und wie häufig) dieses **Wahlrecht** ausgeübt werden kann. Die umfangreiche Rspr. des BFH – und ihre Übernahme seitens der Verwaltung[19] – kann man auf drei zentrale Aussagen zurückführen[20]:

- Mit der Erstellung einer Eröffnungsbilanz hat der Steuerbürger sein Wahlrecht konkludent ausgeübt und sich für den BVV (§ 4 Abs. 1 EStG) entschieden;
- die Nichteinrichtung einer Buchführung lässt nur dann auf eine entsprechende Ausübung des Wahlrechts (Überschussrechnung) schließen, wenn sich der Stpfl. über die Voraussetzung des Wahlrechts im klaren war;
- das Wahlrecht ist grundsätzlich für jeden Gewinnermittlungszeitraum (neu) und zu Beginn des VZ auszuüben; es darf aber nicht zu einem willkürlichen (beliebigen) Wechsel der Ermittlungsart kommen.

Voraussetzung und Folgen der Wahlrechtsausübung haben eine große Bedeutung beim Wechsel der Gewinnermittlungsart (s. unter Kap. I.2.5).

2 Die Überschussrechnung im Einzelnen

2.1 Der „Überschuss" der Betriebseinnahmen über die Betriebsausgaben

2.1.1 Die Betriebseinnahmen im Gewinnsteuerrecht

Anders als die BA (§ 4 Abs. 4 EStG) und anders als die Einnahmen (§ 8 EStG) sind die BE nicht gesetzlich definiert. Abstrakt-theoretisch wird der Anwendungsbereich durch eine Analogie zu den o.g. Bestimmungen erschlossen: BE sind Zugänge (Zuflüsse), die in Geld oder Geldeswert bestehen und durch den Betrieb veranlasst sind[21].

---

[19] R 16 Abs. 1 EStR sowie H 16 (1) EStH.
[20] BFH vom 18.03.1993 (BStBl II 1993, 549), vom 01.10.1996 (BFH/NV 1997, 403), vom 09.02.1999 (DStRE 1999, 577 bzw. BFH/NV 1999, 1195) sowie aus der Literatur *Herrmann/Heuer/Raupach*, § 4 Anm. 88; sowie *Weber-Grellet* in *Kirchhof/Söhn*, § 4 Anm. D 40.
[21] Grundlegend BFH vom 01.10.1993 (BStBl II 1994, 179).

Beispiel 4: Die Incentive-Reise des schlitzohrigen Steuerberaters
StB Cleverle C konzentriert sich auf die Beratung von KapG. Ohne zum Prüfungstestat berechtigt zu sein, prüft und zertifiziert C die Abschlüsse der Neumax-AG (neuer Markt). Vom Vorstand der AG erhält er dafür kostenlos eine Informationsreise zur Steueroase Bahamas (Flugticket zu 2.000 €). Der Flug mit der Lufthansa bringt C einen Bonus im Rahmen seines Miles & More-Vertrages (Wert: 200 €) ein. Bei Reiseantritt hatte C seine StB-Zulassung bereits zurückgeben müssen; außerdem ist der Flugschein auf ihn als Privatperson ausgestellt.

Häufig wird in der Überschussrechnung, insb. bei Freiberuflern, nicht der monetäre Zahlungsweg eingeschlagen. Die „Abrechnung" in Form von Naturalien oder von erhaltenen Dienstleistungen führt über die analoge Anwendung von § 8 Abs. 2 EStG zum Ansatz des objektiven Endverbraucherpreises als BE[22]. Darüber hinaus besteht Einigkeit, dass folgende Modalitäten einer BE nicht entgegenstehen, wenn eine hinreichende **Kausalität** zwischen der beruflich-betrieblichen **Vorleistung und dem Entgelt** besteht:

- Die Bezeichnung der Gegenleistung (als Honorar oder dgl.) hat nur Indizwirkung.
- Die zivilrechtliche Causa (Leistung mit/ohne Rechtspflicht; gesetzes- oder sittenwidrige Vertragsgrundlage) ist nach § 40 AO unbeachtlich.
- Eine Gegenleistung ist auch dann eine BE, wenn sie vor Beginn (vorherige BE) oder nach Abschluss der Erwerbsquelle (nachträgliche BE) erfolgt[23].
- Zahlungen von Dritten (nicht Vertragspartner des Überschussrechners) oder an Dritte (z.B. an Angehörige des Überschussrechners) sind bei vorliegendem Zustandstatbestand (Einkunftsquelle) ebenfalls BE.

Andererseits ist geklärt, dass in folgenden Fällen **keine BE** anzusetzen ist:

- Es handelt sich um ersparte Aufwendungen[24].
- Das Vorliegen nur fiktiver Einnahmen (es werden nur Ist-Einnahmen besteuert).
- Steuerfreie Einnahmen[25].
- Einnahmen aufgrund anderer Rechtsverhältnisse (anderer Einkunftsquellen).
- Das Fehlen eines Zustandstatbestandes (und damit Vorliegen einer privaten Veranlassung).

---

[22] Offensichtlich greift die Bezeichnung der Überschussrechnung als reine „Geldrechnung" zu kurz.
[23] Allgemein setzt die Besteuerung einen Zustandstatbestand (eine Einkunftsquelle wie z.B. ein Vertragsverhältnis) und einen Handlungstatbestand (Zufluss von Einnahmen oder Entstehen einer Forderung) voraus (s. *Preißer*, Band 1, Teil A, Kap. I). Zu steuerpflichtigen Einnahmen kann es auch kommen, wenn die Erwerbsquelle („das Geschäftslokal") noch nicht eröffnet ist (sog. „Vorweg-BE") oder geschlossen („Räumungsverkauf") ist. Letzteres („nachträgliche BE") ist in § 24 Nr. 2 EStG verankert.
[24] Bei (im Voraus) unentgeltlicher ärztlicher Behandlung (oder zinsloser Darlehensgewährung) liegen keine BE vor, auch wenn ein Erwerbstatbestand gegeben ist (kein Handlungstatbestand).
[25] Neben den bei § 4 Abs. 3 EStG häufigen Befreiungstatbeständen von § 3 Nr. 26 EStG (Übungsleiterpauschale von 1.848 €) und von § 3 Nr. 38 EStG (Sachprämien i.H.v. 1.224 €) hat dies vor allem Auswirkung auf das **Halbeinkünfteverfahren**, soweit die Beteiligung an einer KapG im BV eines § 4 Abs. 3-Rechners gehalten wird (vgl. § 3 Nr. 40 S. 2 EStG, der ausdrücklich auf die Subsidiaritätsbestimmung von § 20 Abs. 3 EStG verweist).

2 Die Überschussrechnung im Einzelnen

Lösung:
Der Gewinneinkunftserzieler C (§ 18 EStG) erhält von seinem Auftraggeber das Honorar für eine unerlaubte, aber steuerrelevante Tätigkeit[26] in Form eines Reisegutscheins. Weil dieser erst nach Rückgabe seiner Bestallungsurkunde eingelöst wurde, liegt eine nachträgliche BE (nach § 24 Nr. 2 EStG) vor, die durch die vorherige freiberufliche Tätigkeit verursacht war. Die Bezeichnung – „privates Geschenk" – ist dabei unbeachtlich. Nach § 8 Abs. 2 EStG analog ist der am Flugschalter zu zahlende Preis von 2.000 € als BE anzusetzen (BFH vom 20.04.1989, BStBl II 1989, 641).
Problematisch ist allerdings die Prämie der Lufthansa. Zwar werden mittelbare Vorteile wie Bonusgutschriften als wirtschaftlicher Wertzugang nach § 8 Abs. 2 EStG gewertet[27], die mögliche Steuerfolge (BE) setzt jedoch auch hier eine eindeutige betriebliche Veranlassung voraus, wie dies z.B. bei Dienstleistern des Hotel- und Fluggewerbes der Fall ist. Zwar rechtfertigt die Zuwendung eines Dritten (Lufthansa; „verursachender" Vertragspartner ist die Neumax-AG) die Annahme einer BE, letztlich scheitert die Steuerbarkeit an § 3 Nr. 38 EStG, wenn der eingeräumte Bonus von 200 € nicht den Jahresfreibetrag von 1.224 € überschreitet.

Ähnliche Probleme treten in der häufig diskutierten Fallgruppe des **Einnahmeverzichts** (besser: Forderungsverzichts) auf.

Beispiel 5: Der großzügige Dr. Mabuse M
M behandelt seinen Kollegen Frankenstein F wegen dessen Blutarmut in 01. Die ärztliche Leistung (Liquidationswert: 3.000 €) wird dem Kollegen nicht in Rechnung gestellt. Wegen der progressiven Krankheit des F verzichtet M auch in 02 auf die Realisierung.

Lösung:
Bekanntlich führt eine Rechnung allein (mit einem offenen Zahlungsbetrag) zu keiner Ist-Einnahme. Eben so wenig kann – wie hier – aus der unterlassenen Rechnungstellung auf eine Einnahme nach § 4 Abs. 3 EStG geschlossen werden. In **01** liegt demnach **keine BE** vor.

Für **02** sind zwei Lösungen denkbar:
- Entweder haben sich M und F im Voraus auf eine unentgeltliche Behandlung verständigt (vergleichbar der Dienstleistung unter Angehörigen). Dann kann eine Forderung nicht entstehen; ein Verzicht ist begrifflich nicht möglich. Eine BE liegt nicht vor.

---

[26] Die Prüfung der Jahresabschlüsse ist den WP vorbehalten.
[27] BFH vom 22.07.1988 (BStBl II 1988, 995) sowie vom 09.08.1996 (BStBl II 1997, 97 – ohne Kürzung des eingeschränkten Genusswertes! – und BStBl I 1996, 1192). S. auch *Ramb*, Einnahmeüberschussrechnung 1999, 118 ff.

- Eine allein praxisgerechte Auslegung führt hier jedoch zu einem Honoraranspruch. Dabei wird – im Anschluss an die ständige BFH-Rspr. (BFH vom 31.07.1991, BStBl II 1992, 375) – danach differenziert, ob der Forderungserlass privat oder betrieblich motiviert war. Bei einem betrieblich verursachten Verzicht (Bsp.: Aufrechterhalten des Kundenkontaktes) ist der Erlass steuerunbeachtlich, wie dies im Ergebnis auch bei einem Bilanzierenden der Fall wäre[28]. Ein privat veranlasster Verzicht führt hingegen zu einer Entnahme – und somit in der Auswirkung zu einer BE (s. 2.4.1).

Das Motiv des M ist als privat einzustufen; er hat daher in 02 zusätzlich 3.000 € zu versteuern.

2.1.2 Besonderheiten bei den Betriebseinnahmen

In einer der Hauptfallgruppen der Überschussrechnung (Gewinnermittlung von Ärzten) ist auf folgende Besonderheit in der Rspr. zu verweisen, die bereits zur Technik des § 11 EStG überleitet.

> **Beispiel 6: Ärztliche Liquidation (vor und nach der Gesundheitsreform)**
> Zahnarzt Z rechnet mit seinen Privatpatienten über eine Inkasso-GmbH ab, während die Honorarabrechnung mit den Kassenpatienten durch quartalsmäßige Abschlagszahlung der Kassenärztlichen Vereinigung (KAV) erfolgt. Bei der GmbH ging am 30.12.01 der Scheck des Patienten P über 1.000 € ein; der Betrag wurde am 14.01.02 dem Z auf dessen Konto gutgeschrieben. Die KAV überwies den Betrag für das III. Quartal 01 i.H.v. 120.000 € am 05.01.02; der Betrag wurde am 08.01.02 dem Konto des Z gutgeschrieben.

Aufgrund der Geltung des § 11 EStG bei allen Überschussermittlungen (d.h. für § 4 Abs. 3 EStG ebenso wie für die eigentlichen Überschusseinkünfte nach § 2 Abs. 1 Nr. 4 – 7 EStG) ist in zeitlicher Hinsicht nur der Zufluss der Einnahmen in dem jeweiligen VZ zu erfassen. Die einzige Ausnahme hiervon bildet § 11 Abs. 1 S. 2 EStG, wenn sog. regelmäßig wiederkehrende Einnahmen vorliegen und der Zufluss dieser Einnahmen kurzzeitig innerhalb von zehn Tagen (H 116 EStH) erfolgt.

> **Lösung:**
> - Mit dem Eingang des Schecks bei der Inkasso-GmbH am 30.12.01, die insoweit als (Empfangs-)Bevollmächtigte des Z (vgl. § 164 BGB) angesehen wird, ist das Honorar des P dem Z noch in 01 zugeflossen (H 116 EStH).
> - Umgekehrt wird die Überweisung der Abschlagszahlung seitens der KAV als regelmäßig wiederkehrende Einnahmen des Z behandelt (zuletzt BFH

---

[28] Die gewinnwirksame Einbuchung der Forderung wird durch die erfolgswirksame Ausbuchung der Forderung ausgeglichen, so dass im Ergebnis ein neutraler Vorgang gegeben ist.

2 Die Überschussrechnung im Einzelnen

vom 06.07.1995, BStBl II 1996, 266[29]). Bei Gutschrift bis zum 10.01. des Folgejahres wird sie dem alten VZ, hier dem Jahre 01, zugerechnet.

Z hat in 01 noch 121.000 € als BE zu versteuern.

2.1.3 Die Sonderbehandlung durchlaufender Posten (§ 4 Abs. 3 S. 2 EStG)

Der 1965 zusätzlich eingefügte Satz 2 von § 4 Abs. 3 EStG stellt eine Ausnahme vom Zufluss- und Abflussgrundsatz der Überschussrechnung dar. Durch die Nichterfassung von BE/BA, die im Namen und für Rechnung eines anderen vereinnahmt oder verausgabt werden (sog. durchlaufende Posten), sollte ein Aufblähen des Zahlenwerks vermieden werden, wie nachfolgender Fall belegt.

Beispiel 7: Das umfangreiche Zahlenmaterial eines RA
RA R zahlt für den Mandanten M1 im November 01 einen Gerichtskostenvorschuss über 1.000 € beim LG ein, den er im Februar 02 von M1 – mit den Portoauslagen von 100 € und dem Honorar von 10.000 € zzgl. 16 % USt – zurückerhält.
Ähnlich geht R bei M2 vor (Zeugengebühr à 500 € im Dezember 01); nur erhält er – nach Einleitung des Privatschuldnerverfahrens – von M2 weder in 02 noch in 03 ff. etwas von dem verauslagten Betrag.

Als durchlaufende Posten kommen nur die im **fremden Namen/Rechnung** erhaltenen sowie geleisteten Beträge in Betracht. Aus diesem Grunde können die vom Geschäftspartner erhaltenen USt-Beträge lt. Rechnung („brutto") nie durchlaufende Posten sein, da nur der leistende Unternehmer ein USt-Schuldverhältnis mit dem Staat begründet und in dieser Eigenschaft **selbst (USt-)Schuldner** ist (§ 13 UStG)[30].

Lösung:
- Gerichtskostenvorschüsse (sowie verauslagte Gebühren für Genehmigungen bei Behörden) sind der Prototyp durchlaufender Posten, da die Streitpartei zur Zahlung verpflichtet ist. Damit wird der Kostenvorschuss für M1 in der Überschussrechnung des R weder in 01 als BA noch in 02 als BE erfasst.
- Anders verhält es sich mit den Portoauslagen[31], da diese nicht im Namen des Mandanten anfallen, sondern eigene Kosten des RA sind. Diese (100 €) werden in 02 ebenso erfasst wie das Honorar von 10.000 €; beide

---
[29] Dabei kommt es – seit BFH vom 24.07.1986 (BStBl II 1987, 16) – nicht auf die gleiche Höhe der Einnahmen (die Gleichmäßigkeit), sondern auf die „Gleichartigkeit" des Zahlungsvorganges an.
[30] Dies ändert nichts daran, dass der private Geschäftspartner (der Privatverbraucher) die USt wirtschaftlich trägt (sog. indirekte Steuer), vgl. *V Schmidt,* Band 3, Teil B, Kap. I und XVI.
[31] In diesem Sinne hat der 9. Senat des BFH im Bereich der WK, für die § 4 Abs. 3 S. 2 EStG analog anzuwenden ist, entschieden, dass Umlagen und Nebenentgelte eines Mietverhältnisses keine durchlaufenden Posten sind (BFH vom 27.07.1999, BFH/NV 2000, 179).

Beträge sind mit 16 % USt behaftet, so dass R 11.716 € (10.100 € zzgl. 16 % = 1.616 € USt) im Febr. 02 zu versteuern hat. Die Portokosten sind, ebenso wie die an das FA abzuführende USt, erst im Zeitpunkt der Zahlung als BA zu erfassen.

- Im Abrechnungsverhältnis zu M2 greift R 116 Abs. 2 S. 3 EStR, wonach R zwar nicht in 01 den Vorschuss als BA abziehen kann, sondern erst in dem Jahr, da mit einer Erstattung nicht mehr zu rechnen ist (hier in 02).

2.2 Die Technik des § 11 EStG

Das bei der Überschussrechnung obwaltende „Kassenprinzip" ist Ausfluss von § 11 EStG. Wenn dort von Zu- und Abfluss die Rede ist, werden diese Vokabeln in der Rspr. substituiert durch die Begriffe „Erlangung (Zufluss) und Verlust (Abfluss) der wirtschaftlichen Verfügungsmacht". Diese Auslegung gewinnt insb. bei bargeldlosen Zahlungen sowie bei Leistungen erfüllungshalber an Bedeutung.

2.2.1 Leistungen an Erfüllung statt und erfüllungshalber

Bei der nachfolgenden Auflistung ist insb. darauf zu achten, dass der Zufluss- und Abflusszeitpunkt immer auf die jeweilige Person und Situation des § 4 Abs. 3-Rechners zu beziehen ist und beide Zeitpunkte nicht identisch sein müssen.

- **Abtretung**: Zufluss und Abfluss nur, wenn Abtretung an Erfüllung statt (nicht bei zahlungshalber) und Schuldner zahlt tatsächlich (Fälligkeit hier unbeachtlich)[32].
- **Aufrechnung**: Maßgeblich ist die Aufrechnungserklärung mit einer fälligen Gegenforderung (s. Beispiel 8).
- **Kreditkarte**: Zufluss durch Zahlung des Kartenausgebers Abfluss nach h.M. mit Unterschriftsverpflichtung[33].
- **Scheck**: Zufluss bei Entgegennahme, wenn der gedeckt ist (auch, wenn er sich auf gesetzwidrige Geschäfte bezieht, zuletzt BFH vom 20.03.2001, BStBl II 2001, 482 für Bestechungsgelder[34]). Abfluss mit Hingabe des Schecks (identischer Zeitpunkt mit Zufluss).
- **Überweisung**: Zufluss grundsätzlich erst mit Gutschrift. Abfluss mit Eingang des Überweisungsauftrages bei der Schuldnerbank, falls Konto gedeckt (bzw. Kreditrahmen vorhanden) ist[35].
- **Wechsel**: Einheitlicher Zeitpunkt: Diskontierung (Einlösung) des Wechsels.

---

[32] Soll der ursprüngliche Anspruch gegen den Zedenten (Abtretenden) weiter verfolgt werden, liegt nur eine Abtretung erfüllungshalber vor. Insofern sehr missverständliche Formulierung in H 116 EStH „Forderungsabtretung".
[33] Statt aller *Heinicke/Schmidt*, § 11, Rz. 30 (Stichwort: „Kreditkarte").
[34] Diese Rspr. wird für Strafverteidiger wichtig, wenn die strenge Rspr. der Oberlandesgerichte zum GeldwäscheG höchstrichterlich bestätigt wird.
[35] So auch H 116 ErbStH (Stichwort: „Überweisungen") sowie BFH vom 07.12.1999 (BFH/NV 2000, 825) zu § 9 EStG.

2 Die Überschussrechnung im Einzelnen

2.2.2 Der „Kurze Zeitraum" bei den regelmäßig wiederkehrenden Betriebseinnahmen und -ausgaben

Abgesehen von der Festlegung von Rspr. und Verwaltung auf **zehn Tage** als dem maßgeblichen „Kurzzeit-Zeitrahmen" **vor und nach dem 31.12.** sind noch zusätzliche Voraussetzungen zu berücksichtigen, um abweichend vom „Kassensturz" zum Jahresende Ergebnisse zeitversetzt dem KJ zuzuordnen, zu dem sie wirtschaftlich gehören.

Beispiel 8: Eine „aufrechnende Psychologin"
Die Dipl.-Psychologin A betreibt ihre Praxis in gemieteten Räumen. Sie hat die Miete (1.000 €/Monat) im Voraus (spätestens zum 03.01. des Monats) zu entrichten. Ab November 01 zählt auch der Vermieter ihrer Praxis V zu ihren Patienten. A verrechnet daraufhin am 06.01.02 die noch ausstehende Miete für Dezember 01 und für Januar 02 mit der Honorarforderung in gleicher Höhe (erfolgreiche Behandlung).

Gelegentlich unterliegen beide Geschäftspartner, ob schon mit unterschiedlichen Einkunftsarten, dem gleichen Ermittlungssystem des § 11 EStG.

Lösung:
Mietzinsen sind regelmäßig wiederkehrende Einnahmen (bei V) bzw. Ausgaben (bei A). Aus Sicht der A ist zunächst festzuhalten, dass ihre Honorarforderung in 01 für die Gewinnermittlung ohne Bedeutung ist[36].
Nachdem die wirksame Aufrechnung[37] am 06.01.02 erfolgte, könnte die Miete für Dezember 01 als regelmäßig wiederkehrende BA zu berücksichtigen sein. Zwar liegt der „Verlust der wirtschaftlichen Verfügungsmacht" über diesen Betrag innerhalb des 10-Tages-Zeitraumes. Nach immer noch gültiger, wenn gleich schwer nachzuvollziehender BFH-Rspr. wird – praeter legem (wörtlich: neben dem Gesetz) – das Kurzzeit-Kriterium auch auf die **Fälligkeit** erstreckt[38]. Die Miete für Dezember 01 war jedoch schon am 03.12.01 – und damit nicht innerhalb des 20-Tageskorridors (10 Tage vor und nach 31.12.) – fällig. Damit kann die Miete nicht als BA des Jahres 01 abgezogen werden. Beide Mieten (Dezember 01 und Januar 02) werden daher erst in 02 berücksichtigt.

---

[36] Umgekehrt muss V die Miete für Dezember 01 erst in 02 als Einnahmen gem. §§ 8, 21 EStG erfassen.
[37] Eine wirksame Aufrechnung setzt nach § 387 BGB zwei gleichartige und gegenseitige Forderungen voraus, von denen die Aktivforderung (mit der aufgerechnet wird) erfüllbar und die Passivforderung (gegen die aufgerechnet wird) fällig ist.
[38] Vom BFH vom 12.11.1997 (BStBl II 1998, 252) für die sog. „Stornoreserve" eines selbständigen Versicherungsvertreters (§ 4 Abs. 3 EStG) bestätigt: danach werden monatliche Beträge, die von der Versicherung einem Reservekonto gutgeschrieben werden, nicht im Zeitpunkt der Gutschrift fällig und sind – mangels Verzinsung – nicht als BE zu erfassen.

2.2.3 § 11 EStG und der Betriebsausgaben-Abfluss

In Zusammenhang mit dem Betriebsausgabenabzug und mit § 11 Abs. 2 EStG sind auch die Darlehensgeschäfte eines Überschussrechners zu sehen. Während für BA generell § 4 Abs. 4 ff. EStG sowie § 12 EStG zu berücksichtigen sind, sind beim § 4 Abs. 3-Rechner zusätzlich § 11 Abs. 2 EStG sowie „systemimmanente" Regeln zu befolgen.

Beispiel 9: Der fremdfinanzierte Unternehmensberater U
U, selbständiger Unternehmensberater finanziert seit Geschäftsbeginn am 20.12.01 Büro und Sekretärin mittels eines sog. Vorzugsdarlehens. Die Valuta beträgt 200.000 € bei einem Auszahlungsbetrag von 190.000 €; 10 % Zinssatz (jährlich im Voraus) sowie 1 % Tilgung (ebenfalls jährlich im Voraus) und 10 jährige Zinsfestschreibung waren vereinbart. Wie ist die vertragsgemäße Abwicklung am 27.12.01 (Überweisung der Bank von 190.000 €; Tilgungsleistung von 2.000 € für 02; Zinszahlung von 20.000 €) bei der Gewinnermittlung des U zu behandeln?

Lösung:
Das Darlehen ist betrieblich veranlasst, so dass auch die Zinsen gem. § 4 Abs. 4 EStG zum Abzug zuzulassen sind (§ 4 Abs. 4a S. 7 EStG ist nicht einschlägig; § 12 EStG steht nicht entgegen). Die Überweisung selbst (190.000 €) ist ebenso wenig wie die Tilgung (2.000 € für 02) bei der Überschussrechnung steuerrelevant, da es sich um unbeachtliche **Bewegungen im Vermögensbereich** handelt[39].

Die am 27.12.01 für das Jahr 02 überwiesenen Zinsen sind regelmäßig wiederkehrende BA, innerhalb des 10-Tageszeitraumes fällig gewesen („jährlich im Voraus") und auch bezahlt worden: Die Zinsen (20.000 €) sind BA des Jahres 02.

Hingegen ist das einbehaltene Disagio (Damnum) von 10.000 € sofortige BA des Jahres 01, da eine Aktivierung als Rechnungsabgrenzungsposten und Verteilung über die zehnjährige Laufzeit – wie dies bei der Bilanzierung der Fall ist (§ 5 Abs. 5 Nr. 1 EStG) – bei der Überschussrechnung gerade nicht möglich ist. Das Damnum stellt auch keine periodisch wiederkehrende gleichartige Zahlung dar, da – erst in 10 Jahren – neu verhandelt wird und dann die Restvaluta ggf. ohne weiteres Abgeld fällig gestellt werden. In 01 ist das Damnum des U voll (10.000 €) als BA abzuziehen.

2.3 Einzelne Posten der Überschussrechnung

Vorbemerkung: Wegen des didaktisch angestrebten, von der Rspr. des BFH immer wieder durchgesetzten und von der Wissenschaft geforderten **einheitlichen Gewinnver-**

---

[39] Andere Erklärung: Gleichbehandlung mit der Bilanzierung, bei der mit der Aufnahme des Darlehens eine erfolgsneutrale Aktiv-Passivmehrung verbunden ist.

ständnisses hält sich der Aufbau an die Begriffswelt des Bilanzrechts, um sogleich die technischen Unterschiede bei der § 4 Abs. 3-Rechnung aufzuzeigen[40].

2.3.1 Das Umlaufvermögen

Irritierenden älteren Äußerungen des BFH[41] zum Trotz hat sich die Erkenntnis durchgesetzt, dass es natürlich auch beim Überschussrechner ein UV gibt[42], wie es in R 32 Abs. 2 EStR definiert ist: WG, die zur Veräußerung, Verarbeitung oder zum Verbrauch bestimmt sind. Im Unterschied zur Gewinnermittlung durch BVV erfährt das UV beim Überschussrechner jedoch eine andere Behandlung. Nachdem § 4 Abs. 3 EStG sich dieser Vermögenskategorie nicht ausdrücklich angenommen hat, verbleibt es bei der Aussage von § 11 EStG, wonach mit Bezahlung der angeschafften Waren (bzw. der Roh-, Hilfs- und Betriebsstoffe) diese Geschäftsvorfälle abschließend gewürdigt sind. Spätere Ereignisse wie Verlust, Diebstahl, Zerstörung können **nicht ein zweites Mal erfolgswirksam** (auch nicht durch eine Teilwertabschreibung) berücksichtigt werden. Dies liegt zum einen an der für die Gewinnermittlung nach § 4 Abs. 3 EStG irrelevanten Inventur, zum anderen an dem Grundsatz der „Totalgewinnidentität", verglichen mit dem Bilanzierenden. Nachdem sich bei diesem die Anschaffung als erfolgsneutral[43] erweist, wird die **erst- und einmalige** Gewinnauswirkung später durch Verkauf oder durch betrieblichen Verlust dokumentiert. Nach dem Verbot der Doppelberücksichtigung wird das UV bei der Überschussrechnung grundsätzlich nur einmal, nämlich beim bezahlten Erwerb, erfolgswirksam berücksichtigt.

> **Beispiel 10: Die „Goldrochade" bei Zahnärzten**
> Der Zahnarzt Z verfährt wie einige seiner Kollegen: Die Schmerzen des Patienten (P) können – lege artis – nur durch eine neue Goldfüllung behoben werden. Zu diesem Zweck entnimmt Z das Altgold des P mit einem Tauschwert von 1.000 €. Damit soll das Behandlungshonorar zur Hälfte abgegolten sein. P erhält eine Füllung mit Neugold. Das gesammelte Altgold (insgesamt 10.000 €) tauscht Z gegen Feingoldpräparate[44], um es zukünftig bei anderen Patienten schmerzlindernd einzusetzen. Beim Tausch (Altgold gegen Feingold) geht ein Fünftel durch Unachtsamkeit verloren.

Die häufig bei Außenprüfungen festgestellten Goldtransaktionen der Zahnärzte führten nicht nur zu einem – zwischenzeitlich gefestigten – Case-Law des BFH, sondern auch

---

[40] Vgl. nur *Bordewin* (FR 1992, 236): „Dieses Aschenputtel (gemeint ist: die Überschussrechnung) hat für den Steuerrechtler besondere Reize, der sich ihm vom Bilanzrecht her zuwendet".
[41] BFH vom 22.02.1973 (BStBl II 1973, 480); dagegen z.B. *Weber/Grellet* in *Kirchhof-Söhn*, § 4 D 190 m.w.N. (u.a. *Groh*, FR 1986, 393).
[42] Grundlegend BFH vom 16.06.1994 (BStBl II 1994, 932) zur Umstellung eines Landwirts auf § 4 Abs. 3 EStG (dort: zum Viehumlaufvermögen; Ansatz mit AK/HK).
[43] Aktiv-Passivmehrung bei Kauf auf Ziel bzw. Aktivtausch bei Barzahlung.
[44] Nach den Erkenntnissen des FG Karlsruhe vom 14.04.1994 (EFG 1995, 160) darf es sich dabei nicht um Feingoldbänder handeln, da diese angeblich keine Verwendung in einer Zahnarztpraxis finden.

zu zahlreichen Hinterziehungsverfahren. Das Steuerrecht verdankt dieser Fallgruppe einen wertvollen Beitrag zur Charakterisierung und Behandlung des UV bei der Überschussrechnung.

Lösung:

a) Das einbehaltene Altgold stellt als betrieblicher Zufluss eines wirtschaftlichen Vorteils in Geldeswert eine BE nach § 8 Abs. 2 EStG (Honorarersatz[45]: Ansatz mit dem gemeinen Wert[46]) dar; 1.000 € (Gold) + 1.000 € (reguläres Honorar) als BE.

b) Wenn, wie hier, das Altgold zur betrieblichen Wiederverwendung (wenngleich nur für Tauschzwecke) aufbewahrt wird, ist damit Vorratsvermögen angeschafft. Dies ist jedoch eine BA (i.H.v. 1.000 €), so dass sich BE und BA wieder ausgleichen. Etwas anderes (kein betriebliches UV, da kein BV) gilt nur, wenn das gesammelte Altgold nicht verbraucht wird, sondern zur privaten Vermögensbildung angeschafft sein soll[47]. Dies muss zwangsläufig eine Entnahme sein (s. sogleich).

c) Der Tausch des Altgoldes gegen Feingoldpräparate (Wert: 10.000 €) zur Verwendung als neues Zahngold stellt eine erneute BE (Hilfsgeschäft: Veräußerung von BV) und gleichzeitig eine BA (Anschaffung des neuen Zahngoldes) in derselben Höhe dar. Die beiden Vorgänge gleichen sich hier wieder aus[48].

d) Schließlich kann der Verlust von einem Fünftel (1/5) des Altgoldes (2.000 €) keine nochmalige BA-Berücksichtigung finden, da ausschließlich der Ersterwerb als BA behandelt wird.

2.3.2 Das abnutzbare Anlagevermögen

Bereits früh hatte man erkannt, dass das Abflussprinzip bei WG des abnutzbaren Anlagevermögens – mit der Folge: AK als BA – zugunsten der wirtschaftlichen Verursachung – **nunmehr: AfA als BA** – zurücktreten müsse. Mit § 4 Abs. 3 S. 3 EStG finden seit 1954 – analog zur Bilanzierung – die Vorschriften der §§ 7, 7a ff. EStG, § 82a EStDV über die AfA Anwendung. Dies gilt sowohl für die „Planabschreibung" des § 7 EStG, als auch für die Absetzung für erhöhte Abnutzung, sowie für Sonderabschreibungen. Keine Anwendung findet § 4 Abs. 3 S. 3 EStG hingegen für die außerplanmäßige

---

[45] Für den Fall, dass P über den Verbleib des Altgoldes uninformiert bleibt (und er es nicht in Anrechnung bringt), kommt ein Betrug(-sversuch) nach § 263 StGB durch Unterlassen in Betracht. Dies wird aber nur bei einer Aufklärungspflicht aus vorausgegangenem Tun (Ingerenz) bejaht, die nicht vorliegen dürfte.

[46] Fraglich, ob dieses Ergebnis auf § 6 Abs. 4 EStG (früher: § 7 Abs. 2 EStDV) gestützt werden kann (so aber *Segebrecht*, Rz. 277).

[47] Nach BFH vom 26.05.1994 (BStBl II 1994, 750) ist dies dann der Fall, wenn es in max. sieben Jahren nicht verbraucht wurde (...).

[48] BFH vom 12.07.1990 (BStBl II 1991, 13 – Altgold gegen Zahngold) gegen BFH vom 17.04.1986 (BStBl II 1986, 607 – Altgold gegen privates Feingold).

Teilwertabschreibung nach § 6 Abs. 1 Nr. 1 EStG, da die dortige bilanzmäßige Bewertung gerade beim Überschussrechner leer läuft[49]. Anderseits findet die GWG-Regelung des § 6 Abs. 2 EStG Anwendung, da es sich hierbei um eine materielle AfA-Regelung handelt, obwohl die Bestimmung im bilanziellen Bewertungsrecht bei § 6 EStG steht (R 40 Abs. 3 EStR). Für die Frage der erstmaligen Berücksichtigung wird auf § 9a EStDV verwiesen (Jahr der Anschaffung ist das Jahr der Lieferung).

Beispiel 11: Die rasante Fahrt der Hebamme mit Ikone
Hebamme H benutzt seit 01 einen Citroen 2 CV ausschließlich für Dienstfahrten. Nachdem für sie eine Pauschalregelung für BA nicht in Betracht kommt[50], möchte sie wissen, wie sich die Anschaffung der „Ente" zu 6.000 € (brutto) steuerlich amortisiert. Dabei ist zu berücksichtigen, dass sie im März 06 auf der Fahrt zu einer Hausgeburt einen Totalunfall (Versicherungsentschädigung: 500 €) erlitten hat. Im Pkw von H fuhr immer eine baumelnde Ikone des Heiligen Christopherus mit, die sie gleichzeitig mit dem Pkw zu 450 € erworben hat. Der Schutzzweck der Ikone versagte offensichtlich bei dem Unfall.

Eine der Vorfragen zur Berücksichtigung der AfA als BA wird immer sein, ob die konkreten WG überhaupt **BV-Eigenschaft** haben oder PV darstellen. Losgelöst von der Streitfrage, ob es bei § 4 Abs. 3 EStG ein gewillkürtes BV gibt (s. unter 2.4.5), bereitet die Annahme von (notwendigem) BV bei ausschließlicher betrieblicher Nutzung keine Probleme. Dies gilt hier sowohl für den „2 CV" wie auch für den „Christopherus"[51]. Bei der Ikone, die keine Sachgesamtheit mit dem Pkw bildet, ist eventuell die Eigenschaft als **„abnutzbares"** WG fraglich. Bei Kunstgegenständen kommt allenfalls eine wirtschaftliche Abnutzung (s. aber BFH vom 26.01.2001, BStBl II 2001, 194)[52] in Betracht. Dies ist nach gesicherter BFH-Rspr. (BFH vom 09.08.1989, BStBl II 1990, 50) jedoch bei Kunstwerken anerkannter Meister[53] sowie bei Sammelstücken nicht der Fall, da hier eher mit einem Wertzuwachs zu rechnen ist.

Lösung:
Nachdem H Einkünfte in einem ähnlichen Beruf nach § 18 EStG (BFH vom 23.08.1996, BStBl III 1966, 677) erzielt, kann sie ihren Gewinn nach der Überschussrechnung ermitteln (§ 18, § 2 Abs. 2 Nr. 1, § 4 Abs. 3 EStG).

---

[49] An dieser Stelle bekommt die AfA gem. § 7 Abs. 1 S. 6 EStG erhöhte Bedeutung, da auf diese gesetzlich Bezug genommen ist (s. auch *Segebrecht*, Rz. 560).
[50] Anders (z.B. 25 % BA der gesamten BE) für nebenberufliche Schriftsteller, vgl. BMF vom 21.01.1994 (BStBl I 1994, 112).
[51] Eine private Veranlassung (§ 12 Nr. 1 EStG) ist wegen des identischen Erwerbszeitpunktes und des identischen Einsatzes mit dem Betriebs-Pkw auszuschließen (a.A. vertretbar).
[52] Ausnahmefall: Über 300 Jahre alte Meistergeige, die im Konzertalltag eingesetzt wird; hier kann es nach BFH vom 26.01.2001 (BStBl II 2001, 194) – Fall zu § 9 EStG – zu einem technischen Verschleiß kommen, auch wenn ein wirtschaftlicher Wertzuwachs gegeben ist.
[53] Hierfür gibt es – je nach OFD-Bezirk – unterschiedliche Auffassungen. In den meisten Fällen liegt bei Überschreiten der 10.000 €-Anschaffungsgrenze ein Kunstwerk eines anerkannten Meisters vor.

- Beim **Pkw** ist im Anschaffungsjahr 01 nach § 4 Abs. 3 S. 3 EStG i.V.m. § 7 EStG nur die AfA als BA zu berücksichtigen. AfA-BMG ist nach § 9b EStG der Bruttobetrag i.H.v. 6.000 €, da H nach § 4 Nr. 14 UStG steuerbefreite Umsätze tätigt. Unterstellt, dass die lineare AfA nach § 7 Abs. 1 EStG gewählt wird – und dass H von der Vereinfachungsregelung der R 44 Abs. 2 S. 3 EStR Gebrauch macht – kommt die Ganz-Jahres-AfA[54] zum Abzug. Als betriebsgewöhnliche ND für Pkw wird jetzt seitens der Finanzverwaltung (BStBl I 2000, 1532) nunmehr ein Zeitraum von sechs[55] Jahren angenommen; die jährliche lineare AfA beträgt 1.000 €. Als BA für den Pkw kann in 01 und in den Folgejahren (02 – 05) bis zum Unfall je 1.000 € als jährlicher AfA-Betrag angesetzt werden.
- Bei der **Ikone** wurde festgestellt, dass es sich um ein abnutzbares (und eigenständiges) WG des betrieblichen AV handelt und dass sie bei einem Wert von 450 € sofort nach § 6 Abs. 2 EStG als GWG abgeschrieben werden kann (BA), da der Grenzwert von 410 € immer netto ermittelt wird[56].
- Der Betriebs[57]-**Unfall** im Jahre 06 führt – in Analogie zur Bilanzierung – zur Ausbuchung des Restwerts als BA und zum Ansatz der Versicherungsentschädigung als BE. Bis zum Ausscheiden ist allerdings die „laufende" AfA von nur[58] 3/12 (d.h. 1/4) der Jahres-AfA als BA (250 €) zu erfassen. Sodann ist der Restwert von 750 € als BA anzusetzen und schließlich die BE von 500 € zu erfassen.

2.3.3 Das nicht abnutzbare Anlagevermögen

Ohne die Klarstellung in § 4 Abs. 3 S. 4 und 5 EStG würden sämtliche Überschussrechner mit hohen Investitionen, die beim Kauf von Grundbesitz oder beim Erwerb von betrieblichen Beteiligungen erforderlich sind, auf einen (zu) langen Zeitraum steuerliche Verluste generieren. Von daher werden die AK in dieser betrieblichen Vermögenskategorie erst bei der späteren Veräußerung oder Entnahme – als Gegengröße zum Verkaufserlös – angesetzt.

Beispiel 12: Die Vorfreude des Architekten
Architekt (A) – Überschussrechner – erhält von seinem jetzigen Auftraggeber, der Neuen Heimat-AG als Honorar 100 neue Aktien eben dieser AG für Arbeiten in 02. Ein Jahr vorher hatte er 1.000 Wertpapiere dieser AG zu einem Börsenkurs von 100 € erworben. In 02 stieg der Kurs auf 150 € und in 08 auf

---

[54] FN 60.
[55] Ursprünglich betrug sie 4 Jahre; als Reaktion auf das BFH-Urteil vom 24.11.1994 (BStBl III 1995, 318: im Urteil sechs Jahre) ist sie auf fünf Jahre und heute auf sechs Jahre ausgedehnt worden.
[56] Bei der Grenzberechnung von 410 € ist **immer vom Nettobetrag** auszugehen (R 86 Abs. 4 S. 2 EStR). Dies gilt unabhängig davon, ob ein Vorsteuerabzug besteht oder nicht. **Hier**: (fiktive) 388 € netto.
[57] Bei einem privat veranlassten Unfall (bzw. bei einem Unfall unter Alkoholeinfluss) wird ebenfalls der Restwert ausgebucht (BFH vom 24.05.2989, BStBl II 1990, 8). Keine Entnahme!
[58] Bei Ausscheiden des WG gilt die Vereinfachungsregel der R 44 Abs. 2 EStR nicht.

2 Die Überschussrechnung im Einzelnen

200 €, als er diese einlöste. In den Jahren 02 – 08 erhält er 10 % Nettodividende pro Nennbetrag der Aktie (52,50 €). Freut sich A zu früh über den realisierten Wertzuwachs?

Aktien gehören dann zum nicht abnutzbaren AV, wenn sie – wie hier – nicht zur kurzfristigen Spekulation (sodann UV) erworben werden und in Bezug zur eigenen beruflichen (betrieblichen) Tätigkeit des Erwerbers stehen. Nach § 4 Abs. 3 S. 5 EStG treten die skizzierten Steuerfolgen nur ein, wenn die WG in einem Anlageverzeichnis geführt werden.

Lösung:

- Der Erwerb der 1.000 Aktien in 01 zu 100 € führt zu AK von 100 T€, die erst beim Verkauf in 08 als BA berücksichtigt werden, wenn gleichzeitig der Erlös von 200 T€ als BE anzusetzen ist.
- Schwieriger gestaltet sich der Erwerb der hundert Wertpapiere in 02. Diese repräsentieren als geldwerte Leistung das Honorar und sind nach § 8 Abs. 2 EStG zu versteuern. Gleichzeitig stellen sie AK für WG des nicht abnutzbaren AV dar, die als BA erst in 08 zu erfassen sind. Mit dem Urteil des BFH vom 01.02.2001 (BStBl II 2001, 546) ist daher die realisierte Wertsteigerung der Aktien als BE in 08 mit einem Betrag von 5 T€ (20 T€ ./. 15 T€) zu erfassen. Dabei spielt es im betrieblichen Bereich keine Rolle, ob der Aktienerwerb zu einer „wesentlichen" Beteiligung nach § 17 EStG führte, da sie ihrer Rechtsnatur nach BV sind.
- Die **Dividenden** stellen, da es sich um betriebliche Wertpapiere handelt, BE dar (§ 20 Abs. 3 EStG). Im Jahr 02 (und in den Folgejahren) beträgt die Nettodividende (§ 20 Abs. 1 EStG) 5.250 € (10 % vom gesamten Nennbetrag von 52.500 €).

Hinsichtlich der Höhe der Dividenden ist danach zu differenzieren, ob diese unter der Herrschaft des alten Anrechnungsverfahrens (bis 2001) oder unter dem Regime des neuen Halbeinkünfteverfahrens (ab 2002) ausgeschüttet wurden[59].

- Unter Geltung des **Anrechnungsverfahrens**[60] bekommt A als Nettodividende 5.250 €; Besteuerungsgrundlage ist nach § 20 Abs. 1 S. 1 EStG jedoch die Bardividende (unter Einbeziehung der KapESt von damals 25 %). Danach beträgt die Bardividende 7.000 €[61]. Hinzu kam nach § 20 Abs. 1 Nr. 3 EStG die Steuergutschrift von 3/7 (3.000 €)[62] zur Errechnung der steuerbaren Bruttodividende von 10.000 € als BE.

---

[59] Im Einzelnen dazu *Maurer*, Teil C, Kap. I.
[60] Hier ohne Berücksichtigung des SolZ.
[61] 25 % von 7.000 € = 1.750 €; wird die KapESt nun von der Bardividende abgezogen, ergibt dies 5.250 € (Nettodividende).
[62] Die KSt von 3.000 € wurde – ebenso wie die KapESt von 1.750 € – bei der Veranlagung gem. § 36 Abs. 2 Nr. 2 bzw. 3 EStG a.F. angerechnet.

- Unter Geltung des **Halbeinkünfteverfahrens** wird die (hier: unterstellte) identische Nettodividende von 5.250 € gem. § 3 Nr. 40d EStG nur zur Hälfte, d.h. mit 2.625 € angesetzt, allerdings erhöht um die nach § 12 Nr. 3 EStG hinzuzurechnende hälftige KapESt (von jetzt 20 %, bezogen auf die ausgeschüttete Bruttodividende der AG)[63].

2.4 Spezialfragen der Überschussrechnung

2.4.1 Entnahmen und Einlagen (Technische Fragen)

Wie bereits erwähnt, ist § 4 Abs. 3 EStG eine lückenhafte Vorschrift. So sind alle Vorgänge, die beim BVV als Entnahmen und Einlagen einen Korrekturposten zum reinen Vermögensvergleich (§ 4 Abs. 1 S. 1 EStG) bilden, um somit das rein-betriebliche Ergebnis zu ermitteln, bei der Überschussrechnung nicht vorgesehen. Da sich die Tatbestände auch hier nicht vermeiden lassen, sah sich die Rspr. gezwungen, außerbetriebliche Wertzugänge (Einlagen) sowie Wertabführungen (Entnahmen), im Ergebnis der Gewinnermittlung nach § 4 Abs. 1 EStG gleichzustellen. In der „Sprache" der Überschussrechnung sind **Entnahmen wie BE und Einlagen wie BA** zu behandeln.

> **Beispiel 13: Der Standardfall einer Pkw-Privatfahrt – die gesetzliche Luxusantwort**
>
> Kioskverkäufer K (kein Kaufmann, § 141 AO-Grenzen sind unterschritten) fährt täglich (300-mal/Jahr) mit seinem am 01.02.1999 erworbenen, gebrauchten E-Klasse Mercedes (umgerechneter Listenpreis 30.000 €; sog. alter[64] Pkw) von der Wohnung unter der Lombardsbrücke (Hamburg) zu seinem Kioskstand (Jungfernstieg, ebenfalls Hamburg); Entfernung ca. 1 km. Ansonsten ist er lt. ordnungsgemäß geführtem Fahrtenbuch zu 80 % mit dem Pkw betrieblich (Einkaufsfahrten) unterwegs. 2.000 km werden für Privatfahrten nach Sylt (2. Wohnung) zurückgelegt. Insgesamt fährt er mit seinem Mercedes 10.600 km/anno, die zu genau 10.600 € Pkw-Kosten (netto; davon 1.000 € ohne Vorsteuerabzug) führen.
> **Alternative:** K ist ohne Fahrtenbuch unterwegs.

Die Eigengesetzlichkeit der § 4 Abs. 3-Rechnung ist in allen Einzelfällen der Entnahmen und Einlagen zu beachten. Für die – wegen der Charakterisierung des Pkw als WG des notwendigen BV[65] – hier vorliegenden Nutzungsentnahme (§ 4 Abs. 1 S. 2 EStG analog) der Privatfahrten bedeutet dies:

---

[63] Vgl. auch zu der unterschiedlichen Dividenden-Terminologie *Heinicke-Schmidt*, § 20 Rz. 40 ff. (zum Anrechnungsverfahren) sowie *von Beckerath-Kirchhof* 2001, § 20 Rz. 41 andererseits (zum Halbeinkünfteverfahren).
[64] Der Pkw wurde vor der Änderung von § 15 Abs. 1b UStG (nur 50 %iger Vorsteuerabzug bei gemischt-genutzten Pkw), d.h. vor 01.04.1999 (vgl. § 27 Abs. 3 UStG) angeschafft.
[65] Bei einem betrieblichen Nutzungsgrad von > 50 % (R 13 Abs. 1 EStR) ist der Pkw sog. notwendiges BV und als solches unproblematisch bei der Überschussrechnung als BV anzusetzen.

Lösung:
Im **Ausgangsfall** führt die **Nutzungsentnahme** in dem Fall, dass K die Pkw-Kosten voll-umfänglich (zu 10.600 €) als BA behandelt hat, zu einer Hinzurechnung als BE, vermehrt um einen weiteren Korrekturposten:

- Bei ordnungsgem. geführtem Fahrtenbuch[66] sind zunächst für die Fahrten zwischen **Wohnung und Betrieb** § 4 Abs. 5 Nr. 6 i.V.m. § 9 Abs. 1 S. 3 Nr. 4 EStG die den Pauschalansatz von 0,36 € übersteigenden Aufwendungen als nicht abzugsfähig zu behandeln. Der Kostenansatz pro gefahrenen km beträgt hier exakt einen €[67].

Für Fahrten Wohnung/Betrieb (300 x 2 km) sind somit angefallen	600,00 €
Abzugsfähig sind 300 km x 0,36 €	./. 108,00 €
Nicht abzugsfähige Kosten sind zunächst entstanden i.H.v.	492,00 €
Wegen § 15 Abs. 1a Nr. 1 UStG fällt hierauf noch eine – wegen § 12 Nr. 3 EStG – nicht abzugsfähige Vorsteuerkorrektur an i.H.v.	78,72 €
So dass insgesamt der Bruttoansatz beträgt	**570,72 €**

- Die „eigentlichen" Privatfahrten werden bei einem Anteil von 20 % (2.000 km) bei einem Fahrtenbuch wie folgt abgerechnet:

    10.000 € x 20 % = 2.000 € private **Nutzungsentnahme (BE i.H.v. 2.000 €).**

- Dabei ist noch die USt i.H.v. 16 %, bezogen auf 1.800 €[68], zu berücksichtigen (288 €); somit erhöht sich – wegen § 12 Nr. 3 EStG – die Nutzungsentnahme auf **2.288 €.**

- Nach der Erfassung (dem Abzug) von 10.600 € Pkw-Kosten erhöhen Entnahmen i.H.v. 2.858,72 € (als BE) den Gewinn des K.

In der **Alternative** (kein Fahrtenbuch) erfolgt die Berechnung aufgrund der sowohl für Neufahrzeuge[69], als auch für Gebrauchtfahrzeuge[70] vom BFH für verfassungskonform gehaltenen 1 %-Regelung.

- Hiernach ändert sich bei den Fahrten zwischen Wohnung und Betrieb der Ausgangswert (statt 600 € jetzt 108 €[71]), so dass es hier zu keiner Korrektur kommt.

---

[66] Zur privaten Pkw-Nutzung allgemein BMF-Schreiben vom 12.05.1997 (BStBl I 1997, 562) und vom 04.08.1999 (BStBl I 1999, 727) sowie speziell zum Fahrtenbuch dortige Rz. 15 ff. (Hinweis auf R 31 Abs. 7 Nr. 2 LStR).
[67] 10.600 € für 10.600 km.
[68] Von den verbleibenden 10.000 € sind 1.000 € nicht vorsteuerverhaftet gewesen; diese münden bei der Berechnung der USt nach § 3 Abs. 9a Nr. 1 UStG nicht in die BMG, so dass nur 20 % von 9.000 €, d.h. 1.800 € das USt-Entgelt nach § 10 UStG darstellen.
[69] BFH vom 24.02.2000 (BStBl II 2000, 273).
[70] BFH vom 01.03.2001 (BStBl II, 2001, 403).
[71] 30.000 € (Listenpreis) x 0,03 % (9 €) x 12 Monate x 1 km = 108 €. Vgl. § 4 Abs. 5 Nr. 6 S. 2 EStG.

- Bei den reinen Privatfahrten erhöht sich der (Netto-)Ansatz auf 3.600 €[72] (§ 6 Abs. 1 Nr. 4 S. 2 EStG).

Neben der Nutzungsentnahme kommt die Entnahme von Gegenständen in Betracht. Im Unterschied zu den Entnahmen sind (bloße) Nutzungen und Dienstleistungen nicht einlagefähig, Sachgegenstände (oder allgemeiner: WG) hingegen schon.

Beispiel 13a: Das geänderte Fahrverhalten des K (aus Beispiel 13)
Spätestens nach der Lösung zu Beispiel 13 besinnt sich K seiner politischen Aufgabe als Öko-bewusster Kioskbesitzer. Er schenkt den voll abgeschriebenen Mercedes (AK im Jahre 1999: 20.000 €) im Dezember 2002 seiner Lebensgefährtin.
Von ihr erhält er im Gegenzug ein gleichwertiges, höchstens noch zwei Jahre nutzbares Motorrad (Marke Chopper-Rex) mit einem Schätzwert von 100 €. Seitdem „choppt" K morgens und abends beruflich an der Binnenalster.

Bei Umwidmung eines Gegenstandes vom bisherigen BV in nunmehriges PV (Entnahme des Mercedes) und umgekehrt bei einer Überführung eines WG vom PV in das BV (Einlage des Motorrads), findet unmittelbar kein Zahlungsvorgang statt. Die Überschussrechnung muss aber die Frage beantworten, wie sich diese Vorgänge im Zeitpunkt der Nutzungsänderung und später auf die Ermittlung des betrieblichen Ergebnisses auswirken. Dabei ist als Ausgangspunkt für alle weiteren Überlegungen vom **TW** des eingelegten, wie des entnommenen WG, auszugehen. § 6 Abs. 1 Nr. 4 und 5 EStG sind, wie jüngst vom BFH wieder bestätigt (BFH vom 09.11.2000, BStBl II 2001, 190), analog anzuwenden. Die Kernaussage des (Teil-)Wertansatzes ist ins System der Überschussrechnung einzupassen.

Lösung:
Die **Entnahme** des Mercedes Ende 2002 ist mit dem TW von 100 € (gem. § 6 Abs. 1 Nr. 4 EStG analog) anzusetzen und als BE zu erfassen. Wiederum vergleichbar mit einem Bilanzierenden hat der § 4 Abs. 3-Rechner den Restwert als BA abzuziehen, da bei der vorliegenden Realisierung von betrieblichen Wertsteigerungen bei beiden Gewinnermittlungsarten nur die **stillen Reserven** zu versteuern sind. Diese setzen sich **nur aus der Differenz** zwischen dem TW (bzw. dem Kaufpreis) und dem noch nicht abgeschriebenen Rest- oder Buchwert zusammen. K hat, da der Mercedes bereits auf „0" gesetzt ist, nur 100 € als Entnahmedifferenz (BE) zu versteuern.
Für die **Einlage** des Motorrads gilt § 6 Abs. 1 Nr. 5 EStG ebenfalls analog mit dem TW. Da die Einlage eines WG – für die weitere Behandlung dieses WG – mit einer Anschaffung vergleichbar ist, gelten die gleichen Grundsätze bei § 4 Abs. 3 EStG wie beim Erwerb. Entsprechend der Rechtsnatur des jeweiligen WG – hier: abnutzbares AV – wird der Einlagewert (TW) nicht im Zeitpunkt der Einlage (als BA) erfasst, sondern nur sein Wertverzehr während der betrieblichen Nutzung.

---

[72] 30.000 € x 1 % x 12 Monate = 3.600 €. Hinzu kommt die USt.

Bezogen auf die zweijährige Nutzungsdauer des Chopper-Rex wird beim Einlagewert von 100 € eine Jahres-AfA von 50 € gebildet und grundsätzlich nur diese als BA gem. § 4 Abs. 3 S. 3 EStG analog berücksichtigt. Konkret kann wegen der Einlage im Dezember 2002 nicht die Ganzjahres-AfA abgezogen werden, sondern nur die AfA pro rata temporis, d.h. 50/12 = 4,16 €. Nach R 44 Abs. 2 S. 6 EStR gilt jedoch auch hier die Vereinfachungsregelung, so dass K 25 € als BA abziehen kann.

Werden diese Überlegungen auf alle denkbaren (Kategorien von) WG übertragen, die bei der Überschussrechnung entnommen oder eingelegt werden können, ergibt dies in Übereinstimmung mit der Rspr. des BFH[73] folgendes Bild:

Entnahme von:	Auswirkung auf die Überschussrechnung
Umlaufvermögen	Teilwert als (fiktive) BE (= Rückwirkende Änderung der BA bei Zahlung)
Abnutzbares AV	siehe Lösung zu Beispiel 13a [Teilwert (= BE) ./. Restwert (= BA)]
Nicht abnutzbares AV	• Teilwert als (fiktive) BE • gem. § 4 Abs. 3 S. 4 EStG sind die AK erst jetzt als BA zu erfassen.
Nutzungsentnahme	siehe Lösung zu Beispiel 13 (Privatanteil = fiktive BE)
Forderungen	siehe obiges Beispiel (BE i.H.d. Werts der Forderung, da kein späterer Eingang möglich)
Verbindlichkeiten (Tilgung mit Privatmitteln)	• BA bei UV • bei AV keine Auswirkung

Umgekehrt hat die Einlage[74] folgende Auswirkungen:

Einlage von:	Auswirkung auf die Überschussrechnung
Umlaufvermögen	BA
Abnutzbares AV	siehe Lösung zu Beispiel 13a (Teilwert als Einlagewert, der über die AfA in der Folgezeit abgeschrieben wird; GWG sofort)
Nicht abnutzbares AV	§ 4 Abs. 3 S. 4 EStG: Im Zeitpunkt der Veräußerung oder Entnahme als BA (= Teilwert) zu erfassen
Forderungen (selten[75])	BA im Zeitpunkt der Einlage und BE bei Zahlung
Verbindlichkeiten	Unbeachtlich

---

[73] BFH vom 24.05.1990 (BStBl II 1990, 742), vom 24.05.1989 (BStBl II 1990, 8), vom 26.01.1994 (BStBl II 1994, 353) und vom 18.05.2000 (BStBl II 2000, 524 – zu L+F). S. auch *Ramb*, 183 ff.
[74] Zuletzt BFH vom 09.11.2000 (BStBl II 2001, 190).
[75] Bsp.: Eine private Forderung wird in den Betrieb eingelegt.

2.4.2 Die Bedeutung von (Bar-)Geld

Die soeben geführte Entnahmen-/Einlagendiskussion erleichtert das Verständnis für die Aussage, dass Geld an sich zwar als die Recheneinheit bei der Überschussrechnung (Ist-Einnahmen) bezeichnet werden kann, Veränderungen des Kassenbestandes durch **private** Zu- und Abgänge aber **keinen Einfluss** auf das Ergebnis bei § 4 Abs. 3 EStG haben. Anders als bei einem Bilanzierenden bildet der Kassenbestand hier keine Grundlage für die Gewinnermittlung und der Vorfall an sich, der zur Erhöhung (Einlage) oder Verminderung des Geldbestandes (Entnahme) geführt hat, ist eben nicht betrieblich veranlasst. Da Geld die „Währungseinheit" der § 4 Abs. 3 EStG-Rechnung ist, darf eine Beeinflussung dieses Grundparameters durch außerbetriebliche Vorgänge nicht zu einem Gewinn-(Verlust-)Ausweis führen[76].

Diese Resistenz gegenüber Bestandsveränderungen beim „Geld" bei der Überschussrechnung ist auch die Ursache dafür, dass der BFH lange Zeit **Geldverluste**, wie sie sich etwa bei einem Einbruchdiebstahl oder durch eine Kassenunterschlagung ereignen, nur bei einer sog. „geschlossenen Kassenführung", d.h. bei einer chronologischen Kassenbuchführung (nachgewiesen durch ununterbrochene Tageslosungen), nicht als BA berücksichtigen wollte (BFH vom 25.01.1962, BStBl III 1962, 366). Erst seit 28.11.1991 [BStBl II 1992, 343; jüngst bestätigt, BFH vom 12.12.2001, X R 65/98 (NV)] ist geklärt, dass Geldverluste, die ihre Ursache im **betrieblichen** Bereich haben, zu **BA** führen (Gelddiebstahl durch Betriebsangehörige).

2.4.3 Probleme mit der Umsatzsteuer bei der Überschussrechnung

Zu den zentralen Aussagen zur Behandlung der USt bei der Überschussrechnung gehören:

- Die USt ist kein durchlaufender Posten bei § 4 Abs. 3 EStG;
- Strenge Unterscheidung zwischen der **privatrechtlich** vereinnahmten USt als BE und der bezahlten Vorsteuer als BA[77] und der an das FA **öffentlich-rechtlich** abgeführten USt(-zahllast) als BA – und umgekehrt der VSt-Erstattung als BE;
- Bedeutung des Vorsteuerabzugs für § 9b EStG;
- (BA-)Abzugsverbot der USt § 12 Nr. 3 EStG („Entnahme-USt").

Daneben treten in der Praxis immer wieder folgende Probleme auf:

a) Die Erstattung (von zuviel gezahlter USt/VSt),
b) Das zeitliche Auseinanderfallen bei der „Entnahme-USt"[78].

Zu a): Eine seitens des FA geleistete **Steuererstattung** – in Zusammenhang mit USt/VSt – kann mehrere Gründe haben, z.B. einen Vorsteuerüberhang, zu hohe Vorauszahlungen oder eine Verrechnung mit einer privaten (persönlichen) Steuer des Unterneh-

---

[76] So schon *Söffing*, 1983, Gewinnermittlung, 12; ähnlich FG Mchn (EFG 1983, 341).
[77] Rechtsgrundlage kann dafür § 433 BGB (Brutto-Kaufpreiszahlungsverpflichtung) oder § 631 BGB (Brutto-Werklohnvereinbarung) sein.
[78] Früher: USt (Mehrwertsteuer) auf den Eigenverbrauch.

mers (z.B. dessen Einkommensteuer). Je nach betrieblicher oder privater Veranlassung des Zahlungsvorgangs ist die Erstattung als BE (betriebliche Veranlassung) oder überhaupt nicht zu erfassen.

Beispiel 14: Drunter und Drüber
Unternehmer U hat in 01 gegenüber dem FA in der letzten USt-Voranmeldung (für Dezember 01) 10.000 € VSt zu Recht geltend gemacht. Am 20.01.02 erhält U den Erstattungsbetrag, gemindert um die ESt-Abschlusszahlung von 6.000 €. Der Saldo von 4.000 € wird auf sein Betriebskonto überwiesen.

Lösung:
- In 01 ist wegen § 11 EStG nichts veranlasst.
- In 02 kann die „Verrechnung mit der ESt-Schuld", wegen § 12 Nr. 3 EStG (Personensteuer) nicht zu einer Minderung der Einnahmen führen.
- Folglich hat U in 02 den rechnerischen Erstattungsbetrag von 10.000 € als BE zu erfassen[79].

Zu b): Bei der „Entnahme-USt" wird häufig der Bruttobetrag angesetzt (s. Beispiel 13: Nutzungsentnahme private Pkw-Fahrt mit 2.320 €[80] statt mit 2.000 €). Für den Fall, dass die Entnahme noch in 01 einkommensteuerlich brutto erfasst, die darauf entfallende USt jedoch erst in 02 bezahlt wird, stellt sich die Frage, ob – wegen § 12 Nr. 3 EStG – diese Zahlung in 02 als BA erfasst werden darf.

- Isoliert betrachtet, verstößt der BA-Abzug in 02 gegen § 12 Nr. 3 EStG. Sodann ist rückbezüglich die einkommensteuerliche Behandlung als **Brutto-Entnahme** in 01 falsch und ggf. über § 174 AO zu korrigieren. M.a.W. ist es korrekt, in Hinblick auf § 12 Nr. 3 EStG die Entnahme netto anzusetzen und folgerichtig, weil gesetzeskonform, die hierauf bezahlte USt nicht als BA zuzulassen.
- Wegen der häufig anders geübten Praxis hat sich jedoch die sog. Praktikermethode durchgesetzt, die Entnahme einkommensteuerlich brutto anzusetzen und die hierauf bezahlte USt zum BA-Abzug zuzulassen (sog. Praktiker-Methode).

Bei einer in sich geschlossenen, konsistenten Gesamtlösung ist gegen die Praktikermethode nichts einzuwenden.

---

[79] Vom BFH (Urteil vom 26.03.1991, BFH/NV 1991, 614) erweitert für den Fall, dass sich die VSt im Vorjahr nicht einkommensmindernd ausgewirkt hat.
[80] Im obigen Bsp. musste die BMG – wegen der EuGH-Rspr. (USt wegen Eigenverbrauch nur auf vorsteuerbehaftete Kosten) – geändert werden; für Zwecke dieses Verständniskomplexes beträgt der Nettobetrag 2.000 € und der Bruttobetrag 2.320 €.

2.4.4 Der Tausch

Der praxisrelevante Fall[81] des Tausches mit Zuzahlung (sog. Tausch mit Baraufgabe) führt zu einem Realisationstatbestand einerseits (altes WG) und zum Erwerb eines neuen WG andererseits. Damit ist ganz allgemein die Wertermittlung beider WG relevant, die sodann in das „Raster" der Überschussrechnung einzustellen ist. Die zentrale Formel lautet: **Der gemeine Wert des hingegebenen WG stellt die AK des neuen WG dar** (R 32a S. 2 EStR). Um zu (auch rechnerisch) richtigen Ergebnissen zu gelangen, empfiehlt sich eine Zerlegung des Tausches in ein Veräußerungsgeschäft und in ein Erwerbsgeschäft[82].

> **Beispiel 15: Neu gegen Alt**
> Der mobile Verkäufer M startet seine selbständige Verkaufskarriere im Januar 01 mit einem geschenkten Mini-Cooper (Wert 2.000 €; 2-jährige ND), um eilige Arzneimittel von Castrop nach Rauxel zu befördern. In 02 zeichnet sich ein erster Erfolg ab, obwohl M immer noch in der Umsatz- und Gewinnzone von § 4 Abs. 3 EStG (§ 141 AO) verharrt. Als Optimist legt er sich für sein Geschäft einen neuen BMW-Mini zu. Der ortsansässige BMW-Händler erstellt am 01.12.02 folgende Rechnung:
>
> | | |
> |---|---|
> | BMW-Mini | 20.000 € |
> | ./. Inzahlungnahme Mini-Cooper (MC) | 200 € |
> | Netto | 19.800 € |
> | 16 % USt | 3.168 € |
> | Rechnungsbetrag (2 % Skonto) | 22.968 € |
>
> Trotz Skontoabzug macht M mit dem neuen Pkw noch schlechtere Geschäfte.
>
> **Lösung:**
> M, der kein Angehöriger eines freien Berufs, sondern Gewerbetreibender ist, ermittelt dennoch zu Recht seinen Gewinn durch Einnahmen-Ausgaben-Rechnung.
> Für den MC (alt) kann der M die laufende AfA als BA zum Abzug bringen, in 01 und 02 je 1.000 €. Nachdem der Restwert 0 beträgt, stellen die angesetzten 200 € einen sonstigen betrieblichen Ertrag dar: BE i.H.v. 232 € (brutto). Für den neuen BMW-Mini ermittelt der vorsteuerabzugsberechtigte M die AfA-BMG nicht nach dem Zahlungsbetrag von 19.800 €, sondern inkl. des gemeinen Werts des MC, also i.H.v. 20.000 €. Die max. (degressive) AfA in 02 beträgt nach § 7 Abs. 2 EStG 2.000 € (20.000 € x 20 %, davon i.V.m. R 44 Abs. 2 EStR die Hälfte)[83].

---

[81] Auf den schulmäßigen Grundfall, dass sich zwei gleichwertige WG gegenüberstehen und diese getauscht werden, wird mangels Praxisbedeutung nicht näher eingegangen. Hierzu grundsätzlich sowie zu Fällen der **Gegenleistung im privaten Bereich** *Weber/Grellet* in *K/S*, § 4 D 277/278, *Ramb*, 305 ff. (312 ff.) und *Segebrecht*, Rz. 658 ff.

[82] Dies entspricht (entsprach) auch der zivilrechtlichen Konzeption in § 515 BGB.

[83] Der USt von 32 € steht ein Vorsteueranspruch von 3.200 € gegenüber; dies ergibt 3.168 €.

2.4.5 Das ungelöste Problem: Gewillkürtes Betriebsvermögen bei § 4 Abs. 3 EStG?

Zu einer der ungelösten Fragen der steuerlichen Gewinnermittlung gehört die von der Verwaltung immer noch für unzulässig gehaltene Möglichkeit, bei § 4 Abs. 3 EStG gewillkürtes BV zu bilden (H 16 Abs. 6 EStH)[84]. Bekanntlich erlaubt die von der h.M. bei § 4 Abs. 1 (§ 5 Abs. 1) EStG vorgenommene **Dreiteilung** des Vermögens [(Notwendiges) PV, Notwendiges BV und Gewillkürtes BV] die Bildung von **Wahl-BV**. Dies sind WG, die entweder ihrer Art nach (sog. neutrale WG) oder aufgrund der Mischnutzung (betrieblicher Nutzungsgrad zwischen 10 % und 50 %) sowohl BV, als auch PV, sein können. Sie müssen objektiv für den Betrieb geeignet und subjektiv dazu bestimmt sein[85]. Beim BVV dokumentiert der bilanzierende Gewinnermittler, durch den (Nicht-)Bilanzausweis seine Entscheidung.

Der BFH hat sich bis zum heutigen Tage nicht zu einer Erstreckung der Dreiteilung – und damit zur Bildung von gewillkürten BV – auf die Überschussrechnung durchringen können. In zwei Punkten gibt es allerdings gesetzliche Ausnahmen von dem „bröckelnden" Grundsatz des unzulässigen gewillkürten BV bei der Überschussrechnung:

- Gem. § 4 Abs. 1 S. 3 EStG, beim (seltenen)[86] Wechsel der Gewinnermittlungsart vom BVV auf § 4 Abs. 3 EStG, bleiben WG des gewillkürten BV auch bei der neuen Überschussrechnung „geduldete" betriebliche WG. So bleibt der bislang (zu Recht) bilanzierte GmbH-Geschäftsanteil des Freiberuflers auch bei der neu gewählten Überschussrechnung BV!
- Noch deutlicher belässt es § 4 Abs. 1 S. 4 EStG bei einem WG, das ursprünglich als notwendiges BV eingestuft wurde (Bsp.: ein zu 60 % (90 %) betrieblich genutzter Pkw). Auch bei einer **Nutzungsänderung** bis „runter" zu einem betrieblichen Nutzungsgrad von **> 10 %**[87] bleibt es bei der Einstufung als BV.

Die Rspr. des BFH weicht dem Problem durch eine Erweiterung des Anwendungsbereiches des notwendigen BV aus[88], wenngleich in mehreren „obiter dicta" (beiläufigen Bemerkungen) die Bereitschaft zur vorbehaltlosen Auseinandersetzung zu erkennen ist (zuletzt BFH vom 24.02.2000, BStBl II 2000, 297 und vorher BFH vom 07.11.1996, BStBl II 1997, 245).

---

[84] Bezeichnenderweise findet sich im „Corpus", in R 16 Abs. 6 ErbStR selbst kein Hinweis (a.a.O.: „... unbesetzt ...").
[85] R 13 Abs. 1 S. 3 EStR sowie weitere diffuse Erwähnung (R 13 Abs. 9, H 14 Abs. 1 EStH usw.).
[86] Wesentlich häufiger erfolgt der Wechsel von § 4 Abs. 3 EStG auf den BVV; s. sogleich 2.5.
[87] Ansonsten, d.h. bei einer betrieblichen Nutzung von < 10 % muss das WG entnommen werden (weil zwangsläufig PV).
[88] „Ein loser betrieblicher Zusammenhang" genügt wie z.B.: Beteiligungen von **Freiberuflern** an ausländischen KapG (BStBl II 1982, 339) bzw. an einem (mit betrieblichen Mitteln erworbenen) Mietshaus (BFH vom 15.04.1981, BStBl II 1981, 618), solang es kein „Verlustobjekt" ist.

Als **Contra-Argument** wird auf die bei § 4 Abs. 3 EStG fehlende Dokumentation des „Willküraktes" hingewiesen und auf die – bei den gemischt-genutzten WG – irrelevante Bedeutung, soweit davon der laufende Gewinn betroffen ist[89].

Demgegenüber sind die **Pro-Argumente**[90]:

- Verstoß gegen den Grundsatz der „Total-Gewinnidentität" (s. auch § 16 Abs. 2 S. 2 EStG: Bilanznotwendigkeit für alle Gewinnermittler bei Veräußerung!),
- Die Dreiteilung des Vermögens selbst ist ohne Grundlage,
- Die fehlende Dokumentation kann freiwillig erbracht werden.

Bei der Diskussion ist vorrangig zu berücksichtigen, dass im Ergebnis nur der **Veräußerungsgewinn** des jeweiligen WG betroffen ist, da die Ermittlung des richtigen laufenden Gewinns ohnehin zu identischen Ergebnissen führt. Mit der Zulässigkeit der (willkürlichen) Erfassung gewinnt der § 4 Abs. 3-Rechner nur eine Nachweis-Erleichterung, da er ansonsten jede einzelne betriebliche Nutzung (im Beispiel: jede Betriebsfahrt) wegen § 88 AO (und den allgemeinen Beweisregeln) nachweisen muss. Der Veräußerungsgewinn fällt hingegen zu 100 % (falls BV) oder gar nicht (falls PV) an.

Mit dem In-Kraft-Treten des **StSenkG 2001** hat der Gesetzgeber bewusst die Besteuerungsgrundlagen (§§ 17, 23 EStG) erweitert, auch soweit davon sog. PV betroffen ist. In diesem Zusammenhang stellt das Beharren auf steuerfreie („weiße") Veräußerungseinkünfte der (teil-)betrieblich genutzten WG von Gewinneinkunftserzielern einen **aktuellen Wertungswiderspruch** dar. Durch die BFH-Rspr., wonach verlustträchtige WG ohnehin nicht taugliche betriebliche WG sein können (§ 4 Abs. 4 EStG analog), ist schließlich der Gefahr eines künstlichen Verlustpotentials vorgebeugt. Außerdem hat der Einnahmenüberschussermittler genügend gesetzliche (z.T. identische) Aufzeichnungspflichten, so dass sich die betriebliche Erfassung zwanglos aus dem Ad-hoc-Zustand ergäbe.

In der ebenfalls tangierten USt ist zumindest für die Kategorie der gemischt-genutzten WG mit **§ 15 Abs. 1b UStG i.V.m. § 3 Abs. 9a S. 2 UStG** – wegen der begrifflichen Identität der davon betroffenen WG (Unternehmensvermögen einerseits[91] und gewillkürtes BV andererseits) – der Weg für die Anerkennung des gewillkürten BV bereitet.

Das *Fazit* der Überlegungen kann nur lauten: **Die Gesamtsteuerordnung gebietet (ab 2001) gewillkürtes BV bei § 4 Abs. 3 EStG.**

2.4.6 § 4 Abs. 3 EStG bei Erwerb und Verkauf mit wiederkehrenden Zahlungen

Auf zwei Besonderheiten der Überschussrechnung ist noch hinzuweisen. Beim **Erwerb einzelner WG des Anlagevermögens gegen wiederkehrende Zahlungen** (hier:

---

[89] Wie oben gesehen, werden private Nutzungen bei Betriebs-WG durch Entnahmen berücksichtigt. Betrieblich veranlasste Aufwendungen mit einem Privat-WG können umgekehrt als BA (inkl. der anteiligen AfA) geltend gemacht werden (R 18 Abs. 1 S. 2 EStR).
[90] Vgl. statt aller *Weber/Grellet* in *K/S*, § 4 D 154 ff. sowie – konzentriert – *Heinicke/Schmidt*, § 4 Rz. 166 ff.; ansonsten in der Lit. nur voluntative Äußerungen (*Segebrecht*, Rz. 39 ff. oder auch *Crezelius* in Kirchhof-kompakt 2002, § 4 Rz. 85 f.)
[91] Nach § 15 Abs. 1 S. 2 EStG setzt die Eigenschaft als Unternehmensvermögen – wie die des gewillkürten BV – eine betriebliche (unternehmerische) Nutzung von > 10 % voraus.

2 Die Überschussrechnung im Einzelnen

Leibrenten) ergeben sich die AK aus dem Barwert der Leibrentenverpflichtung. Bei den laufenden Rentenzahlungen ist grundsätzlich nur der Zinsanteil, der sich aus dem Unterschiedsbetrag zwischen den laufenden Zahlungen und dem jährlichen Rückgang des Barwerts ergibt, als BA abzuziehen (der Rest ist der unbeachtliche Ertragsanteil). R 16 Abs. 4 S. 4 EStR erlauben als Vereinfachungsregelung, dass die laufenden Rentenzahlungen mit dem Barwert verrechnet werden und erlaubt nach Überschreiten dieses Barwerts den Abzug der **vollen Rentenzahlung als BA**[92].

Umgekehrt ist beim **Verkauf** von WG des AV gegen **Ratenzahlung** (oder Veräußerungsleibrente) grundsätzlich R 16 Abs. 3 Nr. 1 EStR zu berücksichtigen. In der Überschussrechnung ist die jeweilige Zahlung in voller Höhe (ohne Aufteilung in Ertrags- und Zinsanteil) als BE zu erfassen. Beim Anlagevermögen räumt R 16 Abs. 5 S. 1 EStR dem Veräußerer ein Wahlrecht ein. Danach kann in jedem Jahr ein Teilbetrag der noch nicht als BA berücksichtigten AK/HK, i.H.d. in diesem Jahr zufließenden Kaufpreisraten oder Rentenzahlungen, als BA abgesetzt werden. Im Ergebnis können beim Verkauf von abnutzbaren AV der beim Verkauf vorhandene Restwert und beim nicht abnutzbaren AV die ursprünglichen AK entsprechend verteilt werden[93].

2.4.7 Zusammenfassung (Schema zur § 4 Abs. 3-Rechnung)

Die wichtigsten Aussagen zur Überschussrechnung sind in der nachfolgenden **Übersicht**[94] zusammengefasst:

---

[92] Auf das von *Kölpin* (A Kap. IV.3; dort zum Bilanzierenden) gebildete Beispiel wird verwiesen.
[93] S. hierzu auch *Ramb*, 268 ff.
[94] Übersicht erstellt im Rahmen einer Studienarbeit von *Jens Schäfermeier*, *Frank Hülskamp* und *Dominic Reuters* (FH Lüneburg).

§ 4 Abs. 3-Rechnung: Bewertung/Berechnung der Bilanzpositionen

Posten der Überschussrechnung	Rechtsgrundlage	Weitere Ausführungen
Allgemeines (Überschuss der BE über die BA)	• §§ 4 Abs. 4, 8 EStG analog (BE sind Zugänge in Geld, die durch den Betrieb veranlasst sind) • §§ 4 Abs. 4, 8 Abs. 2 EStG analog (Naturalien; BE sind [auch] Zugänge in Geldeswert, die durch den Betrieb veranlasst sind)	hinreichende Kausalität zwischen (geleisteter) Vorleistung und (bezogenem) Entgelt genügt für Klassifizierung als BE!
Besonderheiten bei den BE	**Sonderfall:** Forderungsverzicht als Betriebseinnahme? (nur falls Forderung entstanden; nicht, falls im Vorhinein unentgeltliche Leistung vorgesehen) **Betrieblich veranlasster Honorarverzicht** (z.B. Weiterbestehende Geschäftsbeziehung) → Steuerunbeachtlicher Erlass **Rechtsfolge:** Keine BE **Privat veranlasster Honorarverzicht** (z.B. Freund ist „pleite") → Steuerbeachtlicher Erlass **Rechtsfolge:** BE gegeben	• Zufluss gem. § 11 EStG • konkrete Bezeichnung • zivilrechtliche Vorschriften sind unbeachtlich gem. §§ 40 f. AO **Keine BE** liegen vor bei: • ersparten Aufwendungen • fiktiven Einnahmen • steuerfreien Einnahmen des § 3 EStG (z.B. § 3 Nr. 28, Nr. 38, Nr. 40 S. 2 EStG) • Einnahmen aus anderen Einkunftsarten • privater Veranlassung
Sonderbehandlung durchlaufender Posten gem. § 4 Abs. 3 S. 2 EStG	**Voraussetzungen:** • im Namen eines Anderen • für Rechnung eines Anderen • vereinnahmt/verausgabt • Fremdgelder, die erkennbar vom Stpfl. als solche behandelt werden	**Beispiel:** • Gerichtskostenvorschuss, da Mandant zahlungsverpflichtet ist **Gegenbeispiele** (keine durchlaufenden Posten): • Portoauslagen • VSt/USt
Umlaufvermögen	• keine ausdrückliche Regelung in § 4 Abs. 3 EStG • Definition gemäß R 32 Abs. 2 EStR WG, die zur Veräußerung, Verarbeitung oder zum Verbrauch bestimmt sind • Geltung des Zufluss-/Abflussprinzips gem. § 11 EStG („Cash-Prinzip")	• Bezahlung des angeschafften UV = BA • Wertveränderung am UV darf nicht erneut als BA erfasst werden

2 Die Überschussrechnung im Einzelnen

§ 4 Abs. 3-Rechnung: Bewertung/Berechnung der Bilanzpositionen

Posten der Überschussrechnung	Rechtsgrundlage	Weitere Ausführungen
Abnutzbares Anlagevermögen	a) **Prüfungsreihenfolge** 1. BV vorhanden? 2. abnutzbar? 3. BMG, falls abnutzbares AV • bei umsatzsteuerbefreitem Gewinnermittler: Bruttobetrag (inkl. VSt) = BMG • bei umsatzsteuerpflichtigem (vorsteuerberechtigtem) Gewinnermittler: Nettobetrag = BMG (§ 9b Abs. 1 EStG) b) AfA = BA (§ 4 Abs. 3 S. 3 EStG) c) **Anwendungsmöglichkeiten der AfA** | Planmäßige AfA gem. § 4 Abs. 3 S. 3 i.V.m. § 7 Abs. 1, 2 EStG | Erhöhte AfA gem. § 4 Abs. 3 S. 3 i.V.m. § 7a ff. EStG | Sonder-AfA gem. § 4 Abs. 3 S. 3 i.V.m. § 7a ff. EStG | GWG gem. § 4 Abs. 3 S. 3 i.V.m. § 6 Abs. 2 EStG | Keine außerplanmäßige TW-AfA gem. § 6 Abs. 1 Nr. 1 EStG | Anwendungsmöglichkeit für AfA bei der § 4 Abs. 3-Rechnung (+) Anwendung untersagt!!	**Sonderfall:** Unterjähriges Ausscheiden des WG (z.B. durch Unfall) a) laufende AfA (pro rata temporis) bis zum Ausscheiden erfassen (BA) b) Feststellen des Restwerts c) Berücksichtigung des Restwerts als BA d) Evtl. Ersatzleistungen (von Versicherungen etc.) als BE

§ 4 Abs. 3-Rechnung: Bewertung/Berechnung der Bilanzpositionen

Posten der Überschussrechnung	Rechtsgrundlage	Weitere Ausführungen
Nicht abnutzbares Anlagevermögen	**§ 4 Abs. 3 S. 4 EStG:** a) AK des nicht abnutzbaren AV sind als **BA** anzusetzen bei: – einer späteren Veräußerung, – einer späteren Entnahme b) Verkaufserlös ist **BE** c) **Voraussetzung:** Führen eines **gesonderten Verzeichnisses** gem. § 4 Abs. 3 S. 5 EStG	**Beispielfall:** **VZ 02** – Vorfall: Statt Geldhonorar 100 Aktien zum Kurs von 150 € (Aktien = BV) – Rechtsfolge: a) Geldwerte Leistung i.S.v. §§ 4 Abs. 4, 8 Abs. 2 EStG analog (→ **BE i.H.v. 15 T€**) b) gleichzeitig AK zur Anschaffung der Aktien **VZ 08** – Vorfall: Aktien des VZ 02 werden verkauft – Rechtsfolge: a) geldwerte Leistung i.S.v. §§ 4 Abs. 4, 8 Abs. 2 EStG (→ **BE i.H.v. 20 T€**) b) Wegen § 4 Abs. 3 S. 4 EStG **BA i.H.v. 15 T€**
Entnahmen	• Ansatz mit TW gem. § 6 Abs. 1 Nr. 4 EStG analog als BE (also Ansatz mit Kaufpreis bzw. gerechter Schätzwert) • Abzuziehen ist von den BE der Gegenwert, also der Rest- bzw. der Buchwert als BA • **Rechenschema:** TW gem. § 6 Abs. 1 Nr. 4 EStG analog → **BE** ./. Restwert bzw. Buchwert des WG → **BA** (= Entnahmedifferenz ist als **BE** zu versteuern)	Entnahmefähig sind: • Nutzungen • Dienstleistungen • Sachgegenstände (WG) gem. § 4 Abs. 1 S. 2 EStG
Einlage	• Ansatz mit TW gem. § 6 Abs. 1 Nr. 5 EStG analog als BA (also Ansatz mit Kaufpreis bzw. gerechter Schätzwert) • gem. § 4 Abs. 3 S. 4 EStG ist der Zeitpunkt der Einlage nicht als BA zu werten • TW des eingelegten WG ist als BMG für die AfA zu werten • maßgeblich als BA ist der Wertverzehr während der betrieblichen Nutzung → **AfA**	Einlagefähig sind nur: WG (Sachgegenstände und Rechte) gem. § 4 Abs. 1 S. 5 EStG

§ 4 Abs. 3-Rechnung: Bewertung/Berechnung der Bilanzpositionen

Posten der Überschussrechnung	Rechtsgrundlage	Weitere Ausführungen
(Bar)Geld	**Private Zu- bzw. Abgänge von Bargeld:** → kein Einfluss auf das Ergebnis gem. § 4 Abs. 3 EStG, da der Kassenbestand und die entsprechende Entnahme/Einlage von Geld nicht betrieblich veranlasst ist **Betriebliche Geldverluste** → betriebliche Geldeingänge sind ohnehin BE (vgl. §§ 4 Abs. 4, 8 Abs. 1 EStG analog) → Geldverluste mit Ursache im betrieblichen Bereich (Diebstahl durch Angestellte) sind BA	
Vorsteuer/Umsatzsteuer	**Generelles (zur USt):** • kein durchlaufender Posten gem. § 4 Abs. 3 S. 2 EStG • privatrechtlich vereinnahmte USt (aus Veräußerungsgeschäften) ist als BE zu behandeln (§§ 4 Abs. 4, 8 Abs. 1 EStG analog) • an das FA abgeführte USt (aufgrund der öffentlich-rechtlichen Verpflichtung) ist BA gem. § 4 Abs. 4 EStG • Vorsteuererstattung ist als BE anzusehen • besondere Beachtung §§ 9b, 12 Nr. 3 EStG	**Sonderfall: Erstattung zu viel gezahlter USt/VSt** a) Gründe: • Vorsteuerüberhang • Verrechnung mit privaten/persönlichen Steuern (z.B. ESt) des Unternehmers b) Konsequenzen: • Erfassung als BE • oder gar keine Erfassung (VSt-Überhang) c) Beachte: • Sonderregelung gem. § 12 Nr. 2 EStG (keine Minderung der BE durch Verrechnung mit privater ESt-Schuld → voller Ansatz des teilweise verrechneten Erstattungsbetrags als BE • Beachtung des Zu- und Abflusses gem. § 11 Abs. 1 und 2 EStG

Posten der Überschussrechnung	§ 4 Abs. 3-Rechnung: Bewertung/Berechnung der Bilanzpositionen	
	Rechtsgrundlage	**Weitere Ausführungen**

Tausch	• **Sachverhalt:**
	Tausch eines vorhandenen WG gegen anderes WG unter Zuzahlung eines bestimmten Betrages für das neue WG
	• **Vorgehen:**
	a) Realisationstatbestand und somit Wertermittlung des alten WG gem. § 4 Abs. 3 S. 4 EStG
	b) Erwerbstatbestand und somit Wertermittlung des neuen WG (Wert gem. § 6 Abs. 1 Nr. 1 S. 1 EStG; TW gem. § 6 Abs. 1 Nr. 1 S. 2 EStG)
	c) Zerlegung des Tausches in ein Veräußerungs- und in ein Erwerbsgeschäft
	• **Formel:**
	Wert des hingegebenen WG stellt die AK des neuen WG dar gem. R 32a Abs. 2 EStR
		Rechnerische Ermittlung (Vorgehen):
		a) zunächst korrekte Ermittlung des tatsächlichen Wertes des WG unter Berücksichtigung von AfA (BA) gem. § 6 Abs. 1 Nr. 1 S. 1 EStG analog (Wertansatz) i.V.m. § 4 Abs. 3 S. 3 EStG i.V.m. § 7 Abs. 1 und 2 EStG (AfA)
		b) Aufdeckung des tatsächlichen Wertes (stille Reserven) des WG
		    aufgedeckter Wert (Verkaufs-/Tauscherlös)
		    ./. Restwert (nach AfA; s. unter aa)
		    = sonstiger betrieblicher Ertrag (→ **BE**)
		c) Prüfung der VSt-Abzugsbefugnis
		d) Da sonstiger betrieblicher Ertrag (siehe b) schon als BE berücksichtigt wurde, ist die BMG für neues WG:
		    Preis (Netto- bzw. Bruttopreis; siehe c)
		    + BE (siehe unter b)
		    = gemeiner Wert des WG
		    Dieser ist AfA-BMG
		e) Berechnung der AfA für neues WG gem. § 4 Abs. 3 S. 3 i.V.m. § 7 Abs. 1 und 2 EStG

2.5 Der Wechsel der Gewinnermittlung (mit Kurzrepetitorium Bilanztechnik)

Der häufig vorkommende Wechsel der Gewinnermittlung, insb. der hier einzig behandelte Übergang von der § 4 Abs. 3-Rechnung zur Bilanzierung (§ 4 Abs. 1 EStG), beinhaltet zugleich ein Repetitorium zur Buchführung und zum Bilanzwesen.

2.5.1 Gründe für den Wechsel

Externe wie subjektive Gründe führen aus der Überschussrechnung in die Bilanzierung (Synonyma: Doppelte Buchführung, BVV).

Der wichtigste **persönliche Grund** ist der freiwillige Wechsel, wenn für den Unternehmer mit der bisherigen „Zettelwirtschaft" die Kontrolle über Außenstände und das vorhandene BV verloren geht. Allein durch das Abstimmungsgebot bei der doppelten Buchführung (G+V-Ergebnisse müssen mit dem Kapitalkonto übereinstimmen; die persönlichen Kreditoren- und Debitorenkonten sind – im Abschluss – identisch mit den einschlägigen Sachkonten – Forderungen und Verbindlichkeiten) ist die Kontrolle gewährleistet. Dessen ungeachtet waren[95] (und sind z.T. noch heute) mit der Bilanzierung steuerliche Vorteile verbunden, an denen der Überschussrechner nicht teilnimmt. Ein willkürlicher mehrfacher Wechsel innerhalb eines kurzen Zeitraumes ist untersagt. In einem aktuellen Grundsatzurteil vom 09.11.2000 (BStBl II 2001, 102) hat der BFH jedoch einen mehrfachen Wechsel innerhalb des – dem Wechsel folgenden – dreijährigen „Korrekturzeitraumes" für zulässig erachtet. Als **gesetzliche** Gründe für den Wechsel kommen vor allem in Betracht:

- Das Merkmal „Kaufmann" i.S.d. § 1 HGB (§ 238 HGB, § 140 AO) ist erstmalig erfüllt.
- Wegen Überschreitens der Aufgriffsmerkmale in § 141 AO, erfolgt an den Kleingewerbetreibenden (bzw. an den L+F) die Aufforderung des FA, ab Beginn des nächsten Jahres Bücher zu führen (§ 141 Abs. 2 AO).
- Der Betrieb (die Praxis) wird veräußert bzw. aufgegeben (§ 16 Abs. 2 S. 2 EStG).
- Eine finanzamtliche Schätzung nach § 162 Abs. 2 S. 2 AO.
- Das Ausscheiden aus einer PersG (Überschussermittlung[96]).
- **Sowie immer häufiger** (zuletzt BFH vom 13.09.2001, BFH/NV 2002, 254): die Einbringung eines § 4 Abs. 3-Betriebes in eine KapG (§ 20 UmwStG) oder in eine PersG (§ 24 UmwStG[97]).

---

[95] So galt z.B. die Sekundärfolgen-Rspr., das frühere Zwei-Kontenmodell nur für die Bilanzierung. Die Vorteile der § 16 Abs. 4, § 34 EStG werden nach wie vor nur beim Übergang zur Bilanzierung gewährt.
[96] § 16 Abs. 2 S. 2 EStG analog. S. hierzu den illustrativen Fall des BFH vom 19.08.1999 (BStBl II 2000, 179) zum Ausscheiden aus einer zweigliedrigen PersG mit Erfassung offener Honorarforderungen bei Übergeber/Übernehmer.
[97] BFH vom 13.10.1989, BStBl II 1990, 287 (zu § 20 UmwStG) sowie BFH vom 13.09.2001, BFH/NV 2002, 254 (zu § 24 UmwStG; dort ohne Anspruch des Einbringenden auf „Billigkeits-Verteilung des Übergangsgewinnes").

2.5.2 Das technische Problem und die Lösung

Der skizzierte Wechsel und die damit verbundenen Probleme sind allein vom Richtliniengeber gesehen (R 17 EStR) und nur dürftig (Anlage 1 zu R 17 EStR) geregelt worden. Wegen der Notwendigkeit einer **Eröffnungsbilanz** im Zeitpunkt des Übergangs werden alle vorhandenen WG nunmehr in Bilanzposten so dargestellt, als ob von Anfang an bilanziert worden wäre. Dies hat zur Folge, dass ab diesem Zeitpunkt die Grundsätze der Bilanzierung gelten und der neuen Ermittlungsmethode unterworfen werden. Dieser (methodische) **Bruch** kann zur Folge haben, dass bestimmte Geschäftsvorfälle gewinnmäßig **doppelt oder überhaupt** nicht erfasst werden. Wegen des Grundsatzes der Totalgewinnidentität darf jeder Geschäftsvorfall nur einmal erfolgswirksam erfasst werden. Das Dilemma wird schließlich dadurch gelöst, dass zum Ausgleich der Mehrfach- oder Nullbelastung eine **Gewinnberichtigung** durch **Zu- und Abschläge** im Jahr des Übergangs erfolgt. Nach R 17 Abs. 1 S. 4 EStR kann ein etwaiger Übergangsgewinn auf das Jahr des Übergangs und die beiden folgenden Jahre verteilt werden.

Um das Übergangsproblem leichter zu bewältigen, empfiehlt sich folgende Kontrollüberlegung[98]:

Vorfragen:
1. Welche Gewinn-(Verlust-)Auswirkung hat der konkrete Geschäftsvorfall?
2. Ist der Erfolg bereits (unter der Überschussrechnung) eingetreten?
3. Welche Erfolgsauswirkung kommt unter dem Bilanz-Regime in Betracht, ohne dass eine Zu-/Abrechnung erfolgt?

Folgen:
4. Bei identischer (d.h. einmaliger) Gewinnauswirkung: Keine Korrektur
4.a Bei doppelter Gewinnauswirkung: **Abschlag**, falls Aktivposten und **Zuschlag**, falls Passivposten.
4.b Bei fehlendem Erfolgsausweis: umgekehrt zu (4a), **Zuschlag** bei Aktivposten und **Abschlag** bei Passivposten.

> **Beispiel 16: Der „Wandler"**
> Der Bauchladenverkäufer Emmerich E (Arbeitsstätte: Dortmunder Westfalenstadion) ändert freiwillig seine in 01 praktizierte Überschussermittlung und bilanziert ab 02. Bei den Vorarbeiten zur Eröffnungsbilanz auf den 01.01.02 wird von E folgendes Inventar ermittelt:
>
> a) Ein neuer Bauchladen wurde im Mai 01 für 1.000 € (netto; 4 Jahre ND) erworben.
> b) Vom Fleischgroßhändler Hoeniß H hat E zehn Großportionen „Thüringer" zum Einstandspreis von 100 €/Packung erworben, die zwar verkauft, aber noch nicht bezahlt wurden.

---

[98] S. auch *Heinicke/Schmidt*, § 4 Rz. 656. Hier mit Ergänzung der Frage-Trias.

c) Seine kompletten Bareinnahmen in 01 betragen 10.000 € (netto); Assel A, Inhaber einer VIP-Lounge, hat den kompletten Verzehr in 01 zu 500 € noch nicht bezahlt.

E möchte wissen, wie seine Eröffnungsbilanz – ohne USt/VSt – aussieht und was er vom Wechsel zu erwarten hat. Geld ist nicht vorhanden.

Lösung:
Der einfache Grundfall kann nur bei einer Synopse der Gewinnermittlungsarten gelöst werden.

a) Bauchladen
1. Als WG des abnutzbaren AV wird der Bauchladen nach beiden Ermittlungsregimen identisch behandelt.
2. Als BA wurde in 01 nur die jährliche AfA berücksichtigt.
3. Nach Einbuchung wird die AfA (ab 02 ff.) fortgeführt.
4. Eine Berichtigung erübrigt sich.
b) Verbindlichkeiten aus Warenlieferungen[99]
1. Gekaufte Waren führen zur aufwandswirksamen Erhöhung des **Wareneinsatzes und sind somit BA.**
2. Bislang (Überschussrechnung) ist in 01 – mangels Bezahlung – noch keine Gewinnauswirkung eingetreten.
3. Nach Passivierung der Verbindlichkeiten aus L+L in der EB wirkt sich die spätere Bezahlung (BS: Verbindlichkeiten an Geld) erfolgsneutral (Passivtausch bei überzogenem Konto oder Aktiv-Passivminderung bei ausreichendem Bankguthaben) aus.
4. Damit der Geschäftsvorfall überhaupt erfasst wird, hat ein Abschlag von 1.000 € zu erfolgen.
c) Forderungen aus L+L (hier: 500 €)
1. Verkaufte Waren führen zu BE.
2. Mangels Bezahlung in 01 ist der Vorfall in 01 noch nicht erfasst.
3. Nach Aktivierung der Forderung wird die spätere Bezahlung gewinnneutral verbucht.
4. Zur einmaligen Erfassung wird eine Berichtigung durch Zuschlag i.H.v. 500 € vorgenommen.

---

[99] Wiederum anders ist das Ergebnis bei bezahlten Warenbestand; dort ergäbe sich ohne Korrektur eine doppelte Aufwandsberücksichtigung.

Die Eröffnungsbilanz zum 01.01.02 des E hat folgendes Aussehen (in €)

Eröffnungsbilanz zum 01.01.02

Bauchladen	750	Kapital	250
Forderungen	500	Verbindlichkeiten	1.000
	1.250		1.250

Gleichzeitig wird ein (saldierter) Abschlag als Gewinnberichtigung von 500 € im Jahr des Übergangs vorgenommen.

2.5.3 Zusammenfassende Fallstudie[100]

Beispiel 17: Der komplette Übergang

Ein Kleingewerbetreibender K, der bisher seinen Gewinn nach § 4 Abs. 3 EStG ermittelte, hat zum 01.01.05 aufgrund des Hinweises des FA eine doppelte Buchführung eingerichtet und die nachstehende Eröffnungsbilanz aufgestellt:

Eröffnungsbilanz zum 01.01.05 (in €)

Grund und Boden	8.000	Kapital	54.200
Gebäude	29.000	Rückstellung für GewSt	1.500
Maschinen	9.000	Pensionsrückstellung	6.500
Firmenwert	5.000	Darlehen	10.000
Hilfs- und Betriebsstoffe	8.000	Verbindlichkeiten L+L	28.000
Fertigerzeugnisse	30.000	sonstige Verb.	1.000
Forderungen aus L+L	10.000	USt	11.000
Vorsteuer	8.700		
Bank, Kasse	4.300		
Damnum	200		
	112.200		112.200

Die Bilanzposten im Einzelnen:

1. Die Anschaffung des Grundstücks erfolgte in 01. Die AK betrugen 6.000 €. Am 01.01.05 ergibt sich ein nachgewiesener TW von 8.000 €.

2. Der Bilanzwert des Gebäudes errechnet sich aus den HK abzüglich der AfA (§ 7 Abs. 4 EStG).

3. Die AK der Maschine betrugen 15.000 €. Während der Gewinnermittlung nach § 4 Abs. 3 EStG wurden hiervon 3.000 € AfA als BA abgesetzt, so dass sich zum 31.12.04 ein Restwert von 12.000 € ergibt. In der EB wurde der niedrigere TW von 9.000 € angesetzt (Die technische Zulassung für

---

[100] Die Fallstudie ist mehrfach an der FHÖV (HH; frühere Wirkungsstätte des Verfassers) eingesetzt worden.

Maschinen dieser Art wurde ab 05 durch den TÜV nur unter erheblichen Einschränkungen gewährt).

4. In 04 ist für den Erwerb eines Konkurrenzbetriebes der Betrag von 5.000 € gezahlt worden.
5. Die Hilfs- und Betriebsstoffe wurden mit den AK von 8.000 € bewertet; der TW betrug am 01.01.05: 6.000 €.
6. Die Bewertung der Fertigerzeugnisse erfolgte gem. § 6 EStG mit den HK.
7. Die Kundenforderungen wurden mit dem Nennbetrag angesetzt.
8. Bei der VSt handelt es sich um die von Dritten in Rechnung gestellte VSt, die noch nicht mit der USt verrechnet werden konnte.
9. Die Beträge stimmen mit den Kontoauszügen bzw. dem gezahlten Nennbetrag überein.
10. Das Damnum betrifft das auf der Passivseite ausgewiesene Darlehen, das am 31.12.03 aufgenommen wurde. Hierbei hat die Bank vereinbarungsgemäß ein Disagio von 4 % abgezogen. Vereinbarungsgem. ist der Betrag in 05 zu tilgen.
11. Die Gewerbesteuerrückstellung ist richtig errechnet worden und konnte bei der EÜR nicht berücksichtigt werden.
12. Es handelt sich hierbei um die nach steuerlichen Grundsätzen (§ 6a EStG) richtig berechnete Verpflichtung gegenüber Mitarbeitern des K.
13. Zum Darlehen s. Tz. 10.
14. Die Lieferantenschulden sind mit den Nennbeträgen erfasst.
15. Bei den sonstigen Verbindlichkeiten handelt es sich um die LSt und die Sozialabgaben, die erst am 12.01.05 entrichtet wurden.
16. Bei der USt handelt es sich um die geschuldete Jahresumsatzsteuer 04 (ohne VSt).

Lösung:
Die Lösung erfolgt tabellarisch, wobei die Auswirkungen bzgl. der Bilanzposten (Korrektur der Eröffnungsbilanz), sowie die Hinzu- und Abrechnungen „aufgelistet" werden.

Bilanzposten	Anmerkung	Korrektur-Bilanzposten	Anmerkung	Hinzu- bzw. Abrechnung (G+V)
1. Die Anschaffung des Grundstücks erfolgte in 01. Die AK betrugen 6.000 €. Am 01.01.05 ergibt sich ein nachgewiesener TW von 8.000 €.				
Grund und Boden	Ansatz der AK gem. § 253 Abs. 1 S. 1 i.V.m. § 255 Abs. 1 HGB bzw. § 6 Abs. 1 Nr. 2 S. 1 EStG **Rechtsfolgen:** Ansatz max. zu AK (AK-Prinzip)	./. 2.000 €	bei WG des nicht abnutzbaren AV – bei § 4 Abs. 3 EStG und bei §§ 4 Abs. 1, 5 EStG – Gewinnauswirkung erst beim Realisationstatbestand (= Verkauf, Entnahme, § 16 EStG) **Rechtsfolgen:** keine Korrektur	0 €
2. Der Bilanzwert des Gebäudes errechnet sich aus den HK abzüglich der AfA gem. § 7 Abs. 4 EStG.				
Gebäude	Ansatz der HK gem. § 253 Abs. 1 S. 1 i.V.m. § 255 Abs. 2 HGB bzw. § 6 Abs. 1 Nr. 1 S. 1 EStG **Rechtsfolgen:** Ansatz max. zu (fortgeführten) AK/HK	0 €	bei WG des abnutzbaren AV erfolgt ebenfalls eine identische Gewinnauswirkung **Rechtsfolgen:** • nur die AfA als BA (§ 253 Abs. 2 S. 1 HGB i.V.m. § 7 Abs. 4 (bzw. Abs. 5) EStG • keine Korrektur	0 €
3. Die AK der Maschine betrugen 15.000 €. Während der Gewinnermittlung nach § 4 Abs. 3 EStG wurden hiervon 3.000 € AfA als BA abgesetzt, so dass sich zum 31.12.04 ein Restwert von 12.000 € ergibt. In der EB wurde der niedrigere TW von 9.000 € angesetzt.				
Maschinen	• Ansatz(-wahlrecht) gem. § 253 Abs. 2 S. 3 HGB bei „vorübergehender Wertminderung" mit dem niedrigeren Wert • **Achtung:** § 253 Abs. 2 S. 3, 2. HS HGB für Fälle der „dauernden Wertminderung" • § 6 Abs. 1 Nr. 1 S. 2 EStG ist TW-AfA nur bei voraussichtlich dauernder Wertminderung möglich **Hinweis:** bei vorübergehender Wertminderung erfolgt eine Hinzurechnung von 3.000 €	(+ 3.000 €)	bei TW-AfA in der EB muss in Abschlag i.H.v. 3.000 € erfolgen, da TW-AfA bisher (in § 4 Abs. 3 EStG) nicht berücksichtigt ist („dauernde Wertminderung") **Hinweis:** Korrektur wegen „vorübergehender Wertminderung" (Abschlag)	(./. 3.000 €)
4. In 04 ist für den Erwerb eines Konkurrenzbetriebes der Betrag von 5.000 € gezahlt worden.				
Geschäftswert	Ansatzpflicht des derivativen Firmenwerts („entgeltlich") gem. § 248 Abs. 2, § 255 Abs. 4 S. 1 HGB bzw. § 6 Abs. 1 Nr. 2 S. 1 EStG für immaterielle WG des AV AfA gem. § 255 Abs. 4 S. 2 HGB „mit mind. 1/4" bzw. § 7 Abs. 1 S. 3 EStG (auf 15 Jahre verteilt) **Ergebnis:** 5.000 €/15 Jahre = 333,33 €	./. 333,33 €	identische Behandlung bei § 4 Abs. 3 EStG bzw. § 4 Abs. 1 EStG a) bei dem Ansatz der anteiligen AfA (1/15) gem. § 7 Abs. 1 S. 3 EStG und b) der BA, da „Realisation erst im Zeitpunkt der Veräußerung" gem. § 4 Abs. 3 S. 4 EStG **Rechtsfolgen:** keine Korrektur	0 €

2 Die Überschussrechnung im Einzelnen   43

5. Die Hilfs- und Betriebsstoffe wurden mit den AK von 8.000 € bewertet; der TW betrug am 01.01.05 6.000 €.			
Hilfs- und Betriebsstoffe	Ansatz gem. § 253 Abs. 1 S. 1 i.V.m. § 255 Abs. 2 S. 1 und 2 HGB bzw. § 6 Abs. 1 Nr. 2 S. 1 EStG mit den AK/HK	0 €	Bei bezahltem WG des UV erfolgt eine Hinzurechnung, da sonst der Geschäftsvorfall „zweimal aufwandswirksam" erfasst wäre: a) bei § 4 Abs. 3 EStG mit der Bezahlung (wg. § 11 EStG) und b) bei BVV nach § 4 Abs. 1 EStG durch Verbrauch der WG (wg. BV lt. Inventur oder Wareneinsatz) **Achtung**: bei unterlassener TW-AfA in der EB kann Ende 05 eine TW-AfA vorgenommen werden, falls es sich um eine voraussichtlich dauernde TW-AfA handelt. # **Folge**: • Bilanzposten: ./. 2.000 € • Hinzurechnung (G+V): + 6.000 €	+ 8.000 €
6. Die Bewertung der Fertigerzeugnisse erfolgte gem. § 6 EStG mit den HK.			
Fertigerzeugnisse	Ansatz gem. § 253 Abs. 1 S. 1 i.V.m. § 255 Abs. 2 S. 1 HGB zu HK bzw. gem. § 6 Abs. 1 Nr. 2 S. 1 zu AK/HK (30.000 €)	0 €	Hinzurechnung, da sich sowohl bei § 4 Abs. 3 EStG (wg. § 11 EStG „Zahlung") als auch aufgrund der Aktivierung in der EB und der späteren Aufwandsverbuchung (über die BV) ausgewirkt hat **Rechtsfolgen: Zuschlag** (da „zweimal aufwandswirksam")	+ 30.000 €
7. Die Kundenforderungen wurden mit dem Nennbetrag angesetzt.			
Kundenforderungen	Ansatz gem. § 253 Abs. 1 S. 1 i.V.m. § 255 Abs. 1 S. 1 HGB bzw. § 6 Abs. 1 Nr. 2 S. 1 EStG zu AK **Rechtsfolgen**: Einbuchung der Forderungen erfolgte in der EB zum Nennwert (10.000 €)	0 €	in der § 4 Abs. 3-Rechnung mangels Zahlung (§ 11 EStG) nicht erfasst; per 01.01.05 erfolgte nur die Einbuchung des Nennwertes aufs Bestandskonto! Die spätere Zahlung wirkt als Aktivtausch erfolgsneutral **Rechtsfolgen**: zur Vermeidung der Nichterfassung des Erlöses wird ein Zuschlag vorgenommen	+ 10.000 €

44 I Grundfragen der Gewinnermittlung (inklusive § 4 Abs. 3-Rechnung)

8. Bei der Vorsteuer handelt es sich um die von Dritten in Rechnung gestellte Vorsteuer, die noch nicht mit der USt verrechnet werden konnte.

| Vorsteuer | Ansatz gem. § 253 Abs. 1 S. 1 HGB bzw. § 6 Abs. 1 Nr. 2 S. 1 EStG als Aktiva (8.700 €) | da bislang keine Verrechnung mit der USt erfolgt ist (Ermittlung der USt-Zahllast/ Erstattung), und diese sich bei § 4 Abs. 3 EStG im Zeitpunkt der Bezahlung als BA auswirkt hat
Rechtsfolgen: Zuschlag i.H.d. VSt (da die VSt/USt als „durchlaufender Posten" bei § 4 Abs. 3 EStG und § 4 Abs. 1 EStG dauerhaft erfolgsneutral wirkt!) | 0 € | + 8.700 € |

9. Die Beträge stammen mit den Kontoauszügen bzw. den gezahlten Nennbeträgen überein.

| Bank, Kasse | Ansatz gem. §§ 246 Abs. 1 S. 1, 247 Abs. 1 HGB bzw. § 6 Abs. 1 Nr. 2 S. 1 EStG | diese Posten werden sowohl bei § 4 Abs. 3 EStG als auch bei § 4 Abs. 1 EStG gleich behandelt, d.h. sog. „Bestandskonten" ohne Gewinn-/Verlustauswirkung
Rechtsfolgen: keine Korrektur | 0 € | 0 € |

10. Das Dammum betrifft das auf der Passivseite ausgewiesene Darlehen, das am 31.12.03 aufgenommen wurde. Die Bank hat vereinbarungsgem. ein Disagio von 4 % abgezogen. Vereinbarungsgemäß ist der Betrag in 05 zu tilgen.

| Dammum | • Ansatz des Darlehens gem. § 253 Abs. 1 S. 2 HGB mit dem "Rückzahlungsbetrag" bzw. gem. § 6 Abs. 1 Nr. 3 S. 1 EStG.
• das Dammum (Disagio) **darf** gem. § 250 Abs. 3 HGB bzw. **ist** gem. § 5 Abs. 5 Nr. 2 EStG als aktiver RAP auf der Aktivseite anzusetzen. | • das Dammum ist bei § 4 Abs. 3 EStG im Zeitpunkt der Zahlung (hier in 03) komplett als BA zu erfassen (§ 11 EStG)
• beim BVV ist das Dammum gem. § 5 Abs. 5 EStG auf die Laufzeit des Darlehens zu verteilen; insofern erfolgte korrekte Aktivierung
(**BS**: aktiver RAP 400 € an Darlehen 400 €)
• **Aber**: durch die Auflösung des aktivierten Dammums ergibt sich eine nochmalige BA!
(**BS**: Zinsaufwand 200 € an aktiver RAP 200 €)
Rechtsfolgen: Zuschlag i.H.d. aktivierten Disagios | 0 € | + 200 € |

2 Die Überschussrechnung im Einzelnen

11. Die Gewerbesteuerrückstellung ist richtig errechnet worden und konnte bei der § 4 Abs. 3-Rechnung nicht berücksichtigt werden.

| Steuerrückstellung | • Ansatz gem. § 253 Abs. 1 S. 2 HGB „mit dem Betrag, der nach vernünftiger kfm. Beurteilung notwendig ist" bzw. gem. § 6 Abs. 1 Nr. 3a EStG
• bei exakter Berechnung der GewSt-Rückstellungen (**nicht 5/6-Methode**) liegt eine VB vor! | 0 € | die für Steuerzwecke noch mögliche Rückstellungen muss zu einem Abschlag führen, da ansonsten der aufwandswirksame Geschäftsvorfall nicht erfasst würde:
a) bei § 4 Abs. 3 EStG mangels Zahlung und
b) bei BVV nach § 4 Abs. 1 EStG wegen der neutralen Ausbuchung der Schuld (**BS:** GewSt-Rückstellungen an Bank) | ./. 1.500 € |

12. Es handelt sich um eine nach steuerlichen Grundsätzen (§ 6a EStG) richtig berechnete Verpflichtung gegenüber Mitarbeitern des K.

| Pensionsrückstellung | Ansatz gem. §§ 249 Abs. 1 S. 1, 253 Abs. 1 S. 2 HGB „mit dem Betrag, der nach vernünftiger kfm. Beurteilung notwendig ist" bzw. gem. § 6a Abs. 1 EStG ("Pensionsrückstellungen") | 0 € | Rückstellungen mangels Zahlung bei § 4 Abs. 3 EStG und wegen der neutralen Ausbuchung der Schuld bei BVV gem. § 4 Abs. 1 EStG nicht erfasst (vgl. 11.)
Rechtsfolgen: Abschlag zur Erfassung der BA
Wichtig:
Es ist in der EB darauf zu achten, dass der nach § 6a EStG maßgebliche Steuerwert – und nicht der nach versicherungsmathematischen Grundsätzen gebildete Betrag – genommen wird! | ./. 6.500 € |

13. Zum Darlehen siehe 10.

| Darlehen | Ansatz des Darlehens gem. § 253 Abs. 1 S. 2 HGB mit dem "Rückzahlungsbetrag" bzw. gem. § 6 Abs. 1 Nr. 3 S. 1 EStG mit den AK/TW | 0 € | alle Geschäftsvorgänge im Zusammenhang mit dem Darlehensbetrag, d.h. Auszahlung/ Rückführung) haben – bei § 4 Abs. 3 EStG und dem BVV gem. § 4 Abs. 1 EStG – identische Gewinnauswirkung
Rechtsfolgen: **keine Korrektur** (da nur Buchung von Bestandskonten) | 0 € |

14. Die Lieferantenschulden sind mit dem Nennbetrag erfasst.		
Verbindlichkeiten aus Lieferungen und Leistungen	Ansatz der VB gem. § 253 Abs. 1 S. 2 HGB mit dem "Rückzahlungsbetrag" bzw. gem. § 6 Abs. 1 Nr. 3 S. 1 EStG mit den AK/TW **Rechtsfolgen**: Einbuchung der Verbindlichkeiten in EB zum Nennwert (28.000 €)	in der § 4 Abs. 3-Rechnung mangels Zahlung (§ 11 EStG) nicht erfasst; per 01.01.05 erfolgte nur die Einbuchung der VB aufs Bestandskonto (**BS**: EB-Wert an VB L+L)! Die spätere Bezahlung wirkt als Aktiv-Passiv-Minderung erfolgsneutral (**BS**: VB L+L an Bank). **Rechtsfolgen**: Zur Vermeidung der Nichterfassung muss ein Abschlag vorgenommen werden
	0 €	./. 28.000 €
15. Bei den sonstigen Verbindlichkeiten handelt es sich um die LSt und die Sozialabgaben, die erst am 12.01.05 entrichtet wurden.		
Sonstige Verbindlichkeiten	Ansatz der sonstigen Verbindlichkeiten gem. § 253 Abs. 1 S. 2 HGB mit dem „Rückzahlungsbetrag" bzw. gem. § 6 Abs. 1 Nr. 3 S. 1 EStG (1.000 €)	bei § 4 Abs. 3 EStG mangels Zahlung nicht erfasst; in der EB per 01.01.05 erfolgte Einbuchung auf Bestandskonto (s.o.); die spätere Zahlung wirkt als Aktiv-Passiv-Minderung erfolgsneutral (s.o.) **Rechtsfolgen**: Zur Vermeidung der Nichterfassung erfolgt ein Abschlag (als BA)
	0 €	./. 1.000 €
16. Bei der USt handelt es sich um die geschuldete Jahresumsatzsteuer (ohne VSt).		
Umsatzsteuer	Ansatz gem. § 253 Abs. 1 S. 2 HGB bzw. § 6 Abs. 1 Nr. 3 S. 1 EStG als VB (Passiva)	da bislang keine Verrechnung mit der VSt erfolgt ist (s. unter 8.), und diese sich bei § 4 Abs. 3 EStG im Zeitpunkt der Zahlung als BE ausgewirkt hat **Rechtsfolgen**: Abschlag in Höhe der USt (s. unter 8.)
	-,-	./. 11.000 €

2.5.4 Auswirkungen auf verschiedene Bilanzposten – Übersicht

Zur Komplettierung der in Anlage 1 (zu R 17 EStR: nur Darstellung der Warenpositionen) marginal aufgelisteten Korrekturen erfolgt an dieser Stelle eine tabellarische Übersicht mit Anmerkungen. Sie erlaubt vor allem für den Praxis eine schnelle Handhabung der „Wechselfälle"[101].

---

[101] Ähnlich umfangreiche Darstellung bei *Segebrecht,* Rz. 788 ff. und bei *Ramb* a.a.O.

Übersicht über die erforderlichen Bilanzansätze und Gewinnkorrekturen auf der Grundlage des § 266 HGB:

Bilanzposition	Bilanzansatz	Gewinnkorrektur (Hinzu- und Abrechnung)	Anmerkungen
A. Anlagevermögen	aktivieren mit dem Restwert (RW) der Einnahme-Überschussrechnung (EÜR)	grundsätzlich keine Gewinnkorrekturen (bei TW-AfA in der Eröffnungsbilanz ist ein Abschlag vorzunehmen)	• Teilwertabschreibungen sind möglich (entsprechend den EStG-Bestimmungen); wenn sie bei der Erstellung der Eröffnungsbilanz erfolgen, ist in Höhe der Differenz RW/Teilwert ein Gewinnabschlag vorzunehmen • Die Bildung von gewillkürtem BV ist möglich, falls es gebildet wird, sind keine Korrekturen notwendig
I. Immaterielle Vermögensgegenstände			
1. Konzessionen ...	siehe AV (auf § 5 Abs. 2 EStG ist zu achten)	siehe AV	siehe AV
2. Geschäfts- u. Firmenwert	-- „ --	-- „ --	-- „ -- (zusätzlich § 255 Abs. 4 HGB, § 5 Abs. 2 i.V.m. § 7 Abs. 1 S. 3 EStG
3. geleistete Anzahlungen	aktivieren mit dem RW der Einnahmen-Überschussrechnung	keine Gewinnkorrekturen	wenn auf geleistete Anzahlungen USt gezahlt wurde, muss i.H.d. USt-Betrages ein Gewinnzuschlag erfolgen
II. Sachanlagen	§ 6 Abs. 1 Nr. 1 und 2 EStG ist zu beachten		
1. Grundstücke	siehe AV	siehe AV	siehe AV
2. Gebäude	-- „ --	-- „ --	-- „ -- (auf die Kontinuität der AfA gem. § 7 Abs. 4 und 5 EStG ist zu achten)
3. ...	-- „ --	-- „ --	-- „ --
4. ...	-- „ --	-- „ --	-- „ --
5. geleistete Anzahlungen	wie A., I.3.	wie A., I.3.	wie A., I.3.
III. Finanzanlagen	siehe AV auf § 6 Abs. 1 Nr. 2 EStG ist zu achten	siehe AV	siehe AV

2 Die Überschussrechnung im Einzelnen

Bilanzposition	Bilanzansatz	Gewinnkorrektur (Hinzu- und Abrechnung)	Anmerkungen
B. Umlaufvermögen	aktivieren mit AK/HK oder dem niedrigeren Teilwert, falls erlaubt (§ 6 Abs. 1 Nr. 2 S. 2 EStG)	Gewinnzuschlag in Höhe des aktivierten Betrages	beim möglichen Ansatz des niedrigeren Teilwertes keine Korrektur (um TW-AfA) notwendig, da vollständige Gewinnauswirkung bereits bei der Einnahmen-Überschussrechnung eingetreten ist
I. Vorräte			
1. Roh-, Hilfs-, und Betriebsstoffe	siehe fertige Erzeugnisse und Waren	siehe fertige Erzeugnisse und Waren	siehe fertige Erzeugnisse und Waren
2. Unfertige Erzeugnisse, …	siehe fertige Erzeugnisse und Waren	siehe fertige Erzeugnisse und Waren	siehe fertige Erzeugnisse und Waren
3. Fertige Erzeugnisse und Waren	aktivieren mit AK/HK oder dem Teilwert (§ 6 Abs. 1 Nr. 2 EStG ist zu beachten)	• Gewinnzuschlag in Höhe des aktivierten Betrages • Gewinnabschlag in Höhe der Verbindlichkeiten aus Wareneinkauf	beim Ansatz des möglichen niedrigeren Teilwertes keine Korrektur notwendig
4. Geleistete Anzahlungen	aktivieren mit RW der Einnahme-Überschussrechnung	Gewinnzuschlag in Höhe des aktivierten Betrages	wie A., I.3.
II. Forderungen und sonstige VG			
1. Forderungen aus Lieferungen und Leistungen	Forderung lt. RW der Einnahmen-Überschussrechnung ./. wertberichtigte Forderungen ./. uneinbringliche Forderungen = Betrag, der aktiviert werden muss	• in Höhe der wertberichtigten Forderungen Gewinnzuschlag • keine Gewinnkorrekturen in Höhe der uneinbringlichen Forderungen • Gewinnzuschlag in Höhe des aktivierten Forderungsbetrages	

Bilanzposition	Bilanzansatz	Gewinnkorrektur (Hinzu- und Abrechnung)	Anmerkungen
2. Forderungen gegen Unternehmen mit denen ein Beteiligungsverhältnis besteht	Aktivierung des Betrages aus dem Gewinnverwendungsbeschluss	Gewinnzuschlag in Höhe des aktivierten Betrages	Gewinnverwendungsbeschluss muss im Zeitpunkt des Wechsels vorliegen
3. Sonstige Vermögensgegenstände (VG) • z.B. Zinsen • z.B. Vorsteuererstattungsanspruch • z.B. Darlehensforderung	• aktivieren in Höhe des RW der Einnahmen-Überschussrechnung • aktivieren in Höhe des RW der Einnahmen-Überschussrechnung • aktivieren in Höhe des RW der Einnahmen-Überschussrechnung	• Gewinnzuschlag in Höhe des aktivierten Betrages • Gewinnzuschlag in Höhe des aktivierten Betrages • keine Gewinnkorrektur	• bei BVV: Darlehenshingabe/-tilgung nur Vermögensumschichtung • bei Einnahmen-Überschussrechnung: geleistete Darlehensbeträge keine BA, zugeflossene Darlehensbeträge keine BE
III. Wertpapiere	siehe UV	siehe UV	siehe UV
IV. Schecks, Kassenbestände, Guthaben bei Kreditinstituten	aktivieren in Höhe des RW der Einnahmen-Überschussrechnung	keine Gewinnkorrektur	
C. Aktiver Rechnungsabgrenzungsposten • z.B. vorausgezahlte Miete, Zinsen • z.B. Disagio	aktivieren mit dem betreffenden Aufwand	Gewinnzuschlag in Höhe des aktivierten Betrages	müssen in der EB gebildet werden, da sonst keine periodengerechte Erfolgsermittlung und Totalgewinnidentität

2 Die Überschussrechnung im Einzelnen

A. Eigenkapital	wird erstmals durch BVV ermittelt	keine Gewinnkorrektur	
Rücklagen			
I. Rücklage für Ersatzbeschaffung	passivieren mit BW der Einnahmen-Überschussrechnung	keine Gewinnkorrektur	
II. Rücklage §§ 6b, 6c EStG	mit BW der Einnahmen-Überschussrechnung als Rücklage gem. § 6b EStG passivieren	keine Gewinnkorrektur	ist bei der Einnahmen-Überschussrechnung eine Rücklage gem. § 6c esvorhanden, weitere Behandlung gem. § 6b Abs. 3 EStG
B. Rückstellungen	passivieren in Höhe des erforderlichen Betrages.	Gewinnabschlag in Höhe des passivierten Betrages, auch wenn schon feststeht, dass die Rückstellung später wieder aufgelöst wird	• Rückstellungen müssen aufgrund § 249 Abs. 1 S. 1 und 2 HGB gebildet werden (zu achten ist jedoch auf § 5 Abs. 2a – 4b EStG) • insbesondere sind erstmals Steuerrückstellungen möglich
C. Verbindlichkeiten	passivieren mit RW der Einnahmen-Überschussrechnung	Gewinnabschlag in Höhe des passivierten Betrages	müssen berücksichtigt werden, sobald der Vertragspartner seine Leistung erbracht hat
Erhaltene Anzahlungen auf Bestellungen	passivieren mit RW der Einnahmen-Überschussrechnung	Gewinnabschlag in Höhe des passivierten Betrages	
Sonstige Verbindlichkeiten • z.B. Darlehensverbindlichkeiten • z.B. Umsatzsteuerverprobung	passivieren in Höhe des RW der Einnahmen-Überschussrechnung	Gewinnabschlag in Höhe des passivierten Betrages	• siehe Darlehensforderungen • bei der Einnahmen-Überschussrechnung ist die USt kein durchlaufender Posten
• z.B. rückständige betriebliche Aufwendungen	• passivieren in Höhe des erforderlichen Betrages		
D. Passiver Rechnungsabgrenzungsposten	passivieren in erforderlicher Höhe	Gewinnabschlag in Höhe des passivierten Betrages	müssen gebildet werden, siehe aktiver RAP

2.5.5 Ausgewählte Fragen zum Wechsel

Aus dem Bereich der Spezialfragen lassen sich zwei Gruppen bilden: In der technischen Kategorie verdeutlichen insb. die Behandlung der Rechnungsabgrenzungsposten und die Überführung einer Rücklage die Unterschiede beider Methoden, während der Gesetzgeber mit § 4 Abs. 4a EStG – Neuregelung des Mehrkontenmodells – einen Beitrag zur Harmonisierung (Synthese) der Gewinnvorschriften geleistet hat.

2.5.5.1 Der Rechnungsabgrenzungsposten

Beispiel 18: Der "ARAP": Ein steuerliches Chamäleon?
Ein in der Eröffnungsbilanz zum 01.01.02 ausgewiesener ARAP (aktiver RAP) i.H.v. 100 € steht in Zusammenhang mit einer Mietzahlung für Büroräume. Die in 01 bezahlte Miete für den Zeitraum 01.02.01 bis 31.01.02 betrug 1.200 €.

Lösung:

- In der EÜR ist gem. § 11 Abs. 2 EStG der volle Betrag als BA abgezogen worden.
- In der Buchführung des Jahres 02 wird – spätestens – am 31.01.02 gebucht: Mietaufwand 100 €   an   aktiver RAP 100 €
- Zur Vermeidung der doppelten Aufwandserfassung von 100 € erfolgt eine Hinzurechnung von 100 €.

2.5.5.2 Die Rücklage für Reinvestition (§ 6c EStG)[102]

Aufgrund zahlreicher Einschränkungen durch das StEntlG 1999/2001/2002 hat die Attraktivität der Rücklage für Reinvestition nach § 6b EStG zunächst an Glanz verloren. Sie ist aber für bilanzpolitische Zwecke[103] und durch die Revitalisierung des UntStFG 2001 sowie des StÄndG 2001 außerordentlich wichtig. Schon immer ist sie auch für den Überschussrechner mittels § 6c EStG ermöglicht worden.

Beispiel 19: Der „Reinvestor"
Der Überschussrechner Ü veräußert in 01 die unbebaute Grundstücksfläche für 10.000 € (AK: 2.000 €). In 02 und 03 nimmt er für je 3.000 € nach § 6b Abs. 1 S. 3 EStG begünstigte Erweiterungsbauten an seinem Ladengebäude vor. Zum 31.12.02 wechselt Ü die Gewinnermittlungsart.

---

[102] Die nachfolgende Darstellung gilt sinngemäß für:
- Die Ansparabschreibung nach § 7g Abs. 6 EStG,
- die Rücklage für Ersatzbeschaffung R 35 Abs. 5 EStR.

[103] Wegen § 23 EStG werden häufig Immobilien in der Rechtsform einer GmbH & Co. KG (mit der § 6b-Möglichkeit) gehalten.

Trotz der inhaltlichen Restriktionen ist auch ab 1999 eine Übertragung stiller Reserven von Grund und Boden auf Gebäude möglich, § 6b Abs. 1 S. 2 Nr. 3 EStG (i.V.m. H 41d zu R 41d EStR). Wenn, wie hier, die Übertragung nicht im Jahr der Veräußerung des alten WG erfolgen kann, so kann der Bilanzierende eine Rücklage bilden, die den Ertragsausweis (sonstiger betrieblicher Ertrag durch Anlageabgang) ausgleicht. Der Überschussrechner ist § 6c Abs. 1 S. 2 EStG – mangels Bilanzausweis „Rücklage" – auf den Ausweis einer BA angewiesen. Wird die Investition nicht (bzw. nicht in dem gesetzlichen Zeitraum von vier [sechs] Jahren) durchgeführt, so ist sie gewinnerhöhend aufzulösen; in der EÜR führt dies zu einer BE.

Lösung:

- In 01 kommt es zu einem vorläufigen Ertrag des Überschussrechners i.H.v. 8.000 €, da den Einnahmen von 10.000 € die AK von 2.000 € (§ 4 Abs. 3 S. 4 EStG[104]) als BA gegenübergestellt werden. In Höhe der geplanten Reinvestition von 6.000 € kann Ü nach § 6c EStG **fiktive BA** bilden, so dass sich die saldierten Erträge des Jahres 01 auf 2.000 € belaufen.
- In 02 überträgt Ü (immer noch Überschussrechner) das erste Teilvolumen von 3.000 € auf die Erweiterungsbauten (Folge: geminderte AfA-BMG); dieser Abzug von den AK/HK des neuen WG (hier: des Erweiterungsbaus) sind aber BA; diese stehen in 02 in gleicher Höhe (fiktive) BE gegenüber. Der Vorgang ist **neutralisiert.**
- Zum 31.12.02 bzw. 01.01.03 hat Ü in seiner Eröffnungsbilanz eine **Rücklage** für **Reinvestition** (jetzt nach § 6b EStG) i.H.v. 3.000 € zu bilden.
- Die Einstellung einer Rücklage führt dabei **nicht** zu einem **Korrekturabschlag**, da die bilanzielle Behandlung dieser Rücklage in ihrer Wirkung mit der Überschussrechnung identisch ist.
- In 03 (nunmehr: „Bilanzierungs-Regime") wird die gebildete Rücklage von 3.000 € beim zweiten Erweiterungsbau aufgelöst:

    BS: Rücklage (§ 6b EStG) 3.000 €   an   Erweiterungsbau 3.000 €.

    Die sofortige Gewinnrealisierung wird durch eine verkürzte Abschreibung auf das Gebäude ausgeglichen und temporär in die Länge gezogen.

3 Bedeutung der Entnahmen und Einlagen bei der Gewinnermittlung

3.1 Arten und Notwendigkeit der einzelnen Korrekturposten – Übersicht

Die Ermittlung des **steuerlichen Gewinns** (§ 2 Abs. 2 Nr. 1 EStG) erfolgt auf mehreren Stufen. Unabhängig von der Ermittlungsart bilden die Entnahmen und Einlagen einen

---

[104] Vgl. R 41b Abs. 11 S. 3 EStR.

Korrekturposten, um außerbetriebliche (private) Faktoren bei der Ermittlung des **betrieblichen** Ergebnisses zu eliminieren. Unter dem Regime der Bilanzierung werden alle privaten „Störgrößen" § 4 Abs. 1 S. 1 EStG nach dem BVV (exakt: Nach dem Vergleich der Schlusskapitalien) herausgerechnet, weil sie in der Rechengröße „(Eigen- oder Schluss-)Kapital" enthalten sind[105]. Bei der EÜR wird die Privatsphäre bereits einen Schritt vorher berücksichtigt, wenn die Summe der BE und BA ermittelt wird. Dabei werden die zu berücksichtigenden Entnahmen – vom Ergebnis her – als BE behandelt. Umgekehrt bilden die zu berücksichtigenden Einlagen eine steuerliche Abzugsgröße, die – als (fiktive) BA – abgezogen werden. Insoweit kann man bei § 4 Abs. 1 EStG (und bei § 4 Abs. 3 EStG) von einer fiskalischen Norm sprechen, die nur die betriebliche Leistung erfassen will.

Die anderen Korrekturposten auf dem Weg zum **steuerlichen Betriebsergebnis** als der entscheidenden Zielgröße stellen die steuerfreien Einnahmen und die privaten Lebenshaltungskosten nach § 12 Nr. 1 EStG dar, die hermetisch ausgeschlossen sind. Schließlich erfolgt noch eine Nichtberücksichtigung der sog. nicht-abzugsfähigen BA (§§ 4 Abs. 5 und 7 EStG) i.R.d. außerbilanziellen Hinzurechnung (bei Bilanzierenden).

Die Wirkungsweise der letztgenannten Korrekturposten ist eine andere als bei den Entnahmen/Einlagen. Aus steuerpolitischen Gründen werden bestimmte Vermögensmehrungen (z.B. nach § 3 EStG bzw. nach InvZulG) nicht berücksichtigt oder es werden Vermögensminderungen (hauptsächlich nach § 4 Abs. 5 EStG) steuerlich nicht zur Kenntnis genommen. Der zuletzt indizierte Verstoß gegen den Grundsatz des objektiven Nettoprinzips, wonach jeder Erwerbsaufwand zum steuerlichen Abzug zuzulassen ist, ist nach dem BVerfG-Beschluss vom 07.12.1999 (BStBl II 2000, 162) nur bei „Vorliegen wichtiger Gründe" hinnehmbar. In der steuerlichen Normenhierarchie handelt es sich dabei meist um Lenkungs- oder Sozialzwecknormen. Rein schematisch ergibt sich für beide Gewinnmethoden folgendes Bild **(Gewinn 02)**:

	BVV (§ 4 Abs. 1 EStG)	**EÜR (§ 4 Abs. 3 EStG)**
1. Schritt:	SK der Steuerbilanz (02)	BE (02)
	./. SK der StB (01)	./. BA (02)
dabei: ohne steuerfreie Einnahmen und ohne Privataufwand (§12 Nr. 1 EStG).		
2. Schritt:	+ Entnahmen	+ BE (Entnahmen)
	./. Einlagen	./. BA (Einlagen)
3. Schritt:	Außerbilanzielle Hinzurechnung der nicht abzugsfähigen BA	a) entweder vorweg keine Erfassung nicht abzugsfähiger BA oder b) spätere Eliminierung
	Steuergewinn (02)	**Steuergewinn (02)**

---

[105] In der laufenden Buchhaltung stellt bekanntlich das Privatkonto – neben der G+V – ein Unterkonto des Kapitalkontos dar. Wenn demnach das Schlusskapital durch eine Einlage erhöht wird, muss diese nach dem BVV wieder abgezogen werden.

3 Bedeutung der Entnahmen und Einlagen bei der Gewinnermittlung

Die unterschiedliche technische Wirkungsweise der Entnahmen einerseits und der nicht abzugsfähigen BA andererseits verdeutlicht folgendes Beispiel:

Beispiel 21: Der bilanzierende Kioskbesitzer
Der freiwillig bilanzierende K (aus Beispiel 13) nutzt seinen Betriebs-Pkw zu 20 % privat und legt 600 km im Jahr für Fahrten zwischen Whg. und Betriebstätte zurück. Die gesamte Fahrleistung beträgt 10.600 km, der gebuchte Kfz-Aufwand 10.600 € (Fahrtenbuchvariante).

Mit der Vollerfassung des Pkw als Betriebsvermögen sind zwei Korrekturen durchzuführen, soweit der bereits gebuchte betriebliche Aufwand von 10.600 € betroffen ist:
1. Zum einen ist die Nutzungsentnahme von 2.000 € (im folgenden wird nur netto gerechnet) gem. § 4 Abs. 1 S. 1 und 2 EStG – dem Grunde nach – und gem. § 6 Abs. 1 Nr. 4 S. 3 EStG – der Höhe nach – zu erfassen **und**
2. zum zweiten ist der nach § 4 Abs. 5 Nr. 6 S. 3, 1. HS EStG i.V.m. § 9 Abs. 1 S. 3 Nr. 4 EStG ermittelte Anteil für die Fahrten zwischen Wohnung und Betrieb als nicht abzugsfähige BA auszuscheiden. Der Anteil beträgt 492 € (s. Beispiel 13).

Lösung:
- Die Nutzungsentnahme von 2.000 € wird spätestens i.R.d. Arbeiten zur Hauptabschlussübersicht als Entnahme gebucht und mindert insoweit das – laufend entwickelte – (Schluss)Kapitalkonto des K. Beim BVV wird der Betrag wieder hinzugerechnet, um den Privataufwand zu kompensieren.
- Der Betrag der nicht abzugsfähigen BA (Fahrten Whg./Betrieb) könnte – folgerichtig – ebenso als Entnahme mit den gleichen Konsequenzen behandelt werden. In einer sehr versteckt angeordneten Richtlinienregelung (**R 21 Abs. 1 S. 3 EStR**) wird jedoch die Behandlung als Entnahme verboten. Von daher bleibt als einzige Sanktion die **außerbilanzielle Hinzurechnung.**

Diese differenzierte Behandlung wird im ganzen Ertragsteuerrecht (auch im Körperschaftsteuerrecht) entsprechend gehandhabt und führt zu folgenden Konsequenzen:
- Die steuerliche Gewinnermittlung des **jeweiligen** Jahres (VZ) ist identisch;
- Mit der außerbilanziellen Hinzurechnung ist der Tatbestand für diese Rechenperiode abgeschlossen und findet keine weitere Berücksichtigung;
- mit der Behandlung als **Entnahme** wird jedoch das Kapitalkonto auf **Dauer gemindert,** da die Korrektur nach § 4 Abs. 1 S. 1 EStG nur der Gewinnermittlung dient; die Übertragung des reduzierten Saldos vom Privatkonto auf das Kapitalkonto bleibt wegen der **Bilanzidentität** bestehen. Damit beeinflusst der Nutzungstatbestand peremptorisch (auf Dauer) das Kapital und wirkt sich spätestens bei der Veräußerung bzw. Aufgabe des Betriebes nach § 16 EStG erhöhend aus.

Der scheinbar lapidare Unterschied kann auch außersteuerlich beachtliche Auswirkungen erzeugen, wenn es sich z.B. um Korrekturen im Rechnungskreis von PersG handelt. Bekanntlich hat das Kapitalkonto nicht nur Auswirkungen für die steuerliche Gewinnermittlung, sondern dient auch als BMG für die (künftige) Gewinnverteilung oder für die Berechnung eines etwaigen Auseinandersetzungsanspruches!

Eine „innere" Rechtfertigung für diese unterschiedliche Behandlung kann nur darin gesehen werden, dass Nutzungsentnahmen bereits in der laufenden Buchführung Berücksichtigung finden, während die Korrektur nach § 4 Abs. 5 EStG häufig erst durch die Außenprüfung der Finanzverwaltung erfolgt. Dieses Praktikabilitätsargument verfängt aber nicht mehr, wenn bereits in der laufenden Buchführung – wie bei den meisten EDV-Buchführungsprogrammen – ein eigenes Konto „Nicht abzugsfähige BA" eingerichtet ist.

3.2 Die Entnahmen beim Einzelunternehmer

Nach der Legaldefinition von § 4 Abs. 1 S. 2 EStG sind Entnahmen „alle WG (Bar-Entnahmen, Waren, Erzeugnisse, Nutzungen und Leistungen)", die der Unternehmer für betriebsfremde Zwecke im Laufe des Wj. entnommen hat. In § 6 Abs. 1 Nr. 4 EStG ist sodann die Entnahme der Höhe nach definiert: Grundsätzlich ist sie mit dem **Teilwert** anzusetzen.

> **Beispiel 22: Der Bauunternehmer als Vermieter**
> Bauunternehmer B errichtet in 01 auf dem betrieblichen Grundstück ein Gebäude. Bei der Herstellung werden sowohl Materialien aus seinem Betrieb, als auch seine Arbeitskräfte eingesetzt. B arbeitet selbst mit. Nach Fertigstellung wird das bilanzierte Gebäude von 02 – 05 an seine AN vermietet, ab 06 an fremde Mieter zu Wohnzwecken. Das Mietwohnhaus bedeckt ca. 70 % der Fläche des ursprünglichen betrieblichen Grundstücks.

Für die ertragsteuerliche Erfassung und Behandlung von Entnahmen sind zu prüfen:

1. Entnahmefähiges WG nach § 4 Abs. 1 S. 2 EStG?
2. Entnahmehandlung,
3. (Betriebsfremder) Zweck der Entnahme,
4. ggf. Buchung der Entnahme inkl. USt-Fragen,
5. Bewertung der Entnahme nach § 6 Abs. 1 Nr. 4 EStG und
6. ggf. Steuerpflicht der Entnahme.

Bereits auf der ersten Stufe (1. „Gegenstand der Entnahme") überrascht das Gesetz mit der Einbeziehung von **Nutzungen und Leistungen** in den Anwendungsbereich der in das PV überführbaren Gegenstände. Damit ist klargestellt, dass **jede Wertabgabe** (aus dem Betrieb) zu einer Entnahme führen kann, auch wenn diese im Einzelfall kein bilanzierungsfähiges WG darstellt (wie z.B. Nutzungen und Leistungen, BFH vom 26.10.1987, BStBl II 1988, 348). Damit sind auch immaterielle WG entnahmefähig. Nicht entnahmefähig (keine Leistungsentnahme) ist allerdings die Arbeitskraft des Unter-

3 Bedeutung der Entnahmen und Einlagen bei der Gewinnermittlung

nehmers, da sie dem Betrieb nichts gekostet hat (BFH vom 04.08.1959, BStBl III 1959, 421).

Der Wechsel von der betrieblichen Sphäre in die außerbetriebliche Sphäre ist ein tatsächlicher Vorgang (2.). Da sich dieser Vorgang nicht durch einen Übertragungsakt (wie bei einer Übereignung an Fremde) manifestiert, ist zumindest eine **deutliche Handlung** eine weitere Voraussetzung (BFH/NV 1997, 226). Inwieweit eine Umwidmung eines WG (geänderte Nutzungsabsicht) eine Entnahme herbeiführen kann, hängt vom konkreten Rechtsvorgang ab[106]. In dieser Frage liegen zwei aktuelle und für den Bereich von L+F wichtige BFH-Entscheidungen vor, wonach das Brachliegen einer Wiese – bei entsprechender Erklärung – bereits zu einer Entnahme führen kann (BFH vom 17.01.2002, BFH/NV 2002, 704); ein weiterer Grenzfall wurde am 13.12.2001 (BStBl II 2002, 80) entschieden, wonach vor der eigentlichen Betriebsaufgabe eine Entnahme durch Nutzungsüberlassung an Angehörige angenommen werden kann. Eine Stornierung der Entnahme (mit Ex-tunc-Wirkung) ist grundsätzlich nicht möglich. Vielmehr muss das WG wieder eingelegt werden[107].

Der **private Zweck (3.)** ist immer gegeben, wenn das transferierte WG (bzw. der transferierte Wert) im Zielbereich den Charakter von (notwendigem) **PV** oder von eindeutigen Aufwendungen der **privaten Lebensführung** (nach § 12 Nr. 1 EStG) hat. Schwieriger gestaltet sich diese Frage bei einem WG des gewillkürten BV (mit Nutzungsänderung) bzw. im Falle der Überführung des WG in einen anderen Betrieb des Unternehmers, zumal wenn sich dieser im Ausland befinden sollte (s. hierzu unter 3.3.3).

Ansonsten gilt bei Übertragungen **innerhalb von Betrieben** eines Unternehmers der sog. **finale Entnahmebegriff**, wonach immer dann die Folgen des Realisationstatbestandes Entnahme gegeben sind, wenn die Erfassung der stillen Reserven in den „Ziel-Betrieben" nicht gewährleistet ist (BFH vom 14.06.1988, BStBl II 1989, 187). Dieser geregelte Fall hat Affinität zu der von der Rspr. entwickelten Fallgruppe, dass **außersteuerliche** Vorgänge den Entnahmevorgang ersetzen können[108]. Dabei spielen jedoch die vom BFH entschiedenen **Ausnahmetatbestände (keine Entnahme)** eine weitaus größere Rolle (Schicksal von Einzel-WG anlässlich eines Strukturwandels[109], Liebhaberei[110] und Abschluss eines DBA[111]; s. dazu auch *J. Schmidt*, Band 1, Teil D).

---

[106] Reine Erklärungen bzw. Buchungen ohne schlüssige Handlung genügen nicht der Entnahmehandlung.
[107] Das Thema der nicht steuerrelevanten **vorübergehenden** Entnahmen ist vom FG Thüringen vom 12.04.2000 (EFG 2000, 1053) aufgegriffen worden. M.E. kann im Jahr (VZ) der Gewinnermittlung eine Entnahme ohne steuerliche Auswirkung wieder rückgängiggemacht werden (Grenze: § 42 AO bzw. die Wiedereinlage scheitert an § 4 Abs. 4 EStG analog, etwa weil ein – jetzt – verlustträchtiges WG vorliegt.
[108] So kann durch eine **Zuwendung von Todes** wegen ein Einzel-WG aus dem Betrieb ausscheiden. Dieser Vorgang, der auf erbrechtlichen Normen (Erfüllung eines Sachvermächtnisses) beruht, wird einer Entnahme gleichgestellt. Vergleichbare Bsp.: Wegfall der persönlichen Voraussetzungen bei einer Betriebsaufspaltung oder Wegfall der BV-Eigenschaft von Sonder-BV bei Vererbung von PersG-Anteilen.
[109] Bei Überführung eines WG aus einem Gewerbebetrieb in einen L+F-Betrieb, bleiben nach BFH vom 14.06.1988 (BStBl II 1989, 187) die stillen Reserven verhaftet.
[110] Beim Übergang zur Liebhaberei werden die stillen Reserven nicht eingefroren, sondern später bei aufgeschobener Gewinnrealisierung voll versteuert (vgl. auch R 14 Abs. 2 EStR).
[111] BFH vom 16.12.1975 (BStBl II 1976, 246).

Die Verbuchung (4.) der Entnahme ist aus formellen Gründen (der ordnungsgem.en Buchführung) erforderlich, ist aber selbst keine Tatbestandsvoraussetzung für die Steuerfolgen der Entnahme. Der konkrete Buchungssatz wiederum hat bei gegebener USt-Pflicht (nach § 3 Abs. 1b UStG bzw. nach § 3 Abs. 9a UStG) die Entnahme immer **brutto** (inkl. USt) zu erfassen, da ansonsten gegen das Abzugsverbot von § 12 Nr. 3 EStG verstoßen wird[112].

Entscheidend ist, dass mit dem Ansatz des **Teilwerts** (5.) die betrieblich gebildeten stillen Reserven beim Verlassen der Betriebssphäre steuerlich erfasst werden. Während die Sachentnahmen geregelt sind, kann die Bewertung der Nutzungsentnahme im Einzelfall Schwierigkeiten bereiten. So besteht bis zum heutigen Tage Unsicherheit – genährt durch einen Vorlagebeschlusses vom 23.01.2001 (BStBl II 2001, 395) – ob bei einem Privatunfall mit einem Betriebs-Pkw (Nutzungsentnahme) die stillen Reserven als betrieblicher Vermögensverlust berücksichtigt werden müssen[113]. Eine weitere Ausnahme von diesem Grundsatz sieht § 6 Abs. 1 Nr. 4 S. 4 und 5 EStG nur für den Fall von sog. Sachspenden an steuerbefreite Körperschaften vor. Dies hat seinen Grund darin, dass der Spendenvorgang an sich außerbetrieblicher Natur ist und demzufolge eine nicht gewollte Entnahme vorliegt. Beim Vorliegen der gesetzlichen Voraussetzungen[114] kann die Spende zum Buchwert entnommen werden.

Schließlich sind Fälle denkbar (6.), bei denen die Entnahme ausdrücklich steuerbefreit ist (§ 52 Abs. 15 EStG a.F.: Überführung von L+F-Betriebsvermögen in private Altenteilerwohnungen).

Lösung:

- Die Errichtung des Gebäudes könnte eine Entnahme des Grund und Bodens sein, auf dem das Gebäude errichtet ist, ebenso wie das Material (Sachentnahme) und der Lohneinsatz (Leistungsentnahmen) entnommen sein könnten. Lediglich die eigene Arbeitskraft des B scheidet mangels betrieblicher „Wertaggregation" aus. Dies wäre jedoch nur dann der Fall, wenn die genannten WG für die **Errichtung eines WG im PV** entnommen werden. Dies ist aber hier nicht der Fall. Vielmehr wird zunächst ein Betriebsgebäude hergestellt und später das „fertige" WG entnommen (s. sogleich).

---

[112] Bei einer umsatzsteuerpflichtigen Sachentnahme („Eigenverbrauchslieferung") nach § 3 Abs. 1b Nr. 1 UStG ist folgender BS zu bilden:
  per Entnahme   116   an WG (alt)   100
                         an USt   16
[113] Nach dem vorlegenden VIII. Senat ist dies nicht der Fall, da in § 6 Abs. 1 Nr. 4 EStG nur eine Regelung für Sachentnahmen getroffen wurde.
[114] Im Einzelnen:
- Der Empfänger ist eine nach § 5 Abs. 1 Nr. 9 KStG steuerbefreite Körperschaft bzw. eine juristische Person des öffentlichen Rechts.
- Die Spende muss in unmittelbaren Abschluss an die Entnahme erfolgen und sie darf nicht in der Form einer Nutzung oder Leistung erbracht werden.

- Die Erstellung des Wohnhauses wäre dann eine Entnahme, wenn dieses WG (notwendiges) PV wäre. Gebäude (und der damit zusammenhängende Grund- und Bodenanteil, BFH vom 11.03.1980, BStBl II 1980, 740) werden nach R 13 Abs. 4 EStR je nach ihrer Funktion als eigenständige WG behandelt. Der hier gegebene Nutzungszweck ist die Vermietung zu fremden Wohnzwecken. Die Loslösung von der betrieblich-operativen Zielsetzung eines Bauunternehmens ist offensichtlich. Dennoch ordnen Rspr. und Verwaltung das Wohnhaus für eigene AN als notwendiges BV ein (R 13 Abs. 4 S. 3 EStR) und ordnen dies sogar dem eigenbetrieblich genutzten (!) Gebäudeteil unter. Insoweit erfolgte zu Recht die Aktivierung des bebauten Grundstücks in den Jahren 02 – 05 mit den HK (Selbstkosten inkl. zulässiger Gemeinkosten – ohne Arbeitskraft des B –).
- Mit der Vermietung an Fremde verliert das Wohnhaus die Eigenschaft als eigenbetrieblich genutztes Gebäudeteil. Aufgrund der noch geltenden Dreiteilung des Vermögens kommt eine Eingruppierung als gewillkürtes BV oder als (notwendiges) PV in Betracht. Wenn – wie hier – der Zusammenhang mit dem (Ursprungs-)Betrieb so weit gelöst ist und wenn durch die Erstellung des Wohnhauses der Charakter zur Vermögensverwaltung überwiegt, liegt nach BFH vom 09.08.1989 (BStBl II 1990, 128) eine Entnahme durch schlüssiges Handeln vor[115]. Eine Buchung bzw. eine Erklärung an das FA ist hierfür nicht erforderlich.
- Bewertet wird das entnommene Wohnhaus mit dem Teilwert nach § 6 Abs. 1 Nr. 4 S. 1 EStG. Dabei sind nach zutreffender Teilwertvermutung die Wiederbeschaffungskosten anzusetzen. Diese werden im Regelfall mit dem Einzelveräußerungspreis übereinstimmen und dabei möglicherweise den Wert der Arbeitsleistung des B mit umfassen (anders als oben, da die Arbeitsleistung des B für die Erstellung eines WG im PV entnommen wird).

Mit der Entnahme unterliegt das Wohnhaus nicht mehr der betrieblichen Steuerverhaftung; der Wertzuwachs unterliegt jedoch ab 06 für weitere zehn Jahre nach § 23 Abs. 1 S. 2 EStG n.F. dem Steuerzugriff für „private Veräußerungsgeschäfte".

3.3 Die Einlagen beim Einzelunternehmer

Während die Entnahmen ein weitgehend „befriedetes" Rechtsgebiet darstellen, findet bei den Einlagen seit längerer Zeit eine lebhafte Diskussion über den ursprünglichen Anwendungsbereich von § 4 Abs. 1 S. 5 EStG sowie über die Bedeutung der Erweiterungstatbestände statt, die vom Gesetzgeber und von der Rspr. geschaffen wurden. Darüber

---

[115] Wiederum anders wird die Belastung des Betriebsgrundstücks mit einem Erbbaurecht **nicht** einer schlüssigen Entnahmehandlung gleichgestellt (BFH vom 10.12.1992, BStBl II 1993, 342).

hinaus hat die Debatte über die Zulässigkeit der Nutzungs(-aufwands)einlage maßgeblich die Entscheidungsfindung zum sog. „Drittaufwand"[116] beeinflusst.

3.3.1 Grundzüge und Wirkungsweise der Einlage

Die Begehrlichkeit nach und die Phantasie für ein umfangreiches (und hoch angesetztes) Einlagevolumen verdeutlicht

> **Beispiel 23: Steuersubvention qua XXX- Einlage**
> Der vormalige Landwirt und künftige Großhotelier H findet nach einer Bohrung auf seinem Grundstück eine heiße und mineralhaltige Wasserquelle, die sich später als Quelle künftigen Reichtums erweisen sollte. Noch bevor in den nächsten Jahren auf dem Areal das bekannte Bäderzentrum XXX entsteht, wird in den Verhandlungen mit dem Finanzministerium über den Wert der „Wassergrundstücke" verhandelt. H versteht nicht, warum sein StB auf einen besonders hohen Wert drängt – und ihn auch zugestanden bekommt –, wo H ansonsten doch bei den Auseinandersetzungen mit dem FA immer um niedrige Ansätze bemüht ist.

Praktische Steuerpolitik wird nicht nur mittels neuer Steuergesetze[117] gemacht. Viel häufiger und ohne jeglichen Parlamentsvorbehalt erfolgt dies durch entsprechende Zugeständnisse der Behörden im Bereich der **Wertfindung** von steuerbaren Sachverhalten. Besonders bei der Ermittlung des **Teilwertes** bestehen – mangels dessen Praktikabilität aufgrund der Legaldefinition in § 6 Abs. 1 Nr. 2 EStG (bzw. in § 10 BewG) – enorme Gestaltungsmöglichkeiten, die auch zu hohen Werten führen können, wie Bsp. 23 belegt.

Lösung:

- Die Einlage der Grundstücke in das BV des H erfolgt gewinnneutral, da durch den Zugang zum BV (BS: per Grundstücke an Kapital) – gleich, in welcher Höhe – zwar zunächst das Bilanzvermögen des H erhöht wird. Diese Betriebsvermögensmehrung führt beim BVV vorläufig zu einem Gewinnausweis (auf der 1. Stufe), sie wird jedoch – in identischer Höhe – durch den Abzug der Einlagen auf der 2. Stufe (§ 4 Abs. 1 S. 1 EStG) voll kompensiert.
- Die **indifferente** Wertfindung bei der reinen **Einlagehandlung** steht aber in krassem Gegensatz zu der Folgewirkung. Mit einem hohen Einlagewert wird z.B. bei WG des abnutzbaren Anlagevermögens, die hier nicht vorliegen, ein hohes Abschreibungsvolumen geschaffen.

---

[116] S. ausführlich *Preißer*, Band I, Teil B, Kap. I (Drittaufwand als Problem der personellen Zurechnung).
[117] Bekanntlich kann es sich bei Steuergesetzen entweder um Fiskalzwecknormen, um Sozialzwecknormen oder um Pauschalierungsnormen – mit je unterschiedlichem Auslegungsgehalt (vgl. *Tipke*, StRO, 362 ff, 713 ff., 119) – handeln.

- Bei allen eingelegten WG schafft ein **hoher Bilanzansatz** ein größeres Buch-Kapital in der Bilanz („Bilanzoptik"). Wegen der Bilanzidentität perpetuiert sich der Buchwert bis zum Verkauf oder der Aufgabe des Betriebes. Dort bildet die Größe „Buchkapital" (= Wert des BV, vgl. § 16 Abs. 2 EStG) eine Abzugsgröße. Je höher bekanntlich der Subtrahend ist, desto kleiner ist der Saldo (hier: der steuerpflichtige Veräußerungsgewinn).

3.3.2 Gegenstand der Einlage, insbesondere die Nutzungs(-aufwands)einlage

Entgegen der umfangreichen Regelung bei den Entnahmen sind die gesetzlichen Anwendungsfälle bei der Einlage § 4 Abs. 1 S. 5 EStG auf zwei Bsp., nämlich die Bareinzahlungen und die sonstigen WG, beschränkt. Diese Zurückhaltung führte in den 80-er Jahren zu einer Auseinandersetzung um die Tragweite der Norm. Die Vertreter der „Spiegelbildlichkeitstheorie" (bzw. des Veranlassungsgrundsatzes) interpretierten **Satz 5** leg. cit. nur als exemplarische (und damit analogiefähige) Regelung, während sie für die Gegenmeinung abschließenden Charakter hatte. Der GrS hat am 26.10.1987 die – über ein Jahrzehnt schwelende – Rechtsfrage entschieden (BStBl II 1988, 348).

Beispiel 24: Die betriebliche Teilhabe am Privatvermögen
H kauft nach den positiven Einlageerfahrungen (Bsp. 23) ein Buchexemplar der aktuellen Ausgabe des EStG und verblüfft nach der Lektüre von § 4 Abs. 1 EStG seinen StB mit der Frage, ob er nicht auch folgende betrieblich genutzte „Privatvorteile" einlegen könne:

- Die Kosten, die ihm anlässlich der betrieblichen Nutzung seines Privat-Pkw entstehen,
- die Kosten, die seiner Frau anlässlich seiner betrieblichen Nutzung ihres Pkw entstehen,
- den Arbeitsaufwand, den die in den Schulferien im Hotel mitarbeitenden Kinder, produzieren.

Dabei argumentiert H wie folgt: „Das, was bei der Entnahme für das FA möglich ist (S. 2), müsse bei der Einlage (S. 5) für den Unternehmer auch ermöglicht werden".

Das aus dem Gleichheitssatz geborene Petitum des H würde zu noch stärkeren steuerlichen Vergünstigungen führen als dies bei der Einlage eines WG mit (zu) hohem Wert der Fall ist. Mit dem BS (Aufwand an Einlage) ist ein eindeutiges verlustwirksames Ergebnis erzielt, da die hier neutrale Einbuchung[118] (als laufender Geschäftsvorfall) durch den einseitigen Abzug der Einlage nach dem BVV, ein steuerliches Negativergebnis ergibt. Das Hauptproblem liegt dabei in der fehlenden Überprüfbarkeit (Praktikabilitätsar-

---

[118] Es wird das eine Unterkonto des Kapitalkontos (das G+V-Konto) belastet, während der identische Betrag dem anderen Unterkonto (Privatkonto) gutgeschrieben wird. Damit liegt ein Null-Ergebnis vor.

gument), während andererseits die eindeutig vorliegende betriebliche Veranlassung (§ 4 Abs. 4 EStG) nicht zu verleugnen ist.

Lösung:

- Nach der Auffassung des GrS sind – anders als bei der Entnahme – nur bilanzierungsfähige WG einlagefähig. Damit sind zwar Nutzungsrechte (z.B. eine Nutzungsüberlassung aufgrund gesicherter Rechtsposition) einlagefähig[119] (zum Wert s. sogleich), **nicht aber bloße Nutzungen**. Diese Aussage gilt auch für reine **Dienstleistungen**. Hauptentscheidendes Argument war neben der identischen Auslegung der Begriffe WG[120] und Vermögensgegenstand (§ 246 HGB), dass nur das als Korrekturposten nach § 4 Abs. 1 EStG abgezogen werden könne, was vorher eben dieses BV angereichert habe. Damit sind bloße Nutzungen fremden[121] Vermögens bzw. fremde Dienstleistungen nicht als Einlage zu berücksichtigen.
- Anders sieht die Situation bei der betrieblichen Nutzung des eigenen PV aus. Die Rspr. des BFH lässt hier die Aufwendungen einschließlich der anteiligen AfA (!) zum BA-Abzug zu (so auch R 18 Abs. 1 S. 2 EStR). Damit können die betrieblich veranlassten durchschnittlichen Pkw-Kosten des eigenen Kfz des H qua „Aufwand an Einlage" aufwandswirksam werden.

Der vom BFH entschiedene Sachverhalt betraf ein **zinsverbilligtes Darlehen**, das innerhalb eines internationalen Konzernverbundes von einer Schwestergesellschaft – grenzüberschreitend – der anderen Schwestergesellschaft gewährt wurde, wonach der Zinsvorteil als Einlage geltend gemacht wurde. Für diese – enorm praxisrelevante – Fallgruppe der Darlehensgewährung ist damit entschieden (zuletzt durch BFH vom 04.07.2001, BFH/NV 2001, 1553 bestätigt), dass die (bloße) Darlehensgewährung nicht mittels Einlage erfolgt. Dies ist erst dann der Fall, wenn auf die Rückgriffsforderung verzichtet wird (bilanzierungsfähiges WG). Auf zwei weitere Besonderheiten ist hinzuweisen:

- Der BFH hält in analoger Anwendung von § 4 Abs. 4 EStG die Einlage von verlustträchtigen WG (Hauptfall: Wertpapiere mit sinkender Tendenz) nicht für zulässig, da bei einem Gewerbetreibenden die Gewinnerzielungsabsicht auch bzgl. des einzelnen WG zu prüfen ist.
- Gegenstände des notwendigen PV (wie z.B. ein „Swimming-Pool") können ebenfalls nicht in ein BV eingelegt werden.

---

[119] Der Einlagewert solcher unentgeltlich erworbenen Nutzungsrechte ist freilich mit „0" anzusetzen, damit zusammenhängende laufende Aufwendungen sind dann aber als Aufwand abzusetzen.
[120] Wegen des in § 4 Abs. 1 S. 5 EStG ausdrücklich erwähnten Begriffs des WG musste der vorlegende 1. Senat des BFH am 20.08.1986 (BStBl II 1987, 65) einen neuen WG-Begriff kreieren, der sich am geldwerten Vorteil des § 8 Abs. 1 EStG orientierte.
[121] Mit „fremd" ist hier eine andere Person als der Unternehmers gemeint, der die entsprechenden Einkünfte i.S.d. § 2 EStG „erzielt".

Während die sonstigen Voraussetzungen (Einlagewille/Einlagehandlung/Einlagebuchung) mit denen der Entnahme identisch sind (s.o.), traf der Gesetzgeber bei der Bewertung nach § 6 EStG eine differenzierende Regelung.

3.3.3 Die Bewertung der Einlage

Die Grundregel der Bewertung der eingelegten WG mit dem **Teilwert** nach § 6 Abs. 1 Nr. 5 EStG (und nicht mit den historischen AK) verfolgt den Zweck, nur die während der Zugehörigkeit des WG zum BV akkumulierten stillen Reserven zu besteuern. Eine Ausnahme (Ansatz „höchstens" mit den niedrigeren AK) wird für zwei WG-Kategorien gemacht:

a) „Kurzzeit"-WG (§ 6 Abs. 1 Nr. 5 S. 1a EStG: Maximal 3 Jahre alte WG) und
b) „wesentliche-KapG"-Beteiligungen nach § 17 EStG (§ 6 Abs. 1 Nr. 5 S. 1b EStG).

Der Zweck dieser Regelung wird **im Falle a)** mit der Missbrauchsabwehr (keine Verlustverlagerung in den Betrieb) und **im Falle b)** mit dem Gleichstellungsgedanken[122] angegeben. Probleme mit der Gesetzesbegründung treten allerdings bei abnutzbaren „Kurzzeit"-WG (im Falle a) auf, da dort die ohnehin niedrigeren Einlagewerte noch um die (z.T. fiktive) AfA gekürzt wird.

> **Beispiel 25: Die geprellte „Einlegerin"**
> Die frisch diplomierte Diplom-Ingenieurin I startet ihre selbständige Beratungstätigkeit in 04 mit einem im Studium vor zwei Jahren selbst entwickelten Patent (geschätzter Wert: 20.000 €), einer Daimler Aktie, die sie zum Studienabschluss (03) geschenkt bekam (Börsenwert in 03: 100 €; Börsenwert in 04: 50 €) und einem Mini Cooper MC, den sie sich in 02 für 10.000 € (ND: vier Jahre) zulegte. Wegen der Produktionseinstellung wird der MC in 04 mit demselben Wert wie in 02 gehandelt. I, für ihre Cleverness bekannt, will die Einlage-Maxime „Höchstwert" realisieren. Erfolgreich?

Unabhängig von der konkreten Gewinnermittlung (EÜR oder BVV) ist § 6 Abs. 1 Nr. 5 EStG zu befolgen. Die Vorfrage nach der Einlagefähigkeit der einzelnen Gegenstände nach § 4 Abs. 1 S. 5 EStG kann umfassend bejaht werden. § 5 Abs. 2 EStG verbietet nicht die Einlage eines im Privatbereich entwickelten, immateriellen WG, da die Zuordnung des WG (zum PV oder BV) Vorrang vor einem etwaigen Ansatzverbot hat, das ohnehin nur für die im Betrieb entwickelten, immateriellen WG gilt.

Lösung:

a) Beim **Patent** stellt sich die Frage, ob I das Patent selbst oder lediglich die Nutzung des Patents, das ansonsten in ihrem PV verbleibt, einlegen will. Eine Abspaltung der Nutzung des immateriellen WG vom Eigentum des

---

[122] Wenn schon die Veräußerung des PV ausnahmsweise bei § 17 EStG steuerbar ist, muss dies erst recht – mit identischen Werten – für die in das BV eingelegten „wesentlichen Beteiligungen" gelten.

WG dürfte aber bei **Personenidentität** (Inhaber des Patents und Lizenznehmerin wäre jeweils I) nicht zulässig sein. Für diesen Zweck müsste I eine GmbH als Lizenznehmerin gründen. Von daher ist das Patent mit dem TW (Marktwert) im Einlagezeitpunkt (d.h. mit 20 T€) anzusetzen, auch wenn die Gestehungskosten in 02 niedriger gewesen sein mögen, da insoweit keine Anschaffung oder Herstellung[123] vorlag. Bei dieser gesetzeskonformen Lösung ist aber zu bedenken, dass der BFH in dieser Frage vom sog. **finalen Einlagebegriff** ausgeht (BFH vom 26.10.1987, BStBl II 1988, 348 sowie vom 20.09.1990, BStBl II 1991, 82). Danach darf nur steuerfrei gebildetes oder bereits versteuertes Vermögen mit dem TW angesetzt werden; ansonsten, wenn etwa ein Einnahmeverzicht eines Dritten vorliegt, ist der TW mit „0" anzusetzen, da hier kein Abschreibungspotential kreiert werden darf. Nach diesen Ausführungen hat I während ihrer Studienzeit mit dem Patent steuerfreies Vermögen gebildet, so dass die gesetzliche Lösung (Einlage: 20 T€) auch mit der wertenden Äußerung des BFH übereinstimmt.

b) Die Daimler Aktie stellt ein „Kurzzeit"-WG (§ 6 Abs. 1 Nr. 5a EStG) dar. Obwohl I die Aktie geschenkt bekam, sind ihr nach § 11d EStDV analog die AK des Rechtsvorgängers zuzurechnen (100 €)[124]. Die Regelung in § 6 Abs. 1 Nr. 5 EStG ist jedoch so zu interpretieren, **dass immer der niedrigere** Wert anzusetzen ist: Ansatz der Aktie demnach mit 50 €.
Allein für den Fall wesentlicher Beteiligungen (lit. b) hat der BFH vom 25.07.1995 (BStBl II 1996, 684) gegen den Wortlaut des Gesetzes entschieden, dass die „höheren" AK angesetzt werden dürfen. Diese Auslegung contra legem wurde zu Recht mit einem Nichtanwendungserlass (BMF vom 05.12.1996, BStBl I 1996, 1500) versehen. Die Frage, ab wann die Beteiligung an einer KapG im fraglichen Zeitpunkt eine wesentliche Beteiligung i.S.d. § 17 EStG ist, kann demnach dahingestellt bleiben.

c) Der MC muss nach § 6 Abs. 1 Nr. 5 S. 2 EStG mit den **fortentwickelten AK** angesetzt werden. Bei einer ND von vier Jahren für gebrauchte Kfz ergibt dies 5.000 €. Dies soll auch dann gelten, wenn sich die AfA bislang steuerlich nicht ausgewirkt hat (R 39 S. 2 EStR). Die (Verwaltungs-)Lösung widerspricht m.E. der Zielsetzung von § 6 Abs. 1 Nr. 5 EStG. Danach soll der Transfer von Privatverlusten in die Betriebssphäre vermieden werden. Ein Missbrauchstatbestand ist in der vorliegenden Fallgruppe nicht ersichtlich. Erst dann, wenn konkrete Anhaltspunkte für eine Verlustverlagerung vorliegen, sollte mit den Mitteln von § 42 AO oder – besser – mit § 4 Abs. 4 EStG analog reagiert und die fingierte AfA berechnet werden.

---

[123] M.E. hat an dieser Stelle die analoge Wertung von § 5 Abs. 2 EStG einzusetzen.
[124] Zum Zusammenspiel zweier BFH-Urteile vgl. einerseits BFH vom 05.12.1996 (BStBl II 1997, 287), wonach der unentgeltliche Erwerb bei § 6 Abs. 1 Nr. 5 EStG keine Anschaffung ist, und andererseits BFH vom 31.03.1977 (BStBl II 1977, 823) zur Frage der maßgeblichen AK bei unentgeltlicher Einzelrechtsnachfolge. Das Ergebnis im Bsp. stimmt in allen Einzelheiten mit den Urteilen überein, wenn der Schenker die Aktien im Jahr (02) mit dem mitgeteilten Börsenwert erworben hat.

Annex: Anders als bei Patenten kann der **personenidentische Grundstückseigentümer** das Eigentum in seine einzelnen Komponenten aufspalten[125]. Dies ist etwa der Fall, wenn der Unternehmer das Eigentum im PV behält und nur die Nutzungen einlegt (Lösung s. Beispiel 24: Ansatz der Selbstkosten). Für den Fall, dass zulässigerweise unentgeltliche Nutzungsrechte in den Betrieb eingelegt werden, ist nach derzeitiger Rspr.(-Entwicklung) wie folgt zu differenzieren[126]:

- Beim **Nießbrauchsvorbehalt**, der in den Betrieb eingelegt wird (Bsp.: Eigentümer des Grundstücks werden die Kinder und der Unternehmer behält sich den Nießbrauch vor), soll der Unternehmer das WG „Nutzungsrecht" mit den AK ansetzen, die er ursprünglich selbst hatte. M.E. muss aber – um eine Übereinstimmung mit der Wertung von § 6 Abs. 1 Nr. 5 (insb. S. 3) EStG herbeizuführen – von den historischen AK die AfA (soweit davon ein Betriebsgebäude betroffen ist) abgezogen werden. Dieser reduzierte und fortgeführte Betrag ist der Einlagewert.
- Beim **Zuwendungsnießbrauch** ist nach dem Erwerbsvorgang zu unterscheiden:
  - Wurde das Eigentum erstmalig aufgespalten und ist dabei der Nießbrauch unentgeltlich begründet und als solcher eingelegt worden, dann ist die Einlage offensichtlich mit „0" anzusetzen, da kein künstliches Abschreibungspotential gebildet werden darf[127].
  - Wenn der Zuwendungsnießbrauch allerdings vorher entgeltlich erworben und sodann übertragen wurde, kann die Einlage mit dem TW angesetzt werden.

3.4 Gesellschaftsrechtliche Privatvorgänge, insbesondere die Einlage

Außerbetriebliche Vorgänge müssen bei der Gewinnermittlung von PersG und von KapG ebenso eliminiert werden, wie beim Einzelunternehmer. Der private Korrekturbedarf wird dort noch um die – mit der Korrektur einhergehenden – Gefahr der „Schieflage" im Verhältnis der G´fter untereinander verschärft („Disquotale" Entnahmen/Einlagen). Dies hängt mit der Nebenbedeutung der Entnahmen/Einlagen als gesellschaftsrechtlich bestimmender Faktor im Kräfteparallelogramm der G´fter untereinander zusammen. So werden in den meisten Gesellschaftsverträgen (PersG wie KapG) die laufenden Entnahme-/Einlage-Tatbestände zumindest bei der Auseinandersetzung, wenn nicht schon im Vorfeld beim Gewinnbezugs- und Verwaltungsrecht berücksichtigt. Sie stellen neben dem Erstbeitrag eine Variable für die „Gesellschaftsquote" dar.

---

[125] S. dazu umfangreich *Preißer*, Band 1, Teil B, Kap. I (Personelle Zurechnung).
[126] Vgl. auch aus der Literatur *Glanegger/Schmidt*, § 6 Rz. 440 („Nutzungsrecht"), *Heinicke/Schmidt*, § 4 Rz. 360 („Nießbrauch" und „Nutzung") sowie *Weber-Grellet/Schmidt*, § 5 Rz. 176.
[127] BFH vom 26.10.1987 (BStBl II 1988, 348) und weiter vom 20.09.1990 (BStBl II 1991, 82). Wiederum anders *Weber-Grellet*, DB 1995, 2250 (Lösung über RAP) und *Beiser*, DStR 1995, 635 (dort zum „Bodenschatzurteil" des BFH vom 19.07.1994 (BStBl II 1994, 846) wonach ein unentgeltlich erlangter Bodenschatz – Sandvorkommen – nur mit „0" in das Sonder-BV eingelegt werden darf: zu „formalistische Betrachtungsweise" des BFH!).

3.4.1 Der Privatbereich und die gesellschaftsrechtliche Gewinnermittlung

3.4.1.1 Personengesellschaften

Die Terminologie und Vorgehensweise bei der Berücksichtigung von Privatvorgängen im Rahmen der Gewinnermittlung von **PersG** stimmt mit denen des Einzelunternehmers überein. Der maßgebliche Gewinn aus der StB wird – entsprechend dem gesellschaftsrechtlichen Verteilungsschlüssel – auf die G'fter (MU) aufgeteilt und im Rahmen der Kapitalkonten der G'fter berücksichtigt.

> **Beispiel 26: Grundfall zur Gewinnermittlung bei PersG – Privatbereich**
> Der StB-Gewinn der A, B-OHG (Gesellschafter A,B zu je 50 %) beträgt in 02 100 T€. Beide G'fter haben ein identisches Anfangskapital von 10 T€. A entnimmt aus der Gesellschaftskasse 20 T€, B legt in die Kasse 30 T€ ein. Wie hoch ist der gewerbliche Gewinn von A und B?

Bei PersG ist – in technischer Hinsicht – auf zwei Aspekte zu achten:

- Erstens kann der Privatbereich zwei Rechungskreise betreffen, den Buchungskreis der PersG und den davon getrennten Bereich des Sonder-BV. Die Entnahmen/Einlagen fallen getrennt an und werden getrennt zugewiesen.
- Zweitens gibt es – in der Praxis häufig befolgte – Empfehlungen von Fachverbänden (z.B. Bundessteuerberaterkammer) zum Ausweis des Kapitals von PersG in Anlehnung an § 266 HGB[128]. Diese (optischen) Empfehlungen ändern nichts an den hier mitgeteilten Grundsätzen und müssen ggf. in diese Sprache „übersetzt" werden.

> **Lösung:**
>
> | **Kapitalkonto A:** | 01.01.02 | | 10.000 € |
> |---|---|---|---|
> | | Gewinnanteil | + | 50.000 € |
> | | Entnahme | ./. | 20.000 € |
> | | **31.12.02** | | **40.000 €** |
>
> Die gewerblichen Einkünften von A nach § 15 Abs. 1 Nr. 2 EStG betragen **50 T€** [40 T€ ./. 10 T€ + 20 T€ (Entnahme), vgl. § 4 Abs. 1 EStG].
>
> | **Kapitalkonto B:** | 01.01.02 | | 10.000 € |
> |---|---|---|---|
> | | Gewinnanteil | + | 50.000 € |
> | | Einlage | + | 30.000 € |
> | | **31.12.02** | | **90.000 €** |
>
> Die gewerblichen Einkünfte von B nach § 15 Abs. 1 Nr. 2 EStG betragen **50 T€** [90 T€ ./. 10 T€ ./. 30 T€ (Einlage), vgl. § 4 Abs. 1 EStG].

---

[128] Hier nicht zu verwechseln mit dem Ausweis als Kapitalkonto I/II/III (festes/variables Kapitalkonto). Dies sind nur Varianten des für PersG grundsätzlich vorgesehenen Konzepts.

3.4.1.2 Kapitalgesellschaften

Demgegenüber erfolgt die Gewinnermittlung bei **KapG**, die mit dem z.v.E. identisch ist, in einer anderen Sprache. Wird der Steuerbilanzgewinn nach der Methode des BVV gem. § 4 Abs. 1 EStG ermittelt[129], ergibt dies folgendes Szenario:

- In einem ersten Schritt werden auch dort die Eigenkapitalien der KapG (§ 266 Abs. 3 A. HGB) am Ende und zu Beginn[130] des Wj. verglichen.
- In einem zweiten Schritt werden als Entnahmen („außerbetriebliche Wertabgänge") die dort so genannten (offenen und verdeckten[131]) **Gewinnausschüttungen** hinzugerechnet und die **Einlagen** (als gezeichnetes Kapital bzw. als Kapitalrücklage[132]) abgezogen.

Der offensichtliche und systemimmanente Unterschied zu den PersG besteht darin, dass die KapG als juristische Personen (eigener Rechtsträger des Gesellschaftsvermögens) keine Kapitalkonten für die G′fter kennen. Die PersG als Gesamthandssubjekte müssen ihr Vermögen direkt den G′fter qua (bilanziellem) Kapitalkonto zuweisen.

3.4.2 Steuerrechtliche Fragen zum Privatbereich der Personengesellschafter

Einlagen und Entnahmen beruhen steuerlich auf zwei Axiomen:

1. Tatbestandsvoraussetzung sind Wechselbeziehungen zwischen dem **Privatbereich** und dem **Betriebsbereich** (i.d.R. der Transfer von einer Vermögenssphäre des Unternehmers in die andere Vermögenssphäre desselben Unternehmers).
2. Die Rechtsfolge heißt: **Gewinnrealisation.** Sind WG von dem Transfer betroffen, dann löst die Entnahme gewinnwirksam stille Reserven auf und die Einlage führt umgekehrt zur Steuerverhaftung künftiger Reserven.

Aus diesem Grund können die Fragen zum „steuerrelevanten" Privatbereich bei PersG nur dann auftreten, wenn der Transfer aus dem (oder in den) Privatbereich des G′fter stattfindet.

Damit sind – im Vorfeld – thematisch alle Übertragungen ausgeschlossen, die den Konfliktbereich zwischen dem Einzelbetrieb des G′fter und „seiner" PersG betreffen. Diese „**zwischenbetrieblichen**" Fragen des PersG-G′fter sind – als betrieblicher Umstrukturierungsvorgang – § 6 Abs. 5 S. 3 ff. EStG überantwortet[133]. Andererseits können die privat-betrieblichen Transfers sowohl das Gesamthandsvermögen (Bsp.: Einmalige Beitragsleistung durch eine private Sacheinlage) als auch das Sonder-BV (Bsp.: Umquali-

---

[129] Daneben gibt es die Möglichkeit, den StB-Gewinn der KapG durch die Ableitung aus der HB (über den Jahresüberschuss) zu ermitteln. Zu den verschiedenen Methoden s. *Maurer*, Teil C.
[130] Korrekt muss es heißen: EK am Ende des vorherigen Wj. Aufgrund der Bilanzidentität sind die jeweiligen Größen (im Bsp.: EK Ende 01 = EK Anfang 02) idealtypisch identisch.
[131] Die vGA wird außerbilanziell hinzugerechnet.
[132] Rechtsgrundlagen: § 272 Abs. 1 HGB („gezeichnetes Kapital") und § 272 Abs. 2 HGB („Kapitalrücklage").
[133] S. dazu *Preißer*, Teil B, Kap. II sowie – einführend – *Glanegger/Schmidt*, § 6, Rz. 440 („Gesellschaftsrechtliche Einlagen").

fizierung eines privaten WG durch Überlassung an die PersG) betreffen. Für letztere gelten keine Besonderheiten. Die Ausführungen zum Einzelunternehmer (s. 3.1) gelten sinngemäß.

Schwierigkeiten treten jedoch dann auf, wenn der Transfer zwischen dem PV und dem Gesamthandsvermögen erfolgt. Das Entnahme-/Einlagemodell des EStG wird durch eine andere (mehrere andere) Person(en) als **Mitträger** des Gesamthandsvermögens gestört.

> **Beispiel 27: „Private" Turbulenzen bei einer OHG**
> A und B sind paritätisch Gesellschafter der A, B-OHG. A überträgt aus seinem PV einen GmbH-Geschäftsanteil (5 %-Beteiligung an der X-GmbH) auf die OHG und steigert damit seine Quote auf 60 %. B baut auf einem Teil des Betriebsgrundstücks der OHG ein EFH, in dem er mit seiner Familie wohnt.
> **Alternative:** Einlage ohne Auswirkung auf das Beteiligungsverhältnis.

Beide Tatbestände beleuchten schlagartig das rechtliche Zuordnungsproblem. Mit der Wertzuführung in das gemeinschaftliche Gesamthandsvermögen durch einen G'fter (und spiegelbildlich mit dem Wertabgang) partizipiert der Partner **unmittelbar** an der Wertveränderung[134]. Zugleich ist es für die steuerliche Beurteilung von Bedeutung, ob mit dem „Privattransfer" eine Veränderung der „Gesellschaftsquote" verbunden ist. Für den Fall, dass der Privattransfer die Quote verändert (d.h. bei einer Einlage zu einer Vermehrung der Anteilsrechte und vice versa zu einer Verminderung führt) hat sich der Terminus „offene Einlage" eingebürgert. Umgekehrt, wenn der Privattransfer ohne Auswirkung auf die Gesellschafterstellung bleibt, hat man den aus dem Recht der KapG entlehnten Begriff der „verdeckten Einlage" eingeführt.

> **Lösung:**
> - Die einseitige Nutzungsänderung des betrieblichen Grundstückareals mit der Bebauung eines privaten Wohnhauses durch B löst den betrieblichen Zusammenhang dieser Grundstücksfläche. Damit liegt eine Entnahme gem. § 4 Abs. 1 S. 2 i.V.m. § 6 Abs. 1 Nr. 4 EStG vor: Der TW ist hierfür anzusetzen (BFH vom 30.06.1987, BStBl II 1988, 418)[135]. Fraglich ist jedoch, wer die stillen Reserven zu versteuern hat. Nachdem von dem Vermögensabgang beide Partner betroffen sind, ordnet der BFH die **Entnahme allen Gesellschaftern** zu, wenn sie einvernehmlich erfolgt ist (BFH vom 28.09.1995, BStBl II 1996, 276[136]).

---

[134] Dies hat seinen gesellschaftsrechtlichen Hintergrund in §§ 717 ff. (718) BGB, wonach – für alle PersG – alle G'fter in ihrer gesamthänderischen Verbundenheit Vermögensträger sind.

[135] Etwas anderes gilt nur, wenn die OHG das Privatgrundstück an den G'fter zu fremdüblichen Bedingungen verkaufen würde, da hierdurch das Vermögen der PersG nicht geschmälert wird (so auch BFH vom 28.07.1998, BStBl II 1999, 53).

[136] Entsprechend führt die nicht betrieblich bedingte Darlehensgewährung an einen G'fter zu einer Entnahme, die allen G'fter anteilig als Entnahme angerechnet wird (anteilige Minderung ihrer Kapitalkonten, so BFH vom 09.05.1996, BStBl II 1996, 642).

3 Bedeutung der Entnahmen und Einlagen bei der Gewinnermittlung

- Für die Übertragung eines Einzel-WG aus dem PV in die PersG hat sich im Anschluss an das Urteil des BFH vom 19.10.1998 (BStBl II 2000, 230) folgende gefestigte Auffassung gebildet (vgl. BMF vom 29.03.2000, BStBl I 2000, 462):
  - Werden bei der Einbringung eines privaten Einzel-WG (im Fall: Eine § 17 EStG-Beteiligung[137]) Gesellschaftsrechte gewährt (**offene Sacheinlage**), so liegt keine Einlage, sondern ein **tauschähnlicher** (Anschaffungs-)Vorgang vor (= Ausgangsfall).
  - Werden keine Gesellschaftsrechte gewährt, liegt eine **verdeckte Einlage** vor, die steuerlich als Einlage nach § 6 Abs. 1 Nr. 5 EStG beurteilt wird[138] (= Alternative).
  - Bei einem ungleichen Verhältnis der eingebrachten WG und der gewährten Gesellschaftsrechte sind die Grundsätze kombiniert anzuwenden (so bereits BFH vom 17.07.1980, BStBl II 1981, 11).
  - Umgekehrt führt die Übertragung von **Einzel-WG aus der PersG in das PV** des G´fter spiegelbildlich zu einem tauschähnlichen Vorgang, wenn sie mit der Minderung von Gesellschaftsrechten verbunden ist; dafür könnte sich auch der Terminus „offene Entnahme" einbürgern. Bei einer „verdeckten Entnahme" (Überführung in das PV ohne Minderung der Anteilsrechte) greift § 6 Abs. 1 Nr. 4 EStG (s. bereits das obige Beispiel zum Privathaus eines G´fter).

Um an dieser Stelle nochmals etwaigen Missverständnissen vorzubeugen, so handelt es sich bei dem soeben diskutierten Komplex nur um Vorgänge zwischen dem Privatbereich des G´fter und dem Betriebsbereich seiner PersG. Bei innerbetrieblichen Übertragungen gilt § 6 Abs. 5 EStG.

3.4.3 Der Privatbereich der Gesellschafter bei einer Kapitalgesellschaft, insbesondere die verdeckte Einlage

Anders als bei der PersG haben Übertragungsvorgänge zwischen dem G´fter (aus dessen PV) und der KapG nur mittelbaren Einfluss auf die anderen G´fter. So kann – z.B. bei einer Einlage durch einen G´fter – die Wertsteigerung der Anteile der anderen G´fter, wegen der Abkoppelung der Beteiligung als eigenes WG vom Vermögen der juristischen Person nur als **Reflex,** verstanden werden. Die Bedeutung der Vorgänge, gerade für G´fter einer KapG, hat der Gesetzgeber des StSenkG 2000/2001 durch die erstmalige und vermehrte Verwendung des Begriffes der „verdeckten Einlage" in § 6 Abs. 6 S. 2 EStG

---

[137] Zu den weiteren Konsequenzen, wenn es sich bei dem eingelegten Privat-WG um eine „wertgeminderte wesentliche Beteiligung" i.S.d. § 17 EStG handelt vertritt auch jetzt die Verwaltung a.a.O. (BStBl I 2000, 462, Tz. III.1) die Auffassung, dass der mit einem Tauschvorgang verbundene Veräußerungsverlust nach § 17 Abs. 2 S. 4 EStG zu berücksichtigen sei (s. auch *Kusterer*, DStR 2000, 820 (821 f.)).

[138] Die Verwaltung lässt diese Aussage für alle privaten Einzel-WG gelten, während die Lit. (DStR 2000, 1713) den Vorgang nur auf die Ausnahmetatbestände der §§ 17, 23 EStG und § 21 UmwStG beschränkt. wissen möchte.

und in § 23 Abs. 1 S. 5 Nr. 2 EStG unterstrichen. Damit wird inhaltlich die verdeckte Einlage einer Veräußerung nach § 17 Abs. 1 S. 2 EStG gleichgestellt[139].

Im umgekehrten Fall, der Überführung von WG aus der KapG in das PV des G´fter, führt die Anerkennung der Leistungsbeziehungen zwischen KapG und ihren G´fter zu einem gewöhnlichen Veräußerungsgeschäft. Wird dabei der fremdübliche Preis unterschritten, so wird der Vorgang als vGA behandelt[140]. Ansonsten, bei einem überhöhten Kaufpreis wird auch hier von einer vE gesprochen. **Folge**: Bei der KapG wird der Vorteil als Kapitalrücklage nach § 272 Abs. 2 Nr. 4 HGB ausgewiesen und umgekehrt erhöhen sich nachträglich die AK der Beteiligung des G´fter.

Diese Rechtsfolge [(verdeckte) Einlage und – vice versa – (nachträgliche) AK auf die Beteiligung] gelten nach der Rspr. des BFH in folgenden Fallgruppen:

- Verzicht des G´fter auf eine **vollwertige Forderung** gegen die KapG (BFH vom 09.06.1997, BStBl II 1998, 307).
- Rückzahlung einer offenen Gewinnausschüttung (BFH vom 29.08.2001, BStBl II 2001, 173).
- Einzahlung in die Kapitalrücklage (BFH vom 27.04.2000, BStBl II 2001, 168).

Umgekehrt genügt die Schuldübernahme und der gleichzeitige Verzicht auf Regressforderungen gegen die KapG noch nicht für die Annahme einer Einlage (BFH vom 20.12.2001, BFH/NV 2002, 678). Zur Abrundung ist noch die Behandlung der (bloßen) Nutzungsvorteile im Verhältnis der KapG zu ihren G´fter nachzutragen.

Beispiel 28: Verbilligte Darlehensgewährung an die Einmann-GmbH
A, zu 100 % Gesellschafter der A-GmbH, gewährt seiner GmbH ein zinsloses Darlehen i.H.v. 100.000 €. Banküblich ist ein Zins von 8 %. A refinanziert das Darlehen aufgrund der guten Beziehungen zu seiner Hausbank durch einen Zins von 6 %.

Die zinslose Darlehensgewährung ist eine **unentgeltliche Nutzungsüberlassung** von Kapital. Dabei wird – wie so häufig – zwischen Darlehensgeber und Darlehensnehmer keine gesicherte Rechtsposition zur Überlassung des Kapitals vorliegen (der Darlehensvertrag allein reicht hier nicht aus). Im Falle einer möglichen Nutzungs-Einlage des A in seine GmbH hätte dies eine aufwandswirksame Buchung bei der GmbH (BS: Zinsaufwand 8 T€ an Kapitalrücklage 8 T€) zur Folge und gleichzeitig erhöhen sich die AK für die 100 %ige Beteiligung des A. Im Anschluss an die allgemeinen Ausführungen zur **unzulässigen Nutzungseinlage**, aber noch in dem gleichen Beschluss, hat der BFH für das Verhältnis der KapG zum nutzungsgewährenden G´fter ausgeführt (BFH vom 26.10.1987, BStBl II 1988, 348):

---

[139] Aus der Lit. *Risthaus* (FR 2000, 128), *Höck* (FR 2000, 764).
[140] S. dazu näher *Maurer*, Teil C, Kap. IV.

3 Bedeutung der Entnahmen und Einlagen bei der Gewinnermittlung

- Die GmbH ermittelt ihr Ergebnis **getrennt** vom Ergebnis der Gesellschafterbeteiligung;
- die GmbH kann dabei nur die **ihr erwachsenen Aufwendungen** (und keine fiktiven Aufwendungen des G´fter) absetzen;
- der G´fter könne Aufwendungen in Zusammenhang mit einer Nutzungsüberlassung daher auch nicht als nachträgliche AK auf seine Beteiligung ansetzen;
- er kann aber die damit zusammenhängenden **tatsächlichen** Aufwendungen als BA oder als WK bei seiner Kapitaleinkunftsermittlung ansetzen;
- insb. gibt es keine „Spiegelbildlichkeit" von vGA und vE.

Lösung:
Die GmbH hat aus der zinslosen Darlehensgewährung keinerlei (Aufwands-)Konsequenzen zu ziehen, kann insb. keinen fiktiven Aufwand (8 T€) geltend machen. A kann aber die aufgewendeten Zinsen (6 T€) als BA, wenn er die Beteiligung betrieblich hält oder als WK, wenn er sie privat hält, bei seiner Einkunftsermittlung gem. §§ 9, 20 EStG abziehen.

3.5 Erweiterter Anwendungsbereich

Die zentrale Bedeutung der Entnahmen-/Einlagenregelung für die Gewinnermittlung hat mehrfach die Begehrlichkeit des Gesetzgebers auf sich gezogen, sich der Regelung zu bedienen. Bei der gleichzeitigen Verfolgung steuerpolitischer Motive mit diesem fiskalischen Instrument musste es zu Soll-Bruchstellen kommen. Darüber hinaus wird auf das Rechtsinstitut auch bei grenzüberschreitenden Sachverhalten zurückgegriffen, und zwar nach der BFH-Rspr. noch vor den Spezialregelungen des AStG oder etwaiger DBA.

3.5.1 Neue (nichtfiskalische) Betätigungsfelder für Entnahmen/Einlagen

Immer wieder wurde (und wird) in der steuerpolitischen Diskussion § 10a EStG a.F.[141] zu neuem Leben erweckt. Danach wurde in den ersten Jahren der Nachkriegszeit der **nicht entnommene** Gewinn **nicht** versteuert. Wohl mit Recht (Verwendungsfreiheit) ist bezweifelt worden, ob das Steuerrecht einen Beitrag zur Erhöhung der Eigenkapitalquote leisten soll.

In eine ähnliche Richtung geht auch die Neuregelung zum Schuldzinsenabzug bei Mischzinsen, § 4 Abs. 4a EStG (s. im Einzelnen unter 5). Auch dort hat der Gesetzgeber mit seinen ersten Regelungsbemühen durch das StEntlG (Zusammenfassung aller Konten, beschränkter typisierender BA-Abzug bis 50 % von damals 8.000 DM) massive Kritik ausgelöst. Er hatte auf den Hauptvorwurf, dass die Verwendungsfreiheit des Gewinns nicht mit der Finanzierungsfreiheit des Unternehmers verwechselt werden darf, reagiert und einen neuen § 4 Abs. 4a EStG vorgelegt, dessen Satz 3 schon wieder dem Rotstift des StÄndG 2001 zum Opfer fiel (Stichwort: Jahresübergreifende Berechnung)[142].

---

[141] Nicht zu verwechseln mit der Neufassung des § 10a EStG (Sonderausgaben für Altersvorsorge).
[142] In diese Richtung zielt auch der Beschluss des BFH vom 06.02.2002 (BFH/NV 2002, 647).

Allerdings sind in der gesetzlichen Neufassung sowie im amtlichen Einführungsschreiben noch Ungereimtheiten enthalten, die sich nur aus der Gemengelage der politischen Zielsetzung mit fiskalischen Termini erklären lassen. Als Beispiele seien genannt:

- Bei der Definition der Überentnahmen in § 4 Abs. 4a S. 2 EStG lehnen sich das Gesetz und noch stärker die amtliche Auslegung (Tz. 8 a.a.O. BStBl I 2000, 588) zu Recht an die Begriffe (Gewinn/Einlage/Entnahme) aus der Steuerbilanz an. Dabei handelt es sich um die **nicht modifizierten** Größen von § 4 Abs. 1 EStG. Überraschenderweise wird im Einführungsschreiben auch die „außerbilanzielle Hinzurechnung" dem Gewinnbegriff untergeordnet. Dies ist zumindest problematisch[143].
- Auch § 4 Abs. 4a S. 3 EStG bedurfte mit Tz. 16 einer klarstellenden Interpretation durch das Verwaltungsschreiben, die bereits wieder zurückgenommen wurde.

Mit einer vergleichbaren Gesetzestechnik, aber in anderem Zusammenhang wurde in § 13a Abs. 5 Nr. 3 ErbStG und in § 19a Abs. 5 Nr. 3 ErbStG ein Schädlichkeitsvorbehalt für das Steuerprivileg der Vererbung/Übertragung von Betriebseinheiten aufgenommen. Die Limitierung der Entnahmen in einem Fünf-Jahreszeitraum auf einen Sockelbetrag (52.000 €), der die während dieses Zeitraumes erzielten Gewinne und Einlagen nicht überschreiten darf, provozierte die Frage, ob eine drohende Überentnahme durch eine „Übereinlage" am Ende des Fünf-Jahreszeitraumes ausgeglichen werden kann. Dies wurde zunächst versagt, weil es aus methodischen Gründen keinen Fünf-Jahreszeitraum für die Verrechnung von Entnahmen und Einlagen gibt. Diese fallen bekanntlich nur in einer Rechenperiode, d.h. in einem Wj. an. Erst auf Druck wurde in den ErbStR 1999 die Übereinlage – systemwidrig, aber interessengerecht – zugelassen.

3.5.2 Der „Einsatz" im Outbound-Bereich – Überblick[144]

An den unterschiedlichsten Stellen begegnet das Korrekturinstitut. Die Ausgangssituation ist durch ein Stammhaus („Muttergesellschaft") im Inland und Unternehmensaktivitäten (Beteiligungen, Betriebsstätte) im Ausland gekennzeichnet. Rein dogmatisch hängt mit der Fallgruppe auch die Frage zusammen, wie eng (oder weit) der Betriebsbegriff definiert ist, da jede Entnahme einen „außerbetrieblichen" Bezug erfordert. Die Rspr. hat dazu den kaum funktionstüchtigen **finalen Betriebsbegriff** oder finalen Entnahmebegriff gebildet, wie die Beispiele zeigen. Als stereotype Anwendungsfälle kommen in Betracht:

a) Verbringen eines Einzel-WG in das Ausland,
b) Liefer- und Leistungsverkehr zwischen Mutter- und Tochtergesellschaft,
c) Austauschbeziehungen zwischen Stammhaus und Betriebsstätte,
d) Abschluss eines DBA zwischen den beteiligten Staaten,
e) Wohnsitzverlegung des Unternehmers.

---

[143] Eine wesentlich schärfere Kritik findet sich bei *Eggesiecker/Ellerbeck* (FR 2000, 684).
[144] Wegen Einzelheiten s. *J. Schmidt*, Band 1, Teil D, Kap. III.

3 Bedeutung der Entnahmen und Einlagen bei der Gewinnermittlung

Zu a): Die Überführung eines Einzel-WG in die ausländische Betriebsstätte führt grundsätzlich zur **Steuerentstrickung** (§ 49 Abs. 1 Nr. 2a EStG). Dies (keine Erfassung der stillen Reserven durch den nationalen Fiskus) ist grundsätzlich ein Substitutionsvorgang für eine Entnahme. Dennoch kann für einen 10-Jahres-Zeitraum die Steuerfolge der Entnahme bis zum endgültigen Ausscheiden des WG durch einen steuerlichen Ausgleichsposten vermieden werden[145]. Diese grundsätzlich und pauschal zugelassene Möglichkeit ist durch das BMF-Schreiben vom 24.12.1999 (sog. Betriebsstättenerlass) für die Zukunft dezidiert geregelt[146] worden. Danach ist bei DBA-Ländern mit Freistellungslösung[147] bei gewerblichen Einkünften der Merkposten weiterhin zugelassen[148], wird aber – je nach der Kategorie des WG – unterschiedlich gehandhabt. So ist z.B. die Differenz zwischen dem Fremdvergleichspreis und dem Buchwert bei WG des **abnutzbaren AV** zeitanteilig – reziprok zur Abschreibung in der ausländischen BSt – erfolgswirksam aufzulösen. Bei Ausscheiden des WG aus der ausländischen BS ist der (noch vorhandene) Merkposten sofort aufzulösen. Die gleiche Rechtsfolge (sofortige Auflösung des Ausgleichspostens) gilt, wenn der Merkposten noch im zehnten Jahr nach der Überführung bestehen sollte.

Zu b): Als Korrekturinstrument für **unangemessene Verrechnungspreise** beim Liefer- und Leistungsverkehr zwischen Mutter- und Tochtergesellschaft greift der BFH grundsätzlich auf die bei KapG modifizierte Entnahmen-/Einlagenregelung zurück. M.a.W. werden die Tatbestände zunächst über vGA und vE korrigiert. Das Verhältnis dieser nationalen Korrekturmechanismen zu § 1 AStG, sowie zu den DBA-Regeln, ist derzeit nicht eindeutig geklärt[149].

Zu c): Die Aufteilung des BV zwischen Stammhaus und BSt stellt ein DBA-Internum dar und wird über die Definition des **Betriebsstätten-Gewinnes** nach Art. 7 OECD-MA geregelt.

Zu d): Beim **Neuabschluss eines DBA** (und dem Verbleib eines WG im Quellen-Vertragsstaat) verzichtet der deutsche Ansässigkeitsstaat regelmäßig auf den Zugriff auf das Welteinkommen, soweit gewerbliche Einkünfte betroffen sind. Der ausländische Quellenstaat behält sich in der Regel den Zugriff auf das dort eingesetzte BV vor. Damit ersetzt – in problematischer Weise – dieser völkerrechtliche Vorgang die ansonsten erforderliche Entnahmehandlung[150].

---

[145] Statt einer Ertragsbuchung wird die Differenz zwischen Fremdvergleichspreis und Buchwert in einen passiven Ausgleichsposten eingestellt (BFH vom 12.02.1990, BStBl I 1990, 72).
[146] BMF-Schreiben vom 24.12.1999 (BStBl I 1999, 1076); zur Kritik aus der Lit. statt aller *Baranowski*, IWB 2000, 419.
[147] Bei Nicht-DBA-Ländern und solchen DBA-Ländern mit Anrechnungsmethode bei gewerblichen Einkünften kommt es nicht zu einer „Entlassung" aus der deutschen Steuerpflicht.
[148] Tz. 2.6.1. a.a.O.
[149] S. hierzu *J. Schmidt*, Band 1, Teil D.
[150] Eine Ausnahme von der Gewinnrealisation in diesem Zeitpunkt liegt natürlich dann vor, wenn schon vorher die Reserven erfasst wurden.

Zu e): Die **Wohnsitzverlegung** des Unternehmers wird folgerichtig als eine konkludente Entnahmehandlung gewertet, wenn mit ihr die Entlassung des WG aus der deutschen Steuerobhut verbunden ist (BFH vom 12.04.1978, BStBl II 1978, 494).

4 Absetzung für Abnutzung

4.1 Planmäßige Abschreibung auf das abnutzbare Anlagevermögen – AfA und Substanzverringerung (ohne Gebäude-AfA)

4.1.1 Einführung (Zweigleisigkeit der AfA)

Die Grundlage für die planmäßige Abschreibung liefert das Handelsrecht. Gem. § 253 Abs. 2 S. 1 HGB müssen bei WG (VG), deren Nutzung zeitlich begrenzt ist, sog. planmäßige Abschreibungen vorgenommen werden (vg. § 253 Abs. 2 S. 1 HGB : „... sind ...").

Der für die Ermittlung der planmäßigen Abschreibungen aufzustellende Plan muss die Anschaffungs- oder Herstellungskosten auf die Geschäftsjahre verteilen, in denen der VG voraussichtlich genutzt werden kann. Zulässig ist jede Abschreibungsmethode, die den Grundsätzen ordnungsmäßiger Buchführung (GOB) entspricht. Das bedeutet, dass die Abschreibungsmethode zu einer sinnvollen Verteilung der Anschaffungs- oder Herstellungskosten führen muss, die durch die wirtschaftlichen Gegebenheiten gerechtfertigt ist, und bei der keine willkürlichen stillen Reserven gebildet werden[151].

Steuerlich wiederholen § 6 Abs. 1 Nr. 1 EStG und § 4 Abs. 3 S. 3 i.V.m. §§ 7 ff. EStG das gleiche Thema (Abschreibungspflicht bei abnutzbaren WG des AV), allerdings mit einer anderen Begrifflichkeit: Absetzungen für Abnutzung und für Substanzverringerung.

Bei der Bewertung des **abnutzbaren Anlagevermögens** in der Steuerbilanz ist ausschließlich die Absetzung für Abnutzung bzw. für Substanzverringerung gem. § 7 EStG zulässig. Eine Abweichung von den in § 7 EStG geregelten Absetzungs-Methoden ist nicht zulässig.

Die gesetzliche Zweigleisigkeit wird jedoch durch die Maßgeblichkeit (s. Kap. II.2.) wieder zusammengeführt. So gilt seit 24.01.1990 (BStBl II 1990, 681) in ständiger Rspr. (zuletzt vom 21.06.2001, BFH/NV 2001, 1641) der Grundsatz, dass die AfA-Methode übereinstimmend für die HB und die StB ausgewählt werden muss. Die steuerlichen AfA-Regelungen gelten für **alle Einkunftsarten** (§ 9 Abs. 1 S. 3 Nr. 7 EStG).

---

[151] *ADS*, Rechnungslegung und Prüfung der Unternehmen, 5. Aufl., § 253 HGB, Anm. 339.

4 Absetzung für Abnutzung

4.1.2 Die planmäßige AfA im Steuerrecht – Überblick

§ 7 EStG kennt vier reguläre AfA-Methoden:

- Die lineare Abschreibung – § 7 Abs. 1 S. 1 und 2 EStG – für **alle abnutzbaren Wirtschaftsgüter** (auch immaterielle WG),
- die degressive Abschreibung – in fallenden Jahresbeträgen – § 7 Abs. 2 EStG nur für **bewegliche** WG des AV,
- die Leistungs-AfA – § 7 Abs. 1 S. 5 EStG – nur für bestimmte **bewegliche** Anlagegüter (die tatsächliche Leistung muss messbar sein) und
- die Absetzung für Substanzverringerung (AfS) gem. § 7 Abs. 6 EStG. Die AfS kommt nur bei Bodenschätzen (Bergbauunternehmen, Steinbrüchen, etc.) in Betracht; sie wird linear oder nach Maßgabe des Substanzverzehrs vorgenommen.

4.1.2.1 Ein (erster) Vergleich der linearen und der degressiven AfA

Beispiel 29: AfA-Folgen
A stellt für seinen Betrieb (Wj. 01.05. – 30.04.) her:

a) Eine Hofpflasterung auf seinem Garagengrundstück für 24.000 €, betriebsgewöhnliche ND 20 Jahre; Zeitpunkt der Fertigstellung: 02.08.01;
b) eine Krananlage für 120.000 €, ND 10 Jahre; Zeitpunkt der Fertigstellung: 02.03.02;

Es soll – wie (in den Aufgabenstellungen) üblich – die günstigste AfA gewählt werden.

Lösung:

a) Hofpflasterung als unbewegliches WG (gemeinsamer Ländererlass vom 31.03.1992, BStBl I 1992, 342); AfA gem. § 7 Abs. 1 EStG:

Herstellungskosten	24.000 €
AfA (5 % der HK, anteilig mit 9/12)	900 €
Buchwert am 30.04.02:	23.100 €

b) Krananlage als bewegliches WG; AfA gem. § 7 Abs. 2 EStG:

Herstellungskosten	120.000 €
AfA (20 % der HK, anteilig mit 1/2[152])	12.000 €
Buchwert am 30.04.02:	108.000 €

---

[152] S. sogleich unter 4.1.5: hier greift die Vereinfachungsregel von R 44 EStR.

4.1.2.2 Die Leistungs-AFA gemäß § 7 Abs. 1 S. 5 EStG

Die selten praktizierte Leistungs-AfA bei beweglichen WG setzt einen entsprechenden Leistungsnachweis über eine atypische Nutzung voraus (R 44 Abs. 5 EStR), der am besten aus den Daten des Vorgänger-WG zu ermitteln ist.

Beispiel 30: Leistungs-AfA
Die voraussichtliche Gesamt-Fahrleistung eines LKW beläuft sich auf 200.000 km. Die AK des Fahrzeugs betragen 80.000 €. Die tatsächliche Jahresfahrleistung des LKW wird nach dem km-Zähler im

- 1. Wj. mit 90.000 km (= 45 % der Gesamtleistung),
- 2. Wj. mit 40.000 km (= 20 % der Gesamtleistung),
- 3. Wj. mit 70.000 km (= 35 % der Gesamtleistung) festgestellt.

Lösung:
Die Leistungs-AfA beträgt:

- im 1. Wj. 36.000 € (45 % der AK),
- im 2. Wj. 16.000 € (20 % der AK) und
- im 3. Wj. 28.000 € (35 % der AK).

4.1.3 Die Ausnahme: Absetzung für außergewöhnliche technische oder wirtschaftliche Abnutzung (§ 7 Abs. 1 S. 6 EStG)

Diese Absetzung ist für alle WG, aber nicht neben der degressiven AfA zulässig (§ 7 Abs. 2 S. 4 EStG). Sie ist in ihren Voraussetzungen mit der TW-AfA vergleichbar, setzt aber im Unterschied zu dieser eine dauernde Nutzungsbeeinträchtigung voraus. Die AfaA tritt neben die normale AfA.

Beispiel 31: Der Unfall mit dem gebrauchten Pkw[153]
Unternehmer U verunglückt mit einem gebrauchten Pkw (AK in 01: 20 T€) auf einer Dienstfahrt (01). Für den Pkw war eine ND von 4 Jahren angesetzt. Er lässt den Pkw zunächst nicht reparieren, wodurch sich eine Verkürzung der ND auf zwei Jahre ergibt. In 02 erfolgt die Reparatur (Kosten 3.000 €); der Pkw ist „wiederhergestellt".

Lösung:
- Der durch den Unfall verursachte Schaden beeinflusst die ND des Pkw und stellt damit eine außergewöhnliche technische Abnutzung i.S.d. § 7 Abs. 1 S. 6 EStG dar.
- Zusätzlich zur normalen AfA von 5 T€ kann U in 01 als AfaA 3 T€ absetzen. Damit reduziert sich auch die AfA-BMG für die nächsten Jahre.

---

[153] Ähnliches Beispiel bei *Drenseck/Schmidt*, § 7.

- § 7 Abs. 1 S. 6, 2. HS EStG führt der Wegfall der AfaA in 02 zu einer Zuschreibung der Reparaturkosten auf die historische BMG. Die Reparaturkosten selbst sind in 02 als BA absetzbar.

4.1.4 AfA-Berechtigung[154]

Im Anschluss zur Diskussion der personellen Zurechnung werden – in gebotener Kürze – die potentiell AfA-Berechtigten aufgelistet:

- Zivilrechtlicher Eigentümer,
- wirtschaftlicher Eigentümer,
- Leasing-Nehmer (unter bestimmten Voraussetzungen),
- bei Miteigentum: einheitliche AfA (R 44 Abs. 7 EStR).

4.1.5 Beginn und Ende der AfA

4.1.5.1 Beginn der AfA

Die AfA wird erstmalig im Jahre der Anschaffung bzw. der Herstellung oder der Einlage des WG berücksichtigt. Etwaige Zweifelsfragen beantwortet § 9a EStDV, wonach für die Anschaffung auf die Lieferung und für die Herstellung auf die Fertigstellung abgestellt wird.

Von großer praktischer Bedeutung ist hierbei die **Vereinfachungsregelung** von R 44 Abs. 2 S. 3 EStR, die nur für **bewegliche** WG des abnutzbaren AV gilt. Abgezogen wird danach bei Anschaffung, Herstellung oder Einlage im Verlauf des Wj.

- die halbe Jahres-AfA, wenn die Anschaffung im zweiten Halbjahr erfolgt,
- die volle Jahres-AfA, wenn die Anschaffung im ersten Halbjahr erfolgt.

In Rumpfwirtschaftsjahren (§ 8b EStDV i.V.m. § 4a Abs. 2 EStG) werden dementsprechend 50 % oder 100 % der **nur zeitanteiligen AfA für das Rumpfwirtschaftsjahr** (R 44 Abs. 2 S. 4 und 5 EStR) angesetzt.

Beispiel 32: Vereinfachungsregelung und Rumpfwirtschaftsjahr
B eröffnet seinen Betrieb am 01.04.01. Sein Wj. entspricht dem Kj. B schafft am 25.07.01 die Maschine I an, AK 6.000 €, ND 6 Jahre, und am 25.08.01 die Maschine II, AK 9.600 €, ND 8 Jahre.

---

[154] Zur personellen Hinzurechnung von Einkünften s. *Preißer*, Band 1, Teil B, Kap. I.

Lösung:

Maschine I:
Anschaffungskosten   6.000 €
AfA (1/1 v. 9/12 v. 16,66 %)   750 €
Buchwert am 31.12.01:   5.250 €

Maschine II:
Anschaffungskosten   9.600 €
AfA (1/2 v. 9/12 v. 12,5 %[155])   450 €
Buchwert am 31.12.01:   9.150 €

Bei **Einlagen** ist die Vereinfachungsregelung nur möglich, wenn vor der Einlage keine AfA zulässig war (R 44 Abs. 2 S. 6, letzter HS EStR).

4.1.5.2 Ende der AfA: Ausscheiden des Wirtschaftsguts.

Im Jahr des Ausscheidens des WG wird die Vereinfachungsregelung **nicht** angewandt. Vielmehr wird die planmäßige AfA bis zum Ausscheidenstag zeitanteilig (pro rata temporis) weiter berechnet.

Die Weiterberechnung der AfA (und damit die korrekte Ermittlung des Rest-BW) hat Auswirkungen für:

- Die BMG der unentgeltlichen Wertabgaben,
- die Rücklage für Ersatzbeschaffung oder nach § 6b EStG (wegen der Höhe der übertragbaren stillen Reserve),
- die Betriebsveräußerung oder Betriebsaufgabe (Abgrenzung zwischen laufendem Gewinn und Veräußerungsgewinn).

4.1.6 Die Bemessungsgrundlage bei der AfA (R 43 EStR)

Die BMG für die AfA bilden grundsätzlich die Ak oder HK, jedenfalls nie der Zeitwert (BFH vom 26.01.2001, BFH/NV 2001, 987: dort zu einer „Zanoli"-Geige mit einem Zeitwert von 85.800 DM)[156]. Von den AK/HK werden ggf. abgezogen:

- Ein Zuschuss (R 43 Abs. 4 S. 1 EStR) sowie
- eine übertragene steuerfreie Rücklage (§ 6b Abs. 6 EStG, R 43 Abs. 4 S. 1 EStR).

Als Ersatzwert ist bei der **Einlage** in das BV der Einlagewert (§ 6 Abs. 1 Nr. 5 EStG: grundsätzlich der TW) maßgebend (BFH vom 26.11.1993, BStBl II 1994, 293). Für Einlagen ab 01.01.1999 wird davon eine **Ausnahme** bei solchen WG gemacht, die vor der Einlage zur Erzielung von Überschusseinkünften genutzt wurden. Dort mindern sich die

---

[155] Oder: AfA pro rata temporis 5/12 von 12,5 % = 500 €.
[156] Bei Seeschiffen abzüglich Schrottwert (H 43 EStH „AK"; BFH vom 22.07.1971 BStBl II 1971, 800); ein ins Gewicht fallender Schrottwert ist erst anzunehmen, wenn er mehr als 40.000 € beträgt (OFD-Vfg. vom 29.04.2002 – S 2190 – 9/02 – St 32, NWB-EN 2002, 158).

AK oder HK (gemeint ist: die AfA-BMG) um sämtliche AfA, AfS, Sonderabschreibungen oder erhöhten Absetzungen, die bis zum Zeitpunkt der Einlage vorgenommen worden sind (§ 7 Abs. 1 S. 4 EStG)[157]. Dies bedeutet, dass nach wie vor der TW als Einlagewert gilt und von ihm alle mit dem WG erzielten WK-AfA abgezogen werden, um die maßgebliche AfA-BMG (genannt: AK/HK) zu erzielen (s. hierzu 4.2.2.4). Im Fall des unentgeltlichem Erwerbs ist nach der Art der WG zu unterscheiden:

- Beim Erwerb eines ganzen Betriebs gilt § 6 Abs. 3 EStG Buchwertfortführung; die AfA des Rechtsvorgängers wird fortgesetzt.
- Beim Erwerb von einzelnen WG aus betrieblichem Anlass aus einem anderen BV ist § 6 Abs. 4 EStG der gemeine Wert der AfA-Berechnung zugrunde zu legen.

4.1.7 Nachträgliche Herstellungskosten

Bei der linearen und bei der Leistungs-AfA ist folgende Berechnung vorzunehmen:

Rest-Buchwert
+ HK (ab Beginn des Wj. ansetzen – R 44 Abs. 11 S. 3 EStR)
= **Gesamtbetrag**

Vorstehender Betrag ist gleichmäßig auf die neu zu schätzende Rest-ND zu verteilen (R 44 Abs. 11 S. 1 EStR). Bei der degressiven AfA ist folgende Berechnung anzuwenden:

Rest-Buchwert
+ HK (ab Beginn des Wj. ansetzen – R 44 Abs. 11 S. 3 EStR)
= **Neuer Buchwert**

Auf den vorstehenden Buchwert ist der nach der geschätzten Rest-ND des WG neu zu bestimmende AfA-Satz anzuwenden (R 44 Abs. 11 S. 1 EStR).

Beispiel 33: Nachträgliche Herstellungskosten bei degressiver AfA
C hat im ersten Halbjahr 01 eine Betriebsvorrichtung für 200.000 € hergestellt (ND 20 Jahre) und nach § 7 Abs. 2 EStG abgeschrieben. BW am 31.12.05: 118.098 €. Im Mai 06 sind nachträgliche HK i.H.v. 50.000 € entstanden, ohne dass sich dadurch die Gesamt-ND der Betriebsvorrichtung veränderte.

Lösung:
Betriebsvorrichtung:
Buchwert am 31.12.05 118.098 €
+ nachträgliche HK   50.000 €
                      168.098 €

---

[157] Dies ist der wesentliche Unterschied zu § 6 Abs. 1 Nr. 5 S. 2 EStG, wenn dort beim anzusetzenden Einlagewert von den AK/HK – abzüglich der AfA der maximal letzten **drei Jahre** – auszugehen ist.

Die AfA 06 gem. § 7 Abs. 2 EStG (entsprechend der Rest-ND von 15 Jahren: 13,33 %) beträgt **22.407 €**. Wechsel zur linearen AfA im 14. Jahr:

Buchwert Ende 6. Jahr	145.691 €
./. AfA 7. Jahr	19.421 €
Buchwert Ende 7. Jahr	126.270 €
./. AfA 8. Jahr	16.832 €
Buchwert Ende 8. Jahr	109.438 €
./. AfA 9. Jahr	14.588 €
Buchwert Ende 9. Jahr	94.850 €
./. AfA 10. Jahr	12.644 €
Buchwert Ende 10. Jahr	82.206 €
./. AfA 11. Jahr	10.958 €
Buchwert Ende 11. Jahr	71.248 €
./. AfA 12. Jahr	9.497 €
Buchwert Ende 12. Jahr	61.751 €
./. AfA 13. Jahr	8.231 €
Buchwert Ende 13. Jahr	53.520 €
./. AfA 14. Jahr	7.646 €
Buchwert Ende 14. Jahr	45.874 €
AfA ab 15. bis 20. Jahr	7.646 €

AfA § 7 Abs. 2 EStG im 14. Jahr:	7.134 €
AfA § 7 Abs. 1 EStG im 14. Jahr: (98.469/7)	7.646 €

Deshalb ist der Übergang auf die lineare AfA im 14. Jahr (d.h. im 9. Jahr nach Entstehung der nachträglichen HK) zweckmäßig.

4.1.8 Nachholung der AfA (R 44 Abs. 10 EStR und H 44a ESt)

Willkürlich unterlassene AfA darf nicht nachgeholt werden; versehentlich unterlassene AfA kann und muss nachgeholt werden: bei linearer AfA ist der Rest-BW auf die Rest-ND zu verteilen; bei degressiver AfA ist der AfA-Satz anzuwenden, der der Rest-ND entspricht. Diese Regelung gilt entsprechend bei unterlassener AfS, wobei aber immer gleichmäßige Verteilung auf die Rest-ND – H 44a (unterbliebene AfS) EStH erfolgt.

Beispiel 34: Nachholung versehentlich nicht in Anspruch genommener AfA
Im Juli 01 schaffte D ein WG für 10.000 € an, ND 5 Jahre, und nahm darauf für das Wj. 01 eine AfA i.H.v. 10 % (R 44 Abs. 2 S. 3 EStR) vor. Im Wj. 02 setzte D irrtümlich keine AfA an, so dass er in der Bilanz per 31.12.02 einen BW von 9.000 € auswies. Die Veranlagungen 01 und 02 sind bestandskräftig.

Lösung:
Berechnung der AfA für das Wj. 03: bei Restbuchwert (9.000 €) und Rest-ND (3,5 Jahre) ergibt sich eine AfA i.H.v. 2.571 € (R 44 Abs. 10 EStR).

4   Absetzung für Abnutzung

4.1.9 AfA nach außergewöhnlicher Absetzung oder Teilwertabschreibung

Bei linearer Absetzung ist der Restbuchwert auf die Rest-ND zu verteilen, eine gleichzeitige Verkürzung des Rest-ND hat eine Erhöhung des AfA-Satzes zur Folge. Nach einer TW-AfA ist die degressive AfA weiterhin zulässig[158].

4.1.10 AfA nach Gewährung eines Zuschusses in einem auf das Jahr der Anschaffung oder Herstellung folgenden Wirtschaftsjahr

Die AfA bemisst sich nach dem um den Zuschuss geminderten Buchwert des WG (R 43 Abs. 4 S. 2 EStR).

4.1.11 Maßgeblichkeit der Handelsbilanz für die Steuerbilanz bei der Wahl der linearen oder degressiven AfA

Der BFH hat in seinem Urteil vom 24.01.1990 (BStBl II 1990, 681) entschieden, dass übereinstimmende Methodenwahl vorliegen muss.

4.1.12 Übersicht: Lineare, degressive und Leistungs-AfA

Beispiel 35: Gegenüberstellung der linearen und der degressiven AfA
Anschaffung einer Maschine im Januar 01, AK 10.000 €, betriebsgewöhnliche ND 8 Jahre.

	Linear (in €)	Degressiv (in €)
AK 01	10.000	10.000
./. AfA 01	1.250	2.000
Buchwert 31.12.01	8.750	8.000
./. AfA 02	1.250	1.600
Buchwert 31.12.02	7.500	6.400
./. AfA 03	1.250	1.280
Buchwert 31.12.03	6.250	5.120
./. AfA 04	1.250	1.024
Buchwert 31.12.04	5.000	4.096
./. AfA 05	1.250	819
Buchwert 31.12.05	3.750	3.277
./. AfA 06	1.250	655
Buchwert 31.12.06	2.500	2.621
./. AfA 07	1.250	524
Buchwert 31.12.07	1.250	2.097
./. AfA 08	1.249	2.096
Buchwert 31.12.08	1	1

---

[158] *Schmidt*, ESt-Kommentar, Rz. 94 zu § 7.

Bei Inanspruchnahme der degressiven AfA ist es zweckmäßig, nach dem vierten Jahr auf die lineare AfA überzugehen. Die Berechnung der linearen AfA ab dem Jahr 05 erfolgt durch die Verteilung des Buchwerts per 31.12.04 auf die Rest-ND von 4 Jahren (4.096 €/4) und beträgt **1.024 €**.

4.2 AfA bei Gebäuden

4.2.1 Allgemeines

Für Gebäude und für Gebäudeteile, die selbständige unbewegliche WG sind, gilt grundsätzlich die **typisierende AfA** nach § 7 Abs. 4 S. 1 EStG (linear) oder nach § 7 Abs. 5 EStG (degressiv). Der Begriff des Gebäudes bestimmt sich nach den Vorschriften des Bewertungsgesetzes (R 42 Abs. 5 EStR; im Einzelnen s. unter Kap. II.1).

Dabei teilt das EStG die Gebäude in drei Gruppen ein und setzt die AfA unabhängig von der tatsächlichen ND fest. Dies gilt auch für den Fall, dass die voraussichtliche ND länger ist, als sie den im § 7 Abs. 4 S. 1 EStG zugrundegelegten Prozentsätzen entspricht. Eine Abweichung von den in § 7 Abs. 4 S. 1 EStG vorgeschriebenen AfA-Sätzen ist nur im Fall des § 7 Abs. 4 S. 2 EStG zulässig, d.h. bei tatsächlich kürzerer ND.

Für die AfA sind Gebäude[159] grundsätzlich als Einheit zu behandeln. **Unselbständige Gebäudeteile** sind deshalb **einheitlich** mit dem Gebäude abzuschreiben, zu dem sie gehören. Unselbständigkeit von Gebäudeteilen liegt vor bei einem einheitlichen Nutzungs- und Funktionszusammenhang mit dem Gebäude, der folglich eine gesonderte AfA ausschließt (Umkehrschluss aus H 42 EStH „Gebäudeteile").

Selbständige Gebäudeteile sind selbständige WG (R 13 Abs. 3 EStR), die gesondert abzuschreiben sind (H 42 EStH „Gebäudeteile"). Selbständigkeit von Gebäudeteilen ist gegeben bei einem **nicht einheitlichen** Nutzungs- und Funktionszusammenhang mit dem Gebäude. Das ist insb. bei folgenden Gebäudeteilen anzunehmen:

- **Betriebsvorrichtungen**, die zu einem BV gehören. Das gilt selbst dann, wenn sie wesentlicher Bestandteil des Gebäudes sind.
- **Scheinbestandteile**: vom Grundstückseigentümer für seine eigenen Zwecke vorübergehend eingefügte Anlagen und Anlagen für die besonderen Bedürfnisse des Mieters oder Pächters, deren ND nicht länger ist als die Vertragslaufzeit.
- **Ladeneinbauten** und -umbauten, Schaufensteranlagen, Gaststätteneinbauten u.ä. (schneller Wandel des Geschmacks).
- **Sonstige selbständige Gebäudeteile**, die unterschiedlich (eigenbetrieblich, fremdbetrieblich oder zu eigenen bzw. fremden Wohnzwecken) genutzt werden (R 13 Abs. 4 EStR).

Hieraus ergeben sich für die Bilanzierung und Bewertung folgende Konsequenzen:

- Betriebsvorrichtungen und Scheinbestandteile gelten als bewegliche WG,
- die anderen selbständigen Gebäudeteile als unbewegliche WG.

---

[159] Hierzu (sowie zu den nachfolgenden Differenzierungen) ausführlich Kap. III.1.

4 Absetzung für Abnutzung

Nach dem Prinzip der Einzelbewertung ist eine getrennte Bilanzierung und Bewertung der einzelnen selbständigen Gebäudeteile erforderlich.

Bei den sonstigen selbständigen Gebäudeteilen i.S.d. R 13 Abs. 4 EStR sind für die einzelnen Gebäudeteile unterschiedliche AfA-Sätze und AfA-Methoden zulässig und zum Teil geboten (R 44 Abs. 6 S. 2 EStR).

Vor der Klärung der Detailfragen muss jedoch immer vorweg geprüft werden, ob es sich bei dem Gebäude wirklich um **AV** handelt. So ist in der letzten Zeit in mehreren BFH-Entscheidungen eindringlich auf diese „Vorfrage" hingewiesen worden[160].

4.2.2 Lineare AfA nach § 7 Abs. 4 EStG

4.2.2.1 Der AfA-Satz

Folgende AfA-Sätze sindzu berücksichtigen

- Bei Wirtschaftsgebäuden (Gebäude im BV, die nicht Wohnzecken dienen), für die der Bauantrag nach dem 31.03.1985 und vor dem 01.01.2001 gestellt worden ist, beträgt der AfA-Satz **4 %**,
- bei Wirtschaftsgebäuden mit Kaufvertrag oder Bauantrag ab 01.01.2001 beträgt der AfA-Satz **3 %**,
- bei sonstigen Gebäuden mit Fertigstellung nach dem 31.12.1924 ist ein AfA-Satz von **2 %** anzuwenden. Bei historischen Gebäuden (Fertigstellung vor dem 01.01.1925) beläuft sich der AfA-Satz auf **2,5 %**.

Vorgenannte AfA-Sätze sind Mindestsätze, die nicht unterschritten werden dürfen. Auch bei nachträglicher Änderung der AfA-BMG bleibt der AfA-Satz unverändert. Ein **höherer AfA-Satz** bei tatsächlich verkürzter (Rest)-ND wird nicht ausgeschlossen (H 44 „nachträgliche AK oder HK" EStH).

> **Beispiel 36: Die verschiedenen linearen AfA-Sätze**
> A hat im Januar 01 ein Gebäude auf fremdem Grund und Boden errichtet; die HK betrugen 100.000 €. Der Vertrag mit dem Grundeigentümer war auf 25 Jahre begrenzt. Das Gebäude sollte nach Ablauf der Pachtzeit auf Kosten des Pächters abgerissen werden. Im Oktober 20 konnte A den Grund und Boden zum 01.01.21 (Übergang der Nutzungen und Lasten) erwerben. Bei dem Gebäude handelt es sich um:
>
> a) Ein Wirtschaftsgebäude und
> b) ein sonstiges Gebäude.

Vor dem Eigentumsübergang von Grund und Boden auf A ist die AfA nach § 7 Abs. 4 S. 2 EStG am günstigsten (ND = Vertragsdauer). Nach dem Eigentumsübergang auf A ist die typisierende AfA nach § 7 Abs. 4 S. 1 EStG anzuwenden.

---

[160] Zuletzt am 04.10.2001 (BFH/NV 2002, 329) entschieden für einen gewerblichen Grundstückshändler, der EFH mit Vorkaufsrecht zugunsten der Mieter errichtet hat.

Lösung:

a) Wirtschaftsgebäude:
AfA im Jahr 20: 4 % von 100.000 € (§ 7 Abs. 4 S. 2 EStG),
AfA im Jahr 21: 3 % von 100.000 € (§ 7 Abs. 4 S. 1 Nr. 1 EStG).

b) Sonstiges Gebäude:
AfA im Jahr 20: 4 % von 100.000 € = 4.000 € (§ 7 Abs. 4 S. 2 EStG),
AfA im Jahr 21: 2 % von 100.000 € = 2.000 € (§ 7 Abs. 4 S. 1 Nr. 2a EStG).

In jedem Fall ist die gesamte abzusetzende AfA (das sog. AfA-Volumen) auf die AK/HK begrenzt.

4.2.2.2 Außerordentliche Absetzung

Die Absetzung für außergewöhnliche technische oder wirtschaftliche Abnutzung ist zulässig (§ 7 Abs. 4 S. 3 EStG). Den Hauptanwendungsfall bei Gebäuden bilden Abrisskosten (H 44 EStH)[161].

4.2.2.3 Beginn der Nutzungsdauer (§ 11c Abs. 1 EStDV)

Bei Anschaffung oder Herstellung vor dem 21.06.1948 beginnt die ND am 21.06.1948; bei Anschaffung oder Herstellung nach dem 20.06.1948 beginnt die ND mit dem Zeitpunkt der Anschaffung oder Fertigstellung.

Im Jahr der Anschaffung oder Herstellung darf die lineare Gebäude-AfA nur **pro rata temporis** abgesetzt werden (R 44 Abs. 2 S. 3 EStR gilt nur für **bewegliche WG**).

Beispiel 37: Anschaffung im Lauf des Wirtschaftsjahrs
B hat ein Gebäude errichtet. Die HK betrugen 300.000 €.

a) Das Gebäude ist im Mai 01 fertiggestellt worden,
b) das Gebäude ist im Juli 01 fertiggestellt worden.

Lösung:

a) 8/12 von 2 % von 300.000 = 4.000 € (§ 7 Abs. 4 EStG),
b) 6/12 von 2 % von 300.000 = 3.000 € (§ 7 Abs. 4 EStG).

Bei Wirtschaftsgebäuden sind statt 2 % AfA jetzt 3 % anzusetzen, wenn der obligatorische Kaufvertrag oder der Bauantrag nach dem 31.12.2000 erfolgte. Bei älteren Wirtschaftsgebäuden beträgt die AfA 4 % (statt 2%) gem. § 7 Abs. 4 S. 1 Nr. 1 EStG, wenn der Bauantrag nach dem 31.03.1985 und vor dem 01.01.2001 gestellt wurde.

---

[161] Der BFH hat diesen Anwendungsfall (dort: Abrisskosten vor der Errichtung eines selbst genutzten Objekts) im Urteil vom 26.02.2001 (BFH/NV 2002, 16) auf die Vorkosten des § 10e Abs. 6 EStG erweitert.

4.2.2.4 Bemessungsgrundlage für die AfA

Vorgreiflich wird darauf hingewiesen, dass es sich nachfolgend um Betriebsgebäude handelt.

Vorgang	BMG
Anschaffung, Herstellung etc. vor 21.06.1948	Wertansatz in der (DM) EB
Anschaffung, Herstellung nach dem 20.06.1948	Grundsätzlich AK/HK
Nach der Übertragung einer RFE oder 6b-Rücklage	Die um die Rücklage geminderten AK/HK
Bei abgesetzten Zuschüssen gem. R 34 EStR	Die um die Zuschüsse geminderten AK/HK
Bei unentgeltlichem Erwerb des ganzen Betriebs nach dem 20.06.1948	Die BMG des Rechtsvorgängers (§ 6 Abs. 3 EStG)
bei Erwerb nur des Gebäudes aus betrieblichem Anlass aus einem anderen BV nach dem 20.06.1948	Der gemeine Wert (§ 6 Abs. 4 EStG)
bei Erwerb des Gebäudes aus privatem Anlass und anschließender Einlage in das BV nach dem 20.06.1948	Der Einlagewert gem. § 6 Abs. 1 Nr. 5 EStG.

Für Einlagevorgänge ab 01.01.1999 ist folgende **wichtige Ausnahme** zu beachten: Bei Gebäuden, die vor der Einlage zur Erzielung von Überschusseinkünften i.S.v. § 2 Abs. 1 Nr. 4 – 7 EStG genutzt wurden, mindern sich die Anschaffungs- oder Herstellungskosten um sämtliche AfA, Sonderabschreibungen oder erhöhten Absetzungen, die bis zum Zeitpunkt der Einlage vorgenommen worden sind (§ 7 Abs. 1 S. 4 EStG).

> **Beispiel 38: AfA nach Einlage des Miethauses**
> Der Stpfl. schafft am 01.07.01 im PV ein Gebäude an, das er zur Einkünfteerzielung i.S.v. § 21 EStG nutzt. Die AK betrugen 750.000 €. Die AfA wird gem. § 7 Abs. 4 S. 1 Nr. 2a EStG ermittelt. Das Gebäude wird am 01.07.05[162] in das BV eingelegt; der TW im Zeitpunkt der Einlage beträgt 1.000.000 €. Das Haus wird als Bürogebäude genutzt.
>
> **Lösung:**
> Die Einlage wird mit dem TW von 1.000.000 € (§ 6 Abs. 1 Nr. 5 EStG) bewertet. Die AfA ist wie folgt zu ermitteln:

---

[162] Es muss sich dabei um die Jahre 1999 ff. handeln, vgl. § 52 Abs. 21 EStG.

AK am 30.06.01	750.000 €
./. AfA für die Zeit vom 01.07.01 – 30.06.05 (4 x 2 % von 750.000 €)	60.000 €
= AfA-BMG	690.000 €
AfA ab Einlage (3 % jährlich)	**20.700 €**

Das zulässige **AfA-Volumen** ist nach 33 1/3 Jahren abgeschrieben, der Rest-BW beträgt dann 310.000 €. Die Folge ist, dass der Veräußerungsgewinn bei etwaigem Verkauf des Gebäudes um diesen Betrag gemindert wird, so dass sich im Zeitpunkt der Veräußerung die Einlage zum TW (doch) erfolgswirksam auswirkt.

Folgende Besonderheiten sind bei einer **nachträglichen Änderung** der Ausgangsbeträge noch zu beachten:

- Nachträgliche HK erhöhen vom Jahr ihrer Entstehung an die AfA-BMG; sie sind so zu berücksichtigen, als wären sie zu Beginn des Jahres aufgewendet worden (R 44 Abs. 11 S. 3 EStR).
- Absetzungen für außergewöhnliche technische oder wirtschaftliche Abnutzung vermindern vom folgenden Jahr an die AfA-BMG; das gilt auch für die TW-AfA (§ 11c Abs. 2 S. 1 EStDV).
- Nach Zuschreibungen gem. § 7 Abs. 4 S. 3 EStG und nach Wertaufholungen gem. § 6 Abs. 1 Nr. 1 S. 4 EStG erhöht sich die AfA-BMG vom folgenden Wj. an um den Betrag der Zuschreibung/Wertaufholung (§ 11c Abs. 2 S. 3 EStDV).

4.2.2.5 Überführung von Grundstücken und Grundstücksteilen vom Privatvermögen in das Betriebsvermögen und umgekehrt (R 43 Abs. 6 EStR)

Bei Gebäuden, die der Stpfl. aus einem BV in das PV überführt hat, sind die weiteren AfA nach dem TW (§ 6 Abs. 1 Nr. 4 EStG) oder gemeinen Wert (§ 16 Abs. 3 S. 3 EStG) zu bemessen, mit dem das Gebäude bei der Überführung steuerlich erfasst worden ist.

Bei Gebäuden, die aus dem **nicht-steuerbaren PV**[163] in ein BV überführt wurden, sind die weiteren AfA nach dem gem. § 6 Abs. 1 Nr. 5 EStG maßgeblichen Wert zu bemessen (R 43 Abs. 6 S. 1 EStR). Die Höhe der weiteren AfA richtet sich in diesen Fällen nach § 7 Abs. 4 S. 1 oder 2 EStG und der tatsächlichen Rest-ND des Gebäudes im Zeitpunkt der Überführung (R 44 Abs. 12 S. 1 Nr. 1 EStR). Zur AfA-BMG bei eingelegten Gebäuden, die vor der Einlage zur Einkünfteerzielung verwendet wurden, s. § 7 Abs. 1 S. 4 EStG.

---

[163] Bei Überführung aus dem **steuerbaren PV** (Überschusseinkünfte) gilt bekanntlich § 7 Abs. 1 S. 4 EStG.

Beispiel 39: AfA nach einer Entnahme

Unternehmer U hat im Juli 01 ein Mietwohngrundstück (Gebäudebaujahr: 1930) für 600.000 € (Gebäudeanteil: 500.000 €) angeschafft. U hat das Grundstück von Anfang an als gewillkürtes BV behandelt. Am 30.06.09 entnimmt er das Grundstück aus dem BV, um es künftig privat zu vermieten (Einkünfte aus V+V). Im Zeitpunkt der Entnahme betrug der TW des Gebäudes 650.000 €. Wie hoch ist die AfA?

Lösung:

BMG für die AfA nach der Entnahme ist der TW i.H.v. 650.000 € (R 43 Abs. 6 S. 2 EStR). Die AfA für 09 beträgt:

- im BV 6/12 von 2 % von 500.000 € = 5.000 €,
- im PV 6/12 von 2 % von 650.000 € = 6.500 €.

4.2.2.6 Zuschuss in einem dem Jahr der Anschaffung oder Herstellung folgenden Wirtschaftsjahr

Wird ein Zuschuss, der gem. R 34 Abs. 2 S. 3 EStR „erfolgsneutral" behandelt werden soll, in einem auf das Jahr der Anschaffung oder Herstellung folgenden Wj. vereinnahmt, so bemisst sich die weitere AfA im Fall des § 7 Abs. 4 S. 1 EStG nach den um den Zuschuss geminderten AK/HK, im Fall des § 7 Abs. 4 S. 2 EStG nach dem um den Zuschuss geminderten Buchwert (R 43 Abs. 4 S. 2 EStR).

Beispiel 40: AfA bei einem nach dem Jahr der Anschaffung gezahlten Zuschuss

Der Großhändler C schafft im Juli 01 ein Wirtschaftsgebäude an. Die AK betragen 400.000 €. Die AfA wird im Jahr 01 zutreffend mit 3 % für 6 Monate berücksichtigt. Der Buchwert am 31.12.01 beträgt demnach 394.000 €.
Im Jahr 02 gewährt die Betriebsstättengemeinde dem Großhändler für die Anschaffung des Gebäudes einen Zuschuss i.H.v. 100.000 €.

Lösung:

Bei der sog. erfolgsneutralen Behandlung des Zuschusses im Jahr 02 ist der Betrag vom Buchwert des bezuschussten Gebäudes zu kürzen. Die AfA wird danach mit 3 % vom gekürzten Buchwert berechnet. Die AfA des Jahres 02 beträgt: 3 % von 294.000 € = **8.820 €**.

4.2.2.7 AfA nach einer Wertaufholung gemäß § 6 Abs. 1 Nr. 1 S. 4 oder § 7 Abs. 4 S. 3 EStG

§ 11c Abs. 2 S. 3 EStDV erhöht sich die AfA-BMG nach einer Zuschreibung bzw. nach einer Wertaufholung um eben diesen Betrag.

Beispiel 41: AfA nach einer TW-AfA und einer späteren Wertaufholung
Bei einem Gebäude (AK 500.000 €, AfA-Satz 3 %, Buchwert am 01.01.01 350.000 €) wurde im Wj. 01 eine TW-AfA i.H.v. 150.000 € wegen einer von der zuständigen Behörde verfügten Nutzungsbeschränkung vorgenommen. Im Jahr 03 führen entsprechende Eingaben des Eigentümers zur Aufhebung der Nutzungsbeschränkung. Der Eigentümer nimmt deshalb am 31.12.03 zutreffend eine Zuschreibung i.H.v. 141.000 € vor.

Lösung:
- AfA im Jahr 02/03: je 3 % von (500.000 € ./. 150.000 €) 350.000 € = 10.500 €.
- AfA im Jahr 04: 3 % von (500.000 € ./. 150.000 € + 141.000 €) 491.000 € = 14.730 €.

4.2.2.8 Besonderheiten bei nachträglichen Herstellungskosten

In den Fällen des § 7 Abs. 4 S. 1 EStG wird der für das Gebäude maßgebliche Prozentsatz auf die bisherige AfA-BMG, vermehrt um die nachträglichen HK, angewendet. Das Vorliegen nachträglicher HK (und damit der Ausschluss von späteren Instandsetzungsmaßnahmen) ist durch eine Funktionsänderung oder Substanzmehrung des betreffenden Gebäudes indiziert (BFH vom 27.09.2001, BFH/NV 2002, 25). Wenn auf diese Weise die volle Absetzung innerhalb der tatsächlichen ND nicht erreicht wird, so können die weiteren AfA wie in den Fällen des § 7 Abs. 4 S. 2 EStG bemessen werden[164].

In den Fällen des § 7 Abs. 4 S. 2 EStG bemisst sich die weitere AfA nach dem um die nachträglichen HK vermehrten Restwert und der Rest-ND des Gebäudes; aus Vereinfachungsgründen kann die AfA auch nach dem bisher für das Gebäude maßgeblichen Prozentsatz bemessen werden (R 44 Abs. 11 S. 2 EStR).

Für den Fall, dass mit den nachträglichen HK ein **anderes Wirtschaftsgut** entstanden ist, gilt Folgendes:

Die AfA ist nach der Summe aus dem Buchwert oder Restwert des WG und den nachträglichen HK sowie nach der voraussichtlichen ND des anderen WG zu bemessen (H 43 EStH „nachträgliche AK oder HK" und R 44 Abs. 11 S. 4 EStR).

Beispiel 42: Nachträgliche Herstellungskosten
Ein Stpfl. hat im Juli 01 ein Betriebsgrundstück (Gebäudebaujahr: 1940) für 200.000 € (Gebäudeanteil: 180.000 €) erworben. Ende März 20 muss wegen einer Straßenverbreiterung ein Teil des Erdgeschosses abgebrochen werden, um eine Fußgängerpassage auszubauen. Fertigstellung im August 20. Durch den Abbruch ist ein Sechstel der Bausubstanz abgetragen worden. Die Kosten für den Abbruch betrugen 5.000 € (zzgl. 16 % USt), die HK für den Umbau des verbliebenen Erdgeschosses 40.000 €. Die Rest-ND liegt nicht unter 50 Jahre.

---

[164] S. auch H 44 EStH „nachträgliche AK/HK".

Lösung:
Die Abbruchkosten sind sofort abzugsfähige BA.

AK des Gebäudes im Juli 01	180.000 €
./. AfA für Juli 01 – März 20 (2 % für 18 ¾ Jahre)	67.500 €
Restwert am 31.03.20	112.500 €
AfaA wegen Teilabbruchs des Gebäudes (1/6)	18.750 €

AfA 20:
AfA 2 % von (180.000 € + 40.000 €)	4.400 €
AfaA wegen Teilabbruchs des Gebäudes	18.750 €
Zusammen	23.150 €

AfA 21:
2 % von (180.000 € + 40.000 € ./. 18.750 €)	4.025 €
– H 43 (nachträgliche AK oder HK), H 44 (nachträgliche AK oder HK) EStH und § 11c Abs. 2 S. 1 EStDV	

Kontoentwicklung Gebäude:
AK	180.000 €
./. AfA Juli 01 – 31.12.19	66.600 €
Buchwert am 31.12.19	113.400 €
+ nachträgliche HK	40.000 €
./. AfA 20	4.400 €
./. AfaA 20	18.750 €
Buchwert am 31.12.20	130.250 €
./. AfA 21	4.025 €
Buchwert am 31.12.21	126.225 €

4.2.3 Staffel – Degressive AfA nach § 7 Abs. 5 EStG

4.2.3.1 Degressive AfA bei neuen Wohngebäuden

Nach der aktuellen Fassung des § 7 Abs. 5 EStG kommt die degressive AfA in Betracht bei Gebäuden, die entweder vom Stpfl. aufgrund eines nach dem 31.12.1995 gestellten Bauantrags hergestellt oder aufgrund eines nach dem 31.12.1995 abgeschlossenen obligatorischen Vertrags bis zum Ende des Jahres der Fertigstellung angeschafft werden. Sie beträgt – in Staffelsätzen:

- Im Jahr der Fertigstellung/Anschaffung und in den folgenden 7 Jahren jeweils 5 %,
- in den darauffolgenden 6 Jahren jeweils 2,5 %,
- in den darauffolgenden 36 Jahren jeweils 1,25 %.

Den Begriff der Wohngebäude hat der BFH in zwei Urteilen am „Mietwohnungsmarkt" weiterentwickelt und von daher die Errichtung von Ferienwohnungen aus dem Anwendungsbereich des § 7 Abs. 5 EStG ausgeklammert[165].

Im Fall der **Anschaffung** ist die degressive AfA nach § 7 Abs. 5 EStG nur zulässig, wenn der Hersteller für das veräußerte Gebäude weder die AfA nach § 7 Abs. 5 EStG noch Sonderabschreibungen oder erhöhte Absetzungen in Anspruch genommen hat (§ 7 Abs. 5 S. 2 EStG).

Folgerichtig schließt der BFH vom 03.04.2001 (BStBl II 2001, 599) für den Zweiterwerber im Herstellungsjahr die AfA nach § 7 Abs. 5 Nr. 3 EStG aus, wenn sie bereits beim Ersterwerber berücksichtigt wurde. In den Folgejahren kann die degressive AfA durchaus vom Zweiterwerber geltend gemacht werden, da es bei der Gebäude-AfA kein Verbot des AfA-Wechsels gibt.

4.2.3.2 Übergang zu anderen AfA-Methoden und Absetzung für außergewöhnliche Abnutzung

Der Übergang von der degressiven AfA zur linearen AfA nach § 7 Abs. 4 EStG (und umgekehrt) ist nicht zulässig (H 44 EStH „Wechsel der AfA-Methode bei Gebäuden"). Die einzige Ausnahme hiervon (bei gleicher Gebäudequalität) sind die Erwerbsfälle (s. 4.2.3.1 aufgrund des Urteils des BFH vom 03.04.2001, BStBl II 2001, 599).

Das Übergangsverbot gilt nicht für Gebäude, die von Wirtschaftsgebäuden zu sonstigen Gebäuden umgewidmet werden und umgekehrt. Nach der Nutzungsänderung ist stets die lineare AfA vorzunehmen (R 44 Abs. 8 S. 2 EStR). Absetzungen für außergewöhnliche technische oder wirtschaftliche Abnutzung sind zulässig (R 44 Abs. 13 S. 2 EStR).

4.2.3.3 Bemessungsgrundlage für die AfA

Hierzu wird auf die Ausführungen unter 4.2.2.4 verwiesen.

4.2.3.4 Nachträgliche Herstellungskosten

Die weiteren AfA bemessen sich nach den um die nachträglichen HK erhöhten AK/HK und dem für das Gebäude maßgeblichen Prozentsatz (H 43 EStH „nachträgliche AK/HK" und H 44 EStH „nachträgliche AK oder HK").

4.2.4 AfA bei Personengesellschaften (bei Mitunternehmern)

MU können das Wahlrecht einer AfA nach § 7 Abs. 4 oder 5 EStG wegen des Grundsatzes der Mitunternehmerschaft als Gewinnermittlungssubjekt nur einheitlich ausüben (BFH vom 25.11.1965, BStBl III 1966, 90). Das gilt nicht, soweit bei einzelnen Gesellschaftern die Voraussetzungen des § 7 Abs. 5 EStG (Hersteller oder Erwerber im Jahr der Fertigstellung) nicht erfüllt sind.

---

[165] BFH vom 14.03.2000 (BStBl II 2001, 66) sowie vom 04.09.2000 (BFH/NV 2001, 429).

Tritt bei einer PersG, die sich für die AfA nach § 7 Abs. 5 EStG entschieden hat, ein Gesellschafterwechsel ein, so kann der neu Eingetretene für seinen Gebäudeanteil nur § 7 Abs. 4 EStG anwenden.

Beispiel 43: AfA bei Mitunternehmern
C, D, E und F haben als GbR gemeinsam ein Mietwohngebäude errichtet. Die HK betragen 400.000 €, die Fertigstellung erfolgte am 30.09.01. C wünscht eine AfA nach § 7 Abs. 4 EStG. D, E und F wollen die AfA nach § 7 Abs. 5 EStG in Anspruch nehmen. Zum 30.06.03 verkauft D seinen Anteil an dem Gebäude für 120.000 € an G.

Lösung:
Die AfA für 01 und 02 ist einheitlich nach § 7 Abs. 4 oder Abs. 5 EStG vorzunehmen, z.B. (wenn der Bauantrag nach dem 31.12.1995 gestellt wurde):

AfA 01 und 02: C, D, E, F je 5 % von 100.000 €	5.000 €
AfA 03: C, E, F je	5.000 €
D (für ein halbes Jahr)	2.500 €
G 2 % von 120.000 € für ein halbes Jahr	1.200 €

Rein technisch geschieht dies durch das Aufstellen von EB, mittels derer die einheitliche, in der Hauptbilanz vorgenommene AfA für den neuen G'fter korrigiert wird.

4.2.5 Nachholung unterlassener AfA

Versehentlich unterlassene AfA nach § 7 Abs. 4 S. 1 EStG können, wenn sich die tatsächliche ND des Gebäudes nicht geändert hat (§ 7 Abs. 4 S. 2 EStG), nur in der Weise nachgeholt werden, dass weiterhin die gesetzlich vorgeschriebenen Prozentsätze angesetzt werden, auch wenn sich hierdurch der Abschreibungszeitraum über 40 bzw. 50 Jahre hinaus verlängert (BFH vom 03.07.1984, BStBl II 1984, 709).

Versehentlich unterlassene AfA nach § 7 Abs. 5 EStG können nicht nachgeholt werden (BFH vom 20.01.1987, BStBl II 1987, 491 und vom 11.12.1990, BFH/NV 1991, 391).

Beispiel 44: Keine Nachholung der AfA gem. § 7 Abs. 5 EStG
Herstellung eines Wohngebäudes im Jahr 01, die HK betragen 1.000.000 €. Im Jahr 02 wird versehentlich keine AfA abgesetzt.

Lösung:

HK 01	1.000.000 €
AfA 01: 5 %	50.000 €
Buchwert 31.12.01	950.000 €
AfA 02	0 €
Buchwert 31.12.02	950.000 €
AfA 03 – 08 je 5 %	50.000 €
AfA 09 – 14 je 2,5 %	25.000 €
AfA 15 – 50 je 1,25 %	12.500 €

AfA ab Jahr 51 (bis zur Vollabschreibung) je 2 % von 1.000.000 € gem. § 7 Abs. 4 EStG.

4.2.6 Maßgeblichkeit der Handelsbilanz für die Steuerbilanz bei der Wahl der linearen oder degressiven AfA

Lt. Erlass der Finanzbehörde Hamburg vom 14.01.1991 (52-S 2196-9/88) soll das Urteil des BFH vom 24.01.1990 (BStBl II 1990, 681), in dem für bewegliche WG entschieden wurde, dass übereinstimmende Methodenwahl erforderlich ist, auch für Gebäude angewendet werden. Der vorgenannte Erlass ist im Einvernehmen mit dem BMF und den obersten Finanzbehörden der anderen Länder ergangen (s.a. BMF-Schreiben vom 30.12.1994, DB 1995, 298).

4.2.7 AfA bei selbständigen Gebäudeteilen

§ 7 Abs. 5a EStG sind die Bestimmungen über die Gebäude-AfA auch auf Gebäudeteile, die selbständige unbewegliche WG sind (s. R 13 Abs. 4 EStR), sowie auf Eigentumswohnungen und auf im Teileigentum stehende Räume entsprechend anzuwenden.

Zu den selbständigen unbeweglichen WG i.S.v. § 7 Abs. 5a EStG gehören auch Mietereinbauten und -umbauten, die keine Scheinbestandteile oder Betriebsvorrichtungen sind (R 42 Abs. 6 EStR).

4.3 Gemeinsame Vorschriften für erhöhte Absetzungen und Sonderabschreibungen (§ 7a EStG, R 45 EStR)

4.3.1 Nachträgliche Herstellungs- oder Anschaffungskosten

Werden im Begünstigungszeitraum für erhöhte Absetzungen[166] oder Sonderabschreibungen[167] nachträgliche AK/HK aufgewendet, so bemessen sich vom Jahr der Entstehung der nachträglichen AK oder HK an bis zum Ende des Begünstigungszeitraums die AfA, die erhöhten Absetzungen und die Sonderabschreibungen nach den um die nachträglichen AK oder HK erhöhten ursprünglichen AK oder HK (§ 7a Abs. 1 S. 1 und 2 EStG).

---

[166] Definition: AfA, die anstelle der regulären AfA treten.

[167] Definition: AfA, die neben der regulären AfA vorgenommen werden können.

Beispiel 45: Nachträgliche Herstellungskosten

Für ein bewegliches Wirtschaftsgut mit einer betriebsgewöhnlichen ND von 15 Jahren und AK i.H.v. 15 T€, für das im Jahr der Anschaffung 20 % Sonderabschreibung gem. § 7g EStG[168] in Anspruch genommen wurde, werden im 4. Jahr des Begünstigungszeitraums nachträgliche HK (3.000 €) aufgewendet. Für das Wirtschaftsgut wird die lineare AfA in Anspruch genommen.

Lösung:

	Abschreibungen	BMG
AK		15.000 €
Abschreibungen der ersten drei Jahre:		
AfA: 3 x 6,66 %	3.000 €	
Sonderabschreibung: 20 %	3.000 €	
nachträgliche HK		+ 3.000 €
Abschreibungen im vierten Jahr:		
AfA: 6,66 % von 18.000 €	1.200 €	
Sonderabschreibung: 20 % von 3.000 €	600 €	
Abschreibung im fünften Jahr:		
AfA: 6,66 % von 18.000 €	1.200 €	
	9.000 €	./. 9.000 €
Restwert am Ende des Begünstigungszeitraums		9.000 €

Vom sechsten Jahr an betragen die AfA entsprechend der Rest-ND von 10 Jahren (1/10 von 9.000 €) **900 €.**

4.3.2 Nachträgliche Minderung der Anschaffungs- oder Herstellungskosten

Werden im Begünstigungszeitraum die AK/HK eines WG nachträglich gemindert, so bemessen sich vom Jahr der Minderung an bis zum Ende des Begünstigungszeitraums die AfA, die erhöhten Absetzungen und die Sonderabschreibungen nach den geminderten AK/HK (§ 7a Abs. 1 S. 3 EStG).

Beispiel 46: Nachträgliche Minderung der Anschaffungskosten

Ein Unternehmer hat im Jahr 01 eine Maschine angeschafft (AK 20.000 €, ND 10 Jahre) und für 01 folgende Abschreibungen in Anspruch genommen:

- Sonderabschreibung gem. § 7g EStG (10 % von 20.000 €) 2.000 €
- AfA gem. § 7 Abs. 2 EStG (20 % von 20.000 €) 4.000 €

Im Februar 02 erhält der Unternehmer einen Rabatt (§ 255 Abs. 1 S. 3 HGB) auf den Kaufpreis der Maschine i.H.v. 1.000 € zzgl. 16 % USt.

---

[168] Auf eine Einzelaufstellung aller Fälle für die Sonder-AfA bzw. für die erhöhte Absetzung wurde verzichtet; nur die besonders praxisrelevante § 7g EStG-AfA wird unter 4.4 näher dargestellt.

Lösung:

	Buchwert	AfA
Sonderabschreibung 02 gem. § 7g EStG (höchstens) 10 % der geminderten AK i.H.v. 19.000 €		1.900 €
geminderte AK	19.000 €	
./. Sonderabschreibung 01	2.000 €	
./. AfA 01	4.000 €	
Buchwert 31.12.01	13.000 €	
AfA 02 (20 % des Buchwerts)		2.600 €
geminderte AK	19.000 €	
./. Sonderabschreibung 01 und 02	3.900 €	
./. AfA 01 und 02	6.600 €	
Buchwert 31.12.02	8.500 €	
AfA 03 (20 % des Buchwerts)		1.700 €
Geminderte AK	19.000 €	
./. Sonderabschreibung 01 und 02	3.900 €	
./. AfA 01 bis 03	8.300 €	
Buchwert 31.12.03	6.800 €	
AfA 04 (20 % des Buchwerts)		1.360 €
Geminderte AK	19.000 €	
./. Sonderabschreibung 01 und 02	3.900 €	
./. AfA 01 – 04	9.660 €	
Buchwert 31.12.04	5.440 €	
AfA 05 (20 % des Buchwerts)		1.088 €
Geminderte AK	19.000 €	
./. Sonderabschreibung 01 und 02	3.900 €	
./. AfA 01 – 05	10.748 €	
Buchwert 31.12.05	4.352 €	

Die AfA für 06 kann entweder degressiv (20 % von 4.352 € = 870 €) oder linear (4.352 €/5 Jahre = 870 €) angesetzt werden.

Zur – thematisch vergleichbaren – Rückzahlung eines Zuschusses wird auf R 45 Abs. 4 S. 3 EStR und H 45 EStH unter „Beispiele" hingewiesen.

4.3.3 Mindestabsetzung bei erhöhten Absetzungen

Bei WG, bei denen erhöhte Absetzungen in Anspruch genommen werden, müssen in jedem Jahr des Begünstigungszeitraums mindestens Absetzungen i.H.d. AfA nach § 7 Abs. 1 oder 4 EStG berücksichtigt werden (§ 7a Abs. 3 EStG).

4.3.4 AfA neben Sonderabschreibungen

Neben Sonderabschreibungen sind nur lineare Absetzungen zulässig (§ 7a Abs. 4 EStG). **Ausnahme:** § 7g Abs. 1 EStG.

4.3.5 Kumulierungsverbot

Die Inanspruchnahme von erhöhten Absetzungen und Sonderabschreibungen aus verschiedenen Vorschriften bei einem WG sind ausgeschlossen (§ 7a Abs. 5 EStG). Das gilt nicht, wenn nachträgliche AK/HK Gegenstand einer eigenen Abschreibungsvergünstigung sind und sowohl für das WG im ursprünglichen Zustand als auch für die nachträglichen AK/HK Abschreibungsvergünstigungen aufgrund verschiedener Vorschriften in Betracht kommen (R 45 Abs. 7 EStR).

Dies ist etwa der Fall, wenn bei einem ursprünglich nach § 7g EStG begünstigten WG später gem. § 4 Fördergebietsgesetz begünstigte nachträgliche HK aufgewendet werden.

4.3.6 Abschreibungen bei mehreren Beteiligten

Bei WG, die mehreren Beteiligten zuzurechnen sind, dürfen erhöhte Absetzungen und Sonderabschreibungen nur anteilig für diejenigen Beteiligten vorgenommen werden, die sämtliche Voraussetzungen für die Inanspruchnahme der erhöhten Absetzungen oder Sonderabschreibungen erfüllen. Dies gilt aber nur, soweit die einzelne Steuervergünstigung gesellschafter- und nicht gesellschaftsbezogen auszulegen ist. In diesen Fällen kann nach einem Gesellschafterwechsel der Neu-Gesellschafter nicht an den Vergünstigungen partizipieren (so zuletzt der BFH am 17.07.2001, BStBl II 2001, 760 für § 7h EStG).

Die erhöhten Absetzungen und Sonderabschreibungen dürfen von den Beteiligten, bei denen die Voraussetzungen dafür erfüllt sind, nur einheitlich vorgenommen werden (§ 7a Abs. 7 EStG).

4.3.7 Buchmäßiger Nachweis

Für die Inanspruchnahme von erhöhten Absetzungen und Sonderabschreibungen sind die buchmäßigen Nachweise lt. § 7a Abs. 8 EStG zu erbringen.

4.3.8 AfA nach Sonderabschreibungen

Sind für ein WG Sonderabschreibungen vorgenommen worden, so bemessen sich nach Ablauf des Begünstigungszeitraums die AfA bei allen WG – außer bei Gebäuden und bei WG i.S.d. § 7 Abs. 5a EStG – nach dem Restwert und der Rest-ND (§ 7a Abs. 9 EStG). Bei Gebäuden und WG i.S.d. § 7 Abs. 5a EStG ist wie folgt zu verfahren (R 45 Abs. 9 EStR): Nach Ablauf des Begünstigungszeitraums gem. § 3 ZRFG sowie §§ 3 und 4 des FörderGG ist die lineare AfA in Anlehnung an § 7 Abs. 4 S. 1 und 2 EStG nach einem um den Begünstigungszeitraum verminderten Abschreibungszeitraum von 25 Jahren bei einem AfA-Satz von 4 %, von 33 1/3 Jahren bei einem AfA-Satz von 3 % (§ 7 Abs. 4 S. 1 Nr. 1 EStG) oder von 50 Jahren (§ 7 Abs. 4 S. 1 Nr. 2a EStG) zu bemessen.

Beispiel 47: Das Handelsschiff der Partenreederei
Die Partenreederei A hat am 01.04.1998 ein Handelsschiff (20.000 t) in ungebrauchtem Zustand vom Hersteller für 12 Mio. € erworben. Die Voraussetzungen des § 82f EStDV sind erfüllt.

a) Im Dezember 2001 fallen nachträgliche HK von 1 Mio. € an (nur Innenausbau, keine Erhöhung des Schrottwerts). Der Schrottwert des Schiffes beträgt 90 €/t. Das Handelsschiff hat eine betriebsgewöhnliche ND von 12 Jahren. Wie hoch sind die Abschreibungen für die Jahre 1998 – 2004? Es sollen die höchstmöglichen Abschreibungen ermittelt werden.

b) Für das unter a) genannte Handelsschiff fallen im Jahr 2005 weitere nachträgliche HK von 2 Mio. € an (nur Innenausbau, keine Erhöhung des Schrottwerts). Die unter Berücksichtigung der nachträglichen Herstellungsarbeiten neu zu schätzende Rest-ND weicht nicht von der rechnerischen Nutzungsdauer ab. Wie hoch ist die Abschreibung für 2005?

Lösung:

1998

§ 7 Abs. 1 EStG: 1/1 v. 8 1/3 % von	12.000.000 €	
abzüglich Schrottwert (H 43 EStH Anschaffungskosten)	./. 1.800.000 €	
=	10.200.000 €	850.000 €
§ 82f EStDV: 40 % von	12.000.000 €	4.800.000 €
		5.650.000 €

1999 und 2000

§ 7 Abs. 1 EStG: je 8 1/3 % von	10.200.000 €	850.000 €

2001

§ 7 Abs. 1 EStG: 8 1/3 % von	10.200.000 €	
+ nachträgliche HK	1.000.000 €	
=	11.200.000 €	933.333 €
§ 82f EStDV: 40 % von	1.000.000 €	400.000 €
		1.333.333 €

2002

§ 7 Abs. 1 EStG: 8 1/3 % von	11.200.000 €	933.333 €

Restwert am Ende des Begünstigungszeitraums (5 Jahre):

AK	12.000.000 €
+ nachträgliche HK	1.000.000 €
./. Schrottwert	1.800.000 €
=	11.200.000 €

./. Abschreibung 1998	5.650.000 €
./. Abschreibung 1999	850.000 €
./. Abschreibung 2000	850.000 €
./. Abschreibung 2001	1.333.333 €
./. Abschreibung 2002	933.333 €
= restliches Abschreibungsvolumen	1.583.334 €

AfA **2003**
(bei Rest-ND von 7 Jahren): 1/7   226.190 €

AfA **2004** (wie 2003)   226.190 €

2005

restliches AfA-Volumen am 31.12.2002	1.583.334 €
./. AfA 2003 und 2004 (2 x 226.190)	452.380 €
= restliches AfA-Volumen am 31.12.06	1.130.954 €
+ nachträgliche HK 07	2.000.000 €
= neues AfA-Volumen	3.130.954 €

AfA 2005
(bei Rest-ND von 5 Jahren): 1/5   626.191 €

4.4 Sonderabschreibung gemäß § 7g EStG

4.4.1 Persönliche Voraussetzungen

§ 7g Abs. 2 EStG dürfen die Sonderabschreibungen nur in Anspruch genommen werden, wenn die folgenden Voraussetzungen erfüllt sind:

- Das BV des Gewerbebetriebs oder des der selbständigen Arbeit dienenden Betriebs, zu dessen AV das angeschaffte oder hergestellte WG gehört, darf zum Schluss des der Anschaffung oder Herstellung vorangehenden Wj. nicht mehr als 204.517 € betragen. Bei Betrieben, die den Gewinn nach § 4 Abs. 3 EStG ermitteln, wird dies unterstellt (§ 7g Abs. 2 Nr. 1 a EStG).
- Der Einheitswert des Betriebs der Land- und Forstwirtschaft, zu dessen AV das angeschaffte oder hergestellte WG gehört, darf im Zeitpunkt der Anschaffung oder Herstellung nicht mehr als 122.710 € betragen (§ 7g Abs. 2 Nr. 1b EStG).

4.4.2 Sachliche Voraussetzungen

Folgende sachlichen Voraussetzungen sind für die Gewährung der Sonderabschreibung erforderlich:

- Bei dem angeschafften oder hergestellten Gegenstand muss es sich um ein neues bewegliches WG des AV handeln (§ 7g Abs. 1 EStG).
- Das WG muss mindestens ein Jahr nach seiner Anschaffung oder Herstellung in einer inländischen BSt des Betriebs verbleiben (§ 7g Abs. 2 Nr. 2a EStG).

- Das WG muss im Jahr der Inanspruchnahme von Sonderabschreibungen im Betrieb des Stpfl. ausschließlich oder fast ausschließlich betrieblich genutzt werden (§ 7g Abs. 2 Nr. 2b EStG).
- Für die Anschaffung oder Herstellung muss eine Rücklage gem. § 7g Abs. 3 – 7 EStG gebildet worden sein. Da lt. Gesetzestext keine Mindesthöhe der Rücklage gefordert wird, ist ein Rücklagebetrag von 1 € pro Investition ausreichend. Diese Auslegung wird durch das Schreiben des BMF vom 10.07.2001 (BStBl I 2001, 455) bestätigt.

4.4.3 Höhe der Abschreibung

Im Jahr der Anschaffung oder Herstellung und in den folgenden vier Jahren können neben der AfA gem. § 7 Abs. 1 oder 2 EStG Sonderabschreibungen bis zu insgesamt **20 %** der AK/HK in Anspruch genommen werden.

4.4.4 Ansparabschreibung für künftige Wirtschaftsgüter

4.4.4.1 Begriff (§ 7g Abs. 3 EStG)

Unter Ansparabschreibung versteht man die Möglichkeit eines Unternehmens, für die künftige Anschaffung oder Herstellung eines beweglichen neuen WG des AV eine den Gewinn mindernde Rücklage zu bilden.

4.4.4.2 Voraussetzungen (§ 7g Abs. 3 S. 3 EStG)

Folgende Voraussetzungen müssen vorliegen:

- Gewinnermittlung nach § 4 Abs. 1 oder § 5 EStG; (zur Gewinnermittlung nach § 4 Abs. 3 EStG s. § 7g Abs. 6 EStG).
- Erfüllung der Größenmerkmale des § 7g Abs. 2 EStG am Schluss des Wj., das dem Wj. der Bildung der Rücklage vorangeht.
  Anmerkung: Die Ansparabschreibung soll nur kleineren und mittleren Betrieben zugute kommen.
- Buchmäßiger Nachweis der Bildung und Auflösung der Rücklage.
- Das Unternehmen darf keine Rücklagen gem. § 3 Abs. 1 und 2a des ZRFG oder nach § 6 des FörderGG ausweisen.

4.4.4.3 Begünstigte Wirtschaftsgüter (§ 7g Abs. 3 S. 1 EStG)

WG i.S.v. § 7g Abs. 1 EStG sind neue bewegliche WG des AV. Die in § 7g Abs. 2 S. 1 Nr. 2 EStG genannten Voraussetzungen gelten für die Ansparabschreibung nicht. Es ist auch ohne Bedeutung, wie das später anzuschaffende oder herzustellende WG abgeschrieben werden soll.

4.4.4.4 Bildung der Rücklage (§ 7g Abs. 3 S. 2 EStG)

Die Rücklage kann bis zur Höhe von **40 %** der geplanten AK/HK gebildet werden. Dieser Betrag ergibt sich aus der höchstmöglichen AfA (20 % gem. § 7 Abs. 2 und 20 % gem. § 7g Abs. 1 EStG). Wenn sich im folgenden Wj. herausstellt, dass die Rücklage zu hoch oder zu niedrig war, kommt eine Teilauflösung oder Aufstockung in Betracht. Eine Änderung der Rücklage im Jahr der Bildung ist nur im Rahmen einer Bilanzänderung i.S. von § 4 Abs. 2 S. 2 EStG möglich. Die Rücklage ist für jede Investition gesondert zu bilden. Ein Austausch zwischen den einzelnen Investitionen ist nicht zulässig.

Die Rücklage kann auch gebildet werden, wenn dadurch ein Verlust entsteht oder sich erhöht (§ 7g Abs. 3 S. 4 EStG).

4.4.4.5 Investitionsabsicht

Die gesetzliche Vorschrift enthält keine Bestimmungen über den Nachweis oder die Glaubhaftmachung der beabsichtigten Investition. Nach dem Schreiben des BMF vom 12.12.1996 (BStBl I 1996, 1441) reicht es zur Glaubhaftmachung der Investition aus, wenn das anzuschaffende oder herzustellende WG seiner Funktion nach benannt und der beabsichtigte Investitionszeitpunkt sowie die Höhe der voraussichtlichen AK/HK angegeben werden. Noch weiter geht der BFH im Urteil vom 12.12.2001 (DStR 2002, 672), wonach selbst auf das „Glaubhaftmachen" verzichtet wird, wenn nur im Investitionsjahr nachgewiesen werden kann, für welches WG die Rücklage gebildet wurde, da die „Mitnahmegefahr" als gering eingestuft wird.

4.4.4.6 Höchstbetrag der Rücklage (§ 7g Abs. 3 S. 5 EStG)

Die am Bilanzstichtag insgesamt gebildeten Rücklagen dürfen je Betrieb des Stpfl. den Betrag von 154.000 € nicht übersteigen.

4.4.4.7 Auflösung der Rücklage (§ 7g Abs. 4 EStG)

Die Rücklage ist i.H.v. 40 % der AK/HK gewinnerhöhend aufzulösen, sobald für das begünstigte WG Abschreibungen vorgenommen werden können. Im Normalfall entsteht durch diese Auflösung ein Ertrag, der durch die Abschreibungen auf das begünstigte WG ausgeglichen wird. Im Fall, dass die Rücklage mit einem niedrigeren Betrag als 40 % der künftigen AK/HK gebildet wurde, ist sie in voller Höhe aufzulösen.

Ist die Rücklage am Ende des zweiten auf ihre Bildung folgenden Wj. noch vorhanden, so ist sie zu diesem Zeitpunkt gewinnerhöhend aufzulösen. Eine vorzeitige freiwillige Auflösung der Rücklage ist möglich.

4.4.4.8 Gewinnzuschlag (§ 7g Abs. 5 EStG)

Wird die Rücklage gewinnerhöhend aufgelöst, ohne dass eine begünstigte Investition erfolgt ist, so ist der Gewinn des Wj., in dem die Auflösung erfolgt, für jedes Wj., in dem die Rücklage bestanden hat, um 6 % des aufgelösten Rücklagenbetrags zu erhöhen.

4.4.4.9 Abschließende Beispiele

Beispiel 48: Geplante Anschaffungskosten sind zutreffend

Geplante AK für eine Maschine im Jahr 01	80.000 €
gebildete Rücklage am 31.12.01	32.000 €
Anschaffung der Maschine in 02 für	80.000 €

Lösung:

gewinnerhöhende Auflösung der Rücklage	32.000 €
./. AfA 02 gem. § 7 Abs. 2 EStG (20 %)	16.000 €
./. Sonderabschreibung gem. § 7g Abs. 1 EStG (20 %)	16.000 €
Verbleiben	0 €

Es bleibt dem Stpfl. aber im Rahmen seines diesbezüglichen Wahlrechts freigestellt, welche AfA er in Anspruch nimmt und ob er von der Möglichkeit der Sonderabschreibung gem. § 7g Abs. 1 EStG Gebrauch macht.

Beispiel 49: Geplante Anschaffungskosten sind zu hoch

Geplante AK für einen Baukran im Jahr 01	200.000 €
gebildete Rücklage am 31.12.01	80.000 €
Anschaffung des Baukrans in 02 für	180.000 €

Lösung:

Gewinnerhöhende Auflösung der Rücklage gem.	
§ 7g Abs. 4 S. 1 EStG	72.000 €
§ 7g Abs. 4 S. 2 EStG	8.000 €
Zusammen	80.000 €
./. AfA 02 gem. § 7 Abs. 2 EStG (20 %)	36.000 €
./. Sonder-AfA gem. § 7g Abs. 1 EStG (20 %)	36.000 €
verbleibt ein Gewinn 02 i.H.v.	8.000 €

Auf den vorgenannten Gewinn ist ein Zuschlag von 6 % gem. § 7g Abs. 5 EStG i.H.v. 480 € vorzunehmen.

4.4.5 Ansparabschreibung für Existenzgründer (§ 7g Abs. 7 EStG)

4.4.5.1 Grundsätze

Existenzgründer dürfen in einem sechsjährigen Gründungszeitraum Ansparrücklagen bis zu 307.000 € nach einem modifizierten Grundmodell der allgemeinen Ansparabschreibung bilden. Als Existenzgründer werden dabei angesehen:
1. Natürliche Personen, die innerhalb der letzten 5 Jahre vor dem Wj. der Betriebseröffnung weder Gewinneinkünfte erzielt haben noch an einer KapG zu mehr als 10 % beteiligt waren,
2. PersG, bei denen alle MU die Bedingung zu 1. erfüllen und
3. KapG, an denen nur natürliche Personen beteiligt sind, bei denen die Voraussetzung zu 1. erfüllt ist.

Die Übernahme eines Betriebs im Wege der vorweggenommenen Erbfolge oder im Wege der Auseinandersetzung einer Erbengemeinschaft unmittelbar nach dem Erbfall gilt nicht als Existenzgründung. Der Gründungszeitraum reicht vom Wj. der Betriebseröffnung bis zum Ende des fünften folgenden Wj. Bis zum Ende des Gründungszeitraums muss das begünstigte WG voraussichtlich angeschafft oder hergestellt werden. Die Rücklage ist spätestens am Ende des fünften auf ihre Bildung folgenden Wj. gewinnerhöhend aufzulösen.

Für die Existenzgründer-Ansparrücklagen ist bei nicht bestimmungsgem.er Verwendung **kein** den Zinseffekt kompensierender Gewinnzuschlag vorzunehmen.

4.4.5.2 Einschränkungen bei bestimmten Branchen (§ 7g Abs. 8 EStG)

Die Existenzgründer-Ansparabschreibungen können in bestimmten Wirtschaftszweigen nur in Anspruch genommen werden, wenn dadurch im Einzelfall die von der EU vorgesehenen Begrenzungen für die Subventionierung dieser Investitionen nicht überschritten werden. Wegen Einzelheiten s. § 7g Abs. 8 EStG.

5 Das aktuelle Thema: Schuldzinsen bei der Gewinnermittlung

Das Thema des betrieblichen Schuldzinsenabzugs wird seit 1974 diskutiert, als mit dem StÄndG 1973 der SA-Abzug für **private** Schuldzinsen **aufgehoben** wurde. § 12 Nr. 1 EStG alleine, der zu einem generellen Abzugsverbot bei einer banktechnischen Gemengelage (gemeinsames Konto für Privat- und Betriebsschulden) führt, war dem Problem nicht gewachsen. In der Folgezeit entwickelten sich – im Zusammenspiel zwischen Wirtschaft, Rspr. und Verwaltung – mehrere Modelle, mit denen der **auch betriebliche** Verkehr mit den Geldinstituten und das objektive Nettoprinzip (Abzug des Erwerbsaufwands) miteinander versöhnt wurden. Der Gesetzgeber hat mit einer mehrmals korrigierten Fassung 1999 (2010) eine „überlagernde"[169] Lösung (§ 4 Abs. 4a EStG) präsentiert, neben der die entwickelten Konzepte – dem Grunde nach – weiter Bestand haben.

Zwei der häufigsten Modelle und die derzeitige gesetzliche Lösung, die zusätzlich zur Anwendung gelangt, werden vorgestellt. Das Thema wird in einem weiteren Grenzbereich (Schuldumschaffung/Novation) nochmals bei der Diskussion von § 12 Nr. 1 EStG vertieft.

5.1 Das gemischte Kontokorrentkonto

Die ersten (einfachen) Fälle waren dadurch gekennzeichnet, dass ein Gewinnerzieler Schulden aus der Privatsphäre[170] über **ein Betriebskonto** abgewickelt hat und sich dabei ein negativer Kontenstand ergab[171]. In den ersten Urteilen aus dem Jahre 1983[172] hat der IV. Senat – sehr weitgehend – die Kreditaufnahme (und damit die Zinsen) zur Finanzierung **gewöhnlicher** Privataufwendungen bei einem Bilanzierenden sogar als betrieblich veranlasst angesehen. Nur die Zinsen für außergewöhnliche Privataufwendungen (Beispiel aus der Rspr.: Erbausgleich, Zugewinnausgleichsschuld, private Baukosten) wurden entweder nach der Verhältnismethode[173] oder nach der Zinsstaffelmethode (s. sogleich) eliminiert. Der Rspr. ging in der Argumentation von folgenden wichtigen – und auch heute noch gültigen – Bausteinen aus:

- Es gibt keine **gewillkürte Betriebsschuld** (oder anders formuliert: Es gibt nur Betriebs- oder Privatschulden).
- Die **Entstehung** der VB ist maßgebend für die Qualifizierung als alleinige Betriebs- **oder** Privatschuld (Frage nach dem Finanzierungsgegenstand).

Die Unterscheidung zwischen außergewöhnlichen und regulären Privatschulden wurde in der Folgezeit fallengelassen, ebenso wie sich das Privileg für den Bilanzierenden nicht länger halten ließ, demzufolge auch § 4 Abs. 3-Rechner einbezogen werden. In den Vordergrund trat (tritt) der Veranlassungsgedanke.

> **Beispiel 50: Das (kurzzeitige) gemischte Kontokorrentkonto**
> Angenommen wird, dass am 01.01. des Jahres ein ausgeglichenes Konto vorliegt und am 02.01. eine betriebliche Zahlung von 10.000 € erfolgt und eine

---

[169] Vgl. *Crezelius* in *Kirchhof – kompakt (2002)*, § 4 Rz. 161.
[170] So führt z.B. die Absicherung einer Privatverbindlichkeiten auf einem Betriebsgrundstück nicht zu einer betrieblichen Schuld.
[171] Es bleibt dem Stpfl. natürlich unbenommen, seinen Zahlungsverkehr über getrennte Kontokorrentkonten (betrieblich/private) abzuwickeln. Bei dortigen Überschneidungen („Fehlbuchungen") werden sodann Unterkonten gebildet, die nach Maßgabe der Aufteilung eines gemischten Kontos (s. sogleich) fiktiv aufgeteilt werden (Rz. 6 des BMF-Schreibens vom 10.11.1993, BStBl I 1993, 930).
[172] BFH vom 19.03.1981 (BStBl II 1983, 721) sowie vom 23.06.1983 (BStBl II 1983, 723). Anders aber bei § 4 Abs. 3 EStG (kein betriebliches Bestandskonto!).
[173] Dabei wird das Verhältnis der privat-veranlassten und der betrieblich-veranlassten Buchungen bei entsprechender Minderung der Schuldzinsen zugrundegelegt.

private Zahlung von 5.000 € und am 03.01 eine BE von 10.000 € vorliegt und das Konto diesen Stand für 7 Tage beibehält. Ab 10.01. ist das Konto im Plus. Wie hoch sind die als BA abzugsfähigen Zinsen? Der Zinssatz beträgt 12 %.

In der entscheidenden Frage, wie der **betriebliche** Anteil bei einem **gemischten Kontokorrentkonto** (KKK) zu ermitteln ist, haben der BFH[174] – und ihm folgend das BMF – statt der Umschuldungsidee das Veranlassungsdogma aufgegriffen. Im Vordergrund steht die betriebliche Veranlassung (§ 4 Abs. 4 EStG) des Schuldsaldos. Bei einem **gemischten KKK** wird der Debetsaldo sodann trotz § 12 Nr. 1 EStG in einen betrieblichen und in einen privaten Anteil **aufgeteilt.** Der ideale Aufteilungsmaßstab ist dabei die Zinsstaffelmethode. Dabei wird auf die jeweiligen Zwischensalden abgestellt und nur bei negativem Zwischensaldo werden die Zinsen berechnet. Ausgehend von dem (negativen) Zwischensaldo wird die Zinszahl für den Zeitraum seit der Wertstellung berechnet. Diese Formel ergibt sodann eine Zinszahl (= Kapital x Tage/100) und wird am Ende der Periode zu einem Sammelbetrag aufaddiert und durch einen Zinsdivisor (360/Zinsfuss) geteilt. Für den Fall des unzumutbaren Ermittlungsaufwands erlauben der BFH und die Verwaltung, die generell der Entscheidung folgte (BMF vom 10.11.1993, BStBl I 1993, 930, Rz. 17 f.), auch die Schätzung.

Lösung:
Der betriebliche Zinsanteil wird wie folgt errechnet:
- Von dem Debet am 02.01. von 15.000 € entfallen 10.000 € auf den betrieblichen Teil. Die betriebliche Zinszahl beträgt danach:
$$\frac{10.000 \times 1}{100} = 100 \text{ (S)}.$$
- Die private Zinszahl von 50 (S) findet steuerlich keine weitere Berücksichtigung.
- Die BE von 10.000 € führt am 03.01. zu einem Schuldsaldo von 5.000 € für weitere 7 Tage. Dabei wird vorweg der private Anteil ausgeglichen, so dass nur noch eine betriebliche Schuld von 5.000 € verbleibt.
- Für diese aufgeteilte Betriebsschuld gilt:
$$\frac{5.000 \times 7}{100} = 350 \text{ (S)}.$$
- Wenn ab 10.01. das Konto keinen Debetsaldo mehr aufweist, wird der betriebliche Zinsanteil am Jahresende mit 450 (S) angenommen. Bei einem (angenommenen) Zins von 12 % ergibt dies:
$$\frac{450 \times 12}{360} = 15 \text{ €}.$$
- Es können – vorbehaltlich § 4 Abs. 4a EStG – 15 € als BA abgezogen werden.

---
[174] BFH vom 05.07.1990 (BStBl II 1990, 817).

5.2 Das Zwei- oder Mehrkontenmodell

In der Praxis findet sich das Zweikontenmodell in den verschiedensten Gestaltungen. Es sind mindestens zwei Konten vorhanden. In der Reinform werden auf dem ersten Konto sämtliche betriebliche Aufwendungen gebucht (betriebliches Aufwandskonto). Dieses weist regelmäßig einen Schuldsaldo aus. Wegen des betrieblichen Charakters sind die hier entstandenen Schuldzinsen BA. Auf einem zweiten Konto, das strikt von dem Aufwandskonto zu trennen ist, werden die BE und der Privataufwand abgewickelt (Einnahmenkonto). Dabei wird auf diesem Konto ein Schuldsaldo stets vermieden, weil Schuldzinsen für private Zwecke grundsätzlich nicht abzugsfähig sind.

Dieses in den 80er-Jahren entwickelte und in den 90er-Jahren vielfältig variierte „Zweikontenmodell" hat „drei BFH-Staffeln" durchlaufen, bevor es am 08.12.1997 (BStBl II 1998, 193)[175] zu einer positiven letzten Entscheidung kam. Probleme treten insb. bei einem **geänderten Verwendungszweck** bei **Darlehen**sverbindlichkeiten auf. Daran kann die Gesamtthematik illustriert werden.

Für diese Fallgruppe führte 1985 der I. Senat (Urt. v. 17.04.1985, BStBl II 1985, 510 sowie Urteil vom 05.06.1985, BStBl II 1985, 619[176]) den zukunftsweisenden Gedanken aus, dass Eigenkapital **jederzeit** durch Fremdkapital ersetzt werden könne (sog. **Finanzierungsfreiheit** und Grundsatz der steuergünstigsten Gestaltung). Der Weg zur steuerlichen Anerkennung der anfallenden Zinsen als BA wurde durch die Überlegung freigemacht, dass die Darlehensaufnahme ohnehin nur der **vorübergehenden Finanzierung** der Privatschuld diene. Solange der Betrieb über „entnahmefähige" Barmittel (= vorhandenes BV inkl. stiller Reserven) verfüge, war die Schuld betrieblich veranlasst[177]. Die Änderung des – nunmehr – betrieblichen Verwendungszecks wurde durch eine **Umschuldung** (auch Novation genannt) herbeigeführt. Voraussetzung dafür war aber, dass die Umschuldung dokumentiert wurde. Danach ergab sich für die Dauer der Umschuldung eine ständig zunehmende Betriebsschuld (mit entsprechender Zinsaufteilung). Nach abgeschlossener Umschuldung lag – nach damaliger BFH-Rspr. – eine eindeutige Betriebsschuld mit vollem BA-Abzug vor. Diese Rechtsauffassung sollte sich allerdings als kurzlebig erweisen[178].

Die Verwaltung hatte – trotz weiterführender BFH-Urteile[179] – die Anwendung dieser (für sie überraschenden) Entwicklung durch einen koordinierten Ländererlass 1987 vom 27.07.1987 wie folgt relativiert (BStBl I 1987, 508):

---

[175] Inkl. der Folge-Urteile des BFH vom 04.03.1998 (BStBl II 1998, 511) und vom 19.03.1998 (BStBl II 1998, 513).
[176] Die Fälle unterschieden sich dadurch, dass im ersten Fall vor Darlehensaufnahme noch ein positives Kapitalkonto vorlag, nicht hingegen im 2. Fall.
[177] Genaue Argumentation des BFH a.a.O.: Der (bilanzierende) Steuerbürger hätte laufend Barmittel zur Tilgung des Privatdarlehens entnehmen und jeweils eine betriebliche Schuld **neu** aufnehmen können.
[178] Haupteinwand: Der Novationsgedanke beruht auf einer Fiktion. Eine hypothetische Besteuerung findet aber nicht statt.
[179] BFH vom 28.01.1987, BStBl II 1987, 621, vom 02.04.1987 BStBl II 1987, 616 und vom 21.05.1987, BStBl II 1987, 628).

a) Das steuerschädliche Zweikontenmodell:

Wird einem Betrieb **ein Darlehen zugeführt und werden die Barmittel daraus innerhalb kurzer Zeit wieder entnommen,** so findet keine Ersetzung von EK durch FK statt. In diesen Fällen liegt von Anfang an eine Privatverbindlichkeit vor.

Beispiel 51: Das fehlgeschlagene Modell
Die durchgeführten BS lauten bei einem Darlehn von 100 T€:
1. per Bank (100 T€)   an Darlehen (100 T€) und kurze Zeit später
2. per Entnahme (100 T€) an Bank (100 T€).

Lösung:
Die auf das Darlehen bezahlten Zinsen können nicht als BA abgezogen werden.

b) Das anerkannte Zweikontenmodell:

Werden hingegen im Betrieb **erzielte Einnahmen** zur Tilgung eines privaten Darlehens **entnommen** und wird deshalb ein neues Darlehen zur Finanzierung von betrieblichen Aufwendungen aufgenommen, so sind die Verwendung der betrieblichen Mittel zur Tilgung der Privatschuld und die Neuaufnahme der Betriebsschuld steuerlich anzuerkennen. Voraussetzung ist die **Aufnahme zweier Darlehen,** von denen das eine bis zur vollständigen Tilgung PV bleibt und das andere von Anfang an zum BV gehört. Dies war die **amtliche** Geburtsstunde des Zweikontenmodells.

Beispiel 52: Das akzeptierte Zweikontenmodell
Die hierzu gehörigen Geschäftsvorfälle sehen bei gleichen Beträgen wie folgt aus:
- Im privaten Bereich wird das Darlehen i.H.v. 100 T€ aufgenommen.
- im betrieblichen Bereich sind folgende Buchungen veranlasst:
  1. per Bank (10 T€)   an G+V (10 T€)
  2. per Privat (10 T€) an Bank (10 T€) und gleichzeitig
  3. per Bank (10 T€)   an Betriebsdarlehen (10 T€).

Lösung:
Die auf das neue betriebliche Bankdarlehen (3.) anfallenden Zinsen sind BA.

Wiederum nach einer längeren Pause von zehn Jahren folgte die letzte Erkenntnis des GrS des BFH am 08.12.1997 (BStBl II 1998, 193). Ausgelöst durch die Vorlagebeschlüsse des 10. und 11. Senats aus dem Jahre 1995 sind drei – für die Praxis bedeutsame[180] –

---

[180] Der entscheidende Sachverhalt in Kürze (mit „pädagogischen" Daten):
- Erwerb eines Privathauses am 31.03.07 i.H.v. 350 T€;
- **Kontokorrentkonto (A)** seit längerer Zeit; **Soll-Saldo von 150 T€ am 10.06.07,** wobei ab 21.04.07 über dieses Konto nur BA abflossen;
- ab 21.04.07 Errichtung eines neuen KKK (B), auf das ab 21.04.07 sämtliche BE eingingen; **Haben-Saldo am 10.06.07 i.H.v. 110 T€.**

Folgefragen zu den Grenzen der Finanzierungsfreiheit (und vice versa zum Auslöser von § 42 AO) beantwortet worden:

1. Auch dann, wenn ein **enger zeitlicher** Zusammenhang zwischen der Privatinvestition und der Bildung des Zwei-Kontenmodells besteht (im konkreten Fall: Drei Monate), steht dies dem BA-Abzug der betrieblich veranlassten und berechneten Zinsen nicht entgegen.
2. Wenn planmäßig bei zwei Konten die BE auf ein gesondertes Konto überwiesen und die BA ausschließlich von einem **gemischten** Kontokorrentkonto beglichen werden, und wenn sodann der erforderliche Privataufwand von beiden Konten bedient wird, so gilt: Die auf dem Kontokorrentkredit entstandenen Zinsen sind – nach der Zinsstaffelmethode berechnet – als BA abziehbar.
3. Auch eine Umschuldung kann zum BA-Abzug führen, wenn sie in der korrekten Form des Zwei-Kontenmodells erfolgt.

5.3 Die „überlagernde" Neuregelung des § 4 Abs. 4a EStG (StÄndG 2001)

Ganz pauschal gilt für betriebliche Zinsen ab 2001 (zugrunde gelegt wird die Fassung des StÄndG 2001):

- Nach Satz 1 (im Folgenden: jeweils von § 4 Abs. 4a EStG) wird die Rspr. des BFH grundsätzlich nicht tangiert. Das **Zweikontenmodell ist anerkannt.** Damit ergibt sich eine **zweistufige Prüfung** nach privater oder betrieblicher Veranlassung mit den o.g. Lösungen. **Private Schuldzinsen werden weder dem Grunde noch der Höhe nach anerkannt.**
- Nach Satz 5 sind Zinsen, die der Finanzierung von **Anlagegütern** (sog. Investitionsdarlehen) dienen, **vorrangig und voll abzugsfähig.** Aufgrund Tz. 29 (jeweils) des BMF-Schreibens wird allerdings bei einer vorherigen Finanzierung von Anlagegütern durch ein KKK und einer späteren Umschuldung (in ein langfristiges Darlehen) kein Finanzierungszusammenhang hergestellt.

Für die sonstigen, betrieblich veranlassten Schuldzinsen gilt:

- Nach S. 1, 2. HS EStG sowie S. 2 ist der Abzug betrieblicher Schuldzinsen eingeschränkt, wenn sog. **Überentnahmen** vorliegen. Dies ist grundsätzlich dann der Fall, wenn die **Entnahmen größer sind als der Gewinn und Einlagen** des Jahres. Nach Tz. 8 a.a.O. sind bei der Gewinnermittlung die außerbilanziellen Hinzurechnungen zu addieren, ebenso wie (z.T. steuerbefreite) Veräußerungsgewinne nach Tz. 9 zu erfassen sind. In Verlustjahren liegen Überentnahmen nur i.d.H. vor, in der die Entnahmen

---

- Am 10.06.07 Überweisung des Kaufpreises von Konto (B) i.H.v. 110 T€ und von Konto (A) i.H.v. 240 T€.
- Am 16.06.07 wurde dem Konto (A mit Stand ./. 390 T€) aus drei Finanzierungsdarlehen ein Betrag von 360 T€ gutgeschrieben. In der Bilanz 31.12.07 war nur ein Darlehen (115 T€) passiviert.

die Einlagen übersteigen (sog. Entnahmenüberschuss nach Tz. 11 mit Bsp.). Der Verlust ist dabei zu verrechnen und formlos festzuhalten.
- Die ursprüngliche Regelung von S. 3 a.F. (1999), wonach ein Einlagen- bzw. Entnahmeüberhang des letzten Quartals mit einem entsprechenden Überhang des ersten Quartals des Folgejahres verrechnet wird („jahresübergreifende Berechnung"), wurde 2001 fallengelassen.
- Nach S. 3 und S. 4 gelten betrieblich veranlasste Schuldzinsen **pauschal** i.H.v. **6 %** **der Überentnahmen** eines Jahres (zuzüglich der Überentnahmen des Vorjahres[181]) als steuerlich **nicht abzugsfähige BA**. Die so errechneten betrieblichen Schuldzinsen, die noch um 2.050 € gekürzt werden, stellen den Höchstbetrag der Hinzurechnung (d.h. der nicht abzugsfähigen BA) dar[182].

Mit der „Bestrafung" von Überentnahmen wird letztlich die Kapitalaufnahme für private Überhänge als nicht betrieblich veranlasst angesehen.

5.4 Zusammenfassende Fallstudie

Beispiel 53: Die unentschlossene Beraterin in Steuersachen
Die selbständige Steuerberaterin Silvia S hat einen betrieblichen Aufwand von 200.000 €. Dem stehen Einnahmen i.H.v. 300.000 € gegenüber. Der allgemeine private Konsumbedarf von S entspricht dem Gewinn von 100 T€/anno; S „konsumiert folglich ihren Gewinn".
Zur Finanzierung eines anstehenden privaten Hauskaufs (300 T€) überlegt sich S die steueroptimale Lösung und möchte wissen, ob es einen Unterschied macht, bei der Überschussrechnung zu bleiben oder zur Bilanzierung überzugehen und ob dies für sie auch als angestellte StB in Betracht käme. Letztlich möchte sie wissen, was im Falle einer Sozietät mit einem Berufskollegen gilt.

Lösung:
a) Solange der Betrieb (die Praxis der S) über entnahmefähige Barmittel verfügt, solange also ein Guthabensaldo auf dem Einnahmekonto besteht, kann bedenkenlos bis zu dieser Höhe ein Betrag für private Zwecke entnommen werden (Finanzierungsfreiheit des Unternehmers)[183].
b) Vor diesem Wertungshintergrund (hier nämlich: fehlender Plus-Saldo) überlegt sich S[184], ab 01.01.01 ein Privatdarlehen für den Hauskauf i.H.v. 300 T€ aufzunehmen, das in den betrieblichen Bereich umgeschuldet

---
[181] Umgekehrt werden Unterentnahmen des Vorjahres abgezogen.
[182] Auf die Besonderheiten bei der EÜR sowie bei den Mitunternehmerschaft wird im jeweiligen Gesamtzusammenhang eingegangen.
[183] Anders sieht es aus, wenn S nur ein Konto führt, über das BE wie BA abgewickelt werden und dieses ein Minus-Saldo aufweist. Sodann ist jede weitere Abhebung für private Zwecke privat veranlasst und kann wegen § 12 Nr. 1, § 4 Abs. 4 EStG nicht als BA abgezogen werden. Dabei spielt die sog. „Überentnahme" (§ 4 Abs. 4a S. 2 EStG) keine Rolle.
[184] Das Beispiel, insb. seine Fortführung, ist mit anderen Zahlen dem Beispiel von *Kohlhaas*, FR 2001, 561 (565) nachempfunden.

(überführt) wird. Für die Laufzeit des im Privatbereich anfallenden Kredits wird ein Zins von 10 % geschuldet. Nach durchgeführter Umschuldung in 1,5 Jahren (aus den jährlichen **Einnahmen von 300 T€ ./. Entnahmen von 100 T€ = 200 T€** kann ein monatlicher Betrag von 16.666 € aufgewendet werden) ist das Darlehen am 01.07.02 in einen betrieblichen Kredit umgeschuldet worden. Nach durchgeführter Umschuldung zum 01.07.02 wird mit einem Hypothekenzinssatz von 5 % für das Darlehen gerechnet.

c) Innerhalb des eineinhalbjährigen Umschuldungszeitraumes fallen an:
- Private Zinsen (bei unterstellter monatlicher Tilgung von 16,666 €) **P**.
- Betriebliche Zinsen für den Aufbau des betrieblichen Kontokorrents **B**.

Für eine Beispielsrechnung wird dabei unterstellt, dass sich in den Jahren 01 und 02 folgender Zinsaufwand ergeben wird:

	01	02	03
Privatzins (P)	25 T€	10 T€	0 T€
Betriebszins (B)	2 T€	20 T€	22 T€

d) Nach § 4 Abs. 4a EStG führt dies zu folgenden Berechnungen:
- Bei Geltung des **Veranlassungsprinzips** (h.M.: Zweistufige Prüfung bei Zinsaufwendungen) sind nur die VB, die auf der Grundlage des Mehrkontenmodells umgeschuldet werden, Betriebsschulden und diese Zinsen BA; bei einem gemischten Kontokorrentkonto ist hingegen auf die tatsächliche Verwendung der Mittel abzustellen. Danach ist – fiktiv – bei Entnahmen das Konto in ein privates Unterkonto und ein betriebliches Konto zu unterteilen (mit der weiteren Konsequenz, dass die privat veranlassten Zinsen Entnahmen sind). Dies führt bei der Berechnung der „Überentnahmen" zu folgendem Ergebnis:

	01	02	03
Gewinn (P)	100 T€	100 T€	100 T€
./. Schuldzinsen (B)	2 T€	20 T€	22 T€
= Gewinn vor nicht abzugsfähigen Zinsen	**98 T€**	**80 T€**	**78 T€**
Entnahmen	400 T€	100 T€	100 T€
Überentnahmen	302 T€	20 T€	22 T€
		302 T€	
		322 T€	322 T€
			344 T€
6 % Zinsen	18,12 T€	19,32 T€	20,64 T€
nicht abzugsfähige Zinsen	2,00 T€	19,32 T€	20,64 T€
Steuerlicher Gewinn	100,00 T€	99,32 T€	98,64 T€

- Demgegenüber wird vereinzelt in der Lit. diskutiert („Einstufige Prüfung"[185]), dass die Neuregelung in § 4 Abs. 4a EStG alle Schuldzinsen und nicht nur die betrieblich veranlassten Schuldzinsen i.S.d. BFH-Rspr. erfasse. Danach käme es nur noch auf das Vorliegen eines betrieblichen Kontos an, die weitere Voraussetzung der betrieblichen Veranlassung müsse wegen der Stellung im Gesetz nicht weiter geprüft werden. Als Folge dieser Auffassung wären auch sehr hohe Entnahmen (inkl. der auf sie entfallenden Schuldzinsen) lediglich im Rahmen der Regelung zu den Überentnahmen zu erfassen. Private Zinsen hätten hier keinen Platz. Diese nur systematische Interpretation wird jedoch der umfassenden Regelung nicht gerecht (ausnahmsweise Vorrang der subjektiv-historischen Auslegungsmethode), da der Gesetzgeber die „Vierteljahrhundertproblematik" unter Einbeziehung der Rspr.(-Entwicklung) lösen wollte.

e) Die weiteren Fragen der S, ob das Zweikontenmodell (bzw. die Umschuldungsvariante) auch als Überschussrechnerin (oder sogar als Arbeitnehmerin) anwendbar sind, lassen sich jetzt klar beantworten:

- Die mitgeteilten Rechtsgrundsätze gelten nach § 4 Abs. 4a S. 6 EStG auch bei der **betrieblichen Überschussrechnung**, nicht hingegen bei den Gewinnmethoden von § 13a EStG und § 5a EStG (Tz. 35). Dabei müssen ab dem Jahre 2000 die Entnahmen und Einlagen gesondert aufgezeichnet werden (Tz. 33).
- Die Neuregelung (Überentnahmen) gilt allerdings nicht für Überschusseinkünfte (vgl. § 9 Abs. 5 EStG); andererseits betont der BFH in ständiger Rspr., dass die Aufteilungsgrundsätze bei gemischten Konten für alle Einkunftsarten gelten (zuletzt BFH vom 08.12.1997, BStBl II 1998, 193).

f) Bei der praxisrelevanten Frage, ob § 4 Abs. 4a EStG gesellschaftsbezogen oder gesellschafterbezogen auszulegen ist, geht die Verwaltung in Rz. 30 ff. bei der Überentnahmeregelung von der gesellschaftsbezogenen Betrachtung aus[186]. Danach ist der Hinzurechnungsbetrag den G'fter grundsätzlich nach dem Gewinnverteilungsschlüssel hinzuzurechnen. Basis für die Berechnung ist der steuerliche Gesamtgewinn (inkl. Ergänzungs- und Sonderbilanzen).

---

[185] Z.B. *Ley*, NWB 2000, Fach 3, 1167; sowie *Duske*, DStR 2000, 906.
[186] A.A. in der Lit. z.B. *Wendt*, FR 2000, 417.

II Der Betriebsvermögensvergleich

1 Bilanzierungsgrundsätze

1.1 Allgemeines

Die Bilanzierungsgrundsätze ergeben sich im wesentlichen aus den §§ 243 – 246 und § 264 Abs. 2 HGB. Sie bestehen aus:
- Einhaltung der Grundsätze ordnungsmäßiger Buchführung (§ 243 Abs. 1 und § 264 Abs. 2 S. 1 HGB),
- Klarheit und Übersichtlichkeit des Jahresabschlusses (§ 243 Abs. 2 HGB),
- Grundsatz der Aufstellung in deutscher Sprache und Euro (§ 244 HGB),
- Vollständigkeit des Jahresabschlusses (§ 246 Abs. 1 HGB),
- Verrechnungs- und Saldierungsverbot (§ 246 Abs. 2 HGB),
- Grundsatz wahrer und getreuer Einsichtsvermittlung (§ 264 Abs. 2 HGB).

Zu den Bilanzierungsgrundsätzen gehört auch die personelle Zuordnungsfrage, **wer** den Vermögensgegenstand/das WG bilanzieren muss. Ferner zählen zu den Bilanzierungsgrundsätzen:
- Die Einteilung des BV in notwendiges und gewillkürtes BV und
- die Gliederung des BV in abnutzbares und nicht abnutzbares Anlagevermögen sowie Umlaufvermögen.

1.2 Vollständigkeitsgebot

Die Vorschrift des § 246 Abs. 1 S. 1 HGB bestimmt, dass der Jahresabschluss alle Vermögensgegenstände, Schulden, Rechnungsabgrenzungsposten, Aufwendungen und Erträge zu enthalten hat, soweit gesetzlich nichts anderes bestimmt ist. Diese Regelung verlangt, dass der Kaufmann – neben den Rechnungsabgrenzungsposten – alle Vermögensgegenstände zu bilanzieren hat. Die Beschränkung des Bilanzierungsgebots auf Vermögensgegenstände des BV bei Einzelkaufleuten und Personenhandelsgesellschaften ergibt sich aus § 5 Abs. 4 PublG.

1.3 Unterschied Vermögensgegenstand/Wirtschaftsgut

Zunächst soll die Frage geklärt werden, ob ein Unterschied zwischen dem handelsrechtlichen Begriff „Vermögensgegenstand" und dem steuerlichen Begriff „WG" besteht. Das Hauptkriterium des Vermögensgegenstands ist nach überwiegender Auffassung in der Lit.[187] die Einzelveräußerbarkeit und -verwertbarkeit. Die wirtschaftliche Einzelver-

---

[187] Z.B. *Westerfelhaus*, DB 1995, 885 m.w.N.

äußerbarkeit setzt jedoch keine Veräußerbarkeit im Rechtssinn voraus. Sie liegt nämlich auch dann vor, wenn gesetzliche oder vertragliche Beschränkungen eine Veräußerung des Vermögensgegenstands im Einzelfall ausschließen[188].

Beim WG steht nach ständiger BFH-Rspr. (z.B. Urteil vom 28.09.1990, BStBl II 1991, 187) die selbständige Bewertbarkeit im Vordergrund. Im Beschluss vom 26.10.1987, (BStBl II 1988, 348) hat der Große Senat des BFH unter Hinweis auf § 5 Abs. 1 S. 1 EStG (Maßgeblichkeit der HB für die StB) darauf hingewiesen, dass der im ESt-Recht verwendete Begriff des WGs dem handelrechtlichen Begriff des Vermögensgegenstands **voll entspricht**. Damit ist sichergestellt, dass bei der steuerlichen Gewinnermittlung der Begriff „WG" mit dem des Vermögensgegenstands nach Handelsrecht gleichgesetzt werden kann.

Diese zur (danach unzulässigen) Nutzungseinlage ergangene BFH-Entscheidung gehört zu den Grundfesten des Bilanzrechts und der allgemeinen Gewinnermittlung im Steuerrecht[189].

1.4 Persönliche Zurechnung der Wirtschaftsgüter

1.4.1 Allgemeine Grundsätze

Die Vermögensgegenstände/Wirtschaftsgüter sind für die Bilanzierung grundsätzlich dem **Eigentümer** zuzurechnen (§ 240 Abs. 1 HGB[190], § 39 Abs. 1 AO). Bei Gesamthandseigentum ist der Gegenstand den Beteiligten anteilig zuzurechnen (§ 39 Abs. 2 Nr. 2 AO). Dem Kaufmann werden aber nicht nur die Vermögensgegenstände zugerechnet, die in seinem zivilrechtlichen Eigentum stehen. Im Bilanzrecht wird das zivilrechtliche Eigentum durch wirtschaftliche Betrachtungsweisen überlagert; dabei werden nicht im Eigentum des Kaufmanns befindliche Vermögensgegenstände bei Bejahung der wirtschaftlichen Zugehörigkeit dem Kaufmann zugerechnet. Ausfluss der wirtschaftlichen Betrachtungsweise ist das Institut des **wirtschaftlichen Eigentums**. Wenn ein anderer als der Eigentümer die tatsächliche Herrschaft über ein WG in der Weise ausübt, dass er den Eigentümer im Regelfall für die betriebsgewöhnliche ND von der Einwirkung auf den Gegenstand ausschließen kann, so ist ihm das WG für die Bilanzierung zuzurechnen (§ 39 Abs. 2 Nr. 1 S. 1 AO).

Es bleibt aber festzuhalten, dass sich trotz dieser eigenständigen wirtschaftlichen Betrachtungsweise im Steuerrecht aus der Gesetzesformulierung (vgl. § 39 Abs. 2 AO: „Abweichend") eine rechtliche Erstzuständigkeit des zivilrechtlichen Eigentümers ergibt.

1.4.2 § 39 Abs. 2 Nr. 1 AO in der Bilanzierung

Im Wesentlichen ergeben sich folgende Fälle der wirtschaftlichen Zurechnung.

---

[188] Vgl. *ADS*, Rechnungslegung und Prüfung der Unternehmen, HGB § 246, Anm. 16.
[189] S. insb. zur Nutzungseinlage *Preißer*, Teil A Kap. I.3.3.2.
[190] § 240 Abs. 1 HGB sagt: „der Kaufmann hat **seine** Vermögensgegenstände zu verzeichnen".

1.4.2.1 Unmittelbarer Anwendungsfall des wirtschaftlichen Eigentums

Beispiel 1: Wirtschaftliches Eigentum
Der Mieter eines Bürohauses erstellt Einbauten in den gemieteten Räumen. Die betriebsgewöhnliche ND der Einbauten beläuft sich auf 10 Jahre. Der fest abgeschlossene Mietvertrag hat eine Laufzeit von 15 Jahren.

Lösung:
Durch den festen Einbau in das gemietete Gebäude wird der Vermieter Eigentümer der eingebauten Sachen (§ 946 BGB). Da der Mieter die Einwirkung des Vermieters (Eigentümers) auf die eingebauten Gegenstände während der gesamten ND der Einbauten ausschließt, ist der Mieter als wirtschaftlicher Eigentümer anzusehen (näher dazu 1.6.4.1). Er muss deshalb die Einbauten bilanzieren.

1.4.2.2 Ergänzungstatbestände (Auflistung)

Als Ergänzung der allgemeinen Grundsätze sind folgende Rechtsinstitute zu berücksichtigen:

- **Eigentumsvorbehalt**: Die Bilanzierung erfolgt beim Sicherungsgeber (= Käufer der Ware, vgl. § 246 Abs. 1 S. 2 HGB).

    Beispiel 2: Eigentumsvorbehalt
    Der Inhaber eines Baugeschäfts erwirbt bei einem Großhändler Stahlträger für ein laufendes Bauvorhaben. Der Stahlhändler liefert die Träger unter Eigentumsvorbehalt bis zur vollständigen Begleichung der Rechnung.

    Lösung:
    Der Bauunternehmer muss die empfangenen Stahlträger im Rahmen seines Vorratsvermögens bzw. unter den teilfertigen Bauten bilanzieren, obwohl er bis zur Bezahlung der Rechnung nicht Eigentümer der Ware ist (BFH vom 03.08.1988, BStBl II 1989, 21).
    Umgekehrt gelten für den Inhaber des Baugeschäfts die Grundsätze der (grundsätzlich nicht zu bilanzierenden) schwebenden Geschäfte.

- **Sicherungsübereignung**: Die Bilanzierung ist beim Sicherungsgeber vorzunehmen (§ 246 Abs. 1 S. 2 HGB, § 39 Abs. 2 Nr. 1 S. 2 AO).
- **Treuhandverhältnis**: Die Bilanzierung liegt beim Treugeber (§ 39 Abs. 2 Nr. 1 S. 2 AO)[191].
- **Eigenbesitz**: Die Bilanzierung ist vom Eigenbesitzer (Bsp.: Der Unterschlagende) durchzuführen (§ 39 Abs. 2 Nr. 1 S. 2 AO).

---

[191] S. hierzu im einzelnen *Preißer*, Band 1, Teil B, Kap. I.

1　Bilanzierungsgrundsätze

- **Einkaufskommissionsgeschäfte**: Die Bilanzierung erfolgt nach h.M. beim Kommittenten[192].
- **Unterwegs befindliche Ware** (schwimmende und rollende Ware): Die Ware muss von demjenigen bilanziert werden, der die Verfügungsmacht hat (BFH vom 03.08.1988, BStBl II 1989, 21);

   Beispiel 3: Schwimmende Ware
   Ein Kaffeeimporteur kauft eine Partie Rohkaffee in Brasilien. Der brasilianische Lieferant verschifft die Ware am 15.12.01 und schickt dem Importeur die Konnossements. Der Importeur nimmt die Konnossements am 23.12.01 auf. Die Ware selbst gelangt erst am 25.01.02 in das Lager des Importeurs.

   Lösung:
   Es handelt sich hier um sog. schwimmende Ware. Der inländische Importeur muss den Rohkaffee am 31.12.01 als „unterwegs befindliche Ware" in seinen Warenbestand aufnehmen und bilanzieren. Zwar ist die Ware körperlich noch nicht in den Machtbereich des Importeurs gelangt. Durch den Empfang eines kaufmännischen Traditionspapiers (vgl. § 448 HGB: die Übergabe des Papiers ersetzt die Warenübergabe) hat er jedoch die Verfügungsmacht über die Ware erhalten. Dieser Umstand ist nach dem Urteil des BFH vom 03.08.1988 (BStBl II 1989, 21) maßgebend für die wirtschaftliche Zurechnung der Ware. Der Vollständigkeit halber sei darauf hingewiesen, dass in der Lit. bei unterwegs befindlicher (schwimmender oder rollender) Ware überwiegend der Übergang der Preisgefahr[193] als Kriterium der wirtschaftlichen Zurechnung angesehen wird[194].

- **Gebäude auf fremdem Grund und Boden**: Die Bilanzierung erfolgt beim Mieter bzw. Pächter des Grundstücks (ständige BFH-Rspr., z.B. BFH vom 31.10.1978, BStBl II 1979, 399).

1.5　Das Finanzierungsleasing als besondere Form des wirtschaftlichen Eigentums

1.5.1　Das Leasing als „Auslöser" für § 39 Abs. 2 Nr. 1 AO

Den Leasingverträgen kommt eine Vorreiterrolle in der Rspr. des BFH zum wirtschaftlichen Eigentum zu. Bereits 1970 hatte der BFH mit zwei Entscheidungen[195] den Grundstein für die subjektive Zuordnung des Leasinggegenstandes in der Person des Leasinggebers **oder** des Leasingnehmers gelegt. In beiden Fällen ging es um das sog. "Mobi-

---

[192] Statt aller *Gnam/Federmann*, HdB, Stichw. 78, Rz. 24.
[193] Übergang der Preisgefahr: Die Gefahr des zufälligen Untergangs der Ware geht auf den Käufer über, der trotz des Verlustes der Ware den Kaufpreis zahlen muss.
[194] So z.B. *Kleineidam* in Federmann/Gnam, HdB, Stichw. 14c, Rz. 11 m.w.H.
[195] BFH vom 26.01.1970 (BStBl II 1970, 264) und BFH vom 18.11.1970 (BStBl II 1971, 133).

lien-Leasing", wonach bewegliche Anlagegüter vom Leasinggeber überlassen werden. Die dortigen Grundsätze, die die Verwaltung von der BFH-Rspr. übernommen hat (s. BMF vom 19.04.1971, BStBl I 1971, 264), sind zwischenzeitlich auf das "Immobilien-Leasing", bei dem bebaute Grundstücke Gegenstand des Leasingvertrages sind, übertragen worden (BFH vom 29.09.1971, BStBl II 1972, 13 und 188).

Entscheidend für die Zuordnung des Leasinggegenstandes ist zunächst die genaue zivilrechtliche Charakterisierung des Vertrages als (besondere) Form[196] des Mietvertrages oder als Ratenkaufvertrag. Bei der vorrangigen Zuordnung als Mietvertrag überlagern die Grundsätze zur Bilanzierung schwebender Geschäfte die Kriterienfindung in der Zuordnungsfrage.

Voraussetzung ist dabei stets, dass sich der Gegenstand im zivilrechtlichen Eigentum des Leasinggebers befindet und **nur qua wirtschaftliches Eigentum** ausnahmsweise dem Vertragspartner (Leasingnehmer) für Bilanzierungszwecke zugewiesen wird.

1.5.2 Die allgemeinen Kriterien der subjektiven Zuordnung beim Leasing

Nach den Rspr.-Grundsätzen ist danach beim **Mobilienleasing** der Leasinggegenstand dem **Leasingnehmer** als dessen wirtschaftliches Eigentum zuzuordnen, wenn **kumulativ**

- eine feste, von keiner Seite kündbare Grundmietzeit (GMZ) festgelegt ist,
- die während der GMZ vom Leasingnehmer zu entrichtenden Leasingraten die AK oder HK des Leasinggebers sowie dessen Nebenkosten und Finanzierungskosten decken (Ausnahme: Teilamortisationsverträge[197]) **und**
- wenn **alternativ** eine von den weiteren drei Voraussetzungen vorliegt:
  - GMZ > 90 % der ND (ND) oder < 40 % der ND oder
  - bei einer GMZ zwischen 40 % und 90 % der ND eine (wirtschaftlich wertlose) Kauf- oder Verlängerungsoption gegen ein Entgelt, das unter der Amortisation des objektiven Wertes des Leasinggegenstands im Zeitpunkt der Ausübung der Option liegt[198], oder
  - wenn der Leasinggegenstand auf die speziellen Bedürfnisse des Leasingnehmers zugeschnitten ist (Spezial-Leasing).

In allen anderen Vertragsgestaltungen erfolgt die Zurechnung des Leasinggegenstands beim **Leasinggeber**. Für das **Immobilienleasing** gelten noch folgende Besonderheiten:

---

[196] Der Unterschied des Leasingvertrages zu den gesetzlichen Leitbestimmungen der §§ 535 ff. BGB besteht darin, dass der Leasinggeber (anders als der Vermieter) nicht für Instandhaltungsmaßnahmen einstehen muss, die die Nutzungsüberlassung erst ermöglichen (vgl. *Palandt*, Bürgerliches Gesetzbuch, 60. Aufl., Einf. 27 von § 535 BGB).
[197] Hinweis auf BMF-Schreiben vom 23.12.1991 (BStBl I 1992, 13).
[198] Angemessener Preis bei Kaufoption: Der bei Anwendung linearer AfA nach der amtlichen AfA-Tabelle ermittelte BW oder der niedrigere gemeine Wert im Zeitpunkt der Veräußerung. Angemessene Anschlussmiete: Mietbetrag, der ausreicht zur Deckung des Wertverzehrs, der sich auf der Basis des unter Berücksichtigung der linearen AfA nach der amtlichen AfA-Tabelle ermittelten BW oder des niedrigeren gemeinen Werts und der Rest-ND lt. AfA-Tabelle ergibt.

- Leasingverträge über **Grund und Boden**:
  Bei Leasingverträgen ohne Option und mit Mietverlängerungsoption erfolgt die Zurechnung beim Leasinggeber.
  Bei Leasingverträgen mit Kaufoption wird der Grund und Boden genauso behandelt wie das aufstehende Gebäude.
- Leasingverträge über **Gebäude**:
  Bei den Leasingverträgen über Gebäude gelten im wesentlichen die gleichen Zurechnungskriterien wie beim Mobilienleasing. Der angemessene Preis für den Fall der Kaufoption ist der unter Anwendung der linearen AfA ermittelte BW des Gebäudes zuzüglich des BW für den Grund und Boden oder der niedrigere gemeine Wert des Grundstücks im Zeitpunkt der Veräußerung. Die Zurechnung des Gebäudes beim Leasingnehmer im Fall der Mietverlängerungsoption erfolgt nur, wenn die Anschlussmiete höchstens 75 % der ortsüblichen Miete für ein vergleichbares Grundstück beträgt.

1.5.3 Besonderheiten in der bilanziellen Darstellung des Leasings

Während die Bilanzierung in den Fällen, in denen der Leasinggegenstand dem Leasinggeber zuzurechnen ist, keine Besonderheiten aufweist[199], sind im Fall der Bilanzierung des Leasinggegenstands beim Leasingnehmer einige Buchungsregeln zu beachten, die im nachfolgenden Beispiel dargestellt werden.

> **Beispiel 4: Buchungen im Fall der Bilanzierung des Leasinggegenstands beim Leasingnehmer**
> Die AK (AK) des Leasinggebers für eine Maschine (ND lt. AfA-Tabelle: **10 Jahre**) am **05.01.00** betragen 100.000 € +16 % USt. Die Bezahlung erfolgt durch Banküberweisung am 25.01.00.
> Entsprechend den Vereinbarungen im Leasing-Vertrag zwischen Leasinggeber und Leasingnehmer wird die Maschine sofort (05.01.00) im Betrieb des Leasingnehmers angeliefert und dort installiert. Die anfallenden Installationskosten von 9.000 € +16 % USt (Banküberweisung am 20.01.00) sind vereinbarungsgemäß vom Leasingnehmer zu tragen.

Lt. Leasing-Vertrag hat der Leasingnehmer an den Leasinggeber jeweils bis zum 15. des laufenden Monats – erstmalig am 15.01.00 – monatliche Leasing-Raten von 1.250 € +16 % USt zu zahlen. Die letzte Rate ist am **15.12.09** zu entrichten.

---

[199] Der Leasinggegenstand ist beim Leasinggeber nach den allgemeinen Regeln als AV auszuweisen, die vereinnahmten Leasingraten stellen (Miet-)Erträge dar. Beim Leasingnehmer sind die gezahlten Leasingraten als (Miet-)Aufwand zu erfassen. Bei Jahresüberhängen (z.B. durch Sonderzahlungen) können Rechnungsabgrenzungsposten infrage kommen.
Nach BFH vom 28.02.2001 (BStBl II 2001, 645) ist allerdings für degressive Raten beim Mobilien-Leasing kein aktiver RAP zu bilden.

Dargestellt wird die buchmäßige Behandlung, wenn der Leasinggegenstand, wie nach den Sachverhaltsmerkmalen erforderlich, dem Leasingnehmer zugerechnet und infolge dessen bei ihm bilanziert wird.

Lösung:

a) Behandlung in der Buchführung des Leasinggebers in 00:

Buchung bei Anschaffung der Maschine:

Leasing-Durchgangskonto	100.000 €	an	Geldkonto	116.000 €
Vorsteuerkonto	16.000 €			

Buchung bei Lieferung an Leasingnehmer:

| Kaufpreisforderung | 100.000 € | an | Leasing-Durchgangskonto | 100.000 € |

außerdem:

16 % USt[200] auf Summe der Leasing-Raten (Lieferung der Maschine),
16 % von 150.000 € = 24.000 €.

| Forderung Leasing-Nehmer | 24.000 € | an | USt-Schuld | 24.000 € |

Buchung der einzelnen Leasingraten:
Zunächst ist eine Aufteilung der Leasingraten in einen Zins-/Kostenanteil und einen Tilgungsanteil vorzunehmen.

Summe der Raten	150.000 €
./. AK der Maschine	100.000 €
= in den Leasing-Raten enthaltene Zins-/Kostenanteile	50.000 €

Digitale Verteilung des Zins-/Kostenanteils auf die Leasingzeit

Formel für die Berechnung des gemeinsamen Nenners: $\frac{(1+n) \times n \text{ (Ratenanzahl)}}{2}$

Bei Zugrundelegung von 120 Monatsraten: $\frac{(1+120) \times 120}{2} = 7260$

Aufteilung im Jahr 00:

Bruch	Zinsanteil gesamt		Zinsanteil pro Jahr
120/7260	von 50.000 €	=	826,45 €
119/7260	von 50.000 €	=	819,56 €
118/7260	von 50.000 €	=	812,67 €
117/7260	von 50.000 €	=	805,79 €
116/7260	von 50.000 €	=	798,90 €
115/7260	von 50.000 €	=	792,01 €
114/7260	von 50.000 €	=	785,12 €
113/7260	von 50.000 €	=	778,24 €
112/7260	von 50.000 €	=	771,35 €
111/7260	von 50.000 €	=	764,46 €

---

[200] Zur USt s. *V. Schmidt*, Band 3, Teil B, Kap. XI.

110/7260	von 50.000 €	=	757,58 €
109/7260	von 50.000 €	=	750,69 €
Summe Zinsanteile		=	**9.462,81 €**
Summe der Raten		=	15.000,00 €
Tilgungsanteil			**5.537,19 €**

Buchung 00 (monatlich):

Geldkonto 1.250 € an Leasingerträge 1.250 €

Am Ende des Geschäftsjahrs:

Leasingerträge 5.537 € an Kaufpreisforderung 5.537 €

Buchung bei Zahlung der USt durch den Leasing-Nehmer:

Geldkonto 24.000 € an Forderung L.-Nehmer 24.000 €

b) Behandlung in der Buchführung des Leasingnehmers in 00:

Buchung bei Empfang der Maschine:

Maschinenkonto 100.000 € an Leasing-Verbindlichkeit 100.000 €

Buchung der vom Leasinggeber berechneten USt:

Vorsteuerkonto 24.000 € an Leasing-Verbindlichkeit 24.000 €

Buchung der Installationskosten:

Maschinenkonto 9.000 € an Geldkonto 10.440 €
Vorsteuerkonto 1.440 €

Buchung der AfA am Jahresende:

AfA-Konto 10.990 € an Maschinenkonto 10.990 €
(auch degressive AfA möglich)

Buchung der einzelnen Leasing-Raten:

Leasing-Aufwandskonto 1.250 € an Geldkonto 1.250 €

Buchung am Ende des Geschäftsjahrs:

Leasing-Verbindlichkeit 5.537 € an Leasing-Aufwandskonto 5.537 €

Buchung bei Zahlung der USt an den Leasing-Geber:

Leasing-Verbindlichkeit 24.000 € an Geldkonto 24.000 €

1.6 Mietereinbauten

1.6.1 Allgemeines

Unter Mieterein- und -umbauten sind Baumaßnahmen zu verstehen, die der Mieter eines Gebäudes oder Gebäudeteils auf seine Rechnung an dem gemieteten Gebäude/-teil vornehmen lässt. Reine Reparaturarbeiten zählen nicht zu den Mieterein- oder -umbauten.

Bei der steuerlichen Beurteilung der Mieterein- bzw. -umbauten unterscheidet man folgende WG[201].

1.6.2 Scheinbestandteile

Unter Scheinbestandteilen versteht man das Einfügen von Sachen zu vorübergehendem Zweck (§ 95 BGB). Scheinbestandteile sind anzunehmen, wenn die ND der eingefügten Sachen länger ist als die voraussichtliche Mietdauer und somit wirtschaftlich nicht verbraucht sind. Die eingefügten Sachen haben nach dem Ausbau nicht nur einen Schrottwert, sondern sie repräsentieren einen beachtlichen Wiederverwendungswert. Nach den gesamten Umständen (insb. nach Art und Zweck der Verbindung) kann damit gerechnet werden, dass die eingebauten Sachen später wieder entfernt werden. Scheinbestandteile werden als bewegliche Wirtschaftsgüter des Anlagevermögens aktiviert.

1.6.3 Betriebsvorrichtungen

Betriebsvorrichtungen sind Maschinen und sonstige Vorrichtungen aller Art, die zu einer Betriebsanlage gehören (§ 68 Abs. 2 Nr. 2 BewG) und im Zweifel dem Betrieb dienen (und nicht dem Aufenthalt von Personen). Zu einzelnen Betriebsvorrichtungen wird auf H 42 EStH „Betriebsvorrichtungen" hingewiesen. Betriebsvorrichtungen sind als bewegliche Anlagegüter zu aktivieren.

1.6.4 Sonstige Mietereinbauten/Mieterumbauten

1.6.4.1 Erste Fallgruppe: Mieter ist wirtschaftlicher Eigentümer

Wirtschaftliches Eigentum des Mieters liegt vor, wenn zwar der mit Beendigung des Mietvertrags entstehende Herausgabeanspruch des Eigentümers (nach § 946 BGB) die durch den Ein bzw. Umbau geschaffene Substanz umfasst, dieser Anspruch jedoch keine wirtschaftliche Bedeutung hat. Das ist z.B. regelmäßig dann der Fall, wenn die eingebauten Sachen während der voraussichtlichen Mietdauer verbraucht werden oder der Mieter bei Beendigung des Vertrags mindestens die Erstattung des noch verbliebenen gemeinen Werts verlangen kann.

Derartige Mietereinbauten sind als **unbewegliche Anlagegüter** aktivierungspflichtig. und abzuschreiben nach den für Gebäude geltenden Bestimmungen (BFH vom 15.10.1996, BStBl II 1997, 533)

---

[201] S. BMF-Erlass vom 15.01.1976 (BStBl I 1976, 66); Grundsätze bestätigt durch BFH vom 11.06.1997 (BStBl II 1997, 774).

1.6.4.2 Zweite Fallgruppe: Betriebliche Zweckbauten

Mietereinbauten/-umbauten dienen unmittelbar den **besonderen betrieblichen oder beruflichen Zwecken** des Mieters und es besteht kein einheitlicher Nutzungs- und Funktionszusammenhang mit dem Gebäude.

Eine unmittelbare sachliche Beziehung zum Betrieb des Mieters liegt nicht vor, wenn es sich um Baumaßnahmen handelt, die auch unabhängig von der vom Mieter vorgesehenen Nutzung hätten vorgenommen werden müssen. Mietereinbauten, die den besonderen betrieblichen oder beruflichen Zwecken des Mieters dienen, sind als unbewegliche Anlagegüter zu aktivieren abzuschreiben nach den für Gebäude geltenden Bestimmungen (BFH vom 15.10.1996 a.a.O.)

1.6.4.3 Dritte Fallgruppe: Immaterielle Wirtschaftsgüter

Baumaßnahmen, die weder zu Scheinbestandteilen oder Betriebsvorrichtungen führen noch den sonstigen Mietereinbauten zuzuordnen sind, werden als immaterielle Wirtschaftsgüter behandelt. Es handelt sich hierbei um Mietereinbauten/-umbauten, die in einem einheitlichen Nutzungs- und Funktionszusammenhang mit dem Gebäude stehen, z.B. Einbau von Türen und Fenstern durch den Mieter.

Diese Mietereinbauten/-umbauten sind gem. § 248 Abs. 2 HGB und § 5 Abs. 2 EStG nicht aktivierungsfähig, weil sie nicht entgeltlich erworben, sondern vom Mieter selbst hergestellt worden sind.

Beispiel 5: Mietereinbauten
Ein Mieter lässt in die für sein Großhandelsgeschäft als Büro gemieteten Räume eine Sprinkleranlage einbauen. Die HK betragen 60.000 €. Die betriebsgewöhnliche ND der Anlage beläuft sich auf 20 Jahre. Der Mietvertrag hat vom Einbau der Anlage an noch eine restliche Laufzeit von 25 Jahren.

Lösung:
- Zunächst muss untersucht werden, ob es sich bei der Sprinkleranlage um einen Scheinbestandteil handelt. Die Frage ist zu verneinen, weil die Anlage nach Ablauf des Mietverhältnisses aus Gründen des Feuerschutzes vom Mieter nicht ausgebaut werden darf.
- In einem zweiten Schritt ist zu prüfen, ob die Sprinkleranlage eine Betriebsvorrichtung ist. Bei der Untersuchung der Frage, ob eine Betriebsvorrichtung vorliegt, ist der bestehende Funktionszusammenhang von Bedeutung. Das Vorliegen einer Betriebsvorrichtung hängt davon ab, ob die Anlage auf die besonderen Belange des Betriebes zugeschnitten ist. Das ist hier nicht der Fall. Die Sprinkleranlage ist unabhängig von der speziellen Nutzung der Miträume als Büro grundsätzlich bei jeder Nutzung des Gebäudes dienlich und wünschenswert. Damit liegt ein Nutzungs- und Funktionszusammenhang mit dem Gebäude und nicht mit dem Gewerbebetrieb des Mieters vor.

- Bei dieser Sachlage ist zu prüfen, ob der Mieter als wirtschaftlicher Eigentümer der Anlage anzusehen ist. Da der Mietvertrag ab Einbau der Sprinkleranlage noch eine Laufzeit hat, die über die betriebsgewöhnliche ND der Anlage hinausgeht, wird der Grundeigentümer vom Mieter über die gesamte Nutzungszeit von der Einwirkung auf die Anlage ausgeschlossen. Das macht den Mieter zum wirtschaftlichen Eigentümer der Anlage.
- In einem solchen Fall liegt ein sonstiger Mietereinbau vor, der als **unbewegliches WG** vom Mieter zu bilanzieren ist. Die HK der Sprinkleranlage sind gem. § 7 Abs. 1 EStG linear auf die ND von 20 Jahren verteilen.

1.7 Das Betriebsvermögen aus steuerlicher Sicht

1.7.1 Grundsatz

Die Qualifikation ergibt sich aus R 13 EStR. Unter BV versteht man nicht nur die positiven (aktiven) WG eines Unternehmens, sondern auch die negativen (passiven) WG, die Schulden. Immer noch gültig ist die Dreiteilung der WG in

- notwendiges BV (s. 1.7.2),
- gewillkürtes BV (s. 1.7.3) und
- notwendiges PV (s. 1.7.4).

1.7.2 Notwendiges Betriebsvermögen

Zum notwendigen BV zählen die Wirtschaftsgüter, die ausschließlich oder überwiegend sowie unmittelbar eigenbetrieblich genutzt werden. Für den nicht seltenen Fall einer Beteiligung als WG des notwendigen BV hat zuletzt der BFH am 12.02.2001 (StuB 2001, 658) die generalisierbare Definition verwendet:

Ein WG gehört dann zum notwendigen BV, wenn es dem Betrieb dergestalt unmittelbar dient, dass es objektiv erkennbar zum unmittelbaren Einsatz im Betrieb selbst bestimmt ist. Dabei wird nicht vorausgesetzt, dass es „erforderlich" ist.

Wiederum für den konkreten Fall der Beteiligung liegt dies dann vor, wenn durch die Beteiligung die gewerbliche Betätigung des Stpfl. entscheidend gefördert wird oder diese dazu dient, den Produktabsatz zu gewährleisten.

1.7.3 Notwendiges Privatvermögen

Den Gegensatz dazu bildet das notwendige PV. Zum notwendigen PV zählen die Wirtschaftsgüter, die ausschließlich oder zu mehr als 90 % privat genutzt werden.

1.7.4 Gewillkürtes Betriebsvermögen

Die o.g. Extreme werden durch das Institut des gewillkürten BV ergänzt. Die Voraussetzungen für die Behandlung von Wirtschaftsgütern als gewillkürtes BV sind:

1   Bilanzierungsgrundsätze   121

- Die Wirtschaftsgüter müssen in einem gewissen objektiven Zusammenhang mit dem Betrieb stehen und ihn zu fördern bestimmt und geeignet sein;
- die Wirtschaftsgüter dürfen nicht überwiegend eigenbetrieblich genutzt werden;
- die WG dürfen nicht ausschließlich oder fast ausschließlich privat genutzt werden;
- entscheidend für das Vorliegen von gewillkürtem BV ist außer den vorgenannten Voraussetzungen der **Ausweis des WG** in der Bilanz (sog. Willkürakt).

Bei der Zuordnung zum gewillkürten BV sind zwei Kategorien von WG zu unterscheiden:
1. Gemischt genutzte Wirtschaftsgüter und
2. sog. neutrale Wirtschaftsgüter.

Die gemischtgenutzten WG können in vollem Umfang zum gewillkürten BV gezogen werden, wenn sie zu mindestens 10 % bis zu 50 % eigenbetrieblich genutzt werden (R 13 Abs. 1 S. 6 EStR). Bei den neutralen WG sind ausschließlich die vorgenannten Voraussetzungen für die Zuordnung zum gewillkürten BV maßgebend. Nach ständiger höchstrichterlicher Rspr. (z.B. BFH vom 07.10.1982, BStBl II 1983, 101) ist gewillkürtes BV nur bei der Gewinnermittlung durch Bestandsvergleich zulässig, Ausnahme: § 4 Abs. 1 S. 3 und 4 EStG. Der X. Senat des BFH vom 22.09.1993 (BStBl II 1994, 172) hat Bedenken gegen diese bisherige Rspr. geäußert; er hält gewillkürtes BV auch bei der Gewinnermittlung nach § 4 Abs. 3 EStG für möglich. Auf die ausführliche Diskussion unter I.2.4.5 wird hingewiesen[202].

1.7.5   Gliederung des Betriebsvermögens

Das BV ist in der Bilanz zu gliedern in AV, Umlaufvermögen und Schulden (§ 247 Abs. 1 HGB)[203]. Eine weitere Untergliederung ergibt sich für KapG aus § 266 HGB.

Die herkömmliche Unterscheidung zwischen AV und Umlaufvermögen folgt der Definition des § 247 Abs. 2 HGB für das AV, wonach es sich um WG handeln muss, die dauernd dem Betrieb dienen. Die Auswirkungen der Unterscheidung verdeutlicht die Entscheidung des BFH vom 21.06.2001 (BFH/NV 2001, 1641).

> **Beispiel 6: Grundstücke einmal so, einmal anders rum**
> Die Eheleute EM und EF betreiben einen gewerblichen Grundstückshandel. Sie vermieteten als Automatenaufsteller auch Grundstücksflächen an verschiedene Betreiber von Spielhallen. Ab 02 vermieten sie ein Gebäude an eine GmbH, bei denen EM und EF die Hauptgesellschafter sind. Welche Auswirkungen ergeben sich für den Bilanzposten „bebaute Grundstücke"?

---
[202] Zum BV der PersG s. *Preißer*, Teil B, Kap. II.
[203] Die ausdrückliche Erwähnung der RAP in § 247 Abs. 1 HGB bestätigt nur, dass es sich dabei um keine WG (Vermögengenstände) handelt.

Lösung:
- Solange die betroffenen Grundstücke zum gewerblichen Grundstückshandel von EM und EF gehören, stellen sie Umlaufvermögen dar.
- Mit der Vermietung an die „eigene" GmbH von EM und EF ist eine Betriebsaufspaltung begründet worden, da sowohl die personelle (EM und EF sind Allein-Eigentümer des Grundstücks und gleichzeitig die Mehrheitsgesellschafter der GmbH) wie auch die sachliche Verflechtung gegeben ist.
- Ab 02 ist das an die GmbH vermietete Gebäude **AV** der Besitzgesellschaft geworden. In dieser Eigenschaft wird der – im Bilanzposten „bebaute Grundstücke" enthaltene – Gebäude-Anteil planmäßig abgeschrieben. Dies war vorher (bei der Eigenschaft als Umlaufvermögen) nicht der Fall.

1.8 Bilanzierungsverbote

Folgende Aufwendungen dürfen nicht aktiviert werden:

- Aufwendungen für die Gründung des Unternehmens und für die Beschaffung des Eigenkapitals (§ 248 Abs. 1 HGB),
- immaterielle Vermögensgegenstände des Anlagevermögens, die nicht entgeltlich erworben wurden (§ 248 Abs. 2 HGB),
- Aufwendungen für den Abschluss von Versicherungsverträgen (§ 248 Abs. 3 HGB).

Vorstehende Bilanzierungsverbote gelten gem. § 5 Abs. 1 S. 1 EStG auch für die StB. Darüber hinaus dürfen in der StB **Bilanzierungshilfen** nicht ausgewiesen werden (s. BFH vom 14.06.1955, BStBl III 1955, 221).

2 Maßgeblichkeit der Handelsbilanz für die Steuerbilanz

2.1 Grundsatz der Maßgeblichkeit der Handelsbilanz für die Steuerbilanz

2.1.1 Allgemeines

Gem. § 5 Abs. 1 S. 1 EStG sind die Ansätze in der HB maßgeblich für die Ansätze in der StB. Soweit die Vermögensgegenstände und Schulden in der HB nach den handelsrechtlichen Bilanzierungs- und Bewertungsvorschriften zutreffend angesetzt wurden, sind sie unverändert in die StB zu übernehmen, wenn nicht **zwingende** steuerrechtliche Vorschriften der Übernahme aus der HB entgegenstehen. Daraus ergibt sich die sog. direkte Maßgeblichkeit der HB für die StB.

Soweit steuerliche Bilanzierungs- oder Bewertungs**wahlrechte** bestehen, dürfen diese für die StB nur in Übereinstimmung mit der HB ausgeübt werden (§ 5 Abs. 1 S. 2 EStG). Das erfordert gleiche Ansätze in der HB und der StB bei der Ausübung von steuerlichen Wahlrechten (sog. umgekehrte Maßgeblichkeit).

2   Maßgeblichkeit der Handelsbilanz für die Steuerbilanz

Beim Vorliegen von **übereinstimmenden Wahlrechten** im Handelsrecht und im Steuerrecht **muss** der Unternehmer das **Wahlrecht in der HB** treffen. Er ist dann an den in der HB gewählten Ansatz gem. § 5 Abs. 1 S. 1 EStG für die StB gebunden.

> **Beispiel 7: Wahlrecht gem. Handelsrecht und Steuerrecht**
> Ein Einzelunternehmer wünscht Wertpapiere, die er bisher in seinem PV gehalten hat, als gewillkürtes BV in die StB aufzunehmen, um damit sein Betriebskapital zu verstärken.
>
> **Lösung:**
> Da sowohl nach Handelsrecht als auch nach Steuerrecht ein Bilanzierungswahlrecht besteht, muss der Unternehmer die Entscheidung, die Wertpapiere zu bilanzieren, bei der Aufstellung der HB treffen. Er ist dann an diese Entscheidung gem. § 5 Abs. 1 S. 1 EStG für die StB gebunden.

2.1.2   Der Grundsatzbeschluss des Bundesfinanzhofs vom 03.02.1969

Zur Auswirkung der Maßgeblichkeitsprinzips nach § 5 Abs. 1 S. 1 EStG auf die einzelnen Bilanzierungsvorschriften des Handelsrechts wurden im Beschluss des BFH vom 03.02.1969 (BStBl II 1969, 291) folgende Grundregeln aufgestellt:

1. **Aktivierungs- und Passivierungsgebote nach Handelsrecht**
   Sie führen auch in der StB zu einem Aktiv-/Passiv-**Gebot**.
   Ausnahmen: Rückstellung für bedingt rückzahlbare Zuwendungen gem. § 5 Abs. 2a EStG, Drohverlustrückstellung gem. § 5 Abs. 4a EStG und Rückstellung für Aufwendungen, die in künftigen Wirtschaftsjahren als AK/HK eines WG zu aktivieren sind gem. § 5 Abs. 4b EStG.

2. **Aktivierungs- und Passivierungsverbote in der HB gelten auch für die StB**

3. **Bilanzierungswahlrechte nach Handelsrecht**
   a) **Aktivierungswahlrechte**
      Wenn lt. Handelsrecht aktiviert werden **darf**, dann **muss** in der StB aktiviert werden (HB-Aktivierungswahlrechte führen zu einem StB-Aktivierungsgebot).
      Ausnahme: Bilanzierungshilfen nach §§ 269, 274 Abs. 2 HGB
      Nach dem Urteil des BFH vom 14.06.1955 (BStBl III 1955, 221) dürfen Bilanzierungshilfen in der StB nicht angesetzt werden, weil sie keine Wirtschaftsgüter sind.

Beispiel 8: Bilanzierungshilfen
In der HB einer GmbH wurden Aufwendungen für die Erweiterung des Geschäftsbetriebs als Bilanzierungshilfe (§ 269 HGB) aktiviert.

Lösung:
Der Bilanzposten darf nicht in die StB der GmbH übernommen werden, weil er kein WG darstellt.

b) **Passivierungswahlrechte**
HB-Passivierungswahlrechte **führen zu einem** StB-Passivierungsverbot

Beispiel 9: Die (zu) späte Instandhaltungsrückstellung
Der Unternehmer holt im April 02 unterlassene Instandhaltungen nach und hat für diese Aufwendungen in seiner HB eine Rückstellung gem. § 249 Abs. 1 S. 3 HGB passiviert.

Lösung:
Da die Passivierung gem. § 249 Abs. 1 S. 3 HGB auf einem Wahlrecht beruht, darf die Rückstellung nicht in die StB übernommen werden.
Eine **Ausnahme** von dieser Regel besteht für die Pensionsrückstellung wegen sog. Altzusagen. Die Verpflichtungen aus Pensionszusagen sind nach § 249 Abs. 1 HGB zurückzustellen. Gem. Art. 28 Abs. 1 EGHGB besteht ein handelsrechtliches Passivierungswahlrecht für Pensionsrückstellungen aufgrund von Pensionszusagen, die vor dem 01.01.1987 erteilt worden sind. Da gem. § 6a Abs. 1 EStG auch für die StB ein Passivierungswahlrecht für diese Rückstellungen besteht, ist Übereinstimmung des Ansatzes in der HB und in der StB erforderlich.

Beispiel 10: Pensionsrückstellung aus sog. Altzusagen
In der HB werden in Ausübung des Wahlrechts gem. Art. 28 Abs. 1 EGHGB nachträgliche Erhöhungen der vor dem 01.01.1987 gegebenen Pensionszusagen durch entsprechende Aufstockung der Pensionsrückstellung passiviert.

Lösung:
Da sowohl handelsrechtlich als auch steuerrechtlich ein Passivierungswahlrecht vorliegt, ist die Entscheidung, eine Passivierung in der HB vorzunehmen, für die StB bindend. Die Erhöhung der Pensionsrückstellung ist auch in der StB vorzunehmen.

4. **Bilanzierungswahlrechte nach Steuerrecht**

Steuerrechtliche Bilanzierungswahlrechte sind in Übereinstimmung mit der HB auszuüben (§ 5 Abs. 1 S. 2 EStG); So ist z.B. der Ausweis von gewillkürtem BV in der StB nur möglich, wenn auch ein Ausweis in der HB erfolgt.

2 Maßgeblichkeit der Handelsbilanz für die Steuerbilanz

5. Bewertungswahlrechte nach Handelsrecht

Die Maßgeblichkeit tritt hinter den Bewertungsvorbehalt des § 5 Abs. 6 EStG zurück. Bei handelsrechtlichen Bewertungswahlrechten ist zu prüfen, ob die nach Handelsrecht möglichen Werte steuerlich zulässig sind. Wenn steuerlich ein Wert bindend vorgeschrieben ist, so ist er gem. § 5 Abs. 6 EStG auch dann in der StB anzusetzen, wenn in der HB ein anderer (handelsrechtlich zulässiger) Wert angesetzt wurde (vgl. 2.1.3).

Beispiel 11: Spezialnormenvorbehalt gem. § 5 Abs. 6 EStG
In der HB wurden die Warenvorräte nach der Fifo-Methode bewertet.

Lösung:
Steuerlich ist von den handelsrechtlichen Verbrauchsfolgeunterstellungs-Verfahren gem. § 6 Abs. 1 Nr. 2a EStG nur die Lifo-Methode zulässig. Für die StB ist deshalb eine Abweichung von dem in der HB angesetzten Wert erforderlich.

6. Bewertungswahlrechte nach Steuerrecht

Sind nach § 6 EStG oder anderen Vorschriften des Steuerrechts verschiedene Wertansätze möglich, so ist der Ansatz in der HB maßgebend für die StB (§ 5 Abs. 1 S. 1 i.V.m. S. 2 EStG).

Beispiel 12: Die umgekehrte Maßgeblichkeit
Der Unternehmer möchte angeschaffte bewegliche Anlagegüter gem. § 7 Abs. 2 EStG degressiv abschreiben.

Lösung:
Um die degressive AfA in der StB in Anspruch nehmen zu können, muss er diese AfA-Methode auch in der HB anwenden.

2.1.3 Durchbrechung der Maßgeblichkeit

Die Maßgeblichkeit der HB für die StB wird in folgenden Fällen durchbrochen:

- Ein Ansatz in der HB verstößt gegen **zwingende** Bilanzierungs- oder Bewertungsvorschriften des **Handelsrechts** bzw. gegen die Grundsätze ordnungsmäßiger Buchführung; d.h. ein unrichtiger Handelsbilanzansatz ist nicht bindend für die StB. In diesem Fall ist der Unternehmer gehalten, in der StB einen den steuerlichen Bilanzierungs- und Bewertungsvorschriften entsprechenden Bilanzansatz vorzunehmen.

Beispiel 13: Unrichtiger Ansatz in der Handelsbilanz
Der Unternehmer hat in seiner HB die HK für einen Anbau an seinem Bürogebäude nicht aktiviert, sondern als Aufwand gebucht.

Lösung:
Die Nichtaktivierung der HK für die Erweiterung des Gebäudes verstößt gegen § 255 Abs. 2 S. 1 HGB. In der StB sind die Aufwendungen für die Herstellung des Anbaus als nachträgliche HK des Gebäudes zu aktivieren (BFH vom 09.05.1995, BStBl II 1996, 621).

- Der konkrete Ansatz in der HB bzw. die HB-Bewertung entsprechen nicht den **steuerlichen** Bilanzierungs- oder Bewertungsvorschriften.

Beispiel 14: Der Wert unter dem Teilwert
In der Bilanz einer OHG wurden die hergestellten Fertigwaren mit einem unter dem am Abschlussstichtag beizulegenden Wert (= Teilwert) liegenden Wert gem. § 253 Abs. 4 HGB angesetzt.

Lösung:
Der für die StB zulässige niedrigste Wert ist nach § 6 Abs. 1 Nr. 2 S. 2 EStG der Teilwert. Wegen dieser zwingenden steuerlichen Bewertungsvorschrift ist in der StB von dem (handelsrechtlich zulässigen) Wert der HB über die Vorschrift des § 5 Abs. 6 EStG abzuweichen und dort der TW – vorausgesetzt, er ist voraussichtlich von Dauer – anzusetzen.

Beispiel 15: Unfertige Erzeugnisse ohne Gemeinkosten
Eine KG bewertet in ihrer HB die am Bilanzstichtag vorhandenen unfertigen Erzeugnisse mit den bis zum Stichtag angefallenen Einzelkosten (Fertigungsmaterial und Fertigungslöhne) gem. § 255 Abs. 2 S. 2 HGB. Auf den Ansatz der Gemeinkosten wird unter Ausübung des Ansatzwahlrechts nach § 255 Abs. 2 S. 3 und 4 HGB verzichtet.

Lösung:
Gem. § 6 Abs. 1 Nr. 2 EStG sind die unfertigen Erzeugnisse in der StB mit den HK zu bewerten. Nach dem Urteil des BFH vom 21.10.1993 (BStBl II 1994, 176) bedeutet der Ansatz mit den HK, dass die Wirtschaftsgüter grundsätzlich mit den vollen HK anzusetzen sind. Das sind die Einzel- und Gemeinkosten der Kostenstellen Material und Fertigung. Lediglich für die Verwaltungsgemeinkosten besteht auch im Steuerrecht ein Ansatzwahlrecht (vgl. R 33 Abs. 1 S. 3 EStR). Im vorliegenden Fall muss dem gemäß in der StB bezüglich der Bilanzposition „unfertige Erzeugnisse" von der Bewertung in der HB über den Spezialnormenvorbehalt des § 5 Abs. 6 EStG abgewichen werden.

2.1.4 Die Einheitsbilanz

2.1.4.1 Wirtschaftlicher Hintergrund

Unter dem Begriff Einheitsbilanz versteht man eine einheitliche Handels- und StB, die sowohl den handelsrechtlichen als auch den steuerrechtlichen Anforderungen genügt.

2 Maßgeblichkeit der Handelsbilanz für die Steuerbilanz

Besonders für kleine und mittelständische Unternehmen ist eine solche Einheitsbilanz vorteilhaft, weil bei diesen Unternehmungen normalerweise kein großes Interesse an der Aufstellung einer reinen HB besteht. Hinzu kommt, dass viele Kreditgeber ohnehin die Vorlage der StB ihrer Kreditnehmer bevorzugen, weil in dieser keine Überbewertung des Vermögens zu vermuten ist.

Dies darf nicht darüber hinwegtäuschen, dass nach der gesetzlichen Reihenfolge (vgl. § 5 Abs. 1 S. 2 EStG) die HB der StB vorgeht.

2.1.4.2 Historische Entwicklung der Gesetzgebung zur Einheitsbilanz

Bei der Umsetzung der 4. EG-Richtlinie (Bilanzrichtlinie) in deutsche Einzelgesetze durch das Bilanzrichtlinien-Gesetz vom 19.12.1985 wurde der Versuch unternommen, mit den neuen Vorschriften des dritten Buches des HGB in Verbindung mit dem Einkommensteuerrecht die Aufstellung einer Einheitsbilanz zu ermöglichen.

In den letzten Jahren ist nunmehr eine zunehmende Abkehr von den Bemühungen in Richtung auf die Einheitsbilanz zu beobachten. Maßgebend für den Sinneswandel des Gesetzgebers in diesem Punkt ist sicherlich u.a. das Defizit in der Staatskasse. Zur Aufbesserung des Steueraufkommens wurden einschneidende Beschränkungen von steuersenkenden Bilanzierungs- und Bewertungsrechten in der StB vorgenommen, die einen schleichenden Abschied von der Einheitsbilanz zur Folge hatten.

Zunächst wurden Einschränkungen bei der Rückstellungsbildung vorgenommen (§ 5 Abs. 3, § 5 Abs. 4 und § 5 Abs. 4a EStG).

Mit dem StEntlG 1999/2000/2002 sind nun weitere Vorschriften geschaffen worden, die eine Entfernung von der Einheitsbilanz mit sich bringen. Insb. wurden die Bewertungsvorschriften des § 6 Abs. 1 Nr. 1 – 3 EStG in der Weise geändert, dass die TW-AfA auf Wertminderungen von voraussichtlicher Dauer eingeschränkt und ein Wertaufholungsgebot eingeführt wurde, wenn die Gründe für eine TW-AfA weggefallen sind. Außerdem ist die Abzinsung von Verbindlichkeiten mit einer Laufzeit ab 12 Monaten zwingend vorgeschrieben wird. Darüber hinaus ist eine Reihe weiterer Bilanzierungs- und Bewertungsvorschriften für die StB eingeführt worden, die eine Abweichung von der HB erforderlich machen (§ 5 Abs. 4b, § 6 Abs. 1 Nr. 3a, § 7 Abs. 1 S. 4, § 7 Abs. 1 S. 6 EStG).

Alle vorgenannten Vorschriften haben deshalb eine Abweichung der StB von der HB zur Folge, weil die nach handelsrechtlichen Bilanzierungs- und Bewertungsvorschriften zutreffenden Bilanzierungen für die betroffenen Bilanzposten nicht in die StB übernommen werden dürfen.

2.1.5 Ein Spezialfall: Die umgekehrte Maßgeblichkeit bei Inanspruchnahme der Wertaufholungsrücklage gem. § 52 Abs. 16 EStG

Im Fall von Wertaufholungen gem. § 6 Abs. 1 Nr. 1, 2, 3 und 3a EStG bei Wirtschaftsgütern, die bereits vor dem 01.01.1999 bilanziert wurden, kann der Unternehmer in der StB eine den steuerlichen Gewinn mindernde Rücklage i.H.v. 4/5 bzw. 9/10 des durch die Wertaufholung entstehenden Gewinns bilden. Bei strenger Anwendung des Grundsatzes der umgekehrten Maßgeblichkeit gem. § 5 Abs. 1 S. 2 EStG ist die Anerkennung dieser Rücklage davon abhängig, dass in der HB ein gleich hoher Sonderposten mit Rücklageanteil (§ 247 Abs. 3, § 273 HGB) ausgewiesen und in den folgenden Wirtschaftsjahren nach Maßgabe des Steuerrechts aufgelöst wird. In der Lit.[204] wurde dazu kritisch angemerkt, dass für die Bildung des Sonderpostens in der HB Probleme auftauchen könnten. Die Problematik kann bei Personenunternehmen (Einzelunternehmen und PersG) und bei KapG unterschiedlich sein.

- **Bei Personenunternehmen:**
  Personenunternehmen haben handelsrechtlich – anders als die KapG – ein Wertbeibehaltungswahlrecht (§ 253 Abs. 5 HGB).

  ### Beispiel 16: Wertaufholungsrücklage I
  In der HB eines Einzelunternehmens wird für einen Aktivposten des Umlaufvermögens, bei dem in der SB per 30.09.1998 (abweichendes Wirtschaftsjahr) eine nach dem HGB zulässige außerplanmäßige Abschreibung i.H.v. 5.000 € vorgenommen worden war und dessen Wert zum 30.09.1999 wieder gestiegen ist, vom Beibehaltungswahlrecht gem. § 253 Abs. 5 HGB Gebrauch gemacht. Für die StB besteht nach § 6 Abs. 1 Nr. 2 S. 3 i.V.m. Nr. 1 S. 4 EStG Wertaufholungszwang. Der Unternehmer möchte von der Rücklagenbildung gem. § 52 Abs. 16 EStG Gebrauch machen.

  ### Lösung:
  Die Rücklage kann in Anspruch genommen werden, ohne dass in der HB ein Sonderposten mit Rücklageanteil gebildet wird. Da in der HB zu Recht vom Wertbeibehaltungsrecht Gebrauch gemacht wird, entsteht aus diesem Vorfall keine Erhöhung des handelsbilanziellen Ergebnisses.

  ### Beispiel 17: Wertaufholungsrücklage II
  In der HB einer KG per 30.09.1998 (abweichendes Wirtschaftsjahr) wurde eine außerplanmäßige Abschreibung (§ 253 Abs. 2 S. 3 HGB) auf Finanzanlagen i.H.v. 10.000 € vorgenommen. Die Wertminderung wird voraussichtlich nicht von Dauer sein. Da die Wertminderung am 30.09.1999 fortbesteht, wurde der Wert vom 30.09.1998 in der HB per 30.09.1999 beibehalten. In der StB auf den 30.009.1999 ist gem. § 6 Abs. 1 Nr. 2 S. 3 i.V.m. Nr. 1 S. 4 EStG eine Wertaufholung vorzunehmen.

  ### Lösung:
  Auch hier ist die Inanspruchnahme der Wertaufholungsrücklage zulässig, ohne dass in der HB ein Sonderposten mit Rücklageanteil gebildet wird. Da die Wertbeibehaltung in der HB zulässig ist, entsteht aus dem Vorgang kein handelsbilanzieller (Auflösungs-)Gewinn.

---

[204] Z.B. *Catelaens, DB 1999, 1185; Schmitz*, DB 1999, 1974.

2 Maßgeblichkeit der Handelsbilanz für die Steuerbilanz

- **Bei KapG:**
Für KapG besteht handelsrechtlich ein Wertaufholungsgebot (§ 280 Abs. 1 HGB).

Unabhängig von der Unternehmensform besteht das gleiche Problem bei der Bildung der Wertaufholungsrücklage im Fall der steuerlich gebotenen Abzinsung von Verbindlichkeiten. Während bei der erstmaligen Anwendung der Abzinsungsregel gem. § 6 Abs. 1 Nr. 3 S. 1 EStG ein steuerlicher Gewinn entsteht, der zu neun Zehntel in die Rücklage nach § 52 Abs. 16 EStG eingestellt werden kann, ist in der HB kein Gewinn vorhanden, der dem Sonderposten mit Rücklageanteil zugeführt werden könnte, weil die Verbindlichkeiten in der HB unverändert mit dem Rückzahlungsbetrag angesetzt werden müssen (§ 253 Abs. 1 S. 2 HGB).

Die Finanzverwaltung hat auf die in der Lit. geäußerten Meinungen[205] reagiert und in den beschriebenen Fällen auf die umgekehrte Maßgeblichkeit verzichtet und die Bildung der Wertaufholungsrücklage in der StB nicht von der Passivierung eines Sonderpostens mit Rücklageanteil in der HB abhängig gemacht (vgl. Rz. 37 des BMF-Schreibens vom 25.02.2000, BStBl I 2000, 372).

2.1.6 Aufstellung einer abweichenden Steuerbilanz

Der Spezialnormenvorbehalt gem. § 5 Abs. 6 EStG macht in den geschilderten Fällen für steuerliche Zwecke die Abweichung von einzelnen Positionen der HB erforderlich. Das führt normalerweise dazu, eine gesonderte, von der HB abweichende StB aufzustellen.

In der abweichenden StB werden die den steuerrechtlichen Vorschriften nicht entsprechenden Handelsbilanzpositionen durch steuerlich zulässige Ansätze ersetzt. Das führt zu einem von der HB abweichenden (Eigen-)Kapital in der StB.

Bei Einzelunternehmen und Personengesellschaften wird das steuerliche Kapital anhand der in der StB ausgewiesenen Aktiva und Passiva errechnet und ausgewiesen.

> **Beispiel 18: Unterschiedliches Kapital in der HB und StB**
> Ein Einzelunternehmen hat die HB per 31.12.01 mit einem Kapital i.H.v. 120.000 € aufgestellt. In dieser HB wurden bei den Warenvorräten für schwer verkäufliche Waren pauschale Gängigkeitsabschläge i.H.v. insgesamt 7.000 € vorgenommen und der Gesamtbestand mit einem Wert von 50.000 € aktiviert. Die Verkaufspreise hat der Unternehmer bisher nicht herabgesetzt.
>
> **Lösung:**
> Nach dem Steuerrecht sind pauschale Gängigkeitsabschläge grundsätzlich nicht zulässig. Eine TW-AfA bei schwer verkäuflichen Waren ist nur möglich, wenn der Unternehmer den Verkaufspreis herabsetzt (BFH vom 24.02.1994, BStBl II 1994, 514). Aus diesem Grund sind die Vorräte in der StB mit 57.000 € auszuweisen. Das Kapital in der StB beträgt demnach 127.000 €.

---

[205] Z.B. *Dieterlen/Haun*, BB 1999, 2020.

Beim Ausweis des Kapitals in der abweichenden StB einer **KapG** besteht im Gegensatz zur Bilanz bei Personenunternehmen eine Besonderheit bezüglich der Ermittlung des Kapitals. Der Ausweis und die Bezeichnung des Eigenkapitals der KapG sind gesetzlich festgelegt (§§ 266 und 272 HGB). Die unter Beachtung dieser Vorschriften in der HB passivierten Eigenkapital-Positionen werden bei der Aktiengesellschaft vom Aufsichtsrat oder ggf. von der Hauptversammlung nach Billigung durch den Aufsichtsrat (§§ 172 und 173 Abs. 1 AktG) und bei der GmbH von den Gesellschaftern (§ 42a Abs. 2 GmbHG) im Rahmen der Feststellung des Jahresabschlusses beschlossen. Im Zuge der Feststellung des Jahresabschlusses wird auch die Ergebnisverwendung beschlossen. Die in der HB gem. § 272 HGB als Eigenkapital passivierten Positionen sind somit „festgeschrieben". Sie dürfen in der gesondert aufgestellten StB nicht verändert werden.

Für den Ausweis des Gewinnunterschieds zwischen der HB und der StB muss deshalb ein besonderer Posten ausgewiesen werden. In der Regel wird dieser Posten als „Gewinnunterschied lt. StB" bezeichnet.

Beispiel 19: Posten „Gewinnunterschied lt. StB"
Die X-GmbH hat auf den 31.12.01 folgende vorläufige HB aufgestellt:

A		P	
Sonst. AV	100.000	gez. Kapital	50.000
Beteiligung	60.000	Jahresüberschuss	89.072
Sonst. Umlaufvermögen	90.000	KSt-Rückstellung	72.878
		GewSt-Rückstellung	38.050
	250.000		250.000

Bei der Bewertung der Beteiligung (BW = AK: 70.000 €) wurde eine außerplanmäßige Abschreibung gem. § 253 Abs. 2 S. 3 HGB i.H.v. 10.000 € vorgenommen, die auf einer vorübergehenden Wertminderung beruht.

Lösung:
In der StB muss die Beteiligung mit den AK von 70.000 € ausgewiesen werden, weil eine TW-AfA nur bei voraussichtlich dauernder Wertminderung zulässig ist (§ 6 Abs. 1 Nr. 2 S. 2 EStG i.d.F. des StEntlG 1999/2000/2002). Das ergibt einen Mehrgewinn lt. StB vor Steuern i.H.v. 10.000 €. Die Steuern auf diesen Mehrgewinn betragen: GewSt 1.900 € und KSt 2.025 €.
Der Mehrgewinn lt. StB unter Berücksichtigung der Steuern beträgt: 4.860 €. Dieser Betrag ist als besonderer Posten in der StB auszuweisen. Die StB zeigt dementsprechend folgendes Bild:

A		P	
Sonst. AV	100.000	gez. Kapital	50.000
Beteiligung	70.000	Jahresüberschuss	89.072
Sonst. Umlaufvermögen	90.000	Mehrgewinn lt. StB	6.075
		KSt-Rückstellung	74.903
		GewSt-Rückstellung	39.950
	260.000		260.000

Der Vollständigkeit halber wird darauf hingewiesen, dass KapG in den Fällen, in denen der Gewinn lt. StB höher ist als das Ergebnis der HB, eine aktive Steuerabgrenzung gem. § 274 Abs. 2 HGB als Bilanzierungshilfe vornehmen **können**. Die Rückstellung für latente Steuern gem. § 274 Abs. 1 HGB jedoch **muss** bei KapG gebildet werden, wenn der Gewinn lt. StB niedriger ist als das HB-Ergebnis.

2.1.7 Anpassung der Bilanzposten außerhalb der Bilanz

Da die gesonderte StB nur als Grundlage für die steuerliche Gewinnermittlung dient und wegen der Aufstellung einer HB keine außersteuerliche Verwendung findet, erscheint den meisten Unternehmern die Erstellung dieser zweiten Bilanz zu aufwendig. Dem kann Rechnung getragen werden, indem nur die HB aufgestellt und das Ergebnis dieser Bilanz für steuerliche Zwecke außerbilanziell korrigiert wird.

Die im Kap. II.2.1 dargestellten Ansätze in der HB, die den steuerlichen Bilanzierungs- und/oder Bewertungsvorschriften nicht entsprechen, können auch außerhalb der Bilanz den steuerlichen Vorschriften angepasst werden (§ 60 Abs. 2 EStDV). Das geschieht auf die Weise, dass das HB-Ergebnis um die Gewinnauswirkungen korrigiert wird, die sich aus den abweichenden steuerlichen Bilanzierungen ergeben. Dabei ist auch zu bedenken, dass die abweichenden steuerlichen Bilanzierungen wegen der Zweischneidigkeit der Bilanz (Bilanzidentität) stets Auswirkungen auf **zwei** Wirtschaftsjahre haben, es sei denn, die steuerlichen Korrekturen betreffen die Betriebseröffnungs- oder -schlussbilanz. Die für die SB eines Jahres festgestellten Gewinnabweichungen wirken sich durch die automatische Berichtigung der identischen Eröffnungsbilanz des Folgejahres auf den Gewinn dieses Jahres mit umgekehrtem Vorzeichen aus.

Beispiel 20: Auswirkung der Berichtigung eines Bilanzpostens auf den Gewinn zweier Jahre

Der Unternehmer nimmt in seiner HB auf den 31.12.01 bei seinen Warenvorräten eine Abschreibung gem. § 253 Abs. 4 HGB i.H.v. 10.000 € auf 90.000 € vor. Am 31.12.02 werden die Vorräte wieder mit den AK von 120.000 € ausgewiesen.

Lösung:
Die Abschreibung nach § 253 Abs. 4 HGB kann steuerlich nicht anerkannt werden, weil der niedrigstmögliche Ansatz der TW ist. Die Nichtanerkennung der in der HB vorgenommenen Abschreibung führt zu einer Erhöhung des steuerlichen Gewinns für das Wirtschaftsjahr 01 i.H.v. 10.000 € (Weniger an Wareneinsatz). Da der HB-Ansatz am 31.12.02 steuerlich nicht zu beanstanden ist, vermindert sich der steuerliche Gewinn 02 um 10.000 € (Mehr an Wareneinsatz).

Für die technische Durchführung der außerbilanziellen Gewinnkorrekturen bedient man sich zweckmäßigerweise der sog. Bilanzpostenmethode, wie sie bei steuerlichen Betriebsprüfungen durch die Finanzbehörden angewendet wird. Die Bilanzposten-Methode basiert auf der Gewinnermittlung durch BVV, bei dem sich der Gewinn aus dem Unterschiedsbetrag zwischen dem Endvermögen des Wirtschaftsjahres und dem Endvermögen des vorangegangenen Wirtschaftsjahres ergibt (§ 4 Abs. 1 S. 1 EStG). Die Korrektur des Unterschiedsbetrages um die im Lauf des Wirtschaftsjahres getätigten Entnahmen und Einlagen hat hier keine Bedeutung, weil es um die Berichtigung jeweils nur eines Bilanzpostens geht. Die Bilanzpostenmethode zeigt die Gewinnauswirkungen auf, die durch die Berichtigung von Bilanzposten und deren Auswirkung auf das bilanzielle Kapital entstehen.

Als technisches Hilfsmittel für die Durchführung der Bilanzpostenmethode dient die **Bilanzposten-Übersicht**. Zur Technik der Erstellung einer Bilanzposten-Übersicht wird auf Kap. V.2 hingewiesen.

Die Verwendung der Bilanzposten-Übersicht sorgt dafür, dass die Folgewirkungen aus der außerbilanziellen Korrektur von Bilanzposten zutreffend erfasst werden und keine Beträge verloren gehen. Das gilt umso mehr, als die außerbilanziellen Korrekturen zum Teil Bilanzposten betreffen, die langzeitig in der Bilanz fortgeführt werden müssen. Hier ist z.B. der Firmenwert zu nennen, der über einen Zeitraum von 15 Jahren abgeschrieben wird. Bei Gebäuden sind sogar noch erheblich längere Abschreibungszeiten zu berücksichtigen.

Es muss in den Fällen der steuerlichen Anpassung von Bilanzposten außerhalb der Bilanz darauf geachtet werden, dass auch die Steuerrückstellungen lt. HB für steuerliche Zwecke außerbilanziell korrigiert werden müssen.

Das Problem der Fortführung von abweichenden Bilanzposten in der StB taucht auch im Zusammenhang mit der steuerlichen Außenprüfung auf, in deren Folge Anpassungen an die Betriebsprüfungs-StB vorzunehmen sind. Da die steuerliche Betriebsprüfung nicht selten Bilanzberichtigungen vornimmt, die der Unternehmer nicht in seine HB übernehmen muss – und auch nicht übernehmen will –, entsteht auch hier das Bedürfnis der außerbilanziellen Korrekturen mit den bereits beschriebenen Folgen.

2.1.8 Kritische Betrachtungen zur Maßgeblichkeit

In der Lit. wird die Maßgeblichkeit seit jeher kritisch betrachtet und untersucht. So wird u.a. festgestellt, dass die einfache Maßgeblichkeit das Steuerrecht, die umgekehrte Maßgeblichkeit das Handelsrecht deformiert[206]. Begründet wird diese Feststellung mit der unterschiedlichen Zielsetzung der HB und der StB. Während die HB vom Gläubigerschutz- und Vorsichtsprinzip beherrscht wird, ist das Ziel der StB die Feststellung der Leistungsfähigkeit unter Einbindung der Gleichbehandlung aller Unternehmen im Sinn einer zutreffenden Besteuerung. Wegen der unterschiedlichen Zielsetzung der beiden Bilanzen ist die Übertragung von allgemeinen Grundsätzen des Handelsrechts auf die StB sowie die Einbringung von typisch steuerrechtlichen Bewertungswahlrechten (wie z.B. Sonderabschreibungen mit Subventionscharakter) in die HB wenig sinnvoll. Die Kritik an der Koppelung der beiden Bilanzen im Wege der einfachen und umgekehrten Maßgeblichkeit findet in zunehmendem Maß Nahrung durch die in der jüngsten Vergangenheit

---

[206] *Weber-Grellet*, BB 1999, 2659.

geschaffenen steuerrechtlichen Sonderregelungen zur Bilanzierung und Bewertung in der StB, die eine Durchbrechung der Maßgeblichkeit nach sich ziehen.

Auch die Frage, wie die Formulierung in § 5 Abs. 1 S. 1 EStG „das BV, das nach handelsrechtlichen Grundsätzen ordnungsmäßiger Buchführung auszuweisen ist" ausgelegt werden muss, wird in der Lit. unterschiedlich beurteilt[207]. Strittig ist insb., ob die Formulierung in § 5 Abs. 1 S. 1 EStG nur die kodifizierten oder auch die sog. ungeschriebenen GOB umfasst. Nach der traditionellen Auslegung sind sämtliche geschriebenen und ungeschriebenen Gewinnermittlungsregeln des Handelsrechts anzuwenden. Nur das entspricht dem Anspruch des Steuerrechts an die Gewinnermittlung.

Demgegenüber tritt die (historische) Streitfrage, ob die abstrakte[208] (oder auch materielle) Maßgeblichkeit des § 5 Abs. 1 S. 1 EStG oder die konkrete (oder formelle) Maßgeblichkeit des § 5 Abs. 1 S. 2 EStG nunmehr die Oberhand gewonnen hat, als rein akademisches Problem zurück. Wesentlich bedeutsamer ist zwischenzeitlich die europarechtliche Dimension in der Diskussion um die Maßgeblichkeit geworden.

2.1.9 Einfluss der Europäischen Gerichtshofsrechtsprechung auf die Maßgeblichkeit

Das nationale Handelsbilanzrecht ist unzweifelhaft im Sinn der Vierten EG-Richtlinie (Bilanzrichtlinie) auszulegen, soweit der gemeinschaftsrechtlich definierte Anwendungsbereich dieser Richtlinie reicht. Fraglich ist indessen, ob auch das Bilanzsteuerrecht richtlinienkonform auszulegen ist, weil die handelsrechtlichen Bilanzierungs- und Bewertungsvorschriften über § 5 Abs. 1 S. 1 EStG in die steuerliche Gewinnermittlung einbezogen werden.

Der I. Senat des BFH hat mit Beschluss vom 09.09.1998 (BStBl II 1999, 129) dem GrS die Rechtsfrage vorgelegt, ob der BFH verpflichtet ist, Fragen nach dem Inhalt von Vorschriften der Vierten EG-Richtlinie dem EuGH vorzulegen[209]. In der Begründung führt der I. Senat aus, dass der BFH selbst in der Vergangenheit verschiedentlich die Frage nach einer Vorlage an den EuGH angesprochen hätte, ohne allerdings klar erkennen zu lassen, ob er im Grundsatz im Rahmen des St-Rechts eine Vorlagepflicht bejahe. Nur der I. Senat (BFH vom 15.07.1998, BStBl II 1998, 728) hat eine Vorlage an den EuGH in Fragen der Bewertung von Aktiva und Passiva aufgrund der Vorrangigkeit des Steuerrechts nach § 5 Abs. 6 EStG eindeutig verneint. Der I. Senat nimmt bei dieser Entscheidung Bezug auf das EuGH-Urteil vom 17.07.1997 (FR 1997, 685), in dem der EuGH seine Zuständigkeit bei der Auslegung des Gemeinschaftsrechts für den Fall bejaht, dass dieses den fraglichen Fall nicht unmittelbar regelt, aber der nationale Gesetzgeber bei der Umsetzung der Bestimmungen einer Richtlinie in nationales Recht beschlossen hat, rein innerstaatliche Sachverhalte und Sachverhalte, die unter die Richtlinie fallen, gleich zu behandeln, und seine innerstaatlichen Bestimmungen deshalb an das Gemeinschaftsrecht

---
[207] *Henrichs*, StuW 1999, 138.
[208] Nach *Crezelius* in Kirchhof-kompakt (2002), § 5 Rz. 21 ist mit der abstrakten Maßgeblichkeit die Geltung aller handelsrechtlichen Vorgaben für die StB gemeint.
[209] Der I. Senat hat seine mit Beschluss vom 09.09.1998 i.d.F. des Änderungsbeschlusses vom 17.11.1999 erfolgte Vorlage beim GrS durch Beschluss vom 08.11.2000 BStBl II 2001, 587 zurückgenommen.

angepasst hat. Einen derartigen Zusammenhang kann der I. Senat (BFH vom 15.07.1998, BStBl II 1998, 728) zumindest in den Fällen nicht erkennen, in denen es um die Anwendung von steuerrechtlichen Bewertungsmaßstäben geht, auch wenn diese im Ergebnis mit den handelsrechtlichen Grundsätzen übereinstimmen.

Der EuGH selbst hat mit seinem Urteil vom 14.09.1999 (BB 1999, 2291) wiederum seine Zuständigkeit für das deutsche Bilanzsteuerrecht bejaht. Die Begründung wurde vom EuGH im Hinweis auf das nationale deutsche Recht mit der Verweisung auf die Vierte EG-Richtlinie und dem hierzu ergangenen BiRiLiG versteckt[210]. In Fortführung der Begründungskette wird auf die einkommensteuerliche Gewinnermittlung verwiesen, die über die Maßgeblichkeit nach den Vorschriften des HGB zu erfolgen hat.

Der I. Senat des BFH hat in seinem Urteil vom 08.11.2000 (BStBl II 2001, 570) zu dem Thema am Fall der Rückstellung wegen öffentlich-rechtlicher Verpflichtungen gem. § 249 Abs. 1 Satz 1 HGB noch einmal wie folgt Stellung genommen: Nicht zuständig ist der EuGH für die Anwendung von Gemeinschaftsrecht auf den jeweiligen Sachverhalt. Die Anwendung nationalen Rechts ist ausschließlich Sache der nationalen Gerichte. Beruht anzuwendendes nationales Recht auf der Umsetzung von oder der Verweisung auf Gemeinschaftsrecht, ist eine Vorlage an den EuGH daher nur erforderlich, wenn an der zutreffenden Umsetzung der gemeinschaftsrechtlichen Bestimmung in das nationale Recht oder ihrer Auslegung darüber hinaus Zweifel bestehen.

Wenn man dagegen die generelle Zuständigkeit des EUGH für das deutsche Bilanzsteuerrecht bejahen würde, so wären die deutschen Steuergerichte zur Vorlage aller bilanzsteuerrechtlichen Fragen an den EuGH verpflichtet, wenn diese vom Regelungsinhalt der Vierten EG-Richtlinie betroffen sind. Angesichts dieser Rechtslage werden in der Lit.[211] die sich daraus ergebenden Auswirkungen auf die Rechtspraxis diskutiert. Die Folge einer generellen Vorlage von Fragen des Bilanzsteuerrechts beim EuGH wäre eine weitere Verlängerung der ohnehin schon zu langen Prozessdauer der deutschen Finanzgerichtsbarkeit.

2.1.10 Gibt es noch die Maßgeblichkeit der Handelsbilanz für die Steuerbilanz?

2.1.10.1 Die Bestandsaufnahme

In den letzten Jahren hat der Gesetzgeber eine zunehmende Durchbrechung von Grundsätzen der Maßgeblichkeit vorgenommen. Nach den bereits vorhandenen Einschränkungen bei der Rückstellungsbildung[212] erfolgten besonders einschneidende Rechtsänderungen zu Lasten der Maßgeblichkeit der HB für die StB durch das StEntlG 1999/2000/2002 und das Steuerbereinigungsgesetz 1999. Im Einzelnen handelt es sich um folgende Bestimmungen:

---

[210] *Hoffmann*, DStR 1999, 1686.
[211] Z.B. *Weber-Grellet*, BB 1999, 2662 und DStR 1999, 1648; *Hoffmann*, DStR 1999, 1686.
[212] Rückstellungen für die Verpflichtung zu einer Zuwendung anlässlich eines Dienstjubiläums sind in der StB nur eingeschränkt zulässig (§ 5 Abs. 4 EStG i.d.F. des StRefG 1990); Rückstellungen für drohende Verluste aus schwebenden Geschäften sind in der StB für Wirtschaftsjahre, die nach dem 31.12.1996 enden, gem. § 5 Abs. 4a EStG i.d.F. des Gesetzes zur Fortsetzung der Unternehmenssteuerreform vom 29.10.1996 sogar völlig unzulässig.

- Einschränkung der Rückstellungsbildung für bedingt rückzahlbare Zuwendungen (§ 5 Abs. 2a EStG),
- Verbot der Rückstellungsbildung für Aufwendungen, die AK oder HK für ein WG sind, und für die Kosten der Entsorgung radioaktiver Brennelemente (§ 5 Abs. 4b EStG),
- Einschränkung der TW-AfA auf Wertminderungen von voraussichtlicher Dauer (§ 6 Abs. 1 Nr. 1 S. 2 und Nr. 2 S. 2 EStG),
- Wertaufholungsgebot, wenn die Gründe für die TW-AfA weggefallen sind (§ 6 Abs. 1 Nr. 1 S. 4 und Nr. 2 S. 3 EStG),
- Abzinsung von unverzinslichen Verbindlichkeiten mit einer Laufzeit ab 12 Monate (§ 6 Abs. 1 Nr. 3 EStG),
- Ansatz von Verbindlichkeiten mit dem höheren TW nur bei voraussichtlich dauernder Werterhöhung (analoge Bewertung gem. § 6 Abs. 1 Nr. 2 S. 2 EStG),
- Rückstellungen für Sachleistungsverpflichtungen sind mit den Einzelkosten und den angemessenen Teilen der notwendigen Gemeinkosten zu bewerten (§ 6 Abs. 1 Nr. 3a, Buchst. b) EStG),
- Abzinsung von Rückstellungen für Verpflichtungen (§ 6 Abs. 1 Nr. 3a, Buchst. e) EStG),
- Wertaufholungsgebot nach einer Absetzung für außergewöhnliche technische oder wirtschaftliche Abnutzung, soweit der Grund hierfür in späteren Wirtschaftsjahren entfällt (§ 7 Abs. 1 S. 6 EStG),
- Minderung der AfA-Bemessungsgrundlage bei eingelegten Wirtschaftsgütern, die vor der Einlage zur Erzielung von Einkünften i.S.d. § 2 Abs. 1 Nr. 4 – 7 EStG verwendet worden sind, um die Absetzungen, die bis zur Einlage vorgenommen wurden (§ 7 Abs. 1 S. 4 EStG).

2.1.10.2 Fazit

Der Grundsatz der Maßgeblichkeit der HB für die StB bleibt nach wie vor unangetastet. Neben die klassischen Gründe der Durchbrechung des Maßgeblichkeitsgrundsatzes[213] sind jedoch nunmehr diverse Fälle getreten, in denen nach dem Spezialnormenvorbehalt gem. § 5 Abs. 6 EStG für die StB eine Abweichung von der HB erforderlich wird. Wegen der Vielzahl der Fälle mit unterschiedlichen Ansätzen in der HB und der StB werden nachfolgend die zwingenden Abweichungen in einer Übersicht, getrennt nach den unterschiedlichen Unternehmensformen, dargestellt.

---

[213] Durchbrechung wegen unrichtiger Ansätze in der HB und wegen „geborener" grundsätzlicher Unterschiede zwischen den beiden Bilanzen wie bei den allgemeinen Bilanzierungswahlrechten einschließlich der Bilanzierungshilfen.

2.1.10.3 Schematische Darstellung der Abweichungen zwischen Handelsbilanz und Steuerbilanz

2.1.10.3.1 Darstellung der Abweichungen für alle Unternehmensformen

Die nachfolgenden Abweichungen der Ansätze in der StB von denen der HB gelten **für alle Unternehmensformen**. Sie betreffen den ersten Abschnitt des Dritten Buches des HGB (§§ 238 – 263 HGB), der die Bilanzierungs- und Bewertungsvorschriften für alle Kaufleute enthält. Die Darstellungen zur StB verstehen sich in Ergänzung zur HB.

Bilanzposten	Handelsbilanz	Steuerbilanz
Immaterielle VG	Bilanzierung: Firmenwert Aktivierungswahlrecht (§ 255 Abs. 4 HGB)	Bilanzierung: Firmenwert, Aktivierungspflicht (§ 5 Abs. 1 S. 1 EStG i.V.m. BFH vom 03.02.1969, BStBl II 1969, 291)
Abnutzbares AV	Bewertung: niedrigerer beizulegender Wert bei voraussichtlich nicht dauernder Wertminderung (§ 253 Abs. 2 S. 3 HGB)	Bewertung: nicht zulässig (§ 6 Abs. 1 Nr. 1 S. 2 EStG)
	Wertbeibehaltung (§ 253 Abs. 5 HGB)	zwingend Wertaufholung, es sei denn, der Wert ist voraussichtlich von Dauer (§ 6 Abs. 1 Nr. 1 S. 4 EStG)
Nicht abnutzbares AV	Bewertung: niedrigerer beizulegender Wert bei voraussichtlich nicht dauernder Wertminderung (§ 253 Abs. 2 S. 3 HGB)	Bewertung: nicht zulässig (§ 6 Abs. 1 Nr. 2 S. 2 EStG)
	Wertbeibehaltung (§ 253 Abs.5 HGB)	zwingend Wertaufholung, es sei denn, der Wert ist voraussichtlich von Dauer (§ 6 Abs. 1 Nr. 2 S. 3 i.V.m. § 6 Abs. 1 Nr. 1 S. 4 EStG)
UV	Bewertung: niedriger Börsen- oder Marktpreis, niedrigerer beizulegender Wert bei voraussichtlich nicht dauernder Wertminderung (§ 253 Abs. 3 S. 1 und 2 HGB)	Bewertung: nicht zulässig (§ 6 Abs. 1 Nr. 2 S. 2 EStG)
	Wert im Rahmen des erweiterten Niederstwertprinzips (§ 253 Abs. 3 S. 3 HGB)	nur zulässig, wenn der Wert voraussichtlich von Dauer ist (§ 6 Abs. 1 Nr. 2 S. 2 EStG)
	Wert nach Abschreibung im Rahmen vernünftiger kaufmännischer Beurteilung (§ 253 Abs. 4 HGB)	nicht zulässig, weil ein Wert unter dem TW nicht zulässig ist (§ 6 Abs. 1 Nr. 2 S. 2 EStG)

		Wertbeibehaltung (§ 253 Abs. 5 HGB)	zwingend Wertaufholung, es sei denn, der Wert ist voraussichtlich von Dauer (§ 6 Abs. 1 Nr. 2 S. 3 i.V.m. § 6 Abs. 1 Nr. 1 S. 4 EStG)
Aktiver RAP		Aktivierungswahlrecht für Zölle und Verbrauchsteuern, soweit sie entfallen auf • aktivierte Vermögensgegenstände des Vorratsvermögens (§ 250 Abs. 1 S. 2 Nr. 1 HGB) • USt auf Anzahlungen (§ 250 Abs. 1 S. 2 Nr. 2 HGB) • Damnum – Disagio (§ 250 Abs. 2 HGB)	Aktivierungspflicht für die Rechnungsabgrenzungen gem. Buchstaben a) bis c) (§ 5 Abs. 1 S. 1 EStG i.V.m. BFH vom 03.02.1969, BStBl II 1969, 291)
Verbindlichkeiten		Bewertung: Rückzahlungsbetrag (§ 253 Abs. 1 S. 1 HGB)	Bewertung: mit 5,5 % abgezinster Nennbetrag bei unverzinslichen Verbindlichkeiten mit einer Laufzeit ab 12 Monate (§ 6 Abs. 1 Nr. 3 EStG)
Rückstellungen		Bilanzierung: Passivierungszwang (§ 249 Abs. 1 S. 1 HGB)	Bilanzierung: grundsätzlich Passivierungszwang (§ 5 Abs. 1 S. 1 EStG) **mit folgenden Ausnahmen**
			Rückstellung für bedingt rückzahlbare Zuwendungen: **nur eingeschränkt zulässig** (§ 5 Abs. 2a EStG)
			Rückstellung wegen Verletzung fremder Urheberrechte: **nur eingeschränkt zulässig** (§ 5 Abs. 3 EStG)
			Rückstellung für Jubiläumszuwendungen: **nur eingeschränkt zulässig** (§ 5 Abs. 4 EStG)
			Rückstellung für drohende Verluste aus schwebenden Geschäften: **nicht zulässig** (§ 5 Abs. 4a EStG)
			Rückstellungen für Aufwendungen, die in späteren Wj. als AK/HK für ein WG zu aktivieren sind: **nicht zulässig** (§ 5 Abs. 4b EStG)
			Pensionsrückstellungen: **nur zulässig**, soweit die steuergesetzlichen Voraussetzungen erfüllt sind (§ 6a EStG)

Rückstellungen	Passivierungswahlrecht (§ 249 Abs. 1 S. 3 und Abs. 2 HGB)	(§ 5 Abs. 1 S. 1 EStG i.V.m. BFH vom 03.02.1969, BStBl II 1969, 291)
	Bewertung: Betrag, der nach vernünftiger kaufmännischer Beurteilung notwendig ist (§ 253 Abs. 1 S. 2 HGB)	Bewertung: Einschränkungen bei folgenden Rückstellungen: • für gleichartige Verpflichtungen (§ 6 Abs. 1 Nr. 3a Buchst. a) EStG) • für Sachleistungsverpflichtungen (§ 6 Abs. 1 Nr. 3a Buchst. b) EStG) • für Verpflichtungen, mit deren Erfüllung künftige Vorteile verbunden sind (§ 6 Abs. 1 Nr. 3a Buchst. c) EStG)
		wegen Verpflichtungen, für deren Entstehen der laufende Betrieb ursächlich ist (§ 6 Abs. 1 Nr. 3a Buchst. d) EStG)
		für Verpflichtungen Abzinsung mit 5,5 % (§ 6 Abs. 1 Nr. 3a Buchst. e) EStG)
Wertaufholungsrücklage	Bilanzierungswahlrecht: Sonderposten mit Rücklageanteil (§ 247 Abs. 3 HGB)	Bilanzierungswahlrecht: steuerfreie Rücklage (§ 52 Abs. 16 S. 3 – 10 EStG) Sonderposten mit Rücklageanteil in der HB i.R.d. umgekehrten Maßgeblichkeit i.S.v. § 5 Abs. 1 S. 2 EStG nur erforderlich, soweit auch in der HB durch Zuschreibung ein Gewinn entstanden ist (BMF-Erlass vom 25.02.2000)

2.1.10.3.2 Darstellung der Abweichungen nur für Kapitalgesellschaften

Die folgenden Abweichungen der Ansätze in der StB von denen der HB gelten **nur für KapG**. Sie gehen zurück auf den zweiten Abschnitt (erster Unterabschnitt) des Dritten Buches des HGB (§§ 264 – 289 HGB), der aus ergänzenden Bilanzierungs- und Bewertungsvorschriften für den Einzelabschluss der KapG besteht.

Bilanzposten	Handelsbilanz	Steuerbilanz
Vermögensgegenstände, die zum notwendigen Sonder-BV bei einer PersG gehören[214]	Bilanzierung: Bilanzierungspflicht (§ 246 Abs. 1 HGB)	Bilanzierung: Bilanzierungsverbot, weil die Aktivierung in der Sonderbilanz bei der PersG Vorrang hat (BFH vom 18.07.1979, BStBl II 1979, 750)
Bilanzierungshilfen: Aufwendungen für die Ingangsetzung und Erweiterung des Geschäftsbetriebs	Bilanzierung: Aktivierungswahlrecht (§ 269 S. 1 HGB)	Bilanzierung: keine Bilanzierung möglich, weil kein WG (BFH vom 14.06.1955, BStBl III 1955, 221)
Abgrenzung latenter Steuern	Aktivierungswahlrecht (§ 274 Abs. 2 S. 1 HGB)	keine Bilanzierung möglich, weil kein WG
Nicht abnutzbares AV, Kapitalanlagen	Bewertung: niedrigerer beizulegender Wert bei voraussichtlich nicht dauernder Wertminderung (§ 279 Abs. 1 S. 2 HGB)	Bewertung: nicht zulässig (§ 6 Abs. 1 Nr. 2 S. 2 EStG)
Rückstellungen wegen latenter Steuern	Bilanzierung: Passivierungszwang (§ 274 Abs. 1 S. 1 HGB)	Bilanzierung: Passivierungsverbot, weil die Steuern nicht dem Ergebnis der StB entsprechen (h.M.[215])

2.1.10.3.3 Darstellung der Abweichungen für Personengesellschaften

Bei den nachfolgenden Abweichungen zwischen HB und StB handelt es sich um spezifisch steuerliche Bilanzierungsprobleme ausschließlich **der Bilanzen von PersG**.

Bilanzposten	Handelsbilanz	Steuerbilanz
Vermögensgegenstände des Gesamthandsvermögens	Bilanzierung: Bilanzierungspflicht (§ 246 Abs. 1 HGB)	Bilanzierung: Bilanzierungspflicht (§ 5 Abs. 1 S. 1 EStG) **Ausnahme** Bilanzierungsverbot, wenn aus der Sicht der PersG jeglicher betrieblicher Anlass für den Erwerb des WG fehlt (BFH vom 22.05.1975, BStBl II 1975, 804)
Vermögensgegenstände des Sonder-BV	Bilanzierung: keine Bilanzierung	Bilanzierung: Bilanzierung in einer steuerlichen Sonderbilanz

---

[214] Bsp.: Die Komplementär-GmbH überlässt „ihrer" KG ein Grundstück zur Nutzung.
[215] Z.B. *Bordewin*, DStZ 1987, 443.

2.1.10.3.4 Darstellung der Abweichungen nur für Einzelunternehmen und im Rahmen des Sonderbetriebsvermögens bei Personengesellschaften

Die folgende Regelung gem. § 7 Abs. 1 S. 4 EStG führt **nur bei Einzelunternehmen** und bei **PersG** zu einer Abweichung zwischen der StB und der HB, weil nur in diesen Unternehmensformen entsprechende Einlagen in das steuerliche BV denkbar sind. Bei Personengesellschaften beschränkt sich die Anwendung der Vorschrift allerdings auf Einlagen in das **Sonder-BV** der G´fter. Hier kommt es nicht zu einer wertmäßigen Abweichung zwischen der HB und der StB, sondern gar zu einer abweichenden Bilanzierung, weil das Sonder-BV in der HB nicht auszuweisen ist.

Der Vollständigkeit halber soll erwähnt werden, dass die Einbringung von Wirtschaftsgütern aus dem PV des G´fter in das **Gesamthandsvermögen** der Personengesellschaft gegen Gewährung von Gesellschaftsrechten nach dem Urteil des BFH vom 19.10.1998 (BStBl II 2000, 230) i.V.m. dem BMF-Schreiben vom 29.03.2000 (BStBl I 2000, 462) als tauschähnlicher Vorgang und damit als Anschaffungsgeschäft der Personengesellschaft und als Veräußerungsgeschäft des G´fter anzusehen ist. In diesem Fall sind die AK der Gesellschaft als AfA-Bemessungsgrundlage anzusetzen.

Bilanzposten	**Handelsbilanz**	**Steuerbilanz**
Abnutzbares AV	Bewertung in das BV eingelegte Vermögensgegenstände: BMG für die planmäßige Abschreibung = Einlagewert	Bewertung in das BV eingelegte WG, die vor ihrer Einlage zur Erzielung von Einkünften i.S.v. § 2 Abs. 1 Nr. 4 – 7 EStG verwendet wurden: AfA-BMG = AK oder HK abzüglich der bisher vorgenommenen Abschreibungen (§ 7 Abs. 1 S. 4 EStG)

3 Einzelne Ansatzvorschriften

3.1 Immaterielle Vermögensgegenstände

3.1.1 Bilanzierungsvorschriften

3.1.1.1 Grundsätzliches Bilanzierungsgebot

Immaterielle Vermögensgegenstände sind grundsätzlich zu aktivieren (§ 246 Abs. 1 S. 1 HGB). Das gilt sowohl für die immateriellen Vermögensgegenstände des Anlagevermögens als auch für die des Umlaufvermögens. Das Bilanzierungsgebot gilt über die Maßgeblichkeit der HB auch für die StB. Bei den immateriellen Vermögensgegenständen des **AV** ist jedoch das Bilanzierungsverbot gem. § 248 Abs. 2 HGB zu beachten.

3 Einzelne Ansatzvorschriften

3.1.1.2 Bilanzierungsverbot

Immaterielle Vermögensgegenstände des AV dürfen nicht aktiviert werden, wenn sie nicht entgeltlich erworben wurden, sondern im Betrieb geschaffen wurden (sog. originäres immaterielles WG), vgl. § 248 Abs. 2 HGB und § 5 Abs. 2 EStG. Das Bilanzierungsverbot umfasst nicht die immateriellen Vermögensgegenstände des Umlaufvermögens. Letztere sind auch zu bilanzieren, wenn sie nicht von einem Dritten erworben, sondern vom Unternehmen selbst hergestellt wurden.

3.1.1.3 Entgeltlicher Erwerb eines immateriellen Wirtschaftsguts

Ein immaterielles WG ist entgeltlich erworben worden (sog. derivatives immaterielles WG), wenn es durch einen Hoheitsakt oder ein Rechtsgeschäft gegen Hingabe einer bestimmten Gegenleistung übergegangen oder eingeräumt worden ist (R 31a Abs. 2 S. 2 EStR). Als i.S.d. Aktivierungspflicht **unschädlicher unentgeltlicher** Erwerb kommen gem. R 31a Abs. 3 EStR in Betracht:

- Übergang i.R.d. unentgeltlichen Übertragung eines Betriebs, Teilbetriebs oder Mitunternehmeranteils: Aktivierung mit dem BW des Rechtsvorgängers, § 6 Abs. 3 EStG;
- unentgeltlicher Erwerb als Einzel-WG aus betrieblichem Anlass: Aktivierung mit dem gemeinen Wert, § 6 Abs. 4 EStG;
- Einlage in den Betrieb: Aktivierung mit dem Einlagewert (TW bzw. fortgeschriebene AK), § 6 Abs. 1 Nr. 5 EStG.

Der BFH hat kürzlich für einen Fall, da nach dem Erlöschen der KSt-Steuerbefreiung eine Schluss- und Anfangsbilanz gem. § 13 Abs.2 KStG zu erstellen war, am 09.08.2000 (BStBl II 2001, 71) entschieden, dass auch hier kein originärer Firmenwert (im Beispiel: Gewinnchancen aufgrund des akquirierten Auftragsvolumens) angesetzt werden darf. Obwohl die Wertungsparallele zur Einlage (ausnahmsweise zulässige Aktivierung) nahe gelegen hätte, verbietet § 5 Abs. 2 EStG eine Aktivierung und damit eine Abschreibung.

3.1.2 Immaterielles Gesamtwirtschaftsgut

Als immaterielles Gesamt-WG bezeichnet man den Geschäfts- oder Firmenwert. Er setzt sich aus einer Vielzahl von Einzelwerten zusammen (betriebliche Vorteile und Vorzüge), denen einzeln das Merkmal der Veräußerbarkeit fehlt und damit der Rang eines selbständigen WG.

Gem. § 255 Abs. 4 HGB kann der Geschäftswert als der Unterschiedsbetrag aktiviert werden, um den die für die Übernahme eines Unternehmens bewirkte Gegenleistung den Wert der einzelnen Vermögensgegenstände des Unternehmens abzüglich der Schulden im Zeitpunkt der Übernahme übersteigt.

Für die StB wird das handelsrechtliche Bilanzierungswahlrecht über den Maßgeblichkeitsgrundsatz lt. Grundsatzbeschluss des BFH vom 03.02.1969 (BStBl II 1969, 291) zum Bilanzierungsgebot.

Nach Handelsrecht ist der Firmenwert in den ab Aktivierung folgenden Geschäftsjahren mit mindestens einem Viertel des aktivierten Betrags abzuschreiben (§ 255 Abs. 4 S. 2 HGB) oder planmäßig auf die Geschäftsjahre zu verteilen, in denen er voraussichtlich genutzt wird (§ 255 Abs. 4 S. 3 HGB). Nach Steuerrecht muss lineare Abschreibung auf 15 Jahre vorgenommen werden (§ 7 Abs. 1 S. 3 EStG). Für den Geschäftswert einer Freiberuflerpraxis (Praxiswert) lässt der BFH eine Abschreibung auf drei bis zehn Jahre zu[216]. Außerplanmäßige Abschreibungen (Teilwertabschreibungen) sind zulässig und handelsrechtlich ggf. geboten.

3.1.3 Immaterielle Einzelwirtschaftsgüter

Das immaterielle Einzel-WG tritt als selbständiges WG in Erscheinung. Es ist regelmäßig einzeln veräußerbar. Man unterscheidet

- geschäftswertähnliche immaterielle Einzelwirtschaftsgüter:
  Teils nicht abnutzbar (z. B. Linienbuskonzession) und teils abnutzbar (Verlagswert); vgl. dazu BMF-Erlass vom 20.11.1986 BStBl I 1986, 532.
- sonstige immaterielle Einzelwirtschaftsgüter:
  Z.B. Patente, ungeschützte Erfindungen, Gebrauchsmuster, Warenzeichen, Urheberrechte, Verlagsrechte, Belieferungsrechte, zeitlich begrenzte Wettbewerbsverbote, Fabrikationsverfahren, Rezepturen, Know-how, Lizenzen und Software (nur Trivialprogramme sind materielle Wirtschaftsgüter[217]; Computerprogramme, deren AK nicht mehr als 800 € betragen, sind stets als Trivialprogramme zu behandeln, R 31a Abs. 1 S. 2 und 3 EStR).

Die sonstigen immateriellen Einzelwirtschaftsgüter sind regelmäßig abnutzbar und entsprechend ihrer **wirtschaftlichen** ND abzuschreiben. Außerplanmäßige Abschreibungen (Teilwertabschreibungen) sind zulässig und handelsrechtlich ggf. geboten. Bei Warenzeichen ist gem. BMF-Erlass vom 27.02.1998 (BStBl I 1998, 252) von einer ND von 15 Jahren auszugehen, wenn der Stpfl. keine kürzere ND darlegt und ggf. nachweist.

3.1.4 Geschäfts- oder Firmenwert

3.1.4.1 Definition

Der Firmenwert ist der Inbegriff von Gewinnchancen, die einem Unternehmen innewohnen und die der Erwerber des Unternehmens über die Teilwerte der übrigen Wirtschaftsgüter hinaus dem Veräußerer vergüten würde. Der Geschäftswert ist ein einheitliches WG, das von den persönlichen Eigenschaften des Unternehmers losgelöst ist und nur mit dem Unternehmen veräußerbar und übertragbar ist (BFH vom 10.11.1960, BStBl III 1961, 95).

---

[216] Vgl. *Lambrecht* in *Kirchhof-kompakt*, § 7 Rz. 75 m.w.N. (FN 5).
[217] Allein mit dieser Einstufung („**Materielle** WG") wird die Sofortabschreibung als GWG gem. § 6 Abs. 2 EStG (vgl.: „bewegliche WG") ermöglicht.

Man kann auch wie folgt definieren: Geschäftswert ist der Wert, um den der Ertragswert des Unternehmens die Summe der Zeitwerte aller aktivierbaren Vermögensgegenstände – vermindert um die Schulden – übersteigt.

Unter dem Geschäfts- oder Firmenwert ist ein immaterielles Gesamtwirtschaftsgut zu verstehen, das den Inbegriff einer Anzahl von im einzelnen nicht messbaren Faktoren wie Kundenkreis, Ruf des Unternehmens, Absatzorganisation usw. bildet und das deshalb auch dann nicht zerlegt werden kann, wenn die den Geschäftswert ergebenden Faktoren im Lauf der Zeit wechseln (BFH vom 16.09.1970, BStBl II 1971, 175).

3.1.4.2 Berechnung des Firmenwerts

Eine Unternehmensbewertung mit Ermittlung des Geschäfts- oder Firmenwerts ist u.a. immer dann von Bedeutung, wenn ein ganzes Unternehmen oder ein Teilbetrieb veräußert wird und über den reinen Substanzwert hinaus Zahlungen geleistet werden. Das gleiche gilt beim Gesellschaftereintritt in eine Personengesellschaft, beim Austritt eines G´fter aus einer Personengesellschaft oder beim Gesellschafterwechsel innerhalb einer Personengesellschaft. Die Steuerrechtsprechung hat zwei Berechnungsmethoden als brauchbare Hilfsmittel angesehen[218]:

1. Die indirekte Methode – Mittelwertmethode – (BFH vom 19.02.1965, BStBl III 1965, 248) und
2. die direkte Methode (BFH vom 24.04.1980, BStBl II 1980, 690).

3.1.4.2.1 Indirekte Methode

Die Formel lautet: $\frac{\text{Ertragswert ./. Substanzwert}}{2}$ = Geschäftswert.

Der Ertragswert wird bei der indirekten Methode durch die Kapitalisierung des geschätzten, nachhaltig erzielbaren Reinertrags ermittelt, also als Barwert einer „ewigen" Rente angesehen (d.h. die zukünftigen Reinerträge werden als Rentenbeträge betrachtet).

$$E = \frac{\text{nachhaltiger jährlicher Zukunftsertrag} \times 100}{\text{Kapitalisierungszinsfuß}}$$

Der Ertragswert hängt also von zwei Faktoren ab: vom jährlichen Reinertrag und vom Kapitalisierungszinsfuß. Bei der Schätzung des nachhaltig erzielbaren Zukunftsertrags geht man von den Ergebnissen der letzten 3 bis 5 Jahre aus, bereinigt diese um die Beträge, die auf Sondereinflüsse zurückzuführen sind, und setzt – soweit erforderlich – einen angemessenen Unternehmerlohn ab.

Die Frage, ob vom nachhaltig erzielbaren Ertrag bei KapG die KSt abgesetzt werden kann, wird in der Lit.[219] strittig diskutiert. Bei der Festsetzung des Kapitalisierungszinsfußes wird zunächst ein Basiszinssatz ermittelt, der in der Regel dem Zinssatz für risiko-

---

[218] Kurz zusammengefasst in H 17 Abs. 6 ErbStH.
[219] *Rux* in Gnam/Federmann, HdB, Stichw. 57, Rz. 35 bejaht den Abzug der KSt bei der Ermittlung des nachhaltig erzielbaren Ertrags.

freie Geldanlagen (z.B. Pfandbriefe) entspricht. Der Basiszinssatz wird wegen der schwierigen Mobilisation des im Betrieb gebundenen Kapitals um einen Immobilitätszuschlag erhöht. Schließlich wird noch ein Zuschlag für das Unternehmerwagnis vorgenommen.

Die Ermittlung des Kapitalisierungszinsfußes könnte wie folgt aussehen:

Basiszinssatz	6,5 %
+ Immobilitätszuschlag	1,5 %
+ Wagniszuschlag	2,0 %
=	10,0 %

Die vorgenannten %-Sätze sind nicht verbindlich (obwohl der BFH mehrfach 10 % als angemessen angesehen hat). Sie sind der jeweiligen Entwicklung auf dem Kapitalmarkt anzupassen. Der Substanzwert ist der Reproduktions- oder Zeitwert des investierten Kapitals, d.h. unter Aufdeckung aller stillen Reserven (ohne Firmenwert).

Beispiel 21: Ermittlung des Firmenwerts nach der indirekten Methode
Nachhaltig erzielbarer jährlicher Gewinn   60.000 €,
Kapitalisierungszinsfuß   10 %,
Substanzwert   200.000 €.

Lösung:

Ertragswert: $\dfrac{60.000\ € \times 100}{10} = 600.000\ €$

Firmenwert: $\dfrac{600.000\ € ./. 200.000\ €}{2} = 200.000\ €$

3.1.4.2.2 Direkte Methode

Die direkte Methode zur Errechnung des Firmenwerts geht von der Kapitalisierung des sog. „Übergewinns" aus, der sich ergibt, wenn der erzielbare Reingewinn eine angemessene Verzinsung des investierten Kapitals (= Substanzwert) und ggf. den Unternehmerlohn übersteigt.

Beispiel 22: Ermittlung des Firmenwerts nach der direkten Methode
Substanzwert   200.000 €,
Verzinsung 10%   20.000 €,
durchschnittlich erzielbarer Jahresgewinn   60.000 €.

Lösung:

	Durchschnittlich erzielbarer Jahresgewinn	60.000 €
./.	Verzinsung (wie oben)	20.000 €
=	**„Übergewinn"**	**40.000 €**

3   Einzelne Ansatzvorschriften

Kapitalisierung des Übergewinns: $\frac{40.000 \times 100}{10}$ = 400.000 € = Firmenwert.

3.1.4.2.3 Gegenüberstellung der beiden Methoden

Beispiel 23: Ermittlung des Firmenwerts nach beiden Methoden
Berechnet werden soll der Geschäftswert auf der Grundlage der von der BFH-Rspr. entwickelten Methoden, nach der indirekten und direkten Methode.
Die Buchführung des Unternehmens liefert dafür folgendes Zahlenmaterial:
Gewinn des Jahres 01: 185.000 € (a.o. Ertrag: 11.000 €),
Gewinn des Jahres 02: 172.000 € (a.o. Aufwand: 4.000 €),
Gewinn des Jahres 03: 204.000 €,
Gewinn des Jahres 04: 161.000 € (a.o. Ertrag: 14.000 €, a.o. Aufwand: 2.500 €).
Der Reproduktionswert des Unternehmens beträgt 280.000 €, der angemessene Unternehmerlohn beläuft sich auf 100.000 €.
Zur Berechnung des Kapitalisierungszinsfußes sollen folgende Zinssätze verwendet werden: Basiszinssatz 8 %, Immobilitätszuschlag 2 %, Wagniszuschlag 2 %.

Lösung:

a) Indirekte Methode
Nachhaltig erzielbarer Jahresgewinn:

Gewinn 01 (./. 11.000 €)		174.000 €
Gewinn 02 (+ 4.000 €)	+	176.000 €
Gewinn 03	+	204.000 €
Gewinn 04 (+ 2.500 € ./. 14.000 €)	+	149.500 €
=		703.500 €
X 1/4	=	175.875 €
Unternehmerlohn	./.	100.000 €
nachhaltiger Jahresertrag	=	75.875 €

Ertragswert: $\frac{75.875 \, € \times 100}{12}$ = 632.292 €.

Firmenwert:	
Ertragswert	632.292 €
./. Reproduktionswert	280.000 €
=	352.292 €
./. Abschlag 50 %	176.146 €
Firmenwert	176.146 €

b) Direkte Methode

Kapitaleinsatz (Substanzwert)	280.000 €
Verzinsung 12 %	33.600 €
+ angemessener Unternehmerlohn	100.000 €
=	**133.600 €**
durchschnittlich erzielbarer Jahresgewinn	175.875 €
(vor Abzug des Unternehmerlohns)	
Übergewinn	**42.275 €**

Der nach der direkten Methode berechnete Firmenwert ist doppelt so hoch wie der sich nach der indirekten Methode ergebende Wert. Das ist darin begründet, dass der BFH bei der indirekten Methode einen Abschlag von 50 % wegen Fehlerquellen und Risiken vornimmt, was er bei der direkten Methode unterlässt. Da die beiden Methoden von den gleichen Grundsätzen beherrscht sind, müssten sie auch zum gleichen Ergebnis führen. Deshalb ist es m.E. gerechtfertigt, auch bei Anwendung der direkten Methode einen Abschlag von 50% vorzunehmen[220].

3.2 Rechnungsabgrenzungsposten

3.2.1 Aktive Rechnungsabgrenzung

Als Definition dient: Ausgaben vor dem Bilanzstichtag, die Aufwand für eine bestimmte Zeit nach diesem Stichtag darstellen (§ 250 Abs. 1 S. 1 HGB, § 5 Abs. 5 S. 1 Nr. 1 EStG).

Beispiel 24: Aktive Rechnungsabgrenzung
Die A-AG bezahlt am 01.12.01 die vierteljährlich fällige Kfz-Versicherung für Dezember 01 bis Februar 02 i.H.v. 3.000 € und am 20.12.01 die Kfz-Steuer für die Zeit vom 05.12.01 bis 04.12.02 i.H.v. 1.200 €.

Lösung:
Kfz-Versicherung: aktive Rechnungsabgrenzung 2.000 €,
Kfz-Steuer: aktive Rechnungsabgrenzung 1.100 €.

3.2.2 Passive Rechnungsabgrenzung

Einnahmen vor dem Bilanzstichtag, die Ertrag für eine bestimmte Zeit nach diesem Stichtag darstellen (§ 250 Abs. 2 HGB, § 5 Abs. 5 S. 1 Nr. 2 EStG).

---

[220] Vgl. A. *Falterbaum/Beckmann*, Buchführung und Bilanz, 15. Aufl., 645.

3 Einzelne Ansatzvorschriften   147

Beispiel 25: Passive Rechnungsabgrenzung
Die E-AG hat bei der Vermietung von Büroräumen für eine Mietdauer von 24 Monaten von der Firma F bei Vertragsabschluß am 01.07.01 einen Betrag von 24.000 € erhalten. Die laufenden Mietzahlungen ermäßigen sich wegen dieser Vorleistung vertragsgemäß auf 300 € monatlich.

Lösung:
Es ist eine passive Rechnungsabgrenzung am 31.12.01 i.H.v. 18.000 € vorzunehmen.

3.2.3 Gemeinsame Voraussetzung für die Bildung von Rechnungsabgrenzungsposten

Folgende Voraussetzungen sind für die Bilanzierung von RAP erforderlich:

- Vorleistung eines Vertragspartners für eine zeitraumbezogene Gegenleistung des anderen Vertragspartners,
- Ausgabe oder Einnahme vor dem Bilanzstichtag,
- Aufwand oder Ertrag für eine bestimmte Zeit nach dem Bilanzstichtag.

Beispiel 26: Bestimmte Zeit nach dem Stichtag
Die B-AG hat für einen Werbespot im Fernsehen, der in der Zeit vom 01.11.01 bis 31.01.02 an jedem Dienstag jeweils einmal gesendet wird, insgesamt 200.000 € zu zahlen und bis zum 31.12.01 auch bezahlt.

Der BFH hat in diesem Zusammenhang einen Aktiven RAP für (degressive) Raten beim Mobilien-Leasing am 28.02.2001 (BStBl II 2001, 645) allein aus dem Grund nicht zugelassen, da man in diesem Fall keine Vorauszahlung des Nutzungsentgeltes für eine **bestimmte** Zeit annehmen kann. Anders als beim Immobilien-Leasing gäbe es hier keinen gleich bleibenden objektiven Wert der Nutzungsüberlassung, da die Reparaturanfälligkeit bei beweglichen WG diesem Erfahrungswert widerspricht.

Lösung:
Ein Aktiver Rechnungsabgrenzungsposten ist i.H.v. 66.667 € vertretbar, weil in den fest vereinbarten Sendeterminen im Monat Januar 02 eine **bestimmte Zeit nach dem Bilanzstichtag** gesehen werden kann.

3.2.4 Spezialvorschriften

Nach Handelsrecht **dürfen** (§ 250 Abs. 1 S. 2 HGB) und nach Steuerrecht **müssen** (§ 5 Abs. 5 S. 2 EStG) folgende Ausgaben aktiv abgegrenzt werden:

- Als Aufwand berücksichtigte Zölle und Verbrauchsteuern, soweit sie auf am Abschlussstichtag auszuweisende Wirtschaftsgüter des Vorratsvermögens entfallen,

- als Aufwand berücksichtigte Umsatzsteuer auf am Abschlussstichtag auszuweisende Anzahlungen.

Bei der letztgenannten Abgrenzung handelt es sich um die USt auf erhaltene Anzahlungen, wenn die Anzahlungen mit dem Bruttobetrag passiviert werden.

Beispiel 27: Buchung der USt auf Anzahlungen

Geldkonto	11.600 €	an	erhaltene Anzahlungen	11.600 €
akt. Rechnungsabgrenzung	1.600 €	an	USt-Schuld	1.600 €

3.2.5 Damnum (Disagio)

§ 250 Abs. 3 HGB regelt das handelsrechtliche Aktivierungswahlrecht für das Damnum. In der StB **muss** das Damnum aktiviert werden (BFH vom 29.06.1967, BStBl III 1967, 670). Die Auflösung des Damnums in der StB ist

- nach der linearen Methode bei Fälligkeitsdarlehen und
- nach der digitalen Methode bei Tilgungsdarlehen[221] vorzunehmen.

Beispiel 28: Digitale Auflösung des Damnums

Aufnahme eines Darlehens; Nennbetrag 200.000 €
Auszahlungsbetrag 190.000 €
Damnum 10.000 €
Laufzeit des Darlehens 10 Jahre,
Zinsen 6 % p.a., Tilgung 1 % + ersparte Zinsen.
Einbuchung des Darlehens:

Geldkonto	190.000 €	an	Darlehensverbindlichkeit	200.000 €
Damnum (RAP)	10.000 €			

Lösung:
Das Damnum ist auf die Kreditlaufzeit nach der digitalen Methode zu verteilen. Ermittlung des Nenners für den Bruch (n = Laufzeit des Kredites in Jahren):

$$\frac{(1+n) \times n}{2} = \frac{(1+10) \times 10}{2} = 55$$

Der Zähler des Bruches entspricht dem jeweiligen Jahr der Kreditlaufzeit in umgekehrter Reihenfolge (erstes Jahr der Laufzeit = 10, letztes Jahr der Laufzeit = 1).

1. Jahr	10/55 von 10.000 €	=	1.818 €
2. Jahr	von 10.000 €	=	1.636 €
...			

---

[221] Daneben wird eine Abschreibung auf die Zinsfestschreibungsdauer zugelassen.

4 Bewertungsfragen

4.1 Bewertungsgrundsätze

4.1.1 Allgemeines

Die Bewertungsgrundsätze des § 252 HGB sind als Mussvorschrift formuliert. Von den Grundsätzen darf nur in begründeten Ausnahmefällen abgewichen werden (§ 252 Abs. 2 HGB).

4.1.2 Die einzelnen Grundsätze

4.1.2.1 Bilanzidentität (§ 252 Abs. 1 Nr. 1 HGB)

Die Wertansätze in der Eröffnungsbilanz des Geschäftsjahrs müssen mit denen der SB des vorhergehenden Geschäftsjahrs übereinstimmen. Durch die Bilanzidentität wird die zutreffende Zerlegung des Unternehmenstotalgewinns in Periodenteilgewinne sichergestellt. Wegen ihrer Zweischneidigkeit (SB des abgelaufenen Wirtschaftsjahres = Eröffnungsbilanz des folgenden Wirtschaftsjahres) werden durch die Bilanz (Ausnahme: Betriebseröffnungsbilanz und Betriebsschlussbilanz) die Betriebsergebnisse zweier Wirtschaftsjahre beeinflusst. Eine Durchbrechung des Bilanzenzusammenhangs ist deshalb grundsätzlich unzulässig.

4.1.2.2 Going-Concern-Prinzip (§ 252 Abs. 1 Nr. 2 HGB)

Bei der Bewertung ist von der Fortführung der Unternehmenstätigkeit auszugehen, wenn dem nicht tatsächliche oder rechtliche Gegebenheiten entgegenstehen. Das Going-Concern-Prinzip bedeutet vor allem, dass die Liquidationswerte des AV im Jahresabschluss keine Rolle spielen.

4.1.2.3 Einzelbewertung, Stichtagsprinzip (§ 252 Abs. 1 Nr. 3 HGB)

Die Vermögensgegenstände und Schulden sind zum Abschlussstichtag einzeln zu bewerten. Der Grundsatz der Einzelbewertung macht es erforderlich, die Bewertungsgrundsätze des § 253 HGB auf jeden einzelnen Aktiv- und Passivposten anzuwenden. Wertminderungen einzelner Vermögensgegenstände dürfen nicht mit Wertzuwächsen anderer Vermögensgegenstände saldiert werden.

Die Bewertung hat nach den Wertverhältnissen am Abschlussstichtag zu erfolgen. Damit enthält die Vorschrift von § 253 Abs. 1 Nr. 3 HGB auch das Stichtagsprinzip. Das Stichtagsprinzip begründet die Stichtagsbezogenheit des Jahresabschlusses. In die Bewertung sind alle Ereignisse einzubeziehen, die bis zum Bilanzstichtag eingetreten sind. Zur Wertaushellung wird auf 4.1.2.7 verwiesen.

4.1.2.4 Vorsichts-, Realisations- und Imparitätsprinzip (§ 252 Abs. 1 Nr. 4 HGB)

Es ist vorsichtig zu bewerten, namentlich sind alle vorhersehbaren Risiken und Verluste, die bis zum Abschlussstichtag entstanden sind, zu berücksichtigen (Vorsichtsprinzip). Gewinne sind nur zu berücksichtigen, wenn sie am Abschlussstichtag realisiert sind (Realisationsprinzip). Mit Imparitätsprinzip ist die Ungleichbehandlung von Risiken und Chancen gemeint: Während die Risiken schon vor der Verdichtung zu einer echten Schuld qua Rückstellung berücksichtigt werden müssen, werden die Chancen als Gewinne erst dann erfolgswirksam „verbucht", wenn die konkrete erbrachte Leistung mängelfrei, d.h. nicht einredebehaftet ist.

4.1.2.5 Abgrenzungsgrundsätze (§ 252 Abs. 1 Nr. 5 HGB)

Aufwendungen und Erträge des Geschäftsjahrs sind unabhängig von den Zeitpunkten der entsprechenden Zahlungen im Jahresabschluss zu berücksichtigen. Die Abgrenzungsgrundsätze sind die Basis der periodengerechten Erfolgsermittlung.

4.1.2.6 Bewertungsstetigkeit (§ 252 Abs. 1 Nr. 6 HGB)

Die auf den vorhergehenden Jahresabschluss angewandten Bewertungsmethoden sollen beibehalten werden. Im Zusammenhang mit der Bewertungsstetigkeit ergeben sich folgende Fragen:

- Welcher Anwendungsbereich ist von der Bewertungsstetigkeit betroffen?
- Wann liegt ein begründeter Ausnahmefall i.S.v. § 252 Abs. 2 HGB vor, in dem von der Bewertungsstetigkeit abgewichen werden darf?

Zum Anwendungsbereich der Bewertungsstetigkeit finden sich in der Lit.[222] folgende Meinungen:

- Der Grundsatz ist nicht auf Ansatzwahlrechte anzuwenden.
- Der Grundsatz gilt nur für Bewertungs**methoden.**
- Der Grundsatz ist nicht auf pflichtgemäße Änderungen von Bewertungsmethoden anzuwenden (z.B. nach Gesetzesänderungen).
- Der Grundsatz betrifft nicht die steuerlichen Bewertungswahlrechte.

Ausnahmefälle, in denen die Abweichung von der Bewertungsstetigkeit begründet ist, sind nach herrschender Meinung[223] vor allem die Folgenden:

1. Das Bilanzrecht ändert sich durch Änderung der gesetzlichen Vorschriften.
2. Ein Inhaber- oder Gesellschafterwechsel führt zu einer geänderten Geschäftspolitik.
3. Das Unternehmen schließt sich einem Konzern an und muss dessen Bewertungsmethoden übernehmen.

---

[222] S. *Pfleger* in *Gnam/Federmann*, HdB, Stichw. 27a, Rz. 74 m.w.N.
[223] So z.B. *ADS*, Rechnungslegung und Prüfung der Unternehmen, HGB §252, Anm. 107.

4 Bewertungsfragen

4. Die Veränderung des Kostenrechnungssystems führt zu veränderten Kostenverrechnungen und wirkt sich dadurch entscheidend auf die Ermittlung der HK aus.
5. Die geänderte (neue) Bewertungsmethode führt zu einer klareren oder übersichtlicheren Darstellung der Vermögens-, Finanz- und Ertragslage.
6. Die Durchbrechung des Grundsatzes der Bewertungsstetigkeit hat eine bessere Vergleichbarkeit der Jahresabschlüsse zur Folge.
7. Anpassung an die Ergebnisse einer steuerlichen Betriebsprüfung.

Grundsätzlich ist die Durchbrechung des Grundsatzes der Bewertungsstetigkeit immer zulässig, wenn das Unternehmen begründen kann, dass das Gebot der Willkürfreiheit beachtet wurde.

4.1.2.7 Wertaufhellungsgrundsatz (§ 252 Abs. 1 Nr. 4 HGB)

Der Kaufmann hat wertaufhellende Tatsachen, die ihm in der Zeit **zwischen dem Bilanzstichtag und dem Tag der Bilanzaufstellung** bekannt werden, bei der Bewertung der Wirtschaftsgüter in der Bilanz zu berücksichtigen. Die Anwendung dieses Grundsatzes auch für die StB wurde in mehreren Urteilen bestätigt, zuletzt durch BFH vom 11.12.2001 (BFH/NV 2002, 486).

Die Wertaufhellung macht es erforderlich, dass bei der Bilanzierung und Bewertung nicht nur die am Bilanzstichtag vorliegenden und bekannten Verhältnisse zu berücksichtigen sind, sondern auch zwischen dem Stichtag und dem Tag der Bilanzaufstellung bekannt werdende Stichtagsverhältnisse verarbeitet werden müssen. Besonders bei Forderungsbewertungen und Rückstellungen ist der Wertaufhellungs-Grundsatz von Bedeutung, weil hier die Bemessung der Höhe innerhalb eines gewissen Schätzungsrahmens liegt, der dem Unternehmer zugebilligt wird.

> **Beispiel 29: Wertaufhellende Tatsachen I**
> Das Bauunternehmen Max Mörtel soll bei Ausschachtungsarbeiten auf einer Baustelle das Fundament des Gebäudes auf dem Nachbargrundstück beschädigt haben. Nach Behauptungen eines Mieters des Nachbargrundstücks soll die Beschädigung des Fundaments bei Baggerarbeiten am 20.12.01 eingetreten sein. Der Eigentümer des Nachbargrundstücks, Nils Neben, verlangt deshalb die Reparatur des Fundaments auf Kosten des Unternehmers Mörtel und Schadenersatz für die Wertminderung des beschädigten Gebäudes. Neben machte seine Ansprüche im Januar 02 mit einem Schreiben an die Fa. Mörtel geltend. Der von Neben verlangte Schadenersatz beträgt 25.000 €. Die erforderlichen Aufwendungen für die Beseitigung der Schäden am Fundament des Nachbarhauses (Einzelkosten und angemessene Teile der notwendigen Gemeinkosten) schätzt Mörtel auf 40.000 €. Da zwischen Neben und Mörtel keine Einigung über die Schadenshöhe erzielt werden konnte, reichte Neben am 12. September 02 eine Klage gegen das Bauunternehmen Mörtel ein, in der er die Beseitigung der Schäden an seinem Gebäude und die Zahlung des Schadenersatzes wegen Wertminderung verlangte.

Das Bauunternehmen Mörtel bilanziert regelmäßig auf den 31.12. eines jeden Jahres. Die Bilanzen wurden jeweils am **30. April** des Folgejahres aufgestellt. Beurteilt werden soll die Rückstellungsbildung an den Bilanzstichtagen 31.12.01 bis 31.12.03. Dabei sollen folgende Fallalternativen berücksichtigt werden:

1. Alternative:
Der Rechtsstreit zwischen Mörtel und Neben wird mit Urteil vom 15.12.03 vollen Umfangs zu Gunsten des Beklagten entschieden, weil der Fa. Mörtel kein Verschulden nachgewiesen werden konnte. Das Urteil wurde im Januar 04 rechtskräftig.

2. Alternative:
Das Urteil erging am 15.01.04

3. Alternative:
Kläger und Beklagter einigen sich am 17.03.04 in einem außergerichtlichen Vergleich. Danach hat Mörtel den entstandenen Schaden zu beseitigen. Neben verzichtet auf den Schadenersatz.

Lösung:

31.12.01
Die Verpflichtung zur Reparatur des Fundaments und zur Leistung von Schadenersatz wurde durch die am 20.12.01 eingetretene Beschädigung begründet. Damit besteht für das Unternehmen Mörtel die Pflicht, in der Bilanz per 31.12.01 entsprechende Rückstellungen zu bilden (§ 249 Abs. 1 HGB). Die Höhe der Rückstellungen beläuft sich auf 40.000 € für die Beseitigung des Schadens und auf 25.000 € für den geforderten Schadenersatz. Die Geltendmachung der Ansprüche im Januar 02 stellt eine wertaufhellende Tatsache dar, die den am Bilanzstichtag vorliegenden Sachstand untermauert und für die Höhe der Rückstellung wegen Schadenersatz von Bedeutung ist.

31.12.02
Die Rückstellungen vom 31.12.01 sind unverändert fortzuführen, weil sich die Verhältnisse gegenüber dem letzten Bilanzstichtag nicht verändert haben.

31.12.03
1. Alternative
Obwohl das Urteil zugunsten der Fa. Mörtel vor dem Bilanzstichtag erging, sind die Rückstellungen am 31.12.03 nicht aufzulösen, weil von der Rspr. verlangt wird, dass zur Wahrung des Vorsichtsprinzips nur ein **rechtskräftiges** Urteil Grundlage für die entsprechende Bilanzierung sein kann (so BFH vom 26.04.1989 BStBl II 1991, 213[224]). Der Eintritt der Rechtskraft des Urteils noch vor Aufstellung der Bilanz auf den 31.12.03 ist **nicht** als wertaufhellende Tatsache zu werten (BFH vom 30.01.2002, DB 2002, 871). Insoweit wurden

---

[224] Zuletzt BFH vom 30.01.2002, DB 2002, 871.

die Grundsätze der Senatsentscheidung des BFH vom 17.01.1973 (BStBl II 1973, 320) aufgegeben.

2. Alternative
Da das Urteil zugunsten der Fa. Mörtel erst nach dem Bilanzstichtag ergangen ist, dürfen die Rückstellungen am 31.12.03 noch nicht aufgelöst werden. Eine nach dem Bilanzstichtag ergehende klageabweisende endgültige Entscheidung vermag nicht rückwirkend und auch nicht „wertaufhellend" das tatsächlich zum Abschluss-Stichtag fortbestehende Risiko der Inanspruchnahme zu beseitigen (BFH vom 27.11.1997 BStBl II 1998, 375).

3. Alternative
Der im Jahr 04 geschlossene Vergleich zwischen Mörtel und Neben stellt eine wertbeeinflussende Tatsache dar, die keine Rückschlüsse auf den Abschlussstichtag 31.12.03 zulässt (BFH vom 03.07.1991, BStBl II 1991, 802). Die Rückstellung wegen Schadenersatz darf am 31.12.03 nicht aufgelöst werden, weil das Risiko der Inanspruchnahme an diesem Stichtag noch fortbestand. Ähnlich wird nach BFH vom 30.01.2002, a.a.O. ein Rechtsmittelverzicht des Prozessgegners zwischen Bilanzstichtag und Bilanzerstellung nicht als wertaufhellende Tatsache angesehen.

4.1.3 Anwendungsgrundsätze für die Wertaufhellung

Für die Anwendung der Wertaufhellung bei der Bilanzierung und Bewertung sind folgende Grundsätze von Bedeutung:

4.1.3.1 Tag der Bilanzaufstellung

Unter dem im Rahmen der Wertaufhellungstheorie so bedeutsamen Tag der Bilanzaufstellung ist der Tag zu verstehen, an dem die entscheidenden Bilanzarbeiten abgeschlossen werden und die Bilanz im wesentlichen fertiggestellt ist. Der BFH hat in seinem Urteil vom 27.04.1965, a.a.O.[225] ausgeführt, dass die Wertaufhellungstheorie nur anwendbar ist, wenn die Bilanz innerhalb einer angemessenen Frist nach Ablauf des Wirtschaftsjahrs aufgestellt wird. Als Fristen für die Bilanzaufstellung sind gesetzlich festgelegt:

- Für KapG 3 Monate (§ 264 Abs. 1 S. 2 HGB),
- für kleine KapG 6 Monate (§ 264 Abs. 1 S. 3 HGB),
- für sonstige Unternehmen innerhalb der einem ordnungsgemäßen Geschäftsgang entsprechenden Zeit (§ 243 Abs. 3 HGB).

Diese Fristen sind auch steuerlich zu beachten. Die Rspr. (BFH vom 06.12.1983, BStBl II 1984, 227) hat bei einem Einzelunternehmer die Bilanzerstellung innerhalb einer Frist von einem Jahr nach Ablauf des Geschäftsjahrs als noch ordnungsmäßig bezeichnet.

---
[225] Bestätigt durch BFH vom 28.03.2000 (BStBl II 2002, 227).

4.1.3.2 Bessere Erkenntnis nach der Bilanzaufstellung

Besteht die Ungewissheit noch am Tag der Bilanzaufstellung fort, so muss der Kaufmann nach bestem Wissen und Gewissen über den Wertansatz entscheiden (sog. subjektive Bilanzrichtigkeit). Eine nachträglich erkennbare Fehlbeurteilung macht die Bilanz nicht unrichtig (BFH vom 11.10.1960 BStBl II 1961, 3). Sie ist auch kein Grund für eine Bilanzberichtigung gem. § 4 Abs. 2 EStG.

4.1.3.3 Wertaufhellende und wertbeeinflussende Tatsachen

Die Wertaufhellungstheorie, zu der der BFH in seinem Grundsatzurteil übrigens ausdrücklich feststellt, dass sie keine Abkehrung vom Stichtagsprinzip bedeute, unterscheidet zwischen wertaufhellenden und wertbeeinflussenden Tatsachen.

4.1.3.4 Wertaufhellende Tatsachen

Nach BFH vom 04.04.1973 (BStBl II 1973, 485) liegen wertaufhellende Tatsachen vor, wenn der Bilanzierende bis zur Bilanzaufstellung Kenntnis von Stichtagsverhältnissen erlangt hat, die am Bilanzstichtag noch nicht bekannt waren und ihn in die Lage versetzen, den objektiven Wert, z.B. der Forderungen, am Bilanzstichtag zu erkennen. So macht z.B. der vollständige Forderungseingang bis zur Bilanzaufstellung deutlich, dass am Bilanzstichtag eine Minderbewertung objektiv nicht gerechtfertigt war. Deshalb sind die wertaufhellenden Tatsachen bei der Bilanzaufstellung zu berücksichtigen.

> **Beispiel 30: Wertaufhellende Tatsachen II**
> Ein Kaufmann erfährt vor der Bilanzaufstellung zum 31.12. des Vorjahres, dass bei seinem Kunden, gegen den er eine Forderung bilanziert, am 30.12. des vorangegangenen Kj. das Warenlager durch Feuer völlig vernichtet wurde und der Kunde wegen Unterversicherung zahlungsunfähig geworden ist.
>
> **Lösung:**
> Die Forderung des Kaufmanns gegen den Kunden ist am 31.12. des Vorjahres auf den niedrigeren beizulegenden Wert abzuschreiben, weil die Zahlungsunfähigkeit des Kunden in einem Ereignis vor dem Bilanzstichtag begründet ist.

4.1.3.5 Wertbeeinflussende Tatsachen

Wertbeeinflussende Tatsachen sind nach Ansicht des BFH solche, die keine Rückschlüsse auf die Wertverhältnisse am Bilanzstichtag zulassen und deshalb nicht zu einer objektiven Wertfindung beitragen. Die wertbeeinflussenden Tatsachen wirken sich auf das neue Wj. aus. Da sie für das abgelaufene Geschäftsjahr keine bessere Einsicht liefern, bleiben sie bei der Bilanzaufstellung für die abgelaufene Periode unberücksichtigt.

Beispiel 31: Wertbeeinflussende Tatsachen
Der Unternehmer schließt mit einem Geschäftspartner, der ihn vor dem Bilanzstichtag wegen Schadenersatz verklagt hat, nach dem Stichtag, aber vor dem Tag der Bilanzaufstellung einen außergerichtlichen Vergleich.

Lösung:
Der nach dem Bilanzstichtag geschlossene Vergleich erhellt nicht die Stichtagsverhältnisse, sondern setzt neue Fakten. Das Ergebnis des Vergleichs ist bei der Bewertung der Rückstellung wegen Schadenersatz nicht zu berücksichtigen.

4.1.3.6 Die Wertaufhellungstheorie bei Pauschalbewertungen

Der BFH hat mit dem bereits zitierten Urteil vom 27.04.1965, a.a.O. einen Weg gesucht, Erkenntnisse zwischen Bilanzstichtag und Bilanzaufstellung für eine zutreffende Bilanzierung nutzbar zu machen. In dem Urteilsfall ging es um eine Rückstellung für Wechselobligo. Der entscheidende Satz in dem Urteil lautet: „Umstände, aus denen man zur Zeit der Bilanzaufstellung Schlüsse auf das Bestehen oder Nichtbestehen eines Rückgriffsrisikos ziehen kann, müssen i.d.R. vom Kaufmann berücksichtigt werden, auch wenn sie am Bilanzstichtag noch nicht eingetreten oder noch nicht bekannt waren."

In dem Urteil des BFH vom 19.12.1972 (BStBl II 1973, 218) führt der Senat dazu weiter aus: „Eine Bilanz würde nicht den GoB entsprechen, wenn der Kaufmann bei ihrer Aufstellung für die Bewertung bedeutsame Verhältnisse nicht berücksichtigt, die ihm rechtzeitig zur Kenntnis gekommen sind oder die er bei sorgfältiger Erforschung der Umstände des Bilanzstichtags hätte erkennen müssen."

Auch in diesem Urteil ging es um die Pauschalrückstellung für das Wechselobligo. Dazu heißt es dann: „Aufgrund der Einlösung der Wechsel bis zum Tag der Bilanzaufstellung ist der Schluss gerechtfertigt, dass ein Ausfall der durch Wechsel gesicherten Forderung bzw. eine Inanspruchnahme aus einem weitergegebenen Wechsel am Bilanzstichtag nicht drohte, so dass für die Bildung eines Delkrederes oder einer Rückstellung kein Anlass besteht."

Beispiel 32: Wertaufhellung bei Pauschalbewertungen
Ein Unternehmer hat am Bilanzstichtag einen Bestand an weitergegebenen Wechseln i.H.v. 1.000.000 €. Bis zum Tag der Bilanzaufstellung (15.03. des Folgejahres) sind alle am Bilanzstichtag im Umlauf befindlichen Wechsel von den Bezogenen eingelöst worden.

Lösung:

Gesamtbetrag der am Bilanzstichtag weitergegebenen Wechsel, für die das Pauschalverfahren angewendet wird	1.000.000 €
Grundsätzlich maßgeblicher Prozentsatz:	3 %
Rechnerische Pauschalrückstellung	30.000 €
am Tag der Bilanzaufstellung noch nicht eingelöste Wechsel vom Bilanzstichtag	0 €
zulässige Pauschalrückstellung in der StB	0 €

Die vorgenannten Grundsätze sind bei der Bildung von Pauschalwertberichtigungen auf Forderungen, soweit dadurch das reine Ausfallrisiko berücksichtigt werden soll, entsprechend anzuwenden.

4.2 Bewertungsvorschriften nach Handels- und Steuerrecht

Anm.: Die Ausführungen zu 4.2.1 – 4.2.6 erfolgen in der Form eines Kurzkommentars, da sie nur technische Basis-Informationen zur Wiederholung enthalten, an denen der Leser sein Wissen verproben kann.

4.2.1 Handelsrechtliche Bewertung des abnutzbaren Anlagevermögens

Die handelsrechtliche Bewertung der Positionen des AV ist wie folgt vorzunehmen:

- **Ausgangswert:**
  AK/HK, vermindert um planmäßige Abschreibungen gem. § 253 Abs. 2 S. 1 und 2 HGB (§ 255 Abs. 1 und 2 HGB).

- **Wertminderungen:**
  - Niedrigerer Stichtagswert, voraussichtlich vorübergehende Wertminderung: Wahlrecht gem. § 253 Abs. 2 S. 3 HGB; bei KapG nicht zulässig gem. § 279 Abs. 1 S. 2 HGB.
  - Niedrigerer Stichtagswert, voraussichtlich dauernde Wertminderung: zwingend gem. § 253 Abs. 2 S. 3, 2. HS HGB.
  - Minderung aus der Übertragung von steuerfreien Rücklagen, steuerliche Sonderabschreibungen, erhöhte Absetzungen: Wahlrecht gem. § 254 HGB; bei KapG nur zulässig, wenn der Ansatz in der HB steuerlich notwendig ist (§ 279 Abs. 2 HGB).
  - Weitere Abschreibungen im Rahmen vernünftiger kaufmännischer Beurteilung: Wahlrecht gem. § 253 Abs. 4 HGB; bei KapG nicht zulässig gem. § 279 Abs. 1 HGB.

- **Werterhöhungen:**
  Bei Wegfall der Voraussetzungen ist Wertaufholung (Obergrenze AK/HK, vermindert um planmäßige Abschreibungen gem. § 253 Abs. 1 S. 1 HGB) zulässig, niedrigerer Ansatz darf aber auch beibehalten werden gem. §§ 253 Abs. 5, 254 S. 2 HGB; bei

KapG ist Wertaufholung zwingend gem. § 280 Abs. 1 HGB; § 280 Abs. 2 HGB hat keine Bedeutung mehr.

Beispiel 33: Handelsrechtliche Bewertung des abnutzbaren AV
A hat am 02.01.01 für 30.000 € eine Maschine mit einer betriebsgewöhnlichen ND von 10 Jahren erworben. Nach einem Jahr Nutzung stellte sich heraus, dass die elektronische Steuerung der Maschine anfällig war. Wegen ständiger Unterbrechungen in der Betriebsbereitschaft konnte die Maschine im Jahr 02 nur zu 80 % ihrer normalen Auslastung genutzt werden. Am 31.12.03 beträgt der beizulegende Wert der Maschine 22.000 €, nachdem durch eine kleine Reparatur nach dem Motto „gewusst wie" die Störanfälligkeit auf Dauer beseitigt worden war.

Lösung:

AK 01	30.000 €
./. planmäßige Abschreibung 01 und 02	6.000 €
Zwischensumme	24.000 €
./. außerplanmäßige Abschreibung (20 %)	4.800 €
BW 31.12.02	**19.200 €**
Planmäßige Abschreibung 03 (19.200/7 =)	2.743 €

Anmerkung 1:
Wenn es sich um eine voraussichtlich dauernde Wertminderung handelt, muss die außerplanmäßige Abschreibung vorgenommen werden (§ 253 Abs. 2 S. 3, letzter HS HGB).
Bei KapG darf die außerplanmäßige Abschreibung nur vorgenommen werden, wenn die Wertminderung voraussichtlich von Dauer ist (§ 279 Abs. 1 S. 2 HGB).
Nach der Reparatur mit endgültiger Mängelbeseitigung im Jahr 03 kann der Ansatz der Maschine in der HB am 31.12.03 mit 16.457 € (19.200 € ./. 2.743 €) erfolgen oder eine Zuschreibung auf 21.000 € (= 24.000 € ./. 3.000 €) vorgenommen werden gem. § 253 Abs. 5 HGB.

Anmerkung 2:
KapG müssen in der HB auf 21.000 € zuschreiben (§ 280 Abs. 1 HGB).

4.2.2 Steuerrechtliche Bewertung des abnutzbaren Anlagevermögens

Die steuerrechtliche Bewertung der Positionen des AV ist wie folgt vorzunehmen:

- **Ausgangswert:**
  AK/HK, vermindert um die Absetzung für Abnutzung (AfA) gem. § 7 und § 6 Abs. 1 Nr. 1 S. 1 EStG;

- **Wertminderungen:**
  - Niedrigerer Teilwert:
    Wahlrecht[226] bei voraussichtlich dauernder Wertminderung (§ 6 Abs. 1 Nr. 1 S. 2 EStG).
  - niedrigerer Ansatz wegen Vornahme einer AfaA (§ 7 Abs. 1 S. 6 EStG).
  - Minderung aus der Übertragung von steuerfreien Rücklagen, Sonderabschreibungen, erhöhte Absetzungen:
    Wahlrecht; Voraussetzung ist ein entsprechender Ausweis in der HB – § 5 Abs. 1 S. 2 EStG.
  - Weitere Abschreibungen im Rahmen vernünftiger kaufmännischer Beurteilung sind nicht zulässig.

- **Werterhöhungen:**
  Bei Wegfall der Voraussetzungen ist Wertaufholung geboten, Höchstwert: fortgeschriebene AK oder HK bzw. fortgeschriebener Einlagewert; es sei denn, der TW ist niedriger gem. § 6 Abs. 1 Nr. 1 S. 4 EStG bzw. § 7 Abs. 1 S. 6 EStG).
  Nach vorheriger Minderung aus der Übertragung von steuerfreien Rücklagen, Sonderabschreibungen oder erhöhten Absetzungen ist die Wertaufholung nur zwingend, wenn und soweit Zuschreibungen in der HB erfolgen gem. § 5 Abs. 1 S. 1 EStG.

> **Beispiel 34: Steuerrechtliche Bewertung des abnutzbaren AV**
> Der Sachverhalt entspricht Beispiel 33.
>
> **Lösung:**
> Eine Abschreibung auf den niedrigeren TW darf am 31.12.02 nur vorgenommen werden, wenn die Wertminderung voraussichtlich von Dauer sein wird. Die den Mangel voll beseitigende Reparatur im Jahr 03 führt zu dem Ergebnis, dass die Wertminderung nicht von Dauer ist. Eine TW-AfA auf den 31.12.02 ist deshalb nicht zulässig. Aus diesem Grund stellt sich die Frage nach der im Steuerrecht zwingenden Wertaufholung in diesem Fall nicht. Die Maschine ist in der StB am 31.12.02 mit 24.000 € und am 31.12.03 mit 21.000 € anzusetzen.

4.2.3 Handelsrechtliche Bewertung des nicht abnutzbaren Anlagevermögens

Die handelsrechtliche Bewertung der Positionen des nicht abnutzbaren AV ist wie folgt vorzunehmen:

- **Ausgangswert:**
  AK/HK gem. §§ 253 Abs. 1 S. 1, 255 Abs. 1 und 2 HGB.

---

[226] Bei der Gewinnermittlung nach § 5 EStG (Einkünfte aus Gewerbebetrieb) ist das Maßgeblichkeitsprinzip zu beachten. Danach sind auch im Ertragsteuerrecht die handelsrechtlichen Vorschriften der §§ 252 – 256, 279 und 280 HGB maßgebend, es sei denn, das Steuerrecht schreibt etwas Abweichendes vor. Dadurch wird das Wahlrecht zum Ansatz des niedrigeren TW lt. Steuerrecht vom teilweise herrschenden Ansatzzwang für den niedrigeren Stichtagswert lt. Handelsrecht überlagert.

- **Wertminderungen:**
  - Niedriger Stichtagswert, voraussichtlich vorübergehende Wertminderung: Wahlrecht gem. § 253 Abs. 2 S. 3 HGB; bei KapG nur zulässig für Finanzanlagen gem. § 279 Abs. 1 S. 2 HGB.
  - Niedriger Stichtagswert, voraussichtlich dauernde Wertminderung: zwingend gem. § 253 Abs. 2 S. 3, 2. HS HGB.
  - Minderung aus der Übertragung von steuerfreien Rücklagen: Wahlrecht gem. § 254 HGB; bei KapG nur zulässig, wenn Ansatz in der HB steuerlich notwendig gem. § 279 Abs. 2 HGB.
  - Weitere Abschreibungen im Rahmen vernünftiger kaufmännischer Beurteilung: Wahlrecht gem. § 253 Abs. 4 HGB; bei KapG nicht zulässig gem. § 279 Abs. 1 S. 1 HGB.

- **Werterhöhungen:**
  Bei Wegfall der Voraussetzungen ist Wertaufholung (Obergrenze AK/HK gem. § 253 Abs. 1 S. 1 HGB) zulässig, niedrigerer Ansatz darf aber beibehalten werden gem. §§ 253 Abs. 5, 254 S. 2 HGB; bei KapG ist Wertaufholung zwingend gem. § 280 Abs. 1 HGB; § 280 Abs. 2 HGB hat keine Bedeutung mehr.

Beispiel 35: Handelsrechtliche Bewertung des nicht abnutzbaren AV
B hatte im Jahr 01 ein unbebautes Grundstück für 100.000 € erworben, um es irgendwann einmal mit einem Bürohaus für seinen Betrieb zu bebauen. Zum Ende des Jahres 04 erfuhr B von einem „Gewährsmann", der an und für sich immer sehr gut unterrichtet ist, dass sein Grundstück wahrscheinlich nicht bebaut werden dürfe. Im Jahr 05 wurde dann ein Bebauungsplan veröffentlicht, der diese Information bestätigte. Dadurch trat eine Wertminderung des Grundstücks um 80% der AK ein. Aufgrund eines Widerspruchs gegen den Bebauungsplan wurde das Bauverbot im Jahr 06 aufgehoben; dadurch stieg der Wert des Grundstücks zum 31.12.06 auf 180.000 €.

Lösung:
Die Mitteilung des „Gewährsmannes" reicht für eine außerplanmäßige Abschreibung nicht aus; erst die rechtswirksame Veröffentlichung des Bebauungsplans führt zu einer Wertminderung des Grundstücks und kann eine Abschreibung auslösen. Ob durch die Aufstellung von Bebauungsplänen eine Wertminderung von Dauer eintritt, kann angesichts der häufigen Änderungen solcher Pläne zweifelhaft sein. Deshalb ist das Grundstück in der HB am 31.12.01 bis 31.12.04 mit den AK von 100.000 € zu bilanzieren; am 31.12.05 **kann** der niedrigere beizulegende Wert von 20.000 € angesetzt werden (§ 253 Abs. 2 S. 3 HGB).
Der Wiederanstieg des Grundstückswerts erlaubt am 31.12.06 eine Zuschreibung in der HB bis zu den AK von 100.000 € (§ 253 Abs. 1 S. 1 und Abs. 5 HGB).

Anmerkung:
Sollte doch eine Wertminderung von Dauer unterstellt werden und demzufolge eine Abschreibung vorgenommen sein, so **müssen** KapG eine Zuschreibung in der HB per 31.12.06 vornehmen (§ 280 Abs. 1 HGB).

4.2.4 Steuerrechtliche Bewertung des nicht abnutzbaren Anlagevermögens

Die steuerrechtliche Bewertung der Positionen des nicht abnutzbaren AV ist wie folgt vorzunehmen:

- **Ausgangswert:**
  AK/HK gem. § 6 Abs. 1 Nr. 2 S. 1 EStG.
- **Wertminderungen:**
  - Niedrigerer Teilwert:
    Wahlrecht[227] bei voraussichtlich dauernder Wertminderung gem. § 6 Abs. 1 Nr. 2 S. 2 EStG;
  - Minderung aus der Übertragung von steuerfreien Rücklagen:
    Wahlrecht; Voraussetzung ist ein entsprechender Ausweis in der HB gem. § 5 Abs. 1 S. 2 EStG;
  - weitere Abschreibungen im Rahmen vernünftiger kaufmännischer Beurteilung sind nicht zulässig.
- **Werterhöhungen:**
  Bei Wegfall der Voraussetzungen ist Wertaufholung (Obergrenze: AK/HK/Einlagewert, es sei denn, der TW ist niedriger) geboten gem. § 6 Abs. 1 Nr. 2 S. 3 EStG.
  Nach vorheriger Minderung aus der Übertragung von steuerfreien Rücklagen, Sonderabschreibungen oder erhöhten Absetzungen ist die Wertaufholung nur zwingend, wenn und soweit Zuschreibungen in der HB erfolgen gem. § 5 Abs. 1 S. 1 EStG.

> **Beispiel 36: Steuerrechtliche Bewertung des nicht abnutzbaren AV**
> Der Sachverhalt entspricht dem in Beispiel 35.
>
> **Lösung:**
> In der StB ist die TW-AfA wegen voraussichtlich nicht dauernder Wertminderung unzulässig (§ 6 Abs. 1 Nr. 2 S. 2 EStG). Das Grundstück ist deshalb durchgängig mit den AK von 100.000 € zu bilanzieren.
> Wegen mangelnder TW-AfA ist die steuerlich zwingende Wertaufholung hier nicht relevant.

---

[227] S. FN 1.

4.2.5 Handelsrechtliche Bewertung des Umlaufvermögens

Die handelsrechtliche Bewertung der Positionen des Umlaufvermögens ist wie folgt vorzunehmen:

- **Ausgangswert:**
  AK/HK gem. §§ 253 Abs. 1 S. 1, 255 Abs. 1 und 2 HGB.

- **Wertminderungen:**
  - Niedrigerer Börsen- oder Marktpreis bzw. Stichtagswert:
    Zwingend gem. § 253 Abs. 3 S. 1 und 2 HGB;
  - Abschreibungen zum Ausgleich von Wertschwankungen in nächster Zukunft:
    Wahlrecht gem. § 253 Abs. 3 S. 3 HGB;
  - Minderung aufgrund steuerlicher Bewertungsfreiheiten:
    Wahlrecht gem. § 254 S. 1 HGB; bei KapG nur zulässig, wenn der Ansatz in der HB steuerrechtlich notwendig ist gem. § 279 Abs. 2 HGB;
  - weitere Abschreibungen im Rahmen vernünftiger kaufmännischer Beurteilung:
    Wahlrecht gem. § 253 Abs. 4 HGB; bei KapG nicht zulässig gem. § 279 Abs. 1 S. 1 HGB.

- **Werterhöhungen:**
  Bei Wegfall der Voraussetzungen ist Wertaufholung (Obergrenze AK/HK gem. § 253 Abs. 1 S. 1 HGB) zulässig, niedriger Ansatz darf aber beibehalten werden gem. §§ 253 Abs. 5, 254 S. 2 HGB; bei KapG ist Wertaufholung zwingend gem. § 280 Abs. 1 HGB; § 280 Abs. 2 HGB hat keine Bedeutung mehr.

> **Beispiel 37: Handelsrechtliche Bewertung des Umlaufvermögens**
> C hat Wertpapiere im Umlaufvermögen. Die AK von 100.000 € wurden im Vorjahr entsprechend dem Börsenkurswert auf 80.000 € abgeschrieben. Wegen der Kurssteigerung auf 105.000 € beabsichtigt C in der Bilanz des laufenden Jahres einen Zwischenwert von 95.000 € anzusetzen.
>
> **Lösung:**
> Der Ansatz eines Zwischenwerts ist für Personenunternehmen zulässig (§ 253 Abs. 5 i.V.m. § 253 Abs. 1 S. 1 HGB). KapG müssen bis zu den AK (hier: 100.000 €) aufstocken (§ 280 Abs. 1 HGB).

4.2.6 Steuerrechtliche Bewertung des Umlaufvermögens

Die steuerrechtliche Bewertung der Positionen des Umlaufvermögens ist wie folgt vorzunehmen:

- **Ausgangswert:**
  AK/HK gem. § 6 Abs. 1 Nr. 2 S. 1 EStG.

- **Wertminderungen:**
  - Niedrigerer Teilwert:
    Wahlrecht[228] bei voraussichtlich dauernder Wertminderung gem. § 6 Abs. 1 Nr. 2 S. 2 EStG;
  - Abschreibungen zum Ausgleich von Wertschwankungen in nächster Zukunft: Wahlrecht (BFH vom 17.07.1956, BStBl III 1956, 379) für im Preis stark schwankende Waren;
  - Minderung aus der Übertragung von steuerfreien Rücklagen:
    Wahlrecht; Voraussetzung ist entsprechender Ausweis in der HB gem. § 5 Abs. 1 S. 2 EStG;
  - weitere Abschreibungen im Rahmen vernünftiger kaufmännischer Beurteilung sind nicht zulässig.

- **Werterhöhungen:**
  Bei Wegfall der Voraussetzungen ist Wertaufholung (Obergrenze: AK/HK/Einlagewert, es sei denn, der TW ist niedriger) geboten gem. § 6 Abs. 1 Nr. 2 S. 3 EStG.
  Nach vorheriger Minderung aus der Übertragung von steuerfreien Rücklagen, Sonderabschreibungen oder erhöhten Absetzungen ist die Wertaufholung nur zwingend, wenn und soweit Zuschreibungen in der HB erfolgen gem. § 5 Abs. 1 S. 1 EStG.

> **Beispiel 38: Steuerrechtliche Bewertung des Umlaufvermögens**
> Der Sachverhalt entspricht Beispiel 37.
>
> **Lösung:**
> Alle Unternehmen – ohne Rücksicht auf die Unternehmensform – müssen Wertaufholung bis zu den AK i.H.v. 100.000 € vornehmen (§ 6 Abs. 1 Nr. 2 S. 3 i.V.m. Nr. 1 S. 4 EStG).

4.2.7 Voraussichtlich dauernde Wertminderung und Wertaufholung im Steuerrecht

4.2.7.1 Gesetzliche Vorschriften

Teilwertabschreibungen in der StB sind nur zulässig, wenn die Wertminderung voraussichtlich von Dauer ist (§ 6 Abs. 1 Nr. 1 S. 2, § 6 Abs. 1 Nr. 2 S. 2 EStG).

Wirtschaftsgüter, die bereits am Schluss des vorangegangenen Wirtschaftsjahrs zum abnutzbaren AV des Unternehmers gehört haben, sind mit den um die AfA geminderten Anschaffungs- oder HK anzusetzen, es sei denn, der TW ist aufgrund einer voraussichtlich dauernden Wertminderung niedriger (§ 6 Abs. 1 Nr. 1 S. 4 EStG). Wirtschaftsgüter, die bereits am Schluss des vorangegangenen Wirtschaftsjahrs zum nicht abnutzbaren AV oder zum Umlaufvermögen des Unternehmers gehört haben, sind mit den Anschaffungs- oder HK anzusetzen, es sei denn, der TW ist aufgrund einer voraussichtlich dauernden Wertminderung niedriger (§ 6 Abs. 1 Nr. 2 S. 3 EStG).

---

[228] S. FN 1.

4.2.7.2 Anweisungen der Finanzverwaltung

Im BMF-Schreiben vom 25.02.2000[229] hat die Finanzverwaltung dazu Stellung genommen, wie die **voraussichtlich dauernde** Wertminderung i.S.v. § 6 Abs. 1 Nr. 1 S. 2 und Nr. 2 S. 2 EStG zu beurteilen ist. Ferner wird in dem Schreiben die zwingende Wertaufholung gem. § 6 Abs. 1 Nr. 1 S. 4 und Nr. 2 S. 3 sowie § 7 Abs. 1 S. 6 EStG erläutert.

4.2.7.3 Definition der dauernden Wertminderung im BMF-Schreiben vom 25.02.2000

Eine voraussichtlich dauernde Wertminderung bedeutet ein voraussichtlich nachhaltiges Absinken des dem Wirtschaftsgut innewohnenden Werts unter den maßgeblichen BW; eine nur vorübergehende Wertminderung reicht für eine TW-AfA nicht aus. Die Definition der voraussichtlich dauernden Wertminderung ist dem Handelsrecht entlehnt, so dass insoweit von einer Zusammenführung des Handels- und Steuerrechts gesprochen werden kann.

Die Wertminderung ist voraussichtlich nachhaltig, wenn der Steuerpflichtige hiermit aus der Sicht des Bilanzstichtags aufgrund objektiver Anzeichen ernsthaft zu rechnen hat. Aus der Sicht eines sorgfältigen und gewissenhaften Kaufmanns müssen mehr Gründe für als gegen eine Nachhaltigkeit sprechen. Grundsätzlich ist von einer voraussichtlich dauernden Wertminderung auszugehen, wenn der Wert des WG am Bilanzstichtag die Bewertungsobergrenze während eines erheblichen Teils der voraussichtlichen Verweildauer im Unternehmen nicht erreichen wird. Wertminderungen aus besonderem Anlass (z.B. Katastrophen oder technischer Fortschritt) sind regelmäßig von Dauer. Zusätzliche Erkenntnisse bis zum Zeitpunkt der Aufstellung der StB sind zu berücksichtigen.

4.2.7.4 Teilwertabschreibung beim abnutzbaren Anlagevermögen

Auch in der Neufassung des § 6 Abs. 1 Nr. 1 EStG sind Teilwertabschreibungen noch möglich, allerdings nur bei einer **voraussichtlich dauernden Wertminderung**. Die Definition des TW wurde dabei allerdings nicht geändert (vgl. § 6 Abs. 1 Nr. 1 S. 3 EStG).

Eine voraussichtlich dauernde Wertminderung ist somit auch im Steuerrecht nur anzunehmen, wenn der jeweilige beizulegende Wert an den Bilanzstichtagen während eines erheblichen Teils der ND unter dem planmäßigen BW liegt. Man geht davon aus, dass die planmäßigen Abschreibungen nicht allen Wertschwankungen folgen können, sondern sie nur trendmäßig berücksichtigen. Erhebliche dauerhafte Wertminderungen aus besonderem Anlass (z.B. Naturereignisse, technische Überalterung) sind auch steuerlich stets durch Teilwertabschreibungen zu realisieren. Hierzu gehört m.E. auch der Fall, dass infolge des technischen Fortschritts die Wiederbeschaffungskosten dauerhaft gesunken sind.

Nach den Vorstellungen der Verwaltung ist eine dauernde Wertminderung beim AV gegeben, wenn der jeweilige Stichtagswert mindestens für die halbe Rest-ND unter dem

---

[229] BStBl I 2000, 372.

planmäßigen Rest-BW liegt. Die verbleibende Rest-ND ist für Gebäude nach § 7 Abs. 4 und 5 EStG, für andere Wirtschaftsgüter nach den amtlichen AfA-Tabellen zu bestimmen (vgl. Tz. 6 des BMF-Schreibens vom 25.02.2000).

Beispiel 39: Dauernde Wertminderung beim abnutzbaren AV
Der Steuerpflichtige ist Eigentümer eines Bürogebäudes, das auf fremdem Grund und Boden errichtet ist. Zum 31.12.01 betragen die fortgeführten AK 200.000 €. Die Rest-ND liegt bei 25 Jahren, der jährliche AfA-Betrag beträgt 8.000 €. Aufgrund eines Überangebots an Büroraum ist der TW zum 31.12.01 gemäß einem entsprechenden steuerlich anzuerkennenden Gutachten auf 150.000 € gesunken. Bis zur Bilanzaufstellung Ende Mai 02 hat sich die Lage am Markt nicht entspannt.

Lösung:
Eine TW-AfA ist nicht zulässig. Die Minderung ist voraussichtlich nicht von Dauer, da der niedrigere Stichtagswert bei planmäßiger Abschreibung schon nach etwa 7 Jahren, d.h. schon vor Ablauf von 50% der Rest-ND, erreicht wird. Handelsrechtlich wäre aufgrund des gemilderten Niederstwertprinzips eine Abschreibung auf den niedrigeren beizulegenden Wert jedoch zulässig. Es könnte somit zu einer abweichenden Bilanzierung in Handels- und StB kommen.

Nach alledem ist für die StB Folgendes festzuhalten:

- Der Ansatz des niedrigeren Teilwerts ist nur bei einer voraussichtlich **dauernden Wertminderung** zulässig. Eine dauerhafte Wertminderung wird dabei als ein nachhaltiges Absinken des Wertes unter den BW definiert.
- Damit kann eine TW-AfA erst dann in Betracht kommen, wenn der TW niedriger als der planmäßige Rest-BW ist.
- Eine TW-AfA ist bei einer nur vorübergehenden Wertminderung künftig nicht mehr möglich.
- Dem Steuerpflichtigen wird bei dem Begehren des Ansatzes eines niedrigeren TW die Feststellungslast auferlegt (im Vergleich zum bisherigen Recht eine Umkehrung der Beweislast). Das bedeutet, dass die Unternehmen in Zukunft nachweisen müssen, dass ein niedrigerer TW angesetzt werden darf.
- Eine Beibehaltung des niedrigeren TW für folgende Bilanzstichtage ist nur dann vorgesehen, wenn auch an diesen Stichtagen die dauernde Wertminderung vorliegt; ansonsten ist eine Zuschreibung zu den fortgeführten AK **zwingend** vorgeschrieben.

4.2.7.5 Wertaufholung beim abnutzbaren Anlagevermögen

Durch § 6 Abs. 1 Nr. 1 S. 4 und § 7 Abs. 1 S. 6, 2. HS EStG wurde in das Gesetz eine **zwingende Wertaufholung** eingeführt und zwar dann, wenn der Stpfl. nicht nachweisen kann, dass der TW niedriger ist als der fortgeführte BW (= AK abzgl. AfA). Die Feststellungslast wird dabei dem Stpfl. aufgebürdet; dies steht nach Literaturmeinung[230] im Widerspruch zur handelsrechtlichen Auffassung, dass im Zweifel von einer dauernden Wertminderung auszugehen ist.

Für die Frage der Wertaufholung kommt es nach Ansicht der Verwaltung (Tz. 34 des BMF-Schreibens vom 25.02.2000) nicht darauf an, ob die konkreten Gründe für die vorherige TW-AfA weggefallen sind. Auch die Erhöhung des TW aus anderen Gründen führt zu einer Korrektur des Bilanzansatzes.

Mit der Regelung von § 6 Abs. 1 Nr. 1 S. 4 und § 7 Abs. 1 S. 6, 2. HS EStG wird das bisher bestehende steuerliche Wertbeibehaltungswahlrecht aufgehoben und ein striktes Wertaufholungsgebot normiert. Dieses gilt abweichend vom Handelsrecht **rechtsformunabhängig.**

Der Bilanzansatz ergibt sich für jeden Bilanzstichtag aus dem Vergleich der um die zulässigen Abzüge geminderten AK/HK oder dem an diese Stelle tretenden Wert als Bewertungsobergrenze und dem niedrigeren TW als Untergrenze.

Beispiel 40: Wertaufholung beim abnutzbaren AV
Der Unternehmer hat am 02.01.02 eine Maschine mit einer betriebsgewöhnlichen ND von 10 Jahren erworben. Die AK betrugen 30.000 €. Nach einem Jahr Nutzung stellte sich heraus, dass die elektronische Steuerung der Maschine anfällig war. Wegen ständiger Unterbrechung der Betriebsbereitschaft konnte die Maschine im Jahr 02 nur zu 80 % ihrer betriebsnormalen Auslastung genutzt werden. Der Unternehmer nahm deshalb am 31.12.02 neben der linearen AfA von 10 % eine TW-AfA von 20 % auf den BW vor und bilanzierte die Maschine am 31.12.02 mit 21.600 €.

Im Jahr 03 gelang es dem Techniker des Kundendienstes, die Steuerung der Maschine so zu reparieren, dass die Maschine von nun an störungsfrei arbeitete und voll eingesetzt werden konnte.

Lösung:
Da die Voraussetzungen für die TW-AfA am 31.12.03 fortgefallen sind, muss zu diesem Stichtag eine Wertaufholung vorgenommen werden. Der BW am 31.12.03 ist wie folgt zu ermitteln:

AK	30.000 €
abzgl. AfA für die Jahre 02 und 03	6.000 €
BW	24.000 €

4.2.7.6 Teilwertabschreibung beim nicht abnutzbaren Anlagevermögen

Für die Frage der dauernden Wertminderung bei Wirtschaftsgütern des AV, deren Nutzung zeitlich nicht begrenzt ist, kann kein einheitlicher Prognosezeitraum angegeben werden. Es ist darauf abzustellen, ob die Gründe, die zu einer niedrigeren Bewertung füh-

---

[230] *Beck'scher Bilanzkommentar*, 4. Aufl. 1999, Tz. 12e zu § 253 HGB.

ren würden, voraussichtlich dauernd anhalten werden. Erfahrungen aus der Vergangenheit werden bei der Prognose zu berücksichtigen sein.

Kursschwankungen von börsennotierten Wirtschaftsgütern des AV stellen eine nur vorübergehende Wertminderung dar. Sie berechtigen **nicht** zum Ansatz des niedrigeren TW (Tz. 11 des BMF-Schreibens vom 25.02.2000).

4.2.7.7 Wertaufholung beim nicht abnutzbaren Anlagevermögen

Durch den Verweis auf § 6 Abs. 1 Nr. 1 S. 4 in § 6 Abs. 1 Nr. 2 EStG gilt das strikte, **rechtsformneutrale Wertaufholungsgebot** auch für die Wirtschaftsgüter des nicht abnutzbaren AV.

Allerdings wirkt die Wertaufholung stärker als bei den Wirtschaftsgütern des abnutzbaren AV, weil beim nicht abnutzbaren AV planmäßige Abschreibungen nicht zu berücksichtigen sind. Mit anderen Worten kommt es beim nicht abnutzbaren AV zu einer **höheren Zuschreibung,** da die „fortgeführten AK" mangels planmäßiger Abschreibungen den ursprünglichen AK entsprechen.

Können die historischen AK/HK nicht mehr nachgewiesen werden, so gilt der BW, der in der ältesten noch vorhandenen Bilanz als Anfangswert ausgewiesen ist, als Bewertungsobergrenze, es sei denn, die Finanzverwaltung legt – z.B. anhand von dort vorhandenen Unterlagen – eine höhere Bewertungsobergrenze dar (Tz. 35 des BMF-Schreibens vom 25.02.2000).

4.2.7.8 Teilwertabschreibung beim Umlaufvermögen

Steuerrechtlich ist für die Durchführung einer TW-AfA – wie bereits dargestellt – von entscheidender Bedeutung, ob eine voraussichtlich dauernde Wertminderung vorliegt. Diese wird auf den Zeitraum des **voraussichtlichen Verbleibs** des Umlaufvermögens im BV zu beziehen sein, denn das Umlaufvermögen ist **nicht** dazu bestimmt, dem Betrieb **auf Dauer** zu dienen.

Das Umlaufvermögen wird für den Verkauf oder Verbrauch gehalten. Deshalb kommt bei der Bestimmung einer voraussichtlich dauernden Wertminderung dem Zeitpunkt der Veräußerung/Verwendung eine besondere Bedeutung zu. Hält die Wertminderung bis zum Verkaufs- oder Verbrauchszeitpunkt an, so ist sie **von Dauer.** Sind bis zur Aufstellung der Bilanz die Wirtschaftsgüter noch im Betrieb, so sind alle Erkenntnisse bis zu diesem Zeitpunkt zu berücksichtigen. Zusätzliche Erkenntnisse nach dem Bilanzstichtag bis zu den Zeitpunkten **Verkaufszeitpunkt, Verbrauchszeitpunkt und Bilanzaufstellung** sind also zu berücksichtigen.

Kursschwankungen von börsennotierten Wirtschaftsgütern des Umlaufvermögens sind zusätzliche Erkenntnisse und als solche in die Beurteilung einer voraussichtlich dauernden Wertminderung der Wirtschaftsgüter zum Bilanzstichtag einzubeziehen (Tz. 23 des BMF-Schreibens vom 25.02.2000).

Nach Literaturmeinung[231] beruhen auch Forderungsabsetzungen auf einer dauernden Wertminderung. Das gilt Insb. für das Ausfallrisiko. Wird der Gläubiger voraussichtlich nur den Minderbetrag erhalten, so ist die Wertminderung dauerhaft (gewissermaßen endgültig). Ebenso sind weiterhin die Kosten der Forderungseinziehung sowie eventuelle Zinsverluste wegen verspäteten Eingangs zu berücksichtigen, die den Forderungswert endgültig mindern. Daher hält *Groh* auch eine Pauschalwertberichtigung weiterhin für möglich, da es sich bei ihr um nichts anderes als um eine TW-AfA im Rahmen einer Gruppenbewertung handele.

4.2.7.9 Wertaufholung beim Umlaufvermögen

Durch den Verweis auf § 6 Abs. 1 Nr. 1 S. 4 im § 6 Abs. 1 Nr. 2 EStG gilt das strikte, **rechtsformneutrale** Wertaufholungsgebot – wie beim nicht abnutzbaren AV – auch für die Wirtschaftsgüter des Umlaufvermögens.

Dieses Wertaufholungsgebot wird wegen der Umschlagshäufigkeit des Umlaufvermögens wirtschaftlich nicht so gravierend sein. In diesem Zusammenhang ist darauf hinzuweisen, dass die steuerliche Möglichkeit der Bildung einer Wertaufholungsrücklage mit ihrer fünfjährigen Verteilung im Umlaufvermögen regelmäßig nicht greift, weil die Rücklage nach § 52 Abs. 16 S. 4 EStG aufzulösen ist, wenn das WG veräußert wird.

4.2.7.10 Die Verwaltungsmeinung zur dauernden Wertminderung (Kritik)

Die Ausführungen im BMF-Schreiben vom 25.02.2000 zur TW-AfA beim **AV** passen in das handelsrechtliche Bewertungssystem und folgen im Kern der gefestigten handelsrechtlichen Rechtsauffassung zur voraussichtlich dauernden Wertminderung. Eine TW-AfA in der StB wird systemgerecht nur noch gewährt, wenn handelsrechtlich ein **Abschreibungsgebot** vorliegt.

Problematisch ist die Anwendung der Verwaltungsanweisung jedoch im Fall von langlebigen abnutzbaren Wirtschaftsgütern (vor allem Gebäuden). Es ist schwierig, eine Prognose für einen so langen Zeitraum wie die halbe Rest-ND eines Gebäudes zu erstellen. Deshalb wird in der Lit.[232] in Abweichung von dem BMF-Schreiben vorgeschlagen, eine Wertminderung dann als dauerhaft zu betrachten, wenn in Zukunft kein Anlass für eine Werterhöhung gesehen wird und dabei als Prognosezeitraum eine Spanne von fünf Jahren bzw. bei einer Rest-ND von weniger als fünf Jahren die Zeit bis zum Ende der ND heranzuziehen.

Groh[233] beleuchtet die dauernde Wertminderung bei unverzinslichen und niedrig verzinslichen Ausleihungen und wirft die Frage auf, ob die Bilanzierung mit dem niedrigeren Barwert steuerlich noch zulässig ist. Er hält die handelsrechtliche Meinung, dass es sich nicht um eine dauerhafte Wertminderung handele, für nicht zwingend.

---

[231] So z.B. *Groh* (DB 1999, 982).
[232] Z.B. *Dietrich*, DStR 2000, 1629 m.w.N.
[233] DB 1999, 982.

Mit der Untersuchung der dauernden Wertminderung beim **Umlaufvermögen** hat die Finanzverwaltung absolutes Neuland betreten. Man konnte nicht auf handelsrechtliche Grundsätze zurückgreifen, weil die Abschreibung auf den niedrigeren Stichtagswert beim Umlaufvermögen nach § 253 Abs. 3 S. 1 und 2 HGB ohne Rücksicht auf die Dauerhaftigkeit der Wertminderung zwingend ist. Nach dem BMF-Schreiben vom 25.02.2000 liegt eine dauerhafte Wertminderung vor, wenn die Minderung bis zum Zeitpunkt der Aufstellung der Bilanz oder bis zu dem vorangegangenen Zeitpunkt der Veräußerung oder des Verbrauchs anhält[234]. Dieser Ansatz des BMF-Schreibens geht in die richtige Richtung, soweit die Wertminderung bis zum Verkaufs- bzw. Verbrauchszeitpunkt der Vorräte als Indiz für die Wertminderung von Dauer herangezogen wird. Soweit jedoch auf den Zeitpunkt der Aufstellung der Bilanz abgestellt wird, werden in der Lit. Zweifel an der Richtigkeit geäußert, weil der Zeitpunkt der Bilanzaufstellung willkürlich sei und insofern gegen das Stichtagsprinzip verstoße[235].

5 Bewertungsmaßstäbe und Erwerbsmodalitäten

5.1 Anschaffungskosten

5.1.1 Handelsrecht

Die Definition der AK ergibt sich aus § 255 Abs. 1 HGB. Danach sind AK die Aufwendungen, die geleistet werden, um einen Vermögensgegenstand zu erwerben und ihn in einen betriebsbereiten Zustand zu versetzen, soweit sie dem Vermögensgegenstand einzeln zugeordnet werden können. Zu den AK gehören auch die Nebenkosten und die nachträglichen AK. Anschaffungspreisminderungen sind abzusetzen. Nach der gesetzlichen Definition der AK gehören zum Anschaffungsvorgang

- der Erwerb und
- die Versetzung des angeschafften Vermögensgegenstands in den Zustand der Betriebsbereitschaft.

a) Erwerb
Unter Erwerb versteht man die Überführung eines Vermögensgegenstands aus einem fremden in den eigenen Verfügungsbereich. Maßgebend für den Zeitpunkt der Anschaffung ist die Erlangung der Verfügungsmacht.

b) Betriebsbereitschaft
Der Zeitpunkt der Betriebsbereitschaft ist bei Gegenständen des Anlage- und Umlaufvermögens unterschiedlich zu beurteilen. Bei Anlagegegenständen kommt es auf den Zeitpunkt der Nutzbarkeit, bei Umlaufgütern auf die Verbrauchbarkeit, Verwertbarkeit oder Veräußerbarkeit an.

---

[234] Rz. 23 des BMF-Schreiben vom 25.02.2000.
[235] So *Dietrich*, DStR 2000, 1632 und *Hommel/Berndt*, FR 2000, 1313.

Gem. § 255 Abs. 1 S. 2 HGB sind auch nachträgliche AK zu berücksichtigen. Damit wird sichergestellt, dass nachträgliche Erhöhungen des Kaufpreises und der Nebenkosten in die AK einbezogen werden. Auch die Aufwendungen für eine spätere Änderung der Betriebsbereitschaft fallen unter die nachträglichen AK. Nachträglich eingetretene Minderungen sind folgerichtig von den AK abzusetzen (§ 255 Abs. 1 S. 3 HGB).

5.1.2 Steuerrecht

Im Steuerrecht fehlt es an einer gesetzlichen Definition der AK. Die Finanzverwaltung bedient sich infolge dessen der handelsrechtlichen Begriffsbestimmung (H 32a EStH „AK"). Ergänzende Regelungen zu den AK ergeben sich aus der Rspr. und einschlägigen Verwaltungsanweisungen. Nachstehend werden verschiedene Regelungen zu den steuerlichen AK dargestellt.

5.1.2.1 Einzelkosten/Gemeinkosten

Im Rahmen der AK sind nur die bei der Anschaffung angefallenen Einzelkosten anzusetzen, nicht dagegen die Gemeinkosten. Das gilt grundsätzlich auch bei der Herstellung der Betriebsbereitschaft. In der Lit. wird es gelegentlich befürwortet, ausnahmsweise auch Gemeinkosten anzusetzen, wenn für die Betriebsbereitschaft umfangreiche Installationen erforderlich sind, deren Erstellung unter HK-Gesichtspunkten zu beurteilen ist. In diesem Fall wäre die Installation mit den HK zu bewerten, was dann zum Ansatz von Gemeinkosten führen würde[236].
Glanegger[237] führt hingegen aus, dass auch bei betriebsinternen Nebenkosten nur die angefallenen Einzelkosten zu berücksichtigen sind.

5.1.2.2 Gesamtkaufpreis für mehrere Wirtschaftsgüter

Der Gesamtkaufpreis ist aufzuteilen im Verhältnis der objektiven Werte (BFH vom 10.10.2000, BStBl II 2001, 183).

> **Beispiel 41: Aufteilung eines Gesamtkaufpreises**
> Der Unternehmer A erwirbt ein bebautes Grundstück. Der Kaufpreis für das Gesamtgrundstück beträgt 700.000 €. Ein Sachverständiger schätzt den Verkehrswert des Grund und Bodens auf 500.000 € und den des Gebäudes auf 300.000 €.
>
> **Lösung:**
> Der Gesamtkaufpreis von 700.000 € ist auf den Grund und Boden und das Gebäude nach dem Verhältnis der Verkehrswerte aufzuteilen:

---

[236] *Van der Velde*, DB 1964, 528.
[237] *Schmidt* § 6, Rz. 87.

Grund und Boden 62,5 % des Gesamtkaufpreises = 437.500 €
Gebäude 37,5 % des Gesamtkaufpreises = 262.500 €
Gesamt 700.000 €

5.1.2.3 Gebäudeabbruch im Zusammenhang mit dem Erwerb eines Grundstücks

Wird mit dem Abbruch eines Gebäudes innerhalb von drei Jahren nach dem Erwerb begonnen, so spricht der Beweis des ersten Anscheins dafür, dass der Erwerber das Gebäude in der Absicht erworben hat, es abzureißen (BFH vom 06.02.1979, BStBl II 1979, 509). Zur Frage der Beweislast wird auf das BFH-Urteil vom 13.11.1979 (BStBl II 1980, 69) hingewiesen. Ein bebautes Grundstück wird mit der Absicht des Abbruchs des aufstehenden Gebäudes erworben.

1. Der Gebäudeabbruch erfolgt **zum Zweck des anschließenden Neubaus** eines Gebäudes:
   - Das erworbene Gebäude ist wirtschaftlich oder technisch verbraucht: Die AK sind vollen Umfangs AK des Grund und Bodens (BFH vom 15.02.1989 a.a.O.), die Abbruchkosten sind HK des Neubaus.
   - Das erworbene Gebäude ist wirtschaftlich oder technisch **nicht** verbraucht: Der (Buch-)Wert (ggf. nach laufender AfA) des Gebäudes und die Abbruchkosten sind HK des Gebäudeneubaus (BFH vom 04.12.1984, BStBl II 1985, 208).

2. Der Gebäudeabbruch erfolgt **zwecks Freimachung des Grund und Bodens** (z.B. als Park- oder Lagerplatz):
   - Das erworbene Gebäude ist wirtschaftlich oder technisch verbraucht: Die AK und die Abbruchkosten sind AK des Grund und Bodens (BFH vom 15.02.1989, a.a.O.).
   - Das erworbene Gebäude ist wirtschaftlich oder technisch **nicht** verbraucht: Der (Buch-)Wert (ggf. nach laufender AfA) des Gebäudes und die Abbruchkosten sind AK des Grund und Bodens (BFH vom 12.06.1978, BStBl II 1978, 620).

Die vorstehenden Ausführungen sind sinngemäß auch auf Teilabbrüche anzuwenden. Der Rest-BW des abgebrochenen Gebäudeteils ist ggf. im Wege der Schätzung zu ermitteln. Hinweis auf BFH vom 20.04.1993, BStBl II 1993, 504.

Wenn der Stpfl. das Gebäude selbst erbaut oder mehr als drei Jahre vor dem Abbruch erworben hat, ist der Rest-BW des abgebrochenen Gebäudes durch Absetzung für außergewöhnliche Abnutzung i.S.d. § 7 Abs. 1 S. 5 EStG abzuschreiben und die Abbruchkosten sind laufende Betriebsausgaben (BFH vom 28.03.1973, BStBl II 1973, 678). Diese Regelung gilt sowohl, wenn der Gebäudeabbruch zum Zweck des anschließenden Neubaus eines Gebäudes oder zwecks Freimachung des Grund und Bodens erfolgt.

5.1.2.4 Übernahme von Verbindlichkeiten

Bei Anschaffung durch Übernahme von Verbindlichkeiten hat die spätere Veränderung der Verbindlichkeiten (z.B. Fortfall einer Rentenverpflichtung) keine Auswirkungen auf die Höhe der AK.

5.1.2.5 Anschaffung in Fremdwährung

Bei Wechselkursänderungen nach dem Zeitpunkt der Erstverbuchung ändern sich die AK nicht[238].

5.1.2.6 Umsatzsteuer (Vorsteuer)

Die (bei der Umsatzsteuer) abziehbare Vorsteuer ist nicht Teil der AK. Die (bei der Umsatzsteuer) nicht abziehbare Vorsteuer gehört zu den AK. Die Regelung des § 9b Abs. 1 S. 2 EStG, nach der geringfügige nicht abzugsfähige Teile der Vorsteuern den Anschaffungs- oder HK nicht zugerechnet werden mussten, wurde durch das StÄndG 2001 angesichts der geringen praktischen Bedeutung dieser Vorschrift aus Gründen der Steuervereinfachung ersatzlos gestrichen.

Bei Berichtigung der Vorsteuer in einem späteren Wirtschaftsjahr stellen der Mehrbetrag oder Minderbetrag Betriebseinnahmen bzw. Betriebsausgaben dar (§ 9b Abs. 2 EStG).

Beispiel 42: Vorsteuer im Zusammenhang mit AK
Der Unternehmer U erwirbt eine Maschine für 10.000 € + 1.600 € USt. Wie hoch sind die AK der Maschine, wenn der Unternehmer

a) zu 100 % zum Vorsteuerabzug berechtigt ist,
b) gar nicht zum Vorsteuerabzug berechtigt ist,
c) zu 70 % zum Vorsteuerabzug berechtigt ist?

Lösung:
Die AK betragen im Fall

a) 10.000 €,
b) 11.600 €,
c) 10.480 €.

5.1.2.7 Zuschüsse zur Anschaffung oder Herstellung von Anlagegütern

Der Stpfl. hat das Wahlrecht, den Zuschuss als Betriebseinnahme oder Minderung der AK zu erfassen (R 34 EStR). Bei der Gewährung eines Zuschusses in einem späteren Wirtschaftsjahr besteht das Wahlrecht zwischen der Buchung als Betriebseinnahme oder Minderung der ursprünglichen AfA-Bemessungsgrundlage bzw. des BW (R 34 Abs. 3 EStR).

Wird der Zuschuss in einem Wirtschaftsjahr vor der Anschaffung oder Herstellung des WG gewährt, so hat der Stpfl. das Wahlrecht zwischen der Erfassung als Betriebseinnahme oder der Bildung einer steuerfreien Rücklage (Zuschussrücklage gem. R 34 Abs. 4 EStR).

---

[238] H.M., z.B. *ADS*, Rechnungslegung und Prüfung der Unternehmen, § 255 HGB, Rz. 64 m.w.N.

5.1.2.8 Nachträgliche Minderung der Anschaffungskosten

Rabatte und Boni mindern die AK im Zeitpunkt der Entstehung der Ansprüche. Bei Skonti tritt die Minderung der AK erst im Zeitpunkt der Zahlung des Kaufpreises ein (BFH vom 27.02.1991, BStBl II 1991, 456).

5.1.2.9 Garantierückbehalt

Die Minderung der AK tritt nur im Fall der endgültigen Einbehaltung der Garantiesumme (ohne eigene oder fremde Nachbesserung) ein.

5.1.2.10 Verdeckte Gewinnausschüttung

Bei unangemessener Kaufpreisvereinbarung zwischen der KapG und ihrem G´fter sind die AK zu korrigieren.

Beispiel 43: AK bei vGA[239]
Der Stpfl. E ist Bauunternehmer (Einzelunternehmer) und außerdem als Alleingesellschafter an der Schöner-Bauen-GmbH beteiligt. E ist G´fter-GF der GmbH. Im Februar 02 verkaufte E der GmbH gebrauchte Büromaschinen und Büromöbel aus seinem Einzelunternehmen zu einem Preis von 20.000 € zuzüglich 16 % USt. Der BW der veräußerten Wirtschaftsgüter betrug am 31.12.01 5.000 €; der gemeine Wert abzgl. USt ist mit 10.000 € anzunehmen. Bei der Lösung wird von folgenden Fallalternativen ausgegangen:

a) Die Beteiligung gehört zum BV des E,
b) die Beteiligung gehört zum PV des E.

Lösung:
I.H.d. Differenz zwischen dem gemeinen Wert (abzgl. USt) der Anlagegüter und dem gezahlten Preis liegt eine vGA i.S.v. § 8 Abs. 3 S. 2 KStG vor. Die folgende zahlenmäßige Darstellung entspricht dem Halbeinkünfteverfahren.

Fallalternative a)

Im Einzelunternehmen E:
Erlös aus der Veräußerung von Anlagegütern   10.000 €
Erträge aus Beteiligung   10.000 €
steuerbefreit i.H.v. 50 % gem. § 3 Nr. 40 EStG

Bei der GmbH:
AK für Anlagegüter   10.000 €
vGA   10.000 €
(zunächst Aufwand; aber Hinzurechnung bei der Einkommensermittlung)

---

[239] Hierzu ausführlich *Maurer*, Teil C, Kap. III (vGA).

5 Bewertungsmaßstäbe und Erwerbsmodalitäten

Fallalternative b)
Im Einzelunternehmen E:
Erlös aus der Veräußerung von Anlagegütern   10.000 €
Einlage   10.000 €

Beim Stpfl. E:
Einnahmen aus Kapitalvermögen   10.000 €
steuerbefreit i.H.v. 50 % gem. § 3 Nr. 40 EStG

Bei der GmbH:
AK für Anlagegüter   10.000 €
vGA   10.000 €
(zunächst Aufwand; aber Hinzurechnung bei der Einkommensermittlung)

5.1.2.11 Tausch

Als AK gilt der gemeine Wert des hingegebenen WG (abzüglich der darin enthaltenen USt), beim Tausch mit Baraufgabe zuzüglich geleisteter Ausgleichszahlung bzw. abzüglich empfangener Ausgleichszahlung.

Beispiel 44: AK beim Tausch mit Baraufgabe
A und B schließen ein Tauschgeschäft ab. B liefert an A einen neuen Lkw (gemeiner Wert abzgl. USt: 300.000 €) und erhält von A ein gebrauchtes Fahrzeug (gemeiner Wert abzgl. USt: 200.000 €). A zahlt zusätzlich an B einen Betrag von 116.000 € (einschl. USt). B erteilt dem A folgende Rechnung:

Lieferung eines Lastkraftwagens		300.000 €
+ 16 % Umsatzsteuer		48.000 €
Summe		348.000 €
Inzahlungnahme eines Altfahrzeugs	200.000 €	
+ 16 % Umsatzsteuer	32.000 €	232.000 €
noch zu entrichten		116.000 €

Lösung:
AK bei A
gemeiner Wert des hingegebenen Altfahrzeugs   200.000 €
+ geleistete Zahlung   100.000 €
gesamt   300.000 €

AK bei B:
gemeiner Wert des hingegebenen Neufahrzeugs   300.000 €
./. erhaltene Zahlung   100.000 €
gesamt   200.000 €

5.1.2.12 Finanzierungskosten

Finanzierungskosten gehören nicht zu den AK (BFH vom 24.05.1968, BStBl II 1968, 574).

5.1.2.13 „Fiktive" Anschaffungskosten in Fällen des unentgeltlichen Erwerbs

Bei unentgeltlichem Erwerb eines **Betriebs, Teilbetriebs oder MU-Anteils** wird mit bewertet den Buchwerten des Rechtsvorgängers (§ 6 Abs. 3 EStG); diese Behandlung schließt es aus, im Übergang der Verbindlichkeiten des übertragenen Betriebs ein Entgelt zu sehen (BFH vom 05.07.1990, BStBl II 1990, 847). Bei unentgeltlichem Erwerb eines **einzelnen** WG aus betrieblichem Anlass aus einem anderen BV erfolgt die Bewertung mit dem gemeinen Wert (§ 6 Abs. 4 EStG).

> **Beispiel 45: Unentgeltlicher Erwerb eines einzelnen WG aus betrieblichem Anlass**
>
> Ein Großhändler veranstaltet für seine Kunden (Einzelhändler) einen Verkaufswettbewerb mit Campingartikeln. Der Gewinner des Wettbewerbs erhält nach Beendigung der Aktion kostenlos ein Hauszelt übereignet. Das Zelt hat im Zeitpunkt der Übereignung einen gemeinen Wert von 1.160 €. Als Kaufpreis hat der Großhändler für das Zelt 1.000 € + 16 % USt entrichtet.
>
> **Lösung:**
> Bei dem Großhändler liegt Werbeaufwand vor. Das Zelt stellt kein Geschenk i.S.v. § 4 Abs. 5 S. 1 Nr. 1 EStG dar, weil der Hingabe des Gegenstands eine Gegenleistung (Durchführung der Verkaufsaktion) gegenüber steht. Aus diesem Grund ist der Vorgang bei dem Großhändler auch umsatzsteuerbar und umsatzsteuerpflichtig.
> Beim Einzelhändler ist ein unentgeltlicher Erwerb i.S.v. § 6 Abs. 4 EStG gegeben. Das Zelt ist mit dem gemeinen Wert abzüglich USt als Wareneingang zu erfassen. Die in dem gemeinen Wert enthaltene USt stellt abzugsfähige Vorsteuer dar. Die Gegenbuchung (gemeiner Wert einschließlich USt) ist auf dem Konto „sonstige betriebliche Erträge" zu erfassen.

5.1.2.14 Unentgeltlicher Erwerb im Privatvermögen und Einlage in das Betriebsvermögen

Der unentgeltliche Erwerb hat in der Regel private Gründe. Unentgeltlich erworbene WG gelangen infolge dessen durch eine Einlage aus dem PV in das BV. Die Frage des entgeltlichen oder unentgeltlichen Erwerbs im Bereich des PV hat insofern nur Bedeutung im Hinblick auf die Bewertung der Einlage. Die Einlage von unentgeltlich erworbenen WG ist gem. § 6 Abs. 1 Nr. 5 S. 1, 1. HS EStG mit dem TW zu bewerten (Ausnahme wesentliche Kapitalbeteiligungen i.S.v. § 17 Abs. 1 EStG). Bei der Einlage von entgeltlich oder teilentgeltlich erworbenen WG gilt gem. § 6 Abs. 1 Nr. 5 S. 1, 2. HS EStG unter bestimmten Voraussetzungen eine Beschränkung des Einlagewerts auf die (fortgeschriebenen) AK.

Die Schenkung unter Auflage stellt einen unentgeltlichen Erwerb dar (BFH vom 26.11.1985, BStBl II 1986, 161). Unter Auflage unentgeltlich erworbene Gegenstände sind deshalb stets mit dem TW einzulegen.

Die gemischte Schenkung ist als teilentgeltlicher Erwerb zu behandeln (BFH vom 26.11.1985 a.a.O.). Bei Gegenständen, die der Stpfl. durch eine gemischte Schenkung erworben hat, gilt deshalb die Einschränkung gem. § 6 Abs. 1 Nr. 5 S. 1, 2. HS EStG, so dass im Falle des Erwerbs innerhalb von 3 Jahren vor dem Einlagetag die anteiligen (fortgeschriebenen) AK für die Bewertung der Einlage maßgebend sind.

> **Beispiel 46: Einlagewert bei teilentgeltlichem Erwerb im Privatvermögen**
> Der pensionierte Hochschullehrer V schenkt seiner Tochter T ein unbebautes Grundstück. Da er sich seinen lange gehegten Wunsch, eine Weltreise zu unternehmen, erfüllen möchte, lässt er sich von seiner Tochter einen Teil des Grundstückswerts in bar vergüten. Der Zeitwert (TW) des Grundstücks beträgt nach einem Sachverständigengutachten 100.000 €. Die Zahlung der Tochter beläuft sich auf 10.000 €.
> T legt das Grundstück 2 1/2 Jahre nach der Schenkung in das BV ihres Einzelunternehmens ein. Das Grundstück hat zu diesem Zeitpunkt einen Zeitwert (Teilwert) von 120.000 €.
>
> **Lösung:**
> Es handelt sich um eine gemischte Schenkung im PV. Zwecks Ermittlung des Einlagewerts bei T ist die Schenkung in einen entgeltlichen und einen unentgeltlichen Teil aufzuteilen:
>
> | | |
> |---|---|
> | Gesamtwert des Grundstücks | 100.000 € |
> | Zahlung von T | 10.000 € |
> | das sind 10 % | |
> | Ermittlung des Einlagewerts des Grundstücks: | |
> | 90 % des TW | 108.000 € |
> | + AK von T | 10.000 € |
> | **Einlagewert gesamt** | **118.000 €** |

5.2 Herstellungskosten

5.2.1 Handelsrecht

Der Begriff der HK ergibt sich aus § 255 Abs. 2 HGB. HK sind die Aufwendungen, die für die Herstellung eines Vermögensgegenstands, seine Erweiterung oder für eine über seinen ursprünglichen Zustand hinausgehende wesentliche Verbesserung entstehen. Der Mindestansatz umfasst die Materialeinzelkosten, die Fertigungseinzelkosten und die Sonderkosten der Fertigung. Ein Ansatzwahlrecht besteht für die angemessenen Teile der notwendigen Materialgemeinkosten, der notwendigen Fertigungsgemeinkosten und des

Wertverzehrs des AV, soweit er durch die Fertigung veranlasst ist. Ein Wahlrecht besteht ferner für die Kosten der allgemeinen Verwaltung sowie für Aufwendungen für soziale Einrichtungen des Betriebs, für freiwillige soziale Leistungen und für betriebliche Altersversorgung.

Eine besondere Regelung enthält § 255 Abs. 3 HGB für Fremdkapitalzinsen. Grundsätzlich gehören die Zinsen nicht zu den HK. Zinsen für Fremdkapital, das zur Finanzierung der Herstellung eines Vermögensgegenstands verwendet wird, dürfen jedoch angesetzt werden, soweit sie auf den Zeitraum der Herstellung entfallen. Als HK sind nur Aufwendungen anzusetzen. Soweit die bei der Herstellung anfallenden Kosten keine Aufwendungen darstellen (z.B. Eigenkapitalzinsen), gehören sie nicht zu den HK.

5.2.2 Steuerrecht

Im Steuerrecht gibt es keine Legaldefinition der HK. Deshalb werden die handelsrechtlichen Vorschriften in das Steuerrecht übertragen. Bezüglich des Mindestansatzes liegt jedoch eine entscheidender Unterschied zwischen dem Handelsrecht und dem Steuerrecht vor. Zum Mindestansatz der steuerlichen HK gehören außer den Einzelkosten der Kostenstellen Material und Fertigung auch die Material- und Fertigungsgemeinkosten sowie der Wertverzehr von AV, soweit er durch die Herstellung des WG veranlasst ist. Diese Erweiterung des Mindestansatzes der HK geht zurück auf gefestigte BFH-Rspr. (z.B. BFH vom 21.10.1993, BStBl II 1994, 176). Der BFH weist darauf hin, dass § 6 EStG für selbst hergestellte Wirtschaftsgüter den Ansatz der HK verlangt, was bedeute, dass die Wirtschaftsgüter grundsätzlich mit den vollen HK anzusetzen seien. Da die Gemeinkosten i.S.v. § 255 Abs. 2 S. 3 HGB Aufwendungen sind, die durch den Herstellungsvorgang veranlasst sind, müssen sie für Zwecke der steuerlichen Gewinnermittlung in die HK einbezogen werden. Insoweit ist die Maßgeblichkeit der HB für die StB über den Spezialnormenvorbehalt des § 5 Abs. 6 EStG zu durchbrechen. Einzelheiten zu den steuerlichen HK ergeben sich aus R 33 EStR.

Beispiel 47: Ermittlung der HK aus einem Betriebsabrechnungsbogen
Ein Handwerksunternehmen hat folgenden BAB aufgestellt (in €):

Kostenart	Summe	Material	Fertigung	Verwaltung	Vertrieb
Hilfsstoffe	10.000	1.000	7.000	1.000	1.000
Gemeinkosten-Löhne	80.000	8.000	72.000		
Gehälter	30.000		3.000	21.000	6.000
Raumkosten	6.000	600	4.200	600	600
Verwaltungskosten	20.000			20.000	
Bürokosten	2.000			1.200	800
Vertriebskosten	5.000				5.000
kalk. Abschreibungen	20.000	2.000	14.000	2.000	2.000
kalk. Wagnis	4.000		1.600		2.400
Ist-Kosten	**177.000**	**11.600**	**101.800**	**45.800**	**17.800**
Zuschlagsgrundlagen		180.000	110.000	411.400	411.400
		(Materialeinsatz)	(Fertigungslöhne)	(Herstellkosten des Umsatzes)	
Zuschlagsatz		**6,44%**	**92,54%**	**11,13%**	**4,33%**

Am 31.12.01 ist lt. Inventur eine teilfertige Arbeit vorhanden. Nach den Aufzeichnungen im Unternehmen sind auf diese teilfertige Arbeit bis zum Bilanzstichtag folgende Einzelkosten angefallen:
Fertigungslöhne i.H.v. 7.200 €, Fertigungsmaterial i.H.v. 4.500 € und Kosten für Subunternehmer i.H.v. 1.200 €.
Die buchhalterischen (steuerlichen) Abschreibungen betrugen im Jahr 01 28.000 €. Sie sind nach demselben Schlüssel auf die Kostenstellen zu verteilen wie die kalkulatorischen Abschreibungen.
Zu ermitteln sind anhand des vorstehenden BAB die HK der teilfertigen Arbeit (Mindestwert) für die StB am 31.12.01.

Lösung:
Zu den steuerlichen HK (Mindestansatz) gehören die Materialeinzelkosten und -gemeinkosten sowie die Fertigungseinzelkosten und -gemeinkosten. Nicht zu den HK zählen die kalkulatorischen Kosten[240]. Sie sind deshalb vor der Ermittlung der HK aus den Gemeinkosten des BAB herauszunehmen. Soweit es sich um kalkulatorische Ersatzkosten handelt, sind sie durch entsprechende Aufwendungen zu ersetzen. Das trifft hier zu auf die kalkulatorischen Abschreibungen, die gegen die buchhalterischen Abschreibungen auszutauschen sind.
Korrektur der Zuschlagsätze für Material-Gemeinkosten (MGK) und Fertigungs-Gemeinkosten (FGK):

	Material	Fertigung
Ist-Kosten lt. BAB	11.600 €	101.800 €
./. kalkulatorische Abschreibungen	2.000 €	14.000 €
./. kalkulatorische Wagnisse		1.600 €
= Zwischensumme	9.600 €	86.200 €
+ buchhalterische Abschreibungen	2.800 €	19.600 €
korrigierte Ist-Kosten	**12.400 €**	**105.800 €**
korrigierter Zuschlagsatz	**6,9 %**	**96,2 %**

Ermittlung der steuerlichen HK (Mindestansatz):

Materialeinsatz	7.200 €
+ 6,9 % MGK	496 €
+ Fertigungslöhne	4.500 €
+ 96,2 % FGK	4.329 €
+ Sondereinzelkosten der Fertigung	1.200 €
= HK	**17.725 €**

---

[240] Gem. § 255 Abs. 2 S. 1 HGB sind HK die **Aufwendungen**, die durch den Verbrauch von Gütern und die Inanspruchnahme von Diensten für die Herstellung eines Vermögensgegenstands entstehen. Kalkulatorische Kosten hingegen sind **keine** Aufwendungen.

5.3 Börsen- oder Marktpreis

Für das Umlaufvermögen besteht gem. § 253 Abs. 3 S. 1 HGB ein Abschreibungsgebot auf den niedrigeren Wert am Bilanzstichtag, der sich aus dem Börsen- oder Marktpreis ergibt. Der Börsenpreis ist der an einer amtlich anerkannten Börse festgestellte Preis[241]. Der Marktpreis ist der Preis, der an einem Handelsplatz oder in einem Handelsbezirk für Vorräte einer bestimmten Gattung von durchschnittlicher Art und Güte zu einem bestimmten Zeitpunkt oder in einem bestimmten Zeitabschnitt im Durchschnitt bezahlt wird[242]. Auf die Börsen- oder Marktpreise darf für die Bewertung in der Bilanz nur zugegriffen werden, wenn tatsächlich zu diesen Preisen Umsätze stattgefunden haben[243].

Aus der Formulierung in § 253 Abs. 3 S. 1 HGB, die Gegenstände des Umlaufvermögens sind mit dem niedrigeren Wert anzusetzen, der sich **aus einem Börsen- oder Marktpreis ergibt**, muss abgeleitet werden, dass das Umlaufvermögen nicht direkt mit dem Börsen- oder Marktpreis vom Bilanzstichtag bewertet werden soll. Vielmehr ist der Börsen- oder Marktpreis bei Vermögensgegenständen, die nicht zum Verkauf bestimmt sind, um die Anschaffungsnebenkosten zu erhöhen. Bei Vermögensgegenständen, die zum Verkauf an der Börse bestimmt sind, müssen die voraussichtlichen Verkaufsspesen abgezogen werden[244].

5.4 Beizulegender Wert

Der den Vermögensgegenständen am Abschlussstichtag beizulegende Wert gem. § 253 Abs. 3 S. 3 und Abs. 3 S. 2 HGB entspricht dem Zeitwert des Gegenstands. Der beizulegende Wert kommt in Betracht bei Anlagegütern und bei Gegenständen des Umlaufvermögens, die keinen Börsen- oder Marktpreis haben. Der beizulegende Wert ist der objektive Wert eines Vermögensgegenstands, der sich am Markt und an der Verkehrsauffassung orientiert. Neben den Marktgegebenheiten ist bei der Wertermittlung der Zustand des zu bewertenden Vermögensgegenstands zu berücksichtigen[245]. Für die Wertfindung wird i.d.R. der Wiederbeschaffungspreis maßgebend sein. Für die zum Verkauf bestimmten Gegenstände gibt es auch die Möglichkeit, die Bewertung nach dem Prinzip der verlustfreien Bewertung, ausgehend vom erzielbaren Verkaufspreis, vorzunehmen.

> **Beispiel 48: Verlustfreie Bewertung**
> Der Kaufmann K hat in seinem Bestand am Bilanzstichtag einen Warenposten, der schwer verkäuflich ist. K hat deshalb den Verkaufspreis pro Stück auf 50 € herabgesetzt. Der Einkaufspreis der Ware betrug 40 € pro Stück. Bis zum Verkauf der Ware erwartet K noch folgende Kosten pro Stück:
> Verpackungskosten 1,50 €, sonstige Vertriebskosten 4 €, Verwaltungskosten 5 € und Zinsen 0,50 €.

---

[241] *ADS*, Rechnungslegung und Prüfung der Unternehmen, § 253 HGB, Rz. 459.
[242] *ADS*, Rechnungslegung und Prüfung der Unternehmen, § 253 HGB, Rz. 464.
[243] *ADS*, Rechnungslegung und Prüfung der Unternehmen, § 253 HGB, Rz. 465.
[244] *Tanski* in Gnam/Federmann, HdB, Stichw. 148b, Rz. 38.
[245] *Tanski* in Gnam/Federmann, HdB, Stichw. 148b, Rz. 14.

Lösung:
Berechnung des beizulegenden Wertes:

Voraussichtlicher Verkaufserlös	50,00 €
./. Verpackungskosten	1,50 €
./. sonstige Vertriebskosten	4,00 €
./. Verwaltungskosten	5,00 €
./. Zinsen	0,50 €
beizulegender Wert	39,00 €

5.5 Teilwert

5.5.1 Allgemeines

Der TW ist ein rein steuerlicher Bewertungsmaßstab. Seine Definition ergibt sich aus § 6 Abs. 1 Nr. 1 S. 3 EStG. Es handelt sich um den beim fiktiven Erwerb des ganzen Betriebs für das einzelne Wirtschaftsgut anzusetzenden anteiligen Gesamtkaufpreis. Für die Bestimmung des TW hat die Rspr. folgende Grenzwerte bestimmt:

- **Wiederbeschaffungskosten/Wiederherstellungskosten**
  Die obere Grenze des TW wird von den Wiederbeschaffungskosten für ein WG gleicher Art und Güte im Zeitpunkt der Bewertung gebildet (BFH vom 17.07.1956, BStBl III 1956, 379). Zu den Wiederbeschaffungskosten zählen alle Aufwendungen, die bei einer Wiederbeschaffung anfallen würden, z.B. auch die Anschaffungsnebenkosten (BFH vom 08.03.1968, BStBl II 1968, 575).
  Für die im Betrieb hergestellten Wirtschaftsgüter ist die obere Grenze des TW mit den Wiederherstellungskosten gleichzusetzen. Als Wiederherstellungskosten gilt der Reproduktionswert, der außer den steuerlichen Herstellungskosten auch anteilige Verwaltungs- und Vertriebsgemeinkosten umfasst (BFH vom 27.05.1974, BStBl II 1974, 508).
  Die Wiederbeschaffungskosten/Wiederherstellungskosten kommen als TW i.d.R. für solche Wirtschaftsgüter in Betracht, die im Betrieb voll genutzt werden.

- **Einzelveräußerungspreis**
  Als untere Grenze des TW wird der Nettoeinzelveräußerungspreis abzüglich der Veräußerungskosten angesehen (BFH vom 25.08.1983, BStBl II 1984, 33). Der Einzelveräußerungspreis wird dem TW bei den Wirtschaftsgütern entsprechen, die im Betrieb entbehrlich sind.

5.5.2 Vermutungen für die Höhe des Teilwerts (Teilwertvermutung)

Zunächst gilt die Vermutung, dass der TW im Zeitpunkt der Anschaffung oder Herstellung des WG bzw. kurze Zeit danach den tatsächlichen Anschaffungs- oder HK entspricht (BFH vom 07.11.1990, BStBl II 1991, 342). Diese Vermutung beruht auf der Annahme, dass ein Kaufmann für ein WG i.d.R. keine größeren Aufwendungen tätigt, als ihm das WG für seinen Betrieb wert ist. Macht der Kaufmann geltend, dass diese Vermutung bei einem Anschaffungs- oder Herstellungsvorgang nicht zutrifft, so muss er darlegen, weshalb der TW des angeschafften oder hergestellten WG niedriger ist.

Bei nicht abnutzbaren Wirtschaftsgütern wird angenommen, dass der TW bei Anschaffung oder Herstellung und kurze Zeit danach noch den tatsächlichen Anschaffungs- oder HK entspricht. Bei abnutzbaren Wirtschaftsgütern treten an die Stelle der Anschaffungs- oder HK die (durch die AfA) fortgeschriebenen Anschaffungs- oder HK. Wenn keine besonderen Umstände vorliegen, kommt kurze Zeit nach Anschaffung oder Herstellung eines WG keine TW-AfA in Betracht. Für die im Betrieb genutzten älteren Wirtschaftsgüter gilt die vom BFH entwickelte Teilwertvermutung nicht.

5.5.3 Widerlegung der Teilwertvermutung

Besondere Umstände, durch die die von der Rspr. entwickelte TW-Vermutung widerlegt werden kann, sind insb. zwischenzeitlich eingetretene Preisrückgänge. Wenn der Preis für ein WG auf dem Markt gefallen ist, wird der gedachte Erwerber des Betriebs nicht bereit sein, den vom Betriebsinhaber gezahlten Neupreis – ggf. gemindert um die AfA – zu entrichten. Damit sind in diesen Fällen die Voraussetzungen für eine TW-AfA erfüllt.

Auch durch den Nachweis einer Fehlmaßnahme kann die TW-Vermutung widerlegt werden (BFH vom 12.08.1998, BFH/NV 1999, 305). Beim Bekanntwerden von verborgenen Mängeln ist die TW-Vermutung ebenfalls widerlegt.

5.6 Gemeiner Wert

Auch der gemeine Wert ist ein rein steuerlicher Bewertungsmaßstab. Er wird in § 9 Abs. 2 BewG definiert. Es handelt sich um den im gewöhnlichen Geschäftsverkehr erzielbaren Einzelveräußerungspreis. Im Bilanzsteuerrecht ist der gemeine Wert nur maßgebend

- beim Tausch von WG,
- beim unentgeltlichen Erwerb eines einzelnen WG aus betrieblichem Anlass aus einem anderen BV,
- bei der Geringfügigkeitsgrenze nach § 8 EStDV,
- bei der Betriebsaufgabe (§ 16 Abs. 3 S. 5 und 6 EStG).

III Einzelne Aktivposten

1 Grundstücke und Gebäude

1.1 Allgemeines

Für Zwecke der Bilanzierung wird unterschieden in
- unbebaute Grundstücke,
- bebaute Grundstücke und
- Gebäude auf fremden Grundstücken.

Zivilrechtlich bilden der Grund und Boden und das Gebäude bei einem bebauten Grundstück eine Einheit[246]. Für den Ausweis der Grundstücke in der Bilanz von Personenunternehmen gibt es keine gesetzliche Vorschrift. Im Rahmen der Bilanzgliederung für KapG (§ 266 Abs. 2 HGB) werden Grundstücke, grundstücksgleiche Rechte und Bauten einschließlich der Bauten auf fremden Grundstücken in einer Position ausgewiesen. Bewertungstechnisch muss jedoch eine Trennung in Grund und Boden einerseits und Gebäude andererseits vorgenommen werden, weil nur beim Gebäude (abnutzbares AV) planmäßige Abschreibungen gem. § 253 Abs. 2 S. 1 HGB vorgenommen werden können.

Gebäude auf fremdem Grund gehören dann nicht zu den Bestandteilen des Grundstücks, wenn sie in Ausübung eines Rechts an einem fremden Grundstück (z.B. Erbbaurecht) vom Berechtigten auf diesem errichtet worden sind[247]. Für denjenigen, der das Gebäude auf fremdem Grund und Boden erstellt hat, entsteht in dem Fall zivilrechtliches Eigentum an dem Gebäude[248]. Bauten auf fremdem Grund und Boden, die im rechtlichen und im wirtschaftlichen Eigentum des Herstellers stehen, sind nach der Rspr. (BFH vom 14.04.1988, BFH/NV 1989, 95) bei diesem als Gebäude zu aktivieren.

Beispiel 1: Gebäude auf fremdem Grund
Ein Unternehmer errichtet auf einem gepachteten Grundstück mit Genehmigung des Grundstückseigentümers ein Werkstattgebäude, das er nach Beendigung der Pachtzeit auf seine Kosten abreißen muss.

Lösung:
Der Unternehmer muss das Gebäude als sein eigenes WG bilanzieren und die HK linear auf die Nutzungsdauer (Restlaufzeit des Pachtvertrags) verteilen, § 7 Abs. 1 EStG (d.h. nicht nach den für Gebäude geltenden Vorschriften).

---

[246] § 94 Abs. 1 S. 1 BGB.
[247] § 95 Abs. 1 S. 2 BGB.
[248] BGH vom 12.07.1984, NJW 1985, 789.

Zur Behandlung von Gebäuden, die von einem **Ehegatten** auf dem im Miteigentum der Ehegatten stehenden Grundstück errichtet werden, wird auf die einschlägige BFH-Rspr. und auf die ausführliche Darstellung zum Drittaufwand verwiesen[249].

1.2 Gebäudeteile

1.2.1 Grundsatz

Man unterscheidet zwischen unselbständigen und selbständigen Gebäudeteilen. Unselbständige Gebäudeteile stehen in einem Nutzungs- und Funktionszusammenhang mit dem Gebäude. Sie sind Bestandteile des Gebäudes und werden mit diesem gemeinsam bilanziert und abgeschrieben. Selbständige Gebäudeteile stehen **nicht** im Nutzungs- und Funktionszusammenhang mit dem Gebäude. Sie dienen vielmehr besonderen Zwecken, z.B. dem in dem Gebäude unterhaltenen Gewerbebetrieb. Selbständige Gebäudeteile werden als **selbständige WG** behandelt (R 13 Abs. 3 S. 1 EStR).

1.2.2 Gebäudeteile als selbständige Wirtschaftsgüter

Selbständige Gebäudeteile werden nach R 13 Abs. 3 EStR wie folgt eingeteilt:

a) **Besonderen Zwecken** dienende Gebäudeteile, die vom **Eigentümer** errichtet worden sind:
   - Betriebsvorrichtungen (R 42 Abs. 3 EStR und H 42 EStH),
   - Scheinbestandteile (R 42 Abs. 4 EStR):
     − Für Zwecke des Eigentümers eingebaut,
     − für Zwecke des Mieters oder Pächters eingebaut.

b) **Ladeneinbauten, Schaufensteranlagen, Gaststätteneinbauten u.ä., die einem schnellen Wandel des modischen Geschmacks unterliegen (R 13 Abs. 3 S. 3 Nr. 3 EStR) mit einer ND von 7 Jahren** lt. BMF-Schreiben vom 30.05.1996 (BStBl I 1996, 643).

c) **Besonderen Zwecken** dienende Gebäudeteile, die vom **Mieter** errichtet worden sind (sog. Mietereinbauten) – BFH vom 11.06.1997 (BStBl II 1997, 774) und gemeinsamer Ländererlass vom 15.01.1976 (BStBl I 1976, 66)
   - Scheinbestandteile,
   - Betriebsvorrichtungen,
   - sonstige Mietereinbauten und -umbauten,
     − die sich im wirtschaftlichen Eigentum des Mieters befinden,
     − die unmittelbar den besonderen betrieblichen oder beruflichen Zwecken des Mieters dienen oder
     − die unabhängig von der vom Mieter vorgesehenen betrieblichen oder beruflichen Nutzung sind (s. auch unter „Bilanzierungsgrundsätze").

---

[249] Z.B. BFH vom 10.03.1999 (BStBl II 1999, 523); sowie *Preißer*, Band 1, Teil B, Kap. I.

1 Grundstücke und Gebäude

1.2.3 Einteilung eines Gebäudes nach Funktionszusammenhang (R 13 Abs. 4 EStR)

Unabhängig von der möglichen Gruppierung von Gebäudeteilen als selbständige WG werden alle Gebäude(-teile) nach ihrer Funktion eingeteilt (Einzige Ausnahme von der bilanziellen Einheitsbetrachtung eines WG). Hiernach gibt es **vier unterschiedliche** Nutzungen, die zu vier verschiedenen WG führen können:

- Eigenbetrieblichen Zwecken dienend,
- fremdbetrieblichen Zwecken dienend,
- fremden Wohnzwecken dienend,
- eigenen Wohnzwecken dienend.

Die sonstigen selbständigen Gebäudeteile i.S.v. R 13 Abs. 4 EStR stellen getrennte selbständige WG dar.

Beispiel 2: Selbständige Gebäudeteile i.S.v. R 13 Abs. 4 EStR
Ein Grundeigentümer nutzt sein Gebäude wie folgt:
Das Erdgeschoss dient dem eigenen Gewerbebetrieb. Im Obergeschoss liegt die Privatwohnung des Eigentümers. Das Dachgeschoss ist für Wohnzwecke fremdvermietet. Der Keller des Gebäudes ist an einen fremden Gewerbetreibenden als Lagerraum vermietet.

Lösung:
Das Gebäude besteht bilanzsteuerrechtlich aus vier verschiedenen selbständigen WG:

1. Das EG als eigengewerblich genutzter Gebäudeteil,
2. der Keller als fremdgewerblich genutzter Gebäudeteil,
3. das DG zu fremden Wohnzwecken genutzter Gebäudeteil,
4. das OG als zu eigenen Wohnzwecken genutzter Gebäudeteil.

Die einzelnen unterschiedlich genutzten Gebäudeteile werden wie selbständige Gebäude behandelt. Jeder Gebäudeteil ist hinsichtlich einer evtl. Bilanzierung getrennt darauf zu untersuchen, ob er zum notwendigen oder gewillkürten BV oder zum notwendigen PV gehört. Soweit für die Bewertung eine Abschreibung zu berücksichtigen ist, kommt die für Gebäude maßgebliche AfA gem. § 7 Abs. 4 oder 5 EStG zur Anwendung (§ 7 Abs. 5a EStG).
Der Grund und Boden teilt für die Zuordnung zum BV oder PV das Schicksal des Gebäudes. Er ist nach demselben Verhältnis aufzuteilen wie das aufstehende Gebäude (BFH vom 12.07.1979, BStBl II 1980, 5).

Die Aufteilung der einzelnen Gebäudeteile erfolgt nach ständiger Rspr. (zuletzt BFH vom 15.02.2001, BFH/NV 2001, 849; dort zur Überführung nach einer Betriebsaufgabe) nach dem Verhältnis der Nutzflächen.

1.2.4 Zugehörigkeit von Grundstücken und Grundstücksteilen zum Betriebsvermögen von Einzelunternehmen

1.2.4.1 Notwendiges Betriebsvermögen (R 13 Abs. 7 EStR)

Zum notwendigen BV gehören Grundstücke und Grundstücksteile, die ausschließlich und unmittelbar für eigenbetriebliche Zwecke genutzt werden und dem Betriebsinhaber gehören. Eigenbetrieblich genutzte Grundstücksteile brauchen wegen untergeordneter Bedeutung **nicht als BV** behandelt zu werden (sog. Grundstücksteile von „**untergeordnetem Wert**"), wenn ihr Wert

- weder mehr als ein Fünftel des gemeinen Werts des ganzen Grundstücks noch
- mehr als 20.500 € beträgt (§ 8 EStDV).

Bei der Prüfung, ob der Wert eines Grundstücksteils mehr als ein Fünftel des Werts des ganzen Grundstücks beträgt, ist in der Regel das Verhältnis der Nutzflächen zugrunde zu legen. Ein Grundstücksteil ist mehr als 20.500 € wert, wenn der Teil des gemeinen Werts des ganzen Grundstücks, der nach dem Verhältnis der Nutzflächen auf den Grundstücksteil entfällt, 20.500 € übersteigt (R 13 Abs. 8 S. 3 und 4 EStR).

> **Beispiel 3: Grundstücksteil von untergeordneter Bedeutung – Fall I**
> Von einem Grundstück mit einer Nutzfläche von 3000 qm wird ein Teil mit einer Nutzfläche von 500 qm eigenbetrieblich genutzt. Der gemeine Wert des ganzen Grundstücks beträgt 300.000 €.
>
> **Lösung:**
> Das Grundstück wird zwar zu weniger als einem Fünftel eigenbetrieblich genutzt, der Wert des eigenbetrieblich genutzten Grundstücksteils beträgt jedoch 50.000 €. Der eigenbetrieblich genutzte Grundstücksteil ist als notwendiges BV zu bilanzieren, weil sein Wert den Betrag von 20.500 € übersteigt.
>
> **Beispiel 4: Grundstücksteil von untergeordneter Bedeutung – Fall II**
> Ein Stpfl. ist an einer Grundstücksgemeinschaft zu 50% beteiligt. Das dieser Grundstücksgemeinschaft gehörende Grundstück hat einen gemeinen Wert von 150.000 €; es wird zu 25% vom Gewerbebetrieb des Stpfl. genutzt.
>
> **Lösung:**
> Dem StPfl. gehören entsprechend seiner Beteiligung an der Grundstücksgemeinschaft auch von dem gewerblich genutzten Teil des Grundstücks nur 50%, das sind 12,5% von 150.000 € = 18.750 €. Der dem Stpfl. gehörende betrieblich genutzte Grundstücksteil braucht nicht als BV behandelt zu werden, weil sein Wert nicht mehr als ein Fünftel des Werts des ganzen Grundstücks beträgt und auch 20.500 € nicht übersteigt.

1   Grundstücke und Gebäude

1.2.4.2 Gewillkürtes Betriebsvermögen (R 13 Abs. 9 EStR)

Zum gewillkürten BV gehören Grundstücke und Grundstücksteile, die nicht eigenbetrieblich genutzt werden und nicht eigenen Wohnzwecken (= notwendiges PV) dienen, wenn sie in einem gewissen objektiven Zusammenhang mit dem Betrieb stehen und ihn zu fördern bestimmt und geeignet sind.

> **Beispiel 5: Gewillkürtes BV**
> Ein Kaufmann lässt auf einem zu seinem PV gehörenden Grundstück zur Absicherung eines für sein Einzelunternehmen aufgenommenen Kredits eine Hypothek eintragen.
>
> **Lösung:**
> Das Grundstück kann als gewillkürtes BV behandelt werden, weil durch die Besicherung des betrieblichen Kredits ein Zusammenhang mit dem Betrieb hergestellt wurde und das Grundstück den Betrieb fördert.

1.2.4.3 Behandlung der Grundstückseinnahmen und -ausgaben

Einnahmen und Ausgaben im Zusammenhang mit Grundstücken und Grundstücksteilen, die als (notwendiges oder gewillkürtes) BV behandelt werden, sind BE und BA. Aufwendungen für einen eigenbetrieblich genutzten Grundstücksteil sind auch dann BA, wenn der Grundstücksteil gem. § 8 EStDV wegen seiner untergeordneten Bedeutung nicht als BV behandelt wird (R 18 Abs. 2 S. 4 EStR).

1.2.4.4 Wegfall der Voraussetzungen für die Behandlung als Betriebsvermögen

Beim Wegfall der Voraussetzungen als BV ist zu unterscheiden, ob das Grundstück nur die Eigenschaft als **notwendiges** BV verliert, aber weiter als **gewillkürtes** BV behandelt werden kann oder ob das Grundstück **notwendiges PV** geworden ist. Nur im Fall der Umwidmung des Grundstücks in PV liegt zwingend eine Entnahme vor (Hinweis auf R 14 Abs. 3 EStR; s.a. BFH vom 06.11.1991 BStBl II 1993, 391).

1.2.5 Zugehörigkeit von Grundstücken und Grundstücksteilen zum Betriebsvermögen von Personengesellschaften[250]

1.2.5.1 Notwendiges Betriebsvermögen (R 13 Abs. 11 und 12 EStR)

Zum notwendigen **steuerlichen BV** gehören:

1. Grundstücke, die zum zivilrechtlichen **Gesamthandsvermögen** der MU der PersG gehören. Hiervon wird jedoch eine **Ausnahme** gemacht, wenn das zum Gesamthandsvermögen gehörende Grundstück ausschließlich oder fast ausschließlich der **privaten Le-**

---

[250] S. zu diesem Problemkreis allgemein *Preißer*, Teil B, Kap. II.

bensführung eines, mehrerer oder aller Gesellschafter dient (BFH vom 06.06.1973, BStBl II 1973, 705 und BFH vom 22.05.1975, BStBl II 1975, 804).

> **Beispiel 6: Das „Privathaus" der OHG**
> Ein im Gesamthandsvermögen der A, B & C OHG angeschafftes Einfamilienhaus wird ab Anschaffung von dem Gesellschafter A unentgeltlich privat bewohnt.
>
> **Lösung:**
> Das Einfamilienhaus stellt notwendiges PV der Gesellschafter[251] dar und darf in der StB der OHG nicht ausgewiesen werden.

Dient ein im Gesamthandseigentum der Gesellschafter stehendes Grundstück teilweise der privaten Lebensführung eines, mehrerer oder aller MU der Gesellschaft, so braucht der andere Grundstücksteil nach Meinung der Finanzverwaltung nicht als BV behandelt zu werden, wenn für diesen Grundstücksteil die Grenzen des § 8 EStDV nicht überschritten sind (R 13 Abs. 11 S. 3 EStR). M.E. widerspricht diese Verwaltungsanweisung der Maßgeblichkeit der HB für die StB. Handelsrechtlich ist das gesamte Grundstück als BV zu behandeln (§ 246 Abs. 1 HGB). Infolge der Maßgeblichkeit gilt das grundsätzlich auch für die StB. Die Zugehörigkeit des privat genutzten Grundstücksteils zum notwendigen PV und das damit verbundene Bilanzierungsverbot in der StB führt zur Durchbrechung der Maßgeblichkeit **nur für den privat genutzten Grundstücksteil.** Für den anderen (nicht privat genutzten) Grundstücksteil verbleibt es beim Aktivierungsgebot – auch in der StB – über den Grundsatz der Maßgeblichkeit.

2. Grundstücke oder Grundstücksteile, die nicht Gesamthandsvermögen der MU der PersG sind, sondern einem, mehreren oder allen Mitunternehmern gehören, aber dem Betrieb der PersG ausschließlich und unmittelbar dienen **(Sonder-BV I).**

> **Beispiel 7: Notwendiges Sonder-BV – Fall 1**
> Die B & Co. KG nutzt ein dem Gesellschafter B gehörendes Grundstück vollen Umfangs als Lagerplatz.
>
> **Lösung:**
> Das Grundstück ist notwendiges Sonder-BV I des Gesellschafters B und muss in einer steuerlichen Sonderbilanz ausgewiesen werden.

3. Grundstücke und Grundstücksteile, die dem Betrieb der PersG dienen und einer **anderen Gesamthandsgemeinschaft** oder Bruchteilsgemeinschaft gehören, an der auch andere Personen beteiligt sind, die nicht MU der PersG sind, soweit die Grundstücke und Grundstücksteile den MU der PersG nach § 39 Abs. 2 Nr. 2 AO zuzurechnen sind.

---

[251] Um Missverständnissen vorzubeugen: Es gibt kein PV der PersG!

1 Grundstücke und Gebäude

Beispiel 8: Notwendiges Sonder-BV – Fall 2
Der Gesellschafter C der C & D OHG ist zu 30 % gemeinsam mit seinen Geschwistern, die nicht Gesellschafter der OHG sind, an einer Grundstücksgemeinschaft beteiligt. Die OHG nutzt das Grundstück der Grundstücksgemeinschaft vollen Umfangs als Lagerplatz.

Lösung:
Das Grundstück ist zu 30 % notwendiges Sonder-BV I des A und in einer steuerlichen Sonderbilanz zu aktivieren.
Dient ein Grundstück dem Betrieb der Gesellschaft nur zum Teil, so sind die den MU zuzurechnenden Grundstücksteile lediglich mit ihrem betrieblich genutzten Teil notwendiges BV. Betrieblich genutzte Grundstücksteile, deren Wert im Verhältnis zum Wert **des ganzen Grundstücks**, nicht im Verhältnis zum Wert des Grundstücksteils des Gesellschafters, von untergeordneter Bedeutung ist, brauchen nicht als BV behandelt zu werden (R 13 Abs. 12 EStR i.V.m. § 8 EStDV).

Beispiel 9: Sonder-BV von untergeordneter Bedeutung
Der G´fter B der B & Co. KG ist zu 30 % an einer Erbengemeinschaft beteiligt. Die KG nutzt die Hälfte des Grundstücks der Erbengemeinschaft (gemeiner Wert: 100.000 €) für betriebliche Zwecke.

Lösung:
Von dem durch die KG betrieblich genutzten Teil des Grundstücks (gemeiner Wert: 50.000 €) sind dem G´fter B 30 % = 15.000 € zuzurechnen. Insoweit liegt notwendiges Sonder-BV I vor, das aber wegen untergeordneter Bedeutung des Grundstücksteils (weder mehr als ein Fünftel des Werts des ganzen Grundstücks noch mehr als 20.500 €) nicht als BV behandelt zu werden braucht.

1.2.5.2 Gewillkürtes Betriebsvermögen

Gewillkürtes BV ist nur im Bereich des Sonder-BV möglich. Grundstücke oder Grundstücksteile, die nicht im Gesamthandseigentum der MU einer PersG sind, sondern im Allein- oder Miteigentum eines oder mehrerer MU stehen, können gewillkürtes BV dieser MU sein (gewillkürtes Sonder-BV). Bezüglich der Voraussetzungen gelten die Grundsätze wie bei Einzelunternehmern.

Beispiel 10: Gewillkürtes Sonder-BV
Der G´fter F der F & G OHG ist Alleineigentümer einer Lagerhalle, die er an einen Kunden der OHG vermietet hat.

Lösung:
Da ein objektiver Zusammenhang zwischen der Lagerhalle und dem Betrieb der OHG besteht, kann der G´fter F die Lagerhalle zu seinem gewillkürten Sonder-BV I machen.

1.2.5.3 Grundstücksteile im Betriebsvermögen von Personengesellschaften

Selbständige Grundstücksteile i.S.v. R 13 Abs. 3 EStR sind bei PersG im gleichen Umfang möglich wie bei Einzelunternehmen. Grundstücksteile i.S.v. R 13 Abs. 4 EStR sind im Gesamthandsvermögen nicht möglich, weil die Vermögensgegenstände des Gesamthandsvermögens gem. § 246 Abs. 1 HGB vollen Umfangs zu bilanzieren sind. Nur im Rahmen des Sonder-BV sind selbständige Grundstücksteile i.S.v. R 13 Abs. 4 EStR denkbar.

Beispiel 11: Gebäudeteil i.S.v. R 13 Abs. 4 EStR im Sonder-BV
Der Kommanditist G der G-GmbH & Co. KG vermietet der KG das Kellergeschoss eines in seinem PV befindlichen Gebäudes als Aktenarchivraum.

Lösung:
Das Kellergeschoss (selbständiger Gebäudeteil) ist notwendiges Sonder-BV I des G´fter G und muss gemeinsam mit dem anteiligen Grund und Boden in einer Sonderbilanz aktiviert werden.

1.2.5.4 Wegfall der Voraussetzungen für die Behandlung als Betriebsvermögen

Es gelten dieselben Grundsätze wie bei Einzelunternehmen.

1.2.6 Zugehörigkeit von Grundstücken und Grundstücksteilen zum Betriebsvermögen von Kapitalgesellschaften

Grundstücke, die zum Gesellschaftsvermögen von KapG gehören, sind immer vollen Umfangs als BV zu bilanzieren (§ 246 Abs. 1 HGB). Selbständige Grundstücksteile i.S.v. R 13 Abs. 3 EStR sind auch im Rahmen des BV von KapG denkbar. Sie werden wie bei Einzelunternehmen und PersG als selbständige WG getrennt vom Grundstück oder Gebäude bilanziert und abgeschrieben.

Selbständige Grundstücksteile i.S.v. R 13 Abs. 4 EStR kommen bei KapG nicht in Betracht. Werden Teile eines Grundstücks oder Gebäudes von einem Gesellschafter der KapG unentgeltlich oder gegen ein objektiv zu geringes Entgelt privat genutzt, so liegt eine vGA vor.

1 Grundstücke und Gebäude

1.2.7 Weitere Fälle zu R 13 EStR

Beispiel 12: Das „private" Betriebsgrundstück
A erwarb am 03.01.05 ein unbebautes Grundstück von 1000 qm Größe für 50.000 €, das er ab 01.04.05 für Lagerzwecke seines Betriebs nutzte. Da er das Grundstück mit privaten Geldmitteln erworben hatte, behandelte er es als PV. Die Wertsteigerung bis zum 01.04.05 betrug 5.000 €.
Wie ist das Grundstück bilanzmäßig zu behandeln?

Lösung:
Der Grundstückskauf aus privaten Geldmitteln konnte von A zunächst als Privatvorgang behandelt werden, weil eine betriebliche Nutzung des Grundstücks nicht gegeben war.
Ab 01.04.05 wurde das Grundstück durch den Gewerbebetrieb des A genutzt. Damit ist es notwendiges BV geworden (R 13 Abs. 7 S. 1 EStR). Das Grundstück ist mit Wirkung vom 01.04.05 in das BV einzulegen. Einlagewert gem. § 6 Abs. 1 Nr. 5a EStG: AK = 50.000 €.

Beispiel 13: Das „gespaltene" Grundstück
B ist Eigentümer eines älteren Einfamilienhauses mit einem Wert (einschließlich Grund und Boden = 18.000 €) von 80.000 €. In zwei Räumen mit einer Fläche von zusammen 50 qm betreibt er seinen Gewerbebetrieb „Handelsvertretung". Die übrigen Räume mit einer Fläche von 150 qm nutzt B für eigene Wohnzwecke.
Welcher Teil des Grundstücks muss oder darf in das BV aufgenommen werden?

Lösung:
Eigenbetrieblich genutzte Grundstücksteile stellen selbständige Wirtschaftsgüter dar (R 13 Abs. 4 S. 1 EStR). Sie sind notwendiges BV (R 13 Abs. 7 S. 1 EStR).
Der betrieblich genutzte Grundstücksteil ist auch nicht von untergeordneter Bedeutung i.S.v. § 8 EStDV:

Gebäudewert:	25 % von 62.000 € =	15.500 €
Bodenwert:	25 % von 18.000 € =	4.500 €
Zusammen		20.000 €

Zwar beträgt der Grundstücksteil (GruBo und Gebäude) nicht mehr als 20.500 €, aber sein Wert beträgt mehr als ein Fünftel des Werts des ganzen Grundstücks.
Der betrieblich genutzte Grundstücksteil muss als notwendiges BV bilanziert werden. Der übrige Grundstücksteil darf nicht bilanziert werden (notwendiges PV).

Beispiel 14: Das große Stellplatz von untergeordneter Bedeutung
C erwarb am 02.05.02 in Hamburg-Altona ein unbebautes Grundstück mit einer Größe von 800 qm für 160.000 €. Auf dem Grundstück errichtete C mit

HK von 1,47 Mio. € ein Mietwohnhaus (Fertigstellung am 01.05.05). Im Tiefkeller des Gebäudes richtete C 40 Kfz-Stellplätze ein, von denen er 25 zum Abstellen von Lieferwagen seines Lebensmittelfilialbetriebs nutzt. Die anteiligen Baukosten für die betrieblich genutzten Stellplätze betragen 18.000 €. Der auf diese Stellplätze entfallende anteilige Bodenwert beträgt 400 €.
Wie ist der eigenbetrieblich genutzte Grundstücksteil bilanziell zu behandeln?

Lösung:
Grundsätzlich ist der eigenbetrieblich genutzte Gebäudeteil einschließlich des dazu gehörenden Anteils vom Grund und Boden als notwendiges BV bilanzierungspflichtig (R 13 Abs. 7 S. 1 EStR).
Hier ist der eigenbetrieblich genutzte Grundstücksteil jedoch von untergeordneter Bedeutung i.S.v. § 8 EStDV (Wert = weniger als ein Fünftel des Werts des ganzen Grundstücks und weniger als 20.500 €). Der eigenbetrieblich genutzte Grundstücksteil braucht deshalb nicht in der StB ausgewiesen zu werden.
Zu beachten ist jedoch, dass, wenn zu einem bestimmten Bilanzstichtag die vorbezeichneten Wertgrenzen nicht überschritten werden und deshalb von einer Bilanzierung abgesehen wurde, durch Wertsteigerungen des Grundstücks an einem Folgebilanzstichtag die Wertgrenzen des § 8 EStDV überschritten sein können und dadurch eine Bilanzierungspflicht eintritt.

Beispiel 15: Für jeden etwas
D ist Eigentümer eines bebauten Grundstücks. Der Wert des Grund und Bodens beträgt 150.000 €, der des Gebäudes 400.000 €. Das Gebäude wird wie folgt genutzt:

- 150 qm für die eigene Gaststätte des D,
- 150 qm durch Vermietung an den Weinlieferanten des D als Büroraum,
- 150 qm durch Vermietung als Wohnungen und
- 50 qm für eigene Wohnzwecke des D.

Welcher Teil des Grundstücks ist notwendiges BV?
Welcher Teil des Grundstücks kann als gewillkürtes BV behandelt werden?
Mit welchem Wert sind die betreffenden Grundstücksteile in der Bilanz anzusetzen?

Lösung:
Der eigenbetrieblich genutzte Grundstücksteil ist notwendiges BV. Der an den Weinlieferanten vermietete Grundstücksteil kann als gewillkürtes BV behandelt werden (R 13 Abs. 9 S. 1 EStR). Ob der durch Vermietung als Wohnungen genutzte Grundstücksteil auch als gewillkürtes BV behandelt werden kann, kommt auf den Einzelfall an (objektiver Zusammenhang mit dem Betrieb). Der für eigene Wohnzwecke genutzte Grundstücksteil ist als notwendiges PV nicht bilanzierungsfähig.

1 Grundstücke und Gebäude

Bilanzansätze:
eigenbetrieblicher Teil
Gebäude   3/10 = 120.000 €
GruBo   3/10 = 45.000 €
gewerblich vermieteter Teil
Gebäude   3/10 = 120.000 €
GruBo   3/10 = 45.000 €
ggf.:
zu Wohnzwecken vermieteter Teil
Gebäude   3/10 = 120.000 €
GruBo   3/10 = 45.000 €

1.2.8 Bilanzsteuerliche Behandlung von Bodenbefestigungen

In dem Urteil des BFH vom 19.02.1974 (BStBl II 1975, 20) zu § 19 BlnFG war die Frage zu entscheiden, ob eine Hofbefestigung

- als Betriebsvorrichtung (= bewegliches WG) oder
- als Außenanlage auf dem Grundstück (= unbewegliches WG) zu behandeln ist.

Aus den Entscheidungsgründen des Urteils ist zu entnehmen, dass im Einzelfall nach den Regelungen des BewG die Frage zu entscheiden ist, ob es sich um Betriebsvorrichtungen (§ 68 BewG) oder um dem Grund und Boden zuzurechnende Außenanlagen (§§ 78 – 83 BewG) handelt (vgl. dazu den gemeinsamen Ländererlass vom 31.03.1992, BStBl I 1992, 342). Für die bilanzsteuerliche Behandlung derartiger WG hat die vorgenannte Unterscheidung folgende Bedeutung:

- Handelt es sich um **Betriebsvorrichtungen**, so kann
  - von der degressiven AfA i.S.v. § 7 Abs. 2 EStG Gebrauch gemacht werden und
  - die Vereinfachungsregelung des R 44 Abs. 2 S. 3 EStR angewendet werden.
- Handelt es sich um eine **Außenanlage**, so kann
  - nur die lineare AfA i.S.v. § 7 Abs. 1 EStG in Anspruch genommen werden und
  - die Vereinfachungsregelung des R 44 Abs. 2 S. 3 EStR nicht angewendet werden (im Jahr der Herstellung ist die AfA nur zeitanteilig möglich).

Die Verwaltung hat hierzu – wie folgt (Ländererlass vom 31.03.1992) – Stellung genommen:
„**Rz. 37:** Einfriedungen, Bodenbefestigungen, Be- und Entwässerungsanlagen sowie Rampen: Einfriedungen stehen grundsätzlich in keiner besonderen Beziehung zu einem auf dem Grundstück ausgeübten Gewerbebetrieb. Sie gehören deshalb als **Außenanlagen zum Grundstück**. Das gleiche gilt für Bodenbefestigungen (**Straßen, Wege, Plätze**). Sie sind im Allgemeinen zur besseren Befahrbarkeit des Bodens geschaffen; eine besondere Beziehung zu einem auf dem Grundstück ausgeübten Gewerbebetrieb fehlt[252].

---
[252] Zu Hofbefestigungen s. aber H 42 (unbewegliche WG, die keine Gebäude oder Gebäudeteile sind) EStH.

Schutzgitter innerhalb des Umspannwerks eines Elektrizitätsunternehmens sowie Platzbefestigungen, die der Wartung der Anlage und nicht zugleich dem sonstigen Verkehr innerhalb des Werkes dienen (Schalterstraßen, Trafostraßen Umkehrplatz), sind dagegen Betriebsvorrichtungen (BFH-Urteil vom 02.06.1971, BStBl II 1971, 673). Einfahrbahnen (Teststrecken) der Automobilfabriken sind ebenfalls Betriebsvorrichtungen.

Rz. 38: Bodenbefestigungen der Tankstellenbetriebe sind ebenso wie Einfriedungen, die in diesen Fällen üblich sind, wegen ihrer besonderen betrieblichen Ausgestaltung und Zweckbestimmung als **Betriebsvorrichtungen** anzusehen (BFH vom 23.02.1962, BStBl III 1962, 179).

Dagegen sind die Bodenbefestigungen vor Garagen, Reparaturwerkstätten und Waschhallen sowie die Bodenbefestigungen der Dauerpark- und Abstellplätze den Außenanlagen zuzurechnen. Das gleiche gilt für Bodenbefestigungen vor Restaurations- und Beherbergungsgebäuden, soweit eine räumliche Abgrenzung gegenüber dem Tankstellenbetrieb leicht und einwandfrei möglich ist.

Rz. 39: Freistehende Rampen rechnen in der Regel zu den Außenanlagen, da mit ihnen das Gewerbe nicht unmittelbar betrieben wird."

1.2.9 Die Behandlung des Erbbaurechts

1.2.9.1 Grundlagen der Bilanzierung des Erbbaurechts

Während das Erbbaurecht zivilrechtlich explizit kodifiziert ist, gibt es keine speziellen gesetzlichen Vorschriften für die Bilanzierung dieses Rechts. Die bilanzielle Behandlung des Erbbaurechts muss deshalb aus den allgemeinen handels- und steuergesetzlichen Bilanzierungs- und Bewertungsvorschriften und aus der Rspr. abgeleitet werden.

Zu diesem Zweck ist zunächst zu klären, ob es sich bei dem Erbbaurecht um einen Vermögensgegenstand i.S.v. § 246 Abs. 1 HGB handelt. Gem. BFH-Urteil vom 04.06.1991 (BStBl II 1992, 70) ist das Erbbaurecht als grundstücksgleiches Recht nach dem BGB ein Vermögensgegenstand i.S.d. Handelsrechts und ein Wirtschaftsgut i.S.d. §§ 4 ff. EStG, das grundsätzlich beim AV auszuweisen ist. Im vorgenannten Urteil stellt der BFH auch ausdrücklich klar, dass das Erbbaurecht ein **materielles** WG darstellt.

Die Bestellung eines Erbbaurechts begründet ein Dauerrechtsverhältnis (Dauernutzungsverhältnis), welches sich als schwebendes Geschäft nach den Grundsätzen ordnungsmäßiger Buchführung grundsätzlich einer Bilanzierung entzieht. Durch den Umstand, dass das Erbbaurecht zum Gegenstand eines schwebenden Geschäfts gemacht wird, verliert es jedoch nicht die Qualität als Vermögensgegenstand bzw. WG. Die ungeachtet des Leistungsaustausches im Zuge des schwebenden Geschäfts fortbestehende Bilanzierungsfähigkeit des Erbbaurechts tritt nämlich in Erscheinung, wenn außerhalb des Dauernutzungsverhältnisses ein Aufwand anfällt, der im Rahmen des Anschaffungsvorgangs für das Erbbaurecht getätigt wird (z.B. Grunderwerbsteuer, Maklercourtage, Notar- und Gerichtskosten). Solche Aufwendungen stellen kein vorweggenommenes oder zusätzliches Nutzungsentgelt dar. Sie beruhen rechtlich und wirtschaftlich auf einer Rechtsgrundlage, die vom (künftigen) Leistungsaustausch nicht erfasst wird, und können deshalb in der Bilanz weder wie „vorausgezahlte Erbbauzinsen" noch wie vom Erbbauberechtigten zu tragende Erschließungskosten (BFH vom 08.12.1988, BStBl II 1989, 407) behandelt werden.

1.2.9.2 Die Bilanzierung im Einzelnen

1.2.9.2.1 Bestellung des Erbbaurechts

1. Bilanzierung beim Grundstückseigentümer (Erbbauverpflichteter)

a) Erbbaurecht an einem unbebauten Grundstück

Das (wirtschaftliche) Eigentum am Grundstück verbleibt nach Bestellung des Erbbaurechts beim Grundstückseigentümer; denn unbeschadet der durch das Erbbaurecht bedingten Grenzen verbleibt dem Grundstückseigentümer weiterhin das Recht der Veräußerung und weiteren Belastung des Grundstücks (BFH vom 22.04.1998, BStBl II 1998, 665). Die Bestellung des Erbbaurechts führt auch nicht zu einer Entnahme des Grundstücks (BFH vom 10.12.1992, BStBl II 1993, 342). Damit ist das zum BV gehörende Grundstück auch nach der Bestellung des Erbbaurechts weiter vom Grundstückseigentümer zu bilanzieren.

Durch die Bestellung des Erbbaurechts wird der Wert des belasteten Grundstücks nicht gemindert. Zwar tritt für den Grundstückseigentümer durch das eingeräumte Erbbaurecht eine Nutzungsbeschränkung ein. Diese Beschränkung wird jedoch normalerweise dadurch wieder ausgeglichen, dass der Grundstückseigentümer einen Anspruch auf ein Entgelt in der Form von Erbbauzinsen hat. Deshalb ist infolge der Einräumung des Erbbaurechts eine Teilwertabschreibung des belasteten Grundstücks nur zulässig, wenn der zu zahlende Erbbauzins vom marktüblichen Erbbauzins nach unten abweicht.

b) Erbbaurecht an einem bebauten Grundstück

Durch die Bestellung des Erbbaurechts an einem bebauten Grundstück verliert der Grundstückseigentümer das Eigentum an dem Gebäude zugunsten des Erbbauberechtigten. Der Verlust der wirtschaftlichen Verfügungsmacht über das Gebäude führt zu einer Absetzung für außergewöhnliche wirtschaftliche Abnutzung i.S.v. § 7 Abs. 4 S. 3 EStG. Ein vom Erbbauberechtigten für den Erwerb des wirtschaftlichen Eigentums zu zahlendes besonderes Entgelt stellt beim Grundstückseigentümer BE dar. Wenn der Übergang des wirtschaftlichen Eigentums an dem Gebäude nicht mit einem einmaligen Entgelt, sondern mit der Zahlung erhöhter Erbbauzinsen abgegolten wird, müssen die Erbbauzinsen in ein Entgelt für den Erwerb des wirtschaftlichen Gebäudeeigentums und in laufendes Nutzungsentgelt für das Erbbaurecht aufgeteilt werden. Der auf den Erwerb des wirtschaftlichen Eigentums entfallende Teil der Erbbauzinsen wird kapitalisiert. Der Barwert ist als Forderung auszuweisen und erhöht im Jahr der Bestellung des Erbbaurechts die BE.

2. Bilanzierung beim Erbbauberechtigten

a) Erbbaurecht an einem unbebauten Grundstück

Das erworbene Erbbaurecht ist zu bilanzieren. Die Bewertung in der Bilanz ist mit den AK vorzunehmen (§ 253 Abs. 1 i.V.m. § 255 Abs. 1 HGB). In diesem Zusammenhang muss untersucht werden, ob die vom Erbbauberechtigten zu zahlenden Erbbauzinsen als AK für das Erbbaurecht anzusehen sind. Die vom Erbbauberechtigten an den Grundstückseigentümer gezahlten Erbbauzinsen stellen das Entgelt für die Nutzung des Grundstücks dar und sind damit vergleichbar mit Miet- oder Pachtzinsen (BFH vom 08.12.1988 a.a.O.). Sie gehören deshalb kausal (=ursächlich) zu dem (schwebenden) Dauernutzungsverhältnis und stellen beim Erbbauberechtigten im Zeitpunkt der Zahlung laufende BA dar. Somit zählen die Erbbauzinsen nicht zu den AK des Erbbaurechts. Als AK des Erbbaurechts sind vielmehr die im Zusammenhang mit dem Erwerb des Rechts anfallenden Anschaffungsnebenkosten, wie Grunderwerbsteuer, Maklercourtage, Notar- und Gerichtskosten zu bilanzieren (BFH vom 04.06.1991 a.a.O.). Die aktivierten AK werden auf die Laufzeit des Erbbaurechts abgeschrieben.

b) Erbbaurecht an einem bebauten Grundstück

Im Fall der Bestellung des Erbbaurechts an einem bebauten Grundstück geht das Eigentum an dem Gebäude auf den Erbbauberechtigten über, weil das auf dem Erbbaugrundstück befindliche Gebäude Bestandteil des Erbbaurechts wird. Zahlt der Erbbauberechtigte für das Gebäude an den Grundstückseigentümer ein einmaliges Entgelt, so hat er in entsprechender Höhe aktivierungspflichtige Gebäudeanschaffungskosten. Wird ein besonderes Entgelt für das Gebäude nicht vereinbart, so ist zu unterstellen, dass die vereinbarten Erbbauzinsen sowohl für den Übergang des Eigentums an dem Gebäude als auch für die Nutzung des Grund und Bodens im Rahmen des Erbbaurechts zu zahlen sind. In diesem Fall sind die Erbbauzinsen in angemessener Weise in einen Anteil für den Übergang des Eigentums am Gebäude (= AK) und einen Anteil für die laufende Grundstücksnutzung (= BA) aufzuteilen[253]. Bei der Aufteilung könnte der Fremdvergleich mit Erbbauzinsen in anderen Erbbaurechtsfällen ein Maßstab sein. Der Anteil an den Erbbauzinsen, der als Entgelt für den Übergang des Eigentums an dem Gebäude berechnet wird, ist wie Kaufpreisraten zu behandeln, die zur Feststellung der AK kapitalisiert und mit dem Barwert passiviert werden müssen. Die AK für das Gebäude sind gem. § 253 Abs. 2 S. 1 HGB und § 7 Abs. 4 S. 1 oder S. 2 EStG abzuschreiben.

> **Beispiel 16: Ermittlung der AK für das Gebäude bei Bestellung eines Erbbaurechts an einem bebauten Grundstück**
>
> Zugunsten eines Unternehmers wird am 01.01.01 ein Erbbaurecht mit einer Laufzeit von 40 Jahren an einem mit einem Lagerhaus bebauten Grundstück bestellt. Die vereinbarten Erbbauzinsen betragen jährlich 6.000 €. Ein besonderes Entgelt für den Eigentumsübergang an dem Gebäude ist nicht vereinbart

---

[253] *Schmidt*, EStG Rz. 270 zu § 5.

worden. Da das Grundstück in einem städtischen Gelände liegt, in dem sich auch unbebaute Erbbaugrundstücke befinden, kann man die Erbbauzinsen für unbebaute Erbbaugrundstücke unschwer feststellen. Die diesbezüglichen Feststellungen ergeben übliche Erbbauzinsen für unbebaute Grundstücke der gleichen Größe wie das von dem Unternehmer in Erbpacht übernommene bebaute Grundstück i.H.v. jährlich 2.000 €.

Lösung:
Zur Ermittlung der AK für das Lagergebäude sind die Erbbauzinsen unter Einbeziehung des vorgenannten Fremdvergleichs aufzuteilen. Da der Unternehmer für das bebaute Erbbaugrundstück 4.000 € jährlich mehr zahlen muss als für ein unbebautes Grundstück, ist dieser Teil der Erbbauzinsen als Anteil für den Eigentumsübergang an dem Gebäude anzusehen. Die laufend zu zahlenden anteiligen Erbbauzinsen sind wie Kaufpreisraten zu behandeln, bei denen durch Kapitalisierung der Barwert ermittelt wird, der die Höhe der AK bestimmt. Die Kapitalisierung wird für steuerliche Zwecke üblicherweise nach den Regeln des BewG vorgenommen (§ 13 BewG, Anlage 9a zum BewG).

Berechnung des Barwertes (bei einer Laufzeit der Raten von 40 Jahren):
16,487 x 4.000 € = 65.948 €.

Damit ist das Gebäude beim Erbbauberechtigten mit AK i.H.v. 65.948 € zu aktivieren. In gleicher Höhe ist ein Schuldposten zu passivieren.
Die AfA beträgt gem. § 7 Abs. 4 Nr. 1 EStG 3% von 65.948 € = 1.978 €.

Der passivierte Barwert der Verbindlichkeit ist zu jedem Bilanzstichtag neu zu berechnen. Die Differenz zwischen dem Barwert am Anfang und am Ende des Wj. stellt den Tilgungsbetrag dar, der den als Aufwand erfassten Erbbauzinsen mindernd gegenübertritt.

1.2.9.2.2 Errichtung des Bauwerks

1. Behandlung beim Grundstückseigentümer
Durch die Errichtung eines Bauwerks auf dem Erbbaugrundstück ergeben sich beim Eigentümer des Grundstücks keine bilanziellen Auswirkungen, weil das Bauwerk als Bestandteil des Erbbaurechts gilt und damit dem Erbbauberechtigten zuzurechnen ist.

2. Behandlung beim Erbbauberechtigten
Der Erbbauberechtigte ist Eigentümer des von ihm auf dem Erbbaugrundstück errichteten Bauwerks (BFH vom 07.06.1972, BStBl II 1972, 850). Als solcher hat er das Bauwerk in seiner Bilanz auszuweisen. Die Aktivierung erfolgt mit den HK. Die Abschreibung ist nach den normalen Regeln des Handels- und des Steuerrechts vorzunehmen. Dabei ist von Bedeutung, ob das Bauwerk nach Beendigung des Erbbaurechts mit oder ohne Entschädigung in das Eigentum des Grundstückseigentümers übergeht. Wird das Bauwerk am Ende der Laufzeit des Erbbaurechts gegen Entschädigung auf den Grundeigentümer übertragen, so ist die Abschreibung nach der technischen Nutzungsdauer zu berechnen. Bei entschädigungslosem Übergang des Bau-

werks ist die rechtliche ND (= Restlaufzeit des Erbbaurechts) für die Abschreibung maßgebend.
Bei Gebäuden ist die steuerliche Abschreibung zwingend nach § 7 Abs. 4 oder 5 EStG vorzunehmen.
Wenn es sich bei dem Bauwerk um eine Betriebsvorrichtung handelt, ist zu beachten, dass es sich um ein **bewegliches** WG handelt, das auch degressiv nach § 7 Abs. 2 EStG abgeschrieben werden kann.

1.2.9.2.3 Erbbauzinsen

1. Behandlung beim Grundstückseigentümer
Die vom Erbbauberechtigten entrichteten Erbbauzinsen sowie einmalige Beträge, die für die Einräumung des Erbbaurechts gezahlt werden, sind bei dem Erbbauverpflichteten (Grundstückseigentümer) regelmäßig als Einnahmen aus Vermietung und Verpachtung zu erfassen. Soweit sich das Erbbaugrundstück im BV des Erbbauverpflichteten befindet, sind die vereinnahmten Beträge als BE zu qualifizieren. Nach den Grundsätzen ordnungsmäßiger Buchführung sind Einmalzahlungen und Vorauszahlungen von Erbbauzinsen passiv abzugrenzen. Der passive RAP ist entsprechend der (Rest-)Laufzeit des Erbbaurechts linear über Erträge aufzulösen.
Da das Erbbaurecht nach gefestigter BFH-Rspr. als ein schwebendes Dauernutzungsverhältnis anzusehen ist, sind weitere Bilanzierungen grundsätzlich nicht vorzunehmen, es sei denn, die Werte der Rechte und Verbindlichkeiten aus dem Erbbaurechtsverhältnis stehen sich **nicht gleichwertig gegenüber** (BFH vom 17.04.1985, BStBl II 1985, 617). Wenn in diesem Fall dem Grundstückseigentümer ein Verlust aus dem Dauernutzungsverhältnis droht, ist in seiner HB eine Rückstellung für drohende Verluste i.S.v. § 249 Abs. 1 HGB zu passivieren. In der StB darf diese Rückstellung nicht ausgewiesen werden (§ 5 Abs. 4a EStG).

2. Behandlung beim Erbbauberechtigten
Wenn der Erbbauberechtigte das Erbbaurecht in seinem BV nutzt, stellen die gezahlten Erbbauzinsen laufende BA dar. An den Erbbauverpflichteten gezahlte Einmalbeträge und Vorauszahlungen auf Erbbauzinsen sind aktiv abzugrenzen und auf die Laufzeit des Erbbaurechts linear zu verteilen (BFH vom 08.12.1988, a.a.O.).

1.2.9.2.4 Erschließungskosten

1. Behandlung beim Grundstückseigentümer
Wenn der Erbbauberechtigte sich gegenüber dem Grundstückseigentümer verpflichtet, für ihn die Erschließungskosten des Erbbaugrundstücks zu übernehmen, liegt darin ein zusätzliches Entgelt für die Nutzung des Grundstücks. Diese Beurteilung führt dazu, dass der Grundstückseigentümer in seiner Bilanz einen passiven RAP bilden muss, der über die Laufzeit des Erbbaurechts gegen Erträge aufzulösen ist (BFH vom 19.10.1993, BStBl II 1994, 109[254]). In gleicher Höhe ist der BW des Erbbaugrund-

---

[254] Bestätigt durch BFH vom 14.09.1999 (BFH/NV 2000, 558).

stücks zu erhöhen, weil sich durch die Erschließungsmaßnahmen der Wert des Grundstücks erhöht hat.

2. Behandlung beim Erbbauberechtigten
Die vom Erbbauberechtigten für den Grundstückseigentümer übernommenen Erschließungskosten für das Erbbaugrundstück sind als ein neben die Erbbauzinsen tretendes zusätzliches Entgelt anzusehen. Das gilt auch dann, wenn die Beiträge für die Ersetzung oder Modernisierung bereits vorhandener Erschließungsanlagen gezahlt werden (BFH vom 19.10.1993 a.a.O.). Die Erschließungskosten sind folglich den Einmalzahlungen oder Vorauszahlungen im Rahmen von Erbbaurechtsverhältnissen gleichzusetzen. Das bedeutet, dass in der Bilanz des Erbbauberechtigten ein aktiver RAP zu bilden ist, der innerhalb der (Rest-)Laufzeit des Erbbaurechts linear über Aufwendungen aufzulösen ist.

1.2.9.2.5 Anspruch auf Übergang des Bauwerks in das Eigentum des Erbbauverpflichteten

Im Urteil des BFH vom 07.06.1972 a.a.O. befasst sich der I. Senat mit der Frage, ob der Rechtsanspruch des Grundstückseigentümers auf Übertragung des Eigentums an dem auf dem Erbbaugrundstück errichteten Bauwerk schon während der Laufzeit des Erbbaurechts zu bilanzieren ist. Der Senat kommt in dem Urteil zu dem Ergebnis, dass dieser Anspruch weder als ein selbständiges Recht noch als ein der selbständigen Nutzung fähiges WG Gegenstand des Rechtsverkehrs ist. Damit bewirkt er keine während der Laufzeit des Erbbaurechts festzustellende Vermögensmehrung beim Grundstückseigentümer. Aus diesem Grund ist während der Laufzeit des Erbbaurechts auch keine Bilanzierung beim Grundstückseigentümer vorzunehmen.

1.2.9.2.6 Einlage eines Erbbaurechts in das Betriebsvermögen

1. Grundsatz
Wird ein Erbbaurecht vom Erbbauberechtigten zunächst in seinem PV gehalten (z.B. um auf dem Grundstück ein privates Wohnhaus zu errichten) und später dem BV gewidmet (z.B. durch Bebauung des Grundstücks mit einem betrieblich genutzten Gebäude, so stellt sich die Frage, ob eine Einlage in das BV möglich ist, und wie eine solche Einlage bewertet werden muss. Voraussetzung für eine Einlage ist das Vorliegen eines Vermögensgegenstands bzw. WG (§ 4 Abs. 1 S. 5 EStG).
Wie bereits dargestellt, handelt es sich beim Erbbaurecht nach der BFH-Rspr. sowohl um einen Vermögensgegenstand i.S. des Handelsrechts als auch um ein WG i.S.d. Steuerrechts. Damit ist die Einlage dem Grunde nach möglich. Die Rspr. (BFH vom 26.10.1987, BStBl II 1988, 348) hat jedoch für unentgeltlich erworbene Nutzungsrechte festgestellt, dass bei der Bewertung der Einlage dem Zweck der Einlagenregelung Rechnung getragen werden müsste. Die Bewertung der Einlage mit dem TW hätte zur Folge, dass die durch die Realisierung des Nutzungsrechts erzielte Vermögensmehrung unbesteuert bliebe, weil dem Nutzungsertrag eine entsprechende Ab-

schreibung gegenüber stünde[255]. Aus diesem Grund lehnt der BFH die Einlage mit dem TW ab, damit das Ziel des EStrechts, erzielte Nutzungen der Besteuerung zu unterwerfen, nicht gefährdet wird. Der BFH betont aber ausdrücklich, dass eigene Aufwendungen des StPfl. als Betriebsausgaben abgesetzt werden dürfen.

2. Erbbaurecht an einem unbebauten Grundstück

Wenn der Erbbauberechtigte kein besonderes Entgelt neben den Erbbauzinsen an den Grundstückseigentümer zu zahlen hat, wird das Erbbaurecht als solches unentgeltlich erworben. Damit ist eine Einlage mit dem TW nach der BFH-Rspr. nicht zulässig. Da die eigenen Aufwendungen des Erbbauberechtigten jedoch als BA abzugsfähig sind (s. unter 1.), können m.E. die Anschaffungsnebenkosten (Notar- und Gerichtskosten, Grunderwerbsteuer) eingelegt werden.

3. Erbbaurecht an einem bebauten Grundstück

Wenn das Erbbaurecht an einem bebauten Grundstück bestellt wird, ist neben der Einlagemöglichkeit des Rechtes selbst die Einlagefähigkeit des Gebäudes zu untersuchen. Für das Erbbaurecht gelten dieselben Grundsätze wie bei der Bestellung des Rechts an einem unbebauten Grundstück. Das Gebäude ist als materielles WG mit dem Einlagewert gem. § 6 Abs. 1 Nr. 5 EStG (TW oder fortgeschriebene AK) einlagefähig. Zur Ermittlung der AK des Gebäudes wird auf 1.2.9.2.1 (Bilanzierung beim Grundstückseigentümer) hingewiesen.

1.2.9.2.7 Beendigung des Erbbaurechts

1. Behandlung beim Grundstückseigentümer

a) Beendigung durch Aufhebung

Für den Fall der Aufhebung des Erbbaurechts nach § 26 ErbbauVO ist eine Entschädigungszahlung an den Erbbauberechtigten für das in das Eigentum des Grundeigentümers übergehende Bauwerk nicht vorgesehen. Es handelt sich hier also um den unentgeltlicher Erwerb eines einzelnen WG aus betrieblichem Anlass, wenn das Erbbaurecht beim Berechtigten zum BV gehört hat und die Einräumung des Erbbaurechts ein betrieblicher Vorgang war. Letzteres kann unterstellt werden, wenn sich das Erbbaugrundstück im Zeitpunkt der Entstehung des Erbbaurechts im BV des Erbbauverpflichteten befunden hat. In diesem Fall liegt die unentgeltliche Überführung eines einzelnen WG in das BV eines anderen Stpfl. i.S.v. § 6 Abs. 4 EStG vor. Danach ist das Bauwerk beim Grundstückseigentümer mit dem gemeinen Wert zu bilanzieren.

Der zu bilanzierende Vermögenszuwachs führt zu einem Ertrag in der Buchführung des Grundstückseigentümers.

Der aktivierte gemeine Wert ist bei Gebäuden gem. § 253 Abs. 2 HGB i.V. mit § 7 Abs. 4 EStG und bei Betriebsvorrichtungen gem. § 253 Abs. 2 HGB i.V.m. § 7 Abs. 1 oder 2 EStG entsprechend der voraussichtlichen Restnutzungsdauer des Bauwerks abzuschreiben.

---

[255] Die Einlage kann daher nur mit Null vorgenommen werden.

b) **Beendigung durch Zeitablauf**
Bei der Beendigung des Erbbaurechts durch Zeitablauf hat der Grundstückseigentümer dem Erbbauberechtigten eine Entschädigung für das Bauwerk zu zahlen. Die an den Erbbauberechtigten geleistete Entschädigung stellt beim Grundstückseigentümer AK für das Bauwerk dar. Die AK sind zu aktivieren und abzuschreiben. Die Verpflichtung zur Zahlung der Entschädigung muss in der Bilanz des Grundstückseigentümers im Zeitpunkt des Eigentumsübergangs passiviert werden.

c) **Beendigung wegen Erwerb des Erbbaugrundstücks durch den Erbbauberechtigten und gleichzeitiger Aufhebung des Erbbaurechts**
Der BW des Erbbaugrundstücks ist auf 0 € abzuschreiben (Anlagenabgang). Gleichzeitig stellt der Kaufpreis für das Grundstück einen sonstigen betrieblichen Ertrag dar. Der Erbbauverpflichtete erzielt somit einen steuerpflichtigen Veräußerungsgewinn, wenn der Kaufpreis höher ist als der BW des Grundstücks. Bei einem unter dem BW liegenden Kaufpreis entsteht ein Veräußerungsverlust.

d) **Beendigung durch Heimfall**
Für die bilanzielle Behandlung des Heimfalls kommt es darauf an, ob vom Grundstückseigentümer an den Erbbauberechtigten eine Entschädigung für das Bauwerk gezahlt werden muss. Wenn das der Fall ist, treten die Auswirkungen wie unter b) ein. Ist die Entschädigung jedoch vertraglich ausgeschlossen worden (§ 32 Abs. 1 S. 2 ErbbauVO), so ist wie unter a) geschildert zu verfahren.

2. **Behandlung beim Erbbauberechtigten**

a) **Beendigung durch Aufhebung**
Da das Eigentum an dem auf dem Erbbaugrundstück errichteten Bauwerk unentgeltlich auf den Grundstückseigentümer übergeht, ist der Restbuchwert des Bauwerks beim Erbbauberechtigten im Wege einer außerplanmäßigen Abschreibung gem. § 253 Abs. 2 S. 2 HGB bzw. einer Absetzung für außergewöhnliche wirtschaftliche Abnutzung gem. § 7 Abs. 1 S. 6 EStG auf 0 € abzuschreiben.

b) **Beendigung durch Zeitablauf**
Auch in diesem Fall ist der Restbuchwert des Bauwerks in voller Höhe abzuschreiben. Die vom Grundstückseigentümer zu zahlende Entschädigung stellt beim Erbbauberechtigten eine Betriebseinnahme dar. Der Anspruch auf die Entschädigung ist im Zeitpunkt des Eigentumsübergangs als Forderung zu aktivieren. Dadurch entsteht beim Erbbauberechtigten ein zu versteuernder Gewinn, wenn die Entschädigung höher ist als der Restbuchwert des Bauwerks und ein Verlust bei einer unter dem Restbuchwert liegenden Entschädigung.

c) **Beendigung wegen Erwerb des Erbbaugrundstücks durch den Erbbauberechtigten und gleichzeitiger Aufhebung des Erbbaurechts**
Der Erbbauberechtigte aktiviert den an den Erbbauverpflichteten zu zahlenden Kaufpreis als AK für das Grundstücks. Die Anschaffungsnebenkosten (Notar- und Gerichtsgebühren, GrESt) sind ebenfalls zu aktivieren.

Hat der Erbbauberechtigte in der Zeit vor dem Erwerb des Erbbaugrundstücks Erschließungsbeiträge für das Grundstück geleistet und diese zu Recht als aktive Rechnungsabgrenzung behandelt, so ist wie folgt zu verfahren:
In der Aufhebung des Erbbaurechts liegt der Verzicht auf einen wirtschaftlichen Ausgleich für die als RAP ausgewiesenen Vorleistungen (Erschließungskosten). Der Verzicht ist mit dem Betrag des aktiven RAPs zu bewerten, der bei einer Bilanzierung unmittelbar vor dem Übergang des wirtschaftlichen Eigentums an dem Erbbaugrundstück durch den Erbbauberechtigten hätte ausgewiesen werden müssen. Der Wert des Verzichts erhöht die AK des GruBo. Das bedeutet, dass der vorbezeichnete RAP auf das Grundstückskonto umzubuchen ist.

Beispiel 17: Behandlung der Erschließungskosten bei späterem Erwerb des Grundstücks
Das Erbbaurecht wurde mit Wirkung vom 01.01.01 für eine Laufzeit von 50 Jahren bestellt. Am 01.07.02 entrichtete der Erbbauberechtigte Erschließungskosten für das Erbbaugrundstück i.H.v. 43.650 €. Er aktivierte in gleicher Höhe einen RAP, den er im Jahr 02 entsprechend der Restlaufzeit des Erbbaurechts (48,5 Jahre) mit einem Teilbetrag von 450 € über Aufwand auflöste. Mit Kaufvertrag vom 25.08.03 erwarb der Erbbauberechtigte das Erbbaugrundstück vom Erbbauverpflichteten und hob das Erbbaurecht gleichzeitig auf. Als Zeitpunkt für den Übergang der Nutzungen und Lasten wurde der 01.10.03 vereinbart. Die AK für das Grundstück inkl. Anschaffungsnebenkosten betrugen 530.000 €.

Lösung:
Im Jahr 03 ist der aktive RAP mit einem Teilbetrag von 675 € über Aufwand aufzulösen. Der RAP hat danach am 30.09.03 einen BW von 42.525 €. Dieser Betrag erhöht die AK für das Grundstück, das mit 572.525 € in der Bilanz des Erbbauberechtigten auszuweisen ist.

d) **Beendigung durch Heimfall**
Wenn der Erbbauberechtigte vom Grundstückseigentümer eine Entschädigung für das Bauwerk erhält, treten die bilanziellen Auswirkungen gem. Buchst. b) ein. Ist eine Entschädigung vertraglich ausgeschlossen worden, so ist nach Buchst. a) zu verfahren.

2 Technische Anlagen, Maschinen, Betriebs- und Geschäftsausstattung

2.1 Technische Anlagen und Maschinen

Technische Anlagen und Maschinen gehören zum abnutzbaren AV. Sie sind immer – auch, wenn sie Betriebsvorrichtungen sind – den **beweglichen** WG zuzuordnen. Deshalb kommen für technische Anlagen und Maschinen in der StB Absetzungen für Abnutzung nach § 7 Abs. 1 oder Abs. 2 EStG in Betracht, d.h. die AK oder HK können linear, degressiv oder nach Maßgabe der Leistung abgeschrieben werden. Zu den Einzelheiten dieser Absetzungsmethoden s. *Kölpin*, Teil I, Kap. 4.

2.2 Betriebs- und Geschäftsausstattung

Auch die Betriebs- und Geschäftsausstattung gehört zum **beweglichen** abnutzbaren AV. Die Ausführungen zur Absetzung für Abnutzung bei den technischen Anlagen und Maschinen gelten entsprechend für die Betriebs- und Geschäftsausstattung.

2.3 Geleistete Anzahlungen

Als Aktivposten „geleistete Anzahlungen" im Bereich des Sachanlagevermögens (§ 266 Abs. 2 A.II.4 HGB) sind die vom Unternehmer erbrachten **Vorleistungen**[256] für die Anschaffung von Vermögensgegenständen des Sachanlagevermögens auszuweisen, wenn das Investitionsgut bis zum Bilanzstichtag noch nicht geliefert wurde. Davon abzugrenzen sind die unter den immateriellen Vermögensgegenständen auszuweisenden Anzahlungen für die Beschaffung von immateriellen Anlagegütern (§ 266 Abs. 2 A.I.3 HGB). Der Anzahlungsbetrag wird im Zeitpunkt der Lieferung – in der Regel im Folgejahr – auf das entsprechende Anlagekonto umgebucht.

2.4 Anlagen im Bau

Der Ausweis unter der Bezeichnung „Anlagen im Bau" kommt in Betracht für Aufwendungen im Zusammenhang mit der Erstellung von Anlagen auf dem **eigenen Grund und Boden** des bilanzierenden Unternehmers. Die Anlagen im Bau werden mit den Teilherstellungskosten bewertet, die bis zum Bilanzstichtag angefallen sind. Im Zeitpunkt der Fertigstellung der Anlage wird der Saldo des Kontos auf das entsprechende Anlagekonto umgebucht.

3 Beteiligungen an Kapitalgesellschaften

3.1 Vorbemerkung

In diesem Kapitel werden nur die Beteiligungen an KapG behandelt. Zur Beteiligung an einer PersG s. *Preißer*, Teil B, Kap. V.

---

[256] Zur Parallelproblematik bei der USt s. *V. Schmidt*, Band 3, Teil B, Kap. IV und XI.

3.2 Begriff

Beteiligungen sind Anteile an anderen Unternehmen, die dazu bestimmt sind, dem eigenen Geschäftsbetrieb durch Herstellung einer dauernden Verbindung zu jenen Unternehmen zu dienen. Dabei ist es unerheblich, ob die Anteile in Wertpapieren verbrieft sind oder nicht (§ 271 Abs. 1 HGB). Anteile an KapG rechnen im Zweifel dann zu den Beteiligungen, wenn deren Nennbeträge insgesamt den **fünften Teil** des Nennkapitals dieser Gesellschaft **überschreiten** (§ 271 Abs. 1 S. 3 HGB). Bei besonderen Verhältnissen, z.B. bei großem wirtschaftlichen Einfluss auf die KapG, kann auch bei geringeren Anteilen eine Beteiligung vorliegen.

Liegt bei verbrieften Anteilen an einer KapG keine Beteiligung vor, so handelt es sich um Wertpapiere des AV oder UV. Beteiligungen dagegen gehören grundsätzlich zum AV.

3.3 Bewertung

3.3.1 Anschaffungskosten

Beteiligungen an KapG sind grundsätzlich mit den AK zu bewerten. Zu den AK gehören nach der Rspr. außer dem eigentlichen Kaufpreis auch die Nebenkosten des Erwerbs, besonders Maklercourtage, Provisionen, und – bis zu ihrer Abschaffung ab 01.01.1991/92 – die Börsenumsatzsteuer und die Gesellschaftsteuer. Nach der Rspr. sind auch nachträgliche AK auf Beteiligungen zu aktivieren. Als solche kommen vor allem Zuschüsse zur Deckung von Verlusten und Ausgaben sowie Nachschüsse in Betracht.

Bei der Einlage von (wesentlichen) Beteiligungen ist auf § 6 Abs. 1 Nr. 5b EStG zu achten. Verdeckte Einlagen stellen nach § 6 Abs. 6 S. 2 EStG zusätzliche AK für die Beteiligung dar, und zwar i.H.d. TW des eingelegten WG[257].

Bei der Gründung einer GmbH oder bei Erhöhung ihres Kapitals sind die Anteile nur i.H.d. eingezahlten Betrags zu aktivieren und sind auch nur in dieser Höhe als angeschafft anzusehen. Die Einzahlungsverpflichtung kann bei der Bemessung AK der Anteile erst dann berücksichtigt werden, wenn sie nach den Umständen des Einzelfalls ausreichend konkretisiert ist und damit echten Schuldcharakter hat. Das ist regelmäßig bei einer förmlichen Anforderung der Fall. Die Einzahlungsverpflichtung ist in diesem Zeitpunkt zu passivieren. Gleichzeitig ist ein dem Passivposten entsprechender Betrag als AK zu aktivieren (Erlass des FinMin Nds vom 27.02.1969, DB 1969, 415).

3.3.2 Niedrigerer beizulegender Wert/Teilwert

Beteiligungen können am Bilanzstichtag gem. § 253 Abs. 2 S. 3 HGB in der HB mit dem niedrigeren beizulegenden Wert angesetzt werden, wenn dieser aufgrund einer voraussichtlich **vorübergehenden** Wertminderung niedriger ist als die AK; bei Vorliegen einer **dauernden** Wertminderung **müssen** sie mit dem niedrigeren Stichtagswert angesetzt werden. In der StB ist der Ansatz mit dem niedrigeren TW nur zulässig, wenn die Wertminderung von Dauer ist (§ 6 Abs. 1 Nr. 2 S. 2 EStG).

---

[257] Ansonsten (PV) gilt § 17 Abs. 1 S. 2 EStG.

Der TW von Beteiligungen an KapG bestimmt sich nach dem inneren Wert und den Ertragsaussichten der Gesellschaft. Als allgemeine Tendenz ist zu beachten: Eine Beteiligung an einer KapG, die keine Erträge bringt und bei der mit der Rückzahlung des Nennkapitals nicht zu rechnen ist, darf in aller Regel nicht mit den dem Nennbetrag der Beteiligung entsprechenden AK bewertet werden. Eine Ausnahme von diesem Grundsatz rechtfertigt sich jedoch, wenn das Trägerunternehmen als Kaufmann diese Eigenschaft der Beteiligung beim Erwerb kannte und sie bewusst in Kauf nahm. Bis zum einwandfreien Beweis des Gegenteils muss davon ausgegangen werden, dass sich der Kaufmann einen gleichwertigen Vorteil verspricht, der ihm den Aufwand für die Beteiligung wert ist und bleibt (BFH vom 14.01.1971, BStBl II 1971, 180).

Der objektive Wert einer Beteiligung richtet sich grundsätzlich nach den Wiederbeschaffungskosten. Diese entsprechen nach dem Urteil des BFH vom 07.11.1990 (BStBl II 1991, 342) bei kursführenden Anteilspapieren nicht zwingend dem Börsenkurswert. Das ergibt sich nach dem genannten Urteil schon daraus, dass eine Beteiligung an der Börse nicht gehandelt wird und demgegenüber die Börsenkurswerte der Wertpapiere auch von Spekulationsabsichten der Aktienerwerber und -veräußerer sowie von allgemeinen politischen und wirtschaftlichen Entwicklungen, Erwartungen und Tendenzen beeinflusst werden. Diese Faktoren haben nicht den gleichen Einfluss auf den Wert einer Beteiligung; deren innerer Wert muss sich deshalb bei einem sinkenden Börsenkurswert nicht zwingend verändern.

Werden die wirtschaftlichen Erwartungen bei Gründung einer GmbH nicht erfüllt und wird hierdurch das Geschäftsergebnis nachhaltig beeinflusst, so rechtfertigt dies den Ansatz eines niedrigeren TW dieser Beteiligung wegen Vorliegens einer Fehlmaßnahme (BFH vom 31.10.1978, BStBl II 1979, 108).

Bei Organschaftsverhältnissen mit Ergebnisabführungsvertrag können beim Organträger TW-AfA wegen Verlusten der Organgesellschaft insb. dann nicht vorgenommen werden, wenn der Organträger über eine 100%ige Beteiligung an der Organgesellschaft verfügt (BFH vom 12.10.1972, BStBl II 1973, 76).

Bei Auslandsbeteiligungen rechtfertigen die Abwertung der ausländischen Währung und die Aufwertung der inländischen Währung eine TW-AfA nicht, wenn der innere Wert der Anteile unverändert geblieben ist[258].

3.4 Beteiligungserträge

3.4.1 Allgemeines

Nach den allgemeinen Bilanzierungsgrundsätzen sind die Beteiligungserträge nicht erst im Zeitpunkt ihres Zuflusses, sondern bereits mit der Entstehung des Anspruchs zu erfassen. Der Gewinnanspruch gegenüber KapG entsteht mit der Beschlussfassung der dafür zuständigen Organe, eine Gewinnausschüttung vorzunehmen. In allen Bilanzen, die auf einen nach der Beschlussfassung liegenden Stichtag aufzustellen sind, ist für den Anspruch eine „Forderung gegen Unternehmen, mit denen ein Beteiligungsverhältnis besteht" unter gleichzeitiger Buchung eines „Ertrags aus Beteiligungen" zu bilden.

---

[258] S. *Herrmann/Heuer/Raupach*, ESt- und KSt-Kommentar, Anm. 18a zu § 6 EStG.

3.4.2 Sonderfall der „phasengleichen Aktivierung"

Der BGH geht abweichend vom allgemeinen Grundsatz in seinem Urteil vom 12.01.1998 (DStR 1998, 383) bei einer Konzerngesellschaft in deren HB von einer Aktivierungspflicht für den Dividendenanspruch aus, wenn

- die Muttergesellschaft alle Anteile der Tochtergesellschaft hält,
- die Geschäftsjahre deckungsgleich sind,
- der Jahresabschluss der Tochtergesellschaft vor dem der Muttergesellschaft festgestellt wird und
- die Gesellschafterversammlung der Tochtergesellschaft die Ausschüttung des Gewinns an die Muttergesellschaft beschlossen hat.

Schon vorher hatte der EUGH in seinem Urteil vom 27.06.1996 (LEXinform Nr. 0136689) entschieden, dass diese Auslegung des nationalen Rechts mit dem Gemeinschaftsrecht (4. EG-Richtlinie) übereinstimmt. Der BFH hatte in verschiedenen Urteilen[259] die zwingende phasengleiche Aktivierung in der StB bei beherrschender Beteiligung bestätigt.

Der GrS des BFH vom 07.08.2000 (BStBl II 2000, 632) hat nunmehr die Rspr. zur sog. phasengleichen Aktivierung von Dividendenansprüchen geändert. Er hat entschieden, dass eine KapG, die mehrheitlich an einer anderen KapG beteiligt ist und diese kraft ihrer Stimmenmehrheit beherrscht, die zivilrechtlich erst durch Gewinnverwendungsbeschluss nach dem Bilanzstichtag entstehenden Dividendenansprüche nicht schon in ihrer Bilanz zum Bilanzstichtag „phasengleich" aktivieren darf. In der Urteilsbegründung stellt der GrS fest, dass der erst durch den **Gewinnverwendungsbeschluss nach dem Bilanzstichtag** entstehende Dividendenanspruch am Bilanzstichtag noch **kein aktivierungsfähiges WG** darstellt und verneint deshalb im Grundsatz die Möglichkeit der Aktivierung einer Dividendenforderung. Damit ist vor allem die frühere Auffassung des BFH widerlegt, wonach bei einer Mehrheitsbeteiligung die Forderung auf den Gewinn der Beteiligungsgesellschaft „wirtschaftlich" bereits im alten Jahr entstanden sei. Nach richtiger Erkenntnis des GrS gibt es nur rechtlich entstandene Forderungen.

Die Finanzverwaltung hat den BFH-Beschluss umgesetzt, indem sie mit BMF-Schreiben vom 01.11.2000 (BStBl I 2000, 1510) die BFH-Rspr. übernommen und folgende Übergangsregelung getroffen hat:

Bei Gewinnausschüttungen, die auf einem den gesellschaftsrechtlichen Vorschriften entsprechenden Gewinnverteilungsbeschluss für Wj. bis einschließlich 2000 (bei abweichendem Wj. bis einschließlich 2000/2001) beruhen wird es nicht beanstandet, wenn die bisherigen Grundsätze zur phasengleichen Aktivierung von Dividendenansprüchen weiterhin angewendet werden.

---

[259] S. Zusammenfassung der Rspr. im Urteil vom 26.11.1998 (BStBl II 1999, 540).

Die „neue" Rspr. ist zwischenzeitlich (BFH vom 31.10.2000, BStBl II 2001, 185) auf alle Fälle der Beherrschung einer KapG ausgedehnt worden, die früher zu einer phasengleichen Aktivierung haben, z.B.

1. bei einem beherrschender Einzelunternehmer,
2. bei einer beherrschenden PersG sowie
3. bei einer Betriebsaufspaltung, bei der sich die Beteiligung im Sonder-BV II befindet.

3.4.3 Höhe der Beteiligungserträge

Als Erträge sind nicht nur die ausgeschütteten Nettobeträge zu erfassen, sondern bei kapitalertragsteuerpflichtigen Erträgen die ungekürzten Gewinnausschüttungen. Bei Einzelunternehmen und PersG als Beteiligten ist die KapESt als Entnahme zu behandeln. Der Beteiligungsertrag ist gem. § 3 Nr. 40 EStG zur Hälfte steuerfrei.

Ist der Beteiligte eine KapG, so ist die KapESt als Aufwand zu buchen und dem StBgewinn bei der Einkommensermittlung gem. § 10 Nr. 2 KStG außerhalb der Bilanz hinzuzurechnen. Die Beteiligungserträge sind bei KapG gem. § 8b Abs. 1 KStG steuerbefreit. Beispiele zur Buchung und steuerlichen Behandlung der Erträge sind in dem Beitrag „Behandlung der Wertpapiererträge" (Kap. III.4) zu finden.

4 Wertpapiere

4.1 Allgemeines

Für die Besprechung der Bilanzierung und Bewertung von Wertpapieren wurden hier die Dividendenpapiere (Aktien) und die festverzinslichen Wertpapiere (Obligationen und Schuldverschreibungen) ausgewählt.

4.2 Zurechnung der Wertpapiere zum Betriebsvermögen

Wertpapiere können bei Personenunternehmen (Einzelunternehmen und PersG) sowohl zum BV als auch zum PV gehören. Für die Zuordnung zum BV oder PV gelten die allgemeinen Regeln (R 13 Abs. 1 EStR), die ausführlich im Abschnitt „Bilanzierungsgrundsätze" (Kap. II.1.) dargestellt sind.

Die zum BV gehörenden Wertpapiere sind entweder Bestandteil des AV (§ 271 Abs. 1 HGB) oder des UV. Die Zuordnung zum Anlage- oder UV hat Bedeutung für die Bewertung der Wertpapiere (Niederstwertprinzip beim UV). Die Zurechnung von Wertpapieren zum steuerlichen BV richtet sich nach den Regeln von R 13 Abs. 1 EStR.

4.3 Anschaffungskosten

Die AK bestehen aus dem Kaufpreis, den Maklergebühren und der Bankprovision. Kreditkosten und Zinsen für den zum Erwerb der Wertpapiere aufgenommenen Kredit gehören nicht zu den AK.

4.4 Niedrigerer Stichtagswert/Teilwert

4.4.1 Grundsatz

Bei Wertpapieren des AV hat der Kaufmann nach § 253 Abs. 2 S. 3 HGB in der HB das Wahlrecht, bei voraussichtlich vorübergehender Wertminderung die Anschaffungskosten oder den niedrigeren beizulegenden Wert anzusetzen; bei voraussichtlich dauernder Wertminderung muss der niedrigere Stichtagswert angesetzt werden.. Für die Bewertung der Wertpapiere des UV besteht für die HB das strenge Niederstwertprinzip gem. § 253 Abs. 3 S. 1 HGB, nach dem der niedrigere Stichtagswert angesetzt werden muss.

Gem. § 6 Abs. 1 Nr. 2 S. 2 EStG dürfen Wertpapiere in der StB – unabhängig von der Zugehörigkeit zum AV oder UV – mit dem TW bewertet werden, wenn dieser aufgrund einer voraussichtlich **dauernden Wertminderung** niedriger als die AK ist. Für Gewerbetreibende, die ihren Gewinn nach § 5 Abs. 1 EStG ermitteln, sind die handelsrechtlichen Bewertungsvorschriften zu beachten.

> **Beispiel 18: Niedrigerer Stichtagswert – Fall I**
> Ein Einzelunternehmer hält Wertpapiere in seinem AV. Die Papiere wurden bisher mit den AK i.H.v. 20.000 € bilanziert. Zum Bilanzstichtag 31.12.01 ist der Wert der Papiere vorübergehend auf 18.000 € (inkl. Anschaffungsnebenkosten) gefallen.
>
> **Lösung:**
> Der Unternehmer kann die Wertpapiere in seiner HB mit den AK oder dem niedrigeren Stichtagswert bewerten (§ 253 Abs. 2 S. 3 HGB). In der StB ist eine Abwertung auf den niedrigeren TW nicht zulässig, weil die Wertminderung nicht von Dauer ist (§ 6 Abs. 1 Nr. 2 S. 2 EStG). Die Maßgeblichkeit der HB wird durch den Spezialnormenvorbehalt des § 5 Abs. 6 EStG durchbrochen.
>
> **Beispiel 19: Niedrigerer Stichtagswert – Fall II**
> Der Sachverhalt entspricht Bsp. 18 mit der Abwandlung, dass die Wertminderung von Dauer ist.
>
> **Lösung:**
> Der Unternehmer muss die Wertpapiere in seiner HB mit dem niedrigeren Stichtagswert von 18.000 € bewerten (§ 253 Abs. 2 S. 3, letzter HS HGB). Der in der HB ausgewiesene Wert ist in die StB zu übernehmen (Maßgeblichkeit der HB gem. § 5 Abs. 1 S. 1 EStG).

Beispiel 20: Niedriger Stichtagswert – Fall III
Der Sachverhalt entspricht Beispiel 18 mit der Abwandlung, dass die Wertpapiere zum UV gehören.

Lösung:
Der Unternehmer muss die Wertpapiere in seiner HB mit dem niedrigeren Stichtagswert von 18.000 € bewerten (§ 253 Abs. 3 S. 1 HGB). Der in der HB ausgewiesene Wert ist in der StB nicht zulässig, weil die Wertminderung nicht von Dauer ist (§ 6 Abs. 1 Nr. 2 S. 2 EStG). Die Maßgeblichkeit der HB wird durch den Spezialnormenvorbehalt des § 5 Abs. 6 EStG durchbrochen.

Beispiel 21: Niedriger Stichtagswert – Fall IV
Der Sachverhalt entspricht Beispiel 18 mit der Abwandlung, dass die Wertpapiere zum UV gehören.

Lösung:
Der Unternehmer muss die Wertpapiere in seiner HB mit dem niedrigeren Stichtagswert von 18.000 € bewerten (§ 253 Abs. 3 S. 1 HGB). Der in der HB ausgewiesene Wert ist in die StB zu übernehmen (Maßgeblichkeit der HB gem. § 5 Abs. 1 S. 1 EStG).

Der TW von kursführenden Wertpapieren wird regelmäßig vom Börsenkurs bestimmt. Die Anschaffungsnebenkosten dürfen bei einer TW-AfA nur anteilig abgeschrieben werden (BFH vom 15.06.1966 BStBl III 1966, 643), d.h. Abschreibung der in den AK enthaltenen Nebenkosten im Verhältnis des Kursrückgangs.

Beispiel 21: Anteilige Abschreibung der Anschaffungsnebenkosten
Ein Unternehmer erwirbt im April 01 Wertpapiere im Nennwert von 2.000 € zum Kurs von 120 % zzgl. 5 % Nebenkosten (Makler- und Bankkosten). Am Bilanzstichtag (31.12.01) beträgt der Kurs 115 %.

Lösung:
Die AK der Wertpapiere betragen

2.000 € x 120 % = 2.400 € + 5 % Nebenkosten = 120 €, zusammen: 2.520 €.

Berechnung des Teilwerts: $\dfrac{2.520 \times 115}{120} = 2.415\,€.$

Beispiel 22: Teils anteilige und teils volle Abschreibung der Anschaffungsnebenkosten
Ein Unternehmer hat vor dem 01.01.1991 Wertpapiere im Nennwert von (umgerechnet) 1.000 € zum Kurs von 200 % erworben. Er hat folgende Anschaffungsnebenkosten gezahlt:
Bank- und Maklerkosten 7 %, Börsenumsatzsteuer 2,5 v.T. Am Bilanzstichtag (31.12.01) beträgt der Kurs 180 %.

Lösung:
Die AK der Wertpapiere betragen:
1.000 € x 200 % = 2.000 € + 7 % Bank- und Maklerkosten = 140 € + 2,5 v.T. Börsenumsatzsteuer = 5 €, zusammen: 2.145 €.
Berechnung des TW:
Aus den AK ist zunächst die Börsenumsatzsteuer herauszunehmen; die korrigierten AK betragen danach 2.140 €.

$$\frac{2.140 \times 180}{200} = 1.926\ €.$$

4.4.2 Ermittlung des niedrigeren Teilwerts

Bei der Bewertung mit dem niedrigeren TW sind folgende Grundsätze zu beachten:

- Für Wertpapiere, die einen Börsenkurs haben, gilt der Börsenkurs vom Bilanzstichtag (zzgl. etwaiger anteiliger Nebenkosten).
  Ausnahme: Wenn es sich bei dem Kurs am Stichtag um einen künstlich beeinflussten, manipulierten Kurs handelt, so gelten die Kursverhältnisse gleich nach dem Stichtag (RFH vom 13.11.1930, RStBl 1931, 11).
- Bei ausländischen Wertpapieren ist der TW unter Anwendung des Börsenkurses der Wertpapiere und des Devisenkurses vom Bilanzstichtag zu berechnen.

> **Beispiel 23: Teilwert von ausländischen Wertpapieren**
> Anschaffung von US-Aktien im Nennwert von 1.000 US-$ im August 01 zum Börsenkurs von 2.500 US-$. Der Devisenkurs (Geld) im August 01 betrug 0,9246 US-$/€.
> Der Börsenkurs der Wertpapiere am 31.12.01 belief sich auf 2.200 US-$, der Devisenkurs (Geld) am 31.12.01 betrug 0,09246 US-$/€.
>
> **Lösung:**
> Die Wertpapiere sind im August 01 mit 2.500/0,9157 = 2.730 € einzubuchen. Die Bewertung zum Bilanzstichtag 31.12.01 erfolgt mit dem niedrigeren Stichtagswert (Teilwert) von 2.200/0,9246 = 2.379 €.

- Bei Wertpapieren junger Unternehmen sind die Zukunftsaussichten zu berücksichtigen, so dass in den ersten Jahren TW-AfA wegen schlechter Ertragslage allgemein nicht in Betracht kommen.
- Bei nicht notierten Wertpapieren ist der TW aus Verkäufen abzuleiten.

4.5 Einzelbewertung/Durchschnittsbewertung

Grundsätzlich gilt bei Wertpapieren die Einzelbewertung (§ 252 Abs. 1 Nr. 3 HGB, § 6 Abs. 1 S. 1 EStG). Bei Vorhandensein einer Vielzahl von Wertpapieren und häufigen Zu- und Abgängen ist die Einzelbewertung zu AK jedoch sehr schwierig. Die höchstrich-

4 Wertpapiere

terliche Finanzrspr. (BFH vom 15.02.1966, BStBl III 1966, 274) hat zwei Möglichkeiten für die Bewertung unterschieden:

1. Soweit der Identitätsnachweis durch ein Wertpapiernummern-Verzeichnis geführt werden kann, ist die Einzelbewertung durchzuführen. Das ist der Fall bei Verwahrung der Wertpapiere im **Streifbanddepot**.
2. Kann der Identitätsnachweis nicht geführt werden, so ist die Durchschnittsbewertung anzuwenden, z.B. bei der Wertpapierverwahrung im **Girosammeldepot**. Die Finanzverwaltung (BStBl I 1968, 986 und 1144) hält dann sowohl die Durchschnittsbewertung nach dem gewogenen Mittel als auch die Staffelmethode für anwendbar. Voraussetzung ist allerdings, dass es sich um (annähernd) gleichwertige WG handelt.

Beispiel 24: Durchschnittsbewertung
X-Aktien, Nennwert pro Stück: 100 €

Bestand am 01.01.01	10 Aktien	2.000 €
Zukauf im März 01	5 Aktien	1.050 €
Zukauf April 01	5 Aktien	950 €
Zukauf August 01	10 Aktien	1.700 €
=	30 Aktien	5.700 €

Es erfolgen Verkäufe von 5 Aktien im April 01 zum Kurs von 195 € und von weiteren 5 Aktien zum Kurs von 180 € im Oktober 01.

Lösung:

a) Ermittlung des Durchschnittswerts nach dem **gewogenen** Mittel:
5.700 €/30 = 190 €.
Berechnung des BW der verkauften Wertpapiere:
10 Aktien i.H.v. 190 € (Durchschnittswert) = 1.900 €
Berechnung des Veräußerungsverlustes:

Verkaufserlöse	5 x 195 € = 975 €	
	5 x 180 € = 900 €	1.875 €
abzgl. BW (= Durchschnittswert)	1.900 €	
= Veräußerungsverlust		25 €

b) Ermittlung des Durchschnittswerts nach der **Staffelmethode**:

Bestand 01.01.01	10 Aktien		2.000 €
Zukauf März 01	5 Aktien	+	1.050 €
Zukauf April 01	5 Aktien	+	950 €
		=	**4.000 €**
Durchschnittswert	4.000/20 = 200		
Abgang April 01	5 Aktien i.H.v. 200	./.	1.000 €
Verbleiben		=	**3.000 €**
Zukauf August 01	10 Aktien	+	1.700 €
		=	**4.700 €**

Durchschnittswert	4.700/25 =188		
Abgang Oktober 01	5 Aktien i.H.v. 188	./.	940 €
Verbleiben		=	**3.760 €**

Berechnung des Veräußerungsverlustes:

Verkaufserlöse	5 x 195	975 €
	+ 5 x 180	900 €
	=	1.875 €
abzgl. BW der Verkäufe im April	./.	1.000 €
im Oktober	./.	940 €
Veräußerungsverlust	=	**65 €**

4.6 Anwendung von Verbrauchsfolgeverfahren?

Die Bewertung von Wertpapieren unter Anwendung von Verbrauchsfolgeunterstellungen (Fifo- und Lifo-Verfahren) ist m.E. weder in der HB noch in der StB zulässig. Da die Anwendungsmöglichkeit von Verbrauchsfolgeunterstellungen sowohl nach § 256 HGB als auch nach § 6 Abs. 1 Nr. 2a S. 1 EStG auf Vermögensgegenstände des **Vorratsvermögens** eingeschränkt wurde, ist die Zulässigkeit von Verbrauchsfolgeverfahren für die Bewertung der Wertpapiere in der Handels- und StB zu verneinen. Zum Vorratsvermögen zählen Roh-, Hilfs- und Betriebsstoffe, unfertige und fertige Erzeugnisse sowie Handelswaren. Wertpapiere hingegen gehören nicht dazu.

4.7 Bezugsrechte und junge Aktien

Nach dem Urteil des BFH vom 06.12.1968 (BStBl II 1969, 105) bestehen die AK eines Bezugsrechts auf eine junge Aktie aus einem nach der **Gesamtmethode** zu errechnenden und **abzuspaltenden** Teil der AK (BW) der für das Bezugsrecht notwendigen Altaktien[260]. Da ein Teil der in der alten Aktie verkörperten, auch die künftige Gestaltung umfassenden Gesellschaftsrechte auf das aus ihr hervorgegangene Bezugsrecht entfällt, ist es folgerichtig, dem Bezugsrecht auch einen Teil der Kosten als AK zuzuordnen, die für den Erwerb der Altaktie aufgewendet werden mussten, und den BW der Altaktie um denselben Betrag zu mindern, so wie es in der Gesetzgebung für Gratisaktien bestimmt ist (§ 3 KapErhStG).

> **Beispiel 25: Kapitalerhöhung aus Gesellschaftermitteln**
> Je vier Altaktien wird eine junge Aktie gegen Zuzahlung von 100 € ausgegeben; BW der Altaktie: 100 €, Börsenkurs der Altaktie vor Kapitalerhöhung: 200 €, Börsenkurs des Bezugsrechts: 16 €.

---

[260] Ebenso der BFH vom 19.12.2000 (BStBl II 2001, 345) für die Veräußerung von Anteilen im PV.

Lösung:
BW des Bezugsrechts:

$$\frac{\text{BW Altaktie} \times \text{Börsenkurs Bezugsrecht}}{\text{Börsenkurs Altaktie (vor Kapitalerhöhung)}} = \frac{100 \times 16}{200} = 8\ \text{€}$$

AK für eine junge Aktie: $(100 + 4) \times 8 = 132\ \text{€}$
BW der Altaktie nach Kapitalerhöhung: $100 ./. 8 = 2\ \text{€}$

Beispiel 26: Kapitalerhöhung aus Gesellschaftsmitteln
Je drei Altaktien wird eine junge Aktie (ohne Zuzahlung) ausgegeben; BW der Altaktie: 100 €.

Lösung:
BW der Altaktie und der jungen Aktie nach Kapitalerhöhung: $\dfrac{3 \times 100}{4} = 75\ \text{€}.$

4.8 Behandlung der Stückzinsen

Wenn festverzinsliche Wertpapiere im Verlauf des Zinszahlungszeitraums mit dem laufenden Zinsschein veräußert werden, so muss der Erwerber dem Veräußerer regelmäßig die bereits entstandenen Zinsen für die seit dem letzten Zinszahlungstermin verflossene Zeit vergüten. Diese Zinsen werden als Stückzinsen bezeichnet[261]. Die Stückzinsen gehören nicht zu den AK der Wertpapiere; sie stellen vielmehr AK für den erworbenen Zinsanspruch dar.

Beispiel 27: Stückzinsen
Eine Obligation über nominell 10.000 €, verzinslich mit 8 %, wird am 01.08.00 zum Kurs von 98 % + 2 % Nebenkosten erworben.

Kaufpreis	9.800,00 €
+ 2 % Nebenkosten	196,00 €
+ Stückzinsen 01.07. – 01.08.	66,66 €
Endbetrag	**10.062,66 €**

Lösung:
Buchung:

Wertpapiere	9.996,00 €	an Bank	10.062,66 €
Sonstige Forderungen	66,66 €		

---

[261] S. zur ESt-Problematik der Stückzinsen *Preißer* Band 1, Teil B, Kap. I.2.1.3.2.

4.9 Behandlung der Wertpapiererträge

4.9.1 Buchmäßige Behandlung der Erträge aus Aktien

Die Dividenden sind auf dem Konto „Erträge aus Wertpapieren" zu erfassen. Die Erfassung der Dividenden ist im Jahr des Ausschüttungsbeschlusses vorzunehmen. Mit dem Ausschüttungsbeschluss entsteht der Anspruch auf Zahlung der Dividende. Die Aktiengesellschaft muss von den ausgeschütteten Dividenden die Kapitalertragsteuer i.H.v. 20 % der Bardividende einbehalten. Die KapESt wird auf die ESt/KSt des Dividendenempfängers angerechnet.

Beispiel 28: Dividendenerträge – Fall I
Ein Gewerbetreibender (Einzelunternehmer) hält Aktien der X-AG im Nennbetrag von 6.000 €, die er für 8.000 € angeschafft hat, in seinem BV. Abschlussstichtag ist der 31.12.
Im Jahr 01 beschließt die Hauptversammlung der X-AG eine Ausschüttung für das Jahr 00 i.H.v. 12 % des Nennbetrags. Die Auszahlung von 568,08 € (720 € abzgl. 20 % KapESt und 5,5 % SolZ auf die KapESt) wurde im Jahr 01 vorgenommen (Banküberweisung).

Lösung:

Bank   568,08 €   an   Wertpapiererträge   720,00 €
Privat   151,92 €

Wegen der Steuerbefreiung von 50 % der Erträge gem. § 3 Nr. 40 EStG ist zur Ermittlung des steuerlichen Gewinns eine außerbilanzielle Kürzung von 360 € vorzunehmen.

Beispiel 29: Dividendenerträge – Fall II
Der Sachverhalt entspricht Beispiel 28, jedoch ist der Ausschüttungsbeschluss am 29.12.01 und die Ausschüttung am 18.01.02.

Lösung:
Buchung im **Jahr 01**:

Sonstige Forderungen   720,00 €   an   Wertpapiererträge   720,00 €

außerbilanzielle Kürzung 360 € (steuerfrei gem. § 3 Nr. 40 EStG).

Buchung im **Jahr 02**:

Bank   568,08 €   an   Sonstige Forderungen   720,00 €
Privat   151,92 €

Die im Zusammenhang mit den Einkünften i.S.v. § 3 Nr. 40 EStG stehenden Betriebsausgaben (z.B. Finanzierungskosten) und sonstigen Vermögensminderungen (z.B. Buchwertabgang bei Veräußerung der Beteiligung) dürfen bei der

Ermittlung der Einkünfte **nur zur Hälfte** abgezogen werden (§ 3c Abs. 2 EStG).

Beispiel 30: Dividendenerträge – Fall III[262]
Der Sachverhalt entspricht Bsp. 28 mit der Abwandlung, dass der Beteiligte eine KapG ist.

Lösung:

Bank	568,08 €	an	Wertpapiererträge	720,00 €
Steueraufwand	151,92 €			

außerbilanzielle Hinzurechnung 151,92 € (gem. § 10 Nr. 2 KStG nicht abziehbare Steuern),
außerbilanzielle Kürzung 720 € (steuerfrei gem. § 8b Abs. 1 KStG).

Beispiel 31: Dividendenerträge - Fall IV
Der Sachverhalt entspricht Bsp. 30, jedoch Ausschüttungsbeschluss am 29.12.01 und Ausschüttung am 18.01.02.

Lösung:
Buchung im **Jahr 01**:

Sonstige Forderungen 720,00 € an Wertpapiererträge 720,00 €

außerbilanzielle Kürzung 720 € (steuerfrei gem. § 8b Abs. 1 KStG).

Buchung im **Jahr 02**:

Bank	568,08 €	an	Sonstige Forderungen	720,00 €
Steueraufwand	151,92 €			

außerbilanzielle Hinzurechnung 151,92 € (gem. § 10 Nr. 2 KStG, nicht abziehbare Steuern).

Die im Zusammenhang mit den Einkünften i.S.v. § 8b Abs. 1 KStG stehenden Ausgaben (z.B. Finanzierungskosten) und sonstigen Vermögensminderungen (z.B. Buchwertabgang bei Veräußerung der Beteiligung) dürfen **nicht** als BA abgezogen werden (§ 3c Abs. 1 EStG).

4.9.2 Buchmäßige Behandlung der Erträge aus festverzinslichen Wertpapieren

Die Zinszahlungen werden entweder halbjährlich oder einmal im Jahr nachträglich vorgenommen. Auf die Zinsen entsteht mit Ablauf des Zinszahlungszeitraums ein Rechtsanspruch. Infolge dessen sind die Zinsen periodengerecht zu erfassen. Die steuerliche Behandlung der Zinsen ist unterschiedlich (steuerfrei, Einbehaltung einer 30 %igen KapESt).

---

[262] Vgl. zur Darstellung auf der Ebene der ausschüttenden KapG *Maurer*, Teil C, Kap. IV.

Beispiel 32: Erträge aus festverzinslichen Wertpapieren
Ein Gewerbetreibender hat in seinem BV eine 6 %ige Anleihe im Nennwert von 10.000 €. Die Zinsen unterliegen der 30 %igen KapESt. Zinszahlungstermine: 01.06. und 01.12.
Zinseingänge: Für die Zeit vom 01.12.00 bis 31.05.01 am 01.06.01, für die Zeit vom 01.06.01 bis 30.11.01 am 01.12.01.
Die Zinsen für Dezember 00 wurden in der Bilanz per 31.12.00 als sonstige Forderung ausgewiesen (50 €).

Lösung:
Buchungen im Jahr 01:
am **01.06.**

Bank	205,05 €	an	Sonstige Forderungen	50,00 €
Privat	94,95 €		Zinserträge	250,00 €

am **01.12.**

Bank	205,05 €	an	Zinserträge	300,00 €
Privat	94,95 €			

am **31.12.**

Sonstige Forderungen	50.00 €	an	Zinserträge	50,00 €

5 Vorräte

5.1 Definition

Unter Vorräten sind die Bestände an Roh-, Hilfs- und Betriebsstoffen, an unfertigen und fertigen Erzeugnissen sowie an Handelswaren zu verstehen.

5.2 Teilwertabschreibungen bei Warenvorräten

WG des UV sind in der HB und in der StB mit den AK oder HK zu bewerten (§ 253 Abs. 1 S. 1 HGB, § 6 Abs. 1 Nr. 2 S. 1 EStG). Gem. § 253 Abs. 3 S. 1 und 2 HGB ist in der HB auf den niedrigeren Wert abzuschreiben, der sich aus einem Börsen- oder Marktpreis ergibt, bzw. – mangels eines Börsen- oder Marktpreises – auf den niedrigeren beizulegenden Wert.

In der StB darf nur dann auf den niedrigeren TW abgeschrieben werden, wenn dieser auf einer voraussichtlich dauernden Wertminderung beruht. Eine Abschreibung auf den niedrigeren TW kann bei der Bewertung eines Warenlagers in der StB auf folgende Sachverhalte gestützt werden.

5.2.1 Teilwertabschreibung beim Sinken der Einkaufspreise

Sind am Bilanzstichtag Börsen- oder Marktpreise vorhanden, so bereitet die Feststellung des niedrigeren TW = Wiederbeschaffungskosten keine Schwierigkeiten. Liegen am Bilanzstichtag keine Börsen- oder Marktpreise vor, wird aber dennoch eine TW-AfA damit begründet, dass die Wiederbeschaffungskosten unter den AK oder HK liegen, so sind an die vom Unternehmer zu erbringenden Nachweise besonders dann strenge Anforderungen zu stellen, wenn der allgemeine, für die betroffenen Waren maßgebende Preisspiegel nicht nachhaltig gesunken ist.

5.2.2 Teilwertabschreibung bei Unbrauchbarkeit oder Beschädigung der Ware

Eine Abschreibung auf den niedrigeren TW ist zulässig und geboten, wenn den Waren Mängel anhaften, die nicht behoben werden können.

5.2.3 Teilwertabschreibung beim Sinken der Verkaufspreise

Wertminderungen (wie z.B. durch Unmodernwerden, Verschmutzung, Beschädigung oder Sinken des Verkaufspreises) rechtfertigen eine TW-AfA dann, wenn der voraussichtlich erzielbare Verkaufspreis die Selbstkosten zuzüglich des durchschnittlich erzielbaren Unternehmergewinns nicht erreicht (BFH vom 27.10.1983, BStBl II 1984, 35).

Dabei muss der Kaufmann seine bis zur Aufstellung der Bilanz erlangte Kenntnis der Verhältnisse am Bilanzstichtag berücksichtigen (BFH vom 29.11.1960, BStBl III 1961, 154). Nach dem Urteil des BFH vom 13.03.1964 (BStBl III 1964, 426) bestehen jedoch keine Bedenken, dass die nach den Verhältnissen am Bilanzstichtag erzielbaren Verkaufspreise anhand der tatsächlich nach dem Bilanzstichtag erzielten Verkaufserlöse bemessen werden (sog. retrograde Methode)[263]. Der betriebliche Aufwand und der Unternehmergewinn können dem Jahresabschluss entnommen und als tatsächlicher Rohgewinnaufschlag zum Wareneinsatz in Beziehung gesetzt werden. Der TW ist in diesem Fall nach folgender Formel zu ermitteln (R 36 Abs. 2 S. 6 EStR):

$$X = \frac{Z}{1+Y}$$

X der zu suchende Teilwert
Y der Rohgewinnaufschlag (in %) geteilt durch 100
Z der Verkaufserlös

Lange Lagerdauer und damit sinkende Verkaufsmöglichkeiten von Waren rechtfertigen eine Abschreibung auf den niedrigeren TW nicht, solange diese Waren zu den ursprünglich kalkulierten Preisen oder doch ohne ins Gewicht fallende Preisabschläge den Kunden angeboten und auch verkauft werden[264].

Wenn bei einem rentabel geführten Betrieb der Verkaufspreis bewusst nicht kostendeckend kalkuliert ist (sog. **Verlustprodukte**), ist eine TW-AfA **nicht** zulässig (BFH vom 29.04.1999, BStBl II 1999, 681).

---

[263] Nach BFH vom 25.07.2000 (BStBl II 2001, 566) kann die retrograde Methode auch bei individualisierbaren WG eingesetzt werden.
[264] BFH vom 22.08.1968 (BStBl II 1968, 801) und BFH vom 24.02.1994 (BStBl II 1994, 514).

Beispiel 33: Teilwertabschreibung beim Sinken des Verkaufspreises
Ein Textilwaren-Einzelhandelsunternehmen hatte den Verkaufspreis (VP) der am 31.12.01 noch im Lager befindlichen zweihundert Herren-Strickjacken wie folgt kalkuliert:

AK pro Stück	100 €
+ anteilige Verwaltungs- und Vertriebskosten	40 €
= Selbstkosten	140 €
+ 20 % Gewinnaufschlag	28 €
= VP pro Stück (ohne USt)	**168 €**

Infolge Wandels des modischen Geschmacks war das Unternehmen gezwungen, den VP der Strickjacken auf 140 € (ohne USt) pro Stück herabzusetzen.

Die vorläufige G+V des Unternehmens für das Jahr 01 sieht wie folgt aus:

Wareneinsatz	780.000 €	Warenerlöse	1.200.000 €
sonstige betriebliche Aufwendungen	+ 225.000 €		
Reingewinn	+ 195.000 €		
	1.200.000 €		**1.200.000 €**

Lösung:
Sonstige betriebliche Aufwendungen und Reingewinn lt. G+V in % des Wareneinsatzes.

$$\frac{420.000 \times 100}{780.000} = 54\ \% = \text{tatsächlicher Rohgewinnaufschlagsatz.}$$

Berechnung des TW: $\quad X = \dfrac{Z}{1+Y} = \dfrac{140\ €}{1{,}54} = 90{,}91\ €.$

Ansatz des Gesamtbestands an Strickjacken am 31.12.01:

200 Stück i.H.v. 90,91 € $\qquad$ = 18.182 €

Verprobung:

Teilwert der Ware	90,91 €
+ Rohgewinnaufschlag (54 %)	49,09 €
Verkaufspreis	140,00 €

Anmerkung:
Angenommen, der Unternehmer hätte mit einem Rohgewinnaufschlag von nur 50 % = 50 € kalkuliert; dann wäre der kalkulierte Rohgewinnaufschlag niedriger gewesen als der tatsächliche. In dem Fall führt nach der Rspr. (BFH vom 27.10.1983 a.a.O.) nur die Erlöseinbuße zu einer TW-AfA:

kalkulierter Verkaufspreis	150 €
tatsächlich erzielter Verkaufspreis	140 €
TW-AfA	10 €

5.3 Teilwertermittlung bei Eigenerzeugnissen wegen gesunkener Verkaufspreise

Die Berechnung mit der Formel aus R 36 Abs. 2 S. 6 EStR setzt einen Rohgewinnaufschlag voraus, der auf den Wareneinsatz vorgenommen wird (Rohgewinnaufschlag I). Bei selbst hergestellten Waren ist statt des Rohgewinnaufschlags I ein Rohgewinnaufschlag auf den Materialeinsatz + Fertigungslöhne vorzunehmen (Rohgewinnaufschlag II). Die Unterscheidung zwischen Rohgewinnaufschlag I und II ergibt sich aus den amtlichen Richtsatz-Sammlungen der Oberfinanzdirektionen. Danach sind die Rohgewinne wie folgt zu ermitteln:

Handelsbetriebe	**Handwerks- und gemischte Betriebe**
wirtschaftlicher Umsatz	wirtschaftlicher Umsatz
./. Wareneinsatz	./. Wareneinsatz
= Rohgewinn I	= Zwischensumme
	./. Fertigungslöhne
	= Rohgewinn II

Wegen der gegenüber den Handelswaren abweichenden Bemessungsgrundlage für die Rohgewinnermittlung kann die Teilwertermittlung bei selbst hergestellten Waren zwar in Anlehnung an das Verfahren lt. R 36 Abs. 2 S. 6 EStR vorgenommen werden, muss jedoch modifiziert werden. Zu Ermittlung der dem erzielbaren Verkaufspreis entsprechenden Summe aus Materialeinsatz + Fertigungslöhnen kann folgende Formel angewendet werden:

$$a = \frac{z}{1+b}$$

a = Materialeinsatz + Fertigungslöhne
z = der erzielbare Verkaufspreis
b = der Rohgewinnaufschlagsatz II (in %) geteilt durch 100

Da der TW von selbst hergestellten Waren ihrem Reproduktionswert (= Wiederherstellungskosten) entspricht, der neben den HK alle übrigen Gemeinkosten einschließlich Vertriebskosten umfasst, sind der nach der o.g. Formel berechneten Summe aus Materialeinsatz + Fertigungslöhnen sämtliche Gemeinkosten hinzuzurechnen (vgl. BFH vom 17.05.1974, BStBl II 1974, 508).

Beispiel 34: TW-AfA bei Eigenerzeugnissen
Eine Möbeltischlerei hatte den Verkaufspreis (VP) der am 31.12.01 noch im Lager befindlichen 20 Kleiderschränke wie folgt kalkuliert:

Materialeinsatz pro Stück	72 €
+ anteilige Materialgemeinkosten	18 €
+ Fertigungslöhne pro Stück	120 €
+ anteilige Fertigungsgemeinkosten	120 €
= Herstellkosten	330 €

Herstellkosten		330 €	
+ anteilige Verwaltungs- und Vertriebsgemeinkosten		20 €	
= Selbstkosten		350 €	
+ 17 % Gewinnaufschlag		60 €	
= VP pro Stück (ohne USt)		**410 €**	

Infolge schleppenden Absatzes der Möbel war das Unternehmen gezwungen, den VP der Schränke auf 350 € (ohne USt) pro Stück herabzusetzen. Die vorläufige G+V des Unternehmens für das Jahr 01 sieht wie folgt aus:

Materialeinsatz	450.000 €	Erlöse	2.045.000 €
Lohnkosten	750.000 €		
übrige betriebliche Aufwendungen	560.000 €		
Reingewinn	285.000 €		
	2.045.000 €		**2.045.000 €**

Die Fertigungslöhne haben 600.000 € betragen.

Lösung:
Lohnnebenkosten, übrige betriebliche Aufwendungen und Reingewinn lt. G+V in % des Materialeinsatzes + Fertigungslöhnen (Rohgewinnaufschlagsatz II):

$$\frac{995.000\ \text{€} \times 100}{1.050.000\ \text{€}} = 94{,}8\% \quad = \text{tatsächlicher Rohgewinnaufschlagsatz II.}$$

Berechnung von Materialeinsatz + Fertigungslöhne nach R 36 Abs. 2 S. 6 EStR:

$$a = \frac{z}{1+b} = \frac{350\ \text{€}}{1{,}948} = 179{,}70\ \text{€} \qquad \begin{array}{l} a = \text{Materialeinsatz} + \text{Fertigungslöhne} \\ b = \text{Rohgewinnaufschlagsatz II} \\ z = \text{erzielbarer VP} \end{array}$$

Aufschlagsatz für den betrieblichen Aufwand auf Materialeinsatz + Fertigungslöhne:

Lohnnebenkosten	150.000 €
übrige betriebliche Aufwendungen	560.000 €
Summe	710.000 €

in % der Summe aus Materialeinsatz + Fertigungslohn: $\dfrac{710.000 \times 100}{1.050.000} = 67{,}6\%$

Teilwertermittlung:

Materialeinsatz + Fertigungslohn gem. R 36 Abs. 2 S. 6 EStR	179,70 €
+ 67,6 %	121,50 €
TW (Wiederherstellungskosten)	301,20 €

Ansatz des Gesamtbestands an Schränken am 31.12.01:
20 Stück i.H.v. 301,20 €   = 6.024 €.

5 Vorräte

Verprobung:

Materialeinsatz	450.000 €
Lohnkosten	750.000 €
Übrige Aufwendungen	560.000 €
Selbstkosten lt. G+V	1.760.000 €
Gewinn lt. G+V	285.000 €

Gewinnaufschlag auf die Selbstkosten: $\dfrac{285.000\ €\ \times\ 100}{1.760.000\ €} = 16{,}19\ \%$.

TW der Ware	301,20 €
+ Gewinnaufschlag (16,19 %)	48,76 €
Verkaufspreis	349,96 €

5.4 Gängigkeitsabschlag

Pauschale Gängigkeitsabschläge bei schwer verkäuflichen Waren, wie sie im Handelsrecht üblich sind, dürfen bei der steuerlichen Gewinnermittlung grundsätzlich nicht berücksichtigt werden. Ausnahmen gibt es für den Sortimentsbuchhandel und den Musikalienhandel. Für diese Branchen hat die Finanzverwaltung TW-AfA in Anknüpfung an die lange Lagerzeit von Waren zugelassen[265].

5.5 Verlustfreie Bewertung/retrograde Ermittlung des Teilwerts

Nach der BFH-Rspr. ist die verlustfreie Bewertung von Waren und sonstigen Vorräten nicht auf große Warenlager beschränkt, bei denen es technisch schwierig ist, die Wareneinstandspreise im Einzelnen zu ermitteln. Sie stellt selbst dann eine geeignete Methode zur Ermittlung des TW dar, wenn am Bilanzstichtag der kalkulierte oder der nach den Erfahrungen der Vergangenheit erzielbare Veräußerungserlös den AK entspricht oder darunter liegt. Bei der retrograden Bestimmung des TW sind als Selbstkosten insb. die noch anfallenden Verkaufs-, Vertriebs- und Verwaltungskosten sowie ggf. auch anteilige betriebliche Fixkosten zu berücksichtigen. Die nach dem Bilanzstichtag entstehenden Selbskosten können allerdings nur insoweit berücksichtigt werden, als auch der gedachte Erwerber des Betriebs (Teilwertdefinition) sie berechtigterweise geltend machen könnte (H 36 EStH „retrograde Bewertungsmethode"; BFH vom 25.07.2000, BStBl II 2001, 566).

Beispiel 35: Verlustfreie Bewertung

AK der Ware	650 €
geschätzter Verkaufserlös	800 €
noch zu erwartende Gemeinkosten:	
Verwaltungskosten	120 €
Verpackungs- und Frachtkosten	100 €
sonstige Vertriebskosten	30 €

---

[265] DB 1976, 1458; StEK, EStG, § 6 Abs. 1 Nr. 2, Anweisung Nr. 17.

Lösung:

Geschätzter Verkaufserlös	800 €
./. Verwaltungskosten	120 €
./. Verpackungs- und Frachtkosten	100 €
./. sonstige Vertriebskosten	30 €
= TW	**550 €**

5.6 Bewertungsvereinfachungsverfahren

5.6.1 Durchschnittsbewertung

5.6.1.1 Handelsrechtliche Regelung

Gleichartige Vermögensgegenstände des Vorratsvermögens sowie andere gleichartige oder annähernd gleichwertige bewegliche Vermögensgegenstände und Schulden können jeweils zu einer Gruppe zusammengefasst und mit dem gewogenen Durchschnittwert angesetzt werden (§ 240 Abs. 4 HGB).

5.6.1.2 Steuerrechtliche Regelung

Enthält das Vorratsvermögen am Bilanzstichtag WG, die im Verkehr nach Zahl, Maß oder Gewicht bestimmt werden (vertretbare WG) und bei denen die Anschaffungs- oder Herstellungskosten wegen Schwankungen der Einstandspreise im Lauf des Wj. im Einzelnen nicht mehr einwandfrei festzustellen sind, so ist der Wert dieser WG zu schätzen. In diesen Fällen stellt die Durchschnittsbewertung (Bewertung nach dem gewogenen Mittel der im Laufe des Wj. erworbenen und ggf. zu Beginn des Wj. vorhandenen WG) ein zweckmäßiges Bewertungsverfahren dar (R 36 Abs. 3 EStR).

Beispiel 36: Methoden der Durchschnittsbewertung
Zum Vorratsvermögen eines Unternehmers gehören WG gleicher Art, die im Verlauf des Wj. zu unterschiedlichen AK erworben wurden. Der Endbestand besteht aus zwei Einheiten.

	Datum	Einheiten	Preis/Einheit	Gesamtpreis
AB	01.01.	4	300 €	1.200 €
Einkauf	05.03.	4	400 €	1.600 €
Einkauf	02.07.	3	500 €	1.500 €
Einkauf	09.09.	3	567 €	1.701 €
Gesamt		**14**		**6.001 €**
Verkäufe:	04.04.	2		
	16.08.	7		
	08.11.	3		

Lösung:
Bewertung mit dem gewogenen Mittel:

Gesamtpreis: Gesamtmenge = 6.001 €/14 Einheiten = 428,70 €,
Bewertung des Endbestands: 2 Einheiten i.H.v. 428,70 € = 857,40 €.

Permanente Durchschnittsbewertung (Staffelmethode):

	Menge	Preis/Einheit	Gesamtpreis	**Durchschnittswert**
Bestand 01.01.	4	300,00 €	1.200,00 €	
Zugang 05.03.	4	400,00 €	1.600,00 €	
	8		2.800,00 €	x 1/8 = 350,00 €
Verkauf 04.04.	2	350,00 €	700,00 €	
	6	(350,00 €)	2.100,00 €	
Zugang 02.07.	3	500,00 €	1.500,00 €	
	9		3.600,00 €	x 1/9 = 400,00 €
Verkauf 16.08.	7	400,00 €	2.800,00 €	
	2	(400,00 €)	800,00 €	
Zugang 09.09.	3	567,00 €	1.701,00 €	
	5		2.501,00 €	x 1/5 = 500,20 €
Verkauf 08.11.	3	500,20 €	1.500,60 €	
Bestand 31.12.	2	500,20 €	1.000,40 €	

5.6.2 Verbrauchsfolgeunterstellung

5.6.2.1 Handelsrechtliche Regelung

Soweit es den Grundsätzen ordnungsmäßiger Buchführung entspricht, kann für den Wertansatz gleichartiger Vermögensgegenstände des Vorratsvermögens unterstellt werden, dass die zuerst oder dass die zuletzt angeschafften oder hergestellten Vermögensgegenstände zuerst oder in einer sonstigen bestimmten Folge verbraucht oder veräußert worden sind (§ 256 Abs. 1 S. 1 HGB).

5.6.2.2 Steuerrechtliche Regelung

StPfl., die ihren Gewinn nach § 5 EStG ermitteln, können für den Wertansatz gleichartiger WG des Vorratsvermögens unterstellen, dass die zuletzt angeschafften oder hergestellten WG zuerst verbraucht oder veräußert worden sind, soweit dies den handelsrechtlichen Grundsätzen ordnungsmäßiger Buchführung entspricht (§ 6 Abs. 1 Nr. 2a EStG).

5.6.2.3 Unterschied Handelsrecht/Steuerrecht

Während im Handelsrecht die Verbrauchsfolgeunterstellung nach verschiedenen Methoden (Lifo und Fifo) zulässig ist, beschränkt sich diese Bewertungsvereinfachung im Steuerrecht ausschließlich auf die **Lifo**-Methode[266].

---

[266] S. aber einschränkend der BFH vom 20.06.2000, BStBl II 2001, 636 (kein Lifo bei Gebrauchtwagen).

5.6.2.4 Vorratsbewertung nach der Lifo-Methode

Gem. R 36a Abs. 4 EStR kann die Bewertung durch das „permanente Lifo-Verfahren" oder durch das „Perioden-Lifo-Verfahren" durchgeführt werden. Das permanente Lifo-Verfahren setzt eine laufende mengen- und wertmäßige Erfassung aller Zu- und Abgänge voraus. Beim Perioden-Lifo-Verfahren wird der Bestand nur zum Ende des Wj. bewertet. Für das Perioden-Lifo-Verfahren sind drei Fälle zu unterscheiden:

1. Der Endbestand entspricht mengenmäßig dem Bestand am Anfang des Jahres,
2. der Endbestand ist mengenmäßig kleiner als der Bestand am Anfang des Jahres,
3. der Endbestand ist mengenmäßig größer als der Bestand am Anfang des Jahres.

Wenn der Endbestand dem Anfangsbestand entspricht oder mengenmäßig kleiner ist als der Anfangsbestand, dann wird der Stückpreis des Vorjahresbestandes übernommen. Das bedeutet, dass die Abgänge des laufenden Jahres mit den Einstandspreisen der Zugänge des laufenden Jahres verrechnet werden.

Beispiel 37: Perioden-Lifo-Verfahren, gleichbleibender Bestand
Anfangsbestand   2000 kg i.H.v. 25 € = 50.000 €
Zugänge   4000 kg
Abgänge   4000 kg

Lösung:
Endbestand   2000 kg i.H.v. 25 € = 50.000 €

Bei Bestandserhöhungen gibt es zwei Möglichkeiten der Bewertung:

1. Der Mehrbestand wird mit dem Altbestand verschmolzen, und es wird ein neuer, gewogener Durchschnittswert des Gesamtbestands ermittelt;
2. der Mehrbestand wird als sog. **Layer** (= Ableger für Mehrbestand des Wirtschaftsjahres) selbständig fortgeführt; dadurch entsteht ein zweiter Bestandsposten, der abweichend vom Anfangsbestand bewertet wird.

Beispiel 38: Perioden-Lifo-Verfahren, erhöhter Endbestand
Anfangsbestand   2000 kg i.H.v. 25 € = 50.000 €
Zugang I   1500 kg i.H.v. 40 € = 60.000 €
Zugang II   1500 kg i.H.v. 30 € = 45.000 €
Abgänge   2000 kg
Endbestand   3000 kg
Marktpreis am Bilanzstichtag: 45 € pro kg

5 Vorräte

Lösung:
Durchschnittsmethode:

```
  2000 kg i.H.v. 25 €    50.000 €
+ 1000 kg i.H.v. 40 €    40.000 €
=                        90.000 €
```

Layer-Methode:
Layer I = Anfangsbestand 2000 kg i.H.v. 25 €   50.000 €
Layer II = 1000 kg i.H.v. 40 €   40.000 €
=   90.000 €

Beispiel 39: Durchschnittsmethode, Fortentwicklung im Folgejahr
Die Bewertung im Vorjahr enstpricht Bsp. 38, Durchschnittsmethode.

Anfangsbestand 3000 kg i.H.v. 30 € = 90.000 €
Zugänge   4000 kg i.H.v. 35 € = 140.000 €
Abgänge   4500 kg
Endbestand   2500 kg

Marktpreis am Bilanzstichtag: 45 € pro kg

Lösung:
Endbestand: 2500 kg i.H.v. 30 € = 75.000 €

Beispiel 40: Layer-Methode, Fortentwicklung im Folgejahr
Bewertung im Vorjahr wie Bsp. 38, Layer-Methode.

Anfangsbestand: Layer I 2000 kg   50.000 €
                 Layer II 1000 kg   40.000 €
Summe   90.000 €
Zugänge   4000 kg i.H.v. 35 €   140.000 €
Abgänge   4500 kg
Endbestand 2500 kg
Marktpreis am Bilanzstichtag: 45 € pro kg

Lösung:
Endbestand: Layer I   2000 kg i.H.v. 25 €   50.000 €
             Layer II   500 kg i.H.v. 40 €   20.000 €
          =   70.000 €

5.6.2.5 Teilwertabschreibungen (R 36a Abs. 6 EStR)

Auch bei Anwendung der Lifo-Methode ist das Niederstwertprinzip (§ 253 Abs. 3 S. 1 und 2 HGB) zu beachten. Dabei ist der TW der zu einer Gruppe zusammengefassten WG mit dem Wertansatz, der sich nach der Lifo-Methode ergibt, zu vergleichen. Sind Layer gebildet worden, so ist der Wertansatz des einzelnen Layers mit dem TW zu vergleichen und ggf. gesondert auf den niedrigeren TW abzuschreiben.

5.7 Festwert

5.7.1 Handelsrechtliche Regelung

Vermögensgegenstände des Sachanlagevermögens sowie Roh-, Hilfs- und Betriebsstoffe können, wenn sie regelmäßig ersetzt werden und ihr Gesamtwert für das Unternehmen von nachrangiger Bedeutung ist, mit einer gleichbleibenden Menge und einem gleichbleibenden Wert angesetzt werden, sofern ihr Bestand in seiner Größe, seinem Wert und seiner Zusammensetzung nur geringen Veränderungen unterliegt. Jedoch ist in der Regel alle drei Jahre eine körperliche Bestandsaufnahme durchzuführen (§ 240 Abs. 3 HGB).

5.7.2 Steuerrechtliche Regelung

Für das Steuerrecht gilt die gleiche Regelung wie im Handelsrecht (vgl. H 36 EStH „Festwert"). Zur nachrangigen Bedeutung des Gesamtwertes hat die Finanzverwaltung mit BMF Schreiben vom 08.03.1993 (BStBl I 1993, 276) wie folgt Stellung genommen: Der Gesamtwert der für einen einzelnen Festwert infrage kommenden WG ist für das Unternehmen grundsätzlich von nachrangiger Bedeutung, wenn er im Durchschnitt der dem Bilanzstichtag vorangegangenen fünf Bilanzstichtage 10 % der Bilanzsumme nicht übersteigt.

Für den bei der alle drei Jahre durchzuführenden körperlichen Bestandsaufnahme festgestellten Wert gilt das Folgende (H 36 EStH „Festwert" mit Hinweis auf R 31 Abs. 4 S. 2 – 5 EStR):

Übersteigt der Inventurwert den bisherigen Festwert um mehr als 10 %, so ist der ermittelte Wert als neuer Festwert maßgebend. Der bisherige Festwert ist so lange um die AK oder HK der im Festwert erfassten und nach dem Bilanzstichtag des vorangegangenen Wj. angeschafften oder hergestellten WG aufzustocken, bis der neue Festwert erreicht ist.

Übersteigt der bei der Inventur ermittelte Wert den Festwert um nicht mehr als 10 %, so kann der bisherige Festwert beibehalten werden.

Ist der Inventurwert niedriger als der bisherige Festwert, so kann der ermittelte Wert nach R 31 Abs. 4 EStR als neuer Festwert angesetzt werden. Das gilt uneingeschränkt nur, wenn der Bestand **mengen**mäßig geringer geworden ist. In Fällen eines nur **wert**mäßig niedrigeren Inventurwerts ist eine TW-AfA nur zulässig, wenn die Wertminderung voraussichtlich von Dauer ist (§ 6 Abs. 1 Nr. 1 Nr. 2 S. 2 EStG). Bei Unternehmern, die ihren Gewinn nach § 5 EStG ermitteln, ist das Niederstwertprinzip gem. § 253 Abs. 3 S. 1 und 2 HGB zu beachten.

Beispiel 41: Festwertanpassung nach der Inventur
In einem Unternehmen ergab die Bestandsaufnahme bei einer Gruppe des Vorratsvermögens auf den 31.12.01 einen Festwertansatz von 100.000 €. Die Bi-

lanzansätze auf den 31.12.01 bis 03 beliefen sich zutreffender weise auf 100.000 €; die Zukäufe 02 und 03 wurden in voller Höhe als Aufwand gebucht. In den folgenden Jahren lagen an Zukäufen vor:
In 04 = 10.000 €, in 05 = 5.000 € und in 06 = 20.000 €.

Die Bestandsaufnahme auf den 31.12.04 ergibt – alternativ – folgende Werte:
a) 110.000 €,
b) 90.000 € und
c) 120.000 €.

Lösung:
a) Die Werterhöhung beträgt nicht mehr als 10%; der bisherige Festwert kann beibehalten werden (R 31 Abs. 4 S. 5 EStR).
b) Der Inventurwert ist niedriger als der Festwert; der niedrigere Inventurwert **muss** in der HB angesetzt werden (Niederstwertprinzip nach § 253 Abs. 3 HGB). Steuerlich darf der niedrigere Inventurwert nur angesetzt werden, wenn die Wertminderung voraussichtlich von Dauer ist (§ 6 Abs. 1 Nr. 2 S. 2 EStG; R 31 Abs. 4 S. 4 EStR).
c) Der Inventurwert übersteigt den Festwert um mehr als 10%. Der Inventurwert ist als neuer Festwert maßgebend. Der bisherige Festwert ist aus den AK der im Festwert erfassten WG aufzustocken, bis der neue Festwert erreicht ist (R 31 Abs. 4 S. 2 und 3 EStR):

Festwert 1.1.04	100.000 €
Zukäufe 04	10.000 €
Festwert 31.12.04	110.000 €
Zukäufe 05	5.000 €
Festwert 31.12.05	115.000 €
aus den Zukäufen 06	5.000 €
Festwert 31.12.06	120.000 €

6 Forderungen und ihre Bewertung

6.1 Forderungen im Anlagevermögen und Umlaufvermögen

Forderungen können zum AV (mittel- und langfristige Forderungen) oder zum UV (Forderungen aus Lieferungen und Leistungen und andere kurzfristige Forderungen) gehören.

6.2 Bewertung der Forderungen

6.2.1 Anschaffungskosten

Forderungen sind mit den AK zu bewerten (§ 253 Abs. 1 S. 1 HGB, § 6 Abs. 1 Nr. 2 S. 1 EStG). Als AK ist der Nennwert der Forderung anzusetzen (BFH vom 23.04.1975, BStBl II 1975, 875). Auch bei unverzinslichen Forderungen ist der Nennbetrag als AK zu behandeln (BFH vom 23.04.1975 a.a.O.).

6.2.2 Niedrigerer Stichtagswert/Teilwert

Forderungen des AV **können** mit dem niedrigeren Stichtagswert bewertet werden, bei voraussichtlich dauernder Wertminderung **muss** der niedrigere Wert vom Bilanzstichtag angesetzt werden (§ 253 Abs. 2 S. 3 HGB). Forderungen des UV **müssen** in der HB mit dem niedrigeren Stichtagswert bilanziert werden (§ 253 Abs. 3 S. 2 HGB).

Nach § 6 Abs.1 Nr. 2 S. 2 EStG darf der niedrigere TW der Forderung nur angesetzt werden, wenn er auf einer voraussichtlich dauernden Wertminderung beruht. Bei Gewerbetreibenden, die ihren Gewinn nach § 5 EStG ermitteln, ist die Maßgeblichkeit der HB für die StB insoweit durchbrochen. Eine Bewertung von Forderungen unter dem Nennwert kommt in Betracht

a) bei Minderwert der Forderung wegen
 - Ausfallwagnis,
 - innerbetrieblichem Zinsverlust,
 - Belastung mit Skonti oder sonstigen Erlösschmälerungen,
 - Belastung mit Kosten (Mahnungen, gerichtliche Verfolgung, Zwangsvollstreckung).

b) Bei zu niedriger Verzinsung und Unverzinslichkeit der Forderung.

c) Bei Forderungen in ausländischer Währung, wenn der Devisenkurs gesunken ist.

Zu a): Die Abschreibung ist in Form der Einzelbewertung oder Pauschalbewertung (Delkredere) vorzunehmen; eine UStberichtigung erfolgt nur im Fall der **Uneinbringlichkeit** (§ 17 Abs. 2 Nr. 1 UStG)[267];

> **Beispiel 42: Bewertung von Forderungen aus Lieferungen und Leistungen**
> Ein Unternehmer hat am 31.12.01 folgende Forderungen aus L+L:
>
> Gesamtbestand der Forderungen (inkl. 16 % USt) 1.160.000 €.
> In dem Forderungsbestand sind enthalten
> uneinbringliche Forderungen im Wert von 41.760 €,
> dubiose Forderungen im Wert von 129.920 €,
> Voraussichtlicher Ausfall 30 %.

---

[267] Hierzu im Detail *V. Schmidt*, Band 3, Teil B, Kap. X.

6 Forderungen und ihre Bewertung

Der allgemeine Forderungsausfall betrug nach den Erfahrungen des Unternehmers in der Vergangenheit 3 % des gesamten Forderungsdurchlaufs. Als Kosten- und Zinsbelastung kann ein Pauschalsatz von 2,5 % als angemessen angesehen werden.

Lösung:
Uneinbringliche Forderungen:
Ausbuchung des Nettobetrags der Forderungen, Kürzung der USt. Bruttobetrag 41.760 € abzüglich USt 5.760 € = Nettobetrag 36.000 €.

Forderungsabschreibung 36.000 € an Forderungen aus L & L 41.760 €
USt-Schuld 5.760 €

Dubiose Forderungen:
Ausbuchung mit 30 % des Nettobetrags der Forderungen, keine Kürzung der USt. Bruttobetrag 129.920 € abzgl. USt 17.920 € = Nettobetrag 112.000 €; davon 30 % = 33.600 €.

Forderungsabschreibung 33.600 € an Forderungen aus L & L 33.600 €

Pauschalwertberichtigung:
Die Pauschalwertberichtigung (Delkredere) ist vorzunehmen auf den Nettobetrag der Forderungen, der nach Abzug der uneinbringlichen und dubiosen Forderungen vom Gesamtforderungsbestand verbleibt.

Gesamtforderungsbestand	1.160.000 €
./. uneinbringliche Forderungen	41.760 €
./. dubiose Forderungen	129.760 €
verbleiben	988.320 €
abzüglich USt	136.320 €
Nettobetrag	852.000 €
Delkredere 3 %	25.560 €

Forderungsabschreibung 25.560 € an Forderungen aus L & L 25.560 €

Kosten- und Zinsbelastung:
Die Pauschalwertberichtigung wegen Kosten- und Zinsbelastung der Forderungen ist mit dem Erfahrungssatz aus der Vergangenheit auf den Bruttobetrag der Gesamtforderungen abzüglich der uneinbringlichen Forderungen[268] zu berechnen.

Gesamtforderungsbestand	1.160.000 €
./. uneinbringliche Forderungen	41.760 €
Bemessungsgrundlage für die Wertberichtigung	1.118.240 €
Wertberichtigung 2,5 %	27.956 €

Forderungsabschreibung 27.956 € an Forderungen aus L & L 27.956 €

---

[268] Die uneinbringlichen Forderungen werden zum Bilanzstichtag endgültig ausgebucht und können deshalb nach dem Stichtag keine Kosten mehr verursachen.

Zu b): die Forderung ist auf den Barwert abzuzinsen (BFH vom 23.04.1975 a.a.O.). Die Abzinsung wird allgemein befürwortet bei Forderungen mit einer Laufzeit von mindestens 12 Monaten[269].

Ausnahme: Darlehensforderungen gegen Betriebsangehörige sind stets mit dem Nennbetrag anzusetzen (BFH vom 30.11.1988, BStBl II 1990, 117).

Beispiel 43: Abzinsung einer Forderung
In der Buchführung eines Unternehmers wird eine Darlehensforderung i.H.v. 50.000 € gegen einen Kunden ausgewiesen. Das Darlehen wurde wegen der guten Geschäftsbeziehungen zinslos vereinbart. Die Restlaufzeit der Forderung am Bilanzstichtag 31.12.02 beläuft sich auf 5 Jahre. Die Schuld ist von dem Kunden am Ende der Kreditlaufzeit in einem Betrag zu tilgen.

Lösung:
Wegen der Zinslosigkeit liegt der beizulegende Wert/TW am Bilanzstichtag unter dem Nennwert der Forderung. Der tatsächliche Wert der Forderung wird durch Abzinsung ermittelt. Bei der Abzinsung in der HB soll nach Meinung in der einschlägigen Literatur der kapitalmarktübliche Zinssatz oder der Zins für die eigene Refinanzierung verwendet werden[270]. Für die StB ist nach dem BMF-Schreiben vom 28.03.1980 (BB 1980, 559) ein Zinssatz von 5,5 % als angemessen anzusehen. Hier kann sich ein Problem im Zusammenhang mit der Maßgeblichkeit der HB für die StB ergeben. Muss die abgezinste Forderung aus der HB in die StB übernommen werden? M.E. ist der HB-Ansatz für die StB bindend. Es gibt – im Gegensatz zur Abzinsung von Verbindlichkeiten (s. Kap. IV.3) – keine steuergesetzlich bindende Vorschrift zur Abzinsung mit dem Zinssatz von 5,5 %. Infolge dessen ist eine in der HB durchgeführte Forderungsabzinsung, die nach handelsrechtlichen Grundsätzen ordnungsmäßiger Buchführung nicht zu beanstanden ist, gem. § 5 Abs. 1 S. 1 EStG in die StB zu übernehmen. Für die Abzinsung kann folgende Formel verwendet werden:

$$B = R / \frac{(1+p)^n}{100}$$

B = Barwert am Bilanzstichtag
R = Rückzahlungsbetrag
p = Zinssatz
n = Laufzeit in Jahren

Bei einem angenommenen Zinssatz von 6 % würde sich im vorliegenden Fall folgende Abzinsung ergeben:

$$50.000 \text{ €} / \frac{(1+6)^5}{100} = 37.363 \text{ €}.$$

Zu c): Der Devisenkurs (**Brief**kurs = Kurs, zu dem die Banken Devisen ankaufen) vom Bilanzstichtag wird angesetzt, wenn er zu einer niedrigeren Bewertung führt als im Zeitpunkt der Einbuchung der Forderung (= AK). In der StB dürfte diese Bewertung nicht

---

[269] So z.B. *ADS*, Rz. 488 zu § 253 HGB.
[270] So z.B. *Pfleger* in *Gnam/Federmann*, HdB, Stichw. 47/1, Rz. 70.

7 Bewertung von Fremdwährungsposten in der Bilanz

zulässig sein, weil die Wertminderung voraussichtlich nicht von Dauer ist. Bei sog. **geschlossenen Positionen** (Forderungen und Verbindlichkeiten in derselben ausländischen Währung gleichen sich betrags- und fristenmäßig aus) sind in der HB grundsätzlich zwei Bewertungsmethoden denkbar:

1. Getrennte Bewertung der Forderungen und Verbindlichkeiten nach dem Grundsatz der Einzelbewertung i.S.v. § 252 Abs. 1 Nr. 3 HGB oder
2. Zusammenfassung der in der geschlossenen Position erfassten Posten zu einer Bewertungseinheit.

Einzelheiten zur Bewertung geschlossener Positionen sind aus dem Beitrag „Bewertung von Fremdwährungsposten in der Bilanz" ersichtlich.

6.2.3 Verrechnungsverbot

Forderungen und Verbindlichkeiten dürfen in der Bilanz grundsätzlich nicht miteinander verrechnet werden (Saldierungsverbot gem. § 246 Abs. 2 HGB).

7 Bewertung von Fremdwährungsposten in der Bilanz

7.1 Einleitung

Die Bankinstitute haben ab 01.01.1999 das Umrechnungssystem für Devisen nach amerikanischem Vorbild von der Preis- auf die Mengennotierung umgestellt und rechnen Fremdwährungs**verkäufe** an Kunden zum **Geld**kurs und Fremdwährungs**ankäufe** von Kunden zum **Brief**kurs ab. Damit wurde der bis zum 31.12.1998 gültige Grundsatz umgekehrt.

7.2 Bewertungsgrundsatz

Für die Bewertung von Vermögensgegenständen und Verbindlichkeiten in ausländischer Währung gelten folgende Grundsätze:
Die Währungsumrechnung ist nach dem Anschaffungskostenprinzip durchzuführen[271]. Dabei sind die Anschaffungskosten in ausländischer Währung am Tag der Erstverbuchung zu bestimmen. Der Zeitpunkt der Erstverbuchung von ausländischen Währungsposten ist wie bei den in inländischer Währung valutierenden Posten nach den Grundsätzen ordnungsmäßiger Buchführung zu bestimmen. Der maßgebliche Wechselkurs ist der Kurs im Zeitpunkt der erstmaligen Verbuchung. Welcher Umrechnungskurs der ausländischen Währung (Brief oder Geld) am Tag der Erstverbuchung für die Bewertung zugrunde zu legen ist, ergibt sich aus der nachstehenden Tabelle:

---

[271] HFA-Entwurf, Wpg. 1986, 664.

Zu bewertender Posten	Maßgeblicher Umrechnungskurs
Geldbestände in ausländischer Währung	**Brief**kurs
Bankkonten in ausländischer Währung	**Brief**kurs (Ausnahme: s. Erläuterung Nr. 1)
Fremdwährungsforderungen	**Brief**kurs
Fremdwährungsverbindlichkeiten	**Geld**kurs
Vermögensgegenstände, die in ausländischer Währung angeschafft wurden	**Geld**kurs

Erläuterungen

1. Geldbestände, Konten in ausländischer Währung und Fremdwährungsforderungen sind mit dem Kurs zu bewerten, der für den Umtausch der Devisen in Euro maßgebend ist, d.h. mit dem Kurs, zu dem die Banken Devisen **an**kaufen.
Bei der Bewertung von ausländischen Geldbeständen und Konten in ausländischer Währung wird in der Lit. gelegentlich unterschieden, ob die Zahlungsmittel aus dem Umtausch inländischer Währung oder aus einem in ausländischer Währung abgewickelten Verkaufsgeschäft stammen[272]. Im ersten Fall wird die Bewertung nach dem Anschaffungskostenprinzip mit dem Geldkurs befürwortet, weil die ausländischen Zahlungsmittel zum Geldkurs eingetauscht wurden. Im zweiten Fall wird der Kurs als maßgebend angesehen, mit dem die Forderung aus dem Verkaufsgeschäft zu bewerten wäre, nämlich der Briefkurs.

> **Beispiel 44: Bewertung eines Devisenkontos**
> Die Australien Handels GmbH unterhält ein Devisenkonto zur Abwicklung von Geschäften in australischen Dollar. Die Ein- und Ausgänge auf dem Konto werden mit den jeweiligen Tageskursen bewertet. Das Konto beläuft sich am Bilanzstichtag auf 52.368 A-$. In der Buchführung der GmbH hat das Konto einen Saldo von 32.414,52 €. Der Briefkurs am Abschluss-Stichtag beträgt 1,6870 A-$/€.
>
> **Lösung:**
> Durch die Bewertung mit dem Briefkurs vom Bilanzstichtag ergibt sich ein Betrag von 31.042,09 €.
> In der HB ist das Konto mit dem niedrigeren Stichtagswert von 31.042,09 € zu bewerten (Niederstwertprinzip gem. § 253 Abs. 3 S. 1 HGB). Der Ansatz eines entsprechenden niedrigeren Teilwerts in der StB ist davon abhängig, ob die Wertminderung voraussichtlich von Dauer ist (§ 6 Abs. 1 Nr. 1 S. 2 EStG).

2. Fremdwährungsverbindlichkeiten sind mit dem Kurs zu bewerten, der für die Beschaffung der zur Tilgung der Verbindlichkeiten erforderlichen Devisen maßgebend ist, d.h. der Kurs, zu dem die Banken Devisen **ver**kaufen.

---

[272] So z.B. *Kleineidam* in *Gnam/Federmann*, HdB, Stichw. 141, Rz. 87.

3. Vermögensgegenstände, die in ausländischer Währung angeschafft wurden, sind mit dem Betrag als Anschaffungskosten zu bewerten, mit dem die bei der Anschaffung in ausländischer Währung entstandene Verbindlichkeit anzusetzen wäre[273], d.h. Bewertung mit dem Kurs, zu dem die Banken Devisen **ver**kaufen.

7.3 Zeitpunkt der Bewertung

7.3.1 Devisenbestände und Konten in ausländischer Währung

Zur Ermittlung der historischen AK sind die Wechselkurse im Zeitpunkt des Erwerbs zugrunde zu legen. Die Berechnung der fortgeführten AK erfolgt mit den Devisenkursen des Bewertungsstichtags (Bilanzstichtags).

7.3.2 Forderungen und Verbindlichkeiten in ausländischer Währung

Die Forderungen und Verbindlichkeiten sind mit dem Devisenkurs im Zeitpunkt ihrer Entstehung einzubuchen. Zwecks Feststellung des niedrigeren beizulegenden Wertes am Bilanzstichtag (§ 253 Abs. 3 S. 2 HGB) ist der Wechselkurs des Bewertungsstichtags zu berücksichtigen.

> **Beispiel 45: Bewertung einer Devisenforderung**
> Ein Exporteur verkauft Waren auf US-$-Basis. Die Forderung i.H.v. 20.000 US-$ entsteht am 15. November, Bilanzstichtag: 31. Dezember.
> Briefkurs am 15.11.:   0,9327 US-$/€,
> Briefkurs am 31.12.:   0,9335 US-$/€,
> Einbuchung der Forderung am 15.11.: 20.000 € / 0,9327 = 21.443,12 €.
>
> **Lösung:**
> Bewertung der Forderung am 31.12. in der HB (Niederstwert gem. § 253 Abs. 3 S. 1 HGB): 20.000 €/0,9335 = 21.424,75 €.

7.3.3 In ausländischer Währung angeschaffte Vermögensgegenstände

Die AK werden unter Verwendung des Wechselkurses der ausländischen Währung im Zeitpunkt der Anschaffung errechnet. Eine nachträgliche Veränderung der AK infolge von Devisenkursänderungen ist nicht vorzunehmen.

> **Beispiel 46: Bewertung einer Devisenverbindlichkeit und Anschaffungskosten**
> Ein Importeur erwirbt eine Partie Waren im Wert von 50.000 US-$. Anschaffungszeitpunkt: 22. Dezember, Bilanzstichtag: 31. Dezember.

---

[273] BFH vom 16.12.1977 (BStBl II 1978, 233).

- Geldkurs am 22.12.: 0,9245 US-$/€,
- Geldkurs am 31.12.: 0,9275 US-$/€.

Lösung:
Einbuchung der Verbindlichkeit am 22.12.: 50.000/0,9287 = 54.083,29 €
Bewertung der Verbindlichkeit am 31.12. in der HB und StB:
Ansatz mit den „AK" der Verbindlichkeit i.H.v. 54.083,29 €; der niedrigere Wert der Verbindlichkeit am Bilanzstichtag darf nicht angesetzt werden (Niederstwertprinzip).
AK der erworbenen Ware: 54.083,29 €. Dieser Betrag ist auch in der Bilanz am 31.12. anzusetzen.

7.3.4 Schwebende Geschäfte

Die von beiden Vertragsparteien noch nicht erfüllten obligatorischen Geschäfte (schwebende Geschäfte) in Fremdwährung sind im Zeitpunkt des Abschlusses buchmäßig nicht zu erfassen, weil unterstellt wird, dass sich Leistung und Gegenleistung aus dem Geschäft ausgleichen (z.B. beim schwebenden Einkaufskontrakt) oder zugunsten des Kaufmanns auswirken (z.B. beim schwebenden Verkaufskontrakt)[274]. Eine Bewertung des schwebenden Geschäfts muss erst zum Bilanzstichtag durchgeführt werden. Wenn aus dem Devisenkurs am Stichtag ein Verlust droht, ist in der HB eine Rückstellung für drohende Verluste aus schwebenden Geschäften gem. § 249 Abs. 1 S. 1 HGB auszuweisen. In der StB ist diese Rückstellung nicht zulässig (§ 5 Abs. 4a EStG).

Beispiel 47: Schwebendes Geschäft
Die Indien Handels KG hat am 18.12.00 einen Einkaufskontrakt über die Lieferung von Antiquitäten mit einem Unternehmen in Indien abgeschlossen. Der Rechnungspreis beläuft sich auf 922.500 INR. Die Ware soll im Februar 01 geliefert werden.
Der Devisen(geld)kurs beträgt
- am 18.12.00   40,04 INR/€,
- am 31.12.00   39,84 INR/€.

Lösung:
Das schwebende Geschäft ist zunächst buchmäßig nicht zu erfassen. Zum Bilanzstichtag 31.12.00 ist jedoch zu untersuchen, ob aus dem Devisenkurs am Stichtag ein Kursverlust droht.
Das Geschäft wurde abgeschlossen mit
einem Preis von 922.500 INR/40,04   = 23.039,46 €
Nach den Kursverhältnissen am Bilanzstichtag 31.12.00
hat die Verbindlichkeit einen Wert von 922.500 INR/39,84   = 23.155,12 €
Drohender Verlust dementsprechend   **116,66 €**

---

[274] BFH vom 03.12.1991 (BStBl II 1993, 89).

In der HB ist gem. § 249 Abs. 1 S. 1 HGB eine Rückstellung für drohende Verluste aus schwebenden Geschäften zu passivieren. Die Rückstellung ist in der StB nicht zulässig (§ 5 Abs. 4a EStG).

7.4 Devisentermingeschäfte

Das Devisentermingeschäft ist als klassisches Kurssicherungsgeschäft anzusehen. Durch den Abschluss eines Devisentermingeschäftes wird das Risiko des Kursverlustes dadurch ausgeschlossen, dass

- bei Forderungen in ausländischer Währung der Valutabetrag auf den zu erwartenden Zahlungstermin mit dem gegenwärtigen Termin**brief**kurs veräußert wird bzw.
- bei Verbindlichkeiten in ausländischer Währung ein der Schuldsumme entsprechender Devisenbetrag zum gegenwärtigen Termin**geld**kurs gekauft wird.

Beim Abschluss von Devisentermingeschäften sind drei Fälle möglich. Das Devisentermingeschäft kann entweder

a) zeitgleich mit dem Grundgeschäft,
b) vorher,
c) nachträglich

abgeschlossen werden.

Für die beschriebenen Fälle ergeben sich folgende Bewertungsregeln:

Zu a): Bei zeitgleichem Abschluss des Devisensicherungsgeschäftes ist das Grundgeschäft mit dem Terminkurs des Sicherungsgeschäftes zu bewerten[275]. Durch die einheitliche Bewertung des Grundgeschäftes und des Sicherungsgeschäftes mit dem Devisenterminkurs wird vermieden, aufgrund des strengen Niederst-/Höchstwertprinzips bei verändertem Kurs zum Bilanzstichtag Währungsverluste auszuweisen, die wegen der Kurssicherung am Ende gar nicht entstehen.

Zu b): Wird das Devisensicherungsgeschäft vor dem Grundgeschäft abgeschlossen und das Grundgeschäft erst nach dem Bilanzstichtag durchgeführt, so ist die bilanzielle Behandlung des Sicherungsgeschäftes nach den Grundsätzen der Bilanzierung von schwebenden Geschäften zu behandeln[276]. Wenn nach den Kursverhältnissen am Stichtag ein Verlust droht, ist in der HB eine Rückstellung für drohende Verluste aus schwebenden Geschäften gem. § 249 Abs. 1 S. 1 HGB zu passivieren. Die Rückstellung ist in der StB nicht zulässig (§ 5 Abs. 4a EStG).

Zu c): Bei nachgelagertem Abschluss des Devisensicherungsgeschäftes muss zwecks Bewertung der Forderung/Verbindlichkeit zum Bilanzstichtag festgestellt werden, ob der Terminkurs niedriger oder höher ist als der Kassakurs im Zeitpunkt der Erstverbuchung. Nach dem strengen Niederst-/Höchstwertprinzip ist für die Bewertung einer Forderung der Terminkurs maßgebend, wenn er **niedriger** ist als der Kassakurs im Zeitpunkt der

---

[275] *ADS*, Rechnungslegung und Prüfung der Unternehmen, § 253 HGB, Rz. 100.
[276] *ADS*, Rechnungslegung und Prüfung der Unternehmen, § 253 HGB, Rz. 101.

Erstverbuchung; bei der Bewertung einer Verbindlichkeit ist danach der **höhere** Terminkurs anzusetzen. Hier ist jedoch die Frage nach dem bilanziellen Ausweis der zutreffenden Vermögens- und Ertragslage zu stellen, wenn aufgrund der Kurssicherung endgültig kein Währungsverlust eintreten kann. Zur Vermeidung des Ausweises eines tatsächlich nicht entstehenden Währungsverlustes kann vom Grundsatz der Einzelbewertung gem. § 252 Abs. 2 HGB abgewichen werden, indem das Grundgeschäft und das Devisensicherungsgeschäft gemeinsam bewertet werden[277].

> **Beispiel 48: Bewertung eines gesicherten Devisengeschäftes**
> Die Asien Import GmbH & Co. KG hat am 06.12.00 ein Warenanschaffungsgeschäft in Hongkong über 40.000 HK-$ getätigt. Die Verbindlichkeit ist vereinbarungsgemäß am 05.02.01 zu begleichen. Zur Absicherung der Währung hat die KG – ebenfalls am 06.12.00 – ein Devisentermingeschäft i.H.v. 40.000 HK-$ zum 05.02.01 abgeschlossen. Der Devisentermingeldkurs beträgt
>
> - am 06.12.00 7,1864 HK-$/€,
> - am 31.12.00 7,1978 HK-$/€.
>
> **Lösung:**
> Die Verbindlichkeit ist am 06.12.00 mit dem Devisenterminkurs von 7,1864 HK-$/€, d.h. mit 5.566,07 € einzubuchen. Da die Bewertung mit dem Devisenterminkurs vom 31.12.00 zu einem niedrigeren Stichtagswert in Euro führt, ist die Verbindlichkeit nach dem Höchstwertprinzip mit dem Betrag der Erstverbuchung zu bilanzieren.

7.5 Geschlossene Position

Eine geschlossene Position liegt vor, wenn sich für **eine** Währung Forderungen und Verbindlichkeiten sowie Ansprüche und Verpflichtungen aus schwebenden Geschäften betrags- und fristenmäßig ausgleichen. Voraussetzungen für das Vorliegen einer geschlossenen Position sind demnach

- Währungsidentität,
- Betragsidentität,
- Fälligkeitsidentität.

Bei geschlossenen Positionen sind zwei Bewertungsmethoden möglich[278]:

1. Getrennte Bewertung der Forderung und der Verbindlichkeit nach dem Grundsatz der Einzelbewertung oder
2. Zusammenfassung der in der geschlossenen Position erfassten Beträge zu einer Bewertungseinheit (Kompensation).

---

[277] S. *Groh*, Zur Bilanzierung von Fremdwährungsgeschäften, DB 1986, 869.
[278] S. *ADS*, Rechnungslegung und Prüfung der Unternehmen, § 253 HGB, Rz. 92.

7 Bewertung von Fremdwährungsposten in der Bilanz

Die erste Methode kommt in erster Linie für Forderungen und Verbindlichkeiten, jedoch weniger für schwebende Geschäfte in Betracht. Bei dieser Methode werden bei fallenden Devisenkursen Kursverluste bei den Forderungen und bei gestiegenen Devisenkursen Kursverluste bei den Verbindlichkeiten ausgewiesen und erfolgswirksam erfasst.

Die zweite Methode wird nach h.M. als sachgerecht und i.R.d. Grundsätze ordnungsmäßiger Buchführung betrachtet[279], weil die Zusammenfassung der als geschlossene Position behandelten Aktiv- und Passivposten zu einer Bewertungseinheit den wirtschaftlichen Gegebenheiten entspricht. Bei dieser Methode werden Kursgewinne und -verluste der in der geschlossenen Position erfassten Fremdwährungsposten miteinander verrechnet. Es muss jedoch beachtet werden, dass bei Kursveränderungen zum Bilanzstichtag zwecks zutreffenden Ausweises der Vermögens- und Finanzlage die Forderungen nach dem Niederstwertprinzip entsprechend ermäßigt und die Verbindlichkeiten nach dem Höchstwertprinzip erhöht werden. Andernfalls würden Aktivposten bei Kursrückgängen zu hoch und Passivposten bei Kurserhöhungen zu niedrig bewertet werden[280].

Beispiel 49: Bewertung einer geschlossenen Position
Eine GmbH hat am Bilanzstichtag 31.12.00 eine Forderung (Entstehung am 30.11.00) über 200.000 A-$ und eine Verbindlichkeit (Entstehung am 15.12.00) über 150.000 A-$. Die Forderung und die Verbindlichkeit sind am 15.1.01 fällig. Zur Bewertung werden folgende Devisenkurse herangezogen:
- Geldkurs am 15.12.00 1,660 A-$/€,
- Briefkurs am 30.11.00 1,680 A-$/€,
- Geldkurs am 31.12.00 1,667 A-$/€,
- Briefkurs am 31.12.00 1,687 A-$/€.

Lösung:
- Einbuchung der Forderung am 30.11.
  mit dem Briefkurs von 1,680 A-$/€ = 119.047,62 €.
- Einbuchung der Verbindlichkeit am 15.12.
  mit dem Geldkurs von 1,660 A-$/€ = 90.361,45 €.

Bewertung am 31.12.00
Bei Einzelbewertung:
Ausweis der Forderung mit dem Briefkurs von 1,687 A-$/€ = 118.553,65 €,
Ausweis der Verbindlichkeit mit dem Entstehungskurs = 90.361,45 €.

---

[279] so z.B. *HFA*, Wpg 1986, 664.
[280] *ADS*, Rechnungslegung und Prüfung der Unternehmen, § 253 HGB, Rz. 94.

Als geschlossene Position:
Kompensation des Kursverlustes bei der Forderung mit dem Kursgewinn bei der Verbindlichkeit:

Wert der Forderung nach dem Entstehungskurs	119.047,62 €
Wert der Forderung nach dem Stichtagskurs	118.553,65 €
Kursverlust	493,97 €
Wert der Verbindlichkeit nach dem Entstehungskurs	90.361,45 €
Wert der Verbindlichkeit nach dem Stichtagskurs	89.982,00 €
Kursgewinn	379,45 €

Die Forderung ist zum Bilanzstichtag aufgrund des Niederstwertprinzips abzuwerten. Der Forderungsansatz wird wie folgt berechnet[281]:

Entstehungskurs	200.000 A-$ / 1,680 =	119.047,62 €
Kursverlust	./.	493,97 €
Gedeckter Kursverlust	./.	379,45 €
Bilanzansatz	=	**118.933,10 €**

Die Verbindlichkeit ist mit dem Betrag der Erstverbuchung i.H.v. 90.361,45 € zu bilanzieren.

7.6 Wertpapiere in ausländischer Währung

Die Einbuchung von Wertpapieren in ausländischer Währung erfolgt mit den AK. Werden die Papiere in ausländischer Währung erworben, so sind sie mit dem Devisen**geld**kurs im Zeitpunkt der Erstverbuchung anzusetzen.

Die Bewertung der Wertpapiere am Bilanzstichtag ist mit den AK oder dem niedrigeren Stichtagswert vorzunehmen. Bei der Ermittlung des Stichtagswert sind der Börsenkurs der Wertpapiere und der Devisen**geld**kurs am Bilanzstichtag zugrunde zu legen.

Beispiel 50: Bewertung von ausländischen Wertpapieren

Anschaffung von US-Aktien im Nennwert von	1.000 US-$,
am 16.10.00 zum Börsenkurs von	2.500 US-$.
Devisenkurs (Geld) am 16.10.00	0,9235 US-$/€,
Devisenkurs (Geld) am 31.12.00	0,9275 US-$/€.
Börsenkurs der Aktien am 31.12.00	2.200 US-$.

Die Wertpapiere sollen zum UV gehören.

---

[281] Vgl. *Kleineidam* in *Gnam/Federmann*, HdB, Stichw. 14a, Rz. 41.

7 Bewertung von Fremdwährungsposten in der Bilanz

Lösung:
Ausländische Wertpapiere sind am Tage des Erwerbs mit den AK zu bewerten. Die AK entsprechen dem Börsenkurs in ausländischer Währung zum Devisengeldkurs:

2.500 US-$ / 0,9235 = 2.707,09 €.

Diese AK sind zwecks Bewertung am Bilanzstichtag mit dem Wert zu vergleichen, der sich aus dem Börsenkurs in ausländischer Währung, umgerechnet mit dem Devisenkurs vom Stichtag ergibt[282]:

2.200 US-$ / 0,9275 = 2.371,97 €.

Da der Stichtagswert niedriger ist als die AK, ist er nach dem Niederstwertprinzip in der Bilanz anzusetzen.

---

[282] S. Entwurf des *HFA*, Wpg. 1986, 664.

IV Einzelne Passivposten

1 Steuerfreie Rücklagen

1.1 Übertragung stiller Reserven bei der Veräußerung bestimmter Anlagegüter (§ 6b EStG)

1.1.1 Grundsatz

Nach § 6b EStG haben Unternehmen die Möglichkeit, die bei der Veräußerung **bestimmter Anlagegüter**[283] aufgedeckten stillen Reserven zunächst vor der Besteuerung zu bewahren und auf bestimmte **Reinvestitionsgüter**[284] zu übertragen. Darüber hinaus dürfen die nicht unter das KStG fallenden Unternehmer die bei der Veräußerung von Anteilen an KapG entstehenden Gewinne von den AK angeschaffter Anteile an Kapitalgesellschaften, abnutzbarer beweglicher WG oder Gebäude abziehen. Dabei müssen Alt-WG und Neu-WG nicht identisch sein. S. im einzelnen die folgende Tabelle:

Aufgedeckte stille Reserve bei der Veräußerung von ...	Übertragbar auf ...
Grund und Boden	Grund und Boden, Aufwuchs auf Grund und Boden mit dem dazugehörigen Grund und Boden, wenn der Aufwuchs zu einem land- und forstwirtschaftlichen BV gehört, und Gebäude
Aufwuchs auf Grund und Boden mit dem dazugehörigen Grund und Boden, wenn der Aufwuchs zu einem land- und forstwirtschaftlichen BV gehört	Aufwuchs auf Grund und Boden mit dem dazugehörigen Grund und Boden, wenn der Aufwuchs zu einem land- und forstwirtschaftlichen BV gehört, und Gebäude
Gebäude	Gebäude

1.1.2 Voraussetzungen

Die Voraussetzungen für die Übertragung stiller Reserven bei der Veräußerung bestimmter Anlagegüter bzw. der Bildung einer Reinvestitionsrücklage sind aus § 6b Abs. 4 EStG ersichtlich. Im Einzelnen handelt es sich um folgende Punkte:

- Gewinnermittlung nach § 4 Abs. 1 oder § 5 EStG;
- die veräußerten WG müssen in dem Katalog gem. § 6b Abs. 1 S. 1 EStG enthalten sein; für Veräußerungen nach dem 31.12.2001 s. auch § 6b Abs. 10 n.F. EStG;

---

[283] Neben Grund und Boden sowie Gebäuden zählt nur noch der L+F-Aufwuchs zu den privilegierten Reinvestitionsobjekten; s. aber § 6b Abs. 10 EStG n.F. (ab 2002).
[284] Identische WG (s. FN 3).

- die veräußerten WG müssen im Zeitpunkt der Veräußerung mindestens 6 Jahre ununterbrochen zum AV einer inländischen Betriebsstätte gehört haben;
- die angeschafften oder hergestellten WG müssen zum AV einer inländischen Betriebsstätte eines Betriebs des Steuerpflichtigen gehören;
- der bei der Veräußerung entstandene Gewinn darf bei der Ermittlung des im Inland steuerpflichtigen Gewinns nicht außer Ansatz bleiben;
- die Übertragung der stillen Reserven und die Bildung und Auflösung der Rücklage müssen in der Buchführung verfolgt werden können.

1.1.3 Übertragung aufgedeckter stiller Reserven

1.1.3.1 Begünstigte Wirtschaftsgüter

Die Übertragung der bei der Veräußerung aufgedeckten stillen Reserven darf nur auf bestimmte, im Katalog von § 6b Abs. 1 S. 2 EStG genannte WG vorgenommen werden, die im Jahr der Veräußerung oder im vorangegangenen Wj. angeschafft oder hergestellt worden sind.

Beispiel 1: Übertragung auf ein WG, das vor der Veräußerung angeschafft wurde

C veräußerte am 15.03.12 ein Kühlhausgrundstück (Anschaffung 00) zum Preis von 1.000.000 €. Davon entfallen auf Grund und Boden 300.000 €, auf Gebäude 450.000 € und auf Kühleinrichtungen und Isolierungen 250.000 €. Das Grundstück stand am 15.03.12 wie folgt zu Buch:

- Grund und Boden 50.000 €,
- Gebäude 200.000 €,
- Kühleinrichtungen, Isolierungen 50.000 €.

Am 15.01.12 hat C ein Bürohausgrundstück zum Preis von 600.000 € (davon Grund und Boden 200.000 €, Gebäude 400.000 €) angeschafft.

Lösung:
Die Veräußerung ist gem. § 6b EStG begünstigt bezüglich Grund und Boden und Gebäude (Kühleinrichtung und Isolierung gehören nicht zu den begünstigten Anlagegütern gem. § 6b Abs. 1 S. 1 EStG).

	aufgedeckte stille Reserve	übertragbar	auf
GruBo	250.000 €	250.000 €	GruBo/Gebäude
Gebäude	250.000 €	250.000 €	Gebäude

Ansatz des erworbenen Bürohausgrundstücks:

	Gebäude	GruBo
AK	400.000 €	200.000 €
./. Übertragung gem. § 6b EStG	300.000 €	200.000 €
= AfA-BMG	100.000 €	0 €
./. AfA 12 (3 %)	3.000 €	
= Buchwert 31.12.12	97.000 €	0 €

1.1.3.2 Höhe der Übertragung

Übertragen werden kann ein Betrag bis zu 100 % der aufgedeckten stillen Reserve. Die aufgedeckte stille Reserve wird dadurch ermittelt, dass der Veräußerungspreis abzüglich der Veräußerungskosten dem Buchwert im Zeitpunkt der Veräußerung gegenübergestellt wird (§ 6b Abs. 2 EStG). Ggf. ist der Buchwert um eine Wertaufholung gem. § 6 Abs. 1 Nr. 1 S. 4 oder § 7 Abs. 1 S. 6 EStG zu erhöhen (R 41a Abs. 3 S. 3 EStR).

1.1.4 Bildung einer Rücklage

Soweit eine Übertragung der aufgedeckten stillen Reserve auf ein anderes WG nicht vorgenommen wurde, kann eine den steuerlichen Gewinn mindernde Rücklage gebildet werden (§ 6b Abs. 3 EStG). Die Rücklage kann auf die in den folgenden **vier** Wj. angeschafften oder hergestellten begünstigten WG i.S.d. § 6b Abs. 1 S. 2 EStG übertragen werden. Die Frist von vier Jahren verlängert sich bei neu hergestellten Gebäuden auf **sechs** Jahre, wenn mit ihrer Herstellung vor dem Schluss des vierten auf die Bildung der Rücklage folgenden Wj. begonnen worden ist.

1.1.5 Auflösung der Rücklage

Die Rücklage ist am Ende des vierten bzw. sechsten auf ihre Bildung folgenden Wj. gewinnerhöhend aufzulösen, soweit sie bis dahin nicht auf ein angeschafftes oder hergestelltes WG i.S.v. § 6b Abs. 1 S. 2 EStG übertragen worden ist (§ 6b Abs. 3 S. 5 EStG).

1.1.6 Gewinnzuschlag

Soweit die Rücklage gewinnerhöhend aufgelöst wird, ohne dass sie auf ein begünstigtes Wirtschaftgut übertragen worden ist, muss der Gewinn des Jahres, in dem die Rücklage aufgelöst wird, für jedes volle Wj., in dem die Rücklage bestanden hat, um 6 % des aufgelösten Betrags erhöht werden (§ 6b Abs. 7 EStG).

1 Steuerfreie Rücklagen

1.1.7 Übertragung von Gewinnen aus der Veräußerung von Anteilen an Kapitalgesellschaften

1.1.7.1 Allgemeines

In dem durch das Unternehmenssteuerfortentwicklungsgesetz (UntStFG) neu gefassten § 6b Abs. 10 EStG[285] wird gestattet, dass die nicht unter das KStG fallenden Unternehmer (Einzelunternehmen und PersG) Gewinne aus der Veräußerung von **Anteilen an KapG** bis zu einem Betrag von **500.000 €** auf folgende WG (Reinvestitionsobjekte) übertragen können:

- Im Wj. der Veräußerung auf die AK von neu angeschafften Anteilen an KapG oder abnutzbaren beweglichen WG (!) oder
- in den folgenden zwei Wj. auf die AK von neu angeschafften Anteilen an KapG oder abnutzbaren beweglichen WG (!) oder
- in den folgenden vier Jahren auf die AK von neu angeschafften Gebäuden.

Dabei sind außer der betragsmäßigen Begrenzung folgende Besonderheiten zu beachten:

1. Wird die Übertragung auf die AK von neu angeschafften **Anteilen an KapG** vorgenommen, so ist der **gesamte Gewinn** übertragungsfähig.
2. Wird die Übertragung auf die AK von **Gebäuden** oder **abnutzbaren beweglichen WG** vorgenommen, so tritt eine Begrenzung auf den **steuerpflichtigen Teil** des Gewinns ein.
3. Wird im Jahr der Veräußerung keine Übertragung der stillen Reserven vorgenommen, so kann der **tatsächlich erzielte Veräußerungsgewinn**, d. h. der Betrag ohne Berücksichtigung der Steuerbegünstigungen des § 3 Nr. 40 i.V.m. § 3c Abs. 2 EStG – jedoch unter Beachtung des Höchstbetrags von 500.000 € – in eine den Gewinn mindernde Rücklage eingestellt werden.

1.1.7.2 Die steuerfreie Rücklage

Die Rücklage kann wie folgt übertragen werden:

1. In den auf ihre Bildung folgenden zwei Wj. in vollem Umfang auf die AK von neu angeschafften Anteilen an Kapitalgesellschaften oder
2. in den auf ihre Bildung folgenden zwei Wj. zu 50 v.H. auf die AK von abnutzbaren beweglichen WG oder
3. in den folgenden vier Jahren zu 50 v.H. auf die AK von neu angeschafften Gebäuden.

Der bei der Übertragung auf Gebäude oder abnutzbare bewegliche WG nicht übertragungsfähige Teil der Rücklage ist **gewinnerhöhend aufzulösen**. Der Auflösungsbetrag bleibt nach § 3 Nr. 40 i.V.m. § 3c Abs. 2 EStG steuerfrei.

---

[285] § 6b EStG n.F. gilt gem. § 52 Abs. 18a EStG erstmals für Veräußerungen ab 01.01.2002.

Ist eine Rücklage am Schluss des vierten auf ihre Bildung folgenden Wj. noch vorhanden, ist sie gewinnerhöhend aufzulösen. Dem Gewinn dieses Wj. ist für jedes volle Wj., in dem die Rücklage bestanden hat, ein Betrag von 6 % der Hälfte des Rücklagenbetrags außerbilanziell hinzuzurechnen. Die andere Hälfte des Auflösungsbetrags ist nach § 3 Nr. 40 i.V.m. § 3c Abs. 2 EStG steuerfrei.

Beispiel 2: Übertragung von Gewinnen aus der Veräußerung von Anteilen an Kapitalgesellschaften

Der Einzelunternehmer Hupe H hält seit 10 Jahren im BV seines Kfz-Meisterbetriebs eine Beteiligung an der Autoteile-GmbH. Der Buchwert der Beteiligung beträgt am 31.12.01 100.000 €. H veräußert die Beteiligung im Jahr 02 für 150.000 €.

1. Fallalternative:

1. H tätigt in seinem Einzelunternehmen – alternativ – folgende Investitionen:
1.1 Anschaffung einer Beteiligung an der Sport-Tuning-GmbH für 75.000 € im Jahr 02.
1.2 Anschaffung einer Maschine für 100.000 € im Jahr 02.
1.3 Anschaffung eines PKW für 50.000 € im Jahr 04.
1.4 Anschaffung eines Gebäudes auf Erbpachtgrundstück für 170.000 € im Jahr 05.

2. Fallalternative:

2. H hat im Jahr 02 keine Investitionen getätigt.
2.1 H hat auch bis zum 31.12.06 keine Investitionen vorgenommen.
2.2 H ist mit 40 % als Mitunternehmer an der H&J-OHG beteiligt. Im Gesamthandsvermögen der OHG wird im Jahr 04 ein LKW für 80.000 € angeschafft.

Lösung:

1. Alternative:

Zu 1.1: H kann die bei der Veräußerung der Beteiligung an der Autoteile-GmbH aufgedeckte stille Reserve i.H.v. 50.000 € von den AK der im Jahr 02 angeschafften Beteiligung an der Sport-Tuning-GmbH abziehen.

Zu 1.2: H kann den nicht gem. § 3 Nr. 40 i.V.m. § 3c Abs. 2 EStG steuerbefreiten Betrag der bei der Veräußerung der Beteiligung an der Autoteile-GmbH aufgedeckten stillen Reserve i.H.v. 25.000 € von den AK der im Jahr 02 angeschafften Maschine abziehen.

Zu 1.3: H kann am 31.12.02 eine steuerfreie Rücklage i.H.d. bei der Veräußerung der Beteiligung an der Autoteile-GmbH aufgedeckten stillen Reserve bilden. Im Jahr 04 kann er die Rücklage zu 50 % (d.h. i.H.d. nicht gem. § 3 Nr. 40 i.V.m. § 3c Abs. 2 EStG steuerbefreiten Teilbe-

1 Steuerfreie Rücklagen

trags der Rücklage) auf die AK des im Jahr 04 angeschafften PKW übertragen. Der Restbetrag der Rücklage ist am 31.12.04 gewinnerhöhend aufzulösen. Der Auflösungsbetrag ist gem. § 3 Nr. 40 i.V.m. § 3c Abs. 2 EStG steuerfrei.

Zu 1.4: H kann am 31.12.02 eine steuerfreie Rücklage i.H.d. bei der Veräußerung der Beteiligung an der Autoteile-GmbH aufgedeckten stillen Reserve bilden. Im Jahr 05 kann er die Rücklage zu 50 % (d.h. i.H.d. nicht gem. § 3 Nr. 40 i.V.m. § 3c Abs. 2 EStG steuerbefreiten Teilbetrags der Rücklage) auf die AK des im Jahr 05 angeschafften Gebäudes übertragen. Der Restbetrag der Rücklage ist am 31.12.05 gewinnerhöhend aufzulösen. Der Auflösungsbetrag ist gem. § 3 Nr. 40 i.V.m. § 3c Abs. 2 EStG steuerfrei.

2. Alternative:

Zu 2.1: H kann am 31.12.02 eine steuerfreie Rücklage i.H.d. bei der Veräußerung der Beteiligung an der Autoteile-GmbH aufgedeckten stillen Reserve bilden. Die Rücklage muss spätestens am 31.12.06 gewinnerhöhend aufgelöst werden. Von dem Auflösungsbetrag sind 50 % gem. § 3 Nr. 40 i.V.m. § 3c Abs. 2 EStG steuerfrei.
Im Fall der Auflösung am 31.12.06 sind für die Jahre 03 bis 06 je 6 % des nicht gem. § 3 Nr. 40 i.V.m. § 3c Abs. 2 EStG steuerbefreiten Teilbetrags der Rücklage, d.h. 25.000 € dem Gewinn des Jahres 06 außerbilanziell hinzuzurechnen. Das sind 24 % von 25.000 € = 6.000 €.

Zu 2.2: H kann von der am 31.12.02 in seinem Einzelunternehmen gebildeten Rücklage im Jahr 04 den nicht gem. § 3 Nr.40 i.V.m. § 3c Abs. 2 EStG steuerbefreiten Teilbetrag der Rücklage bis zur Höhe seiner anteiligen AK des im Gesamthandsvermögen der H&J-OHG angeschafften LKW auf diese übertragen.
Übertragungsfähiger Teil der Rücklage: 50 % von 50.000 € = 25.000 €, Anteil des H an den AK des LKW[286] 32.000 €, die Übertragung ist dem gemäß zulässig i.H.v. 25.000 €.
Der Restbetrag der Rücklage im Einzelunternehmen H ist am 31.12.04 gewinnerhöhend aufzulösen. Der Auflösungsbetrag ist gem. § 3 Nr. 40 i.V.m. § 3c Abs. 2 EStG steuerfrei.

1.1.7.3 Anwendung auf Personengesellschaften

Die Regelungen des § 6b Abs. 10 EStG i.d.F. des UntStFG gelten bei den zum **Gesamthandsvermögen einer PersG** gehörenden Anteilen an KapG nach Satz 10 der Vorschrift nur, soweit an der PersG keine Körperschaften, Personenvereinigungen oder Vermögensmassen i.S.d. KStG beteiligt sind.

---

[286] Für Zwecke der § 6b-Rücklage.

Beispiel 3: Übertragung auf eine PersG, an der eine Körperschaft beteiligt ist

Die Hochbau GmbH & Co. KG hält in Ihrem Gesamthandsvermögen seit sieben Jahren eine Beteiligung an der Schöner-Bauen-GmbH. Die Beteiligung hat am 31.12.01 einen Buchwert von 50.000 €. Im April 02 wird die Beteiligung für 70.000 € veräußert. Im Jahr 02 wurden von der KG keine Investitionen getätigt.
An der GmbH & Co. KG sind beteiligt:
Die Hochbau-GmbH als Komplementär mit einer Vermögens- und Gewinnbeteiligung von 10 % und die Kommanditisten Mörtel und Stein mit je 45 % Beteiligung am Vermögen und Gewinn.

Lösung:
An der KG sind zu 90 % natürliche Personen und zu 10 % eine Kapitalgesellschaft beteiligt. Im Gesamthandsvermögen der GmbH & Co. KG kann dementsprechend am 31.12.02 eine den steuerlichen Gewinn mindernde Rücklage eine den steuerlichen Gewinn mindernde Rücklage i.H.v. 90 v.H. des bei der Veräußerung der GmbH-Anteile erzielten Gewinns (= 18.000 €) gebildet werden (§ 6b Abs. 10 S. 10 EStG).

1.1.7.4 Behandlung von einbringungsgeborenen Anteilen

§ 6b Abs. 10 EStG ist auf die Veräußerung von einbringungsgeborenen Anteilen i.S.d. § 21 UmwStG nur anzuwenden, wenn die Voraussetzungen des § 3 Nr. 40 S. 4 EStG erfüllt sind. Das bedeutet im Wesentlichen, dass die Vorschriften des § 6b Abs. 10 EStG auf die Veräußerung von einbringungsgeborenen Anteilen erst nach Ablauf von sieben Jahren nach dem Zeitpunkt der Einbringung angewendet werden dürfen.

1.1.8 Übertragungsmöglichkeiten in personeller Hinsicht, insbesondere bei Mitunternehmern

Durch das Unternehmenssteuerfortentwicklungsgesetz (UntStFG) vom 20.12.2001[287] wurde § 6b Abs. 4 Nr. 3 EStG dahingehend geändert, dass die Worte „eines Betriebs des Steuerpflichtigen" gestrichen wurden bei gleichzeitiger Streichung der bisherigen Regelung des § 6b Abs.10 EStG. Dadurch kann für nach dem 31.12.2001 durchgeführte Veräußerungen wieder nach den Grundsätzen von R 41b Abs. 6 und 7 EStR 1997 verfahren werden. Das heißt, folgende Übertragungen sind möglich:

---

[287] BGBl I 2001, 3794.

Aufdeckung der stillen Reserve im	Übertragung zulässig auf ...
Einzelunternehmen des Stpfl.	a) ein anderes Einzelunternehmen des Stpfl., b) Sonder-BV bei einer PersG, an der der Stpfl. als Mitunternehmer beteiligt ist c) Gesamthandsvermögen einer PersG, an der der Stpfl. als Mitunternehmer beteiligt ist, soweit das WG dem Stpfl. zuzurechnen ist
Gesamthandsvermögen einer PersG	a) Sonder-BV der Mitunternehmer derselben PersG, soweit der Gewinn dem G´fter zuzurechnen ist b) Einzelunternehmen des G´fter, soweit ihm der Gewinn zuzurechnen ist c) Gesamthandsvermögen einer anderen PersG, soweit der Gewinn dem G´fter zuzurechnen ist und soweit das WG dem G´fter zuzurechnen ist d) Sonder-BV bei einer anderen PersG, soweit der Gewinn dem G´fter zuzurechnen ist

Beispiel 4: Übertragung einer 6b-Rücklage aus dem Sonder-BV

Unternehmer B hat eine Lagerhalle errichten lassen (Baubeginn Juni 07). Die Herstellungskosten der am 02.11.07 fertiggestellten Halle betrugen lt. Schlussrechnung des bauausführenden Unternehmens 300.000 €. Die betriebsgewöhnliche Nutzungsdauer beläuft sich – zutreffend – auf 40 Jahre. Deshalb setzte B im Jahr 07 eine AfA gem. § 7 Abs. 4 S. 2 EStG i.H.v. 7.500 € ab.

Die Herstellungskosten der Lagerhalle kürzte B um den Gewinn aus der Veräußerung eines unbebauten Grundstücks i.H.v. 140.000 €. Dieses Grundstück hatte B im Januar 00 für 60.000 € erworben und ab 01.07.00 zu Recht als Sonder-BV in einer Sonderbilanz bei der A & B OHG ausgewiesen, an der er mit 40 % beteiligt ist. Am 05.12.07 hat B das Grundstück für 200.000 € veräußert. Buchungen im Einzelunternehmen B im Dezember 07:

Privatkonto	140.000 € an	Sonderposten mit Rücklageanteil	140.000 €
Sonderposten mit Rücklageanteil	140.000 €	Lagerhalle	140.000 €

Lösung:
Die AfA für die Lagerhalle hätte im Jahr 07 nur zeitanteilig (für 2 Monate) angesetzt werden dürfen, weil das Gebäude am 02.11.07 fertiggestellt wurde. Da die Voraussetzung der 6-Jahres-Frist des § 6b Abs. 4 Nr. 2 EStG erfüllt ist, dürfen die bei der Veräußerung des Grundstücks aufgedeckten stillen Reserven auf die Herstellungskosten der Lagerhalle übertragen werden. Die Übertragung der im Sonder-BV des B aufgedeckten stillen Reserven auf das Einzelunternehmen B ist zulässig (§ 6b Abs. 4 S. 1 Nr. 3 EStG).

Veräußerungserlös	200.000 €
./. Buchwert	60.000 €
= Aufgedeckte stille Reserve	140.000 €
Herstellungskosten der Lagerhalle	300.000 €
./. übertragene stille Reserve	140.000 €
= AfA-BMG	160.000 €
./. AfA (3 % gem. § 7 Abs. 4 S. 1 Nr. 1 EStG für 2 Monate)	800 €
= Buchwert am 31.12.07	159.200 €

Beispiel 5: Übertragung von einem Gesamthandsvermögen auf ein Einzel-BV
An der Werkzeugbau Kopf & Co. KG sind der Ingenieur Kopf mit 60 % als Komplementär und der Kaufmann Zahl mit 40 % als Kommanditist beteiligt. Zahl betreibt außerdem einen Großhandel in der Form eines Einzelunternehmens.
In der Bilanz der KG wurde anlässlich der Veräußerung eines bebauten Grundstücks im Jahr 01 zulässigerweise eine Rücklage gem. § 6b EStG i.H.v. 120.000 € gebildet. Von dem Rücklagebetrag entfallen 80.000 € auf den Grund und Boden und 40.000 € auf das Gebäude.
Der Kommanditist Zahl erwirbt im Jahr 02 in seinem Einzelunternehmen ein unbebautes Grundstück, das er mit einer Lagerhalle bebauen will, für 110.000 €. Zahl möchte den ihm zustehenden Teil der in der Gesamthandsbilanz der KG gebildeten Rücklage auf die AK des Grundstücks im Einzelunternehmen übertragen.

Lösung:
Zahl darf von der in der Gesamthandsbilanz der KG gebildeten Rücklage nur den ihm zuzurechnenden Teil der bei der Veräußerung von Grund und Boden entstandenen Rücklage auf die AK des im Einzelunternehmen angeschafften Grundstück übertragen (§ 6b Abs. 1 S. 2 Nr. 1 EStG):

Auf Grund und Boden entfallender Teil der Rücklage   80.000 €,
entsprechend seiner Beteiligungsquote auf Zahl
entfallender Teil des Rücklagebetrags (40 %)   32.000 €
= übertragungsfähiger Teil der Rücklage.
Ausbuchung in der Buchführung der KG:

SoPo mit Rücklageanteil   32.000 €   an   Kapitalkonto Zahl   32.000 €

Einbuchung in der Buchführung des Einzelunternehmens:

Kapitalkonto   32.000 €   an   Grundstücke   32.000 €

1 Steuerfreie Rücklagen

1.1.9 Aufgabe oder Veräußerung des Betriebs

Die Auflösung der Rücklage bei Aufgabe oder Veräußerung des Betriebs ist nicht erforderlich. Der Unternehmer darf die Rücklage noch für die Zeit weiterführen, für die sie ohne Aufgabe oder Veräußerung des Betriebs zulässig gewesen wäre (R 41b Abs. 10 EStR).

1.1.10 Fortführung der Rücklage bei der Realteilung von Personengesellschaften

Bei der Realteilung einer Mitunternehmerschaft unter Fortführung von Einzelunternehmen kann eine Rücklage anteilig in den Einzelunternehmen fortgeführt werden, wenn die Realteilung auf Übertragung von Teilbetrieben oder Mitunternehmeranteilen gerichtet ist (R 41b Abs. 8 EStR).

1.2 Übertragung stiller Reserven bei Ersatzbeschaffung (R 35 EStR)

1.2.1 Voraussetzungen

Die Voraussetzungen für die Übertragung stiller Reserven bei Ersatzbeschaffung bzw. der Bildung einer Rücklage für Ersatzbeschaffung ergeben sich aus R 35 Abs. 1 EStR. Durch die Vorschrift kann der Unternehmer beim **zwangsweisen Ausscheiden** von WG aus dem BV es vermeiden, die aufgedeckten Reserven zu versteuern. Die realisierten stillen Reserven können unter bestimmten Voraussetzungen auf ein angeschafftes **Ersatz-WG** übertragen werden. Bilanztechnisch werden die – als sonstiger betrieblicher Ertrag – erfassten stillen Reserven auf eine Rücklage oder direkt auf das Ersatz-WG umgebucht. Im Einzelnen sind folgende Punkte zu berücksichtigen:

- Ein WG des Anlage- oder Umlaufvermögens scheidet infolge höherer Gewalt oder infolge bzw. zur Vermeidung eines behördlichen Eingriffs gegen **Entschädigung** aus dem BV aus;
- innerhalb einer bestimmten Frist wird ein **Ersatz-WG** angeschafft oder hergestellt, auf dessen AK oder HK die aufgedeckten stillen Reserven übertragen werden;
- in der **HB** wird entsprechend verfahren.

Nicht begünstigt ist daher die (freiwillige) Entnahme eines WG aus dem BV. Eine Rücklage für Ersatzbeschaffung (RfE)[288] kommt auch bei der Beschädigung eines WG durch höhere Gewalt in Betracht (R 35 Abs. 7 EStR und H 35 (Bsp. für den Fall der Beschädigung) EStH).

> **Beispiel 6: RfE bei Beschädigung eines Anlagegutes**
> Ein im BV des Einzelunternehmers D befindliche Turmdrehkran ist im November 01 durch einen Sturm beschädigt worden. Der Kran (Anschaffung im April 00, AK 110.000 €, ND 8 Jahre) stand am 31.12.00 mit 88.000 € zu Buch.

---

[288] Herkömmlich in der HB gebucht über: „Sonderposten mit Rücklagenanteil" (vgl. § 270 Abs. 1 S. 2 HGB).

D vereinnahmte noch im Jahr 01 die Versicherungsleistung i.H.v. 10.000 €. Die Instandsetzungsarbeiten wurden erst im April 02 durchgeführt. Die Reparaturrechnung i.H.v. 9.200 € zzgl. 16% USt ist im Mai 02 bezahlt worden. D möchte am 31.12.01 keine AfaA in Anspruch nehmen, weil der Kran repariert werden soll.

Lösung:
D kann am 31.12.01 eine Rücklage für Ersatzbeschaffung bilden. Die Rücklage ist im Zeitpunkt der Reparatur in voller Höhe aufzulösen (R 35 Abs. 7 S. 2 EStR). Bilanzansätze am 31.12.01:

1. Turmdrehkran

Buchwert am 31.12.00	88.000 €
./.AfA 01 (20% degressiv)	17.600 €
Buchwert am 31.12.01	70.400 €

Die Vornahme einer AfaA ist nicht erforderlich und in der Steuerbilanz auch nicht zulässig (voraussichtlich vorübergehende Wertminderung).

2. Rücklage für Ersatzbeschaffung

Ansatz am 31.12.01   10.000 €

Buchungen im Jahr 01:

Geldkonto	10.000 €	an	Sonst. betrieblicher Ertrag	10.000 €
Sonst. betrieblicher Aufwand	10.000 €		Sonderposten mit Rücklageanteil	10.000 €

Buchungen im Jahr 02:

Reparaturaufwand	9.200 €	an	Geldkonto	10.672
Vorsteuer	1.472 €			
Sonderposten mit Rücklageanteil	10.000 €	an	Sonst. betrieblicher Ertrag	10.000 €

1.2.2 Höhere Gewalt/behördlicher Eingriff

Unter „Höherer Gewalt" ist das Ausscheiden des WG infolge von Elementarereignissen (z.B. Brand, Sturm, Überschwemmung), Diebstahl oder durch **unverschuldeten** Verkehrsunfall (BFH vom 14.10.1999, BStBl II 2001, 130) zu verstehen. Keine höhere Gewalt liegt vor bei Material- oder Konstruktionsfehlern und bei Bedienungsfehlern (BFH vom 15.05.75, BStBl II 1975, 692).

Ein „Behördlicher Eingriff" liegt bei Maßnahmen zur Enteignung (oder zu deren Vermeidung) bzw. bei einer Inanspruchnahme des WG für Verteidigungszwecke vor.

1.2.3 Entschädigung

Begünstigt sind die Entschädigungen für das ausgeschiedene **WG selbst**, nicht für Schäden infolge des Ausscheidens, wie Aufräumungskosten, entgehender Gewinn oder Umzugskosten. Die Leistung einer Betriebsunterbrechungsversicherung, soweit diese

1 Steuerfreie Rücklagen

Mehrkosten für die beschleunigte Wiederbeschaffung eines durch Brand zerstörten WG übernimmt, stellt eine Entschädigung i.S.v. R 35 EStR dar.

1.2.4 Übertragung aufgedeckter stiller Reserven

Die beim Ausscheiden des WG aufgedeckte stille Reserve kann auf das angeschaffte oder hergestellte Ersatz-WG durch Abzug von dessen Anschaffungs- oder Herstellungskosten übertragen werden.

Teilübertragung der RfE: Wenn die Entschädigung nicht in voller Höhe für die Ersatzbeschaffung verwendet wird, darf die Rücklage nur anteilig übertragen werden (Bsp. s. H 35 EStH „Mehrentschädigung").

Beispiel 7: Teilübertragung der RfE
Durch Überschwemmung der Werkhalle ist eine Maschine des Unternehmers A (Anschaffung im März 00 für 15.000 € +16 % USt, betriebsgewöhnliche Nutzungsdauer 5 Jahre, lineare AfA) am 15.01.01 völlig zerstört worden. Die Versicherungsleistung betrug für die Maschine 14.000 € und für Aufräumungsarbeiten 2.000 €.
Am 20.02.01 erwarb A eine neue gleichartige Maschine für 12.000 € +16% USt. Die ND der neuen Maschine beläuft sich ebenfalls auf 5 Jahre.

Lösung:
Eine RfE gem. R 35 EStR ist zulässig.

AK März 00	15.000 €
./. AfA 00 (R 44 Abs. 2 S. 3 EStR)	3.000 €
= Buchwert 31.12.00	**12.000 €**
./. AfA für Januar 01	250 €
= Buchwert im Zeitpunkt d. Ausscheidens	**11.750 €**
Entschädigung für die Maschine	14.000 €
Aufgedeckte stille Reserve	**2.250 €**

Berechnung des übertragungsfähigen Betrags (H 35 EStH „Mehrentschädigung"):

$$\frac{2.250 \times 12.000}{14.000} = 1.929 \text{ €, sonstiger betrieblicher Ertrag 321 €.}$$

AfA-BMG für die Ersatzmaschine:

AK	12.000 €
./. übertragene stille Reserve	1.929 €
=	10.071 €
./. AfA 20%	2.014 €
Buchwert 31.12.01	**8.057 €**

1.2.5 Ersatzwirtschaftsgut

Ein Ersatz-WG liegt vor, wenn das angeschaffte oder hergestellte WG wirtschaftlich dieselbe oder eine entsprechende Aufgabe erfüllt wie das ausgeschiedene. Die Einlage eines WG in das BV ist keine Ersatzbeschaffung.

Für einen Fall, da zur Vermeidung eines behördlichen Eingriffs ein Grundstück veräußert wird, hat der BFH am 12.06.2001 (BStBl II 2001, 830) auch die **vorgezogene** Anschaffung des Ersatz-WG zugelassen. Allerdings darf der Zeitraum zwischen dem antizipierten Ersatz-WG und der Veräußerung des Alt-WG nicht mehr als zwei bis drei Jahre betragen (s. auch 1.1.3.1 = Bsp. 1 zu § 6b EStG)[289].

1.2.6 Bildung einer Rücklage für Ersatzbeschaffung (RfE)

Wurde bis zum Bilanzstichtag noch kein Ersatz-WG angeschafft oder hergestellt, so kann eine steuerfreie Rücklage i.H.d. aufgedeckten stillen Reserve gebildet werden, wenn zu diesem Zeitpunkt eine Ersatzbeschaffung ernstlich geplant und zu erwarten ist. Die Rücklage muss im Jahr des Ausscheidens des WG gebildet werden; eine Nachholung der RfE in einem späteren Jahr ist nicht zulässig (R 35 Abs. 4 S. 2 EStR).

1.2.7 Auflösung der Rücklage

Im Zeitpunkt der Ersatzbeschaffung ist die RfE durch Übertragung auf die AK oder HK des Ersatz-WG aufzulösen.

Eine RfE, die wegen des Ausscheidens eines beweglichen WG gebildet wurde, ist am Schluss des ersten auf ihre Bildung folgenden Wj. gewinnerhöhend aufzulösen, wenn bis dahin ein Ersatz-WG weder angeschafft oder hergestellt noch bestellt worden ist. Die Frist von einem Jahr verdoppelt sich bei einer RfE, die aufgrund des Ausscheidens eines Grundstücks oder Gebäudes gebildet wurde. Die Fristen können angemessen verlängert werden, wenn der Stpfl. glaubhaft macht, dass die Ersatzbeschaffung noch ernsthaft geplant und zu erwarten ist, aber aus besonderen Gründen noch nicht durchgeführt werden konnte.

1.2.8 Aufgabe und Veräußerung des Betriebs

Die RfE ist betriebsbezogen. Sie ist deshalb bei Aufgabe des Betriebs gewinnerhöhend aufzulösen. Bei Veräußerung des Betriebs kann sie fortgeführt werden, wenn der Erwerber Ersatzbeschaffungsabsicht hat.

---

[289] *Weber-Grellet (*BB 2002, 35) betont den Ausnahmecharakter der Entscheidung und lässt grundsätzlich nur einen Zeitraum zwischen ein und zwei Jahre gelten.

1 Steuerfreie Rücklagen

1.3 Rücklage gemäß § 7g Abs. 3 EStG

Zur Rücklage nach § 7g Abs. 3 EStG (Ansparabschreibung) wird auf die Ausführungen zur Sonderabschreibung gem. § 7g EStG hingewiesen.

1.4 Euroumrechnungsrücklage (§ 6d EStG)

Forderungen und Verbindlichkeiten, die auf Währungseinheiten der an der europäischen Währungsunion teilnehmenden anderen Mitgliedsstaaten oder die auf ECU lauten, waren am Schluss des ersten nach dem 31.12.1998 endenden Wj. mit dem unwiderruflich festgelegten Umrechnungskurs in Euro umzurechnen und mit dem sich danach ergebenden Wert anzusetzen. Der Gewinn, der sich aus diesem jeweiligen Ansatz für das einzelne WG ergeben hat, konnte in eine den steuerlichen Gewinn mindernde Rücklage eingestellt werden. Die Rücklage ist gewinnerhöhend aufzulösen, soweit das WG, aus dessen Bewertung sich der in die Rücklage eingestellte Gewinn ergeben hat, aus dem BV ausscheidet. Die Rücklage ist spätestens am Schluss des fünften nach dem 31.12.1998 endenden Wj. gewinnerhöhend aufzulösen.

1.5 Rücklage gemäß § 52 Abs. 16 EStG

Durch die Vorschrift des § 52 Abs. 16 EStG werden dem Stpfl. zwei Möglichkeiten zur Bildung einer steuerfreien Rücklage eingeräumt,

- die Rücklage gem. § 52 Abs. 16 S. 3 EStG,
- die Rücklage gem. § 52 Abs. 16 S. 7 und 10 EStG.

Die **Wertaufholungsrücklage** gem. § 52 Abs. 16 S. 3 EStG dient der Abmilderung der steuerlichen Belastung infolge der durch das StEntlG 1999/2000/2002 eingeführten zwangsweisen Wertaufholung nach § 6 Abs. 1 Nr. 1 S. 4, Nr. 2 S. 3 und § 7 Abs. 1 S. 6, 2. HS EStG. Der sich aus der Wertaufholung für das Erstjahr ergebende Gewinn kann zu vier Fünftel in eine den steuerlichen Gewinn mindernde Rücklage eingestellt werden, die in den nachfolgenden Wj. zu mindestens einem Viertel gewinnerhöhend aufzulösen ist. Beim Ausscheiden des betreffenden WG aus dem BV ist der verbleibende Teil der Rücklage im betreffenden Wj. insgesamt aufzulösen; scheidet ein WG nur zum Teil aus dem BV aus, so ist die Rücklage nur mit dem entsprechenden Teilbetrag vorzeitig aufzulösen. Entsprechendes gilt, wenn während des Bestehens der Wertaufholungsrücklage eine erneute Tw-AfA erfolgt (vgl. im Einzelnen § 52 Abs. 16 S. 3 – 5 EStG).

Die Rücklage gem. § 52 Abs. 16 S. 7 und 10 EStG soll die steuerliche Belastung abfedern, die infolge der erstmaligen Anwendung der **Abzinsung von Verbindlichkeiten** (§ 6 Abs. 1 Nr. 3 EStG) und der von der HB abweichenden Bewertung von **Rückstellungen** (§ 6 Abs. 1 Nr. 3a EStG) eintritt. Der sich aus der Neubewertung der Verbindlichkeiten und Rückstellungen für das Erstjahr ergebende Gewinn kann zu neun Zehntel in eine den steuerlichen Gewinn mindernde Rücklage eingestellt werden, die in den nachfolgenden Wj. zu mindestens einem Neuntel gewinnerhöhend aufzulösen ist. Scheidet die Verbindlichkeit/Rückstellung während des Auflösungszeitraums aus dem BV aus, ist die Rücklage zum Ende des Wj. des Ausscheidens in vollem Umfang aufzulösen.

Die steuerrechtliche Anerkennung der vorgenannten Rücklagen ist vom Ausweis eines Sonderpostens mit Rücklageanteil in der HB (im Rahmen der umgekehrten Maßgeblichkeit) nur abhängig, soweit auch in der HB durch Zuschreibung ein entsprechend höherer Gewinn ausgewiesen wird (BMF-Schreiben vom 25.02.2000, BStBl I 2000, 372).

Beispiel 8: Keine umgekehrte Maßgeblichkeit bei der Bildung der Rücklage gem. § 52 Abs. 16 EStG

Der Unternehmer hat in seiner HB per 31.12.1999 eine unverzinsliche Darlehensverbindlichkeit mit einer Restlaufzeit von 24 Monaten gem. § 253 Abs. 1 S. 2 HGB mit dem Rückzahlungsbetrag i.H.v. 20.000 € passiviert.

Lösung:
In der Steuerbilanz muss die Darlehensverbindlichkeit mit dem abgezinsten Betrag (Barwert) von 17.969 € angesetzt werden (§ 6 Abs. 1 Nr. 3 S. 1 EStG). Daraus ergibt sich für die StB ein Abzinsungsertrag von 2.031 €. Dieser Betrag kann zu neun Zehntel = 1.828 € in eine den steuerlichen Gewinn mindernde Rücklage eingestellt werden (§ 52 Abs. 16 S. 7 EStG).

Da in der HB wegen der Passivierung der Verbindlichkeit mit dem Rückzahlungsbetrag kein Gewinn entstanden ist, braucht kein Sonderposten mit Rücklageanteil gebildet zu werden.

2 Rückstellungen

2.1 Allgemeines

Der Begriff der Rückstellung wird in § 249 HGB nicht definiert. In dieser Vorschrift wird lediglich beschrieben, in welchen Fällen Rückstellungen zu bilden sind oder gebildet werden können.

Bei der Rückstellung handelt es sich um einen selbständigen Passivposten, der von den Verbindlichkeiten abzugrenzen ist (§ 266 Abs. 3 B HGB). Die Rückstellung gehört zum Fremdkapital. Rückstellungen werden eingeteilt in Rückstellungen mit Schuldcharakter und Rückstellungen mit Aufwandscharakter:

a) Zu den Rückstellungen mit **Schuldcharakter** gehören

- Rückstellung für ungewisse Verbindlichkeiten und Drohverluste (§ 249 Abs. 1 S. 1 HGB,
- Rückstellung für Gewährleistungen ohne rechtliche Verpflichtung (§ 249 Abs. 1 S. 2 Nr. 2 HGB).

b) Zu den Rückstellungen mit **Aufwandscharakter** gehören
- die Rückstellungen für unterlassene Instandhaltung und Abraumbeseitigung (§ 249 Abs. 1 S. 2 Nr. 1 HGB und
- die Aufwandsrückstellungen gem. § 249 Abs. 2 HGB.

2.2 Rückstellungen in der Handelsbilanz

2.2.1 Bilanzierungsvorschriften (§§ 249 und 274 Abs. 1 HGB)

Rückstellungen **müssen** gebildet werden für

- ungewisse Verbindlichkeiten,
- drohende Verluste aus schwebenden Geschäften,
- im Geschäftsjahr unterlassene Aufwendungen für Instandhaltung, die im folgenden Geschäftsjahr innerhalb von drei Monaten nachgeholt werden,
- im Geschäftsjahr unterlassene Aufwendungen für Abraumbeseitigung, die im folgenden Geschäftsjahr nachgeholt werden,
- Gewährleistungen, die ohne rechtliche Verpflichtung erbracht werden,
- latente Steuern (gilt nur für KapG).

Rückstellungen **dürfen** gebildet werden für

- im Geschäftsjahr unterlassene Aufwendungen für Instandhaltung, die im folgenden Geschäftsjahr nach Ablauf von drei Monaten bis zum Jahresende nachgeholt werden,
- bestimmte andere Aufwendungen, insb. für Großreparaturen, i.S.d. § 249 Abs. 2 HGB.

2.2.2 Bewertungsvorschriften (§ 253 Abs. 1 HGB)

Rückstellungen sind mit dem Betrag anzusetzen, der nach vernünftiger kaufmännischer Beurteilung notwendig ist. Rückstellungen dürfen nur abgezinst werden, soweit die ihnen zugrundeliegenden Verbindlichkeiten einen Zinsanteil enthalten.

2.3 Rückstellungen in der Steuerbilanz

2.3.1 Bilanzierungsvorschriften (Grundregel)

Mangels steuerrechtlicher Grundsatzvorschriften richtet sich die Bildung von Rückstellungen in der Steuerbilanz bei der Gewinnermittlung gem. § 5 EStG nach den handelsrechtlichen Vorschriften. Nur, wenn danach eine Rückstellung geboten ist, **muss** auch in der StB eine Rückstellung ausgewiesen werden. Besteht dagegen handelsrechtlich keine

Pflicht zur Rückstellung (sog. Passivierungswahlrecht in der HB), so darf in der StB keine Rückstellung gebildet werden (Passivierungsverbot in der StB[290]).

2.3.2 Gesetzliche Vorschriften über Rückstellungen im Steuerrecht

Der Steuergesetzgeber hat die grundsätzlichen o.g. Vorgaben für das Steuerrecht präzisiert bzw. anderweitig geregelt (vgl. auch R 31c EStR).

2.3.2.1 Präzisierung der Grundregel

Rückstellung für bedingt rückzahlbare uwendungen	§ 5 Abs. 2a[291] EStG: Passivierungsaufschub
Rückstellung wegen Urheberrechtsverletzung[292]	§ 5 Abs. 3 EStG: Auflösung nach drei Jahren, falls keine Ansprüche geltend gemacht werden
Rückstellung für Jubiläumszuwendungen	§ 5 Abs. 4 EStG: strenge Einzelfallvoraussetzungen
Rückstellung für Aufwendungen, die in späteren Wj. als AK/HK eines WG zu aktivieren sind	§ 5 Abs. 4b EStG: Rückstellung ist unzulässig[293]
Pensionsrückstellung	§ 6a EStG: Für Neuzusagen Passivierungszwang

2.3.2.2 Ausnahmen von der Grundregel

Rückstellung für Drohverluste bei schwebenden Geschäften[294]	§ 5 Abs. 4a EStG: keine Rückstellung
Rückstellung für latente Steuern	§ 274 Abs. 1 HGB: s. Beispiel 12

---

[290] Grundsatzbeschluss des BFH vom 03.02.1969 (BStBl II 1969, 291); sowie – hier – die Maßgeblichkeitsdiskussion (s. Kap. II.1).
[291] Alle nachfolgenden Normen in der Tabelle sind solche des EStG.
[292] Hauptfall: Patentverletzung; allgemein: Schutzrechtsverletzung.
[293] Bestätigung der h.M. (BFH vom 19.08.1999, BStBl II 1999, 18 – Fettabscheider –), wonach Rückstellungen nur für künftigen Aufwand zulässig sind.
[294] Drohverluste bei schwebenden Geschäften liegen dann vor, wenn bei gegenseitigen Verträgen die jeweiligen Leistungsverpflichtungen noch nicht erfüllt sind (= schwebende Geschäfte) und gleichzeitig für eine Partei ein Verpflichtungsüberschuss besteht. Dies kann sowohl Einzelgeschäfte wie Dauerschuldverhältnisse betreffen. Abweichend vom Grundsatz der Nichtbilanzierung schwebender Geschäfte wird in diesen Fällen in der HB der Verpflichtungsüberhang in eine Rückstellung (§ 249 Abs.1 S.1 HGB) eingestellt. Diese im Jahre 1997 erfolgte Streichung der Verlustrückstellung im Steuerrecht ist einzig fiskalisch zu rechtfertigen und wurde in der Literatur heftig kritisiert (statt aller *Moxter*, DB 1997, 1477).

2 Rückstellungen

2.3.3 Bewertung von Rückstellungen in der Steuerbilanz (§ 6 Abs. 1 Nr. 3a EStG)

Folgende Bewertungsvorschriften für Rückstellungen in der StB ergeben sich aus § 6 Abs. 1 Nr. 3a EStG.

- **Buchst. a):** Bei Rückstellungen für gleichartige Verpflichtungen ist auf der Grundlage der Erfahrungen in der Vergangenheit aus der Abwicklung solcher Verpflichtungen die Wahrscheinlichkeit zu berücksichtigen, dass der Stpfl. nur zu einem **Teil** der Summe dieser Verpflichtungen in Anspruch genommen wird. Die betroffenen Rückstellungen müssen mit denen in der Vergangenheit **gleichartig** sein, damit die Erfahrungen der Wahrscheinlichkeit der Inanspruchnahme aus der Vergangenheit bei der Bewertung der aktuellen Rückstellungen zu Recht einfließen können;

- **Buchst. b):** Rückstellungen für Sachleistungsverpflichtungen sind mit den **Einzelkosten** und den angemessenen Teilen der **notwendigen Gemeinkosten** zu bewerten;

- **Buchst. c):** Künftige Vorteile, die mit der Erfüllung der Verpflichtung voraussichtlich verbunden sein werden, sind, soweit sie nicht als Forderung zu aktivieren sind, bei ihrer Bewertung wertmindernd zu berücksichtigen;

Beispiel 9: Verpflichtung, die mit künftigen Vorteilen verbunden ist
Ein Unternehmer hat sich verpflichtet, eine gepachtete Kiesgrube nach Beendigung der Pachtzeit aufzufüllen.

Lösung:
Bei der Bewertung der Verpflichtung zur Auffüllung der Kiesgrube ist wertmindernd zu berücksichtigen, dass der Unternehmer die bei der Auffüllung durch Dritte zu zahlenden Kippentgelte zu seinen Gunsten vereinnahmen wird. In diesem Sinne sind nach ständiger BFH-Rspr. (zuletzt BFH vom 18.12.2001, BFH/NV 2002, 576) unbestrittene Rückgriffsansprüche bei der Bewertung der Rückstellung zu berücksichtigen, wenn sie in unmittelbaren Zusammenhang mit der drohenden Inanspruchnahme stehen.

- **Buchst. d):** Rückstellungen für Verpflichtungen, für deren Entstehen im wirtschaftlichen Sinn der laufende Betrieb ursächlich ist, sind zeitanteilig in gleichen Raten anzusammeln (Ansammlungsrückstellung). Diese Regelung gilt auch für die Rückstellung wegen der Verpflichtung, ein Kernkraftwerk stillzulegen;

Beispiel 10: Ansammlungsrückstellung
Eine GmbH hat ein Grundstück gepachtet und darauf mit Einverständnis des Grundeigentümers ein Gebäude errichtet. Das Gebäude war im Januar 02 bezugsfertig. Nach dem Pachtvertrag hat die GmbH die Verpflichtung, das Gebäude am Ende der Pachtzeit auf ihre Kosten abzureißen und das Grundstück einzuebnen. Die Pachtzeit läuft am 31.12.12 ab. Die zu erwartenden Kosten für die Erfüllung der Verpflichtung betragen am 31.12.02 voraussichtlich 10.000 € und am 31.12.03 voraussichtlich 12.000 €.

Lösung:
Die voraussichtlichen Aufwendungen für die Wiederherstellung des ursprünglichen Zustands des Grundstücks sind auf die Dauer der (Rest-)Pachtzeit zu verteilen. Zu diesem Zweck ist eine Rückstellung zu bilden, die kontinuierlich von der Entstehung der Verpflichtung bis zum Zeitpunkt der Fälligkeit aufgestockt wird. Dazu werden die voraussichtlichen Aufwendungen für die Erfüllung der Verpflichtung an jedem Bilanzstichtag neu geschätzt.
Berechnung der Rückstellung:

- Am 31.12.02   10 % von 10.000 € = 1.000 €,
- am 31.12.03   20 % von 12.000 € = 2.400 €.

- **Buchst. e):** Rückstellungen für Verpflichtungen sind mit einem Zinssatz von 5,5 % abzuzinsen. Ausgenommen von der Verzinsung sind Rückstellungen für Verbindlichkeiten, deren Laufzeit am Bilanzstichtag weniger als 12 Monate beträgt und für Verbindlichkeiten, die verzinslich sind (zur Berechnung s. 3.2.5). Für die Abzinsung von Rückstellungen für Sachleistungsverpflichtungen ist der Zeitraum bis zum Beginn der Erfüllung maßgebend.

2.4 Spezielle Probleme bei der Bildung von Rückstellungen in der Steuerbilanz

2.4.1 Der Haupttyp: Rückstellung für ungewisse Verbindlichkeiten

Zur Passivierung von ungewissen Verbindlichkeiten in der Steuerbilanz sind allgemein folgende Voraussetzungen erforderlich:

1. Die Verbindlichkeit muss am Bilanzstichtag entweder dem Grunde nach entstanden sein oder – sofern es sich um eine künftig entstehende Verbindlichkeit handelt – im abgelaufenen Wj. bzw. in den vorangegangenen Wj. **wirtschaftlich verursacht** worden sein.
2. Sie muss einem **Dritten**[295] gegenüber bestehen (bzw. eine öffentlich-rechtlich Verpflichtung darstellen) und dem Grunde oder der Höhe nach **ungewiss** sein.
3. Der Schuldner muss mit einer Inanspruchnahme **ernsthaft** rechnen[296]. Die bloße Möglichkeit des Bestehens oder Entstehens einer Verbindlichkeit reicht nicht aus (R 31c Abs. 2 EStR).

2.4.2 Rückstellung für öffentlich-rechtliche Verpflichtungen

Die restriktive Rspr. des BFH wird nachstehend am Fall der Rückstellung für öffentlich-rechtliche Verpflichtungen dargestellt.

---

[295] Also z.B. nicht bei einer betriebsinternen Verpflichtung.
[296] Nach der „Faustformel" des BFH muss mit einer mindestens 51 %-igen Wahrscheinlichkeit mit der Inanspruchnahme gerechnet werden (s. auch R 31c Abs. 5 EStR).

2 Rückstellungen

Für die Passivierung einer öffentlich-rechtlichen Verpflichtung verlangt die Rechtsprechung darüber hinaus, dass die Verbindlichkeit am Bilanzstichtag **ausreichend konkretisiert** ist. Eine öffentlich-rechtliche Verbindlichkeit ist hinreichend konkretisiert, wenn sich die Verpflichtung aus einem Gesetz ergibt, das ein inhaltlich genau bestimmtes Handeln innerhalb eines bestimmten Zeitraums vorschreibt und an die Verletzung der öffentlich-rechtlichen Verpflichtung Sanktionen knüpft. Zur Konkretisierung der Verpflichtung bedarf es **nicht** unbedingt einer **Verfügung (Vfg)** oder Auflage der zuständigen Behörde[297].

Eine Rückstellung für öffentlich-rechtliche Verbindlichkeiten darf nach der Rechtsprechung nur gebildet werden, wenn im Zeitpunkt der Bilanzaufstellung Anhaltspunkte dafür gegeben sind, dass der die Verpflichtung auslösende Tatbestand der zuständigen Behörde **bekannt** ist oder alsbald bekannt sein wird. Dieser Umstand soll sicherstellen, dass eine ernsthafte Inanspruchnahme droht.

Für die Beurteilung der ernsthaft[298] drohenden Inanspruchnahme stehen die vertraglichen Verbindlichkeiten den einseitigen Verpflichtungen nicht unbedingt gleich. Bei den vertraglichen Verbindlichkeiten ist davon auszugehen, dass der Vertragspartner seine Rechte kennt und sie deshalb auch in Anspruch nehmen wird. Das gilt auch für vergleichbare Verbindlichkeiten gegenüber der öffentlichen Hand. Bei den einseitigen öffentlich-rechtlichen Verpflichtungen besteht eine Vergleichbarkeit mit den vertraglichen Verbindlichkeiten erst zu dem Zeitpunkt, wenn der „Gläubiger" die sich aus ihnen ergebende Berechtigung kennt. Daraus leitet der BFH die Forderung nach der Kenntnisnahme des die Verpflichtung auslösenden Sachverhalts durch die zuständige Behörde als Voraussetzung für die Zulässigkeit der Rückstellung für öffentlich-rechtliche Verbindlichkeiten her und betont ausdrücklich, dass damit die öffentlich-rechtlichen Verpflichtungen und die privat-rechtlichen Verbindlichkeiten bei der Rückstellungsbildung nicht unterschiedlich behandelt würden. Bis zum Zeitpunkt der Kenntnisnahme der Behörde sei die öffentlich-rechtliche Verpflichtung noch nicht hinreichend als Fremdverbindlichkeit erkennbar.

Beispiel 11: Die öffentlich-rechtliche Verpflichtung
Der Unternehmer F unterhielt auf einem in einem Industriegebiet belegenen Grundstück eine Fettraffinerie. Nachdem der Betrieb am 30.06.02 stillgelegt wurde, beabsichtigte F, das Grundstück zu veräußern. Da er damit rechnen musste, das Grundstück wegen der im Laufe der vergangenen Jahre in den Boden gesickerten Schadstoffe sanieren zu müssen, bildete er in seiner Steuerbilanz per 31.12.02 eine Rückstellung wegen Umweltschäden i.H.d. voraussichtlichen Sanierungskosten von 175.000 €. Nach Ansicht von F ist die Schadstoffbelastung des Bodens der zuständigen Behörde bisher nicht bekannt.

---

[297] BFH vom 03.05.1983 BStBl II 1983, 572.
[298] Deshalb wird vom BFH (27.06.2001, BFH/NV 2001, 1334) gefordert, dass die öffentlich-rechtliche Verpflichtung „sanktionsbewehrt" sein muss.

Lösung:
Die Verpflichtung ist wegen der Verunreinigung des Grundstücks durch den Betrieb der Fettraffinerie in der Zeit vor dem Bilanzstichtag entstanden. F muss auch nach den bestehenden gesetzlichen Bestimmungen ernsthaft mit einer Inanspruchnahme rechnen. Jedoch ist die Verpflichtung am Bilanzstichtag 31.12.02 nicht ausreichend konkretisiert, weil die zuständige Behörde von der Schadstoffbelastung noch keine Kenntnis erlangt hat. Bis zum Zeitpunkt der Kenntnisnahme der Behörde ist die Sanierungsverpflichtung nicht als Verbindlichkeitsrückstellung passivierungsfähig. Allenfalls könnte die Verpflichtung Gegenstand einer Aufwandsrückstellung sein, die jedoch in der Steuerbilanz nicht zulässig wäre.

Allerdings könnte F die Kenntnis der Behörde durch eine schriftliche Anzeige herbeiführen und damit vom Zeitpunkt der Kenntnisnahme durch die zuständige Behörde an zu einer auch in der Steuerbilanz passivierungsfähigen Rückstellung kommen.

Die Unzulässigkeit einer Rückstellung wegen Altlastensanierung hat keine Auswirkung auf die Zulässigkeit einer TW-AfA bei dem kontaminierten Grundstück (BFH vom 19.10.1993, BStBl 1993, 891). Eine solche Abschreibung (als aktivische Wertkorrektur) wäre vorzunehmen, wenn die in den Boden eingesickerten Schadstoffe zu einer dauernden Wertminderung des Grundstücks geführt hätten (§ 253 Abs. 2 S. 3 letzter HS HGB, § 6 Abs. 1 Nr. 2 S. 2 EStG).

2.5 Besondere Rückstellung in der Handelsbilanz

Eine besondere Rückstellung in der HB ist die Rückstellung für latente Steuern bei KapG (§ 274 Abs. 1 HGB). Ist der Jahresüberschuss aus der HB höher als das Ergebnis aus der Steuerbilanz und dadurch der Steueraufwand zu niedrig, muss in der HB eine Rückstellung für latente Steuern gebildet werden, wenn sich der zu niedrige Steueraufwand in späteren Jahren voraussichtlich ausgleichen wird. Die Rückstellung ist aufzulösen, sobald die höhere Steuerbelastung eintritt oder mit ihr voraussichtlich nicht mehr zu rechnen ist.

Beispiel 12: Rückstellung für latente Steuern
Eine GmbH hat Kosten für die Erweiterung ihres Geschäftsbetriebs i.H.v. 20.000 € gem. § 269 S. 1 HGB als Bilanzierungshilfe in ihrer Bilanz per 31.12.01 aktiviert. In der StB dürfen Bilanzierungshilfen nicht ausgewiesen werden (BFH vom 14.06.1955, BStBl III 1955, 221). Die in der HB aktivierten Kosten mussten deshalb steuerlich im Jahr 01 als Aufwand behandelt werden. Der Steuerbilanzgewinn der GmbH ist also um 20.000 € niedriger als der HB-Gewinn.

2 Rückstellungen

Lösung:
In der HB der GmbH auf den 31.12.01 ist gem. § 274 Abs. 1 HGB eine Rückstellung für latente Steuern in folgender Höhe zu passivieren:

Mehrgewinn lt. HB gegenüber der Steuerbilanz	20.000 €	
./. 18,37 %[299] GewSt	3.674 €	3.674 €
verbleiben	16.326 €	
./. 25% KSt	4.082 €	4.082 €
verbleibender Mehrgewinn	12.244 €	
Rückstellung für latente Steuern		**7.756 €**

Da die Bilanzierungshilfe im Jahr 02 mit mindestens einem Viertel durch Abschreibung aufgelöst werden muss (§ 282 HGB), ist der handelsrechtliche Gewinn in diesem Jahr niedriger als der Gewinn aus der Steuerbilanz. Dementsprechend ist die Rückstellung für latente Steuern am 31.12.02 anteilig aufzulösen.

Weniger-Gewinn lt. HB gegenüber der StB	5.000 €	
./.18,37 % GewSt	919 €	919 €
verbleiben	4.081 €	
./.25 % KSt	1.020 €	1.020 €
verbleibender Wenigergewinn	3.061 €	
Teilauflösung der Rückstellung für latente Steuern		**1.939 €**

2.6 Einzelne Rückstellungen in der Steuerbilanz

Nachstehend werden einige bedeutsame Rückstellungen ihrer Art nach beschrieben und ihre Behandlung in der Steuerbilanz unter Angabe der einschlägigen Rechtsprechung dargestellt. Die zu den einzelnen Rückstellungen zitierten Urteile sind zum Teil älteren Datums. Das liegt daran, dass es sich bei dieser Rechtsprechung um Grundsatzurteile handelt, die immer noch Gültigkeit besitzen, und dass die neueren Entscheidungen des BFH zu dem entsprechenden Thema bestätigend hieran anschließen.

2.6.1 Ausgleichsverpflichtung nach § 89b HGB

Nach Handelsrecht sind Rückstellungen für künftige Zahlungen zulässig (BGH vom 11.07.1966, BB 1966, 915). Im Steuerrecht ist dagegen eine Rückstellung vor Beendigung des Vertragsverhältnisses unzulässig (zuletzt BFH vom 24.01.2001, BFH/NV 2001, 1063). Von entscheidender Bedeutung ist dabei, dass der Grund für die Vorteile, die dem Geschäftsherrn durch den früheren Handelsvertreter erwachsen sind, erst nach der Beendigung des Vertragsverhältnisses entsteht (Problem der wirtschaftlichen Verursachung). In dem zuletzt entschiedenen Fall hat der BFH daher eine Rückstellung zugelassen, wenn

---

[299] 22,5/1,225 (= Hebesatz 450 %).

dem Vertreter eine Provision dafür zugesagt wird, dass ein späterer Vertragsabschluss unabhängig von fortbestehenden Geschäftsvorteilen aus der früheren Arbeitsleistung des Vertreters zustande kommt.

2.6.2 Bonus

Eine am Bilanzstichtag bestehende Rechtspflicht (aufgrund eines mündlichen oder schriftlichen Vertrags) zur Gewährung eines Bonusbetrags ist zu passivieren, es sei denn, die Ungewissheit über die tatsächliche Bonusgewährung ist am Bilanzstichtag so groß, dass eine künftige freiwillige Zahlung angenommen werden muss (BFH vom 09.02.1978, BStBl II 1978, 370).

2.6.3 Bürgschaft

Die Passivierung kann unterbleiben, solange anzunehmen ist, dass das Risiko durch Rückgriffsrechte ausgeglichen ist. Wird die Verpflichtung aus der Bürgschaft gleichwohl passiviert, so müssen die Rückgriffsrechte grundsätzlich mit dem gleichen Betrag aktiviert werden. Soweit diese aber nach der Vermögenslage des Schuldners oder aus sonstigen Gründen nicht mehr als vollwertig anzusehen sind, also mit der ersatzlosen Inanspruchnahme aus der Bürgschaft ganz oder zum Teil mit Wahrscheinlichkeit gerechnet werden muss, ist die Bürgschaftsverpflichtung zu passivieren und das Rückgriffsrecht mit dem niedrigeren Teilwert zu aktivieren (BFH vom 15.10.1998, BStBl II 1999, 333). Nur dann (seltener Ausnahmefall[300]), wenn die Rückgriffsansprüche in einem unmittelbaren Zusammenhang mit der drohenden Inanspruchnahme stehen, münden sie in die direkte Bewertung der Rückstellung (BFH vom 11.12.2001, BFH/NV 2002, 576).

2.6.4 Gewinnbeteiligungen, Tantiemen, Gratifikationen

Es handelt sich um Arbeitslohn (§ 19 EStG) der berechtigten Arbeitnehmer. Eine Rückstellung ist zulässig, wenn die Zahlung erst im Folgejahr erfolgt. Eine Liquiditätsklausel steht der Rückstellungsbildung nicht entgegen (BFH vom 18.10.1961, HFR 1962, 4). Voraussetzung einer Rückstellungsbildung ist aber, dass die Verpflichtung zur Zahlung am Bilanzstichtag bereits bestanden haben muss, d.h., die rechtliche oder wirtschaftliche Verpflichtung zur Zahlung muss am Bilanzstichtag bereits vorhanden gewesen sein. Das gilt auch für den Fall der Tantiemezusage an einen G´fter-GF, bei dem die Tantieme als vGA behandelt wird (BFH vom 29.06.1994, BFHE 175, 347).

Dagegen ist eine Rückstellung unzulässig, wenn die Zahlung erst nach dem Bilanzstichtag beschlossen wird.

---

[300] Im Urteilsfall ging es um die Einbringung eines **fremdfinanzierten** Einzel-WG in eine PersG.

2 Rückstellungen

2.6.5 Jahresabschlussarbeiten und Mehrsteuern

Das Thema der wirtschaftlichen Verursachung des Aufwands im Jahr der Rückstellungsbildung kann am deutlichsten aus der „Innensicht eines StB" angesprochen werden. So sind die künftigen Aufwendungen für die Erstellung, Prüfung und Veröffentlichung des Jahresabschlusses ebenso rückstellungsfähig wie die Kosten der Nachbuchung von Geschäftsvorfällen und für die Erstellung der Steuererklärungen für die Betriebssteuern (H 31c Abs. 3 EStH). Jede dieser Positionen fußt auf einer öffentlich-rechtlichen Verpflichtung aus dem HGB bzw. aus dem EStG und ist wirtschaftlich durch das Betriebsergebnis des laufenden Jahres verursacht.

Demgegenüber sind erwartete Mehrsteuern und sonstige Aufwendungen aufgrund einer Außenprüfung bzw. einer Steuerfahndung erst in dem Augenblick rückstellungsfähig, da eine Prüfungsanordnung vorliegt bzw. eine Beanstandung der Steuerfahndung vorliegt (BFH vom 27.11.2001, DB 2002, 767).

2.6.6 Provisionen

Der Unternehmer kann wegen der laufenden Provisionen für die von seinem Handelsvertreter vermittelten, am Bilanzstichtag aber noch nicht ausgeführten Geschäfte keine Rückstellung bilden. Die Rückstellung ist erst in dem Zeitpunkt zulässig, in dem der Unternehmer das vermittelte Geschäft durchgeführt und erfolgswirksam erfasst hat (BFH vom 22.02.1973, BStBl II 1973, 481).

2.6.7 Prozesskosten

2.6.7.1 Passivprozess

Bei einem gegen den Stpfl. aus betrieblichen Gründen angestrengten Zivilprozess (Passivprozess) muss eine Rückstellung gebildet werden, wenn das Verfahren am Bilanzstichtag rechtshängig ist (BFH vom 06.12.1995, BStBl II 1996, 406).

2.6.7.2 Aktivprozess

Eine Rückstellung ist dann zulässig und geboten, wenn der Prozess am Bilanzstichtag schwebt und unter Berücksichtigung aller Umstände mit Verlusten aus dem Prozess zu rechnen ist (BFH vom 06.12.1995 a.a.O.). Die am Bilanzstichtag bestehende bloße Absicht, einen Prozess anzustrengen, berechtigt grundsätzlich nicht zur Bildung einer Rückstellung (BFH vom 06.12.1995 a.a.O.).

2.6.7.3 Höhe der Rückstellung

Die Höhe der Rückstellung richtet sich nach Art und Höhe der drohenden Aufwendungen. In Betracht kommen die Kosten für das Gericht, den eigenen und den gegnerischen Anwalt, für Sachverständige, Zeugen, Fahrten, Telefon, Personal und Beschaffung von Beweismaterial. Es dürfen nur die Kosten bis zu der am Bilanzstichtag angerufenen Instanz zurückgestellt werden. Gem. BFH vom 06.12.1995 a.a.O. ist allerdings eine Rückstellung für die Kosten der nächsten Instanz zu bilden, wenn am Bilanzstichtag das Urteil der Vorinstanz vorliegt und bereits feststeht, dass der Stpfl. die nächste Instanz anruft. Die Einlegung des Rechtsmittels stellt sich dann als wertaufhellender Faktor dar.

2.6.8 Schadenersatzverpflichtungen

Eine betrieblich veranlasste, ernsthaft drohende Schadenersatzverpflichtung muss passiviert werden. Es ist nicht erforderlich, dass der Schadenersatzanspruch am Bilanzstichtag bereits geltend gemacht worden ist. Es genügt vielmehr, dass die wirtschaftlich wesentlichen, den Anspruch begründenden Tatsachen erfüllt waren (BFH vom 01.08.1984, BStBl II 1985, 44)[301].

2.6.9 Sozialplan

Eine ungewisse Verbindlichkeit des Arbeitgebers und damit der Grund für eine Rückstellungsbildung ist entstanden, wenn der Betriebsrat informiert ist; im Rahmen der Wertaufhellung ist es ausreichend, wenn die Information des Betriebsrats erst nach dem Bilanzstichtag, aber noch vor Bilanzerstellung erfolgt (BMF-Schreiben vom 02.05.1977, BStBl I 1977, 280).

2.6.10 Substanzerhaltungsverpflichtung

Wenn der Pächter eines Unternehmens die Verpflichtung übernommen hat, das AV instand zu halten und zu reparieren sowie unbrauchbar gewordene Anlagegüter durch neue zu ersetzen, so muss er eine Rückstellung bilden (BFH vom 17.02.1998, BStBl II 1998, 505), deren Höhe durch die Abnutzung der gepachteten WG während der Pachtzeit und die Wiederbeschaffungskosten bestimmt wird. Hat der Pächter bei Beginn des Pachtvertrags **gebrauchte** WG übernommen, so ist die Last des Pächters so zu bemessen, dass die Rückstellung im Zeitpunkt der Fälligkeit der Ersatzverpflichtung soviel von dem Preis für ein neues Ersatz-WG enthält, wie dem Wertigkeitsgrad des ersetzten WG im Zeitpunkt des Pachtbeginns entspricht. Die aufgewendeten Wiederbeschaffungskosten sind über die Rückstellung zu buchen.

2.6.11 Urlaub und Gehaltsfortzahlung (Krankheitsfall)

Wenn der Arbeitnehmer am Bilanzstichtag den ihm bis dahin zustehenden **Urlaub** noch nicht (in vollem Umfang) genommen hat, muss der Arbeitgeber eine Rückstellung bilden. Die Höhe der Rückstellung umfasst das Bruttoarbeitsentgelt, die Arbeitgeberanteile zur Sozialversicherung, das Urlaubsgeld sowie weitere lohnabhängige Nebenkosten.

---

[301] Zum Fall des Schadensersatzes (und dessen Rückstellung) wegen unzureichender Belehrung über Risiken s. BFH vom 18.10.2001 (BFH/NV 2002, 368).

Außer Ansatz bleiben Sondervergütungen (z.B. Tantiemen und Weihnachtsgeld). Grundlage der Bildung einer Rückstellung für rückständigen Urlaub ist ein **Erfüllungsrückstand**. Erfüllungsrückstände sind als ungewisse Verbindlichkeiten mit dem Betrag zu passivieren, der hätte aufgewendet werden müssen, wenn der Rückstand schon am Bilanzstichtag hätte erfüllt werden müssen. Dementsprechend sind Gehalt und Preissteigerungen nach dem Bilanzstichtag bei der Bewertung der ungewissen Verbindlichkeit unberücksichtigt zu lassen (BFH vom 06.12.1995, BStBl II 1996, 406).

Bei einem vom Kalenderjahr abweichenden Wj. kann die Verpflichtung des Arbeitgebers nur insoweit passiviert werden, als sie Urlaub betrifft, der dem Arbeitnehmer vor dem Bilanzstichtag zustand. Liegt der Bilanzstichtag z.B. am 30.09., so darf der Berechnung der Rückstellung nur 3/4 des Jahresurlaubs abzüglich der bereits genommenen Urlaubstage zugrunde gelegt werden.

Demgegenüber hat der BFH am 27.06.2001 (BStBl II 2001, 758) bei dem vergleichbaren Fall der **Gehaltsfortzahlung im Krankheitsfall** einen Erfüllungsrückstand verneint und damit die Bildung einer Rückstellung abgelehnt. Der entscheidende Unterschied ist darin zu sehen, dass der Arbeitnehmer mit seiner Arbeitsleistung vor dem Bilanzstichtag **nicht** für künftige Ansprüche (hier: Gehaltsfortzahlung im Krankheitsfall) in **Vorleistung** getreten ist.

3 Verbindlichkeiten

3.1 Verbindlichkeiten im Anlagevermögen und Umlaufvermögen

Verbindlichkeiten können zum AV (mittel- und langfristige Verbindlichkeiten, z.B. als Darlehen) oder zum UV (Verbindlichkeiten aus Lieferungen und Leistungen und andere kurzfristige Verbindlichkeiten – sog. sonstige Verbindlichkeiten –[302]) gehören.

3.2 Bewertung der Verbindlichkeiten

3.2.1 Rückzahlungsbetrag

Verbindlichkeiten sind mit ihrem Rückzahlungsbetrag zu bewerten gem. § 253 Abs. 1 S. 2 HGB, § 6 Abs. 1 Nr. 3 EStG (BFH vom 04.05.1977 BStBl II 1977, 802).

3.2.2 Höherer Stichtagswert/Teilwert

Das für die positiven Vermögensgegenstände des UV geltende Niederstwertprinzip gem. § 253 Abs. 3 S. 1 und 2 HGB verkehrt sich bei Verbindlichkeiten in ein **Höchstwertprinzip** (BFH vom 12.03.1964, BStBl III 1964, 525); d.h. der Kaufmann muss den Teilwert der Verbindlichkeit ansetzen, wenn er höher ist als die AK. Das gilt sowohl für die Verbindlichkeiten des AV als auch für die des UV. Der Ansatz des niedrigeren Teil-

---

[302] S. auch § 266 Abs.3 C Nr. 8 HGB.

werts würde gegen das Verbot des Ausweises nicht realisierter Gewinne verstoßen (§ 252 Abs. 1 Nr. 4 HGB) und ist deshalb nicht zulässig.

Beispiel 13: Höherer Teilwert einer Verbindlichkeit
Aufnahme einer Verbindlichkeit über 10.000 US-$ im Oktober 01.

- Devisenkurs am Entstehungstag der Verbindlichkeit 0,93337 US-$/€,
- Devisenkurs am Bilanzstichtag 31.12.01 0,93324 US-$/€.

Lösung:
Einbuchung der Verbindlichkeit im Oktober 01 mit
10.000 US-$/0,93337 = 10.713,86 €.
Passivierung der Verbindlichkeit am 31.12.01 mit
10.000 US-$/0,93324 = 10.715,36 €.

3.2.3 Abgeld/Aufgeld

Verbindlichkeiten, bei denen der Rückzahlungsbetrag höher ist als der Auszahlungsbetrag – Abzug eines Abgeldes (Damnums) oder Aufschlag eines Aufgelds –, sind mit dem Rückzahlungsbetrag zu bewerten; das Abgeld bzw. Aufgeld **kann** nach Handelsrecht (§ 250 Abs. 3 S. 1 HGB) und **muss** nach Steuerrecht (BFH vom 29.06.1967, BStBl III 1967, 670) aktiv abgegrenzt[303] und auf die Laufzeit der Verbindlichkeit verteilt werden (lineare Verteilung bei Fälligkeitsdarlehen, digitale Verteilung bei Tilgungsdarlehen).

Beispiel 14: Digitale Verteilung des Damnums
Aufnahme eines Darlehens, Nennbetrag   200.000 €,
Auszahlungsbetrag   190.000 €,
Damnum   10.000 €.
Laufzeit 5 Jahre, Zinsen 6 % p.a., Tilgung 2 % p.a. + ersparte Zinsen.

Lösung:

| Geldkonto | 190.000 € | an | Darlehenschuld | 200.000 € |
| Damnum | 10.000 € | | | |

Verteilung des Damnums auf die Kreditlaufzeit[304]
Ermittlung des Nenners für den Bruch:

$$\frac{(1+n) \times n}{2} = \frac{(1+5) \times 5}{2} = 15 \qquad n = \text{Laufzeit des Kredits in Jahren}$$

Der Zähler des Bruches entspricht den Jahren der Laufzeit in umgekehrter Reihenfolge.

---

[303] S. auch § 5 Abs. 5 S. 1 Nr. 1 EStG.
[304] Ebenso zulässig: Verteilung auf den Zeitraum der Zinsfestschreibung.

3 Verbindlichkeiten

Die Verteilung des Damnums erfolgt nach folgender Berechnung:

Erstes Jahr	5/15 von 10.000 € =	3.333 €
zweites Jahr	4/15 von 10.000 € =	2.667 €
drittes Jahr	3/15 von 10.000 € =	2.000 €
viertes Jahr	2/15 von 10.000 € =	1.333 €
fünftes Jahr	1/15 von 10.000 € =	667 €
Summe		10.000 €

3.2.4 Verbindlichkeiten in ausländischer Währung

Verbindlichkeiten in ausländischer Währung (Devisenverbindlichkeiten) sind mit dem **Geldkurs** (= Kurs, zu dem die Banken Devisen verkaufen) im Zeitpunkt ihrer Entstehung in Euro umzurechnen. Zum Bilanzstichtag ist eine Umrechnung mit dem Geldkurs vom Stichtag erforderlich, um die Verbindlichkeit in der HB ggf. mit dem höheren Stichtagswert anzusetzen. Einzelheiten zur Bewertung von Devisenverbindlichkeiten sind aus dem Beitrag „Bewertung von Fremdwährungsposten in der Bilanz" ersichtlich. Zur Bewertung geschlossener Positionen s. unter Forderungen (Kap. III.6).

3.2.5 Abzinsung von Verbindlichkeiten

Die Abzinsung unverzinslicher Verbindlichkeiten verstößt grundsätzlich gegen das Realisierungsprinzip gem. § 252 Abs. 1 Nr. 4 HGB und ist deshalb in der **Handelsbilanz** nicht erlaubt.

Gem. § 6 Abs. 1 Nr. 3 EStG sind Verbindlichkeiten in der **Steuerbilanz** grundsätzlich mit 5,5 v.H. abzuzinsen. Vom Abzinsungsgebot ausgenommen sind

- Verbindlichkeiten, deren Laufzeit am Bilanzstichtag weniger als 12 Monate beträgt,
- Verbindlichkeiten, die verzinslich sind,
- Verbindlichkeiten, die auf einer Anzahlung oder Vorleistung beruhen.

Die vorgenannte Regelung für die Steuerbilanz ist erstmals für das nach dem 31.12.1998 endende Wj. – auch auf bereits am Ende des vorangegangenen Wj. ausgewiesene Verbindlichkeiten – anzuwenden (§ 52 Abs. 16 S. 2 und 6 EStG). Insoweit tritt eine Durchbrechung der Maßgeblichkeit der HB für die StB ein, weil abweichende handelsrechtliche und steuerrechtliche Vorschriften vorliegen.

Beispiel 15: Abzinsung einer Verbindlichkeit
Der Unternehmer nimmt am 02.01.01 von einem Verwandten einen betrieblichen Kredit i.H.v. 30.000 € auf. Aufgrund der verwandtschaftlichen Beziehungen werden keine Zinsen vereinbart. Der Kredit hat eine Laufzeit von 10 Jahren.

Lösung:
Die Verbindlichkeit ist in der Steuerbilanz mit dem abgezinsten Betrag zu passivieren (§ 6 Abs. 1 Nr. 3 S. 1 EStG). Entsprechend der Restlaufzeit von 9 Jahren ab dem Bilanzstichtag 31.12.01 ergibt sich folgende Berechnung:

Formel für die Abzinsung: $B = R / (1 + p/100)^n$
B = Barwert am Bilanzstichtag
R = Rückzahlungsbetrag
p = Zinssatz
n = Laufzeit in Jahren

Barwert bei einer Laufzeit von 9 Jahren und einem Zinssatz von 5,5 % sowie einem Rückzahlungsbetrag von 30.000 €: B = 30.000 / 1,619094 = 18.529 €. Ansatz der Verbindlichkeit in der StB per 31.12.01 mit 18.529 €.

3.3 Steuerfreie Rücklage

Der sich aus der Abzinsung von Verbindlichkeiten für das Wj. der erstmaligen Anwendung von § 6 Abs. 1 Nr. 3 S. 1 EStG ergebende Gewinn kann mit neun Zehnteln in eine den steuerlichen Gewinn mindernde Rücklage eingestellt werden, die in den nachfolgenden Wj. mit mindestens einem Neuntel gewinnerhöhend aufzulösen ist. Bei vorzeitigem Ausscheiden der Verbindlichkeit aus dem BV ist der verbleibende Teil der Rücklage in dem betreffenden Wj. insgesamt aufzulösen (§ 52 Abs. 16 S. 7 EStG).

3.4 Bewertung von Rentenverbindlichkeiten

Rentenverbindlichkeiten sind mit dem Barwert zu passivieren (§ 253 Abs. 1 S. 2 HGB, BFH vom 31.01.1980, BStBl II 1980, 491). Gem. R 32a EStR ist der Barwert der Rente grundsätzlich nach §§ 12 ff. BewG zu ermitteln; er kann auch nach versicherungsmathematischen Grundsätzen berechnet werden[305].

> **Beispiel 16: Bewertung einer Leibrentenverpflichtung**
> Die A & B OHG erwirbt am 15.02.01 ein unbebautes Grundstück gegen die Verpflichtung, der Verkäuferin eine lebenslange monatliche Leibrente von 500 € zu zahlen. Die Verkäuferin hat am 16.08.01 das 65. Lebensjahr vollendet.
>
> **Lösung:**
> Die Rentenverpflichtung ist bei der OHG mit dem Barwert zu passivieren. In gleicher Höhe entstehen AK für das Grundstück.

---

[305] Zuletzt für einen Fall der Veräußerungsleibrente BFH vom 02.05.2001 (BFH/NV 2002, 10).

Bewertung im Zeitpunkt der Anschaffung:
Barwert der Rentenverpflichtung gem. Anlage 9 (zu § 14) des BewG bei einem Alter der Rentenberechtigten von 64 Jahren: 6.000 € x 10,601 = 63.606 €.

| Grundstücke | 63.606 € | an | Rentenverbindlichkeit | 63.606 € |

Bewertung am Bilanzstichtag:
Barwert der Rentenverpflichtung gem. Anlage 9 BewG bei einem Alter der Rentenberechtigten von 65 Jahren: 6.000 € x 10,292 = 61.752 €.
Der im Zeitpunkt der Anschaffung des Grundstücks eingebuchte Barwert ist anzupassen.

| Rentenverbindlichkeit | 1.854 € | an | Sonst. betriebliche Erträge | 1.854 € |

3.5 Saldierungsverbot

Verbindlichkeiten dürfen in der Bilanz grundsätzlich nicht mit Forderungen verrechnet werden (Saldierungsverbot gem. § 246 Abs. 2 HGB).

V Technische Fragen

1 Notwendigkeit von Anpassungen

1.1 Betriebsvermögensvergleich

Im Fall der Korrektur von Bilanzposten ist es von Bedeutung, welche Auswirkungen die Berichtigung auf den Erfolg (Gewinn oder Verlust) des Unternehmens hat, damit der endgültige Gewinn/Verlust für die betreffenden Wj. ermittelt werden kann. Grundlage für die Feststellung der Gewinnauswirkungen ist die Gewinnermittlung nach BVV:

Gewinnbegriff gem. § 4 Abs. 1 EStG:
BV am Schluss des Wj.
./. BV am Schluss des vorangegangenen Wj.
= Erhöhung oder Minderung des BV
+ Entnahmen
./. Einlagen
= Gewinn oder Verlust

1.2 Die Zweischneidigkeit der Bilanz

Mit Ausnahme der Betriebseröffnungsbilanz (auf den Zeitpunkt der Betriebseröffnung) und der Betriebsschlussbilanz (auf den Zeitpunkt der Schließung des Betriebs) sind alle Bilanzen **zweischneidig**. Sie beeinflussen als SB des abgelaufenen Wj. und gleichzeitig EB des folgenden Wj. das Betriebsergebnis zweier Geschäftsjahre. Aus diesem Grund ist die strenge Identität der beiden Bilanzen vorgeschrieben (§ 252 Abs. 1 Nr. 1 HGB). Daraus ergibt sich wiederum der Grundsatz des formellen Bilanzenzusammenhangs, der grundsätzlich nicht durchbrochen werden darf. Zum Bilanzenzusammenhang wird auf die Ausführungen zur Bilanzberichtigung und Bilanzänderung hingewiesen (s. unter 4)

1.3 Gewinnauswirkung von Bilanzberichtigungen auf das Ergebnis von zwei aufeinander folgenden Jahren

Das folgende Bsp. soll die Auswirkung von Bilanzberichtigungen auf den Gewinn zweier aufeinander folgender Jahre aufzeigen.

> **Beispiel 1: Gewinnauswirkung von Bilanzberichtigungen in zwei aufeinanderfolgenden Geschäftsjahren**
> Beim Unternehmen A hat eine steuerliche Betriebsprüfung für die Wj. 01 und 02 stattgefunden. Die Betriebsprüferin nahm in der Bilanz per 31.12.01 verschiedene zusätzliche Aktivierungen vor. Der Gesamtbetrag der Aktivierungen

nach Prüfung beläuft sich auf 14.000 €. Die Bilanz per 31.12.02 wird von der Betriebsprüfung unverändert übernommen.

Lösung:
Infolge der zusätzlichen Aktivierungen erhöht sich das Kapital per 31.12.01 nach Prüfung um 14.000 €. Das Kapital am 31.12.02 bleibt durch die Betriebsprüfung unverändert. Das erhöhte Kapital am 31.12.01 löst eine Gewinnerhöhung für das Wj. 01 i.H.v. 14.000 € aus. Da das Kapital vom 31.12.01 gleichzeitig das Anfangskapital des Wj. 02 darstellt, kommt es bei unverändertem Endkapital im Wj. 02 zu einer Gewinnminderung von 14.000 €. Darstellung mit Hilfe des BVV:

	vor der Berichtigung		**nach** der Berichtigung	
	Jahr 01	Jahr 02	Jahr 01	Jahr 02
Kapital 31.12.	40.000 €	60.000 €	54.000 €	60.000 €
./. Kapital 01.01.	30.000 €	40.000 €	30.000 €	54.000 €
	10.000 €	**20.000 €**	**24.000 €**	**6.000 €**
+ Entnahmen	20.000 €	15.000 €	20.000 €	15.000 €
./. Einlagen	5.000 €	0 €	5.000 €	0 €
= Gewinn	**25.000 €**	**35.000 €**	**39.000 €**	**21.000 €**
./. Gewinn vor Berichtigung			25.000 €	35.000 €
= **Gewinnunterschied nach Berichtigung**			**+ 14.000 €**	**./. 14.000 €**

Erläuterung: Die Zweischneidigkeit der Bilanz führt zu dem Ergebnis, dass die Vermögensmehrung am Schluss eines Jahres zu einer Gewinn**erhöhung** im abgelaufenen Jahr und zu einer Gewinn**minderung** in gleicher Höhe im folgenden Jahr führt. Bei einer Vermögensminderung entsteht im abgelaufenen Jahr eine Gewinnminderung und im folgenden Jahr in gleicher Höhe eine Gewinnerhöhung. Jede Änderung eines Bilanzpostens hat Auswirkungen auf den Gewinn **zweier Jahre**.

1.4 Gewinnauswirkung der Berichtigung von Entnahmen und Einlagen

Im Gegensatz zu Bilanzpostenkorrekturen wirken sich Berichtigungen der Entnahmen und Einlagen nur auf das Ergebnis **eines Jahres** aus.

**Beispiel 2: Gewinnauswirkung der Berichtigung
von Entnahmen und Einlagen**
Der Unternehmer B hat im Wj. 03 den Erlös aus der Veräußerung eines privaten Wertpapierpakets i.H.v. 20.000 € auf das betriebliche Bankkonto eingezahlt. Die Buchhalterin kannte den zutreffenden Sachverhalt nicht und buchte den Betrag auf dem Konto „sonstige betriebliche Erträge". Außerdem erfasste sie die Bankgebühren für das private Wertpapierdepot des B i.H.v. 350 € auf dem Konto „Gebühren und Beiträge".

Lösung:

Der in das Unternehmen eingeflossene Erlös aus dem Verkauf privater Wertpapiere stellt keine Betriebeinnahmen, sondern eine Einlage dar. Die Aufwendungen für das Wertpapierdepot sind als private Kosten der Vermögensverwaltung anzusehen und stellen keine BA, sondern Entnahmen dar.

Entsprechend dieser Beurteilung sind die Einlagen des Jahres 03 um 20.000 € zu mindern und die Entnahmen 03 um 350 € zu erhöhen. Da bei der Gewinnermittlung durch BVV die Entnahmen der Differenz zwischen dem Endvermögen des laufenden Wj. und dem Endvermögen des vorangegangenen Wj. hinzuzurechnen und die Einlagen zu kürzen sind, ergeben sich folgende Gewinnauswirkungen für das Jahr 03:

- Mehr an Entnahmen = Mehr an Gewinn 350 €,
- Weniger an Einlagen = Weniger an Gewinn 20.000 €.

2 Die „Mehr/Weniger"-Rechnung

Die Mehr/Weniger-Rechnung ist ein Instrument, das in tabellarischer Form einen zuverlässigen Überblick über die **Gewinnauswirkung** von Geschäftsvorfällen liefert. Damit ist sie für die Steuerermittlung (bei allen Unternehmen), für das Ausschüttungsvolumen (bei KapG) sowie allgemein für die Gewinnverteilung (PersG und KapG) bedeutungsvoll.

Grundsätzlich dient sie als schnelle Erkenntnisquelle für Korrektur- oder Vergleichstatbestände. Ihr Einsatzgebiet ist z.B. die **Außenprüfung**, wenn die vorgenommenen Änderungen der Finanzverwaltung mit den Originalbuchungen bzw. der Originalbilanz des Unternehmers verglichen werden. Sie dient aber auch dem WP und StB, wenn etwa auf der Grundlage der Maßgeblichkeit die Werte aus der HB mit denen aus der StB verglichen werden. Ganz allgemein stellt sie ein probates Mittel dar, bei sehr komplexen Geschäftsvorfällen – vor allem bei Gestaltungsüberlegungen und bei Berichtigungen – einen raschen Überblick über die Auswirkungen zu erhalten. Ihre Wirkung kann bei Planspielen und **virtuellen Szenarien** optimal eingesetzt werden.

In der Praxis gibt es zwei Methoden der Mehr/Weniger-Rechnung, die sog. Bilanzpostenmethode und die G+V-Methode. Letztere bewährt sich am besten bei einfachen Geschäftsvorfällen, während die Bilanzpostenmethode bei umfangreichen Änderungen zu sicheren Ergebnissen führt. In der Praxis der Finanzverwaltung praktizieren die Nord- und Süd-Länder der Republik in der Berichtsdarstellung die Bilanzpostenmethode, der Mittelgürtel scheint die G+V-Methode zu favorisieren. Im folgenden wird die zuverlässigere und häufiger verwendete Bilanzpostenmethode vorangestellt, die G+V-Methode hat nur Verprobungsfunktion.

2 Die „Mehr/Weniger"-Rechnung

2.1 Die Bilanzpostenmethode

Die Bilanzpostenmethode (BiPo-Methode) beruht auf dem BVV und ordnet jeden Geschäftsvorfall einem (oder mehreren) Bilanzposten zu. Es erfolgt dabei eine **Momentaufnahme** des einzelnen Geschäftsvorfalles in seiner Auswirkung auf die Bilanz und damit den Gewinn. Von zentraler Bedeutung ist das Grundverständnis einer jeden Bilanz:

1. Aktiva und Passiva gleichen sich aus (identische Bilanzsumme).
2. Die Summe der Aktiva entspricht der Bilanzsumme.
3. Das (Eigen-)Kapital als reine Rechengröße wird wie folgt definiert:
   Bilanzsumme ./. Fremdkapital.
4. Jede Änderung auf der Aktivseite löst automatisch eine Änderung der Bilanzsumme aus und ändert damit das Eigenkapital und den Gewinn.
5. Jede Änderung beim Fremdkapital zieht per se ein geändertes Eigenkapital nach sich.

Drei Besonderheiten treten noch hinzu:

1. Nicht nur der einzelne Geschäftsvorfall wird isoliert in seiner Bilanz-(Gewinn-)Wirkung gezeigt; auch der jeweils davon betroffene Bilanzposten wird einzeln-atomisiert dargestellt. Erst die Präsentation aller betroffenen Bilanzposten ergibt die Gesamtgewinnauswirkung.
2. Obwohl Einlagen/Entnahmen keine eigenständigen Bilanzposten sind, müssen Auswirkungen hierauf im Rahmen der BiPo-Methode erfasst werden, da sie Unterkonten des Kapitalkontos sind[1].
3. Das G+V-Konto bzw. seine Unterkonten haben in der BiPo-Version nichts zu suchen[2].

Während die aktiven und passiven Bestandskonten die Variablen in dieser Rechnung darstellen, sind die durch die Bilanzsumme repräsentierte Bilanzgleichung und die Bilanzidentität „naturgegebene" Konstanten. Das berichtete (Eigen- oder Schluss-)Kapital ist die Zielgröße.

Aufgrund des BVV werden die Schlusskapitalien zweier Jahre miteinander verglichen. Dabei führt jede Erhöhung des Schlusskapitals des betreffenden Jahres automatisch zu einer Gewinnerhöhung und – vice versa (= umgekehrt) – vermindert das Schlusskapital (02) den Gewinn des Jahres 02, da die Vergleichsgröße, das Schlusskapital (01), nicht mehr verändert werden kann. Hieraus ergeben sich zwanglos folgende Gesetzmäßigkeiten für die Gewinnauswirkung.

2.2 Einzelfälle (gleichzeitig Formale Darstellung)

2.2.1 Erhöhung eines Aktivposten[3]

Beispiel 3: Ein Jahr plus, ein Jahr minus inkl. Lösung
Auf dem Konto GWG für das Jahr 01 ist u.a. eine Schreibmaschine im Nettowert von 410 € sowie ein Aufsetzwagen (Schlitten) für die Schreibmaschine

---

[1] Keinen Platz im Erklärungsschema finden die **außerbilanziellen Hinzurechnungen**, die – mangels Bilanzpostencharakter – zusätzlich (im Annex) dargestellt werden.
[2] Dies folgt aus dem Grundsatz der Doppelten Buchführung, da ansonsten **zweimal** der Gewinn erfasst würde. Umgekehrt darf bei der Darstellung nach der G+V-Methode kein Bilanzposten erwähnt werden.
[3] Alle nachfolgenden Beispiel gehen von einem Prüfungszeitraum aus, der die Jahre 01 und 02 umfasst.

im Wert von 40 € enthalten, die beide im Juli 01 angeschafft wurden. Betriebsgewöhnliche ND – seit 2001– neun Jahre (früher fünf Jahre).

Vor Außenprüfung

01.01.01

BGA	7.500	Kapital	7.001
GWG	1	VB	1.000
s. Aktiva	500		
	8.001		**8.001**

Nach Außenprüfung

01.01.01

BGA	7.500	Kapital	7.001
GWG	1	VB	1000
s. Aktiva	500		
	8.001		**8.001**

31.12.01

BGA	8.000	Kapital	7.501
GWG	1	VB	1.000
s. Aktiva	500		
	8.501		**8.501**

Die Feststellung des Prüfers führt zu folgenden Korrekturen:

- Die Behandlung von Schreibmaschine/ Schlitten als GWG gem. § 6 Abs. 2 EStG war unzutreffend, da es sich um ein einheitliches WG handelt und für dieses die Grenze als GWG (410 €[4]) überschritten ist. Vielmehr handelt es sich um ein WG der BGA, das mit 450 € zu aktivieren ist.
- Dieses WG muss zum 31.12.01 abgeschrieben werden; bei neun Jahren ND und linearer AfA (1/9) ergibt sich bei 450 € AK eine Jahres-AfA von 50 €. Nachdem das WG im Juli 01 angeschafft wurde, kann in 01 maximal die Halbjahres-AfA (25 €) angesetzt werden; damit Bilanzansatz zum 31.12.01: **425 €,** für BGA insgesamt: **8.425 €.**
- Sonst ergeben sich keine Bilanzauswirkungen. Die Stornierung der GWG-Aufwandbuchung wirkt sich nur über die Erhöhung des BGA-Aktivums aus, bei dem aber noch die Jahres-AfA zu berücksichtigen ist.

Dies führt zu folgender Prüferbilanz für 01:

Nach Außenprüfung
31.12.01

BGA	8.425	Kapital	7.926
GWG	1	VB	1.000
s. Aktiva	500		
	8.926		**8.926**

Bei der Ermittlung des berichtigten Gewinnes für das Jahr 01 bedeutet dies, dass sich der Vermögensvergleich wie folgt darstellen lässt:

---

[4] Dabei ist nach R 86 Abs. 4 EStR zu berücksichtigen, dass die 410 €-Grenze für GWG **immer netto** zu rechnen ist, auch wenn der Erwerber nicht vorsteuerabzugsberechtigt ist.

2 Die „Mehr/Weniger"-Rechnung

Schlusskapital 01	7.926
./. Anfangskapital 01	7.001
Gewinn nach AP:	**925**

Die Firma hat demgegenüber ihren Gewinn 01 wie folgt ermittelt:

Schlusskapital 01	7.501
./. Anfangskapital 01	7.001
ursprünglicher Gewinn:	500

Ein **Vergleich** der ursprünglichen Firmen StB (FStB) mit der berichtigten AP-Bilanz (APStB) ergibt den **Gewinnunterschied: 925 ./. 500 = 425**. Es ist unschwer zu erkennen, dass es sich dabei um die Berichtigung des falschen Buchungssatzes (der fehlerhaften Bilanz) des Jahres 01 handelt.
Dieser Überlegung folgend hat sich für die formale Darstellung folgendes Schema für das Jahr der Gewinnkorrektur eingebürgert:

Posten	FStB	APStB	VU[5]	GU[6]	+	./.
BGA	8.000	8.425	425	425	425	
–	–	–	–	–	–	–
Summe:						**+425**

Es werden dabei nur die zu berichtigenden Bilanzposten entwickelt und dargestellt.
Ein weiteres Problem tritt nun in der **Gewinndarstellung des Folgejahres** auf. Wegen der **Bilanzidentität** (Zweischneidigkeit der Bilanz[7]) führt jede Änderung der Vorjahresbilanz (01) automatisch – und zwar mit **umgekehrten Vorzeichen** – zu einer Korrektur der Folgebilanz (02) und des Gewinnes 02. Dies sei an folgendem Kurzbeispiel – mit graphischem Anhang – erläutert:

	01	02
Die **Fa.** nimmt folgende GruBo-Ansätze vor:	1,0 Mio.	1,0 Mio.
Der **Prüfer** erhöht nur in 01 den Wert um 100 T€	1,1 Mio.	1,0 Mio.
Dies führt wiederum zu folgendem VU:	0,1 Mio.	0,0 Mio.

Dabei muss aber zusätzlich berücksichtigt werden, dass die Mehrung des Aktivums „GruBo" zum 31.12.01 gleichzeitig eine Mehrung der EB 02 darstellt und damit den Gewinn des Jahres 02 mindert. Jede **Aktivmehrung** in 01 führt

---
[5] Mit VU ist die statische Momentaufnahme gemeint; es wird das Vermögen der FStB mit der APStB verglichen.
[6] Mit GU ist die dynamische „Momentaufnahme" gemeint. Damit wird die Gesamtgewinnauswirkung angesprochen. Diese ist im ersten Jahr der Berichtigung immer identisch mit dem VU. S. aber sogleich für die folgenden Jahre.
[7] S. 1.2.

zu einer identischen **Gewinnmehrung in 01,** wegen der Zweischneidigkeit der Bilanz automatisch im Folgejahr 02 zu einer identischen Gewinnminderung. Die obigen Feststellungen des Prüfers lassen sich nun komplett darstellen:

	01	**02**
FStB – GruBo	1,0 Mio.	1,0 Mio.
AP-StB – GruBo	1,1 Mio.	1,0 Mio.
Vermögensunterschied (VU)	+ 0,1 Mio.	0,0 Mio.
Gewinnunterschied (GU)	+ 0,1 Mio.	**./. 0,1 Mio.**

Zurückkommend auf den Ausgangsfall erfolgt zunächst eine isolierte Darstellung der Folgeentwicklung des Bilanzpostens „BGA". Der SB-Wert der Schreibmaschine zum 31.12.01 war 425 €. Wegen der Abschreibung in 02 (50 €) wird der Wert zum 31.12.02 folglich 375 € betragen.
Auf beide Bilanzen wirkt sich die Entwicklung so aus, wie die Synopse zeigt:

	31.12.02				31.12.02		
BGA	9.000	Kapital	8.501	BGA[8]	9.375	Kapital	8.876
GWG	1	VB	1.000	GWG	1	VB	1.000
s. Aktiva	500			s. Aktiva	500		
	9.501		**9.501**		**9.876**		**9.876**

In der schematischen Darstellung ergibt dies als Gesamtergebnis:

Posten	**FStB**	**APStB**	**VU**	**GU**	**01**		**02**	
					+	./.	+	./.
BGA 01	8.000	8.425	425	425	+425			
BGA 02	9.000	9.375	375	./. 50				./. 50

Das Bsp. verdeutlicht, dass im Folgejahr 02 in der Spalte Gewinnunterschied „GU" neben dem statischen Vergleich beider Bilanzen, der zu einem „Plus" von 375 führt, noch die gegenläufige Wirkung der Erhöhung aus dem Jahr 01 hinzukommt. Dies ergibt: + 375 ./. 425 = **./. 50 (GU).** Eine andere Erklärung hierfür lautet, dass sich im Jahre 02 alleine die AfA von 50 € als gewinnwirksam (hier: aufwandswirksam) bemerkbar gemacht hat.
Hieraus kann der allgemeine Schluss gezogen werden, dass sich der VU des Vorjahres (01) in der Rubrik GU des Folgejahres (02) immer mit **negativen Vorzeichen** auswirkt (Grundsatz der Bilanzidentität).

---

[8] Die Änderung geht immer von dem neuen Ausgangswert der FStB (9.000 €) aus, da und wenn dieser Wert nicht geändert wurde.

Anmerkungen:

- Die Ausführungen zur Erhöhung eines Aktivums gelten sinngemäß reziprok für die Verminderung eines Aktivposten (Gewinnminderung im Änderungsjahr und Gewinnerhöhung im Folgejahr).
- Zur **Verprobung** der Ergebnisse wird die **G+V-Methode** verwendet:
  1. Der GU (01) i.H.v. + 425 (€) erklärt sich durch Stornierung der Aufwandsbuchung „GWG" (450 €) sowie durch die Halbjahres-AfA von 25 € = + 425 €.
  2. Der GU (02) i.H.v. ./. 50 ist alleine auf die Jahres-AfA von 50 € zurückzuführen.

2.2.2 Erhöhung eines Passivpostens

Nach einer AP erhöht sich die GewSt, die zulässigerweise nach der 5/6-Methode gebildet werden darf (R 20 Abs. 2 EStR)[9], um die jeweiligen Ertragsteuermehrungen.

Beispiel 4: Die „leidige" GewSt nach einer Außenprüfung
Für die Jahre 01 und 02 sind lt. FStB bislang GewSt-Rückstellungen von je 3.000 € gebildet worden. Die Prüfungsfeststellungen führten in der Summe zu einer Erhöhung der GewSt in 01 um 100 € und in 02 um 400 €. Wie sind die Auswirkungen nach der BiPo-Methode?

Anders als bei den Aktiva-Erhöhungen führt die Erhöhung eines Passivum (genauer: von Fremdkapital) zu weniger Eigenkapital und damit zu weniger Gewinn. Wegen der Bilanzidentität wirkt sich dies im Folgejahr mit „umgekehrten Vorzeichen" aus.

Lösung:

	FStB	APStB	VU	GU
GewSt 01	3.000	3.100	./. 100	./. 100
GewSt 02	3.000	3.500[10]	./. 500	./. 400

Anmerkungen:
- Nach der G+V-Methode wird isoliert der jeweilige Korrektur-Buchungssatz (z.B. in 02 Steuer**aufwand** 400 an GewSt-Rückstellung 400) zugrundegelegt.
- Die Ausführungen gelten sinngemäß umgekehrt für die Verminderung eines Passivpostens. Unterstellt, dass im Bsp. 4 die GewSt in 01um 200 € auf 2.800 € reduziert wird und die GewSt lt. AP in 02 mit 3.500 € konstant

---

[9] Grundlage für die GewSt ist nach § 7 GewStG der Gewinn lt. EStG. Dabei ist zu berücksichtigen, dass die GewSt ihrerseits eine BA ist und von ihrer eigenen Bemessungsgrundlage selbst abzuziehen ist. Als Vereinfachungsregelung ist die Rückstellung mit 5/6 des Wertes anzusetzen, der sich ohne Abzug ergeben würde. Zur genauen Berechnung der GewSt-Rückstellung s. *Preißer*, Band 1, Teil C, Kap. IV.
[10] Trotz der Erhöhung der GewSt um nur 400 € in 02 muss berücksichtigt werden, dass zusätzlich bei der Bildung des Bilanzposten „GewSt"-Rückstellung die Erhöhung aus dem Jahr 01 um 100 € miterfasst werden muss. Ansonsten „verpufft" die Erhöhung des Jahres 01. Hierauf (auf die Mitberücksichtigung der Änderungen der Vorjahre) ist insb. bei der Bildung der korrigierten USt für mehrere Jahre zu achten.

bleibt, ergäbe dies für 01 ein Vermögens- und Gewinnplus von 200 €, in 02 hingegen einen VU von ./. 500 (3.500 ./. 3.000), hingegen einen GU von ./. 700 (./. 500 ./. 200 – aus dem Vorjahr).

2.2.3 Änderungen im „Privatbereich"

Korrekturen im Privatbereich (Mehr-/Minder-Entnahmen und -Einlagen) beeinflussen nur den Gewinn des jeweiligen Wj., haben von daher keine Folgewirkung auf Bilanzposten der nächsten Jahre. Dies gilt allerdings nicht für häufig mitbetroffene USt (§ 12 Nr. 3 EStG), da sich dortige Änderungen wegen ihres Charakters als Bestandskonto auf die nächsten Jahre fortsetzen.

Beispiel 5: Mehr Privates/Weniger Privates
a) Für 01 wird eine private Telefonnutzung von 500 € (netto) festgestellt.
b) Eine während des Jahres 02 aktivierte Darlehensforderung von 2.000 € stellt in Wirklichkeit ein Privatdarlehen dar. Der Schuldner hat die Forderung noch in 02 getilgt (BS: Kasse 2.000 € an Darlehen 2.000 €), so dass das Darlehen auch nicht in der SB des Jahres erscheint.

Die Vorgänge betreffen sowohl die Entnahmen (private Telefonnutzung) wie auch die Einlagen (privat veranlasster Kassenzugang). Die Korrekturen sind auf den privaten Sektor – und dies auch nur im jeweiligen VZ – beschränkt.

Lösung:
a) Die **(Nutzungs-)Entnahme** der betrieblichen Telefonanlage führt zu einer Entnahmeerhöhung in 01 um 500 € zuzüglich der (sich gem. § 3 Abs. 9a UStG ergebenden) USt von 80 €. Wegen § 12 Nr. 3 EStG ist die Entnahme mit 580 € anzusetzen; gleichzeitig muss die USt-Mehrung erfasst werden. Dies führt in 01 zu folgenden Konsequenzen:

Mehr-Gewinn durch Mehr-Entnahmen:	+	580 €
Weniger-Gewinn durch Erhöhung USt:	./.	80 €
Gesamtgewinnauswirkung (01):	**+**	**500 €**

Anmerkungen:
- Die USt-Erhöhung wirkt sich auch auf das Folgejahr aus; dementsprechend ist auch in 02 der entsprechende Bilanzposten (hier: VB) um 80 € erhöht. Die Verbindlichkeiten nach der AP betragen in beiden Jahren (01 und 02) nunmehr 1.080 €. Die Mehr-Entnahmen des Jahres 01 i.H.v. 580 € werden gem. § 4 Abs. 1 EStG nach dem Kapitalkontenvergleich erfasst. Dabei zeigt sich, dass auch das berichtigte Kapitalkonto letztlich von dem Vorfall nicht tangiert ist.

2 Die „Mehr/Weniger"-Rechnung

BVV		Kapitalkontenentwicklung	
Kapital 31.12.01:	7.421[11]	Kapital 01.01.01:	7.001
./. Kapital 01.01.01:	./. 7.001	+ Gewinn:	+ 1.000
=	420	=	8.001
+ Entnahmen	+ 580	./. Entnahmen	./. 580
= Gewinn	1.000	Kapital 31.12.01	**7.421**

b) Einlage: Von der Verbuchung der privaten Zahlung bleibt das Kassekonto (hier: sonstige Aktiva) unbeeinflusst, da der Betrag tatsächlich das BV vermehrt hat. Auch auf dem Konto „Darlehensforderung" kommt es zu keiner Berichtigung, da dieses weder zu Beginn noch am Ende des Jahres in der Bilanz erschienen ist (Stichwort: BVV setzt entsprechende Bestände am Jahresende voraus). Die Auswirkung für 02 zeigt sich nur an der aufwandswirksamen Mehrung der Einlagen (02) i.H.v. 2.000 € (= Weniger-Gewinn, § 4 Abs. 1 S. 1 EStG).

c) Nach der G+V-Methode ist die Gewinnmehrung des Jahres 01 mit „Stornierung Telefonaufwand 500 €" zu erklären; Die Verringerung um 2.000 € in 02 wird mit „Storno Darlehensertrag" belegt.

2.2.4 Korrektur der nicht abzugsfähigen Betriebsausgaben gemäß § 4 Abs. 5 und 7 EStG

Neben den Berichtigungen im Privatbereich sind noch Korrekturen nach § 4 Abs. 5 EStG zu erfassen.

Beispiel 6: Der spendable Unternehmer
Der Unternehmer im Bsp. 3 versendet in 02 an 10 Geschäftsfreunde Jahreskalender i.H.v. 35 €. Er bucht den Vorfall bei Erhalt der Rechnung der Buchhandlung (350 € zzgl. USt) über Vorsteuer und „Werbeaufwand".

Nicht abzugsfähige BA sind bei den Korrekturen ähnlich wie die Entnahmen/ Einlagen nur im Jahr der Korrektur als Gewinn zu erfassen, der weder die Bilanz noch die G+V-Konten berührt.

Lösung :
Die (materiellen!) Voraussetzungen der besonderen Aufzeichnung gem. § 4 Abs. 7 EStG für sog. nicht abzugsfähige BA nach § 4 Abs. 5 EStG sind bei einer Verbuchung über das Konto „Werbeaufwand" nicht erfüllt (R 22 Abs. 1 und 2 EStR). Von daher ist der Betrag von 406 € (vgl. § 15 Abs. 1a UStG), obwohl die (auch materiellen) Voraussetzungen von § 4 Abs. 5 Nr. 1 EStG

---

[11] Durch die USt i.H.v. 80 € werden die Verbindlichkeiten von 1.000 € auf 1.080 € erhöht. Dadurch verringert sich das Schlusskapital 01 von 7.501 € auf 7.421 €.

hier erfüllt sind, außerbilanziell hinzuzurechnen; dem steht die USt-Erhöhung von 56 € gegenüber.

2.2.5 Zusammenfassung/Formular bei der Mehr-/Weniger–Rechnung

Alle Korrekturen werden in einem einheitlichen Formular erfasst (Beträge in €).

Posten	FStB	APStB	VU	GU	Jahr 01		Jahr 02	
					+	./.	+	./.
BGA 01	8.000	8.425	+ 425	+ 425	425			
BGA 02 (Bsp. 3)	9.000	9.375	+ 375	./. 50				50
GewSt 01 (Bsp. 4)	3.000	3.100	./. 100	./. 100		100		
GewSt 02 (Bsp. 4)	3.000	3.500	./. 500	./. 400				400
VB (USt) 01	1.000	1.080	./. 80	./. 80		80		
USt 02 (Bsp. 5, 6)	1.000	1.136	./. 136	./. 56				56
Summe Bipo-Änderungen:					425	180		506
Mehr-Entnahmen 01: + 580					580			
Mehr-Einlagen 02: + 2.000								2.000
Änderungen nach AP:					**1.005**	180	–	**2.506**
Gewinn vor BP:					500		1.000	
Bilanzgewinn nach BP					1.325			./. 1.506
Hinzurechnung (Bsp. 6)							+ 406	
Steuerliches Ergebnis					745			./. 1.106

3 Notwendigkeit der Anpassungen an die Prüferbilanz

3.1 Allgemeines

Wenn eine Betriebsprüfung zu Berichtigungen der StB des geprüften Unternehmens geführt hat, stellt der Betriebsprüfer für den Prüfungszeitraum berichtigte StB auf, die den Berichtigungsveranlagungen zugrunde gelegt werden. Zwecks Wahrung des Bilanzenzusammenhangs ist das geprüfte Unternehmen gehalten, seine StB an die Prüferbilanzen anzupassen. Das kann auf zwei Arten geschehen. Entweder werden die Bilanzpostenkorrekturen durch Anpassungsbuchungen in die Buchführung des geprüften Unternehmens übernommen oder die Auswirkungen der Bilanzberichtigungen der Betriebsprüfung werden in den Folgejahren durch Gewinnkorrekturen berücksichtigt (§ 60 Abs. 2 S. 1 EStDV).

Die Einbuchung der Abweichungen bei den einzelnen Bilanzposten in der Buchführung des geprüften Unternehmens muss erfolgen, wenn die Betriebsprüfung Fehlerkorrekturen vorgenommen hat, die sowohl nach handelsrechtlichen als auch nach steuerrechtlichen Vorschriften erforderlich waren.

Die außerbilanzielle Korrektur der Folgebilanzen ist geboten, wenn die Berichtigungen durch die Betriebsprüfung **nur aus steuerlichen Gründen** erfolgt sind. In diesem Fall ist die Buchführung als Grundlage der **HB** von den Berichtigungen nicht berührt.

Ein weiteres Anwendungsgebiet der außerbilanziellen Anpassungen stellen die Fälle dar, in denen die Folgebilanz(en) der letzten von der steuerlichen Betriebsprüfung korrigierten Bilanz bereits aufgestellt wurde(n). In diesen Fällen sind Anpassungsbuchungen in dem auf den Prüfungszeitraum folgenden Wj. nicht mehr möglich. Die Anpassungsbuchungen müssen im ersten Wj. vorgenommen werden, für das noch kein Jahresabschluss vorliegt. In den dazwischen liegenden Wj. sind die Folgewirkungen der Bilanzpostenberichtigungen durch die Betriebsprüfung außerbilanziell zu berücksichtigen.

3.2 Anpassungsbuchungen in der Buchführung des geprüften Unternehmens

Die nachstehenden Beispiele sollen die Anpassungsbuchungen bei den einzelnen Unternehmensformen aufzeigen.

Beispiel 7: Anpassungsbuchungen bei Personenunternehmen

Bei einem Unternehmen fand im Jahr 04 eine Außenprüfung statt. Geprüft wurden die Jahre 01 bis 03. FStB und APStB weichen am 31.12.03 wie folgt voneinander ab:

Bilanzposten	FStB	APStB
Grund und Boden	43.100 €	41.000 €
Gebäude	66.370 €	111.848 €
Betriebsausstattung	9.700 €	15.500 €
Büroeinrichtung	5.100 €	3.850 €
Lagereinrichtung	1.150 €	3.160 €
Fuhrpark	9.050 €	11.950 €
Warenbestand	111.635 €	113.854 €
USt-Erstattungsanspruch	0 €	5.280 €
Rückstellungen	10.200 €	6.378 €
Passive RAP	11.755 €	9.305 €

Im geprüften Unternehmen wurden bisher buchhalterisch keine Konsequenzen aus den Bilanzposten-Berichtigungen durch die Betriebsprüfung gezogen.

Lösung:
a) Angleichungsbuchungen bei einem Einzelunternehmen:
Die Bilanzposten sind zu korrigieren mit einer Gegenbuchung direkt auf dem Kapitalkonto. Die Soll- und Habenbuchung auf dem Kapitalkonto stellt **keine** Entnahme oder Einlage dar; es handelt sich vielmehr um die Korrektur des

Kapitalkontos am 01.01. des Jahres, in dem die Korrekturbuchungen vorgenommen werden.

Kapital	3.350 €	an	Grund und Boden	2.100 €
			Büroeinrichtung	1.250 €
Gebäude	45.478 €	an	Kapital	69.959 €
Betriebsausstattung	5.800 €			
Lagereinrichtung	2.010 €			
Fuhrpark	2.900 €			
Warenbestand	2.219 €			
USt-Erstattungsanspruch	5.280 €			
Rückstellung	3.822 €			
Passive RAP	2.450 €			

b) Angleichungsbuchungen bei einer PersG:
Unterstellt wird, dass es sich bei der PersG um eine OHG handelt, an der die G'fter A zu 70 % und B zu 30 % beteiligt sind.

Bei PersG ist die Kapitalangleichung in der für das Einzelunternehmen demonstrierten Weise unübersichtlich.

Man schaltet zweckmäßigerweise ein „Kapitalangleichungskonto" ein. Der Saldo des Kapitalangleichungskontos wird entsprechend dem Beteiligungsverhältnis der G'fter aufgeteilt und auf die Kapitalkonten der G'fter umgebucht.

Kapitalangleichungskonto	3.350 €	an	Verschiedene Konten (s. Einzelunternehmen)	3.350 €
Verschiedene Konten (s. Einzelunternehmen)	69.959 €	an	Kapitalangleichungskonto	69.959 €

Saldo auf dem Kapitalangleichungskonto nach vorstehenden Buchungen:	69.959 € ./. 3.350 € **66.609 €**

Davon entfallen auf den G'fter A 70 % = 46.626,30 €, davon entfallen auf den G'fter B 30 % = 19.982,70 €.

Umbuchung des Saldos:

Kapitalangleichungskonto	66.609 €	an	Kapital A	46.626,30 €
			Kapital B	19.982,70 €

Beispiel 8: Gewinnkorrektur und anschließende Angleichungsbuchungen
Im Jahr 05 fand eine AP für die Jahre 01 bis 03 statt. Die Prüfung wird im Oktober 05 abgeschlossen, nachdem die Bilanz per 31.12.04 dem FA eingereicht worden ist.

Prüfungsfeststellungen:
Maschinelle Anlagen
Bei einem Zugang im Jahr 03 wurden die Anschaffungsnebenkosten als Aufwand gebucht.

3 Notwendigkeit der Anpassungen an die Prüferbilanz

Kontoentwicklung	vor AP	nach AP
Maschinelle Anlagen		
Zugang Februar 02 lt. FStB	100.000 €	100.000 €
+ Anschaffungsnebenkosten	–	20.000 €
=	**100.000 €**	**120.000 €**
./. AfA 03 (20% linear)	20.000 €	24.000 €
=	**80.000 €**	**96.000 €**

Darlehen
Der Unternehmer nahm im Januar 02 ein Fälligkeitsdarlehen i.H.v. 200.000 € auf. Rückzahlung am 31.12.11; Auszahlungskurs 98 %.

Geldkonto 196.000 € an Darlehensschuld 196.000 €

Kontoentwicklung	vor AP	nach AP
Damnum		
Zugang 02	0 €	4.000 €
./. Tilgung	0 €	400 €
31.12.02	**0 €**	**3.600 €**
./. Tilgung	0 €	400 €
31.12.03	**0 €**	**3.200 €**
Darlehensschuld		
31.12.02/31.12.03	196.000	200.000

Lösung:
Der Gewinn des Jahres 04 ist außerhalb der Bilanz zu korrigieren.

Maschinelle Anlagen	FStB	APStB	VU	GU
01.01.04	80.000 €	96.000 €	+ 16.000 €	–
31.12.04	60.000 €	72.000 €	+ 12.000 €	./. 4.000 €

Damnum	FStB	APStB	VU	GU
01.01.04	–	3.200 €	+ 3.200 €	–
31.12.04	–	2.800 €	+ 2.800 €	./. 400 €

Darlehensschuld
Keine Gewinnänderung

Zusammenfassung:
Außerbilanzielle Gewinnkürzung 04 i.H.v. 4.400 €.

Die **Anpassung der Bilanzposten in der Buchführung** des geprüften Unternehmens ist im Jahr 05 wie folgt vorzunehmen:

Maschinelle Anlagen	12.000 €	an	Kapital	14.800 €
Damnum	2.800 €			
Kapital	4.000 €	an	Darlehensschuld	4.000 €

Beispiel 9: Angleichungsbuchungen bei Kapitalgesellschaften
Bei der XY-GmbH wurde im Jahr 04 für die Jahre 01 bis 03 eine Betriebsprüfung durchgeführt. Der Betriebsprüfungsbericht ging bei der GmbH im November 04 ein. Er enthält folgende Prüfungsfeststellungen:

Grund und Boden
Der Betriebsprüfer aktivierte die im Jahr 03 als Aufwand gebuchten Anschaffungsnebenkosten i.H.v. 15.000 € in der APStB per 31.12.03.

Gebäude
Die von der Gesellschaft für ein im Jahr 03 erworbenes Wohngebäude (Baujahr 01) gebuchte AfA von 5 % der AK von 2 Mio. € (§ 7 Abs. 5 S. 1 Nr. 3 Buchst. b EStG) wurde von der Betriebsprüfung nicht anerkannt, weil die GmbH das Gebäude nicht im Jahr der Fertigstellung erworben hat; statt dessen erfolgt der Ansatz einer AfA von 2 % (§ 7 Abs. 4 S. 1 Nr. 2 Buchst. a) EStG).

Warenbestand
Der Warenbestand am 31.12.03 musste infolge eines Rechenfehlers bei der Inventur um 10.000 € erhöht werden.

Rückstellungen
Durch Passivierung der Mehrsteuern nach Prüfung erhöhen sich die Rückstellungen am 31.12.03 um 17.350 € für KSt und um 15.600 € für GewSt.

A	Bilanz der GmbH per 31.12.03 vor Prüfung		P
Grund und Boden	100.000 €	Stammkapital	2.000.000 €
Gebäude	1.900.000 €	Rücklagen	200.000 €
Fahrzeuge	250.000 €	Gewinnvortrag	30.000 €
Geschäftsausstattung	70.000 €	Jahresüberschuss	300.000 €
Warenbestand	130.000 €	Rückstellungen	150.000 €
Debitoren	225.000 €	Kreditoren	80.000 €
Geldbestände	85.000 €		
	2.760.000 €		2.760.000 €

A Der Betriebsprüfer hat auf den 31.12.03 folgende Bilanz aufgestellt			P
Grund und Boden	115.000 €	Stammkapital	2.000.000 €
Gebäude	1.960.000 €	Rücklagen	200.000 €
Fahrzeuge	250.000 €	Gewinnvortrag	30.000 €
Geschäftsausstattung	70.000 €	JÜ 300.000 €	
Warenbestand	140.000 €	+ Mehr lt. BP 52.050 €	352.050 €
Debitoren	225.000 €	Rückstellungen	182.950 €
Geldbestände	85.000 €	Kreditoren	80.000 €
	2.845.000 €		2.845.000 €

Lösung:
Erforderliche Angleichungsbuchungen der GmbH im Jahr 04 (entsprechend der Empfehlung lt. HFA-Stellungnahme 2/91):

Grund und Boden	15.000 €	an	Sonstiger betrieblicher Ertrag	85.000 €
Gebäude	60.000 €			
Wareneinkaufskonto	10.000 €			

| Steuern vom Einkommen und Ertrag | 32.950 € | an | Rückstellungen | 32.950 € |

Die Gewinnauswirkungen der Angleichungsbuchungen sind mit einer **außerbilanziellen Kürzung** von 52.050 € rückgängig zu machen. Die Angleichungsbuchungen können auch über offene Rücklagen vorgenommen werden. In dem Fall erübrigt sich eine Gewinnkorrektur.

4 Bilanzberichtigung, Bilanzänderung und Bilanzenzusammenhang

4.1 Bilanzberichtigung und Bilanzänderung

Das Gesetz spricht in § 4 Abs. 2 S. 1 und 2 von Bilanzänderung. In der Praxis hat sich für den Fall des § 4 Abs. 2 S. 1 EStG die Bezeichnung **Bilanzberichtigung** durchgesetzt, während man in den Fällen von § 4 Abs. 2 S. 2 EStG von einer **Bilanzänderung** spricht. Es ergeben sich folgende Grundsätze.

4.1.1 Bilanzberichtigung nach § 4 Abs. 2 S. 1 EStG

Ein unrichtiger Bilanzansatz wird durch den richtigen ersetzt. Ein Bilanzansatz ist unrichtig, wenn er gegen zwingende Vorschriften des Handelsrechts oder Steuerrechts oder gegen die Grundsätze ordnungsmäßiger Buchführung (GoB) verstößt. Voraussetzungen für eine Bilanzberichtigung:

- Ein Bilanzposten entspricht nicht den zu beachtenden Bilanzierungs- und/oder Bewertungsvorschriften,
- die Berichtigung der von der Bilanz betroffenen Steuerveranlagungen muss verfahrensrechtlich möglich sein oder die Bilanzberichtigung wirkt sich nicht auf die Höhe der veranlagten Steuer aus.

Eine Zustimmung des FA zur Bilanzberichtigung ist nicht erforderlich. Wenn die falsche Bilanzierung zu Steuerverkürzungen geführt hat, ist der Stpfl. zur Bilanzberichtigung verpflichtet (§ 153 Abs. 1 AO). Einzelheiten zu den Voraussetzungen der Bilanzberichtigung:

1. Fehler in der zu berichtigenden Bilanz:
Die Posten in der Bilanz entsprechen nicht den zwingenden Bilanzierungs- und/oder Bewertungsvorschriften des Handels- und des Steuerrechts.

Nach der Bilanzaufstellung erlangte bessere Kenntnisse über die Verhältnisse am Bilanzstichtag können eine Bilanzberichtigung nicht begründen (BFH vom 14.08.1975, BStBl III 1976, 88).

2. Die Berichtigung der HB ist nicht Voraussetzung für die Berichtigung der StB, weil bei unrichtigen Ansätzen in der HB die Bindung der StB an die HB entfällt.

3. Die Bilanzberichtigung ist uneingeschränkt möglich, solange die Veranlagungen, denen die zu berichtigende Bilanz zugrunde liegt, noch nicht durchgeführt oder noch nicht bestandskräftig sind. Nach Bestandskraft der Veranlagungen ist eine Bilanzberichtigung nur zulässig, wenn die Berichtigung der Veranlagungen verfahrensrechtlich möglich ist oder sich die Bilanzberichtigung nicht auf die Höhe der veranlagten Steuer auswirkt.

> **Beispiel 10: Bilanzberichtigung bei bestandskräftiger Veranlagung**
> A hat per 31.12.01 eine Garantierückstellung i.H.v. 5.000 € gebildet, obwohl nach den tatsächlichen Inanspruchnahmen in der Vergangenheit eine Rückstellung von 10.000 € gerechtfertigt wäre. Die Veranlagung aufgrund der unrichtigen Bilanz war bestandskräftig, als A dem FA anlässlich der Abgabe der ESt-Erklärung für das Jahr 02 den Fehler mitteilte.
>
> **Lösung:**
> Auf den 31.12.01 ist eine Bilanzberichtigung vorzunehmen, weil gem. § 173 Abs. 1 Nr. 2 AO eine Bescheidänderung durchzuführen ist. Es lag ein falscher Bilanzansatz vor. Ein grobes Verschulden des Stpfl. i.S.v. § 173 Abs. 1 Nr. 2 S. 1 AO ist nicht zu erkennen. Es bestand für den Stpfl. in bezug auf die Bilanzierung und auf den Wertansatz auch kein Wahlrecht.

4. Auch bei der Bilanzberichtigung ist der Bilanzenzusammenhang zu wahren. Grundsätzlich ist die Berichtigung bis zur Fehlerquelle zurück durchzuführen. Wenn das nicht möglich ist, weil einige Veranlagungen bestandskräftig und verfahrensrechtlich nicht berichtigungsfähig sind oder die Festsetzungsverjährung eingetreten ist, so ist die Frage zu prüfen, ob und wann die Berichtigungen vorzunehmen sind.

Der Berichtigung der Anfangsbilanz des ersten berichtigungsfähigen Jahres steht grundsätzlich der Bilanzenzusammenhang entgegen. In den Fällen, in denen der Bilanzenzusammenhang nicht durchbrochen werden darf, ist die Berichtigung in der **SB** des ersten berichtigungsfähigen Jahres **erfolgswirksam** vorzunehmen (R 15 Abs. 1 S. 3 EStR und BFH vom 29.10.1991, BStBl II 1992, 512).

> **Beispiel 11: Erfolgswirksame Berichtigung im
> ersten berichtigungsfähigen Jahr**
> Der Unternehmer B hat im Jahr 01 ein unbebautes Grundstück für 200.000 € zuzüglich Anschaffungsnebenkosten i.H.v. 20.000 € erworben. Die Nebenkosten hat er als Aufwand gebucht. Der Fehler wird im Jahr 08 festgestellt. Die Veranlagungen bis einschließlich 05 können nicht mehr berichtigt werden.

Lösung:
Eine Berichtigung im Jahr der Fehlerquelle ist nicht möglich. Ein Fall für die Zulässigkeit der Durchbrechung des Bilanzenzusammenhangs ist nicht gegeben. Die Fehlerberichtigung ist deshalb **erfolgswirksam** in der SB des ersten berichtigungsfähigen Jahres (Jahr 06) vorzunehmen (R 15 Abs. 1 S. 3 EStR). Es muss eine erfolgswirksame Nachaktivierung der Anschaffungsnebenkosten i.H.v. 20.000 € am 31.12.06 vorgenommen werden.

Eine Ausnahme von dieser Regel besteht nach der Rechtsprechung für

- Wirtschaftsgüter des notwendigen Privatvermögens, die zu Unrecht als BV bilanziert worden sind und für
- Wirtschaftsgüter des notwendigen BV, die zu Unrecht nicht als solches bilanziert worden sind.

Die vorgenannten WG sind **erfolgsneutral** aus- bzw. einzubuchen (BFH vom 12.10.1977, BStBl II 1978, 191); s. auch H 15 (Berichtigung einer Bilanz, die einer bestandskräftigen Veranlagung zugrunde liegt) EStH.

Beispiel 12: Erfolgsneutrale Bilanzberichtigung
C hat ein unbebautes Grundstück, das sich in seinem PV befindet, seit dem Jahr 01 betrieblich genutzt, ohne es zu bilanzieren. Als das FA davon erfährt, sind die Veranlagungen für die Jahre 01 bis 09 bestandskräftig.

Lösung:
Im Wege der Durchbrechung des Bilanzenzusammenhangs kann die Bilanz per 01.01.10 berichtigt werden, weil sich aus dem falschen Bilanzansatz in den relevanten Veranlagungszeiträumen keine steuerlichen Auswirkungen ergeben haben. Bei der Bilanzberichtigung auf den 01.01.10 sind die Werte aus dem Jahr 01 zugrunde zu legen. Dadurch bleibt die Bilanzberichtigung erfolgsneutral.

4.1.2 Bilanzänderung nach § 4 Abs. 2 S. 2 EStG

Ein zulässiger Bilanzansatz wird durch einen anderen zulässigen Bilanzansatz ersetzt. Gem. § 4 Abs. 2 S. 2 EStG i.d.F. des Steuerbereinigungsgesetzes 1999 ist eine solche Änderung nur zulässig, wenn sie in einem engen zeitlichen und sachlichen Zusammenhang mit einer Bilanzberichtigung steht und soweit die Auswirkung der Bilanzberichtigung auf den Gewinn reicht.

Durch diese gesetzliche Regelung ist es weitgehend möglich, die sich bei einer Außenprüfung ergebenden Mehrgewinne mit einer anderweitigen Ausübung eines Bewertungswahlrechts wieder auszugleichen.

Die gesetzliche Regelung des § 4 Abs. 2 S. 2 EStG i.d.F. des Steuerbereinigungsgesetzes 1999 ist gem. § 52 Abs. 9 EStG auch für Veranlagungszeiträume vor 1999 anzuwenden. Voraussetzungen für eine Bilanzänderung:

- Vorliegen eines Bewertungswahlrechts, d.h. der Stpfl. kann für den betroffenen Bilanzposten in der StB verschiedene Werte ansetzen.

   Beispiel 13: Bewertungswahlrecht
   Bei einem beweglichen abnutzbaren Anlagegegenstand kann entweder die lineare (§ 7 Abs. 1 EStG) oder die degressive AfA (§ 7 Abs. 2 EStG) in Anspruch genommen werden.

- Wenn eine HB aufgestellt wurde, ist zunächst die HB zu ändern, weil bei steuerlichen Wahlrechten die Übereinstimmung zwischen der StB und der HB erforderlich ist (umgekehrte Maßgeblichkeit gem. § 5 Abs. 1 S. 2 EStG).
- Die der Bilanz zugrunde liegenden Veranlagungen sind noch nicht durchgeführt worden oder die der Bilanz zugrundeliegenden Veranlagungen können nach den Vorschriften der AO berichtigt werden.
- Die Bilanzänderung muss in einem engen zeitlichen und sachlichen Zusammenhang mit einer Bilanzberichtigung stehen.
- Die Bilanzänderung ist nur soweit zulässig, wie die Bilanzberichtigung auf den Gewinn reicht.

   Beispiel 14: Wertmäßige Grenze für die Bilanzänderung
   In der StB per 31.12.1998 wurde bei einem nicht abnutzbaren WG des AV eine TW-AfA vorgenommen, die auf einer vorübergehenden Wertminderung beruht. Der Bilanzansatz vom 31.12.1998 wurde in die StB auf den 31.12.1999 unverändert übernommen. Der Sachbearbeiter des FA bemerkt bei den Veranlagungsarbeiten den Fehler und nimmt in der StB 1999 gem. § 6 Abs. 1 Nr. 2 S. 3 eine Wertaufholung vor. Gewinnauswirkung: +10.000 €.

   Lösung:
   Der Unternehmer kann im Wege der Bilanzänderung eine Wertaufholungsrücklage gem. § 52 Abs. 16 EStG bilden, weil die Bilanzänderung sachlich und zeitlich mit der Bilanzberichtigung durch das FA im Zusammenhang steht und die durch die Bilanzänderung eintretende Gewinnminderung den bei der Bilanzberichtigung eingetretene Gewinnerhöhung nicht übersteigt (§ 4 Abs. 2 S. 2 EStG).

Das Bundesfinanzministerium hat den sachlichen und zeitlichen Zusammenhang mit einer Bilanzberichtigung im Schreiben vom 18.05.2000 (BStBl I 2000, 587) weit ausgelegt: „Der zeitliche und sachliche Zusammenhang zwischen Bilanzberichtigung und Bilanzänderung setzt voraus, dass sich beide Maßnahmen auf dieselbe Bilanz beziehen. Die Änderung der Bilanz eines bestimmten Wj. ist danach **unabhängig** von der Frage, **auf welche WG oder RAP** sich die Berichtigung dieser Bilanz bezieht, bis zur Höhe des gesamten Berichtigungsbetrags zulässig. Ein zeitlicher Zusammenhang liegt darüber hinaus nur vor, wenn die Bilanz unverzüglich nach einer Bilanzberichtigung geändert wird." Eine Zustimmung des FA zur Bilanzänderung ist nicht erforderlich.

4.2 Der Bilanzenzusammenhang und seine Durchbrechung

Grundsätzlich ist der Bilanzenzusammenhang (Identität der SB des vorangegangenen Wj. mit der EB des laufenden Wj.) im Interesse der zutreffenden Ermittlung des Totalgewinns von der Gründung bis zur Schließung des Unternehmens zu wahren. Ausnahmsweise darf der Bilanzenzusammenhang durchbrochen werden,

- wenn sich der fehlerhafte Bilanzansatz steuerlich nicht ausgewirkt hat.

Beispiel 15: Zulässige Durchbrechung des Bilanzenzusammenhangs (Fall I)

Der Unternehmer bilanziert ein unbebautes Grundstück, das seit seiner Anschaffung im Jahr 01 privat genutzt wird, mit seinen AK von 250.000 €. Der Fehler wird anlässlich einer Außenprüfung für die Jahre 12 bis 14 aufgedeckt.

Lösung:
Korrektur in der EB des Jahres 12 (01.01.12); dadurch erfolgsneutrale Berichtigung.

- wenn der Stpfl. den fehlerhaften Bilanzansatz **bewusst zur Erlangung steuerlicher Vorteile** gewählt hat (BFH vom 03.07.1956, BStBl III 1956, 250); jedoch ist die Durchbrechung des Bilanzenzusammenhangs in diesen Fällen nur zulässig, wenn sie sich **zu ungunsten** des Stpfl. auswirkt. Insbesondere darf dabei bewusst nicht in Anspruch genommene AfA nicht nachgeholt werden, wenn das Verhalten des Stpfl. gegen die Grundsätze von Treu und Glauben verstößt (BFH vom 03.07.1980, BStBl II 1981, 255).

Beispiel 16: Zulässige Durchbrechung des Bilanzenzusammenhangs (Fall II)

Der Unternehmer hat im Januar 01 eine Maschine angeschafft; AK 10.000 €, ND 5 Jahre. Da er im Jahr 01 einen Verlust erzielt hat, nimmt der Unternehmer in diesem Jahr bewusst keine AfA vor. Die Veranlagung 01 kann verfahrenstechnisch nicht mehr berichtigt werden.

Lösung:
Korrektur in der EB des Jahres 02 (01.01.02) in der Weise, dass die Maschine mit dem fiktiven Buchwert von 8.000 € aktiviert wird. Dadurch verliert der Unternehmer die bewusst nicht in Anspruch genommene AfA für das Jahr 01 i.H.v. 2.000 €.

Die Fehlerberichtigung in der Betriebseröffnungsbilanz und in der Betriebs-SB wird vom Bilanzenzusammenhang nicht berührt, weil diesen Bilanzen die Zweischneidigkeit fehlt. Bei Bilanzberichtigungen, die aufgrund von Fehlern notwendig werden, die das Finanzamt verursacht hat, darf der Bilanzenzusammenhang nur **zugunsten** des Stpfl. durchbrochen werden.

Beispiel 17: Durchbrechung des Bilanzenzusammenhangs nicht möglich
Ein Kaufmann hat im Jahr 01 ein unbebautes Grundstück für seinen Betrieb angeschafft. Die AK betrugen 100.000 €. In seiner StB zum 31.12.01 wies er das Grundstück nach Vornahme einer Abschreibung von 30.000 € mit 70.000 € aus, weil er diesen Wert für den TW hielt. In Wirklichkeit war der TW jedoch höher als die AK.
Dem FA gelangten die Gründe für die AfA zunächst nicht zur Kenntnis.
Alle Steuern, denen der Gewinn des Jahres 01 als Besteuerungsgrundlage gedient hat, waren bis zum 31.12.07 verjährt. Die Veranlagungen bis einschließlich 07 sind bestandskräftig und können nach § 173 Abs. 2 AO nicht mehr berichtigt werden.
Erst bei der Veranlagung zur ESt für das Jahr 08 im Laufe des Jahres 09 erlangt das FA Kenntnis von der in 01 zu Unrecht vorgenommenen TW-AfA. In den Bilanzen per 31.12.07 und 31.12.08 wird das Grundstück trotz des immer noch über den AK liegenden TW mit 70.000 € ausgewiesen.

Lösung:
Eine Berichtigung der Veranlagung zur ESt und GewSt für das Jahr 01 kommt nicht in Betracht, weil die Festsetzungsverjährung eingetreten ist (§ 169 Abs. 1 AO).
Auch eine Durchbrechung des Bilanzenzusammenhangs, d.h. eine Berichtigung der EB 01.01.08 in der Weise, dass hier – abweichend vom Ansatz in der SB per 31.12.07 – das Grundstück mit 100.000 € angesetzt wird, was bei gleichem Ansatz in der SB per 31.12.08 eine erfolgsneutrale Richtigstellung im Jahr 08 bedeuten würde, ist nicht zulässig, weil der Stpfl. weder **bewusst** einen Aktivposten zu hoch noch einen Passivposten zu niedrig angesetzt hatte (H 15 EStH Berichtigung einer Bilanz, die einer bestandskräftigen Veranlagung zugrunde liegt). Übrig bleibt eine erfolgswirksame Berichtigung der SB per 31.12.08 (R 15 Abs. 1 S. 3 EStR). Dadurch erhöht sich der Gewinn 08 um 30.000 €.

Teil B

Besteuerung der Personengesellschaften

B Besteuerung der Personengesellschaft als Mitunternehmerschaft

I Grundfragen zur Mitunternehmerschaft inklusive Einkunftsermittlung

1 Die Personengesellschaft im Steuerrecht – Überblick

Beispiel 1: Die Personengesellschaft im Steuerrecht und § 35 EStG
Die gewerbliche X-OHG (KG, GbR) mit den G´fter A und B hat in 01 – zusätzlich zu ihren satzungsgemäßen Aktivitäten – ein Grundstück erworben. Wer hat für die in 01 verwirklichten Sachverhalte Steuern zu zahlen? Wer begründet mit welchem FA ein Steuerschuldverhältnis? Welche Bedeutung hat in diesem Zusammenhang § 35 EStG?

Die drei Fragestellungen haben nur ein Thema zum Gegenstand, das nach der Steuerrechtssubjektivität der PersG. Für das Steuerrecht hat der Gesetzgeber die Frage beantwortet, während für das Zivilrecht trotz mehrerer BGH-Entscheidungen aus den Jahren 2001 und 2002 zur BGB-Gesellschaft[317] die endgültige Antwort noch aussteht.

Lösung:
Die nachfolgende Übersicht geht von der Annahme aus, dass die PersG im Bsp. 1 die sonstigen Merkmale der aufgezählten Steuern erfüllt und dass bei allen Rechtshandlungen nur WG der PersG betroffen sind, also z.B. keine Privatgrundstücke der Gesellschafter.

Steuer	Rechtssubjekt	Rechtsgrundlage
1. Einkommensteuer	Die G´fter	§ 15 Abs. 1 S. 1 Nr. 2 EStG i.V.m. § 1 Abs. 1 EStG
2. Umsatzsteuer	Die PersG; u.U. im Verhältnis zur PersG die G´fter[318]	§ 2 Abs. 1 UStG
3. Gewerbesteuer	Nur: die PersG	§ 5 Abs. 1 S. 3 GewStG
4. Grundsteuer	Die PersG	§ 10 GrStG i.V.m. BewG
5. Grunderwerbsteuer	Die PersG	§ 13 GrEStG
6. Erbschaftsteuer	Die PersG (s. aber § 10 Abs. 1 S. 3 ErbStG)[319]	§§ 2, 20 Abs. 1 ErbStG

---

[317] BGH vom 29.01.2001 (DB 2001, 423) und BGH vom 16.07.2001 (NJW 2001, 3121); zuletzt bestätigt durch BGH vom 18.02.2002 (NJW 2002, 1207): In allen Entscheidungen wird neuerdings von der Rechtsfähigkeit der BGB-Außengesellschaft (= GbR mit Gesamthandsvermögen) ausgegangen.
[318] S. im Einzelnen *V. Schmidt*, Band 3, Teil B, Kap. III „Unternehmerbegriff".

Wer demnach aus dem jeweiligen Steuertatbestand unmittelbar als Rechtsträger verpflichtet ist und wem gegenüber der Steuerbescheid als (Inhalts-)Adressat i.S.d. § 122 Abs. 1 AO bekannt zugeben ist, ist unterschiedlich in den jeweiligen Steuern geregelt. Bei den Objekt- und Verkehrsteuern ist es die PersG[4], bei der ESt ist es immer der einzelne G´fter[5], der die Ergebnisse der PersG zu versteuern hat.

Das Auseinanderfallen der persönlichen Steuerpflicht verdeutlicht am besten § 35 Abs. 3 EStG (i.d.F. des StSenkG 2000), der für die Anrechnung der GewSt auf die ESt die salomonische Regelung bereithält, dass die Anrechnung der GewSt auf die persönliche ESt-Schuld des G´fters nach dem Gewinnverteilungsschlüssel zu erfolgen habe[6]. Der Gesetzgeber des Jahres 2000 musste diesen Weg gehen, nachdem als einzige „Manövriermasse" zur rechtsformneutralen Unternehmensbesteuerung nur noch die GewSt übrig blieb. Beim Einzelunternehmer ist die Anrechnung – wegen der Subjektidentität – in steuertechnischer Hinsicht unproblematisch. Bei natürlichen Personen als G´fter von PersG kommt sie einer Quadratur des Kreises gleich, wenn einheitliche Objektsteuermerkmale zu Anrechnungsguthaben bei der individuellen ESt gemacht werden und dabei auf eine gesellschaftsrechtliche Größe (Gewinnverteilungsabrede) zurückgegriffen wird.

2 Mitunternehmerschaft versus Personengesellschaft und andere Begrifflichkeiten

2.1 Mitunternehmerschaft und Personengesellschaften

Gesellschaftsrechtlich liegt eine PersG vor, wenn die Beteiligten sich zur gemeinsamen Zweckverfolgung mittels Arbeits- und Kapitaleinsatz zusammenschließen (vgl. § 705 BGB). Dabei wird bei **Außengesellschaften** (GbR, OHG, KG und Partnerschaft) gemeinsames **Gesamthandsvermögen** gebildet, während dies bei den Innengesellschaften (Unterbeteiligung, stille Gesellschaft etc.) nicht der Fall ist. Schließlich kennt das Gesellschaftsrecht eine weitere Differenzierung nach PersG (OHG/KG) und sonstigen PersG (wie z.B. die GbR).

Im Unterschied zu KapG sind PersG immer noch durch folgende Merkmale gekennzeichnet:

- Grundsatz der Selbstorganschaft (Vertretungsberechtigte Organe sind nur die G´fter); anders bei KapG: Grundsatz der Fremdorganschaft.
- Trotz der Annäherung (vgl. § 124 HGB und die oben zitierte BGH-Rspr.) sind sie (noch) keine juristischen Personen.

---

[3] Beim Erwerb von Anteilen an **vermögensverwaltenden PersG** gelten andere Grundsätze.
[4] Zuständig ist hier das Betriebs-FA (§ 18 Abs. 1 Nr. 2 AO – für die GewSt – und § 21 AO für die USt) bzw. das Lage-FA (§ 22 Abs. 1 AO).
[5] Zuständig ist hierfür das Wohnsitz-FA des einzelnen G´fters (§ 19 Abs. 1 S. 1 AO).
[6] Im Einzelnen s. Kap. VI.2.

- Die PersG sind in ihrem Bestand nicht vollkommen unabhängig von ihren Mitgliedern[7].

In § 15 Abs. 1 Nr. 2 EStG[8] sind ausdrücklich nur die Personenhandelsgesellschaften (OHG/KG) als Träger der gemeinschaftlichen unternehmerischen Betätigung genannt. Darüber hinaus lässt der Wortlaut die Einbeziehung **anderer** Gesellschaften zu, wenn diese G´fter als **MU** anzusehen sind. Unter dieser Voraussetzung (mitunternehmerische Qualifikation der G´fter; s. sogleich) erfolgt eine **steuerliche „Erhöhung"** der PersG zur steuerlichen **MU-schaft**.

Auf diese Weise sind folgende Gesellschaften (und ihre G´fter) in den Anwendungsbereich des § 15 Abs.1 Nr.2 EStG einbezogen:

a) Andere PersG wie die GbR (BGB-Gesellschaft), Partenreederei, die sog. fehlerhafte PersG[9] und atypische Innengesellschaften sowie
b) andere vergleichbare Gemeinschaftsverhältnisse[10] wie die Erbengemeinschaft und die Gütergemeinschaften, ja sogar Bruchteilsgemeinschaften und Nießbrauchskonstellationen.

Spätestens mit der Einbeziehung der Gruppe (b) in den einheitlich auszulegenden Begriff der MU-schaft wird deutlich, dass es sich dabei nicht lediglich um einen „Arbeitsbegriff" handelt, sondern um eine steuerliche Qualifikationsvoraussetzung, die bei allen hierunter fallenden Rechtsgebilden (auch bei OHG/KG) gegeben sein muss.

Darüber hinaus ist der steuerliche MU-Begriff auf verschiedene (und nicht nur gewerbliche) Einkunftsträger anzuwenden. So gibt es neben den gewerblichen MU auch freiberufliche und L+F-Mitunternehmerschaften (s. unter 3.2.1).

Fazit: Die **PersG mutiert zur steuerlichen MU-schaft** bei Vorliegen der Zusatzvoraussetzungen aus dem EStG. Zusätzlich nimmt der Steuerterminus weitere Rechtsgebilde auf, auf die der Transparenzgedanke (G´fter als MU des Betriebs der Gesellschaft) anzuwenden ist.

---

[7] Bis 1998 waren alle PersG in ihrem Bestand vom Mitgliederwechsel abhängig (vgl. § 131 HGB a.F.); ab 01.07.1998 ist dieser Grundsatz bei der OHG (und bei der KG) „gelockert" worden (§ 131 Abs. 3 Nr. 1 HGB n.F.), bei der GbR gilt der Grundsatz mangels vertraglicher Vereinbarung weiter.
[8] Der redaktionelle **Verzicht** auf § 15 Abs. 1 Satz 1 Nr. 2 EStG an dieser Stelle ist erlaubt, da die Unterscheidung nach **laufenden** Gewinneinkünften von MU (§ 15 Abs. 1 **Satz 1** Nr. 2 EStG) und **nachträglichen** Gewinneinkünften nach § 15 Abs. 1 **Satz 2** Nr. 2 EStG für diese (und die nachfolgende) Thematik dahinstehen kann.
[9] Hierunter fallen gesellschaftsrechtlich PersG mit einem „rechtlichen Geburtsfehler – z.B. wegen der Beteiligung Geschäftsunfähiger –", die aber ins Werk gesetzt wurden.
[10] BFH vom 25.06.1984 (BStBl II 1984, 751), vom 05.07.1990 (BStBl II 1990, 837) und vom 03.07.1995 (BStBl II 1995, 617).

2.2 Weitere Begrifflichkeiten

Mehrere Fachbegriffe durchziehen das Recht der PersG, die sich gerade im Steuerrecht wiederfinden und die – wegen des häufig widersprüchlichen/missverständlichen Gebrauchs – einer kurzen Erklärung bedürfen.

Der Prototyp des gemeinschaftlichen Vermögens einer MU'schaft ist das **Gesamthandsvermögen**. Dieses ist die dritte dem Zivilrecht bekannte Form, wie mehrere Personen gemeinschaftliches Vermögen bilden können.

> **Beispiel 2: Ein Gegenstand – zwei Personen – drei Eigentumsvarianten**
> Vorhanden seien: Ein Grundstück sowie zwei Personen A und B. A und B wollen wissen, wie sie gemeinsam Eigentümer des Grundstücks sein (werden) können?
>
> **Lösung:**
> - Als erste Möglichkeit gründen A und B eine KapG und bringen das Grundstück in die GmbH (AG) ein. Sodann ist diese als juristische Person Eigentümer. A und B verfügen lediglich über Gesellschaftsrechte an der KapG.
> - Als zweite Möglichkeit teilen A und B das Grundstück in zwei (ideelle) Miteigentumshälften und bilden somit gem. §§ 741, 1008 BGB eine Bruchteilsgemeinschaft, bei der ein jeder über seinen Anteil frei verfügen kann (§ 747 BGB). Es erfolgt lediglich eine gemeinschaftliche Verwaltung.
> - A und B können ebenso eine PersG (z.B. eine GbR) gründen und in diese das Grundstück einbringen; gem. **§§ 717 ff. BGB** wird dieses Grundstück sodann **Gesamthandsvermögen** mit der Folge, dass es beiden gemeinsam in gesamthänderischer Verbundenheit zusteht. Dies meint, dass bei mehreren Gegenständen, die in diese Vermögensmasse eingebracht werden, keiner der G´fter (= Gesamthänder) ein Verfügungsrecht über einen einzelnen Gegenstand hat (§ 719 Abs. 1 S. 2 BGB). Gleichzeitig können die Anteile am Gesamthandsvermögen und die gesellschaftsrechtliche Beteiligung nur gemeinsam veräußert[11] werden (§ 717 BGB; sog. Abspaltungsverbot).

Die weiteren Möglichkeiten des BGB, z.B. gemeinschaftliches Eigentum nach WEG bzw. bei Ehepartnern durch Gütergemeinschaft zu bilden, stellen nur Varianten der o.g. drei Grundformen dar.

Für das Steuerrecht kommt dem **Gesamthandsvermögen** allein deshalb große Bedeutung zu, weil gemeinschaftliches Vermögen bei allen **Außengesellschaften** (OHG/KG/

---

[11] Die Verfügung über den Anteil am Gesamthandsvermögen wird bei Zustimmung der Partner – entgegen dem Wortlaut von § 719 Abs. 1 S. 1 BGB – zwischenzeitlich vom BGH zugelassen; ansonsten könnten keine Beteiligungen an PersG veräußert werden.

GbR) auf diese Weise gebildet wird: So ist z.B. in der HB einer OHG nur Gesamthandsvermögen dargestellt.

Auf der Ebene der G´fter treten immer wieder die Begriffe Kapitalanteil, Vermögenswert und Gesellschaftsanteil auf.

Beispiel 3: Ein G´fter und mehrere identische (?) WG
A ist zu 1/3 an der ABC-Speditions-OHG beteiligt, die Eigentümer und Halter von 100 Lkw ist, denen Schulden von 3 Mio. € gegenüberstehen. Die Buchwerte der Lkw entsprechen zu 2/3 ihren Teilwerten.
Die Bilanz der OHG hat folgendes Aussehen:

A	Bilanz der OHG		P
AV	6.000.000 €	Kapital A	1.000.000 €
		Kapital B	1.500.000 €
		Kapital C	500.000 €
		Verbindlichkeiten	3.000.000 €
Summe Aktiva	6.000.000 €	Summe Passiva	6.000.000 €

A möchte über die Bedeutung der Begriffe Kapitalkonto, Gesellschaftsanteil und Vermögenswert seiner Beteiligung informiert werden.

Lösung:
- Der **Kapitalanteil** gibt als rechnerischer Wert („Bilanzziffer") den gegenwärtigen Stand der Einlage (inkl. der Veränderungen) des G´fters wieder. Die entscheidende Aussage liegt jedoch in der Relation der jeweiligen Kapitalkontenstände zueinander, da nur das **Verhältnis** der Kapitalkonten zueinander Rechenschaft über die Beteiligungsquote am Gesamthandsvermögen gibt. Vorliegend ist A zu 1/3, B zur Hälfte und C zu einem Sechstel am Vermögen beteiligt.
- Der **Vermögenswert** der A-Beteiligung wird nur indirekt durch die Bilanz wiedergespiegelt. Dazu ist eine Vermögensbilanz erforderlich, die ad hoc ein aktives Gesamthandsvermögen von 9 Mio. € (6 Mio. € = 2/3 der Teilwerte) ausweisen würde; bei identischem Fremdkapital von 3 Mio. € beträgt das echte Reinvermögen der OHG 6 Mio. €. Mit 1/3-Beteiligung ist der Vermögenswert des A mit 2 Mio. € anzusetzen.
- Der **Gesellschaftsanteil** des A umfasst neben seinem Vermögenswert vor allem seine gesellschaftsrechtlichen Verwaltungsrechte und -pflichten. Die ideellen Mitwirkungsrechte (Bsp.: Geschäftsführung) fallen hier ebenso darunter wie evtl. Haftungsverpflichtungen).

3 Transparenzgrundsatz und Besteuerung gemäß § 15 Abs. 1 Nr. 2 EStG

3.1 Einführung

Die Grundaussage der §§ 1 Abs. 1, 15 Abs. 1 S. 1 Nr. 2 S. 1 EStG[12] mit der persönlichen ESt-Pflicht der G´fter (und nicht der PersG) wird als „Transparenzkonzept" bezeichnet. Damit schlagen die Ergebnisse der gemeinsamen gesellschaftsrechtlichen Betätigung bei einer PersG **unmittelbar** auf die individuelle ESt des G´fters durch; exakter: bei einer gewerblichen PersG sind die Beteiligungsergebnisse des G´fters Teil seiner gewerblichen Einkünfte. Der Gegensatz dazu ist die „Abschottungswirkung" bei der Beteiligung an einer KapG. Dort machen sich erfolgreiche Jahre der KapG allein durch die Dividendenhöhe bemerkbar, Verlustjahre hingegen überhaupt nicht[13]. Die steuerliche **Zweigleisigkeit einer gesellschaftsrechtlichen Beteiligung** entspricht weitgehend der internationalen Praxis[14].

Die Regelung des § 15 Abs. 1 Nr. 2 EStG verdeutlicht aber auch, dass die gewerblichen Einkünfte eines G´fters aus einem **gemeinschaftlichen** Bezug eines gewerblichen Unternehmens resultieren. Bereits hieraus ergeben sich für die Besteuerung des Personengesellschafters Konsequenzen:

- Die individuelle Gewinnerfassung setzt eine einheitliche Quelle voraus. Insoweit ist die PersG (MU-schaft) verselbständigt; sie ist **Gewinnermittlungssubjekt**. Der Gewinn wird einheitlich bei ihr ermittelt und festgestellt.
- In verfahrensrechtlicher Hinsicht ergänzen die § 179, § 180 Abs. 1 Nr. 2a und § 182 Abs. 1 AO mit der Notwendigkeit eines einheitlichen und gesonderten **Grundlagenbescheides** die materielle Ausgangslage des § 15 Abs. 1 Nr. 2 EStG.
- Die PersG (MU-schaft) hat über die Funktion des Gewinnermittlungssubjektes hinaus weitere Besteuerungsmerkmale wie z.B. die Gewerblichkeitseigenschaft (§ 15 Abs. 2 EStG) zu erfüllen, die bei ihr zu prüfen sind. Insoweit ist sie steuerliches **Tatbestandssubjekt**. Je nach aktueller Steuerpolitik wird der MU-schaft einmal mehr Eigenständigkeit (1999 und 2000) und ein anderes Mal weniger Eigenständigkeit (1977 – Einführung des MU-erlasses – bis 1998 und wieder ab 2001) zugestanden.
- Andererseits ist für den G´fter (MU) als **ESt-Subjekt** die Nähe zum Einzelunternehmer festgeschrieben.

Die Vorwegdarstellung wird Bedeutung für die Frage haben, wie bestimmte personenbezogene Steuermerkmale (z.B. die Verbleibenszeit bei § 6b EStG oder die „Herstellereigenschaft" bei § 7 Abs. 5 EStG) auszulegen sind. Außerdem erklärt die Einheitstheorie am besten das Verhältnis zwischen PersG und G´fter. Die zunehmende Verselbständigung der PersG verdankt ihren Ausgangspunkt der **Aufgabe der Bilanzbündeltheorie**

---

[12] Im Folgendem nur § 15 Abs. 1 Nr. 2 EStG.
[13] Abgesehen von der in engen Grenzen möglichen TW-AfA auf die Beteiligung.
[14] Hieran ändert auch die in den USA Ende der 90-er Jahre eingeführte Option der PersG für die KSt nichts.

des RFH und des (frühen) BFH zu Anfang der siebziger Jahre: Damals hatte man sich die Bilanz einer PersG noch als die konsolidierte Bündelung der Einzelbilanzen der G´fter vorgestellt[331]. Das heutige Verständnis fußt auf einer Einheitsbilanz, die die PersG (MU-schaft) erstellt. Auch das Erbschaftsteuerrecht[332] und das GewSt-Recht[333] nehmen – eigentlich systemwidrig – gelegentlich Anleihen am Transparenzkonzept, wenn sich damit „bessere" Ergebnisse erzielen lassen.

3.2 Ebene der Mitunternehmerschaft

Auf der Ebene der MU-schaft ist vorweg die gemeinsame Verwirklichung des einschlägigen einkunftsqualifizierenden Merkmals zu prüfen. Allein wegen der Querverweisung aus L+F (§ 13 Abs. 5 EStG) und aus der selbständigen Arbeit (§ 18 Abs. 4 S. 2 EStG) auf § 15 Abs. 1 Nr. 2 EStG ist die von der MU-schaft realisierte Einkunftsart zu prüfen. Darüber hinaus erfordert die „Tatbestandssubjektivität" die Prüfung, ob es sich um eine gewerbliche, freiberufliche oder L+F-Mitunternehmerschaft handelt. Nicht zuletzt kommt der konkret verwirklichten Einkunftsart ab 01.07.1998 erhöhte Bedeutung zu, da seitdem auch die Gründung einer vermögensverwaltenden[334] Personenhandelsgesellschaft (§ 105 Abs. 2 für die OHG bzw. § 161 Abs. 2 HGB für die KG) zulässig ist.

Anders als im Gesellschaftsrecht spielt im Steuerrecht neben der originär-gewerblichen MU-schaft noch die gewerblich geprägte PersG ein wichtige Rolle.

3.2.1 Die gewerblich tätige Mitunternehmerschaft

Die „Gewerbe"-Merkmale des § 15 Abs. 2 EStG müssen zunächst auf der Ebene der MU-schaft erfüllt sein. Neben der Umqualifizierung bei vermögensverwaltenden PersG nach §§ 20, 21 EStG kommt dieser Prüfung vor allem bei Verlustzuweisungsgesellschaften[335] und bei Mischaktivitäten eine erhöhte Bedeutung zu.

Beispiel 4: Die vielfältige GbR
Der gemeinsame Aufgabenkatalog der AB-GbR umfasst:

a) Die Holznutzung des eigenen gemeinschaftlichen Waldbesitzes,
b) das Erstellen von forstwissenschaftlichen Gutachten und
c) den gewerblichen Holzhandel.

---

[331] Aus der Rspr.: RFH vom 14.07.1937 (RStBl 1937, 937) sowie der (frühe) BFH vom 29.09.1966 (BStBl III 1967, 180) sowie ganz deutlich das heutige Verständnis aufzeigend der BFH im Urteil vom 05.07.1972 (mit der erstmaligen Verwendung des Begriffes Sonderbetriebsvermögen – BStBl II 1972, 928). Aus der Lit. (immer noch grundlegend) *Knobbe-Keuk*, Bilanz- und Unternehmensteuerrecht 1993, 362.
[332] Zur Berücksichtigung persönlicher Steuervorteile wie z.B. der günstigen Steuerklasse s. *Preißer*, Band 3, Teil C, Kap. III.5.
[333] Das Erfordernis der „Unternehmeridentität" bei § 10a GewStG fußt auf dem Transparenzgedanken.
[334] Darunter versteht man eine PersG, die nur Kapital- oder Immobilienvermögen verwaltet und keinen aktiven Erwerbsgeschäften nachgeht.
[335] So muss § 2b EStG auf der Ebene der Gesellschaft geprüft werden.

§ 15 Abs. 3 Nr. 1 EStG (sog. „Abfärbetheorie") hat sich in der mehrfach entschiedenen Fallgruppe der **teilweise gewerblichen Tätigkeit** einer PersG für manche Freiberufler-Sozietät als steuerlicher Bumerang erwiesen, da für den Zusammenschluss von Freiberuflern über § 18 Abs. 4 S. 2 EStG die Ausführungen zu § 15 Abs. 1 Nr. 2 EStG entsprechend gelten. Der eindeutigen Subsumtion als gemeinschaftlich betriebene selbständige Arbeit nach § 18 EStG (Bsp. 4b) bei zusätzlichen gewerblichen Aktivitäten (Bsp. 4c; weiteres Bsp.: Medikamentenhandel einer gemeinschaftlichen Tierarztpraxis) steht der Wortlaut des § 15 Abs. 3 Nr. 1 EStG entgegen. Mit dem Tatbestandsmerkmal „auch" in Nr. 1 und der Rechtsfolge „in vollem Umfang" im Einleitungssatz entnahm die Rspr. bis vor kurzem immer eine **voll-umfängliche Infektion** der sonstigen Einkünfte durch die (auch minimal) gewerblichen Einkünfte dieser PersG[336]. Es lagen somit komplett gewerbliche Einkünfte vor (BFH vom 05.05.1999, BFH/NV 1999, 1328). Aufgrund der massiven Kritik im Schrifttum[337] hat der BFH im Urteil vom 11.08.1999 (BStBl II 2000, 229) bei äußerst geringfügiger gewerblicher Betätigung eine **Ausnahme** – contra legem – für den Fall zugelassen, dass die gewerblichen Einnahmen **weniger als 1,25 %** aller Einnahmen ausmachen. Ergänzend wies der BFH a.a.O. daraufhin, dass der Relationsprüfung der Fall gleich stünde, dass die gewerblichen Einkünfte unterhalb des GewSt-Freibetrages von 24.500 €[338] liegen.

Lösung:

1. Prüfung der Einkunftsarten:
   Die AB-GbR erzielt – isoliert betrachtet – drei verschiedene Einkünfte. Die Nutzung des eigenen Waldbesitzes a), wozu auch der Verkauf gehört, führt zu forstwirtschaftlichen Einkünften nach § 13 EStG. Bei entsprechender Vorbildung von beiden G'fter ist die Gutachtentätigkeit b) § 18 EStG zuzurechnen. Der (offensichtlich durch Ankauf fremder Hölzer) durchgeführte Holzhandel c) erfüllt alle Merkmale gewerblicher Betätigung.
2. Gesamtprüfung:
   Nach der Segmentprüfung hat der BFH in früheren Urteilen zunächst darauf abgestellt, ob bei fehlender Trennbarkeit der Einzelsegmente die gewerbliche Tätigkeit den anderen nicht ohnehin schon das Gepräge gibt.
   Ist das – wie vorliegend – nicht der Fall und können die Segmente neben der abstrakten steuerlichen Prüfung auch betriebswirtschaftlich getrennt

---

[336] § 15 Abs. 3 Nr. 1 EStG wird nur bei PersG (und nicht bei vergleichbaren Rechtsgemeinschaften) angenommen (Anm.: hier gebotene restriktive Auslegung).
[337] Verletzung von Art. 3 GG: der Einzelunternehmer (keine Abfärbetheorie) sei gegenüber der PersG bevorzugt.
[338] S. sogleich FG Nds vom 12.04.2000 (DStRE 2000, 1021), dass für den konkreten Fall der Gewerbesteuerbefreiung die Anwendung der Infektionstheorie generell ablehnt. Vor allem ist wegen § 35 EStG n.F. zu überlegen, ob die Ausgangsüberlegung des BFH a.a.O. (bei Unterschreiten des Freibetrages könne der gewerbliche Part nicht prägend sein) heute noch Gültigkeit hat.

übernommen hat (H 138 Abs. 5 EStR 2001 a.E.), insgesamt gewerbliche Tätigkeiten der AB-GbR vor, wenn die Einnahmen aus dem gewerblichen Holzhandel c) 1,25 % der Gesamtumsätze übersteigen. Ansonsten kann – je nach Einkunftsart – abgeschichtet werden.

Die Lösung verdeutlicht einmal mehr den Gestaltungszwang zur **Ausgliederung** der gewerblichen Aktivitäten auf eine personenidentische zweite (Pers- oder Kap-) Gesellschaft, die sich ausschließlich des gewerblichen Bereichs annimmt[23].

Zur Abrundung der Thematik ist noch darauf hinzuweisen, dass bei der Prüfung einer Freiberufler-GbR nach § 18 Abs. 4 S. 2 EStG i.V.m. § 15 Abs. 1 Nr. 2 EStG (im Bsp. bei der AB-GbR bzgl. der Gutachtenerstellung) die Beteiligung eines **Berufsfremden** in ständiger BFH-Rspr. zu gesamtgewerblichen Einkünften der Sozietät führt. Dies ist schon der Fall, wenn sich ein Minder- oder Andersqualifizierter (Bsp.: Steuerfachangestellter) an einer Berufsträger-Sozietät (Bsp.: StB-GbR) beteiligt[24].

3.2.2 Die gewerblich geprägte Personengesellschaft

§ 15 Abs. 3 Nr. 2 EStG (in der Fassung des StBG 1986) enthält eine Absage an das gegensätzliche Urteil des BFH vom 25.05.1984 (BStBl II 1984, 751) und stellt somit die alte **Gepräge-Theorie** wieder her. Danach liegt in steuerlicher Wertung immer eine gewerbliche PersG (MU-schaft) vor, wenn:

- sie keiner gewerblichen, aber ansonsten steuerbaren Tätigkeit nachgeht,
- sich nur eine oder mehrere **KapG** an ihr als **persönlich haftende G′fter** gerieren (= sich verhalten) und
- die **Geschäftsführung** nur von der (den) KapG oder von Nicht-G′fter ausgeübt wird.

Bei mehrstöckigen PersG erfüllt nach S. 2 ihrerseits eine gewerblich geprägte PersG die Vorraussetzungen der Komplementär-KapG. Idealtypisch ist davon die GmbH & Co. – KG betroffen, bei der die GmbH alleinige Komplementärin gem. § 128 HGB ist und gleichzeitig alleine die Geschäfte der KG führt.

Die gewerblich geprägte **KapG & Co. – KG** ist zu einem Lieblingskind in der Gestaltungsberatung avanciert, wenn es gilt, eine an sich drohende Betriebsaufgabe zu verhindern: Durch die Aufnahme einer GmbH in eine bestehende – aufgabebedrohte – PersG oder durch die Einbringung eines Einzelunternehmens (Betriebs) in eine GmbH & Co. – KG kann die Aufdeckung der stillen Reserven bis zur Liquidation der Doppelgesellschaft hinausgeschoben werden. Einige sprechen – in Übertreibung – von einem „Gewerbebe-

---

[23] Den Ratschlag hat bereits der BFH im Urteil vom 24.04.1997 (BStBl II 1997, 567) gegeben. Dies gilt wegen der u.U. berufsrechtlichen Auswirkungen auch nach der Einführung des § 35 EStG.
[24] So führt die Beteiligung einer KapG an einer GbR zu gewerblichen Einkünften, auch wenn es sich bei den G'ftern der KapG ausschließlich um Berufsträger handeln sollte (BFH vom 15.05.1997, BFH/NV 1997, 751).

trieb auf Antrag"[25]. Die an sich eindeutigen Tatbestandsmerkmale des § 15 Abs. 3 Nr. 2 EStG erweisen sich bei näherer Betrachtung als heimtückisch, zumindest als „hochproblematisch".

Beispiel 5: Die „gewerblich geprägt – gestaltete" PersG

Der 80-jährige Flickschuster F betreibt seinen Laden in einem (viel zu) großen Etablissement in der Innenstadt von Frankfurt/Main. Das Grundstück mitsamt dem Geschäftsgebäude hat F 1948 von seinem Vater geerbt. Zu seinem Pech findet F weder in der Familie einen Nachfolger für sein redliches Gewerbe noch einen redlichen Käufer für seinen Betrieb. Sein StB rät ihm daher, das „sterbende" Einzelunternehmen in eine GmbH & Co. – KG einzubringen, um auf diese Weise – so der StB – der „konfiskatorischen" Besteuerung zu entgehen. Bei der am 01.07.1998 gegründeten GmbH & Co. – KG pocht F (der einzige Kommanditist) darauf, wenigstens im Innenverhältnis mitreden zu dürfen, wenn schon die GmbH (Alleingesellschafter: F) im Außenverhältnis „das Sagen hat".

Lösung:

- Gegen die Gründung einer KG ohne aktive gewerbliche Betätigung ist ab 01.07.1998 wegen §§ 105 Abs. 2, 161 Abs. 2 HGB nichts einzuwenden. Sie erlangt allerdings erst mit der Eintragung in das HR (konstitutive Wirkung!) die Eigenschaft als Personenhandelsgesellschaft, auf die uneingeschränkt die Regeln des HGB anwendbar sind[26].
- Das Wunschergebnis von F und seinem StB (Fortbestand der steuerlichen Gewerblichkeit) setzt voraus, dass zunächst das Einzelunternehmen zu Buchwerten in die KG eingebracht wurde. Diese nach § 24 UmwStG bestehende Möglichkeit wird unterstellt.
  Außerdem muss die GmbH **alleinige** persönlich haftende Gesellschafterin der KG (§ 128 HGB) sein. Auch hiervon ist lt. Sachverhalt auszugehen. Sollte neben der GmbH auch F persönlich haftender G'fter sein wollen, läge in Wirklichkeit eine OHG und keine KG vor.
- Fraglich ist jedoch, wie – wegen der notwendigen **alleinigen Geschäftsführungsbefugnis** der GmbH – die Mitsprachebefugnis des F geregelt wird.
  § 164 HGB, der den Kommanditisten von der Geschäftsführung ausschließt, ist nach allgemeiner Auffassung abdingbar, da er eine Regelung des Innenverhältnisses zum Gegenstand hat. Sollte man F im Gesellschaftsvertrag auch zum GF ernannt haben, läuft § 15 Abs. 3 Nr. 2 EStG leer, da nur auf dieses Merkmal (Geschäftsführung) abzustellen ist. Die

---

[25] Vgl. *Reiß* in *Kirchhof-Kompakt*, § 15 Rz. 132. „Antrag" ist dabei nicht wörtlich zu nehmen. Immerhin sind bei der Gründung einer GmbH 25 T€ (bzw. die Hälfte, vgl. § 7 Abs. 1 GmbHG) zzgl. der Gründungskosten aufzubringen.

[26] Früher wurde diese Rechtsfolge allenfalls durch § 5 HGB herbeigeführt, wenn das HR zur Eintragung einer „Schein-KG" veranlasst werden konnte.

einzige Möglichkeit, F in dieser Interessenskonstellation Mitspracherechte einzuräumen und trotzdem das Ziel einer gewerblich geprägten PersG zu garantieren, liegt darin, F als GF der Komplementär-GmbH zu bestellen[27]. Somit übt F über die GmbH indirekt die Geschäftsführung der KG aus. Dies kollidiert nicht mit dem Wortlaut des § 15 Abs. 3 Nr. 2 EStG.

Die Lösung des Falles offenbart die gesetzestechnische Schwäche der gewerblich geprägten PersG. Mit einem – **kaum überprüfbaren** – Merkmal des **Innenverhältnisses** („Geschäftsführung"), das jederzeit ohne Registereintrag geändert werden kann, hat der Gesetzgeber eine so weitreichende **Fiktion** wie die der gewerblichen Betätigung angeordnet. Hieraus ergeben sich – selten ausgenutzte – Gestaltungsspielräume.

Je nach Gestaltungsbeliebigkeit kann z.B. eine vermögensverwaltende GmbH & Co. – KG für einige Jahre – durch die Aufnahme eines „natürlichen Kommanditisten" in die Geschäftsführung – Überschusseinkünfte und in der nächsten Epoche gewerbliche Einkünfte erzielen, wenn obige Anordnung annulliert wird.

Entgegen einer weit verbreiteten Ansicht ist § 15 Abs. 3 Nr. 2 EStG nicht nur bei einer GmbH & Co. – KG anwendbar, sondern darüber hinaus bei jeder KapG & Co wie z.B. bei einer AG & Co. – KG oder einer atypischen GmbH & still[28].

3.2.3 Die weder gewerblich tätige noch gewerblich geprägte Personengesellschaft

Wie schon mehrfach ausgeführt, kann seit der zweiten Jahreshälfte 1998 bedenkenlos eine vermögensverwaltende KG (OHG) gegründet werden. Früher geschah dies durch allmähliches „Herabfahren" einer ursprünglich aktiven Personenhandelsgesellschaft auf das (damals) minderkaufmännische Niveau des § 4 HGB. Probleme treten auf, wenn an einer vermögensverwaltenden KG (OHG/GbR) eine KapG beteiligt ist, ohne dass eine gewerblich geprägte PersG vorliegt.

> **Beispiel 6: Die „Zebragesellschaft" – ein Dissens zwischen der 2. und der 3. Staatsgewalt**
> Der vermögensverwaltenden A-KG gehören 10 Zinshäuser. Ihre G´fter sind die Eheleute A sowie die A-GmbH. GF der KG sind die A-GmbH **und** Herr A. In einem der rentablen Mietwohnhäuser steht am Jahresende 01 die Dezembermiete des Studenten S i.H.v. 100 € aus. Was ist zu veranlassen?

Zunächst ist Kennzeichen der MU-schaft, dass auf deren Ebene die Einkunftsart ermittelt wird („Tatbestandssubjekt"). Die Subsumtion erfolgt unabhängig von der Rechtsform. Bei vermögensverwaltenden PersG kommen die Einkunftsarten § 20 und § 21 EStG in Betracht. Soweit an einer solchen KG nur natürliche Personen beteiligt sind, bereitet die Eingruppierung als V+V-Einkünfte oder in solche aus Kapitalvermögen und die Verteilung der Überschusseinkünfte auf die G´fter keine Probleme. In dem Augenblick, da

---

[27] So auch der BFH vom 25.05.1996 (BStBl II 1996, 523).
[28] Dazu näher unter Kap. III.2

eine KapG beteiligt ist, gibt es nicht nur ein Qualifikationsproblem, sondern auch eine bis heute nicht geklärte Zuständigkeitsfrage, da KapG gem. § 8 Abs. 2 KStG nur gewerbliche Einkünfte erzielen können.

Die PersG (bzw. deren G´fter) erzielt demnach verschiedene Einkünfte („Zebra-Gesellschaft"):

> **Lösung:**
> In materieller Hinsicht führt die ausstehende Miete von 100 € dazu, dass sie bei den Eheleuten A wegen des bei ihnen geltenden Zuflußprinzipes nach §§ 11, 21 EStG in 01 nicht zu erfassen ist. Anders ist die Rechtslage bei der GmbH, da der BVV die gewinnwirksame Aktivierung der Mietzinsforderung gebietet. Die Frage, die die Rspr. und die Verwaltung spaltet, gilt dem Zeitpunkt und dem Procedere.
>
> a) **Lösung des BFH (zuletzt Urteil vom 21.09.2000, BStBl II 2001, 299)**
> Der BFH sieht ein mehrstufiges Verfahren vor:
> 1. Auf der Ebene der PersG werden grundsätzlich alle Einkünfte vorläufig und unverbindlich festgestellt.
> 2. Das zuständige FA der G'fter entscheidet dann im ESt-/KSt-Folgebescheid verbindlich über die Zuordnung der Einkünfte.
> 3. Die Bescheide der G'fter dienen dann wiederum dem Betriebs-FA (der KG) zur verbindlichen Umrechnung der Einkünfte der betrieblich beteiligten G´fter (der GmbH) in Gewinneinkünfte.
> 4. Zuletzt ändert dann das FA des betrieblich beteiligten G´fters dessen ESt-/KSt-Folgebescheids.
>
> b) **Lösung der Finanzverwaltung (Nichtanwendungserlass des BMF vom 08.06.1999, BStBl I 1999, 592 auf BFH vom 11.12.1997, BStBl II 1999, 401)**
> 1. Es werden zunächst auf der Ebene der nicht gewerblichen PersG (Betriebs-FA der KG) alle Einkünfte der G´fter als Überschusseinkünfte ermittelt und festgestellt.
> 2. Auf der Ebene des betrieblich beteiligten G'fters werden dann die anteiligen Einkünfte in Gewinneinkünfte umqualifiziert. Jeder betrieblich beteiligte G´fter hat anteilig alle WG der PersG in seiner eigenen Buchführung zu erfassen (hier also die anteilige Forderung für die Dezembermiete in der GmbH-Bilanz).

Die Vorgehensweise der Finanzverwaltung[29] verdient den Vorzug, da es sich primär um eine Praktikabilitätsfrage handelt. Das 2-Schritte-Modell der Finanzverwaltung kommt diesem Ziel näher als das Hin- und Herschieben des BFH.

---

[29] Ausnahmsweise soll das „2-Stufen"-Modell nicht zur Anwendung kommen, wenn die PersG freiwillig beide Ermittlungsmethoden auf ihrer Ebene anwendet oder wenn die Beteiligung weniger als 10 % ausmacht (Tz. 2 f. und 7 ff. des BMF-Schreibens vom 29.04.1994, BStBl I 1994, 282).

3.3 Ebene der Gesellschafter (Mitunternehmer-Initiative und Mitunternehmer-Risiko)

Die Annahme gewerblicher Einkünfte bei mehreren Beteiligten einer PersG (oder eines vergleichbaren Gemeinschaftsgebildes) setzt des weiteren voraus, dass jeder einzelne die Merkmale der MU-Initiative und des MU-Risikos erfüllt. Dabei handelt es sich, wie der BFH in einer der grundlegenden Entscheidungen zur MU-schaft vom 25.02.1991 (BStBl II 1991, 691) feststellt, um sog. **Typus**begriffe. Damit ist zum Ausdruck gebracht, dass hier – anders wie bei gesetzlichen Tatbestandsmerkmalen – keine abschließende Aufzählung vorliegt, sondern eine summarische Anordnung von Einzelmerkmalen über das (Nicht-)Vorliegen entscheidet, wobei auch eines der üblichen Kriterien fehlen darf.

Die Überprüfung anhand der MU-Kriterien verfolgt den weiteren Zweck, auf der G´fter-Ebene die Gewinnerzielungsabsicht eines jeden MU zu verifizieren. So entspricht es einhelliger Auffassung (ausschlaggebendes Urteil des BFH vom 25.05.1984, BStBl II 1984, 751), dass bei einer **befristeten Kommanditbeteiligung,** die nur für die Laufzeit der Sonder-AfA bzw. der erhöhten Abschreibung (i.d.R. fünf bis sieben Jahre) gezeichnet wurde, die Gewinnerzielungsabsicht dieses G´fters fehlt. Wenn in dieser Zeit die Möglichkeit fehlt, an einer Vermehrung des BV der KG teilzuhaben, sind die zugewiesenen Verluste für diesen G'fter Liebhaberei (keine Gewinnchance), auch wenn die KG erfolgreich die Prüfung nach § 2b EStG bestehen sollte.

3.3.1 Mitunternehmer-Initiative

Für das Merkmal der Mitwirkungsbefugnis (MU-Initiative) des einzelnen G´fters genügt es nach ständiger Rspr., dass er wenigstens über die Kontroll- und Widerspruchsrechte eines Kommanditisten (nach § 164 ff. HGB) verfügt[30]. Insgesamt kommt dem Merkmal allenfalls bei der Ausgrenzung von minderjährigen Kindern bei den Familien-PersG eine besondere Rolle zu.

3.3.2 Mitunternehmer-Risiko

Bedeutsamer ist das Kriterium des MU-Risikos. Hierunter fallen als Mindestvoraussetzung das Ertragsrisiko, worunter eine Beteiligung am Misserfolg verstanden wird (also Gewinn- **und** Verlustbeteiligung) und das Kapitalrisiko, worunter eine Beteiligung an den stillen Reserven (inkl. Firmenwert) fällt. Dieses Merkmal wird beim Ausscheiden des G'fters evident. Werden mit der Vereinbarung über die Höhe des Auseinandersetzungsanspruches (nach § 738 BGB) auch die zwischenzeitlich mitverdienten stillen Reserven abgegolten, so ist zweifelsfrei das MU-Risiko aufgrund der BFH-Rspr. gegeben.

Von besonderer Bedeutung und kennzeichnend für den Typus-Begriff ist nun, dass eine im Einzelfall vorliegende hohe Ausprägung der MU'Initiative (z.B. durch die allei-

---

[30] Positiv entschieden durch BFH vom 11.12.1996 (BStBl II 1997, 272); negative Ausgrenzung durch BFH vom 11.10.1988 (BStBl II 1989, 762).

nige Geschäftsführung) ein geringes MU-Risiko (z.B. kein Anteil an den stillen Reserven oder keine Verlustbeteiligung) ausgleichen kann. Dies gilt auch im umgekehrten Fall.

Eine gewisse **Grenze nach unten** hat allerdings der BFH im Urteil vom 28.10.1999 (BStBl II 2000, 183) gezogen, als einem **Kommanditisten** mit den regulären Mitwirkungsbefugnissen der §§ 164 ff. HGB ohne Beteiligung an den stillen Reserven und ohne Gewinnbeteiligung bei üblicher fester Verzinsung der Kapitaleinlage die MU-Eigenschaft abgesprochen wurde[31].

3.3.3 Einzelfälle

Bei den verschiedenen MU-schaften und den davon betroffenen G'ftern mit prototypischen Erscheinungsbild kann eine tabellarische Auflistung vorgenommen werden:

Gesellschaft	G'fter	MU ja/nein	Ausnahme
Gewerbliche GbR	GbR-G'fter	Wegen der persönlichen Haftung i.d.R. ja	Ggf. Haftungsbeschränkung, BMF vom 18.07.2000 (BStBl I 2000, 1198)
OHG	OHG-G'fter	Wegen § 128 HGB ja	
KG	Komplementär	Wegen § 128 HGB ja	
	Kommanditist	Einzelprüfung	s. gewerbliche GbR
PartnerschaftsG	Wie OHG	Ja, aber § 18 Abs. 4 EStG	
EWIV	s. OHG	s. OHG	

Besondere Probleme mit der Überprüfung der MU-Merkmale bereiten Innengesellschaften, zunächst am Bsp. der atypischen Unterbeteiligung dargestellt.

> **Beispiel 7: Der unterbeteiligte Prokurist als Drahtzieher der OHG**
> A, B und C sind G'fter einer OHG mit einer Einlage von je 50 T€. C ließ sich die Hälfte seiner Einlage vom Prokuristen P zur Verfügung stellen und vereinbarte mit P, dass dieser zur Hälfte am Gewinn- und Verlustanteil des C beteiligt sein sollte. Bei Beendigung der zwischen C und P bestehenden Beziehung soll P seine Einlage, ggf. vermindert um einen Verlustanteil, zurückerhalten.
> **Variante:** P führt die Geschäfte der OHG alleine und ist zusätzlich am Anteil des B auf gleiche Weise wie am Anteil des C beteiligt.

Innengesellschaften sind durch das Fehlen eines gemeinsamen (dinglich wirkenden) Gesamthandsvermögens gekennzeichnet. Typisch (und namensgebend) für Innengesellschaften ist des weiteren, dass das Außenverhältnis (dokumentiert durch den Registerein-

---

[31] Zu weiteren Fällen s. *Zimmermann*, Die PersG, 2000, Kap. B Rz. 22.

trag) nicht mit den wahren Macht- und Vermögensstrukturen übereinstimmt. Gesellschaftsrechtlich gesprochen, sind die Organverhältnisse abweichend vom Regelstatut des HGB (BGB) geregelt. Neben der stillen Gesellschaft und der Ehegatten-GbR ist die **Unterbeteiligung** ein Hauptanwendungsfall. Bei dieser liegt keine Beteiligung am Handelsgewerbe vor, vielmehr nur eine **Beteiligung am Gesellschaftsanteil** eines anderen.

Lösung (Ausgangsfall):
Schematisch weist die OHG folgende Gesellschaftsstruktur auf:

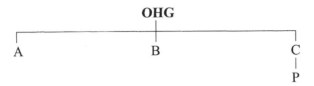

Mit der Beteiligung des P am OHG-Gesellschaftsanteil des C unterliegen seine Beteiligungseinkünfte § 20 Abs. 1 Nr. 4 EStG. Gleichzeitig stellen die von C an P zu zahlenden hälftigen Gewinnanteile bei C sog. Sonder-BA dar. Man nennt diese Form die typische Unterbeteiligung.

In der **Variante** liegt nicht nur eine zweifache Unterbeteiligung vor, sondern hier ist P wegen der alleinigen Geschäftsführung und der **schuldrechtlichen Beteiligung**[32] an den stillen Reserven so gestellt, dass man von einer **atypischen Unterbeteiligung** spricht.
Dies hat zur Konsequenz, dass P steuerrechtlich in den Kreis der MU einbezogen wird[33] und gewerbliche Einkünfte nach § 15 Abs. 1 Nr. 2 S. 2 EStG versteuert. Dabei wird die Unterbeteiligungsgesellschaft zwischen P und B/C jeweils als MU in der Hauptgesellschaft angesehen.
Der auf ihn über C und B entfallende Gewinn wird im Rahmen einer besonderen gesonderten Gewinnfeststellung nach § 179 Abs. 2 S. 3 AO erfasst.

Bild-Variante (zu Bsp. 7):

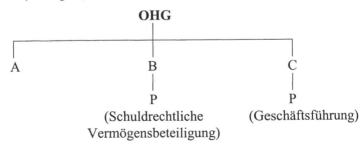

---

[32] Ein unmittelbare, dinglich wirkende Beteiligung am Gesamthandsvermögen kommt nur bei den G´fter (= Hauptbeteiligte) in Betracht.

3.3.4 Die verdeckte Mitunternehmerschaft

Noch einen Schritt weiter als bei der atypischen Unterbeteiligung, bei der immerhin ein (Innen-)Gesellschaftsvertrag zwischen den beteiligten Personen vorliegt, ging die Rspr. in einzelnen Konstellationen ohne gesellschaftsrechtlichen Zusammenschluss. Dort führte allein die konzentrierte Machtfülle eines Nicht-G´fters zur Annahme einer „verdeckten" MU-schaft führt.

Beispiel 8
S führt die Geschäfte seines bisherigen Einzelunternehmens in der Weise fort, dass er an eine von seiner Ehefrau und seiner Schwester gegründete GmbH & Co. – KG folgende Geschäftsvorfälle tätigte:

- Das AV seines früheren Einzelunternehmens verpachtete,
- das Umlaufvermögen verkaufte und
- alleiniger GF der Komplementär-GmbH wurde.

Lösung:
In diesem am 20.01.1985 entschiedenen Fall stellte der BFH (BStBl II 1985, 363) die Weichen für die grundsätzliche Anerkennung bzw. Ablehnung der „verdeckten" MU-schaft. Es ist offensichtlich, dass S mit der GmbH & Co. – KG kein gesellschaftsrechtlicher Status verbindet; er ist lediglich Angestellter der GmbH und Verpächter an die KG.
Der BFH führte aus, dass zwar keine formale zivilrechtliche Betrachtungsweise (Vorliegen einer Gesellschaft im zivilrechtlichen Sinne) gefordert wird und somit auch Angestellte, Darlehensgläubiger oder Verpächter als MU in Betracht kämen. Voraussetzung müsse aber immer sein, dass ein **gemeinschaftliches** Handeln zur **gemeinsamen Zweckverfolgung** vorliege[34]. Als Anhaltspunkt hierfür gilt nicht nur die Mitarbeit (nicht einmal die hauptsächliche Arbeit) in dem Unternehmen, sondern die Tatsache, dass eine **unangemessen hohe Vergütung** für die erbrachte Leistung vereinbart wurde und dass sich die betreffende Person dabei wie ein Unternehmer verhalte.
Im damaligen, vom BFH a.a.O. entschiedenen Fall war dies noch nicht der Fall und die MU-schaft des S war folglich zu versagen.
In mehreren Folgeentscheidungen nahm der BFH bei unüblich hohen Vergütungen (90 % Arbeitslohn des Angestellten gegenüber 10 % verbleibendem Gewinn der Unternehmer-Ehefrau – BFH vom 21.09.1995 (BStBl II 1986, 10) – oder eine Tantieme i.H.v. 56 % des Reingewinnes – BFH vom 02.09.1985 BStBl II 1996, 66 –) eine MU-schaft des angestellten Ehegatten an.
In Fällen vergleichbarer Machtfülle, aber bei fehlender unangemessener Vergütung wurde die verdeckte MU-schaft hingegen verneint (zuletzt BFH vom 13.07.1993, BStBl II 1994, 282).

---

[33] BFH vom 02.10.1997 (BStBl II 1998, 137).
[34] Insoweit wird doch wieder auf § 705 BGB zurückgegriffen.

Es ist offensichtlich, dass der BFH in seinen Entscheidungen zur verdeckten MU-schaft bemüht war (ist), mit einem Drittvergleichsmaßstab Leistungsaustauschbeziehungen unter Ehegatten wieder „gerade zu ziehen", die ansonsten wegen des BA-Abzugs, der sich bei der GewSt definitiv auswirkt, als (Gewerbe-)Steuersparmodell gehandelt worden wären. Mit Einführung von § 35 EStG n.F. ist abzusehen, dass das Rechtsinstitut der verdeckten MU-schaft in Zukunft der Vergangenheit angehören wird.

3.2.5 Die doppelstöckige (mehrstöckige) Personengesellschaft

Ein wesentlich kürzeres Gastspiel hatte die doppelstöckige PersG zu verzeichnen. Sie verdankt ihre Existenz der Tatsache, dass an einer PersG (1) eine weitere PersG (2) beteiligt ist. Die PersG (1) wird (etwas unverständlich) Untergesellschaft, die an ihr beteiligte PersG (2) wird Obergesellschaft genannt. Mit ihr sollten aktive, ebenso wie nachträgliche Tätigkeitsvergütungen, die gegenüber der Untergesellschaft erbracht wurden, bei dieser als BA abgezogen werden.

Beispiel 9: Das steuerliche „Tiefparterre" (bzw. „Hochhaus")
An der X-KG ist die Y-KG als Komplementärin mit den Gesellschafterinnen A und B beteiligt. Einziger Kommanditist der X-KG ist der Ehemann von Frau A. Frau A erledigt die Geschäfte der X-KG und bekommt dafür ein Gehalt von 100.000 €/Jahr.

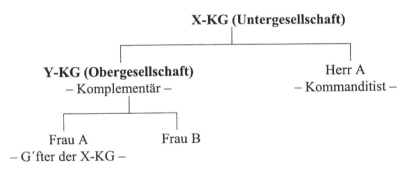

Vor Einführung des § 15 Abs. 1 S. 1 Nr. 2 **Satz 2** EStG hat der BFH im Beschluss vom 25.02.1991 (BStBl II 1991, 691) den Charakter **jeder** PersG als eigenständiges **Steuersubjekt** betont und demzufolge nur die Y-KG als MU-in der X-KG (neben dem Kommanditisten Herrn A) behandelt. Die Folge war, dass beide Gesellschafterinnen der Y-KG (Frau A und Frau B) steuerlich nicht an der Untergesellschaft beteiligt waren. Auf diese Weise hätten Leistungsaustauschbeziehungen zwischen diesen Gesellschaftern auf der „Subebene" und der Untergesellschaft aufgebaut werden können, deren steuerliche Folgen zu BA bei der Y-KG geführt hätten, da die spezielle Vorschrift des § 15 Abs. 1 Nr. 2 S. 1, 2. HS EStG (Tätigkeitsvergütungen u.a. dürfen den Gewinn der PersG nicht mindern) nicht gegriffen hätte.

Lösung:
Mit Einführung des **2. Satzes** in § 15 Abs. 1 S. 1 Nr. 2 EStG hat der Gesetzgeber (StÄndG 1992) diesen Gestaltungsmöglichkeiten einen Riegel vorgeschoben. Danach sind G´fter (die Frauen A/B), die über eine andere PersG (Y-KG) an einer Untergesellschaft (X-KG) beteiligt sind, den unmittelbar beteiligten G´fter (hier: Herrn A) gleichzustellen.

Als erstes Ergebnis werden die G´fter der Y-KG auf die gleiche Stufe wie Herr A gestellt, soweit davon ihr steuerliches Verhältnis zur X-KG betroffen ist. Dies ist – wie hier bei Frau A – bei Dienstleistungen oder Nutzungsüberlassungen im Verhältnis zur X-KG der Fall. Die GF-Vergütung, die Frau A von der Untergesellschaft erhält, wird im Rahmen der Gewinnermittlung der X-KG nach § 15 Abs. 1 Nr. 2 EStG als gewerblicher Gewinnanteil von Frau A behandelt.

Als weiteres Ergebnis ist darauf hinzuweisen, dass Frau A in **zwei Gewinnermittlungsverfahren** einbezogen ist, einmal zur X-KG und sodann zur Y-KG, bei der sie Hauptgesellschafterin ist.

Es ist hervorzuheben, dass die Fiktion der Beteiligung der Subgesellschafter an der Untergesellschaft nur dann greift, wenn es sich bei der vermittelnden Obergesellschaft um eine PersG handelt und beide G´fter (der Subgesellschafter wie die vermittelnde Obergesellschaft) in ihrem Beteiligungsstrang als MU anzusehen sind.

Schließlich wurde mit der Pluralformulierung im Einleitungssatz (S. 2: „Der ... über eine oder **mehrere PersG** beteiligte G´fter ...") erreicht, dass selbst bei einem über mehrere Ebenen in die Tiefe reichenden Beteiligungsstrang (mehrstöckige PersG) steuerlich der unmittelbare Bezug zur Untergesellschaft hergestellt wird. Auch unendlich viele zwischengeschaltete PersG entfalten keine Abschirmwirkung.

4 Technik des Transparenzgrundsatzes: Die Gewinnkomponenten der Mitunternehmer

4.1 Einführung: Zweistufige Gewinnermittlung

Die Erfassung des G´fters als ESt-Subjekt sagt noch nichts über die Ermittlung seines Gewinnes aus. Gem. § 15 Abs. 1 S. 1 Nr. 2 **Satz 1** EStG setzt sich der gewerbliche Gewinn des MU aus seinem Gewinnanteil (1. HS) und aus Vergütungen für Tätigkeiten im Dienste der PersG sowie für die Überlassung von WG (2. HS) zusammen.

In der Lehre werden hieraus zwei Gewinnermittlungsstufen gebildet, von denen die erste den Anteil des MU am Gesamthands-Gewinn der PersG darstellt und die zweite seinen persönlichen Anteil im Dienste der PersG abbildet. Man kann die erste Stufe auch als die „**kollektive**" Ermittlungsstufe und die zweite als die „**individuelle**" Ermittlungsstufe bezeichnen. In der Praxis der Finanzverwaltung wird die Trennung mittels des ESt 1,2,3 B-Formulars vorgenommen; dort werden etwas verkürzt für die individuelle zweite Ebene die Begriffe „(Tätigkeitsvergütungen zzgl. Zinsen für Kapitalüberlassung u.a.) ./. Sonder-BA" (Spalte 6 – 8) verwendet.

In der Abschlusspraxis einer PersG findet sich noch eine dritte Komponente, die der sog. Ergänzungsbilanzen. Diese stellen zwar (abweichend von der Hauptbilanz) individuelle Werte dar, bilden diese aber im Vergleich zur kollektiven Hauptbilanz ab, so dass sie von der h.M. zurecht der ersten Ermittlungsstufe zugeschrieben werden.

4.2 Der Hintergrund der Regelung

4.2.1 „Gewinnanteil"

Die erste Ermittlungsstufe („Gewinnanteil"; exakt: „Ergebnisanteil", da hierunter auch Verluste fallen) trägt der Tatsache Rechnung, dass die PersG ein eigenständiges Gewinnermittlungssubjekt ist. Auf der Ebene der MU wird der aus der HB kommende **HB-Gewinn der PersG** (§ 238 HGB i.V.m. §§ 105, 161 HGB) in das Steuerrecht transformiert (§ 5 Abs. 1 EStG) und bildet als **StB-Gewinn der MU-schaft** die Ausgangsgröße für die Aufteilung unter den G′fter. Entgegen § 121 Abs. 3 HGB (Aufteilung nach Köpfen) bildet die konkretisierte Gewinnverteilungsabrede unter den G′fter die Grundlage für die Aufteilung. In der Kautelarpraxis (= Vertragsgestaltung) wird in dieser Aufteilungsfrage gewohnheitsrechtlich auf den Stand des **Kapitalkontos I** verwiesen.

Wiederum abweichend vom Regelstatut des HGB werden nach den meisten Verträgen in den Handelsbilanzen der PersG drei (manchmal vier) Kapitalkonten gebildet[35]:

- Das **Kapitalkonto I** (auch Festkapitalkonto genannt) wird für jeden G′fter nach seiner ursprünglichen Einlage festgesetzt und – abgesehen von Nachschüssen – unverändert fortgeführt. Diese „eingefrorene" Größe repräsentiert als Kapitalanteil die verhältnismäßige Beteiligung am Vermögen der PersG und ist gleichzeitig der unveränderliche Maßstab für die Stimmrechte, den **Gewinn- und Verlustanteil** sowie die Beteiligung am Liquidationsguthaben.
- Das **variable Kapitalkonto II** nimmt die zwischenzeitlichen jährlichen Ergebnisanteile auf und im Regelfall auch die entnommenen und ggf. eingelegten Beträge (Nachschüsse).
Für den Fall, dass die Gesellschaftsverträge – aus Gründen der Eigenkapitalbildung – nicht den ganzen Gewinnanteil für entnahmefähig erklären, wird im Kapitalkonto II nur der nicht entnahmefähige Gewinn erfasst.
- Der entnahmefähige Gewinn wird bei der differenzierten Behandlung dem **Kapitalkonto III** zugeschrieben und kann insoweit als Forderung gegen die PersG gewertet werden. Hierfür hat sich auch die Bezeichnung „Verrechnungskonto" eingebürgert.
- Manchmal wird für die „echten" Forderungen der G′fter gegen die PersG, z.B. aus einer Darlehensvergabe, noch ein **Kapitalkonto IV** gebildet. Ein Kapitalkonto IV (mit dem o.g. Inhalt) wird steuerlich im sog. Sonderbetriebsvermögen (s. sogleich) abgebildet.

---

[35] Sehr instruktiv zum Ganzen *Oppenländer*, DStR 1999, 939.

(Gelegentlich wird auch eine Kapitalkontenstruktur bei den PersG entsprechend dem Eigenkapitalausweis gem. § 266 Abs. 3 HGB bei KapG empfohlen[36]. Dabei ist darauf zu achten, dass die dortige Begriffswelt – insb. zu den Rücklagen – den PersG fremd ist und nur bei hierauf abgestimmten Gesellschaftsverträgen kompatibel ist).

4.2.2 „Vergütungen für Tätigkeit im Dienst der Personengesellschaft und für die Überlassung von Wirtschaftsgütern"

§ 15 Abs. 1 Nr. 2 S. 1 **2. Halbsatz** EStG hat die Aufgabe, den MU weitgehend dem Einzelunternehmer gleichzustellen. Ebenso wenig wie der Einzelunternehmer „seinen" Unternehmerlohn als BA bei der Gewinnermittlung abziehen darf, verhindert die Erfassung der Tätigkeitsvergütungen von MU als deren gewerblicher Gewinn den steuerlichen BA-Abzug. Noch einen Schritt weiter: es erfolgt mit der zweiten Aussage eine **Umqualifikation** der Einkünfte. Anstelle von Lohn-, Vermietungs- oder von Kapitaleinkünften erzielt der MU bei der Nutzungsüberlassung an die PersG gewerbliche Einkünfte. Für diese Erlöse bildet die Verwaltung verkürzt den Ausdruck „Sonder-BE", denen begriffsnotwendig Aufwendungen als „Sonder-BA" gegenüberstehen.

Die Umqualifikation führt über diesen Akt hinaus zu einer neuen, nur steuerlichen Bilanzkategorie, dem sog. **Sonderbetriebsvermögen**. Mit der gewerblichen Umqualifikation werden aus den vorherigen WG des PV nunmehr WG des (steuerlichen) BV (im einzelnen unter Kap. II.4).

Beispiel 10: Eine neue Vermögenskategorie

A	Schlussbilanz der AB-OHG in 01		P
Diverse Aktiva	200.000 €	Kapital A	100.000 €
		Kapital B	100.000 €
Summe Aktiva	200.000 €	Summe Passiva	200.000 €

Wie ist die Tatsache zu berücksichtigen, dass G'fter A der OHG einen Lkw mit AK (Januar 01) von 50.000 € vermietet (Monatsmiete: 500 €), den die OHG zur Besorgung geschäftlicher Angelegenheiten benutzt?

Häufig verbleiben WG im Eigentum eines G'fters, während sie zum betrieblichen Einsatz bei der PersG vorgesehen sind. Anstelle einer möglichen (Sach-)Einlage[37] in das Gesamthandsvermögen der PersG behält sich somit der G'fter das alleinige Verfügungsrecht über den Gegenstand zurück. Der häufigste Fall sind die der PersG zur Nutzung überlassenen Grundstücke. § 15 Abs. 1 Nr. 2 S. 2 EStG „zieht" dieses WG in den steuerlichen gewerblichen Rechnungskreis der PersG, an der der G'fter beteiligt ist. § 15 Nr. 2 S. 2, 2. HS EStG übt insoweit eine zentripetale (oder **Konzentrations-)Wirkung** auf die

---

[36] S. Empfehlungen der Bundessteuerberaterkammer (Juli 1999) zum Ausweis des Eigenkapitals in der HB der Personenhandelsgesellschaften.
[37] Eine andere Möglichkeit ist die der Nutzungseinlage des G'fters, bei der die – nicht bezahlte – Miete nach und nach den festgelegten Gesellschafterbeitrag erreicht und gegen das Kapitalkonto gebucht wird.

4 Technik des Transparenzgrundsatzes: Die Gewinnkomponenten der MU

WG aus. Mit der Umqualifikation der Vermietungseinkünften zu gewerblichen Einkünften sind die eingesetzten WG zu (steuerlichem) BV geworden, das es in der HB der PersG nicht gibt. Gleichzeitig gelten für diese WG des **Sonder-BV** die Grundsätze der (nun!) gewerblichen Gewinnermittlung nach § 2 Abs. 2 Nr. 1 EStG. Damit sind diese WG nicht nur steuerverstrickt, sondern unterliegen per se der Ermittlung nach § 4 EStG. In der Praxis werden die Ergebnisse in eine steuerliche **Sonderbilanz** eingestellt und – zusammen mit einer Sonder-G+V – fortentwickelt[38].

Lösung:

Für den Lkw des A ist im Januar 01 eine steuerliche Sonderbilanz zu bilden, in die der Lkw eingelegt wird. Entsprechend der Kontendarstellung beim Einzelunternehmer wird der Lkw als WG des abnutzbaren AV bis zum 31.12.01 buchungstechnisch fortentwickelt. Die Ergebnisse aus der Sonderbilanz werden ausschließlich in der Gewinnermittlung des A berücksichtigt, während die Geschäftsvorfälle, die die OHG betreffen (Zahlung der Miete) in deren Buchungskreis berücksichtigt werden. Der Mietaufwand von 6.000 € schlägt sich als gemeinschaftlicher Aufwand von A und B in der G+V der OHG nieder, während der Mietertrag allein von A erfasst wird. Während der Aufwand „sozialisiert" wird, ist der Ertrag „individualisiert".

Sonder-BV und Sonder-G+V des A (bei der OHG) entwickeln sich in 01 (ND: 9 Jahre für Lkw, degressive AfA gem. § 7 Abs. 2 EStG) wie folgt:

A	Sonderbilanz		P
LkW	50.000 €	Mehrkapital A[39]	50.000 €
	./. 10.000 €		./. 10.000 €
Summe Aktiva	40.000 €	Summe Passiva	40.000 €

Lkw		AfA		Mietertrag	
AB 50.000	(1) 10.000	(1) 10.000			(2) 6.000
	SB 40.000		(3) 10.000	(4) 6.000	

Sonder-G+V		Mehrkapital A		Sonderprivatkonto	
(3) 10.000	(4) 6.000	(5) Verlust	AB 50.000	(6) **6.000**	(2) 6.000
	(5) **4.000**	4.000	SB 40.000		
		(6) 6.000			

Erläuterungen:

1. Die nach § 7 Abs. 2 EStG zu bildende degressive AfA beträgt 10.000 €.
2. Mangels Bankkonto im Sonder-BV des A erfolgt die Gegenbuchung des Mietertrages auf dem Privatkonto.

---

[38] Ebenso wäre es denkbar, die Ergebnisse des Sonder-BV mittels der § 4 Abs. 3 – Überschussrechnung (vorbehaltlich § 141 AO) zu ermitteln. Dies geschieht in der Praxis fast nie.
[39] Statt „Mehrkapital" wird auch „Sonderkapital" verwendet.

3. Trotz der Verringerung des Kapitalkontos des A um 10.000 € beträgt der **steuerliche (Sonder-)Verlust** des A nach der G+V sowie nach dem BV (§ 4 Abs. 1 EStG)[40] immer **4.000 €**.
4. Sollte dies der einzige Geschäftsvorfall bei der OHG im WJ 01 gewesen sein, so setzt sich das Gesamtergebnis des A gem. § 15 Abs. 1 Nr. 2 EStG zusammen aus:

- „Gewinnanteil" nach Nr. 2, 1. HS: ./. 3.000 €
  (hälftiger Mietaufwand)
- Ergebnis nach Nr. 2, 2. HS: ./. 4.000 €
  Gewerblicher Verlust des A aus OHG: ./. 7.000 €

Vorbehaltlich der umfassenden Darstellung zum Sonder-BV[41] wird betont, dass die HB ein Sonder-BV nicht kennt.

4.2.3 Die Ergänzungsbilanz

Eine gänzlich andere Funktion kommt der Ergänzungsbilanz zu. Sie enthält alle notwendigen **individuellen Abweichungen** in der Person des **G'fters** von den Werten der **Gesamthandsbilanz**. Trotz des Dogmas von der MU (PersG) als „Gewinnermittlungssubjekt" gibt es zahlreiche in der Person des einzelnen MU liegende Normabweichungen, die in der Ergänzungsbilanz zu berücksichtigen sind. Dies können personenbezogene Steuervergünstigungen sein, die nur einem (nicht allen) G'ftern zu gewähren sind. Solche Abweichungen sind immer AK, die beim Erwerb einer Beteiligung an einer PersG anfallen und die höher als das entsprechende Kapitalkonto des veräußernden Alt-G'fters sind.

> **Beispiel 11: Zivilrecht und Bilanzrecht beim Verkauf einer Beteiligung**
> An der X-KG sind X (Komplementär) und Y (Kommanditist) beteiligt. Das Kapitalkonto des X und Y beträgt jeweils 100.000 €. Nach einem Zerwürfnis mit X veräußert Y die Kommanditbeteiligung an Z. Dieser schätzt den Wert der Beteiligung unter Berücksichtigung des Substanzwertes und der Gewinnchancen auf 150.000 €. Z und Y einigen sich auf diesen Kaufpreis.
> Bei der Veräußerung einer Beteiligung divergieren – zumindest unter Fremden – immer die Buchwerte und der Kaufpreis. Dieser Mehrwert kann nicht im Kapitalkonto des Erwerbers in der Hauptbilanz berücksichtigt werden, da dieses erstens nur den Buchwert repräsentiert und da vor allem mit einem – unterstellt – höheren Kapitalausweis des NeuG'fters der Beteiligungswert des verbleibenden G'fters gesunken wäre. Somit sind die Aufwendungen des Erwerbers, soweit sie das Buchkapital des Veräußerers überschreiten, in eine Ergänzungsbilanz einzustellen.

---

[40] Gewinnermittlung nach § 4 Abs. 1 EStG:
40 T€ (Schlussvermögen) ./. 50 T€ (AV) + 6.000 (Entnahme) = ./. **4.000 €**.
[41] S. auch zur allgemeinen WG-Diskussion des Sonder-BV *Kölpin*, Band 2, Teil A, Kap. III.

Lösung:
Die Bilanzen der X-KG haben vor und nach dem Gesellschafterwechsel folgendes Aussehen:

A	Bilanz X-KG (vorher)	P		A	Bilanz X-KG (nachher)	P
Aktiva 300.000	Kap. X	100.000		Aktiva 200.000	Kap. A	100.000
	Kap. Y	100.000			**Kap. Z**	**100.000**
	VB	100.000			VB	100.000

A	Ergänzungsbilanz Z	P
Mehrwert 50.000	Mehrkap. Z	50.000

Losgelöst von den Einzelheiten zur Ergänzungsbilanz, die beim Gesellschafterwechsel anzusprechen ist, wird deutlich, dass es sich um eine **akzessorische Ergänzung** zur Hauptbilanz handelt, da der Mehrwert (bzw. Minderwert) mit den WG des Gesamthandsvermögen korreliert. Allein dieser technische Aspekt erlaubt die Berücksichtigung der Ergänzungsbilanz auf der ersten (kollektiven) Stufe der Gewinnermittlung der MU-schaft. Deutlich wird bereits jetzt, dass die Ergänzungsbilanz eine – bilanztechnisch notwendige – Abkehr vom zivilrechtlich geschlossenen Gesamthandsmodell des § 719 BGB darstellt.

4.2.4 Ein Problemfall: Die Tätigkeitsvergütung als Sonder-Betriebseinnahme, Gewinnvorweg oder Entnahme?

Der häufige Fall einer Tätigkeitsvergütung für den GF einer OHG (KG) wirft bereits Probleme in der Zuordnung zu den einzelnen Komponenten der Gewinnermittlung auf. Vorweg werden die generellen Auswirkungen eines GF-Gehalts, auf das es keinen gesetzlichen Anspruch gibt[42], erläutert.

Beispiel 12: Ein Vorfall – Fünf (mögliche) Buchungen
Für das überwiesene Monatssalär des Komplementär K bei der X-KG (8.000 €) finden sich in einem Wj. drei verschiedene Buchungen, das Dezembergehalt steht noch aus:

a) Gehalt an Bank,
b) Privat an Bank,
c) Gehalt an Kapital,
d) für das Dezembergehalt wird diskutiert, ob gebucht werden soll:

---

[42] Nach § 110 HGB werden nur die Aufwendungen (= freiwillige Vermögensopfer wie z.B. der Kauf von Schreibmaterial) ersetzt; in den §§ 114 ff. HGB ist ebenfalls kein gesetzlicher Entlohnungsanspruch vorgesehen (Grund: Der historische Gesetzgeber des Jahres 1897 ging von der freiwilligen Mitarbeit eines Personengesellschafters aus). Von daher müssen Entlohnungsansprüche **vertraglich** vereinbart werden.

aa) Gehalt an sonstige VB,
bb) oder „mangels Geschäftsvorfall" nichts.

In den Fällen a) – c) wurde zusätzlich ein Sozialversicherungsbeitrag einbehalten und zusammen mit dem gleich hohen AG-Anteil an die Sozialversicherungsträger abgeführt; in den Fällen a), c) und d) aa) ist gleichzeitig die LSt angemeldet und an das FA überwiesen worden.

Losgelöst von gesellschaftsvertraglichen Regelungen lässt die Wertung des § 15 Abs. 1 Nr. 2, 2. HS EStG einen **steuerlichen BA-Abzug** der Tätigkeitsvergütung **nicht** zu. Dabei fallen unter den Begriff der Tätigkeiten eines G'fters sämtliche Dienstleistungen, die dieser im Interesse der Gesellschaft erbringt. Damit werden nicht nur „Managementaufgaben" abgegolten, sondern auch freiberufliche Leistungen (z.B. eines RA/StB), die ein G'fter zugunsten seiner PersG erbringt. Ausgenommen sind nach einer (allerdings) uneinheitlichen BFH-Rspr. nur solche Vergütungen, für die keine gesellschaftsrechtliche Veranlassung ersichtlich ist[359] oder wenn Veräußerungsgeschäfte zwischen PersG und G'fter, die zu fremdüblichen Bedingungen abgeschlossen werden (BFH vom 28.10.1999, BStBl II 2000, 339 – für einen Werkvertrag –).

Die verschiedenartigen Verbuchungen wiederum hängen mit der „offenen" Jahresabschlusspraxis bei PersG zusammen. So kann es vorkommen, dass das (nicht ausbezahlte) GF-Gehalt laufend als Gewinnvorweg behandelt wird und nur noch der Restgewinn unter den G'ftern verteilt wird. Bei der am häufigsten vorkommenden Variante der Aufwandsverbuchung a) des Gehaltes tritt ein Problem bei der Kapitalkontenentwicklung auf. Dort werden sodann die GF-Gehälter gleichzeitig als Entnahmen und Vorabgewinn behandelt.

Lösung:

- Der Unterschied in den Hauptvarianten (a = Aufwand) und (b = Entnahme), die beide gegen das Bankkonto gebucht wurden, liegt in der Erfolgsneutralität des Buchungssatzes b), während der aufwandswirksame Buchungssatz a) den Gewinn der KG gemindert hat. Damit steht fest, dass bei a) eine Hinzurechnung nach § 15 Abs. 1 Nr. 2, **2. HS** EStG um 8.000 € – und zwar **bei K** – als Tätigkeitsvergütung erfolgt.
- Bei b) wird zwar ein aktiver Bestandsposten (Bank) verringert, durch die gleichzeitige Verbuchung als Entnahme wird am Jahresende nach dem BVV der identische Betrag nach § 4 Abs. 1 S. 1 EStG wieder hinzugerechnet, so dass sich für die KG per Saldo keine Gewinnauswirkung ergibt. Aus steuerlicher Hinsicht ist keine Korrektur erforderlich. Als weiterer gesellschaftsrechtlicher Unterschied zu a) ist bei der Verbuchung im Fall b) das Kapitalkonto des K alleine belastet, während bei a) durch die Aufwandswirkung bei der KG alle G´fter entsprechend dem Gewinnverteilungsschlüssel belastet sind.

---

[359] In der Lit. (*Reiß* in Kirchhof-Kompakt, § 15 Rz. 385 u.a.) wird hier mit der „Negativ-Formel" gearbeitet: Bei fehlendem Zusammenhang mit der Gesellschafterstellung findet keine Berücksichtigung nach § 15 Abs. 1 Nr. 2, 2. HS EStG statt.

Dies leitet über zur allgemeinen Frage, worin sich die Behandlung einer Gehaltszahlung als **Gewinnvorweg** (oder als „Gewinnvoraus"[44]) und als **Sondervergütung** unterscheiden: Je nach Gesellschaftsvertrag hat der „Manager" gem. § 15 Abs. 1 Nr. 2, 2. HS EStG **steuerlich** alleine die Folgen zu tragen oder es ist bei der Lösung „Gewinnvorweg" die PersG insgesamt belastet. In letzterem Fall wird der Personalaufwand im Ergebnis von jedem G'fter (auch vom Manager) gem. § 15 Abs. 1 Nr. 2 **1. HS** EStG (bei K als erhöhter „Gewinnanteil"[45]) anteilig getragen.

- Der Vorfall c) ist einmal falsch gebucht worden; statt einer Gutschrift auf dem Privatkonto (Einlage) ist das Bestandskonto Bank gemindert; erforderlicher Korrektur-BS: per Kapital 8.000 an Bank 8.000.
  Ansonsten muss bei c) steuerlich nach § 15 Abs. 1 Nr. 2, 2. HS EStG der gewerbliche Gewinn des K um 8.000 € Sondervergütung erhöht werden.
- Der ausstehende Dezemberlohn d):
  Bei bb) (= unterlassener BS) ist vom steuerlichen Gesamtergebnis nichts veranlasst, da der KG-Gewinn (und damit ihr Gewerbeertrag) richtig festgestellt ist.
  Allerdings ist seitens der KG die vertragliche Verpflichtung zur Bezahlung des Dezembergehaltes nach dem Vollständigkeitsgebot (§ 246 HGB) und nach dem Realisationsgrundsatz (§ 252 Nr. 4 HGB) als Schuld (sonstige VB) auszuweisen. Gleichzeitig ist dies der einzige Fall (abgesehen von der Pensionsverpflichtung, s. später), in der ein Personengesellschafter in seiner Sonderbilanz die Tätigkeitsvergütung erfassen darf. Da die Sonderbilanz nur WG erfassen kann, kann hier ausnahmsweise der Gehalts-**Anspruch** aktiviert werden.
  Damit (BS in der Sonderbilanz: „Gehaltsforderung an Tätigkeitsvergütung") ist auch dieser Geschäftsvorfall gewinnwirksam als echte Sonder-BE bei der richtigen Person (K) erfasst.

Anhang:
- Die AG-Anteile zur Sozialversicherung werden umfänglich bei § 15 Abs. 1 Nr. 2, 2. HS EStG miterfasst.
- Umgekehrt kann K die Sozialversicherungsbeiträge (einschließlich der AG-Anteile) als SA nach § 10 Abs. 1 Nr. 2 EStG bei seinen persönlichen Steuermerkmalen berücksichtigen.
- **Lohnsteuer** darf bei einem G'fter-GF-Gehalt **niemals** einbehalten werden.

---

[44] Wird das Gehalt als „Gewinnvorab" einem G'fter unterjährig gutgeschrieben, so müssen am Jahresende die Kapitalkonten wieder „glattgezogen" werden.
[45] Die im Wj. gebuchte „laufende" Entnahme setzt einen entsprechenden „Gewinnvorweg" voraus.

5 „Mehr- und Weniger-Rechnung" bei der PersG (Mitunternehmerschaft)

Die Verprobung des Transparenzkonzeptes erfolgt am besten anhand einer „Mehr- und Weniger-Rechnung" (falls erforderlich) anlässlich einer Außenprüfung bei einer PersG.

Beispiel 13: Eine jede (PersG) ist mal dran[46]
An einer X-OHG sind Y und Z mit gleicher Gewinnquote beteiligt. Y erhält als GF der OHG ein Gehalt von 60.000 €. Der Restgewinn wird unter den G'ftern Y und Z nach dem paritätischen Verteilungsschlüssel (je 1/2) aufgeteilt. Wie üblich, wurde auf eine Kapitalverzinsung nach § 120 f. HGB verzichtet. Als Prüfungsfeststellungen für den VZ 01 sind zu verarbeiten:

a) Z ist nebenher als StB tätig und fertigte für die OHG ein steuerliches Optimierungskonzept. Hierüber erstellte er der OHG am 20.12.01 eine Rechnung über 10.000 €[47], die in den Bilanzen der OHG als sonstige Verbindlichkeit (31.12.01) ausgewiesen ist (Gegenbuchung: Rechtsberatungskosten); die Rechnung wurde am 30.01.02 bezahlt.

b) Die laufend bezahlte GF-Vergütung des Y i.H.v. 5.000 €/Monat ist in 01 als Personalaufwand verbucht worden, ohne dass LSt und Sozialversicherungsbeiträge einbehalten und abgeführt wurden.

Lösung:

- In beiden Fällen a) und b) bleiben die Bilanzposten der OHG unbeanstandet. Die Bilanz der OHG muss die Honorarrechnung des Z als sonstige Verbindlichkeit ausweisen (§§ 246, 252 Nr. 4 HGB).

- Die Honorarrechnung des Z ist gleichzeitig als sonstige Forderung in einer Sonderbilanz des Z i.H.v. 10.000 € zu aktivieren (Gegenbuchung: Beteiligungsertrag). Der spätere Zahlungseingang ist für 01 obsolet. Diese Behandlung gilt unabhängig von der Streitfrage, ob man die Dienstleistung des Z als unmittelbaren Anwendungsfall der „Tätigkeitsvergütung" versteht oder als hiervon getrennten Vorgang (sodann notwendiges Sonder-BV I).

- Die GF-Vergütung des Y hingegen ist eindeutig als „Tätigkeitsvergütung" nach § 15 Abs. 1 Nr. 2, 2. HS EStG zu qualifizieren und wird in einem Prüfungsbericht außerbilanziell dem G'fter Y hinzugerechnet. Für eine Erfassung als Entnahme und einer Berücksichtigung in der berichtigten Kapitalkontendarstellung ist sodann kein Platz.

---

[46] S. auch die Fortsetzung unter II.2.2, dortiges Bsp. 1.
[47] Hier ohne USt. Zu den USt-Fragen anlässlich des Leistungsaustausches zwischen G'fter und PersG s. *V. Schmidt*, Band 3, Teil B, Kap. III „Unternehmerbegriff".

Sollten dies die einzigen Prüfungsfeststellungen gewesen sein, so müssen die Gesamthandsbilanzen der OHG inkl. der Kapitalkontenentwicklung nicht geändert werden.

II Das Betriebsvermögen und die Ermittlung des laufenden Gewinnes bei der Mitunternehmerschaft

1 Übersicht zur Gewinnermittlung bei der Mitunternehmerschaft – Schema

Die Gewinnermittlung der PersG (MU-schaft) erfolgt auf zwei Stufen. Für die Komplettdarstellung des steuerlichen Gesamtgewinnes der MU-schaft gibt es mehrere Schemata. Hier wird eine kombinierte Version favorisiert, die u.a. Elemente aus den Darstellungen bei *Brönner/Bareis* (1999) sowie *Niehus/Wilke* (2001) enthält[364]. Die Abbildung ist zugleich der Fahrplan für die folgenden Ausführungen sowie für eine Klausur zur Besteuerung der PersG. Dem Schema liegt die Gewinnermittlung für das Jahr 02 zugrunde.

I. Gewinnermittlung auf der ersten (kollektiven) Stufe:

Hauptbilanz (Gesamthandsvermögen)	HB 02
+ ./. Ansatz-/Bewertungskorrekturen gem. § 5 Abs. 6 EStG[365]	StB 02
./. Hauptbilanz (Gesamthandsvermögen)	HB 01
+ ./. Ansatz-/Bewertungskorrekturen gem. § 5 Abs. 6 EStG	StB 01
StB 02 ./. StB 01 = BVV gem. § 4 Abs. 1 EStG	
+ Entnahmen 02 gem. § 4 Abs. 1 EStG	
./. Einlagen 02 gem. § 4 Abs. 1 EStG	
= StB-Gewinn	
./. steuerfreie Erträge (§ 3 EStG, InvZul u.a.[366])	
= steuerliches Ergebnis der Gesamthand (02)	

Ia. Ermittlung der Ergänzungsbilanzen (pro G'fter):

Ergänzungsbilanz-Vermögen	02
./. Ergänzungsbilanz-Vermögen	01
+ Entnahmen (02) ./. Einlagen (02)	
Steuerliches Ergebnis aus der Ergänzungsbilanz	**02**
x G'fter	
= Gesamtergebnis aus den Ergänzungsbilanzen	

II. Gewinnermittlung auf der zweiten (individuellen) Stufe – getrennt nach G'fter –
1. **Tätigkeitsvergütungen** gem. § 15 Abs. 1 S. 1 Nr. 2, 2. HS, 1. Alt. EStG
2. **Ergebnis** aus der (den) Sonderbilanzen eines jeden G'fters

---

[364] *Brönner/Bareis*, 1999, Die Besteuerung der Gesellschaften, Teil B Rz. 416 (ähnlich *Tipke/Lang*, § 9 Rz. 538) sowie *Niehus/Wilke*, Die Besteuerung der PersG, 2001, 66 (dort nach der G+V-Darstellung).
[365] Inkl. der außerbilanziellen Hinzurechnung gem. § 4 Abs. 5 (7) EStG und § 12 EStG.
[366] Falls nicht schon in den StB eliminiert.

	Sonder-BV (§ 15 Abs. 1 S. 1 Nr. 2, 2. HS 2. Alt. EStG)	Sonderbilanz 02
./.	Sonder-BV (§ 15 Abs. 1 S. 1 Nr. 2, 2. HS 2. Alt. EStG)	./. Sonderbilanz 01
+	Entnahmen (Sonderentnahmekonto) 02	
./.	Einlagen (Sondereinlagekonto) 02	
	Sonderbilanzgewinn 02	

II (1. + 2.) = steuerliches individuelles Ergebnis des einzelnen MU

II	Sonderergebnisse aller G'fter	**Steuer-Gesamtergebnis**
+ Ia	Ergänzungsbilanzergebnisse aller G'fter	**MU-schaft**
+ I	Ergebnis der MU-schaft	

Das steuerliche Gesamtergebnis der MU-schaft ist identisch mit dem Gewerbeertrag der MU-schaft (§ 7 GewStG). Für Zwecke der einheitlichen und gesonderten Gewinnfeststellung wird der Gewinn zu 1.) entsprechend der Verteilungsabrede aufgeteilt und bildet zusammen mit den jeweiligen Einzelergebnissen (Ia + II) den gewerblichen Gewinnanteil eines MU.

2 Die Gewinnermittlung auf der 1. Stufe (I): Das Steuerergebnis der Gesamthand

Bei der hier favorisierten Vermögensvergleichsmethode nach § 4 Abs. 1 EStG stehen Inhalte und Abgrenzung des BV methodisch im Vordergrund.

2.1 Die Steuerbilanz der Gesamthand

Die allgemeinen Grundsätze zur Ableitung der StB aus der HB aufgrund der direkten Maßgeblichkeit (§ 5 Abs. 1 EStG) sind hier ebenso anzuwenden wie beim Einzelunternehmer. Wie bei diesem ergibt sich in formeller Hinsicht bei der gewerblichen MU-schaft die steuerliche Buchführungspflicht bereits aus § 140 AO (i.V.m. § 238 HGB)[51].

Bei der Herleitung aus der HB stellen – in materieller Hinsicht – alle WG des betrieblichen Gesamthandsvermögen in steuerlicher Hinsicht **notwendiges BV** dar. Nach h.A. gibt es jedoch für die MU-schaft kein gewillkürtes BV (grundlegend Urteil des BFH vom 23.05.1991, BStBl II 1991, 800). Wenn R 13 EStR 2001 unter bestimmten Voraussetzungen beim Einzelunternehmer die Behandlung eines Gebäudes, das auch privat genutzt ist, als BV im ganzen ermöglicht (R 13 Abs. 9 EStR), so besteht dieses **Wahlrecht nicht** bei der **PersG** (H 13 Abs. 11 zu R 13 EStR 2001). Sollten danach G'fter einer PersG ein(en) Gebäude(teil), das sich im Eigentum der PersG befindet, dauerhaft privat nutzen, so han-

---

[51] Bei den anderen MU-schaften kann sich der Zwang zum BVV aus § 141 AO ergeben. Dessen ungeachtet können freiberufliche MU-schaften freiwillig nach § 4 Abs. 1 EStG die doppelte Buchführung einrichten und so ihren Gewinn ermitteln.

delt es sich steuerlich um **notwendiges PV** der G'fter[52]. Mit der Reduzierung der WG-Trias auf zwei Gruppen bei § 15 Abs. 1 Nr. 2 EStG (notwendiges BV der MU-schaft und notwendiges PV) geht ein erweiterter Anwendungsbereich des notwendigen BV einher; so zählen von der PersG fremdvermietete Gebäudeteile zu derem notwendigen BV.

In mehreren Entscheidungen wendet der BFH diese Formel (kein gewillkürtes BV und damit notwendiges PV) auch auf sog. „verlustbringende" oder „verlustgezeichnete" WG an. Stand im Augenblick der Darlehensvergabe für die (GF der) PersG die Wertlosigkeit des Darlehens bereits fest, ist die Forderung nicht aktivierbar (s. Urteil des BFH vom 19.02.1997, BStBl II 1997, 399).

2.2 Auswirkungen für die Gewinnermittlung

Unter drei Gesichtspunkten gibt es bei der PersG Besonderheiten, wenn es um die Ableitung aus dem HB-Vermögensvergleich bis hin zum steuerlichen Gewinn der MU geht:

- Wegen der Charakterisierung der PersG als steuerliches Gewinnermittlungssubjekt können WG des Gesamthandsvermögens nur einheitlich behandelt werden.
- Im Privatbereich (Entnahmen/Einlagen) ist darauf zu achten, ob alle G'fter (oder nur einzelne) betroffen sind; dies hat Auswirkungen auf die Entwicklung der Kapitalkonten.
- Wegen der Aufteilung des kollektiven Gewinnes kommt den Gewinnverteilungsabreden und deren Änderung eine besondere Bedeutung zu. Letzteres kommt häufig bei Korrekturen aufgrund späterer Außenprüfungen zum Tragen.

> **Beispiel 1: Fortführung der Außenprüfung**[53]
> Bei der X-OHG (Bsp. 13: Y und Z sind zu je 50 % beteiligte G'fter) kommt der Außenprüfer zu weiteren Feststellungen für das Jahr 01:
> a) Im Fuhrpark der OHG ist lt. Firmen-StB ein Pkw enthalten, der im November 01 zu 20.000 € zzgl. USt erworben wurde und sogleich der Freundin des Y zum 18. Geburtstag geschenkt wurde. Der zu AK (zusammen mit der Vorsteuer) eingebuchte Pkw war zum 31.12.01 lt. Inventar mit 16.000 € erfasst, da Y die degressive Ganz-Jahres-AfA wünschte, während Z auf einen Bilanzausweis bei linearer AfA von 3.333 € (6 Jahre ND) mit 16.667 € bestand.
> b) Z erhielt von einem Lieferanten der OHG einen Scheck über 4.060 € als Preisnachlass für gekaufte Ware im gesamten Einkaufswert von 35.000 €. Der Scheck wurde dem privaten Konto des Z gutgeschrieben. Die Ware ist noch komplett inventarisiert.
> c) Die OHG hat eine Segeljacht, auf der die besten Kunden der OHG alljährlich zu einem Törn eingeladen werden. Die Kosten hierfür („Personalauf-

---

[52] An dieser Stelle fallen HB und StB der PersG wegen § 5 Abs. 6 EStG auseinander.
[53] S. Bsp. 13 unter I. 5 „Mehr- und Weniger Rechnung".

wand" i.H.v. 100.000 €) sind auf dem Konto „Repräsentationsaufwand" verbucht.

Die steuerbilanziellen Konsequenzen für die OHG sind vorzunehmen. Dabei haben die Kapitalkonten von Y und Z den identischen Anfangsbestand von 10.000 € (01.01.01) und verzeichnen beide einen Zugang von je 5.000 € Gewinnanteil (jeweiliger Endbestand: 15.000 €).

Neben den eigentlichen Prüfungsfeststellungen macht der Sachverhalt zu a) auf das Problem der begrenzten Steuerrechtsfähigkeit der MU-schaft aufmerksam. Eine Divergenz in den Bilanzwerten der PersG (degressive oder lineare AfA) ist nicht zulässig. Der Eigenschaft der PersG als Gewinnermittlungssubjekt ist es zu verdanken, dass die WG des **Gesamthandsvermögen einheitlich** dargestellt sein müssen. Dies ist auch kein Anwendungsbereich für Ergänzungsbilanzen, da es sich nicht um eine notwendige individuelle Wertkorrektur eines MU handelt. Meinungsverschiedenheiten über Bilanzansätze werden kraft Gesellschafterbeschluss einheitlich entschieden.

Lösung:

1. **Bilanzpostenkorrektur und berichtigter Gewinn 01**
   a) **Aktivierter Pkw**
   - Der Ansatz als WG des BV ist unzutreffend. Auf die verschiedenen Bilanzwerte zum 31.12.01 ist daher nicht näher einzugehen (bei beiden Alternativen wurde zu unrecht die Ganz-Jahres-AfA genommen).
   - Mit der Eliminierung des Pkw aus der Bilanz und der Stornierung der Vorsteuer (3.200 €) ist gleichzeitig eine Entnahme des Y verbunden, da der Pkw notwendiges PV des Y darstellt (Mehrentnahme Y: 23.200 €).

   b) **Preisnachlass**
   - Der betriebliche Vorgang ist nachträglich als solcher zu erfassen und führt zu Anschaffungspreisminderungen (§ 255 Abs. 1 S. 3 EStG) i.H.v. 3.500 €, die von den bilanzierten AK abzusetzen sind. Der Preisnachlass stellt gleichzeitig eine Änderung der USt-BMG gem. § 17 Abs. 1 Nr. 2 UStG dar und führt zu einem Vorsteuerminus (= Umsatzsteuerplus) i.H.v. 560 €.
   - Die Überweisung auf ein Privatkonto des Z ist als dessen Privatentnahme (+ 4.060 €) zu erfassen.

   c) **Segeljacht**
   Die Kosten für die Segeljacht sind i.H.v. 100.000 € außerbilanziell hinzuzurechnen (§ 4 Abs. 5 Nr. 4 EStG i.V.m. R 21 Abs. 1 S. 3 EStR).

Die „Mehr- und Weniger-Rechnung" hat folgendes Aussehen (in €):

Posten 01	FStB[54]	APStB		VU		GU	01 +	(01) ./.
Fuhrpark	16.667	–	./.	16.667	./.	16.667		16.667
Waren	35.000	31.500	./.	3.500	./.	3.500		3.500
USt	–	3.760	./.	3.760	./.	3.760		3.760
BiPO/Se.			./.	23.927	./.	23.927		**23.927**

+ Mehrentnahmen	27.260 €
Mehrgewinn – BP in 01	**3.333 €**
Gewinne FStB (01)	10.000 €
Festgestellter Gesamtgewinn (01)	**13.333 €**
+ außerbilanzielle Hinzurechnung	100.000 €
Festgestellter Gewinn (01) im Rahmen der einheitlichen und gesonderten Gewinnfeststellung **= Gewerbeertrag der X-OHG (01)**	**113.333 €**

2. Kapitalkontenentwicklung

	Y-FStB	**Y-APStB**	Z-FStB	**Z-APStB**
01.01.01	10.000	10.000	10.000	10.000
Einlagen	-	-	-	-
Gewinn	5.000	6.666	5.000	6.667
Entnahme	-	23.200	-	4.060
31.12.01	**15.000**	**./. 6.534**	**15.000**	**12.607**

3. Verteilung des festgestellten Gewinnes

	Insgesamt	G'fter Y (50 %)	G'fter Z (50 %)
Gewinn lt. AP	13.333	6.666	6.667
Außerbilanzielle Hinzurechnung	100.000	50.000	50.000
Zu versteuernde Gewinnanteile		**56.666**	**56.667**

2.3 Geänderte Gewinnverteilung

Gerade im Anschluss an Außenprüfungen ist häufig festzustellen, dass die ursprünglichen Gewinnabreden geändert werden. Immer dann, wenn es sich um einen einseitig ver-

---

[54] Hier nur auf die jeweiligen Einzel-WG bezogen.

ursachten (z.B. Bilanz-)Fehler handelt, der sodann über die Gewinnabrede „vergemeinschaftet" wird, sind unschwer Gespräche über eine auch einseitige Steuerverantwortung vorstellbar.

Zwar bezieht sich die Gewinnverteilungsabsprache grundsätzlich nur auf den HB-Gewinn, sie wird vom BFH jedoch auch auf den **StB-Gewinn** bezogen (BFH vom 24.10.1996, BStBl II 1997, 241). Nachträgliche Änderungen unterlagen bis vor kurzem uneingeschränkt dem steuerlichen Rückwirkungsverbot. Mit zwei Entscheidungen ist diese Dogmatik etwas aufgeweicht worden (BFH vom 13.02.1997, BStBl II 1997, 535 und BFH vom 09.09.1999, BFH/NV 2000, 313). Unter zwei Voraussetzungen sind m.E. nachträgliche Änderungen auch steuerlich zu akzeptieren:

- Bei gerichtlich dokumentierten Vergleichen wird man den Rechtsgedanken des § 175 Abs. 1 Nr. 2 AO (rückwirkendes Ereignis) respektieren müssen, zumal wenn
- zusätzlich im Gesellschaftsvertrag eine Öffnungsklausel für abweichende Gewinnzuweisungen anlässlich späterer steuerlicher Erkenntnis vorhanden ist.

Lässt man (wie die noch h.M.) diese Flexibilität nicht zu, provoziert man – wie in der Praxis häufig – einen steuerlichen Ausgleich „hinter dem Rücken der Finanzverwaltung", dem diese allenfalls mit einer Schenkungsteuersanktion beikommen kann.

Die Frage der Änderungen **während** des Wj. stellt sich vor allem beim unterjährigen Eintritt von neuen G'ftern (und beim Austritt der Ex-G'fter). Wird tatsächlich eine rückbezügliche Eintrittsvereinbarung vollzogen, soll dies nach h.M. einer (heute allerdings voll steuerwirksamen[55]) Übertragung von **Teilen von MU-anteilen** gleichkommen[56]. Für Sonderabschreibungen gewährt die Finanzverwaltung ein Wahlrecht, neu eintretende G'fter ab Beginn des Wj. daran zu beteiligen (OFD Hannover vom 27.03.2000, DStR 2000, 730).

3 Die Ergänzungsbilanz: individueller Anteil am Gesamthandsergebnis

Wie schon erwähnt, nimmt die Ergänzungsbilanz mit ihren Ergebnissen an der Gewinnermittlung auf der ersten (kollektiven) Stufe teil, obwohl es sich um rein persönliche Steuermerkmale eines einzelnen G'fters handelt. Die **bilanztechnische Akzessorietät** – und damit ein praxisorientiertes Kriterium – ist hierfür ebenso verantwortlich zu machen wie die Auslegungsnähe zu § 15a EStG. Auch dort fließt nach heutiger Erkenntnis die Ergänzungsbilanz in das Steuermerkmal „Kapitalkonto" ein und ihre Ergebnisse nehmen am Verlustschicksal des § 15a EStG[57] teil[58]. Abgesehen von den technischen Fragen beim Gesellschafterwechsel wird die Thematik häufig anhand einer persönlichen Steuerver-

---

[55] Vgl. § 16 Abs. 1 S. 2 EStG i.d.F. des UntStFG 2001: Laufender Gewinn!
[56] Statt aller *Schmidt*, § 15 Rz. 454 m.w.N.
[57] Noch anders *Uelner*, DStJG 1979, Die Bilanzierung von gewerblichen PersG: dort als 3. Stufe abgehandelt.
[58] Zu § 15a EStG und Ergänzungsbilanzen s. Kap. II.3 und V.4.3

günstigung diskutiert, an der ein G'fter aufgrund eines Gesellschafterwechsels nicht teilnimmt.

Beispiel 2: Geteilte Steuerfreuden
X, zu 1/3 an der gewerblich geprägten GmbH & Co. – KG beteiligt, veräußert zum 01.01.04 seinen Anteil an der KG an den Erwerber Z.
Zum BV gehören u.a. ein bebautes Mietwohngrundstück (z.B. für AN):

	AK/HK	Anteil X	anteil. Buchwert
GruBo	150.000 €	50.000 €	50.000 €
Gebäude, hergestellt in 02 (§ 7 Abs. 5 AfA)	300.000 €	100.000 €	90.000 €[59]

Der Erwerber Z übernimmt den Anteil des X zu Buchwerten. Entwicklung des Bilanzwertes „Bebautes Grundstück" in 04?

Mit § 7 Abs. 5 EStG liegt eine personenbezogene (Hersteller-)AfA vor. An dieser erhöhten Abschreibungsmöglichkeit nehmen nur die G'fter einer PersG teil, die diese Voraussetzungen erfüllen. Wegen der These des „einheitlichen Gewinnermittlungssubjektes" muss die AfA und das WG „bebautes Grundstück" in der steuerlichen Hauptbilanz einheitlich gebildet werden. Hierzu erforderliche Korrekturen sind in einer (negativen wie positiven) Ergänzungsbilanz vorzunehmen.

Lösung:

a) Behandlung in der StB der GmbH & Co. – KG
Da ein Wechsel der AfA wegen § 7 Abs. 3 EStG nicht möglich ist, wird in der Hauptbilanz der KG die AfA weiterhin mit 5 % gebildet, so dass der Bilanzposten „bebautes Grundstück" zum 31.12.04 mit 405.000 € ausgewiesen ist (150 T€ GruBo und 255 T€ Gebäude [300 T€ ./. 45 T€ (3 x 5 % der HK)].

b) Korrekturen bei Z
Der neue G'fter darf nicht an der „Hersteller-AfA" partizipieren. Über die Gewinnverteilung in der KG ist dies jedoch kraft Gesetzes der Fall. Für Z kommen nur der nach § 7 Abs. 4 EStG gültige AfA-Satz (2 %) und die lineare Abschreibungsmethode in Betracht. Bezogen auf die **anteiligen** AK von 90.000 € stehen Z jährlich 1.800 € AfA zu.
Jeweils für sich betrachtet wird die überhöhte AfA durch eine **negative** Ergänzungsbilanz i.H.v. 100.000 € (anteiliger Minderwert Gebäude) ausgeglichen und die richtige AfA mittels einer **positiven** Ergänzungsbilanz i.H.v. 90.000 € (Mehrwert Gebäude) gebildet.

---

[59] Das Wohngebäude (i.S.d. § 7 Abs. 4 Nr. 2 EStG) wurde zwei Jahre gem. § 7 Abs. 5 EStG mit 5 % abgeschrieben, so dass der BW zum 31.12.03 beträgt:
270.000 € [300.000 ./. 30.000 (2 x 5 %-ige AfA)].

3 Die Ergänzungsbilanz: individueller Anteil am Gesamthandsergebnis

A	Negative Ergänzungsbilanz Z zum 01.01.04		P
Minderkapital Z	100.000	Minderwert Gebäude	100.000

A	Positive Ergänzungsbilanz Z zum 01.01.04		P
Mehrwert Gebäude	90.000	Mehrkapital Z	90.000

Beide Ergänzungsbilanzen werden entsprechend ihrer Zielsetzung fortentwickelt. So wird in der negativen Ergänzungsbilanz die AfA von 5 % mit gegenläufiger Wirkung („Ertrag") gebucht, während in der positiven Ergänzungsbilanz des Z die lineare AfA mit 2 % abgesetzt wird.

A	Negative Ergänzungsbilanz Z zum 31.12.04		P
Minderkapital Z	100.000	Minderwert Gebäude	100.000
./. Ertrag	5.000	./. AfA	5.000
Kapital (31.12.04)	**95.000**	Wert (31.12.04)	95.000

Aufgrund des reduzierten Minderkapitals ergibt sich ein **Gewinn** aus der **negativen Ergänzungsbilanz** i.H.v. 5.000 €. Damit ist die zu hohe anteilige AfA aus der Hauptbilanz (15.000 / 3 = 5.000 €) vollständig **neutralisiert**.

A	Positive Ergänzungsbilanz Z 31.12.04		P
Mehrwert Gebäude	90.000	Mehrkapital	90.000
./. AfA	1.800	./. Verlust	1.800
Wert (31.12.04)	88.200	**Kapital (31.12.04)**	**88.200**

Z erzielt aus der positiven Ergänzungsbilanz die ihm zustehende AfA von 1.800 €, die gleichzeitig seinen Verlust aus der Ergänzungsbilanz ausmacht. Anstelle der zweifachen Korrektur mit positiver und negativer Ergänzungsbilanz, die allein bei komplexeren Vorgängen die richtige Gesamtgewinnwirkung garantiert, wird gelegentlich in der Lit. auch nur mit einer positiven Ergänzungsbilanz (wie hier mit 90.000 €) gearbeitet und die Kompensation der zu hohen AfA nur in der Hauptbilanz vorgenommen[60].

Aus Vereinfachungsgründen ist es auch zulässig (sog. Praktikermethode), in der (positiven) Ergänzungsbilanz nur die laufende Minder-AfA (hier: 3.200 €) zu buchen. Bei einer Veräußerung bzw. Entnahme des Grundstücks wird sodann der Buchwert erfolgsneutral aufgelöst.

---

[60] S. etwa *Brönner-Bareis*, Pkt. J, 810 oder *Niehus/Wilke*, 96 (positive EB mit einem AB von 0 € (?).

4 Das Sonder-Betriebsvermögen und die Sonderbilanz

4.1 Übersicht

Bei allen steuerlichen Standardwerken zur Besteuerung der PersG nimmt die Sonderbilanz und das Sonder-BV einen hohen Stellenwert ein[61]. Dies liegt zum einen an der dogmatisch einwandfreien Ableitung aus § 15 Abs. 1 S. 1 Nr. 2, 2. HS EStG – anders als bei der Ergänzungsbilanz – und beruht zum zweiten auf der enormen Tragweite in fiskalischer und in steuergestaltender Hinsicht.

Bedingt durch zahlreiche BFH-Entscheidungen, die von der Verwaltung punktuell übernommen wurden (R 13 Abs. 2 EStR, H 28 und H 138 Abs. 4 EStH 2001), hat sich folgende Klassifizierung des Sonder-BV durchgesetzt.

Sonder-BV I		Sonder-BV II	
„WG, deren Nutzung betrieblichen Zwecken der MU-schaft zugute kommt"		„WG im Zusammenhang mit der Beteiligung des G'fters"	
Notwendiges Sonder-BV I	Gewillkürtes Sonder-BV I	Notwendiges Sonder-BV II	Gewillkürtes Sonder-BV II
„Unmittelbare Nutzung für MU-schaft"	Objektiv geeignet und subjektiv für die MU-schaft bestimmt	Unmittelbarer Zusammenhang mit der Beteiligung	Objektiv geeignet und subjektiv für die Beteiligung bestimmt

Zur Komplettierung der Übersicht wird hinzugefügt, dass in beiden Kategorien aktive wie passive WG vertreten sind.

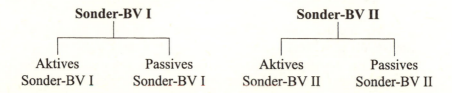

Wie bereits gesehen, zieht jedes Sonder-BV einen eigenen Kontenkreis nach sich (Sonder-WG, Sonder-G+V, Sonderprivatkonto, Sonderkapitalkonto). Innerhalb des Buchungskreises des Sonder-BV gelten die Regeln der doppelten Buchführung und damit des BVV (BFH vom 11.03.1992, BStBl II 1992, 797)[62]. Nach umstrittener BFH-Rspr. ist die PersG für die Aufstellung der Sonderbilanzen und der Gewinnermittlung des Sonder-

---

[61] Z.B. bei *Schmidt*, EStG-Komm., § 15 Rz. 527 ff; *Reiß* in *Kirchhof-Kompakt*, § 15 Rz. 400 ff., *ders.* in *Kirchhof/Söhn*, § 15 E, *Zimmermann-Hottmann-Hübner*, Die PersG im deutschen Recht, 2000. *Brönner/Bareis*, 1999, Teil B III Rz. 480 ff. u.v.a.

[62] Hiergegen mit guten Gründen *Kruse* (Diskussionsbeitrag, DStJG 1990, S. 241), der auf die Möglichkeit der § 4 Abs. 3 – Rechnung für das Sonder-BV hinweist, da sich aus § 140 AO keine unmittelbare steuerliche Buchführungspflicht ergibt und die Begründung über § 141 AO als unbefriedigend empfunden wird.

4 Das Sonder-Betriebsvermögen und die Sonderbilanz

BV verantwortlich (BFH vom 23.10.1990, BStBl II 1991, 401[63]). Sie ist getrennt vom Rechenkreis der steuerlichen Gesamthandsbilanz durchzuführen und kennt kein Pendant im Handelsrecht.

Die Trennung in die Kategorien Sonder-BV I und Sonder-BV II wird in der Praxis häufig unterlassen, hat aber enorme Bedeutung für das Verständnis der isolierten Buchungskreise und ist dringend zu empfehlen[64].

4.2 Das Sonder-Betriebsvermögen I

4.2.1 Der Grundtatbestand

Die herkömmliche Umschreibung, dass **notwendiges** Sonder-BV I vorliegt, wenn das betreffende WG unmittelbar der MU-schaft dient und bei ihr zum betrieblichen Einsatz kommt, hat zur Konsequenz, dass bei fehlendem Ausweis eine falsche Bilanz vorliegt. Andererseits hängt es bei **gewillkürtem** Sonder-BV I neben der objektiven Geeignetheit für den betrieblichen Einsatz allein von der Willensentscheidung der PersG (und ihres G'fters) ab, das konkrete WG als BV zu willküren[65]. Bei unterlassenem Bilanzausweis kann der Willkürakt allenfalls zum nächsten Bilanztermin nachgeholt werden, eine falsche Bilanz liegt hier nicht vor.

> **Beispiel 3: Falsche oder richtige Bilanz? – Teil I**
> Der G'fter A einer gewerblichen MU-schaft überlässt der ABC-GbR ein ihm gehörendes Grundstück I, worauf diese den Parkplatz errichtet.
> B erwirbt ein Grundstücksareal II in der Absicht, es einige Zeit später an die GbR zu verpachten.
> C verleast an die GbR eine Immobilie III, damit diese für ihn auf dem Grundstück ein EFH errichtet.

Die Grundstücksüberlassung bildet den Prototyp des Sonder-BV I. Hiervon ist der Fall der Sacheinlage[66] einer Immobilie zu unterscheiden, bei der der G'fter jede eigene Verfügungsmacht verliert und stattdessen eine Gesamthandsberechtigung – wie die anderen G'fter auch – erhält. Die Frage der zulässigen bzw. notwendigen Bilanzierung hat nicht nur wegen der Steuerverstrickung des betr. WG weitreichende Konsequenzen.

---

[63] Hierzu sehr kritisch und überzeugend *Knobbe-Keuk*, UR/BilR 1993, 442 f.
[64] S. auch *Schmidt*, EStG-Komm., § 15 Rz. 510: Vier Bedeutungen werden a.a.O. hervorgehoben:
  1. Für Fragen der Bilanzierungskonkurrenz,
  2. für das gewillkürte BV,
  3. für die Frage der wesentlichen Betriebsgrundlage und
  4. für die korrespondierende Bilanzierung mit der Hauptbilanz.
  Die beiden letzten sind die bei weitem wichtigsten Auswirkungen.
[65] A.A. *Reiß* in Kirchhof-kompakt, § 15 Rz. 400, für den es kein gewillkürtes Sonder-BV I gibt, wobei er a.a.O. pardoxerweise sofort ein Bsp. für gewillkürtes Sonder-BV I bildet (Zur Absicherung einer gegen die PersG gerichteten Forderung geht der G'fter eine Bürgschaftsverpflichtung ein).
[66] Ebenso fällt die Nutzungseinlage („quoad usum") nicht darunter.

Lösung:

- Bei A/Immobilie I liegt notwendiges Sonder-BV I vor;
- Das Grundstück II stellt für B ein WG des gewillkürten Sonder-BV II dar, da auch eine künftige betriebliche Nutzung geeignet ist, den objektiven Zusammenhang herzustellen. Je nach Willensentscheidung von B (und der GbR) erzielt B mit der Überlassung gewerbliche Einkünfte (bei Bilanzierung im Sonder-BV) oder Vermietungs-Einkünfte.
- C fällt mit dem Immobilien-Leasing weder unter den Anwendungsbereich des notwendigen noch des gewillkürten Sonder-BV I, da das Grundstück III in steuerlicher Hinsicht notwendiges PV des C bildet. Daran ändert selbst eine alternative Ergänzung des Sachverhalts dergestalt, dass die GbR wirtschaftlicher Eigentümer der Immobilie III werden sollte[67], nichts. Hier hat die GbR zwar in ihrer HB das Grundstück III zu aktivieren, darf dies wegen § 5 Abs. 6 EStG aber nicht in der StB.

Weitere entschiedene Fälle (Sonder-BV: ja/nein):

Notwendiges Sonder-BV I	Gewillkürtes Sonder-BV I
Grundstücksüberlassung zur (teilweisen) Weitervermietung durch PersG: **ja**	Grundstück zur ausschließlichen Fremdvermietung durch PersG: **ja**
	Unbebautes Grundstück als Tauschobjekt: **ja**
Vermietung des Pkw an PersG bei einer betrieblichen Nutzung von > 50 %: **ja**	Vermietung des Pkw an PersG bei einer betrieblichen Nutzung > 10 % und < 50 %: **ja**
G'fter nutzt eigenen Pkw zu > 50 % für betriebliche Zwecke: **nein** (sondern Sonder-BV II)	Vermietung des Pkw an PersG bei einer betrieblichen Nutzung von < 10 %: **nein** (sondern PV)

4.2.2 Das Konkurrenzproblem mit dem eigenen Betriebsvermögen

Eine der umstrittensten Fragen seit Einführung des sog. MU-Erlassses aus 1977 ist die Behandlung eigenen BV, das der PersG zur Nutzung überlassen wird. Reicht die Konzentrationswirkung (die zentripetale Kraft) von § 15 Abs. 1 Nr. 2, 2. HS EStG aus, um ein WG des G'fters, das bereits in einem BV (Bsp. Einzelunternehmen) aktiviert ist, um es steuerlich als Sonder-BV zur MU-schaft zu ziehen?

Beispiel 4: Doppeltes BV?
K, der als Einzelunternehmer eine Vertragswerkstatt betreibt, ist zusätzlich als Kommanditist an der Y-KG (Geschäftszweig: Taxigewerbe) beteiligt. K schließt mit der Y-KG einen Jahresmietvertrag über einen Mercedes 220 CDI,

---

[67] Zur Gestaltung beim Immobilien-Leasing, wonach der Leasingnehmer wirtschaftlicher Eigentümer des Grundstücks wird s. *Kölpin*, Teil A, Kap. II.

den er bis vor kurzem als Firmenwagen gefahren hat und nach Ablauf des Mietvertrages wieder entsprechend nutzen möchte. Ist die AfA für den Mercedes als BA bei der Vertragswerkstatt oder als Sonder-BA bei der Y-KG zu erfassen?

Lösung:
Entgegen der ursprünglichen Verwaltungsauffassung (so der MU-Erlass 1977: sog. „Subsidiaritätsthese") hat heute bei der Bilanzierungskonkurrenz von Sonderbetrieb und Eigenbetrieb § 15 Abs. 1 Nr. 2 EStG **Vorrang** vor der Erfassung im Einzelunternehmen.
Danach kommt § 15 Abs. 1 Nr. 2, 2. HS EStG nicht nur der Charakter einer Qualifikationsnorm zu (aus Überschusseinkünften werden gewerbliche Einkünfte). Vielmehr hat diese Nom auch eine **Zuordnungsfunktion** dergestalt, dass WG im Doppel-Einsatz im Zweifel der MU-schaft zugewiesen werden[68]. Die AfA, aber auch die Mieterträge sind im Sonder-BV des K und nicht in dessen Einzelbetrieb zu erfassen. Im Gegenzug wird das Ausscheiden des WG aus der Bilanz des Einzelunternehmers durch eine nachträgliche Erhöhung des Beteiligungswertes (nachträgliche AK) wettgemacht[69].
Von diesem Vorrang wird nur bei Leistungen im Rahmen des **laufenden Geschäftsverkehrs eine Ausnahme** gemacht, wenn ein zufälliges Zusammentreffen stattfindet[70]. Diese aus § 97 Abs. 1 Nr. 5 S. 3 BewG abgeleitete Auffassung, wonach bewertungsrechtlich gegenseitige Forderungen aus dem regelmäßigen Geschäftsverkehr zwischen G'fter und PersG nicht anzusetzen sind, wird durch den BFH vom 26.03.1987 (BStBl II 1987, 564) auf das Ertragsteuerrecht übertragen.

4.2.3 Die spezielle Gewinnermittlung beim Sonder-Betriebsvermögen I

Nur beim Sonder-BV I tritt ein weiteres Bilanzproblem auf. Oftmals werden in den Sonderbilanzen WG (Forderungen) ausgewiesen, die mit einem entgegengesetzten Bilanzposten in der Hauptbilanz der PersG (Verbindlichkeiten) korrelieren. Im einfachsten Fall kann man sich das für eine **ausstehende Monatsmiete** für das überlassene WG vorstellen. Da es sich um zwei getrennte Buchungskreise mit unterschiedlichen Rechtsträgern (Einzelperson in der Sonderbilanz und PersG in der Hauptbilanz) handelt, kommen häufig verschiedene Bilanzierungsgrundsätze zum Tragen. Am eklatantesten prallen die verschiedenen Auffassungen beim Imparitätsprinzip des § 252 Nr. 4 HGB aufeinander, wie bereits der Name verrät: Während der Kaufmann drohende Verluste nach dem Vorsichtsprinzip zum Bilanzstichtag berücksichtigen muss, darf (und muss) er Gewinne erst

---
[68] Zuletzt BFH vom 28.10.1999 (BStBl II 2000, 399), sowie BMF vom 28.04.1998 (BStBl I 1998, 583 Nr. 6).
[69] In der HB entstehen jedoch keine zusätzlichen AK für die Beteiligung, da hier kein Rechtsträgerwechsel stattfindet.
[70] Vgl. nur *Schmidt*, EStG § 15 Rz. 562.

dann ausweisen, wenn er seinerseits einwendungsfrei geleistet hat (Realisationsgebot)[71]. Dies wird bei gegenseitigen Beziehungen beim (vermeintlich) Verpflichteten bereits zu einer Rückstellung führen, während beim (vermeintlich) Anspruchsberechtigten noch lange keine Forderung aktiviert werden darf.

4.2.3.1 Ein Standardfall

Bei Darlehensverträgen zwischen dem G'fter und der PersG kann sich bereits das Problem der – wegen § 252 Nr. 4 HGB – unterschiedlichen Bewertung der gegenseitigen Ansprüche ergeben. Ganz deutlich wird dies bei Fremdwährungsdarlehen.

> **Beispiel 5: Das Fremdwährungsdarlehen in der MU-schaft**
> A ist zur Hälfte an der AB-OHG beteiligt. A überlässt der OHG zum 20.12.01 einen Geldbetrag von 100.000 US $ (umgerechnet: 115.000 €), den diese zwei Jahre später ebenfalls in US-Dollar zurückzuzahlen hat. Für das Darlehen werden 5 % Zinsen vereinbart. Zum 31.12.02 hat der Euro gegenüber dem Dollar um knapp einen Cent nachgegeben, so dass sich der Kurswert des Darlehen um 1.000 € erhöht. Auswirkungen für beide Bilanzen zum 31.12.02?

Bei Fremdwährungsdarlehen kann der Darlehensgeber nur gesunkene Umrechnungskurse (der Euro verbessert sich gegenüber der ausländischen Währung; damit fällt der Wert der in € umzurechnenden Auslandsvaluta) durch eine TW-AfA berücksichtigen. Umgekehrt (steigende Kurse der Auslandswährung) sind ihm die Hände gebunden, da sich der Kurs bis zum Rückgabetag noch ändern kann (Realisationsgebot).

Wiederum anders muss der Darlehensnehmer bei dauerhaft steigenden Kursen den höheren Wert der Verbindlichkeit ansetzen (BFH vom 15.11.1990, BStBl II 1991, 228), ohne fallende Kurse berücksichtigen zu dürfen.

> **Lösung:**
> - Nachdem die Bilanzbündeltheorie nicht mehr greift, wird zunächst auf der Ebene der OHG (Gewinnermittlungssubjekt) die Schuld einheitlich passiviert. Zum 20.12.01 (und zum 31.12.01) erfolgt dies zum Nennbetrag der Verbindlichkeit i.H.v. 115.000 €. Der gestiegene Kurs zum 31.12.02 führt gem. § 252 Nr. 4 i.V.m. § 253 Abs. 1 S. 2 HGB zum Ansatz des erhöhten Rückzahlungsbetrages von 116.000 €. Für die StB der OHG wird das gleiche Ergebnis nach § 6 Abs. 1 Nr. 3 i.V.m. Nr. 2 EStG sowie § 5 Abs. 1 EStG erreicht.

---

[71] „Drohgewinne" sind noch nicht zu berücksichtigen.

G+V der OHG (02)			
Zinsaufwand	5.000 €	sonstige Erträge	......
Erhöhung der Darlehensschuld	1.000 €		
Sonstiger Aufwand	......		

- Entsprechend dem Transparenzkonzept wird nun auf der 2. Stufe das Sonderergebnis des G'fters A ermittelt. Man nennt dies auch die additive Gewinnermittlung.
In seiner Sonderbilanz ist die Darlehensforderung gegen die OHG zu erfassen (notwendiges Sonder-BV I, da der PersG vom GF Kapital überlassen wird, die dieses für betriebliche Zwecke unmittelbar nutzt). In der Sonder-G+V des A ist der Zinsertrag i.H.v. 5.000 € zu erfassen. Fraglich ist, ob A analog den erhöhten Rückzahlungsbetrag ertragswirksam verbuchen muss. Nach dem Imparitätsprinzip wäre dies unzulässig, da der Ertrag noch nicht gesichert ist.
Damit stellt sich die grundsätzliche Frage nach dem **Verhältnis** zwischen der Hauptbilanz der PersG und den Sonderbilanzen der G'fter, präzise: nach dem Verhältnis der **Hauptbilanz** und dem in Sonderbilanzen ausgewiesenen **Sonder-BV I**, da nur zwischen diesen Vermögenskategorien eine Wechselbezüglichkeit besteht.
Nach älterer, auf *Döllerer* zurückgehenden Auffassung sollten in deren Verhältnis nach dem Muster der konsolidierten Bilanz gegenseitige Forderungen und Schulden überhaupt nicht erfasst werden. Diese Meinung hat ihren dogmatischen Ausgangspunkt in der Bilanzbündeltheorie und ist allein deshalb nicht mehr weiter zu verfolgen.
Eine zweite Theorie geht von der absoluten Geltung des Imparitätsprinzips aus und kommt konsequenterweise zu unterschiedlichen Bilanzansätzen, die im Ergebnis immer einen – im Zweifel – höheren Saldo der Verbindlichkeiten aufweist. Dies käme einem zeitlich befristeten Steuersparmodell gleich.
Nach nunmehr gesicherter BFH-Rspr. (BFH vom 28.03.2000, BStBl II 2000, 612) und nach h.A. in der Literatur[72] gilt im Verhältnis von Hauptbilanz und Sonderbilanz (Sonder-BV I) der Grundsatz der **additiven Gewinnermittlung** mit **korrespondierender Bilanzierung**. Danach müssen der sachlich korrespondierende Aufwand und Ertrag betragsmäßig übereinstimmen. Ebenso müssen die gegenseitigen Forderungen/Schulden in beiden Bilanzen den gleichen Bestand aufweisen. Noch ungeklärt ist, welche der beiden Bilanzen dabei „den Ton angibt". Losgelöst von abstrakten Überlegungen kann die praxisgerechte Lösung nur lauten, dass **zuerst** der

---

[72] Statt aller *Schmidt*, EStG-Komm., § 15 Rz. 404 ff. m.w.N. (insb. bei Rz. 405). Grundsätzlich zustimmend auch *Reiß* in *Kirchhof-kompakt*, § 15 Rz. 313 ff, der aber eine Modifikation in der Anwendung vornimmt (a.a.O. Rz. 315) und dem MU eine TW-AfA im Sonderbereich verweigert, soweit er an der Gesellschaft beteiligt ist.

bilanzielle Regelfall – egal bei welcher Bilanz – entschieden wird und der Ausnahmetatbestand sich hieran anschließt.

Vorliegend entspricht es sicher primär dem Vorsichtsprinzip, die Darlehensverbindlichkeit höher anzusetzen als die Forderung einzufrieren, so dass zunächst in der Hauptbilanz der OHG die Schuld mit 116.000 € passiviert wird, um sodann in der Sonderbilanz des A mit der Forderung „nachzuziehen".

Sonder-G+V des A		
Aufwand	Zinsertrag	5.000 €
	Ertrag aus Erhöhung der Forderung	1.000 €
	sonstiger Ertrag	......

Exkurs: Verzicht auf die Forderung

Der in diesem Zusammenhang häufig vorkommende Fall des Forderungsverzichts ist vom BFH für beide Gesellschaftsformen (PersG wie KapG[73]) fast identisch gelöst worden (BFH-GrS-Entscheidung vom 09.06.1997, BStBl II 1998, 307).

- Verzichtet der G'fter aus „eigenbetrieblichen Interesse", so liegt i.H.d. **werthaltigen** Teils der Forderung bei der PersG eine Einlage und beim G'fter eine Entnahme vor. I.H.d. **nicht werthaltigen** Teils der Forderung liegt bei der PersG ein steuerpflichtiger Ertrag vor und beim G'fter kommt es zum BA-Abzug.

- Verzichtet der G'fter aus „gesellschaftsrechtlichen Interessen", so kommt dies ab 2001 (und vorher bis 1998) einer unentgeltlichen Übertragung eines WG zu Buchwerten gleich (unabhängig von der Werthaltigkeit)[74].

4.2.3.2 Das aktuelle Problem: Pensionsrückstellungen

Nach älterer Rspr. des BFH sind Rückstellungen für Pensionszusagen an G'fter-GF von PersG nicht mit steuerlicher Aufwandswirkung in der MU-Bilanz zugelassen, da sie in entsprechender Wertung des § 15 Abs. 1 Nr. 2 S. 1 EStG als „nachträgliche" Tätigkeitsvergütungen den MU-Gewinn nicht mindern dürfen. Handelsrechtlich wiederum gibt es für Zusagen, die nach dem 31.12.1986 erfolgten, keinen Ausweg: Es handelt sich um eine passivierungspflichtige Rückstellung gem. § 249 Abs. 1 HGB. Die Finanzverwaltung hat dies jedoch **noch** in H 41 Abs. 8 EStH 1997 – in Übereinstimmung mit der älteren Rspr. – für die StB abgelehnt.

Abweichend hiervon hat der BFH mit Urteil vom 02.12.1997 (BFH/NV 1998, 779, 781 und 783) entschieden, dass im Rahmen der zweistufigen Gewinnermittlung Pensionsrückstellungen gebildet werden müssen. Durch den Grundsatz der **additiven Gewinnermittlung mit korrespondierender Bilanzierung** muss jedoch in der Sonderbilanz ein der Rückstellung entsprechender Betrag als Aktivposten ausgewiesen werden. Damit hat

---

[73] Zum (komplexen) Forderungsverzicht gegenüber KapG s. allerdings *Hoffmann*, GmbH-StB 2002, 87.
[74] In den Jahren 1999/2000 waren die Teilwerte anzusetzen.

die Rückstellungsbildung in der StB der PersG keinen Einfluss auf den Gesamtgewinn der MU-schaft, da die Aufwandsbuchung in der PersG („Pensionsaufwand an Pensionsverpflichtung") durch die Ertragsbuchung in der Sonderbilanz („Pensionsanwartschaft an Ertrag bzw. an nachträgliche Tätigkeitsvergütung") in voller Höhe ausgeglichen wird.

Durch entsprechendes „Schweigen" der neuen EStR (R 41 Abs. 8 und H 41 Abs. 8 sind in den EStR 2001 unbesetzt) ist davon auszugehen, dass die Verwaltung **nunmehr** dieses Verfahren toleriert. Dabei hängt es von der Gewinnabrede unter den G'ftern ab, wer in welcher Sonderbilanz den korrespondierenden Ertragsausweis vorzunehmen hat. Entweder erfasst allein der Anwartschaftsberechtigte die Rechtsposition in seiner Bilanz (Lösung 1) oder alle G'fter haben je eine Sonderbilanz zu erstellen (Lösung 2[75]), in der anteilig die Anwartschaft des Begünstigten aktiviert wird. Schweigt dazu der Gesellschaftsvertrag, ist die Lösung (1) vorzuziehen, da Anwartschaftsberechtigter und Bilanzierender identisch sind.

Für den Fall, dass sich diese steuerliche Buchungspraxis einbürgert, wird § 15 Abs. 1 Satz 2 i.V.m. Nr. 2 EStG demnächst obsolet werden, zumindest seinen Hauptanwendungsfall „verlieren". Danach sind **Pensionszahlungen** nachträgliche gewerbliche Einkünfte, die über die analoge Anwendung von § 15 Abs. 1 Nr. 2 EStG den steuerlichen Gewinn der PersG nicht mindern dürfen. Nach bislangiger Rechtsauffassung führten erst die Zahlungen – auch an die Witwe des Ex-G'fters[76] – zu einer entsprechenden steuerlichen Null-Wirkung. Wird hingegen bereits die Anwartschaft erfasst, so stellen die späteren Zahlungen nur noch einen gewinnneutralen Aktivtausch dar (BS: Geld (bzw. Entnahme) an Anwartschaft).

Ein weiteres bilanzrechtliches Thema ist anzusprechen, wenn nämlich die Anwartschaft auf die Pension durch vorzeitigen Tod oder ein durch anderes im Gesellschaftsvertrag geregeltes Ereignis entfällt. Bei Wegfall der Zusage entsteht in der Sonderbilanz ein Sonderbetriebsaufwand (BS: „Sonst. betrieblicher Aufwand an Pensionsanwartschaft") und in der Hauptbilanz ein Ertrag (BS: „Pensionsrückstellung an sonst. betrieblicher Ertrag").

4.3 Das Sonder-Betriebsvermögen II

4.3.1 Der Grundtatbestand

Zum notwendigen Sonder-BV II zählen die WG, die in einem unmittelbaren wirtschaftlichen Zusammenhang mit der **Beteiligung** des MU stehen. In der gleichen Abgrenzung wie beim Sonder-BV I (bzw. beim Einzelunternehmer) gehören zum gewillkürten Sonder-BV II diejenigen WG, die objektiv geeignet und subjektiv bestimmt sind, die **Beteiligung** des G'fters zu fördern.

---

[75] Lösung (2) wird nur deshalb diskutiert, da der BFH in früheren Entscheidungen die Pensionszusage als Teil der Gewinnabsprache interpretiert hat.

[76] Viele Gesellschaftsverträge sehen vor, dass nach Ausscheiden aus dem aktiven Dienst nicht nur die Ex-G'fter, sondern auch deren Witwen, eine Pension erhalten.

Beispiel 6: Falsche oder richtige Bilanz? – Teil II
G´fter X der XYZ-KG nimmt bei seiner Bank ein Darlehen i.H.v. 100.000 € zu banküblichen Zinsen (6 %) auf, um seiner Einlageverpflichtung gegenüber der KG nachzukommen. Daneben erwirbt er mit privaten Mitteln Wertpapiere, mit denen er spekulieren möchte und die er später als Verpfändungsmöglichkeit für Kredite der KG bereithalten möchte.
X (bzw. die KG) hat bis zum heutigen Tage keine Sonderbilanz für X erstellt. Zu Recht?

Das Sonder-BV II ist unter Gestaltungsaspekten von großer Bedeutung, da sich wegen des „Beteiligungsbezugs" Finanzierungskredite mit steuerlicher Absetzungswirkung kreieren lassen. Die Zinsen stellen Sonder-BA dar und lassen sich zur Verlustbildung bei einer gewerblichen MU-schaft optimal einsetzen. Der unmittelbare Finanzierungskredit für die Beteiligung ist ein **notwendiges passives WG des Sonder-BV II.**

Lösung:

a) Die unterlassene Passivierung des Kredits ist ein Bilanzierungsfehler, da es sich um notwendiges Sonder-BV II handelt.
b) Andererseits erfüllt der Erwerb von Wertpapieren mit privaten Mitteln weder die Kriterien von notwendigem bzw. gewillkürtem Sonder-BV II. Insoweit liegt notwendiges PV des X vor. In dem Augenblick, da er die Wertpapiere für Betriebskredite verpfänden lässt, handelt es sich m.E. um gewillkürtes Sonder-BV I, da die Wertpapiere eher geeignet sind, dem Betrieb der PersG als der Beteiligung zu dienen.

Sonderbilanz X (in T€)		Sonder-G+V (in T€)	
Minderkap. 100	Darlehen 100	(1) Zinsen 6	
(2) + 6			(2) **Verlust 6**
(1) ./. 6			
Schlusskap. 100			

Sonderprivatkonto[77] (in T€)	
	(1) Einlage 6
(3) Kap.kto. 6	

X hat aus der Sonderbilanz 6 T€ Verlust erzielt, die bei seinem gewerblichen Ergebnis bei der XYZ-KG berücksichtigt werden.
Verprobung: Nach dem BV (SB 100 ./. AB 100 ./. Einlage) wird das identische Ergebnis (Verlust i.H.v. 6 T€) erzielt.

---

[77] Für den (häufigen) Fall, dass im Sonder-BV für den **Zahlungsverkehr** kein eigenes Geldkonto („Sonder-Bank") geführt wird, ist immer auf den (Sonder-)Privatkonten zu buchen.

4.3.2 Anwendungsfälle zum notwendigen und gewillkürten Sonder-Betriebsvermögen II

Die nachfolgende Tabelle listet die zusätzlichen und wichtigsten vom BFH positiv entschiedenen Fälle zum Sonder-BV II auf:

Notwendiges Sonder-BV II	**Gewillkürtes Sonder-BV II**
Anteile an der Komplementär-GmbH, die vom Kommanditisten einer GmbH & Co. gehalten werden (BFH vom 30.03.1993, BStBl II 1993, 706)	Pkw des G'fters mit einer betrieblichen Nutzung von > 10 % und < 50 %
KapG-Anteile bei der Betriebsaufspaltung	Vorratsgrundstück (BFH vom 19.03.1981, BStBl II 1981, 731)
Sonstige KapG-Anteile, wenn zur PersG eine enge Beziehung (z.B. GmbH & atypisch still) besteht	
Bei Bürgschaften (passives Sonder-BV II[78]; Auswirkung als Sonder-BA erst bei Inanspruchnahme (BFH vom 24.03.1999, BStBl II 2000, 399)	

Anders als beim Sonder-BV I gibt es beim Sonder-BV II keinen Vorrang des Sonderbetriebes vor dem Eigenbetrieb für den Fall, dass die WG gleichzeitig im Einzelunternehmen des G'fters erfasst sind.

Besonders hohe Anforderungen sind beim gewillkürten Sonder-BV II an die Deutlichkeit der Widmung (des Willkürens) gerichtet. Nach ständiger BFH-Rspr. muss sich die Charakterisierung als BV aus der Buchführung ergeben (BFH vom 07.04.1992, BStBl II 1993, 21). Anderen Willensäußerungen wie etwa der Mitteilung an das FA (durch konkludente Erfassung in der Steuererklärung) steht die Rspr. reserviert gegenüber. Spätestens im Falle eines drohenden Dauerverlustes (z.B. bei Wertpapieren) muss sich der Widmungsakt rechtzeitig aus den Bilanzen ergeben.

---

[78] Bzw. aufzunehmen als nicht zu bilanzierende Haftungsverhältnisse (§ 251 HGB).

III Die Doppelgesellschaften im Konzept der Mitunternehmer-Besteuerung

1 Klarstellung

Unter dem Begriff der Doppelgesellschaften werden zahlreiche Mischformen verstanden, bei denen aus dem Angebot der Rechtsordnung neue Typenkombinationen geschaffen werden. Nachdem wegen des gesellschaftsrechtlichen Numerus clausus (geschlossener Kreis der zulässigen Gesellschaftsformen) keine neuen Gesellschaften erfunden werden können, obliegt es dem Rechtsverkehr, die vorhandenen Gesellschaften zu kombinieren. Meist sind es steuerliche Optimierungsgründe, die für die Kreationen verantwortlich sind[79].

Innerhalb der Doppelgesellschaften nehmen die GmbH & Co. KG und die Betriebsaufspaltung alleine wegen der Häufigkeit eine Sonderstellung ein. Auch die Innengesellschaften in Form der GmbH & atypisch still erfreuen sich großer Beliebtheit. Neue Formen wie die Stiftung & Co. sowie die (atypische) KGaA werden in die Darstellung miteinbezogen.

Die (typische) GmbH & Co. KG steht dabei für den gesellschaftsrechtlichen Zusammenschluss, wonach die GmbH und ihre G´fter gleichzeitig G´fter der KG sind. Demgegenüber steht die Betriebsaufspaltung eher für den betriebswirtschaftlichen Zusammenschluss von mehreren rechtlich selbständigen Gesellschaften.

2 Die GmbH & Co. KG

2.1 Grundsatzverständnis und Erscheinungsformen

Die Grundlage zum modernen Verständnis der GmbH & Co. KG legte der BFH im Beschluss vom 25.06.1984 (BStBl II 1984, 751). Zu beurteilen war die negative Gewinnfeststellung für Treugeber-Kommanditisten, die an einer GmbH & Co. KG beteiligt waren, deren Geschäftszweck der Bau und Betrieb eines Containerschiffes nach dem sog. Bremer Modell war (§ 82 f EStDV). Der (vereinfachte) Sachverhalt zu dieser doppelstöckigen GmbH & Co. KG im Bild:

---

[79] Weitere Motive:
- Haftungsbegrenzung (Ausschluss der persönlichen Haftung von natürlichen Personen mit ihrem PV); Arbeitsrechtliche Mitbestimmungsgründe.
- Sozialversicherungsrechtliche Gründe (der GmbH-G'fter kann als GF der Sozialversicherung unterliegen).

2 Die GmbH & Co. KG

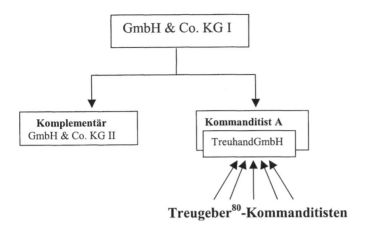

Problem: Negative Gewinnfeststellung der Kommanditisten an der GmbH & Co KG I, die in die KG I eine Einlage von insgesamt über 2 Mio. DM zu leisten hatten und der KG I ein Darlehen i.H.v. 4,5 Mio. DM gaben.

Der BFH verwarf im Beschluss von 1984 die sog. alte Geprägerechtsprechung und stellte bei der Beurteilung der steuerlichen Aktivitäten der KG (auch) auf die originären Tätigkeiten der KG ab. Deren Aktivitäten **und** die Tätigkeit der G'fter mussten als gewerblich nach § 15 Abs. 2 (insb. S. 2) EStG (damals § 1 Abs. 1 GewStDV) eingestuft werden, um bei den G'fter gewerbliche Verluste zum steuerlichen Ausgleich zuzulassen (ansonsten unbeachtliche Liebhaberei). Mit dem Verzicht auf eine verkürzte Betrachtungsweise („die immer gewerbliche GmbH gibt als Komplementärin der KG das Gepräge") stellt die Entscheidung einen Meilenstein in der Entwicklung der MU-schaft als begrenztes (partielles) Steuerrechtssubjekt dar. Die Tatsache, dass der Gesetzgeber mit einem Federstrich (§ 15 Abs. 3 Nr. 2 EStG) rückwirkend die alte Geprägetheorie wieder einführte, ändert nichts an der wegweisenden und heute uneingeschränkt akzeptierten Grundaussage des BFH-Urteils, derzufolge die KG (und nicht deren Komplementär) in das Zentrum der Beurteilung gerückt wird. Die Auswirkungen verdeutlicht

Beispiel 1: Die „buntbespickte" GmbH & Co. KG
Ein Wirtschaftsjurist W und ein Makler M sind zu je 30 % als Kommanditisten an einer KG beteiligt. Als Komplementärin fungiert eine GmbH, deren alleinige G'fter W und M (zu je 50 %) sind. Die GmbH ist GF der im Handelsregister eingetragenen KG und bedient sich zur Erledigung dieser Arbeiten des W bzw. fremder Angestellter. Die GmbH selbst erhält neben der GF-Vergütung

---

[80] Gem. § 39 Abs. 2 Nr. 1 S. 2 AO werden die WG bei aufgedeckter Treuhandschaft (§ 159 AO) dem Treugeber zugewiesen. Die Aufdeckung erfolgt nur gegenüber der Finanzverwaltung und nicht gegenüber den Mit-G'ftern.

nur noch einen Gewinnanteil; am Vermögen und an eventuellen Verlusten ist sie nicht beteiligt.
Variante: Lt. Gesellschaftsvertrag ist W zweiter GF der KG
Die gesellschaftsrechtlichen und steuerrechtlichen Grundaussagen sind vorzunehmen, der Geschäftszweig der KG ist bewusst offen gelassen.

Bei der vorliegenden GmbH & Co. KG ist der Status der GmbH als „vermögenslos" zu bezeichnen. Dies ist zulässig, da nicht alle G'fter einer KG am Gesamthandsvermögen beteiligt sein müssen. Die vermögenslose GmbH tritt häufig als reine Komplementärin auf, die an mehreren KG beteiligt ist (sog. „sternförmige GmbH & Co. KG")[81]. Gleichzeitig handelt es sich um eine typische GmbH & Co. KG, da die G'fter in beiden Firmen identisch sind.

Lösung:

1. In **gesellschaftsrechtlicher** Sicht kann der Gegenstand der KG dahingestellt bleiben, da sie mit Eintragung ohnehin als kaufmännische Personenhandelsgesellschaft gewertet wird. Ansonsten erfolgt die Beurteilung der PersG zweigleisig. Wird der Geschäftszweck als „Handelsgewerbe" i.S.d. § 1 Abs. 2 HGB[82] eingestuft, so liegt eine PersHG vor (§ 105 Abs. 1 HGB), bei der die Eintragung im HR nur deklaratorische (bestätigende) Wirkung hat. Ist dies nicht der Fall, so wird die KG gem. § 105 Abs. 2 HGB mit der konstitutiv wirkenden HR-Eintragung eine PersHG, für die die identischen Rechtsfolgen (insb. die Buchführungspflicht gem. § 238 HGB) gelten.
Alleine dann, wenn die PersG wissenschaftlichen, künstlerischen oder – allgemein – gewerbeunfähigen Aktivitäten nachgeht, bleibt ihr der Status als PersHG verwehrt, sodass materiellrechtlich nur eine GbR vorliegen kann[83].

2. In **steuerrechtlicher**[84] Sicht beantwortet im Ausgangsfall § 15 Abs. 3 Nr. 2 EStG auf der **Ebene der MU-schaft** die Frage der Gewerblichkeit. Ist – wie hier – die GmbH als Komplementärin alleinige GF, so werden gewerbliche Einkünfte auf der Ebene der KG (MU-schaft) unterstellt.

In der **Alternative** (W als zweiter GF der KG) zwingt das Merkmal der Geschäftsführung in § 15 Abs. 3 Nr. 2 EStG zur Überprüfung der konkreten Tätigkeit der KG. Bei echter gewerblicher Betätigung (§ 15 Abs. 2 und

---

[81] Dort tritt regelmäßig das Problem auf, bei welcher KG die Beteiligung zu erfassen ist. Nach h.A. soll dies diejenige KG sein, an der sie sich zum ersten Mal beteiligt hat.
[82] Hauptkriterium: Umfangreiche, bargeldlose Geschäfte, die eine doppelte Buchführung erfordern.
[83] Vor allem gibt es im Gesellschaftsrecht keine Geprägetheorie.
[84] Im Urteil des BFH a.a.O. wurde lange die Frage untersucht, ob die GmbH & Co. KG als Körperschaft Körperschaftsteuersubjekt sein könne. Abgesehen von § 5 Abs. 2 S. 3 KapVerkStG – zwischenzeitlich abgeschafft – wurde diese Fiktion im deutschen Steuerrecht nie aufgestellt. Aus heutiger Sicht mutet die Diskussion als Anachronismus an.

Abs. 3 Nr. 1 EStG) ist die Rechtslage mit derjenigen des Ausgangsfalles identisch. Betreibt die GmbH & Co. KG jedoch Vermögensverwaltung, ergeben sich Einkünfte nach §§ 20, 21 EStG. Nur bei der GmbH als G'fterin werden diese umqualifiziert in gewerbliche Einkünfte.

Die Entscheidung hängt u.a. davon ab, ob die Tätigkeit der KG primär mit der Absicht der Einkommensteuerersparnis verbunden ist. Wird dies bejaht, können wegen § 15 Abs. 2 S. 2 EStG keine gewerblichen Einkünfte vorliegen (Tatfrage[85]).

3. Auf der steuerlichen **Ebene der G'fter** muss zusätzlich deren MU-Eigenschaft geprüft und bejaht werden, sollen sie gewerbliche Verluste geltend machen (unterstellt, dass die KG als gewerblich einzustufen ist).

Während dies bei einem Komplementär unterstellt wird, müssen die Kommanditisten die Unternehmerinitiative und das Unternehmerrisiko substantiieren. Zu Recht wurde daher vom BFH 1984 a.a.O. die MU-Eigenschaft bei einem Kommanditisten verneint, wenn – wie im Ausgangsfall bei einigen Treugeber-Kommanditisten – die Beteiligung bis zum Ablauf der Sonderabschreibung befristet war. Die Berufsträgereigenschaft (Makler/Wirtschaftsjurist) ist hingegen bei einer gewerblich klassifizierten PersG belanglos[86].

4. Nach vorheriger einkommensteuerlicher Prüfung und (ggf.) Bejahung der Gewerblichkeit der KG ist die GewSt-Pflicht der KG gem. § 2 Abs. 1 S. 2 (i.V.m. § 5 Abs. 1 S. 3) GewStG indiziert.

2.2 Die Gewinnermittlung bei der GmbH & Co. KG

Bei der Ermittlung der Besteuerungsgrundlagen für die KG und ihre G'fter kommt den Erkenntnissen zu § 15 Abs. 1 Nr. 2 EStG besondere Bedeutung zu. Gerade hier erweist sich das Transparenzkonzept als unverzichtbare Säule zum Verständnis der Gesamtsteuerbelastung.

> **Beispiel 2: Die GmbH & Co. KG mit „bunten" Ergebnissen**
> Die GmbH & Co. KG im Bsp. 1 (W und M zu je 30 %, die GmbH mit 40 % beteiligt) erzielt einen HB-Gewinn von 100 T€. Die Gewinnverteilung entspricht den Beteiligungsverhältnissen. Die GmbH erhält für ihre GF-Tätigkeit 50 T€, die sie in gleicher Höhe an W (**Alternative**: an einem Angestellten) weiterleitet. Für die Komplementärsaufgabe (Haftungsfunktion) bekommt die GmbH 5 T€. M hat zur Finanzierung der Beteiligung ein zu 10 % verzinsliches Darlehen i.H.v. 50 T€ aufgenommen.
> Wie errechnet sich der Gewinn der KG, wie wird er verteilt?

---

[85] S. hierzu die Diskussion *Preißer*, Band 1, Teil A, Kap. III.
[86] Anders, falls eine freiberufliche MU-schaft nach § 18 Abs. 4 EStG vorliegt: Dort müssen alle G'fter die Berufsmerkmale erfüllen.

Zunächst sind auch hier beide Gewinnermittlungsstufen nach dem Besteuerungskonzept für MU-schaften zu durchlaufen. Im Anschluss hieran erfolgt die Zusammenfassung zum einheitlichen Gewinn der GmbH & Co. KG, die gleichzeitig deren Gewerbeertrag bildet.

Lösung:

a) Gewinnermittlung auf der ersten Stufe („Gewinnanteil")

	KG	GmbH	M	W
HB-Gewinn	100.000			
Gewinnanteil		40.000	30.000	30.000
Alternative	-	-	-	-

Entsprechend der festgelegten Kapitalkonten erfolgt die Gewinnverteilung und die Zuweisung der Gewinnanteile nach § 15 Abs. 1 S. 1 Nr. 2, 1. HS EStG. Auch bei der Alternative gibt es keinen geänderten HB-Gewinn. Auf eine etwaige Ergänzungsbilanz ist nicht einzugehen.

b) Gewinnermittlung auf der zweiten Stufe („Tätigkeitsvergütungen" u.a.)

Im Unterschied zu den Verwaltunsgformularen[87] erfolgt hier eine Auflistung nach:

- Tätigkeitsvergütungen,
- Sondervergütungen und
- Ergebnissen aus der Sonderbilanz (Sonder-BE und Sonder-BA i.e.S.).

	KG (Summe)	GmbH	M	W
Tätigkeitsvergütung	**50.000**	+ 50.000 ./. 50.000		+ 50.000
Sondervergütung	+ **5.000**	5.000		
Sonderbilanz	./. **5.000**		./. 5.000	
Ergebnis	**50.000**	5.000	./. 5.000	+ 50.000

Die GF-Vergütung der GmbH wirkt sich bei ihr wie ein durchlaufender Posten aus. W erzielt – obwohl GF der GmbH – bei ausschließlicher Wahrnehmung der GF-Aufgaben für die KG eine mittelbare Tätigkeitsvergütung im Dienste der KG (BFH vom 06.07.1999, BStBl II 1999, 720), die § 15 Abs. 1 Nr. 2 EStG unterliegt.

Die Haftungsvergütung der GmbH stellt eine Sondervergütung dar, die ebenfalls § 15 Abs. 1 Nr. 2 EStG unterliegt.

---

[87] Die Lektüre der Verwaltungsformulare, Erklärungsvordrucke etc. ist allerdings jedem StB-Kandidaten dringend zu empfehlen.

M hat schließlich in einer Sonderbilanz das Darlehen (notwendiges passives Sonder-BV II) auszuweisen, als dessen Folge die damit zusammenhängenden Schuldzinsen als Sonder-BA abzugsfähig sind.
– Die Vorspalte (KG) fasst redaktionell die Einzelergebnisse zusammen –.

Alternative: Nicht W, sondern ein Angestellter der GmbH erhält die GF-Entlohnung.

	KG (Summe)	GmbH	M	W
Tätigkeitsvergütung	-	+ 50.000 ./. 50.000		-
Sondervergütung	+ 5.000	+ 5.000		
Sonderbilanz	./. 5.000		./. 5.000	
Ergebnis	0	+ 5.000	./. 5.000	

In der Alternative wird die GF-Vergütung im Ergebnis nicht im Kreis der MU-schaft versteuert.

c) Zusammenfassung (Ausgangssachverhalt)

	KG	GmbH	M	W
Gewinn/-anteil	100.000	40.000	30.000	30.000
Tätigkeitsvergütung	50.000	0		50.000
Sondervergütung	5.000	5.000		
Sonderbilanz	./. 5.000		./. 5.000	
Gesamt(-anteil)	**150.000**	**45.000**	**25.000**	**80.000**
Alternative	100.000	45.000	25.000	30.000

Als weitere Anmerkung ist hinzuzufügen, dass die KG im Ausgangsfall wegen § 7 GewStG einen steuerbaren Gewerbeertrag von 150.000 € erzielt, da die individuellen Ergebnisse mitgezählt werden (A 39 und 40 GewStR).
(In der Alternative reduziert sich das Ergebnis um den bei W entfallenden Gewinnanteil).
Bei der ebenfalls gewerbesteuerpflichtigen GmbH kommt die Kürzungsvorschrift von § 9 Nr. 2 GewStG zum Tragen. Ihr bereits von der KG versteuerter Beteiligungsertrag ist von der GewSt freigestellt.

2.3 Das Betriebsvermögen bei der GmbH & Co. KG

Die GmbH & Co. wird gelegentlich als paradigmatischer Testfall des Einkünftedualismus bezeichnet. Es soll der BFH-Rspr. Rechnung getragen werden, die die Anteile der Kommanditisten an der Komplementär-GmbH als deren Sonder-BV II mit der Begründung qualifiziert hat, dass damit für die Kommanditisten ein mittelbarer Einfluss auf die

KG gegeben sei. Gem. § 20 Abs. 3 EStG sind danach etwaige Gewinnausschüttungen als gewerbliche Einkünfte qualifiziert. Zusammenspiel und Konkurrenz der verschiedenen Sonder-BV lassen darüber hinaus die GmbH & Co. KG als beliebten Grundtyp bei StB-Aufgaben erscheinen, da mit wenigen Zeilen Sachverhalt die Grundzüge des kompletten Ertragsteuerrechts erfast werden können.

Beispiel 3: Die GmbH & Co. KG mit „buntem" Sonder-BV

1. A, Einmann-G´fter der am 30.12.01 gegründeten A-GmbH (voll ständig eingezahltes Mindeststammkapital) gründet zusammen mit B und C am 31.12.01 eine KG, an der die GmbH als Komplementärin zu 2/5 und die Kommanditisten A, B und C zu je 1/5 beteiligt sind. A, der ein dreigeschossiges Wohn-/Geschäftshaus mit einem Wert von 3 Mio. € geerbt hat, überlässt das EG (gleiche Wertigkeit aller drei Geschossflächen) der KG für deren betriebliche Zwecke. Die KG-Einlage des A wird in Geld geleistet, C erbringt seinen KG-Beitrag durch eine vollwertige Sacheinlage, B kann seinen Beitrag noch nicht leisten. Die GmbH legt ihr ganzes Vermögen ein. **Bilanzen 01?**

2. Im Kj. 02 wird B als GF der GmbH angestellt und erhält dafür exakt den Betrag, den die KG als Auslagenersatz an die GmbH bezahlt (100 T€). Die an A bezahlte Jahresmiete beträgt 10 T€, wobei als Verhältnis Gru-Bo/Gebäude an der vererbten Immobilie 1:1 errechnet wurde. Die KG erzielt in 02 einen Gewinn von 25 T€; der auf die GmbH entfallende Gewinn wurde als Vorabgewinn noch in 02 an A in voller Höhe ausgeschüttet. **Gewinn 02?**

Dieser Kurzsachverhalt kann das „Gerippe" eines sechsstündigen StB-Examensfalles bilden. Im Original ist davon auszugehen, dass es sich um einen etwa 10-seitigen Sachverhalt mit vielen Zusatzinformationen handeln wird, bei dem – wie so häufig – die Hauptaufgabe in der Reduktion der Komplexität auf das Wesentliche liegt. Erfahrungsgemäß lassen sich selbst „überlange" Arbeiten – ebenso wie die Probleme in der Praxis – meist auf eine DIN A 4 Seite reduzieren, nicht aber die Lösung.

Lösung:

1. **Die Bilanzfragen des Jahres 01**

    a) **GmbH-Bilanz**
    Bei der Erstellung der Bilanzen für die GmbH im Kj. 01 (= Wj.) ist es offensichtlich, dass dort anstelle des Bankguthabens i.H.v. 25.000 €[88] nunmehr aufgrund des Aktivtausches die Beteiligung an der KG ausgewiesen ist, während sich auf der Passivseite nichts geändert hat.

---

[88] Obligatorisches Mindeststammkapital ab 01.01.2002 gem. § 5 GmbHG.

2 Die GmbH & Co. KG

A	A-GmbH-Bilanz 31.12.01 (in T€)		P
KG-Beteiligung	25	Gezeichnetes Kapital	25

b) KG-Bilanzen

Die KG-Bilanz nimmt auf der Aktivseite die verschiedenen Beiträge auf und weist auf der Passivseite die Kapitalkonten ihrer G'fter aus.

A	KG-Bilanz 31.12.01 (in T€)		P
Ausstehende Einlage	12,5	GmbH-Kapitalkonto	25
AV/UV	12,5	Kapitalkonto A	12,5
Bank	37,5	Kapitalkonto B	12,5
		Kapitalkonto C	12,5
Summe Aktiva	62,5	Summe Passiva	62,5

Darüber hinaus ist der Gebäudeteil des A, soweit er der KG überlassen ist, als eigenständiges WG (R 13 Abs. 12 EStR) des notwendigen Sonder-BV I auszuweisen. Dem Aktivposten von 1 Mio. € steht das Sonder- oder Mehrkapital des A in gleicher Höhe gegenüber.

Ebenso ist der GmbH-Geschäftsanteil des A (25 T€) als notwendiges Sonder-BV II aus seinem privaten Status in den (sonder-)betrieblichen Status zu überführen.

2. Gewinnauswirkung in 02

a) Gewinnermittlung erster Stufe

Der HB-Gewinn von 25 T€ wird entsprechend der Kapitalkonten aufgeteilt, die Gewinnanteile betragen:

- Für die GmbH: 10 T€.
- Für A, B und C: je 5 T€.

b) Gewinnermittlung zweiter Stufe

aa) Tätigkeitsvergütung

Die von der KG an die GmbH und von dieser an B weiterbezahlte GF-Vergütung sind bei B i.H.v. 100 T€ als gewerblicher Gewinn zu erfassen. Der mittelbar über die GmbH für die KG tätige B wird dabei einem G'fter mit direktem Anstellungsvertrag zur KG gleichgestellt (BFH vom 06.07.0 1999, BStBl II 1999, 720).

bb) Das notwendige Sonder-BV I

Die Sonder-G+V für das überlassene EG weist die Posten auf:

Sonder-G+V (A) 02			
AfA (3 % von 500 T€)	15	Mietertrag	10
		Verlust	**5**

c) Das notwendige Sonder-BV II

Die Aktivierung des GmbH-Geschäftsanteiles als Sonder-BV II bringt es mit sich, dass Gewinnausschüttungen (hier: 10 T€) als gewerbliche Einkünfte nach § 15 Abs. 1 Nr. 2, 2. HS EStG versteuert werden. Bei unterstellter **neuer** Rechtslage hat die GmbH folgende Steuern von der „Dividende" abzuziehen:

	Dividende	10.000,00 €
./.	KSt i.H.v. 25 %	2.500,00 €
./.	20 % KapESt	1.500,00 €
./.	SolZ auf KapESt	82,50 €
=	Nettodividende	5.917,50 €

Dies führt bei A zu folgender gewerblichen steuerbaren Gewinnausschüttung (§ 20 Abs. 3 i.V.m. § 20 Abs. 1 Nr. 1 EStG):

	Nettodividende	5.917,50 €
+	KapESt	1.500,00 €
+	SolZ	82,50 €
=	**Bardividende**	7.500,00 €

Nachdem hiervon gem. § 3 Nr. 40d EStG nur die Hälfte zu versteuern ist, betragen seine gewerblichen steuerbaren Einkünfte aus dem Sonder-BV II: **3.750 €**.

Exkurs: Bei einem Fall zum alten KSt-Anrechnungsverfahren mussten an dieser Stelle nicht nur das KSt-Steuerguthaben von 3/7 (§ 20 Abs. 1 Nr. 3 EStG a.F.) berücksichtigt, sondern vor allem geprüft werden, ob die EK-Situation der GmbH eine Ausschüttung ohne KSt-Erhöhung ermöglichte. Im idealtypischen Fall führte die Ausschüttung wegen § 28 Abs. 2 KStG a.F. (Verrechnungsfiktion) und wegen § 28 Abs. 6 KStG a.F. (Mitberücksichtigung der KSt-Minderung) noch zu einem ausschüttungsbedingten KSt-Guthaben bei der GmbH.

3. Zusammenfassung (in €)

	KG	GmbH	A	B	C
HB-Gewinn	25.000	10.000	5.000	5.000	5.000
Tätigkeitsverg.	100.000			100.000	
Sonder-BV I	./. 5.000		./. 5.000		
Sonder-BV II	3.750		3.750		
Gesamt	**123.750**	**10.000**	**3.750**	**105.000**	**5.000**

Die KG hat den Gewerbeertrag von 123.750 € der GewSt zu unterwerfen, während die G'fter die jeweiligen Beteiligungsergebnisse der KSt (GmbH) zu unterwerfen haben bzw. bei ihrer persönlichen Einkommensteuererklärung anzugeben haben (A kann aus dem Vorgang noch einen Kapitalertragsteueranspruch gem. § 36 Abs. 2 Nr. 2 EStG geltend machen).

2.4 Besonderheiten

2.4.1 Die einheitliche GmbH & Co. KG

Die Situation bei der einheitlichen GmbH & Co. (auch Einheits-GmbH & Co. genannt) ist dadurch gekennzeichnet, dass die KG gleichzeitig Allein-G'fter ihrer Komplementär-GmbH ist. Dies wird dadurch erreicht, dass die Kommanditisten ihre GmbH-Geschäftsanteile an der GmbH als Einlageleistung in die gemeinsam zu errichtende KG erbringen. Damit ist die KG Allein-Gesellschafterin der GmbH geworden, die ihrerseits an der KG beteiligt ist. Diese grundsätzlich anerkannte Gesellschaftsform[89] führt die gesellschaftsrechtliche Zersplitterung als Doppelgesellschaft wieder zusammen und wird von daher auch als Vereinheitlichungsmodell bezeichnet.

Problematisch ist diese Form der Einheitsgesellschaft, wenn auf die GmbH-Geschäftsanteile noch nicht der volle Betrag geleistet wurde. Die handelsrechtliche Antwort hierauf hält § 172 Abs. 6 HGB bereit, der die Einlage des Kommanditisten in die KG als nicht geleistet ansieht (Sanktion: Aufleben der persönlichen Haftung gem. § 171 HGB), soweit sie in Anteilen an der Komplementär-GmbH der GmbH & Co. KG bestehen.

Steuer- und bilanzrechtlich existiert das Problem der „aufgeblähten" Bilanz, wenn und soweit die GmbH-Bilanz die KG-Beteiligung und umgekehrt die KG-Bilanz den GmbH-Geschäftanteil ausweist. Auch hier verweigert das Steuerrecht die Anerkennung nur für den Fall, da die Einlagen der GmbH-Gründungsgesellschafter noch nicht erbracht sind.

2.4.2 Die Anteilsveräußerung

Europarechtliche, bilanzrechtliche und gesellschaftsrechtliche Aspekte treffen mit steuerlichen Fragen zusammen, wenn inmitten eines Jahres ein GmbH-Anteil, der sich im Sonder-BV eines G'fters befindet, veräußert wird.

> **Beispiel 4: Die „verstrickte" Veräußerung**
> An der B-GmbH & Co. KG sind seit der Gründung (01) A und B als Kommanditisten beteiligt. Bei der B-GmbH (25 T€) sind Frau A (10 T€ Geschäftsanteil) und B (15 T€ Geschäftsanteil) G'fter. In der 2. Jahreshälfte 06 hat A die Anteile von B zu einem Kaufpreis von 20 T€ erworben, so dass nunmehr die B-GmbH den Eheleuten A „gehört".

---

[89] Vgl. dazu grundlegend *Knobbe-Keuk*, BilR und UStR, 1993, 370 ff., 393 ff.

Als „Dividende" schüttete die B-GmbH in der 1. Jahreshälfte 06 für das abgelaufene Geschäftsjahr 05 einen Betrag i.H.v. 20 %, bezogen auf die Stammeinlage (Nominalkapital), aus. Für das Geschäftsjahr 06 wird die Dividende aller Voraussicht nach wieder – wie in den Jahren davor – 20 % betragen.
Wie ist der Vorfall, insb. in Hinblick auf die Sonderbilanzen des B im Jahre 06, zu werten?

Eine der bizarrsten Entwicklungen hat im letzten Jahrzehnt (in den 90'er Jahren) mit dem Beschluss des GrS des BFH am 07.08.2000 (BStBl II 2000, 632) seinen Abschluss gefunden. Es ging um die Frage der **phasengleichen** Erfassung von **Dividendenansprüchen** bei einer im BV gehaltenen Beteiligung an einer KapG. In bestimmten gesellschaftsrechtlichen Konstellationen (im Konzernverbund, bei Doppelgesellschaften), wozu auch die GmbH & Co. KG und die Betriebsaufspaltung zählen, bestand die Finanzverwaltung auf einer zeitkongruenten Aktivierung des Gewinnanspruchs in der Bilanz des G'fters einer KapG für das laufende Geschäftsjahr, obwohl die Ausschüttung immer erst im darauffolgenden Jahr beschlossen wird. Die phasengleiche Aktivierung war an bestimmte Voraussetzungen (Mehrheitsbeteiligung, gleiches Ausschüttungsverhalten sowie vorgezogener Jahresabschluss der KapG) gebunden.

Ausgelöst wurde die Rspr.-Odyssee durch eine handelsbilanzrechtliche Entscheidung des BGH vom 21.07.1994 (DB 1994, 1868), wo der BGH mit der vorgezogenen Aktivierung des Dividendenanspruchs in der Schlussbilanz 01 der G'fterbilanz für das Wj. 01 der KapG einen Verstoß gegen den Realisationsgrundsatz (§ 252 Nr. 4 HGB) prüfte. Im Anschluss hieran war unter dem Gesichtspunkt der europarechtlichen Bilanzvereinheitlichung der EuGH mit dem Fall „Tomberger" befasst und hat am 27.06.1996 – trotz eines vorausgegangenem Trommelfeuers in der Lit. und trotz eines vernichtenden Plädoyers des Generalstaatsanwalts *de Tomaso* – diese Praxis sanktioniert (DStR 1996, 1093).

Sodann war – über die Maßgeblichkeit des § 5 Abs. 1 EStG – wieder die deutsche Finanzgerichtsbarkeit am Zuge und der I. Senat des BFH legte am 16.12.1998 die Frage dem Großen Senat vor (BStBl II 1999, 551). Die Entscheidung schließlich kommt ohne neue Argumente zu dem einfachen Ergebnis, dass mangels entstandenem Gewinnausschüttungsbeschluss im abgelaufenen Jahr (01) kein WG (keine Forderung)[90] vorliegt, das in der Bilanz des Gewinnentstehungsjahres (01) berücksichtigt werden darf[91].

Damit gibt es in Zukunft im Steuerrecht **keine phasengleiche Aktivierung** des Dividendenanspruchs.

---

[90] Rein formal: Es gibt nur rechtlich entstandene Forderungen dies eben erst im nächsten Jahr) und keine wirtschaftlich entstandenen Forderungen.
[91] Demgegenüber billigt die Finanzverwaltung für die Zeit des noch geltenden Anrechnungsverfahrens (2000, spätestens 2001) die bislangige Praxis, die nach der eingeschränkten Nettomethode zum Ausweis der Dividende einschließlich der KapESt führte (BStBl I 2000, 1510).

Lösung:
Sonderbilanz und Sonder-G+V haben nachfolgendes Aussehen:

A	Sonderbilanz B (II/06)		P
GmbH-Anteil	15.000	Sonderkapital 01.01.06	15.000
./. Abgang	15.000	./. Entnahme[92]	21.500
		Gewinn	6.500
	0		0

	Sonder-G+V B		
Abgang Buchwert	15.000	Beteiligungsertrag (für 05)	1.500
Gewinn	6.500	Erlös aus Anlageabgang[93]	20.000
	21.500		21.500

Des weiteren darf in der Sonderbilanz des A mit AK von 20.000 € für den GmbH-Geschäftsanteil kein Anspruch auf die Dividende für das Jahr 06 gebildet werden.

2.4.3 Die verdeckte Gewinnausschüttung bei der GmbH & Co

Einer der häufigsten Anwendungsfälle einer vGA[94] bei einer GmbH & Co. KG, bei der begrifflich die GmbH auf einen Vermögensvorteil verzichtet bzw. konkret eine Vermögensminderung (mit Einkommensauswirkung) erfährt, ist die Weiterleitung des GF-Gehalts an ihren GF-Kommanditisten in unangemessener Höhe oder der Verzicht auf eine Haftungsprämie. Nach ständiger BFH-Rspr. hat zumindest die „vermögenslose" GmbH, die nicht am Vermögen der KG beteiligt ist, einen Anspruch auf eine Haftungsprämie (Avalprovision) i.H.v. 2 % – 5 % des potentiellen Haftungsvermögens der GmbH (BFH vom 03.02.1977, BStBl II 1977, 346). Wie immer beim Rechtsinstitut der vGA, sind darüber hinaus die verschiedensten Sachverhalte vorstellbar, bei denen die G'fter der GmbH von Vermögensvorteilen profitieren, für die es keinen schuldrechtlich plausiblen Grund gibt. Die vGA führt bei den personenidentischen Kommanditisten zu gewerblichen Einkünften (§ 20 Abs. 3 i.V.m. § 20 Abs. 1 Nr. 1 S. 2 EStG).

Beispiel 5: Eine „bunte" vGA
A, Einmann-G'fter und Allein-GF der A-GmbH gründet mit dieser eine GmbH & Co. KG (Beteiligungsverhältnisse = Gewinnbezugsrechte nach Kapitalkonten: GmbH 75 %, A als Kommanditist 25 %). Die A-GmbH erbringt ihre Einlage u.a. durch die Übereignung eines Grundstücks mit dem Teilwert (§ 5 Abs. 5 GmbHG) im Einlagezeitpunkt von 55 T€.

---

[92] Mangels Bankkonto im Sonder-BV bleibt nur das Privatkonto, auf dem der Erlös erfasst wird.
[93] Hier (Steuerwerte) ist im Ergebnis nur der gem. § 3 Nr. 40d EStG steuerpflichtige Teil der Dividende von 3.000 € erfasst.
[94] S. im einzelnen *Maurer*, Teil C, Kap IV.

A	Die Eröffnungsbilanz der KG		P
Grundstück	55.000	Kapital A-GmbH	75.000
Liquide Mittel	45.000	Kapital A	25.000
	100.000		100.000

Die KG verkaufte nach der Einlage das Grundstück ihres Gesamthandsvermögens an A für 82.500 €, nachdem kurz davor ein Bebauungsplan bestandskräftig wurde und die Immobilie dadurch eine Wertsteigerung um 100 % auf 110.000 € erfuhr. Die KG buchte:

BS: Bank   82.500   an   Grundstück   55.000
                                                                   sonst. betriebl. Ertrag   27.500

A hat sofort nach der Übertragung mit dem Bau eines EFH begonnen.

Lösung:
Bei der Übertragung eines WG aus dem Gesamthandsvermögen in das **PV** eines G'fters liegt grundsätzlich eine Entnahme vor (anders, falls das WG in das BV eines G'fters übertragen wird, vgl. § 6 Abs. 5 S. 3 EStG).
Wird – wie vorliegend – ein Entgelt vereinbart, das niedriger als der TW des WG ist, so wird die Differenz zwischen dem Entgelt und dem TW als **Sachentnahme** des G'fters angesetzt (BMF vom 06.02.1981, BStBl I 1981, 76).
Verkauft jedoch eine **GmbH & Co. KG** WG des Gesamthandsvermögens an den G'fter unter dem erzielbaren Marktpreis, so stellt der verdeckte **Wertabfluss i.H.d. Beteiligungsquote** der GmbH an der KG eine **VGA** dar (hier: zu 75 % beteiligt).
Im übrigen ist der (weitere) Wertabfluss als (verdeckte) **Entnahme** (hier: 25 %) anzusehen, die mangels abweichender Gewinnabsprachen den Gewinnanteil des Kommanditisten erhöht.

Lösung (in Zahlen):

- vGA zu 75 % von der Differenz i.H.v. 27.500 € = 20.625 €; davon ½.
- Sachentnahme (= Mehrgewinnanteil A zu 25 %) = 6.875 €.

Übertragen auf die zweistufige Gewinnermittlung der GmbH & Co. KG bedeutet dies, dass sich der Gewinnanteil des A i.S.d. § 15 Abs. 1 S. 1 Nr. 2, **1. HS** EStG um 6.875 € erhöht und dass zusätzlich Sonder-BE nach § 15 Abs. 1 S. 1 Nr. 2, **2. HS** EStG i.H.v. 20.625 € vorliegen, da die GmbH-Beteiligung des A im Sonder-BV gehalten wird (notwendiges Sonder-BV II).

Die Folge einer vGA bei der GmbH & Co. KG ist auch dann gegeben, wenn eine unangemessen niedrige Gewinnverteilung zulasten der GmbH vereinbart wird.
Im umgekehrten Fall, führt ein überhöhter Gewinnanteil zugunsten der GmbH zu einer verdeckten Einlage, mit der weiteren Konsequenz, dass die Kommanditisten, die gleichzeitig G'fter der GmbH sind, nachträgliche AK auf ihre Beteiligung i.d.H. erzielen,

da ihnen zusätzlich Gewinnanteile zugerechnet werden (BFH vom 23.08.1990, BStBl II 1991, 172).

3 Die (atypisch) stille Gesellschaft, insb. die GmbH & atypisch still

3.1 Die Grundaussage zur (atypisch) stillen Gesellschaft

Die stille Gesellschaft gem. § 230 ff. HGB erfreut sich in der Praxis großer Beliebtheit, da man sich mit ihr an einem Handelsgewerbe beteiligen kann, ohne im Register eingetragen zu sein, m.a.W. ohne Publizitätsakt. Dies ist für bestimmte Berufsträger deshalb von Bedeutung, wenn und weil ihr jeweiliges Berufsrecht (z.B. bei Beamten und weitgehend auch bei Freiberuflern) ein gewerbliches Engagement verbietet. Ein anderer Grund liegt häufig im Gebot der kaufmännischen Verschwiegenheit, das etwa aus Gründen eines Wettbewerbsverbotes ein finanzielles Engagement als tätiger Teilhaber verhindert.

Bei der stillen Gesellschaft wird die Einlage des stillen G'fters (im folgenden: der Stille) in das BV des Inhabers des Handelsgeschäfts (§ 230 Abs. 1 HGB) geleistet. Dies bedeutet zunächst, dass der Stille und der tätige Teilhaber **kein gemeinsames Gesamthandsvermögen** bilden (Kennzeichen der Innengesellschaft). Andererseits ist die Einlage des stillen G'fters grundsätzlich als Fremdkapital im Unternehmen auszuweisen, da sie dessen Rückzahlungsanspruch darstellt (§ 235 HGB). Dieser kann in der Insolvenz des Unternehmens als reguläre Forderung geltend gemacht werden (§ 236 HGB).

Beispiel 6: Die typisch stille G – eine Art „Risikokapital" –
Im Wohnhaus des Rentners Greenspan (G) befindet sich das Büro des Newcomers und Softwareentwicklers Bill (B). G will B finanziell unterstützen, ohne dass sich dabei steuerliche Nachteile oder Haftungsprobleme ergeben sollen. Da er vom geschäftlichen Erfolg des B überzeugt ist, soll die finanzielle Unterstützung mehr erwirtschaften als eine Anlage „auf der Bank". G ist bewusst, dass sich beim Berufsstart auch Durststrecken ergeben können und möchte B auch in dieser Phase begleiten.

Lösung:
In nahezu „klassischer" Form bietet sich für G die Unterstützung des B in der Form einer typisch stillen Beteiligung an. Auf alle Fälle soll eine Haftungs- und Steuerverstrickung des privaten Grundstücks vermieden werden. Bei einer offenen gesellschaftsrechtlichen Beteiligung (PersG) wird das Grundstück zum notwendigen (Sonder-)BV werden und ist damit steuerverstrickt; eine Kommanditbeteiligung scheidet daher aus.
Von den verbleibenden Beteiligungsmöglichkeiten kommen noch das „klassische" Darlehen und das „partiarische" Darlehen in Betracht.
Das klassische Darlehen mit einer festen prozentualen Verzinsung scheidet ebenfalls aus, da G ein riskantes Engagement tätigen will.

Rein theoretisch ist die Abgrenzung der stillen Gesellschaft vom partiarischen Darlehen, bei dem sich der Darlehensgeber die Valuta nicht fest, sondern ebenfalls durch eine Gewinnbeteiligung verzinsen lässt, einfach. Bei gleicher Modalität (Gewinnbeteiligung) fußt das partiarische Darlehen auf einem allgemeinen schuldrechtlichen Rechtsgrund, während die stille Gesellschaft auf einer gesellschaftsrechtlichen causa aufbaut. Die weitergehende Differenzierung kommt zu dem Ergebnis, dass bei gemeinsamer Zweckverfolgung (§ 705 BGB) eine stille Gesellschaft vorliegt und dass bei primär eigenen Interessen ein partiarisches Darlehen gegeben ist. Ein verlässliches Unterscheidungsmerkmal liegt jedoch allein in der Tatsache, dass ein partiarisches Rechtsverhältnis[95] keine **Verlustbeteiligung** kennt, während dies bei einer stillen Gesellschaft möglich ist (§ 231 Abs. 2 HGB). Immer dann, wenn – wie hier („Unterstützung in der Talsohle") – auch eine Verlustbeteiligung möglich ist und vereinbart wird, liegt eine stille Gesellschaft vor.

Rein steuerlich und bilanzrechtlich unterscheiden sich die stille Gesellschaft und das partiarische Darlehen nicht, da die jeweiligen jährlichen Gewinnanteile zu Einkünften nach § 20 Abs. 1 Nr. 4 EStG führen und in der Bilanz des tätigen Unternehmers als BA zu erfassen sind. Die Einlage (das Darlehen) selbst und die Rückzahlung sind gewinnneutral.

Als Ergebnis bleibt festzuhalten, dass B mit seiner Einlage als **typisch stiller** G´fter anzusehen ist, der Überschusseinkünfte nach § 20 EStG erzielt.

Häufig vereinbaren die Beteiligten eine stärkere gegenseitige Abhängigkeit, als dies nur mit einer finanziellen Gewinnbeteiligung möglich ist. Die Gründe können im umfangreichen „Mitregieren" des Stillen ebenso liegen wie in einem stärkeren Risikoengagement der Einlage (= Rückzahlungsanspruch).

> **Beispiel 7: Die atypisch stille Gesellschaft – eine Art „Risk management"**
> Softwareentwickler B (Bsp. 6) expandiert. Er hat für eine Filiale ein zweites Geschäftslokal von Donald (D) angemietet (Monatsmiete: 1.000 €). Nachdem D erkennt, dass die Geschäfte des B immer besser florieren, beteiligt er sich mit einer Einlage von 1 Mio. € als Stiller an dem Softwarehaus des B. Er ist mit 15 % am Gewinn und Verlust beteiligt und hat außerdem die Kontrollrechte eines Kommanditisten (§ 166 HGB und § 233 HGB sind nahezu identisch). Bei Kündigung der stillen Beteiligung (§ 234 HGB) wird eine Auseinandersetzungsbilanz erstellt, in der die Teilwerte der WG einschließlich eines Geschäftswertes anzusetzen sind. Danach bemisst sich sein Abfindungsanspruch. Wie sind die steuerlichen Folgen?

Die (typisch) stille Gesellschaft wird steuerlich eine **atypisch stille Gesellschaft** – und damit eine **MU-schaft** –, wenn zu den ohnehin schon gegebenen Merkmalen der §§ 230 ff. HGB hinaus noch die MU-Initiative und/oder das MU-Risiko hinzukommen

---

[95] Neben dem partiarischen Darlehen gibt es auch partiarische Angestelltenverhältnisse.

(BFH vom 15.10.1998, BStBl II 1999, 286 zur Initiative und BFH vom 27.01.1994, BStBl II 1994, 635 zum Risiko[96]).

Lösung:
D erfüllt alle Merkmale eines atypisch stillen G'fters. Vor allem die Verlustbeteiligung und die schuldrechtliche[97] Beteiligung an den stillen Reserven, die während seines Engagements gebildet werden, weisen auf ein (sehr) starkes MU-Risiko hin. Dabei genügt eine Kontrollbefugnis entsprechend dem HGB-Regelstatut. Bei einer stärker ausgeprägten Initiative (aktive Geschäftsführungsbefugnisse) müssen nicht alle – wie hier vorliegenden – Risikomerkmale erfüllt sein.
Als (wichtigste) **Folgen** der atypischen stillen Gesellschaft sind zu verzeichnen:

a) D erzielt mit seinen Gewinnanteilen gewerbliche Einkünfte gem. § 15 Abs. 1 Nr. 2 EStG; eine KapESt – anders als bei der typisch stillen Gesellschaft (vgl. § 43 Abs. 1 Nr. 3 EStG) – ist daher nicht einzubehalten.

b) Das vermietete Geschäftslokal wird zum Sonder-BV I (überlassenes WG). Die Mieten sind damit ebenfalls gewerblich; das überlassene Gebäudeteil (R 13 EStR) ist steuerverstrickt.

c) Das BV der MU-schaft umfasst neben dem Handelsgeschäft das Sonder-BV I und II des atypisch Stillen (BFH vom 02.05.1984, BStBl II 1984, 820). Nicht geklärt ist, ob ein eigenes Hauptvermögen der MU-schaft zu bilden ist, bei dem sodann auch das Handelsgeschäft den Charakter von Sonder-BV hat[98].

d) Der Gewinn wird nach §§ 179, 180 Abs. 1 Nr. 2a AO einheitlich und gesondert festgestellt (i.V.m. § 183 Abs. 2 AO).

e) Steuerschuldner des GewSt-Bescheides (und des USt-Bescheides) ist allein der Inhaber des Handelsgeschäft, da eben nur eine Innengesellschaft vorliegt, die Auswirkungen auf der ESt-Ebene (s. a – c) hat.

3.2 Die GmbH & atypisch still – ein Kind der Praxis

Eine gesteigerte Form der Innengesellschaft ist die GmbH & atypisch still. Bei der GmbH kann es sich dabei auch um eine Einmann-GmbH handeln, an der der „Einmann" als atypisch Stiller beteiligt ist. Rein begrifflich bereitet dies keine Probleme, da § 230 Abs. 1 HGB eine stille Beteiligung an dem Handelsgewerbe eines „anderen" zulässt und nach einhelliger Auffassung als „anderer" – wegen der Abschottungswirkung der juristi-

---

[96] Dort lässt der BFH endlich auch die Kontrollbefugnisse gem. § 233 HGB gelten, ohne – völlig überflüssig – auf den inhaltsgleichen § 166 HGB abzustellen.
[97] Es wird beim (typisch wie atypisch) Stillen nie eine dingliche (unmittelbare, gegenüber jedem wirkende) Beteiligung am Gesellschaftsvermögen geben. Über die Höhe des Abfindungsanspruches kann eine schuldrechtliche Teilhabe an den stillen Reserven erreicht werden.
[98] So bereits *Schulze zur Wiesche*, GmbHR 1982, 114 sowie *ders.* GmbHR 1999, 902; ähnlich *Schwedhelm*, GmbHR 1994, 445.

schen Person – jede GmbH zu verstehen ist. Der Grund für die „eigene" GmbH & atypisch still ist weitgehend ein steuerlicher, da damit die einzige Möglichkeit besteht, auch am Misserfolg der GmbH mit gewerblichen Verlusten als atypisch Stiller steuerlich zu partizipieren.

Insoweit stellt die GmbH & atypisch still die (gelungene) **Quadratur des Kreises** dar. Anders formuliert: Eine Person wird aus steuerlichen Gründen aufgespalten in zwei Funktionen, einmal in die des GmbH-G'fter und zum zweiten in die des Innen-G'ters. Die Annahme einer „aufgespaltenen Person" des GmbH & Innen-G'fters wurde durch zwei BFH-Urteile zur MU-schaft bei der GmbH & Co. KG erleichtert[99]. Die dortigen Grundsätze zur MU-Initiative und zum MU-Risiko wurden auf die Innengesellschaft übertragen. Damit war der Weg frei für die Anerkennung der atypischen GmbH & still bei einem beherrschenden GmbH-G'fter (BFH vom 05.12.1992, BStBl II 1994, 702). Nachdem der BFH in diesem Zusammenhang auch die Einmann-GmbH & typisch still abgesegnet hat, steht der Anerkennung einer Einmann-GmbH & atypisch still nichts mehr im Wege.

Wegen der – nach wie vor bestehenden – Eigentümlichkeit dieses Gebildes sind Hürden für die Anerkennung einer GmbH & atypisch still zu überwinden. Als Mindestvoraussetzung sind die jeweils auslösenden Vermögensgegenstände (die Einlage bei der GmbH und die stille Einlage bei der Innengesellschaft) getrennt und transparent zu handhaben.

> **Beispiel 8: Das steuerlich – gesellschaftsrechtliche In sich-Geschäft**
> D ist mit 100.000 € an der D-GmbH (Alleingesellschafter: D) beteiligt. Er leistet gleichzeitig mit 103.000 € eine Einlage als stiller G'fter. Die Rückzahlung erfolgt unter Einbeziehung der zwischenzeitlichen anteiligen stillen Reserven. D erhält aufgrund eines Anstellungsvertrages als GF eine Vergütung von 50.000 €. Bei der Bestellung zum Organ hat man vergessen, die Befreiung vom Selbstkontrahierungsverbot in das HR einzutragen. Für die Einlage als Stiller gibt es folgende Alternativen:
> a) D soll auch am Verlust beteiligt sein.
> b) Die Einlage soll zwei Jahre im Unternehmen stehen bleiben.
> c) Die Rückzahlung der Einlage soll gleichberechtigt mit den Forderungen anderer Gläubiger geltend gemacht werden.
> d) Es wird eine erfolgsabhängige Vergütung vereinbart.

Wie bei jeder atypischen Innengesellschaft, muss der präsumtive MU zunächst alle dort bekannten Voraussetzungen (MU-Initiative und MU-Risiko; gewerbliche Einstellung i.S.d. § 15 Abs. 2 EStG) in seiner Person erfüllen. Wegen der Gefahr der Vermengung der verschiedenen Funktionen (GmbH-G'fter einerseits und atypisch Stiller andererseits) wird zusätzlich gefordert, dass der Kapitaleinsatz des Stillen über dem Beitrag als GmbH-G'fter liegt, um auf diese Weise das gesteigerte Interesse zu dokumentieren. Selbstredend

---

[99] BFH vom 20.11.1990 (DB 1991, 1052) und vom 11.12.1990 (BStBl II 1991, 390).

sollen wegen der drohenden Interessensvermengung eindeutige und klare vorherigen Absprachen über die Aufgabengebiete vorliegen[100].

Eine der Barrieren zum Gesamtverständnis der GmbH & atypisch still liegt im Auseinanderfallen des Vermögensträgers in handelsrechtlicher und in steuerrechtlicher Hinsicht. Handelsrechtlich bleibt es immer bei einem Vermögensträger (GmbH als Inhaber des Handelsgewerbes), obwohl das nicht die Bildung von Eigenkapital in der HB ausschließt. In steuerlicher Hinsicht führt die Annahme der MU-schaft nicht nur zu steuerlichem Eigenkapital, sondern auch zu einem einheitlichen Gewinnermittlungssubjekt, an dem der tätige und der stille Teilhaber beteiligt sind (BFH a.a.O., BStBl II 1998, 328). Eingedenk dieser statusimmanenten Unterscheidung kann der Fall beantwortet werden.

Lösung:

1. Steuerliche Vorfragen

Alle Steuermerkmale für eine MU-schaft (GmbH & atypisch still) liegen vor bzw. sind zu unterstellen (kein Gegenbeweis):

- Höherer Kapitaleinsatz des Stillen (103 T€), verglichen mit der Stammeinlage (100 T€),
- Trennung der Aufgabengebiete (Tatfrage),
- MU-Risiko (Abfindungsanspruch),
- MU-Inititiave (Allein-GF).

2. Handelsbilanzielle Konsequenzen

Handelsrechtlich geht die h.M. von einem materiellen Kapitalbegriff aus mit der Folge, dass bei kumulativen Vorliegen von zwei Voraussetzungen (Dauerhaftes zur Verfügung Stellen und Nachrangigkeit der Einlage im Insolvenzfall) auch dort die Einlage als Eigenkapital[101] behandelt wird.

Vorliegend ist dies bei den Varianten a)[102] und d) der Fall, wenn die Nachrangigkeit hinzukommt, hingegen nicht bei der Variante c) [= Fremdkapital].

Bei Variante b) ist entscheidend, in welchem Bereich die GmbH & atypisch still agiert. Unterliegt sie den Bestimmungen des KWG, so wäre die Haltedauer von zwei Jahren zu kurz. Ansonsten genügt ein zweijähriger Mindestverbleib den Dauerhaftigkeitskriterien der InsO.

3. Steuerliche Folgen:

- In der StB sind die Anteile des atypisch Stillen an der GmbH in einer Sonderbilanz (notwendiges Sonder-BV II) zu erfassen.

---

[100] Zuletzt BFH vom 10.04.1997 (BFH/NV 1997, 662).
[101] Der Bilanzausweis erfolgt nach h.M. als „Kapitalrücklage" in der GmbH-Bilanz (§ 272 Abs. 2 HGB). Aufgrund der BGH-Rspr. (BGH vom 17.12.1984 (DB 1985, 480) und BGH vom 07.11.1988 (DB 1989, 218) wird die Einlage des Stillen gerne als Eigenkapitalgrundlage der GmbH angesehen, mit der Folge, dass die strenge Haftung zur Kapitalerhaltung gem. § 30 GmbH zum Tragen kommt (Rückerstattung bei Auszahlung der Einlage, wenn das Stammkapital angegriffen ist).
[102] Neben der Einlage (als EK) ist der zu erwartende Verlust als Rückstellung zu erfassen.

- Die jährliche GF-Vergütung i.H.v. 50.000 € ist bei einem beherrschenden GmbH-G'fter-GF – wie hier bei D – dann eine vGA, wenn der Anstellungsvertrag irreparable Fehler (wie hier: Verstoß gegen § 35 Abs. 4 GmbHG und § 181 BGB) aufweist.
- Wegen § 20 Abs. 3 EStG (sonderbetriebliche GmbH-Beteiligung) ist die vGA als gewerblich einzustufen und löst damit zusätzlich GewSt aus.

Losgelöst vom Geschäftszweig der GmbH ist die weitere Frage, ob § 15 Abs. 3 Nr. 2 EStG (**Geprägetheorie**) auch auf eine Innengesellschaft anzuwenden ist mit der Folge, dass sodann bei negativen Gesamtergebnissen der MU-schaft **immer** gewerbliche Verluste beim atypisch Stillen vorliegen. Der BFH hat in zwei Entscheidungen (BFH vom 26.11.1996, BStBl II 1998, 328 und BFH vom 15.10.1998, BStBl II 1999, 286) diese Frage bejaht, wenn der stille G'fter im Innenverhältnis dem tätigen G'fter gleichgestellt ist. Dies wurde für den Fall angenommen, dass sich der Stille bei Krediten für die GmbH persönlich verbürgt.

Grenzüberschreitend nimmt die Bedeutung der internationalen GmbH & atypisch still immer stärker zu[103].

3.3 Optionen der GmbH & atypisch Still nach der Unternehmenssteuerreform

Die neue Halbeinkünftebesteuerung bei KapG und die anrechnungsmodifizierte Alt-Besteuerung bei Einzelunternehmen/PersG ändern für neue Marktteilnehmer nichts an der Notwendigkeit eines Verlusttransfers von der GmbH auf die persönliche Ebene des G'fters. Dafür bietet die GmbH & atypisch still bei geringem Gestaltungsaufwand den optimalen Rahmen.

Verluste bleiben hier – anders als bei der GmbH – nicht eingesperrt. Trotz der Gefahr des § 15a EStG (die Einbeziehung der GmbH-Anteile als Sonder-BV erhöht nicht das Kapitalkonto[104]) kann durch die konkrete Einlageleistung aus einer nur virtuellen Verrechnungsgröße sogleich ein **aktueller Verlustausgleich** erzielt werden. Die durch § 2 Abs. 3 EStG n.F. aufgezwungene „Einkunftsartentreue" stellt bei der GmbH & atypisch still bei **neutralem** Geschäftszweck kein Gestaltungsproblem dar.

Schließlich lässt sich aus einer Einmann-GmbH durch die Aufnahme von Familienmitgliedern als (typisch/atypisch) stille G'fter zwanglos eine „Einfamilien-GmbH & still" gründen.

Derzeit offene Anwendungsfragen zu § 35 EStG können unabhängig von künftigen Erkenntnissen der Verwaltung und der Rspr. „maßgeschneidert" gelöst werden.

---

[103] Hierzu BFH vom 21.07.1999, BStBl II 1999, 812 (Gewinneinkünfte sind keine Zinseinkünfte, sondern Unternehmensgewinne nach Art. 7 OECD-Muster-DBA mit Freistellung); anders BMF vom 28.12.1999 (BStBl I 1999, 1121); (EStG-Kartei NW § 2a EStG Nr. 800: Quellenstaatbeurteilung ist entscheidend.
[104] BMF vom 15.12.1993 (BStBl I 1993, 976).

4 Die Betriebsaufspaltung

4.1 Terminologie, Erscheinungsformen und Charakteristikum der Betriebsaufspaltung

Weder der sächsische Rechtsanwalt *Walther* als angeblicher Begründer der Betriebsaufspaltung (nur im Kap. III.4 abgekürzt als BA) in den 20'er Jahren des vorherigen Jahrhunderts noch der RFH in seiner ersten amtlichen Einlassung vom 03.12.1924 (RFHE 16, 15) konnten damals ahnen, in welcher Vielfalt diese Doppelgesellschaft einmal vertreten sein würde. Auch das BVerfG machte sich in der Entscheidung vom 14.01.1969 zur Verfassungskonformität der BA noch wenig Gedanken über den „epedimischen" Verbreitungsgrad des als solches erkannten Rechtsgebildes (BStBl II 1969, 389).

Dabei handelt es sich in der Grundform nur um die – wirtschaftliche – Ausgliederung eines unternehmerischen **Außen**bereichs (Produktion/Vertrieb/Export etc.) in eine andere Gesellschaft, meistens in eine Kapitalgesellschaft (sog. „Betriebsgesellschaft"). Wesentliche Vermögensteile bleiben dabei im Eigentum der ursprünglichen G´fter (des ursprünglichen Inhabers) zurück, die die sog. „Besitzgesellschaft" bilden. Beide Unternehmen (beide Gesellschaften) bleiben dabei rechtlich selbständig. Die „Ausgliederung" hat man sich organisatorisch so vorzustellen, dass das Besitzunternehmen einzelne werthaltige WG (wie z.B. Immobilien) an die Betriebsgesellschaft **verpachtet**, die ansonsten durchaus eigenes Vermögen haben kann.

Im Unterschied zur GmbH & Co. KG steht dabei nicht eine gesellschaftsrechtliche Regelung im Vordergrund, sondern die **betriebswirtschaftliche Umorganisation**, die vor allem mit der zivilrechtlichen Haftungsbegrenzung einhergeht, da nunmehr die Betriebsgesellschaft (die Betriebs-GmbH) als Vertragspartner den Ansprüchen ausgesetzt ist. Der engere Begriff der BA hat sich gebildet, weil idealtypisch ursprünglich ein Einzelunternehmen oder eine PersG am Markt beteiligt waren, deren Funktion jetzt die GmbH wahrnimmt. Im Unterschied zu den rechtstechnischen Begriffen der Ausgliederung bzw. der Auf- und Abspaltung nach §§ 123 ff. UmwG wird der Terminus der BA als phänomenologische Bezeichnung im o.g. betriebswirtschaftlichen Sinne gebraucht. Noch neutraler, aber m.E. zu unpräzise, kann man auch von einer Aufteilung mehrerer Unternehmensbereiche sprechen.

Es wurde vermehrt die Frage aufgeworfen, ob es sich bei der gesetzlich nicht geregelten BA um ein Rechtsinstitut oder zumindest um einen Typusbegriff handelt[105]. Die kritischen Stimmen hiergegen sind Legende (seit 01.01.1999 für zwei Jahre wieder vermehrt)[106]. Sie konnten jedoch nichts daran ändern, dass die BA ein von der Rspr. des BFH gebilligtes steuerliches Instrument der Unternehmensbetätigung ist[107] und zumindest als (Arbeits-)Begriff mit einer eigenen Fachterminologie aufwartet.

---

[105] Beim Typusbegriff müssen nicht alle geforderten Merkmale vorliegen. Das gesamte „Erscheinungsbild" ist in die Beurteilung mit einzubeziehen.

[106] Grundlegend hierzu *Knobbe-Keuk*, Unternehmens- und BilR, 1993, 864: fehlende Verankerung im Gesetz.

[107] Vgl. nur zuletzt die Urteile des BFH vom 31.10.2000 (BFH/NV 2001, 447 zur nicht-phasengleichen Aktivierung des Dividendenanspruchs) sowie vom 19.10.2000 (BStBl II 2001, 335 zum Sonder-BV II).

Unter diesem Terminus mit identischen Rechtsfolgen werden – nach dem Erscheinungsbild – so unterschiedliche Phänomene erfasst wie:

- Die „echte" und die „unechte" Betriebsaufspaltung. Die echte BA (exakter: die dortige operative Auslagerung auf die Betriebsgesellschaft) geht dabei aus einem ehemaligem Personenunternehmen hervor. Bei der unechten BA werden beide Gesellschaften gleichzeitig errichtet oder die Voraussetzungen einer BA stellen sich erst ein, wenn durch Übertragungsvorgänge im betrieblichen oder im privaten Bereich (!) die tatbestandliche „Weichenstellung" erfolgt. Manchmal geschieht dies sogar ohne willentliches Zutun der G´fter. Die treffendere Bezeichnung hierfür wäre: die unerkannte oder „originäre" BA.
- Die „umgekehrte" Betriebsaufspaltung. Sie liegt vor, wenn die Umstrukturierung nicht von der PersG (bzw. dem Einzelunternehmer) ausgelöst wurde, sondern von der KapG: z.B. gründen die G´fter einer unternehmensaktiven GmbH eine PersG, die nunmehr mit von der KapG gepachteten WG die Geschäfte betreibt. Hier werden Aktiv- und Passivpart in der Unternehmensgruppe umgekehrt zugewiesen. Die jeweilige Gestaltungspriorität hängt nicht selten von gerade geltenden handelsrechtlichen Rahmenbedingungen (zur Bilanzierung, Publizität und Prüfung) ab.
- Die „kapitalistische" und die „mitunternehmerische" Betriebsaufspaltung. Diese sind durch das ausschließliche Auftreten von KapG (kapitalistische BA) bzw. von PersG (mitunternehmerische BA) gekennzeichnet.
- Darüber hinaus kursieren zahlreiche Modebegriffe wie das „Wiesbadener Modell"[108] oder die „mehrstufige" BA[109] oder die „überlagerte" BA, bei der die Besitzgesellschaft einen eigenen Gewerbebetrieb unterhält.

Das Kennzeichen aller Einzelfälle der Betriebsaufspaltung liegt im Fortbestand (bzw. in der Begründung) einer **gewerblichen Besitzgesellschaft** und in der damit statuierten GewSt-Pflicht (BFH vom 12.11.1985, BStBl II 1986, 296). Für steuerliche Zwecke wird die BesitzG, deren eigentliche Tätigkeit sich prototypisch nur noch auf die Verpachtung von WG an die Betriebsgesellschaft beschränkt, über das Medium der Betriebsgesellschaft als **Marktteilnehmer fingiert.** Die gesetzlichen Grundaussagen zur Gewerblichkeit nach § 15 Abs. 2 EStG (hier: „die Beteiligung am allgemeinen wirtschaftlichen Verkehr") sowie deren Ausschluss bei § 14 S. 3 AO („private Vermögensverwaltung") werden bei diesem Rechtsinstitut nach einhelliger Auffassung überlagert durch eine wirtschaftliche Betrachtungsweise[110]: Danach liegt eine gewerblich qualifizierte Vermietung/Verpachtung vor. Garant für den Fortbestand der gewerblichen Besitzgesellschaft- und damit für das Fehlen bei einer echten BA ansonsten vorliegenden Betriebsaufgabe nach § 16 Abs. 3 EStG – ist nach der Rspr. die Figur des „einheitlichen geschäftlichen

---

[108] Beim Wiesbadener Modell, das heute nicht mehr als BA anerkannt ist (H 137 Abs. 7 EStH 2001), ist jeweils nur ein Ehegatte (bzw. beide mit extrem unterschiedlichen Beteiligungsverhältnissen) an der einzelnen Gesellschaft beteiligt.
[109] Ineinandergeschachtelte Doppelgesellschaften.
[110] Die eigentliche Frage ist die nach der gesetzlichen Grundlage der BA: Verpachtung als gewerbliche Tätigkeit i.S.d. § 15 Abs. 1 Nr. 1 EStG sowie § 15 Abs. 2 EStG?

Betätigungswillen". Dieser wird sodann umschrieben mit den „Subtatbestandsmerkmalen" der **sachlichen** und **personellen Verflechtung**.

So wenig die Kritik in der Literatur daran verstummt ist[111], so wenig haben sich auch Rspr. und Verwaltung verleiten lassen, die fehlende gesetzliche Grundlage zum Anlass für die Aberkennung dieser Rechtsfigur zu nehmen. Durch die Unternehmensteuerreform 2001 sind einige Steuermotive aktueller denn je:

- Reduzierung des GewSt-Aufwandes bei den KapG durch die Abzugsmöglichkeit verschiedener „persönlicher" Steuergrößen wie z.B. des „Unternehmerlohns" (als GF-Gehalt oder Pensionsrückstellung).
- Die Anrechnungsmöglichkeit der GewSt gem. § 35 EStG für PersG hält den gewerbesteuerlichen Nachteil für PersG in Grenzen.

Darüber hinaus stellt die BA für Nachfolgeregelungen von Todes wegen bei mehreren Nachkömmlingen einen Vorteil dar, da die Vergünstigungen der §§ 13a, 19a ErbStG mehrfach in Anspruch genommen werden können. Vor allem erlaubt die Diversifikation der Anteile eine bessere Personalentscheidung für den (die) Unternehmensgründer. So können die echten Unternehmensnachfolger ihren persönlichen Fähigkeiten entsprechend z.B. als GmbH-G´fter mit einer stärkeren Beteiligungsquote berücksichtigt werden, ohne dass die weniger talentierten Nachfolger sogleich auf Pflichtteilsansprüche verwiesen werden müssen.

4.2 Die Voraussetzungen der Betriebsaufspaltung

4.2.1 Die erste Voraussetzung: Die sachliche Verflechtung

Für die sachliche Verflechtung (objektive Verklammerung des einheitlichen Geschäftswillens) lässt es die Rspr. des BFH zwischenzeitlich genügen, dass nur **eine** der für die Betriebsgesellschaft **wesentlichen** Betriebsgrundlagen an diese verpachtet wird. Während es nach der früheren BFH-Rspr. noch erforderlich war, dass die Besitzgesellschaft Eigentümerin der überlassenen wesentlichen Betriebsgrundlage war, kommt es seit der Entscheidung vom 12.10.1988 (BStBl II 1989, 152) hierauf nicht mehr an. Ebenso bedeutungslos wurde die Frage, auf welcher exakten Rechtsgrundlage (Miete, Pacht, unentgeltliche Leihe, dinglicher Nießbrauch) die Nutungsüberlassung erfolgt (BFH vom 24.04.1991, BStBl II 1991, 713). Von einer Ausnahme abgesehen, ist das Kriterium der **funktionalen** Notwendigkeit des WG für die Betriebsgesellschaft von entscheidender Bedeutung.

> **Beispiel 9: Der „Legehennenfall": Aus Zorn in die BA**
> B betreibt zunächst als Einzelunternehmer eine Legehennenfabrik. Nachdem das BVerfG und Brüssel (die EU) die Haltung von Legehennen erschwert haben, ändert er seine Unternehmensphilosophie. Aus Zorn „überträgt" er die Hühner („BGA" i.S.d. § 266 HGB bzw. Umlaufvermögen[112]) und die Batte-

---

[111] Besonders deutlich *Knobbe-Keuk*, a.a.O. § 22 VI 2: "Vorschrift ohne Tatbestand".
[112] Dies hängt von ihrer Funktion (Eierproduzenten oder Suppenhühner) ab.

rien (Technische Anlagen) auf die ihm zu 100 % gehörende B-GmbH (Geschäftszweck: Verkauf von tierischen Produkten). B behält als Eigentümer folgende WG (alternativ) zurück, die er an die GmbH verpachtet:

a) Eine Wiese als Vorratsgrundstück für einen künftigen Anbau,
b) das Fabrikationsgrundstück, auf dem die Ställe untergebracht sind,
c) das Bürogebäude,
d) ein besonderes Patent zur Belichtung der Ställe („glückliche Hühner"), das ihm eine höhere Ausbeute ermöglicht.

Die BFH-Rspr. zur sachlichen Verflechtung lässt sich einerseits als Kasuistik (Fallgruppen-Rspr.) und andererseits als das Bemühen um Kriterienfindung charakterisieren.

Lösung:

- Überlassene Fabrikationsgrundstücke b) sind immer und immaterielle WG d) sind jedenfalls dann taugliche WG für eine BA, wenn die Betriebsgesellschaft darauf angewiesen ist (s. Rspr.-Hinweise in H 137 Abs. 5 EStH).
- Selbst das unbebaute Grundstück a) stellt eine wesentliche Betriebsgrundlage dar, wenn es nach den Bedürfnissen der Betriebsgesellschaft bebaut werden kann und in einem Funktionszusammenhang mit dem Geschäftszweck steht (BFH vom 10.04.1991, BStBl II 1992, 830).
- Lediglich bei Büro- und Verwaltungsgebäuden war die Rspr. restriktiver und verneinte grundsätzlich wegen des fehlenden Geschäftsbezuges die Eignung für eine sachliche Verflechtung (BFH vom 02.04.1997, BStBl II 1997, 565). Eine Ausnahme wurde – z.B. bei Freiberuflern – zugelassen, wenn ein besonderer Zuschnitt für die Belange der Betriebsgesellschaft vorlag. Im jüngsten hierzu ergangenen – und von der Verwaltung übernommenen – Urteil vom 23.05.2000, BStBl II 2000, 621 (bestätigt am 23.01.2001, BFH/NV 2001, 894), genügt es, dass das Bürogebäude den räumlichen und funktionalen Mittelpunkt der Betriebsgesellschaft bildet.

Trotz der immer großzügigeren BFH-Rspr. zur sachlichen Verflechtung, wonach auch bewegliche WG und sogar Umlaufvermögen der BesitzG[113] die wesentliche Betriebsgrundlage darstellen können, ist bei Gebäuden/Grundstücken auf zwei Besonderheiten hinzuweisen. Diese stellen unter quantitativen Gesichtspunkten dann keine wesentliche Betriebsgrundlage dar, wenn sie entweder nicht gewerblich gewidmet sind (Schulgebäude) oder wenn sie im „Immobilienpark" der Betriebsgesellschaft von untergeordneter Bedeutung sind. Eine exakte Größe sind sowohl der BFH wie die Verwaltung schuldig geblieben. Kritisch (keine sachliche Verflechtung) ist ein Anteil der von der Besitzgesellschaft angemieteten „Immobilienmasse" von < 10 % – verglichen mit den sonst genutzten

---

[113] Im Urteil vom 21.06.2001 (BFH/NV 2001, 1169 = BFHE 196, 59) betrieb die Besitzgesellschaft einen gewerblichen Grundstückshandel und hat der Betriebsgesellschaft ein zum **Umlaufvermögen** gehörendes Gebäude übereignet mit der Konsequenz, dass dieses bei der Betriebsgesellschaft **AV (erstmalige AfA!)** wurde.

Grundstücken der Betriebsgesellschaft –. Jenseits von 20 % befindet man sich im sicheren Bereich[114].

4.2.2 Die personelle Verflechtung

Während die sachliche Verflechtung wegen der tendenziellen und kalkulierbaren Rspr. keine großen Probleme – weder für das Begründen noch für das Vermeiden einer BA – bereitet, ist die personelle Verflechtung zumindest in der zweiten Hälfte der 80'er Jahre zu einem Gestaltungsrisiko in der Praxis geworden. Später kamen gesellschaftsrechtliche Besonderheiten hinzu, die das Instrument der personellen Verflechtung gelegentlich zu einem „Vabanque-Spiel" werden ließ (und teilweise noch werden lässt).

> **Beispiel 10: Die Herren „MFX" und die BA**
> Max M und Felix F sind G'fter einer GmbH mit je 50 % Geschäftsanteilen. Das Grundstück, von dem aus das Unternehmen betrieben wird, ist auf die Belange der GmbH ausgerichtet und von der M und F zu gleichen Teilen gehörenden Grundstücksgemeinschaft angepachtet worden.
> (**Variante**: An der Grundstücksgemeinschaft sind diesmal Max (M) und Xaver (X) zu je 50 % beteiligt).
> Ist die jeweilige Besitzgesellschaft gewerbesteuerpflichtig?

Mit dem Begriff des einheitlichen geschäftlichen Betätigungswillen ist untrennbar die sog. **Beherrschungsidentität** verbunden. Damit ist als Mindestvoraussetzung für die „personelle Klammer" zu beiden Gesellschaften definiert, dass in beiden Gesellschaften eine Person oder eine Personengruppe mehrheitlich beteiligt sein muss, die in beiden Unternehmen ihren entscheidenden Willen durchsetzen kann. Zunächst genügt eine **> 50 %-ige Nominal- (oder Kapital-)Beteiligung** sowohl an den festen Kapitalanteilen bei der Besitz-PersG wie an den Geschäftsanteilen der Betriebs-GmbH diesem Erfordernis. Eine darüber hinausgehende Beteiligungsidentität i.d.S., dass in beiden Gesellschaften gleichanteilige Beteiligungen vorliegen müssen, wird nicht verlangt.

> **Lösung:**
> Weder im Ausgangsfall noch in der Variante von Bsp. 9 verfügt eine Einzelperson über die Mehrheit der Anteile. Mit dem Urteil des BFH vom 08.11.1971 (BStBl II 1972, 63) ist das Mehrheitserfordernis auf die mitgliederidentische **Personengruppe** erstreckt worden.
> Im Ausgangsfall bilden M und F diese Gruppe, die zu 100 % an beiden Unternehmen beteiligt ist. Eine BA liegt vor; die Grundstücksgemeinschaft M-F erzielt gewerbliche und gewerbesteuerpflichtige Einkünfte. In der Alternative gibt es keine mitgliederidentische Gruppe, die über die Mehrheit der Anteile an beiden Gesellschaften verfügt. M und X erzielen Einkünfte nach § 21 EStG.

---

[114] Das FG Thüringen vom 07.11.2000 (EFG 2001, 687) nimmt dies (untergeordnete Bedeutung) in bedenklicher Weise pauschal auch bei der Vermietung von „Gebäudeteilen" an.

Zwanzig Jahre später dehnte der BFH aufgrund einer notwendigen Neuinterpretation der personellen Verflechtung, die durch eine sogleich zu besprechende Entscheidung des BVerfG erforderlich wurde, die Gruppentheorie auch auf Familienangehörige, insb. auf Ehegatten aus (BFH vom 28.05.1991, BStBl II 1991, 801).

4.2.2.1 Die Ehegatten- (und Familien-)Betriebsaufspaltung

Beispiel 11: X und Y (Ehegatten) in der Betriebsaufspaltung
Zu beurteilen sind folgende Konstellationen einer Ehegatten-Betriebsaufspaltung:

	Besitzunternehmen				Betriebsgesellschaft			
(1)	X	60 %	Y	40 %	X	40 %	Y	60 %
(2)	X	60 %	EF2[115]	40 %	EM2	60 %	Y	40 %
(3)	X	60 %	B	40 %	Y	60 %	B	40 %
(4)	X	100 %			X	48 %	Y	48 %
					K	4 %		

Lösung:

- Mit der Anwendung der Gruppentheorie auf Eheleute ist bei **Fall (1)** eine personelle Verflechtung gegeben, da X und Y eine „Gruppe" bilden, die in beiden Unternehmen die alleinige Mehrheit der Anteile innehat; Beteiligungsidentität wird nicht gefordert. Die Tatsache schließlich, dass beide Personen je wechselseitig mehrheitlich beteiligt sind, steht einer Zusammenrechnung und damit einer personellen Verflechtung nicht entgegen[116].
- **Fälle (2) und (3)** leiten bereits zur Entscheidungspraxis des BVerfG (und später des BFH) zur Ehegatten-BA über. Bis zum Jahre 1985 rechneten der BFH und die Verwaltung Ehegattenanteile automatisch zusammen, wenn es galt, über die Gruppenbildung eine BA zu begründen. So hätte im Fall (3) das Ehepaar XY alleine (bzw. zusammen mit B) die Beherrschungsidentität in beiden Gesellschaften gehabt[117]. In der **Automatik** der Zusammenrechnung erblickte das BVerfG im Beschluss vom 12.03.1985 (BStBl II 1985, 475) einen Verstoß gegen Art. 6 GG, da bekanntlich das Steuerrecht die Ehe nicht benachteiligen dürfe. Der steuerliche Nachteil lag nach der Erkenntnis des BVerfG in der für die Annahme einer BA „gesetzesimmanenten" GewSt-Pflicht der Besitzgesellschaft begründet.
Für einen Übergangszeitraum von ein- und einhalb Jahren war damit einigen Ehegatten-BA der Boden entzogen, bis die Verwaltung im BMF-Schreiben vom 18.11.1986 (BStBl I 1986, 537) die schlimmsten Folgen

---

[115] Mit EF 2 und EM 2 ist ein zweites Ehepaar gemeint.
[116] BFH vom 24.02.2000 (BStBl II 2000, 417); ebenso BFH vom 29.08.2001 (BFH/NV 2002, 185).
[117] Anders in Fall (2). Dort war (und ist) nie eine personelle Verflechtung gegeben, da es keine irgendwie geartetete Personengruppe gibt, die eine beherrschende Gruppe bildet.

der BVerfG-Entscheidung behoben hat. Denn: Mit der (vom BVerfG inzidenter verfügten) Beendigung der BA war zwar die GewSt-Pflicht abgeschafft, aber gleichzeitig der gravierendere Nachteil der Beendigung der BA[118] und damit die Betriebsaufgabe der Besitzgesellschaft nach § 16 Abs. 3 EStG verbunden.

Seit dem BMF-Schreiben von 1986 werden Anteile von Ehegatten, die an beiden Gesellschaften beteiligt sind, dann zusammengerechnet, wenn es Beweisanzeichen für **gleichgerichtete wirtschaftliche Interessen** der Eheleute gibt, die über den familienrechtlichen Interessenskanon der ehelichen Lebensgemeinschaft hinausgehen. Indikatoren dafür sind etwa eine **unwiderrufliche Stimmrechtsvollmacht** (BMF a.a.O.). Der BFH hält diesen Nachweis allein aufgrund faktischer Umstände für nicht gegeben, sondern verlangt Mittel des Gesellschaftsrecht (BFH vom 15.10.1998, BStBl II 1999, 445).

Andererseits wird bei Ehegatten, die gemeinschaftlich ein Grundstück erwerben, um es im Rahmen einer Ehegatten-BA zu verpachten, neuerdings vom BFH unterstellt (Urteil vom 29.08.2001; BFH/NV 2002, 185), dass für das Besitzgrundstück eine GbR gebildet wird, um den hervorgehobenen wirtschaftlichen Willen zu begründen. Soweit dies vom BFH a.a.O. auch bei einem ausdrücklichen Bruchteilserwerb von Ehegatten angenommen wird, wird m.E. damit gegen das Verbot der Besteuerung hypothetischer Sachverhalte verstoßen; das Urteil ist in diesem Punkt abzulehnen.

Liegen die Voraussetzungen der „ultraehelichen" **wirtschaftlichen Interessensgemeinschaft** bei X und Y (z.B. durch Stimmrechtsgestaltungen) vor, ist im Fall (3) eine BA gegeben.

- Im **Fall (4)** setzt eine Familien-BA zwischen X und (dem minderjährigen) K nach R 137 Abs. 8 S. 4 EStR 2001 voraus, dass X das **alleinige Vermögenssorgerecht** für das Kind hat (Ausnahmefall). Ansonsten, bei gemeinsamen Sorgerecht der Eltern (gesetzlicher Regelfall), können die Anteile von X und K jedenfalls alleine nicht zusammengerechnet werden.

4.2.2.2 Sonstige Problemfälle bei der personellen Verflechtung

Die personelle Verflechtung kann mit Mitteln des Gesellschaftsrechts bei Ehegatten begründet werden. Die Thematik der personellen Verflechtung kann jedoch auch unter Dritten durch gesellschaftsrechtliche Stimmrechtsvereinbarungen überlagert sein.

Beispiel 12: M, F und das Gesellschaftsrecht bei der BA
Die aus M und F bestehende Grundstücksgemeinschaft (M zu 60 %; F zu 40 %) verpachtet an die M-GmbH (M als 100%-G'fter) als wesentliche Be-

---

[118] Ab diesem Zeitpunkt erzielen die Ehegatten Vermietungseinkünfte gem. § 21 EStG.

triebsgrundlage ein Gebäude. Folgende Stimmrechtskonstellationen sind zu beurteilen:

1. Über die Geschäftsführung/Vertretung in der GbR ist nichts vereinbart.
2. In der GbR ist Einstimmigkeit vereinbart.
3. Für Geschäfte zwischen der GbR und der GmbH soll M wegen Interessenskonflikt nicht stimmberechtigt sein.
4. In der GmbH ist M zusammen mit dem Dritten D GF. Auch hier ist vereinbart, dass D für die Geschäfte der GmbH/GbR alleine zuständig sein soll (§ 47 Abs. 4 GmbHG).

Aufgrund der wirtschaftlichen Betrachtungsweise (tatsächlicher Vollzug!) belässt es die Rspr. nicht nur bei einer numerischen Prüfung zur Frage der Mehrheitsbeteiligung, sondern unterzieht die mathematische „50 %-Vorprüfung" einer **rechtlichen Qualitätsprüfung**. In die Wertigkeit der Nominalanteile werden gesellschaftsrechtliche **Stimmrechtsabreden** mit einbezogen. Dabei sind die Varianten 2. – 4. alleine mit steuerrechtlichen Erkenntnisquellen, die erste Variante jedoch nur unter Zuhilfenahme gesellschaftsrechtlicher Grundlagen lösbar.

Lösung:

- Immer dann, wenn seitens der Besitzgesellschaft das **Einstimmigkeitsprinzip (2. Variante)** satzungsgemäß festgeschrieben ist, verneint der BFH zurecht die personelle Verflechtung, da M eben alleine seinen Geschäftswillen nicht in beiden Unternehmen durchsetzen kann (BFH vom 29.10.1987, BStBl II 1989, 39).
- In der 1. Variante weist ein Blick in die Regelungen des BGB/HGB zur Geschäftsführung/Vertretung den Weg. Nachdem §§ 709, 714 BGB für die GbR **gemeinschaftliches** Handeln vorsieht und außerdem § 709 Abs. 2 BGB von der gleichen Stimmberechtigung aller G'fter ausgeht, kann M mangels dispositiver vertraglicher Regelungen seinen Willen in der GbR rechtlich nicht durchsetzen. Vorbehaltlich der letzten Prüfungsstation (s. sogleich) liegt in der 1. Variante keine BA vor[119].
- In der 3. und 4. Variante liegt der vom BFH mehrfach entschiedene Fall des Stimmrechtsausschlusses vor. Kann die an sich „beherrschende" Person bei Rechtsgeschäften der Besitzgesellschaft mit der Betriebsgesellschaft nicht abstimmen, so wird ebenfalls eine personelle Verflechtung verneint[120]. Umgekehrt, bei einem Stimmrechtsausschluss bei der Betriebs-GmbH für laufende Geschäfte mit der Besitzgesellschaft, ist dies wegen dem gegenüber einer PersG abgeschwächten GF-Status bei der GmbH, allerdings nicht der Fall (BFH vom 26.01.1989, BStBl II 1989, 455).

---

[119] **Ergänzung**: Handelt es sich bei der Besitzgesellschaftum eine OHG, so gilt dort Einzelvertretungsbefugnis (§§ 114 und 125 HGB). Bei einer KG wiederum kann nur der Komplementär wirksam die KG verpflichten.

[120] BFH vom 09.11.1983 (BStBl II 1984, 212) und vom 12.11.1985 (BStBl II 1986, 296).

In allen Fällen, in denen es hiernach zur **Ablehnung** der personellen Verflechtung kommt (Varianten 2., 3. und bei entsprechender Handhabung auch 1.) ist als **letzte** Prüfungsstation noch zu prüfen, ob nicht der „Mehrheits-G'fter ohne Stimmrecht" aufgrund **faktischer Beherrschung** beide Gesellschaften dominiert. Diese ursprünglich für den Fall des fehlenden Anteilsbesitzes geschaffene Rechtsfigur ist in der BFH-Rspr. zwar häufig angesprochen, aber selten erfolgreich reklamiert worden. In den meisten Entscheidungen (zumal jüngeren Datums) hat sich der BFH sehr reserviert und im Ergebnis ablehnend zu dieser Rechtsfigur geäußert[121]. Jedenfalls genügen wirtschaftlicher Druck oder intellektuelle Kompetenzen alleine nicht, um eine tatsächliche Beherrschung zu begründen. Nur eine **faktische Einwirkung** auf die zur Beherrschung führenden **Stimmrechte** ist in der Lage, eine tatsächliche Beherrschung herbeizuführen (so zuletzt Urteil des BFH vom 29.08.2001, BFH/NV 2002, 185)[122].

Im Urteil vom 28.11.2001 (BFH/NV 2002, 453) hat der BFH jüngst auch eine mittelbare personelle Verflechtung genügen lassen, wenn eine GmbH als Hauptmieter zwischengeschaltet wird (Untermieter: Betriebs-GmbH) und ansonsten die Voraussetzungen für eine Beherrschung beider G'ften vorliegen[123].

4.3 Die steuerlichen Folgen der Betriebsaufspaltung

4.3.1 Begründung der Betriebsaufspaltung

Noch vor der Verpachtung einer wesentlichen Betriebsgrundlage wird das Einzelunternehmen (bzw. die PersG) der späteren Betriebs-GmbH einzelne – dort nicht mehr benötigte – WG übereignen, damit diese mit ihrem Geschäftsbetrieb beginnen kann. Z.T wird mit der Übereignung von Einzel-WG auch eine Sacheinlage in die GmbH getätigt. Die Übertragung einzelner WG wurde bis Ende 1998 zu Buchwerten zugelassen, wenngleich es hierfür keinen eindeutigen gesetzlichen Beleg gab[124].

Mit der seit 01.01.1999 geltenden „Rechtsträger-Ideologie", wonach es bei der Übertragung von WG auf einen anderen Rechtsträger gem. § 6 Abs. 6 S. 1 und S. 2 EStG immer zu einer **Steuerentstrickung** kommt, werden bei diesen Gründungsvorgängen jetzt

---

[121] Zuletzt BFH vom 15.03.2000 (BFH/NV 2000, 1304) sowie BFH vom 11.05.1999 (BFH/NV 1999, 1422).
[122] Nach den grundlegenden Erkenntnissen des BFH vom 29.01.1997 (BStBl II 1997, 437) ist die tatsächliche Machtstellung nur noch dann zu bejahen, wenn der Besitz-G'fter die Geschäfte der GmbH führt und aufgrund einer Vollmacht oder eines einseitigen Gestaltungsrechtes die Mehrheit der GmbH-Anteile erwerben kann. M.a.w. muss dem faktischen Mehrheits-Gesellschafter die Rechtsstellung eines „Anwartschaftsberechtigten" auf die Mehrheit der GmbH-Anteile zukommen.
[123] Im Urteilsfall wurde eine „gesunde" GmbH zwischengeschaltet, um den Nachteilen der eigenkapitalersetzenden Nutzungsüberlassung gem. § 32a Abs. 3 GmbHG zu entgehen.
[124] Entscheidend für die Beurteilung nach der alten Rechtslage war, dass die WG weiterhin steuerverhaftet waren und eine Aufdeckung der Reserven nicht für nötig erachtet wurde (BFH vom 16.04.1991, BStBl II 1991, 832). *Knobbe-Keuk* a.a.O. hat für Fälle wie diesen mit einer teleologischen Reduktion von § 16 Abs. 3 EStG gearbeitet.

die stillen Reserven aufgedeckt[125]. Hieran hat sich weder durch das StSenkG 2001 noch durch das UntStFG 2001 für die Zeiträume ab 2001/2002 etwas geändert, da die dortigen Änderungen nur im Bereich der Binnenübertragungen von MU-schaften greifen. Vorliegend sind Übertragungen auf KapG betroffen.

Die Streitfrage, ob bei der Entstehung einer BA auch der Geschäftswert vom bisherigen Einzelunternehmen (PersG) auf die Betriebsgesellschaft entgeltlich übergehen kann, ist vom BFH im Urteil vom 27.03.2001 (BStBl II 2001, 771) bejaht worden[126].

4.3.2 Laufende Besteuerung – Checkliste

Die wichtigsten Rechtsfolgen bei der Betriebsaufspaltung im Rahmen der laufenden Besteuerung sind:

- Mit der Besitzgesellschaftund der Betriebsgesellschaft bestehen zwei rechtlich selbständige Gewerbebetriebe, die beide gewerbesteuerpflichtig (BFH vom 02.02.2000, BFH/NV 2000, 1135; s. sogleich unten) sind.
- Zum **notwendigen BV** der Besitzgesellschaft(Einzelunternehmen) bzw. zum notwendigen Sonder-BV bei Besitz-PersG zählen:
   a) WG, die der Betriebsgesellschaft zur Nutzung überlassen werden (i.e. eigentlicher Geschäftsbetrieb der BesitzG).
   b) Wegen § 15 Abs. 3 Nr. 1 EStG **alle** WG des Gesamthandsvermögen der BesitzG, falls es sich um eine PersG handelt.
   c) Vor allem: die Anteile an der Betriebs-KapG mit der Konsequenz gewerblicher Beteiligungserträge gem. § 15 Abs. 3 EStG, aber neuerdings ohne phasengleiche Aktivierung der Gewinnansprüche (BFH vom 31.10.2000, BFH/NV 2001, 447).
   d) Sonstige WG, die unmittelbar den Einfluss auf die Betriebsgesellschaft stärken wie z.B. gegenseitige und wechselbezügliche Darlehensforderungen und -verbindlichkeiten.
- Daneben besteht für die G'fter der Besitzgesellschaftdie Möglichkeit, gewillkürtes **Sonder-BV** zu bilden[127].

---

[125] Die Realisation erfolgt im ehemaligen Einzelunternehmen bzw. der PersG, noch bevor aus ihr eine Besitzgesellschaftim Rahmen der Betriebsaufspaltung wird (vgl. auch *Niehus/Wilke*, 2001, 297 ff. m.w.N.). Zwei **Auswege** bestehen:
- Die übertragenen WG stellen einen Teilbetrieb dar oder
- wegen § 6 Abs. 1 Nr. 5a EStG Übertragung von „jungen" (d.h. allenfalls drei Jahre alten) WG!

Sehr instruktiv zum Ganzen *Hörger/Pauli*, GmbHR 2001, 1139, die im § 6 Abs. 6 EStG ein Argument für das sog. „Schrumpfungsmodell" sehen, wonach werthaltige WG nicht mehr auf die GmbH übertragen werden.

[126] Der BFH hat diese wegen § 5 Abs. 2 EStG so wichtige Entscheidung (§ 7 Abs. 1 S. 3 EStG: Auftau- und Abschreibungseffekt des „eingesperrten" originären Firmenwerts bei Doppelgesellschaften!) damit begründet, dass spezielle geschäftswertbildende Faktoren – wie z.B. eine qualifizierte Arbeitnehmerschaft – nunmehr der Betriebs-GmbH zur Verfügung stehen können und eine isolierte Übertragung zugelassen.

[127] Der BFH beurteilt am 19.10.2000 (DStRE 2001, 521), ein langfristiges Darlehen (16-jährige Laufzeit) des G'fters der Besitzgesellschaftan die Betriebs-GmbH als (wohl notwendiges) Sonder-BV II.

4 Die Betriebsaufspaltung

- **Gewerbliche** Einkünfte aller G'fter der BesitzG, auch des **Nur-Besitz-G'fters**[128].
- Bei der Bilanzierung gilt nach der Rspr. für gegenseitige Pachtansprüche/-verbindlichkeiten immer noch der Grundsatz der **korrespondierenden Bilanzierung.** So müssen die Werte für die Rückstellung bei bestehender Substanzerhaltungspflicht des Pächters mit den aktivierten Ansprüchen (!) des Verpächters übereinstimmen: I.d.R. werden die Wiederbeschaffungskosten angesetzt (BFH vom 23.06.1966, BStBl III 1966, 589 und vom 16.06.1975, BStBl II 1975, 700)[129].
- Die **Pachtzahlungen** selbst sind bei der Besitzgesellschaft Betriebseinnahmen und bei der Betriebs-GmbH Betriebsausgaben. Dies hat zur Folge, dass überhöhte Pachtzahlungen als vGA (§ 20 Abs. 3 EStG) zu beurteilen sind; umgekehrt stellt der Verzicht auf eine werthaltige Pachtforderung eine verdeckte Einlage dar.
- Anders als bei der GmbH & Co. KG bleiben **GF-Bezüge** eines Besitz-G'fters für Dienste bei der Betriebsgesellschaft nichtselbständige Einkünfte nach **§ 19 EStG** (BFH vom 09.07.1970, BStBl II 1970, 722).
- Unter **gewerbesteuerlichen** Gesichtspunkten überrascht zunächst die Versagung der erweiterten Kürzung nach § 9 Abs. 1 Nr. 2 GewStG durch den BFH (Urteil vom 29.03.1973, BStBl II 1973, 686 und vom 28.06.1973, BStBl II 1973, 688). Die Ablehnung dieser faktischen Gewerbesteuerbefreiung stellt aber die „Kehrseite der Medaille" dar. Wenn schon ertragsteuerlich der gewerbliche Fortbestand der Besitzgesellschaft über das Medium der Betriebsgesellschaft fingiert wird, verdient die Rspr. des BFH in diesem Punkt unter dem Gesichtspunkt der Rechtsfolgenkonsistenz – entgegen der h.L. – Zustimmung.
Die rechtliche Eigenständigkeit beider Gesellschaften führt für beide zur Hinzurechnung etwaiger Dauerschuldzinsen nach § 8 Nr. 1 GewStG i.H.v. 50 % für die an die „PartnerG" bezahlten Darlehensentgelte[130].
Aus dem gleichen Grunde gilt für die Betriebsgesellschaft bei gepachtetem Teil-/Betrieb die Hinzurechnungsregel von § 8 Nr. 7 GewStG (50 % Pachtzins für fremde bewegliche WG). Umgekehrt wird der Gewinn der Besitzgesellschaft um den identischen Betrag gekürzt (§ 9 Nr. 4 GewStG).
Die gewerbesteuerliche Selbständigkeit beider Gesellschaften der BA wird schließlich durch BFH vom 19.03.2002 (DB 2002, 1085) unterstrichen, wo darauf erkannt wurde, dass sich eine GewSt-Befreiung bei der Betriebsgesellschaft (dort: § 3 Nr. 20 GewStG) nicht auf die Besitzgesellschaft auswirkt.
- Anders als bei der GewSt gehen Rspr. und Verwaltung (BMF vom 19.03.1999, BStBl I 1999, 839) für Fragen der **Investitionszulage** von der wirtschaftlichen Einheit bei der Betriebsaufspaltung aus. Dies bedeutet, dass es für die Kriterien der Zugehörig-

---

[128] Wegen § 15 Abs. 3 EStG liegt bei Vorliegen einer BA bei der Besitzgesellschaft eine vollumfänglich gewerbliche Tätigkeit vor; damit erzielt auch der Nur-Besitz-G'fter, der nicht an der Betriebsgesellschaft beteiligt ist, gewerbliche Einkünfte.
[129] Gleiche Rechtsfolge bei der Verpachtung von Umlaufvermögen für die Warenrückgabeansprüche (sog. Sachdarlehen).
[130] Dauerschulden zwischen den jeweiligen Gesellschaften einer BA nimmt der BFH für die o.g. Sachwertdarlehen an (Urteil vom 30.11.1965, BStBl III 1966, 51) und er verneint dies für die Pflicht zur Substanzerhaltung (Urteil vom 11.11.1964, BStBl III 1966, 53).

keit und der Behaltefrist zu einer „Merkmalübertragung" auf die Besitzgesellschaft kommt.
- Im Unterschied zur USt wurde bis 2000 eine gewerbesteuerliche und körperschaftssteuerliche **Organschaft** zwischen der Besitzgesellschaft als Organträger und der Betriebs-KapG als Organtochter wegen fehlender wirtschaftlicher Eingliederung versagt. Nachdem ab dem Jahre 2001 nur noch die finanzielle Eingliederung (inkl. einem Ergebnisabführungsvertrag) gefordert ist, steht einer umfassenden Betriebsaufspaltungs-Organschaft nichts mehr im Wege[131]. Andererseits gibt es wegen § 2 Abs. 2 S. 2 und 3 GewStG ab 2002 keine reine GewSt-Organschaft mehr[132].

4.3.3 Beendigung der Betriebsaufspaltung

Wie bereits in der Kritik an der BVerfG-Entscheidung zur „Ehegatten-Betriebsaufspaltung" verdeutlicht wurde, können auch externe Umstände das Ende einer BA herbeiführen. Die steuerliche Entflechtung ist z.B. gegeben, wenn die personellen Voraussetzungen (Bsp.: Unterschreiten der 50 % Grenze durch Eintritt eines neuen G´fters) oder die sachlichen Voraussetzungen (Bsp.: die Kündigung des Pachtvertrages) entfallen.

Für alle Fälle der Beendigung einer Betriebsaufspaltung, gleich ob sie bewusst herbeigeführt wird oder ob sie ungewollt[133] eintritt, wenden Rspr. und Verwaltung mit **einer Ausnahme** die Grundsätze der **Betriebsaufgabe** gem. § 16 Abs. 3 EStG an (zuletzt BFH vom 22.09.1999, BFH/NV 2000, 559). Danach kommt es – von den bei § 16 Abs. 3 EStG anerkannten Ausnahmen abgesehen[134] – immer zur kompletten Aufdeckung der stillen Reserven im BV der BesitzG. Wenn es danach nicht gelingen sollte, die Besitzgesellschaft als gewerblich tätige oder gewerblich geprägte PersG[135] am „Leben zu halten", so können die nachfolgend aufgelisteten Fälle zur Steuerentstrickung führen, wenn damit die personelle oder sachliche Entflechtung verbunden ist:

- Ehescheidung bei (ausnahmsweise zusammengerechneten) Ehegattenanteilen.
- Übertragung von Todes wegen oder im Rahmen der Generationennachfolge.
- Anteilsveräußerung (BFH vom 06.03.1997, BStBl II 1997, 460).
- Wohnsitzverlegung des (der) Besitzgesellschafter(s) in das Ausland.
- Insolvenz der Betriebsgesellschaft (BFH vom 06.03.1997, BStBl II 1997, 460). In diesem Zusammenhang ist derzeit ungeklärt, was in den (immer häufigeren) Fällen der eigenkapitalersetzenden Nutzungsüberlassung nach § 32a GmbHG gilt, wenn die Besitzgesellschaft gezwungen ist, der Betriebsgesellschaft das Grundstück etc. auch im Zeitpunkt der Insolvenz zu überlassen.

---

[131] Der bislangige Gestaltungs-Umweg über eine eigengewerbliche Tätigkeit der Besitzgesellschaft(Stichwort: geschäftsleitende Holding) wird dann nicht mehr nötig sein.
[132] Zur fehlenden Übergangsregelung vgl. *Rödder/Schumacher*, DStR 2002, 105.
[133] Die hier fehlende Aufgabehandlung ist für das Schrifttum (s. *Schmidt*, EStG-Komm., § 15 Rz. 865 m.w.N.) der Grund, für die nicht handlungsbedingte Beendigung der BA einen Aufschub der Besteuerung zu verlangen.
[134] S. dazu *Preißer*, Band 1, Teil B, Kap. II (Stichwort: Strukturwandel).
[135] Durch Aufnahme einer GmbH als Komplementärin.

- Grundstücksveräußerung der Besitzgesellschaft bzw. eine Neuinvestition der Betriebsgesellschaft können zur sachlichen Entflechtung führen.

Einzig in den Fällen, da es bei der (zulässigen) Zusammenrechnung der Elternanteile mit minderjährigen Kindern im Zeitpunkt der Volljährigkeit zur personellen Entflechtung kommt, gewährt die Verwaltung in **R 139 Abs. 2 S. 3 EStR 2001** der Besitzgesellschaft das Verpächterwahlrecht. Dabei müssen die sonstigen Voraussetzungen des Verpächterwahlrechts (Verpachtung aller wesentlichen Betriebsgrundlagen) nicht vorliegen, da die BA nur die Überlassung einer wesentlichen Betriebsgrundlage erfordert.

Im Anschluss hieran hat sich die Lit. für eine Generalisierung dieser Ausnahme auch für die anderen Fälle ausgesprochen[136]. Im Urteil vom 11.05.1999 (BFHE 188, 397 = BB 1999, 1537) hat der BFH den Gedanken aufgenommen. Er schlägt dabei den Weg ein, trotz der Verpachtung nicht aller wesentlichen Betriebsgrundlagen bei Wegfall der persönlichen Voraussetzungen von einem „ruhenden Betrieb" auszugehen, der in diesem Zeitpunkt noch nicht die Zwangsrealisation bedeutet. Solange ein ruhender Gewerbebetrieb angenommen werden kann, tritt die Rechtsfolge der Betriebsaufgabe erst durch eine eindeutige Aufgabeerklärung gegenüber dem FA ein.

4.4 Die mitunternehmerische Betriebsaufspaltung

Bei **zwei PersG** als Beteiligte einer BA kollidieren das gesetzliche Konzept der Besteuerung nach § 15 Abs. 1 Nr. 2 EStG und das Richterrechtsinstitut der Betriebsaufspaltung.

> **Beispiel 13: Die Kollision bei der BA**
> Die M/F-GbR (M zu 60 %, F zu 40 %) verpachtet an die M/X-OHG (M zu 60 %, X zu 40 %; die OHG ist eine sog. Schwester-PersG[137]) als eine wesentliche Betriebsgrundlage eine Immobilie.

Der Sachverhalt kann zwei rechtstechnisch korrekten, aber divergierenden Lösungen zugeführt werden:

- Entweder (1. Alt.) wendet man die Grundsätze der BA an mit der Folge, dass die M/F-GbR eine gewerbliche Besitzgesellschaft ist und zu 100 % gewerbliche Einkünfte erzielt oder
- (2. Alt.) man orientiert sich primär an der OHG und weist sodann nur (!) dem M einen 60 %-igen Anteil am Grundstück als dessen Sonder-BV I bei der OHG zu (§ 15 Abs. 1 S. 1 Nr. 2 S. 1, 2. HS EStG); F würde dabei Vermietungseinkünfte erzielen.

Während nach der früheren Rspr. des BFH die Konkurrenzfrage zugunsten des gesetzlichen MU-Konzepts (2. Alt.) beantwortet wurde (BFH vom 25.04.1985, BStBl II

---

[136] S. *Reiß* in Kirchhof-kompakt, § 15 Rz. 113 mit einem erweiterten Verständnis zur Betriebsunterbrechung.
[137] Eine Schwester-PersG ist dadurch gekennzeichnet, dass an ihr ganz oder z.T. dieselben Gesellschafter wie an der HauptG beteiligt sind.

1985, 622), kam mit den Urteilen vom 23.04.1996 (BStBl II 1998, 325) und vom 24.11.1998 (BStBl II 1999, 483) die Kehrtwende. Danach gelten vorrangig die Grundsätze der BA, wenn – wie im Bsp. 13 – die PersG (bzw. eine Bruchteilsgemeinschaft) einer Schwester-PersG Grundstücke zur Nutzung überlässt.

Lösung (nach BMF vom 28.04.1998, BStBl I 1998, 583):
Mit BMF-Schreiben vom 28.04.1998 hat die Verwaltung das Urteil des BFH mit folgenden Modifikationen übernommen:

- Der Vorrang der BA (1. Alt.) wird davon abhängig gemacht, dass die Besitzgesellschaft mit Gewinnerzielungsabsicht (d.h. gewerblich) verpachtet[138].
- Andererseits bleibt es beim Vorrang des MU-Konzepts (§ 15 Abs. 1 Nr. 2 EStG = 2. Alt.), wenn sich das überlassene Grundstück im Alleineigentum eines G'fters befindet[139] oder wenn die Grundstücksgesellschaft der Schwester-PersG die Immobilie unentgeltlich überlässt (verleiht), da hier die Gewinnabsicht fehlt.

Insgesamt halten sich mit der geänderten Rspr. die Vorteile (doppelter GewSt-Freibetrag und erleichterter Zugang zu § 7g EStG) und die Nachteile (insb. für den jetzt gewerblichen „Nur-Besitzgesellschafter") die Waage.

4.5 Die unerkannte Betriebsaufspaltung

Bedingt durch die Organisationsform der Finanzverwaltung[140] und durch die Zufälligkeit von Lebensumständen existieren nicht selten im „wahren Wirtschaftsleben" Doppelgesellschaften, ohne dass die Beteiligten davon Kenntnis haben.

Beispiel 14: Die große Unbekannte
Anton P (AP), zusammenveranlagt mit Berta P (BP), macht in der Anlage „V" seiner Steuererklärung für das Jahr 08 folgende Angaben:

1. **Angaben zu V+V:**

- Grundstück in der Klingergasse 6, Passau, angeschafft in 01 vom verstorbenen Onkel Josef P (JP).
- Eigentümer: seit 01.07.08 AP zu 100 %, Erbfall nach JP (AP ist einziger Erbe).
- Mieteinnahmen: 01.01.08 bis 31.12.08: 18.000 €.
- Allgemeine Angaben:

---

[138] Die damit einhergehende Steuerverschärfung für den Nur-Besitz-G'fter (im Bsp. 13: für F) wurde durch eine Übergangsregelung bis Ende 1999 abgemildert.
[139] Im Bsp. 13 müsste hiernach M eine ihm allein gehörende Immobilie an die OHG verpachten.
[140] Getrennte Zuständigkeiten für PersG und KapG.

4 Die Betriebsaufspaltung

- GruBo: 2.500 qm erworben durch JP mit Kaufvertrag vom 17.03.01 für 100 T€; heutiger Wert: 260.000 €.
- Gebäude: Bis 03 unbebaut; in 05 Bau eines Lagerhauses für 150 T€; derzeitiger Wert: 140 T€.
- AfA: § 7 Abs. 4 Nr. 2 EStG: 2 %.
- Verpachtung 01.04.01 – Ende 05 an Baufirma ab 01.06 an AP-Spielwaren-GmbH (Auslieferungslager).
- WK: AfA (wie Vorjahres): 3.000 € und Grundsteuer (vierteljährlich i.H.v. 500): 2.000 €.
- Folglich beträgt die Summe der WK 5.000 €.

- **Somit liegt ein Überschuss i.H.v. 8.000 € vor.**

2. **Sonstige Erklärungen:**
   a) AP und BP sind G´fter der AP-GmbH (Gründung: 01.01.06) mit Sitz in Passau. Die AP-GmbH vertreibt Spielwaren aller Art (Stichtag: 31.12.).
   b) Die Beteiligungsverhältnisse im einzelnen:

   AP   64.000 €,
   BP   20.000 €,
   H. Flick (F) 16.000 €.

   c) Die GmbH zahlte am 01.09.08 eine Dividende i.H.v. 10 %, bezogen auf das Nominalkapital.

Die ertragsteuerlichen Folgen für das Ehepaar P sind aus dem Sachverhalt zu ziehen.

Lösung:

1. Die Erbschaft fällt als einmaliger Vermögensanfall unter keine der sieben Einkunftsarten.

2. Ganzjahresvermietung?
   Zwar übernimmt AP gem. § 45 AO die Rechtsstellung des Vorgängers JP. Dies gilt aber nur für die Verfahrensrechtsstellung des Erblassers. Ertragsteuerlich übernimmt AP lediglich die AfA-Position des verstorbenen JP (§ 11d EStDV).
   Ansonsten erzielt JP bis zum Todestag (01.07.08) Einkünfte nach V+V i.H.v. 9.000 €, entsprechende WK können in der 1. Halbjahreshälfte abgezogen werden. Die Einkünfte werden nach den persönlichen Steuermerkmalen des JP besteuert. Die ermittelte ESt-Schuld des JP geht gem. § 45 AO, § 1922 BGB auf AP als Nachlassverbindlichkeit über.

   3. Vermietung ab 01.07.08 durch AP
      Ab 01.07.08 liegt eine Betriebsaufspaltung vor. Das Auslieferungslager ist eine wesentliche Betriebsgrundlage für die AP-GmbH (sachliche Ver-

flechtung). Gleichzeitig ist jetzt die personelle Verflechtung gegeben, da das Lager zu 100 % AP gehört und dieser zu 64 % an der GmbH beteiligt ist. Dies hat zur Konsequenz, dass für die Besitzgesellschaft eine Bilanz aufzustellen ist.

Die Begründung einer **unechten Betriebsaufspaltung** steht einer Betriebseröffnung gem. § 6 Abs. 1 Nr. 6 EStG gleich. Damit sind die nach § 6 Abs. 1 Nr. 5 EStG maßgeblichen Einlage-Werte anzusetzen:

a)	Einlage des Grundstücks in das BV mit dem Teilwert:	260.000 €
b)	Einlage des Gebäudes mit dem Teilwert:	140.000 €
c)	Einlage der Beteiligung an der GmbH, da notwendiges BV: Gem. § 6 Abs. 1 Nr. 5b EStG sind die GmbH-Geschäftsanteile des AP mit den historischen AK anzusetzen:	64.000 €

4. Ermittlung der Einkünfte in 08

a)	Mieteinnahmen als gewerbliche Einkünfte (§ 21 Abs. 3 EStG):		9.000 €
b)	Dividendeneinnahmen (§ 20 Abs. 3 EStG i.V.m. § 3 Nr. 40d EStG):		3.200 €
	Summe Betriebseinnahmen:		**11.200 €**
c)	Betriebsausgaben		
aa)	Grundsteuer:	1.000 €	
bb)	AfA: Die vom verstorbenen JP gem. § 7 Abs. 4 Nr. 2 EStG gebildete 2 %-ige lineare AfA ist nach der Einlage nicht mehr zulässig (R 44 Abs. 12 EStR). Nach der Einlage müssen die neuen Verhältnisse zugrundegelegt werden, so dass nunmehr gem. § 7 Abs. 4 Nr. 1 EStG die „betriebliche" AfA von 3 %, bezogen auf die AfA-BMG von 140 T€ zu bilden ist; AfA daher: 4.200 x 6/12 = 2.100	2.100 €	
	Summe Betriebsausgaben:		**3.100 €**
	Die aus der BA **im 2. Halbjahr 08 erzielten gewerblichen Einkünfte** des AP betragen:		**8.100 €**

5 Die „neue" KGaA und neuere Typenverbindungen

Ohne den Rahmen eines Lehrbuchs zur Vorbereitung auf die StB-Prüfung zu sprengen, wird noch auf zwei neue Gestaltungsmöglichkeiten hingewiesen.

5.1 Die Kapitalgesellschaft-KGaA bzw. die GmbH & Co. KGaA

Die **KGaA** führt zu unrecht in der Beratungspraxis ein Schattendasein. Dies mag an ihrer Zwitterstellung als Körperschaft einerseits und der partiellen Besteuerung nach dem Modell der MU-schaft (§ 15 Abs. 1 Nr. 3 EStG) andererseits liegen. Wahrscheinlicher ist jedoch, dass die bei der KGaA bestehende persönliche Haftung des Komplementärs kaum zu Gestaltungsanreizen geführt hat. Besteht hingegen bei einem Familienunternehmen die Notwendigkeit oder der Wunsch nach stärkerer Eigenkapitalausstattung und erfüllt das Unternehmen die Voraussetzungen für eine Aktienemission, so ergeben sich seit dem BGH-Beschluss vom 24.02.1997 (ZIP 1997, 1027) ungeahnte Möglichkeiten. Mit der Entscheidung ist die Zulässigkeit einer **GmbH & Co. KGaA** bejaht worden. Die für Kommanditgesellschaften immer schon bestehende Möglichkeit der Haftungsbegrenzung durch Implementierung einer KapG ist auf die KGaA erstreckt worden; gleichzeitig ist die Praxis der Registergerichte sanktioniert worden, **KapG** als **persönlich haftende G´fter** zuzulassen.

Verbunden mit der immer schon bestehenden – und neben der AG – exklusiven Möglichkeit für eine KGaA, sich Geld an der Börse zu besorgen, ergeben sich neue Optionen speziell für börsenfähige Familienunternehmen, ohne dabei die Nachteile der AG (Überfremdung und limitierte Gestaltungsfreiheit, § 23 Abs. 5 AktG) in Kauf zu nehmen.

Für die Besteuerungspraxis einer KapG-KGaA bleibt es bei den bekannten Grundsätzen, dass die KGaA als KSt-Subjekt von ihrem Einkommen gem. § 9 Abs. 1 Nr. 1 KStG die GF-Vergütungen und sonstigen Gewinn-Vorteile als BA abziehen darf, die **nicht** auf ihre **Einlage** entfallen[141]. Umgekehrt stellen diese Gewinnanteile bzw. Sondervergütungen immer gewerbliche Einkünfte des Komplementärs dar. Bei einer natürlichen Person folgt dies aus § 15 Abs. 1 Nr. 3 EStG, bei – neuerdings möglichen – juristischen Person aus § 8 Abs. 2 KStG und bei – auch neuerdings möglichen – gewerblich geprägten PersG aus § 15 Abs. 3 Nr. 2 EStG. Ansonsten gelten für die Komplementäre einer KGaA die identischen Rechtsfolgen wie für die anderen MU auch (Sonder-BV; korrespondierende Bilanzierung etc.)[142]. Nebenbei sei erwähnt, dass die meisten börsenwilligen und -fähigen deutschen Profifußballvereine bei ihren Going-public-Überlegungen bei der GmbH & Co. KGaA angelangt sind[143].

---

[141] Zu Bilanzierungsfragen s. *Semler* in *Gessler/ Hefermehl*, § 286 und § 288 HGB.
[142] Vgl. auch *Schmidt*, § 15 Rz. 891.
[143] Neben den elastischen Satzungsmöglichkeiten hängt dies weitgehend mit der Integration des DFB-Statuts zusammen, wonach die Muttergesellschaft (der Verein) Einflussmöglichkeiten auf die ausgelagerte „Profi"-Tochtergesellschaft haben muss.

5.2 Die Stiftung & Co. KG

Für die verselbständigte rechtsfähige Vermögensmasse „Stiftung", die bekanntlich keine Eigentümer kennt, ergeben sich durch den gesellschaftsrechtlichen Verbund mit Kommanditisten in einer KG steuerliche Vorteile (wie z.B. einen Verlustausgleich), die auch eine inländische Stiftung reizvoll erscheinen lassen[144].

Dabei kommt eine gewerbliche Prägung der KG gem. § 15 Abs. 3 Nr. 2 EStG analog nicht in Betracht, die G´fter erzielen ihrerseits nur bei gewerblicher Betätigung der KG gewerbliche Einkünfte.

---

[144] Zur ausländischen Stiftung s. *Preißer,* Band 3, Teil C, Kap. II a.E.

IV Anfang und Ende einer Personengesellschaft

1 Gründung einer Personengesellschaft

Die Gründung einer PersG hängt – und ab hier wird es für die Ertragsteuer relevant – mit einer Einlage der Gründungsgesellschafter zusammen. Soweit es sich dabei um Bareinlagen handelt, ist lediglich der Buchungssatz im Buchungskreis der PersG in Erinnerung zu rufen (BS: Bank an Kapitalkonto). Weitere Folgen ergeben sich daraus nicht[145].

Bekanntlich können auch **Sacheinlagen** geleistet werden. Aus rein gesellschaftsrechtlicher Sicht ist bei Sacheinlagen in PersG darauf zu achten, dass diese bei Kommanditisten zu Verkehrswerten erfolgen müssen[146], sollte die haftungsbefreiende Wirkung gem. §§ 171, 172 Abs. 1 HGB herbeigeführt werden. Insoweit ist dort die Rechtslage derjenigen bei der Sachgründung einer GmbH vergleichbar.

In steuerlicher Hinsicht ist vorweg bei Sacheinlagen nach der Herkunft zu unterscheiden: Stammen die eingelegten Vermögensgegenstände aus dem PV oder aus dem BV des G'fters? Die weitere Vorwegdifferenzierung bei betrieblichen Sacheinlagen gilt dem Gegenstand: Handelt es sich um betriebliche Einzel-WG oder um steuerfunktionale Einheiten? In letzterem Fall liegt eine Einbringung vor (s. Kap. IV.2).

1.1 Sacheinlage aus dem Privatvermögen[147]

An kaum einer anderen Stelle wird die Brüchigkeit des ursprünglichen MU-Erlasses aus dem Jahre 1977 (BStBl I 1978, 8) so deutlich wie in der Frage der Sacheinlage eines G'fters in die PersG[148]. Während nach dem damaligen Verständnis (Tz. 49 des Erlasses) der Aspekt der gewinnneutralen Einlage (vergleichbar dem Einzelunternehmer) im Vordergrund stand, hat sich durch die zwischenzeitliche „Emanzipation" der PersG (MU-schaft) als partielles Steuerrechtssubjekt eine neue Perspektive ergeben. Im Vordergrund – und dies wird durch die Neufassung des § 6 Abs. 5 und 6 EStG ausdrücklich bestätigt – steht die **betriebliche Einheit der MU-schaft**. Bei einer Sacheinlage aus dem PV des G'fters erfolgt in doppelter Hinsicht ein **Zugang von außen**:

---

[145] Zur grundsätzlichen Bedeutung der Einlage für das Kapitalkonto des G'fters sowie zur Frage der einlagefähigen WG und zu den Begriffen der offenen und verdeckten Einlage s. Kap. I.3.4.1 und Kap. I.3.4.2.
[146] Bei Komplementären, OHG-G'ftern und G'ftern kann dies wegen der unbeschränkten persönlichen Haftung dahinstehen (kein Gläubigerschutzinteresse). Eine Überbewertung betrifft hier nur das Innenverhältnis und ist damit zulässig.
[147] Verwiesen wird auf das Bsp. 27 im Teil A, Kap. I.3.4.2 (kurz: Der G'fter einer OHG erbringt eine Sacheinlage in Form einer privaten 5 %-igen Beteiligung an einer GmbH).
[148] Nachdem der MU-Erlass auch in anderen wesentlichen Punkten durch die zwischenzeitliche Rspr. als überholt anzusehen ist, wird er auch nicht mehr in den offiziellen Veröffentlichungen des BMF zitiert. Er ist damit nur noch eine historische Erkenntnisquelle.

- Zum Einen liegt ein Rechtsträgerwechsel vor (Neu-Eigentümer ist die PersG als Gesamthandssubjekt),
- zum Zweiten liegt ein „Sphärenwechsel" vor: Aus dem PV der Privatperson wird nun BV der PersG.

Beides zusammen veranlasste den BFH – und ihm folgend die Verwaltung –, den Vorgang der „offenen" Sacheinlage eines privaten Gegenstandes als tauschähnlichen Vorgang nach § 6 Abs. 6 S. 1 EStG (n.F.[149]) zu behandeln[150]. Die Annahme als tauschähnlicher Vorgang setzt die Gewährung von Gesellschaftsrechten voraus, so dass § 6 Abs. 6 S. 1 EStG nur angenommen wird, wenn die Einlage die Beteiligungsquote des G'fters erhöht (BS im Buchungskreis der PersG: „Aktivum an Kapitalkonto"). Kommt es bei der Sacheinlage zu keiner Gegenleistung (d.h. keine Erhöhung der Beteiligungsquote), so liegt hiernach eine „verdeckte Sacheinlage"[151] vor, die nach § 6 Abs. 1 Nr. 5 EStG beurteilt wird.

Aus Sicht des einbringenden G'fters ist darauf hinzuweisen, dass mit der Annahme eines tauschähnlichen Vorgangs (offene Einlage) bei den privaten WG dann eine Realisationsgefahr besteht, wenn die eingelegten WG die Steuerfolgen nach §§ 17, 23 EStG und § 21 UmwStG auslösen. Bei einer verdeckten Einlage wird dies vermieden, wenn es sich um eine wesentliche Beteiligung (§ 6 Abs. 1 Nr. 5b EStG) oder um „junge WG" (§ 6 Abs. 1 Nr. 5a EStG) handelt: Jeweils Ansatz der historischen AK. Bei der Einlage von Immobilien ist auf § 23 Abs. 1 S. 5 EStG sowie auf § 6 Abs. 1 Nr. 5 S. 2 EStG (bebaute Grundstücke) zu achten: Ansatz der AK ./. AfA.

1.2 Sacheinlage aus dem Betriebsvermögen – Einzel-Wirtschaftsgüter

Beispiel 1: GmbH-Geschäftsanteil wechselt den betrieblichen Rechtsträger qua Einlage

Im Unterschied zu den soeben diskutierten Fällen (PV) legt der G´fter A der AB-OHG nunmehr den im seinem Einzelunternehmen gehaltenen 5%-GmbH-Geschäftsanteil an der X-GmbH in die OHG ein und steigert damit seine Beteiligungsquote um 10 % auf nunmehr 60 %.

Bei betrieblichen Sacheinlagen in eine PersG gab es ab 2001 ein Konkurrenzproblem. Durch § 6 Abs. 5 S. 3 EStG i.d.F des StEntlG 1999/2000/2002 ist für zwei Jahre (1999 und 2000) bei jedem Rechtsträgerwechsel – auch zwischen „betrieblichem"[152] MU und seiner MU-schaft – Gewinnrealisierung vorgeschrieben gewesen. Durch das StSenkG 2000 ist § 6 Abs. 5 S. 3 EStG für den Anwendungsbereich ab 2001 dahingehend geändert worden, dass für Übertragungen zwischen dem BV des MU und seiner MU-schaft sodann Buchwertzwang galt[153]. Damit stellte sich die Frage, ob eine (offene, d.h. entgeltliche)

---

[149] Bis 1998 konnte dafür keine gesetzliche Grundlage genannt werden.
[150] BFH vom 19.10.1998 (BStBl II 2000, 230) und BMF vom 29.03.2000 (BStBl I 2000, 462).
[151] Gesellschaftsrechtlich ist der Begriff für Einlagen in KapG reserviert. Zur Übernahme in das Steuerrecht und zwar auch bei PersG vgl. *Glanegger/Schmidt*, § 6 Rz. 440 („Gesellschaftereinlage").
[152] Das übertragene WG stammt aus dem sonstigen BV des MU.
[153] Bis 1998 gab es ein – analog zu § 24 UmwStG – begründetes Wahlrecht zur Buchwertfortführung.

Sacheinlage einer Übertragung gleichzustellen ist. Ein Teil des Schrifttums hat dies verneint und hielt § 6 Abs. 6 EStG für vorrangig[154]. Dieser Auffassung trat zunächst die Verwaltung (BMF vom 07.06.2001, DStR 2001, 1073) entgegen: § 6 Abs. 5 S. 3 EStG sei im Fall der Sacheinlage lex specialis (Sonderrecht) gegenüber § 6 Abs. 6 EStG. Schließlich hat sich der Gesetzgeber ab 2002 nach – dem wieder geänderten – § 6 Abs. 5 S. 3 EStG i.d.F. des UntStFG 2001 dieser Auffassung angeschlossen und unterstellt den Fall der offenen Sacheinlage § 6 Abs. 5 S. 3 EStG (Buchwertzwang).

> **Lösung:**
> Ab 2002 ist der GmbH-Geschäftsanteil an der X-GmbH in der OHG-Bilanz zu den Buchwerten (d.h. AK), mit denen er im Einzelunternehmen des A aktiviert war, zu übernehmen (§ 6 Abs. 5 S. 3 EStG i.d.F des UntStFG 2001).

2 Der Sonderfall: Die Einbringung nach § 24 UmwStG

2.1 Überleitung von der Sacheinlage (Einzel-Wirtschaftsgüter) zur Einbringung (Betrieb)

2.1.1 Einführung

Die Gründung einer PersG liegt auch vor, wenn ein Einzelunternehmer einen neuen G´fter in sein Unternehmen aufnimmt. Eine ähnliche Konstellation ist gegeben, wenn sich zwei Einzelunternehmen zu einer PersG zusammenschließen. Im Unterschied zu den bislang diskutierten Gründungsfällen ist hier Gegenstand der **(Sach-)Einlage** ein **Betrieb**. Die Einlage eines Betriebs (und ihr gleichgestellt: eines Teilbetriebs und eines MU-Anteils) wird steuerrechtlich als **Einbringung** charakterisiert und dem neunten Teil des UmwStG unterstellt, wenn – wie hier – die Zielgesellschaft eine PersG ist. Als weiterer Fall der Unternehmensnachfolge gelten bei § 24 UmwStG vorrangig die Regeln des UmwStG, auf die hier nur verwiesen wird. In diesem Zusammenhang wird der Anwendungsbereich des § 24 UmwStG dargestellt, die Rechtsfolgen können weitgehend der Diskussion zum Grundtatbestand (§ 20 UmwStG, Einbringung in eine KapG), entnommen werden[155].

2.1.2 Die Voraussetzungen des § 24 UmwStG

Die Voraussetzungen des § 24 UmwStG sind:
- Beim Einbringenden der steuerfunktionellen Einheit nach § 24 UmwStG kann es sich um jeden Unternehmensträger (Einzelunternehmer, PersG und KapG) sowie um einen MU handeln.

---

[154] Insb. *van Lishaut*, DB 2000, 1785; s. aber auch *Niehus/Wilke*, Die Besteuerung der PersG, 2001, 123. A.A. *Schmidt*, EStG-Komm., § 15 Rz. 664 m.w.N. (insb. *Korn/Strahl*, EStG-Komm., § 6 Rz. 513.7).
[155] S. anschließend *Vollgraf*, Teil D, Kap. VII.

- Zielgesellschaft ist immer eine PersG, bei Gesamtrechtsnachfolge muss dies immer eine PersHG (OHG/KG) sein.
- Der Einbringungsvorgang als solcher geschieht entweder durch Einzelrechtsnachfolge oder durch Gesamtrechtsnachfolge, die sich ausschließlich nach dem UmwG vollzieht.

Als Akte der **Gesamtrechtsnachfolge** kommen in Betracht:
- die Verschmelzung von PersHG gem. §§ 39 ff. UmwG sowie
- die Ausgliederung eines Betriebs (Teilbetriebs) aus Unternehmensträgern (Einzelunternehmen, PersHG und KapG) auf eine PersHG gem. § 123 Abs. 3 UmwG.

Vielfältiger sind demgegenüber die Einbringungsakte der **Einzelrechtsnachfolge**, bei denen es im wesentlichen um die Gründung einer PersG durch die Einbringung eines Betriebes oder durch das Zusammenführen zweier Einzelunternehmen geht.

Der **Beitritt** eines neuen G´fters in eine **bestehende PersG** wird ebenfalls als Anwendungsfall des § 24 UmwStG angesehen, wobei dort die Alt-G´fter ihre MU-Anteile in die (steuerlich neue) PersG einbringen[156].

2.1.3 Rechtsfolgen der Einbringung

Die wichtigste Rechtsfolge der Einbringung ist das in § 24 Abs. 2 UmwStG vorgesehene Wahlrecht, demzufolge die PersG die eingebrachten WG mit dem Buchwert, dem Zwischenwert oder dem Teilwert ansetzen darf. Die weiteren Folgen, insb. für den Einbringenden, bestimmen sich nach der Ausübung des Wahlrechts.

2.2 Einführender Fall zu § 24 UmwStG

Ausgehend von einem offenen Akquisitionsgespräch soll zunächst das Grundkonzept und der (natürliche) Interessenswiderstreit bei § 24 UmwStG erläutert werden.

> **Beispiel 2: Erster Schritt – Das Gespräch**
> A hatte vor drei Jahren eine Einzelfirma gegründet (00). Im Jahre 01 wurde Grund für 10 T€ erworben, auf dem ein Gebäude (200 T€ HK) errichtet wurde. Außerdem hat A in 01 für 60 T€ Betriebsvorrichtungen (10 % AfA) und für 10 T€ GWG (Nutzungsdauer: 3 Jahre) erworben.

Aktiva	Bilanz A (31.12.03)		Passiva
GruBo	10.000 €	Kapital	70.000 €
Gebäude	182.000 €	Verbindlichkeiten	164.000 €
BVO	42.000 €		
Summe	234.000 €	Summe	234.000 €

---

[156] Im Einzelnen aufgelistet unter Rz. 24.01 e) des UmwSt-Erlasses.

2 Der Sonderfall: Die Einbringung nach § 24 UmwStG

A möchte zum 01.01.04 sein Einzelunternehmen in eine OHG umwandeln und bietet seinem Prokuristen (P) die Teilhaberschaft (Beteiligung: je 1/2) an.
Die Teilwerte der bilanzierten WG betragen:

GruBo	20.000 €
Gebäude	300.000 €
BVO	60.000 €
GWG	12.000 €
Insgesamt:	**392.000 €**

Worüber werden sich A und P unterhalten (einigen)?

Lösung:

1. Bei Gründung einer OHG geht es A nicht um den (anteiligen) Verkauf seiner Einzelfirma (mit der Möglichkeit, den Eintrittspreis im PV anzulegen), sondern um eine Kapitalstärkung und -akkumulation im Betrieb. Danach soll der Eintrittspreis (die Einlage) des P im Betrieb der OHG angelegt werden. Nach der Verbuchung der Einlage ist das Kapitalkonto des P und damit seine künftige Beteiligung am Gesamthandsvermögen der OHG festgelegt. Idealtypisch wird die Einlage auf einem festen Kapitalkonto I verbucht.

2. Nachdem die Beteiligungsquote (je 50 %) feststeht, geht es um die Höhe des Eintrittspreises des P (= konkrete Einlageverpflichtung).

    a) Hierbei sind für P die TW (und nicht die Buchwerte) von Bedeutung.
    b) Zusätzlich werden sich A und P über einen etwaigen Geschäftswert unterhalten, der im Eintrittspreis zu berücksichtigen ist.
    c) Umgekehrt wird P seine Haftung nach § 128 HGB, die sich gem. § 130 HGB auch auf Alt-Verbindlichkeiten bezieht, in die Waagschale werfen.
    d) Man wird sich auch über die Gründungskosten unterhalten. Hier ist nur die Grunderwerbsteuer einschlägig, die jedoch gem. § 5 Abs. 2 GrEStG nur zu 50 % anfällt, da der hälftige Anteil des Alteigentümers A beim Übergang auf eine Gesamthand steuerbefreit ist. Üblicherweise trägt das neue Rechtsgebilde, die OHG die Gründungskosten, die sich in ihrer Eröffnungsbilanz als Anschaffungsnebenkosten des bebauten Grundstücks niederschlagen (§ 255 Abs. 1 S. 2 HGB).

3. Einigungsvorschlag:
    - Nach drei Jahren Geschäftstätigkeit sollen sich der zwischenzeitliche Firmenwert (des A) und das Haftungsrisiko (des P) gleichwertig ge-

genüberstehen; damit wird für diese beiden immateriellen Faktoren kein zusätzlicher Preis vereinbart[157].
- Bei einem Verkehrswert des Unternehmens (A) von 228 T€ (392 T€ ./. Schulden i.H.v. 164 T€) wird sich die Einlage des P auf **228.00 €** belaufen.

Die weiteren Entscheidungen hängen von den Voraussetzungen und den Rechtsfolgen des nach § 24 Abs. 2 UmwStG bestehenden Wahlrechts ab. Nach § 24 Abs. 2 UmwStG wird das Wahlrecht in der **Eröffnungsbilanz** der gegründeten **PersG** (OHG) ausgeübt.

2.3 Das Wahlrecht und die unterschiedliche Interessenslage

Die Interessenslage ist im wesentlichen dadurch festgelegt, dass der „Einbringende" die Besteuerung der stillen Reserven vermeiden will und die neue Zielgesellschaft an hohen Werten interessiert ist, um neues Abschreibungspotential zu erhalten.

Als Hauptvorteil der **Buchwertvariante** ist daher die Vermeidung eines aktuellen Veräußerungsgewinnes (§ 16 EStG) beim Einbringenden des Betriebs zu vermerken, während die neue PersG über geringes AfA-Potenzial verfügt (Hauptnachteil). Die aufgelisteten Pro & Contra relativieren sich allerdings bei näherer Betrachtung:

- So wird der Veräußerungsgewinn des Einbringenden nur „aufgeschoben" (Stundungseffekt), da er mit der Einbringung als MU der neuen PersG anzusehen ist und somit spätestens bei Veräußerung des Anteils an der neuen PersG gem. § 16 Abs. 1 Nr. 2 EStG die stillen Reserven aufdecken muss.
- Der „AfA"-Nachteil bei der neuen PersG kommt naturgemäß nur dann zum Tragen, wenn es sich bei den eingebrachten Einzel-WG um abschreibungsfähige WG handelt.

Beim anderen Extrem, der **Teilwertvariante,** wenden sich die eben aufgelisteten Vor- und Nachteile in das Gegenteil. Dem neu gewonnenen AfA-Potenzial bei der PersG steht der unvermeidbare „Veräußerungs"-(= Einbringungs)gewinn des Einbringenden entgegen, § 24 Abs. 4 UmwStG (i.V.m. Rz. 22. 11 und Rz. 24. 15 ff. UmwSt-Erlass).

- Dabei ist es besonders nachteilig, dass wegen des Verweises in § 24 Abs. 3 S. 3 EStG auf § 16 Abs. 2 S. 3 EStG beim Einbringenden insoweit ein **laufender** Gewinn und damit kein steuerbegünstigter Einbringungsgewinn[158] entsteht, als er – wirtschaftlich gesehen – an sich selbst" veräußert. I.H.d. Beteiligungsquote (50 %) an der neuen PersG liegt folglich ein laufender Einbringungsgewinn vor, der gem. Rz. 24.17 UmwSt-Erlass sogar der GewSt unterliegt.
- Als Vorteil der Teilwertvariante gilt allerdings die transparente Abbildung der Beteiligungsverhältnisse aller G'fter auf den Kapitalkonten der PersG, da sich der Ein-

---

[157] Ansonsten wird der (Preis für den) errechnete Geschäftswert angesetzt und gem. § 7 Abs. 1 S. 3 EStG in den Folgebilanzen der OHG abgeschrieben. Ein etwaiges **privates** Haftungsrisiko des P hingegen kann nicht passiviert werden.
[158] Außerdem ist bei der Teilwertvariante ein evtl. vorhandener **Firmenwert** aufzudecken (Rz. 24.15 i.V.m. Rz. 22.11 UmwSt-Erlass).

trittspreis des neuen G'fters unschwer nach dem bilanziell aufgedeckten Teilwert des eingebrachten Betriebs bestimmen lässt.

Der dritte Weg, die **Zwischenwertvariante**, hat im aktuellen Einbringungszeitpunkt eigentlich nur Nachteile, da der Einbringungsgewinn in keinem Fall gem. § 24 Abs. 3 S. 2 UmwStG – im Umkehrschluss („e contrario") – steuerbegünstigt ist (kein Freibetrag und kein hälftiger Steuersatz). Nachdem hier nicht alle stille Reserven aufgedeckt werden, kann die neue PersG nur eingeschränkt am Reservenpotenzial teilhaben und die Abbildung der Beteiligungsverhältnisse gestaltet sich nach wie vor schwierig. Einzig vor dem Hintergrund der persönlichen Steuerlandschaft des Einbringenden kann sich die Zwischenwertvariante anbieten, wenn Einbringungsgewinne im Rahmen des Verlustausgleiches gem. § 2 Abs. 3 EStG berücksichtigt werden sollen.

In diesem Zusammenhang ist darauf hinzuweisen, dass eine **missglückte Teilwerteinbringung** (die angesetzten „Teilwerte" der Einzel-WG halten einer Nachprüfung nicht stand) von der Finanzverwaltung als Einbringung zu Zwischenwerten umgedeutet werden kann. Von daher ist dringend zu raten, die gewünschten Teilwerte testieren zu lassen und eine entsprechende Vereinbarung in den Einbringungsvertrag aufzunehmen, dass die Parteien von der Teilwertvariante ausgingen.

2.4 Teilwertvariante

Vor diesem Hintergrund wird das Bsp. 2 zunächst auf der Basis der Teilwerte gelöst. Hier beträgt die realistische Einlageforderung an den paritätisch beteiligten P 228 T€.

Lösung (Teilwertvariante):
Der Teilwertansatz führt zu folgender **Eröffnungsbilanz** der OHG:

A		P	
GruBo[159]	20.000 €	Kapital (A)	228.000 €
Gebäude	300.000 €	Kapital (B)	228.000 €
Betriebsvorrichtung	60.000 €	Verbindlichkeiten	164.000 €
GWG	12.000 €		
Einlageforderung (bzw. Geldkonto)	228.000 €		
	620.000 €		**620.000 €**

---

[159] Der Erwerb der Immobilie führt für die OHG zu einer anteiligen Grunderwerbsteuer von **50 %** von 3,5 % gem. **§ 5 Abs. 2**, § 1 Abs. 1 Nr. 3 GrErwSt i.H.v. 350 € für GruBo und von 5.250 € für den Gebäudeteil, in der Summe: 5.600 €. Als Objektsteuer sind diese Gründungskosten beim erworbenen WG eigentlich als Anschaffungsnebenkosten zu aktivieren. Wegen § 248 HGB und aus **Vereinfachungsgründen** unterbleibt eine Hinzuaktivierung.

2.4.1 Folge für die offene Handelsgesellschaft

Für die Gewinnermittlung des Jahres 04 bei der OHG ergeben sich folgende AfA-Beträge:

- AfA für Gebäude: 3 % von 300.000 €   9.000 €,
- AfA BVO: 10 % von 60.000 €   6.000 €,
- GWG: 100 % von 12.000 €   <u>12.000 €,</u>
  27.000 €.

2.4.2 Folge für den Einbringenden

Wegen § 24 Abs. 3 S. 1 UmwStG gilt der für das angesetzte BV des A zugrundegelegte Teilwert als Veräußerungspreis des A gem. § 16 Abs. 2 EStG. Der Veräußerungsgewinn (= Einbringungsgewinn) des A i.H.v. 158.000 € (228.000 € ./. 70.000 €) ist wegen § 24 Abs. 3 S. 3 UmwStG – entsprechend dem Beteiligungsverhältnis von 50/50 – aufzuteilen in:

- einen **tarifbegünstigten** (§ 34 EStG) Veräußerungsgewinn des A von 79.000 € und
- in einen **laufenden** Gewinn des A i.H.v. 79.000 € („Veräußerung an sich selbst").

Während für den Veräußerungsgewinn der Freibetrag gem. § 34 Abs. 4 EStG beansprucht werden kann (§ 24 Abs. 3 S. 2 EStG) und dieser auch nicht gewerbesteuerpflichtig ist, ist der laufende Gewinn nach Verwaltungsauffassung (Rz. 24.17 UmwSt-Erlass) gewerbesteuerpflichtig.

2.5 Buchwertvariante

2.5.1 Die erste Buchwertvariante

In der ersten Buchwertvariante, bei der A das Buchvermögen des Betriebs übernimmt, ist zu berücksichtigen, dass P eine Einlage von 228.000 € leistet, da sich der (rechnerische) „Kaufpreis" für die eingeräumte Beteiligung an den Teilwerten orientieren wird. Dies führt zur Aufteilung der Kapitalkonten im Verhältnis 50:50 und konkret zu anfänglichen Kapitalständen von A und B i.H.v. je 149.000 €. Im Regelfall wird dieser Anfangsbestand auf dem (festen) Kapitalkonto I gebucht, um für die Zukunft eine unveränderbare Verteilungsgrundlage zu haben.

> **Lösung (Buchwertvariante):**
> Die Eröffnungsbilanz der OHG hat folgendes Aussehen:

2 Der Sonderfall: Die Einbringung nach § 24 UmwStG

A			P
GruBo	10.000 €	Kapital (A)	149.000 €
Gebäude	182.000 €	Kapital (B)	149.000 €
Betriebsvorrichtung	42.000 €	Verbindlichkeiten	164.000 €
Einlageforderung (bzw. Bank)	228.000 €		
	462.000 €		462.000 €

Bei dieser Lösung wird die bislangige AfA für Gebäude (6.000 €) und für BVO (ebenfalls 6.000 €) fortgeführt.

Für A ergäbe sich **kein Veräußerungsgewinn** nach § 16 EStG, da die Buchwerte der eingebrachten WG fortgeführt werden; die Tatsache, dass sein Kapitalkonto erhöht wurde, ändert nichts an dieser Beurteilung, da die Aktivseite relevant ist.

Der **Nachteil** dieser Lösung liegt in dem unterrepräsentierten Kapital des P mit 149.000 €, verglichen mit der Einlageleistung von 228.000 €.

Aus diesem Grund hat sich in der Praxis das Modell der „Buchwertfortführung mit Kapital-Angleichung" durchgesetzt (so auch Rz. 24.14 UmwSt-Erlass).

Die Differenz von 79.000 € (228 T€ ./. 149 T€) wird daher in eine **positive Ergänzungsbilanz** des G'fters P eingestellt, womit exakt die Hälfte der stillen Reserven erfasst ist.

A	(Positive) Ergänzungsbilanz P		P
GruBo – Mehrwert –	5.000 €	Mehrkapital	79.000 €
Gebäude	59.000 €		
Betriebsvorrichtung	9.000 €		
GWG	6.000 €		
	79.000 €		79.000 €

Als Folge erhält P im Jahr 04 **zusätzliche AfA** aus der positiven Ergänzungsbilanz:

- AfA Gebäude: 3 % von 59.000 €   1.770 €
- AfA BVO (Rest-ND: 7 Jahre): 9.000/7   1.285 €
- GWG: voll (bzw. verteilt auf drei Jahre) 6.000 € (bzw. 2.000 €)
                                         9.055 €

Der **gravierendere Nachteil** dieser Lösung liegt aber in der nunmehrigen Verkennung der Ausgangslosung, mit der Buchwertfortführung die Aufdeckung der stillen Reserven beim einbringenden A zu vermeiden, da die Werte der Ergänzungsbilanz gem. § 24 Abs. 2 UmwStG bei der Ermittlung des Einbringungsgewinnes mitgerechnet werden.

Die **Lösung** des vermeintlichen Konfliktes liegt in der Aufstellung einer **negativen Ergänzungsbilanz** des A mit exakt **gegenläufigen** Werten:

A	(Negative) Ergänzungsbilanz A		P
Minderkapital	79.000 €	GruBo – Minderwert –	5.000 €
		Gebäude	59.000 €
		Betriebsvorrichtung	9.000 €
		GWG	6.000 €
	79.000 €		**79.000 €**

Gegensätzlich zu P erhält A im Jahre 04 aus der negativen Ergänzungsbilanz einen **Ertrag** i.H.v. **9.055 €** zugewiesen.

Auf diese Weise wird erreicht, dass es – im Saldo beider Ergänzungsbilanzen – bei der Buchwertvariante ohne Veräußerungsgewinn (§ 24 Abs. 2 UmwStG) verbleibt; gleichzeitig werden im Gesamtergebnis die Kapitalkonten beider G'fter „glattgezogen" mit der Folge, dass A nunmehr in der Addition exakt sein (ehemaliges) Buchkapital von 70.000 € (149 T€ ./. 79 T€) zugewiesen erhält.

2.5.2   Die zweite Buchwertvariante

Das identische Ergebnis wird erzielt, wenn die OHG in ihrer Eröffnungsbilanz die Teilwerte mit der Einlageforderung von 228 T€ – und den gleichen Kapitalkonten beider G'fter – ausweist und wenn sodann nur in der Person des einbringenden A eine negative Ergänzungsbilanz aufgestellt wird, mit der die Teilwerte auf das Buchwertniveau heruntergefahren werden.

A	Eröffnungsbilanz der OHG		P
GruBo	20.000 €	Kapital (A)	228.000 €
Gebäude	300.000 €	Kapital (B)	228.000 €
Betriebsvorrichtung	60.000 €	Verbindlichkeiten	164.000 €
GWG	12.000 €		
Einlageforderung	228.000 €		
	620.000 €		**620.000 €**

Gleichzeitig:

A	Negative Ergänzungsbilanz A		P
Minderkapital	158.000 €	GruBo – Minderwert –	10.000 €
		Gebäude	118.000 €
		Betriebsvorrichtung	18.000 €
		GWG	12.000 €
	158.000 €		**158.000 €**

Der Ertrag des A in 04 aus der Entwicklung der Werte verdoppelt sich bei dieser Variante und beträgt nunmehr 18.110 €. Dem stehen – ausgleichend – erhöhte Abschreibungen aus der Hauptbilanz der OHG gegenüber.

2.6 Zwischenwertvariante

Rein buchungstechnisch orientiert sich die Zwischenwertvariante an der Teilwertvariante. Mangels Praxisrelevanz – und wegen der unendlichen Lösungsmöglichkeiten – wird deshalb kein Zahlenbeispiel gebildet.

2.7 Spezialprobleme bei § 24 UmwStG

Zwei Fragen beschäftigen Rspr. und Schrifttum seit Bestehen des UmwStG 1977 und können durch aktuelle Entscheidungen des BFH sowie einer prompten Reaktion des Gesetzgebers (UntStFG 2001) zumindest in einem Punkt als definitiv geregelt angesehen werden:

1. Inwieweit gehört bei der Einbringung eines MU-Anteils in eine PersG nach § 24 UmwStG das **Sonder-BV** zu den wesentlichen Betriebsgrundlagen?
2. Ändert sich etwas am steuerneutralen Konzept des § 24 UmwStG, wenn das „Eintrittsgeld" (die **Ausgleichszahlung**) des neuen G´fters nicht in den Betrieb eingelegt wird (so die bislangigen Fälle), sondern auf das **Privatkonto** des Alleinunternehmers bzw. der MU bezahlt wird?

2.7.1 Zuzahlung in das Privatvermögen des bisherigen Einzelunternehmers

Auslöser waren die Fälle des BFH im Urteil vom 18.10.1999 (BStBl II 2000, 123) (GrS) und vom 21.09.2000 (BStBl II 2001, 178), wo ein bisheriger Inhaber einer freiberuflichen Einzelpraxis einen Berufsträger gegen Zuzahlung in sein **PV** in die somit neu gegründete Sozietät aufnahm.

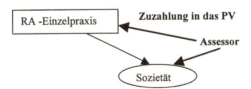

Vorweg zeigt der Sachverhalt den großen und wichtigen Anwendungsbereich des § 24 UmwStG eben auch für personelle Umstrukturierungen bei **freiberuflichen** Zusammenschlüssen auf[160]. Der Sachverhalt ist natürlich auf gewerbliche Einzelunternehmer und der anschließenden Gründung einer OHG/KG übertragbar.

In der Entscheidung spielte der Unterschied zwischen der Zuzahlung in das BV der PersG und in das PV der übertragenden Person eine ebenso große Rolle wie der Unterschied einer Begründung einer PersG mit dem vorherigen Einzelinhaber und der Aufnahme eines neuen G´fters in eine bestehende PersG.

---

[160] Weder in § 24 UmwStG noch in § 24 UmwStG sind freiberufliche MU-Anteile als Einbringungsgegenstand und Sozietäten als Zielgesellschaften ausgeschlossen (vgl. Rz. 20.05 ff., auf die in Rz. 24.04 des UmwStErl. verwiesen wird).

a) Zuzahlung („Eintrittsgeld") **in das PV** des Einzelunternehmers – Unterschied zur Einlage.

Die Zahlung in das PV behandelt der BFH (vorher schon die Verwaltung) so, als ob der einbringende Einzelunternehmer zunächst „Anteile" an den WG seines Betriebes (seiner Praxis) veräußert[161] und sodann die ihm verbliebenen (i.d.R. hälftigen) Eigentumsanteile für eigene Rechnung und die Anteile des Neu-G'fters für dessen Rechnung in die PersG einlegt.

Diese Betrachtungsweise führt bei einer beabsichtigten Einbringung zu **Buchwerten** zwangsläufig zu einem Realisationstatbestand (laufender Gewinn!), da wegen der Annahme (Einzel-WG) keine steuerfunktionale Einheit eingebracht wird.

Bei der Gegenleistung in das **BV der PersG** geht die Rspr. hingegen davon aus, dass nicht nur die jeweiligen Anteile an den Einzel-WG eingebracht werden, sondern der ihnen innewohnende Gegenwert, womit offensichtlich die neu gebildeten MU-Anteile gemeint sind.

Abgesehen von der gekünstelten – und vor allem am BGB vorbei entwickelten[162] – Argumentationskette ist von besonderer Bedeutung, dass die gewinnrealisierende Entnahme nur bei der Buchwertübernahme ansteht. Haben die Partner des Einbringungsvorganges hingegen die **Teilwert**variante gewählt, gelangt der BFH a.a.O. zur – im Ergebnis richtigen – Erkenntnis, dass insoweit auch die Tarifbegünstigung gem. §§ 16 Abs. 4, 34 EStG anzuwenden ist (gl. Ansicht das BMF vom 21.08.2001 mit geänderter Rz. 24.12 a), BStBl I 2001, 543). Das Ergebnis ist deshalb richtig, weil in diesem Fall die zusammengeballten stillen Reserven konzentriert aufgedeckt werden und deshalb die Tarifbegünstigung in Ordnung geht. Es kann aber nicht darüber hinwegtäuschen, dass eine rein **ergebnisorientierte Rspr.** vorliegt, die noch gewaltigen Substantiierungsbedarf hat.

b) Aufnahme in ein **Einzelunternehmen** – (früherer) Unterschied zur Beteiligung an einer PersG.

Die Rechtsfolge sah bei folgendem Sachverhalt wesentlich steuerfreundlicher aus:

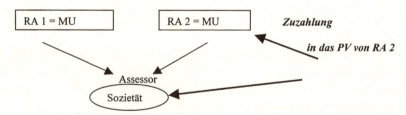

In diesem Fall (auch bei Zahlung in das PV eines der G'fter) gingen Rspr. und Verwaltung von der begünstigten Einbringung von **Bruchteilen von MU-Anteilen** von

---

[161] Dies kann man auch als gewinnrealisierende Entnahme bezeichnen. I.H.d. Differenz zwischen dem Eintrittsgeld (Ausgleichszahlung) und der anteiligen (i.d.R. hälftigen) Buchwerten der WG wird Gewinn realisiert.

[162] Nach § 719 Abs. 1 S. 1 BGB gibt es beim Gesamthandsvermögen keinen Anteil des G'fters an den Einzel-WG!

2 Der Sonderfall: Die Einbringung nach § 24 UmwStG

RA 1 und RA 2 an ihrer schon bestehenden Sozietät in die (nur steuerlich) neue Sozietät aus (Rz. 24.11 a.E. des UmwSt-Erlass sowie noch R 139 Abs. 4 EStR 2001).
Gegen diese Vergünstigung (besser: gegen die Verweigerung der Vergünstigung im erstgenannten Fall der Aufnahme eines Partners in ein Einzelunternehmen) wurde schon immer mit dem Hinweis auf die Ungleichbehandlung beider wirtschaftlich identischer Sachverhalte argumentiert[163].
Der BFH a.a.O. (BStBl II 2000, 123) hat sich dieser Bedenken angenommen und kommt zu dem (vorläufigen) Schluss, dass die beanspruchte Vergünstigung im zuletztgenannten Fall auf der (problematischen) Einbeziehung von **Bruchteilen** von **MU-Anteilen** in den Anwendungsbereich des § 16 EStG (und damit des § 24 UmwStG) beruhe. Dieser Hypothese, mit der alleine die gewünschte Rechtsfolge begründet werden kann, fehle es jedoch an einer gesetzlichen Grundlage. Solange diese ausbleibt, bleibt es bei der unterschiedlichen Behandlung beider Sachverhalte.
Der Gesetzgeber des UntStFG hat die Worte des BFH gehört und mit der Neufassung des § 16 Abs. 1 S. 1 Nr. 2 EStG („Gesamter Anteil ...eines MU-Anteils") und der redaktionellen Klarstellung in S. 2 a.a.O. (sinngemäß: „Gewinne aus der Veräußerung von Bruchteilen von MU-Anteilen sind laufender Gewinn") beide Fälle gleichbehandelt.
Danach führen ab 2002 bei der Aufnahme eines G'fters in eine (neue wie bestehende) PersG sämtliche Zuzahlungen in das PV eines Einzelunternehmers sowie eines MU zu **laufendem Gewinn** (§ 24 Abs. 3 S. 4 UmwStG n.F.). Rz. 24.11 a.E. des UmwSt-Erlasses (und R 139 Abs. 4 EStR 2001) sind somit überholt.
Die Praxis hat sich zur Vermeidung dieser Steuerfolgen bei der entgeltlichen Aufnahme eines Partners in das Einzelunternehmen (Einzelpraxis) des sog. „Zweistufenmodells" bedient. Hierbei wurde zunächst eine Minimalbeteiligung („Zwergenanteil") an den Neugesellschafter veräußert und im zweiten Schritt erfolgte nunmehr die Aufnahme aus der existenten PersG in dem Verhältnis, wie es ursprünglich intendiert war. Die im Urteil vom 18.10.1999 hiergegen geltend gemachten Bedenken des Gestaltungsmissbrauchs (§ 42 AO) sind wegen der Neuregelung obsolet.
Fraglich wird in der Zukunft nur sein, wie sich die Gerichte und die Verwaltung auf die nach wie vor mögliche Praxis einstellen werden, das Eintrittsgeld in das BV der PersG einzuzahlen und sodann mit einer entsprechenden Entnahmeregelung den gleichen Effekt wie bei der Zuzahlung in das PV herbeizuführen.

Exkurs: Um den Schwierigkeiten bei der entgeltlichen Aufnahme eines neuen Partners (neuen G´fters) in eine freiberufliche Praxis (Einzelunternehmen) zu entgehen, hat sich das sog. **„Gewinnvorab-Modell"** entwickelt. Hierbei erfolgt die entgeltliche Aufnahme des neuen Partners in der Weise, dass für einen festgelegten Zeitraum trotz einer beabsichtigten paritätischen Beteiligung (je 50 %) eine **abweichende Gewinnvereinbarung** zugrundegelegt wird (z.B. erhält der „Einbringende" in den ersten vier Jahren 75 % und der „Neugesellschafter" 25 % des Gewinnes, bevor ab dem fünften Jahr gleiche Gewinnbeteiligung gilt). Die Gefahr der in dieser Vereinbarung liegenden „Kaufpreisraten"-

---
[163] Vgl. nur *Paus*, FR 2000, 607.

Vereinbarung (die Überlassung von 25 % Gewinnanteil für vier Jahre = Kaufpreisraten) und des damit einhergehenden Veräußerungsgewinnes liegt auf der Hand, wird aber im Fachschrifttum aber nicht geteilt[164].

2.7.2 Gegenstand der Einbringung und Voraussetzung für das Wahlrecht

In zweifacher Hinsicht nimmt bei § 24 UmwStG das **Sonder-BV** eine besondere Rolle ein.

Zum ersten geht es um die Frage, ob und in welchem Umfang ggf. vorhandenes Sonder-BV bei der Einbringung eines MU-Anteils miteingebracht werden muss, um die tatbestandlichen Voraussetzungen zu erfüllen. M.a.W lautet die Frage hier: Gehört zu allen wesentlichen Betriebsgrundlagen eines MU-Anteils auch etwaiges Sonder-BV?

Zum zweiten stellt sich die Frage, ob bei der Zielgesellschaft des § 24 UmwStG (bei der PersG) alle eingebrachten WG eines Betriebs in das Gesamthandsvermögen der PersG eingebracht werden müssen.

Letzteres ist mit einem von der Verwaltung (Rz. 24.06 des UmwSt-Erlass) übernommenen Urteil des BFH vom 26.01.1994 (BStBl II 1994, 458) nicht der Fall: Danach müssen im Falle der Einbringung eines Betriebes damit zusammenhängende Grundstücke, die im zivilrechtlichen Eigentum des Einbringenden verbleiben, nicht in das Gesamthandsvermögen eingelegt werden. Sie können auch in der Zielfirma die Eigenschaft als Sonder-BV annehmen.

Zurückkommend auf die Ausgangsfrage **(Einbeziehung des Sonder-BV in die wesentlichen Betriebsgrundlagen eines MU-Anteils)** haben zwei Urteile aus dem Jahre 2000 für Aufregung gesorgt[165]. Im ersten Urteil vom 12.04.2000 (BStBl II 2001, 26) wurde für den Fall einer Veräußerung eines – damals noch zum ermäßigten Steuersatz möglichen – Bruchteiles eines MU-Anteils nach § 16 Abs. 1 Nr. 2 EStG – unter Bezugnahme auf § 24 UmwStG – ausgeführt, das auch das anteilige Sonder-BV mitveräußert werden müsse. Im zweiten Urt. wurden die Grundsätze auf die unentgeltliche Übertragung nach § 6 Abs. 3 EStG übertragen. Während sich das Thema der Mitübertragung des **quotalen Sonder-BV** durch die Neufassung von § 16 Abs. 1 S. 2 EStG i.d.F. des UntStFG 2001 **erübrigt** haben dürfte, ist nach wie vor die grundsätzliche Frage zu klären, ob das (jedes) Sonder-BV mit veräußert werden muss, um die Vergünstigungen der §§ 16 Abs. 4, 34 EStG auch in einem Einbringungsfall nach § 24 UmwStG erfolgreich zu reklamieren.

Im Unterschied zu § 16 EStG zählt nach einhelliger Meinung im Umwandlungsteuerrecht **allein** die **funktionale Betrachtungsweise** (BMF vom 16.08.2000, BStBl I 2000, 1253)[166]. Diese zu § 20 UmwStG ergangene amtliche Äußerung ist m.E. auch auf § 24 UmwStG zu übertragen. Danach sind die WG des notwendigen Sonder-BV I kraft Definition immer mit einzubeziehen, während das Sonder-BV II kaum darunter fallen dürfte

---

[164] Der Vorwurf des § 42 AO wird mit dem Hinweis widerlegt, dass das außersteuerlicher Motiv hier im berechtigten höheren Gewinnanteil des Altpartners sowie im Liquiditätsvorteil des Juniorpartners läge (statt aller *Widmann/Mayer*, § 24 UmwStG Rz. 187).
[165] BFH vom 12.04.2000 (BStBl II 2001, 26) und vom 24.08.2000 (ZEV 2001, 82).
[166] Ausnahme: Gewählter Teilwertansatz!

und es beim gewillkürten Sonder-BV I immer eine Einzelfallentscheidung sein wird, ob das WG für die betrieblichen Belange der PersG unersetzlich ist[167].

3 Die laufende Besteuerung der Personengesellschaft

Der Gliederungspunkt wird an dieser Stelle nur aus redaktionellen Gründen der Komplettierung halber erwähnt. Inhaltlich wird auf die vorherigen Kapitel verwiesen.

4 Die Auflösung der Personengesellschaft

Nach Eintritt der rechtlichen Auflösungsgründe (vgl. § 131 Abs. 1 und 2 HGB) kommt es gem. §§ 145 ff. HGB zur faktischen Abwicklung der PersG.

Das nach Vorwegbefriedigung der Gläubiger verbleibende Restvermögen aus der Veräußerung (Versilberung) der einzelnen Gegenstände wird unter den G´ftern nach der Gewinnabrede aufgeteilt (BMG: die Differenz zwischen dem gemeinen Wert und dem Buchwert der WG gem. § 16 Abs. 3 S. 5 EStG bzw. das liquide Vermögen). Entsprechend § 16 Abs. 3 EStG werden die Ergebnisse der Betriebsaufgabe im Rahmen der einheitlichen und gesonderten Gewinnverteilung aufgeteilt und zugewiesen. § 16 Abs. 4 und § 34 EStG sind auch hier einschlägig.

5 Die Realteilung der Personengesellschaft

5.1 Historische Einleitung und gesellschaftsrechtlicher Hintergrund

In einem interessanten Zusammenspiel zweier (damals noch) unfertiger Rechtsgebilde hat sich seit Anfang der 90'er Jahre die Realteilung als die „dogmatische Schwester" der Erbauseinandersetzung etabliert. Bis zum grundlegenden BFH-Beschluss vom 05.07.1990 (BStBl II 1990, 837), zur Erbauseinandersetzung gab es lediglich zwei BFH-Urteile zur Realteilung[168]. Dies hinderte den GrS jedoch nicht, als dogmatisches Fundament (!) für die Erbauseinandersetzung die Realteilung auszuwählen, die damals noch kein Rechtsinstitut war. Dieser historische Hinweis erfolgt an dieser Stelle, um die Parallelentwicklung beider Institute zu verdeutlichen. Während dort die Einbindung der Miterbengemeinschaft in die Realteilung und das konkrete Problem des Mischnachlasses im Vordergrund der Debatte stehen[169], geht es nachfolgend um die Grund- und Strukturfragen der Auflösung **jedweder PersG** im Wege der Realteilung. Unter dem Gesichtspunkt der „Erkennt-

---

[167] Auch hier gilt: Wird der Teilwertansatz gewählt, so müssen auch die quantitativen Aspekte berücksichtigt werden.
[168] BFH vom 25.01.1972 (BStBl II 1972, 419) und BFH vom 19.01.1982 (BStBl II 1982, 456).
[169] S. dazu auch das BMF-Schreiben vom 11.01.1993 (BStBl I 1993, 62).

nisquellen" bzw. der Hilfsmittel ist zu vermerken, dass sich die Verwaltung des speziellen Themas der Erbauseinandersetzung angenommen (BStBl I 1993, 62) und dass sich der Gesetzgeber schon mehrfach am allgemeinen Thema der Realteilung versucht hat. Beide Prozesse sind nicht immer aufeinander abgestimmt gewesen.

Nach einer mehrfachen Kehrtwendung des Gesetzgebers scheint die Realteilung erstmals seit 01.01.2002 auf gesichertem Boden zu stehen.

Beispiel 1: Eine aufzulösende PersG

Aktiva		A-KG		P
	Buchwert		Buchwert	
Teilbetrieb (TB) I	150	Kapital A	150	
TB II	150	Kapital B	150	
	300		300	

Die Auflösung einer PersG ist neben der Liquidation auch in der Form möglich, dass den G'fter (hier: den Realteilern) einzeln Vermögensgegenstände direkt zugewiesen werden[170]. Gesellschaftsrechtlich wird aus der bisherigen Gesamthandsberechtigung eines jeden G'fters an allen WG der PersG nunmehr **Alleineigentum** an den zugewiesenen **einzelnen Gegenständen**. Diese Form der Auflösung wird Realteilung genannt. Die zugewiesenen Gegenstände heißen „Teilungsmassen" oder „Realteilungsmassen".

Lösung:
Eine Realteilung liegt dann vor, wenn die G'fter A und B die Teilungsmassen TB I und TB II jeweils zu Alleineigentum erhalten.

Der BFH hatte im ersten Urteil aus dem Jahre 1972 für die Realteilung noch auf die einzelnen G'fter einer PersG abgestellt und den Sachverhalt der Realteilung als Veräußerung/Aufgabe des einzelnen MU-Anteils gem. § 16 Abs. 1 Nr. 2 i.V.m. Abs. 3 EStG behandelt[171]. Unter dem Einfluss der immer stärker ins Blickfeld rückenden PersG als Tatbestandssubjekt hat der BFH 1982 die Realteilung als Unterfall der Betriebsaufgabe einer PersG nach § 16 Abs. 3 EStG behandelt. Der heutige Gesetzgeber (des UntStFG) hält sich trotz der positivrechtlichen Erfassung der Realteilung bei § 16 Abs. 3 EStG in der subjektiven Zuordnung unbedeckt, ob er den Fall der MU-schaft oder den einzelnen MU zuordnet[172]. Allein dadurch wird die Realteilung heute stärker in die Nähe einer betrieblichen **Umstrukturierungsmaßnahme** einer PersG gerückt.

Der Realteilung vergleichbar – aber nur in den Rechtsfolgen gleichgestellt – ist die Sachwertabfindung (s. sogleich unter Kap. V.4) sowie die Gründung einer beteiligungsidentischen Schwestergesellschaft, auf die (Teile des) BV der ersten PersG übertragen

---

[170] Gem. § 145 Abs. 1 HGB ist dies eine „andere Form" der Auflösung.
[171] Damaliger Wertungshintergrund (BFH vom 10.02.1972, BStBl II 1972, 419): Die „Bilanzbündeltheorie".
[172] Wiederum anders das StEntlG 1999/2000/2002, das in § 16 Abs. 3 S. 2 EStG die Realteilung nur rechtsfolgenorientiert gelöst hat.

werden. Der Unterschied zu diesen Vorgängen liegt in der – nur bei der Realteilung vorliegenden – **Beendigung** der aufgelösten PersG.

Unter steuerrechtlichen Gesichtspunkten ist noch darauf hinzuweisen, dass die steuerlichen Rechtsfolgen der Realteilung nur dann gewährt werden, wenn die Teilungsmassen in **inländisches BV** überführt werden. Dies hängt („inländisches" BV) mit dem finalen Entnahmebegriff zusammen, wonach nur solange die Steuerverstrickung gewährleistet ist, bis dem nationalen Fiskus der Zugriff auf die im Inland erwirtschafteten Reserven zusteht[173].

5.2 Tatbestand und Rechtsfolgen bei einer Realteilung von steuerfunktionalen Einheiten

Solange es sich bei den Teilungsmassen um steuerfunktionale Einheiten (Betriebe/Teilbetriebe oder MU-Anteile) handelt, waren „nur" die Rechtsfolgen umstritten.

Beispiel 2: Realteilung mit Teilbetrieben (unterschiedliche Werte)

Aktiva	C-KG (in T€)				Passiva
	Buchwert	TW		Buchwert	TW
TB I	100	200	Kapital C	150	200
TB II	200	200	Kapital D	150	200
	300	**400**		300	**400**

C soll im Rahmen der Aufgabe den TB I und D den TB II erhalten. Die Teilbetriebe werden im jeweiligen Einzelunternehmen von C und D fortgeführt.

Bereits der Grundfall zur Realteilung, wonach sich die G'fter C und D steuerfunktionale Einheiten (hier: Teilbetriebe) mit – idealtypisch – identischen Teilwerten zugewiesen und diese betrieblich fortgeführt haben, wurde in der **hauptsächlichen** Rechtsfolge unterschiedlich behandelt. **Bis 1998** griff man mangels gesetzlicher Grundlagen auf eine vom BFH entwickelte reziproke Analogie zu § 24 UmwStG zurück: Was für die Einbringung gilt, muss auch für die „Ausbringung" von Funktionseinheiten aus einer PersG gelten. Damit wurde bis 31.12.1998 auf die Realteilung das **Wahlrecht** des § 24 UmwStG analog angewandt.

> **Lösung (ab 1999) – 1. Stufe:**
> Durch § 16 Abs. 3 S. 2 EStG i.d.F. StEntlG 1999/2000/2002 ist für den Fall des Übergangs von steuerfunktionalen Einheiten (Teilbetrieben etc.) ein **Buchwertzwang** eingeführt worden. Daran (Abschaffung des Wahlrechts) hat sich bei steuerfunktionalen Einheiten weder durch das StSenkG 2001 noch durch das spätere UntStFG 2001 etwas geändert.
> C und D haben in ihren Einzelbetrieben die Buchwerte der Teilbetriebe I und II fortzuführen.

---

[173] S. zuletzt bei der Überführung von WG ins Ausland BMF vom 24.12.1999 (BStBl I 1999, 1076).

Fraglich war lange Zeit, welche Buchwerte fortzuführen waren. Im Bsp. 2 kommen in Betracht:

- Die Buchwertanpassung: C und D übernehmen die Teilbetriebe I und II zu je 150 T€ in ihre Unternehmen, in dem sie die Kapitalkonten fortführen und die übernommenen Aktiva den Kapitalkonten anpassen, oder
- Die Kapitalkontenanpassung: C übernimmt den Teilbetrieb I in seinem Einzelunternehmen mit dem Buchwert von 100 T€ und fährt sein Kapitalkonto um 50 T€ auf 100 T€ herunter; umgekehrt verfährt D: Er übernimmt Teilbetrieb II mit 200 T€ und erhöht sein Kapital um 50 T€.

Lösung – 2. Stufe:
Mit Urteil vom 10.12.1991, BStBl II 1992, 385, hat sich der BFH für die **Kapitalkontenanpassungsmethode** entschieden, wonach die Buchwerte der übernommenen WG (in der Summe = Teilbetrieb) unangetastet bleiben und die Kapitalkonten der Realteiler in ihren Einzelunternehmen **steuerneutral** angepasst werden[174].

Aktiva		Eröffnungsbilanz des C		Passiva
	Buchwert		Buchwert	
TB I	100	Kap.kto. C	150	
			./. 50 = 100	
Sonstige Aktiva	……			
		Sonstige Verb.	……	

Dieser Methode, der sich die Verwaltung angeschlossen hat, kann nur unter dem Gesichtspunkt der Praktikabilität zugestimmt werden, da es offensichtlich ist, dass es hier zu einer Verlagerung stiller Reserven zwischen den beiden G'fter kommt, die nicht ihrem vorherigen Anteil entsprechen. Das Überspringen latenter Steuergrößen (wie die stillen Reserven) zwischen zwei Personen (hier: C und D) widerspricht dem Grundsatz der Besteuerung nach der individuellen Leistungsfähigkeit, da nunmehr die Wertigkeit der Teilbetriebe verschoben wurde. Der BFH hat das Problem zwischenzeitlich gesehen (Urteil vom 18.05.1995, BStBl II 1996, 70) und die Ungleichbehandlung „hingenommen".

Zumindest bei einer zweigliedrigen PersG mit wenigen (bis zu fünf) WG knüpft eine verfassungsrechtlich unbedenkliche Lösung an die Kapitalkontenanpassungsmethode an und würde in jeweiligen Ergänzungsbilanzen oder in Kapitalausgleichsposten die anteilige Differenz zwischen Teilwert und Buchwert der WG einstellen und korrespondierend fortschreiben[175].

---

[174] In einer weiteren Entscheidung vom 18.05.1995, BStBl II 1986, 70 führte der BFH aus, dass bei der Anpassung der Kapitalkonten an die Buchwerte der zugeteilten WG auch Auf- und Abstockungen in evtl. Ergänzungsbilanzen zu berücksichtigen sind.
[175] Im Bsp. 2 müsste C sodann den Mehrwert von stillen Reserven des TB I i.H.v. 50 T€ in eine positive Ergänzungsbilanz (Mehrwert Aktiva an Mehrkapital C) und D den Minderwert in eine negative Ergänzungsbilanz einstellen. Entsprechend müsste bei TB II verfahren werden. Beide Ergänzungsbilanzen sind korrespondierend zur Hauptbilanz fortzuentwickeln.

5 Die Realteilung der Personengesellschaft

Bei der derzeitigen **amtlichen** Kapitalkontenanpassungs-Lösung **ohne Ausgleichsposten** ist es offensichtlich, dass die Differenz im Bereich der stillen Reserven intern ausgeglichen wird.

Zu einer Neubeurteilung in dieser Frage (zulässige Buchwertanpassung) gelangt man jedoch, wenn man die jüngst eingeführte Sanktionsfolge des § 6 Abs. 5 S. 4 EStG (s. sogleich bei den Einzel-WG) in die Betrachtung miteinbezieht[176].

5.3 Einzel-WG als Teilungsmassen?

Obwohl die früher in Bezug genommene Norm des § 24 UmwStG für die Einbringung steuerliche Funktionseinheiten voraussetzt, erstreckte der BFH im Urteil vom 01.12.1992, BStBl II 1994 (!), 607 die Grundsätze der Realteilung auch auf Einzel-WG.

Beispiel 3: Realteilung mit Einzel-WG

A	Bilanz der E-KG (in T€)				P
	Buchwert	Teilwert		Buchwert	Teilwert
Bet. an K-KG	300	700	Kapital E	500	700
Einzel-WG	1.000	1.000	Kapital F	500	700
			Verb.	300	300
Summe Aktiva	1.300	**1.700**	Summe Passiva	1.300	**1.700**

Die Zielsetzung der Beteiligten E, F geht dahin, dem E die Einzel-WG – zusammen mit den Schulden – für dessen Betrieb zu übertragen, während F den MU-Anteil an der X-KG erhält. Damit kann zunächst ohne Ausgleichszahlungen eine Auflösung der E-KG erreicht werden.

Lösung:
Zunächst gilt einvernehmlich die Aussage, dass die einseitige Übernahme von Betriebsschulden – wie hier durch E, der alle Schulden der E-KG übernimmt – nicht als Gegenleistung bzw. als sog. „Spitzenausgleich" zu werten ist. Hieraus ergibt sich eine sehr flexible Gestaltung der Realteilung, da durch **disquotale Übernahme von Betriebsschulden** für einen steuerunschädlichen adäquaten Ausgleich gesorgt werden kann. Eine vergleichbare Möglichkeit besteht durch die über-/unterquotale Übernahme evtl. vorhandener **liquider Mittel.**

Beide Möglichkeiten setzen „taugliche Teilungsmassen" auf der Aktivseite voraus. Im Bsp. 3 fehlt es an einer zweiten steuerfunktionellen Einheit: die Summe von **Einzel-WG** vermag allein keinen Teilbetrieb zu bilden[177]. Der extensiven Auslegung des BFH [a.a.O.] (BStBl II 1994, 607) und Erstreckung auf Einzel-WG folgte ein Nichtanwendungserlass (BMF vom 11.08.1994, BStBl I 1994, 601). Schlussendlich wurde der nur vom BFH eingeräumten Möglichkeit (Realteilung mit Einzel-WG) ab 01.01.1999 mit

---
[176] Gl. Ansicht *Engl,* DStR 2002, 119 (121).
[177] Zum inhaltlichen Erfordernis des Teilbetriebs s. die ausführliche Diskussion *Preißer,* Band 1, Teil B Kap. II.

§ 16 Abs. 3 S. 2 EStG i.d.F. des StEntlG der Riegel vorgeschoben: **Ab 1999** wurden Realteilungen mit Einzel-WG nach § 16 EStG als Aufgabe eines MU-Anteils angesehen; dies bedeutete zumindest nach § 16 EStG Realisationszwang.

Konträr zu dieser gesetzlichen Regelung legte der Gesetzgeber zwei Jahre später mit dem StSenkG und dem StSenkErgG 2001 eine geschlossene Regelung zur Übertragung von Sachgesamtheiten vor. Mit der Abschaffung bislang geltender Wahlrechte kehrte er mit § 6 Abs. 5 S. 3 EStG (2001) in der Frage der Steuerentstrickung bei MU-schaften zum alten MU-Erlass (1977) zurück. Danach galt für alle Übertragungen – auch von Einzel-WG – im Kreis der MU nunmehr Buchwertzwang.

Der Normenwiderspruch zwischen § 16 Abs. 3 S. 2 EStG und § 6 Abs. 5 S. 3 EStG war offensichtlich und wurde von der h.M. zwischenzeitlich zugunsten von § 16 Abs. 3 EStG gelöst[178].

§ 16 Abs. 3 S. 2 EStG in der letzten Fassung des **UntStFG** löst nunmehr (als späteres Gesetz) den Normenwiderspruch auf und spricht sich – mit „rückwirkender" Geltung ab 01.01.2001 – auch bei der Zuteilung von **Einzel-WG** für den **Buchwertzwang** aus.

Als zusätzliche Voraussetzung für die neutrale Überführung von Einzel-WG werden nach S. 3 Sperr- oder Haltefristenfristen für die betroffenen WG festgeschrieben, die drei Jahre nach Abgabe der Feststellungserklärung enden (Novum!). Dabei gilt diese Sperrfrist nur für wesentliche WG wie GruBo, Gebäude und andere wesentliche Betriebsgrundlagen[179].

Ebenso gilt nach S. 4 die Körperschaftsklausel, die bei einer direkten oder reflexartigen Übertragung auf eine KapG zur Realisation zwingt. Dies ist immer dann der Fall, wenn die GmbH **vermögensmäßig** an der MU-schaft (KG) beteiligt ist. Letzteres gilt auch dann, wenn die Überführung der Einzel-WG auf eine MU-Beteiligung des Realteilers mit einer GmbH im Sonder-BV erfolgt[180].

Als **Fazit** hat für die Rechtslage ab 2001 (§ 52 Abs. 34 S. 3 EStG) eine Realteilung auch mit Einzel-WG zu Buchwerten zu erfolgen. Dies wird nachträglich korrigiert (Aufdeckungszwang), wenn ein wesentliches Einzel-WG innerhalb der Sperrfrist veräussert wird. „Profitiert" von der Übertragung direkt oder indirekt eine KapG, so ist insoweit bereits im Zeitpunkt der Zuteilung eine anteilige Aufdeckung der Reserven geboten.

5.4 Realteilung mit Spitzenausgleich

Es sind Fälle denkbar, in denen zwar genügend und geeignete Teilungsmassen für die vorhandenen G'fter (Realteiler) vorhanden sind, die aber (zu) unterschiedliche Werte ha-

---

[178] Statt aller *Brandenberg*, FR 2000, 1186 und *Gänger* in *Bordewin/Brandt*, § 16 Rz. 214 i. A.A. *Fischer* in Kirchhof-Kompakt, § 6 Rz. 188 (ohne Argumente). Man konnte sich der Meinung von *Fischer* anschließen, da § 16 mit dem „gemeinen Wert" (§ 16 Abs. 3 S. 5) einen Fremdkörper im System darstellt, wenn die Übertragung – auch des Einzel-WG – in das BV des Unternehmers erfolgt.

[179] Umgekehrt können unwesentliche Gebrauchs-WG sofort nach der Realteilung veräussert werden, ohne dass rückwirkend der gemeine Wert anzusetzen ist (vgl. auch *Rödder/Schumacher*, DStR 2002, 105).

[180] Damit wird aber auch deutlich, dass der ursprüngliche Zweck der Körperschaftsklausel, Übertragungen auf solche Ziel-(Kapital-)gesellschaften zu erschweren, deren Vermögen aus einem WG besteht (vgl. *Van Lishaut*, DB 2000, 1787 sowie *Reiß*, BB 2000, 1969) mit der Neufassung nicht mehr vereinbar ist.

ben. Mangels liquider Mittel oder betrieblicher Verbindlichkeiten, die disproportional aufgeteilt werden, verbleibt den Beteiligten nur der Weg der externen Ausgleichszahlung.

Beispiel 4: Ungleiche Realteilung bei der G-KG (Werte in T€)

	Buchwert	Teilwert		Buchwert	Teilwert
Teil.Masse I	40	400	Kapital G	50	500
Teil.Masse II	60	600	Kapital H	50	500
	100	**1.000**		100	**1.000**

Die Auflösung der G-KG im Wege der Realteilung wird nur dann erfolgen, wenn derjenige der G'fter (im Bsp. G) , der die Teilungsmasse II erhält, bereit ist, den Ex-Partner H auszubezahlen (hier i.H.v. 100 T€).

Immer schon war unstritig, dass der Mehraufwand steuerbar ist. Str. ist bis auf den heutigen Tage, erstens wie sich der steuerpflichtige Mehraufwand errechnet und zweitens ob dies sodann ein laufender Gewinn oder ein begünstigter Veräußerungsgewinn ist.

Lösung:

1. **Der BFH** hat sich im 4. Realteilungsurteil vom 01.12.1992 (BStBl II 1994, 607) für folgende Alternativen entschieden:
   - Bei Buchwertfortführung liegt beim Empfänger des Spitzenausgleichs laufender Gewinn vor.
   - Bei Aufdeckung der Reserven (Teilwertansatz) liegt in voller Höhe ein Veräußerungsgewinn vor.

   Danach sind 100 T€ erhaltene Ausgleichszahlung von H noch als Teil des laufenden Gewinn nach § 15 Abs. 1 Nr. 2 EStG zu versteuern.

2. **Die Verwaltung** (ebenso die h.M.[181]) hält dieser Lösung im Nichtanwendungserlass vom 11.08.1994 (BStBl I 1994, 601) sowie im BMF-Schreiben zur Erbauseinandersetzung entgegen, dass zunächst bei Spitzenausgleichzahlungen eine **anteilige Gegenrechnung** mit den Buchwerten zu erfolgen hat und §§ 16, 34 EStG nur dann zu versagen sind, wenn Einzel-WG zugeteilt wurden.
   Vorliegend wird bei einer als **Teilbetrieb** zu unterstellenden Teilungsmasse der Spitzenausgleich von 100 in Relation zum Teilwert von 600 gesetzt und damit ein entgeltlicher Erwerbsvorgang zu 1/6 unterstellt, während zu 5/6 eine unentgeltliche Buchwertfortführung angenommen wird. In der Eröffnungsbilanz des G wird das Buchkapital von 50 T€ (5/6 von 60 T€) um 83,33 T€ (5/6 der Abstandszahlung von 100 T€) aufgestockt. Umgekehrt erzielt H i.H.v. 83,33 T€ einen begünstigten Veräußerungsgewinn nach § 16 Abs. 1 Nr. 2 EStG.

---

[181] *Schmidt*, EStG-Komm., § 15 Rz. 554.

3. **Stellungnahme**
Aufgrund der Neuregelung (§ 16 Abs. 3 S. 3 EStG i.d.F.d. UntStFG 2001) wird es nur noch bei der Überführung der WG der aufgelösten PersG in das **PV zum Teilwert**ansatz kommen (bzw. nachträglich zum Ansatz des gemeinen Wertes bei Verstoß gegen die Sperrfrist bei Einzel-WG). Damit überlagert der Umstrukturierungsgedanke den Unterscheidungsgesichtspunkt zwischen Einzel-WG und steuerfunktionalen Einheiten.
Wegen dieser Akzentverlagerung wird man bei ins PV überführten Einzel-WG immer **laufenden** Gewinn anzunehmen haben (BFH-Lösung).
Werden hingegen bei der aufzulösenden PersG vorhandene Teilbetriebe nicht mehr von den Realteilern in deren Betrieben fortgeführt, so stellen alle Zahlungen – auch ein etwaiger Spitzenausgleich – immer in **voller Höhe** einen Realisationsakt dar, auf den §§ 16, 34 EStG anwendbar sind. Die Gegenrechnung der Verwaltung ist ab 2001 **nicht mehr** durchzuführen, da der Empfänger der Zahlungen ohnehin keinen anderen Teilbetrieb fortführt und damit das Unternehmensengagement komplett beendet hat.

5.5 Auswirkungen auf andere Steuern

Die Realteilung von Teilbetrieben unterliegt § 1 Abs. 1a UStG und stellt somit einen nicht umsatzsteuerbaren Tatbestand dar. Voraussetzung ist auch hier, dass der Teilbetrieb vom Realteiler fortgeführt wird.

Entfielen auf die PersG, deren Teilbetriebe nunmehr fortgesetzt werden, in der Vergangenheit Verluste, so ist beim gewerbesteuerlichen Verlustvortrag nach § 10a GewStG darauf zu achten, dass wegen des Doppelerfordernisses (Unternehmens- und Unternehmeridentität) nur die anteiligen, auf den fortführenden Realteiler entfallenden Verluste vorgetragen werden können.

V Die Beteiligung an einer Personengesellschaft inklusive Personenstandsänderungen

1 Einführung

An dieser Stelle erfolgt ein Paradigmenwechsel, wonach ab jetzt die steuerliche Behandlung des G'fters (MU) im Vordergrund steht. Materialisiert geht es um die Beteiligung an PersG.

Jeder Wechsel im Mitgliederbestand berührt die Grundfesten des Gesellschaftsrechts und des Steuerrechts. Während eine Änderung im Mitgliederbestand bei der KapG auf den Fortbestand dieser Gesellschaftsform keinen Einfluß hat (Characteristicum der juristischen Person), führte bis Mitte 1998 der Tod eines G'fters an einer PersG kraft Gesetz (§ 131 HGB a.F.) zur Auflösung der PersG[182]. Mit der Neufassung zum 01.07.1998 (§ 131 Abs. 3 Nr.1 HGB n.F.[183]) hat sich der Gesetzgeber bei den **PersHG** der flexiblen Vertragspraxis angepasst, die schon immer vom Fortbestand der PersG ausging (sog. Fortsetzungsklausel).

Die alte Rechtslage verdeutlicht jedoch einmal mehr die Wertigkeit der Beteiligung an einer PersG. Diese wird zivilrechtlich bei der Übertragung unter Lebenden als eigenes Recht (exakt: als geschlossenes Bündel von einzelnen Rechtsbeziehungen) begriffen. Dies entspricht auch der Grundaussage zum Verständnis der Gesamthand in §§ 717, 719 BGB (insb. § 719 Abs. 1 S. 1, 2. HS BGB), wo eine Beteiligung an den einzelnen Gegenständen nicht vorstellbar ist. Vielmehr gibt es bei einer PersG mit Gesellschaftsvermögen nur eine Beteiligung an allen WG der Gesamthand, die allerdings durch die Mitwirkungsbefugnisse der Mit-G'fter eingeschränkt ist. Ausserdem bilden die dingliche Vermögensbeteiligung und die Mitwirkungsrechte nach § 717 BGB eine Einheit (sog. Abspaltungsverbot von Vermögensrecht und Mitgliedschaftsrecht).

Vor diesem Hintergrund haben sowohl das Handelsrecht wie auch das Steuerrecht die Aufgabe zu erfüllen, die Beteiligung an einer PersG in ihr jeweiliges Konzept einzufügen. Die obigen Ausführungen, wie z.B. zur Realteilung und zu § 24 UmwStG, haben jedoch schon erahnen lassen, dass der Transparenzgrundsatz des § 15 Abs. 1 Nr. 2 EStG bei der laufenden Gewinnermittlung noch „funktioniert", aber bei den Realisationsakten der Veräußerung und Aufgabe an seine Grenzen stößt.

Solange dabei der G'fter „nur G'fter" ist (d.h. seine Beteiligung im **PV** hält), treten noch keine unüberwindbaren Schwierigkeiten auf. § 16 Abs. 1 Nr. 2 EStG erweitert den Bereich der laufenden **gewerblichen Einkünfte** nach § 15 Abs. 1 Nr. 2 EStG auch auf die Veräußerungstatbestände. Man wird allerdings fragen, ob (und wie) das Konzept des Gesamthandsverständnis in das Bilanzrecht übertragen werden kann, insbesonde wenn es darum geht, die Aufwendungen eines neuen G'fters für eine erworbene Beteiligung bilanziell zu würdigen. Vorgreiflich der detaillierten Darstellung ist jetzt schon darauf hin-

---

[182] Ausnahme: der Tod des Kommanditisten, § 177 HGB. S. aber § 727 Abs. 1 BGB, wonach bei GbR der Tod des G'fters nach wie vor zur Auflösung der GbR führt.
[183] Rechtsfolge: „Wie bei Ausscheiden des G'fters".

zuweisen, dass sich die noch h.M. im Steuerrecht die Beteiligung an einer PersG – anders als das BGB – als die **„ideellen Anteile des G'fters an den einzelnen WG des Gesamthandsvermögens"** vorstellt[184].

Besonders schwierig wird es, wenn die Beteiligung an einer PersG **im BV** des G'fters gehalten wird und dort die Frage lautet, wie und mit welchen Werten die Beteiligung zu erfassen ist. An dieser Stelle muss man auf eine weitere Schwierigkeit der Praxis hinweisen. Es gibt – von einigen Vorschlägen (IDW/StB-Kammer) abgesehen – keine einheitliche handelsrechtliche Darstellungsform für den Kapitalausweis eines G'fters einer PersG und schon gar keinen verbindlichen Ausweis für die Beteiligung im BV des G'fters[185].

Ein weiteres Mal könnte das Steuerrecht an dieser Stelle eine wichtige Vorreiterrolle zum Gesamtverständnis der PersG leisten. Im folgenden wird die h.M. im Steuerrecht vorgetragen und zu den Einzelkapiteln in gebotener Kürze ein Alternativmodell vorgestellt. Mit diesem lässt sich die Beteiligung auch steuerlich so handhaben, wie es für eine einheitliche Rechtsordnung wünschenswert wäre.

2 Die Bilanzierung der Beteiligung

Beispiel 1: Zwei PersG im Beteiligungsverbund
Eine OHG (A/B zu je 50 %) ist seit 01.07.01 an einer KG als Kommanditistin beteiligt. Der OHG wird gegen Überweisung von 40.000 € eine Beteiligung in dieser Höhe eingeräumt und auf dem Kapitalkonto gebucht. Gleichzeitig zahlt die OHG für anteilige stille Reserven im Warenbestand 5.000 € und für einen Firmenwert 8.000 €.
Die KG hat ein abweichendes Wj. (01.07. – 30.06.). Für 01 wird ein Gewinnanteil von 9.000 € erwartet, den die OHG noch im Dezember 01 entnimmt.
Der Gewinnfeststellungsbescheid 01/02 für die KG weist der OHG im Oktober 02 einen anteiligen Gewinn von 20.000 € zu.
Die Bilanzposten „KG-Beteiligung" in der OHG-Bilanz (HB/StB) und der Ausweis der OHG-Beteiligung in der StB der KG sind darzustellen.

2.1 Die Beteiligung in der Handelsbilanz

Für das Handelsrecht gilt die Beteiligung an einer PersG als WG (Vermögensgegenstand), da diese selbständig bewertbar und verkehrsfähig ist[186].

---

[184] So der BFH in ständiger Rspr. (beginnend mit BFH vom 23.07.1985, DB 1976 und ausdrücklich zuletzt Urteil vom 19.01.1989, BStBl II 1989, 393). Aus der Lit. statt aller s. *Wacker in Schmidt*, § 16 Rz. 480.
[185] Anders als bei der KapG, vgl. § 266 Abs. 3 HGB. Wohl aus diesem Grunde übernimmt häufig die Praxis das Raster des § 266 HGB, um es – ohne Kompatibilitätsprüfung (Kapitalrücklage !) – auf die PersG zu übertragen.
Vgl. aber den Kapitalkontenausweis bei einer GmbH & Co-KG, geregelt durch das KapCoG.
[186] Hierzu schon *Döllerer*, WPg 1977, 81.

2 Die Bilanzierung der Beteiligung

Bei der handelsrechtlichen Erstbewertung sind unabhängig von § 271 Abs. 1 S. 2 HGB[187] in der Bilanz der OHG **die AK** der Beteiligung nach § 253 HGB anzusetzen. Nach der favorisierten Bruttomethode ist der vollständige Einlagebetrag zu aktivieren, etwaige Resteinzahlungsverpflichtungen sind zu passivieren.

Aufgrund des Realisationsprinzips (§ 252 Abs. 1 Nr. 4 HGB) vertritt die h.M. die Auffassung, dass Gewinnansprüche erst dann zu erfassen sind, wenn der zugrunde liegende Rechtsakt wirksam ist. Bei einer PersG (hier: KG) ist dies dann der Fall, wenn der Gewinnanteil dem Konto des G'fters (hier: der OHG) gutgeschrieben wird[188]; vorher muss der Gewinn allerdings entstanden sein.

Gewinnentnahmen[189] ändern den Beteiligungswert bei voll erbrachter Einlage nicht. Umgekehrt sind spätere Einlagen nach erbrachter und ausgewiesener Einlage (freiwillige Nachschüsse) als nachträgliche AK auf die Beteiligung zu aktivieren.

Wichtig in diesem Zusammenhang ist, dass gem. § 253 Abs. 2 S. 3 HGB eine dauernde (zu erwartende) Verlustsituation in der HB zu einer Wertminderung der Beteiligung und damit zu einer außerplanmäßigen Abschreibung berechtigt.

Gelegentlich wird auch empfohlen, den Beteiligungsansatz entsprechend der steuerlichen „Spiegelbildmethode"[190] (s. sogleich) oder entsprechend dem „equity-Ansatz" bei Konzernabschlüssen[191] darzustellen. Beide Methoden können wegen ihrer anderen genuinen Einsatzfelder hier nicht überzeugen und werden mehrheitlich nicht vertreten.

Lösung- HB- Bilanz:
Die Beteiligung der OHG an der KG wird in der HB der OHG (31.12.01) ausgewiesen:

AK	53.000 €	(die Zuordnung der AK ist unbeachtlich)
ohne Gewinnanteil	–	(noch nicht entstanden)
Entnahme	./. 9.000 €	(Gewinn steht noch nicht zu; s. aber 02)
KG-Beteiligung	**45.000 €**	**(31.12.01)**
+ Gewinn 01/02	+ 20.000 €	
+ Entnahme 01	+ 9.000 €	(jetzt unbedenkliche Gewinnentnahme; von daher in 02 Korrektur)
KG-Beteiligung	**74.000 €**	**(31.12.02)**

---

[187] Die 20 %ige Beteiligungsgrenze gilt nur für Beteiligungen an KapG.
[188] Der (wenn überhaupt vorkommende) Gewinnverteilungsbeschluss hat bei PersG nicht die Bedeutung wie bei KapG.
[189] Anders Kapitalentnahmen, die das Gegenstück zu späteren Einlagen darstellen und somit den Beteiligungswert mindern (vgl. *Weber*, GoB, 85).
[190] Ursprünglicher Vorschlag – Stellungnahme des IDW, HFA 3/1976, WPg 1976, 591; im späteren Vorschlag HFA, IDW – 1/1991 in WPg 1991, 334 hat sich der Verband davon distanziert.
[191] Grundsätzliche Darstellungsform (vgl. *Küting/Zündorf*, Beilage 7 BB 1986, 2:
  Anschaffungskosten
  + anteiliger Jahresüberschuss der TochterG (hier: der PersG)
  ./. anteiliger Jahresfehlbetrag der Tochter
  ......
  ./. ausserplanmäßige Abschreibungen
  = **Bilanzwert**

2.2 Die Beteiligung in der Steuerbilanz

Aufgrund einer rechtsfolgenorientierten Betrachtungsweise weist der BFH im ersten Schritt die Beteiligung an der PersG nicht als eigenständiges WG (mit AK) aus[192]. Nach § 39 Abs. 2 Nr. 2 AO wird die **Gesamthandsbeteiligung** materiell-rechtlich umqualifiziert in „ideeller Anteil an den einzelnen WG" des Gesamthandsvermögen. In einem zweiten Schritt wird dem (Transparenz-)Konzept des § 15 Abs. 1 Nr. 2 EStG Rechnung getragen, wonach der Gewinn auf der Ebene der PersG, an der sich der G'fter beteiligt, schon erfasst ist und der G'fter in dieser Eigenschaft – ohne weiteres Zutun – steuerpflichtig wird. In letzter Konsequenz dürfte der BFH die Beteiligung an einer PersG in der StB mangels WG-Qualität überhaupt nicht ausweisen. Dem folgt allerdings die Praxis nicht, weil sich offensichtlich der Anschaffungsaspekt für einen bezifferbaren und veräußerbaren (!) Gegenstand als hartnäckiger erweist als das Artefakt (= Kunstprodukt) des BFH.

Aus diesem Grunde hat sich die sog. **Spiegelbild-Methode** durchgesetzt, derzufolge der Beteiligungsausweis in der StB des G'fters spiegelbildlich mit dem Kapitalkontenausweis (einschließlich der Ergänzungsbilanzen) bei der Hauptgesellschaft übereinstimmt. Damit wird erreicht, dass Gewinnanteile nicht doppelt oder gar nicht erfasst werden und dass „Gewinnzuweisungen" (Gewinnausschüttungen) keine Rolle spielen. Das **bilanztechnische Problem,** dass sich durch einen erzielten (und gutgeschriebenen) Gewinnanteil der Aktivposten „Beteiligung" automatisch erhöht und damit grundsätzlich ein gewinnerhöhender Vorgang eintritt, wird dadurch vermieden, dass die Erhöhung des Aktivums als **„Quasi-Einlage"** oder durch **ausserbilanzielle Kürzung** zu einem **erfolgsneutralen** Vorgang heruntergestuft wird (umgekehrt bei Verlustzuweisungen).

Noch bedeutsamer ist allerdings, dass bei der Darstellung nach der Spiegelbildmethode verhindert wird, dass eine **drohende Verlustsituation** der Haupt-PersG über eine Teilwertabschreibung im vorhinein berücksichtigt werden kann. Erst im Augenblick des feststehenden Jahresergebnisses der PersG kann (und muss) dies bei den G'ftern berücksichtigt werden.

Lösung – StB-Bilanz:

1. Aufgrund der Spiegelbildmethode muss zunächst das Kapitalkonto der OHG in der **Bilanz der KG** entwickelt werden (Zwischenstand zum 31.12.01):

A	Kapitalkonto OHG 01		P
Entnahme	9.000 €	AB	40.000 €
SB	**31.000 €**		
	40.000 €		40.000 €

Mangels Gewinnberücksichtigung (vgl. § 4a Abs. 2 S. 2 EStG) beträgt das Kapitalkonto der OHG zum 31.12.01 in der Hauptbilanz der KG 31.000 €.

---

[192] Dies ändert jedoch nichts daran, dass in den StB – aus Vereinfachungsgründen – ein Bilanzposten „Beteiligung an PersG" gebildet wird.

2 Die Bilanzierung der Beteiligung

Beim Beteiligungsansatz in der OHG-Bilanz wird zusätzlich ein Kapitalausweis in einer evtl. vorhandenen Ergänzungsbilanz berücksichtigt.

Im Bsp. 1 hat die KG in einer positiven Ergänzungsbilanz den Mehraufwand der OHG zu erfassen.

A	Positive Ergänzungsbilanz OHG 01		P
Mehrwert Waren	5.000 €[193]	Mehrkapital	**12.777 €**
Firmenwert	7.777 €[194]		
	12.777 €		12.777 €

2. In der OHG-Bilanz des Jahres 01 wird die KG-Beteiligung (eigentlich: Beteiligung an den Anteilen der Einzel-WG der KG) folglich mit **43.777 €** (31.000 € Hauptbilanz und 12.777 € Ergänzungsbilanz) ausgewiesen.

3. Zum **31.12.02** wird das Kapitalkonto in der Hauptbilanz um den Gewinnanteil von 20.000 € (gewinnneutraler Zugang am 30.06.02 !) auf **51.000 €** erhöht; in der Ergänzungsbilanz beträgt das Schlusskapital **12.200 €** (Fortschreibung des Firmenwerts; kein Warenverkauf).

Der Bilanzposten „KG-Beteiligung" in der OHG-StB (02) beträgt demnach **63.200 €**. Wichtig ist in diesem Zusammenhang der nochmalige Hinweis, dass die Erfassung des Gewinnanteils von 20.000 € steuerneutral („Quasi-Einlage" oder ausserbilanzielle Kürzung) erfolgt. Der Gewinnanteil war bereits auf der Ebene der KG zum 30.06.02 steuerwirksam und darf nicht nochmals zum 31.12.02 gewinnwirksam sein[195].

2.3 Alternativdarstellung: Beteiligung an der PersG als (immaterielles WG)

Während der Argumentation des BFH zur rechnerischen Zerlegung der Gesamthandsbeteiligung gem. § 39 Abs. 2 Nr. 2 AO in Bruchteilseigentum im 1. Schritt gerade noch gefolgt werden kann[196], kann die Antwort auf die vom BFH selbst aufgeworfene Frage, nämlich die Behandlung als „ideelle Anteile an den Einzel-WG", nicht mehr überzeugen. Die Präzedenz des Zivilrechts erlaubt keine Auslegung contra legem, wie dies bei der Annahme des BFH einerseits und dem zwingenden Recht des § 719 Abs. 1 S. 1, 2. HS BGB andererseits der Fall ist. Der „Angstgedanke" des BFH schließlich, dass mit dem Ausweis als WG eine steuerirrelevante Größe (Gewinnanteil) Einlass in die StB findet, kann auch nicht überzeugen. Nach heutigem Systemverständnis des BVV gibt es genügend innerbilanzielle Korrekturen, um einen unerwünschten Steuerausweis zu verhindern (Behandlung als Einlage; Ausgleichsposten oder „Steuerlicher Luftposten").

---

[193] Bei den Waren wird unterstellt, dass sie in 01 nicht verkauft wurden.
[194] Abschreibung des Firmenwerts von 8.000 € auf 15 Jahren gem. § 7 Abs. 1 S. 3 EStG; davon 1/2 = 267 €.
[195] Um Missverständnissen an der Stelle vorzubeugen, dass eine **einmalige** Einbuchung „Beteiligungsertrag von 20.000 €" genügt!
[196] Dabei bleibt die h.M. den Nachweis dem 2. HS [a.a.O.] („soweit eine getrennte Zurechnung für die Besteuerung erforderlich ist") schuldig.

Selbst eine ausserbilanzielle Korrektur stellt gegenüber der Nichtaktivierung das geringere Übel dar[197]. Einige aktuelle BFH-Urteile im Kontext zu § 15 Abs. 1 Nr. 2 EStG (zur Zebragesellschaft[198], zur Übertragung auf Schwestergesellschaften und zur mitunternehmerischen Betriebsaufspaltung[199]) sind übrigens nur vor dem Wertungshintergrund einer WG-Qualität der PersG-Beteiligung nachvollziehbar.

Nachdem alle Voraussetzungen für die Aktivierung der Beteiligung als WG vorliegen, sollte man sie auch in der StB zulassen. Der Gefahr der Doppelerfassung oder Vorwegerfassung der Erträge aus der Beteiligung kann mit den o.g. Instrumenten (**Spiegelbild-Erfassung mit neutralem Beteiligungsergebnis**) begegnet werden. Die hierin gegenüber § 6 Abs. 1 Nr. 2 EStG liegende Abweichung spielt sich nur auf der Ebene der Bewertung („Wie") und nicht auf der wichtigeren Ebene des „Ob" ab.

3   Der Eintritt in die Personengesellschaft

Der Gliederungspunkt hat hier nur die Funktion eines Erinnerungspostens, um das komplette Schicksal der Beteiligung an einer PersG abzulichten. Inhaltlich wird auf die Diskussion zu § 24 UmwStG verwiesen.

4   Die Veräußerung der Beteiligung (§ 16 Abs. 1 Nr. 2 EStG)

4.1   Grundtatbestand und Modalitäten

Bekanntlich interpretiert der BFH die Beteiligung an einer PersG als „ideelle Anteile an den WG der PersG" und behandelt – trotz anderslautender Formulierung (gem. § 16 Abs. 1 Nr. 2 EStG: „Anteil") – den Veräußerungsvorgang als Übertragung der ideellen Anteile an den WG der PersG[200]. Vergleichbar der Einbringung nach § 24 UmwStG wird die begünstigte (§§ 16, 34 EStG) Veräußerung des **MU-Anteils** nur bei Übertragung **aller wesentlichen** Betriebsgrundlagen angenommen. Dies umfasst zwangsläufig die Ergänzungsbilanzwerte und das Sonder-BV, dem diese Wertigkeit zukommt.

---

[197] Weitere Argumente für die Behandlung als WG finden sich bei *Schön*, FR 1994, 658, *Reiß*, StuW 1986, 232 und *ders.* in *Kirchhof/Söhn*, § 16 C 41, *Wrede*, FR 1990, 293, *Lindwurm* DStR 2000, 53 u.v.a. Wiederum anders *Herrmann/Heuer/Raupach*, § 6 Rz. 833 (Ausweis mit AK gem. § 6 Abs. 1 Nr. 2 EStG).
[198] BFH-Urteil vom 27.11.1997, DStR 1998, 530.
[199] BFH-Urteil vom 22.11.1994, BStBl II 1996, 93 und vom 23.04.1996, BB 1996 2074.
[200] S. die oben zitierten BFH-Urteile; am deutlichsten BFH vom 18.02.1993 BStBl II 1994, 224.

4.1.1 Das Sonder-Betriebsvermögen bei § 16 Abs. 1 Nr. 2 EStG

Anders als bei der Einbringung (zumindest nach § 20 UmwStG) wird das wesentliche Sonder-BV bei § 16 Abs. 1 Nr. 2 EStG nicht nur nach funktionalen Kriterien, sondern auch nach quantitativen Kriterien gebildet.

> **Beispiel 2: Die Grüne Wiese und die Industrie-OHG**
> Nach dem zweiten Weltkrieg nahmen sich die drei Brüder A, B und C gemeinsam des Familienerbes an und schufen im Zentrum einer deutschen Großstadt ein Weltunternehmen (Jahresumsatz: 10 Mrd. €). A hatte der OHG eine Wiese (2.000 qm) zur Nutzung überlassen, auf der früher die Fahrräder der Angestellten „parkten". 50 Jahre später wird sie kaum mehr genutzt. Gelegentlich dient sie als Verpackungsmüllhalde. Die „Wiese" ist mit 1.000 € im Sonder-BV des A bilanziert.
> Nach Streitigkeiten mit seinen Brüdern findet A im Jahre 2002 einen Käufer, der bereit ist, für die Beteiligung 105 Mio. € zu zahlen (Buchkapital: 100 Mio. €). Schicksal der Wiese?

Die im (notwendigen) Sonder-BV I erfasste Immobilie des A gehört unter **quantitativen** Gesichtspunkten zu den wesentlichen Betriebsgrundlagen. Wegen der Zielsetzung des § 16 EStG (begünstigte Erfassung aller schlagartig aufgedeckten Reserven) zählen auch solche WG wie die Immobilie des A hierzu, die unter rein funktionalen Aspekten nicht darunter fallen würden. Für das Grundstück gibt es mehrere Möglichkeiten:

a) Verkauf der Wiese an den Erwerber des OHG-Anteils.
b) Verkauf an eine andere Person, während der OHG-Anteil an A verkauft wird.
c) Zurückbehalten der Wiese (PV) und Weitervermietung an die OHG.
d) Übertragung der Wiese auf ein anderes BV des A.
e) Hinzu kommt die Variante, dass sich A und der Käufer bei den Verhandlungen zwar über den Kaufpreis der Immobilie (5 Mio. €) verständigen können, hinsichtlich der OHG-Beteiligung aber uneins auseinandergehen und A weiterhin OHG-G'fter bleibt.

Lösung:

1. Begünstigter Veräußerungsvorgang nach § 16 Abs. 1 Nr. 2 EStG

- §§ 16, 34 EStG setzen voraus, dass die Veräußerung der wesentlichen Betriebsgrundlagen an einen Erwerber erfolgen muss. Damit erfüllt nur Variante a) die Voraussetzung einer begünstigten Veräußerung des MU-Anteils.
- Bei Variante c) wird man wegen der Zielsetzung des § 16 EStG zu einer Kombination von Veräußerung des MU-Anteils (§ 16 Abs. 1 Nr. 2 EStG) und einer Aufgabe des wesentlichen Sonder-BV nach § 16 Abs. 3 (S. 7: Ansatz mit dem gemeinen Wert) EStG gelangen und auf den addierten Veräußerungs-/Aufgabegewinn §§ 16, 34 anwenden.

2. **Begünstigte Aufgabe des MU-Anteils nach § 16 Abs. 3 EStG**
Bei der Übertragung der wesentlichen Betriebsgrundlagen an verschiedene Erwerber (Variante b) wird insgesamt eine Aufgabe – und keine Veräußerung – angenommen. Die Rechtsfolgen sind mit denen zu 1. weitgehend identisch.

3. **Laufender Gewinn nach § 15 Abs. 1 Nr. 2 EStG**
Für den Fall e), dass nur das wesentliche Sonder-BV veräussert wird, unterliegt der Veräußerungsgewinn bei A § 15 Abs. 1 Nr. 2 EStG, da das Sonder-BV alleine nie der Auslöser für die steuerfunktionale Einheit „MU-Anteil" sein kann; diese Funktion kommt alleine der Beteiligung an der PersG zu[201].

4. **Überführung in ein anderes BV**
Während die Überführung des Grundstücks in ein anderes BV des A nach § 6 Abs. 5 S. 2 EStG zu Buchwerten erfolgt, bleibt in diesem Fall dem A die Vergünstigung der § 16, 34 EStG für den Verkauf der OHG-Beteiligung verwehrt, da es nicht zur schlagartigen Aufdeckung aller „wesentlichen stiller Reserven" kommt.

4.1.2 Bruchteilsveräußerung von Mitunternehmeranteilen

Bruchteile an MU-Anteilen konnten früher in die Veräußerung aufgrund der BFH-Rspr. in den begünstigten Anwendungsbereich von § 16 Abs. 1 Nr. 2 EStG einbezogen werden, sind hingegen ab 2002 durch die Neufassung von § 16 Abs. 1 Nr. 2 **Satz 2** EStG nicht mehr erfasst.

4.1.3 Veräußerungsvorgang und -zeitpunkt

Die Veräußerung des MU-Anteils selbst stellt sich als dreiseitiges Rechtsgeschäft zwischen dem Ausscheidenden, dem Erwerber und der PersG (Zustimmung ist erforderlich) dar. Sie wird heute als Verkehrsgeschäft verstanden, wobei nach h.M. die Mitgliedschaft (inkl. der Vermögensposition) ein subjektives Recht ist, das nach §§ 413, 398 BGB (Abtretung eines Rechts) übertragen wird[202].

Da häufig bestimmte "Fix"-Daten in den Übertragungsverträgen („mit Wirkung vom 31.12 oder 01.01.") vereinbart werden, sah sich der BFH im Urteil vom 22.09.1992, BStBl II 1993, 228, gezwungen, den rechtlich exakten Veräußerungszeitpunkt zu definieren. Danach wird auf das Erfüllungsgeschäft (und nicht auf das Verpflichtungsgeschäft) abgestellt, wobei sowohl die Einräumung des bürgerlich-rechtlichen Eigentums wie des

---

[201] Nur unter der Voraussetzung, dass das Sonder-BV selbst die Eigenschaft als Teilbetrieb (wie z.B. die 100%ige Beteiligung an einer GmbH) aufweist, ist nach *Reiß* in *Kirchhof-Kompakt* § 16 Rz. 213 a.E. eine Vergünstigung denkbar.
Dies kann aber nur für diesen Ausnahmetatbestand (§ 16 Abs. 1 Nr. 1 S. 2 EStG) gelten, da ein „Teilbetrieb" am „MU-Anteil" nicht vorstellbar ist.
[202] Vgl. *Karsten Schmidt*, GesR 1997, § 45 III (1316 ff.)

wirtschaftlichen Eigentums für die Zuordnung zum Feststellungszeitraum herangezogen wird. Für die Zukunft festgelegte Übertragungszeitpunkte sind – anders als rückwirkende Vereinbarungen anzuerkennen, wenn sie entsprechend vollzogen werden.

Beispiel 3: Vater (V) und Sohn (S)
V überträgt am 01.07.2000 seine Kommanditbeteiligung an S gegen Bezahlung von 5 Mio. €. Vereinbart wird: "Mit Wirkung zum 01.01.2001". Bereits am Sylvesterabend 2000 nahm S erstmalig die Rechte des V in der Gesellschafterversammlung kraft eigenen Rechts wahr.

Lösung:
Als maßgeblicher Zeitpunkt kommen entweder der 31.12.2000 (und damit die „Fünftelungsregelung" des § 34 a.F. für den VZ 2000) oder der 01.01.2001 (und damit die Tarifbegünstigung des § 34 Abs. 3 EStG für den VZ 2001) in Betracht. Die Vereinbarung inmitten des Jahres lässt sich nur als schuldrechtliches Verpflichtungsgeschäft qualifizieren und eine in die Zukunft gerichtete Vereinbarung ist grundsätzlich zu berücksichtigen.
Zivilrechtlich sind die Anteile mit Zustimmung der anderen G'fter und den vertraglich vorgesehenen Willenserklärungen zwischen V und S übergegangen. Notarielle Form ist bei der Übertragung von Beteilig. an PersG nicht vorgesehen, auch wenn z.B. Grundstücke zum Gesamthandsvermögen gehören.
Wirtschaftlicher Eigentümer – und damit im Zweifel – steuerlich maßgeblicher Übergangszeitpunkt ist der Tag, ab dem der Erwerber die Gesellschafterrechte kraft eigenen Rechts (und nicht kraft Stimmrechtsbevollmächtigung) wahrnimmt. Damit endet die Beteiligung des V am 30.12.2000 trotz anderslautender vertraglicher Vereinbarung. Auf den Veräußerungsgewinn ist die „Fünftelungsregelung" anzuwenden.

4.2 Die Besteuerung beim Veräußerer

Die Ermittlung des Veräußerungsgewinnes nach § 16 Abs. 1 Nr. 2 EStG lässt sich aufgrund der Gesetzesvorgabe und der Rspr. hierzu im Schema darstellen:

Gegenstand	Grundtatbestand	Mögliche Alternativen	Rspr.-Besonderheit	+/ ./.
I. Veräußerungspreis (§ 16 Abs. 2 EStG)	Entgelt (Einmal-Kaufpreis) Zu beachten: teilentgeltliche Übertragungen (Einheitstheorie)	Wiederkehrende Bezüge (Renten/Raten): Wahlrecht + „Soll-Prinzip" ggf. zzgl. Wert der internen Haftungsfreistellung	• Bei nachträglicher Änderung des Kaufpreises bzw. bei § 159-HGB-Situation: § 175 Abs. 1 Nr. 2 AO • Ansonsten: § 24 Nr. 2 EStG	+
II. Buchwert	Kapitalkonto lt. Bilanz in der Hauptbilanz (Buchwert des Gesamthandsvermögens)	Inkl.: • Kapital lt. Ergänzungsbilanzen und • Kapital lt. Sonderbilanz	• Falls inmitten des Jahres: kein Rumpf-Wj. (Schätzung !) • negatives Kapitalkonto	./.
IIa. Veräußerungskosten	Notar-/RA-/StB-Gebühren	Vorfälligkeitsent-Schädigung von „Schlusskrediten"	Zu unterscheiden von BA für laufendem Geschäftsverkehr	./.
III.	**Veräußerungsgewinn (§§ 16, 34 EStG)**			=

An dieser Stelle wird nur auf Besonderheiten zur Ermittlung des Veräußerungsgewinnes eines MU-Anteils im Vergleich mit der Darstellung zum Grundtatbestand (§ 16 Abs. 1 Nr. 1 EStG) eingegangen:

Zu I.: Die fortbestehende fünfjährige Haftungssituation des ausscheidenden G'fters gem. § 159 HGB kann in dreifacher Hinsicht berücksichtigt werden:

- Bei drohender Inanspruchnahme ist noch in der Sonderbilanz II eine Rückstellung zu bilden;
- Eine nachträgliche tatsächliche Inanspruchnahme führt zu einer nachträglichen Korrektur des Veräußerungsgewinnes gem. § 175 Abs. 1 Nr. 2 EStG bzw. zur Ausbuchung der Rückstellung;
- Eine interne Haftungsfreistellung ist ggf. als zusätzliches Entgelt bei § 16 Abs. 2 EStG zu berücksichtigen.

Zu II.: Abzugsgrößen (Buchwerte) sind diejenigen Kapitalposten, die zu den mitveräußerten WG in den jeweiligen Bilanzen gehören. Beim Sonder-BV sind dies nur die mitveräußerten WG.
Soweit es sich um wesentliches Sonder-BV handelt, muss dieses mitveräußert oder in das PV überführt werden.

Zu IIa.: Die Veräußerung ist gem. § 1 Abs. 1a UStG umsatzsteuerfrei.

4.3 Auswirkungen auf die Personengesellschaft und den Neugesellschafter

Der Verkauf des MU-Anteils des Ex-G'fters führt nach dem Verständnis der h.M. (Verkauf der ideellen Anteile an den Einzel-WG des Gesamthandsvermögens) zur Erfassung der anteiligen stillen Reserven. Der Mehraufwand des Erwerbers wird in dessen Ergänzungsbilanz berücksichtigt.

4.3.1 Zu- und Abschreibung (?) in der Ergänzungsbilanz des Erwerbers

Beispiel 4: „Geklonte" WG in der Ergänzungsbilanz
X und Y haben in 01 ein Softwareunternehmen in der Rechtsform einer OHG gegründet und je 10.000 € Einlage erbracht. Das Unternehmen wird in einer ausgebauten Garage betrieben.
Y verkauft am 31.12.04 seinen Anteil an Z.

A Bilanzposten	Buchwert	Verkehrswert	Stille Reserven	Passiva	P
GruBo	5.000	15.000	10.000	Kapital X	10.000
Gebäude[203]	8.000	28.000	20.000	Kapital Y	10.000
UV	35.000	45.000	10.000	Verb.	28.000
Erfindung	–	30.000	30.000		
Geschäftswert	–	30.000	30.000		
	48.000	(148.000)	(100.000)		48.000

StB (sowie Abschichtungsbilanz) der OHG 31.12.04 (in €)

Der Kaufpreis beträgt 40.000 €.

Nach allgemeiner Auffassung wird der über dem Buchkapital liegende Erwerbspreis zunächst – entsprechend dem Anteil des ausscheidenden G'fters – auf die aktivierten WG verteilt und ein etwaiger Rest auf bislang nicht aktivierungsfähige, originäre immaterielle Einzel-WG (§ 5 Abs. 2 EStG) und sodann auf den Geschäftswert verteilt. Dies stellt kein Problem dar, soweit der Mehraufwand identisch mit den anteiligen stillen Reserven ist. Dies wäre bei vorliegendem Zahlenmaterial (Bsp. 4) bei einem Kaufpreis von 60.000 € (10 T€ für die Übernahme der Buchwerte und 50 T€ für die anteiligen stillen Reserven) der Fall. Nachdem dieses idealtypische Verhältnis selten gegeben ist, ist es den „Erkenntnisträgern" überlassen, Theorien für den Mehraufwand zu entwickeln, wenn der Kaufpreis zwar das Buchkapital überschreitet, aber die anteiligen stillen Reserven nicht voll berücksichtigt.

---

[203] Ursprüngliche AK/HK : 12.000 €.

Lösung (Darstellung der drei Theorien für das „Klonen" von WG):

1. **„Klassische" Stufentheorie**[204]

    1. Stufe: Zunächst wird der Mehraufwand (30 T€) bei den aktivierten WG berücksichtigt. Vorliegend können GruBo 5 T€, Gebäude 10 T€ und UV nochmals 5 T€ aufnehmen[205], „Rest" 10 T€.
    2. Stufe: Für den noch nicht platzierten Mehrbetrag (10 T€) wird vermutet, dass er auf (das) immaterielle Einzel-WG entfällt (hier: die Erfindung); danach sind in der Ergänzungsbilanz die Mehraufwendungen aufgebraucht.
    3. Stufe: Sollte der Kaufpreis auch diesen Betrag übersteigen (im Bsp.: Kaufpreis > 45 T€), so wird dieser Mehrbetrag als anteiliger Geschäftswert in der Ergänzungsbilanz erfasst.

Mehrwert GruBo	5.000 €	Mehr-(Ergänzungs-)	
Mehrwert Gebäude	10.000 €	Kapital Z	30.000 €
Mehrwert UV	5.000 €		
Erfindung	10.000 €		
Firmenwert	–		

2. **Modifizierte Stufentheorie**[206]

    Nach dieser Theorie wird der Mehrbetrag (30 T€) proportional auf alle WG (inkl. eines Geschäftswerts) verteilt. Maßgeblich sind die stillen Reserven (oben Spalte 3: 100.000 €). Nachdem nur 3/10 aufgedeckt werden, hat die Ergänzungsbilanz nach dieser Theorie folgendes Aussehen:

Mehrwert GruBo	3.000 € (3/10 von 10.000)	Mehrkapital Z	30.000 €
Mehrwert Gebäude	6.000 € (3/10 von 20.000)		
Mehrwert UV	3.000 € (3/10 von 10.000)		
Erfindung	9.000 € (3/10 von 30.000)		
Geschäftswert[207]	9.000 € (3/10 von 30.000)		

---

[204] Vgl. *Wacker-Schmidt* § 16 Rz. 488 m.w.N.
[205] Unterschreitet der Kaufpreis die Hinzuaktivierungshöhe der aktivierten WG (Bsp.: Kaufpreis < 30 T€), so werden die stillen Reserven in ihrem Verhältnis zueinander auf die WG der Ergänzungsbilanz übertragen. Bei einem Kaufpreis von 20 T€ würde der Betrag von 10 T€ im Verhältnis GruBo 2,5 T€, Gebäude 5 T€ und UV 2,5 € aufgeteilt werden.
[206] Vertreter: *Hörger/Stobbe* , DStR 1991, 1233 und BMF vom 25.03.1998, BStBl I 1998, 268 Rz. 24.04 und Rz. 22.08 UmwStErl bei der Einbringung zu Zwischenwerten.
[207] Der Geschäftswert wird von der Verwaltung mit einbezogen (Rz. 4.06.), einige beziehen ihn bei der modifizierten Methode noch nicht mit ein (*Niehus/Wilke*, 205 f.).

3. Weiter modifizierte Stufentheorie (Siegel[208] u.a.)
Nach dieser Auffassung wird der Mehrbetrag (30 T€) im Verhältnis der Teilwerte unter Einbeziehung des Geschäftswertes ermittelt.

Mehrwert GruBO	3.000 € (15/148 ~ 10 %)	Mehrkapital Z 30.000 €
Mehrwert Gebäude	5.700 € (28/148 ~ 19 %)	
Mehrwert UV	9.300 € (45/148 ~ 31 %)	
Erfindung	6.000 € (30/148 ~ 20 %)	
Geschäftswert	6.000 € (30/148 ~ 20 %)	

4. Stellungnahme

Nachdem die Veräußerung des MU-Anteils als Anschaffung seitens des Erwerbers verstanden wird, spricht viel für die Erfassung des anteiligen Geschäftswerts. In der Ergänzungsbilanz des Erwerbers stellt dieser keinen Bilanz-Fremdkörper dar[209]. Es ist jedenfalls nicht ersichtlich, warum das immaterielle Einzel-WG plötzlich aktiviert werden kann, nicht hingegen der Geschäftswert, auf den die gleichen Bedenken (§ 5 Abs. 2 EStG) zutreffen.

Diese Frage ist auch nur von sekundärer Bedeutung und erweist sich als notwendiges Übel der **atomisierten Betrachtungsweise** der h.M., wonach eben der Kaufpreis anteilig den WG zuzuordnen ist und nicht einem einheitlichen WG „Beteiligung".

Bei der Frage des Aufteilungsmaßstabes [stille Reserven (Theorie 2.) oder Teilwerte der WG (Theorie 3.)] ist es – vom Anschaffungskonzept her – konsequent, sich an den Teilwerten zu orientieren und nicht an den stillen Reserven.

Auf dem Boden der herrschenden Verständnisses zur Anteils-Veräußerung wird Theorie 3. der Vorzug gegeben, obgleich die Finanzverwaltung in anderem Zusammenhang Theorie 2. zu favorisieren scheint.

4.3.2 Fortschreibung der Ergänzungsbilanz

Zu den im Detail umstrittensten Fragen zählt die Fortschreibung der Ergänzungsbilanzen. Dabei besteht noch Einigkeit darin, dass die Korrekturposten („Mehrwert"/„Minderwert") insoweit **entsprechend** dem Schicksal der WG in der Hauptbilanz behandelt werden müssen, wenn diese WG durch Verkauf etc. **ausscheiden**. Über die weitergehende Behandlung besteht Streit, den auch nicht die Finanzverwaltung bereit ist, durch eine klärende Äußerung beizulegen[210]. Auf Uelner ist der bezeichnende Satz zu-

---

[208] Siegel, DStR 1991, 1478; neuerdings auch Reiß in Kirchof-kompakt, § 15 Rz. 312 und (wohl) BFH-Urteil vom 30.03.1993, BStBl II 1993, 706.
[209] Anders in der Hauptbilanz der PersG bei An-/Abwachsung.
[210] Wenn amtliche Äußerungen einen Sinn machen, dann zu technischen praxisbedeutsamen Fragen; an dieser Stelle können BMF-Schreiben ein Stück „Rechtssicherheit" bewirken.

rückzuführen, dass die Entwicklung der Korrekturposten in der Ergänzungsbilanz zur „sachgerechten Besteuerung" des eintretenden G´fters führen müsse.

Beispiel 5: Fortentwicklung der Ergänzungsbilanz (Bsp. 4/Theorie 3):

A	Hauptbilanz OHG (01.01.05)		P
GruBo	5.000 €	Kapital X	10.000 €
Gebäude	8.000 €	Kapital Z	10.000 €
UV (Waren)	35.000 €	Verbindlichkeiten	28.000 €
Summe Aktiva	48.000 €	Summe Passiva	48.000 €

A	Ergänzungsbilanz Z (01.01.05)		P
Mehrwert GruBo	3.000 €	Mehrkapital Z	30.000 €
Mehrwert Gebäude	5.700 €		
Mehrwert UV	9.300 €		
Erfindung	6.000 €		
Geschäftswert	6.000 €		

Neben dem Verkauf eines inventarisierten Warenbestandes von 7.000 € ist zu berücksichtigen, dass für das Gebäude noch für ein Jahr (05) eine erhöhte 10 %ige Abschreibung von 1.200 € gewährt wird, die sich als persönliche Steuervergünstigung für die Gründungsgesellschafter X und Y (z.B. § 7 Abs. 5 Nr. 1 EStG a.F.) qualifizieren lässt. Der reguläre AfA-Satz für das Gebäude beträgt gem. § 7 Abs. 4 Nr. 1 EStG 360 € (3 % von 12.000 €).

Lösung:[211]

- Bei der Veräußerung von WG oder bei sonstigem Abgang muss dieser Vorfall auch in der EB berücksichtigt werden. Danach führt in der Ergänzungsbilanz der Verkauf von 1/5 des Warenbestandes ebenfalls zu einer Aufwandsbuchung von 1/5 („Ergänzungs-Wareneinsatz" i.H.v. 1.860 €).
- Ähnlich schlagen außerplanmäßige oder (Teilwert-)abschreibungen, die in der Hauptbilanz vorgenommen werden, auf die Korrekturposten in der Ergänzungsbilanz nieder, wenn sich nach der TW-AfA in der Hauptbilanz noch ein Abschreibungsbedarf ergibt.
- Bei der Abschreibung von Anlagevermögen wird nach h.M. bei beweglichen WG die Restnutzungsdauer als BMG genommen, und bei Gebäuden soll der typisierende Satz von § 7 Abs. 4 EStG zugrunde gelegt werden.
- Besonders umstritten ist die Behandlung von bereits abgeschriebenen GWG, die beim Anteilserwerb im Kaufpreis berücksichtigt wurden. Nach richtiger Ansicht kann nur der Betrag sofort abgeschrieben werden, der auf WG entfällt, deren anteilige AK unter 410 € liegen und die zusätzlich bei ihrer Erstanschaffung die Voraussetzungen als GWG erfüllt haben.

---

[211] S. auch zu den einzelnen Lösungsansätzen *Zimmermann*, Besteuerung der PersG, J.1. Bsp. 3 m.w.N., *Uelner*, DStJG 14, 139 sowie *Schmid*, EStG, § 15 Rz. 464.

- Erstmalig aktivierte immaterielle WG sollen entsprechend ihrer voraussichtlichen Nutzugsdauer bzw. nach typisierenden Sätzen (§ 7 Abs. 1 S. 3 EStG) abgeschrieben werden.

G + V in der Ergänzungsbilanz Z (05)

Aufwand			Ertrag	
AfA-Gebäude[212]			Korrektur-AfA:	
3 % von 1/2 von 12.000	180		10% von 1/2 von	
3 % von 5.700	+171	= 351 €	12.000	600 €
Wareneinsatz				
1/5 von 7.000		1.860 €		
Abschreibung				
Erfindung 1/15[213]		400 €		
Abschreibung				
Firmenwert 1/15		400 €		
Aufwand (Z)		–		2.411 €
		3.011 €		3.011 €

4.3.3 Besonderheiten

Unter unterschiedlichen Vorzeichen wird die Behandlung von vorhandenen **negativen Kapitalkonten** bei der Anteilsübertragung und die mögliche (?) Erfassung eines **negativen Geschäftswerts** diskutiert. Dabei erfüllen das negative Kapitalkonto den Tatbestand des § 16 Abs. 1 Nr. 2 EStG und der negative Geschäftswert eine Wunsch-Rechtsfolge.

Beispiel 6: Die doppelte „1"
Bei der L-KG scheiden M und N aus. Beide Anteile werden von O für jeweils 1 € erworben. An der L-KG ist noch der Komplementär L beteiligt. Zwischen den G'ftern ist eine identische Beteiligung (je 1/3) vereinbart.

Aktiva	Abschichtungsbilanz L-KG (in €)		Passiva	
	Buchwert	Teilwert		
GruBo	10.000	?	Kapitalkonto M	3.001
Sonstige Aktiva	100.000	100.000	Kapitalkonto L	110.000
Kapitalkonto N	3.001			
Summe (Aktiva)	113.001		Summe (Passiva)	113.001

---

[212] Der Erfassung des Mehraufwands durch den Mehrwert in der Ergänzungsbilanz steht die Korrektur der überhöhten AfA in der Hauptbilanz (50 % von 10 % von 12.000 HK) gegenüber, da Z in seiner Person nicht die „Hersteller"-Voraussetzung gem. § 7 Abs. 5 EStG a.F. erfüllt. Dies kann auch in einer gesonderten **negativen Ergänzungsbilanz** vorgenommen werden.
Gleichzeitig („sachgerechte Besteuerung") muss der hälftige lineare AfA-Satz gem. § 7 Abs. 4 EStG, bezogen auf die ursprünglichen HK, erfasst werden. Die historischen HK sind im Buchkapital enthalten.
[213] Bei abschreibungsfähigen immateriellen Einzel-WG ist entweder § 7 Abs. 1 S. 3 EStG analog oder die geschätzte Nutzungsdauer anzusetzen.

1. **Die Übernahme des Anteils (M) mit positivem Kapitalkonto von 1 €** wirft die Frage auf, ob M einen Veräußerungsverlust gem. § 16 Abs. 1 Nr. 2 EStG erleidet und wie sodann der Tatbestand in der Ergänzungsbilanz des O zu werten ist.

    Lösung: Veräußerungsverlust (!) und Erwerbsgewinn als negativer Geschäftswert (?)

    a) **Veräußerungsverlust des M**
    Rein rechnerisch ergibt der Verkauf des MU-Anteils zu 1 € einen Veräußerungsverlust von 3.000 € gem. § 16 Abs. 1 Nr. 2 EStG (1 € ./. 3.001 € = ./. 3.000 €). Dies setzt rein begrifflich voraus, dass es sich um eine entgeltliche Übertragung (= Veräußerung) des Anteils handelt. Soweit eine unentgeltliche Übertragung angenommen wird, greift § 6 Abs. 3 EStG mit der Folge Buchwertzwang und der weiteren Folge, dass M weder einen Verlust noch einen Gewinn „erleidet", sondern O das Kapitalkonto des M ohne jede Korrektur übernimmt.
    Daneben besteht noch die (theoretische) Möglichkeit einer teilentgeltlichen Übertragung. Letztere wird bekanntlich im Rahmen der vorweggenommenen Erbfolge angenommen, die hier nicht ersichtlich ist.
    Eine **unentgeltliche** Übertragung der steuerfunktionellen Einheit (MU-Anteil) nimmt der BFH aber nur bei Übertragungen unter Angehörigen oder – allgemein – bei privater Veranlassung an. Nachdem es für beide Annahmen keinen Anlass gibt, wird ein betrieblicher Vorgang unter Fremden unterstellt.
    M erzielt einen gewerblichen **Veräußerungsverlust** von 3.000 € gem. § 16 Abs. 1 Nr. 2, § 2 Abs. 3 EStG.

    b) **Behandlung in der Ergänzungsbilanz des Erwerbers O**
    Zwischen den AK auf die Beteiligung (1 €) und dem übernommenen Kapitalkonto von 3.001 € klafft eine Differenz von 3.000 €, die in einer negativen Ergänzungsbilanz des O zu erfassen ist. Gem. BFH-Urteil vom 21.04.1994, BStBl II 1994, 745, hat der Erwerber in einem solchen Fall zunächst eine Abstockung der Buchwerte der übernommenen WG vorzunehmen.
    Im Beispielsfall ist ersichtlich, dass von der Abstockung das WG „GruBo" betroffen ist, das in der Hauptbilanz nicht abgeschrieben werden durfte, aber von O entsprechend wertmindernd eingeschätzt wurde.

A	Negative Ergänzungsbilanz O		P
Minderkapital O	3.000 €	Minderwert GruBo	3.000 €
	3.000 €		3.000 €

    Der Wert wird in der negativen Ergänzungsbilanz des O solange fortgeführt, bis die Voraussetzungen für eine dauerhafte Wertminderung vorliegen (§ 6 Abs. 1 Nr. 2 S. 2 EStG). Der Teilwertabschreibung in der Hauptbilanz der KG folgt die **gewinnwirksame Auflösung** in der Ergänzungsbilanz des O.

Für den Fall, dass eine Zuordnung zu überbewerteten WG und damit eine negative Ergänzungsbilanz nicht möglich ist, wurde in der Lit. die Einstellung des Erwerbsgewinnes in einen „**negativen Geschäftswert**" gefordert[214]. Diesem bilanzrechtlich nicht haltbarem Petitum ist der BFH in zwei Entscheidungen (zuletzt Urteil vom 12.12.1996, BStBl II 1998, 180) entgegengetreten und stellt stattdessen einen passiven Ausgleichsposten in der Ergänzungsbilanz des Erwerbers ein, der gegen künftige Verlustanteile des G'fters erfolgserhöhend aufzulösen ist („spiegelbildliches betriebsinternes § 15a – Konzept").

2. Die Übernahme des negativen Kapitalkontos von N

Vorbehaltlich der Detailfragen zum negativen Kapitalkonto eines Kommanditisten und dessen Übernahme[215] stellt die Übernahme eines negativen Kapitalkontos einer Pers-G'fters steuerlich immer eine Befreiung von der Ausgleichs-(Nachschuss?)-pflicht des G'fters gegenüber der PersG dar.

> **Lösung:**
> Die Tatsache, dass der Erwerber O den gleichen Kaufpreis für eine „Minus-Beteiligung" und für eine „Plus-Beteiligung" bezahlt, kann mit der inneren Wertigkeit der jeweiligen Beteiligung (gesellschaftsrechtliche Ausgestaltung) zusammenhängen und ist alleine noch kein Indiz, den Erwerb von N als privat veranlasst anzusehen.
>
> ### a) Veräußerungsgewinn des N
> N wird von der Schuld gegenüber der KG befreit und erzielt damit einen Veräußerungsgewinn gem. § 16 Abs. 1 Nr. 2 EStG i.H.v. 3.000 €.
>
> ### b) Behandlung in der Ergänzungsbilanz O
> O wird den Mehraufwand von 3.000 € nach der oben diskutierten Stufentheorie verteilen.
> Sollten sich weder aktivierte WG noch originäre immaterielle WG finden, die einen Mehrbetrag aufnehmen können, so ist in einer positiven Ergänzungsbilanz – spiegelbildlich zu Fall 1. – ein aktiver Ausgleichsposten zu bilden, der gegen künftige Gewinne verlustwirksam aufgelöst wird.
>
> ### c) Exkurs: Erwerb mehrerer Anteile durch einen G'fter
> Erwirbt ein Erwerber mehrere MU-Anteile an einer PersG, die beide zu unterschiedlichen Ergänzungsbilanzen führen, sollen nach der BFH-Rspr. beide Ergänzungsbilanzen zusammengefasst werden. M.a.W. ist für einen G'fter einer PersG nur eine Ergänzungsbilanz zu führen.

---

[214] Statt aller *Siegel*, StuW 1995, 390.
[215] S. dazu *Preißer*, Band 1, Teil B, Kap. IV (§ 15a EStG).

A	Zusammengefasste Ergänzungsbilanz O		P
Ausgleichsposten (N) 3.000 €	Minderwert GruBo		3.000 €
	Mehr-/Minderkapital		0 €
3.000 €			3.000 €

Durch die Neufassung von § 6b Abs. 10 EStG durch das UntStFG ist ab 2002 die Rücklagenbildung nach **§ 6b EStG** nach einer mehrjährigen Unterbrechung wieder **gesellschafterbezogen** (in einem zunächst reduziertem Umfang) zu interpretieren. Damit ist wieder Platz für die „Schulfälle" in der Vergangenheit, da einer der G'fter nicht die persönlichen Voraussetzungen der § 6b-Rücklage (sechsjährige Besitzzeit) erfüllt hat[216].

In diesen Fällen ist in seiner positiven Ergänzungsbilanz der auf ihn entfallende Betrag der Rücklage zu aktivieren und korrespondierend mit der Hauptbilanz zu behandeln. Wird die Rücklage auf ein Reinvestitionsobjekt der PersG übertragen, so ist sie folgerichtig in der positiven Ergänzungsbilanz des G'fters aufwandswirksam aufzulösen.

Nachdem mit dem ersten Reformschritt (StEntlG 1999/2000/2002) die Übertragungsmöglichkeiten für MU faktisch abgeschafft wurden, hat das UntStFG (2001) diese Steuerpause als Möglichkeit für den Mittelstand (genauer: für Einzelunternehmer und MU) wieder neu entdeckt.

Sehr spät im Gesetzgebungsverfahren wurde sogar die Rücklagenbildung für veräußerte Anteile an KapG „restauriert". Die Eckdaten der Neuregelung sehen wie folgt aus:

- Bei der **Veräußerung von Anteilen an KapG** ist der Bruttogewinn – ohne Anwendung des Halbeinkünfteverfahrens – mittels einer Rücklage zu erfassen.
- Es erfolgt eine Volumenbegrenzung auf 500 T€, die wegen der gesellschafterbezogenen Leseart für jeden einzelnen MU gilt[217].
- Als Reinvestitionsobjekte kommen neben KapG-Anteilen auch abnutzbare bewegliche WG (jeweils zweijährige „Wartezeit") sowie Gebäude (vier Jahre) in Betracht.
- Bei linearer Reinvestition (alte wie neue WG sind Anteile an KapG) wird der Gewinn in voller Höhe auf die neuen Anteile übertragen, während ansonsten nur der steuerpflichtige Teil reinvestitionsfähig ist.
- Ein etwaiger nicht übertragungsfähiger Veräußerungsgewinn ist gewinnerhöhend (6 %) aufzulösen und zu erfassen.

4.4 Zivil- und verfahrensrechtliche Überlegungen/Behandlung der Beteiligung als einheitliches Wirtschaftsgut (Mindermeinung)

Als Beleg für die im Rahmen der Einheit der Rechtsordnung zu fordernde Erfassung der **Beteiligung an einer PersG als einheitliches WG** mit anschließender steuertechnischer Darstellung soll der nächste Fall dienen, der in der Praxis für Furore gesorgt hat.

---

[216] S. *Kölpin,* Band 2, Teil A, Kap. IV (§ 6b).
[217] S. auch *Rödder/Schumacher,* DStR 2002, 105.

Beispiel 7: Auflösung des Mysteriums „MU-Anteil"

G und E betreiben eine ärztliche Laborgemeinschaft als zweigliedrige Aussen-GbR. Diese GbR wurde in 04 in eine von G, E und R gegründete vermögenslose Innen-GbR eingebracht (das Gesamthandsvermögen sollte ausschließlich G und E zustehen[218]).

G schied am 31.05.05 aus der Gemeinschaftspraxis aus und übertrug gleichzeitig R gem. § 2 des Vertrages seinen „halben Anteil am gesamten materiellen und immateriellen Vermögen der Gemeinschaftspraxis, in dessen § 1a wiederum stand, dass sich E und R in der Rechtsform einer GbR zusammenschließen.

Im Anschluss an eine Aussenprüfung (06) wurden richtigerweise alle Aktivitäten der Laborgemeinschaft als gewerblich erfasst.

Für 03 erging ein GewSt-Bescheid gegen R als Gesamtrechtsnachfolger (§ 45 AO).

Lösung:
Die finanzamtliche Auffassung geht von einer materiell schwierig zu widerlegenden Anwendung des § 45 AO aus. Dabei wird § 45 AO überflüssigerweise sogar zweimal bemüht:

- Einmal beim Einbringungsvorgang 04 und
- **zum zweiten Mal (05) bei der** Übertragung der Beteiligung von G an R.

Der erste Anwendungsfall ist obsolet, da eine Rechtsnachfolge Vermögen auf beiden Seiten voraussetzt und dies eben bei einer vermögenslosen Innen-GbR nicht der Fall ist.

Hinsichtlich der alles entscheidenden zweiten Übertragung nimmt nun sowohl das Zivilrecht wie auch das hierauf fußende steuerliche Schrifttum zu § 45 AO bei der Übertragung einer Beteiligung an einer PersG einen Anwendungsfall der Gesamtrechtsnachfolge, speziell einen der **partiellen Gesamtrechtsnachfolge** an, da bekanntlich uno actu (in einem Vorgang) die komplette Gesamthandsposition, die alle Einzel-WG beinhaltet, auf den Erwerber übergeht. Damit übernimmt zumindest im Aussenverhältnis der Erwerber R die steuerliche Rechtsposition, d.h. die **GewSt-Belastung**, die bei dem Vorgänger G[219] als **Haftungsschuldner** bestand. Dies wird (Ermessensproblem) auch für den Fall angenommen, da der jetzige Haftungsschuldner R gar nicht an der Verwirklichung des GewSt-Tatbestandes beteiligt war.

Fazit: Sowohl im Zivilrecht wie nach dem näher liegenden steuerlichen Verfahrensrecht wird die Übertragung der Beteiligung an einer PersG als Fall der Gesamtrechtsnachfolge behandelt. Diese Einstufung setzt zumindest beim Übergang identische Positionen voraus („Nemo plus transferre quam ipse habet"[220]). In diesem Fall mutet eine – vom materiellen Bilanzsteuerrecht – vor-

---

[218] R wurde für Abrechnungszwecke mit den Kassen benötigt.
[219] Natürlich haftet der (inzwischen vermögenslose) G gem. § 159 HGB analog (GbR!) weiter.
[220] Wörtlich: „Niemand kann mehr an Rechtsposition übertragen, als ihm selbst zusteht".

genommene Zersplitterung der Einheitsposition in Einzel-WG („**Atomisierung**") als sonderbarer Akt an, der trotz § 39 Abs. 2 Nr. 2 AO nicht erforderlich ist. Als Konsequenz dieser Auffassung werden – wie oben gesehen – kühne Ergänzungsbilanzen und noch kühnere Ergänzungsbilanzpositionen benötigt. Auch und gerade die Transparenzidee des § 15 Abs. 1 Nr. 2 EStG kommt ohne die Betrachtungsweise der „geklonten" Einzel-WG in den Ergänzungsbilanzen aus.

Mit dem hier vorgestellten Konzept des MU-Anteils als **einheitliches WG** können die Vorgaben der Rspr. und der Verwaltung („Spiegelbildliche Darstellung der Kapitalkonten mit gewinnneutraler Erfassung des Beteiligungsertrages") erfüllt werden. Damit wird auch die befürchtete Teilwertabschreibung vermieden.

Allein die Folgebehandlung des WG mit der Frage der **Abschreibbarkeit** verschafft konstruktive Probleme. Weiter verfolgt werden sollte die – auf dem Boden der h.M. entwickelte – Vorstellung von *Reiß*, zumindest im Falle der Anwachsung (s. sogleich) nicht von AK auszugehen, sondern von einem Ausgleichsposten für künftige Gewinnkorrekturen. Noch korrekter wäre es, mit der Erfassung als einheitliches WG § 7 Abs. 1 S. 3 EStG analog anzuwenden. Damit wird natürlich § 6 Abs. 1 Nr. 2 (nicht abnutzbares AV) EStG nur noch auf Beteiligungen an KapG anwendbar sein.

5 Das Ausscheiden durch An-/Abwachsung[221]

5.1 Die An-/Abwachsung als Anwendungsfall des § 16 Abs. 1 Nr. 2 EStG

Als zweite Form der Veräußerung nach § 16 Abs. 1 Nr. 2 EStG wird die An-/Abwachsung behandelt. Scheidet ein G'fter aus einer PersG mit Gesamthandsvermögen (AussenG) aus, so wächst sein Anteil am Gesamthandsvermögen den verbleibenden G'ftern zu. Bei einer mehrgliedrigen PersG übernehmen die verbleibenden G'fter den Betrieb der identischen PersG, bei einer **zweigliedrigen** PersG führt das Ausscheiden des vorletzten G'fters zu einer **Umwandlung** der PersG zu einem Einzelunternehmen[222]. Diese ausserhalb des UmwG und des UmwStG stattfindende Umstrukturierung fällt ebenfalls unter **§ 738 BGB** und damit auch unter § 16 Abs. 1 Nr. 2 EStG[223]. Als Ausgleich für den

---

[221] Nach A.A. (*Reiß* in *K/S/M* § 16 C 110 ff. *ders.* in *Kirchhof-kompakt* § 16 Rz. 330 ff. (332)) stellt sich das Ausscheiden als die **Aufgabe** des MU-Anteils (§ 16 Abs. 3 i.V.m § 16 Abs. 1 Nr. 2 EStG) dar.
Richtig ist an dieser Beurteilung, die sich in den Rechtsfolgen nicht von der Veräußerung (hM) unterscheidet, dass der Fall der Sachwertabfindung für einige Jahre als Unterfall der Realteilung nach **§ 16 Abs. 3 EStG** behandelt wurde.
[222] Speziell an dieser Stelle ist darauf hinzuweisen, dass die An-/Abwachsung ein Unterfall der (partiellen) Gesamtrechtsnachfolge ist, da hier uno actu alle Gesamthands-WG auf die (den) verbleibenden G'fter übergehen.
[223] So auch der BFH im Urteil vom 03.06.1997, BFH/NV 1997, 838.

Verlust an seinem Gesamthandsanteil erhält der Ausscheidende einen **Abfindungsanspruch**, der üblicherweise im Gesellschaftsvertrag geregelt ist.

In der Ausgestaltung als Buchwertklausel wird damit nur das Buchkapital des Ausscheidenden abgegolten[224] und der Übergang vollzieht sich steuerneutral. Ist im Vertrag vereinbart, dass der ausscheidende G'fter mit dem Verkehrswert seiner Beteiligung abgefunden wird und übersteigt der Abfindungsanspruch das Kapitalkonto (das Buchkapital), so wird ein Veräußerungsgewinn realisiert. Umgekehrt unterschreitet bei einem niedrigeren Verkehrswert der Abfindungsanspruch das Kapitalkonto. Speziell in diesem Fall wird eine private Motivation zu prüfen sein, die ggf. den – rein rechnerisch entstehenden – Veräußerungsverlust verhindern könnte (§ 12 EStG). Dies (private Veranlassung) unterstellt die Finanzverwaltung, wenn ausschließlich Angehörige an dem Vorgang beteiligt sind.

Die Berechnung des Veräußerungsgewinnes folgt dem Ermittlungsschema des § 16 Abs. 2 EStG: Abfindungsanspruch ./. Buchwert ./. evtl. Abfindungskosten.

Beispiel 1: Eine „liquide" Trennung

X und Y sind G'fter der X-Y OHG mit gleichen Beteiligungsverhältnissen. X scheidet zum 31.12.01 aus der OHG aus. Nach der Abfindungsklausel erhält X zusätzlich einen Anteil an den stillen Reserven.

Die OHG erstellt folgende Abfindungsbilanz zum 31.12.01 (in €).

Aktiva	OHG-Abfindungsbilanz zum 31.12.01 (in €)			Passiva
	Buchwert	(Teilwert)		
WG I	100.000	(120.000)	Kapital X	100.000
WG II	100.000	(140.000)	Kapital Y	100.000
Bank	200.000		Verbindlichkeiten	200.000
	400.000			400.000

1. Wie hoch ist der Abfindungsanspruch?
2. Wie lauten die Buchungssätze anlässlich des Ausscheidens?
3. Wie hoch ist ein evtl. Veräußerungsgewinn des X?
4. Wie sieht die Eröffnungsbilanz des Y aus?

Die lt. Abfindungsanspruch vorzunehmende Erfassung der stillen Reserven der aktivierten WG erfolgt in der Form, dass zunächst der Anteil des ausscheidenden G'fters an den stillen Reserven erfasst und dem Konto des Ausscheidenden gutgeschrieben wird. Im zweiten Schritt wird das Ausscheiden durch den erfolgsneutralen Passivtausch (BS: Aufgestocktes Kapitalkonto an Abfindungsschuld) dokumentiert. Im dritten Schritt wird die Erfüllung der betrieblichen Abfindungsverbindlichkeit verbucht.

---

[224] Sie hat im Steuerrecht eine besondere Bedeutung bei der Anerkennung von Familien-PersG und führt im Erbschaftsteuerrecht zu einer eigenständigen Bewertung.

Lösung:

1. **Höhe des Abfindungsanspruchs**

   Im Ausgangsfall ist X nur an den stillen Reserven der aktivierten WG beteiligt. Entsprechend der Beteiligungsquote von 50 % erhält X über sein Kapitalkonto hinaus einen Betrag von 30.000 €. Die Abfindungsverbindlichkeit beläuft sich auf 130.000 €.

2. **Buchungssätze anlässlich des Ausscheidens**

1. BS: per	WG I	10.000 €	an Kapitalkonto X	30.000 €
	WG II	20.000 €		
2. BS: per	Kapital X	130.000 €	an Abfindungsschuld	130.000 €
3. BS: per	Abfindungs-schuld	130.000 €	an Bank	130.000 €

3. **Veräußerungsgewinn des X**

   Der von X gem. §§ 16, 34 EStG zu versteuernde Veräußerungsgewinn für den MU-Anteil gem. § 16 Abs. 1 Nr. 2 EStG beträgt 30 T€ (130 T€ ./. 100 T€).

4. **Eröffnungsbilanz des Y**

   Durch das Ausscheiden des X aus der zweigliedrigen OHG entsteht jetzt ein Einzelunternehmen Y.

Aktiva	Eröffnungsbilanz Y 01.01.02 (in €)		Passiva
WG I	110.000	Kapital Y	100.000
WG II	120.000	Verbindlichkeiten	200.000
Bank	70.000		
	300.000		300.000

Die Eröffnungsbilanz zeigt i.V.m. dem Veräußerungsgewinn des X, dass die anteiligen stillen Reserven aufgelöst sind und sich jetzt hinzuaktiviert im alleinigen BV des Y wiederfinden. Der Realisationsakt selbst ist alleine vom ausscheidenden G'fter X zu versteuern. Auf Y ist die latente Steuergröße (Steuerliche Belastungsdifferenz zwischen Verkehrswert und Buchwert) „übergesprungen", ohne dass in seiner Person ein steuerrelevanter Tatbestand vorliegt (identische Kapitalkonten des Y – ohne Vorliegen eines privaten Korrekturbestandes)[225]. Der verbleibende G'fter Y erwirbt die Anteile des ausgeschiedenen G'fters X mit dem hinzuaktivierten Betrag, der gleichzeitig den Nennwert der Abfindungsschuld ausmacht[226].

---

[225] Zum darin liegenden Verstoß gegen den Grundsatz der Individualbesteuerung vgl. auch *Reiß* in Kirchhof-kompakt, § 16 Rz. 350 .
[226] Vgl. *Wacker-Schmidt*, § 16 Rz. 451 ff. (456 und 463).

5.2 Problemfelder beim Ausscheiden

Nicht immer ist der Abfindungsanspruch so einfach zu ermitteln wie in Bsp. 1, wo es nur galt, die stillen Reserven in den bereits aktivierten materiellen WG zu ermitteln und anteilig zuzurechnen. Beinhaltet der Abfindungspassus eine zusätzliche Beteiligung am **Geschäftswert**, so ist dieser – ggf. zusammen mit originären immateriellen Einzel-WG – zu ermitteln und anzusetzen.

> **Beispiel 2: Eine komplizierte Abfindung**
> An der V-W-OHG (gleiche Beteiligungsverhältnisse) scheidet V (negatives Kapital von 100.000 €) inmitten des Jahres aus. Er erhält einen Verrechnungsscheck über 100.000 €. W führt den Betrieb als Einzelunternehmen fort.
> Die Abschichtungsbilanz der V-W-OHG zum 30.06.01 hat folgendes Aussehen:
>
> | A | Abschichtungsbilanz der V-W-OHG zum 30.06.01 (in €) | | | P |
> |---|---|---|---|---|
> | | Buchwerte | Teilwerte | | |
> | AV | 400.000 | 600.000 | Kapital W | 900.000 |
> | UV | 400.000 | 500.000 | | |
> | Kapital V | 100.000 | | | |
> | | 900.000 | | | 900.000 |
>
> Buchungssätze und die Eröffnungsbilanz sind zu erstellen.

Die Höhe der Abfindung von 100 T€ lässt auf eine Abfindungsklausel schließen, bei der nicht nur die stillen Reserven abgegolten werden, sondern darüber hinaus noch eine Beteiligung am Firmenwert, da mit den anteiligen stillen Reserven aller WG i.H.v. 150.000 € (200.000 €/2 + 100.000 €/2) alleine nicht der Verrechnungsscheck von 100.000 € erklärt werden kann. Dabei ist zunächst zu unterstellen, dass beim Ausscheiden eines G'fters mit **negativem Kapitalkonto** buchhalterisch eine Schuld des Ausscheidenden gegenüber der PersG gelöscht wird. Die Tilgung der Schuld ist grundsätzlich als Teil des **Veräußerungspreises** anzusehen. Somit erhält V für das Ausscheiden – wirtschaftlich betrachtet – einen Abfindungsanspruch von 200 T€ (Verrechnungsscheck i.H.v. 100 T€ und Schuldbefreiung i.H.v. 100 T€).

Das Ausscheiden eines G'fters inmitten des Jahres führt grundsätzlich nicht zu einem Rumpfwirtschaftsjahr der PersG, sondern ist mittels einer unterjährigen Abschichtungsbilanz zu erfassen. Die Ergebnisse hieraus (§ 16 Abs. 1 Nr. 2 EStG) werden im Rahmen der Gewinnfeststellung nach §§ 179, 180 AO den G'fter zugewiesen. Wenn, wie hier, eine Umwandlung zu einem Einzelunternehmen stattfindet, ist allerdings die Abschichtungsbilanz gleichzeitig die Schlussbilanz der OHG.

Nicht immer enthält der Abfindungsanspruch nur die Differenz zwischen den Teil- und den Buchwerten der WG[227]. Oftmals ist materieller Bestandteil des Abfindungsanspruchs auch eine interne Freistellung von der 5-jährigen Haftung nach § 159 HGB[228].

---

[227] Für den Fall, dass der Abfindungsanspruch nicht eindeutig den aktivierten WG zuordenbar ist, stellt sich das identische Problem wie bei der Anteilsübertragung, auf welche WG und in welcher Reihenfolge der Abfindungspreis zu verteilen ist. Hier wird verwiesen auf die oben unter 5.4.3 geführte Diskussion.
[228] Im Aussenverhältnis ist die nachlaufende Haftung nicht abdingbar, wohl aber im Innenverhältnis.

Lösung:
Verbuchung des Ausscheidens

1.	per	AV	100.000	an	Kapital V	200.000
		UV	50.000			
		Firmenwert	50.000			
2.	per	Kapital V	100.000	an	Abfindungs-Verb.	100.000
3.	per	Abfindungs-Verb.	100.000	an	Bank (UV)	100.000

A	Eröffnungsbilanz des W (in €)		P
AV	400.000	Kapital W	900.000
	+ 100.000 500.000		
UV	400.000		
	+ 50.000		
	./. 100.000 350.000		
Firmenwert	50.000		
	900.000		900.000

Die Behandlung des negativen Kapitalkontos als Schuldbefreiung (d.h. keine Nachschusspflicht gegenüber der PersG) und damit als Bestandteil des Veräußerungspreises entspricht bei unbeschränkt haftenden G´fter der ständigen BFH-Rspr. (Urteil vom 16.12.1992, BStBl II 1993, 436)[229].

Weiterhin ist zu beachten, dass bei der Ermittlung des Veräußerungsgewinnes gem. § 16 Abs. 2 EStG und zwar beim dortigen Abzug des Buchwerts des Kapitalkontos des Ausgeschiedenen die Kapitalien in einer ggf. vorhandenen Ergänzungs- und einer Sonderbilanz mit einzubeziehen sind. Umgekehrt erhöht der Übernahmepreis für etwaiges Sonder-BV den Veräußerungspreis. Gehört das Sonder-BV zu den wesentlichen Betriebsgrundlagen des MU-Anteils des ausscheidenden G´fters, so muss es in den begünstigten Realisationsvorgang des Ausscheidens entweder durch Veräußerung oder durch Entnahme in das PV (Ansatz gem. § 16 Abs. 3 S. 5 EStG: gemeiner Wert) einbezogen werden[230].

Für den Fall schließlich, dass die Erfassung des Mehrbetrages als Firmenwert nicht eindeutig möglich und auch kein selbstgeschaffenes immaterielles Einzel-WG ersichtlich ist, hat die BFH-Rspr. den **lästigen G´fter** kreiert (BFH-Urteil vom 05.10.1989, BFH/NV 1990, 496). Danach sollen Aufwendungen anlässlich des Ausscheidens eines lästigen G´fters (rufschädigender G´fter, den man „loswerden" möchte), die über die stillen Reserven und evtl. immaterielle WG hinausgehen, sofort **abzugsfähige BA** beim Übernehmer sein. Die genaue Lektüre der BFH-Urteile[231] hierzu sowie die zurückhaltende Aufnahme in der Lit. legen jedoch einen sehr sorgfältigen und restriktiven Umgang mit der

---

[229] Die (nur vertraglich mögliche) Nachschusspflicht gegenüber der PersG ist nicht zu verwechseln mit der indisponiblen Aussenhaftung gem. § 159 HGB.
[230] S. hierzu auch *Wacker-Schmidt* § 16, Rz. 460 m.w.N. zur Rspr.
[231] Folgeurteile des BFH vom 26.10.1996, BFH/NV 1996, 438; Urteil vom 14.06.1994, BStBl II 1995, 246 und Urteil vom 30.03.1993, BStBl II 1993, 706.

5 Das Ausscheiden durch An-/Abwachsung

5.3 Die Sachwertabfindung als besondere Form der Abfindungsvereinbarung

In vielen Fällen wird der ausscheidende G'fter mit einem WG des BV (häufig mit einem nicht mehr benötigten Betriebsgrundstück) abgefunden.

Bsp. 3: Abfindung mit einer Immobilie[232]
Im Bsp. I (stille Reserven bei WG I i.H.v. 20.000 € und bei WG II i.H.v. 40.000 €; gleiche Kapitalkonten von X und Y i.H.v. 100.000 €) erhält der ausscheidende X statt 130.000 € nun das WG I – ein Grundstück mit einem Teilwert von 120 T€ und einem Buchwert von 100 T€ – und zusätzlich 10.000 € in bar.
Das Grundstück soll in das PV (BV) von X übertragen werden.

Bei der Sachwertabfindung mit WG des Gesamthandsvermögens ist vorweg zu differenzieren, ob das WG in das PV oder in das BV des G'fters überführt wird. Bei der **Überführung in das BV** des G'fters unterstellt der Gesetzgeber des StSenkG 2001 die Sachwertabfindung dem Rechtsinstitut der **Realteilung**[233]. Mit dieser gesetzesauthentischen Interpretation ist zumindest die Zuordnungsfrage entschieden[234].

Mit der jüngsten Äußerung des UntStFG (2001) und der Änderung des § 16 Abs. 3 S. 2 EStG ist die weitere schwelende Konkurrenzfrage zwischen § 6 Abs. 5 S. 3 EStG (Buchwertzwang) und § 16 Abs. 3 EStG i.d.F. StSenkG 2001 (Realisationszwang) jetzt eindeutig zugunsten des **Buchwertzwanges** (mit Kapitalkontenanpassung) entschieden[235].

Bei der Überführung in das **PV** sind zunächst die identischen Buchungssätze zu bilden wie im Grundfall der Abfindung mit Geld. Lediglich bei der Erfüllung des Abfindungsanspruches, bei der es zu einem Rechtsträgerwechsel (PersG-G'fter) kommt, trägt das Bilanzrecht dem Umstand Rechnung, dass nunmehr auch bei den verbleibenden G'ftern ein Realisationsakt vorliegt.

Lösung:
Die ersten Buchungssätze sind wieder identisch.

1. Erfassung der anteiligen stillen Reserven bei den Einzel-WG:

per WG I (Grundstück)   10.000   an Kapital X   30.000
    WG II   20.000

---
[232] Zur Sachwertabfindung bei der Miterbengemeinschaft s. *Preißer*, Band 1, Teil B, Kap. III.
[233] BT-Drs. 14/23, 178.
[234] Zu offenen Fragen bis 2001 (nach h.M. wurde damals eher die Gegenansicht vertreten – vgl. *Preißer*, Band 1, Teil B, Kap. II 4.3.2).
[235] S. hierzu die Ausführungen zur Realteilung unter 4.5.

2. Ausscheiden des G'fters gegen Abfindungsverbindlichkeit

per Kapital X   130.000   an Abfindungsverb.   130.000

3. Erfüllung der Abfindungsverbindlichkeit

per Abfindungsverb   130.000   an WG I   110.000
                                  sonst. bet. Ertrag   10.000
                                  Bank   10.000

Damit ist der realisierte Gewinn aus den stillen Reserven zur Hälfte tarifermäßigt von X und zur anderen Hälfte als **laufender Gewinn** beim verbleibenden G'fter zu erfassen.

A	Eröffnungsbilanz Y (in €)		P
WG II	120.000	Kapital Y	110.000
Bank	190.000	Verbindlichkeiten	200.000
	310.000		310.000

5.4 Alternativbehandlung (Beteiligung als WG)

Bei einer Behandlung der Beteiligung als eigenständiges WG würde beim ausscheidenden G'fter die gleiche Rechtsfolge wie derzeit eintreten (Abfindungsanspruch ./. WG = Veräußerungspreis). Die Hinzuaktivierung der anteiligen stillen Reserven bei den einzelnen WG in der Bilanz der verbleibenden G'fter würde unterbleiben[236]. Beim Ausscheiden eines WG im Rahmen der Sachwertabfindung ergäbe sich allerdings das Problem, dass die verbleibenden G'fter die vollen stillen Reserven zu versteuern hätten (der Buchwert auch dieses WG wird eben nicht aufgestockt). Um dieses unzulässige Ergebnis einer Doppelbesteuerung zu verhindern, ist i.H.d. Anteils des ausscheidenden G'fters eine außerbilanzielle Kürzung vorzunehmen.

6 Die Vererbung

Zur Vererbung und der damit zusammenhängenden Klauseldiskussion s. *Preißer*, Band 1, Teil B, Kap. III.3.4.2.4[237].

---

[236] Wiederum anders *Reiß* in *K/S/M* § 16 C 118, der das Ausscheiden allerdings als Aufgabe gem. § 16 Abs. 3 EStG behandelt.
[237] Wegen der erbschaftsteuerlichen Auswirkungen s. *Preißer*, Band 3, Teil C, Kap. I.4.2.1.1, Kap. III.3.3.1 und Kap. III.3.4.1.

VI Sonderfragen

1 Inter-/intrasubjektive Übertragungen von Wirtschaftsgütern bei einer Mitunternehmerschaft

Die Übertragung von **Einzel-WG** (BV) im Kreis der MU-schaften (d.h. unter MU der gleichen PersG sowie zwischen MU und der PersG) war bereits unter Geltung des MU-Erlasses (1977) zu Buchwerten möglich (BStBl I 1978, 7). Dort – wie später in der Rspr. des BFH – wurde den Beteiligten ein Wahlrecht für diesen Wertansatz eingeräumt[238].

Mit der neuen „rechtsträgerbezogenen" Betrachtungsweise des StEntlG wurde für zwei Jahre (1999/2000) der gewinnrealisierende Teilwertansatz eingeführt.

Der Kritik des Schrifttums folgend, ist nunmehr für Übertragungen von betrieblichen Einzel-WG im Kreis der MU-schaft ab 2001 (StSenkG 2001) **zwingend** der **Buchwertansatz** festgeschrieben. Den Erklärungshintergrund liefert nunmehr die **betriebliche Umstrukturierung**, die steuerneutral durchzuführen ist.

Dieser Zielsetzung folgend, wird in diesem Buch § 6 Abs. 5 S. 3 ff EStG ausführlich dargestellt s *Preißer*, Band 1, Teil A, Kap. VII). Nachfolgend werden nur in einem Schema die einzelnen steuerneutralen Transaktionen aufgelistet.

Wegen der rechtstechnischen Verweisung gem. § 6 Abs. 5 S. 3 auf S. 1 EStG wird zunächst der Anwendungsbereich von § 6 Abs. 5 **S. 1 und 2** EStG in Erinnerung gerufen, bei denen eine steuerneutrale Buchwertfortführung vorgeschrieben ist:

- Einzel-WG/Übertragung von einem Einzelunternehmen auf ein anderes Einzelunternehmen desselben Unternehmers,
- Einzel – WG/Übertragung von Einzelunternehmen auf Sonder-BV desselben Unternehmers,
- Einzel – WG/Übertragung zwischen verschiedenen Sonder-BV desselben Unternehmers.

Vor diesem Hintergrund ergeben sich für die Übertragung von **betrieblichen Einzel-WG** innerhalb einer **MU-schaft** nach § 6 Abs. 5 S. 3 EStG folgende Möglichkeiten:

Ausgangs - BV	(Art der Übertragung)	→ Ziel – BV
Nr.1: BV des MU (Einzelunternehmen bzw. BV von KapG)	Unentgeltlich oder gegen Gesellschaftsrechte (GesR)	Gesamthandsvermögen seiner MU-schaft
Oder umgekehrt: Gesamthandsvermögen der PersG	Unentgeltlich bzw. gegen Minderung von GesR	Einzelunternehmen bzw. KapG

---

[238] Daneben konnte – wegen § 24 UmwStG analog reziprok – auch der Teilwert bzw. ein Zwischenwert gewählt werden.

Nr. 2: Sonder-BV eines MU	Unentgeltlich bzw. gegen GesR	Gesamthandsvermögen seiner MU-schaft
oder umgekehrt: Gesamthandsvermögen	Unentgeltlich bzw. gegen Minderung von GesR	Sonder-BV eines MU
Nr. 2: Sonder-BV eines MU	Unentgeltlich oder gegen GesR	Gesamthandsvermögen einer anderen MU-schaft (= Schwester-PersG)
oder umgekehrt: Schwester-PersG	Unentgeltlich oder gegen Minderung von GesR	Sonder-BV des MU
Nr. 3: Sonder-BV eines MU	Unentgeltlich	Sonder-BV eines anderen MU bei derselben PersG

2 § 35 EStG im Recht der Personengesellschaften

Gem. § 35 Abs. 3 EStG sollen bei MU-schaften die gegen die PersG (= GewSt-Schuldnerin gem. § 5 Abs. 1 S. 3 GewStG) festgesetzten GewSt-Messbeträge den MU anteilig bei der Ermäßigung ihrer jeweiligen tariflichen ESt zukommen. Grundsätzlich ist für die Aufteilung der allgemeine Gewinnverteilungschlüssel ohne Berücksichtigung von „Vorab-Gewinnanteilen" zugrundezulegen (§ 35 Abs. 3 S. 2, 2. HS EStG). Über die Auslegung dieser Vorschrift ist ein Streit in der Lit. entstanden[239]. Das BMF-Schreiben vom 15.05.2002 hat dem Streit ein vorläufiges Ende bereitet[240] (s. nachfolgendes Beispiel).

Beispiel 1: Anrechnung der GewSt bei MU
Bei einer OHG wird die Gewinnverteilung durch gesellschaftsvertragliche Regelungen wie folgt vorgenommen:

a) Als Gewinnvoraus erhalten die GF ihre ihnen nach dem Gesellschaftsvertrag bzw. GF-Vertrag zustehenden Tantiemen. Der Gewinnvoraus ist für alle GF zusammen auf höchstens 10 % des Jahresergebnisses begrenzt. In diesem Rahmen dürfen jedem einzelnen GF vertraglich bis zu 2 % des Jahresergebnisses als Tantieme zugebilligt werden.

b) Von dem verbleibendem Betrag erhält jeder G'fter in Gewinnjahren eine Vorabzuweisung in Höhe von bis zu 7 % des Nominalbetrages seines Kapitalanteiles (Kapitalkonto I).

c) Der Restbetrag ist nach Maßgabe des allgemeinen Gewinnverteilungsschlüssels auf die G'fter zu verteilen.

---

[239] Vgl. nur *Horlemann* in *Pelka*, UntStReform 2001, 38; *Gosch* in Kirchhof (2002), § 35 Rz. 35 ff. sowie *Korn/Strahl*, KÖSDI 2000, 12582.

[240] Az.: IV A 5 – S 2296 a-16/02 (z.Zt. nur abrufbar über CD-ROM W-Steuer; Stand. 11.07.2002).

Folgende amtliche Aussagen sind lt. BMF (a.a.O.) vorweg zu berücksichtigen:

Rz. 18: Der anteilige GewSt-Messbetrag von MU ist nach Maßgabe des allgemeinen Gewinnverteilungsschlüssel zu ermitteln; auf die Verteilung im Rahmen der **einheitlichen und gesonderten Feststellung** der Einkünfte aus Gewerbebetrieb kommt es dabei **nicht** an. Dies gilt auch für die atypisch stille Gesellschaft.

Rz. 19: Für die Verteilung aufgrund des allgemeinen Gewinnverteilungsschlüssel ist grundsätzlich die **handelsrechtliche Gewinnverteilung** maßgeblich. Diese ergibt sich entweder aus dem HGB oder aus abweichenden gesellschaftsvertraglichen Vereinbarungen.

Rz. 20: Dies gilt jedoch nur insoweit, wie die handelrechtliche Gewinnverteilung auch in steuerrechtlicher Hinsicht anzuerkennen ist. So sind **steuerrechtliche Korrekturen** (abgekürzt wiedergegeben: bei Familienpersonengesellschaften bzw. bei unzulässiger rückwirkender Vereinbarung) hierbei zu berücksichtigen.

Rz. 21: Bei Ermittlung des Aufteilungsmaßstabs für den GewSt-Messbetrag sind Vorabgewinnanteile nach § 35 Abs. 3 S. 2, 2. HS EStG **nicht zu** berücksichtigen. Dies gilt auch für Sondervergütungen i.S.d. § 15 Abs. 1 S. 1 Nr. 2 EStG, die in ihrer Höhe **nicht vom Gewinn** abhängig sind, sowie die Ergebnisse aus Sonder- und Ergänzungsbilanzen.

Rz. 22: Demgegenüber sind **gewinnabhängige Vorabgewinnanteile** Bestandteil des allgemeinen Gewinnverteilungsschlüsssels i.S.d. § 35 Abs. 3 S. 2 EStG. Dies gilt auch für gewinnabhängige Sondervergütungen i.S.d. § 15 Abs. 1 S. 1 Nr. 2 EStG.

> **Lösung:**
> Die gewinnabhängigen Gewinnbestandteile unter a) und b), die vor der (abschließenden) Gewinnschlüsselung eines eventuellen Restbetrages den G´fter zugerechnet werden, hängen von der Höhe des von der OHG erzielten Gewinns ab. Deshalb müssen im Bsp. 1 auch die unter a) und b) dargestellten Gewinnabreden als Bestandteil des allgemeinen Gewinnverteilungsschlüssels i.S.d. § 35 S. 2 EStG angesehen werden.

Des Weiteren wird ausgeführt, dass solche GewSt-Messbeträge aus (ausnahmsweise!) gewerbesteuerpflichtigen Veräußerungsgewinnen ebenfalls aufgeteilt werden (Rz. 24).

In die Aufteilung werden schließlich auch G'fter (wie eine KapG) einbezogen, die ihrerseits keine Ermäßigung beanspruchen können (Rz. 25).

Bei **mehrstöckigen PersG** sind bereits gem. § 35 Abs. 3 S. 4 EStG die anteilig auf die Obergesellschaft entfallenden GewSt-Messbeträge sämtlicher Untergesellschaften den G´ftern der Obergesellschaft nach Maßgabe des allgemeinen Gewinnverteilungsschlüssels zuzurechnen. Dies gilt nach Rz. 26 auch für die Zurechnung eines anteiligen GewSt-Messbetrages einer Untergesellschaft an den mittelbar beteiligten G'fter, wenn sich auf Ebene der Obergesellschaft ein negativer Gewerbeertrag und damit ein GewSt-Messbetrag von 0 € ergibt.[241]

---

[241] Zur Lösung für Organschaften vgl. § 35 Abs.2 EStG sowie *Maurer*, Teil C, Kap. V.

Teil C

Körperschaftsteuerrecht

C Körperschaftsteuerrecht

I Das Körperschaftsteuersystem vor und nach dem Steuersenkungsgesetz

1 Das Prinzip des Anrechnungsverfahrens

Das Prinzip des Anrechnungsverfahrens beruhte auf dem Grundgedanken, dass die Körperschaftsteuer (KSt) zwar **rechtlich** eine eigene Ertragsteuer für Körperschaften, **wirtschaftlich** aber lediglich eine Interims-Besteuerung darstellt, die im Ausschüttungsfall von der individuellen Besteuerung des Anteilseigners (AE) abgelöst wird. Im Ergebnis (im Ausschüttungsfall bzw. spätestens in der Liquidation) werden die Gewinne mit dem individuellen Steuersatz des AE erfasst[1].

Technisch wurden die Gewinne zunächst aufgrund einer fiktiven Thesaurierung der Tarifbelastung (40 %) unterworfen, die bei der Gewinnausschüttung auf die niedrigere Ausschüttungsbelastung (30 %) heruntergeschleust werden, wodurch auf der Ebene der KapG ein Anreiz für eine Gewinnausschüttung gegeben war. Die KSt-Minderung, die durch die Gewinnausschüttung realisiert wurde, war Teil der Gewinnausschüttung (§ 28 Abs. 6 KStG a.F.). Dies konnte dadurch erreicht werden, dass sich im Anrechnungsverfahren die KSt für das Jahr minderte, für das ausgeschüttet wurde (§ 27 Abs. 3 KStG a.F.). Der AE hatte den für die Gewinnausschüttung verwendeten Gewinn zu besteuern und konnte die auf der Ebene der KapG einbehaltene KSt auf seine individuelle Steuer (Einkommen- oder KSt) anrechnen. Die KapG war im Ausschüttungsfall wirtschaftlich von der KSt entlastet, der AE nach seinen individuellen Verhältnissen belastet. Die Ausschüttungsbelastung beträgt i.d.R. konstant 30 %. Um die steuerlichen Konsequenzen aus dem Herstellen der Ausschüttungsbelastung ziehen zu können, war die Gliederung des für Ausschüttungen verwendbaren Eigenkapitals nach der KSt-Vorbelastung notwendig. Die Bezeichnung der verschiedenen Eigenkapitalbestandteile erfolgte nach der KSt-Vorbelastung (vgl. näher Kap. IV.3.2.1).

> **Beispiel 1: Die ausschüttende KapG**
> Das Einkommen der KapG in 1999 hat 100 betragen, welches sie in 2000 vollständig an die AE ausschüttet. Der AE hat eine individuelle ESt-Belastung von 35 %.
>
> **Lösung:**
> Die GmbH hat das Einkommen der Tarifbelastung zu unterwerfen, es erfolgt gliederungsrechtlich eine Einstellung in das EK 40. Bei Gewinnausschüttungen an die AE wird die Tarifbelastung auf die Ausschüttungsbelastung (30 %)

---

[1] Vgl. zu den Grundentscheidungen des Anrechnungsverfahrens *Herzig* (FR 1977, 405); *Raupach*, FR 1978, 570 f.

heruntergeschleust, so dass 70 an den AE ausgeschüttet werden konnten. Die KSt-Belastung für 1999 (§ 27 Abs. 3 KStG a.F.) beträgt 30. Der AE erzielt Einnahmen aus Kapitalvermögen gem. § 20 Abs. 1 Nr. 1 i.H.v. 70 (Dividende) und gem. § 20 Abs. 1 Nr. 3 (anrechenbare KSt) i.H.v. 30. Die Gesamteinnahmen entsprechen dem Einkommen der KapG. Die anrechenbare KSt wird bei AE als Vorauszahlung auf seine individuelle ESt betrachtet; der AE hat eine ESt-Belastung von 35, worauf er das anrechenbare KSt-Guthaben i.H.v. 30 anrechnen kann (§ 36 Abs. 2 Nr. 3 EStG a.F.).

Folgendes Schaubild soll die Wirkungsweise des Anrechnungsverfahrens verdeutlichen. Auf KapESt und SolZ wird aus Darstellungsgründen nicht eingegangen.

Gesellschaftsebene:
z.v.E. der KapG: 100
./. Ausschüttungsbelastung: 30
ausschüttungsfähiger Gewinn: 70

Gesellschafterebene:
Einnahmen aus Kapitalvermögen gem. § 20 Abs. 1 Nr. 1 EStG: 70
Einnahmen aus Kapitalvermögen gem. § 20 Abs. 1 Nr. 3 EStG: 30
Einnahmen aus Kapitalvermögen 100

Steuerbelastung nach individuellem Steuersatz:
a) bei 40 %-ESt-Satz: 40
b) bei 20 %-ESt-Satz: 20

Anrechnung der einbehaltenen KSt:
a) bei ESt von 40: 40
  ./. anrechenbare KSt (§ 36 Abs. 2 Nr. 3 KStG): 30
  noch zu zahlen: 10
b) bei ESt von 20: 20
  anrechenbare KSt: 30
  Erstattung: 10

Bei **Gewinnausschüttungen zwischen KapG** änderte sich das System im Prinzip nicht, die ausschüttende KapG wurde jeweils – wirtschaftlich – von KSt freigestellt, die an die empfangene Körperschaft „weitergereicht" wurde. Es mussten keine Sonderregelungen geschaffen werden.

Das Ziel der Einmalbesteuerung von Gewinnen der KapG auf der Ebene des AE wurde im Anrechnungsverfahren für Inlandsachverhalte überwiegend erreicht. Allerdings war die Belastung der nicht abziehbaren BA ein Schwachpunkt im Anrechnungsverfahren, da durch den Abzug beim belasteten Eigenkapital (§ 31 Abs. 1 KStG a.F.) eine systemfremde hohe Definitiv-Belastung eintrat. Das Anrechnungsverfahren stand jedoch bei Auslandssachverhalten in der Kritik. Es wurde beanstandet, dass die KSt bei ausländischen AE i.H.d. Ausschüttungsbelastung als Definitiv-Belastung wirkte, da die Anrechnung über die Grenze hinweg nicht möglich war. Dies ist zwar im Prinzip richtig, doch fragt sich, ob dies ein Mangel des Anrechnungsverfahrens war, oder ob dieser Missstand nicht im Wege internationaler Vereinbarungen zu beseitigen war. Ein weiterer Kritikpunkt war, dass Auslandseinkünfte einer deutschen KapG sowohl mit ausländischer KSt als auch mit individueller ESt beim AE belastet waren. Die „Privilegierung" der Steuerfreiheit ausländischer Einkünfte gem. § 8b Abs. 1 KStG a.F. galt nur solange, als die Einkünfte nicht an natürliche Personen ausgeschüttet worden waren. In der Tat kommt es nach der vollständigen Systemumstellung nicht mehr darauf an, ob die ausgeschütteten Gewinne aus dem Inland oder aus dem Ausland stammen; aber auch hier wäre eine Änderung innerhalb des Systems des Anrechnungsverfahrens möglich gewesen.

Auch andere Probleme bzw. Missbrauchsanfälligkeiten des Anrechnungsverfahrens, wie z.B. das sog. Dividendenstripping[2], sind durch den Systemwechsel nicht weggefallen, sondern haben sich verlagert[3]. Die Kompliziertheit der Eigenkapitalgliederung konnte ebenfalls nicht für den Systemwechsel angeführt werden, da sowohl die Verwaltung als auch die Praxis bestens damit vertraut waren. Schließlich kann die tatsächlich notwendige Steuersatzsenkung nicht als Argument für die Abschaffung des Anrechnungsverfahrens geltend gemacht werden, da eine Absenkung der Tarife nicht mit dem Systemwechsel zusammenhängt[4].

2   Das Prinzip der „hälftigen Doppelbelastung"

Durch den Wechsel vom Anrechnungsverfahren zum sog. **Halbeinkünfteverfahren** ist im Prinzip das „klassische System" wieder eingeführt worden. Die systemtragende Doppelbelastung von Gewinnen auf der Ebene der KapG und auf der Ebene des AE's wird dadurch gemildert, dass der KSt-Satz (25 %) gesenkt worden ist und die Einnahmen auf AE-Ebene nur noch zur Hälfte erfasst werden (§ 3 Nr. 40d EStG). Um in Kapitalgesellschafts-Konzernen Mehrfachbelastungen zu vermeiden, ist in klassischen Systemen die **steuerfreie Ausschüttung** zwischen KapG systemkonform (vgl. § 8b Abs. 1 KStG n.F.)[5]. Dies gilt für die Steuerfreiheit des Veräußerungsgewinns von Beteiligungen an anderen KapG jedoch nur insoweit, als anteilige offene Rücklagen mitveräußert werden. Soweit aber künftige Ertragsaussichten mitveräußert werden, war die Entscheidung des Gesetzgebers zur Steuerfreiheit nicht zwingend. Insoweit ist auch die Kritik an der Besserstellung von KapG im Vergleich zu PersG nicht unberechtigt.

Schaubild: Beteiligung von natürlichen Personen

Gesellschaftsebene:
z.v.E. der KapG:	100
./. KSt-Belastung:	25
ausschüttungsfähiger Gewinn	75

---

[2] Dies bedeutet, dass ein ausländischer AE von ihm gehaltene Anteile vor Fassung des Gewinnverwendungsbeschlusses an einen inländischen AE verkauft, damit dieser das Anrechnungsguthaben vereinnahmen kann. Nach der Ausschüttung verkauft der inländische AE die Anteile zu einem entsprechend niedrigeren Preis wieder zurück.
[3] *Van Lishaut,* StuW 2000, 197.
[4] Vgl. *Bareis,* StuW 2000, 133.
[5] *Erle/Sauter,* Reform der Unternehmensbesteuerung, 19.

Gesellschafterebene:

Einnahmen aus Kapitalvermögen:	75
davon steuerpflichtig:	37,5

Steuerbelastung nach individuellem Steuersatz:
a) bei 40 %-ESt-Satz: 15
→ **Gesamtbelastung (KSt + ESt):** **40**

b) bei 20 %-ESt-Satz: 7,5
→ **Gesamtbelastung:** **32,5**

Daran erkennt man, dass bei geringeren individuellen ESt-Sätzen als 40 % das Halbeinkünfteverfahren zu einer höheren Gesamtbelastung führt als das Anrechnungsverfahren. Bei einem individuellen Steuersatz von 0 bleibt als Mindestbelastung die Definitiv-KSt von 25 %.

Schaubild: Beteiligung von KapG

Gesellschaftsebene:
Auf Gesellschaftsänderungen erfolgen keine Änderungen

Gesellschafterebene:

Beteiligungsertrag:	75
davon steuerpflichtig (§ 8b Abs. 1 KStG):	0
Belastung bei der KapG (als AE):	0

Bei Weiterausschüttung an natürliche Personen gelten die zuvor dargestellten Grundsätze, so dass die Endbelastung auch erst mit Durchleitung der Gewinne an natürliche Personen entsteht.

Das neue System begünstigt die Thesaurierung von Gewinnen, da eine Ausschüttung i.d.R. zumindest dann eine **Zusatzbelastung** bedeutet, wenn an natürliche Personen ausgeschüttet wird[6]. Die unterschiedliche Belastung von Thesaurierung und Gewinnausschüttungen wird die Praxis nicht nur zu optimalem Ausschüttungsverhalten bzw. anderen Lösungen des Vermögenstransfers von der KapG an die G´fter, z.B. durch Darlehen, sondern auch zu Rechtsformgestaltungen veranlassen, die das Ziel haben, nicht für Konsumzwecke benötigte Gewinne in einer KapG, auszuschüttende Gewinne in einer PersG oder sogar unmittelbar bei dem G´fter (z.B. als atypischer stiller G´fter) anfallen zu lassen. Die Rechtsformwahl wird mit dem Systemwechsel eine noch größere Bedeutung einnehmen als früher, da die Rechtsformneutralität der Besteuerung in noch größere Ferne gerückt ist[7].

Der Gesetzgeber hat „entsprechend" der Steuerfreistellung der Dividenden bei einer KapG als AE bzw. der hälftigen Erfassung bei einer natürlichen Person als AE die Abzugsmöglichkeit von BA bzw. WK eingeschränkt (§ 3c Abs. 1 und 2 EStG). Diese scheinbare Folgerichtigkeit verkennt jedoch, dass die Gewinne bereits einer Definitiv-

---

[6] Die Privilegierung der Thesaurierung ist ein erklärtes Ziel des Systemwechsels, vgl. *Oppenhoff/Rädler/Clausen*, Unternehmensbesteuerung, 13.
[7] *Dörner*, INF 2000, 589.

Belastung auf der Ebene der KapG unterlegen haben. Eine Abschaffung des § 3c Abs. 1 EStG ist im Zuge der Fortentwicklung des Unternehmensteuerrechtes zwar diskutiert, letztendlich jedoch nicht umgesetzt worden.

Das neue KSt-Recht findet auf der Ebene der Einkommenserzielung (mit Ausnahme von erhaltenen Gewinnausschüttungen) ab 2001, auf der Ebene der Einkommensverwendung (Gewinnausschüttung) i.d.R. ab 2002 Anwendung, da für oGA in 2001 für frühere Jahre noch das Anrechnungsverfahren auf der Ebene der ausschüttenden Gesellschaft gilt. Entsprechend werden erhaltene Gewinnausschüttungen in 2001 noch nach altem Recht erfasst (vgl. § 34 Abs. 4 und 9 KStG). Gewinnausschüttungen, für die bei der ausschüttenden Gesellschaft noch das Anrechnungsverfahren galt, werden bei der empfangenen KapG mit dem KSt-Tarif erfasst, der dem für die Gewinnausschüttung verwendeten Eigenkapital entspricht (§ 34 Abs. 9 KStG). Insoweit ist das alte und neue Recht als geschlossenes System zu bezeichnen. Allerdings benötigt man wegen der Unterschiedlichkeit der Systeme eine Umstellungszeit, insb. für die Verwendung der in den Teilbeträgen des Eigenkapitals eingeschlossenen KSt-Guthaben. Der Gesetzgeber hat sich für einen 15-jährigen Übergangszeitraum entschieden, während dessen sich partiell beide Systeme überlagern.

3 Die Besteuerungsprinzipien im Übergangszeitraum

Der Übergangszeitraum beginnt mit der Umgliederung des vEK gem. § 36 KStG. Diese Umgliederung hat eine gliederungspflichtige Körperschaft (i.d.R. KapG) bei kalendergleichem WJ zum 31.12.2000, bei abweichendem Wj. entsprechend später vorzunehmen[8]. Ziel dieser Umgliederung ist, die Teilbeträge des vEK auf ein Minimum zu reduzieren, ohne dass den KapG und dem Fiskus Steueransprüche verloren gehen. Die KapG besitzt latente KSt-Erstattungsansprüche insoweit, als sie nach der Umgliederung ein in dem EK 40 dokumentiertes KSt-Guthaben ausweist; der Fiskus hat Steuernachbelastungsansprüche, soweit in Teilbeträgen des EK 02 eine latente Steuerbelastung ruht. Andere Teilbeträge des in der Gliederungsrechnung dokumentierten Eigenkapitals werden nicht weiter gesondert festgestellt, sondern gehen in dem sog. neutralen Vermögen auf. Weist eine KapG nach den Umgliederungsmaßnahmen i.S.d. § 36 KStG z.B. ein EK 40 i.H.v. 600 aus, bedeutet dies, dass diese Rücklagen bereits mit 40 % KSt belastet sind und diese Belastung bei Ausschüttung auf Gesellschaftsebene nach altem Recht auf 30 % herabgeschleust werden muss. Nach neuem Recht werden Gewinne – unabhängig von einer Gewinnausschüttung – nur mit 25 % (und der hälftigen Erfassung der Dividenden beim AE) belastet. Umgekehrt müsste ein Teilbetrag des EK 02 auf die Ausschüttungsbelastung hochgeschleust werden, wodurch sich eine latente KSt-Belastung dieses Teilbetrages ergibt.

Das KSt-Guthaben entspricht **1/6** des letzten Bestandes an EK 40; dies entspricht der Absenkung der KSt-Belastung im Ausschüttungsfall von 40 % auf 30 %.

Während des Übergangszeitraums besteht ein Nebeneinander von „Restanten" der alten Eigenkapitalgliederung (KSt-Guthaben, Teilbeträge des EK 02, vgl. §§ 37, 38 KStG)

---

[8] Vgl. im Einzelnen Kap. IV.2.4.

und des neuen Systems. Es besteht ein 15-jähriges Mischsystem mit systemwidrigen Ergebnissen.

Auf der Ebene der KapG werden Alt-Rücklagen im Ausschüttungsfall mit 30 % KSt belastet; die Realisierung des KSt-Guthabens und die Nachbelastung der ausgeschütteten Teilbeträge des EK 02 bedeuten im Ergebnis eine 30 % Ausschüttungsbelastung, die dem alten Recht entlehnt ist. Diese Ausschüttungsbelastung ist verbunden mit dem Effekt der Definitiv-Belastung, da auf der Ebene des AE´s das Halbeinkünfteverfahren zur Anwendung kommt. Durch dieses **Mischsystem** entsteht bei Ausschüttung der Alt-Rücklagen eine systemwidrige Mehrbelastung sowohl gegenüber dem alten als auch gegenüber dem neuen Recht. Bei Anwendung des Anrechnungsverfahrens wirkte die Ausschüttungsbelastung lediglich als Vorauszahlung auf die eigene ESt, stellte also gerade nicht eine Definitiv-Belastung dar. Die Gesamtbelastung im neuen Recht setzt sich aus einer Definitiv-Belastung von nur 25 % KSt und dem Halbeinkünfteverfahren zusammen. Das Mischsystem bedeutet demgegenüber eine Mehrbelastung von 5 %-Definitiv-KSt (ohne SolZ), die nicht gerechtfertigt ist.

Beispiel 2:
Die S-GmbH stellt zum 31.12.01 ein KSt-Guthaben von 100 fest; dies entspricht Alt-Rücklagen des EK 40 i.H.v. 600, denen ein z.v.E. von 1.000 zugrunde gelegen hat. In 02 schüttet sie 600 an die AE aus.

Lösung:
Die Ausschüttung mobilisiert das KSt-Guthaben i.H.v. 100 (= 1/6 vom Bestand von 600, vgl. § 37 Abs. 2 S. 1 KStG). Dies bedeutet auf Gesellschaftsebene eine Belastung des für die Ausschüttung verwendeten Gewinns von 30 %. Auf Gesellschafterebene findet bereits das Halbeinkünfteverfahren Anwendung. Der AE hat die Dividende zur Hälfte dem individuellen Steuersatz zu unterwerfen. Dies bedeutet bei einem Steuersatz von 40 % eine ESt-Belastung (ohne SolZ) von 120, eine Gesamtbelastung des für die Ausschüttung verwendeten Einkommens von 42 %; wird das mobilisierte KSt-Guthaben im nächsten Jahr an den AE ausgeschüttet, erhöht sich die Gesamtbelastung auf 44 %. Hieran zeigt sich, dass Ausschüttungen von Alt-Rücklagen im Übergangszeitraum sowohl gegenüber dem alten als auch gegenüber dem neuen System systemwidrig diskriminiert sind.

Weitere Besonderheiten, die von der Altregelung abweichen, sind während des Übergangszeitraumes zu beachten[9]:

- Die KSt-Entlastung bei Realisierung des KSt-Guthabens wirkt nicht auf das Jahr zurück, für das ausgeschüttet wird. Die Entlastung betrifft das Ausschüttungsjahr (§ 37 Abs. 3 S. 2 KStG). Insoweit besteht eine Abweichung gegenüber § 27 Abs. 3 KStG a.F.

---

[9] Vgl. hierzu näher Kap. IV.3.4 und 4.4. An dieser Stelle sollten die Vorschriften erarbeitet werden. Der Leser, der noch über keine Kenntnisse zum Anrechnungsverfahren verfügt, mag sich diese Zusammenfassung nochmals vergegenwärtigen, wenn er sich die Grundlagen a.a.O. erarbeitet hat.

- Der KSt-Minderungsanspruch wird nicht – wie im alten System (§ 28 Abs. 6 KStG a.F.) – für die Gewinnausschüttung mitverwendet, sondern steht der ausschüttenden KapG zu.
- Das KSt-Guthaben wird nur bei oGA, nicht aber vGA realisiert (§ 37 Abs. 2 S. 1 KStG). Dem liegt die Überlegung zugrunde, dass nur bei oGA Altrücklagen verwendet werden, während bei vGA „neues Einkommen" an die AE ausgekehrt wird. Systematisch dürfte dann auf der einen Seite KSt-Guthaben für Vorabgewinnausschüttungen nicht realisiert werden und auf der anderen Seite eine KSt-Erhöhung bei vGA (§ 38 KStG) ebenfalls nicht in Frage kommen. Beides ist jedoch nicht der Fall, wodurch sich zwangsläufig Systembrüche ergeben müssen.
- Es gibt zwar während des Übergangszeitraumes eine aus der sog. Differenzrechnung gem. §§ 38 Abs. 1 S. 4, 27 Abs. 1 S. 3 KStG ableitbare Verwendungsreihenfolge für Gewinnausschüttungen (vgl. dazu im Einzelnen Kap. IV.3.4). Bei der Anwendung dieser Vorschriften ergeben sich systemwidrige Überraschungen, da die Vorschriften – anders als im alten Recht – nicht hinreichend miteinander verbunden sind.

Im Ergebnis führt das über 15 Jahre hinweg anzuwendende Mischsystem zu erheblichen Anwendungsschwierigkeiten, da sowohl gegenüber dem systemtragenden Gedanken des neuen als auch des alten Systems Brüche auftreten. Zusätzlich treten Komplizierungen dadurch auf, dass bei dem Empfang von Gewinnausschüttungen bei der Einkommenserzielung das alte System verlängert wird, wenn bei der ausschüttenden KapG noch das Anrechnungsverfahren Anwendung findet. Zumindest während des Übergangszeitraumes kann von einer Vereinfachung nicht die Rede sein, es ist indes zu befürchten, dass es zu einem einheitlichen neuen System durch weitere systemwidrige Korrekturen nie kommen wird.

II Die persönliche Körperschaftsteuerpflicht

1 Die persönliche Steuerpflicht von Körperschaften und Sondervermögen

1.1 Überblick

Das KStG knüpft die KSt-Pflicht für juristische Personen streng an das von den Mitgliedern/G´fters/Stiftern verselbständigte Sondervermögen an. Im Ergebnis ist es nicht zu beanstanden, wenn insoweit von einer Akzessorietät des KSt-Rechts an die Rechtsform gesprochen wird. Dies gilt auch bei der Ein-Mann-GmbH, die zwar personalistisch ausgestaltet sein kann, aber immer dem vermögensrechtlichen Zuordnungsprinzip für juristische Personen folgt. Auf der anderen Seite wird die Maßgeblichkeit der Rechtsform im Ergebnis auch für die mitunternehmerschaftliche Besteuerung von Personenhandelsgesellschaften gelten müssen. Seit der Entscheidung des GrS des BFH vom 25.06.1984 (BStBl II 1984, 756) ist anerkannt, dass Personenhandelsgesellschaften, auch Publikums-Kommanditgesellschaften in der Form der GmbH & Co. KG Mitunternehmerschaften sind. Die h.M. zieht daraus die Schlussfolgerung, dass auch die Beteiligung jedes einzelnen G´fters mitunternehmerschaftlich und nicht körperschaftlich ist[10]. Dieses Abhängigkeitsverhältnis der subjektiven KSt-Pflicht an das zivilrechtliche Vermögenszuordnungsprinzip bezieht sich uneingeschränkt auf die in § 1 Abs. 1 Nr. 1 – 4 KStG genannten Rechtssubjekte.

Dies gilt nicht in gleicher Weise für die in § 1 Abs. 1 Nr. 5 KStG genannten Körperschaften. Bei diesen Körperschaften ist im Einzelnen zu prüfen, ob die Einkünfte aufgrund der Verteilung der Verfügungsrechte in den Körperschaften dem Verband oder den Mitgliedern unmittelbar zuzurechnen sind (§ 3 Abs. 1 KStG). Diese Abgrenzung ist nach zivilrechtlichen Gegebenheiten vorzunehmen. Maßstab für diese Abgrenzung ist die unterschiedliche Verteilung der Verfügungsrechte bei der Organisationsform des Vereins (rechtsfähig oder nicht-rechtsfähig) einerseits und der Gesellschaft (GbR) andererseits. Entscheidend für die konkrete Abgrenzung wird es insb. auf folgende Tatbestände ankommen:

- Verteilung der Kompetenzen zwischen GF/Vorstand und Mitgliedern,
- Gestaltung des Ein- und Austrittrechtes bzw. Übertragung der Mitgliedschaft,
- Bindung des Vermögens an die Organisation während der Mitgliedschaft,
- Bindung des Vermögens an die Organisation nach Beendigung der Mitgliedschaft.

Ob nach diesen Merkmalen eine Kollektivierung oder Individualisierung der Rechte vorliegt, wird im Ergebnis entscheidend von der Anzahl und der Fluktuation der Mitglieder abhängen. Verbände, deren Bestand von der Anzahl und der Zusammensetzung der Mitglieder unabhängig sein soll (Leitbild des Vereins), werden körperschaftlich organi-

---

[10] *Bruse*, FR 1985, 63.

siert sein. Organisationen, bei denen das Individuum einen entscheidenden Beitrag zum Erfolg der Organisation beiträgt, werden personalistisch strukturiert sein.

Rechtsfähige Körperschaften sind demnach zum einen aufgrund der Organisationsverfassung und zum anderen aufgrund des Vermögenszuordnungsprinzips (juristische Peron) körperschaftsteuerpflichtig.

Diese Abgrenzung kann ihre Wirkung aber nur für nicht-rechtsfähige Körperschaften, nicht für Sondervermögen und Stiftungen entfalten. Bei diesem Sondervermögen (Stiftungen und andere Zweckvermögen) der §§ 1 Abs. 1 Nr. 5 KStG kommt es darauf an, ob das Vermögen einem **überindividuellen Zweck** gewidmet und dem **jederzeitigen Zugriff** eines Individuums entzogen ist. Ist dies der Fall, unterliegen die mit dem Vermögen erzielten Erträge der KSt, wenn eine Steuerbefreiung (insb. § 5 Abs. 1 Nr. 9 KStG) nicht in Betracht kommt (BFH vom 24.03.1993, BStBl II 1993, 637).

Beispiel 3: Unbürokratische Stiftung
Ein Stpfl. S erbt ein Vermögen, welches er unbürokratisch einem gemeinnützigen bzw. mildtätigen Zweck widmen und zuführen will. Er kann insoweit eine unselbständige Stiftung ohne eigene Rechtfähigkeit gründen, indem er das Geld auf ein Konto überweist, über welches nur ein Treuhänder nach einer vorgegebenen Stiftungssatzung verfügen darf.

Lösung:
Das Vermögen ist dem jederzeitigen Zugriff des S entzogen. Es handelt sich um ein Zweckvermögen i.S.d. § 1 Abs. 1 Nr. 1 – 5 KStG. Werden aus diesem Vermögen (Zins-)Erträge erzielt, unterliegen sie der KSt, soweit die Steuerbefreiung des § 5 Abs. 1 Nr. 9 KStG nicht eingreift.

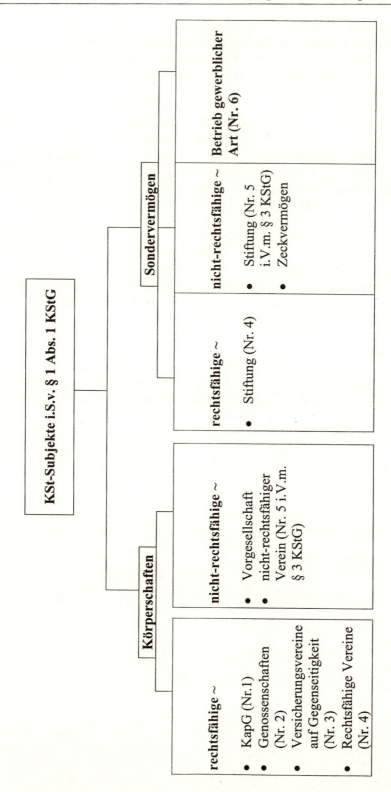

1.2 Körperschaftsteuerpflicht eines Vereins

Neben den Körperschaften bzw. Sondervermögen sind außerhalb den Erwerbs- und Wirtschaftsgenossenschaften und Versicherungsvereinen auf Gegenseitigkeit (VvaG, § 1 Abs. 1 Nr. 2 und 3 KStG) auch alle sonstigen juristischen Personen des privaten Rechts körperschaftsteuerpflichtig; dazu gehören insb. die rechtsfähigen Vereine und die rechtsfähigen Stiftungen (§ 1 Abs. 1 Nr. 4 KStG). Vereine die nicht in erster Linie wirtschaftliche Zwecke verfolgen, erlangen die Rechtsfähigkeit durch Eintragung in das Vereinsregister (§ 21 BGB). Diese Vereine verfolgen i.d.R. steuerbegünstigte Zwecke i.S.d. §§ 51 ff. AO, wodurch sich eine partielle Steuerbefreiung ergibt (§ 5 Abs. 1 Nr. 9 KStG). Andere Vereine i.S.d. § 22 BGB erlangen Rechtsfähigkeit durch eine Konzession, die allerdings nur restriktiv verliehen wird (vgl. z.B. privatärztliche Verrechnungsstelle, Funk-Taxi-Zentralen). Unabhängig davon, ob diese Vereine die Rechtsfähigkeit erlangen, sind sie KSt-Subjekte, entweder gem. § 1 Abs. 1 Nr. 4 KStG oder gem. § 1 Abs. 1 Nr. 5 KStG. Die Abgrenzung von Idealvereinen und wirtschaftlichen Vereinen (§§ 21, 22 BGB) hat Bedeutung für die Erlangung der Rechtsfähigkeit. Sie ist im Zivilrecht umstritten, es wird entscheidend darauf ankommen, ob der Verein wie ein sonstiges wirtschaftliches Unternehmen am Markt auftritt und Gläubigerinteressen beeinträchtigen kann[11]. Zur Verdeutlichung: ein wirtschaftlicher Verein handelt wie selbstlos, kann also nicht gemeinnützig sein. Ein Idealverein i.S. des § 21 BGB kann, muss aber nicht, die Bedingungen erfüllen, die an die Gemeinnützigkeit i.S.d. §§ 51 ff. AO zu stellen sind.

Das Besondere an diesen Körperschaften ist, dass sie im Gegensatz zu den KapG nicht ausschließlich den Tatbestand der Einkünfte aus Gewerbebetrieb erfüllen (für KapG vgl. § 8 Abs. 2 KStG). Diese Körperschaften können grundsätzlich Tätigkeiten übernehmen, die unter die Tatbestände der §§ 13, 15, 20, 21 und 22 EStG zu subsumieren sind. Diese Vereine können in Bezug auf die Einkünfte aus Gewerbebetrieb buchführungspflichtig sein, wenn sie im Einzelfall die Voraussetzungen, die das HGB an die Buchführungspflicht stellt, erfüllen.

Bei Vereinen (oder anderen Körperschaften i.S.d. § 1 Abs. 1 Nr. 3 – 5 KStG) werden grundsätzlich keine Gewinnausschüttungen (auch keine vGA) vorgenommen. Doch kommen auch bei Vereinen zumindest Vermögensverlagerungen von der Körperschaft auf die Vereinsmitglieder vor, die vGA entsprechen. Durch die Absenkung des KSt-Satzes würden solche – Gewinnausschüttungen vergleichbaren – Vermögensverlagerungen beim Verein endgültig mit 25 % KSt besteuert werden, so dass gegenüber der alten Rechtslage ein Wettbewerbsvorteil gegenüber KapG und PersG eintritt. Daher ist mit § 20 Abs. 1 Nr. 9 EStG ein neuer Einnahmetatbestand geschaffen, der solche Vorteile bei den Vereinsmitgliedern nach dem Halbeinkünfteverfahren (vgl. § 3 Nr. 40d EStG) besteuert. Damit wird eine vergleichbare Gesamtbelastung wieder hergestellt. Erhält eine an dem Verein beteiligte KapG einen solchen Vorteil, bleibt er bei der Ermittlung des Einkommens der KapG gem. § 8b Abs. 1 KStG außer Ansatz; bei Weiterausschüttung an natürliche Personen als AE gelten die allgemeinen Rechtsfolgen.

---

[11] Vgl. nur *MünchKomm-Reuter*, BGB, §§ 21, 22 Anm. 21 ff.

Beispiel 4: „Alt-Herren-Club"

Ein rechtsfähiger, aber nicht steuerbegünstigter „Alt-Herren-Club", dem sich nach der Satzung ausschließlich Männer eines gewissen Alters (ab 60 Jahren) anschließen können, erzielt im Jahr 01 folgende Einnahmen und tätigt die im Einzelnen aufgezeichneten Ausgaben:

- Einnahmen aus der Vermietung einer Wohnung des dem Verein gehörenden Hauses, indem der Verein seine Geschäftsstelle hat, i.H.v. 14.400 €; WK sind i.H.v. 12.000 € entstanden (insb. Abschreibung gem. § 7 Abs. 4 Nr. 2a EStG und laufende Betriebskosten).
- Zinsen aus einem Wertpapierdepot, ein Freistellungsauftrag wurde nicht erteilt. Die Einnahmen betragen in 01 (einschließlich der einbehaltenen Kapitalertragsteuer) 9.000 €.
- Mitgliederbeiträge 26.000 €
- Überschuss aus veranstalteten Festen i.H.v. 35.000 €.
- Ausgaben für Mitgliederwerbung und Mitgliederverwaltung i.H.v. 8.000 €.

Lösung:

Der Verein ist gem. § 1 Abs. 1 Nr. 4 KStG unbeschränkt körperschaftsteuerpflichtig, wenn er den statuarischen Sitz oder den Sitz der Geschäftsleitung im Inland hat. Davon kann vorliegend ausgegangen werden. Das Körperschaftsteuerliche Einkommen ermittelt sich für den Verein nach den Vorschriften des EStG (vgl. § 8 Abs. 1 KStG). Dies bedeutet, dass er im Prinzip sämtliche Einkunftstatbestände des EStG (§ 2 Abs. 1 EStG) erfüllen kann mit Ausnahme derer, die eine höchstpersönliche Tätigkeit voraussetzen (§§ 18 und 19 EStG).

Gem. § 8 Abs. 5 KStG bleiben die Einnahmen aus den Mitgliederbeiträgen außer Ansatz; dementsprechend dürfen die Ausgaben für Mitgliederwerbung/-verwaltung nicht abgezogen werden (§ 10 Nr. 1 KStG und § 3c Abs. 1 EStG). Die steuerpflichtigen Einkünfte sind wie folgt anzusetzen:

Einkünfte aus Gewerbebetrieb (§ 15 EStG)	35.000 €
Einkünfte aus Kapitalvermögen (§ 20 EStG)	7.399 €
Einkünfte aus V+V (§ 21 EStG)	2.400 €
Summe der Einkünfte	13.299 €
./. Freibetrag gem. § 24 KStG	3.835 €
= z.v.E.	9.464 €

Ohne Berücksichtigung der Kapitalertragsteuer und des Solidaritätszuschlags ergibt sich eine KSt-Schuld (25 % des z.v.E.) für 01 i.H.v. 2.366 €.

Es bleibt abschließend darauf hinzuweisen, dass mit der Möglichkeit eines Vereins, verschiedene Einkunftstatbestände des § 2 EStG zu verwirklichen, die Beschränkungen des vertikalen Verlustausgleichs (§ 2 Abs. 3 EStG) und des interperiodischen Verlustabzuges (§ 10d EStG) zu beachten sind. Für die

Anwendungsprobleme dieser Vorschriften sei auf die Darstellung der Verluste allgemein verwiesen[12].

Abwandlung: „Alt-Herren-GmbH"
Die älteren Herren haben als Organisationsform die GmbH gewählt.

Lösung Abwandlung:
Grundsätzlich gehören alle Einkünfte zu den Einkünften aus Gewerbebetrieb. Dies gilt insb. auch für die Einkünfte aus der Vermietung der Wohnung und für die Einkünfte aus Kapitalvermögen; ein Sparer-Freibetrag kann nicht zur Anwendung kommen. Die Einnahmen von den Mitgliedern und die damit verbundenen Ausgaben bleiben auch bei der GmbH bei der Ermittlung des Einkommens außer Ansatz (§ 8 Abs. 5 KStG i.V.m. § 10 Nr. 1 KStG, § 3c Abs. 1 EStG).

2 Die persönliche Steuerpflicht von Kapitalgesellschaften

2.1 Beginn und Ende der unbeschränkten Steuerpflicht

2.1.1 Grundlagen

Die unbeschränkte Steuerpflicht von KapG besteht dann, wenn sie ihren Sitz oder Ort der Geschäftsleitung im Inland haben. Unter dem Ort der Geschäftsleitung versteht man den tatsächlichen Ort, von dem aus die KapG tatsächlich geführt wird. Dies kann in Ausnahmefällen auch der Wohnsitz eines der GF sein. Der Ort der Geschäftsleitung ist als Auffangtatbestand zu verstehen, da der Sitz einer KapG relativ frei zu bestimmen ist, so dass die unbeschränkte Steuerpflicht insoweit in das Belieben der G´fter gestellt wäre. Dies gilt im Grundsatz auch nach der Umsetzung des Handelsrechtsreformgesetzes, wodurch sich auch bei der GmbH bezüglich der Sitzwahl gewisse Einschränkungen ergeben haben (vgl. § 4a Abs. 2 GmbHG, § 5 Abs. 2 AktG).

Besonderheiten ergeben sich für nach ausländischem Recht gegründete KapG, die z.B. den Ort der tatsächlichen Geschäftsleitung ins Inland verlegt haben. Da eine KapG erst durch Eintragung in das Handelsregister entsteht, wobei gewisse Normativbestimmungen einzuhalten sind, ist die persönliche Steuerpflicht von nach ausländischem Recht gegründeten KapG nicht nach § 1 Abs. 1 Nr. 1 KStG gegeben. Die unbeschränkte KSt-Pflicht solcher KapG ergibt sich i.d.R. aus § 1 Abs. 1 Nr. 5, § 3 Abs. 1 KStG, wenn sie nach diesen Kriterien einer Körperschaft entsprechen[13].

---

[12] Vgl. *Preißer*, Band 1, Teil B, Kap. IV.
[13] Vgl. BFH vom 23.06.1992 (BStBl II 1992, 872) und vom 01.07.1992 (BStBl II 1993, 222).

2.1.2 Beginn der unbeschränkten Steuerpflicht

Eine KapG entsteht als solche erst durch Eintragung in das Handelsregister (vgl. z.B. § 11 Abs. 1 GmbH, § 41 AktG). Beim Entstehungsprozess (Gründung) einer KapG sind verschiedene Stadien zu unterscheiden. Zunächst verabreden die späteren Gründer, eine KapG zu errichten. In dieser Phase (**Vorgründungsgesellschaft**) werden oft die Geschäfte noch nicht aufgenommen, so dass die Frage der Steuersubjektivität nicht zu entscheiden ist. Falls dies im Einzelfall anders sein sollte und eine gewerbliche Tätigkeit bereits aufgenommen wird, liegt entsprechend der zivilrechtlichen Einordnung ein Personenunternehmen vor (Einzelunternehmen oder Mitunternehmerschaft gem. § 15 Abs. 1 Nr. 1 und/oder 2 EStG).

Mit Abschluss des formgültigen Gesellschaftsvertrages hat die Gesellschaft (**Vor-Gesellschaft**) eine körperschaftliche Organisation, auch wenn sich die Haftung noch weitgehend nach personengesellschaftsrechtlichen Grundsätzen richtet. Der BGH hat für die Haftung der G´fter einer Vorgesellschaft entschieden, dass die G´fter für Verluste der Vor-Gesellschaft zwar unbeschränkt, aber nur im Innenverhältnis (vgl. §§ 9, 9c GmbHG) haften. Eine Haftung im Außenverhältnis unmittelbar gegenüber den Gläubigern kommt nur dann in Betracht, wenn die Eintragungsabsicht aufgegeben oder die Vor-Gesellschaft bereits in Vermögensverfall geraten ist[14]. Ab diesem Zeitpunkt kann eine KSt-Pflicht zu bejahen sein, wenn die Vor-Gesellschaft Vermögen besitzt und ihre Geschäftstätigkeit aufgenommen hat. Die h.M. nimmt eine KSt-Subjektivität gem. § 1 Abs. 1 Nr. 1 KStG an, da zwischen der Vorgesellschaft und der eingetragenen Gesellschaft Identität bestehen soll (genauer ist wohl von einer Rechtskontinuität zu sprechen). Nach h.M. soll die KSt-Subjektivität mit Rückwirkung aufgehoben werden, wenn die Eintragungsabsicht aufgegeben wird oder die Eintragung fehlschlägt (BFH vom 16.12.1986, BFH/NV 1987, 687). Bei entsprechenden Strukturen kann m.E. eher ein Fortbestehen der KSt-Pflicht gem. § 1 Abs. 1 Nr. 5, § 3 Abs. 1 KStG in Frage kommen[15]. Dies gilt insb. dann, wenn aufgrund der allgemeinen Abgrenzungsmerkmale keine gesellschaftliche, sondern eine körperschaftliche Organisation vorliegt.

Praktische Probleme können bei späterer Verneinung der KSt-Pflicht der Vorgesellschaft auftreten, wenn in dieser Zeit bereits Gewinnausschüttungen vorgenommen worden und bei Gesellschaft und G´fters steuerlich entsprechend den Gewinnausschüttungen einer KapG behandelt worden sind. Bei Aufgabe der Eintragungsabsicht bzw. bei Fehlschlagen der Eintragung muss die h.M. bestandskräftige Veranlagungen bei der Vor-Gesellschaft und den G´fters nach § 175 Abs. 1 Nr. 2 AO (rückwirkendes Ereignis) ändern. Gewinne der Gesellschaft sind unmittelbar den G´fters nach § 15 Abs. 1 Nr. 2 EStG zuzurechnen. Die Abhängigkeit der Steuerrechtsfähigkeit allein von der Eintragung erscheint nicht sachgerecht.

Aus diesen Gründen erscheint es sachgerechter, die KSt-Subjektivität einer Vorgesellschaft nach § 1 Abs. 1 Nr. 5 KStG zu bestimmen, wobei man die Voraussetzung dieser Vorschriften ab Vorliegen des Gesellschaftsvertrages vermuten soll. Mit der Eintragung endet die Vorgesellschaft und besteht die Gesellschaft als solche. Zwischen der

---

[14] BGHZ 134, 333; vgl. *Baumbach/Hueck*, GmbHG, § 11 Anm. 23 ff.
[15] Vgl. *Dötsch u.a.*, Finanz und Steuern Bd. 5, 13. Auflage, Rz 154.

2 Die persönliche Steuerpflicht von Kapitalgesellschaften

Vorgesellschaft und der eingetragenen Gesellschaft besteht Rechtskontinuität, steuerliche Folgen ergeben sich durch die Eintragung nach allgemeiner Ansicht nicht.

2.1.3 Ende der unbeschränkten Körperschaftsteuerpflicht

Ähnlich wie das Entstehen ist die Beendigung der KSt-Pflicht einer KapG ein mehrstufiges Verfahren. Zu orientieren hat man sich zunächst an den gesellschaftsrechtlichen Vorgaben. Mit Auflösungsbeschluss wird das Liquidationsverfahren eröffnet (vgl. z.B. §§ 60 ff. GmbH), was an der Steuersubjektivität der Gesellschaft nichts ändert. Erst mit Verteilung des Vermögens und Ablauf des Sperrjahres ist die Körperschaft beendet. Die Beendigung der Körperschaft ist dem Handelsregister anzumelden, die Gesellschaft ist zu löschen (§ 74 Abs. 1 GmbHG). Die KSt-Subjektivität endet erst, wenn diese Voraussetzungen mit Ausnahme der formalen Löschung vorliegen. Die unbeschränkte KSt-Pflicht endet auch, wenn das Vermögen der KapG nach den Vorschriften des UmwG auf einen Rechtsträger übertragen wird (Verschmelzung/Aufspaltung), wobei insb. der Wegfall der Steuerpflicht auf einen früheren Zeitpunkt als die Eintragung in das Handelsregister rückbezogen werden kann (vgl. § 2 UmwG). Im Grundsatz das Gleiche gilt auch bei einem Formwechsel einer KapG in eine PersG.

Eine Beendigung der unbeschränkten Steuerpflicht kommt auch bei Verlegung des Sitzes bzw. des Ortes der Geschäftsleitung vom Inland ins Ausland in Frage; insoweit ist eine Schlussbesteuerung vorzunehmen, die stillen Reserven müssen aufgelöst werden (§ 12 KStG). Diese Rechtsfolge tritt auch dann ein, wenn die Gesellschaft noch inländische Einkünfte i.S.d. § 49 EStG hat und damit im Inland weiterhin beschränkt steuerpflichtig ist.

2.2 Folge der unbeschränkten Steuerpflicht

Die Folge der unbeschränkten Steuerpflicht ist, dass die Körperschaft mit ihrem Welteinkommen im Wege der Veranlagung besteuert wird. Einschränkungen des Welteinkommensprinzips ergeben sich durch DBA, in denen aufgrund zwischenstaatlicher Vereinbarungen das Besteuerungsrecht zwischen den Staaten aufgeteilt wird, die einen Zugriff auf das Einkommen haben.

2.3 Beschränkte Steuerpflicht von Kapitalgesellschaften

Der Grundtatbestand der beschränkten Steuerpflicht liegt vor, wenn eine KapG im Inland weder den Ort der Geschäftsleitung noch ihren statuarischen Sitz, aber inländische Einkünfte i.S.d. § 49 Abs. 1 EStG hat (§ 2 Nr. 1 KStG). Nur mit diesen Einkünften unterliegt die KapG im Inland der Steuerpflicht. Hierfür ist zunächst die Frage zu klären, ob die zu beurteilende Organisation eine KapG bzw. sonstige Körperschaft nach deutschem Verständnis ist – es ist ein Typenvergleich mit deutschen Organisationsformen vorzunehmen. Nur bei kapitalistisch-körperschaftlichen Organisationsstrukturen der zu beurteilenden Organisation ist eine KSt-Pflicht anzunehmen (BGH vom 23.06.1992, BStBl II 1992, 792). Als zweites ist zu entscheiden, ob inländische Einkünfte i.S.d. § 49 Abs. 1 EStG vorliegen. Bei KapG sind alle Einkünfte solche aus Gewerbebetrieb, so dass eigentlich nur eine Prüfung des Tatbestandes des § 49 Abs. 1 Nr. 2 EStG (insb. Nr. 2a) vorzunehmen wäre. Bei dieser Vorgehensweise könnten sich Besteuerungslücken ergeben, die die sog. isolierende Betrachtungsweise (§ 49 Abs. 2 EStG) zu vermeiden sucht.

> **Beispiel 5: Isolierende Betrachtungsweise**
> Eine französische SA erzielt aus einem inländischen Grundstück Einkünfte. Das Grundstück hat sie in ihrer Bilanz ausgewiesen, eine inländische Betriebsstätte ist nicht vorhanden.
>
> **Lösung:**
> Nach allgemeinem Grundsatz sind alle Einkünfte einer ausländischen KapG Einkünfte aus Gewerbebetrieb. Da im Inland mangels einer Betriebsstätte ein Besteuerungsrecht dieser Einkünfte wegfallen würde, wären diese Einkünfte als Einkünfte aus Gewerbebetrieb anzusehen, bestimmt die sog. isolierende **Betrachtungsweise** des § 49 Abs. 2 EStG, dass in solchen Fällen alle im Ausland gegebenen Tatbestandsmerkmale (Gewerbebetrieb) außer Acht bleiben. Es wird nur die Vermietungstätigkeit wahrgenommen, inländische Einkünfte ergeben sich aus § 49 Abs. 1 Nr. 6 EStG, da insoweit das Belegenheitsprinzip (lex rei sitae) gilt. Die SA ist im Inland gem. § 2 Nr. 1 KStG i.V.m. § 49 Abs. 1 Nr. 6 EStG beschränkt steuerpflichtig.

§ 49 Abs. 2 EStG ist ein Auffangtatbestand; er wird nicht benötigt, wenn sich die inländische Steuerpflicht einer ausländischen KapG bereits aus § 49 Abs. 1 Nr. 2a EStG ergibt, weil im Inland eine Betriebsstätte vorliegt. Bei inländischen Betriebsstätten-Einkünften ausländischer KapG ist i.d.R. eine Einkunftsabgrenzung zwischen den inländischen Betriebsstätten-Einkünften und den „ausländischen Gesellschaftseinkünften" vorzunehmen. Dafür sind verschiedene Methoden (direkte versus indirekte Methode) entwickelt worden[16]. Soweit eine beschränkte Steuerpflicht nach § 2 Nr. 1 KStG zu bejahen ist, verbleibt es beim Grundsatz der Steuererhebung durch Veranlagung (§ 31 KStG, § 25 EStG). Dieser Grundsatz ist durch § 32 Abs. 1 Nr. 2 KStG für alle Fälle durchbrochen, in denen für die Einkünfte ein Steuerabzug vorgenommen worden ist (Abzugsbesteuerung mit Abgeltungswirkung).

2.4 Beschränkte Steuerpflicht sonstiger Körperschaften

Eine beschränkte Steuerpflicht kommt schließlich für Körperschaften öffentlichen Rechts in Frage, soweit sie Einkünfte (außerhalb eines Betriebes gewerblicher Art) erzielen, von denen ein Steuerabzug vorzunehmen ist (§ 2 Nr. 2 KStG). Eine Art der beschränkten Steuerpflicht ist ebenfalls der Ausschluss der Steuerbefreiung gem. § 5 Abs. 2 Nr. 1 KStG für Einkünfte, die dem Steuerabzug unterliegen. Systematisch liegt hier eine Einschränkung der Steuerbefreiung, inhaltlich eine Form der beschränkten Steuerpflicht vor. Erhält ein gemeinnütziger Verein außerhalb eines wirtschaftlichen Geschäftsbetriebes (z.B. im Rahmen einer Vermögensverwaltung) Zinseinkünfte, von denen ein Zinsab-

---

[16] Vgl. insoweit *J. Schmidt,* Band 1, Teil D, Kap. III.

schlag vorgenommen worden ist, ist nach § 5 Abs. 2 Nr. 1 KStG dieser Abschlag eine Definitivsteuer mit Abgeltungswirkung. Ausnahmen in Bezug auf die Erhebung der Kapitalertragsteuer gem. §§ 44a Abs. 4 Nr. 1, 44c Abs. 1 Nr. 1 und Abs. 2 EStG modifizieren die Abzugsbesteuerung gem. §§ 2 Nr. 2, 5 Abs. 2 Nr. 1 KStG. Eine Veranlagung kommt in diesen Fällen nicht in Betracht.

3 Besteuerung der öffentlichen Hand

3.1 Überblick

Körperschaften öffentlichen Rechts, insb. Gebietskörperschaften, unterliegen in Bezug auf hoheitliche Tätigkeiten grundsätzlich nicht der Besteuerung, soweit sie nicht Einkünfte erhalten, von denen ein Steuerabzug vorzunehmen ist (insoweit beschränkte Steuerpflicht gem. § 2 Nr. 2 KStG). Unbeschränkt steuerpflichtig sind sie mit ihren Betrieben gewerblicher Art (BgA) (§ 1 Abs. 1 Nr. 6, § 4 KStG), die eigene KSt-Ermittlungssubjekte sind. Die Besteuerung der öffentlichen Hand ist, soweit sie einer privat-wirtschaftlichen Tätigkeit nachgeht, schon aus Gründen der Wettbewerbsneutralität der Besteuerung geboten. Darüber hinaus sollte die öffentliche Hand privatwirtschaftliche Tätigkeit nur in einem Umfang nachgehen, als dies zur Sicherstellung eines ausreichenden Angebots an die Bevölkerung notwendig ist. Soweit sich die öffentliche Hand privatrechtlichen Organisationsformen bedient, unterliegt sie nach allgemeinen Regeln der KSt-Pflicht (z.B. § 1 Abs. 1 Nr. 1 KStG). Durch das Steuersenkungsgesetz haben sich die steuerlichen Rahmenbedingungen verändert, da der KSt-Satz von 40 % auf 25 % herabgesenkt, aber ein neuer Einnahmetatbestand i.S.d. § 20 Abs. 1 Nr. 10a und b EStG geschaffen worden ist. Daher sollen die Rechtsfolgen der wirtschaftlichen Betätigung der öffentlichen Hand vor und nach der Unternehmensteuerreform dargestellt werden.

3.2 Tatbestandsmerkmale des Betriebes gewerblicher Art

Nach der gesetzlichen Definition des § 4 Abs. 1 KStG ist ein Betrieb gewerblicher Art eine Einrichtung, die einer nachhaltigen wirtschaftlichen Tätigkeit zur Erzielung von Einnahmen außerhalb der Land- und Forstwirtschaft dient und die sich innerhalb der Gesamtbetätigung der juristischen Person heraushebt; eine Gewinnerzielungsabsicht und eine Beteiligung am allgemeinen wirtschaftlichen Verkehr ist nicht erforderlich. Bloße Vermögensverwaltung begründet noch keinen Betrieb gewerblicher Art (BFH vom 17.05.2000, BB 2000, 1822).

Die Tatbestandsmerkmale sind im einzelnen in A 5 KStR wiedergegeben, auf die wichtigsten soll explizit eingegangen werden:

- **Einrichtung**: Unter Einrichtung versteht man eine organisatorische Einheit, die unter einem einheitlichen Willen auf ein bestimmtes wirtschaftliches Ziel ausgerichtet ist. Der Begriff ist extensiv auszulegen und zu bejahen, wenn die notwendigen Tätigkeiten von anderen Stellen unter Einsatz nicht nur für die Einrichtung bestimmten Sachmitteln erledigt wird, wenn eine zeitliche Abgrenzung möglich ist. Indizien sind

ein einheitliches Aufgabengebiet, ein geschlossener Geschäftskreis sowie ein eigener Buchhaltungskreis.
- **Nachhaltige wirtschaftliche Betätigung zur Erzielung von Einnahmen**: Bei diesem Tatbestandsmerkmal ist auf den Unternehmerbegriff des § 2 Abs. 1 S. 3 UStG Bezug genommen. Eine wirtschaftliche Betätigung ist gegeben, wenn sich die öffentliche Hand unter Wettbewerbsbedingungen in den Wirtschaftskreislauf einschaltet und die Tätigkeit über Vermögensverwaltung hinausgeht. Bei Beteiligungen an KapG ohne maßgeblichen Einfluss auf die Geschäftsführung ist nach h.M. noch Vermögensverwaltung, bei Beteiligungen an PersG nach h.M. jedoch immer ein Betrieb gewerblicher Art gegeben.
- **Wirtschaftliches Herausheben**: Nur bei nachhaltigem Übersteigen des Jahresumsatzes i.S.d. § 1 Abs. 1 Nr. 1 UStG von 30.678 € liegt eine wirtschaftliche Bedeutung vor.
- **Kein Hoheitsbetrieb i.S.d. § 4 Abs. 5 KStG**: Die Ausübung öffentlicher Gewalt ist eine Erfüllung öffentlich-rechtlicher Aufgaben, die sich aus der Staatsgewalt ableitet. Hier stehen Gebietskörperschaften gerade nicht in Wettbewerb zu privatwirtschaftlichen Unternehmen. Eine Besteuerung der Einnahmen aus diesen Tätigkeiten kommt nicht in Betracht.
- **Typische Betriebe gewerblicher Art sind**: Parkhäuser, Bäder, Versorgungsbetriebe, öffentlicher Nahverkehr (vgl. § 4 Abs. 3 KStG), Tiergarten, Wochenmärkte und die Verpachtung solcher Betriebe.

Die öffentliche Hand kann ihre Steuerbelastung u.a. dadurch optimieren, dass sie gewinn- und verlustträchtige Betriebe gewerblicher Art zusammenfasst. Eine Zusammenfassung ist bei gleichartigen Betrieben uneingeschränkt möglich (A 5 Abs. 9 KStR). Verschiedenartige Betriebe gewerblicher Art können nur zusammengelegt werden, wenn objektiv enge wechselseitige technisch-wirtschaftliche Verflechtungen bestehen (vgl. BFH vom 04.12.1991, BStBl II 1992, 432)[17]. Hiermit soll eine gewisse Wettbewerbsneutralität zwischen der öffentlichen Hand und Privatunternehmen, die diese Form der Steueroptimierung aus tatsächlichen Gründen nicht haben, hergestellt werden. Im Übrigen ist es der öffentlichen Hand möglich, verschiedene Betriebe gewerblicher Art in eine KapG einzubringen und die Beteiligung (bei beherrschendem Einfluss) als Betrieb gewerblicher Art zu führen.

3.3 Rechtsfolgen der wirtschaftlichen Betätigung der öffentlichen Hand

3.3.1 Vor dem Steuersenkungsgesetz

Vor dem Steuersenkungsgesetz unterlag der Betrieb gewerblicher Art dem allgemeinen KSt-Tarif von 40 % (§ 23 Abs. 1 KStG a.F.). BgA nehmen keine Gewinnausschüttungen vor, so dass unabhängig einer Gewinnverwendung diese Steuerbelastung definitiv wird. War die öffentliche Hand über einen BgA an einer KapG beteiligt, wurde der BgA mit den Gewinnausschüttungen aus der KapG in die Veranlagung einbezogen, wodurch sich im Ergebnis wiederum eine Belastung von 40 % ergab.

---

[17] Vgl. ferner *Reich/Helios*, BB 2001, 1442.

Beispiel 4: Steuerbelastung bei Beteiligung eines BgA an einer KapG

Gewinn der KapG:	100,00
./. Tarifbelastung:	40,00
vorläufige Einstellung in das vEK:	60,00
+ KSt-Minderung (10/60):	10,00
ausschüttbarer Gewinn:	70,00
./. Kapitalertragsteuer (25 %):	17,50
ausgezahlter Gewinn:	52,50
+ Ausschüttungsbelastung (§ 36 Abs. 2 Nr. 3 EStG):	30,00
+ Kapitalertragsteuer:	17,50
Beteiligungsertrag:	100,00
KSt des BgA:	40,00
anrechenbar:	47,50
Erstattung:	7,50
Belastung:	40,00

Die Körperschaft öffentlichen Rechtes konnte und kann unter bestimmten Voraussetzungen (kein wesentlicher Einfluss auf die laufende Geschäftsführung) die Beteiligung dem „steuerfreien" Bereich der Vermögensverwaltung zuordnen, wodurch sie mit den Beteiligungserträgen lediglich der beschränkten Steuerpflicht des § 2 Nr. 2 KStG unterliegt. Die Steuerbelastung ermittelte sich vor dem Steuersenkungsgesetz wie folgt:

Gewinn der KapG:	100,00
./. Ausschüttungsbelastung:	30,00
ausschüttbarer Gewinn:	70,00
./. Kapitalertragsteuer:	17,50
ausgezahlter Gewinn:	52,50
+ Erstattung hälftiger Kapitalertragsteuer (§ 44c Abs. 2 Nr. 2 EStG):	8,75
Nettoertrag:	61,25
Belastung:	38,75

Die abgezogenen Steuern wirken gem. § 50 Abs. 1 Nr. 2 i.V.m. § 2 Nr. 2 KStG a.F. definitiv (Abgeltungswirkung der Abzugsteuern).

3.3.2 Nach dem Steuersenkungsgesetz

Durch das Steuersenkungsgesetz hat sich die KSt-Tarifbelastung auf 25 % gesenkt; diese Tarifbelastung ist auch auf BgA anzuwenden. Da BgA nicht ausschütten, verbliebe es – ohne ergänzende Regelungen – bei dieser Gesamtbelastung, wodurch sich gegenüber KapG erhebliche Vorteile ergeben würden, da bei diesen die Steuerbelastung beim AE nach dem Halbeinkünfteverfahren für die Gesamtsteuerbelastung mitberücksichtigt werden muss. Daher bestimmen § 20 Abs. 1 Nr. 10 a und b EStG, dass Gewinne von BgA bei der Körperschaft öffentlichen Rechtes zu Einnahmen führen, wenn und soweit sie entweder tatsächlich an die Körperschaft öffentlichen Rechtes geleistet (§ 20 Abs. 1

Nr. 10a EStG) oder nicht ausdrücklich den Gewinnrücklagen (§ 20 Abs. 1 Nr. 10b EStG) des BgA zugeführt worden sind. Letzteres gilt dann, wenn der BgA keine eigene Rechtspersönlichkeit hat und die Körperschaft öffentlichen Rechtes deshalb unmittelbar über die Gewinne verfügen kann. Die Einnahmen aus § 20 Abs. 1 Nr. 10 EStG werden einer Kapitalertragsteuer von 10 % unterworfen (§§ 43 Abs. 1 Nr. 7b und c, 43a Abs. 1 Nr. 6 EStG), die bei der Körperschaft öffentlichen Rechtes wiederum definitiv wirkt (§§ 2 Nr. 2, 32 Abs. 1 Nr. 2 KStG).

Die Steuerbelastung stellt sich also unter der Annahme, dass der gesamte Gewinn des BgA nicht ausdrücklich den Gewinnrücklagen zugeführt bzw. Gewinnrücklagen des BgA aufgelöst worden sind, wie folgt dar:

Gewinn BgA:	100,00
./. 25 % KSt:	25,00
„zur Verfügung stehender Gewinn" i.S.d. § 20 Abs. 1 Nr. 10b EStG	75,00
./. 10 % Kapitalertragsteuer:	7,50
Netto-Ertrag:	67,50
Steuerbelastung:	32,50

Eine hälftige Erstattung der Kapitalertragsteuer kommt nicht in Betracht. Das Beispiel zeigt, dass für Gewinne von BgA die Steuerbelastung gegenüber dem Rechtszustand vor dem Steuersenkungsgesetz um 7,5 % abgenommen hat.

Hält die Körperschaft öffentlichen Rechtes eine Beteiligung an einer KapG in einem BgA, so bleiben Gewinnausschüttungen der KapG bei dem BgA gem. § 8b Abs. 1 KStG außer Ansatz. § 8b Abs. 1 KStG findet auf alle Körperschaften Anwendung. Die von der ausschüttenden KapG einbehaltene Kapitalertragsteuer wird dem BgA im Rahmen der Veranlagung erstattet. Im Ergebnis ist die Gewinnausschüttung mit 25 % KSt (der KapG) belastet.

Wenn der Beteiligungsertrag nicht Gewinnrücklagen zugeführt wird, tritt demnach bei der Körperschaft öffentlichen Rechts folgende – abgekürzt dargestellte – Steuerbelastung ein:

Kapitalertrag BgA:	75,00
./. keine Steuerbelastung (§ 8b Abs. 1 KStG):	0,00
zur Verfügung stehender Gewinn:	75,00
./. 10 % Kapitalertragsteuer:	7,50
Netto-Ertrag:	67,50
Steuerbelastung:	32,50

Entsprechendes gilt, wenn die Beteiligung von der Körperschaft öffentlichen Rechtes unmittelbar im Rahmen der Vermögensverwaltung gehalten wird. Es ist zu bedenken, dass die auf der Ebene der KapG abgezogenen Steuern (KSt und KapESt) für die Körperschaft öffentlichen Rechtes endgültig wirken mit der Ausnahme, dass bei Kapitalerträgen die hälftige Kapitalertragsteuer erstattet werden kann.

Im Einzelnen:

Gewinn der KapG:	100,00
./. KSt:	25,00
ausschüttbarer Gewinn:	75,00
./. Kapitalertragsteuer (20 % gem. § 43a Abs. 1 Nr. 1 EStG):	15,00
ausgezahlter Gewinn:	60,00
+ hälftige Erstattung (§ 44c Abs. 2 Nr. 2 EStG):	7,50
Netto-Ertrag:	67,50
Belastung:	32,50

Man sieht, dass nach dem Steuersenkungsgesetz steuerpflichtige Gewinne einer Körperschaft öffentlichen Rechtes, sei es unmittelbar als Gewinn eines BgA, sei es als Beteiligungsertrag (unabhängig davon, ob dieser Ertrag über einen BgA oder unmittelbar im hoheitlichen Bereich erzielt worden ist) gleich hoch besteuert werden. Die Steuerbelastung hat sich gegenüber dem früheren Rechtszustand spürbar gemindert[18].

4 Besteuerung von steuerbegünstigten Körperschaften

4.1 Überblick

Das KStG enthält für verschiedene Organisationen teils umfassende, teils eingeschränkte Steuerbefreiungen (§ 5 KStG). Bedeutsam sind neben den umfassenden Steuerbefreiungen des § 5 Abs. 1 Nr. 1 – 2a KStG z.B. für Bundeseisenbahnvermögen der § 5 Abs. 1 Nr. 1 KStG und die Bundesanstalt für vereinigungsbedingte Sonderaufgaben des § 5 Abs. 1 Nr. 2a KStG vor allem die partiellen Steuerbefreiungen für unbeschränkt steuerpflichtige Körperschaften, die nach der Satzung **und** der tatsächlichen Geschäftsführung steuerbegünstigte Zwecke gem. §§ 51 ff. AO (gemeinnützige, mildtätige oder kirchliche Zwecke erfüllen). Diese Steuerbefreiung gilt nur insoweit, als kein wirtschaftlicher Geschäftsbetrieb (Ausnahme hiervon ist ein privilegierter Zweckbetrieb) unterhalten wird. In Frage kommen insb. gemeinnützige Vereine/Stiftungen; es sei bereits hier ausdrücklich betont, dass auch KapG für steuerbegünstigte Zwecke gegründet werden dürfen.

Bei der Prüfung der KSt-Pflicht von solchen Körperschaften ist ein zweistufiges Verfahren anzuwenden:

- Zunächst erfolgt die Prüfung, ob die Körperschaft überhaupt steuerbegünstigten Zwecken dient. Nur wenn diese Frage bejaht wird, kommt eine Anwendung der partiellen Steuerbefreiung in Frage.
- Die zweite Prüfung bezieht sich auf die Reichweite der Steuerbefreiung, d.h. ob und inwieweit ein steuerpflichtiger wirtschaftlicher Geschäftsbetrieb vorliegt (vgl. § 5 Abs. 1 Nr. 9 KStG).

---

[18] *Reich/Helios*, BB 2001, 1442 ff.; *Urban*, DStR 2000, 2025 ff.

Dabei ist zu bedenken, dass die Besteuerung steuerpflichtiger Geschäftsbetriebe durch die Absenkung des KSt-Satzes von 40 % auf 25 % wesentlich günstiger geworden ist. Mit dieser Absenkung steht der neue Einnahmetatbestand des § 20 Abs. 1 Nr. 10b EStG in Zusammenhang, der nicht den Gewinnrücklagen zugeführten Gewinne von wirtschaftlichen Geschäftsbetrieben unmittelbar der Körperschaft zugeordnet, damit einen einer Gewinnausschüttung vergleichbaren Vorgang fingiert ist. Insoweit ist die Steuerbefreiung ausgeschlossen (§ 5 Abs. 2 Nr. 1 KStG); die Steuerpflicht ist aber mit dem Kapitalertragsteuerabzug von 10 % (§§ 43 Abs. 1 Nr. 7c, 43a Abs. 1 Nr. 6 EStG) abgegolten. Die Gesamtsteuerbelastung beträgt 32,5 % (vgl. die obigen Beispiele zum BgA), sie ist gegenüber dem vorigen Rechtszustand erheblich reduziert.

4.2 Voraussetzung der Steuerbefreiung

4.2.1 Formale Anforderungen

Die Voraussetzungen für die partielle Steuerbefreiung liegen vor, wenn die Körperschaft die Anforderungen der §§ 51 ff. AO erfüllt. Es ist insoweit kein besonderes Verfahren für die Anerkennung vorgesehen, im Zweifel entscheidet die Finanzverwaltung im jeweiligen Veranlagungsverfahren (vgl. § 59 AO). In der Praxis besteht ein Bedürfnis an vorläufigen Bescheinigungen, vor allem für den Empfang von steuerbegünstigten Spenden, welche nach der Vorlage der Satzung und deren Vereinbarkeit mit den §§ 60, 61 AO erteilt werden kann (vgl. neuerdings BMF vom 15.05.2000, BStBl I 2000, 814). Diese vorläufige Bescheinigung entfaltet für die Finanzverwaltung im Hinblick auf das Veranlagungsverfahren keine Bindungswirkung, so dass hieraus kein Anspruch auf Freistellung im Veranlagungsverfahren hergestellt werden kann (BFH vom 23.09.1998, BStBl II 2000, 320). Die Körperschaft hat die Voraussetzungen für die Steuerbefreiung für den ganzen VZ bzw. Bemessungszeitraum zu erfüllen (§§ 60 Abs. 2, 63 AO); auch bei nur zeitweiser Nichterfüllung fällt die Steuerbefreiung für den ganzen Zeitraum fort. Es besteht in diesen Fällen die Möglichkeit, bei Vorliegen bestimmter Voraussetzungen für den nächsten VZ eine vorläufige Freistellungsbescheinigung zu beantragen.

Eine Besonderheit besteht insoweit für die Prüfung einer ausreichenden Vermögensbindung i.S.d. § 55 Abs. 1 Nr. 4 AO. Wird die Satzung, die zunächst die Anforderungen erfüllt hat, später so geändert (§ 61 Abs. 3 AO), dass sie den Anforderungen nicht mehr genügt, so gilt die Satzung als von Anfang an (ex tunc) nicht ausreichend, es können Steuerbescheide geändert werden, die innerhalb der letzten 10 Kalenderjahre vor der Änderung der betreffenden Satzungsbestimmung entstanden sind.

4.2.2 Materielle Anforderungen

Die materiellen Anforderungen, die an das Vorliegen der Steuerbefreiung gestellt werden, können an dieser Stelle nur gestreift werden; es wird insb. auf das Vorliegen der Voraussetzungen eingegangen.

Gemeinnützige Zwecke liegen vor, wenn die Tätigkeit der Körperschaft darauf ausgerichtet ist,

- die Allgemeinheit ausschließlich und unmittelbar (§§ 56, 57 AO),

- auf materiellem, geistigem oder sittlichem Gebiet,
- selbstlos (§ 55 AO) zu fördern.

Die Förderung der Allgemeinheit kann insb. durch die in § 52 Abs. 2 AO genannten Zwecke erfolgen. Diese Zwecke sind jedoch lediglich als Regelbeispiele und nicht als abschließende Aufzählung zu verstehen. Die Förderung der Allgemeinheit kann nicht angenommen werden, wenn aufgrund satzungsmäßiger oder faktischer Gegebenheiten der Zugang der Körperschaft nur für einen verhältnismäßig kleinen, abgeschlossenen Kreis von Bürgern offen steht. Dies kann vor allem bei entsprechend hohen Mitgliedsbeiträgen (einschließlich Aufnahmegebühren und Investitionsumlagen) der Fall sein (vgl. BMF vom 20.10.1998, BStBl I 1998, 1424).

Selbstlosigkeit i.S.d. § 55 AO liegt vor, wenn dadurch nicht in erster Linie eigenwirtschaftliche Zwecke verfolgt werden (§ 55 Abs. 1 AO) und vor allem

- die gesamten Mittel (auch die der wirtschaftlichen Geschäftsbetriebe) nur für satzungsmäßige Zwecke verwendet werden (Nr. 1),
- das Vermögen auf Dauer (auch bei Auflösung) diesen Zwecken zugeführt worden ist,
- die Mittel zeitnah für diese Zwecke eingesetzt werden (Verbot der übermäßigen Rücklagenbildung mit Ausnahme von § 58 Nr. 6 und 7 AO).

Daraus ergeben sich bestimmte Restriktionen in Bezug auf die Haushaltsführung solcher Körperschaften. So ist es grundsätzlich nicht zulässig, Mittel des ideellen Bereichs zum Ausgleich von Verlusten wirtschaftlicher Geschäftsbetriebe zu verwenden, da insoweit die Mittel nicht den satzungsmäßigen Zwecken zugeführt werden (BMF vom 19.10.1998, BStBl I 1998, 1423). Da dieser Grundsatz die Steuerbefreiung oft für die Geschäftsführung unerkennbar gefährden würde, hat das genannte BMF-Schreiben gewisse Erleichterungen vorgesehen.

Das Mittelverwendungsgebot nur für satzungsmäßige Zwecke schließt eine **notwendige Rücklagenbildung** im wirtschaftlichen Geschäftsbetrieb und auch in der Vermögensverwaltung nicht aus; diese Rücklagen müssen aber im Zweifel gerechtfertigt werden. Bei dem Merkmal der zeitnahen Verwendung ist zu beachten, dass die in der in § 55 Nr. 5 AO nicht genannten nicht verbrauchten Mittel einer zulässigen Rücklage zugeführt oder für steuerbegünstigte Zwecke ausgegeben werden. Das Merkmal der zeitnahen Verwendung dient im Ergebnis dazu, dass Mitglieder die Berechtigung der Beiträge über die zeitnahe Verwendung überprüfen können. Hat eine Körperschaft „Probleme mit der zeitnahen Verwendung der Mittel" spricht dies entweder für zu hohe Mitgliedsbeiträge oder für eine Vernachlässigung der satzungsmäßigen Zwecke. Das Steuerrecht übt insoweit – mittelbar im Interesse der Mitglieder – einen Druck auf die Geschäftsführung der Körperschaft aus.

Wenn die Prüfung in diesem ersten Schritt ergeben hat, dass die Voraussetzungen der Steuerbefreiung gem. § 5 Abs. 1 Nr. 9 KStG grundsätzlich gegeben sind, sind im zweiten Schritt Rechtsfolgen, insb. die Reichweite der Steuerbefreiung zu überprüfen.

Besteuerung von gemeinnützigen Organisationen:

	Gemeinnützige Organisationen			
Tätigkeitsbereiche	Ideeller Bereich (§§ 5 Abs. 1 Nr. 9 KStG i.V.m. §§ 51 ff. AO)	Vermögensverwaltung (§ 14 S. 3 AO)	Zweckbetrieb (§§ 65 ff. AO)	Wirtschaftlicher Geschäftsbetrieb (§§ 14, 64 AO)
Einnahmen durch:	Mitgliedsbeiträge Spenden	langfristige Vermietung von Grundstücken und Sportstätten, Kapitalanlage	Sportveranstaltungen, Krankenhäuser (§§ 67 a, 68 AO)	wirtschaftliche Betätigung wie ein Unternehmer (auch bei Betätigung über eine KapG) z.B. Bewirtung bei Festveranstaltungen
Steuerfolgen:	Steuerbefreiung Aber: § 5 Abs. 2 Nr. 1 KStG	Steuerbefreiung	Steuerbefreiung	Steuerpflicht, wenn Bagatellgrenze (30.678 €) überschritten wird (§ 64 Abs. 3 AO)

4.3 Rechtsfolgen

4.3.1 Umfang der Steuerbefreiung

Die Steuerbefreiung reicht nur soweit, als die Einkünfte nicht in einem wirtschaftlichen Geschäftsbetrieb (wG) anfallen. Eine steuerbefreite Körperschaft kann in zulässiger Weise wG unterhalten, um mit deren Einnahmen die steuerbegünstigten Zwecke zu erfüllen. Ein solcher wG gefährdet die Steuerbefreiung nicht insgesamt, die Steuerbefreiung ist nur für die auf ihn entfallenden Einkünfte ausgeschlossen (§ 5 Abs. 1 Nr. 9 KStG, § 64 Abs. 1 AO). Allerdings ist eine Einschränkung der Steuerpflicht für wG insoweit vorgesehen, als ein sog. Zweckbetrieb (§ 65 AO) vorliegt.

Bei einer steuerbefreiten Körperschaft ergeben sich gem. § 5 Abs. 1 Nr. 9 KStG, §§ 14, 64, 65 AO folgende steuerlich relevante Tätigkeitsbereiche:

- Nicht begünstigter wG (§ 64 AO).
- Begünstigter (wirtschaftlicher) Zweckbetrieb (§ 65 AO).
- Nicht wirtschaftliche Vermögensverwaltung (§ 14 AO).
- Satzungsmäßiger (ideeller) Bereich.

Die Körperschaft unterliegt nur mit dem nicht begünstigten wG der unbeschränkten KSt-Pflicht. In Bezug auf Einkünfte aus den anderen Tätigkeitsbereichen ist sie soweit steuerbefreit, als die Einkünfte nicht im Wege des Steuerabzugs erhoben werden und eine „besondere beschränkte Steuerpflicht" gegeben ist (§ 5 Abs. 2 Nr. 1 KStG).

Die Einzelnen Tätigkeitsbereiche sind somit voneinander abzugrenzen, wobei nur auf allgemeine Abgrenzungsmerkmale einzugehen ist:

- **Nichtbegünstigter wirtschaftlicher Geschäftsbetrieb**:
  Darunter ist eine von den nicht wirtschaftlichen Tätigkeiten abgrenzbare Tätigkeit mit Einnahmeerzielungsabsicht zu verstehen, die auf Wiederholung ausgerichtet ist und über Vermögensverwaltung hinausgeht (§ 14 AO). Mehrere wG einer Körperschaft sind zwingend zusammenzufassen, wobei die Bagatellgrenze des § 64 Abs. 3 AO zu beachten ist. Bei gemeinnützigen Vereinen gehören hierzu z.B. die selbstbetriebene Gaststätte, kurzfristige Vermietung der Sportstätten an wechselnde Nichtmitglieder, die Einnahmen aus Trikotwerbung (vgl. unten „Bandenwerbung" bei „Nichtwirtschaftliche Vermögensverwaltung (§ 14 AO)" und Inseraten in der Vereinszeitschrift. Bei Beteiligungen an anderen KapG wird darauf abgestellt, ob ein maßgeblicher Einfluss auf die laufende Geschäftsführung ausgeübt wird (dann wG) oder nicht (dann Vermögensverwaltung)[19]. Eine Beteiligung an einer PersG ist dagegen stets als wG anzusehen[20].

  Beispiel 5: Die Einnahmen des Tennis-Vereins
  Ein Tennis-Club veranstaltet ein Fest (Einnahmen 15.000 €, Verlust 2.500 €), gibt eine Zeitschrift heraus (Einnahmen 15.000 €, Überschuss 1.800 €) und vermietet Hallenplätze stundenweise an Nichtmitglieder (Einnahmen 28.000 €, Überschuss

---

[19] Vgl. *Lex*, DB 1997, 349.
[20] BFH vom 27.03.2001 (BFH/NV 2001, 1060). Kritisch *Pezzer*, FR 2001, 838.

6.000 €). All diese Tätigkeiten werden einem einheitlichen wirtschaftlichen Geschäftsbetrieb zugerechnet (§ 64 Abs. 2 AO).

Lösung:
Die Bagatellegrenze ist überschritten, so dass sachliche KSt-Pflicht eintritt und eine Veranlagung durchzuführen ist. Es entsteht ein Einkommen von 5.300 €, welches nach Abzug des Freibetrages gem. § 24 KStG von 3.835 € der KSt zu unterwerfen ist. Auswirkungen auf den Verein ergeben sich in Bezug auf § 20 Abs. 1 Nr. 10b EStG, der auch auf steuerbefreite Körperschaften anzuwenden ist; die Steuerbefreiung ist insoweit ausgeschlossen (§ 5 Abs. 2 Nr. 1 KStG), die Steuerpflicht ist allerdings mit dem Kapitalertragsteuerabzug abgegolten (§ 32 Abs. 1 Nr. 1 KStG). Vergleiche aber die Begünstigungen in § 44a Abs. 7 EStG.

- **Begünstigter Zweckbetrieb:**
Zunächst ist festzuhalten, dass ein Zweckbetrieb die Voraussetzungen eines wirtschaftlichen Geschäftsbetriebs erfüllen muss. Der Zweckbetrieb ist nur deshalb und insoweit begünstigt, als die Körperschaft ihre steuerbegünstigten Zwecke nur durch diese Tätigkeit erfüllen kann und die Körperschaft mit dem Zweckbetrieb zu nichtbegünstigten Unternehmen nicht mehr als notwendig in Wettbewerb tritt (§ 65 AO, Gedanke der Wettbewerbsneutralität)[21]. Hinzuweisen ist, dass die Finanzverwaltung im Anwendungserlass zur AO vor allem in § 67a AO („sportliche Veranstaltungen") großzügig die Anwendung der Steuerbefreiung eines Zweckbetriebes bejaht, womit sich Gestaltungsmöglichkeiten („Sportreisen") eröffnen[22]; der Zweckbetrieb hat darüber hinaus im Gesetz spezielle Ausprägungen erfahren (§§ 66, 67, 67a, 68 AO).
Beispiele:
Ein Ski-Verein betreibt einen Skilift; ein Leichtathletik-Verein bietet für Mitglieder Sportkurse gegen zusätzliches Entgelt an (die Finanzverwaltung nimmt in diesem Fall das Vorliegen von Sportveranstaltungen an, die sie nach der speziellen Vorschrift des § 67a beurteilt, vgl. Rz. 5 zu § 67a AEAO).

- **Nicht-wirtschaftliche Vermögensverwaltung (§ 14 AO):**
Eine steuerbegünstigte Körperschaft kann auch Einnahmen aus einer „nichtwirtschaftlichen Vermögensverwaltung" erzielen. Daraus erzielte Einnahmen sind von der Steuerbefreiung umfasst, soweit sie nicht dem Steuerabzug unterliegen. Typischerweise liegt eine solche Vermögensverwaltung vor, wenn die Körperschaft langfristig Kapital anlegt bzw. unbewegliches Vermögen vermietet oder verpachtet wird. Es kommt für die Abgrenzung zum wirtschaftlichen Geschäftsbetrieb darauf an, ob sich die Körperschaft über die Fruchtziehung hinaus nachhaltig wirtschaftlich betätigt. Die Abgrenzung ist in der Praxis relevant für
  - z.B. **Bandenwerbung**: Eine Vermögensverwaltung liegt vor, wenn die Körperschaft ihre Flächen einem Werbeunternehmer (Dritten) zur Verfügung stellt, der die kurzfristigen Mietverträge mit den Unternehmen abschließt. Der Werbeunter-

---

[21] Vgl. *Kümpel*, DStR 1999, 93.
[22] Vgl. *Bischoff*, StbG 1998, 112.

nehmer schirmt die Körperschaft von der nachhaltigen Tätigkeit ab. Anders, wenn die Körperschaft unmittelbar die Kontrakte mit den Unternehmen abschließt (dann liegt ein wirtschaftlicher Geschäftsbetrieb vor).
– **Beteiligung** an KapG: Eine Beteiligung an einer wirtschaftlich tätigen KapG ist dann als Vermögensverwaltung anzusehen, wenn sie als Finanzanlage dient. Diese ist dann zu verneinen, wenn die Körperschaft maßgeblichen Einfluss auf die Geschäftsführung nimmt.

- **Satzungsmäßiger/ideeller Bereich**:
Die Körperschaft erzielt aus dem satzungsmäßigen Bereich in erster Linie Einnahmen durch Mitgliedsbeiträge, Investitionsumlagen und Spenden. Die Notwendigkeit der Abgrenzung zum wG und der Vermögensverwaltung kann bei Spenden im Rahmen des sog. „Sponsorings" vorliegen (vgl. hierzu BMF vom 18.02.1998, BStBl I 1998, 212). Wenn die Körperschaft dem „Sponsor" keine Gegenleistung bietet, liegt eine Spende vor[23]. Wenn der Verein an Werbemaßnahmen des Sponsors aktiv mitwirkt, liegt ein wirtschaftlicher Geschäftsbetrieb vor (z.B. Trikotwerbung, Zurverfügungstellung von Spielern des Vereins für Werbeaufnahmen etc.).

- **Sonderfall: Sportliche Veranstaltung**:
Einnahmen aus sportlichen Veranstaltungen sind dann – der Sache nach – dem Zweckbetrieb zuzuordnen, wenn kein bezahlter Sportler an der Veranstaltung teilnimmt (§ 67a Abs. 3 S. 1 Nr. 1 und 2 AO); ansonsten liegt ein wG vor. Diese Abgrenzung ist in der Praxis nicht leicht durchführbar. Daher gewährt § 67a Abs. 1 AO den Vereinen die Möglichkeit, Sportveranstaltungen insgesamt dem Zweckbetrieb zuzuordnen, wenn die Einnahmen 30.678 € nicht übersteigen. Bei Übersteigen dieses Betrages (unabhängig vom Erzielen eines Überschusses) ist allerdings insgesamt ein wG anzunehmen (Freigrenze). Resultieren aus Sportveranstaltungen Verluste, so ist es sinnvoll, auf die Anwendung der Vereinfachungsregel zu verzichten mit der Folge, dass diese in einem nicht steuerbefreiten wG anfallen.

4.3.2 Steuerfolge

Die Körperschaft unterliegt nur mit ihrem wirtschaftlichen Geschäftsbetrieb der KSt. Die Steuerbefreiung der anderen Bereiche ist allerdings ausgeschlossen, soweit für die betreffenden Einnahmen ein Steuerabzug vorgenommen worden ist (§ 5 Abs. 2 Nr. 1 KStG). Dabei ist zu berücksichtigen, dass nach § 5 Abs. 1 Nr. 9 KStG steuerbefreite Körperschaften gegenüber Körperschaften des öffentlichen Rechtes Vorteile bei dem Einbehalt der Kapitalertragsteuer genießen. Ihnen ist – bei evtl. vorherigem Abzug (zu der Möglichkeit der Abstandnahme vom Steuerabzug siehe § 44a Abs. 4 EStG) – die Kapitalertragsteuer in voller Höhe und nicht nur zur Hälfte zu erstatten.

> **Beispiel 6: FC Schwarzwald**
> Der gemeinnützige FC Schwarzwald hält eine 20 %ige Beteiligung an der X-AG, ohne Einfluss auf die Geschäftsführung nehmen zu können. Im Jahr 01

---
[23] Vgl. die Pauschalierungsmöglichkeiten in § 64 Abs. 6 AO.

erhält der Verein eine Dividende (nach Kapitalertragsteuer-Abzug) von 60 ausbezahlt.

Lösung:
Die Körperschaft hält die Beteiligung im steuerbegünstigten Bereich der Vermögensverwaltung. Die Körperschaft ist zwar unbeschränkt steuerpflichtig (§ 1 Abs. 1 Nr. 4 KStG), aber partiell steuerbefreit (§ 5 Abs. 1 Nr. 9 KStG). Die Steuerbefreiung ist soweit ausgeschlossen, als von den Einkünften ein Steuerabzug vorzunehmen ist (§ 5 Abs. 2 Nr. 1 KStG). Die einbehaltene Kapitalertragsteuer wird der Körperschaft gem. § 44c Abs. 1 Nr. 1 EStG erstattet.

Der für die Ausschüttung bei der AG verwendete Gewinn:	100
./. KSt:	25
ausschüttbarer Gewinn:	75
./. Kapitalertragsteuer (§ 43a Abs. 1 Nr. 1 EStG):	15
ausgezahlter Gewinn (vgl. oben):	60
+ erstattete Kapitalertragsteuer (§ 44c Abs. 1 Nr. 1 EStG):	15
Netto-Ertrag:	75
Steuerbelastung:	25

Der Dividendenertrag unterliegt im Ergebnis nur der KSt auf der Ebene der KapG. Gegenüber dem Rechtszustand vor dem Steuersenkungsgesetz ergibt sich eine Besserstellung um die Absenkung der KSt-Belastung gegenüber der Ausschüttungsbelastung (5 %).

Abwandlung: FC Schwarzwald
Der FC Schwarzwald hält 100 % an der X-GmbH. Die X-GmbH erzielt einen steuerpflichtigen Gewinn von 100, den sie in voller Höhe an den Verein ausschüttet. Der Verein verwendet den Kapitalertrag für die Jugendabteilung. Die X-GmbH hat bei der Ausschüttung KSt-Guthaben gem. § 37 Abs. 2 KStG realisiert.

Lösung:
Der Verein hält nunmehr die Beteiligung zwingend in einem wirtschaftlichen Geschäftsbetrieb, da er einen maßgeblichen Einfluss hat. Der wirtschaftliche Geschäftsbetrieb unterliegt der KSt, der Beteiligungsertrag bleibt gem. § 8b Abs. 1 KStG außer Ansatz, die Einbehaltung der KapESt wird erstattet. Es findet keine Nachbesteuerung gem. § 37 Abs. 3 KStG i.H.d. mobilisierten KSt-Guthabens statt (vgl. § 37 Abs. 3 S. 6 KStG). Auf die „Zuwendung" des Beteiligungsertrages vom wirtschaftlichen Geschäftsbetrieb an den satzungsmäßigen Zweck findet § 20 Abs. 1 Nr. 10b EStG entsprechend Anwendung, für diese Einnahmen ist gem. §§ 43 Abs. 1 Nr. 7c, 43a Abs. 1 Nr. 6 EStG Kapitalertragsteuer i.H.v. 10 % nicht einzubehalten (§ 44a Abs. 7 EStG).

Die Einkommensermittlung sieht folgendermaßen aus:

Kapitalertrag im wirtschaftlichen Geschäftsbetrieb	75
./. keine KSt (§ 8b Abs. 1 KStG):	0
Netto-Ertrag des wirtschaftlichen Geschäftsbetriebs: bei „Weiterleitung" an satzungsmäßigen Zweck	75
./. Kapitalertragsteuer (gem. § 44a Abs. 7 EStG):	0
zur Verfügung stehender **Netto-Ertrag**:	75
Steuerbelastung:	25

Man sieht, dass durch die Qualifizierung der Beteiligung als wirtschaftlicher Geschäftsbetrieb keine Mehrbelastung gegenüber der Qualifizierung des steuerbefreiten Vermögensverwaltung eintritt. Das gleiche Ergebnis wird erzielt, wenn der Ertrag zulässigerweise (§ 55 Abs. 1 Nr. 5 AO) den Rücklagen des wirtschaftlichen Geschäftsbetriebs zugeführt wird.

Im Ergebnis bedeutet dies, dass Gewinne im wirtschaftlichen Geschäftsbetrieb einer KSt-Belastung von 25 % unterliegen. Damit werden steuerbefreite Körperschaften i.S.d. § 5 Abs. 1 Nr. 9 KStG gegenüber allen anderen steuerbefreiten Körperschaften begünstigt. Dies ist verfassungsrechtlich m.E. nur dann unbedenklich, wenn die Voraussetzungen des § 5 Abs. 1 Nr. 9 KStG (vor allem die §§ 52 ff. AO) eng ausgelegt werden. Soweit bei Saldierung der Ergebnisse wirtschaftlicher Geschäftsbetriebe unter Berücksichtigung von Besonderheiten ein positiver Saldo verbleibt, ist gem. § 24 Abs. 1 KStG ein Freibetrag (3.835 €) zu berücksichtigen.

Abschließend sei nochmals darauf hingewiesen, dass die Kapitalertragsteuerbefreiung gem. § 44a Abs. 7 EStG nur für nach § 5 Abs. 1 Nr. 9 KStG von der KSt befreite Körperschaften gilt. Bei anderen steuerbefreiten Körperschaften wird der Kapitalertragsteuer-Abzug vorgenommen, der als Definitivsteuerbelastung (§ 5 Abs. 2 Nr. 1, § 32 Abs. 1 Nr. 1 KStG) wirkt. Es ergibt sich dann eine Steuerbelastung wie bei BgA von Körperschaften öffentlichen Rechts (32,5 %). Die Steuerbegünstigung dieser Zwecke wird vom Gesetzgeber i.H.d. Kapitalertragsteuer eingeschränkt.

III Die sachliche Körperschaftsteuerpflicht

1 Überblick

Im nun Folgenden Kapitel wird die BMG für die KSt erarbeitet. Grundsätzlich gilt auch im KSt-Recht, dass sich die Steuerschuld aus den Faktoren des zu versteuernden Einkommens (§ 7 Abs. 1 KStG) und des Tarifs (§ 23 Abs. 1 KStG) zusammensetzt. Dies ist – unter Berücksichtigung steuerlicher Besonderheiten der Einkommensermittlung – allerdings nur insoweit richtig, als sich dies auf die KSt bezieht, die auf der **Einkommenserzielungsebene** anfällt. Im KSt-Recht ergeben sich jedoch auch Steuerfolgen durch die **Einkommensverwendung**, also die Ausschüttung. Bei der Ermittlung der KSt-Schuld sind beide Ebenen[24] auseinander zu halten.

Die Steuerbelastung oder -entlastung auf der Einkommensverwendungsebene nach altem Recht ergibt sich aus § 27 Abs. 3 KStG a.F., der systematisch eine Vorschrift der KSt-Ermittlung darstellte. Danach ergaben sich aufgrund von Gewinnausschüttungen (ordentliche bzw. andere Gewinnausschüttungen) Auswirkungen auf die KSt, die in der Differenz zwischen der Tarifbelastung und der Ausschüttungsbelastung lagen. Im Einzelnen kam es für die Steueränderung darauf an, welcher Teilbetrag des vEK für die Ausschüttung verwendet wurde (vgl. § 28 Abs. 3 und 2 KStG a.F.)[25].

Auch nach Umstellung des Systems kommt es während des 15-jährigen Übergangszeitraums (ÜZ) zu Steuerfolgen auf der Einkommensverwendungsebene. Nach der Umgliederung des vEK gem. § 36 KStG wird evtl. ein KSt-Guthaben und ein positiver Teilbetrag des EK 02 festgestellt. Sowohl das KSt-Guthaben als auch der Teilbetrag des EK 02 wird für „Leistungen der KapG" mobilisiert, woraus sich KSt-Minderungen bzw. KSt-Erhöhungen ergeben können[26]. Erst nach Ablauf des Übergangszeitraums sollen sich keine Steuerfolgen auf der Einkommensverwendungsebene mehr ergeben.

Neben diesen **beiden Hauptsäulen** der Ermittlung der KSt-Schuld einer KapG gibt es noch eine **dritte (Neben-)Säule**, die sog. „Nachbesteuerung" von Dividenden innerhalb einer kapitalgesellschaftsrechtlichen Beteiligungskette. Der Gesetzgeber hatte bei Absenkung des KSt-Tarifs von 45 % auf 40 % bestimmt, dass Mutter-KapG auf Dividenden einer Tochter-KapG, für welche der Teilbetrag des EK 45 verwendet wird, wiederum einen Sondertarif von 45 % anzuwenden haben (vgl. § 23 Abs. 2 KStG a.F.). Diese Regelung ist über § 34 Abs. 9 KStG bis 2001 verlängert worden. Diese Nachbesteuerung knüpfte systematisch noch an die Einkommenserzielungsebene der Empfänger-KapG an, da diese Nachsteuer auf 45 bzw. 40 % des zu versteuernden Einkommens begrenzt war (vgl. § 23 Abs. 2 KStG a.F., § 34 Abs. 9 KStG n.F.). Diese Nachbesteuerung wurde durch § 37 Abs. 3 KStG n.F. in das neue Recht in der Form übernommen, dass bei der ausschüttenden KapG mobilisiertes KSt-Guthaben in dieser Höhe bei der Empfänger-KapG einer Besteuerung unterliegt und dort zu entsprechendem KSt-Guthaben führt (Aufschub der Realisierung des KSt-Entlastungseffektes). Systematisch lässt sich diese Nachbesteue-

---

[24] Vgl. die Unterscheidung der Kap. III und IV.
[25] Siehe dazu näher Kap. IV.3.2.
[26] Vgl. Kap. IV.3.4.

rung nicht mehr in die Einkommenserzielungsebene einordnen, da sie unabhängig von einem zu versteuernden Einkommen erhoben wird[27].

Es lässt sich festhalten, dass nach dem Systemwechsel Steuerwirkungen auf **3 Ebenen** eintreten können:

1. Einkommenserzielungsebene (§ 23 KStG),
2. Einkommensverwendungsebene (§§ 37, 38 KStG),
3. Nachbesteuerungsebene (§ 37 Abs. 3 KStG).

> **Beispiel 7: Besteuerung auf allen Ebenen**
> Die A-GmbH erzielt in 02 ein z.v.E. von 1.000; sie hat in 02 Dividenden der T-AG erhalten, für die bei der T-AG KSt-Guthaben i.H.v. 200 mobilisiert worden ist. Die A-GmbH schüttet ihrerseits in 02 600 an die AE aus, wodurch bei ihr vorhandenes KSt-Guthaben von 100 realisiert wird.
>
> **Lösung:**
> Das zu versteuernde Einkommen hat die A-GmbH dem KSt-Tarif von 25 % zu unterwerfen.
>
> **Nachbesteuerungsebene**
> Für die **erhaltenen Dividenden** kommt es zur Nachbesteuerung i.H.v. 200 (§§ 7 Abs. 1, 23 Abs. 1 KStG).
>
> **Einkommensverwendungsebene**
> Für die **ausgeschütteten Dividenden** entsteht eine KSt-Minderung i.H.v. 100 (§ 37 Abs. 3 KStG).

2 Ermittlung des Einkommens einer Kapitalgesellschaft

2.1 Veranlagungszeitraum und Einkommens-Ermittlungszeitraum

Die KSt richtet sich nach dem zu versteuernden Einkommen der KapG (§ 7 Abs. 1 KStG), welches sich grundsätzlich nach den einkommensteuerlichen Vorschriften bestimmt (§ 8 Abs. 1 KStG). Die KSt ist dabei eine Jahressteuer, d.h. sie wird – unabhängig von der Ermittlungsperiode – für das Kalenderjahr erhoben. Bei nicht zur Buchführung verpflichteten Körperschaften werden die Grundlagen für das Kalenderjahr erhoben. Bei Körperschaften, die zur Buchführung verpflichtet sind, ergibt sich der Einkommensermittlungszeitraum (Wj.) nach dem Gesellschaftsvertrag. Der Gesellschaftsvertrag kann ein abweichendes Wj. bestimmen, der für die Ermittlung des Einkommens zugrunde zu legen ist. Veranlagungszeitraum ist in diesen Fällen das Kalenderjahr, in welchem das Wj. endet (§ 7 Abs. 4 S. 2 KStG).

Die Umstellung von Wj. ist grundsätzlich möglich. Bei Umstellung auf ein abweichendes Wj. (auch von einem abweichenden auf ein anderes abweichendes Wj.) ist allerdings die Zustimmung des Finanzamtes erforderlich. Die Zustimmung des Finanzamtes ist eine Ermessensentscheidung, die sich an dem Sinn des § 7 Abs. 4 KStG zu orientieren hat. Werden gewichtige **betriebswirtschaftliche Gründe** für eine Umstellung vorge-

---
[27] *Frotscher*, Frotscher/Maas, KStG, § 37 KStG Anm. 29.

bracht, ist es ermessensfehlerhaft, die Zustimmung zu verweigern. Als solche Gründe sind z.B. anzusehen:

- Inventurschwierigkeiten bei Außenanlagen,
- Inventurerleichterungen bei Saisongeschäften,
- Angleichung von Wj. bei Begründung von Organschaften,
- Umstellung des Wj. bei Beendigung der Organschaft,
- Umstellung auf einen konzerneinheitlichen Abschlusszeitpunkt.

Das FA wird die Zustimmung verweigern, wenn keine betriebswirtschaftlichen Gründe für die Umstellung geltend gemacht werden. Rein steuerlich motivierte Umstellungen der Wj., z.B. zur Erlangung einer Steuerpause, können nicht anerkannt werden. Bei der Umstellung des KSt-Systems tritt das neue System für Körperschaften mit abweichendem Wj. erst später in Kraft (vgl. § 34 Abs. 2 KStG, welcher als Regelbeginn den VZ 2002 ansieht). Daher stellten Körperschaften mit abweichendem Wj. vor dem Systemwechsel auf kalendergleiches Wj. um. Hierzu ist die Zustimmung des FA nicht erforderlich, die Notwendigkeit einer vorherigen Kenntnisnahme des FA scheidet aus.

Hinzuweisen ist jedoch, dass eine steuerliche Anerkennung der Umstellung nur in Betracht kommt, wenn diese zivilrechtlich wirksam vorgenommen worden ist. Die Umstellung bedarf bei KapG in den meisten Fällen einer Satzungsänderung, die neben den gesellschaftsinternen Anforderungen (z.B. § 53 GmbHG) vor allem die Eintragung in das Handelsregister voraussetzt (vgl. § 54 Abs. 3 GmbHG); vor der Eintragung in das Handelsregister entfaltet die Satzungsänderung keine Wirkung. Deshalb wird gesellschaftsrechtlich die – zutreffende – Ansicht vertreten, eine Änderung des Wj. kann für das Außenverhältnis nicht mit Rückwirkung vorgenommen werden[28]. Diese Vorrangigkeit des Zivilrechts ist für das Steuerrecht zu beachten, wenn auch hier u.U. Ausnahmen möglich sind, falls die Anmeldung rechtzeitig und die Eintragung alsbald nach Beginn des neuen Wj. erfolgt (vgl. BFH vom 18.09.1996, BFH/NV 1997, 378)[29]. Diese Ausnahmen sind jedoch sehr restriktiv zu handhaben.

2.2 Ermittlung des zu versteuernden Einkommens

Auch das KSt-Recht unterscheidet zwischen den **Einkünften** (vgl. z.B. § 8 Abs. 2 KStG), der **Summe der Einkünfte** (vgl. § 26 Abs. 6 KStG i.V.m. § 34c Abs. 1 S. 2 EStG), dem **Gesamtbetrag der Einkünfte** und dem **Einkommen**. Die Grenzziehung zwischen den einzelnen Abschnitten verläuft nicht so offensichtlich wie im ESt-Recht und bedarf zusätzlich der Modifikation, wie sich aus den §§ 9, 10 KStG ergibt. Dies führt z.B. dazu, dass die abziehbaren Spenden (§ 9 Abs. 1 Nr. 2 KStG) einen Gewinn mindern (bzw. einen abzugsfähigen Verlust erhöhen), während die nicht-abziehbaren Aufwendungen (§ 10 KStG) den Gewinn erhöhen (bzw. umgekehrt einen evtl. Verlust mindern). Bei KapG ist zudem zu beachten, dass alle Einkünfte Einkünfte aus Gewerbebetrieb darstellen (§ 8 Abs. 2 KStG).

Bei KapG, die zwingend eine Bilanz aufstellen, ist das steuerpflichtige Einkommen grundsätzlich zunächst aus der Handelsbilanz zu ermitteln; dabei ist die kapitalgesellschaftsrechtliche Darstellung des Bilanzgewinns zu berücksichtigen, nach der der Bilanz-

---

[28] Vgl. nur *Rowedder/Zimmermann*, GmbHG, § 54 Anm. 32.
[29] Dies ist vor allem in Organschaftsfällen zu beachten, vgl. Kap. V 3.4.

2 Ermittlung des Einkommens einer Kapitalgesellschaft

gewinn durch Auflösung bzw. durch Einstellung in Gewinnrücklagen bzw. Berücksichtigung von handelsrechtlichen Verlustvorträgen beeinflusst worden ist. Hiervon ausgehend lässt sich das Einkommen in folgenden (stark vereinfacht) einzelnen Schritten ermitteln.

Handelsbilanz-Gewinn
./. Gewinnvortrag
+ Verlustvortrag
./. Entnahmen aus Rücklagen
+ Einstellung in Rücklagen

Handelsrechtliches Jahresergebnis (Jahresüberschuss)
+/./. Anpassungskorrekturen zwischen Handelsbilanz und StB

⎱ 1. Stufe (= bilanzielle Stufe)

StB-Gewinn
+ steuerlich nicht abzugsfähige Gewinnminderungen
  (z.B. § 8b Abs. 3 KStG)
+ nicht abzugsfähige BA (§§ 3c Abs. 1, 4 Abs. 5 EStG, § 8b Abs. 5 KStG)
+ steuerlich nicht abzugsfähige Aufwendungen (§ 10 KStG)
+ steuerliche nicht ausgleichsfähige Verluste (vor allem § 8 Abs. 4 S. 4 KStG)
+ Spenden (unabhängig von der Abzugsfähigkeit)
+ vGA (§ 8 Abs. 3 S. 2 KStG)
+ vGA gem. § 8a KStG
+ Hinzurechnungsbeträge nach dem AStG
./. steuerfreie Dividenden und Veräußerungsgewinne (§ 8b Abs. 1 und 2 KStG)
./. Gewinnanteile und Vergütungen an den Komplementär einer KGaA
  (§ 9 Abs. 1 Nr. 1 KStG)
./. verdeckte Einlagen
./. steuerfreie Vermögensmehrungen (z.B. Investitionszulage)
+/./. Verlustübernahme/Gewinnabführung in Organschaftsverhältnissen
  (vgl. dazu Kap. V.4)

⎱ 2. Stufe

Einkünfte aus Gewerbebetrieb
./. abzugsfähige Spenden und Beiträge (§ 9 Abs. 1 Nr. 2 KStG)
./. abzugsfähige Großspenden (§ 9 Abs. 1 Nr. 2 S. 4 und 5 KStG)
+/./. Einkommenszurechnung in Organschaftsfällen (vgl. dazu später Kap. V.4)

⎱ 3. Stufe

Gesamtbetrag der Einkünfte
./. Verlustabzug (§ 10d EStG, § 8 Abs. 4 KStG)
./. in Verschmelzungs- und Spaltungsfällen übergehender Verlust
  bei der übernehmenden **KapG (§ 12 Abs. 3 UmwStG)**

Einkommen
./. **Freibetrag (§§ 24, 25 KStG)**
z.v.E.

⎱ 4. Stufe

Es sei bereits an dieser Stelle darauf hingewiesen, dass nur Änderungen auf der 1. Stufe in die StB eingreifen. Die – in der Praxis und der Klausur wesentlichsten – Korrekturen des StB-Gewinns auf der 2. Stufe werden **außerhalb der Bilanz** vorgenommen. Dabei ist zu beachten, dass die Darstellung der Ermittlung des zu versteuernden Einkommens in den KStR systematisch erst auf der 3. Stufe beginnt (A 24 KStR). **In Klausuren sollten anhand dieser Systematik vorgegangen werden. Zunächst sind die**

Korrekturen innerhalb der Bilanz[30], anschließend außerhalb der Bilanz[31] vorzunehmen. Die einzelnen Schritte sollten kenntlich gemacht werden.

Bei einer KapG, die nur eine betriebliche Sphäre hat, sind alle Ausgaben BA i.S.d. § 4 Abs. 4 EStG. Wenn diese Ausgaben nach handelsbilanz- und steuerbilanzrechtlichen Gesichtspunkten zu hoch angesetzt worden sind, hat eine entsprechende Korrektur innerhalb der Bilanz zu erfolgen. Wenn diese Ausgaben nach steuerrechtlichen Grundsätzen gesellschaftsrechtlich veranlasst sind (**vGA**), dann ändert dies nichts an der betrieblichen Veranlassung auf der 1. Stufe, die Korrekturen haben auf der 2. Stufe außerhalb der Bilanz zu erfolgen. Die Rspr. hat inzwischen auch klargestellt, dass wegen der Abgeschlossenheit der betrieblichen Sphäre der KapG bei dieser nicht die Grundsätze der Liebhaberei anzuwenden sind (vgl. BFH vom 04.12.1996, DB 1997, 707)[32]. Es ist in diesen Fällen – wiederum auf der 2. Stufe außerhalb der Bilanz – zu prüfen, ob für Ausgaben der KapG die Rechtsbeziehung zu den G'fters eine Bedeutung gehabt hat, m.a.W. eine vGA angenommen werden muss.

M.a.W.: Die Binnensphäre einer KapG ist immer ausschließlich betrieblich. Die Sphäre nach außen kann durch betriebliche oder gesellschaftsrechtliche Beziehungen gestaltet sein. Nur letztere sind auf der Ebene der KapG außerhalb der Bilanz auf einer 2. Stufe zu korrigieren.

3 Körperschaftsteuerliche Besonderheiten

Die körperschaftsteuerlichen Besonderheiten der Ermittlung der Einkünfte aus Gewerbebetrieb ergeben sich aus der Tatsache, dass die KapG keine private Sphäre hat, d.h. alle Ausgaben auf der 1. Stufe betrieblich veranlasst sind. An dieser Stelle werden nur die notwendigen Korrekturen auf der 2. und 3. Stufe angesprochen, die außerhalb der Bilanz vorzunehmen sind.

Eine Vielzahl von Korrekturen außerhalb der StB sind durch den Systemwechsel verursacht. Erträge und Aufwendungen, die mit Beteiligungen an anderen KapG zusammen hängen, bleiben bei der Ermittlung des Einkommens außer Betracht (vgl. insb. § 8b Abs. 1 – 3 KStG).

Bezüge, die eine KapG von einer anderen KapG erhält, bleiben bei der Ermittlung des Einkommens außer Betracht (§ 8b Abs. 1 KStG). Dies resultiert aus der Erkenntnis, dass Gewinne von KapG nur auf der Ebene der KapG und der natürlichen Person (Halbeinkünfteverfahren) besteuert werden sollen. „Zwischengeschaltete KapG" sollen keine zusätzlichen steuerlichen Folgen auslösen.

Der Gesetzgeber vergleicht den Vorgang der Beteiligungsveräußerung einer Ausschüttung der offenen Rücklagen an den veräußernden AE. Deshalb hat der Gesetzgeber Veräußerungsgewinne von Beteiligungen an KapG freigestellt (§ 8b Abs. 2 KStG). Systematisch zwingend ist dies nur für den Anteil des Veräußerungsgewinns, der auf offenen Rücklagen beruht. Der Teil des Veräußerungsgewinns, der auf stillen Reserven bzw. künftigen Ertragserwartungen beruht, hätte nicht freigestellt werden müssen. Der Gesetzgeber zieht aus dieser Steuerfreistellung von Bezügen bzw. Beteiligungserträgen die Kon-

---

[30] Vgl. dazu *Preißer*, Teil A, Kap. I ; Korrekturen innerhalb und außerhalb der Bilanz.
[31] Vgl. sogleich insbes. Kap. III.3-5.
[32] Vgl. auch *Braun*, BB 2000, 283.

sequenz, auch Verluste bzw. Wertminderungen und BA, die mit Beteiligungen an KapG in unmittelbarem Zusammenhang stehen, bei der Ermittlung des Einkommens unberücksichtigt zu lassen (§ 8b Abs. 3 KStG, § 3c Abs. 1 EStG). Darauf wird im Folgenden einzugehen sein.

3.1 Körperschaftsteuerliche Hinzurechnungen

3.1.1 Nicht abzugsfähige Gewinnminderung aus Beteiligungen

§ 8b Abs. 3 KStG ist durch das UntStFG neu gefasst worden; nunmehr besteht ein allgemeiner Ausschluss der Abzugsfähigkeit von Gewinnminderungen, die mit dem Anteil an einer KapG in Zusammenhang stehen[33]. Diese Vorschrift ist insoweit zu weit geraten, als sie auch Gewinnminderungen von Anteilen umfasst, die gem. § 8b Abs. 4 KStG nicht begünstigt sind. Insoweit hat eine **Korrektur der überschießenden Wirkung** zu erfolgen, als entweder – bei Steuerpflicht eines Veräußerungsgewinns gem. § 8b Abs. 4 KStG – rückwirkend die Gewinnminderung (TW-AfA) berücksichtigt oder – bei Ausschluss der Gewinnminderung – die Steuerpflicht des Veräußerungsgewinns gem. § 8b Abs. 4 KStG eingeschränkt wird. Die Vorschrift kann nur solche Gewinnminderungen ausschließen, die mit steuerfreien Vorgängen in Zusammenhang stehen[34].

> **Beispiel 8: Überschießende Besteuerung**
> Die X-GmbH hat Anteile an der Y-GmbH, die sie durch die Einbringung eines Teilbetriebs zu Buchwerten erhalten hat (nicht-begünstigte Anteile gem. § 8b Abs. 4 Nr. 1 KStG). Die X-GmbH nimmt auf die Anteile eine TW-AfA vor (der Buchwert vor Abschreibung beträgt 100, danach 50).
>
> **Lösung:**
> Bei einer Veräußerung innerhalb von sieben Jahren nach der Einbringung (§ 8b Abs. 4 S. 2 Nr. 1 KStG) ist der Gewinn nicht gem. § 8b Abs. 2 KStG steuerbefreit. Dies ist nur dann systemgerecht, wenn die vorherige TW-AfA entgegen dem Wortlaut des § 8b Abs. 3 KStG berücksichtigt wird.

Ungeklärt ist das Verhältnis von § 8b Abs. 3 KStG zu § 3c Abs. 1 EStG. Man wird § 8b Abs. 3 KStG auf Gewinnminderungen unmittelbar des Anteils (wegen der Bezugnahme auf Vorgänge des § 8b Abs. 2 KStG), § 3c Abs. 1 EStG auf BA im Zusammenhang mit laufenden Einnahmen anzuwenden haben. In erster Linie wird § 8b Abs. 3 KStG auf TW-AfA und auf Verluste bei Veräußerungen von Anteilen i.S.d. § 8b Abs. 2 KStG anzuwenden sein.

> **Beispiel 9: Realisierter Verlust**
> Eine M-GmbH hält Anteile an einer T-AG. Die Anteile sind zu den AK (500) aktiviert. Die M-GmbH veräußert die Anteile in 03 an X zu 350. Ein Anwendungsfall des § 8b Abs. 4 KStG liegt nicht vor.

---

[33] Vgl. *Rödder/Schumacher*, DStR 2002, 105.
[34] *Blumers/Beinert/Witt*, DStR 2001, 238.

Lösung:
Die M-GmbH erleidet i.H.d. Differenz zwischen Veräußerungspreis und AK einen Verlust, der in der StB zu berücksichtigen ist. Diese Gewinnminderung (150) ist außerhalb der StB auf der 2. Stufe wieder hinzuzurechnen (§ 8b Abs. 3 KStG).

3.1.2 Nicht abzugsfähige Betriebsausgaben

Die steuerliche Abzugsfähigkeit von BA bestimmt sich i.d.R. nach den einkommensteuerlichen Vorschriften, so dass auch für KapG die Vorschrift des § 4 Abs. 5 EStG Anwendung findet. Eine Korrektur der BA, die gem. § 4 Abs. 5 EStG nicht abziehbar sind, erfolgt auf der 2. Stufe, d.h. außerhalb der Bilanz. Künftig wird die Vorschrift des § 3c Abs. 1 EStG eine größere Bedeutung einnehmen. Hiernach können BA, die in Zusammenhang mit steuerfreien Einnahmen stehen, nicht als BA abgezogen werden. Dies gilt insb. für **Finanzierungsaufwendungen**, die eine KapG auf eine Beteiligung an einer anderen KapG tätigt. Mit Fremdkapital finanzierte Beteiligungen an Tochter-KapG können steuerlich suboptimal sein, da die Zinsen insoweit gem. § 3c Abs. 1 EStG nicht als BA abgezogen werden können, als sie mit steuerfreien Dividenden in Zusammenhang stehen. Diese BA sind jedoch nur insoweit nicht abzugsfähig, als in dem betreffenden Wj. tatsächlich steuerfreie Dividenden vereinnahmt werden. Sog. **Ballooning-Konzepte**[35] bleiben damit möglich[36].

Beispiel 10: Fremdfinanzierte Beteiligung
Die M-GmbH ist an der T-GmbH zu 100 % beteiligt. Die AK von 500 hat die M-GmbH über einen Kredit finanziert. Die Zinsaufwendungen betragen jährlich 50. In 02 und 03 werden von der T-GmbH keine Gewinne ausgeschüttet.

Lösung:
Die Zinsen stehen nicht mit steuerfreien Einnahmen in wirtschaftlichem Zusammenhang, der BA-Abzug auf der 1. Stufe braucht außerhalb der Bilanz (2. Stufe) nicht gem. § 3c Abs. 1 EStG korrigiert zu werden.

Beispiel 11: Verfallene Zinsen
Die T-GmbH schüttet in 04 eine Dividende von 30 aus. Die Zinsaufwendungen betragen wiederum 50.

Lösung:
I.H.v. 30 stehen die Zinsen mit steuerfreien Einnahmen in wirtschaftlichem Zusammenhang. In dieser Höhe hat gem. § 3c Abs. 1 EStG i.V.m. § 8 Abs. 1 KStG eine Korrektur auf der 2. Stufe außerhalb der Bilanz zu erfolgen. Die die Dividende übersteigenden Zinsen werden nicht korrigiert, bleiben also als BA berücksichtigt.

---

[35] Darunter versteht man die Möglichkeit, Gewinnausschüttungen **geballt** in die VZ zu verlagern, in denen keine BA anfallen, die mit der Beteiligung zusammen hängen.
[36] *Köster*, FR 2000, 1263.

Gem. § 8b Abs. 5 KStG gibt es ein pauschales Abzugsgebot für BA, die mit Bezügen aus **Anteilen an einer ausländischen Gesellschaft**, die gem. § 8b Abs. 1 KStG bei der Ermittlung des Einkommens ebenfalls außer Ansatz bleiben, in Zusammenhang stehen. Dieses Abzugsverbot besteht – unabhängig der tatsächlich angefallenen BA – i.H.v. 5 % der Dividenden.

Dies bedeutet, dass die angefallenen BA entsprechend der bilanziellen Behandlung weiterhin abzugsfähig bleiben und eine Hinzurechnung i.H.v. 5 % der Dividenden erfolgt, wenn tatsächlich Dividenden geflossen sind. § 8b Abs. 5 KStG findet auch bei vGA Anwendung, da durch das UntStFG der Anwendungsbereich auf alle Bezüge erstreckt worden ist.

Beispiel 12: Die ausländische Beteiligung
Die M-GmbH hält eine Beteiligung an der ausländischen T-SAS. Die Beteiligung (AK betragen 600) hat sie mit einem Darlehen finanziert, die Zinsen betragen jährlich 60. In 02 schüttet die T-SAS eine Dividende von 200, in 03 keine Dividende aus.

Lösung:
In 02 und 03 bleiben die Zinsen als BA abzugsfähig. Außerhalb der Bilanz werden in 02 10 (5 % der Dividenden) auf der 2. Stufe als nicht abzugsfähige BA hinzugerechnet. In 03 unterbleibt eine Hinzurechnung, da keine Dividende angefallen ist.
Wenn die M-GmbH die ausländische Beteiligung veräußert, ist der Veräußerungsgewinn gem. § 8b Abs. 2 KStG steuerfrei. Insoweit besteht keine fiktive Hinzurechnung der BA, da sich § 8b Abs. 5 KStG ausdrücklich nur auf Bezüge i.S.d. § 8b Abs. 1 KStG bezieht[37].

3.1.3 Nicht abzugsfähige Aufwendungen

In § 10 KStG sind bestimmte nicht abzugsfähige Aufwendungen enthalten. Diese Vorschrift dient z.T. der steuerlichen Gleichstellung von Personenunternehmen mit KapG (vgl. § 10 Nr. 1 – 3 KStG); die Hinzurechnung der Hälfte der Aufsichtsrats-Vergütungen ist systematisch nicht einzuordnen und nur aus einem gewissen Misstrauen bezüglich der Rechtsbeziehungen zwischen der Gesellschaft und den Überwachungsorganen verständlich[38]. § 10 Nr. 2 und 3 KStG bestimmen eine Korrektur der auf der 1. Stufe als Betriebsausgabe abgezogenen Aufwendungen, die auch bei natürlichen Personen die Einkünfte bzw. den Gesamtbetrag der Einkünfte nicht mindern dürfen (§ 12 EStG). Diese Aufwendungen sind bilanziell BA, dürfen aus Gründen der Wettbewerbsneutralität des Steuerrechtes bei KapG die BMG nicht mindern. Auch sie sind erst auf der 2. Stufe außerhalb der StB wieder hinzurechnen.

In § 10 Nr. 3 KStG sind nur Strafen bzw. **Geldbußen gegen die KapG** vom Abzug ausgeschlossen; übernimmt die KapG eine **gegen den GF** persönlich festgesetzte Geldbuße, ist die Zahlung als Betriebsausgabe abzugsfähig und nicht gem. § 10 Nr. 3 KStG außerhalb der Bilanz zu korrigieren. Die Zahlung stellt beim GF Arbeitslohn dar, ein Ab-

---

[37] Zu möglichen Steuergestaltungen im Hinblick auf § 8b Abs. 5 KStG vgl. *Köster*, FR 2000, 1268.
[38] *Clemm/Clemm*, BB 2001, 1873.

zug der Geldbuße als WK kommt gem. § 9 Abs. 5, § 4 Abs. 5 Nr. 8 EStG auch dann nicht in Betracht, wenn dem GF die Geldbuße wegen einer in Ausübung seiner Tätigkeit als GF begangenen Ordnungswidrigkeit auferlegt worden ist.

Vergütungen, die eine KapG an Mitglieder eines (auch) zur Überwachung eingesetzten Organs bezahlt, sind zur Hälfte außerhalb der Bilanz wieder hinzuzurechnen (§ 10 Nr. 4 KStG). Es kommt dabei nicht auf die Bezeichnung des Organs, sondern auf dessen Aufgaben an. Die Vergütungen fallen jedoch nur insoweit unter das hälftige Abzugsverbot, als es sich nicht um konkret nachgewiesenen Aufwendungsersatz handelt (vgl. A 45 KStR). Es ist darauf hinzuweisen, dass bei überhöhten Vergütungen alle Aufsichtsrats-Mitglieder, die zugleich G´fter sind, das Rechtsinstitut der vGA gegenüber § 10 Nr. 4 KStG Vorrang hat.

> **Beispiel 13: Maßlose Aufsichtsräte**
> Eine AG bezahlt an die drei Aufsichtsrats-Mitglieder (alles Aktionäre) eine Vergütung i.H.v. jeweils 80. Die angemessene Vergütung liegt – annahmegemäß – bei jeweils 60. Die AG hat die Vergütung in voller Höhe als Betriebsausgabe (240) abgezogen.

> **Lösung:**
> Der Abzug der Aufsichtsrats-Vergütungen als BA auf der 1. Stufe ist richtig. I.H.d. unangemessenen Vergütung von insgesamt 60 hat eine volle (vGA), i.H.d. angemessenen Vergütung eine hälftige Hinzurechnung (§ 10 Nr. 4 KStG) von insgesamt 90 zu erfolgen. Beim AE liegen in Bezug auf die unangemessenen Vergütungen Einnahmen aus Kapitalvermögen, i.H.d. angemessenen Teils Einkünfte aus selbständiger Arbeit vor.
> Es ergibt sich die Situation, dass (ohne Einbeziehung von steuerlichen Folgen auf der Einkommensverwendungsebene der KapG) die als vGA bezogene Aufsichtsrats-Vergütung geringer besteuert wird, da sie beim AE nur der hälftigen Besteuerung unterliegen.
> **Hinweis:** Die nicht abzugsfähigen Aufwendungen (mit Ausnahme inländischer und ausländischer KSt) unterlagen wegen Besonderheiten im Anrechnungsverfahren (vgl. § 31 Abs. 1 Nr. 4 und Abs. 2 KStG a.F.) einer Definitiv-KSt (sog. Schatteneffekt der KSt). Diese resultierte daraus, dass die nicht abzugsfähigen Aufwendungen von dem belasteten Teilbetrag abgezogen worden sind, insoweit für eine KSt-Entlastung (durch Ausschüttung) nicht mehr zur Verfügung standen. Diese „zusätzliche Belastung" ist nach neuem Recht weggefallen.

3.1.4 Nicht ausgleichsfähiger Verlust

Gem. § 8 Abs. 4 S. 4 KStG ist bei Wegfall der wirtschaftlichen Identität (vgl. dazu Kap. III.7) nicht nur der Verlustabzug, sondern auch der Ausgleich des bis zum Wegfall der wirtschaftlichen Identität eingetretenen Verlustes nicht möglich. Der Verlust wird sowohl in der Handels- als auch in der StB berücksichtigt. Der nicht ausgleichsfähige Verlust muss auf der zweiten Stufe außerhalb der Bilanz wieder hinzugerechnet werden[39].

---

[39] Vgl. zur Verlustberücksichtigung bei der Einkommensermittlung *Preißer*, Band 1, Teil B, Kap. IV.

3.2 Körperschaftsteuerliche Kürzungen

3.2.1 Kürzungen der Beteiligungserträge

Erträge, die eine KapG über eine Beteiligung an einer anderen KapG durch Dividenden oder Beteiligungs-Veräußerung erzielt, haben das StB-Ergebnis erhöht; sie bleiben gem. § 8b Abs. 1 und 2 KStG bei der Ermittlung des Einkommens außer Ansatz, sind außerhalb der Bilanz zu korrigieren. Haben die Dividenden bei der ausschüttenden KapG allerdings KSt-Guthaben realisiert, wird bei der empfangenen KapG eine sog. **Nachsteuer** erhoben (vgl. § 37 Abs. 3 KStG). I.H.d. KSt-Minderung bei der ausschüttenden KapG erfolgt bei der empfangenden KapG eine KSt-Erhöhung unter gleichzeitiger Erhöhung des KSt-Guthabens.

Beispiel 14: Weitergegebenes KSt-Guthaben
Eine Tochtergesellschaft hat an die zu 100 % beteiligte Muttergesellschaft eine Gewinnausschüttung i.H.v. 600 vorgenommen und dabei KSt-Guthaben i.H.v. 100 realisiert. Die Muttergesellschaft hat einschließlich der Beteiligungserträge ein ausgeglichenes StB-Ergebnis erzielt.

Lösung:
Das Einkommen der Muttergesellschaft entwickelt sich wie folgt:

StB-Ergebnis: 0
./. steuerfreie Beteiligungserträge (§ 8b Abs. 1 KStG): 600
Einkünfte aus Gewerbebetrieb: **./. 600**

Trotz des negativen Ergebnisses hat die Muttergesellschaft eine KSt-Schuld von 100 (§ 37 Abs. 3 KStG), gleichzeitig erhöht sich das KSt-Guthaben um 100, welches u.U. (bei entsprechender Ertragslage) später realisiert werden kann.

Für Gewinne aus Beteiligungsveräußerungen gilt dies jedoch nur, soweit kein „**Missbrauchstatbestand**" i.S.d. § 8b Abs. 4 S. 1 KStG gegeben ist. Ein Missbrauchstatbestand liegt vor, wenn es sich um einbringungsgeborene Anteile i.S.d. § 21 UmwStG handelt oder die KapG die Anteile von einem nicht gem. § 8b Abs. 2 KStG Begünstigten zu einem Wert unter dem TW erworben hat. Von diesem Missbrauchstatbestand gibt es in § 8b Abs. 4 S. 2 KStG wiederum eine Rückausnahme, vor allem wenn die Veräußerung nach einer Frist von 7 Jahren erfolgt. Der Tatbestand des § 8b Abs. 4 KStG soll verhindern, dass nicht begünstige Vorgänge (**Verkauf eines Teilbetriebs** durch die KapG) in begünstigte (Verkauf einer Beteiligung) Vorgänge umgewandelt werden, indem eine Einbringung gem. § 20 UmwStG zum Buchwert der Veräußerung vorgeschaltet wird. Ebenso wird als Missbrauch angesehen, wenn eine nicht begünstigte Person Anteile an einer anderen KapG zu einem unter dem TW liegenden Preis in die KapG einbringt (z.B. gem. § 20 UmwStG), und die KapG diese Anteile vor Ablauf der Sperrfrist veräußert. Die Einzelheiten können an dieser Stelle nicht behandelt werden[40], auf zwei Vorgänge sei jedoch exemplarisch hingewiesen:

---

[40] Vgl. die ausführliche Übersicht bei *Dötsch/Pung*, *Dötsch/Eversberg/Jost/Witt*, KStG und EStG, § 8b KStG Anm. 10b. Bitte beachten Sie die Darstellung von *Dötsch/Pung*, DB 2000, Beilage 10.

Beispiel 15: Die entsperrte Beteiligung
Eine A-KapG bringt in eine neugegründete (oder bestehende) B-KapG einen Teilbetrieb ein. Zu diesem Teilbetrieb gehört seinerseits auch eine Beteiligung an der C-KapG. Die Einbringung erfolgt zum Buchwert, die A-KapG bekommt als Gegenleistung Anteile an der B-KapG.

Lösung:
Die Anteile an der B-GmbH sind im Prinzip einbringungsgeborene Anteile und unterliegen der Missbrauchsklausel des § 8b Abs. 4 S. 1 Nr. 1 KStG, bei einer Veräußerung dieser Anteile innerhalb der Sperrfrist würde § 8b Abs. 2 KStG nicht eingreifen, der Veräußerungsgewinn dürfte außerhalb der Bilanz nicht abgezogen werden. Es fragt sich jedoch, ob dies auch insoweit gilt, als der Veräußerungsgewinn auf die eingebrachte Beteiligung an der C-GmbH entfällt. Diese Beteiligung hätte die A-GmbH außerhalb des Einbringungsvorganges steuerfrei veräußern dürfen. M.E. greift der Gedanke der Rückausnahme des § 8b Abs. 4 S. 2 Nr. 2 KStG, da insoweit die Anteile wirtschaftlich nicht auf der Einbringung beruhen, da sie bereits vor der Einbringung dem Tatbestand des § 8b Abs. 2 KStG unterlegen haben. In diesen Fällen ist von der einbringenden KapG A das Wertverhältnis zwischen dem Teilbetrieb und den miteingebrachten Anteilen an der C-KapG festzuhalten.

Beispiel 16: Infizierte Anteile
Eine A-KapG hält bereits 100 % an der T-KapG. Die A-KapG bringt im Rahmen einer Sachkapitalerhöhung einen Teilbetrieb zum Buchwert ein und erhält dafür einen unverhältnismäßig kleinen Anteil an der T-KapG.

Lösung:
In dieser Konstellation hält die A-KapG formal zwei Arten von Anteilen an der T-KapG. Die ursprünglich gehaltenen Anteile stellen keine einbringungsgeborenen Anteile dar, die aufgrund des Einbringungsvorganges erhaltenen Anteile sind dagegen missbrauchsbelastete Anteile i.S.d. § 8b Abs. 4 S. 1 Nr. 1 KStG. Allerdings wird ein Teil des Wertes des eingebrachten Teilbetriebes bei der unverhältnismäßigen Kapitalerhöhung auf die alten Anteile übertragen, **insoweit** werden diese Anteile steuerlich infiziert und werden in dem Verhältnis, in dem stille Reserven auf sie überspringen zu einbringungsgeborenen Anteilen i.S.d. § 8b Abs. 4 S. 1 Nr. 2 KStG[41]. Die Höhe der „Infektion" der Altanteile bemisst sich nach folgender Formel:

$$\frac{\text{Stammkapital vor Kapitalerhöhung} \times \text{Wert der Einlage}}{\text{Gesamtwert der Anteile}}$$

Bei einer Veräußerung der Anteile ist im Verhältnis der „Infektion" eine Steuerpflicht anzunehmen; eine Aufteilung der veräußerten Anteile ausschließlich auf den nicht infizierten Teil der Alt-Anteile ist nicht möglich, da dieser Teil lediglich ideell bestimmbar ist.

---

[41] Z.B. *Eisolt/Wickinger*, BB 2001, 229 ff.

Schließlich ist noch auf die Erstreckung des § 8b Abs. 1 und 2 KStG bei **mittelbar über eine Mitunternehmerschaft** gehaltenen Anteilen an einer anderen KapG hinzuweisen (§ 8b Abs. 6 KStG)[42].

Beispiel 17: Mittelbare Wohltaten
Die A-GmbH ist an der X-KG als Kommanditistin beteiligt. Zu dem Betriebsvermögen der X-KG gehört eine Beteiligung an der B-AG.
a) Die B-AG schüttet Dividenden an die X-KG aus.
b) Die X-KG verkauft die Beteiligung an die B-AG.
c) Die A-GmbH verkauft die Beteiligung an der X-KG.

Lösung:
Gem. § 8b Abs. 6 KStG gelten die Abs. 1 – 5 soweit, als mittelbar von einer KapG über eine Mitunternehmerschaft Beteiligungen an KapG gehalten werden.

a) Die Dividende erhöht den Gewinnanteil der A-GmbH an der X-KG und ist im StB-Gewinn enthalten. Soweit die Dividende den Gewinnanteil erhöht hat, ist sie außerhalb der Bilanz der A-GmbH gem. § 8b Abs. 6 i.V.m. § 8b Abs. 1 KStG zu kürzen. Die Kürzung betrifft selbstverständlich nur den im gesamten Gewinnanteil enthaltenen Dividendenertrag.
b) Der Gewinnanteil der A-GmbH wird hierdurch erhöht. Er ist bei der A-GmbH um den auf den entfallenden Veräußerungsgewinn außerhalb der Bilanz zu kürzen (§ 8b Abs. 6 i.V.m. § 8b Abs. 2 KStG).
c) Es handelt sich zwar um die Veräußerung eines Mitunternehmer-Anteils gem. §§ 15, 16 EStG, der zunächst nicht begünstigt ist. Soweit dieser Gewinn durch die Mitveräußerung des Anteils an der B-AG entstanden ist, ist er bei der A-GmbH außerhalb der Bilanz zu kürzen (§ 8b Abs. 6 i.V.m. § 8b Abs. 2 KStG).

3.2.2 Gewinnanteile an den Komplementär einer Kommanditgesellschaft auf Aktien

Gem. § 9 Abs. 1 Nr. 1 KStG wird der Gewinn einer KGaA insoweit gekürzt, als er auf den Komplementär entfällt. Abgezogen werden auch die Aufwendungen, soweit sie als Vergütungen für die GF verteilt werden. Die Reichweite des § 9 Abs. 1 Nr. 1 KStG ist unklar. Die Bestimmung muss m.E. im Zusammenhang mit § 15 Abs. 1 Nr. 3 EStG, § 8 Nr. 4 GewStG gesehen werden[43]. Die KGaA ist zwar „nach außen" insgesamt KSt-Subjekt, doch ist sie „nach innen" als Mitunternehmerschaft zwischen dem Aktionärsverein (Gesamtheit der Kommanditaktionäre) und dem Komplementär aufzufassen. Daraus zieht § 9 Abs. 1 Nr. 1 KStG die Konsequenz, dass Aufwendungen in der Höhe abgezogen werden können, in der bei dem Komplementär unmittelbar Einkünfte aus Gewerbebetrieb gem. § 15 Abs. 1 Nr. 3 EStG entstehen. Dabei ist jedoch zu berücksichtigen, dass GF-Vergütungen an den Komplementär bereits – unabhängig von § 9 Abs. 1 Nr. 1 KStG –

---
[42] Vor dem StSenkG hat die FinVerw. Befreiungen gem. § 8b Abs. 1 und 2 KStG 1999 dann versagt, wenn die Bezüge über eine MU-schaft gelaufen sind, vgl. FinMin Bay vom 09.05.2000 (DB 2000, 1305).
[43] *Bacher*, DB 1985, 2118.

den StB-Gewinn gem. § 4 Abs. 4 EStG gemindert haben. Ein nochmaliger Abzug gem. § 9 Abs. 1 Nr. 1 KStG kommt nicht in Betracht.

3.2.3 Abziehbare Spenden

Die von der KapG bezahlten Spenden sind zunächst auf der ersten Stufe Betriebsausgabe, die das StB-Ergebnis entsprechend gemindert haben. § 9 Abs. 1 Nr. 2 KStG ist systematisch im Rahmen der Einkunftsermittlung nur zu verstehen, wenn vor dessen Anwendung alle Spenden hinzuaddiert werden (vgl. zweite Stufe). Erst nach Ermittlung der Einkünfte aus Gewerbebetrieb mindern auf der dritten Stufe, die abziehbaren Spenden die BMG. Die Abziehbarkeit entlehnt sich im Einzelnen an § 10b EStG an; auf die dortige Darstellung wird verwiesen! Anders als ein ESt-Recht erhöhen abziehbare Spenden einen berücksichtigungsfähigen Verlust. Dies ergibt sich aus der Systematik der Einkommensermittlung und der Stellung von § 9 Abs. 1 und 2 KStG innerhalb dieser Systematik.

4 Verdeckte Gewinnausschüttungen

4.1 Überblick

Das Rechtsinstitut der vGA dient der Einkommenskorrektur bei Körperschaften. Alle Körperschaften, die einen mitgliederähnlichen Verband darstellen, können in rechtlichen Beziehungen zu ihren Mitgliedern/G´ftern treten, die zu Konditionen abgeschlossen werden, die einem Nicht-G´fter nicht eingeräumt worden wären. Das Einkommen der Körperschaften/KapG ist auf der Einkommenserzielungsebene vermindert (**Normalfall**) bzw. nicht entsprechend vermehrt worden (**Ausnahmefall**), wobei diesem Nachteil i.d.R. ein Vorteil bei dem G´fter gegenübersteht.

Die Besonderheit besteht bei KapG darin, dass sie aufgrund ihrer Unternehmensverfassung und Vermögensordnung (einem bestimmten Unternehmen zugeordnete verselbständigte Vermögensmasse) nur einen betrieblichen Bereich haben, d.h. alle Aufwendungen sind auf der ersten Stufe der Erfolgsermittlung (StB) BA; es gibt insoweit auch keinen Zweifel, dass diese Aufwendungen betrieblich veranlasst sind (§ 4 Abs. 4 EStG), da die KapG keine Privatsphäre kennt. Dies heißt aber nicht zwingend, dass die Zuordnung der Aufwendungen zu den betrieblich veranlassten Ausgaben bei der Einkommensermittlung endgültig ist[44].

Das Steuerrecht kennt verschiedene Korrekturvorschriften, die das auf der ersten Stufe (StB) gewonnene Ergebnis beeinflussen (z.B. die Vorschriften des AStG, die nicht abziehbaren Aufwendungen in § 10 KStG). Dies hat zur Folge, dass Leistungen zwischen Gesellschaft und G´fter auf der zweiten Stufe[45] danach untersucht werden müssen, ob das auf der ersten Stufe gefundene Ergebnis mit dem Grundsatz übereinstimmt, dass nur Vorgänge, die nach einem normativen Verständnis durch die Einkommenserzielung veranlasst sind, das Einkommen auch tatsächlich mindern dürfen. Es geht somit auch auf dieser zweiten Stufe um einen Kausalzusammenhang und um die Unterscheidung zwischen Einkommenserzielungs- und Einkommensverwendungsebene. Leistungen, die dem G´fter

---

[44] *Wassermeyer*, GmbHR 2002, 1.
[45] Außerhalb der Bilanz bei der Ermittlung der Einkünfte aus Gewerbebetrieb, vgl. zur Einkommensermittlung Kap. III.2.2.

nach normativem Verständnis (**Fremdvergleich**) einen Vorteil und der Gesellschaft einen Nachteil bringen, werden außerhalb der Bilanz auf der 2. Stufe als „faktische Einkommensverwendung" behandelt und in die BMG einbezogen. Damit ist auch klargestellt, dass nur dann auf der zweiten Stufe eine Korrektur notwendig ist, wenn durch den Vorgang das Ergebnis der ersten Stufe innerhalb der StB (Vermögensminderung oder nicht eingetretene Vermögensmehrung) beeinflusst worden ist. Allerdings sind Vorgänge denkbar, die zwar die erste Stufe nicht berühren, aber bei dem G´fter zu einem Vorteil führen. Dies führt dazu, dass sie als (einkommensneutrale) Ergebnisverwendung bei der KapG betrachtet werden, die bei dem G´fter zu entsprechenden Einnahmen führen können (z.B. endgültige Nichteinforderung eines Agios). Es gibt also (nur) aus gesellschaftsrechtlicher Sicht eine vGA mit und ohne Einkommensauswirkung bei der KapG, während die steuerliche vGA immer eine Einkommensauswirkung voraussetzt (s. unter 4.2).

Daran erkennt man, dass das Rechtsinstitut der vGA auf verschiedenen Ebenen eine Bedeutung hat, die zwar oft zusammentreffen, dies aber nicht denknotwendig müssen:

- Einkommensermittlungsebene der KapG (§ 8 Abs. 3 S. 2 KStG),
- Abfluss von Eigenkapital auf der Ebene der KapG mit entsprechenden Steuerfolgen (Steuerfolgen der Einkommensverwendung vgl. dazu Kap. IV.3) und
- Einkommensebene des G´fters (§ 20 Abs. 1 EStG).

Dabei kann die erste Ebene von den beiden anderen Ebenen völlig getrennt sein, so dass im Einzelnen untersucht werden muss, ob tatsächlich ein Vorgang zwischen KapG und G´fter Auswirkungen auf die Einkommensermittlung der KapG hat (erste Ebene, z.B. Überlassung eines Darlehens an den beherrschenden G´fter ohne entsprechende Sicherung). Es kann allerdings auch vorkommen, dass ausschließlich die erste Ebene von einem Vorgang betroffen ist, wie dies z.B. bei einer unangemessenen Pensionszusage der Fall ist. In diesen Fällen findet auf der Ebene der KapG kein Abfluss (keine Folgen auf der Einkommensverwendungsebene) und auf der Ebene des G'fter-GF kein Zufluss (keine Einnahmenerhöhung beim G´fter) statt.

Die zweite und dritte Ebene hängen dagegen sachlich, nicht aber unbedingt zeitlich, zusammen. Einnahmen aus einer Gewinnausschüttung (ob offen oder verdeckt) sind beim G´fter nicht vorstellbar, ohne dass dies – nach früherem Recht – Einfluss auf die Gliederung des vEK gehabt hätte; auch eine vGA durch verhinderte Vermögensmehrung führt zu Einnahmen beim AE. Daher führt eine solche vGA zwingend zu einem „steuertechnischen Abfluss" auf der Einkommensverwendungsebene der KapG, wodurch sowohl nach neuem als auch nach altem Recht Steuerfolgen auf der Einkommensverwendungsebene (Herstellen der Ausschüttungsbelastung bzw. Steuerfolgen durch die Differenzrechnung gem. § 38 Abs. 1 S. 4 KStG n.F.) eintreten können.

Es wird zu zeigen sein, dass das Rechtsinstitut der vGA vor allem auch gesellschaftsrechtlich und handelsbilanzrechtlich Bedeutung hat. Soweit aufgrund von Leistungsbeziehungen zwischen Gesellschaft und G´fter die Gesellschaft nach handelsbilanzrechtlichen Grundsätzen einen Anspruch erfolgswirksam aktivieren muss, kommt insoweit eine Einkommenskorrektur außerhalb der Bilanz nicht in Frage. Die „richtige Bilanzierung" geht insoweit vor (z.B. BFH vom 30.08.1995, DB 1995, 2451).

4.2 Abgrenzung offene Gewinnausschüttung und verdeckte Gewinnausschüttung

Unter einer vGA i.S.d. § 8 Abs. 3 S. 2 KStG ist

- eine **Vermögensminderung** oder **verhinderte Vermögensmehrung** zu verstehen,
- die durch das **Gesellschaftsverhältnis veranlasst** ist,
- sich **auf die Höhe des Einkommens auswirkt** und
- **nicht** auf einen den gesellschaftsrechtlichen Vorschriften entsprechenden **Gewinnverteilungsbeschluss beruht** (A 31 Abs. 3 KStR).

Die Abgrenzung zwischen oGA und vGA ist im Steuerrecht von erheblicher Bedeutung. Die generelle Abgrenzung zwischen oGA und vGA hat künftig Bedeutung für die Möglichkeit der Realisierung des KSt-Guthabens (§ 37 Abs. 2 S. 1 KStG n.F.), da nur durch oGA KSt-Guthaben mobilisiert werden kann.

Die Abgrenzung hat zunächst nach handels- und gesellschaftsrechtlichen Kriterien zu erfolgen. Die oGA (auch die Vorabausschüttung) hat in der Handels- und StB nur Auswirkung auf das Eigenkapital, nicht aber auf den Gewinn. Die vGA hat i.d.R. (Ausnahme: vGA durch verhinderte Vermögensmehrung) Auswirkung auf das Ergebnis der KapG, sie wird (soweit sie auf der Einkommenserzielungsebene gem. § 8 Abs. 3 S. 2 KStG relevant ist) über das Jahresergebniskonto abgewickelt.

Gesellschaftsrechtlich hat die oGA ihren Rechtsgrund in einem Gewinnverwendungsbeschluss, wobei dieser Beschluss in der Zuständigkeit der Gesellschafterversammlung liegt (§ 46 Nr. 1 GmbHG, § 119 Abs. 1 Nr. 2 AktG). Der Rechtsgrund für eine vGA liegt i.d.R. in einem zweiseitigen Rechtsgeschäft zwischen der Gesellschaft und dem G'fter, eine vGA kann aber auch durch eine rein tatsächliche Handlung des betreffenden G'fters oder des Organs verwirklicht werden[46]. Subjektive Momente spielen für das Vorliegen einer vGA keine Rolle, es kommt vielmehr auf ein „objektiviertes Veranlassungsprinzip" an, nach dem auf der zweiten Stufe der Einkommensermittlung entschieden wird, ob eine betreffende Vermögensverlagerung auf gesellschaftsrechtlichen Gründen beruht.

Durch das Rechtsinstitut der vGA sollen im Ergebnis alle Transaktionen, die auf **gesellschaftlichem Verhältnis** beruhen, der Einkommensverwendungsebene zugeordnet werden.

4.3 Grundlagen der verdeckten Gewinnausschüttung

4.3.1 Tatbestand der verdeckten Gewinnausschüttung

4.3.1.1 Grundtatbestand

Eine vGA i.S.d. § 8 Abs. 3 S. 2 KStG ist bei einer KapG eine Vermögensminderung oder verhinderte Vermögensmehrung, die durch das Gesellschaftsverhältnis veranlasst ist, sich auf die Höhe des Einkommens auswirkt und in keinem Zusammenhang mit einer offenen Ausschüttung steht.

Eine Veranlassung durch das Gesellschaftsverhältnis liegt dann vor, wenn ein ordentlicher und gewissenhafter Geschäftsleiter die Vermögensminderung oder verhinderte

---

[46] Vgl. *Groh*, DB 1995, 844.

4 Verdeckte Gewinnausschüttungen

Vermögensmehrung gegenüber einer Person, die nicht G'fter ist, unter sonst gleichen Umständen nicht hingenommen hätte (R 31 Abs. 3 KStR).

Dies ist der Grundtatbestand der vGA. Entscheidend für das Vorliegen einer vGA i.S.d. § 8 Abs. 3 S. 2 KStG ist demnach, ob die Transaktion – auf rechtsgeschäftlicher oder tatsächlicher Grundlage – zwischen Gesellschaft und G'fter auf dem Gesellschaftsverhältnis beruht (**normatives Veranlassungsprinzip**). Auf dem Gesellschaftsverhältnis beruht eine Transaktion dann, wenn sie dem sog. **Fremdvergleich** nicht standhält, welches wieder nach dem vermuteten Verhalten eines GF's gegenüber einem Nicht-G'fter überprüft wird. Das Verhältnis zwischen dem Veranlassungsprinzip und dem Fremdvergleich sowie die Einbindung des ordentlichen und gewissenhaften GF's in dieses Verhältnis ist nicht immer hinreichend klar. Man sollte von einem folgenden abgestuften Verhältnis ausgehen:

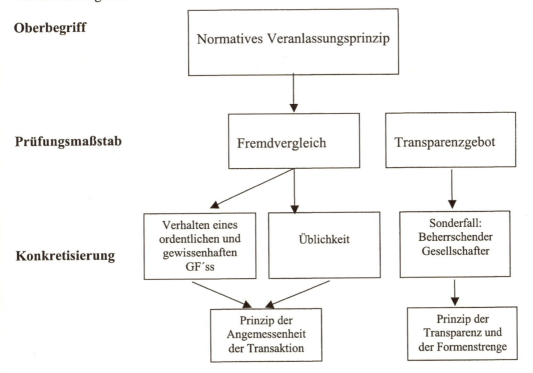

Dieser Prüfungsmaßstab bedeutet, dass der Fremdvergleich bei gesellschaftsinternen Transaktionen den zwischen Fremden bestehenden Interessengegensatz ersetzt und insoweit auf ein **hypothetisches marktkonformes Verhalten** abgestellt wird.[47] Insoweit wird auf eine „Soll-Gewinnbesteuerung" abgestellt. Diese Soll-Gewinnbesteuerung kann nach diesen Grundlagen aber nur soweit eingreifen, als es um gesellschaftsinterne Transaktionen geht, weil nur insoweit auf der Einkommensverwendungsebene eine Überprüfung der Veranlassung der Transaktion erfolgt[48].

Es wird im Ergebnis nicht alles, was einem Fremdvergleich widerspricht, automatisch nach dem Veranlassungsprinzip der Gesellschaftsebene und damit der Einkommensver-

---

[47] Das Abstellen auf ein hypothetisches marktkonformes Verhalten entspricht weitgehend der **Fiktionstheorie**.
[48] *Wassermeyer*, DB 2001, 2465.

wendungsebene zugeordnet. Es wird aber vermutet, dass die causa (= Rechtsgrund) der Transaktion im Gesellschaftsverhältnis liegt. Diese Vermutung kann im Einzelfall vom Stpfl. widerlegt werden (BFH vom 17.10.2001, DB 2001, 2474). Der Steuerpflichtige trägt dann, wenn die Transaktion von einem Fremdvergleich abweicht, das Beweisrisiko dafür, dass die Transaktion nicht gesellschaftlich veranlasst ist[49]. Der Steuerpflichtige kann darlegen, dass trotz Abweichens von dem objektivierten (standardisierten) fremdüblichen Verhalten betriebliche Gründe für die Vereinbarungen mit den G´ftern zugrunde liegen. Je höher die Differenz der tatsächlichen zu fremdüblichen Vereinbarungen ist, je länger diese Vereinbarungen durchgeführt werden, desto schwieriger wird es für den Stpfl., die Vermutung für die gesellschaftliche Veranlassung zu entkräften.

Nach diesem Verhältnis sind folgende **Prüfungsschritte** und **Beweisrisikoverteilungen** zu unterscheiden:

- Liegt eine fremdunübliche Gestaltung vor?

    ↓

    Objektivierter Fremdvergleich durch

    ↓

- Verhalten eines ordentlichen und gewissenhaften GF´s oder
- Üblichkeit

- bzw.: Sonder-Rspr. zum beherrschenden G´fter
    → **Beweisrisiko beim Finanzamt**

- Liegt trotz der Fremdunüblichkeit der Gestaltung keine gesellschaftliche Veranlassung vor?
    → **Beweisrisiko beim Stpfl.**

4.3.1.2 Sonderfall: Beherrschender Gesellschafter

Diese Prüfung erfolgt bei der Vereinbarung von Transaktionen zu unangemessenen Bedingungen. Die Überprüfung der gesellschaftlichen Veranlassung bedarf bei **beherrschenden G´fter** noch einer Ergänzung. Ungeachtet der Angemessenheit bedarf es bei Transaktionen zwischen Gesellschaft und beherrschenden G´fter des Transparenzgebotes und einer gewissen zivilrechtlichen Formenstrenge, weil es sonst – was dem Interesse der KapG nach eigenständigem Gewinnstreben zuwiderlaufen würde – möglich wäre, Ergebnisse der KapG zu manipulieren. Die Möglichkeit der Manipulation aufgrund nicht festgelegter bzw. unklarer Vereinbarungen spricht für die gesellschaftliche Veranlassung, weil sie einem Regelverhalten eines gewinnstrebenden Steuersubjektes nicht entspricht. Zu betonen ist, dass es insoweit allein auf die Möglichkeit der Manipulation des Ergebnisses durch den beherrschenden G´fter, nicht aber auf die tatsächlich erfolgte Manipulation ankommt (A 31 Abs. 5 und 6 KStR).

Formale Voraussetzungen zur Vermeidung des „Manipulationsverdachtes" bei Vereinbarungen zwischen Gesellschaft und G´fter sind insoweit

- **zivilrechtliche Wirksamkeit** und
- **klare Vorabvereinbarungen**.

---

[49] *Seer* in Tipke/Kruse, AO/FGO, § 162 Anm. 31 und 34.

In Bezug auf die zivilrechtliche Wirksamkeit ist insb. auf Formvorschriften und innergesellschaftliche Kompetenzordnung (vor allem Verbot des Selbstkontrahierens, Befreiung vom Verbot des Selbstkontrahierens und Zuständigkeit der Gesellschafterversammlung für die Regelung des Anstellungsverhältnisses von GF) zu achten. Bei dem Erfordernis der klaren Vorabvereinbarung (**Rückwirkungsverbot**) kommt es sowohl auf den **zeitlichen** als auch auf den **inhaltlichen** Aspekt der Vereinbarung an[50]. So ist eine rückwirkende Gehaltserhöhung aufgrund eines Gesellschafterbeschlusses vom 30.06.01 zum 01.01.01 unabhängig von der inhaltlichen Vereinbarung (Fremdvergleich) allein wegen des Rückwirkungsverbotes als vGA anzusehen, soweit es den Zeitraum bis zum 30.06.01 betrifft. Eine Tantiemevereinbarung, welche die BMG für die Tantieme im Unklaren lässt, ist aufgrund der inhaltlichen Unbestimmtheit als gesellschaftlich veranlasst anzusehen.

Rückwirkend abgeschlossene Vereinbarungen sowie inhaltlich unbestimmte Vereinbarungen begründen also zivilrechtlich einen Anspruch des G'fters gegen die Gesellschaft, der in der StB zu einem entsprechenden Aufwand führt. Auf der ersten Stufe (Ermittlung des StB-Ergebnisses) liegen betrieblich veranlasste Aufwendungen vor (§ 4 Abs. 4 EStG). Die Frage der gesellschaftlichen Veranlassung nach den genannten Kriterien ist erst auf der zweiten Stufe (außerhalb der Bilanz) zu prüfen und durch eine entsprechende Korrektur zu begegnen.

Bei Dauerschuldverhältnissen (insb. Miet- und Dienstverträge) ist nach neueren Entscheidungen (BFH vom 29.07.1992, BStBl II 1993, 139) die tatsächliche Übung und der regelmäßige Leistungsaustausch gegenüber der vereinbarten Form vorrangig.

> **Beispiel 18: Die mündliche Gehaltserhöhung**
> In dem Anstellungsverhältnis zwischen dem beherrschenden G'fter-GF und der GmbH ist vereinbart, dass Abänderungen der Leistung nur aufgrund eines schriftlichen Vertrages mit Zustimmung der G'fter-Versammlung wirksam sein sollen. Die G'fter-Versammlung stimmt einer Gehaltserhöhung ab 01.01.01 zu, eine schriftliche Vereinbarung wird nicht geschlossen.
>
> **Lösung:**
> Wenn die Leistungen ab dem 01.01.01 regelmäßig in der abgeänderten Weise erbracht werden, kann auf das Schriftformerfordernis verzichtet werden. Eine gesellschaftliche Veranlassung liegt dann nicht vor, wenn das Rückwirkungsverbot und der Fremdvergleichsmaßstab beachtet worden sind.

Ein **beherrschender Einfluss** liegt dann vor, wenn der betreffende G'fter den Abschluss und den Inhalt erzwingen und bestimmen kann. Es wird also darauf ankommen, ob der G'fter aufgrund der ihm zukommenden Stimmrechte (Beteiligungsverhältnis oder über entsprechende Stimmbindungsverträge) in der Gesellschaft langfristig seinen Willen durchsetzen kann. Es kann hierfür ausreichen, dass bei Fehlen der Beherrschung durch einen einzelnen G'fter mehrere G'fter ihren Willen in der Gesellschaft bündeln und für ihre Zwecke gleichgerichtet durchsetzen. Es sollten allerdings eindeutige Indizien vorhanden sein (z.B. Pool-Verträge), da einmaliges gleichgerichtetes Abstimmungsverhalten oder verwandtschaftliche Nähe der G'fter allein nicht ausreichen. Der von der Finanz-

---

[50] Vgl. dazu näher *Gosch*, FR 1997, 438.

verwaltung früher vertretenen Ansicht, allein persönliche Beziehungen zwischen G´ftern sprechen für gleichgerichtetes Abstimmungsverhalten in der G´fter-Versammlung, wodurch sie eine beherrschende Stellung ergeben kann **(Cliquentheorie)**, hat das BVerfG eine Absage erteilt (BVerfG vom 01.02.1989, BStBl II 1989, 522 ff. und A 31 Abs. 6 KStR). Der G´fter muss die Stimmabgabe des anderen G´fters dauernd und schrankenlos beeinflussen können (vgl. auch § 8a Abs. 3 S. 3 KStG).

4.3.2 Erscheinungsformen der verdeckten Gewinnausschüttung und Konkurrenzen

4.3.2.1 Erscheinungsformen

Es ist bereits angedeutet worden, dass die vGA mehrere Bereiche der Besteuerung von KapG berührt. Zunächst kann die Ebene der **Einkommenserzielung** der KapG[51] (§ 8 Abs. 3 S. 2 KStG) betroffen sein. Dies ist dann der Fall, wenn sich eine Transaktion zwischen Gesellschaft und G´fter auf die G+V ausgewirkt hat oder hätte auswirken sollen, was auch bei einer vGA in Form der verhinderten Vermögensmehrung der Fall ist.

> **Beispiel 19: Das billige Grundstück**
> Eine GmbH verkauft ihrem Allein-G´fter ein unbebautes Grundstück zum Buchwert von 40.000 €. Der Verkehrswert liegt bei mindestens 70.000 €.
>
> **Lösung:**
> Die Transaktion wirkt sich zwar nicht auf die Erfolgsermittlung der Gesellschaft aus, hätte sich bei Vereinbarung von fremdüblichen Konditionen aber auswirken müssen. Es liegt eine vGA in Form der **verhinderten Vermögensmehrung** vor.

Davon zu unterscheiden ist die steuerliche Auswirkung einer vGA auf die **Einkommensverwendung** einer KapG.

> **Beispiel 19a: Das unsichere Darlehen**
> Eine GmbH überlässt ihrem Allein-G´fter ein Darlehen zum marktüblichen Zinssatz, aber ohne marktübliche Sicherheiten.
>
> **Lösung:**
> Diese Transaktion hat keine Auswirkung auf das Einkommen, wenn der Rückzahlungsanspruch gegen den G´fter nicht wertlos ist. Da die Transaktion aber gesellschaftlich veranlasst ist, liegt eine Einkommensverwendung der KapG vor mit der Folge, dass nach früherem Recht die Ausschüttungsbelastung herzustellen war bzw. nach neuem Recht Steuerfolgen durch die Differenzrechnungen gem. §§ 38 Abs. 1 Satz 4, 27 Abs. 1 S. 3 KStG auftreten können (vgl. dazu näher Kap IV 4).

---

[51] Diese drei Ebenen sind bereits unter 4.1 vorgestellt worden.

Schließlich treten **Rechtsfolgen bei dem AE** auf, der einen Beteiligungsertrag bzw. Einnahmen aus Kapitalvermögen erzielt. Diese Rechtsfolge hängt mit der Einkommensverwendungsebene der KapG eng zusammen.

Beispiel 19b: Die privatisierte Investitionszulage
Eine KapG hat Anspruch auf eine steuerfreie Investitionszulage, die sich ihr Allein-G´fter unmittelbar auf sein Privatkonto auszahlen lässt.

Lösung:
Aufgrund der Steuerfreiheit der Investitionszulage bei der KapG tritt keine Einkommenswirkung ein. Allerdings bewirkt dieser Vorgang eine Auszahlung an den Anteilseigner, der bei ihm zu Einnahmen aus Kapitalvermögen führt und ebenfalls die Einkommensverwendungsebene der Gesellschaft berührt.

Oft bewirkt ein Vorgang alle Facetten der vGA. Sie müssen trotzdem strikt auseinander gehalten werden. In der Praxis kommt es vor, dass Vorgänge nicht unmittelbar zwischen Gesellschaft und G´fter, sondern zwischen Gesellschaft und einer dem G´fter **nahestehenden Person** verwirklicht werden. Diese nahestehenden Personen können sowohl nach familienrechtlichen als auch nach gesellschaftsrechtlichen Grundsätzen „nahestehende" sein (vgl. dazu näher die Konkretisierungen zu § 8a KStG). Entscheidend ist, dass vGA nur zwischen Gesellschaft und den G´ftern angenommen werden können, die Leistung an den Nicht-G´fter als Einkommensverwendung beim G´fter angesehen wird (BMF vom 20.05.1999, BStBl I 1999, 514)[52].

Beispiel 20: Begünstigung der Ehefrau
Die GmbH veräußert an die Ehefrau des Allein-G´fters ein WG unter dem Verkehrswert.

Lösung:
Wenn nach den Prüfungskriterien eine gesellschaftliche Veranlassung der Transaktion angenommen wird, kann dies nur zwischen Gesellschaft und Allein-G´fter zu unmittelbaren Rechtsfolgen führen. Der Allein-G´fter hat Einnahmen aus Kapitalvermögen, zwischen ihm und seiner Ehefrau können steuerliche unbeachtliche Unterhaltsleistungen angenommen werden.

Es ist schließlich darauf hinzuweisen, dass eine gesellschaftliche Veranlassung auch gegenüber „**Noch-Nicht-G´ftern**" bzw. „**Nicht-Mehr-G´ftern**" angenommen werden kann. Bei diesem Personenkreis ist jedoch die gesellschaftliche Veranlassung besonders genau zu überprüfen.

Beispiel 21: Der baldige G´fter
Eine GmbH steht mit einem Lieferanten in laufender Geschäftsverbindung. Ab Juni 01 werden an den Lieferanten erhebliche Vorauszahlungen geleistet, zudem haben sich die Konditionen erheblich verschlechtert. Im September 01 wird der Lieferant G´fter der GmbH.

---

[52] *Frotscher*, GmbHR 1998, 29.

Lösung:
Es wird in diesem Fall die gesellschaftliche Veranlassung genau zu überprüfen sein. Obwohl sich Gesellschaft und G´fter im Zeitpunkt der Transaktion nicht in einem gesellschaftsrechtlichen Verhältnis gegenüber gestanden haben, ist fraglich, ob der „Marktmechanismus" bei dem Vorgang unterstellt werden kann. Es wird aufgrund des engen zeitlichen Zusammenhangs des Vorgangs mit dem Gesellschaftsbeitritt der Fremdvergleich anzustellen und eine vGA anzunehmen sein.

4.3.2.2 Konkurrenzen

Das Rechtsinstitut der vGA kann in **Konkurrenz** stehen zu dem Rechtsinstitut der nicht-abziehbaren BA gem. § 4 Abs. 5 EStG. Das Konkurrenzverhältnis kann nur bei solchen vGA entstehen, die sich auf der ersten Stufe der Erfolgsermittlung (Ermittlung des StB-Gewinns) als Aufwand ausgewirkt haben. Beiden Rechtsinstituten ist gemeinsam, dass die zugrunde liegenden Vorgänge handels- und steuerbilanzrechtlich Aufwand darstellen. Die Rechtsfolge ist auf der Ebene der KapG (auf der Einkommenserzielungsebene) ebenfalls identisch, da die Beträge außerhalb der Bilanz wieder hinzugerechnet werden (Einkommenskorrektur auf der 2. Stufe).

Die Rechtsfolge differiert jedoch dann, wenn es sich um eine vGA in Form der verhinderten Vermögensmehrung handelt, da bei den **nicht-abziehbaren BA nur tatsächlich eingetretene Vermögensminderungen** korrigiert werden, während bei der Korrektur durch die Annahme einer **vGA auch zusätzlich Gewinnzuschläge** berechnet werden müssen. Zudem besteht ein wesentlicher Unterschied darin, dass die vGA Rechtsfolgen auf der Einkommensverwendungsebene auslöst und beim AE i.d.R. zu Einnahmen führt, während dies bei nicht-abziehbaren BA nicht der Fall ist. Die Abgrenzung zwischen beiden Rechtsinstituten hat demnach eine größere Bedeutung, als zunächst zu vermuten war.

Für die Abgrenzung ist m.E. maßgebend, dass die nicht-abziehbaren BA auf der zweiten Stufe nicht gesellschaftlich veranlasst sind; soweit eine gesellschaftliche Veranlassung aufgrund eines durchgeführten Fremdvergleichs bejaht werden müsste, geht das Rechtsinstitut der vGA vor. Soweit diese Veranlassung auf der zweiten Stufe nicht gegeben ist, ist das Vorliegen einer nicht-abziehbaren Betriebsausgabe zu prüfen. Eine kumulative Anwendung beider Vorschriften kann nie in Frage kommen. Die Vorschriften steht sich im Verhältnis der Exklusivität gegenüber, wie sich aus der Notwendigkeit der gesellschaftlichen Veranlassung bei der vGA ergibt.

Beispiel 22: Segelyacht I
Eine GmbH, mit Sitz in Friedrichshafen, betreibt eine Lebensmittel-Einzelhandelskette. Sie unterhält auf dem Bodensee eine Segel-Jacht zu Repräsentationszwecken. Der G´fter-GF nutzt die Jacht fast ausschließlich für berufliche Zwecke (Repräsentationszwecke).

Lösung:
Die Aufwendungen für die Segel-Jacht haben das Ergebnis gemindert. Nach der Veranlassungsprüfung auf der zweiten Stufe ist vorliegend eine gesellschaftliche Veranlassung zu verneinen (Unüblichkeit nicht über den in § 4 Abs. 5 Nr. 4 EStG typisierten Rahmen hinaus). Die Hinzurechnung der Auf-

wendungen hat ausschließlich nach § 4 Abs. 5 Nr. 4 EStG zu erfolgen, die Annahme einer vGA scheidet aus.

Beispiel 23: Segelyacht II
Der Allein-G´fter der GmbH legt die von ihm überwiegend privat genutzte Segel-Jacht in die GmbH ein. Sie wird auch zu Repräsentationszwecken künftig genutzt.

Lösung:
Die Aufwendungen für das Schiff stellen wiederum auf der ersten Stufe BA dar. Die Prüfung der gesellschaftlichen Veranlassung auf der zweiten Stufe ergibt, dass die Einlage (und die Nutzung) aus gesellschaftlichen Gründen erfolgt ist. Die Aufwendungen stellen, soweit sie durch die Repräsentation veranlasst sind, nicht-abzugsfähige BA, soweit sie darüber hinausgehen, eine vGA dar. Die auf die Selbstnutzung entfallenden Aufwendungen sind mit einem entsprechenden Gewinnzuschlag als vGA anzusetzen.
Hinweis: Es wurde auch diskutiert, ob eine KapG den Tatbestand der Liebhaberei erfüllen kann. Dies ist – wie der BFH nunmehr klargestellt hat (BFH vom 04.12.1996, DB 1997, 707) – nicht möglich, da eine KapG nur über Betriebsvermögen verfügt und nur eine betriebliche Sphäre hat. Auf der zweiten Stufe der Einkommensermittlung ist nach dem normativen Veranlassungsprinzip jedoch zu prüfen, ob der Vorgang seine Ursache im Gesellschaftsverhältnis hat. Sollte dies zutreffen, liegt eine vGA vor.

4.4 Rechtsfolgen der verdeckten Gewinnausschüttung

4.4.1 Überblick

Die Rechtsfolgen der vGA auf der **Ebene der KapG** lassen sich unterscheiden in

- Rechtsfolgen auf der Einkommenserzielungsebene und
- Rechtsfolgen auf der Einkommensverwendungsebene.

Bei dem **Anteilseigner** können vGA zu Einnahmen aus Kapitalvermögen führen, wenn ein Vermögensabfluss von der KapG an den AE stattfindet. Das ist z.B. dann nicht der Fall, wenn die KapG dem G´fter-GF eine nach steuerrechtlichen Kriterien erhöhte Pensionszusage verspricht, die nur eine vGA auf der Ebene der Einkommenserzielung bei der KapG auslöst (außerbilanzielle Korrektur). Hält der AE seine Beteiligung im Betriebsvermögen, bezieht der AE aus der Beteiligung (auch in Bezug auf die vGA) Einkünfte aus Gewerbebetrieb. Hat der AE den Zufluss bereits bei einer anderen Einkunftsart erklärt, kommt eine Umqualifizierung der Einkünfte in Frage.

Beispiel 24: Das hohe Gehalt I
Die A-GmbH vereinbart mit dem G´fter-GF A ein um 100 überhöhtes GF-Gehalt, welches auch regelmäßig ausbezahlt wird. Der Sachverhalt wird im Rahmen der BP aufgegriffen.

Lösung:
Auf der Ebene der A-GmbH ist das Einkommen außerhalb der Bilanz um 100 zu erhöhen.

Auf der Ebene des GF hat eine Umqualifizierung der Einkünfte aus nichtselbständiger Arbeit in Einkünfte aus Kapitalvermögen zu erfolgen, die nur noch zur Hälfte erfasst werden (§ 3 Nr. 40d EStG).

Bei überhöhten GF-Gehältern werden Einkünfte aus nichtselbständiger Arbeit in Einkünfte aus Kapitalvermögen umqualifiziert, wobei die Besonderheiten dieser Einkunftsart zu beachten sind (z.B. Einbehalt der Kapitalertragsteuer, Halbeinkünfteverfahren). Wenn die vGA durch das FA erkannt wird, löst die Ausschüttung an den AE Kapitalertragsteuer gem. § 43 Abs. 1 Nr. 1 EStG aus. Im Zeitpunkt der Ausschüttung ist die Kapitalertragsteuer nicht einbehalten worden, da die Beteiligten den Vorgang gerade nicht als Gewinnausschüttung behandeln wollten. In den meisten Fällen wird von einer nachträglichen Erhebung abgesehen werden, da die Besteuerung durch eine entsprechende Veranlagung des betreffenden G'fters bereits erfolgt ist. Die Steuererhebung durch die Veranlagung geht dem (nachträglichen) Abzug als Kapitalertragsteuer vor. Sollte allerdings eine Veranlagung beim G'fter noch nicht (mit Erfolg) durchgeführt worden sein, ist die Kapitalertragsteuer einzubehalten. In diesen Fällen kommt es für die Höhe der vGA an, ob die Gesellschaft die Kapitalertragsteuer endgültig übernimmt. Wenn dies der Fall sein sollte, erklärt sich der Wert der vGA um die übernommene Kapitalertragsteuer. Ist eine KapG AE, müssen die Neuregelungen des § 8b Abs. 1 KStG beachtet werden.

4.4.2 Rechtsfolgen bei der Kapitalgesellschaft

Bei der KapG wird das StB-Ergebnis durch das Aufdecken einer vGA unmittelbar nicht berührt. Die vGA ist außerhalb der Bilanz bei der Ermittlung der Einkünfte aus Gewerbebetrieb hinzuzurechnen (Einkommenskorrektur auf der zweiten Stufe). Das StB-Ergebnis wird durch einen erhöhten Steueraufwand (KSt und GewSt) gemindert, was zur Verminderung des Eigenkapitals in der StB führt, wodurch insb. nach neuem Recht Steuererfolgen auf der Einkommensverwendungsebene ausgelöst werden können (vgl. dazu Kap. IV.4).

4.4.2.1 Rechtsfolgen auf der Einkommenserzielungsebene

Eine vGA ist außerhalb der Bilanz dem Einkommen der KapG hinzuzurechnen.

Beispiel 25: Das hohe Gehalt II
Eine KapG gewährt dem G'fter-GF ein um 20.000 überhöhtes Gehalt. Die gesamten Bezüge haben sich bei der KapG als Personalaufwand ausgewirkt.

Lösung:
Gem. § 8 Abs. 3 S. 2 KStG ist das Einkommen der KapG außerhalb der Bilanz (vgl. BMF vom 28.05.2002, DB 2002, 1187 ff.) um 20.000 zu erhöhen.

Die Einkommenserhöhung durch die vGA löst bei der KapG nur dann Steuerfolgen aus, wenn es sich bei dem zugerechneten Einkommen nicht um steuerfreie Einkommensteuerbestandteile handelt

Beispiel 26: Die billige Beteiligung
Die T-GmbH ist an der E-GmbH zu 100 % beteiligt. Allein-G´fter der T-GmbH ist ihrerseits die M-GmbH, es liegt ein zweistufiges Konzernverhältnis vor. In der Bilanz der T-GmbH ist die Beteiligung an der E-GmbH zu 100 aktiviert, der Verkehrswert der Beteiligung beträgt 150. Die T-GmbH veräußert die Beteiligung an der E-GmbH zu 100 an die M-GmbH.

Lösung:
Es liegt eine vGA i.H.v. 50 in Form der verhinderten Vermögensmehrung der T-GmbH an die M-GmbH vor. Das Einkommen der T-GmbH ist außerhalb der StB um 50 zu erhöhen. Die Frage ist, ob auf diese Einkommenserhöhung bei der T-GmbH § 8b Abs. 2 KStG mit der Folge anzuwenden ist, dass die Einkommenserhöhung steuerlich außer Betracht zu bleiben hat. M.E. ist dies zu bejahen, so dass bei der T-GmbH durch diese vGA keine Steuerfolgen ausgelöst werden (vgl. BFH vom 06.07.2000, DB 2000, 1940 ff.). Die Finanzverwaltung scheint anderer Ansicht zu sein[53].
Die Argumente der Finanzverwaltung können allesamt nicht überzeugen. Es ist nicht einsichtig, dass bei Vereinbarungen marktkonformer Transaktionspreise ein steuerpflichtiges Einkommen nicht entstehen soll, während bei einer Einkommenskorrektur wegen nicht marktkonformer Preise das durch die Korrektur „marktübliche Einkommen" eine grundsätzlich andere Qualität bekommen soll. Diese Korrektur des Einkommens kommt der Fiktionstheorie (Ersetzung des vereinbarten Sachverhalts durch einen hypothetischen – marktüblichen – Sachverhalt) nahe, liegt aber in der Systematik steuerlicher Korrekturvorschriften z.B. auch nach dem AStG (Einkommenskorrektur bei konzerninternen Verrechnungspreisen).

Die Rechtsfolge bei der KapG hängt weiter davon ab, wie eine **erfolgte vGA** zu korrigieren ist. Dies ist insb. in Fällen der Übertragung von Wirtschaftsgütern zwischen der Gesellschaft und den G´ftern zu unangemessenen Bedingungen der Fall. Die Korrektur hat jeweils im Zeitpunkt der Vorteilsgewährung anhand eines Vergleichs mit einer fremdüblichen Transaktion zu erfolgen (**Fiktionstheorie**).

Beispiel 27: Das teure Grundstück
An der X-GmbH ist der G´fter Y zu 100 % beteiligt. Y veräußert aus seinem Privatvermögen ein unbebautes Grundstück an die X-GmbH für 200, der Verkehrswert liegt bei 120.

Lösung:
Zunächst hat die X-GmbH AK in der Handels- und StB zu 200. Dieser Vorgang hat keine Auswirkungen auf das Einkommen und braucht als solcher

---

[53] Vgl. die von *Wassermayer*, GmbHR 2002, 1 ff., zitierte Auffassung von *Wochinger*.

nicht korrigiert zu werden. Die erste Frage ist, ob der Bilanzansatz zu 200 richtig ist bzw. so bleiben kann. Die Auffassungen gehen hierzu auseinander. M.E. hat die GmbH den Bilanzansatz auf den Verkehrswert zu korrigieren, wodurch in der StB ein Aufwand i.H.v. 80 entsteht, der auf der zweiten Stufe außerhalb der Bilanz zu korrigieren ist. Die X-GmbH hat auf das Grundstück nur 120 aufgewendet, 80 sind nicht in dem Anschaffungsvorgang begründet (vgl. BMF vom 28.05.2002, DB 2002, 1191). Diese Auffassung braucht nach Veröffentlichung der Auffassung der Finanzverwaltung nicht weiter verfolgt zu werden.

Nach anderer Auffassung (Bilanzansatz 200)[54] wirkt sich diese Transaktion auf die Gewinnermittlung erst im Veräußerungsfall aus, da aufgrund des höheren Buchwertes ein niedrigerer Veräußerungsgewinn entsteht. Nach dieser Auffassung müsste das Einkommen im Veräußerungsfall außerhalb der Bilanz um 80 erhöht werden.

Dieses Problem zeigt sich noch schärfer, wenn es sich bei dem Vertragsgegenstand um ein abnutzungsfähiges WG handelt.

Beispiel 28: Korrigierte AK
Der G´fter Y überträgt der X-KapG eine Maschine zu 150 (Verkehrswert: 100). Die Restnutzungsdauer soll 5 Jahre betragen.

Lösung:
Nach der hier vertretenen Auffassung hat die X-GmbH den Bilanzansatz aufwandswirksam auf 100 zu korrigieren. Dieser Aufwand wird auf der zweiten Stufe (außerhalb der Bilanz) korrigiert, so dass dieser Vorgang keine Auswirkung auf das Einkommen hat. Die AfA-BMG ist der korrigierte Bilanzansatz, also 100. In der Folgezeit sind keine Korrekturen erforderlich.

Es können sich bei der KapG aufgrund von Übertragungsvorgängen auch Konstellationen ergeben, in denen aufgrund aus gesellschaftlichen Gründen überhöhte AK **Leistungen an Dritte (Zinsen)** zu erbringen sind.

Beispiel 29: Fremdfinanzierte vGA
Die X-GmbH erwirbt vom Allein-G´fter Y ein WG für 200, der Verkehrswert liegt bei 120. Der Kauf des WG´s ist vollständig über eine Bank fremdfinanziert, die Zinsen betragen p.A. 7 %.

Lösung:
Das Bsp. ist bezüglich des Anschaffungsvorganges wie die vorhergehenden Beispiele zu lösen. Hierbei ergeben sich keine Veränderungen. Es stellt sich jedoch zusätzlich die Frage, wie die Zinsen zu behandeln sind, die auf den Teil des Kaufpreises entfallen, der gesellschaftsrechtlich veranlasst ist.
Unstreitig ist zunächst, dass die Schuld gegenüber der Bank in der Bilanz in voller Höhe zu passivieren ist. Dies ergibt sich schon daraus, dass eine evtl. Korrektur aufgrund der gesellschaftlichen Veranlassung des Vorganges außer-

---

[54] Vgl. auch BFH von 13.03.1985 (BFH/NV 1986, 116).

halb der Bilanz zu erfolgen hat. Die Zinszahlungen sind m.E. entsprechend der gesellschaftlichen Veranlassung, die zu der Kreditaufnahme geführt haben, insoweit als vGA zu erfassen, als sie auf den überhöhten Kaufpreis entfallen. Es kommt bei der Beurteilung eines Vorgangs als vGA in erster Linie auf die Veranlassung und erst in zweiter Linie auf die Person des Empfängers an (vgl. BFH vom 18.12.1996, BStBl II 1997, 301). Somit hat eine Korrektur außerhalb der Bilanz i.H.v. 5,6 (7 % von 80) zu erfolgen.

In der Praxis bestehen zwischen Anteilseigner und Gesellschaft oft umfangreiche Geschäftsverbindungen (vor allem bei verbundenen Unternehmen). Es stellt sich dann die Frage, ob bei diesen Geschäftsbedingungen innerhalb eines Konzerns für die Annahme einer gesellschaftlichen Veranlassung jede einzelne Transaktion für sich oder die Geschäftsverbindung als „Verbund" zu beurteilen ist (Berücksichtigung von **Vorteilsausgleichen**). M.E. sind innerhalb eines Konzerns die sachlich zusammenhängenden Geschäfte zu saldieren und im Zweifel nur der Saldo zu Lasten der KapG als vGA zu werten. Der sachliche Zusammenhang sollte innerhalb von verbundenen Unternehmen eher weit als eng angenommen werden.

Ungeklärte Fragen tauchen in der Praxis dann auf, wenn eine Transaktion zwischen Gesellschaft und G´fter bei der Gesellschaft einen Anspruch auf Rückgewähr des Vorteils gegenüber dem G´fter auslöst. Diese Sachverhalte werden in der Literatur oft undifferenziert als „**Rückgängigmachung von vGA**" diskutiert. M.E. sind verschiedene Frage auseinander zu halten[55]:

- Ist eine vGA überhaupt entstanden?
- Wie wird die Rückabwicklung einer vGA beurteilt?

Zunächst ist festzustellen, dass das Rechtsinstitut der vGA der Einkommenskorrektur dient und deshalb bei einer erfolgswirksamen Aktivierung eines Anspruchs der Gesellschaft gegen die G´fter ausscheidet, da der richtige Ausweis innerhalb der Bilanz der Korrektur außerhalb der Bilanz vorgeht. Die Rspr. hat deshalb folgerichtig klargestellt, dass zivilrechtliche Ansprüche einer KapG gegen ihren G´fter-GF, die in der StB erfolgswirksam zu aktivieren sind, nicht gleichzeitig die Rechtsfolge des § 8 Abs. 3 S. 2 KStG auslösen können (BFH vom 18.12.1996, BStBl II 1997, 301). Ergänzend ist darauf hinzuweisen, dass in diesen Fällen bereits keine vGA entstanden ist.

Unklar ist, warum ein Anspruch der KapG gegen ihren G´fter erfolgswirksam oder erfolgsneutral zu aktivieren ist. Bei einer erfolgswirksamen Aktivierung scheidet von vornherein die Annahme einer vGA aus. Bei einer erfolgsneutralen Aktivierung als „Einlageforderung" ergibt sich die Problematik der „Rückgängigmachung einer vGA".[56] Hierzu gehen die Ansichten auseinander, folgendes Beispiel mag diesen Sachverhalt erläutern.

Beispiel 30: Untreuer GF
Der G´fter-GF Y der X-GmbH verstößt gegen das bestehende Wettbewerbsverbot. Die GmbH macht den Schadensersatzanspruch in entsprechender Anwendung des § 46 Nr. 8 GmbHG i.V.m. den §§ 112, 113 HGB bzw. § 88 AktG gegen den G´fter-GF geltend.

---

[55] *Wichmann*, BB 1995, 433.
[56] *Hoffmann*, DStR 1995, 368.

Lösung:
Die Lösung hängt davon ab, ob man den Schadensersatzanspruch in der Bilanz erfolgswirksam oder erfolgsneutral als Einlageforderung gegen den G'fter aktiviert. Die Antwort hängt zunächst vom Gesellschafts- und Bilanzrecht ab. Es erscheint aus gesellschafts- und handelsrechtlichen Gründen zwingend, dass der Anspruch gegen den G'fter-GF erfolgswirksam zu aktivieren ist. Dies ergibt sich m.E. aus der Rechtsfolge des § 113 HGB, welche neben dem Schadensersatzanspruch auch ein Eintreten in das Geschäft, welches der G'fter statt der GmbH abwickelt, vorsieht. Bei Eintritt in das Geschäft gem. § 113 HGB wird der Anspruch erfolgswirksam erfasst, der gleichrangige Schadensersatzanspruch kann keine andere Rechtsfolge auslösen. Durch die erfolgswirksame Aktivierung des Schadensersatzanspruches, die zunächst geboten ist, und die Durchsetzung dieses Anspruches zeigt die GmbH, dass die Transaktion marktkonform abgewickelt wird; für das Rechtsinstitut der vGA bleibt nach der hier vertretenen Ansicht kein Raum. Eine vGA kann daher nur in einem späteren Verzicht oder der Nicht-Durchsetzung des Schadensersatzanspruches liegen.

Die Rspr. und Finanzverwaltung gehen in diesem Sachverhalt offenbar davon aus, dass § 8 Abs. 3 S. 2 KStG auf die ursprüngliche Schadenszuführung Anwendung findet und der Ersatzanspruch seinen Rechtsgrund in der wirtschaftlichen Rückgängigmachung einer vGA hat. Nach dieser Ansicht kann (folgerichtig) in der späteren Nicht-Durchsetzung des Zahlungsanspruches keine zweite vGA liegen. Diese Ansicht lässt m.E. unberücksichtigt, dass es der GmbH – als ein von dem G'fter-GF zu unterscheidenden Rechtssubjekt – möglich sein muss, einen Eingriff in ihre Erwerbschancen unter marktkonformen Bedingungen mit erfolgswirksamer Durchsetzung des Schadensersatzanspruches abzuwehren. Bei dieser Abwicklung entsteht bereits keine vGA, eine gesellschaftliche Veranlassung ist nicht gegeben. Es wird ausdrücklich darauf hingewiesen, dass die Rspr. und die Finanzverwaltung in diesen Fällen eine vGA bereits mit Verletzung des Wettbewerbsverbotes annehmen wird[57].

Von diesen Fällen sind die **echten Rückabwicklungen** von vGA zu unterscheiden. Bei einer echten Rückabwicklung (z.B. aufgrund einer in der Satzung vorgesehenen „Steuerklausel") kann die vGA als tatsächlicher Vorgang in der Tat nicht mehr rückgängig gemacht werden. Die Rückabwicklung ist bei der KapG als Einlageforderung zu behandeln. Hat die Gesellschaft die Forderung in der StB erfolgswirksam aktiviert, ist sie außerhalb der Bilanz abzuziehen. Eine Rückabwicklung, die gesellschaftsrechtlich veranlasst ist, kann die gesellschaftliche Veranlassung der vGA nicht ungeschehen machen, sondern ist ebenfalls als gesellschaftlicher Einlagevorgang zu qualifizieren (BFH vom 29.05.1996, BStBl II 1997, 92).

Diese beiden Fällen unterscheiden sich in der Praxis zudem in zeitlicher Hinsicht. Die sog. echte Rückgängigmachung von vGA aufgrund von Steuerklauseln wird erst Jahre später durch eine BP vollzogen; der Schadensersatzanspruch, der erfolgswirksam aktiviert und zeitnah durchgesetzt worden ist, wird in einer späteren BP bereits „abgewickelt" sein.

---

[57] Vgl. *Wassermeyer*, DStR 1997, 681.

4.4.2.2 Rechtsfolgen auf der Einkommensverwendungsebene

Eine vGA löst nur dann Rechtsfolgen auf der Einkommensverwendungsebene aus, wenn Vermögen durch diese Transaktion die Ebene der KapG verlassen hat. Dies ist z.B. dann nicht der Fall, wenn die KapG dem G´fter-GF eine überhöhte Pension zusagt. Dieser Vorgang spielt sich lediglich auf der Einkommenserzielungsebene ab, ein Vermögenstransfer an den G´fter findet im Zeitpunkt der Zuführung zu einer Pensionsrückstellung auf der Ebene der KapG nicht statt.

Anders ist dies bei den vGA, die auf der Ebene der KapG einen Abfluss zur Folge haben. Dies gilt auch für vGA durch eine verhinderte Vermögensmehrung, da diesen Leistungen ein Abfluss zwingend gegenüberstehen muss (vgl. im Einzelnen Kap. IV.4).

> **Beispiel 31: Das Schnäppchen**
> Eine GmbH verkauft ein Grundstück an den G´fter zum Buchwert (100), aber unter Verkehrswert (150).
>
> **Lösung:**
> Es liegt eine vGA in Form der verhinderten Vermögensmehrung vor. I.H.d. Differenz zwischen Buchwert und Verkehrswert kommt es zum Abfluss, insoweit liegt eine Einkommensverwendung vor, die entsprechende Rechtsfolgen auslösen kann.

Wenn ein Abfluss angenommen wird, können Rechtsfolgen durch die Ausschüttung ausgelöst werden. Dies war nach früherem Recht durch das Herstellen der Ausschüttungsbelastung (§§ 27, 28 KStG a.F.) und ist während der fünfzehnjährigen Übergangszeit durch die anzustellende Differenzrechnung gem. §§ 27, 38 KStG der Fall. Auf Einzelheiten wird im nächsten Kapitel einzugehen sein.

4.4.3 Rechtsfolgen beim Anteilseigner

Beim AE gehört eine vGA zu den sonstigen Bezügen gem. § 20 Abs. 1 Nr. 1 S. 2 EStG. Es erfolgt eine spiegelbildliche (wertmäßige) Erfassung der vGA auf Gesellschafterebene. Dies gilt – zeitlich gesehen – nur dann, wenn die vGA dem G´fter nach allgemeinen Kriterien zugeflossen ist. Besonderheiten können dann auftreten, wenn die vGA bei dem AE bereits einer anderen Einkunftsart zugerechnet worden ist.

> **Beispiel 32: Gute Gelegenheit**
> An der X-GmbH ist Y als Allein-G´fter beteiligt. Y veräußert aus seinem Privatvermögen ein unbebautes Grundstück an die X-GmbH zu 200; der Verkehrswert liegt bei 120. Das unbebaute Grundstück hat Y zwei Jahre vor diesem Vorgang zu 80 erworben. Y hat diesen Vorgang als privates Veräußerungsgeschäft gem. §§ 22 Abs. 2, 23 Abs. 1 EStG behandelt.
>
> **Lösung:**
> Y erzielt Einnahmen aus Kapitalvermögen gem. § 20 Abs. 1 Nr. 1 S. 2 EStG i.H.d. Differenz zwischen Veräußerungspreis (200) und dem Verkehrswert (80). Die Einnahmen unterliegen bei Y dem Halbeinkünfteverfahren gem. § 3

Nr. 40d EStG. I.H.d. Differenz des Verkehrswertes zu seinen AK (40) liegt ein privates Veräußerungsgeschäft vor. Entsprechende Korrekturen sind bei der ESt-Veranlagung des Y vorzunehmen.

Eine Umqualifizierung kommt in der Praxis auch vor, wenn der G´fter-GF eine überhöhte GF-Vergütung erhalten hat und i.H.d. gesellschaftlichen Veranlassung (Unangemessenheit) eine vGA anzunehmen ist. Die KapG hat in diesen Fällen bereits Lohnsteuer einbehalten, die nach Umqualifizierung der Einkünfte in Einkünfte aus Kapitalvermögen i.H.d. Überzahlung an den AE rückerstattet werden muss. Grundsätzlich ist auch bei einer vGA gem. § 43 Abs. 1 Nr. 1 EStG Kapitalertragsteuer einzubehalten. Durch die Umstellung der Besteuerung der Einkünfte aus Kapitalvermögen auf ein Halbeinkünfteverfahren mit entsprechender niedrigerer Steuerbelastung beim AE wird von dem Kapitalertragsteuerabzug in diesen Fällen Abstand genommen, da der AE eine Steuererstattung zu erwarten hat; im Übrigen gilt grundsätzlich der Vorrang der Veranlagung gegenüber dem Steuerabzug, so dass bei nachträglicher Umqualifizierung von Einkünften aus nichtselbständiger Arbeit bzw. §§ 22, 23 EStG in Einkünfte aus Kapitalvermögen von dem Kapitalertragsteuerabzug abgelassen werden kann.

Die vGA führt beim AE im Ergebnis dazu, dass der marktübliche Transaktionspreis den vereinbarten Preis ersetzt und die Differenz durch die vGA ausgeglichen wird (Fiktionstheorie).

Beispiel 33: AfA-BMG und vGA

Eine X-GmbH verkauft an Y, ihren Allein-G´fter, ein von ihr nicht mehr benötigtes bebautes Grundstück zu einem Preis von 250, wovon auf Grund und Boden 50 entfallen. Der Verkehrswert des Gebäudes beträgt 300, der des Grund und Bodens 80. Y erzielt aus dem Gebäude Einkünfte aus Vermietung und Verpachtung.

Lösung:

I.H.d. Differenz des vereinbarten Preises zu dem Verkehrswert (130) liegt bei Y eine vGA vor, die ihm durch Vollzug der Transaktion auch zugeflossen ist (vGA in Form der verhinderten Vermögensmehrung); in dieser Höhe hat Y Einnahmen aus Kapitalvermögen (§ 20 Abs. 1 Nr. 1 S. 2 EStG), die er nach dem Halbeinkünfteverfahren zu versteuern hat. Bei seinen Einkünften aus V+V hat Y als AfA-BMG die marktüblichen AK (300) anzusetzen. Dies ist die Konsequenz daraus, dass die gesellschaftlich veranlasste Transaktion durch die marktübliche Transaktion ersetzt wird. Nur diese Lösung entspricht der Systematik der Einkommenskorrektur im Ertragsteuerrecht.

Besonderheiten bestehen dann, wenn eine **KapG AE ist**. Bei einer KapG bleiben Gewinnausschüttungen, auch vGA, die sie von einer anderen KapG erhält, außer Ansatz (§ 8b Abs. 1 KStG).

Beispiel 34: Günstige vGA

Die X-GmbH veräußert an die Allein-Gesellschafterin Y-AG ein unbebautes Grundstück zu dem Buchwert von 300, der Verkehrswert liegt bei 500.

Lösung:
Bei der X-GmbH ist das Einkommen außerhalb der Bilanz um 200 zu erhöhen. Bei der Y-AG handelt es sich um einen Beteiligungsertrag von 200, der gem. § 8b Abs. 1 KStG bei der Ermittlung des Einkommens außer Ansatz bleibt. Das Grundstück ist bei der Y-AG mit 500 zu aktivieren, insoweit ist bei ihr steuerfrei eine stille Reserve gebildet worden.
Hinweis: Folgender Buchungssatz wird vorgeschlagen:

Grundstück 500 an Bank 300
            Beteiligungsertrag 200

Bei einer späteren Veräußerung fällt ein Veräußerungsgewinn entsprechend niedriger aus.

Bei dem AE kann dem Zufluss der vGA auch ein entsprechender **Verbrauch** gegenüberstehen, so dass insoweit bei dem AE keine Steuerbelastung eintritt.

Beispiel 35: Verbrauchte vGA I
Die X-GmbH gewährt dem Y als Allein-G´fter ein zinsloses Darlehen, welches Y seinem Einzelunternehmen zur Verfügung stellt. Der Zinsvorteil soll jährlich 200 betragen.

Lösung:
Der Zinsvorteil ist im Gesellschaftsverhältnis verursacht und als vGA zu qualifizieren. Die vGA i.H.v. 200 ist außerhalb der Bilanz dem Einkommen der X-GmbH hinzuzurechnen. Bei dem Y führt die vGA zu Einnahmen aus Kapitalvermögen und ist nach dem Halbeinkünfteverfahren zu besteuern. Nach dem Beschluss des GrS des BFH vom 26.10.1987 (BStBl II 1988, 348) führt der Verbrauch des Zinsvorteils zugunsten seines Einzelunternehmens bei Y zu BA. Diese BA stehen nicht mit Einnahmen aus der X-GmbH in unmittelbarem Zusammenhang und dürfen deshalb in voller Höhe abgezogen werden (keine Anwendung des § 3c Abs. 2 EStG)[58].

Abwandlung: Verbrauchte vGA II
Wenn an der T1-GmbH eine Mutter-KapG beteiligt ist, die den Zinsvorteil einer T2-GmbH zur Verfügung stellen, ergeben sich folgende steuerliche Konsequenzen:

Lösung Abwandlung:
Bei der T1-GmbH ist die vGA wiederum außerhalb der Bilanz hinzuzurechnen. Der Zinsvorteil ist bei der M-GmbH als vGA zu erfassen, der bei der Ermittlung des Einkommens außer Ansatz bleibt (§ 8b Abs. 1 KStG). Der Verbrauch des Zinsvorteils stellt sich als Betriebsausgabe der M-GmbH dar, der nicht in unmittelbarem Zusammenhang mit Einnahmen aus der Beteiligung an der T1-GmbH (sondern der T2-GmbH) herrührt, so dass § 3c Abs. 1 EStG keine Anwendung findet.

---
[58] *Starke*, DB 2000, 2347, der explizit allerdings den in der Abwandlung behandelten Fall anspricht. Die Lösungen müssen parallelisiert werden.

4.5 Einzelfälle

Im Folgenden sollen wichtige Einzelfälle dargestellt werden. Es wird insb. auf die Tatbestands-Voraussetzung der vGA eingegangen, d.h. unter welchen Bedingungen Rspr. und Finanzverwaltung von nicht marktkonformen Transaktionen zwischen Gesellschaft und G´fter ausgehen.

4.5.1 Verstoß gegen das Wettbewerbsverbot/Geschäftschancenlehre

4.5.1.1 Zivilrechtliche Grundlagen

Bei Verstößen gegen das Wettbewerbsverbot ist zunächst zwischen dem gesellschaftsrechtlichen und organschaftlichem Wettbewerbsverbot zu unterscheiden. Das gesellschaftsrechtliche Wettbewerbsverbot gründet sich auf der gesellschaftsrechtlichen Treupflicht, nach der die einzelnen G´fter verpflichtet sind, die Interessen der Gesellschaft zu fördern[59]. Je nach Beteiligungshöhe und damit verbundener Einflussnahmemöglichkeit reicht die Treuepflicht von einem bloßen Schädigungsverbot über ein Loyalitätsgebot bis zu einem unbedingten Fördergebot. Dies bedeutet, dass ein Minderheitsgesellschafter der GmbH lediglich einem Schädigungsverbot, ein Mehrheitsgesellschafter aber einem Loyalitätsgebot bzw. Förderungsgebot – vergleichbar mit einem G´fter einer OHG – unterliegen kann (§§ 112, 113 HGB analog, vgl. auch § 88 AktG). Das gesellschaftsrechtliche Wettbewerbsverbot als Ausfluss der verbandsrechtlichen Treupflicht unterliegt bei einem Allein-G´fter Beschränkungen, da dieser lediglich dem Kapitalerhaltungsinteresse der GmbH verpflichtet ist.

Aus diesen gesellschaftsrechtlichen Grundlagen wird die Reichweite des Wettbewerbsverbotes klarer. Ein Wettbewerbsverbot kann grundsätzlich nur in Angelegenheiten bestehen, die zum Unternehmensgegenstand der KapG gehören. Für Angelegenheiten außerhalb dieses Unternehmensgegenstandes besteht keine verbandsrechtliche Treuepflicht, da der Wirkungskreis der KapG nicht berührt ist. Aus dem verbandsrechtlichen Ansatz ist weiterhin zu folgern, dass die G´fter-Versammlung „Herrin des Umfanges des Wettbewerbsverbotes" ist. Es besteht für die G´fter-Versammlung die Möglichkeit, die G´fter generell (in der Satzung) oder punktuell von dem Wettbewerbsverbot zu befreien. Die Befreiung kann entgeltlich oder unentgeltlich erfolgen; aus der unentgeltlichen Befreiung kann nicht ohne weiteres auf eine marktunübliche Transaktion geschlossen werden.

Das gesellschaftsrechtliche Wettbewerbsverbot wird bei einem G´fter-GF von dem organschaftlichen Wettbewerbsverbot überlagert, welches sich auf der Organstellung gründet. Dieses Wettbewerbsverbot betrifft den GF, der nach seiner Pflichtenstellung (vgl. § 88 AktG analog) die Tätigkeit der Gesellschaft in deren Geschäftszweig (besser: Unternehmensgegenstand) fördern muss. Aus dieser Überlagerung ergeben sich gegenüber dem oben Gesagten keine Änderungen.

Aus der Verletzung des Wettbewerbsverbotes resultiert neben einem Unterlassungs- auch ein Ersatzanspruch; gegebenenfalls kann die Gesellschaft verlangen, dass der G´fter-GF den Gewinn aus dem Geschäft an die Gesellschaft herausgibt (dies entspricht dem oben erwähnten Eintrittsrecht). Ein Ersatzanspruch kann aber i.d.R. nur dann bestehen, wenn die KapG das Geschäft hätte selbst ausnutzen können, dieses Geschäft für sie eine

---

[59] *Wiedemann*, FS Heinsius, 949 ff.

sog. **Geschäftschance dargestellt** hätte. Wenn sich aus dem zunächst abstrakt bestehenden Wettbewerbsverbot kein gesellschaftsrechtlicher Anspruch gegen den G´fter-GF herleiten lässt, kann nicht das Problem einer marktunüblichen Transaktion von der Gesellschaft auf den G´fter entstehen, da dieser Transaktion ein Wert beigemessen werden muss, der vorliegend nicht besteht.

Der G´fter-GF verstößt auch dann gegen eine gesellschaftsrechtliche Treuepflicht, wenn er sich Informationen oder konkrete Geschäftschancen der GmbH auch ohne das Bestehen eines ausdrücklichen Wettbewerbsverbotes zu eigen macht. Die Zuordnung von Wettbewerbschancen zum Vermögen der GmbH, wird man in diesen Fällen anhand der auf das Geschäft getätigten Aufwendungen vornehmen müssen. Dies bedeutet im Ergebnis, dass immer dann, wenn die GmbH bereits Aufwendungen auf ein bestimmtes Geschäft vorgenommen hat, eine Geschäftschance der GmbH zugeordnet wird. Ein Eingriff in diese Geschäftschance kann zur Annahme einer vGA führen.

Ergebnis: Ein vermögensrechtlicher Anspruch besteht nur dann, wenn in eine konkrete Geschäftschance eingegriffen worden ist. Dies ist Ausgangspunkt der steuerlichen Überlegungen.

4.5.1.2 Steuerliche Folgen

Zunächst ist festzustellen, dass der BFH (vom 18.12.1996, BStBl II 1997, 301) sich bei der Beurteilung einer vGA an die zivilrechtlichen Grundlagen anschließt. Er kommt dabei zu folgenden Feststellungen:

Schließt der G´fter einer GmbH unter Verstoß gegen ein (vertragliches) Wettbewerbsverbot einen Vertrag mit einem Dritten ab, so kann eine vGA i.S.d. § 8 Abs. 2 S. 2 KStG nur dann angenommen werden, wenn konkrete Anhaltspunkte dafür festgestellt werden, dass der Auftrag geschäftschancenmäßig der GmbH zuzurechnen war. Dabei können Geschäftschancen nicht nach formalen Kriterien (allein durch den satzungsmäßigen Unternehmensgegenstand) zugeordnet werden. Auch besteht kein Gebot der klaren Aufgabenabgrenzung.

Hieraus ist zu schließen, dass es – entsprechend der gesellschaftsrechtlichen Ausgangslage – auf die **konkrete Geschäftschance** ankommt, da nur diese Gegenstand einer marktunüblichen Transaktion sein kann.

Bei einer **Befreiung von dem Wettbewerbsverbot** hat die Finanzverwaltung (BMF vom 04.02.1992, BStBl I 1992, 137). zunächst gefordert, diese Befreiung müsse entgeltlich erfolgen, da sonst eine vGA angenommen werden müsse. Dieser – mit der zivilrechtlichen Ausgangslage nicht übereinstimmenden – Ansicht hat der BFH ebenfalls eine Absage erteilt:

Wird ein Dispens (= Befreiung) vom Wettbewerbsverbot erteilt, so begründet die fehlende Abgrenzung zwischen den wechselseitigen Geschäftsbereichen für sich genommen noch keine vGA. Es ist Sache der G´fter, die Aufgaben einer KapG zu bestimmen. Das Steuerrecht muss die Aufgabenzuweisung durch die G´fter im Grundsatz akzeptieren.

Der BFH schließt sich damit der gesellschaftsrechtlichen Ausgangslage an, dass die G´fter-Versammlung die Herrin der Reichweite der verbandsrechtlichen Treuepflicht ist[60]. Nicht ganz geklärt ist jedoch, ob bei Annahme eines Verstoßes gegen das Wettbewerbsverbot bzw. gegen eine Geschäftschance ein Anspruch erfolgswirksam oder neutral

---

[60] Grundlegend *Röhricht*, WPg 1992, 766; ferner *Zöllner* in *Baumbach/Hueck*, GmbHG, § 35 Anm. 23.

in der Bilanz erfasst werden muss (vgl. oben). Der BFH scheint der Ansicht zuzuneigen, dass die vGA bereits in der Verletzungshandlung liegt, ein Anspruch deshalb auf die Rückabwicklung gerichtet ist. Dieser Ansicht wird sich hier nicht angeschlossen, da die erfolgswirksame Aktivierung bereits das Entstehen einer vGA ausschließt. Zur Verdeutlichung und Zusammenfassung möge folgendes **Prüfschema** für eine vGA bei Verletzung eines Wettbewerbsverbotes dienen (Ansicht der Rspr.).

4 Verdeckte Gewinnausschüttungen

Prüfungsschema[61]

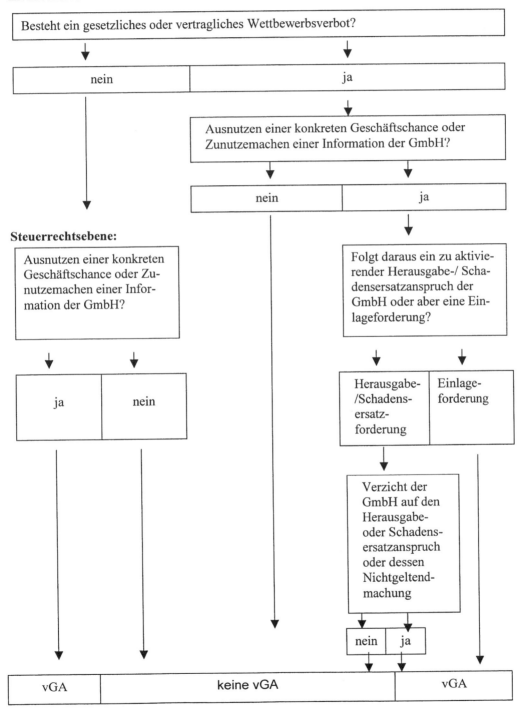

[61] Vgl. *Gosch*, DStR 1997, 442.

Im Anschluss ist darauf hinzuweisen, dass die Finanzverwaltung diese Grundsätze und die stärkere Anlehnung an das Zivilrecht nicht in gleicher Weise vollzogen hat. Sie hält – offenbar – immer noch die vorherige entgeltlich Befreiung vom Wettbewerbsverbot für erforderlich, um eine vGA zu vermeiden. Allerdings ist der Finanzverwaltung insoweit zuzustimmen, als sie bei einem **beherrschenden G´fter** eine klare Vorabbefreiung vom Wettbewerbsverbot für notwendig erachtet. Nachdem sich eine Geschäftschance für die GmbH bereits konkretisiert hat, ist es nicht mehr möglich, diesen Vermögenswert dem G´fter ohne Entgelt zu überlassen; dies wäre in der Tat kein marktübliches Regelverhalten und insoweit als vGA anzusehen.

4.5.2 Geschäftsführer-Vergütung (außer Pensionszusage)

Die Angemessenheit von GF-Vergütungen ist regelmäßig Gegenstand der Überprüfung innerhalb von BP. Die Höhe der G´fter-GF-Vergütung stellt vor allem auch nach der Systemumstellung des KSt-Rechts eine Möglichkeit dar, das „Ausschüttungsverhalten" zu optimieren. Es stellt sich die Frage, wie weit sich die Steuerbelastung ändert, wenn statt einer Gewinnausschüttung die Beträge als GF-Vergütung an den GF transferiert werden. Gehaltszahlungen sind – abhängig von der individuellen Steuerbelastung der betreffenden G´fter – in der Gesamtbelastung günstiger als die entsprechende Gewinnausschüttung. Dies zeigt sich bei einem geringen individuellen Steuersatz des G´fters sehr deutlich, da insoweit eine Steuerminderung i.H.d. KSt und GewSt-Definitivbelastung i.H.v. 37 % eintreten kann; dieser Effekt bleibt ausdrücklich auch bei steigenden ESt-Sätzen des G´fters bestehen, so dass auch bei einer ESt-Belastung des G´fters von 48,5 % immer noch ein Entlastungseffekt von ca. 4,5 % eintritt.[62] Diese Vereinbarungen müssen dem „Markt-Test" standhalten, damit keine vGA angenommen werden kann.

4.5.2.1 Zivilrechtliche Grundlagen

Die Höhe und Art der GF-Vergütung ist zivilrechtlich in das Ermessen der G´fter-Versammlung gestellt (§ 46 Nr. 5 GmbHG). Gesellschaftsrechtlich kann es angezeigt sein, dass der GF bei erheblicher Verschlechterung der finanziellen Rahmenbedingungen einer Herabsetzung der Bezüge zustimmt (vgl. § 87 Abs. 2 AktG). Bei an den Jahresgewinn anknüpfenden Tantiemen war § 86 Abs. 2 AktG zu beachten, die eine Festlegung der BMG von Tantiemen vorsah. Inzwischen ist auch diese gesellschaftsrechtliche Festlegung dereguliert worden, nachdem bereits der BGH festgestellt hatte, dass über den Wortlaut des § 86 Abs. 2 AktG hinaus auch dividendenabhängige Tantiemen gesellschaftsrechtlich zulässig sind (DStR 2000, 1571).

Festzuhalten bleibt, dass die Art und Höhe der GF-Vergütung relativ frei zu bestimmen ist, das zuständige Organ hierfür bei GmbH die G´fter-Versammlung, bei AktG der Aufsichtsrat ist.

4.5.2.2 Steuerliche Folgerungen

Für die steuerlichen Folgen der Vereinbarung von G'fter-GF Vergütung kommt es auf den Fremdvergleich an (externer und interner Betriebsvergleich). Gegenüber einem

---

[62] Vgl. im Einzelnen *Schneeloch/Rahier/Trockels*, DStR 2001, 1614 ff.

Fremd-GF verhält sich eine GmbH marktüblich, wenn ihr nach der erwarteten Ertragslage nach Abzug der GF-Vergütung eine angemessene Verzinsung des Eigenkapitals verbleibt. Es ist kein marktkonformes Verhalten, wenn durch die GF-Vergütung der Gewinn der GmbH „abgesaugt" wird. Die Angemessenheit der GF-Vergütung ist demnach in erster Linie von den Ertragserwartungen, aber auch vom Umsatz bzw. der Branche und Arbeitnehmerzahl abhängig. Hierzu geben vielfältige Studien der Wirtschaft Anhaltspunkte[63]. Weicht die konkrete Vereinbarung der G´fter-GF-Vergütung von einer marktüblichen Vergütung ab, so steht – wie bereits ausgeführt worden ist – noch nicht fest, dass i.H.d. Differenz eine vGA vorliegt. Die KapG muss allerdings die Umstände darlegen, die die Vergütung trotz des Abweichens noch als marktkonforme Vergütung erscheinen lassen (Beweisrisikoverteilung).

Bei der Art der Vergütung spielen in der Vergütungspraxis aus naheliegenden betriebswirtschaftlichen Gründen (anreizorientierte Vergütungssysteme) Tantiemevereinbarungen eine immer größere Rolle, zu denen die Rspr. und die Finanzverwaltung verschiedene Grundsätze (BMF-Schreiben vom 01.02.2002, DB 2002, 295 f.) aufgestellt hat. Zu diesen Grundsätzen ist festzuhalten, dass sie betriebswirtschaftliche Kriterien und einem realen Marktvergleich nicht immer standhalten können, in der steuerlichen Praxis aber beachtet werden müssen (vgl. auch A 33 KStR).

- **Umsatztantieme**
  Leistungsvergütungen in Form von Umsatztantiemen sind grundsätzlich als vGA anzusehen, da sie unabhängig von der Ertragslage zu bezahlen sind und daher dem Gewinninteresse der GmbH widersprechen (BFH vom 20.08.1997, GmbHR 1998, 148; BFH vom 09.09.1998, GmbHR 1999, 196). Nur in wenigen Ausnahmefällen kann eine Umsatztantieme zulässig sein, z.B. bei einer Gesellschaft im Aufbau, wo nur eine Beteiligung am Umsatz einen Anreiz bieten kann oder bei im Vertrieb tätigen G'fter-GF, wo eine Umsatztantieme noch als üblich angesehen werden kann.

- **Rohgewinntantieme**
  Rohgewinntantiemen stehen grundsätzlich zwischen Umsatztantiemen und Reingewinntantiemen. Die Anknüpfung an den Rohertrag bedeutet eine Einbeziehung von Aufwandspositionen in die BMG. Je nach Gewichtung dieser Aufwandsposition nähert sich die Rohgewinntantieme der Umsatztantieme oder der Reingewinntantieme an. Je mehr sich unter diesen Aspekten eine Vergleichbarkeit mit der Umsatztantieme ergibt, ist eine nicht-marktkonforme Vergütungsform bereits dem Grunde nach gegeben. Soweit diese Vereinbarungen wegen der Vergleichbarkeit mit einer Reingewinntantieme dem Grunde nach anzuerkennen sind, ist im Einzelfall eine Angemessenheitsprüfung der Höhe nach vorzunehmen.
  Es ist darauf hinzuweisen, dass der BFH auch einer „Nur-Rohgewinntantieme" die Anerkennung nicht bereits aus grundsätzlichen Erwägungen versagt hat (BFH vom 26.01.1999, BStBl II 1999, 241). Bisher hat die Finanzverwaltung sog. „Nur-Tantiemen" die Anerkennung versagt, da sie nicht einem marktkonformen Regelverhalten entsprechen (vgl. BMF vom 13.10.1997, BStBl I 1997, 900). M.E. wird man „Nur-Tantiemen" weder generell die Marktüblichkeit zu- noch absprechen können. In der Tat werden die Stpfl. bei diesen Vereinbarungen die Umstände darlegen müssen, die im Einzelfall eine solche Vereinbarung rechtfertigen (Beweisrisikoverteilung, das Beweisrisiko liegt bei den G´ftern).

---

[63] Vgl. z.B. *Tänzer*, GmbHR 1997, 1085; *Feldkamp*, StbG 1999, 136 und 181.

- **Reingewinntantieme**
Reingewinntantiemen unterliegen zunächst geringeren Bedenken als Umsatz- und Rohgewinntantiemen, da sie nur im Gewinnfall zu zahlen sind. Die BMG ist entsprechend dem früheren § 86 Abs. 2 AktG der handelsrechtliche Jahresüberschuss abzüglich eines Verlustvortrages und satzungsgemäß in die Rücklagen einzustellenden Beträge. Die Tantieme wird ihrerseits jedoch nicht von der BMG abgezogen.
Der BFH (insb. vom 05.10.1994, BStBl II 1995, 549 und vom 27.03.2001, DB 2001, 1340) und ihm folgend die Finanzverwaltung (vgl. das frühere Schreiben des BMF vom 05.01.1998, BStBl I 1998, 90 und neuerdings BMF-Schreiben vom 01.01.2002, DB 2002, 295 f.) haben einige Grundsätze aufgestellt:

1. Soweit die Tantiemezusagen insgesamt 50 % des Jahresüberschusses übersteigen, spricht der Beweis des ersten Anscheins für die Annahme einer vGA (Gedanke der Gewinnabschöpfung). Hält sich die Tantieme (bzw. die Tantiemen) innerhalb dieser Grenzen, ist sie im ersten Schritt nicht bereits dem Grunde nach als vGA zu qualifizieren. Es ist aber zu prüfen, ob die Gesamtausstattung (alle Bestandteile inkl. evtl. Pensionszusagen) innerhalb der Angemessenheitsgrenze liegt. Bei Tantiemezusagen über 50 % geht nach Ansicht des BFH das Beweisrisiko für eine marktübliche Vergütung auf die KapG über, während Finanzgerichte (vgl. nur FG Mchn vom 24.08.1999, EFG 1999, 1248) diese Grenze offensichtlich etwas großzügiger handhaben wollen.
2. Neben dieser Gesamthöhe der Tantiemezahlungen spielt nach dieser Rspr. aber auch das Verhältnis von Tantiemezahlung zu den Festbezügen eine erhebliche Rolle. Die Jahresgesamtbezüge sind in einen Festgehaltsanteil von 75 % und einem Tantiemeanteil von 25 % aufzugliedern. Dabei ist der Tantiemeanteil in Relation zum erwarteten Durchschnitts-Gewinn auszudrücken.
Da der Tantiemeanteil von dem Gewinn der KapG abhängig ist, kann sich dieser Anteil verschieben, so dass allein aufgrund der Abweichung des eingetretenen von dem geplanten (und bei der Festlegung der Tantieme berücksichtigten) Erfolg die Gefahr einer vGA eintritt. Daher hat die Finanzverwaltung bestimmt, dass der Tantieme-Anteil in einem Dreijahresrhythmus überprüft werden muss.

> **Beispiel 36 (nach BFH vom 05.10.1994): Der abweichende Gewinn**
> Eine GmbH geht im Zeitpunkt des Abschlusses eines GF-Vertrages von einem durchschnittlich erzielbaren Gewinn vor Abzug von KSt, Gewerbeertragsteuer und GF-Vergütungen i.H.v. 800.000 jährlich aus. Das angemessene GF-Gehalt beträgt 200.000 (= 25 % von 800.000). Es soll i.H.v. 150.000 als Festgehalt und i.H. einer Gewinntantieme ausgezahlt werden, die 6,25 % von dem Gewinn vor Abzug von KSt, Gewerbeertragsteuer und GF-Vergütungen beträgt (kalkulatorische BMG 6,25 % von 800.000 = 50.000).
> Zwei Jahre später erzielt die GmbH einen Gewinn vor Abzug von KSt, Gewerbeertragsteuer und GF-Vergütungen i.H.v. 2 Mio. Der GF erhält ein Festgehalt von 150.000 und eine Gewinntantieme von 6,25 % von 2 Mio. = 125.000. Der Betrag macht nur 13,75 % von 2 Mio. aus. Die Tantieme beträgt jedoch 45,45 % der gesamten GF-Vergütung. Sie ist dennoch angemessen.
> Ein weiteres Jahr später erzielt die GmbH einen Gewinn vor Abzug von KSt, Gewerbeertragsteuer und GF-Vergütungen i.H.v. nur 400.000. Der GF erhält ein Festgehalt von 150.000 und eine Gewinntantieme von 6,25 % von 400.000

= 25.000, insgesamt also 175.000. Dieser Betrag macht 45,75 % von 400.000 aus. Die Tantieme beträgt dagegen nur 14,28 % der gesamten GF-Vergütung. Sie ist angemessen.

- **Überstundenvergütung**
  Der BFH hat mit Urteil vom 27.03.2001 (BStBl II 2001, 655) letztmals festgestellt, dass die Vereinbarung von Überstundenvergütungen auch dann, wenn Überstundenvergütungen an alle GF gezahlt werden, als vGA angesehen werden müssen. Der BFH stellt insoweit in erster Linie darauf ab, dass die Bezahlung nach geleisteten Überstunden bei der Gesellschaft falsche Anreize setzt und somit kein marktkonformes Regelverhalten darstellt. Darüber hinaus ist der Gedanke beachtlich, dass aufgrund der eigenverantwortlichen Tätigkeit von GF für diese die Möglichkeit besteht, ihr Gehalt beliebig zu vermehren, ohne dass auf der Ebene der GmbH entsprechende Ergebnisse eintreten.

- **Besonderheiten bei beherrschendem G´fter**
  Bei Tätigkeitsvergütungen zugunsten des beherrschenden G´fters sind zusätzlich zu dem inhaltlichen die formellen Voraussetzungen der Klarheit und der Vorabvereinbarung (Rückwirkungsverbot) zu beachten. Das Gebot der Klarheit bezieht sich insb. auf die BMG für die Tantieme. So ist z.B. eine Regelung schon aus formalen Erwägungen nicht marktkonform, die die Berechnungsgrundlage für die Tantieme im Unklaren lässt, so z.B. nicht regelt, ob der Jahresüberschuss vor Abzug der KSt bzw. vor Abzug der Tantieme herangezogen werden soll. Die rückwirkende Vereinbarung sowohl der Tantieme an sich als auch ihrer BMG wird von Rspr. und Finanzverwaltung als marktunübliches Verhalten angesehen und somit als vGA qualifiziert.

Beispiel 37: Gesplittete Tantieme
Die A-GmbH gewährt dem G´fter-GF A eine Tantiemezusage, nach deren Inhalt dem A zum 31.12.01 eine Reingewinntantieme i.H.v. 60.000 zusteht. Nach den vorgestellten Grundsätzen ist die Tantieme i.H.v. 20.000 als vGA anzusehen. Die A-GmbH bildet zum 31.12.01 zulässigerweise eine Rückstellung i.H.v. 60.000. Die Tantieme wird am 30.06.02 ausbezahlt (vgl. BMF vom 28.05.2002, DB 2002, 1187 ff., **Lektüre wird unbedingt empfohlen**).

Lösung:
Bei der A-GmbH kommt es außerhalb der Bilanz zu einer Hinzurechnung i.H.v. 20.000. Diese Hinzurechnung erhöht das Einkommen in 01.
Bei A führt der Zufluss in 02 i.H.v. 40.000 zu Einnahmen aus nichtselbständiger Arbeit i.H.v. 20.000 zu Einnahmen aus Kapitalvermögen (vGA). Nach BMF vom 28.05.2002 (a.a.O.) ist außerhalb der Bilanz eine Nebenrechnung zu führen, in der festzuhalten ist, in welcher Höhe eine vGA anzunehmen ist (Teilbetrag I) und in welchem Umfang der Teilbetrag I dem StB-Gewinn hinzugerechnet worden ist (Teilbetrag II). Vorliegend entsprechen sich beide Teilbeträge, nach der Auszahlung der Tantieme sind beide Teilbeträge aufzulösen.

4.5.3 Pensionszusagen

Bei der Gewährung von Pensionszusagen hat die GmbH zunächst zu beachten, dass sich die steuerlich abzugsfähigen Beträge bereits in der StB von der handelsrechtlichen Gewinnermittlung unterscheiden (§ 6a EStG). Soweit hier eine Differenz vorliegt, ist diese auf der ersten Stufe der Gewinnermittlung innerhalb der StB zu korrigieren. Darüber hinaus stellen Rspr. und Finanzverwaltung (im Einzelnen unterschiedliche) Anforderungen an eine marktkonforme Pensionszusage auf (vgl. im Einzelnen A 32 KStR).

Eine solche Marktkonformität besteht nur dann, wenn die Erfüllung der Verpflichtung ernsthaft gewollt ist und vom GF noch erdient werden kann. Eine Erfüllbarkeit der Verpflichtung wird dann zu verneinen sein, wenn die KapG wirtschaftlich nicht in der Lage ist, das mit der Pensionszusage übernommene Risiko zu tragen.

Nach der Rspr. (BFH, vom 24.01.1996, BStBl II 1997, 440) und der ihr insoweit folgenden Finanzverwaltung (BMF vom 07.03.1997, BStBl I 1997, 637) gilt eine Pensionszusage dann vom GF nicht als „erdienbar",

- wenn der Zeitraum zwischen dem Zeitpunkt der Zusage der Pension und dem vorgesehenen Zeitpunkt des Eintritts in den Ruhestand weniger als 10 Jahre beträgt;
- oder wenn dieser Zeitraum zwar mindestens drei Jahre beträgt, der G´fter-GF dem Betrieb aber weniger als 12 Jahre angehört.

Bei dem **beherrschenden G´fter** ist dabei zusätzlich zu beachten, dass aufgrund des sog. Rückwirkungsverbotes für den Erdienungszeitraums nur die Zeit als GF berücksichtigungsfähig ist. Neben diesem Erdienungszeitraum ist bis zur Erteilung einer Pensionszusage von dem GF eine Probe- bzw. Wartezeit von zwei bis drei Jahren abzuwarten. Diese Voraussetzungen (**Erdienungszeitraum und Wartezeit**) sind zwischen Finanzverwaltung und Rspr. unstreitig.

Das Erfordernis der **Finanzierbarkeit** der Pensionszusage wird von der Finanzverwaltung dahingehend verstanden, da sie nicht gegeben ist, wenn bei einem unmittelbar nach dem Bilanzstichtag eintretenden Versorgungsfall der Barwert der künftigen Pensionsleistungen am Ende eines Wj. auch nach Berücksichtigung einer Rückdeckungsversicherung zu einer Überschuldung der GmbH führen würde (BMF vom 14.05.1999, BStBl I 1999, 512). Die Finanzverwaltung ist dabei der Ansicht, dass die gesellschaftliche Veranlassung der Pensionszusage nur einheitlich beurteilt werden kann mit der Folge, dass eine Pensionszusage, die bei der fiktiven Überschuldungsrechnung zu einer Überschuldung führt, insgesamt als gesellschaftlich veranlasst und damit als vGA zu werten ist.

Gegen die Ansicht der Finanzverwaltung, die Pensionszusage insgesamt und einheitlich steuerlich zu würdigen, ist – mit dem BFH[64] – einzuwenden, dass es nicht um die Frage der Aufspaltung eines einheitlichen WG´s (Pensionszusage) in einem betrieblichen und einem gesellschaftsrechtlich veranlassten Teil geht. Die Beurteilung der Pensionszusage als vGa erfolgt außerhalb der Bilanz und soweit nicht nach bilanzrechtlichen Kategorien; es geht vielmehr um die Frage, in welcher Höhe eine Pensionszusage gegenüber einem fremden GF gegeben worden wäre[65].

Das Kriterium der Finanzierbarkeit definiert der BFH ebenfalls anders als die Finanzverwaltung. In Übereinstimmung mit der Finanzverwaltung geht der BFH zunächst davon

---

[64] Vgl. *Gosch*, StBp 1999, 276.
[65] *Wassermeyer*, GmbHR 2002, 2.

aus, dass eine Finanzierbarkeit dann nicht mehr vorliegt, wenn durch das Versorgungsrisiko eine Überschuldung im insolvenzrechtlichen Sinn eintritt. Allerdings muss der GF bei Erteilung einer Pensionszusage nur dasjenige Versorgungsrisiko berücksichtigen, dass sich im Barwert der künftigen Pensionsleistungen i.S.d. § 6a Abs. 3 S. 2 Nr. 2 EStG (Anwartschaftsbarwert) niederschlägt; für die Frage der Überschuldung ist die Pensionszusage nur mit diesem Wert anzusetzen (BFH vom 07.11.2001, I R 79/00).

Es bleibt also festzuhalten, dass der BFH zunächst die grundsätzliche Frage der Finanzierbarkeit (Passivierung der Pensionszusage lediglich mit dem Anwartschaftsbarwert) für den Stpfl. günstiger beantwortet als die Finanzverwaltung und anschließend bei der Höhe der vGA auch eine Aufteilung der Pensionszusage zulässt, sodass nur der „überschießende Teil" als vGA zu werten ist.

Beispiel 38: Die nicht erlebte Pension
Die A-GmbH verspricht ihrem G'fter-GF A eine um 50 % unangemessen hohe Pension. In dieser Höhe kann die A-GmbH die Pension im Versorgungsfall nicht finanzieren. Die Pensionsrückstellung beträgt zum 31.12.01 250.000. Am 04.01.02 stirbt A noch während der Leistungsphase.

Lösung:
I.H.v. 125.000 ist die vGA außerhalb der Bilanz hinzuzurechnen; in dieser Höhe ist zum 31.12.01 der Teilbetrag I festzuhalten. Durch den Todesfall ist in 02 die Rückstellung in voller Höhe erfolgswirksam aufzulösen. I.H.d. Hälfte (Teilbetrag I) soll sich die Auflösung nicht noch einmal auf das Einkommen der A-GmbH auswirken. I.H.d. Teilbetrags I hat in 02 eine Kürzung des Einkommens außerhalb der Bilanz zu erfolgen.
Die Nebenrechnung soll ermöglichen, doppelte Auswirkungen auf das Einkommen der GmbH zu vermeiden, die aus der StB nicht ersichtlich sind.

4.5.4 Risikogeschäfte

Zwischen der Finanzverwaltung und dem Stpfl. kommt es häufiger zu Auseinandersetzungen bei der Frage, ob und inwieweit G'fter-GF sog. Risikogeschäfte (vor allem in der Form von Devisentermingeschäften) im Interesse der GmbH durchführen können. Die Finanzverwaltung (BMF vom 19.12.1996, BStBl I 1997, 112) geht von einer gesellschaftlichen Veranlassung der Durchführung von Risikogeschäften aus, wenn

- das Geschäft unüblich
- und mit hohen Risiken verbunden sei.

Der BFH überprüft die Marktkonformität solcher Geschäfte zunächst mit gesellschaftsrechtlichen Überlegungen (BFH vom 14.09.1994, BStBl II 1997, 89). Es kommt zunächst darauf an, ob der GmbH gegen den G'fter-GF wegen der Durchführung dieser Geschäfte ein Schadensersatzanspruch zustehe. Nur die Nichtgeltendmachung des Schadensersatzanspruches könne zu der Annahme einer vGA führen[66]. Bei der Beurteilung der Geschäfte ist insb. zu berücksichtigen, dass es Sache der Gesellschafterversammlung ist zu entscheiden, in welchen Bereichen sich die GmbH engagiert. Die Zuordnung von Ri-

---
[66] Vgl. die Ausführungen zu 4.5.1 „Wettbewerbsverbot".

sikogeschäften zu der GmbH kann i.d.R. allein durch die GmbH und nicht durch die Finanzverwaltung erfolgen. Eine vGA kann demnach nur dann vorliegen, wenn

- die Gesellschaft sich verpflichtet, Spekulationsverluste zu tragen, Gewinne aber an den G´fter abzuführen,
- die Spekulationsgeschäfte erst auf die GmbH übertragen werden, wenn sich die dauerhafte Verlustsituation der Geschäfte konkret abzeichnet.

In diesen Fällen kann kein Interesse der GmbH an den Tätigkeiten bestehen, so dass von einem nicht-marktkonformen Verhalten eines G'fter-GF, ausgerichtete am Maßstab eines ordentlichen und gewissenhaften GF´s, ausgegangen werden kann. Diese einschränkende Annahme von gesellschaftlicher Veranlassung und Anknüpfung an gesellschaftsrechtlichen Wertung entspricht der Tendenz in der Rspr. und wird künftig noch stärker zu beachten sein (vgl. BFH vom 08.08.2001, BFH/NV 2001, 1678).

4.6 Fremdfinanzierung durch ausländische Anteilseigner

4.6.1 Überblick und Grundstruktur

Die Regelung des § 8a KStG soll dem fiskalischen Interesse des Staates dienen, „Gewinne" von KapG einmal der Besteuerung im Inland zu unterwerfen. Für im Inland in die Ertragsteuerveranlagung einbezogene Anteilseigner einer KapG besteht eine gewisse **Steuerneutralität der Finanzierung** von KapG. Gewinne von KapG unterliegen der KSt und GewSt auf der Ebene der KapG, bei Ausschüttung an den AE der ESt nach dem Halbeinkünfteverfahren. Zwischenausschüttungen an KapG als AE bleiben steuerfrei (§ 8b Abs. 1 KStG n.F.), das Halbeinkünfteverfahren wird bei Ausschüttung an eine natürliche Person in Gang gesetzt.

Zinsen aus einer Gesellschafterfremdfinanzierung sind auf der Ebene der KapG BA, werden bei der G´fter-Fremdfinanzierung jedoch i.d.R. bei der Ermittlung der gewerbesteuerlichen BMG zur Hälfte wieder hinzugerechnet (§ 8 Nr. 1 GewStG). Auf der Ebene des AE unterliegen Zinsen der Einkommens- bzw. Körperschaftsbesteuerung, ohne Vorteile des Halbeinkünfteverfahrens in Anspruch nehmen zu können. Beide Formen von Erträgen (Beteiligungserträge und Zinsen) werden demnach im Inland im Prinzip einmal besteuert.

Anders ist dies bei im Inland nicht in die Veranlagung einbezogenen AE. Gewinne unterliegen im Inland auf der Ebene der KapG der Körperschaft- und Gewerbesteuer, bei Ausschüttung an den AE wird lediglich Kapitalertragsteuer einbehalten. Zinsen unterliegen dagegen im Inland (mit Ausnahme der hälftigen GewSt und u.U. Kapitalertragsteuer) überhaupt nicht der Besteuerung. Dies hat bei KapG mit entsprechendem AE-Kreis zu einer – aus der Sicht des Staates – „übermäßigen Fremdfinanzierung" geführt. Es hat in der Vergangenheit vielfältige Versuche gegeben, die Fremdfinanzierung steuerlich in der Weise zu diskriminieren, dass man die Fremdfinanzierung für steuerliche Zwecke in Eigenkapital umqualifiziert hat[67]. Diese Versuche haben sich im Ergebnis nicht halten können (vgl. BFH vom 05.02.1992, BStBl II 1992, 532), was zu der gesetzlichen Regelung des § 8a KStG geführt hat.

Die Regelung ist neben ökonomischen (**Eingriff in die Finanzierungsfreiheit**) vor allem **europarechtlichen** Bedenken ausgesetzt. Da sie – im Ergebnis weitgehend – an

---

[67] Sog. verdecktes Stammkapital, vgl. BMF vom 16.03.1987 (BStBl I 1987, 373).

den Ansässigkeitsstaat von AE Rechtsfolgen knüpft, hat das FG M'ster (21.08.2000, EFG 2000, 1273) Zweifel an der Europarechtskonformität in Bezug auf die Kapitalverkehrs- und Niederlassungsfreiheit geäußert (a.A. dagegen FG Mchn vom 16.10.2000, EFG 2001, 312).[68]

Die Vorschrift ist durch das Steuersenkungsgesetz reformiert worden. Der unschädliche Fremdfinanzierungsrahmen (sog. safe haven) ist nach unten korrigiert, im Übrigen ist die Vorschrift an das neue KSt-System angepasst worden. Die neue Fassung ist im Regelfall ab 01.01.2001 (bei abweichendem Wj. entsprechend später) anzuwenden, das sog. anteilige Eigenkapital i.S.d. § 8a Abs. 2 KStG musste aufgrund des in dieser Vorschrift bestimmten zeitlichen Bezugspunktes bereits zum 31.12.2000 angepasst worden sein. Daher ist Gegenstand der Ausführungen die neue Fassung des KStG, auf die alte Fassung wird nur am Rande eingegangen.

Die Grundstruktur des § 8a KStG ist relativ einfach, sie sei der Diskussion der einzelnen Tatbestandsmerkmale vorangestellt. Ein nicht in die Veranlagung einbezogener, wesentlich beteiligter AE (künftig nur AE) finanziert die im Inland unbeschränkt steuerpflichtige KapG „übermäßig" mit Fremdkapital. Eine übermäßige Fremdfinanzierung liegt vor, wenn das Fremdkapital eine gewisse Relation in Bezug auf das anteilige Eigenkapital des AE (sog. safe haven) übersteigt. Soweit eine Vergütung für das überschießende Fremdkapital entrichtet wird, werden die Vergütungen als vGA gewertet. Tatbestandsmerkmale, die dem Umgehungsschutz dienen (insb. § 8a Abs. 5 KStG), runden den Tatbestand ab.

4.6.2 Tatbestandsmerkmale des § 8a KStG

4.6.2.1 Überlassung und Vergütung von Fremdkapital

Der AE muss der KapG Fremdkapital zur Verfügung gestellt haben. Nach zutreffender Ansicht ist hierfür der **handelsrechtliche Fremdkapital-Begriff** maßgebend (a.A. BMF vom 15.12.1994, BStBl I 1995, 25, Tz. 44)[69]. Dies ergibt sich insb. aus dem systematischen Zusammenhang zwischen der Fremdkapitalüberlassung und dem eindeutig nach handelsrechtlichen Grundsätzen zu bestimmenden „anteiligen Eigenkapital" des AE in § 8a Abs. 2 KStG. Daraus kann sich insoweit Gestaltungspotential ergeben, als Finanzierungen gewählt werden können, die handelsrechtlich Eigenkapital, steuerlich aber Fremdkapital darstellen. Dies gilt insb. für bestimmte Genussrechtsfinanzierungen, da insoweit der steuerrechtliche und handelsrechtliche Eigenkapitalbegriff voneinander abweichen[70].

Dies bedeutet aber auch, dass eigenkapital-ersetzende Darlehen mit/ohne Rangrücktritt die Rechtsfolge des § 8a KStG auslösen können. Diese Darlehen stellen in der Handelsbilanz Fremdkapital dar. Es ist fraglich, ob und inwieweit **kurzfristige** Fremdkapitalfinanzierungen schädliches Fremdkapital darstellen. Da § 8a KStG als Missbrauchsvorschrift konzipiert ist, ist die Auffassung der Finanzverwaltung (a.a.O. Tz. 47 ff.) zu eng, die im Ergebnis bereits Überbrückungsfinanzierungen (vor allem unterjährige) als schädlich ansieht. Schädlich können nur solche Finanzierungen sein, die zumindest annäherungsweise funktionsgleich mit einer Eigenkapital-Finanzierung sind und dieses daher

---

[68] *Seibt*, DStR 2000, 2075.
[69] Vgl. auch *Prinz*, H/H/R, KStG, § 8a Anm. 45.
[70] *Vollmer/Maurer*, DB 1994, 1173.

substituieren können. Daher wird man aus Gründen der Rechtssicherheit auf den gewerbesteuerlichen Begriff der Dauerschuld abstellen müssen (jedoch a.A. FG Mchn vom 16.10.2000, EFG 2001, 312).

Der Vergütungsbegriff ist dagegen weit auszulegen. Allerdings kann trotz Einführung einer „Verzinsungspflicht" in § 6 Abs. 1 Nr. 3 EStG bei unverzinslichem Fremdkapital nicht von einer Vergütung ausgegangen werden; dies widerspricht dem Sinn und Zweck der Vorschrift, bei Zufluss von Vergütungen an AE die Einmalbesteuerung sicherzustellen.

4.6.2.2 Überlassung durch Anteilseigner

Die Finanzierung muss durch einen zu irgendeinem Zeitpunkt des Wirtschaftsjahres wesentlich beteiligten AE erfolgen. Fraglich ist dabei, ob auch ein nur mittelbar beteiligter AE Adressat des § 8a KStG sein kann. Dies ist in Konzernsachverhalten interessant, in denen die Konzernmutter, die über eine Tochter an der KapG beteiligt ist, die KapG unmittelbar finanziert (sog. stufenüberspringende Finanzierung). Die Finanzverwaltung zieht aus dem Zusammenhang zwischen § 8a Abs. 1 und Abs. 3 KStG die Schlussfolgerung, dass auch der nur mittelbar beteiligte AE i.S.d. § 8a Abs. 1 KStG sein kann (a.a.O. Tz. 7). U.E. kann zwar durch Hinzurechnung von mittelbaren Beteiligungen die Wesentlichkeitsschwelle des § 8a Abs. 3 KStG erreicht werden, ein ausschließlich mittelbar Beteiligter ist aber nicht selbst AE, sondern nahestehende Person i.S.d. § 8a Abs. 1 S. 3 KStG. Durch dessen Einfügung wird der Kreis der geeigneten Kreditgeber erweitert. Vergütungen können entgegen der Finanzverwaltung (a.a.O. Tz. 19) nur dann in den Anwendungsbereich des § 8a KStG einbezogen werden, wenn die **Vergütungen beim AE** selbst nicht in die Veranlagung einbezogen werden würden. Dies ergibt sich aus der systematischen Stellung des Satzes 3 als bloße Erweiterung des Satzes 1[71].

Der AE muss zu irgendeinem Zeitpunkt des Wirtschaftsjahres wesentlich (unmittelbar oder mittelbar) an der KapG beteiligt sein. Grundsätzlich ist hierfür wie bei der früher entsprechenden Regelung des § 17 EStG die Beteiligung am Nennkapital entscheidend. Ausnahmsweise kann etwas anderes gelten, wenn der AE aufgrund besonderer Umstände bei einer niedrigeren Beteiligung beherrschenden Einfluss ausüben kann (vor allem durch einen Stimmbindungsvertrag).

4.6.2.3 Überschreiten des safe haven

Durch das Steuersenkungsgesetz sind die Grenzen des safe haven nach unten abgesenkt worden. Nach wie vor ist zu unterscheiden, ob es sich um in einem Bruchteil des Fremdkapitals bemessene Vergütungen handelt oder (zumindest teilweise) die Vergütung sich an anderen BMG orientiert.

Bei **gewinnabhängigen Vergütungen** und **sog. Mischvergütungen** (Vergütung besteht sowohl in fester als auch variabler Form) ist der safe haven mit Wirkung zum 01.01.2001 weggefallen. Bei ausschließlich in einem Bruchteil bemessenen Vergütungen wurde der safe haven halbiert. Das **anteilige Eigenkapital** muss im Verhältnis zum Ge-

---

[71] Vgl. *Wassermayer*, IStR 1995, 105; a.A. *Prinz*, IStR 1995, 378.

samtkapital nunmehr 40 % betragen (Fremdkapital zu anteiligem Eigenkapital 1,5). Dies entspricht einer Eigenkapitalquote, die in Deutschland ungewöhnlich hoch ist[72].

Der Bezugspunkt für die Regelung ist jeweils das anteilige Eigenkapital zum Schluss des vorangegangenen Wirtschaftsjahres. Es reicht aus, wenn das anteilige Eigenkapital zu **einem Zeitpunkt** im Wj. überschritten wird (zu der Rechtsfolge in solchen Fällen siehe 3.). Bei den Vergütungen ist jedoch ein Nachweis möglich, dass eine Finanzierung auch von einem Dritten zu besorgen gewesen wäre. Hierbei trägt die KapG die Feststellungslast. Es kommt insoweit nicht nur auf den das anteilige Eigenkapital übersteigenden Darlehensbetrag, sondern auf **dieses** Darlehen insgesamt an. Wenn ein AE der KapG mehrere Darlehen gegeben hat, kommt es hierbei auf die zeitliche Reihenfolge der Darlehen an mit der Folge, dass die später gewährten Darlehen den safe haven verbrauchen und für diese Darlehen der Drittvergleich zu führen ist (insoweit übereinstimmend die Finanzverwaltung, a.a.O. Tz. 60).

> **Beispiel 38: Ein Darlehen zuviel**
> Die französische SA finanziert die inländische KapG mit mehreren Gesellschafterdarlehen. Durch das zeitlich letzte Darlehen wird der safe haven überschritten.
>
> **Lösung:**
> Wenn die Rechtsfolgen der vGA vermieden werden sollen, muss gem. § 8a Abs. 1 Nr. 2 KStG ein Fremdvergleich geführt werden können. Dieser Fremdvergleich muss sich auf das gesamte zuletzt gewährte Darlehen beziehen, durch das der safe haven überschritten wird.

Der Drittvergleich ist in Bezug auf die Kreditbedingungen zu führen, wobei insb. auf den Zinssatz und die gewährten Sicherheiten abzustellen ist. Die zweite Gegenbeweismöglichkeit richtet sich in erster Linie an inländische Tochtergesellschaften ausländischer Banken, die ihre Geschäfte nicht durch Einlagen ihrer Kunden finanzieren können („oder es handelt sich um Mittelaufnahmen zur Finanzierung banküblicher Geschäfte"). Es sei an dieser Stelle jedoch betont, dass nach einer neuen Entscheidung des FG BaWü vom 13.04.2000 (EFG 2001, 102) auch bei der Finanzierung von Tochtergesellschaften durch ausländische Muttergesellschaften bankübliche Geschäfte vorliegen können.

Die Neuregelung des safe haven hat zu einer Vereinfachung der Behandlung von **Mischfinanzierungen** geführt. Hybride Finanzierungen mit erfolgsabhängigen Vergütungen verbrauchen den safe haven nicht mehr, da sie immer als vGA zu werten sind. Daher müssen nicht mehr wie früher Vergleichsberechnungen angestellt werden.

Für **Holding-Gesellschaften** (mindestens zwei Beteiligungen) ergibt sich eine Verdoppelung des safe haven für den Anteilseigner. Allerdings ist damit der Wegfall eines eigenen safe haven bei der nachgeordneten KapG verbunden. Durch die Kürzung des safe haven bei Holding-Gesellschaften kann die Finanzierung über inländische Holding-Gesellschaften unattraktiv sein; dies gilt umso mehr, als nach insoweit eindeutigem Wortlaut auf die Anwendung des § 8a Abs. 4 KStG nicht verzichtet werden kann.

---

[72] *Prinz*, FR 2000, 1061.

4.6.2.4 Anteiliges Eigenkapital

Ausweislich des eindeutigen Gesetzeswortlautes des § 8a Abs. 2 KStG knüpft das anteilige Eigenkapital an das handelsrechtliche Eigenkapital an. Entgegen der Ansicht der Finanzverwaltung (a.a.O. Tz. 28) ist die Aufzählung der Eigenkapitalpositionen nicht abschließend. All das, was handelsrechtlich zum Eigenkapital gehört, erhöht das anteilige Eigenkapital des AE (dies hat zuletzt die OFD Kiel vom 06.11.2000 (FR 2001, 43) für den Fall einer atypisch stillen Beteiligung mittelbar bestätigt).

Das EK der KapG ermittelt sich wie folgt:

Gezeichnetes Kapital
./. ausstehende Einlagen
+ Kapital- und Gewinnrücklagen
+/./. Gewinnvortrag/Verlustvortrag
+/./. Jahresüberschuss/Jahresfehlbetrag
+ 50 % der SoPo mit Rücklageanteil
./. Buchwert der Beteiligung an KapG
= **Eigenkapital der KapG**

Nach Umrechnung mit der Beteiligungshöhe des Anteilseigners ergibt dies das **anteilige Eigenkapital**.

Gewährt eine nahestehende Person oder ein Dritter mit Rückgriffsmöglichkeit das Darlehen, ist das anteilige Eigenkapital des AE maßgebend. Wenn sowohl der AE als auch die nahestehende Person (u.U. die Konzernmutter) die Fremdfinanzierung vornehmen, ist fraglich, wie das anteilige Eigenkapital aufzuteilen ist. Da im Ergebnis die Erweiterung in § 8a Abs. 1 S. 3 KStG auf nahestehende Personen eine Zurechnung der Fremdfinanzierung auf den AE bedeutet, ist eine zeitliche Reihenfolge in gleicher Weise plausibel, wie wenn der AE selbst nacheinander verschiedene Darlehen gewährt hätte. Das Darlehen der Konzernmutter wird dem AE „zugerechnet", so dass es für die Rechtsfolge nur darauf ankommt, welches Darlehen den safe haven übersteigt.

Der maßgebende zeitliche Bezugspunkt ist das anteilige Eigenkapital zum Schluss des vorangegangenen Wirtschaftsjahres. Dies bedeutet, dass der im Laufe des Wirtschaftsjahres beitretende AE kein safe haven in Anspruch nehmen kann und sich auf den Gegenbeweis des Drittvergleichs verlassen muss. Dies gilt auch dann, wenn der beitretende G'fter den Anteil erworben hat; eine Rechtsnachfolge in den safe haven ist vom Wortlaut nicht gedeckt. Bei einer neu gegründeten Gesellschaft, die auf den Schluss des vorangegangenen Wj. kein Eigenkapital ausgewiesen hat, wird es auf die Eröffnungsbilanz ankommen.[73]

Um steuerlich bei vorübergehenden Verlusten Nachteile zu vermeiden, bestimmt § 8a Abs. 2 S. 3 KStG, dass die aufgrund von Verlusten eingetretene Minderung des Eigenkapitals durch Gewinnrücklagen bzw. Einlagen wieder ausgeglichen werden kann. Bei Anwendung dieser Heilungsmöglichkeit ergeben sich viele Zweifelsfragen. An dieser Stelle seien lediglich zwei erwähnt.

Zunächst ist fraglich, ob das ursprüngliche Eigenkapital auch dann in voller Höhe (bis zur ursprünglichen Höhe) aufgefüllt werden muss, wenn das Eigenkapital ursprünglich

---

[73] S. auch *Frotscher*, IStR 1994, 206.

über das notwendige Maß zur Abdeckung des safe haven hinausgegangen ist. M.E. ist aus dem Bezugspunkt der Vorschrift zum safe haven zwingend, dass eine Auffüllung bis zum Erreichen des safe haven ausreichend sein muss (teleologische Reduktion des § 8a Abs. 2 S. 3 KStG, a.A. BMF, a.a.O. Tz. 35)[74]. Sodann ist zweifelhaft, ob eine Auffüllung des Eigenkapitals zu irgendeinem Zeitpunkt des Wirtschaftsjahres ausreichend ist, oder ob es auf den Stand des Eigenkapitals zum Ende eines Wirtschaftsjahres ankommt. Auch hier ergibt sich die Antwort aus der Systematik der Vorschrift. Bezugspunkt ist jeweils das Eigenkapital zum Ende eines Wirtschaftsjahres, daher hat sich auch die Wirkung der Heilung an diesem Zeitpunkt auszurichten.

4.6.2.5 Umgehungsschutz

§ 8a Abs. 5 KStG soll vor Umgehungsstrategien schützen. Es ist darauf hinzuweisen, dass aus unserer Sicht nach der Neufassung für § 8a Abs. 5 Nr. 1 KStG kein vernünftiger Anwendungsbereich verbleibt. Entweder werden die Vergütungen im Rahmen einer Veranlagung erfasst (davon geht offensichtlich der Wortlaut aus), dann besteht kein Regelungsbedürfnis, oder die Vergütungen werden nicht erfasst, dann liegt bereits ein Fall des § 8a Abs. 1 S. 1 KStG vor.

4.6.3 Rechtsfolgen

Die Vergütungen werden insoweit als vGA behandelt, als sie auf die überschießende Fremdfinanzierung entfallen. Gewerbesteuerlich hat die Umqualifizierung allerdings keinen Einfluss (§ 9 Nr. 10 GewStG). Nach herrschender und zutreffender Ansicht ist Kapitalertragsteuer einzubehalten (vgl. BMF, a.a.O. Tz. 76)[75].

Es treten körperschaftsteuerlich im Prinzip die gleichen Rechtsfolgen ein wie bei anderen Gewinnausschüttungen. Es ist darauf hinzuweisen, dass eine KSt-Minderung nicht in Anspruch genommen werden kann, da § 37 Abs. 2 KStG n.F. sich nur auf ordentliche Gewinnausschüttungen bezieht. Ebenso wird u.U. „zu früh" evtl. noch vorhandenes EK 02 mit der Folge einer KSt-Erhöhung verbraucht. Dies resultiert daraus, dass eine Hinzurechnung aufgrund der Qualifizierung als vGA das für den Verwendungszeitpunkt des EK 02 maßgebende Eigenkapital laut StB nie erhöhen kann (sog. **Divergenzeffekt bei vGA**). Bei einer Fremdkapitalgewährung durch eine nahestehende Person ist – wie auch in anderen Fällen – die vGA dem AE mit den entsprechenden Rechtsfolgen zuzurechnen[76].

Die Rechtsfolgen der vGA treten aber nur ein,

- **soweit** und **solange** der safe haven überschritten ist,
- **solange** der AE als Fremdkapitalgeber auch AE ist, bzw. solange eine nahestehende Person die Qualifikation i.S.d. § 1 Abs. 2 AStG besitzt.

Daraus ergibt sich, dass bei nur zeitweisem Überschreiten des safe haven eine Umqualifizierung der Vergütungen in vGA nur zeitanteilig in Betracht kommt.

---

[74] Vgl. *Prinz* in H/H/R, KStG § 8a Anm. 157.
[75] A.A. vor allem *Meilicke*, BB 1994, 117 ff.; *Prinz*, FR 2001, 81 f.
[76] Vgl. dazu näher Kap. IV.4.4.

Beispiel 40: Zeitlich befristetes Übersteigen des safe haven
Wird der safe haven des AE lediglich an 30 Tagen um 200.000 € überschritten (Zinssatz 7 %), kommt nur eine Umqualifizierung in Bezug auf

$$\frac{30 \times 7 \times 200.000}{360 \text{ (Zinsjahre)} \times 100} = 11.067 \text{ € in Betracht.}$$

Ähnlich ist die Rechtsfolge, wenn der AE nicht während des ganzen Jahres AE war. Nur für die Zeit, in der der Fremdkapitalgeber AE war (bei Fremdkapital-Gewährung durch eine nahestehende Person kommt es auch auf den AE an), kommt eine Umqualifizierung in Betracht.

Beispiel 41: Frühzeitiger Ausstieg
Ein Anteilseigner schmilzt seine Beteiligung am 01.04.02 von 75 % auf 10 % ab. In 02 ist der AE während des ganzen Jahrs infiziert. In 03 ist § 8a KStG nicht mehr auf den AE anzuwenden. Wenn A am 01.04.02 die Beteiligung ganz veräußert hätte, käme eine vGA nur für die ersten drei Monate in Betracht.

4.6.4 Konkurrenzen

Die Vorschrift des § 8a KStG kann mit der allgemeinen Regelung der vGA in § 8 Abs. 3 S. 2 KStG in Konkurrenz treten. Das Konkurrenzverhältnis wirkt sich steuerlich insoweit aus, da nur die „allgemeine vGA" auch eine gewerbesteuerliche Belastung und – nach einer Mindermeinung (vgl. dazu unter 4.6.3.) – die Pflicht zur Einbehaltung der Kapitalertragsteuer auslöst. Nach herrschender und zutreffender Ansicht geht § 8 Abs. 3 S. 2 KStG bei gleichzeitigem Vorliegen beider Vorschriften (z.B. bei überhöhten Zins für eine dem safe haven überschreitende Fremdkapitalgewährung) der Missbrauchsvorschrift des § 8a KStG insoweit vor[77]. Dies bedeutet, dass zunächst die allgemeinen Folgen einer vGA für die überhöhten Zinszahlungen (in Bezug auf die gesamte Höhe des Fremdkapitals) und anschließend für den angemessenen Zins i.H.d. den safe haven überschreitenden Darlehens zu ziehen sind.

Beispiel 42: Das doppelt überhöhte Darlehen
Die inländische KapG wird durch die französische Hauptgesellschafterin mit Darlehen finanziert. Dabei übersteigt ein Darlehen i.H.v. 200.000 den safe haven. Der Zinssatz für dieses Darlehen beträgt 15 %, der marktübliche Satz beträgt 10 %.

Lösung:
I.H.d. marktunüblichen Zinses (5 %) treten die allgemeinen Rechtsfolgen der vGA gem. § 8 Abs. 3 S. 2 KStG ein. Sie sind außerhalb der Bilanz wieder hinzuzurechnen (mit entspr. Auswirken auf KSt und GewSt).
I.H.d. marktüblichen Zinsen treten die Rechtsfolgen des § 8a KStG ein. Die außerbilanzielle Hinzurechnung hat lediglich Auswirkung auf die KSt, nicht aber auf die GewSt.

---

[77] Vgl. die Nachweise bei *Janssen*, DStZ 1997, 180.

Ein zweites Konkurrenzverhältnis kann sich – wie auch sonst – zwischen dem Rechtsinstitut der vGA und nicht abziehbaren BA (insb. § 3c Abs. 1 EStG) ergeben. Ein solches Konkurrenzverhältnis entsteht, wenn eine inländische Tochtergesellschaft einer ausländischen Muttergesellschaft Beteiligungen an Enkel-Kapitalgesellschaften mit von der Muttergesellschaft zur Verfügung gestellten Fremdmitteln finanziert hat. Die Zinszahlungen an die Muttergesellschaft sind insoweit bereits gem. § 3c Abs. 1 EStG vom Abzug ausgeschlossen, als sie mit steuerfreien Einkünften (§ 8b Abs. 1 KStG n.F.) in Zusammenhang stehen. Soweit die Zinsen also bereits gem. § 3c Abs. 1 EStG vom Abzug ausgeschlossen sind, tritt § 8a KStG zurück. Das Fremdkapital, welches den vom Abzug ausgeschlossenen Zinsen entspricht, wird dementsprechend nicht in den safe haven einbezogen. Insoweit erhöht sich die aus Sicht des § 8a KStG unschädliche Fremdfinanzierung.

5 Verdeckte Einlagen

5.1 Überblick

Das Rechtsinstitut der verdeckten Einlage grenzt ähnlich wie das Rechtsinstitut der vGA auf einer **zweiten Stufe** außerhalb der Bilanz die betriebliche von der gesellschaftsrechtlichen Veranlassung ab. Dies entspricht dem Grundgedanken des § 4 Abs. 1 EStG, der auch bei verdeckten Einlagen in KapG Anwendung findet. Dabei ist die Frage der gesellschaftsrechtlichen Veranlassung nach gleichen Kriterien zu entscheiden wie bei der vGA[78].

Das Rechtsinstitut der verdeckten Einlage will zum einen sicherstellen, dass alle durch den Betrieb der KapG veranlassten Aufwendungen das steuerliche Ergebnis berühren und zum anderen verhindern, dass beim Einlegenden gebildete stille Reserven nach der Überführung in ein anderes Betriebsvermögen (der KapG) systemwidrig der Besteuerung unterworfen werden. Insoweit dient dieses Rechtsinstitut dem Subjektsprinzip der Besteuerung, nach dem Gewinne bzw. stille Reserven grundsätzlich (Ausnahmen § 6 Abs. 3 und Abs. 5 EStG) dort besteuert werden sollen, wo sie entstanden sind (vgl. BFH vom 26.10.1987, BStBl II 1998, 1348)[79].

> **Beispiel 43: Die begünstigte GmbH**
> Der G´fter legt ein WG (TW 500, ND 4 Jahre) verdeckt in die GmbH ein.
>
> **Lösung:**
> Das WG ist mit dem TW anzusetzen, was innerhalb der betrieblichen G+V zu einem außerordentlichen Ertrag i.H.v. 500 führt. Die Abschreibungen mindern das Betriebsergebnis. **Außerhalb der Bilanz** ist das Ergebnis um den Wert der verdeckten Einlage (**TW**) zu mindern. Hierdurch wird erreicht, dass sich die Aufwendungen in der GmbH niederschlagen, die Zuführung des WG zum BV entsprechend der gesellschaftlichen Veranlassung jedoch steuerneutral erfolgt.

---

[78] Vgl. auch die Ausführung von *Preißer*, Teil A, Kap. I (Einlagen).
[79] *Heinicke* in *Schmidt*, EStG § 4 Anm. 300.

Die verdeckte Einlage kann aber nicht in jeder Beziehung als Spiegelbild der vGA angesehen werden. Dies zeigt sich insb. bei Aufwendungen von Nutzungsvorteilen zwischen Schwesterkapitalgesellschaften.

Beispiel 44: KapG als Begünstigte
Die M-GmbH hält Beteiligungen an der T1-GmbH und der T2-GmbH. Die T1-GmbH überlässt der T2-GmbH zinslos ein Darlehen.

Lösung:
Die Überlassung der Zinsersparnis ist zunächst eine vGA von T1 an M. Da es sich aber lediglich um einen (nicht-einlagefähigen) Nutzungsvorteil handelt, liegt zwischen M und T2 keine verdeckte Einlage vor; die T2 erzielt ein um die Zinsersparnis höheres Einkommen.

Schließlich sei noch angemerkt, dass sich die **Rechtsfolgen** (bzw. der Wertansatz) der verdeckten Einlage bei dem einlegenden G'fter und der G'fter zwar häufig, aber nicht zwingend decken müssen. Dies hat der BFH (Beschluss vom 16.05.2001, DB 2001, 1858) zu dem Verzicht des G'fters auf ein **eigenkapitalersetzendes** Gesellschafterdarlehen festgestellt[80].

Beispiel 45: Hilfe in der Not
Der G'fter Y hat der X-GmbH ein sog. krisenbestimmtes Darlehen (zu dem Begriff vgl. BMF vom 08.06.1999, BStBl I 1999, 545 ff.) i.H.v. 120 gegeben. Y verzichtet in der Krise auf das Darlehen, als diesem noch ein Wert von 70 beigelegt werden konnte.

Lösung:
Bei der X-GmbH entsteht zunächst ein außerordentlicher Ertrag in der Handels- und StB i.H.v. 120 (Wegfall der Darlehensverbindlichkeit). Auf der zweiten Stufe (außerhalb der Bilanz) wird die gesellschaftlich veranlasste Einlage mit dem **TW** (!!) i.H.v. 70 abgezogen.
Bei dem G'fter Y entstehen nach der Rspr. des VIII. Senates des BFH bei sog. Krisendarlehen (auch bei eigenkapitalersetzenden Darlehen) i.H.d. Nennwertes (120) des Darlehens nachträgliche AK auf die Beteiligung. Die Höhe der nachträglichen AK beim G'fter und die Höhe der verdeckten Einlage decken sich demnach in diesem Fall nicht.
Die Voraussetzungen und Rechtsfolgen sind demnach auf der Ebene der KapG und der Ebene des AE getrennt zu prüfen. Die Abweichung resultiert aus einem – isolierten – normativen AK-Begriff im Rahmen des § 17 EStG.

5.2 Abgrenzung von offenen und verdeckten Einlagen

Die Abgrenzung zwischen offenen und verdeckten Einlagen erfolgt ähnlich wie bei vGA; maßgebend ist die Behandlung im Handelsrecht[81].

---

[80] *Eilers/Wienands*, GmbHR 1998, 618; *Buciek*, Stbg. 2000, 109.
[81] *Büchele*, DB 1997, 2337.

Der G'fter einer KapG kann aufgrund seiner Gesellschafterstellung Leistungen an die Gesellschaft entweder gegen entsprechende Gewährung von Gesellschaftsrechten oder als sonstige Zuzahlungen (§ 272 Abs. 2 Nr. 4 HGB) bzw. als Nachschüsse leisten. Bei den zuletzt genannten Leistungen werden dem leistenden G'fter keine zusätzlichen Gesellschafterrechte gewährt.

Entsprechen die Leistungen des G'fters seiner übernommenen Stammeinlage, hat er in voller Höhe in das gezeichnete Kapital geleistet; bezahlt er (bei Kapitalerhöhungen häufig) hingegen ein Aufgeld, ist dies in die Kapitalrücklage einzustellen (§ 272 Abs. 2 Nr. 1 HGB). Werden Zahlungen vom G'fter bei der Gesellschaft als Nachschüsse bzw. sonstige Zuzahlungen ebenfalls in der Kapitalrücklage ausgewiesen, haben sie sich ebenfalls nicht (auf der ersten Stufe — innerhalb der Bilanz) auf das Ergebnis ausgewirkt. All diese Einlagen sind in der Handels- und StB als solche ausgewiesen und damit **offene Einlagen**.

Werden dagegen die Leistungen des G'fters trotz ihrer gesellschaftlichen Veranlassung in der G+V der Gesellschaft abgebildet, sind sie in der Bilanz nicht als gesellschaftlich verursachte Zahlungen erkennbar, sind sie **verdeckte Einlagen**. Immer nur dann, wenn sich in der G+V eine Leistung des G'fters ausgewirkt hat, kommt eine Korrektur durch das Rechtsinstitut der verdeckten Einlage außerhalb der Bilanz (2. Stufe) in Frage. Wenn die gesellschaftsrechtliche Veranlassung in der Handels- und StB offen ausgewiesen ist (durch die Einbuchung in die Kapitalrücklage bzw. in das gezeichnete Kapital), ist eine Korrektur dagegen hinfällig.

5.3 Begriff der verdeckten Einlage

Aus der vorgenommenen Abgrenzung zwischen offenen und verdeckten Einlagen ergibt sich unmittelbar der Begriff der verdeckten Einlage, der von Rspr. (vgl. nur GrS des BFH vom 09.06.1997, BStBl II 1998, 308) und Finanzverwaltung (A 36a KStR) identisch verwendet wird:

„Eine verdeckte Einlage ist gegeben, wenn ein G'fter oder eine ihm nahestehende Person außerhalb der gesellschaftsrechtlichen Einlagen einen einlagefähigen Vermögensvorteil zuwendet und die Zuwendung ihre Ursache im Gesellschaftsverhältnis hat. Dies ist dann der Fall, wenn ein Nicht-G'fter bei Anwendung der Sorgfalt eines ordentlichen Kaufmanns der Gesellschaft den Vermögensvorteil nicht eingeräumt hätte. Gegenstand der verdeckten Einlage kann auch der Erlass einer Forderung gegen die Gesellschaft sein. Dem Erlass steht unter dem Gesichtspunkt der Einlage der Verzicht auf die Rückzahlung gleich."

Die verdeckte Einlage kann nur von einem G'fter oder einer ihm nahestehenden Person vorgenommen werden. Hierzu gelten die gleichen Ausführungen wie bei der vGA in Bezug auf „Noch-Nicht-G'fter" bzw. „Nicht-Mehr-G'fter"[82]. Wendet eine dem G'fter nahestehende Person (aus familien- oder gesellschaftsrechtlichen Gründen nahestehend) der KapG den Vorteil zu, wird dies dem G'fter zugerechnet. Welchen Rechtsgrund die (in einem ersten Schritt gedanklich zu vollziehende) Zuwendung von der nahestehenden Person an den G'fter hatte, ist für die Behandlung der verdeckten Einlage bei der Gesellschaft und den G'fter ohne Belang. Es kann sich bei Darlehens- oder Bürgschaftsübernahmen durch die nahstehende Person die Problematik des **Drittaufwands** ergeben, wenn

---

[82] Vgl. dazu 4.3.2.

eine Inanspruchnahme aufgrund der Bürgschaft erfolgt[83]. M.E. führt nur eine konsequente Zurechnung der Steuerfolgen beim AE zu einem sachgerechten Ergebnis.

Die Zuwendung muss in einem **einlagefähigen Vermögensvorteil** bestehen. Nach der steuerlichen Rspr. können nur solche WG eingelegt werden, die bei der empfangenden Gesellschaft dem Grundsatz nach bilanzierungsfähig sind. Dabei steht der Wegfall eines Passivpostens der Hinzufügung eines Aktivpostens gleich. Ein grundsätzlich einlagefähiger Vermögensvorteil besteht auch bei immateriellen WG, das Aktivierungsverbot des § 5 Abs. 2 EStG gilt hier nicht. Die Frage ist, ob die Einlagefähigkeit eine Einschränkung insoweit zu erfahren hat, dass nicht alles, was gesellschaftsrechtlich einlagefähig ist, auch Gegenstand einer verdeckten Einlage sein kann. Der BGH hat zur Einlagefähigkeit von Nutzungen bzw. Nutzungsrechten ausgeführt, dass sich die Bilanzierungsfähigkeit nach der Einlagefähigkeit richte und nicht umgekehrt (GmbHR 2000, 870). Die Einlagefähigkeit richte sich – entsprechend den Grundsätzen der Kapitalaufbringung und der Kapitalerhaltung – entscheidend nach der Bewertbarkeit und Verwertbarkeit in der Zwangsvollstreckung (Gläubigerschutz). Damit hat der BGH die Einlagefähigkeit von bewertbaren Nutzungsrechten (aber auch Nutzungen) dokumentiert. Aus Gründen einer sachgerechten Besteuerung können diese gesellschaftsrechtlichen Grundsätze nicht uneingeschränkt auf das Steuerrecht – insb. auf die Einlagefähigkeit im Rahmen von verdeckten Einlagen – übertragen werden. Der Ansatz dieser **Nutzungsvorteile** in der Bilanz der aufnehmenden Gesellschaft hätte zur Folge, dass der Nutzungsertrag (Zinsvorteil) im Ergebnis bei der Gesellschaft der Besteuerung entzogen sein würde, da er dem Ansatz mit den TW-AfA gegenübersteht (BFH vom 26.10.1987, BStBl II 1998, 348).

> **Beispiel 46: Verlagerung von Vorteilen**
> Die M-GmbH überlässt der T-GmbH ein Darlehen mit einer Laufzeit von 4 Jahren, ohne Zinsen zu verlangen.
>
> **Lösung:**
> Es sollen – an dieser Stelle – nur die Auswirkungen auf die T-GmbH betrachtet werden. Bei Ansatz des Nutzungsvorteils in der Bilanz der T-GmbH würde auf der ersten Stufe der Gewinnermittlung (Bilanz bzw. G+V) durch die Zuwendung des Vorteils ein außerordentlicher Ertrag entstehen, der auf der zweiten Stufe – entsprechend der gesellschaftsrechtlichen Veranlassung – neutralisiert werden muss. Zusätzlich würden bei der Aktivierung des Nutzungsvorteils durch die Abschreibung auf das Nutzungsrecht über die Laufzeit des Darlehens Aufwendungen entstehen, so dass der tatsächliche Vorteil der T-GmbH, verbilligt Fremdkapital nutzen zu können, endgültig der Besteuerung entzogen worden wäre.
> Man wird also – unabhängig von der Rspr. des BGH – auch weiterhin davon auszugehen haben, dass bloße Nutzungsvorteile nicht Gegenstand einer verdeckten Einlage sein können. Im vorstehenden Beispiel wird der Nutzungsvorteil nicht aktiviert und nicht abgeschrieben, so dass die ersparten Aufwendungen den Gewinn der T-GmbH erhöhen.
> Die **gesellschaftliche Veranlassung** ist – wie bei der vGA – erst auf der zweiten Stufe, d.h. außerhalb der Bilanz zu prüfen. Dies bedeutet, dass eine Kor-

---

[83] *Wassermeyer*, DB 1999, 2486.

rektur außerhalb der Bilanz nur dann möglich ist, wenn der Vorgang sich innerhalb der Bilanz ausgewirkt hat. Die gesellschaftliche Veranlassung als solche ist nach den gleichen Maßstäben wie bei der vGA zu prüfen, es hat also ein Fremdvergleich („Markttest") stattzufinden; auf obige Ausführungen ist daher zu verweisen.

5.4 Rechtsfolgen der verdeckten Einlage

Bei der Rechtsfolge der verdeckten Einlage ist zwischen der Gesellschafts- und der Gesellschafterebene zu unterscheiden.

5.4.1 Rechtsfolgen auf der Ebene der Kapitalgesellschaft

Auf der Ebene der KapG hat sich die verdeckte Einlage in der Bilanz auf der ersten Stufe der Gewinnermittlung **ergebniserhöhend** ausgewirkt. Entsprechend der Zielsetzung des § 4 Abs. 1 EStG ist eine Korrektur des Einkommens i.H.d. verdeckten Einlage vorzunehmen. Die verdeckte Einlage ist dabei mit dem **TW** zu bewerten. Bei der Bewertung verdeckter Einlagen sind jedoch insoweit allgemeine Bewertungsvorschriften maßgebend (vgl. z.B. § 6 Abs. 1 Nr. 5a EStG), als es um den Wertansatz in der StB der aufnehmenden KapG geht. In diesen Fällen hat die Korrektur entsprechend dem Bilanzansatz zu erfolgen.

Bei der Einlage von abnutzbaren WG, die zuvor zur Erzielung von Einkünften gem. § 2 Abs. 1 Nr. 4 – 7 EStG verwendet worden sind, ist die durch das Steuerentlastungsgesetz 1999/2000/2002 eingefügte Neuregelung des § 7 Abs. 1 S. 4 EStG zu beachten. Die AfA-BMG vermindert sich um die Abschreibungen (einschließlich der Sonderabschreibungen und erhöhten Absetzungen), die bis zur Einlage vorgenommen worden sind. Damit soll verhindert werden, dass durch die Einlage von WG in BV neues AfA-Volumen ohne steuerpflichtige Aufdeckung der stillen Reserven generiert wird. Diese Neuregelung hat jedoch keinen Einfluss auf den Einlagewert, dieser ist unabhängig von der AfA-BMG mit dem TW anzusetzen.

> **Beispiel 47: Das unverbrauchte Gebäude**
> A hat als Alleingesellschafter in die X-GmbH ein bebautes Grundstück verdeckt eingelegt. A hat dieses bebaute Grundstück vor der Einlage 15 Jahre vermietet, soll nun aber betrieblich genutzt werden. Die ursprünglichen AK des Gebäudes betragen 900, die aufgelaufenen Abschreibungen 270, der TW zum heutigen Zeitpunkt 1.100.
>
> **Lösung:**
> Die Einlage ist bei der KapG mit dem TW (1.100) zu bewerten, in gleicher Höhe hat eine außerbilanzielle Korrektur zu erfolgen. Die AfA-BMG beträgt jedoch nur 630 (900 ./. 270), die jährliche Abschreibung 3 % dieser BMG (§ 7 Abs. 4 Nr. 1 EStG). Nach vollständigem Verbrauch des AfA-Volumens bleibt in der Bilanz der X-GmbH ein nicht abschreibungsfähiger Restwert von 470 stehen. Dieser Restwert (bzw. der sonstige höhere Buchwert in der Bilanz) wirkt sich im Verkaufsfall (oder Entnahme) erfolgsmindernd aus.

Bei den **verdeckten Einlagen von Beteiligungen** an anderen KapG i.S.v. § 17 EStG ist die Regelung des § 17 Abs. 1 S. 2 EStG zu beachten, nach der eine verdeckte Einlage einer solchen Beteiligung in eine KapG einer Veräußerung gleichsteht. Zur Vermeidung einer doppelten Besteuerung ist insoweit der Anwendungsbereich des § 6 Abs. 1 S. 1 Nr. 5b EStG einzuschränken und eine **korrespondierende Bewertung** der Beteiligung beim einlegenden G´fter und der aufnehmenden KapG herbeizuführen.

Beispiel 48: Einlage von Beteiligungen
A ist Alleingesellschafter der X-GmbH; die X-GmbH hat ein Stammkapital von 100, in gleicher Höhe hat A AK auf die Beteiligung gehabt. A ist zudem noch an der Y-GmbH zu 50 % beteiligt; die AK dieser Beteiligung haben 150 betragen, der gemeine Wert beträgt 280. A legt seine Beteiligung an der Y-GmbH verdeckt in die X-GmbH ein.

Lösung:
Aus Sicht des A ist die verdeckte Einlage der Beteiligung an der Y-GmbH einer Veräußerung an die X-GmbH gleichzustellen (§ 17 Abs. 1 S. 2 EStG); statt eines Veräußerungspreises ist der gemeine Wert anzusetzen (280), bei A entsteht ein entsprechender Veräußerungsgewinn, der dem Halbeinkünfteverfahren unterliegt (vgl. § 3 Nr. 40c EStG).
Bei der X-GmbH ist die Beteiligung an der Y-GmbH korrespondierend mit diesem Wert und nicht entsprechend § 6 Abs. 1 S. 1 Nr. 5b EStG mit den ursprünglichen AK anzusetzen (vgl. BMF vom 02.11.1998, BStBl I 1998, 1227). In dieser Höhe entsteht auf der ersten Stufe der Gewinnermittlung bei der X-GmbH ein außerordentlicher Ertrag, der außerhalb der Bilanz zu korrigieren ist.

Trotz der **Neutralisation der verdeckten Einlage** bei der Einkommensermittlung der aufnehmenden Gesellschaft hat die Zuwendung das Eigenkapital in der Bilanz erhöht, welches für Gewinnausschüttungen verwendet werden kann. Da die Rückzahlung einer verdeckten Einlage materiell keine Gewinnausschüttung, sondern eine Kapitalrückzahlung darstellt (vgl. § 20 Abs. 1 Nr. 1 S. 3 EStG), führen sie beim AE nicht zu Einnahmen aus Kapitalvermögen. Aus diesem Grund sind verdeckte Einlagen gesondert auszuweisen, um im Verwendungsfall die Steuerfolgen ziehen zu können. Der gesonderte Ausweis hat ab 01.01.2001 auf dem sog. steuerlichen Einlagekonto i.S.d. § 27 KStG zu erfolgen, der dem Bestand des EK 04 während des Anrechnungsverfahrens entspricht (vgl. auch § 39 Abs. 1 KStG). Werden für eine Gewinnausschüttung nach der Differenzrechnung des § 27 Abs. 1 S. 3 KStG Beträge des steuerlichen Einlagekontos mitverwendet, ist diese Verwendung dem AE zu bescheinigen (vgl. § 27 Abs. 3 KStG). Die Rückzahlung dieser Beträge führt beim AE zu einem veräußerungsgleichen Vorgang (vgl. § 17 Abs. 4 EStG), nicht zu Einnahmen aus Kapitalvermögen. Die AK des AE mindern sich entsprechend, übersteigen die Rückzahlungen die AK des AE entsteht ein Gewinn, der gem. § 17 EStG i.V.m. § 3 Nr. 40c EStG zu erfassen ist. Fraglich ist, wie Rückzahlungen an AE zu behandeln sind, die unterhalb der Schwelle des § 17 Abs. 1 EStG beteiligt sind. Nach früherer Rechtslage führten diese Rückzahlungen zu keinen steuerlichen Auswirkungen. Nach neuer Rechtslage wird die Ansicht vertreten, dass insoweit gem. § 20 Abs. 1 Nr. 1 i.V.m.

§ 3 Nr. 40d EStG das Halbeinkünfteverfahren zur Anwendung kommt.[84] Dies wird mit dem Wortlaut in § 3 Nr. 40d EStG begründet, da alle Bezüge i.S.d. § 20 Abs. 1 Nr. 1 EStG zur Hälfte der Besteuerung unterworfen werden. Aus meiner Sicht handelt es sich um einen Redaktionsfehler des Gesetzgebers, da nur das dem Halbeinkünfteverfahren unterworfen werden kann, was gem. § 20 Abs. 1 Nr. 1 EStG zu den Einnahmen aus Kapitalvermögen gehört (vgl. insb. § 20 Abs. 1 Nr. 1 S. 3 EStG. Ist eine KapG Anteilseigner, so ist ein den Beteiligungsbuchwert übersteigender Rückzahlungsbetrag als Beteiligungsertrag i.S.d. § 8b Abs. 1 KStG (nicht § 8b Abs. 2 KStG!!) zu erfassen, der außerhalb der Bilanz abzuziehen ist[85].

5.4.2 Rechtsfolgen auf der Ebene des Anteilseigners

Beim Anteilseigner erhöhen sich durch eine verdeckte Einlage, wie bei einer offenen Einlage, die AK der Beteiligung. Die Erhöhung der AK (bzw. des Beteiligungsbuchwertes) korrespondieren i.d.R. mit dem Wertansatz der verdeckten Einlage auf der Ebene der KapG, zwingend ist dies jedoch nicht. Entscheidend ist, was der Anteilseigner „auf seine Beteiligung aufwendet".

Zum Beispiel: In dem letztgenannten Beispiel wendet A den gemeinen Wert (280) der Beteiligung an der Y-GmbH auf seine Beteiligung an der X-GmbH auf. Die AK an der X-GmbH erhöhen sich demnach um 280 auf 380. In diesem Beispiel korrespondieren die Aufwendungen des A auf seine Beteiligung mit dem Wertansatz der verdeckten Einlage aus Sicht der X-GmbH.

Eine solche Korrespondenz ist aber in der folgenden Konstellation nicht möglich.

> **Beispiel 49: Die Krise aus der Sicht des G´fters**
> A gewährt der X-GmbH ein sog. Krisendarlehen i.H.v. 600, welches ausdrücklich in der Krise zur Stärkung der Kapitalbasis in der Gesellschaft verbleiben soll. In der Krise verzichtet er auf diese Darlehen, der TW des Darlehens beträgt aus Sicht des A (unter Berücksichtigung der Bonität der X-GmbH) noch 200.
>
> **Lösung:**
> Auf der Ebene der KapG entsteht auf der ersten Stufe ein außerordentlicher Ertrag i.H.d. Wegfalls der Darlehensverbindlichkeit (600). I.H.d. **TW** (GrS des BFH vom 09.06.1997, BStBl II 1998, 307) der Verbindlichkeit kann eine vE angenommen werden, die zu einer Minderung des Ergebnisses außerhalb der Bilanz führt (**Korrektur um 200**). Auf der Ebene des G´fters führt der Verzicht (im Übrigen auch der Verlust) auf ein sog. Krisendarlehen nach der Rspr. des VIII. Senates (z.B. vom 13.07.1999, BStBl II 1999, 724) in Übereinstimmung mit der Finanzverwaltung (BMF vom 08.06.1999, BStBl I 1999, 545) zu nachträglichen AK i.H.d. **Nennwertes des Darlehens (600)**. Es besteht also keine Korrespondenz zwischen der Behandlung bei der KapG und dem AE. Dies hängt insoweit mit einem normspezifischen AK-Begriff i.R.d. § 17 EStG zusammen, der sich nicht auf die Höhe der verdeckten Einlage bei der Gesellschaft übertragen lässt (vgl. zuletzt BFH vom 16.05.2000, DStR 2001, 1431).

---

[84] Unklar *Dötsch/Pung* in *Dötsch/Eversberg/Jost/Witt*, KStG und EStG, § 8b KStG Anm. 12 einerseits und § 3 Nr. 40 EStG Anm. 47 andererseits.
[85] Vgl. dazu Kap. III.3.2.1.

Hinweis: Eine Einlage kann solange (auch bei einem Darlehen mit Rangrücktritt) nicht angenommen werden, als auf das Darlehen nicht verzichtet wird, das Darlehen in Handels- und StB weiterhin passiviert werden muss.[86] Andererseits liegt eine vE auch bei einem Verzicht gegen Besserungsschein vor, da dieser Verzicht zunächst wie ein unbedingter Verzicht wirkt.

Auf eine weitere Rechtsfolge auf Seiten des AE hat der BFH (GrS vom 09.06.1997, BStBl II 1998, 307) hingewiesen. Der AE könne der KapG nur etwas zuwenden, worüber er zunächst – zumindest für eine logische Sekunde – die Verfügungsbefugnis gehabt habe. Dies führt bei dem AE bei einem Forderungsverzicht (verdeckte Einlage durch Wegfall eines Passivpostens) zu einer **zweistufigen Betrachtung**.

Beispiel 50: Nicht erhaltene Zinsen als Zufluss
A hat der X-GmbH als Alleingesellschafter ein Darlehen (100) zu einem marktüblichen Zins (8 %) gewährt. Es war vereinbart, dass die Zinsen gestundet werden und am Ende der Laufzeit (5 Jahre) das Darlehen zusammen mit diesen in einer Summe zurückbezahlt werden. Nach zwei Jahren verzichtet der G´fter auf das Darlehen und den Zins. Das Darlehen ist als vollwertig anzusehen.

Lösung:
Bei der X-GmbH liegt bilanziell ein außerordentlicher Ertrag i.H.d. Wegfalls der passivierten Darlehensverbindlichkeit und der Zinsverbindlichkeit vor. Da vorliegend der Nennwert dem TW entspricht, ist diese Erhöhung außerhalb der Bilanz zu korrigieren.
Bei A führt der Verzicht zunächst zur Annahme der wirtschaftlichen Verfügungsbefugnis, weil A ja nur auf etwas verzichten kann, worüber er auch verfügen kann. A erhält – lediglich fiktiv – den Darlehens- und den Zinsbetrag ausbezahlt, um diesen in einem zweiten Schritt wieder in die Gesellschaft einzulegen. Deshalb sind ihm die Zinsen zugeflossen (§ 11 EStG), die zu Einnahmen aus Kapitalvermögen führen (§ 20 Abs. 1 Nr. 7 EStG). Die „rückgezahlten Beträge" verwendet er – wiederum fiktiv – unmittelbar anschließend zur Einlage in die KapG; entsprechend erhöhen sich seine AK um diese Beträge.

Dieses zweistufige Verfahren ist vor allem bei dem Verzicht auf stehen gelassene Forderungen des AE zu beachten, deren Zufluss beim AE zu steuerpflichtigen Einnahmen führen, so z.B. auch beim Verzicht auf gestundete GF-Vergütungen.

5.5 Einzelfälle

5.5.1 Forderungsverzicht

Vor dem Beschluss des GrS des BFH vom 09.06.1997 (a.a.O.) war unklar, in welcher Höhe der Verzicht auf eine G´fter-Forderung gegen die Gesellschaft als vE zu werten ist. Es wurde vor diesem Beschluss die Auffassung vertreten, dass eine Einlage aus Sicht der

---

[86] Dies gilt auch für sog. Finanzplankredite, die eine eigenständige Kategorie der eigenkapital-ersetzenden Darlehen bilden; vgl. *Brauer*, GmbHR 1999, 914.

5 Verdeckte Einlagen

Gesellschaft i.H.d. Wegfalls des Passivpostens anzunehmen sei (Nennwert). Der BFH hat demgegenüber klargestellt, dass die Bewertung der vE immer nur mit dem TW zu erfolgen hat; ergänzend hat er im Beschluss vom 16.05.2001 (DB 2001, 858) festgestellt, dass dies auch für Krisendarlehen und Darlehen mit Rangrücktritt zu gelten habe. Dies erklärt sich daraus, dass der AE nur das einlegen könne, über das er selbst verfüge. Dies sei jedoch immer nur das Darlehen mit dem zu dem jeweiligen Zeitpunkt feststellbaren Wert. Die Behandlung auf der Ebene der Gesellschaft ist somit hinreichend klar:

- Solange nicht auf das Darlehen verzichtet worden ist, liegt keine Einlage vor. Darlehen, die eigenkapitalersetzend oder mit einem Rangrücktritt versehen sind, bleiben aus der Sicht der KapG Fremdkapital und stellen vor Verzicht keine Einlage dar. Finanzierungstitel, die nach handelsrechtlichen Grundsätzen materielles Eigenkapital darstellen (z.B. aktienähnliche Genussrechte), stellen unabhängig von einem Verzicht Eigenkapital dar[87].
- Bei einem Verzicht auf ein Darlehen liegt eine vE i.H.d. TW vor. Dies gilt auch für den sog. **Verzicht gegen Besserungsschein**. Bei einem Verzicht gegen Besserungsschein lebt die Verbindlichkeit wieder auf, wenn sie befriedigt werden kann, ohne das Nennkapital anzugreifen. Im Zeitpunkt des Wiederauflebens entsteht i.H.d. Passivpostens ein außer ordentlicher Aufwand. Bis der Besserungsfall eintritt, liegt unbedingtes EK vor.

Bei dem G´fter ist die steuerliche Behandlung differenzierter:

- Im Zeitpunkt des Verzichts ist von einer **fiktiven Rückzahlung** i.H.d. werthaltigen Teils der Forderung auszugehen. Soweit es sich um einen Verzicht auf eine Darlehensforderung handelt, ist diese Rückzahlung erfolgsneutral. Besteht bei Zufluss der Forderung aber eine Steuerpflicht (z.B. Verzicht auf gestundete Zinsen, Mietansprüche, Gehalts- und Pensionsansprüche), ist i.H.d. werthaltigen Teils eine steuerpflichtige Einnahme anzusetzen. I.H.d. nicht werthaltigen Teils liegt ein Verlust vor, der nur dann steuerlich wirksam ist, wenn sich die Forderung in einem BV befunden hat bzw. der Verlust als WK bei einer Einkunftsart berücksichtigt werden kann.
- Der werthaltige Teil der Forderung erhöht die AK der Beteiligung (grundsätzliche Korrespondenz der Bewertung der vE auf Gesellschafts- und Gesellschafterebene). Hierbei ist jedoch die Rspr. des BFH (z.B. vom 13.07.1999, BStBl II 1999, 724 m.w.N.) und die übereinstimmende Ansicht der Steuerverwaltung (BMF vom 08.06.1999, BStBl I 1999, 545) insoweit zu berücksichtigen, dass i.R.v. von § 17 EStG von einem „normspezifischen AK-Begriff" auszugehen ist. Deshalb erhöhen sich die AK in diesen Fällen um den **Nennwert** der Forderung (vgl. dazu Bsp. 49).

5.5.2 Verzicht auf eine Pensionszusage

Die Grundsätze des Beschlusses des BFH vom 09.06.1997 sind grundsätzlich auch auf den Verzicht auf die Pensionszusage anzuwenden. Dies bedeutet bei der KapG, dass i.H.d. TW der Pensionsanwartschaft eine verdeckte Einlage anzunehmen ist (zur Klarstellung: innerhalb der StB entsteht ein außerordentlicher Ertrag i.H.d. Nennwertes, der au-

---

[87] Vgl. zu den Anforderungen an Eigenkapital, WPg 1994, 419 ff.

ßerhalb der Bilanz i.H.d. TW korrigiert wird). Dem AE fließt im Zeitpunkt des Verzichts der **TW der Pensionsanwartschaft** zu, in gleicher Höhe entstehen bei ihm nachträgliche AK auf seine Beteiligung. Der AE hat im Zeitpunkt des „fiktiven Zuflusses" Einnahmen aus nichtselbständiger Arbeit gem. § 19 EStG.

Eine Besonderheit erfährt jedoch die Bestimmung des TW durch die Entscheidung des BFH (vom 15.10.1997, BStBl II 1998, 305), wonach nicht der gem. § 6a EStG ermittelte passivierte Wert, sondern der Wert der Pensionsanwartschaft aus Sicht des G´fter-GF´s maßgebend sein soll. Es soll für die Bestimmung des Wertes sowohl der verdeckten Einlage auf der Ebene der KapG als auch für die Höhe der Einnahmen aus § 19 EStG sowie die nachträglichen AK auf die Beteiligung entscheidend sein, was der AE für eine Pensionszusage bei einem anderen Versicherungsunternehmen hätte aufwenden müssen. Wie dieser Wert aber im Einzelnen – außer durch Vergleichsangebote – zu bestimmen ist, ist in der Rspr. bisher offen geblieben.

5.5.3 Zuwendung von Vorteilen an Schwestergesellschaften

Die Zuwendung von Vorteilen an Schwestergesellschaften findet in der Praxis oft zwischen verbundenen Unternehmen statt. Die Konzernmutter bestimmt nach betriebswirtschaftlichen Kriterien, zu welchen Bedingungen Geschäfte innerhalb des Konzernverbundes, also auch zwischen den Schwestergesellschaften, abgewickelt werden. Der folgende Sachverhalt sei Ausgangspunkt für die Darstellung der Grundproblematik[88]:

Die M-GmbH sei Alleingesellschafterin der T1-GmbH und der T2-GmbH. Zwischen der T1 und der T2 werden Geschäfte auf Weisung der M abgewickelt. Die gesellschaftliche Veranlassung der Transaktionen kann unterstellt werden.

Beispiel 51: Die nette Schwester I
Die T1 erbringt gegenüber T2 unentgeltliche Beratungsleistungen; diese haben einen Marktwert von 50.000.

Lösung:
Die Transaktion ist in zwei Schritten zu beurteilen. Zunächst liegt in der unentgeltlichen Erbringung von Dienstleitungen der T1 an T2 eine vGA der T1 zugunsten der M vor. Bei der T1 ist außerhalb der Bilanz das Einkommen entsprechend zu erhöhen, bei M bleibt die vGA gem. § 8b Abs. 1 KStG bei der Ermittlung des Einkommens außer Ansatz.
Die Weitergabe des Vorteils an die T2 stellt bei dieser einen nicht einlagefähigen Vorteil dar; das Ergebnis der T2 ist im Ergebnis um den Wert der Beratungsleistung erhöht. Bei M stellt diese Weitergabe an T2 einen „Verbrauch der vGA"[89] dar, der bei M zu BA auf die Beteiligung an der T2 führt. Diese BA stehen nicht mit steuerfreien Einnahmen aus der Beteiligung der T1 in Zusammenhang, sie sind also nicht gem. § 3c Abs. 1 EStG vom Abzug ausgeschlossen[90]. Die Ausgaben stehen in wirtschaftlichem Zusammenhang mit der Beteiligung an T2[91].

---

[88] *Starke*, DB 2000, 2347.
[89] Vgl. dazu Kap. III.4.4.3, Beispiel 4 „Abwandlung".
[90] *Dötsch* in *Dötsch* u.a., KStG und EStG, § 3c Abs. 1 EStG Anm. 6.
[91] *Dötsch* in *Dötsch/Eversberg/Jost/Witt*, KStG und EStG, § 3c EStG Anm. 6.

Beispiel 51: Die nette Schwester II
T1 hat bei T2 die Beratungsleistung zu marktüblichen Konditionen durchgeführt. Aufgrund von Liquiditätserwägungen der M verzichtet T1 nachträglich auf die Begleichung der Rechnung.

Lösung:
In dem Verzicht liegt zunächst wieder eine vGA von T1 an M vor. Insoweit ändert sich gegenüber dem Bsp. 1 nichts. Der Verzicht bedeutet jedoch gleichzeitig eine verdeckte Einlage der M an T2 (bei T2 fällt ein Passivposten weg). Bei T2 führt der Wegfall der Verbindlichkeit in der StB zu einem außerordentlicher Ertrag, der außerhalb der Bilanz korrigiert wird. Bei M führt insoweit – anders als in Beispiel 43 – die verdeckte Einlage zu einer Erhöhung der AK auf die Beteiligung an T2, ein unmittelbarer Abzug als BA kommt nicht in Betracht.

5.5.4 Verdeckte Einlage von nahe stehenden Personen

Verdeckte Einlagen sind auch dann gesellschaftlich veranlasst, wenn sie von einer dem AE nahe stehenden Person erbracht werden. Die vE wird – wie bei der vGA – dem AE zugerechnet[92].

Beispiel 52: Nette Verwandtschaft I
Die M-GmbH ist Alleingesellschafterin der T-AG, diese wiederum Alleingesellschafterin der E-GmbH. Die M gibt unmittelbar der E ein Darlehen zu marktüblichen Konditionen. Nach drei Jahren verzichtet M auf die Rückzahlung des Darlehens.

Lösung:
In dem Verzicht auf die Rückzahlung des Darlehens ist eine verdeckte Einlage der M in die T und der T in die E zu sehen. Es treten die Rechtsfolgen jeweils in der unmittelbaren gesellschaftsrechtlichen Beziehung ein.

Verdeckte Einlagen durch nahe stehende Personen werden oft auch im Verwandtschaftsverhältnis durchgeführt. Die Rechtsfolgen entsprechen im Wesentlichen dem zuvor Dargestellten.

Beispiel 53: Nette Verwandtschaft II
Die Ehefrau des Alleingesellschafters A der A-GmbH verzichtet auf ein Darlehen, welches sie der A-GmbH gegeben hat.

Lösung:
Bei gesellschaftlicher Veranlassung ist der Verzicht auf das Darlehen als verdeckte Einlage des A in die A-GmbH anzusehen. Die besprochenen Rechtsfolgen treten ein. Eine andere Frage ist, wie die Zuwendung der Ehefrau an den G´fter zu würdigen ist. In Frage kommen sowohl Schenkung als auch ein un-

---

[92] Vgl. zu der Problematik des Drittaufwands Kap. 5.3 und *Dörner*, INF 1999, 612 und 646.

terhaltsrechtlicher Rechtsgrund. Die Vereinbarung ist im Einzelfall auszulegen.

IV Die Steuerliche Behandlung der Ergebnisverwendung bei KapG

1 Überblick

Es ist unter Kap. III.1 bereits dargestellt worden, dass die Steuerbelastung einer KapG verschiedene Ebenen umfasst. Soeben ist die Steuerbelastung auf der Einkommenserzielungsebene, d.h. die Ermittlung der steuerlichen BMG untersucht worden. Nun sind die Steuerfolgen der Einkommensverwendung Gegenstand der Erörterungen.

Ziel der Unternehmenssteuerreform war u.a., die mit dem Anrechnungsverfahren verbundenen Schwierigkeiten auf der Ebene der KapG, insb. die Gliederung des verwendbaren Eigenkapitals nach der Steuervorbelastung und das Herstellen der Ausschüttungsbelastung abzuschaffen. Daher soll im neuen Recht eine Gewinnausschüttung auf der Ebene der KapG keine Steuerfolgen mehr auslösen, es sei denn, die Gewinnausschüttung wird aus dem steuerlichen Einlagekonto finanziert (vgl. insb. § 27 Abs. 3 KStG). Allerdings werden während einer fünfzehnjährigen (!) Übergangszeit „Restanten der alten Gliederungsrechnung", nämlich ein sog. KSt-Guthaben (umgerechnetes EK 40, § 37 KStG) und ein Bestand von EK 02 (§ 38 KStG) weitergeführt. Aus dieser Weiterführung über einen Zeitraum, der die Haltbarkeit vieler steuerrechtlicher Regeln überschreitet, resultieren besondere Schwierigkeiten, da sich das alte und neue System partiell überlagern.

Die Grundlagen der Behandlung von Gewinnausschüttungen enthalten während der Übergangszeit Systembrüche, als es um die Behandlung des KSt-Guthabens bzw. des EK 02 geht. So wird das realisierte KSt-Guthaben z.B. nicht – anders als bei § 28 Abs. 6 KStG a.F. – mit für die Gewinnausschüttung verwendet und kann durch eine vGA überhaupt nicht mobilisiert werden (vgl. § 37 Abs. 2 KStG). Bei der Verwendung des EK 02 ist dabei unklar, ob die KSt-Erhöhung auch stets aus dem EK 02 finanziert werden muss, so dass eine Verwendungsbeschränkung dieses Teilbetrages (**Kappungsgrenze**) eintritt.

Bereits aus diesen Erläuterungen wird deutlich, dass die Systemumstellung in Bezug auf die Steuerfolgen auf der Einkommensverwendungsebene, zumindest soweit es um Gewinnausschüttungen geht, keine Erleichterungen gebracht hat. Gewisse Vereinfachungen haben sich bei der Gewinnthesaurierung ergeben, da die Gliederung des vEK nach der Steuervorbelastung weggefallen ist[93].

2 Steuerliche Folgen der Gewinnthesaurierung

2.1 Rechtsfolgen im Anrechnungsverfahren

Die Gewinnthesaurierung stellt im Anrechnungsverfahren – unabhängig von einer späteren Gewinnausschüttung – den ersten Verfahrensschritt der Gliederung des vEK dar. Die Einkommensbestandteile werden entsprechend ihrer Steuervorbelastung (gemeint ist die Vorbelastung mit inländischer KSt) in einzelne EK-Bestandteile zerlegt und entsprechend gegliedert. Die Gliederung des vEK dient allein der Zielrichtung des Anrech-

---

[93] *Dötsch/Pung*, DB 2000, Beilage 10.

nungsverfahrens, im Ausschüttungsfall die Einmalbelastung der Gewinne nach der individuellen Leistungsfähigkeit des Anteilseigners sicherzustellen (vgl. Kap. II.1). Durch die Gliederung des vEK lassen sich Folgen der Gewinnausschüttungen daraus ziehen, dass die KSt-Vorbelastung und die Ausschüttungsbelastung voneinander abweichen.

Das ermittelte Einkommen wurde i.d.R. nach Abzug der tariflichen KSt (§ 31 Abs. 1 Nr. 2 KStG a.F.) in das sog. EK 40 als der **Tarifbelastung** unterliegendes Einkommen eingestellt (vgl. § 30 Abs. 1 Nr. 1 KStG a.F.), unbelastete oder ermäßigte belastete Bestandteile des Einkommens waren in die entsprechenden EK-Bestandteile aufzugliedern. Zur Vereinfachung wurden **ermäßigt belastete Einkommensteile** auf vollbelastete und typisiert mit 30 % vorbelastete (EK 30) und unbelastete (insb. EK 01 und EK 02) aufgeteilt. Unterschieden wurde – wegen unterschiedlicher Auswirkungen im Ausschüttungsfall (vgl. § 40 Nr. 1 KStG a.F.) – zwischen ausländischen und inländischen von inländischer KSt unbelasteten Einkommensbestandteilen. Bei ausländischen Einkommensbestandteilen war die Ausschüttungsbelastung nicht herzustellen, KapG als Anteilseigner konnten aus diesen Bestandteilen finanzierte Gewinnausschüttungen ihrerseits steuerfrei vereinnahmen (§ 8b Abs. 1 KStG a.F.), natürliche Personen hatten die Einnahmen mit dem individuellen Steuersatz zu erfassen, konnten entsprechend § 36 Abs. 2 Nr. 3 S. 1 EStG a.F. kein KSt-Guthaben anrechnen.

Die Gliederung des vEK konnte mit Schwierigkeiten verbunden sein, wenn viele unterschiedlich belastete Einkommensbestandteile zu berücksichtigen waren. Ebenso gab es systematische Ungereimtheiten bei der Berücksichtigung von nichtabzugsfähigen BA gem. § 31 Abs. 1 Nr. 4 KStG a.F. (vorher Definitivbelastung mit KSt), die zu den Schwachpunkten des Anrechnungsverfahrens gerechnet werden mussten. Die Gliederung des vEK hatte im Ausschüttungsfall **materiellrechtliche Folgen** für die KSt-Veranlagung, als die durch das Herstellen der Ausschüttungsbelastung eintretenden KSt-Änderungen unmittelbar von der KSt-Vorbelastung der Einkommensbestandteile abhingen (§ 27 Abs. 1 und 3 KStG a.F.). Auf die Besonderheiten der Eigenkapital-Gliederung soll nicht mehr im Detail eingegangen werden, da für die Einkommensermittlung die Systemumstellung i.d.R. (Wj. entspricht Kj.) ab dem VZ 2001 bei abweichendem Wj. spätestens für den VZ 2002 gilt (vgl. § 34 Abs. 1 KStG n.F.).

2.2 Rechtsfolgen nach der Systemumstellung

Nach der Systemumstellung entfällt die Notwendigkeit der Gliederung des vEK, da die Gewinnausschüttung keine Steuerfolgen auslöst, die von der KSt-Vorbelastung abhängt. Es besteht im neuen Recht für die Gewinnausschüttung eine sog. Finanzierungsneutralität, d.h. die Herkunft der für die Gewinnausschüttung verwendeten Teilbeträge ist steuerlich irrelevant. Die thesaurierten Beträge werden künftig nicht mehr in einer „Nebenrechnung zur StB" (Gliederung des vEK) dokumentiert, wodurch insoweit nicht unerhebliche Schwierigkeiten vor allem bei der Abstimmung des vEK in der Gliederungsrechnung mit dem Eigenkapital in der StB entfallen werden (§ 29 Abs. 1 KStG a.F.). Die in der Gliederungsrechnung dokumentierten Einkommensbestandteile (Gewinnrücklagen aus früheren Jahren) sind für den Übergangszeitraum noch insoweit von Bedeutung, als von ihnen – nach der Umgliederungsrechnung gem. § 36 KStG n.F. – mittelbar die

Rechtsfolgen der Gewinnausschüttungen auf der Einkommensverwendungsebene abhängen[94].

2.3 Rechtsfolgen in der Übergangszeit

Die Gewinnthesaurierung von **nach der Systemumstellung** erzielten Einkommensbestandteilen ist bereits in der Übergangszeit steuerlich irrelevant. Besonderheiten bestehen nur für **vor dem Systemwechsel** erzielte Einkommensbestandteile, die nach der Umgliederungsrechnung i.S.d. § 36 KStG noch in den Übergangszeitraum mitgenommen wurden. Aus diesen alten Einkommensbestandteilen, die als KSt-Guthaben (vgl. § 37 KStG) und als EK 02 (vgl. § 38 KStG) u.U. bis zum Ende des Übergangszeitraums jeweils gesondert festgestellt werden müssen, können nach der sog. Differenzrechnung im Ausschüttungsfall weiterhin Steuerfolgen eintreten (vgl. z.B. § 38 Abs. 2 KStG). Die neuen Einkommensbestandteile werden nicht mehr gesondert festgestellt und können nur mittelbar zu Steuerfolgen bei einer Gewinnausschüttung führen[95].

2.4 Umgliederungsmaßnahmen im Sinne des § 36 KStG

2.4.1 Überblick

§ 36 KStG regelt den Übergang vom Anrechnungsverfahren zum Halbeinkünfteverfahren und stellt somit eine schnitt**punkt**bezogene Regelung dar. Im Mittelpunkt stehen „Verrechnungen" der Restbestände des vEK untereinander und die Übernahme dieser Bestände in das neue Recht. Die Restbestände werden vor dieser Verrechnung zunächst durch Gewinnausschüttungen vermindert, die in 2001 für 2000 oder bei abweichendem Wj. entsprechend zeitversetzt abfließen (§§ 36 Abs. 2, 34 Abs. 9 KStG). Unabhängig von der Notwendigkeit der gesonderten Feststellung der Teilbeträge nach der Umgliederung (§ 36 Abs. 7 KStG), die nach der Umgliederung verbleiben (§ 36 Abs. 7 KStG), haben in der Übergangszeit nur noch die positiven Restbestände der Teilbeträge EK 40 und EK 02 materielle und verfahrensrechtliche Bedeutung. Das EK 40 wird auf den Schluss des auf die gesonderte Feststellung gem. § 36 Abs. 7 KStG folgenden Wj. in ein KSt-Guthaben umgerechnet (vgl. § 37 Abs. 1 KStG), ein positiver Teilbetrag des EK 02 wird in dem Übergangszeitraum fortgeführt und ist am Ende eines Wj. jeweils gesondert festzustellen. Bereits hier soll angemerkt werden, dass auch „Null-Bestände" an KSt-Guthaben und EK 02-Beständen während des Übergangszeitraumes verfahrensrechtlich fortgeführt werden müssen, da sich hieraus im Hinblick auf Umstrukturierungen Folgerungen ergeben können (vgl. § 40 Abs. 1 KStG)[96].

Die Regelungen des § 36 KStG finden **nur einmal auf den Zeitpunkt des Systemwechsels** Anwendung. Bei kalendergleichem Wj. am Ende des Jahres 2000, bei abweichendem Wj. zum Ende des in 2001 endenden Wj. Die mit dem verwendbaren Eigenkapital zum Schluss diesen Wj. zu verrechnenden Gewinnausschüttungen (vgl. §§ 36 Abs. 2, 34 Abs. 9 KStG) mindern die Teilbeträge des vEK, die erst im Anschluss hieran im Einzelnen umgegliedert werden.

---

[94] Vgl. die sog. Differenzrechnung in den §§ 27, 38 KStG, dazu näher s. Kap. IV.3.4.
[95] Vgl. näher Kap. 3.4 und 4.4.
[96] Vgl. dazu näher *Vollgraf*, Teil C.

Auf den Schluss des letzten Wj. sind demzufolge folgende Schritte der Gliederung des vEK zu unterscheiden:

- Letzte Feststellung gem. § 47 Abs. 1 S. 1 Nr. 1 KStG a.F.
- Verrechnung der entsprechenden Gewinnausschüttungen gem. §§ 36 Abs. 2, 34 Abs. 9 KStG.
- Umgliederungen gem. § 36 Abs. 3 – 6 KStG.
- gesonderte Feststellung der verbleibenden Teilbeträge gem. § 36 Abs. 7 KStG.

Es seit angefügt, dass die Finanzverwaltung die rechtlich auf diesen Zeitpunkt vorzunehmende gesonderte Feststellung gem. § 36 Abs. 7 KStG in ihren Vordrucken erst später, nämlich im Rahmen der Veranlagung 2001 nachvollzieht. Der Feststellungs-Bescheid gem. § 47 Abs. 1 S. 1 Nr. 1 KStG ist dabei – seiner Funktion entsprechend – Grundlagenbescheid für den Feststellungs-Bescheid gem. § 36 Abs. 7 KStG.

2.4.2 Vorbereitungsschritte für die Umgliederung

Die Körperschaften, die zur Gliederung des verwendbaren Eigenkapitals verpflichtet sind, haben auf den in 2.4.1 genannten Zeitpunkt letztmals eine Eigenkapital-Gliederung nach den allgemeinen „alten" Grundsätzen aufzustellen. Die Feststellung der Teilbeträge gem. § 47 Abs. 1 S. 1 Nr. 1 KStG a.F. ist der letzte Schritt der Eigenkapital-Gliederung nach altem Recht und der erste Vorbereitungsschritt nach neuem Recht.

Gem. § 34 Abs. 9 S. 1 Nr. 1 und 2 KStG i.V.m. § 36 Abs. 2 KStG mindern sich diese Teilbeträge um Gewinnausschüttungen – die entsprechend der alten zeitlichen Verwendungsregel des § 28 Abs. 2 KStG a.F. – mit dem vEK zu diesem Zeitpunkt verrechenbar waren. Dies bedeutet, dass das vEK der ausschüttenden KapG sich um ordentliche Gewinnausschüttungen, die im Jahr 2001 für frühere Jahre erfolgen, und um vGA an Anteilseigner vermindert, die in 2000 eingetreten sind. Der Minderungsbetrag hängt dabei von der Verwendungsreihenfolge des § 28 Abs. 3 KStG a.F. und der Zusammensetzung des vEK (d.h. die Steuervorbelastung der Gewinnrücklagen) ab.

Beispiel 54: Die letzte Feststellung
Die X-KapG stellt zum 31.12.2000 folgende Schlussbestände gem. § 47 Abs. 1 S. 1 Nr. 1 KStG fest:

- EK 45: 55,
- EK 40: 120,
- EK 04: 120.

Die X-KapG schüttet aufgrund eines in 01 für 00 gefassten Beschlusses für 01 140 aus.

Lösung:
Die Gewinnausschüttung ist gem. §§ 36 Abs. 2, 34 Abs. 9 S. 1 Nr. 1 KStG mit den zum 31.12.2000 gem. § 47 Abs. 1 S. 1 Nr. 1 KStG a.F. festgestellten vEK in der durch § 28 Abs. 3 KStG a.F. bestimmten Reihenfolge zu verrechnen. Dabei sind die KSt-Minderungen für die Gewinnausschüttung zu verwenden (vgl. § 28 Abs. 6 KStG a.F.).

Die Gewinnausschüttung wird aus dem vEK wie folgt finanziert:
- 70/55 x 55 = 70 aus EK 45,
- 70/60 x 60 = 70 aus EK 40.

Die KSt-Minderung aus der Verwendung des EK 45 beträgt 15/70 der Gewinnausschüttung, aus der Verwendung des EK 40 10/70, insgesamt also 25. Die KSt-Minderung wirkt sich für die Veranlagung des Jahres 2000 aus (vgl. § 27 Abs. 3 KStG a.F., § 34 Abs. 9 S. 1 Nr. 1 S. 1 KStG n.F.).

Die zur Umgliederung zur Verfügung stehenden Restbestände stellen sich wie folgt dar:
- EK 45: 0,
- EK 40: 60,
- EK 04: 120.

Bei der **Einkommensermittlung** der KapG gilt grundsätzlich bereits ab 2001 neues Recht. Da im Fall von Gewinnausschüttungen, die eine KapG von einer anderen KapG erhält eine Verbindung zwischen den steuerlichen Wirkungen bei der ausschüttenden und empfangenden KapG besteht (geschlossenes System des KSt-Rechts) ist entsprechend der Regelung in § 23 Abs. 2 KStG a.F. sicherzustellen, dass für diese Gewinnausschüttungen auch bei der empfangenden KapG noch altes Recht und vor allem der Steuertarif gilt, der der KSt-Vorbelastung der für die Gewinnausschüttung verwendeten Beträge entspricht.

Die **Verknüpfung zwischen ausschüttender und empfangender KapG stellt** § 34 Abs. 4 S. 1 Nr. 1 KStG sicher. Die Herabschleusung der KSt-Belastung durch Gewinnausschüttungen innerhalb von Kapitalgesellschafts-Konzernen (ohne Gewinnabführungsvertrag) verhindert § 34 Abs. 9 S. 2 ff. KStG und § 36 Abs. 2 S. 3 KStG.

Beispiel 55: Ausschüttungen zwischen KapG
Die X-GmbH stellt zum 31.12.2000 folgende Teilbeträge des vEK gem. § 47 Abs. 1 S. 1 Nr. 1 KStG a.F. fest:
- EK 45: 180,
- EK 40: 120,
- EK 02: 200,
- EK 04: 60.

Die X-GmbH erhält in 2001 Gewinnausschüttungen ihrer Tochter-KapG i.H.v. 280, die diese i.H.v. 140 aus dem EK 45 und i.H.v. von ebenfalls 140 aus dem EK 40 finanziert hat.

Lösung:
Gem. § 34 Abs. 4 S. 1 Nr. 1 KStG ist auf diese Gewinnausschüttung bei der **Empfänger-KapG** noch nicht neues Recht anzuwenden, da für die Gewinnausschüttung auf der Ebene der ausschüttenden KapG noch das Anrechnungsverfahren angewendet worden ist. Die Gewinnausschüttung wird bei der Empfänger-KapG inkl. des Anrechnungsguthabens als Beteiligungsertrag i.H.v. insgesamt 400 erfasst (§§ 15, 20 Abs. 1 Nr. 1 und 3 EStG a.F.). Erträge wurden i.H.v. 200 mit einem KSt-Tarif von 45 % und ebenfalls i.H.v. 200 mit einem KSt-Tarif von 40 % besteuert (§ 34 Abs. 9 S. 2 ff. KStG).

Dadurch ergeben sich bei den Teilbeträgen des vEK der Empfänger-KapG folgende Änderungen:

- Zugang zum EK 45: 110 ⎫ jeweils nach Abzug der Tarifbelastung mit
- Zugang zum EK 40: 120 ⎭ inländischer Körperschaftsteuer

Zusammensetzung der Teilbeträge nach der Gewinnausschüttung und vor der Umgliederung:

- EK 45: 290,
- EK 40: 240,
- EK 02: 200,
- EK 04: 60.

Erst dieses EK wird entsprechend der Vorschriften des § 36 Abs. 3 – 6 KStG umgegliedert.

Aus der Erhöhung des EK 45 der Empfänger-KapG bei Gewinnausschüttungen die von der ausschüttenden KapG aus dem EK 45 finanziert worden sind, ergeben sich im Rahmen der Umgliederung Gefahren, die zur **Vernichtung von KSt-Guthaben** führen können. Der Teilbetrag des EK 45 wird im Rahmen der Umgliederung gem. § 36 Abs. 3 KStG auf EK 40 und EK 02 verteilt, wodurch negatives EK 02 entsteht, was über § 36 Abs. 4 KStG zu einer Verminderung des EK 40 führen kann. Daher wird in der Lit. die Ansicht vertreten[97], es müsse der empfangenden KapG möglich sein, durch eine eigene Gewinnausschüttung, die bereits die Wirkungen der empfangenen Gewinnausschüttung berücksichtigt, die Vernichtung von KSt-Guthaben entgegenzuwirken (**sog. Saldierung von Gewinnausschüttungen**). So berechtigt dieses Anliegen im Ergebnis sein mag, kann ihm aus steuersystematischen Gründen nicht gefolgt werden, da die Erhöhung des EK 45 durch die erhaltene Gewinnausschüttung wegen der zeitlichen Bezugnahme des § 28 Abs. 2 KStG a.F., der auf diese Fälle inhaltlich noch Anwendung findet, nicht für die eigene Gewinnausschüttung verwendet werden kann.

Beispiel 56: Saldierung von empfangenen und selbst vorgenommenen Ausschüttungen

Eine M-GmbH weist zum 31.12.2000 (vor den vorzunehmenden Umgliederungen) folgende Gliederung des verwendbaren Eigenkapitals aus:

- EK 45: 550,
- EK 40: 600.

In 2001 schüttet die M-GmbH an ihre AE eine Dividende von 1.400 aus; vor dieser Ausschüttung hat M in 2001 von ihrer T-GmbH eine Dividende i.H.v. 700 erhalten, welche bei der T-GmbH ausschließlich aus EK 45 finanziert wurde.
Fraglich ist, welche steuerlichen Folgen die M-GmbH aus den Dividenden für die notwendigen Umgliederungsmaßnahmen zu ziehen hat.

---

[97] *Prinz/Thurmayr*, GmbHR 2001, 798.

2 Steuerliche Folgen der Gewinnthesaurierung

Lösung:
Bei der Lösung kommt es darauf an, ob die M-GmbH die von ihr geleistete mit der empfangenen Gewinnausschüttung saldieren darf. Gem. § 36 Abs. 2 S. 3 KStG i.V.m. § 34 Abs. 9 S. 2 – 5 unterliegen in 2001 aus einem EK 45 erhaltene Gewinnausschüttungen bei der empfangenen Kapitalgesellschaft einer KSt-Belastung von 45 % und erhöhen diesen Teilbetrag. Wäre die Erhöhung des EK 45 auf Ebene der M-GmbH vor der von ihr vorzunehmenden Ausschüttung einzustellen, könnte die von der M-GmbH geleistete Ausschüttung vollständig aus dem EK 45 finanziert werden (**Saldierung**).

Bevor auf die Zulässigkeit einer solchen Saldierung eingegangen wird, sollen die unterschiedlichen Rechtsfolgen verdeutlicht werden:

a) **Lösung ohne Saldierung**:
Die M-GmbH hat durch ihre eigene Gewinnausschüttung die zum 31.12.2000 vorhandenen Teilbeträge ausgeschüttet und die eingetretene KSt-Minderung mit für die Gewinnausschüttung verwendet (§ 28 Abs. 6 KStG a.F.). Die Minderung der KSt tritt gem. § 27 Abs. 3 KStG a.F. im Jahr 2000 ein.
Die von T erhaltene Gewinnausschüttung führt wiederum zu einem positiven Bestand an EK 45, der als „Schlussbestand" gem. § 36 Abs. 3 KStG n.F. in die Teilbeträge EK 40 und EK 02 umgegliedert werden muss. Nach der Umgliederung des daraus entstehenden negativen EK 02 (minus 5/22) gem. § 36 Abs.4 KStG n.F. bleibt ein positiver Bestand an EK 40 i.H.v. 550 stehen. Daraus resultiert ein KSt-Guthaben zum 31.12.2001 i.H.v. 91.

b) **Lösung mit Saldierung**:
Die erhaltene Gewinnausschüttung und der vorhandene Teilbetrag des EK 45 i.H.v. 550 reichen für die Bardividende an die AE aus (70/55 von 1.100 = 1.400). Es bleibt das vorhandene EK 40 i.H.v. 600, eine Umgliederung gem. § 36 Abs.4 KStG n.F. erübrigt sich. Das KSt-Guthaben beträgt zum 31.12.2001 100.

Stellungnahme:
Sachgerechter wäre es, die Saldierung zuzulassen um eine Vernichtung von KSt-Guthaben zu verhindern. Es ist aber problematisch, ob dies mit der Systematik und Wortlaut des § 36 KStG zu vereinbaren ist. Der Wortlaut geht offensichtlich davon aus, dass zunächst eine Minderung durch vorgenommene und erst anschließend eine Erhöhung der Teilbeträge durch erhaltene Gewinnausschüttungen erfolgt. Es ist richtig, dass diese grammatikalische Auslegung zwar nahe liegt, aber nicht zwingend ist. Entscheidender ist deshalb auch ein systematisches Argument: die M-GmbH kann handelsrechtlich die erhaltene Gewinnausschüttung auch erst (entweder als Vorabausschüttung in 2001 oder offene Gewinnausschüttung in 2002) unter der Geltung des neuen KSt-Rechts ausschütten. Dies spricht dafür, dass der Wortlaut des § 36 Abs. 2 KStG n.F. der Systematik entspricht. Durch eine Saldierung würden die erhaltenen Gewinnausschüttungen noch dem alten Recht unterworfen.

Somit bleibt das unbefriedigende Ergebnis, dass die Vernichtung von KSt-Guthaben hingenommen werden muss (Lösung a)[98].

2.4.3 Umgliederung im Einzelnen

Gem. § 36 Abs. 3 KStG ist als nächster Schritt evtl. vorhandenes EK 45 in EK 40 und EK 02 umzugliedern. Die Umgliederung führt – isoliert auf EK 40 und EK 45 bezogen – nicht zu einem Verlust an KSt-Guthaben.

Beispiel 57: EK 40-Gefährdung
Eine GmbH hat einen Bestand an EK 45 i.H.v. 55. Darin ruht ein KSt-Guthaben von 45.

Lösung:
Bei der Umgliederung gem. § 36 Abs. 3 KStG entsteht ein EK 40-Teilbetrag i.H.v. 27/22 x 55 = 67,5. Hierauf ruht ebenfalls eine KSt von 45.
Da das Eigenkapital durch die Umgliederung nicht verändert werden darf, erfolgt ein Abzug i.H.d. Differenz (5/22) beim EK 02 (./. 12,5). Soweit hohe EK 02-Teilbeträge vorhanden sind, entsteht daraus kein Nachteil, wie folgend aufgezeigt wird.

Beispiel 58: Ausgleich durch EK 02
Eine GmbH hat vor Umgliederung ein Bestand an EK:

- EK 45: 55,
- EK 02: 300.

Es besteht ein Ausschüttungsvolumen von 280 (70/55 x EK 45 + 70/100 x EK 02).

Lösung:
Nach Umgliederung gem. § 36 Abs. 3 KStG stellt die GmbH folgende Teilbeträge fest:

- EK 40: 67,5,
- EK 02: 287,5.

Hieraus kann ebenfalls 280 (70/60 x EK 40 + 70/100 x EK 02) ausgeschüttet werden.

Probleme entstehen infolge weiterer Umgliederungsschritte (§ 36 Abs. 4 KStG) wenn vor der Umgliederung **nicht ausreichend hohe unbelastete Teilbeträge** des Eigenkapitals vorhanden waren.

---

[98] So auch *Frotscher* in *Frotscher/Maas*, KStG, § 36 Anm. 45.

Beispiel 59: EK 40-Falle
Die GmbH hat vor Umgliederung einen Bestand an Eigenkapital:

- EK 45: 550,
- EK 04: 100.

Es besteht ein Ausschüttungsvolumen i.H.v. 800.

Lösung:
Nach der Umgliederung gem. § 36 Abs. 3 KStG liegen folgende Teilbeträge vor:

- EK 40: 675,
- EK 02: /. 125,
- EK 04: 100.

In dem **nächsten Umgliederungsschritt** (§ 36 Abs. 4 KStG) vermindert das negative EK 02 den positiven Bestand an EK 40. Die GmbH weist folgende Teilbeträge aus:

- EK 40: 550,
- EK 04: 100.

Es besteht nunmehr lediglich ein Ausschüttungsvolumen von 741, unmittelbar auf der Ebene der KapG kann durch die Ausschüttung ein Guthaben von 91,7 (vor der Umgliederung 150) realisiert werden. Das EK 04 bleibt von dieser Umgliederung unberührt.

Wenn nicht genügend Reserven an unbelastetem Eigenkapital vor den Umgliederungsschritten gem. §§ 36 Abs. 3 und 4 KStG vorhanden sind, kann danach Ausschüttungsvolumen und KSt-Guthaben verloren gehen. Dies gilt trotz ausreichendem unbelasteten Eigenkapital auch dann, wenn die KapG während der Übergangszeit nicht eine Vollausschüttung vornimmt. Aus diesen Gründen haben viele KapG in 2001 für 2000 hohe Gewinnausschüttungen (sog. „EK 45-Leerausschüttungen") vorgenommen. Ob damit jedoch immer die erwarteten Steuervorteile verbunden sind, kommt entscheidend auf die Zusammensetzung der AE und deren steuerlichen Situation an[99]. Wie bereits gezeigt worden ist, besteht durch die Ausschüttung kein unmittelbarer Vorteil, wenn KapG AE sind. Bei KapG als AE erhöhen sich ihrerseits die entsprechenden Teilbeträge des verwendbaren EK (§ 36 Abs. 2 KStG), die Problematik verschiebt sich auf die AE-KapG. Ein Vorteil kann jedoch dann bestehen, wenn die Empfänger-KapG Verluste in der Vergangenheit erwirtschaftet hat. Bei diesen Gewinnausschüttungen mussten entstehende Liquiditätsabflüsse durch das sog. Schütt-aus-hol-zurück-Verfahren[100] vermieden werden.

Außer in den genannten Fällen der Bildung negativen EK 02 durch Umgliederung von EK 45 führen vor allem noch **nicht verbrauchte Verlustvorträge** (vgl. § 33 Abs. 1 KStG a.F.) zu negativen unbelasteten Teilbeträgen, die gem. § 36 Abs. 4 KStG zur Vernichtung von KSt-Guthaben führen können. Eine Verrechnung mit belasteten EK (in

---

[99] Vgl. im Einzelnen u.a.: *Kuhlemann/Harle*, GmbHR 2000, 481; *Rödder/Metzner*, DStR 2000, 980.
[100] Unter dem Schütt-aus-hol-zurück-Verfahren (S-A-H-Z) versteht man die Möglichkeit, zunächst Gewinnausschüttungen vorzunehmen, die anschließend von den AE wieder eingelegt werden.

aufsteigender Reihenfolge) kommt immer dann in Betracht, wenn die Summe der unbelasteten Teilbeträge mit Ausnahme des EK 04 negativ ist.

Zu einer Anwendung des § 36 Abs. 4 KStG kommt es nicht, wenn die Summe der unbelasteten Teilbeträge mit Ausnahme des EK 04 nicht negativ ist (vgl. § 36 Abs. 5 KStG); in diesem Fall sind die **Teilbeträge des EK 01 und EK 03 zunächst zusammenzufassen**, da sie künftig das gleiche Schicksal teilen. Der zusammengefasste Betrag wird mit dem Betrag des EK 02 saldiert. Ist nur ein Teilbetrag (entweder der zusammengefasste Teilbetrag des EK 01/03 oder der Teilbetrag des EK 02), aber die Summe der Teilbeträge positiv, verändert der negative Teilbetrag den positiven Teilbetrag. Nur der verminderte positive Teilbetrag wird fortgeführt. Dabei ist zu unterscheiden, ob der zusammengefasste Teilbetrag oder der Teilbetrag des EK 02 fortgeführt wird. Der zusammengefasste Teilbetrag wird gem. § 36 Abs. 7 KStG gesondert festgestellt, geht künftig aber in dem sog. **neutralen Vermögen** auf, dessen Zusammensetzung nicht mehr durch eine gesonderte Feststellung dokumentiert wird. Im Gegensatz hierzu behält ein positiver Bestand an EK 02 während der Übergangszeit seine Bedeutung, da bei Ausschüttungen aus diesem Teilbetrag gem. § 38 Abs. 2 KStG eine KSt-Erhöhung eintritt.

Ist dagegen ein **Teilbetrag des belasteten Eigenkapitals** (in diesem Stadium nur noch EK 40 und EK 30) **negativ**, wird er zunächst mit dem positiven Teilbetrag saldiert. Verbleibt danach ein negativer Teilbetrag, ist dieser zunächst mit einem evtl. positiven EK 02 und anschließend mit dem positiven zusammengefassten Teilbetrag des EK 01 und EK 03 zu verrechnen. Die primäre Verrechnung mit EK 02 führt für die KapG zu einer geringeren latenten KSt-Erhöhung bei Ausschüttungen während des Übergangszeitraumes. Eine Verrechnung mit dem EK 04 kommt auch insoweit nicht in Betracht (§ 36 Abs. 6 KStG).

Die nach dieser Umgliederung verbleibenden Teilbeträge sind gesondert festzustellen. **Dies können nur noch sein**:

- EK 45 (sehr selten, nur negativer Bestand möglich),
- EK 40,
- EK 30,
- zusammengefasster Teilbetrag EK 01/03,
- EK 02,
- EK 04.

Von diesen Teilbeträgen werden jedoch nur das EK 40, EK 02 und EK 04 in den Übergangszeitraum übernommen, wobei der Teilbetrag des EK 04 unmittelbar in das **steuerliche Einlagekonto** überführt wird (§ 39 Abs. 1 KStG) und über den Übergangszeitraum hinaus (vgl. § 27 KStG) fortgeführt wird. Der Bescheid über den positiven Bestand an EK 04 gem. § 36 Abs. 7 KStG sollte – obwohl gesetzlich nicht vorgeschrieben – als Grundlagenbescheid für das KSt-Guthaben gem. § 37 Abs. 1 KStG angesehen werden. Ein positiver TB EK 02 wird ebenfalls während des Übergangszeitraums fortgeführt und führt bei Verwendung zu einer KSt-Erhöhung (§ 38 Abs. 2 KStG). Auf diesen TB ruht eine latente KSt-Belastung. Ein positiver Bestand an EK 40 wird auf Schluss des auf die Feststellung gem. § 36 Abs. 7 KStG folgenden WJ. in ein KSt-Guthaben umgewandelt (§ 37 Abs. 1 KStG). Dieses KSt-Guthaben bedeutet künftige KSt-Minderansprüche, falls es durch Gewinnausschüttungen mobilisiert werden kann (§ 37 Abs. 2 KStG). Das KSt-Guthaben stellt allerdings keinen eigenständigen „EK-Topf" für die Finanzierung von Ausschüttungen dar.

2 Steuerliche Folgen der Gewinnthesaurierung

Schematische Darstellung der Umgliederungsschritte:[101]

- Ausgangspunkt: Feststellung des vEK gem. § 47 Abs. 1 S. 1 Nr. 1 KStG a.F.
- Verringerung Infolge von Gewinnausschüttungen, die mit vorgenannten Beständen zu verrechnen sind (§ 36 Abs. 2 KStG).
- Umgliederung des positiven EK 45 (§ 36 Abs. 3 KStG).
- Umgliederung einer negativen Summe der unbelasteten Teilbeträge EK 01, EK 02 und EK 03 (§ 36 Abs. 4 KStG).
- Behandlung einer positiven Summe der unbelasteten Teilbeträge (§ 36 Abs. 5 KStG).
- Saldierung negativer belasteter Teilbeträge zuerst untereinander und anschließend mit unbelasteten Teilbeträgen (§ 36 Abs. 6 KStG).
- gesonderte Feststellung der verbliebenen Teilbeträge (§ 36 Abs. 7 KStG).
- Fortführung des EK 02 und EK 04 (steuerliches Einlagekonto) während des Übergangszeitraumes.
- Überführung anderer positiver festgestellten Teilbeträge (EK 40, EK 30, zusammengefasster TB EK 01/03 und die negativen Beträge) in das sog. neutrale Vermögen. Das neutrale Vermögen ist auf der Einkommensverwendungsebene steuerlich irrelevant.

Folgende „EK-Töpfe" sind künftig zu unterscheiden:

- Neutrales Vermögen (auch die Alt-Bestände des EK 40 gehören hierzu)[102],
- Teilbetrag des EK 02,
- Teilbetrag des steuerlichen Einlagekontos.

Hinweis: Das KSt-Guthaben stellt keinen eigenen EK-Topf dar, es ist lediglich „eine Rechenziffer für in der Vergangenheit zu viel bezahlte KSt". Zwischen den „EK-Töpfen" ist künftig eine Verwendungsreihenfolge zu beachten, die sich aus zwei Differenzrechnungen ergibt (§§ 27 Abs. 1 S. 3, 38 Abs. 1 S. 4 KStG). Nach diesen Differenzrechnungen, die unter 3.3 und vor allem 3.4 näher erläutert werden, ergibt sich **folgende Verwendungsreihenfolge**:

- Neutrales Vermögen (keine Auswirkungen auf Ebene der KapG),
- EK 02 (KSt-Erhöhung um 3/7),
- Steuerliches Einlagekonto (keine Auswirkung auf Ebene der KapG).

Unabhängig von dieser Reihenfolge ist die Realisierung des KSt-Guthabens zu prüfen (§ 37 Abs. 2 KStG).

---

[101] Vgl. *Dötsch u.a.*, Finanz und Steuern Band 5, 13. Aufl. Körperschaftsteuer, Tz. 2816.
[102] Unklar insoweit *Dötsch/Pung*, DB 2000, Beilage 10.

3 Steuerliche Folgen der offenen Gewinnausschüttungen

3.1 Überblick

OGA beeinflussen als Akt der Einkommensverwendung nicht die BMG der KSt (§ 8 Abs. 3 KStG). Es ist aber schon erläutert worden, dass die Einkommensverwendung sowohl im Anrechnungsverfahren als auch während der Übergangszeit Steuerfolgen auch auf der Ebene der KapG auslöst (zur Einkommensverwendungsebene, vgl. A 25 KStR).

Im Zeitalter des **Anrechnungsverfahrens** musste bei Gewinnausschüttungen grundsätzlich (zu den Ausnahmen vgl. § 40 KStG a.F.) die Ausschüttungsbelastung hergestellt werden (§ 27 Abs. 1 KStG a.F.), wodurch sich Steuerfolgen auf der Ebene der KapG ergeben haben, wenn die Steuervorbelastung nicht der Ausschüttungsbelastung entsprach.

Im **Übergangszeitraum** werden – wie soeben erläutert worden ist – weiter „Restanten der Eigenkapital-Gliederung" in Form des KSt-Guthabens (§ 37 Abs. 1 KStG n.F.) und der positive Bestand an EK 02 (§ 38 KStG n.F.) fortgeführt, wodurch sich ebenfalls Steuerfolgen aufgrund von Ausschüttungen ergeben können. Da das KSt-System sowohl im alten als auch im neuen Recht ein **geschlossenes System** zwischen der Gesellschafts- und der Gesellschafterbesteuerung darstellt, werden beide Besteuerungsebenen untersucht. Während es das Ziel des Anrechnungsverfahrens war, Gewinne einer KapG spätestens im Zeitpunkt der Ausschüttung (bzw. Liquidation) der Einmalbesteuerung mit dem individuellen Steuersatz des Anteilseigners zu erfassen, muss das Prinzip der „hälftigen Doppelbelastung" für eine **ausreichende Steuer-Vorbelastung** der KapG sorgen, damit das Halbeinkünfteverfahren auf der Ebene des Anteilseigners gerechtfertigt ist.

Im Mittelpunkt der Ausführungen stehen die Steuerfolgen auf der Einkommensverwendungsebene bei Gewinnausschüttungen im Anrechnungsverfahren und im Übergangszeitraum. Bei vollständiger Durchsetzung des neuen Rechtes (nach Ablauf des Übergangszeitraumes) werden sich auf der Einkommensverwendungsebene i.d.R. keine Steuerfolgen mehr ergeben.

Wegen der Geschlossenheit der jeweiligen Systeme ist es notwendig, im Ausschüttungsfall auf der Ebene der KapG und auf der Ebene des Anteilseigners das gleiche Besteuerungssystem anzuwenden. Auf der Ebene der ausschüttenden KapG bestimmt § 34 Abs. 9 KStG, dass das Anrechnungsverfahren für oGA (aufgrund eines Gesellschafterbeschlusses für abgelaufene Wirtschaftsjahre) letztmals anzuwenden ist, die in dem ersten Wj. erfolgen, das in dem VZ endet, für den das neue System erstmals Anwendung findet. Dies ist bei kalendergleichem Wj. für Gewinnausschüttungen in 2001, bei abweichendem Wj. entsprechend später der Fall (vgl. für die verzögerte Anwendung bei abweichendem Wj. § 34 Abs. 2 KStG). Korrespondierend stellt für natürliche Personen als Anteilseigner § 52 Abs. 4a Nr. 1, Abs. 36 EStG sicher, dass das Halbeinkünfteverfahren nur für Gewinnausschüttungen gilt, für die auf der Ebene der KapG nicht mehr die Ausschüttungsbelastung herzustellen ist. Bei KapG als Anteilseigner findet § 8b Abs. 1 KStG ebenfalls erstmals für Gewinnausschüttungen Anwendung, für die bei der ausschüttenden KapG die Ausschüttungsbelastung nicht mehr herzustellen ist (§ 34 Abs. 4 Nr. 1 KStG).

Wichtig: Ausgangspunkt für die Anwendungsregeln bei Gewinnausschüttungen ist immer die Geltung alten oder neuen Rechts bei der ausschüttenden KapG (§ 34 Abs. 9

KStG). Die Behandlung der Gewinnausschüttungen auf Gesellschafterebene hat sich daran zu orientieren (§ 52 Abs. 4a Nr. 1, Abs. 36 EStG, § 34 Abs. 4 Nr. 1 KStG)[103].

3.2 Steuerliche Behandlung der offenen Gewinnausschüttung im Anrechnungsverfahren

3.2.1 Auf Gesellschaftsebene

3.2.1.1 Grundlagen des Anrechnungsverfahrens

Bei oGA von KapG ist i.d.R. die Ausschüttungsbelastung (30 %) herzustellen. Unterliegen die in der Eigenkapital-Gliederung dokumentierten Beträge einer anderen Vorbelastung als der Ausschüttungsbelastung, ergeben sich auf der Einkommensverwendungsebene Steuerfolgen (§ 27 Abs. 1 und Abs. 3 KStG a.F.). Die steuerlichen Folgen hängen somit unmittelbar sowohl von der **generellen Zusammensetzung** des **verwendbaren Eigenkapitals** in der Gliederungsrechnung als auch von den **konkret verwendeten Teilbeträgen des verwendeten Eigenkapitals** ab; je höher die Vorbelastung der für die Gewinnausschüttung verwendeten Beträge, desto höher ist die KSt-Minderung, die durch die Herstellung der Ausschüttungsbelastung eintritt. Die generelle Zusammensetzung hängt von Vorbelastung des erzielten Einkommens ab (vgl. §§ 30, 32 KStG a.F.).

> **Beispiel 60: Maximale Ausschüttung**
> Die X-GmbH hat folgende Teilbeträge in der VEK-Gliederung festgestellt:
> - EK 45: 55,
> - EK 40: 60,
> - EK 30: 70,
> - EK 02: 100.
>
> Wieviel kann aus jedem Teilbetrag ausgeschüttet werden?
>
> **Lösung:**
> Bei der GA ist die Vorbelastung (Tarifbelastung) auf die Ausschüttungsbelastung herab- bzw. hochzuschleusen.
> Daraus ergeben sich folgende Ausschüttungsvolumina:
> - EK 45: 70/55 x 55 = 70 (KSt-Minderung von 15/55),
> - EK 40: 70/60 x 60 = 70 (KSt-Minderung von 10/60),
> - EK 30: 70/70 x 70 = 70 (keine KSt-Änderung),
> - EK 02: 70/100 x 100 = 70 (KSt-Erhöhung von 30/100).
>
> **Bitte arbeiten Sie zum besseren Verständnis A 77 KStR durch!!!**

Man unterscheidet folgende **belastete Einkommensbestandteile**: Teilbeträge, die
- der Tarifbelastung bis einschl. 1998 (EK 45),
- der Tarifbelastung ab 1999 (EK 40) oder
- einem typisierten Steuersatz (EK 30) unterlegen haben.

---

[103] Vgl. *Pung* in *Dötsch/Eversberg/Jost/Witt*, KStG und EStG, § 34 KStG Anm. 39.

Dabei ist zu betonen, dass der typisierte Steuersatz durch eine Aufteilung von ermäßigt belasteten Einkommens-Bestandteilen entstand (§ 32 KStG).

Daneben gibt es die in § 30 Abs. 2 Nr. 1 – 4 KStG aufgezählten unbelasteten Teilbeträge (EK 01 – 04). Das **EK 04** setzt sich aus Einlagen der G´fter (insb. verdeckten Einlagen) zusammen, die nicht auf das gezeichnete Kapital geleistet worden sind[104]. Die **Teilbeträge des EK 01 – 03** stellen Gewinnrücklagen der KapG dar, die noch nicht der inländischen KSt unterlegen haben.

Im Einzelnen (Überblick):

EK 01: Ausländische Gewinne, die nicht der inländischen KSt unterlegen haben und inländische Gewinnausschüttungen, für die bei der ausschüttenden KapG dieser Teilbetrag verwendet worden ist (vgl. näher A 83 KStR)

- EK 02: Inländische steuerfreie Einkommensbestandteile,
- EK 03: Einkommensbestandteile, die vor dem Systemwechsel zum Anrechnungsverfahren (1977) entstanden sind.

Diese Teilbeträge unterscheiden sich auch insofern, als bei Verwendung des EK 01 und 04 die Ausschüttungsbelastung nicht herzustellen ist (§ 40 Abs. 1 und 2 KStG a.F.). Die Belastung der konkret für eine oGA verwendeten Beträge hängt von

- der **Verwendungsreihenfolge** (§ 28 Abs. 3 KStG a.F.) und
- von dem **zeitlichen Bezugspunkt** der Verwendung des Eigenkapitals (§ 28 Abs. 2 KStG a.F.) ab.

Die **zeitliche Bezugnahme** zwischen oGA und dem verwendbaren Eigenkapital ist dahingehend geregelt, dass eine oGA für ein abgelaufenes Wj. mit dem festgestellten Bestand an vEK (Eigenkapital außer Nennkapital) zum Ende des Wj. verrechnet wird, welches dem Beschlussjahr vorangeht (§ 28 Abs. 2 KStG a.F.).

> **Beispiel 61: Ausschüttung im Wj. nach Beschlussfassung**
> Die Gesellschafterversammlung der A-GmbH (Wj. = Kalenderjahr) beschließt am 20.05.03 eine oGA für 02.
>
> **Lösung:**
> Die oGA wird mit dem zum 31.12.02 festgestellten Bestand an verwendbarem Eigenkapital verrechnet.

Die **konkrete Verwendungsreihenfolge** (§ 28 Abs. 3 KStG a.F.) ist für die ausschüttende KapG grundsätzlich positiv. Zuerst werden die belasteten Teilbeträge in absteigender Reihenfolge, anschließend die unbelasteten in der in § 30 Abs. 2 KStG a.F. genannten Reihenfolge verwendet. Dies bedeutet, dass auf der Ebene der KapG durch eine Gewinnausschüttung, für die hoch belastete Teilbeträge verwendet werden, eine hohe KSt-Entlastung, durch eine Gewinnausschüttung, für die unbelastete Teilbeträge verwendet werden, i.d.R. eine KSt-Belastung i.H.d. Ausschüttungsbelastung eintritt. Dabei ist – im

---

[104] Vgl. zu der Entstehung der Teilbeträge im Einzelnen, *Dötsch u.a.*, Finanz und Steuern Band 5, Körperschaftsteuer, 13. Aufl., Tz. 443 ff.

Gegensatz zur Regelung im neuen Recht (§ 37 Abs. 2 KStG n.F.) – zu beachten, dass die eintretende KSt-Minderung für die Gewinnausschüttung mitverwendet wird, die KSt-Erhöhung jeweils aus dem Teilbetrag finanziert wird, der für die Gewinnausschüttung verwendet wird (§ 28 Abs. 6 KStG a.F.).

Beispiel 62: Verwendungsreihenfolge und Minderungsvolumen
Die A-GmbH hat zum 31.12.00 folgende Teilbeträge an verwendbarem Eigenkapital festgestellt:

- EK 45: 220,
- EK 40: 160.

Die Gesellschafterversammlung der GmbH beschließt am 06.05.01 eine oGA für 00 i.H.v. 350.

Lösung:
Gem. § 28 Abs. 3 KStG a.F. wird zunächst das EK 45 und – falls dieser Teilbetrag nicht ausreicht – das EK 40 für die Gewinnausschüttung verwendet. Bei einer Gewinnausschüttung aus dem EK 45 tritt eine KSt-Minderung i.H.v. 15 %, bei einer Gewinnausschüttung aus dem EK 40 i.H.v. 10 % des für die Gewinnausschüttung verbrauchten Gewinns ein (§ 27 Abs. 1 KStG a.F.). Bezogen auf die bereits vorbelasteten Beträge in der Gliederungsrechnung bedeutet dies, dass bei einer Verwendung des EK 45 eine Minderung i.H.v. 15/55, bei einer Verwendung des EK 40 von 10/60 eintritt (vgl. Beispiel 60). Umgekehrt können aus einem bekannten Bestand an vorbelastetem EK jeweils die dokumentierten Beträge und zusätzlich die KSt-Minderung an den Anteilseigner ausgeschüttet werden (§ 28 Abs. 6 KStG a.F.). Dies führt bei EK 45 zu einem Ausschüttungsvolumen von 70/55, bei EK 40 von 70/60 der gegliederten Beträge.
Aus dem EK 45 von 220 kann eine Gewinnausschüttung von 70/55 des Betrages, also 280 ausgeschüttet werden. Die „Restausschüttung" von 70 mindert den Teilbetrag des EK 40 um 60, da i.H.v. 10/70 der Gewinnausschüttung eine KSt-Minderung (10) eintritt.

Wichtig: Die KSt-Änderung tritt bei oGA für abgelaufene Wj. in dem Jahr ein, **für das** ausgeschüttet wird (hier: 00, vgl. § 27 Abs. 3 KStG a.F.). Die KSt-Minderung kann bereits in der Handelsbilanz bzw. StB zum 31.12.2000 berücksichtigt werden. Vorliegend tritt eine KSt-Minderung i.H.v. 70 (60 aus 45, 10 aus 40) ein. Das festgestellte Eigenkapital mindert sich nur um 280. I.H.v. 70 „bezahlt" das FA die Gewinnausschüttung.

Beispiel 63: Teure Ausschüttung
Der Sachverhalt entspricht Bsp. 62, nur hat die GmbH zum 31.12.00 folgende Zusammensetzung des vEK festgestellt:

EK 40: 120,
EK 02: 300.

Lösung:
Aus dem EK 40 ist eine Gewinnausschüttung i.H.v. 70/60 (140) zu finanzieren, i.H.v. 10/60 (20) tritt eine KSt-Minderung ein.
Aus dem EK 02 ist eine Gewinnausschüttung von 70/100 (210) zu finanzieren, i.H.v. 30/100 tritt eine KSt-Erhöhung (90) ein. Die KSt-Erhöhung ergibt sich aus der Differenz zwischen der Vorbelastung des Teilbetrages 02 und der Ausschüttungsbelastung von 30 %. Aus der Gewinnausschüttung resultiert insgesamt eine KSt-Erhöhung von 70, die gem. § 27 Abs. 3 KStG a.F. die KSt für das Jahr 00 (**Steuerfolge auf der Einkommensverwendungsebene**) erhöht.
Das vEK hat sich insgesamt um 420 gemindert; die Minderung setzt sich zusammen aus 350 Gewinn-Ausschüttung und 70 KSt-Erhöhung.

Die Beispiele belegen, dass eine **unterschiedliche Zusammensetzung des vEK** zu **unterschiedlichen Steuerfolgen** auf der **Einkommensverwendungs-Ebene** der KapG führt. Damit verbunden sind erhebliche Unterschiede in den Liquiditätsauswirkungen. Ursache der unterschiedlichen Steuerfolgen der Gewinnausschüttungen ist, dass die Gewinne der KapG im Ausschüttungsfall unabhängig von der KSt-Vorbelastung mit einer konstanten Ausschüttungsbelastung (30 %) belastet werden.

Besonderheiten treten bei der Verwendung von **EK 01 und 04 für eine oGA** auf. Auf der Ebene der KapG ist die Ausschüttungsbelastung nicht herzustellen (§ 40 Nr. 1 und 2 KStG), die Teilbeträge werden auch im Ausschüttungsfall ohne Vorbelastung an die Anteilseigner ausgekehrt.

Beispiel 64: Potpourri an Eigenkapital
Der Sachverhalt entspricht Bsp. 62, nur hat die GmbH zum 31.12.00 folgende Zusammensetzung des vEK festgestellt:

EK 40: 60,
EK 01: 120,
EK 02: 100,
EK 04: 200.

Lösung:
Gem. § 28 Abs. 3 KStG a.F. wird das Eigenkapital in absteigender Reihenfolge für die Gewinnausschüttung verwendet. Aus dem EK 40 ist eine Gewinnausschüttung von 70/60 (70), aus dem EK 01 eine Gewinnausschüttung von 100 % (keine Ausschüttungsbelastung, § 40 Nr. 1 KStG a.F.), aus dem EK 02 eine Gewinnausschüttung von 70/100 (70), aus dem EK 04 eine Gewinnausschüttung von 100 % (keine Ausschüttungsbelastung) zu finanzieren.
Die Gewinnausschüttung finanziert sich wie folgt:

- aus dem EK 40: 70 (KSt-Minderung von 10),
- aus dem EK 01: 120 (keine Auswirkungen),
- aus dem EK 02: 70 (KSt-Erhöhung von 30),
- aus dem EK 04: 90 (keine Auswirkungen).

Die Gewinnausschüttung führt im Ergebnis zu einer KSt-Erhöhung von 20, sie mindert das Eigenkapital um 370.

Wegen der **spiegelbildlichen Verknüpfung** der Behandlung einer Gewinnausschüttung auf Gesellschafts- und Gesellschafterebene werden Gewinnausschüttungen aus dem EK 01 und 04 beim Anteilseigner anders erfasst als Gewinnausschüttungen, bei denen die Ausschüttungsbelastung herzustellen ist (vgl. näher 3.2.2).

GmbH können an die Anteilseigner auch Gewinne **vorab ausschütten**, d.h. es wird während eines Wj. der erwartete Jahresüberschuss der Gesellschaft ausgeschüttet. Die Vorab-Ausschüttungen beruhen auf einem Beschluss der G´fter-Versammlung, sind demnach oGA. Sie werden für das Anrechnungsverfahren (vor allem in Hinblick auf §§ 27 Abs. 3, 28 Abs. 2 KStG a.F.) als andere Gewinnausschüttungen bezeichnet und werden dementsprechend wie vGA behandelt.

Die **Grundlagen der Behandlung von oGA** auf Gesellschaftsebene seien nochmals zusammengefasst:

- Herstellen der Ausschüttungsbelastung mit Ausnahme der Verwendung des EK 01/04,
- Minderung/Erhöhung der KSt i.H.d. Differenz zwischen Vorbelastung und Ausschüttungsbelastung (§ 27 Abs. 1 KStG a.F.),
- KSt-Minderung wird mit für die Ausschüttung verwendet, die Erhöhung muss zwingend aus dem Teilbetrag entnommen werden, aus dem die Ausschüttung finanziert wird (§ 28 Abs. 6 KStG a.F.),
- Wirkung der KSt-Änderung in dem Jahr, für das ausgeschüttet wird (§ 27 Abs. 3 KStG a.F.),
- Verrechnung der oGA für ein abgelaufenes Wj. mit dem festgestellten Eigenkapital zum Ende des Wj., welches dem Beschlussjahr vorangeht (§ 28 Abs. 2 KStG a.F.),
- Verwendung des festgestellten Eigenkapitals in absteigender Reihenfolge gem. § 28 Abs. 2 KStG a.F.,
- Gewinnausschüttungen für ein laufendes Wj. (Vorab-Gewinnausschüttung) werden im Hinblick auf die zeitliche Wirkung des Anrechnungsverfahrens (§§ 27 Abs. 3, 28 Abs. 2 KStG a.F.) als andere Gewinnausschüttungen angesehen.

Diese Grundsätze gelten auch dann, wenn der Ausschüttungsbeschluss und die tatsächlich erfolgte Gewinnausschüttung nicht innerhalb des selben Wj. liegen und das EK u.U. in der Zwischenzeit durch andere Vorgänge „angegriffen" worden ist. Entsprechende EK-Teilbeträge zur Finanzierung der Gewinnausschüttung sind zu **reservieren** (A 78 Abs. 2 KStR). Die Ausschüttungsbelastung ist erst mit dem Abfluss herzustellen, die Wirkung der KSt-Änderung tritt in dem Jahr ein, für das ausgeschüttet wird.

3.2.1.2 Ausnahmen von der Verwendungsreihenfolge (§ 28 Abs. 3 KStG)

Das vEK wird bei einer erstmaligen Verrechnung einer Gewinnausschüttung in absteigender Reihenfolge der Belastung verwendet (§ 28 Abs. 3 KStG). Aufgrund der konkreten Verwendung von Eigenkapital für Gewinnausschüttungen haben sich auf der Einkommensverwendungsebene der KapG und auf der Ebene der Anteilseigner Rechtsfolgen ergeben. Die Verwendung des konkreten Eigenkapitals ist dem Anteilseigner bescheinigt worden (§§ 44, 45 KStG a.F.). Diese **Bescheinigung** ist das Dokument, aus dem sich für den Anteilseigner hinsichtlich seines Anrechnungsguthabens unmittelbar **Steuerfolgen** ergeben. Bei einer späteren Veränderung des vEK (z.B. durch eine BP), mit dem eine Gewinnausschüttung verrechnet worden ist, kann sich als notwendig erweisen, die Verwendungsreihenfolge entgegen der Vorschrift des § 28 Abs. 3 KStG a.F. vorzunehmen, um die Steuerfolgen auf der Ebene der KapG (Ausschüttungsbelastung) mit den Steuerfolgen auf der Ebene des Anteilseigners (Anrechnungsguthabens) weiterhin spiegelbildlich verbinden zu können. Dabei ist für das Verständnis stets davon auszugehen[105], dass die KapG eine Publikums-Gesellschaft ist, bei deren (unbekannten) G'fter die Rechtsfolgen aus der Gewinnausschüttung bereits gezogen worden, d.h. entsprechende Anrechnungsguthaben berücksichtigt sind.

Beispiel 65: Veränderung des gegliederten EK
Die Y-AG beschließt am 07.05.01 für 00 eine Gewinnausschüttung i.H.v. 350. Die Gewinnausschüttung wird in 01 vorgenommen und bei der ESt der G'fter in 01 berücksichtig. Das vEK wurde zum 31.12.00 wie folgt festgestellt:

- EK 45: 220,
- EK 40: 60,
- EK 02: 260.

Aufgrund einer in 03 durchgeführten BP für die KapG wird das vEK zum 31.12.00 wie folgt abgeändert (die Ursache soll ohne Bedeutung sein):

- EK 45: 220,
- EK 01: 100,
- EK 02: 260.

Welche Folgen treten hinsichtlich der Gewinnausschüttung vor und nach BP auf der Gesellschafts- und Anteilseigner-Ebene ein, wenn die Anteilseigner natürliche Personen sind?

Lösung:

a) **Vor BP**
Kapitalgesellschaft:
Die Gewinnausschüttung konnte aus den Beträgen EK 45 und EK 40 finanziert werden. Aus dem Teilbetrag EK 45 kann eine Gewinnausschüttung von 280 (70/55 x 220), aus dem EK 40 von 70 (70/60) finanziert werden. Es tritt für 00 eine KSt-Minderung i.H.v. 70 ein.
Anteilseigner-Ebene:
Der Anteilseigner hat

- Einnahmen aus Kapitalvermögen gem. § 20 Abs. 1 Nr. 1 i.H.v. 350,
- Einnahmen aus Kapitalvermögen gem. § 20 Abs. 1 Nr. 3 (Anrechnungsguthaben) i.H.v. 150.

Die Einnahmen aus Kapitalvermögen betragen insgesamt 500.
Der AE kann auf seine ESt das KSt-Guthaben gem. § 36 Abs. 2 Nr. 3 EStG (entsprechend der Ausschüttungsbelastung von 30 % des ausge-

---

[105] Ausnahmen können sich ergeben, wenn die Gesellschaft nachweist, dass aus den Steuerbescheinigungen noch keine Folgerungen gezogen sind.

schütteten Gewinns auf der Ebene der KapG) anrechnen lassen. Die AE sind für 00 unter Berücksichtigung dieser Vorgaben veranlagt worden.

b) Nach BP
Kapitalgesellschaft:
Die Gewinnausschüttung ist mit einem veränderten Bestand an vEK zum 31.12.00 zu verrechnen, wodurch sich andere Rechtsfolgen auf der Einkommensverwendungsebene ergeben. Bei der Verwendungsreihenfolge ist **§ 28 Abs. 4 KStG a.F.** zu beachten, der sicherstellt, dass bei späterer Veränderung des vEK Konsequenzen nur auf der Ebene der KapG zu ziehen sind.
Gem. § 28 Abs. 4 KStG a.F. wird die Verwendungsreihenfolge insoweit abgeändert, als bei **vorheriger** Verwendung belasteter EK-Bestände (mit der Folge der Herstellung der Ausschüttungsbelastung) **nachher** die Gewinnausschüttung stets mit dem EK 02 verrechnet werden muss, soweit die belasteten Teilbeträge nicht mehr zur Finanzierung ausreichen. Dies bedeutet, dass die Gewinnausschüttung – soweit sie vorher aus belastetem Eigenkapital finanziert worden ist – stets mit EK 02 verrechnet werden muss, unabhängig davon, ob andere Teilbeträge an vEK vorhanden sind.
Im Beispiel wird die Gewinnausschüttung zunächst mit dem EK 45 verrechnet (Gewinnausschüttung von 280, KSt-Minderung von 60). Die Restausschüttung wird aus dem EK 02 finanziert, wobei das vorhandene EK 01 übersprungen wird. Die Gewinnausschüttung führt insoweit zu einer KSt-Erhöhung von 30, insgesamt verbleibt eine KSt-Minderung von 30. Es erhöht sich die KSt-Belastung in 00 um 40.

Anteilseigner:
Beim Anteilseigner ergeben sich keine Änderungen. Er hat nach wie vor
Einnahmen aus Kapitalvermögen gem. § 20 Abs. 1 Nr. 1 i.H.v. 350
Einnahmen aus Kapitalvermögen gem. § 20 Abs. 1 Nr. 3 i.H.v. 150
Einnahmen aus Kapitalvermögen i.H.v. 500

Beim Anteilseigner ergeben sich dementsprechend auch hinsichtlich des Anrechnungsguthabens keine Änderungen. Die Veranlagung braucht insoweit nicht geändert zu werden, da eine Gewinnausschüttung aus dem EK 02 nur bei der KapG zu Änderungen führt, während beim Anteilseigner das Anrechnungsguthaben entsprechend der hergestellten Ausschüttungsbelastung konstant bleibt[106].

Erst die Abänderung der Verwendungsreihenfolge ermöglichte es, die Anteilseigner-Besteuerung unangetastet zu lassen. Dies wurde mit einer höheren Steuerbelastung bei der KapG „erkauft".

Eine ähnliche Bedeutung haben die sog. **Verwendungsfestschreibungen** der §§ 28 Abs. 5 und Abs. 7 KStG a.F. Bei diesen Ausnahmen ist die Ausgangssituation mit der des § 28 Abs. 4 KStG a.F. identisch. Eine Ausschüttung konnte vorher aus einem bestimmten Teilbetrag finanziert werden, der nach einer Veränderung (i.d.R. durch BP) für diese Gewinnausschüttung nicht mehr ausreicht. Die Rechtsfolge unterscheidet sich insofern, als

---
[106] Anders wäre es bei einer Gewinnausschüttung aus dem EK 01: bei der KapG wäre keine Ausschüttungsbelastung herzustellen gewesen, eine Änderung der ESt-Veranlagung beim Anteilseigner ist wegen der Anonymität der Gesellschafter einer Publikums-Gesellschaft nicht möglich.

bei § 28 Abs. 5 und 7 KStG a.F. eine Festschreibung der ursprünglichen Verwendung vorgesehen wird. Die Notwendigkeit der Festschreibung ergibt sich aus der besonderen Behandlung der Gewinnausschüttungen aus dem EK 01 und EK 03 bei dem Anteilseigner. Bei Ausschüttungen aus dem EK 01 hat der Anteilseigner als natürliche Person kein Anrechnungsguthaben (KapG als Anteilseigner konnten diese Gewinnausschüttung insoweit steuerfrei vereinnahmen, vgl. § 8b Abs. 1 KStG a.F.), bei Gewinnausschüttungen aus dem EK 03 konnte sich bestimmte Anteilseigner den KSt-Erhöhungsbetrag erstatten lassen (vgl. § 36e EStG a.F., § 52 KStG a.F.). Diese Besonderheiten sollten durch Veränderungen auf der Ebene der KapG nicht berührt werden[107].

3.2.1.3 Verfahrensrechtliche Verklammerungen im Anrechnungsverfahren

Der materiellrechtlichen Verbindung der steuerlichen Erfassung der Gewinnausschüttung auf Gesellschafts- und Anteilseigner-Ebene entspricht eine verfahrensrechtliche Verklammerung. Zunächst werden die einzelnen Teilbeträge gesondert festgestellt (§ 47 Abs. 1 S. 1 Nr. 1 KStG a.F.). Dieser Feststellungsbescheid hat **Grundlagenfunktion** für den KSt-Bescheid, der durch KSt-Änderungen aufgrund von Gewinnausschüttungen beeinflusst ist (§ 47 Abs. 1 S. 3 KStG a.F.).

Die eigentliche Verklammerung zwischen KapG und Anteilseigner wird vor allem durch die von der KapG zu erteilende Bescheinigung gem. §§ 44, 45 KStG a.F. hergestellt. In dieser Bescheinigung ist die Verwendung der einzelnen Teilbeträge für die Gewinnausschüttungen enthalten. Diese Bescheinigung drückt das Anrechnungsguthaben beim Anteilseigner aus, ohne die Vorlage dieser Bescheinigung bei seiner ESt-Veranlagung kann der Anteilseigner das Anrechnungsguthaben nicht realisieren (vgl. BFH vom 26.09.1991, BStBl II 1992, 924). Der Zweck der Ausnahmen von der Verwendungsreihenfolge war, eine Änderung der bereits an die Anteilseigner ausgeteilten Bescheinigung bei einer Änderung des vEK auf der Ebene der KapG unnötig werden zu lassen. In den Fällen des § 28 Abs. 4 KStG a.F. war die Bescheinigung durch die spätere Verwendung von EK 02 statt belasteten EK unrichtig geworden, diese Unrichtigkeit hatte auf die Höhe des Anrechnungsguthabens jedoch keinen Einfluss. Eine Änderung der Bescheinigung konnte ohne steuerliche Auswirkung unterbleiben.

3.2.2 Auf Ebene der Anteilseigner

Die Erfassung der oGA auf der Ebene der Anteilseigner erfolgt spiegelbildlich zu den Steuerfolgen der Einkommensverwendung auf der Ebene der KapG. Die verfahrensrechtliche Verklammerung beider Ebenen wird durch die Steuerbescheinigung sichergestellt. Besonderheiten auf der Ebene der KapG (Verwendung von EK 01/04) finden ihre Entsprechung auf der Ebene der Anteilseigner. Nun werden die Folgen der vorhergehenden Beispiele auf der Ebene der Anteilseigner nachgezeichnet. Es sollen deshalb – wie auch auf der Ebene der KapG – nur die Grundlagen erörtert werden.

---

[107] Vgl. im Einzelnen A 78 Absätze 5, 6 und 8 KStG.

3 Steuerliche Folgen der offenen Gewinnausschüttungen

Beispiel 66 (vgl. Bsp. 62):
Die X-GmbH beschließt am 06.05.01, für 00 eine oGA i.H.v. 350. Die Gewinnausschüttung wird in 01 durchgeführt, die X-GmbH hat zum 31.12.00 folgende Teilbeträge festgestellt:

- EK 45: 220,
- EK 40: 160.

Lösung:
Der Anteilseigner hat eine Gewinnausschüttung für 01 (§ 11 Abs. 1 EStG) i.H.v. 350 zuzüglich eines Anrechnungsguthabens von 150 erhalten (§ 20 Abs. 1 Nr. 1 und Nr. 3 EStG a.F.). Aufwendungen, die mit den Einnahmen im wirtschaftlichen Zusammenhang stehen, kann der Anteilseigner als WK abziehen (§ 9 Abs. 1 S. 1 EStG). Die Einnahmen des Anteilseigners und das Anrechnungsguthaben sind dem Anteilseigner zu bescheinigen.

Für die Besteuerung auf der Ebene des AE kommt es zunächst (wenn auf der Ebene der KapG die Ausschüttungsbelastung herzustellen ist) nicht darauf an, ob belastetes oder unbelastetes EK für die Gewinnausschüttung verwendet wird. Die Zusammensetzung des vEK hat Auswirkungen auf die Steuerfolgen und den Liquiditätsabfluss auf der Ebene der KapG, nicht jedoch unbedingt Einfluss auf die Besteuerung des Anteilseigners.

Beispiel 67 (vgl. Bsp. 63):
Der Sachverhalt entspricht Beispiel 66, die X-GmbH hat jedoch zum 31.12.00 folgende Teilbeträge festgestellt:

- EK 40: 120,
- EK 02: 300.

Lösung:
Der Anteilseigner hat wiederum – hier unabhängig von den für die Gewinnausschüttung verwendeten Teilbeträge des EK der KapG – Einnahmen aus Kapitalvermögen gem. § 20 Abs. 1 Nr. 1 EStG i.H.v. 350 und gem. § 20 Abs. 1 Nr. 3 EStG i.H.v. 150 erzielt. Das KSt-Guthaben kann er gem. § 36 Abs. 2 Nr. 3 EStG a.F. auf seine individuelle ESt anrechnen.

Aus diesen Beispielen lässt sich – bezogen auf die Anteilseigner-Seite – die Zielsetzung der **Ausnahmen der Verwendungsfiktion** des § 28 Abs. 3 KStG a.F. nochmals erklären:
Die Besteuerung auf der Ebene des Anteilseigners ist unabhängig von der Verwendung des Eigenkapitals auf der Ebene der KapG, wenn für die Gewinnausschüttung ein „Normaltopf" (EK 45, 40, 30, 02) verwendet worden ist. Daher ist sicherzustellen, dass bei Änderungen der Zusammensetzung des vEK die Gewinnausschüttung auf der Ebene der KapG

- entweder auch später aus einem „Normaltopf" finanziert werden kann (§ 28 Abs. 4 KStG a.F.) oder
- die Finanzierung aus einem „Sondertopf" (vor allem EK 01 und 03, § 28 Abs. 5 und Abs. 7 KStG a.F.) festgeschrieben wird.

Die Besonderheiten der Gewinnausschüttungen auf der Ebene des Anteilseigners, soweit sie nicht aus einem „Normaltopf" finanziert worden sind, zeigen folgende Beispiele:

Beispiel 68 (vgl. Bsp 64):
An der X-GmbH sind ausschließlich natürliche Personen (maßgeblich beteiligte Anteilseigner) beteiligt. Die X-GmbH beschließt in 01, eine Gewinnausschüttung für 00 i.H.v. 350 durchzuführen. Die Gewinnausschüttung fließt in 01 an die Anteilseigner ab. Die X-GmbH hat zum 31.12.00 folgende Teilbeträge festgestellt:

- EK 40: 60,
- EK 01: 120,
- EK 02: 100,
- EK 04: 200.

Lösung:
Die Gewinnausschüttung führt beim Anteilseigner nur insoweit zu Einnahmen aus Kapitalvermögen, als sie nicht aus dem EK 04 finanziert wird (vgl. § 20 Abs. 1 Nr. 1 S. 3 EStG a.F.). Dies erklärt sich daraus, dass die in das EK 04 eingestellten Teilbeträge steuerlich kein Einkommen der KapG, sondern Einlagen der Anteilseigner darstellten. Soweit diese Beträge ausgekehrt werden, werden keine vormaligen Gewinne ausgeschüttet, sondern „Einlagen zurückgewährt". Die Auszahlung von Teilbeträgen des EK 04 wird daher als „veräußerungsähnlicher Vorgang i.S.d. § 17 Abs. 4 EStG" angesehen, der mit den AK des Anteilseigners verrechnet wird. Übersteigen die Auszahlungen aus dem EK 04 die individuellen AK eines maßgeblich beteiligten Anteilseigners, ist dieser Vorgang nach § 17 EStG zu beurteilen.
Die Gewinnausschüttung kann aus den Teilbeträgen in folgender Höhe finanziert werden (vgl. Lösung 64):

- EK 40: 70,
- EK 01: 120,
- EK 02: 70,
- EK 04: 90.

Diese Verwendung wird den Anteilseignern bescheinigt. Anrechnungsguthaben kann dem Anteilseigner nur insoweit bescheinigt werden, als auf der Ebene der KapG die Ausschüttungsbelastung herzustellen ist; dies ist bei Ausschüttungen aus dem EK 01/04 nicht der Fall.
Der Anteilseigner hat folgende Einnahmen aus Kapitalvermögen:

- § 20 Abs. 1 Nr. 1 EStG: 260,
- § 20 Abs. 1 Nr. 3 EStG: 60.

Die Einnahmen betragen insgesamt: 320.
Diesen Einnahmen steht ein KSt-Guthaben von 60 gegenüber, welches er bei seiner individuellen ESt-Erklärung anrechnen lassen kann. I.H.v. 90 (Verwendung des EK 04) liegt ein veräußerungsähnlicher Vorgang vor, der nach § 17 Abs. 4 EStG zu beurteilen ist.

Beispiel 69: Ausschüttung von EK-Mix an KapG
Der Sachverhalt entspricht Bsp. 68, nur sind an der X-GmbH ausschließlich KapG als Anteilseigner beteiligt.

Lösung:
Die Finanzierung der Gewinnausschüttung auf der Ebene der X-GmbH erfolgt in gleicher Weise wie bei Bsp. 68. Soweit die Gewinnausschüttung aus EK 04 finanziert wird, mindert sich bei der AE-GmbH der Beteiligungsbuchwert. Übersteigen die Auszahlungen aus dem EK 04 den Beteiligungs-Buchwert, führt dies bei der AE-KapG zu einem laufenden Beteiligungs-Ertrag (nicht wie bei der natürlichen Person zu einem veräußerungsähnlichen Vorgang). Soweit die Gewinnausschüttung aus dem EK 01 entnommen wird, bleiben die Bezüge gem. § 8b Abs. 1 KStG a.F. bei der Ermittlung des Einkommens außer Ansatz; sie sind außerhalb der Bilanz abzuziehen. Diese Beträge sind bei der AE-GmbH wiederum in das EK 01 einzustellen (vgl. § 30 Abs. 2 Nr. 1 KStG a.F.), sie werden erst dann steuerlich nachbelastet, wenn sie an eine natürliche Person ausgeschüttet werden.

Die AE-GmbH hat im Ergebnis steuerpflichtige Erträge i.H.d. Gewinnausschüttung, die aus dem EK 40 und 02 finanziert werden, wenn davon ausgegangen wird, dass der Beteiligungs-Buchwert die Auszahlungen aus dem EK 04 übersteigt. Folgende Rechtsfolgen treten bei der AE-GmbH ein:

- Steuerpflichtige Beteiligungs-Erträge gem. §§ 20 Abs. 1 **Nr. 1**, 15 EStG, § 8 Abs. 1 KStG: **140.**
- Steuerpflichtige Beteiligungs-Erträge gem. §§ 20 Abs. 1 **Nr. 3**, § 8 KStG: **60.**
- Diese Summe ist (nach Abzug der KSt gem. § 31 Abs. 1 Nr. 2 KStG a.F.) in das EK 40 einzustellen.
- Steuerfreies Einkommen i.H.v. 120; dieser Betrag ist dem EK 01 zuzuführen (§ 30 Abs. 2 Nr. 1 KStG a.F.).
- Minderung des Beteiligungs-Buchwertes i.H.d. Gewinnausschüttung aus dem EK 04 (90).

Es konnte gezeigt werden, dass das KSt-System ein geschlossenes System darstellte, was nur durch eine Verbindung der Besteuerung der Gesellschafts- mit der G´fter-Ebene erreicht werden konnte. Verfahrensrechtlich stellte diese materielle Verbindung die Steuerbescheinigung sicher.

3.3 Steuerliche Behandlung der offenen Gewinnausschüttung nach dem StSenkG

3.3.1 Auf Gesellschaftsebene

Das Ziel des neuen Körperschaftsteuer-Systems ist der Wegfall der Besteuerungsfolgen auf der Einkommensverwendungsebene. Die Gliederung des vEK fällt mit Ablauf des Übergangszeitraumes (ÜZ) ersatzlos fort, bei Gewinnausschüttungen muss die Vorbelastung der Einkommensbestandteile nicht mehr beachtet werden[108]. Lediglich die Beträge, die aus Einlagen der G´fter stammen (EK 04), werden in das neue System unterschiedslos übernommen (§§ 39 Abs. 1, 27 KStG n.F.). Der Schlussbestand des EK 04 wird der Anfangsbestand des sog. **steuerlichen Einlagekontos** (§ 27 KStG). Die Weiterführung dieses Teilbetrages ist systematisch begründet, da diese Teilbeträge steuerlich nicht aus Gewinnen der KapG, sondern nur aus Einlagen der Gesellschafter stammen, bei deren „Rückzahlung" Besonderheiten zu beachten sind. Wegen dieser Besonderheiten auf AE-Ebene ist den AE die Verwendung von Beträgen des steuerlichen Einlagekontos zu bescheinigen (§ 27 Abs. 3 KStG). Für die bescheinigte Verwendung des steuerlichen Einlagekontos bestimmt § 27 Abs. 1 S. 5 KStG eine **Verwendungsfestschreibung** mit der Folge, dass an der bescheinigten Verwendung auch eine spätere Veränderung der Zusammensetzung des vEK nichts ändert.

Das steuerliche Einlagekonto wird erst nach den steuerlichen Gewinn-Rücklagen für eine Gewinnausschüttung verwendet[109]. Dies ergibt sich aus der sog. **Differenzrechnung** des § 27 Abs. 1 S. 3 und 4 KStG, wonach das steuerliche Einlagenkonto durch Gewinnausschüttungen nur gemindert wird, soweit die Leistungen den sog. **ausschüttbaren Gewinn (aG)** i.S.d. § 27 Abs. 1 S. 4 KStG mindern. Dabei ist der ausschüttbare Gewinn definiert als das um das gezeichnete Kapital geminderte EK der StB abzüglich des Bestandes des steuerlichen Einlagekontos. Ausgangsgröße für diese Differenzrechnung ist also eine Größe aus der **StB** (für Gewinnausschüttungen verwendbares Eigenkapital, vEK), welches um das steuerliche Sonderkonto „steuerliches Einlagekonto" gemindert wird.

Beispiel 70: Neue Verwendungsreihenfolge
Die A-GmbH weist in der StB zum 31.12.01 ein Eigenkapital (mit Ausnahme des Nennkapitals) von 300 und ein steuerliches Einlagekonto von 120 aus. Die A-GmbH nimmt in 02 eine Gewinnausschüttung i.H.v. 240 vor.

Lösung:
Das steuerliche Einlagekonto gilt als verwendet, soweit die Leistungen den ausschüttbaren Gewinn (§ 27 Abs. 1 S. 3 KStG), übersteigen. Es ist folgende Differenzrechnung aufzustellen:

Leistungen – aG > 0
oder:
Leistungen – (verwendbares EK lt. StB – steuerliches Einlagekonto) > 0

Die für die Differenzrechnung maßgeblichen Größen sind:

- **Leistungen**: 240,
- vEK lt. StB: 300,
- steuerliches Einlagekonto: 120,
- **aG**: 180,
- Differenz: 60.

Die Leistungen übersteigen den aG um 60; insoweit mindern die Leistungen das steuerliche Einlagekonto. Die A-GmbH hat das steuerliche Einlagekonto zum 31.12.02 (ohne Berücksichtigung anderer Umstände) mit 60 festzustellen.

---

[108] Im ÜZ werden „Restanten der EK-Gliederung" fortgeführt.
[109] Insoweit stimmt die alte und die neue Verwendungsreihenfolge überein.

Hinweis: Wenn der KapG in 02 allerdings Beträge zugeführt werden, die auf dem steuerlichen Einlagekonto zu verbuchen sind, sind diese Beträge bei der Feststellung zum 31.12.02 zu berücksichtigen (§ 27 Abs. 2 KStG).

Die **Verwendungsfestschreibung** des § 27 Abs. 1 S. 5 KStG knüpft an die Regelung in § 28 Abs. 5 KStG a.F. an. Damit stellt sich auch die Frage, ob die Festschreibung sowohl nach oben als auch nach unten begrenzend wirkt, d.h. bei späterer Verwendung der maßgeblichen Größen für die Verwendung des steuerlichen Einlagekontos (insb. aG) durch eine BP weder ein höherer noch ein geringerer Zugriff auf das Einlagekonto möglich ist. Aus Praktikabilitätsgründen und aus Gründen der Rechtssicherheit **ist eine beidseitige Festschreibung** sinnvoll. Dies bedeutet, dass die Verwendung festgeschrieben wird unabhängig davon, ob die GA nach Änderung des EK zu einem größeren oder kleineren Teil aus dem Einlagekonto finanziert werden kann[110]. Eine Festschreibung kommt jedoch nur dann in Frage, wenn bei der erstmaligen Verrechnung der Gewinnausschüttung eine Verwendungsbescheinigung ausgestellt worden ist. Soweit bei der erstmaligen Verrechnung mangels Zugriff auf das Einlagekonto keine Verwendungs-Bescheinigung dem AE ausgestellt worden ist, kann eine Festschreibung nicht erfolgen; hier liegt – anders als in Zeiten des Anrechnungsverfahrens, wo stets eine Verwendungs-Bescheinigung erteilt worden ist – keine sog. „Null-Bescheinigung" vor, die Steuerfolgen auslösen kann[111].

Man kann somit feststellen, dass nur noch in Bezug auf Ausschüttungen aus dem steuerlichen Einlagekonto nach Ablauf des ÜZ Besonderheiten zu beachten sind, die an die Gliederung des vEK und dessen Verwendung für Gewinnausschüttungen erinnern. Ansonsten lösen oGA auf der Gesellschaftsebene keine Steuerfolgen aus, wenn von der Einbehaltungspflicht der Kapitalertragsteuer abgesehen wird. Die Besteuerung auf der Ebene der AE ist nicht mehr abhängig von der Verwendung bestimmter Teilbeträge des Eigenkapitals.

3.3.2 Auf Ebene des Anteilseigners

Im neuen Steuersystem ist das KSt-Recht insoweit ein **geschlossenes System**, als die Definitiv-KSt-Belastung der KapG mit dem Halbeinkünfteverfahren auf der AE-Seite unmittelbar zusammenhängt. Um Mehrfachbelastungen in KapG-Konzernen zu vermeiden, lösen **Gewinnausschüttungen zwischen KapG** nach Ablauf des ÜZ keine Steuerfolgen mehr aus, die Beteiligungs-Erträge bleiben bei der Ermittlung des Einkommens außer Betracht (§ 8b Abs. 1 KStG), eine Nachbesteuerung i.S.d. § 37 Abs. 3 KStG kommt nach Ablauf des ÜZ mit Auflösung eines evtl. noch vorhandenen KSt-Guthabens (§ 37 Abs. 2 S. 3 KStG) ebenfalls nicht mehr in Betracht. Mit der Erfassung der Einnahmen auf AE-Seite nach dem Halbeinkünfteverfahren (natürliche Person, § 3 Nr. 40d EStG) oder als steuerfreie Einnahmen (bei KapG als AE, § 8b Abs. 1 KStG) ist nach Ansicht des Gesetzgebers auch eine **WK- bzw. BA-Abzugsbeschränkung** verbunden (§ 3c Abs. 1 und Abs. 2 EStG). Bei natürlichen Personen können Ausgaben, die mit Einnahmen aus einer Beteiligung an KapG in wirtschaftlichem Zusammenhang stehen, nur noch zur Hälfte abgezogen werden; bei KapG entfällt ein Abzug insoweit vollständig.

---

[110] *Dötsch* in *Dötsch/Eversberg/Jost/Witt*, KStG und EStG, § 28 KStG a.F., Anm. 70.
[111] A.A. *Frotscher* in *Frotscher/Maas*, KStG, § 27 Anm. 27.

Erstaunlich ist, dass der Gesetzgeber – systematisch nicht erklärbar – bei der Ausgabenabzugsbeschränkung die Definitivbelastung auf der Ebene der ausschüttenden KapG außer Betracht lässt. Dies verstößt gegen das sog. **Netto-Prinzip** der Einkommensbesteuerung. Ebenso fragwürdig ist die unterschiedliche Behandlung der Ausgaben in § 3c Abs. 1 und Abs. 2 EStG in Bezug auf die Möglichkeit, durch Verlagerung der Einnahmen in „ausgabenfreie Veranlagungszeiträume" den Ausgabenabzug zu erhalten (sog. **Ballooning-Konzepte**)[112].

Besonderheiten bestehen – wie im Anrechnungsverfahren – bei Ausschüttungen, die aus dem steuerlichen Einlagekonto finanziert worden sind. Bei natürlichen Personen als AE stellt sich diese Auszahlung als „veräußerungsähnlicher Vorgang" i.S.d. § 17 Abs. 4 EStG dar. Soweit die Auszahlungen die AK des AE übersteigen (und der AE maßgeblich i.S.d. § 17 Abs. 1 EStG beteiligt ist), ist dieser „Veräußerungsgewinn" gem. §§ 17 Abs. 1 und Abs. 4, 3 Nr. 40c EStG ebenfalls nach dem Halbeinkünfteverfahren zu erfassen. Bei KapG als AE mindern die Auszahlungen aus dem steuerlichen Einlagekonto zunächst den Beteiligungsbuchwert; übersteigen die Auszahlungen diesen Buchwert, sind sie als Beteiligungsertrag i.S.d. § 8b Abs. 1 KStG anzusehen, der bei der Ermittlung des Einkommens außer Betracht bleibt.

Die KapG hat – wie auch im alten System – bei der Gewinnausschüttung Kapitalertragsteuer einzubehalten. Die Vorschriften über die Kapitalertragsteuer haben sich inhaltlich nicht wesentlich verändert, sind gegenüber dem früheren Rechtszustand jedoch redaktionell angepasst worden. Der Kapitalertragsteuersatz ist von 25 % auf 20 % des Kapitalertrags bzw. auf 25 % des ausgezahlten Betrags, falls die auszahlende GmbH die Kapitalertragsteuer übernimmt, gesenkt worden (vgl. § 43a Abs. 1 Nr. 1 EStG). Die (anrechenbare) Vorbelastung hat im alten Recht 47,5 % der steuerpflichtigen Einnahmen betragen (30 % KSt + 17,5 % Kapitalertragsteuer); im neuen Recht ist die Vorbelastung – entsprechend dem gesunkenen ESt-Tarif – auf 40 % gesenkt worden (25 % KSt + 15 % Kapitalertragsteuer), wovon jedoch nur noch die Kapitalertragsteuer anrechenbar ist.

3.4 Steuerliche Behandlung der offenen Gewinnausschüttung im Übergangszeitraum

3.4.1 Überblick

Im Folgenden werden die Auswirkungen von oGA in dem Übergangszeitraum in den Grundzügen dargestellt. Detailprobleme werden in den Beispielen mit ausführlichen Lösungsvorschlägen erörtert. Der Übergangszeitraum weist Besonderheiten vor allem auf der Ebene der ausschüttenden KapG auf, da Gewinnausschüttungen auf der Einkommensverwendungsebene durch die Übernahme von „Restanten der Eigenkapital-Gliederung" (KSt-Guthaben und positiver Teilbetrag des EK 02) Steuerfolgen auslösen können. Bei der Körperschaft als AE können im Übergangszeitraum insoweit Steuerfolgen eintreten (**Nachbelastung**), als bei der oGA auf der Ebene der ausschüttenden Körperschaft das KSt-Guthaben mobilisiert worden ist (§ 37 Abs. 3 KStG).

Die Systematik der Fortführung der „Restanten der Eigenkapital-Gliederung" während des ÜZ birgt insofern Schwierigkeiten, als die bekannte Systematik des Anrechnungsverfahrens (z.B. § 28 Abs. 3 und 2 KStG) auch insoweit nicht mitübernommen

---

[112] *Utescher/Blaufus*, DStR 2000, 1581.

worden ist, als es um die scheinbare Fortführung der Eigenkapital-Gliederung (vor allem KSt-Guthaben, EK 02) geht.

Auf folgende **Ungereimtheiten** der Behandlung von GA während des ÜZ sei vorab hingewiesen:

- Das zum 31.12.2001 festgestellte **KSt-Guthaben** kann nur für oGA mobilisiert werden (§ 37 Abs. 2 KStG).
- Die für die Steuerfolgen maßgebenden Größen wie KSt-Guthaben, Teilbetrag des EK 02 und das sog. neutrale Vermögen sind **nicht hinreichend mathematisch verbunden**, vor allem das KSt-Guthaben repräsentiert keinen eigenen Einkommensbestandteil. Eine Verwendungsreihenfolge existiert nur zwischen den „EK-Töpfen":
  – neutrales Vermögen,
  – Teilbetrag des EK 02,
  – steuerliches Einlagenkonto.
- Die körperschaftsteuerlichen Folgen beziehen sich nur auf die ausschüttende KapG. KSt-Minderungen werden – anders als im alten Recht (vgl. § 28 Abs. 6 KStG a.F.) – nicht für die Gewinnausschüttungen mitverwendet.
- Die Feststellungsbescheide der §§ 27, 37, 38 KStG lösen zwar Steuerfolgen bei der Gewinnausschüttung aus und haben somit unmittelbar Auswirkungen auf den KSt-Bescheid des Veranlagungszeitraumes, in dem die Ausschüttung erfolgt. Eine verfahrensrechtliche Verknüpfung – wie in § 47 Abs. 1 S. 3 KStG a.F. – der Feststellungsbescheide mit dem KSt-Bescheid (als Grundlagenbescheid) fehlt. Es wird vorgeschlagen, diese „vergessene" Verklammerung trotzdem vorzunehmen[113].
- Wenn im ÜZ „Restanten der EK-Gliederung" aufgebraucht sind, sollten verfahrensrechtlich bis zum Ablauf des ÜZ „Nullbestände" festgestellt werden. Dies ist vor allem im Rahmen von Umstrukturierungen hilfreich (vgl. § 40 KStG).

3.4.2 Auswirkungen auf Gesellschaftsebene

Ausgangspunkt für die Auswirkungen von oGA im ÜZ ist die Schlussfeststellung der Teilbeträge gem. § 36 Abs. 7 KStG und die sich hieran mit zeitlicher Verzögerung anschließende Feststellung des KSt-Guthabens gem. § 37 Abs. 1 KStG. Aus den festgestellten Schlussbeständen gem. § 36 Abs. 7 KStG wird der Teilbetrag des EK 40 verzögert in ein KSt-Guthaben umgerechnet und der positive Teilbetrag des EK 02 gem. § 38 Abs. 1 KStG übernommen; der Bestand an EK 04 wird zum steuerlichen Einlagekonto und hat über den ÜZ hinaus auch im neuen System Bedeutung (vgl. §§ 39 Abs. 1, 27 KStG).

Die anderen Schlussbestände (EK 30, zusammengefasster Teilbetrag des EK 01/03 und auch negative Beträge des EK 40 und 02) werden künftig nicht mehr gesondert festgestellt und können zusammen mit den „neuen Einkommensbestandteilen" als **neutrales Vermögen** bezeichnet werden[114]. Zum **31.12.2000** haben zwar gedanklich vier verschiedene zur Finanzierung von oGA heranzuziehende Einkommensbestandteile zur Verfügung gestanden, nämlich

---

[113] *Frotscher* in *Frotscher/Maas*, KStG, § 38 Anm. 11.
[114] Das neutrale Vermögen wird nicht gesondert festgestellt. Aus Gründen der Rechtssicherheit hätte man dies vorsehen sollen.

1. positiver Teilbetrag des EK 40,
2. positiver Teilbetrag des EK 02,
3. Teilbetrag des EK 04 (bzw. steuerliches Einlagekonto),
4. das sog. **neutrale Vermögen**.

Anders als im alten System werden die Steuerfolgen der oGA nicht durch eine exakte Verwendungsreihenfolge der unterschiedlichen Teilbeträge des EK, sondern durch eine **komplizierte Differenzrechnung** der §§ 27 Abs. 1 S. 3, 38 Abs. 1 S. 4 KStG zuzüglich der Sonderregelung des § 37 Abs. 2 KStG für oGA festgelegt. Nach diesen Differenzrechnungen gilt folgende Reihenfolge:

- Neutrales Vermögen,
- Teilbetrag des EK 02,
- steuerliches Einlagekonto.

Es sei nochmals darauf hingewiesen, dass die Rechtsfolgen der oGA gem. § 37 Abs. 2 KStG unabhängig vom tatsächlichen Bestehen entsprechender hochbelasteter Rücklagen eintreten, sondern lediglich vom formalen Bestehen eines entsprechenden KSt-Guthabens abhängen. Dies zeigt sich insb. in den Fällen, in denen durch „**neue Verluste**" die Rücklagen in der StB weitgehend aufgebraucht sind, aber evtl. noch ein hohes KSt-Guthaben zur Verfügung steht. Aus dieser fehlenden Abstimmung resultiert auch die im früheren Recht – wegen der Trennung der verwendbaren Teilbeträge – undenkbare Rechtsfolge, dass eine oGA zwar KSt-Guthaben realisiert, bezüglich des gleichen Betrages eine KSt-Erhöhung auf der Ebene der KapG wegen der Verwendung des Teilbetrages des EK 02 eintritt[115].

> **Beispiel 71: Verblüffende Folgen der oGA**
> Die A-GmbH trifft zum 31.12.02 folgende Feststellungen:
>
> - KSt-Guthaben: 20,
> - EK 02: 200,
> - Steuerliches Einlagekonto: 200.
>
> Aufgrund von Verlusten nach der Umstellung des KSt-Systems betragen die in der StB zum 31.12.02 ausgewiesenen Gewinnrücklagen 300. Die A-GmbH schüttet in 03 60 an die AE aus.
>
> **Lösung:**
> Die GA mobilisiert KSt-Guthaben i.H.v. 10 (§ 37 Abs. 2 KStG). Diese Rechtsfolge tritt unabhängig von der sich jetzt anschließenden Differenzrechnung ein. Gem. § 38 Abs. 1 S. 4 KStG lautet die **erste Differenzrechnung** wie folgt:
>
> - Leistungen: 60,
> - aG: 200,
> - EK 02: 200,
> - Differenz: 0.

---

[115] *Semmler*, DStR 2001, 1337.

Die Leistungen werden gem. § 38 Abs. 1 S. 4 KStG unmittelbar aus dem EK 02 finanziert, es tritt eine entsprechende KSt-Erhöhung i.H.v. 3/7 x 60 ein.

Ausgangspunkt für die erste Differenzrechnung gem. § 38 Abs. 1 S. 4 KStG ist die Feststellung des ausschüttbaren Gewinns. Unter dem ausschüttbaren Gewinn versteht man gem. § 27 Abs. 1 S. 4 KStG die Differenz zwischen dem für Gewinnausschüttungen verwendbaren Eigenkapital in der StB (Gesamt-EK ./. Nennkapital) und dem steuerlichen Einlagekonto. Der ausschüttbare Gewinn stellt eine Verbindung zwischen den gesondert festgestellten Teilbeträgen zu dem Eigenkapital in der StB her. Soweit die Leistungen die Differenz aus ausschüttbarem Gewinn und festgestelltem Bestand an EK 02 übersteigen, gilt der Teilbetrag des EK 02 als verwendet, so dass auf der Ebene der KapG eine KSt-Erhöhung eintritt (§ 38 Abs. 2 KStG).

Für die Differenzrechnung des § 38 Abs. 1 S. 4 KStG lässt sich folgende Gleichung aufstellen:

Leistungen ./. (aG ./. EK 02) > 0

Der aG stellt sich seinerseits als Differenz zwischen dem für Ausschüttungen verwendbaren EK lt. StB und dem steuerlichen Einlagekonto dar. **Folgende Einzelgrößen sind für diese Differenzrechnung von Bedeutung**:

- Leistungen,
- vEK lt. StB, ⎫
- Steuerliches Einlagekonto, ⎬ Differenz entspricht dem aG
- (ausschüttbarer Gewinn), ⎭
- Bestand an EK 02.

Beispiel 72: oGA mit KSt-Erhöhung
Die A-GmbH trifft zum 31.12.01 folgende Feststellungen:

- EK 02: 180,
- steuerliches Einlagekonto: 300.

In der StB zum 31.12.01 ist ein für Ausschüttungen verwendbares EK von 600 ausgewiesen. Die A-GmbH nimmt in 02 eine oGA i.H.v. 190 vor. Welche Rechtsfolgen ergeben sich in 02 auf der Einkommensverwendungsebene?

Lösung:
Für die Berechnung der Steuerfolgen ist von den Differenzrechnungen i.S. von §§ 38 Abs. 1 S. 4, 27 Abs. 1 S. 3 KStG auszugehen. Die Differenzrechnung des § 38 Abs. 1 S. 4 KStG lautet wie folgt:

- Leistungen – (aG – EK 02) > 0,
- Leistungen: 190,
- VEK lt. StB: 600,
- steuerliches Einlagekonto: 300,
- ausschüttbarer Gewinn: 300,
- Bestand an EK 02: 180,
- Differenz: 70.

Der Teilbetrag des EK 02 wird i.H.v. 70 für die oGA verwendet, daraus resultiert eine KSt-Erhöhung gem. § 38 Abs. 2 KStG i.H.v. 30. Der Bestand an EK 02 mindert sich um 100. Die Gewinnausschüttung ist i.H.v. 120 aus dem sog. neutralen Vermögen i.H.v. 70 aus dem EK 02 finanziert worden. Da der Teilbetrag des EK 02 nicht verbraucht ist, kommt eine Verwendung des steuerlichen Einlagekontos nicht in Betracht.

Anwendungsprobleme können auftreten, wenn

- der ausschüttbare Gewinn bereits negativ oder
- der ausschüttbare Gewinn geringer als der Teilbetrag des EK 02 ist, so dass die Differenz negativ ist.

Eine **Verminderung des ausschüttbaren Gewinns** tritt immer dann ein, wenn sich das Eigenkapital in der StB nach dem Systemwechsel verringert hat, das festgestellte steuerliche Einlagekonto aber konstant geblieben ist. Dies kann in erster Linie durch Verluste nach dem Systemwechsel eintreten. Wenn bereits der ausschüttbare Gewinn negativ ist, kann nach dem Wortlaut der Differenzrechnung des § 38 Abs. 1 S. 4 KStG der Teilbetrag des EK 02 i.d.R. nicht angegriffen werden, da die Leistungen die Differenz zwischen ausschüttbarem Gewinn und EK 02 oft nicht übersteigen. Wenn der **ausschüttbare Gewinn niedriger ist als der positive Bestand** des EK 02, sollte diese Differenz mit Null angesetzt werden, so dass stets das EK 02 angegriffen wird, wodurch eine KSt-Erhöhung auf der Einkommensverwendungsebene eintritt. Diese Anwendungsprobleme sollen an folgenden Beispielen verdeutlicht werden:

Beispiel 73: Negativer ausschüttbarer Gewinn
Für eine GmbH sind zum 31.12.03 folgende Feststellungen getroffen worden:

- KSt-Guthaben: 10,
- EK 02: 0,
- steuerliches Einlagekonto: 250.

Die Gesellschaft hatte in den Jahren 01 und 02 erhebliche Verluste erlitten, so dass die Gewinnrücklagen in der StB lediglich noch 80 betragen.

Hinweis: Der Bestand des steuerlichen Einlagekontos kann aus verdeckten Einlagen resultieren, die in der StB entsprechend der handelsbilanzrechtlichen Behandlung den Gewinn erhöht haben und den Gewinnrücklagen zugeführt worden sind.
In 04 schüttet die Gesellschaft aufgrund eines Gewinnverwendungsbeschlusses die vorhandenen Gewinnrücklagen i.H.v. 80 an die Anteilseigner aus.

Lösung:
Gem. § 37 Abs. 2 KStG ist zunächst das KSt-Guthaben i.H.v. 1/6 der Gewinnausschüttungen unabhängig davon zu realisieren, ob noch versteuerte Rücklagen vorhanden sind. Dies ergibt sich aus der Funktion des § 37 KStG, in der Vergangenheit „zuviel bezahlte" KSt den Gesellschaften im Ausschüttungsfall zu erstatten. Eine Verbindung zu der Verwendung entsprechender Rücklagen – wie im alten Recht – besteht nicht.

Die Inanspruchnahme des steuerlichen Einlagekontos hängt gem. § 27 Abs. 1 S. 3 KStG davon ab, ob die Leistungen den ausschüttbaren Gewinn i.S.d. § 27 Abs. 1 S. 4 KStG übersteigen.

Die **Differenzrechnung** lautet wie folgt:

- Leistungen: 80,
- ausschüttbarer Gewinn: ./. 170.

Wenn bereits der **ausschüttbare Gewinn negativ** ist, ist er nach richtiger Auffassung mit „0" anzusetzen, so dass für die Ausschüttung sofort das steuerliche Einlagekonto zu verwenden ist. Die Verluste haben „gedanklich" zu einem **negativen neutralen Vermögen** geführt, welches sich in der StB in dem Rückgang der Gewinn-Rücklagen zeigt[116].

Auf der Ebene der KapG ergibt sich durch die Ausschüttung eine KSt-Minderung i.H.v. 10, sonstige körperschaftsteuerliche Auswirkungen sind nicht ersichtlich.

Zum 31.12.04 ergeben sich folgende Feststellungen:

- KSt-Guthaben: 0,
- steuerliches Einlagekonto: 170.

Aus systematischer Sicht ist es schwer nachvollziehbar, dass eine Minderung von KSt und eine Ausschüttung, die nicht zu Einnahmen aus Kapitalvermögen führt, zusammentreffen. Das ist nur dadurch zu erklären, dass eine Verbindung zwischen der tatsächlichen Verwendung versteuerter Rücklagen und der Minderung von KSt nicht besteht[117].

Beispiel 73 – Abwandlung: Teilbetrag EK 02 größer als aG
Eine GmbH hat zum 31.12.03 folgende Feststellungen getroffen:

- KSt-Guthaben: 10,
- EK 02: 100.

Die Gewinn-Rücklagen sind in der StB aufgrund von Verlusten seit dem Systemwechsel erheblich gesunken, sie betragen zum 31.12.03 80. Dies bedeutet, dass das nicht gesondert festgestellte, neutrale Vermögen negativ ist. Die Gesellschaft schüttet in 04 aufgrund eines Gesellschafterbeschlusses einen Betrag von 70 aus.

Lösung:
Die oGA mindert KSt-Guthaben unabhängig davon, ob diesem Guthaben entsprechende Rücklagen gegenüberstehen. Durch die Gewinnausschüttung ergibt sich also zunächst eine KSt-Minderung auf der Einkommensverwendungsebene der KapG von 10. Für die Verwendung des EK 02 ist die Differenzrechnung gem. § 38 Abs. 1 S. 4 KStG n.F. aufzustellen:

- Leistungen: 70,
- ausschüttbarer Gewinn: 80,

---

[116] *Dötsch* in *Dötsch/Eversberg/Jost/Witt*, KStG und EStG, § 27 Anm. 21.
[117] *Dötsch* in *Dötsch/Eversberg/Jost/Witt*, KStG und EStG, § 37 Anm. 15b.

- EK 02: 100,
- Differenz: ./. 20 (anzusetzen 0).

Die oGA werden demnach unmittelbar aus dem EK 02 finanziert. Daraus resultiert eine KSt-Erhöhung i.H.v. 30/70, so dass nach der Vornahme der Bestand des EK 02 aufgebraucht ist.

Die Steuerbelastung aufgrund der Einkommensverwendung beträgt insgesamt 20 (Minderung i.H.v. 10, Erhöhung um 30).

Zum 31.12.04 sind folgende Feststellungen zu treffen:

- KSt-Guthaben: 0,
- EK 02: 0.

Systemfragen tauchen ebenfalls auf, wenn die Leistungen, die aus dem EK 02 zu finanzieren sind, und die herzustellende KSt-Erhöhung den Bestand an EK 02 übersteigen. Es stellt sich die Frage, ob die KSt-Erhöhung jeweils auch zwingend aus dem EK 02-Bestand finanziert werden muss mit der Folge, dass max. 70/100 des Bestandes für Gewinnausschüttungen zur Verfügung stehen (sog. **Kappungsgrenze**). Dies entspricht der Rechtslage zu § 28 Abs. 6 KStG a.F. und einer „systemgerechten Weiterführung" des EK 02. Zu den Auswirkungen der verschiedenen Lösungsmöglichkeiten.

Beispiel 74: Kappung der Verwendung des EK 02

Die X-GmbH hat zum 31.12.01 folgende Feststellungen getroffen:

- EK 02: 200,
- steuerliches Einlagekonto: 100.

Das in der StB zum 31.12.01 ausgewiesene für Ausschüttungen verwendbare EK beträgt 300. Die X-GmbH nimmt in 02 ein oGA i.H.v. 200 vor.

Welche Rechtsfolgen treten auf der Einkommensverwendungsebene auf?

Lösung:

Die Differenzrechnung lautet wie folgt (§ 38 Abs. 1 S. 4 KStG):

- Leistungen: 200,
- VEK lt. StB: 300,
- Steuerl. Einlagekonto: 100,
- ausschüttbarer Gewinn: 200,
- Bestand an EK 02:   200,
- Differenz: 0.

Die Leistung (oGA i.H.v. 200) wird sofort mit dem Bestand des EK 02 verrechnet. Es stellt sich nunmehr die Frage, in welcher Höhe die Leistung (zuzüglich der KSt-Erhöhung) aus dem EK 02 entnommen wird.

Hierfür kommen theoretisch zwei Lösungen in Betracht. Zunächst könnte man davon ausgehen, dass die Leistung (200) soweit wie möglich und unabhängig von der KSt-Erhöhung, die darauf lastet, dem Bestand des EK 02 entnommen wird. Die KSt-Erhöhung würde zwangsläufig nach Verbrauch des EK 02 das steuerliche Einlagekonto mindern (Lösung a).

Man kann die Regelung in § 38 Abs. 1 und 2 KStG (vor allem S. 2, geändert durch das UntStFG) dahin verstehen, dass bei einer Verwendung des EK 02 auch stets die KSt-Erhöhung aus dem EK 02 mitfinanziert werden muss („die KSt-Erhöhung mindert **nur** [ergänzt durch den Verfasser] den Endbetrag i.S.d. Absatzes 1 ..."). Eine solche Auslegung würde inhaltlich der früheren Regelung des § 28 Abs. 6 S. 2 KStG a.F. entsprechen. Die Verwendung des EK 02 für Leistungen würde stets in der Weise **gekappt**, dass die KSt-Erhöhung jeweils aus dem Bestand des EK 02 mitfinanziert werden kann (Lösung b).

Die beiden Lösungen führen zu folgenden Ergebnissen:

a) „Ohne Kappung"
Die Leistung würde in voller Höhe (200) aus dem EK 02 finanziert werden. Die KSt-Erhöhung beträgt 30/70 von 200, also ca. 86. Diese Erhöhung würde dem steuerlichen Einlagekonto entnommen werden.
Zum 31.12.02 ergeben sich folgende Feststellungen:

- EK 02: 0,
- steuerliches Einlagekonto: 14.

Eine Verwendungsbescheinigung für Leistungen aus dem steuerlichen Einlagekonto entfällt (§ 27 Abs. 3 KStG), da dieses Konto lediglich für die KSt-Erhöhung verwendet worden ist (diese stellt keine Leistung an den Anteilseigner dar).

b) „**Mit Kappung**"
Finanzierung der Leistungen aus dem Bestand des EK 02 lediglich i.H.v. 70/100 des Bestandes (also 140), Finanzierung der KSt-Erhöhung ebenfalls zwingend aus dem EK 02. Die „Restausschüttung" i.H.v. 60 ist dem steuerlichen Einlagekonto zu entnehmen.
Zum 31.12.02 ergeben sich folgende Feststellungen:

- EK 02: 0,
- steuerliches Einlagekonto: 40.

Die Kapitalgesellschaft hat eine Verwendungsbescheinigung für Leistungen aus dem steuerlichen Einlagekonto gem. § 27 Abs. 3 KStG zu erstellen. Die Steuerbelastung auf der Einkommenserzielungsebene der Kapitalgesellschaft bleibt unverändert, jedoch beträgt die KSt-Belastung auf der Einkommensverwendungsebene lediglich 60.

Stellungnahme:
Vor der Neufassung des § 38 Abs. 2 S. 2 KStG durch das UntStFG wurde nach allgemeiner Auffassung die Lösung b) (sog. Kappungsgrenze) für richtig gehalten[118], da ansonsten eine nicht zu rechtfertigende Verschlechterung von Ausschüttungen, für die EK 02 verwendet gilt, gegenüber dem alten System eingetreten wäre. Dies gilt umso mehr, als das EK 02 und das steuerliche Einlagekonto „Relikte" der alten Gliederungsrechnung sind und insoweit die Steuerfolgen vergleichbar sein sollten.

---

[118] Vgl. *Dötsch* in *Dötsch/Eversberg/Jost/Witt*, KStG und EStG, 42. Erg.Lfg., § 38 KStG, Anm. 22 a.

Nach der Neufassung des § 38 Abs. 2 S. 2 geht ein Teil der Autoren davon aus, dass der Gesetzgeber die Kappung der Verwendung des EK 02 bewusst nicht aufgegriffen hat[119]. U.E. liegt eine bewusste Missachtung der Kappungsgrenze der Verwendung des EK 02 durch den Gesetzgeber **nicht** vor. Vielmehr kann durch die Neufassung auch aus dem Wortlaut (**... mindert den Endbetrag i.S.d. Absatzes 1**) entnommen werden, dass eine KSt-Erhöhung lediglich diesem Endbestand entnommen werden soll. Eine begrenzende Wirkung der Verwendung des EK 02 für die KSt-Erhöhung hat nach dieser Auffassung der Zusatz „bis zu dessen Verbrauch" nicht[120]. Es muss allein aus systematischen Gründen auch nach der Neufassung des § 38 Abs. 2 KStG dabei bleiben, dass die KSt-Erhöhung jeweils aus dem Bestand des EK 02 mitfinanziert werden muss (**Lösung b**). Es ist allerdings darauf hinzuweisen, dass § 27 Abs. 1 S. 3 und 4 KStG n.F. hierdurch eine erweiternde Auslegung insoweit erfährt, als die Größe **„ausschüttbarer Gewinn" i.S. dieser Vorschrift** berücksichtigen muss, dass vom Bestand des EK 02 nur maximal 70/100 für Leistungen an den Anteilseigner verwendet werden können. Der ausschüttbare Gewinn mindert sich um den Betrag, der nach der hier vertretenen Lösung aus dem EK 02 für die KSt-Erhöhung aufgebracht werden muss. Es muss darauf hingewiesen werden, dass die Größe „ausschüttbarer Gewinn" sich nur bei der Differenzrechnung des § 27 Abs. 1 S. 3 und 4 KStG verändert, nicht jedoch bei der Differenzrechnung gem. § 38 Abs. 1 S. 4 KStG.

Es wurde teilweise die Ansicht vertreten, dass bei Berücksichtigung der Kappungsgrenze für die Differenzrechnung i.S.d. § 27 KStG der Bestand des steuerlichen Einlagekontos um den KSt-Erhöhungsbetrag erhöht werden muss[121]. Die Erhöhung des steuerlichen Einlagekontos um den KSt-Erhöhungsbetrag führt für die Differenzrechnung gem. § 27 Abs. 1 S. 3 KStG zu gleichen Auswirkungen wie die hier vertretene Minderung des „ausschüttbaren Gewinns" um den gleichen Betrag. Aus systematischen Gründen wird die Minderung des ausschüttbaren Gewinns für richtiger gehalten, da das steuerliche Einlagekonto eine gesondert festzustellende Größe ist und die sich nicht verändern sollte.

Können die Leistungen nicht aus dem neutralen Vermögen und dem Teilbetrag des EK 02 finanziert werden, schließt sich eine **zweite Differenzrechnung** an, die den Zugriff auf das steuerliche Einlagekonto regelt (§ 27 Abs. 1 S. 3 KStG). Das steuerliche Einlagekonto wird in Anspruch genommen, wenn die Leistungen den ausschüttbaren Gewinn übersteigen. Das steuerliche Einlagekonto wird erst „zum Schluss" für Gewinnausschüttungen verwendet. Wenn die Leistungen (vor allem bei vGA möglich) das steuerliche Einlagekonto übersteigen, m.a.W. das zur Verfügung stehende EK zur Finanzierung der Leistungen nicht ausreicht, muss der übersteigende Betrag aus dem neutralen Vermögen finanziert werden; eine dem § 35 KStG a.F. (**fehlendes EK**) entsprechende Regelung fehlt.

---

[119] Vgl. *Dötsch* in *Dötsch/Eversberg/Jost/Witt*, KStG und EStG, 44. Erg.Lfg., § 38 KStG Anm. 25.
[120] Vgl. auch *Linklaters & Oppenhoff/Rädler*, DB 2002, Beilage 1, 56.
[121] Vgl. *Dötsch* in *Dötsch/Eversberg/Jost/Witt*, KStG und EStG, § 27 KStG Anm. 27.

Beispiel 75: Fehlendes Eigenkapital
Eine X-GmbH hat zum 31.12.01 folgende Feststellungen getroffen:

- EK 02: 200,
- steuerliches Einlagekonto: 100.

In der StB sind zum 31.12.01 Gewinnrücklagen i.H.v. 300 ausgewiesen. Die X-GmbH schüttet in 02 300 an die G´fter aus.

Lösung:
Die Lösung hat sich zunächst an den Differenzrechnungen des § 38 Abs. 1 S. 4, 27 Abs. 1 S. 3 KStG zu orientieren. Nach diesen Differenzrechnungen (unter Beachtung der Kappungsgrenze bei Verwendung des EK 02) „fehlen" 60 zu Finanzierung der Ausschüttung.
Nach der hier vertretenen Ansicht kann der Endbestand des EK 02 i.H.v. 140 für die Leistung und i.H.v. 60 für die KSt-Erhöhung in Anspruch genommen werden. Nach dem Verbrauch auch des Einlagekontos sind Leistungen (vGA) i.H.v. 240 an den Anteilseigner finanziert.
Es stellt sich die Frage, aus welchem Teil des Eigenkapitals die Restausschüttung i.H.v. 60 finanziert wird (es stellt sich – nach alter Terminologie – das Problem des „fehlenden verwendbaren Eigenkapitals", vgl. § 35 KStG a.F.).
Die Lösung hat sich an der Systematik des Überleitungsrechtes zu orientieren. Nach dieser Systematik sollen die „Restanten" (= Restbestände) der Gliederungsrechnung schnell verbraucht werden, verfahrensmäßige Besonderheiten sollten dabei nicht auftreten. Daher wird man davon ausgehen können, dass es kein negatives EK 02 geben kann. Ein negatives steuerliches Einlagekonto kann sich durch Leistungen der Kapitalgesellschaft an die G´fter auch nicht ergeben, es sei denn, eine Leistung aus dem Einlagekonto wird festgeschrieben (§ 27 Abs. 1 S. 5 KStG n.F.) und der Anfangsbestand des Kontos verringert sich durch eine Betriebsprüfung.
Unter Berücksichtigung dieser Systematik kann die „Rest-Leistung" dieses Beispiels i.H.v. 60 nur aus dem sog. neutralen Vermögen finanziert werden. welches auf der Ebene sowohl der Kapitalgesellschaft als auch des Anteilseigners keinen Besonderheiten unterliegt.

Hinweis: Dieses Ergebnis hat Auswirkungen auf die Besteuerung beim Anteilseigner. Der Anteilseigner erhält Leistungen i.H.v. insgesamt 200 aus Bestandteilen, die bei ihm zur Anwendung des Halbeinkünfteverfahrens führen (EK 02: 140, neutrales Vermögen: 60) und 100 aus dem steuerlichen Einlagekonto, die nicht dem Halbeinkünfteverfahren, sondern u.U. dem § 17 Abs. 4 EStG unterfallen.

Bei beiden Differenzrechnungen (sowohl bei § 38 Abs. 1 S. 4 KStG als auch bei § 27 Abs. 1 S. 3 KStG) wird auf den festgestellten Bestand an Eigenkapital zum Schluss des **den Leistungen vorangegangenen Wj.** abgestellt. Dies gilt für alle maßgebenden Größen, wie die festgestellten Bestände an EK 02 und des steuerlichen Einlagekontos als auch für den ausschüttbaren Gewinn. Dies ist bei oGA systemgerecht und entspricht der Regel des § 28 Abs. 2 KStG a.F. Anderes gilt für Vorabausschüttungen.

**Beispiel 76: Schädlicher zeitlicher Bezugspunkt
bei Vorabausschüttungen**

Eine GmbH hat zum 31.12.2003 folgende Feststellungen getroffen:

- EK 02: 100,
- steuerliches Einlagekonto: 80.

Die Gewinnrücklagen in der StB zum 31.12.03 betragen 200.
Ein aufgrund glänzender Geschäftsentwicklungen anstehender Gesellschafterwechsel wird in 04 eine Vorabausschüttung i.H.v. 150 vorgenommen. Der in 04 erzielte Gewinn beträgt 450.

Lösung:
Der in 04 erzielte Gewinn ist der Tarifbelastung zu unterwerfen. Die Vorabausschüttung ist nach den §§ 38 Abs. 1 S. 4, 27 Abs. 1 S. 3 KStG angeordneten Differenzrechnungen aus den Eigenkapital-Beständen zum 31.12.03 zu finanzieren. Der Gewinn in 04 (Erhöhung des neutralen Vermögens) hat hierauf keine Auswirkungen.
Gem. § 38 Abs. 1 S. 4 KStG n.F. ist das EK nach der folgenden Differenzrechnung zu verwenden:

- Leistungen: 150,
- ausschüttbarer Gewinn (§ 27 Abs. 1 S. 4 KStG n.F.): 120,
- EK 02: 100,
- Differenz: 20.

Die Leistungen übersteigen die **maßgebliche Differenz** um 130. Bei der Verwendung des EK 02 ist die Kappungsgrenze zu berücksichtigen, nach der maximal 70/100 des Bestandes für Leistungen verwendet werden können und aus dem Rest die KSt-Erhöhung finanziert werden muss. Im Ergebnis bedeutet dies, dass vorliegend aus dem EK 02 für die Vorabausschüttung lediglich 70 verwendet werden kann.
Das steuerliche Einlagekonto gilt insoweit für eine Ausschüttung verwendet, als die Leistungen den ausschüttbaren Gewinn übersteigen. Es hat die Differenzrechnung gem. § 27 Abs. 1 S. 3 KStG zu erfolgen, die bei Anwendung der Kappungsgrenze für die Verwendung des EK 02 allerdings eine Modifikation zu erfahren hat. Der ausschüttbare Gewinn steht i.H.d. aus dem EK 02 zu finanzierenden KSt-Erhöhung nicht für Leistungen an die AE zur Verfügung, er ist entsprechend zu mindern. In diesem Beispiel führt dies dazu, dass der ausschüttbare Gewinn i.H.v. 30/100 des Bestandes an EK 02 (entspricht 30) zu vermindern ist. Die **modifizierte Differenzrechnung** sieht demnach folgendermaßen aus:

- Leistungen: 150,
- modifizierter ausschüttbarer Gewinn: 90,
- Differenz: 70.

Die Leistungen übersteigen den ausschüttbaren Gewinn um 60, insoweit gilt das Einlagekonto als verwendet. Dieser Verwendung ist den AE zu bescheini-

gen, sie führt bei den AE nicht zu den Einnahmen aus Kapitalvermögen gem. § 20 Abs. 1 Nr. 1 S. 3 EStG.
Auf der Ebene der Einkommensverwendung der KapG ergibt sich durch die Vorabausschüttung eine KSt-Erhöhung von 30, obwohl der in 04 erzielte Gewinn (450) ausgereicht hätte, die Leistungen aus dem neutralen Vermögen zu finanzieren.
Nach alter Rechtslage ergab sich durch die andere zeitliche Bezugnahme (vgl. § 28 Abs. 2 S. 2 KStG a.F.) bei Vorabausschüttungen wie bei vGA ein partieller **Selbstfinanzierungseffekt**. Auf diesen Unterschied werden sich vor allem die Gesellschaften einzustellen haben, die regelmäßig Vollausschüttungen vornehmen.

Die Rechtsfolgen der oGA treten zunächst nur auf der Ebene der ausschüttenden KapG ein. Die KSt-Minderung wird nicht an den AE weitergereicht. Die KSt-Minderung als auch die KSt-Erhöhung treten jeweils in dem Jahr ein, in dem die Leistungen erfolgen. Eine KSt-Minderung aufgrund einer oGA wirkt sich demnach – gegenüber § 27 Abs. 3 KStG a.F. – erst später aus. Soweit weder KSt-Guthaben zu realisieren ist, noch EK 02 verwendet werden muss, treten auf der Ebene der KapG keine Steuerfolgen ein. Bei der Verwendung des steuerlichen Einlagekontos ist eine entsprechende Bescheinigung auszustellen (vgl. 3.3.1).

Völlig ungeklärt ist die Rechtsfolge, wenn in 2001 Alt-Leistungen (Ausschüttungen für frühere Jahre) und Neu-Leistungen (z.B. in Form von Vorabausschüttungen für 2001) zusammentreffen. Aufgrund der unterschiedlichen (zeitlichen) Auswirkungen nach altem und neuem Recht entsteht insoweit ein Reihenfolgenproblem.

Beispiel 77: Alt-Leistungen und Neu-Leistungen
Eine GmbH (Wj. = Kj.) hat zum 31.12.2000 folgende (letzte) Eigenkapital-Gliederung aufgestellt (§ 47 Abs. 1 S. 1 Nr. 1 KStG a.F.):

- EK 40: 120,
- EK 02: 200,
- EK 04: 60.

Die GmbH beschließt in 2001 eine Gewinnausschüttung für 2000 i.H.v. 140 und beschließt aufgrund der guten Geschäftslage eine Vorabausschüttung in 2001 ebenfalls von 140.
Die in der StB zum 31.12.2000 ausgewiesenen Gewinn-Rücklagen betragen 380.

Lösung:
Eine Reihenfolge der beiden Gewinnausschüttungen lässt sich unmittelbar nicht aus dem Gesetz ableiten. Man kann aber davon ausgehen, dass die Ausschüttungen, für die letztmals die Ausschüttungsbelastung herzustellen ist (§ 34 Abs. 9 S. 1 Nr. 1 KStG n.F.), Vorrang vor den Leistungen genießen, die auf der Ebene der Einkommensverwendung der KapG bereits nach neuem Recht abgewickelt werden. Dies ist vor allem für die Wirkungen der KSt-Änderung von Bedeutung (vgl. § 27 Abs. 3 KStG a.F. einerseits, §§ 37 Abs. 2, 38 Abs. 2 KStG n.F. andererseits). Dies führt dazu, dass zunächst die oGA für

2000 mit dem EK 40 verrechnet wird (vgl. § 36 Abs. 2 KStG n.F.) und gem. § 27 Abs. 3 KStG a.F. für 2000 eine KSt-Minderung von 20 bewirkt. Für die Verwendung der Vorabausschüttung in 2001 ist KSt-Guthaben nach der Gesetzesfassung nicht zu verwenden (unabhängig davon, dass ein entsprechendes KSt-Guthaben in diesem Beispiel bereits verbraucht wäre, da dies erst zum 31.12.2001 festgestellt wird. Die Verwendungsreihenfolge und die Folgen hieraus bestimmen sich demnach gem. § 38 Abs. 1 S. 4 KStG n.F.

- Leistungen: 280,
- ausschüttbarer Gewinn: 320,
- EK 02: 200,
- Differenz: 120.

Das EK 02 ist gem. § 38 Abs. 1 S. 4 KStG n.F. für Leistungen verwendet, soweit diese die Differenz aus ausschüttbarem Gewinn und dem Bestand des EK 02 übersteigen. Dies würde in dem Beispielsfall bedeuten, dass Leistungen i.H.v. 160 mit dem EK 02 zu verrechnen wären bzw. wegen Erreichens der Kappungsgrenze der Verwendung des EK 02 (70/100) das zum 31.12.2000 gem. § 36 Abs. 7 KStG n.F. festzustellende steuerliche Einlagekonto mindern würde.

Dieses Ergebnis kann nicht befriedigen, da die oGA für 2000 i.H.v. 140 KSt-Guthaben i.H.v. 20 realisiert hat und dieses nach altem Recht für die Gewinnausschüttung verwendet wird (§ 28 Abs. 6 KStG a.F.), also das Eigenkapital der Gesellschaft nicht mindert. Die Leistungen, die gem. § 38 Abs. 1 S. 4 KStG n.F. das gem. § 36 Abs. 7 KStG n.F. zum 31.12.2000 festgestellte Eigenkapital mindern, sind um diese Beträge, die nicht zu Lasten des Eigenkapitals gehen, zu mindern. Nach einer in dieser Weise modifizierten Anwendung des § 38 Abs. 1 S. 4 KStG sind nur Leistungen i.H.v. 260 für den Verbrauch bis zum 31.12.2000 festgestellten steuerlichen Eigenkapitals maßgebend. Dies bedeutet, dass nur Leistungen i.H.v. 140 mit dem EK 02 zu verrechnen sind mit der Folge, dass der Bestand auch für die daraus resultierende KSt-Erhöhung (60) ausreicht.

Auf der Einkommensverwendungsebene der GmbH ergibt sich also für 2000 eine KSt-Minderung um 20 (§ 27 Abs. 3 KStG a.F.), für 2001 eine Erhöhung um 60.

3.4.3 Auswirkungen auf Ebene der Anteilseigner

Die Verwendung bestimmter Teilbeträge für oGA haben bereits im ÜZ grundsätzlich nur Auswirkungen auf der Gesellschaftsebene. Nach dem Wegfall des Anrechnungsverfahrens sind oGA beim AE unabhängig von der Finanzierungsquelle der Gewinnausschüttung zu erfassen. Bei natürlichen Personen als AE gilt das Halbeinkünfteverfahren, bei KapG als AE die Steuerbefreiung gem. § 8b Abs. 1 KStG.

Soweit allerdings Gewinnausschüttungen aus dem steuerlichen Einlagekonto finanziert werden, gelten Besonderheiten, da insoweit unversteuerte Einlagen der G´fter zurückgewährt werden.

Ist eine KapG AE und wird bei der ausschüttenden KapG KSt-Guthaben realisiert, findet bei der AE-KapG eine Nachversteuerung gem. § 37 Abs. 3 KStG statt. § 37

Abs. 3 KStG setzt voraus, dass ein Anspruch auf KSt-Minderung bei der ausschüttenden KapG besteht, diese Minderung muss jedoch noch nicht durchgesetzt worden sein. Es ist somit nicht möglich, innerhalb von Beteiligungsketten zwischen KapG KSt-Guthaben endgültig zu realisieren, das Guthaben wird jeweils auf die nächste Stufe übertragen, wo zunächst eine Nachbesteuerung eintritt.

Beispiel 78: Besteuerung von steuerfreien Erträgen
Die M-GmbH ist an der T-GmbH beteiligt; die T-GmbH schüttet in 05 aufgrund eines Gewinnverwendungsbeschlusses 600 an die M-GmbH aus. Dabei wird auf der Ebene der T-GmbH in 05 Guthaben i.H.v. 100 realisiert. M verfügt zum Zeitpunkt der Gewinnausschüttung über kein eigenes KSt-Guthaben.

Lösung:
Die Gewinnausschüttung bleibt auf der Ebene der M-GmbH bei der Ermittlung des Einkommens außer Ansatz (§ 8b Abs. 1 KStG). Es wird – unabhängig von der Höhe des sonstigen Einkommens – bei M eine Nachbesteuerung i.H.v. 100 festgesetzt. In gleicher Höhe weist die M-GmbH ein KSt-Guthaben zum 31.12.05 aus (vgl. § 37 Abs. 2 KStG), welches aber frühestens in 06 durch Weiterausschüttung realisiert werden kann.
Hinweis: Es ist für M nicht möglich, die Realisierung des KSt-Guthabens bereits in 05 zu erreichen, um die Nachbesteuerung zu vermeiden. Dies entspricht der unter 2.4 besprochenen Saldierungsproblematik. Die vorbeschriebene Regelung gilt auch, wenn eine in 2001 gegründete KapG, die über kein KSt-Guthaben verfügt, Gewinnausschüttungen von einer anderen KapG erhält. Sie hat erstmals ein Guthaben zu bilden, welches sie künftig realisieren kann. Ist eine KapG über eine Mitunternehmerschaft an einer anderen KapG beteiligt, gelten gem. § 8b Abs. 6 KStG für die Gewinnausschüttungen die § 8b Abs. 1 – 5 KStG insoweit, als ein Beteiligungsertrag der Mitunternehmerschaft gem. § 15 Abs. 1 Nr. 2 EStG auf die KapG entfällt. In gleichem Verhältnis hat eine Nachbesteuerung gem. § 37 Abs. 3 zu erfolgen, soweit bei der ausschüttenden KapG KSt-Guthaben realisiert worden ist.

4 Steuerliche Folgen der verdeckten Gewinnausschüttung

4.1 Überblick

Im Folgenden werden die Folgen einer vGA auf der Einkommensverwendungsebene der KapG erörtert. Die Folgen auf der Einkommensermittlungsebene sind bereits ausführlich unter Kap. III.4 untersucht worden. Im Prinzip sind die Rechtsfolgen, die soeben für die oGA vertieft worden sind, auch auf die vGA anzuwenden. Deshalb wird vor allem auf grundlegende Unterschiede zwischen altem und neuem Recht eingegangen, soweit Unterschiede zur Behandlung von oGA bestehen. Besondere Probleme des ÜZ sind in den Beispielen abgehandelt, so dass auch hierauf verwiesen wird.

4.2 Steuerliche Behandlung der verdeckten Gewinnausschüttung im Anrechnungsverfahren

VGA werden auf der Einkommensverwendungsebene prinzipiell gleichbehandelt wie oGA. Sie werden mit dem vEK in der durch § 28 Abs. 3 KStG a.F. bestimmten Reihenfolge verrechnet. Allerdings ergeben sich in Bezug auf die Verrechnung mit dem vEK zeitliche Verschiebungen insoweit, als die vGA als „andere Gewinnausschüttung" i.S.d. § 28 Abs. 2 KStG a.F. mit dem Eigenkapital verrechnet wird, welches sich zum Schluss des Wj. ergibt, in dem die Ausschüttung erfolgt. Die steuerlichen Wirkungen der vGA treten gem. § 27 Abs. 3 S. 2 KStG a.F. für den VZ ein, in dem das Wj. endet, in dem die Gewinnausschüttung erfolgt.

Beispiel 79: Zeitlicher Bezugspunkt für vGA
Die A-GmbH (Wj. = Kj.) zahlt an den G´fter-GF in 00 eine überhöhte Tätigkeitsvergütung i.H.v. 20.

Lösung:
Die vGA wird mit dem vEK zum 31.12.00 verrechnet, die steuerlichen Folgen der vGA (sowohl auf der Einkommenserzielungs- als auch auf der Einkommensverwendungsebene) treten für den Veranlagungszeitraum 00 ein.

Durch diese zeitlichen Verschiebungen von vGA im Vergleich zur oGA können Besonderheiten zu beachten sein, wenn **oGA und vGA** mit dem **vEK zum gleichen Stichtag** zu verrechnen sind, da die steuerlichen Auswirkungen der Gewinnausschüttungen unterschiedliche Veranlagungszeiträume betreffen können.

Beispiel 80:
Die A-GmbH beschließt am 06.05.02, für 00 eine Gewinnausschüttung i.H.v. 100 vorzunehmen. In einer in 03 durchgeführten BP wird festgestellt, dass die A-GmbH in 01 eine vGA i.H.v. 60 vorgenommen hat.

Lösung:
Sowohl die oGA als auch die vGA werden mit dem vEK zum 31.12.01 verrechnet (vgl. § 28 Abs. 2 S. 1 und 2 KStG a.F.). Die steuerlichen Auswirkungen der Gewinnausschüttungen betreffen unterschiedliche Zeiträume. Die Auswirkung der oGA ändert die KSt-Veranlagung für 00 (vgl. § 27 Abs. 3 S. 1 KStG a.F.), die der vGA für das Jahr 01 (vgl. § 27 Abs. 3 S. 2 KStG a.F.). Beide Gewinnausschüttungen sind mit dem vEK zum 31.12.01 in einer Summe zu verrechnen, die Auswirkungen der Gewinnausschüttung durch KSt-Minderungen bzw. -Erhöhungen sind im Verhältnis der jeweiligen Ausschüttung zur Gesamtausschüttung auf die einzelnen Jahre aufzuteilen (A 78 Abs. 3 KStR).

VGA haben im alten System in zweifacher Hinsicht Auswirkungen auf die Gliederung des vEK gehabt. Zum einen ist durch die Einkommenserhöhung ein **(virtueller)** Zugang beim vEK, zum anderen durch die Leistung an den AE ein **Abfluss aus dem vEK** vorzunehmen. Dabei verbraucht die vGA beim Abfluss aus dem vEK mehr EK, als durch

4 Steuerliche Folgen der verdeckten Gewinnausschüttung

den Zufluss entstanden ist (sog. **Divergenzeffekt**). Hierdurch konnten nachteilige Steuerfolgen entstehen, wenn die belasteten Teilbeträge durch oGA bereits verbraucht waren.

Beispiel 81: KSt-Erhöhung durch Divergenzeffekt I
Die A-GmbH stellt zum 31.12.00 folgendes vEK fest:

- EK 40: 120,
- EK 02: 350.

In 01 erzielt die A-GmbH ein Einkommen (ohne Berücksichtigung der vGA) von 100; in 02 schüttet die A-GmbH aufgrund eines G´fter-Beschlusses an die AE 210 aus. In 04 wird aufgrund einer BP festgestellt, dass die A-GmbH dem G´fter-GF in 01 eine um 100 erhöhte Tätigkeitsvergütung bezahlt hat.

Lösung:
Zur Verdeutlichung werden die Entwicklung des vEK und die Steuerfolgen der Gewinnausschüttung vor und nach BP getrennt dargestellt.

a) **Vor BP**

Eigenkapital-Teibeträge:	40	02
zunächst 31.12.00	120	350
+ Einkommen 01: 100	60	
31.12.01	180	350
./. Gewinnausschüttung 210		
(60/70)	./. 180	

Die oGA kann **vor der BP** vollständig aus dem belasteten Teilbetrag finanziert werden. Sie bewirkt eine KSt-Minderung von 10/70 der Gewinnausschüttung (30); die KSt-Tarifbelastung aufgrund des erzielten Einkommens beträgt in 01 40, die KSt-Belastung einschließlich der KSt-Minderung (vgl. § 27 Abs. 3 KStG a.F.) noch 10.

b) **Nach BP**

Eigenkapital-Teilbeträge:	40	02
31.12.00	120	350
+ Einkommen 01: 200		
(einschl. vGA)	120	
31.12.01	240	350
./. Gewinnausschüttung 310		
(einschl. vGA von 100)	./. 240	
./. Restausschüttung von 30		./. 30
./. KSt-Erhöhung		./. 13

Die Gewinnausschüttungen (oGA und vGA) können nicht mehr vollständig aus dem belasteten EK finanziert werden. Durch die notwendige Verwendung des EK 02 besteht eine KSt-Erhöhung von ca. 13, die Ergebnis des sog. **Divergenzeffektes** ist. Die KSt-Tarifbelastung beträgt 80, die KSt-Belastung einschl. der durch die Gewinnausschüttung ausgelösten KSt-Änderungen 53.
Bei der vGA besteht im alten System zwar ein Divergenzeffekt, doch ist auch erkennbar, dass sich die vGA durch den virtuellen Zugang zum vEK zumindest überwiegend selbst finanziert, s. 4.4.

4.3 Steuerliche Behandlung der verdeckten Gewinnausschüttung nach dem StSenkG

Wenn der Übergangszeitraum abgelaufen ist, wirken sich auch vGA auf die Einkommensverwendungsebene der Kapitalgesellschaft nicht mehr aus. Die vGA mindern durch die Steuerbelastung das Eigenkapital in der StB. Dadurch wird der ausschüttbare Gewinn als eine aus dem Eigenkapital der StB abgeleiteten Größe verringert, wodurch im Prinzip das steuerliche Einlagekonto früher angegriffen wird (vgl. § 27 Abs. 1 S. 3 KStG). Ist dies aufgrund von späteren Gewinnausschüttungen der Fall, treten die behandelten Rechtsfolgen auf Gesellschafts- und G´fter-Ebene ein. Weitere Besonderheiten sind nicht zu berücksichtigen.

4.4 Steuerliche Folgen der verdeckten Gewinnausschüttung im Übergangszeitraum

VGA bewirken eine gegenüber dem alten Recht geringere Steuer-Mehrbelastung, wenn durch sie keine KSt-Erhöhung durch Verwendung des EK 02 eintritt. Dieser Vorteil gegenüber dem früheren Recht ergibt sich aus dem niedrigeren KSt-Satz unter Anwendung des Halbeinkünfteverfahrens auf der Ebene des AE bzw. der Steuerfreistellung von vGA bei der empfangenden KapG (vgl. § 8b Abs. 1 KStG)[122].

Anders ist dies jedoch, wenn die vGA auf der Ebene der leistenden KapG aus dem EK 02 finanziert werden muss; dabei ist zu bedenken, dass durch eine vGA **KSt-Guthaben nicht** realisiert werden kann (vgl. § 37 Abs. 2 KStG).

> **Beispiel 82: Harmlose vGA**
> Eine GmbH weist zum 31.12.01 (fiktives Jahr) folgendes Eigenkapital (vereinfacht) aus: Nennkapital = 100, Gewinnrücklagen = 360
> Folgende Feststellungen zum 31.12.01 sind getroffen:
>
> - KSt-Guthaben: 40,
> - EK 02: 120.
>
> Die GmbH nimmt in 02 eine vGA i.H.v. 180 vor.
>
> **Lösung:**
> Gem. § 37 Abs. 2 KStG wird das KSt-Guthaben nicht realisiert. Gem. § 38 Abs. 1 S. 4 KStG wird das EK 02 nach der dort angeordneten Differenzrechnung nicht angegriffen, da die Leistungen die Differenz aus ausschüttbarem Gewinn und Bestand an EK 02 nicht übersteigen.
>
> - Leistungen: 180,
> - ausschüttbarer Gewinn (§ 27 Abs. 1 S. 4 KStG n.F.): 360,
> - Bestand an EK 02: 120,
> - Differenz 240.
>
> Die vGA ist „im Ergebnis" aus den im KSt-Guthaben dokumentierten Alt-EK 40-Rücklagen finanziert worden, ohne KSt-Guthaben gem. § 37 Abs. 2

---

[122] *Binz/Sorg*, DStR 2001, 1457.

KStG zu mobilisieren. Es ergeben sich auf der Einkommensverwendungsebene keine Rechtsfolgen aus der vGA. Auf der Einkommenserzielungsebene tritt eine KSt-Belastung von 45 ein.

Zum 31.12.02 sind folgende Feststellungen zu treffen:

- KSt-Guthaben: 40,
- EK 02: 120.

Zu bedenken ist, dass die vGA auf der Ebene der Einkommenserzielung körperschaftsteuerliche Auswirkungen (und GewSt) auslöst, die die Gewinnrücklagen mindert. Diese Minderung wirkt sich künftig in einem niedrigeren ausschüttbaren Gewinn aus, so dass Leistungen bei konstantem Bestand an EK 02 früher mit diesem verrechnet werden.

Eine Finanzierung aus dem EK 02 kommt gemäß der Differenzrechnung in § 38 Abs. 1 S. 4 KStG immer dann in Frage, wenn nicht genügend neutrales Vermögen zur Finanzierung der vGA vorhanden ist. Wenn die vGA – mangels neutralen Vermögens – aus dem EK 02 finanziert wird, kommt dem **Divergenzeffekt** im neuen Recht eine verschärfte Bedeutung zu, da sich die vGA überhaupt nicht mehr selbst finanziert. Dies kommt insb. dann in Betracht, wenn nach dem Systemwechsel während Verlustjahren vGA vorgenommen worden sind.

Beispiel 83: KSt-Erhöhung durch Divergenzeffekt II
Eine GmbH hat zum 31.12.2001 folgende Feststellungen gem. §§ 39 Abs. 1, 27 Abs. 2, 37 Abs. 1, 38 Abs. 1 KStG getroffen:

- KSt-Guthaben: 10,
- EK 02: 250,
- steuerliches Einlagekonto: 150.

In der StB zum 31.12.2001 sind Gewinnrücklagen i.H.v. 500 ausgewiesen. In 02 hat die GmbH einen StB-Gewinn i.H.v. 400 erzielt, bei dessen Ermittlung eine vGA i.H.v. 200 als BA abgezogen worden ist.

Lösung:
Für die Bemessung der steuerlichen Folgen einer vGA auf der Einkommensverwendungsebene ist die Anwendung der §§ 37, 38, 27 KStG maßgebend. Gem. § 37 Abs. 2 KStG n.F. kann KSt-Guthaben durch vGA nicht realisiert werden.
Die Verwendung der anderen Teilbeträge ergibt sich aus der Differenzrechnung gem. §§ 38 Abs. 1 S. 4, 27 Abs. 1 S. 3 KStG, die zunächst an den ausschüttbaren Gewinn anknüpft, eine Mischgröße aus dem in der StB ausgewiesenen, für Ausschüttungen verwendbaren Eigenkapitals abzüglich des steuerlichen Einlagekontos. Zeitlicher Bezugspunkt ist dabei das Eigenkapital, welches sich am **Schluss des den Leistungen vorangegangenen Wirtschaftsjahres** ergibt.

Im Einzelnen: Gem. § 38 Abs. 1 S. 4 ist der Bestand des EK 02 für eine Leistung (vGA) insoweit verwendet, als die Leistungen die Differenz aus ausschüttbarem Gewinn und EK 02 übersteigen.

- Leistungen: 200,
- ausschüttbarer Gewinn (§ 27 Abs. 1 S. 4 KStG n.F.): 350,
- EK 02: 250,
- Differenz: 100.

I.H.v. 100 übersteigen die Leistungen die maßgebende Differenz gem. § 38 Abs. 1 S. 4 KStG, in dieser Höhe wird EK 02 (zuzüglich der KSt-Erhöhung) für die Leistung verwendet.

Dies führt auf der Einkommensverwendungsebene der KapG zu einer KSt-Erhöhung von ca. 43 (3/7 von 100). Zum 31.12.2002 sind folgende Feststellungen zu treffen:

- KSt-Guthaben: 10,
- EK 02: 107,
- steuerliches Einlagekonto: 150.

Kritik: Durch die Bezugnahme auf eine vom StB-Recht maßgeblich beeinflusste Größe (ausschüttbarer Gewinn) für die Verwendungsreihenfolge kann sich eine vGA – anders als im alten Recht – auch nicht teilweise selbst finanzieren, da sich das Eigenkapital laut StB nicht erhöht hat. Die KapG sind darauf angewiesen, dass vGA aus „sonstigen Gewinnrücklagen" finanziert werden können, wenn eine steuerbelastende Inanspruchnahme des EK 02 verhindert werden soll. Hinzu kommt ein zeitlicher Aspekt, der in dem Beispiel deutlich geworden ist. Durch die Bezugnahme auf die EK-Verhältnisse zum Ende des vorangegangenen Jahres kann selbst ein hoher StB-Gewinn im Jahr der vGA die Verwendung des EK – auch dies ist anders als im alten Recht (vgl. § 28 Abs. 2 S. 2 KStG a.F.) – sperren.

Durch diese beiden Aspekte tritt ein erheblicher **Divergenzeffekt** ein, der sich durch die Eigenkapital mindernde Steuerbelastung der vGA noch verstärkt hat.

Die Gesamtbelastung ist in diesen Fällen größer als im alten Recht, da auf der Seite des AE dem KSt-Erhöhungsbetrag kein Anrechnungsguthaben gegenüber steht.

Diese KSt-Erhöhung kommt entgegen einer in der Lit. vertretenen Ansicht[123] auch dann in Frage, wenn die vGA in Form einer verhinderten Vermögensmehrung in der Weise vorgenommen wird, dass die KapG ein WG an den G´fter „unter Preis" verkauft bzw. für eine Leistung an den AE keine Gegenleistung verlangt wird; es kann nicht eine Leistung an AE ohne Abfluss bei der KapG angenommen werden.

Beispiel 84: vGA als verhinderte Vermögensmehrung
Eine GmbH hat zum 31.12.03 folgende Feststellung getroffen:

- EK 02: 100,
- steuerliches Einlagekonto: 160.

---

[123] *Lang*, DB 2001, 2113.

Das Eigenkapital in der StB (außer Nennkapital) beträgt 300. In 04 gewährt die Gesellschaft ihrem G´fter für zwei Jahre bis 05 ein Darlehen von 800, ohne dafür Zinsen zu verlagen. Es liegt unter Berücksichtigung des Kapitalmarktzinses eine vGA von jeweils 80 vor. Es wird davon ausgegangen, dass die GmbH in 04 bis 05 sonstige Geschäftsvorfälle nicht zu berücksichtigen hat.

Lösung:
Auf der Einkommenserzielungsebene ist die vGA (verhinderte Vermögensmehrung) i.H.v. 80 in 04 dem Einkommen der Gesellschaft außerhalb der Bilanz hinzuzurechnen, eine entsprechende KSt- und Gewerbesteuer-Belastung mindern das Eigenkapital in der StB.

Es ist in der Literatur strittig, ob in Fällen einer vGA durch Vermögensmehrung auch eine Leistung der Gesellschaft auf der Einkommensverwendungsebene vorliegt, da tatsächlich keine Leistung durch die Gesellschaft erfolgt (vgl. oben).

Es hat sich durch die Unternehmenssteuerreform keine Änderung der Definition der vGA ergeben. Es war nach alter Rechtslage unstreitig, dass eine Leistung der Gesellschaft (Abfluss mit der Folge der Notwendigkeit des Herstellens der Ausschüttungsbelastung) in sachlicher – wenn auch nicht unbedingt in zeitlicher – Hinsicht mit einem Zufluss beim AE korreliert. In Fällen einer vGA durch verhinderte Vermögensmehrung wurde beim AE ein Zufluss i.H.d. Zinsersparnis und bei der Gesellschaft in gleicher Höhe ein Abfluss angenommen. Dieser Zusammenhang sollte durch die Unternehmenssteuerreform nicht aufgebrochen werden – es ist in der Tat ist ein Abfluss („Leistung") bei der Gesellschaft nicht denkbar ohne einen Zufluss beim AE und umgekehrt[124], zumindest solange Teilbeträge des alten Systems fortgeführt werden.

Die Rechtsfolgen ergeben sich gem. der Differenzrechnung entsprechend § 38 Abs. 1 S. 4 KStG:

- Leistungen: 80,
- ausschüttbarer Gewinn (§ 27 Abs. 1 S. 4 KStG n.F.): 140,
- EK 02: 100,
- Differenz: 40.

Die Leistungen übersteigen die Differenz i.H.v. 40. Die KSt-Erhöhung mindert ebenfalls den Bestand des EK 02 (17).

Die vGA löst in 04 auf der Einkommensverwendungsebene also eine Steuerbelastung von 17 aus, die zu der Steuerbelastung auf der Ebene der Einkommenserzielung hinzutritt. Die GmbH hat zum 31.12.04 folgende Feststellungen zu treffen:

- EK 02: 43,
- steuerliches Einlagekonto: 160.

Treffen in einem Wj. oGA und vGA zusammen, ergeben sich i.d.R. **keine Reihenfolgenprobleme**, weil erstens die §§ 37 und 38 KStG eigenständige (voneinander rechtlich unabhängige) Regeln darstellen und zweitens die Steuerfolgen auf der Ebene der KapG

---

[124] *Dötsch* in *Dötsch/Eversberg/Jost/Witt*, KStG und EStG, § 38 KStG Anm. 40.

stets das Jahr der Leistung (bei oGA und vGA) betreffen. Die Notwendigkeit der Identifikation der verschiedenen Gewinnausschüttungen kann jedoch dann notwendig werden, wenn für die Leistungen entsprechend der Differenzrechnungen auch das steuerliche Einlagekonto verwendet werden muss. Die Höhe der Verwendung des steuerlichen Einlagekontos wird dem empfangenden AE bescheinigt (§ 27 Abs. 3 KStG), der hieraus spezifische steuerliche Folgerungen zu ziehen hat. M.E. sollten hier die entsprechenden Regelungen wie bei früheren Zusammentreffen von oGA und vGA die mit dem vEK zum gleichen Zeitpunkt zu verrechnen waren, gelten (vgl. A 78 Abs. 3 KStR)[125].

Beispiel 85: Reihenfolgenproblem
Eine GmbH hat zum 31.12.03 folgende Feststellungen getroffen:

- KSt-Guthaben: 20,
- EK 02: 100,
- steuerliches Einlagekonto: 140.

In der StB ist Eigenkapital (mit Ausnahme des Nennkapitals) i.H.v. 460 enthalten, welches sich aus Gewinnrücklagen i.H.v. 460 zusammensetzt. Die GmbH schüttet an die Anteilseigner aufgrund eines Beschlusses in 04 220 und an den G´fter-GF 180 in Form eines überhöhten GF-Gehaltes aus.

Lösung:
Gem. § 37 Abs. 2 KStG mindert sich das KSt-Guthaben nur aufgrund von ordentlichen Gewinnausschüttungen. Insoweit besteht kein Reihenfolgenproblem zwischen verschiedenen Leistungen. Die oGA von 220 kann das KSt-Guthaben mobilisieren. Für die weiteren steuerlichen Folgen auf der Einkommensverwendungsebene der Kapitalgesellschaft sind die Differenzrechnungen des § 38 Abs. 1 S. 4 und § 27 Abs. 1 S. 3 KStG anzuwenden:

Differenzrechnung (§ 38 Abs. 1 S. 4 KStG):

- Leistungen: 400,
- ausschüttbarer Gewinn: 320,
- EK 02: 100,
- Differenz: 220.

Die Leistungen übersteigen die Differenz um einen Betrag, der über dem Bestand des EK 02 liegt. Dies bedeutet, dass das EK 02 vollständig für die Leistungen in Anspruch genommen wird. Nach der hier vertretenen Ansicht, dass die Verwendung des EK 02 für eine Leistung maximal i.H.v. 70/100 des Bestandes (**Kappungsgrenze**) in Betracht kommt und die KSt-Erhöhung ebenfalls dem EK 02 zu entnehmen ist, ergibt sich aus der Verwendung des EK 02 eine KSt-Erhöhung i.H.v. 30. Die KSt-Erhöhung betrifft nur die Ebene der Kapitalgesellschaft.

---

[125] Vgl. *Dötsch* in *Dötsch/Eversberg/Jost/Witt*, KStG und EStG, § 27 KStG Anm. 23 a.

Für die Verwendung des steuerlichen Einlagekontos gem. § 27 Abs. 1 S. 3 KStG ist nun folgende **modifizierte Differenzrechnung** aufzustellen:

- Leistungen: 400,
- ausschüttbarer Gewinn (vermindert um die KSt-Erhöhung): 290,
- Differenz: 110.

I.H.v. 110 ist für die Ausschüttungen das steuerliche Einlagenkonto in Anspruch zu nehmen.
Es stellt sich vor allem in Bezug auf die **Verwendung des steuerlichen Einlagekontos** die Frage, wie die Verwendung auf die oGA und vGA zu verteilen ist. Die Notwendigkeit ergibt sich daraus, dass für die Verwendung des steuerlichen Einlagekontos eine Verwendungsbescheinigung auszustellen ist und die Rechtsfolgen aus der Verwendung des steuerlichen Einlagekontos Besonderheiten aufweist (keine Einnahmen aus Kapitalvermögen).

Es erscheint sachgerecht, die Verwendung des steuerlichen Einlagekontos in dem Verhältnis von Restausschüttung (ordentliche Gewinnausschüttung, die nicht KSt-Guthaben realisiert hat) und verdeckte Gewinnausschüttung vorzunehmen. Die „Restausschüttung" beträgt in unserem Fall 100, die vGA 180.
Dies führt dazu, dass das steuerliche Einlagekonto zu 100/280 für die Restausschüttung und zu 180/280 für die vGA verwendet worden ist. Entsprechende Steuerbescheinigungen sind auszustellen, die entsprechenden Folgen bei den Anteilseignern sind zu ziehen.

Hinweis: Eine andere Aufteilung könnte insofern vorgenommen werden, als die Verwendung des steuerlichen Einlagekontos im Verhältnis der Gesamt-oGA und der vGA als verwendet bescheinigt gilt. Dies würde dazu führen, dass das steuerliche Einlagekonto im Verhältnis von 220/400 für die oGA und i.H.v. 180/400 für die vGA als verwendet bescheinigt werden müsste. Diese Aufteilung erscheint aus unserer Sicht insoweit nicht sachgerecht, als die vGA zumindest insoweit **nach** der oGA verwendet wird, als eine Realisierung des KSt-Guthabens nicht in Betracht kommt.

Auf der Ebene des AE ergeben sich im ÜZ durch die Steuerfolgen – bis auf die Verwendung des steuerlichen Einlagekontos – keine besonderen Rechtsfolgen. Es ist allerdings darauf hinzuweisen, dass KapG als Empfängerinnen von vGA diese gem. § 8b Abs. 1 KStG steuerfrei vereinnahmen können.

5 Steuerliche Folgen von Verlusten (Einkommensverwendungsebene)

5.1 Überblick

Die steuerliche Behandlung von Verlusten auf der Einkommensverwendungsebene setzt das Entstehen von Verlusten auf der Einkommenserzielungsebene und deren Berücksichtigung im Wege des Verlustabzugs voraus. Ein Verlustausgleich berührt nur die Einkommenserzielungsebene.

Der Verlustabzug ist – wie dargestellt – in Form des Verlustrücktrages (VRt) und des Verlustvortrages (VVt) möglich. Ab den Verlusten des Jahres 1999 ist nur noch ein einjähriger VRt möglich, der nach Wahl der KapG überhaupt nicht oder nicht in voller Höhe vorgenommen werden muss (§ 10d Abs. 1 S. 7 und 8 EStG).

Das Ziel eines Verlustabzuges in Form eines VRt bzw. VVt soll unter steuerlichen Aspekten darin bestehen, eine KSt-Entlastung i.H.d. Tarifbelastung des durch den VRt bzw. VVt von KSt freigestellten Einkommens zu erreichen. Dies ist nach der Systemumstellung des KSt-Rechts auf eine Definitivsteuer künftig ohne weiteres möglich. In der Vergangenheit, die aus systematischen Gründen auch hier miterläutert werden soll, stellten sich Probleme, wenn das Einkommen des VRt-Jahres wirtschaftlich nicht mehr mit KSt belastet war, da es bereits an die AE ausgeschüttet worden ist und so – im Ergebnis – vollständig auf der AE-Ebene besteuert worden ist. Im Anrechnungsverfahren bestand ein Konkurrenzverhältnis zwischen der Steuerentlastung durch Gewinnausschüttungen und der Steuerentlastung durch VRt.

In der StB wirkt sich ein VRt im Rücktragsjahr nicht aus. Durch den VRt wird zwar das Einkommen dieses Jahres außerhalb der Bilanz gemindert und somit von der KSt freigestellt, ein daraus resultierender KSt-Erstattungsanspruch wirkt sich zeitlich erst nach Vornahme des VRt aus, d.h. frühestens zum Ende des Verlustentstehungsjahres (vgl. A 89 Abs. KStR).

5.2 Folgen von Verlusten im Anrechnungsverfahren

5.2.1 Grundlagen

Der Verlustabzug hat Auswirkungen auf die Gliederung des vEK. Im Verlustentstehungsjahr mindert sich – insoweit entsprechend der Behandlung in der StB (§ 29 Abs. 1 KStG a.F.) – das vEK, was durch einen Abzug beim EK 02 dokumentiert wurde (§ 33 Abs. 1 KStG a.F.). Durch den Abzug beim EK 02 wird zugunsten der Steuerpflichtigen erreicht, dass kein KSt-Guthaben vernichtet wird. Beim VVt sind im Anrechnungsverfahren keine Besonderheiten zu berücksichtigen. Der VVt mindert das steuerpflichtige Einkommen des VVt-Jahres, der im Verlustentstehungsjahr vorgenommene Abzug beim EK 02 (§ 33 Abs. 1 KStG a.F.) wird entsprechend ausgeglichen (§ 33 Abs. 2 KStG a.F.).

Beispiel 86: Technik des Verlustabzugs
Eine GmbH, die am 01.01.01 gegründet worden ist, erleidet in 01 einen Verlust von 200. In 02 erzielt sie einen Gewinn (entspricht körperschaftsteuerlichem Einkommen) von 400.

5 Steuerliche Folgen von Verlusten (Einkommensverwendungsebene)

Lösung:
Das vEK gliedert sich in den Jahren 01 – 02 wie folgt:

		40	02
01.01.01		0	0
Verlust 200 (§ 33 Abs. 1 KStG a.F.)			./. 200
31.12.01		0	./. 200
Einkommen:	400		+ 200
./. Verlustvortrag:	200		
steuerpflichtiges Einkommen:	200	120	

Das negative EK 02 des Verlustentstehungs-Jahres 01 wird gem. § 33 Abs. 2 KStG im Verlustabzugsjahr ausgeglichen, da insoweit steuerfreies Einkommen erzielt wird. Es erfolgt ein Zugang zum tarifbelasteten EK nur mit den Einkommensbestandteilen, die den VVt übersteigen. Das EK in der Gliederungsrechnung entspricht dem EK in der StB sowohl zum 31.12.01 als auch zum 31.12.02. Die KSt-Belastung für das Jahr 02 beträgt 80.

Die Behandlung des VVt in der Gliederungsrechnung stellt sich auch deshalb als unproblematisch dar, weil kein KSt-Erstattungsanspruch zu berücksichtigen ist, da sich die KSt lediglich im Verlustabzugsjahr mindert. Beim VRt ist die Behandlung im Rücktragsjahr dadurch komplizierter, da für dieses Jahr (unabhängig von vorgenommenen Gewinnausschüttungen) bereits Einkommen (abzüglich der Tarifbelastung) in die Gliederungsrechnung eingestellt worden ist. Es ist nach Vornahme des VRt die Gliederungsrechnung zu korrigieren.

Beispiel 87: Technik des Verlustrücktrags
Eine in 01 gegründete GmbH erzielt in 01 einen Gewinn (entspricht Körperschaftsteuerlichem Einkommen) von 400, der vollständig auf neue Rechnung vorgetragen wird. In 02 erleidet sie einen Verlust von 200, der nach 01 rückgetragen werden soll.

Lösung:
a) Gliederung des vEK **vor VRt**

		40	02
01.01.01		0	0
Einkommen 400		240	
31.12.01		240	0
Verlust:	200		./. 200

Das Einkommen unterliegt in 01 der Tarifbelastung, das Eigenkapital in der Gliederungsrechnung stimmt zum 31.12.01 mit dem der StB überein. Zum 31.12.02 hat sich sowohl in der StB als auch in der Gliederungsrechnung das Eigenkapital um 200 auf 40 gemindert. Durch den VRt wird – nachträglich – das steuerpflichtige Einkommen in 01 gemindert, entsprechend ist die KSt-Belastung.

b) Gliederung des vEK nach Vornahme des VRt

		40	02
01.01.01		0	0
Einkommen 01	400		
./. VRt	200		
steuerpflichtiges Einkommen	200	120	200
Abzug gem. A 89 Abs. 3 S. 5 KStR			./. 80
31.12.01		120	120
Verlust	200		./. 200
Hinzurechnung gem. A 89 Abs. 3 S. 7 KStR			+ 80

In 01 (**Verlustabzugsjahr**) wird nur noch das Einkommen, welches den VRt übersteigt, der Tarifbelastung unterworfen. I.H.d. VRt wird Einkommen von der Besteuerung freigestellt, es entstehen steuerfreie Einkommensbestandteile, die dem EK 02 zugeschrieben werden (§ 33 Abs. 2 KStG). Da sich das Eigenkapital in der StB durch den VRt nicht verändert (vgl. oben), ist ein entsprechender Abzug beim EK 02 vorzunehmen (vgl. auch A 89 Abs. 3 S. 5 KStR). Das Eigenkapital hat sich zum Ende des Verlustrücktragjahres nicht in der Höhe, sondern lediglich in der Zusammensetzung verändert.

Im **Verlustentstehungsjahr** (02) mindert sich – entsprechend der Behandlung in der StB – das Eigenkapital; allerdings wird das Eigenkapital durch den Steuererstattungsanspruch in 02 erhöht. Dieser Erstattungsanspruch ist steuerlich konsequenter Weise in das EK 02 einzustellen (vgl. auch A 89 Abs. 3 S. 7 KStR). Der VRt hat zu einer Steuerentlastung i.H.d. Tarifbelastung des durch den VRt freigestellten Einkommens (200) geführt (Minderung der Steuerbelastung i.H.v. 80). In dieser Höhe hat sich das Eigenkapital in der Gliederungsrechnung – wie in der StB – nach Vornahme des VRt erhöht.

Besondere Probleme treten auf, wenn für das Verlustrücktragsjahr **Gewinnausschüttungen** vorgenommen sind, die auf der Ebene der KapG bereits für eine KSt-Entlastung gesorgt haben. In diesen Fällen kann ein „überschießender Verlustrücktrag" dazu führen, dass die gewünschte KSt-Entlastung i.H.d. Tarifbelastung des durch den Verlustrücktrag freigestellten Einkommens nicht eintritt, die Minderung der Tarifbelastung durch den Verlustrücktrag zumindest teilweise durch eine von der Gewinnausschüttung ausgelöste KSt-Belastung kompensiert wird. In diesen Fällen wird auf den VRt dann zu verzichten sein bzw. der Verlustrücktrag der Höhe nach beschränkt werden müssen. Dabei ist immer von dem Ziel des **optimalen Verlustrücktrag**, eine möglichst hohe KSt-Entlastung für das Verlustrücktragsjahr zu erreichen, auszugehen.

Beispiel 88: Überschießender Verlustrücktrag
Eine GmbH hat in 01 ein Einkommen von 400 erzielt, welches sie in voller Höhe an die AE ausschüttet. Die maximale Dividende beträgt 280. In 02 erleidet die GmbH einen Verlust i.H.v. 300, den sie nach 01 rückträgt.

Lösung:

a) Gliederung des vEK vor VRt

Vor Verlustrücktrag hat die KSt-Belastung der GmbH für 01 120 betragen und die Gliederung des verwendbare Eigenkapital wurde wie folgt festgestellt:

		40	02
01.01.01		0	0
Einkommen 01: 400		240	
31.12.01		240	0
./. Gewinnausschüttung	280	./. 240	
Verlust 02			./. 300

Zum Ende des Wj. 02 war das Eigenkapital i.H.d. eingetretenen Verlustes negativ.

b) Entwicklung des vEK nach VRt

Das Ziel des Verlustrücktrags soll sein, eine KSt-Entlastung i.H.d. Tarifbelastung des durch den Verlustrücktrag freigestellten Einkommens zu erreichen. Dies würde nach dem Verlustrücktrag eine KSt-Erstattung i.H.v. 120 bedeuten (vgl. auch Lösung 87).

		40	02
01.01.01		0	0
Einkommen	400		
./. VRt	300		+ 300
steuerpflichtiges Einkommen	100	+ 60	./. 180
31.12.01		60	120
./. Gewinnausschüttung von	280	./. 60	
Restausschüttung	210		./. 210
./. KSt-Erhöhung			./. 90
./. Verlust			./. 300
+ KSt-Erstattung			+ 120

Die Tarifbelastung für das Jahr 01 beträgt 40, die Steuermehrbelastung durch die vorgenommene Gewinnausschüttung beträgt 80 (KSt-Minderung aus der Verwendung des EK 40 i.H.v. 10, KSt-Erhöhung wegen der Verwendung des EK 02 i.H.v. 90). Die KSt-Belastung hat sich durch den Verlustrücktrag nicht verändert, das Eigenkapital in der Gliederungsrecht und StB ebenfalls nicht. **Der Verlustrücktrag ist ohne KSt-Entlastung verbraucht.**

In solchen Situationen sollte die KapG auf den Verlustrücktrag **verzichten** und den Verlust **vortragen**, wodurch sich die Konkurrenzsituation zwischen Verlustvortrag und Gewinnausschüttung nicht ergeben kann, da i.d.R. solange und soweit kein Ausschüttungsvolumen besteht, als das Einkommen den in 02 erlittenen Verlust nicht übersteigt.

c) **Fortführung des Beispiels:**
Die GmbH hat in 02 von dem VRt Abstand genommen; sie erklärt in 03 ein positives Einkommen von 600.
Die Gliederung des vEK entwickelt sich wie folgt:

		40	02
31.12.02		0	./. 300
+ Einkommen 03	600		
./. VVt	300		
Steuerpflichtiges Einkommen	300	+ 180	
Steuerfreies Einkommen			+ 300

Durch den Verlustvortrag mindert sich die Steuerbelastung in 03 um die Tarifbelastung des durch den Verlustrücktrag freigestellten Einkommens (120). Der **Steuerentlastungseffekt** ist eingetreten.

5.2.2 Berechnung des optimalen Verlustrücktrags

Die vorherigen Beispiele haben verdeutlicht, dass das Wahlrecht des § 10d Abs. 1 S. 7 und 8 EStG, auf den VRt ganz oder teilweise zu verzichten, in Anspruch genommen werden soll, wenn der Steuerentlastungseffekt des VRt insb. wegen Gewinnausschüttung (aber auch wegen nicht abziehbarer Ausgaben) nicht oder nur teilweise eintreten kann[126]. Die Höhe des optimalen VRt kann nach der in der Lit. vorgeschlagenen Berechnungsmethode[127] in der Weise ermittelt werden, dass – ausgehend von dem Bestand des belasteten Eigenkapitals zu Beginn des VRt-Jahres – berechnet wird, in welcher Höhe belastetes nach einer vorgenommenen Gewinnausschüttung für den VRt zur Verfügung steht.

Hinweis: Es wird im Folgenden nur auf die hoch belasteten Eigenkapital-Teilbeträge (EK 45 bzw. 40) eingegangen. Es sei klargestellt, dass bei einer Berechnung von Gewinnausschüttung (nach erfolgtem VRt) mit EK 30 noch ein Steuerentlastungseffekt eintritt. Da die Gewinnausschüttung aber kein KSt-Minderungspotential mobilisieren kann, ist der Entlastungseffekt suboptimal.

Folgende Berechnung kann für Regelfälle vorgenommen werden (auf Teilbeträge des EK 45 wird nicht eingegangen):

Ausgangsbestand des EK 40 im VRt-Jahr
+ darauf lastende Tarifbelastung (40/60)
+ Einkommen im VRt-Jahr
./. nicht abziehbare BA
./. hierauf lastende Tarifbelastung (40/60)
./. mit EK 40 zu verrechnende Gewinnausschüttungen
./. darauf lastende Ausschüttungsbelastung (30/70 der Gewinnausschüttung)
optimale Höhe des VRt

Dieses Rechenschema sei an folgendem Beispiel verdeutlicht:

---

[126] Vgl. *Schiffers*, GmbHR 1996, 331.
[127] Vgl. *Dötsch u.a.*, Körperschaftsteuer, Anm. 1593.

Beispiel 89: Optimaler Verlustrücktrag
Eine GmbH erzielt in 01 ein steuerpflichtiges Einkommen von 400, wobei darin nicht abziehbare BA (Hälfte der Aufsichtsratsvergütungen) von 24 enthalten waren. In 02 schüttet die GmbH 252 für 01 aus; sie erleidet einen Verlust i.H.v. 300. Zum 31.12.00 hat die GmbH folgende Feststellung (§ 47 Abs. 1 S. 1 Nr. 1 KStG a.F.) getroffen: EK 40: 60

Lösung:
Folgende Berechnung ist durchzuführen:

Ausgangsbestand an EK 40 im VRt-Jahr:	60
+ darauf lastende Tarifbelastung:	40
+ Einkommen:	400
./. nicht abziehbare BA:	24
./. darauf lastende Tarifbelastung:	16
./. mit EK 40 zu verrechnende Gewinnausschüttung:	252
./. darauf ruhende Ausschüttungsbelastung:	108
optimale Höhe des VRt:	**100**

Bei einem Verlustrücktrag i.H.v. 100 sollte eine KSt-Entlastung i.H.d. Tarifbelastung des durch den Verlustrücktrag freigestellten Einkommen, d.h. 40, eintreten. Zur Verprobung soll die KSt-Belastung vor und nach Verlustrücktrag und jeweilige Entwicklung des verwendbaren Eigenkapitals dargestellt werden:

a) **Vor VRt:**
Die Steuerbelastung für 01 beträgt vor Verlustrücktrag 124; die Steuerbelastung setzt sich zusammen aus einer Tarifbelastung von 160 und einer KSt-Minderung durch die Ausschüttung i.H.v. 36. Das verwendbare Eigenkapital vor Verlustrücktrag entwickelt sich wie folgt:

	40	02
31.12.01	60	0
+ Einkommen 400	240	
./. nicht abziehbare BA	./. 24	
31.12.01	276	0
./. Gewinnausschüttung 252	./. 216	
Verlust 02		./. 300

b) **Nach VRt**

	40	02
31.12.00	60	0
+ Einkommen 400		
./. Verlustrücktrag 100		100
steuerpflichtiges Einkommen 300	180	
./. nicht abziehbare BA	./. 24	
Abzug gem. A 89 Abs. 3 S. 5 KStR		./. 40
31.12.01	216	60
./. Gewinnausschüttung 252	./. 216	
Verlust 300		./. 300
+ Körpersteuererstattung		+ 40

Die KSt-Belastung beträgt nach Verlustrücktrag 84, sie setzt sich aus der Tarifbelastung von 120 und einer KSt-Minderung i.H.v. 36 zusammen. Es ist eine Entlastung i.H.d. Tarifbelastung des durch den Verlustrücktrag freigestellten Einkommens eingetreten. Der Verlustabzug ist erst i.H.v. 100 verbraucht, i.H.v. 200 kann er vortragen werden.

Eine Entlastung tritt immer dann in optimaler Höhe ein, wenn die Gewinnausschüttung vor und nach Verlustrücktrag aus **dem gleichen EK-Teilbetrag** finanziert werden kann. Dann ist gewährleistet, dass die Gewinnausschüttung nach der Vornahme des VRt keine andere KSt-Änderung bewirkt als vor dem VRt. Entscheidend ist dabei immer nur die Gewinnausschüttung, die mit dem Teilbetrag EK 40 verrechnet wird. Gewinnausschüttungen, die noch mit vorhandenem EK 45 verrechnet worden sind, beeinträchtigen die optimale Höhe eines VRt nicht, da diese ab 1999 nur die Höhe des EK 40 mindern kann, da zu diesem Teilbetrag das freigestellte Einkommen Zugang gefunden hat.

Bei der Berechnung der optimalen Höhe des Verlustrücktrag sind **Besonderheiten** zu beachten, wenn

- eine Gewinnausschüttung vor Verlustrücktrag mit dem EK 45,
- eine Gewinnausschüttung vor Verlustrücktrag mit dem EK 02,
- eine Gewinnausschüttung vor Verlustrücktrag mit dem EK 04

verrechnet worden ist.

Bei der Verrechnung der **Gewinnausschüttung mit EK 45** ist zu bedenken, dass insoweit keine Minderung des Verlustrücktrags in Frage kommt, da dieser Teilbetrag durch den Verlustrücktrag nicht gemindert wird. Soweit eine Gewinnausschüttung vor Verlustrücktrag **mit EK 02** verrechnet worden ist, hat sich bereits die größtmögliche KSt-Erhöhung durch die Gewinnausschüttung ergeben. Eine Beschränkung des Verlustrücktrag ist insoweit nicht sinnvoll, da eine höhere KSt-Erhöhung auch nach Verlustrücktrag nicht eintreten kann. Bei der Verwendung des EK 04 für die Gewinnausschüttung ist zu berücksichtigen, dass durch den Verlustrücktrag „neues EK 02" entsteht und die Gewinnausschüttung nach Verlustrücktrag wegen der vorrangigen Verwendung des EK 02 erstmals zu einer KSt-Erhöhung führt. Dies Ergebnis tritt dadurch ein, dass für die Verwendung des EK 04 keine Verwendungsfestschreibung in das KStG aufgenommen worden ist. In diesen Fällen ist von einem Verlustrücktrag abzuraten.

5.3 Die steuerliche Behandlung von Verlusten nach dem Steuersenkungsgesetz

5.3.1 Grundlagen

Nach dem Systemwechsel ergeben sich durch Gewinnausschüttungen keine steuerlichen Auswirkungen auf der Ebene der Einkommensverwendung. Die Regeln über die Behandlung von Verlusten im Anrechnungsverfahren sind weggefallen, insoweit treten keine Besonderheiten auf. Durch Verluste wird das Eigenkapital in der Steuerbilanz gemindert.

Nach dem Systemwechsel sind Gewinnausschüttungen nach der Differenzrechnung der §§ 38, 27 KStG zuerst (unabhängig von einer Realisierung des KSt-Guthabens) mit dem neutralen nicht gesondert festgestellten Vermögen zu verrechnen. Dieses neutrale Vermögen wird durch Verluste gemindert, woraus sich eine frühzeitigere Verwendung des EK 02 bzw. des steuerlichen Einlagekontos ergeben kann. Diese frühere Verwendung von EK 02 ist jedoch unabhängig von einem Verlustrücktrag oder Verlustvortrag, sondern ist allein durch die Minderung des bilanziellen Eigenkapitals in der Steuerbilanz verursacht. Eine KSt-Erhöhung kann somit allein durch sorgfältige Planung von Ausschüttungen verhindert werden. Anknüpfungspunkt ist für Gewinnausschüttungen stets das Eigenkapital in dem Verlustentstehungsjahr, so dass die Ausübung des Wahlrechtes in § 10d Abs. 1 S. 7 und 8 EStG insoweit keine Bedeutung hat.

5.3.2 Verluste über den Systemwechsel hinweg

Eine Besonderheit kann allerdings für Verluste des Jahres 2000 und des Jahres 2001 gelten, auf die kurz eingegangen werden soll. Die steuerliche Problematik liegt darin, dass sowohl bei einem Verlustvortrag des in 2000 entstandenen Verlustes nach 2001 als auch bei einem Verlustrücktrag eines in 2001 entstandenen Verlustes nach 2000 beide Systeme zusammentreffen. Die Verlustbehandlung in der Gliederungsrechnung war nach altem Recht ein i.R.d. EK 02 vollständig ausgeglichen. Dabei ist zu berücksichtigen, dass § 33 KStG a.F. nur dann sachgerechte Ergebnisse hervorbringt, wenn **beide Absätze des § 33 KStG** für den Verlust im Entstehungsjahr und den Verlust im Verlustabzugsjahr zur Anwendung kommen. Die isolierte Anwendung eines der Absätze kann innerhalb eines geschlossenen Systems nicht zu systematischen Ergebnissen führen. Durch den Systemwechsel des KStG ist dieses System in den angesprochenen Fällen aufgebrochen worden.

Erleidet eine GmbH im Jahr 2000 einen Verlust, den sie nicht in das Jahr 1999 zurücktragen kann, weil in den Vorjahren ebenfalls Verluste eingetreten waren, führt die Bildung von negativen Teilbeträgen EK 02 gem. § 33 Abs. 1 KStG a.F. dazu, dass KSt-Guthaben bei der zum 31.12.2000 notwendigen Umgliederung des vEK vernichtet wird (vgl. § 36 Abs. 4 KStG). Diese Vernichtung des KSt-Guthabens resultiert aus der isolierten Anwendung des § 33 Abs. 1 KStG; das geschlossene System der Verlustbehandlung im Anrechnungsverfahren ist aufgebrochen, in 2001 kann positives Einkommen nicht mehr zu einer Erhöhung des EK 02 führen (und damit im Ergebnis zum Wiederaufleben des KSt-Guthabens). In dem geschlossenen System hätte ein Verlustabzug zwar auch zu einer Minderung des KSt-Guthabens durch Minderung der EK 40-Bestände geführt, es wäre aber in gleicher Höhe zu einer KSt-Entlastung gekommen. M.E. muss die „Verlustverwendung" auch für Verluste, die „zwischen den Systemen" entstanden sind, in einem geschlossenen, einheitlichen System erfolgen. Es erscheint angemessen, den Verlust des

Jahres 2000 gliederungsmäßig bereits nach neuem Recht zu erfassen mit der Folge, dass er das nicht gesondert festgestellte neutrale Vermögen mindert – ein Abzug gem. § 33 Abs. 1 KStG a.F. beim EK 02 käme nicht in Betracht.

Hinweis: In der Literatur wird eine geschlossene Lösung dergestalt angeboten, die Zuschreibung gem. § 33 Abs. 2 KStG bereits zum 31.12.2000 vorzunehmen. Diese Lösung verlängert, die hier angebotene Lösung verkürzt das alte System. Im Ergebnis führen aber beide Lösungen zu einer einheitlichen geschlossenen Lösung[128].

Bei Verlusten des Jahres 2001, die in das Jahr 2000 zurückgetragen werden, mindert sich die KSt-Belastung diesen Jahres i.H.d. Tarifbelastung des durch den VRt freigestellten Einkommens. Es stellt sich jedoch die Frage, ob der VRt auch im Verlustabzugsjahr zu einer Erhöhung des EK 02 führen kann (§ 33 Abs. 2 KStG a.F.). § 33 Abs. 2 KStG a.F. bestimmte insoweit, dass eine Hinzurechnung nur erfolgt, soweit im Verlustentstehungsjahr eine Kürzung des EK 02 vorgenommen worden ist (**Geschlossenheit des Systems**). Nachdem im Verlustentstehungsjahr (2001) eine Kürzung des EK 02 nicht mehr vorgenommen werden kann, kann kein positives EK 02 entstehen, woraus sich künftig eine KSt-Erhöhung ergeben könnte[129]. Der Verlust in 2001 mindert – nach neuer Rechtslage – das nicht mehr gesondert festgestellte neutrale Vermögen.

Diese Beispiele zeigen, dass der Gesetzgeber den Systemwechsel und die daraus entstehenden Folgen nicht immer systemstimmig zu Ende gedacht hat. Notwendige Klarstellungen (besser Korrekturen) sind im UntStFG versäumt worden.

---

[128] Vgl. zu dem Problemkreis *Düll/Fuhrmann/Eberhard*, DStR 2001, 645.
[129] Vgl. insoweit zustimmend *Dötsch* in *Dötsch/Eversberg/Jost/Witt*, KStG und EStG, § 38 KStG Anm. 8.

V Die Bedeutung der Organschaft

1 Überblick

Das Rechtsinstitut der Organschaft (OG) berücksichtigt die gesellschaftsrechtliche Möglichkeit, Gesellschaften als abhängige – rechtlich zwar selbständige, wirtschaftlich aber eingegliederte – Glieder eines Konzerns zu führen. Diese Gesellschaften verfolgen nicht mehr ein eigenes wirtschaftliches Ziel der Gewinnmaximierung, sondern dienen als Glieder des Unternehmensverbundes der Erreichung eines übergeordneten Konzernerfolgs[130]. Dieser wirtschaftlichen Unselbständigkeit entspricht – mit unterschiedlichen Voraussetzungen und Rechtsfolgen im Einzelnen – der Grundgedanke der Organschaft, dass das abhängige Unternehmen (Organgesellschaft) nicht selbst zur Besteuerung herangezogen wird, sondern das Einkommenszurechnungssubjekt die übergeordnete Einheit (Organträger) darstellt. Dies führt im Umsatzsteuerrecht dazu, dass konzerninterne Umsätze nicht der Umsatzsteuer unterliegen, da das abhängige Unternehmen nicht als Unternehmen i.S.d. UStG angesehen werden kann, im Gewerbesteuerrecht ist die OG lediglich eine (unselbständige) Betriebsstätte des OrgT.

Die körperschaftsteuerliche Organschaft berücksichtigt die rechtliche Selbständigkeit der OG und lässt die Verpflichtung der OG, das Einkommen in einem ersten Schritt zu ermitteln, unberührt. Allerdings wird das **ermittelte Einkommen** in einem zweiten Schritt dem Organträger wie ein eigenes Einkommen **zugerechnet**.

Das Rechtsinstitut der Organschaft ermöglichte im System des Anrechnungsverfahrens, sowohl Gewinne innerhalb eines Konzers phasengleich zu vereinnahmen als auch positive Beiträge mit negativen Beiträgen von Konzernunternehmen auf der Ebene des OrgT zu saldieren. Im neuen KSt-System wird die Bedeutung der Organschaft weiter zunehmen. Es ist bei Unternehmensverbindungen zwischen Kapitalgesellschaften nicht mehr möglich, Aufwendungen auf die Beteiligung (z.B. Fremdkapitalzinsen für den Beteiligungserwerb) abzuziehen (§ 3c Abs. 1 EStG); ebenso können Gewinnausschüttungen von Konzerngesellschaften an die Konzernmutter (OrgT) deren Verluste nicht mehr steuerlich ausgleichen, da die Gewinnausschüttungen bei der Ermittlung des Einkommens außer Betracht bleiben (§ 8b Abs. 1 KStG). Nach früherem Recht war es in diesen Fällen auch ohne Organschaft möglich, auf der Ebene der Muttergesellschaft (OrgT) eine Saldierung der Ergebnisse und die Realisierung von KSt-Guthaben herbeizuführen.

Der Zunahme der Bedeutung der Organschaft entspricht eine rege Gesetzgebungsaktivität auf diesem Gebiet. Bereits im StSenkG wurden die Voraussetzungen der Organschaft erleichtert, indem zum einen auf die wirtschaftliche und organisatorische Eingliederung verzichtet wurde und zum anderen das Additionsverbot zwischen unmittelbaren und mittelbaren Beteiligungen bei der Prüfung der finanziellen Eingliederung aufgehoben wurde. Durch diese Änderungen wurden die Unterschiede zwischen der körperschaftsteuerlichen und gewerbesteuerlichen Organschaft vergrößert, da diese Erleichterungen ausschließlich für die körperschaftsteuerliche Organschaft gelten sollten; zudem galt das Erfordernis eines Ergebnisabführungsvertrages weiterhin nur im KSt-Recht. Mit dem UntStFG wurden einerseits die Voraussetzungen beim OrgT weiter erleichtert (**Wegfall**

---

[130] *Hommelhoff*, DB 1992, 309.

des doppelten Inlandsbezugs) und andererseits Regeln über die mehrfache Abhängigkeit (sog. **Mehrmütterorganschaft**) erstmals in das Gesetz aufgenommen. Die Aufnahme der Voraussetzungen und der Rechtsfolgen der Mehrmütterorganschaft entspricht weitgehend der bisherigen Verwaltungsauffassung. Die rückwirkende gesetzliche Regelung (ab 2000) erscheint insoweit aber bedenklich, als eine gegenläufige Rspr. des BFH (Urteil vom 09.06.1999, BStBl II 2000, 695), die sich an den gesellschaftsrechtlichen Voraussetzungen und Rechtfolgen der mehrfachen Abhängigkeit orientierte[131], mit Rückwirkung aufgehoben werden soll. Dies gilt insb. für die Auswirkungen im Gewerbesteuerrecht, wo nach der Rspr. des BFH die Ergebnisse der Konzernglieder unmittelbar den verschiedenen OrgT – und nicht etwa der Mehrmütter-GbR, die zur Koordinierung der Interessen als Innengesellschaft der OrgT gegründet wurde – mit der Möglichkeit eines gewerbesteuerlichen Verlustausgleichs zugerechnet wurde. Die neue Gesetzeslage, die die Ergebnisse der Innen-GbR zurechnet, ist für die Stpfl. nachteilig, eine Rückwirkung aus verfassungsrechtlichen Gründen zweifelhaft.

Abschließend ist darauf hinzuweisen, dass sich die gewerbesteuerlichen Voraussetzungen der Organschaft an das KSt-Recht angeglichen haben. Es besteht nunmehr nicht mehr die Möglichkeit, ausschließlich eine isolierte gewerbesteuerliche Organschaft zu begründen; es ist darauf zu achten, die zusätzlichen Voraussetzungen für eine gewerbesteuerliche Organschaft (EAV) zu erfüllen (**Ergebnisabführungsvertrag**).

2 Gesellschaftsrechtliche Grundlagen der Organschaft

Das Rechtsinstitut der körperschaftsteuerlichen Organschaft knüpft an das gesellschaftsrechtliche Konzernrecht an. Durch die gesellschaftsrechtlichen Regeln des Konzerns ist es den Konzernobergesellschaften erlaubt – je nach Konzernform in unterschiedlicher Intensität –, entgegen der sonst bestehenden aktienrechtlichen Eigenverantwortlichkeit des Vorstandes einer Aktiengesellschaft unmittelbar auf die Unternehmenspolitik Einfluss zu nehmen und somit auch die Gewinnchancen der Tochtergesellschaft zu bestimmen bzw. sogar Vermögensverlagerungen zwischen Mutter- und Tochtergesellschaft bzw. zwischen verschiedenen Tochtergesellschaften vorzunehmen[132]. Das gesellschaftsrechtliche Konzernrecht differenziert zwischen drei Konzernformen, nämlich

1. faktischer Konzern (§§ 15 ff., 311 ff. AktG),
2. Vertragskonzern (§§ 291 ff. AktG),
3. Eingliederungskonzern (§§ 319 ff. AktG).

Dabei lässt sich grundlegend die Beurteilung vornehmen, dass beim einfachen faktischen Konzern zwar Einfluss von der Muttergesellschaft auf die Tochtergesellschaft genommen werden kann, dabei jedoch immer das **wirtschaftliche Eigeninteresse der Tochtergesellschaft** beachtet werden muss (vgl. insb. §§ 311, 317 AktG). Daher wurde – nach früherem Recht – eine sog. organisatorische Eingliederung allein aufgrund eines faktischen Konzernverhältnisses nicht angenommen. Die Einflussnahmemöglichkeit intensiviert sich entscheidend beim sog. Vertragskonzern, bei einem Eingliederungskonzern

---
[131] Vgl. nur *Hüffer*, AktG, § 291 Anm. 16.
[132] Vermögensverlagerungen gelten nicht als Verstoß gegen den Kapitalerhaltungsgrundsatz, vgl. §§ 291 Abs. 3, 323 Abs. 2 AktG.

2 Gesellschaftsrechtliche Grundlagen der Organschaft

sind die Schranken zwischen Hauptgesellschaft (OrgT) und abhängiger Gesellschaft (OG) endgültig aufgehoben (§§ 308, 323 AktG). Die Regeln der körperschaftsteuerlichen Organschaft knüpften früher noch offensichtlicher als heute an die Regeln des Vertragskonzerns an, wie sich aus der Vermutung einer organisatorischen Eingliederung bei Abschluss eines Beherrschungsvertrages schließen ließ. Auch nach Wegfall der Voraussetzungen der wirtschaftlichen und vor allem der organisatorischen Eingliederung werden Organschaften in erster Linie bei Vertrags- und Eingliederungskonzernen vorkommen; dies liegt an dem steuerlichen Erfordernis eines EAV, der in der gesellschaftsrechtlichen Praxis oft mit einem Beherrschungsvertrag (vgl. § 291 AktG) kombiniert wird. Auf das Erfordernis eines EAV wird auch bei Eingliederungskonzernen nicht verzichtet, wobei bei Abschluss des EAV in einem Eingliederungs-Konzern gesellschaftsrechtliche Erleichterungen bestehen (vgl. insb. § 324 Abs. 2 AktG).

Für die Frage des Vorliegens der Voraussetzungen einer Organschaft sind die gesellschaftsrechtlichen Vorschriften maßgeblich. Dies gilt insb. für die Frage der **finanziellen Eingliederung**, wo es auf die Mehrheit der Stimmrechte ankommt, die durch gesellschaftsrechtliche Besonderheiten von der kapitalmäßigen Beteiligung abweichen kann; sodann spielen die gesellschaftsrechtlichen Erfordernisse beim **Abschluss des EAV** bei AG (vgl. § 14 Abs. 1 Nr. 3 KStG i.V.m. §§ 293, 294 AktG) als auch mit anderen KapG (§ 17 KStG mit Bezug auf aktienrechtliche Normen) sowie in Bezug auf die Durchführung des EAV eine erhebliche Rolle. Der Abschluss eines EAV innerhalb eines Eingliederungskonzern bedarf – anders als beim Vertragskonzern – nicht der Beschlussfassung der Hauptversammlung der beteiligten Gesellschaften. Bei der Möglichkeit, **Gewinne aus vororganschaftlicher Zeit** an den OrgT auszukehren, unterscheiden sich der Vertragskonzern und der Eingliederungskonzern. Bei dem Vertragskonzern ist aus § 301 S. 2 AktG – aus Schutz der außenstehenden G'fter – zu schließen, dass eine Abführung sog. vororganschaftlicher Rücklagen unzulässig ist, während dies bei Eingliederungskonzernen gem. § 324 Abs. 2 AktG möglich ist. Dieser Unterschied ergibt sich daraus, dass bei Eingliederungskonzernen ab dem Zeitpunkt des Wirksamwerdens der Eingliederung (Eintragung im Handelsregister) außenstehende Aktionäre aus der Gesellschaft „gedrängt" werden und somit Regeln des Minderheitenschutzes nicht mehr beachtet werden müssen (vgl. § 320a AktG). Wenn innerhalb eines Vertragskonzerns gegen die Höchstgrenze der Gewinnabführung des § 301 AktG (zu den steuerlichen Mindestgrenzen vgl. § 14 Abs. 1 Nr. 4 KStG) verstoßen wird, gilt der EAV insoweit als nicht durchgeführt, was insb. innerhalb der ersten fünf Jahre die Unwirksamkeit der körperschaftsteuerlichen Organschaft von Beginn an nach sich zieht.

Die gesellschaftsrechtlichen Grundlagen des Konzernrechts sind auch für die sog. **Ausgleichszahlungen** von Bedeutung. Ein EAV zwischen Aktiengesellschaften (nach h.M. auch zwischen GmbHs)[133] muss für außenstehende Aktionäre, d.h. für die Aktionäre der OG mit Ausnahme des OrgT selbst, eine Ausgleichszahlung vorsehen, die die entgangenen Gewinnerwartungen bzw. Dividenden der Tochtergesellschaft kompensieren soll (vgl. § 304 AktG). Zur Sicherstellung der effektiven Besteuerung werden diese Ausgleichszahlungen – unabhängig von einem tatsächlichen Einkommen der OG – der OG als Einkommen zugerechnet und von ihr selbst besteuert; dies gilt auch dann, wenn der OrgT – wie in der Praxis oft – die Leistung der Ausgleichszahlungen an die außenstehen-

---

[133] Dies ist strittig. Autoren, die für den Abschluss Einstimmigkeit verlangen, verneinen das Erfordernis; anders diejenigen, die eine qualifizierte Mehrheit ausreichen lassen.

den Aktionäre übernimmt[134]. Im Übrigen ist fraglich, ob die Höhe der festgelegten Ausgleichszahlungen (oft als sog. Garantiedividende gem. § 304 Abs. 2 S. 1 AktG im Vertrag vereinbart) abgeändert werden muss, wenn sich die Besteuerungsgrundlagen der Ausgleichszahlungen von Anteilseigner und der Gesellschaft verändern. Durch die Umstellung des KSt-Systems und der Besteuerung der Anteilseigner kann sich für die Anteilseigner der Netto-Ertrag aus der Ausgleichszahlung erhöhen bzw. mindern. Eine Anpassung wird man nur dann vornehmen können, wenn im EAV eine Anpassung selbst vorgesehen ist, da sich aus gesetzlichen Vorschriften eine Anpassungsverpflichtung nur bei einem späteren groben Missverhältnis ergeben könnte, welches bei Vertragsschluss nicht vorhersehbar war.

Der Gesetzgeber hat sich bei der Regelung der sog. mehrfachen Abhängigkeit (vgl. § 14 Abs. 2 KStG), sog. Mehrmütterorganschaften, von den gesellschaftsrechtlichen Grundlagen entfernt. Gesellschaftsrechtlich ist anerkannt, dass die „Koordinierungsstelle der Leitungsmacht durch die verschiedenen Müttergesellschaften" als reine Innen-GbR nicht Vertragspartner des EAV sein kann und die Abhängigkeit nur zu den einzelnen Muttergesellschaften direkt besteht[135]. Diese Grundlagen hat der BFH in dem Urteil vom 09.06.1999 (BStBl II 2000, 695) nachgezeichnet und die entsprechenden Folgerungen (insb. für das GewSt-Recht) gezogen. Der Gesetzgeber verlangt nunmehr, dass der EAV mit der Innen-GbR selbst abgeschlossen werden muss. In der Praxis wird man sich wegen des Auseinanderfallens der gesellschaftsrechtlichen und steuerrechtlichen Voraussetzungen in diesen Konstellationen damit behelfen müssen, die GbR als Vertragspartner zumindest mit aufzunehmen und die vermögensmäßigen Folgerungen des EAV im Verhältnis zu der Innen-GbR zu ziehen.

3 Steuerrechtliche Voraussetzungen der Organschaft

3.1 Organgesellschaft und Organträger

Beteiligte eines Organschaftsverhältnisses sind die OG als abhängiges Unternehmen und der OrgT als herrschendes Unternehmen. Die OG muss eine Kapitalgesellschaft mit Sitz und Geschäftsleitung im Inland sein, auch eine Vorgesellschaft kann bereits Beteiligte eines Organschaftsverhältnisses sein. Die Beschränkung auf Kapitalgesellschaften als Beteiligte eines Organschaftsverhältnisses auf der Ebene der OG ergibt sich daraus, dass bei PersG der Gewinn unabhängig vom Vorliegen eines Organschaftsverhältnisses den G´ftern unmittelbar zugerechnet wird.

OrgT kann nach der Neufassung nur ein **einziges** gewerbliches Unternehmen sein, so dass bei mehrfacher Abhängigkeit (Mehrmütterorganschaft) die Innen-GbR als OrgT angesehen werden muss. Bei inländischen Kapitalgesellschaften als OrgT ist der **doppelte Inlandsbezug** (Sitz und Geschäftsleitung im Inland) aufgehoben worden, es reicht nunmehr aus, dass sich die Geschäftsleitung im Inland befindet. Die Kapitalgesellschaft darf nicht steuerbefreit sein, damit das Einkommen der OG nicht der Besteuerung entzogen werden kann. Bei PersG als OrgT ist entscheidend, dass die G´fter mit dem auf sie entfallenden Gewinnanteil der deutschen Besteuerung unterliegen, da sonst wegen der unmit-

---

[134] Vgl. *Sauter/Heurung*, GmbHR 2001, 754.
[135] *Koppensteiner*, Kölner Kommentar zum AktG, § 291 Anm. 41.

3 Steuerrechtliche Voraussetzungen der Organschaft

telbaren Zurechnung des OrgT-Einkommens bei ihren G´ftern eine Besteuerungslücke auftreten würde; sind ein oder mehrere G´fter im Inland nur beschränkt steuerpflichtig, müssen die einzelnen Voraussetzungen der finanziellen Eingliederung im Verhältnis unmittelbar zur PersG erfüllt sein (§ 14 Abs. 1 Nr. 2 S. 3 KStG), um die Voraussetzungen der Organschaft im Inland prüfen zu können.

Es besteht auch die Möglichkeit, den Gewinn an ein ausländisches gewerbliches Unternehmen abzuführen, wenn der EAV mit einer im Inland im Handelsregister eingetragenen Zweigniederlassung unter deren Firma abgeschlossen ist und die Voraussetzungen der Eingliederung zur Zweigniederlassung bestehen (die Beteiligung an der Organgesellschaft muss sich im Betriebsvermögen der Zweigniederlassung befinden, § 18 KStG). Demgegenüber ist eine Organschaft zu einer ausländischen Kapitalgesellschaft, die im Inland unbeschränkt steuerpflichtig ist, nicht möglich.

3.2 Finanzielle Eingliederung

Gem. § 14 Abs. 1 Nr. 1 KStG muss der OrgT die Mehrheit der Stimmrechte an der OG halten. Es ist dazu notwendig, dass die Stimmrechtsmehrheit gesellschaftsrechtlich legitimiert ist und nicht allein auf zweiseitigen Verträgen, z.B. Stimmbindungsverträgen, beruht. Die Stimmrechtsmehrheit kann sowohl durch unmittelbare Beteiligung des OrgT an der OG als auch durch mittelbare Beteiligungen sowie durch eine Kombination aus unmittelbarer und mittelbarer Beteiligung vermittelt werden. Das sog. **Additionsverbot** von unmittelbaren und mittelbaren Beteiligungen ist entfallen. Eine mittelbare Beteiligung kann jedoch nur berücksichtigt werden, wenn die Beteiligung des Organträgers an der vermittelnden Gesellschaft mit der Mehrheit der Stimmrechte beteiligt ist.

Beispiel 90: Finanzielle Eingliederung durch unmittelbare Beteiligung
Eine A-GmbH mit Geschäftsleitung im Inland ist zu 60 % an der B-AG beteiligt.

Lösung:
Die unmittelbare Beteiligung vermittelt mehr als die Hälfte der Stimmrechte, eine finanzielle Eingliederung ist gegeben.

Beispiel 91: Finanzielle Eingliederung durch mittelbare Beteiligung
Die A-GmbH ist zu 30 % an der B-AG und zu 60 % an der C-GmbH beteiligt, die wiederum 50 % der Stimmrechte an der B-AG hält.

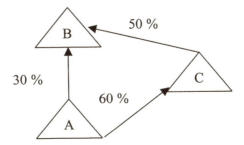

Lösung:
Die B-AG ist finanziell in die A-GmbH eingegliedert, da die unmittelbare und mittelbare Beteiligung die Mehrheit der Stimmrechte gewähren.

Ist der OrgT eine PersG, die ein gewerbliches Unternehmen betreibt, kann nach h.M. die finanzielle Eingliederung sowohl zu der PersG als auch zu den G´ftern bestehen, wenn nur unbeschränkt steuerpflichtige G´fter Mitunternehmer sind[136]. Die G´fter werden als mittelbar Beteiligte an der OG angesehen, durch die zwingende Zugehörigkeit der Beteiligungen der G´fter zum Sonderbetriebsvermögen bei dem OrgT wird die finanzielle Eingliederung angenommen (vgl. insoweit A 52 Abs. 2 KStR). Eine finanzielle Eingliederung sowohl durch die Beteiligung der G´fter als auch durch eine Beteiligung der PersG unmittelbar (Zusammenrechnung der Beteiligungen) konnte vor dem StSenkG nicht angenommen werden. Die h.M. geht nach dem Wegfall des Additionsverbots für die finanzielle Eingliederung auch bei PersG davon aus, dass nunmehr Beteiligungen im Gesamthandsvermögen und im Sonderbetriebsvermögen zusammengerechnet werden können[137]. Es ist also bei PersG als OrgT nur erforderlich, dass alle Beteiligungen, die zum **steuerlichen BV** der PersG gehören, die Mehrheit der Stimmrechte vermitteln. Es ist weder erforderlich, dass alle G´fter der PersG auch G´fter an der OG sind, noch, dass alle G´fter, deren Beteiligung an der OG zum Sonderbetriebsvermögen des OrgT gehören, Mitunternehmer des OrgT bleiben. Erforderlich ist lediglich, dass die Mehrheit der Stimmrechte an der OG zu Beteiligungen gehört, die zum steuerlichen Sonderbetriebsvermögen des OrgT gerechnet werden kann.

Beispiel 92: Finanzielle Eingliederung in PersG I
An der A-KG sind neben der nicht am Kapital beteiligten Komplementär-GmbH A und B je zur Hälfte beteiligt. Die A-KG ist an der X-GmbH zu 30 %, A und B jeweils zu 15 % unmittelbar beteiligt.

Lösung:
Die Beteiligung von A und B an der X-GmbH gehören zu dem Sonderbetriebsvermögen an der A-KG; eine Zusammenrechnung der Beteiligung der A-KG, von A und B an der OG ist nach h.M. zulässig, eine finanzielle Eingliederung liegt vor.

Beispiel 93: Finanzielle Eingliederung in PersG II
Der Sachverhalt entspricht Bsp. 92, B ist jedoch an der X-GmbH über die Y-GmbH beteiligt. Seine Beteiligung an der Y-GmbH beträgt 60 %.

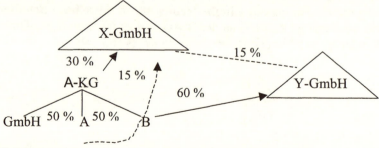

Lösung:
Die Beteiligung des B an der Y-GmbH gehört zum Sonderbetriebsvermögen des B an der A-KG. Es ist nur konsequent, auch mittelbare Beteiligungen an

---

[136] Vgl. *Schmidt/Müller/Stöcker*, Organschaft, Anm. 320.
[137] *Prinz*, FR 2000, 1255.

der Organgesellschaft ausreichen zu lassen. Eine finanzielle Eingliederung ist demnach anzunehmen.
Hinweis: Die mittelbare Beteiligung des B an der OG kann nur für die finanzielle Eingliederung berücksichtigt werden, wenn dem B an der vermittelnden Gesellschaften (hier: Y-GmbH) mehr als die Hälfte der Stimmrechte zustehen.

Die finanzielle Eingliederung muss gem. § 14 Abs. 1 Nr. 1 KStG **mit Beginn des Wirtschaftsjahres der OG ununterbrochen** bestehen. Erwirbt ein OrgT die Beteiligung an der OG in der Mitte des Wirtschaftsjahres und soll die Organschaft von Beginn an bestehen, ist das Wj. der OG auf den Zeitpunkt des Erwerbs der Beteiligung umzustellen, die Zustimmung ist vom FA in Organschaftsfällen zu erteilen (vgl. § 7 Abs. 4 S. 3 KStG)[138].

Beispiel 94: Notwendigkeit eines Rumpf-Wj.
Die X-GmbH ist zu 100 % an der B-AG beteiligt, ein Organschaftsverhältnis besteht nicht. Das Wj. der B-AG ist das Kalenderjahr. Die X-GmbH verkauft und überträgt die Beteiligung an der B-AG auf den 01.07. an die Y-GmbH. Die Y-GmbH will ab Erwerb der Beteiligung mit der B-AG eine Organschaft bilden (die Voraussetzungen des EAV sollen vorliegen).

Lösung:
Die B-AG muss ihr Wj. auf ein abweichendes Wj. vom 01.07. bis 30.06. umstellen, damit sie in die Y-GmbH von Beginn des am 01.07. beginnenden Wj. eingegliedert ist. Die B-AG kann nach dem Erwerb ihr Wj. wieder umstellen; bei Umstellung auf das Kalenderjahr ist die Zustimmung des Finanzamtes nicht erforderlich, bei Umstellung auf ein anderes, den Konzernkreis entsprechendes, abweichendes Wj., hat das FA sein Einvernehmen zu erteilen.

Wenn in dem vorgenannten Bsp. die X-GmbH zu der B-AG ein Organschaftsverhältnis gehabt hätte und dies **bis zum Ende** durchführen wollte, ist es ebenfalls notwendig, zum Verkaufs- und Abtretungszeitpunkt das Wj. umzustellen.

3.3 Sonderfall: Mehrmütterorganschaft

Unter einer Mehrmütterorganschaft versteht man die Abhängigkeit einer Gesellschaft zu mehreren Unternehmen, die zur Koordinierung ihrer Leitungsmacht über die OG eine Innen-GbR gegründet haben. Gesellschaftsrechtlich besteht eine Abhängigkeit zu allen „Müttern", die auch jeweils Vertragspartner des EAV sind; nach h.M. im Gesellschaftsrecht kann die Innen-GbR als reine Innen-Gesellschaft nicht Vertragspartnerin des EAV sein[139].

Die Mehrmütterorganschaft war bisher gesetzlich nicht geregelt, sondern die Steuerverwaltung hat die Voraussetzungen der finanziellen Eingliederung in eine PersG auf diese Fälle erweitert (vgl. A 52 Abs. 6 KStR und BFH vom 28.04.1983, BStBl II 1983, 690). Es wurde lediglich darauf abgestellt, ob die G´fter, die ihre Beteiligungen in der Innen-

---
[138] Vgl. unter Kap. III.2.1.
[139] *Hüffer*, AktG, § 291 Anm. 16.

GbR koordinieren, eine Beteiligung in der Gesamtheit halten (**mittelbar oder unmittelbar!**), die die finanzielle Eingliederung sicherstellt.

Nachdem der BFH (Urteil vom 09.06.1999, BStBl II 2000, 695) festgestellt hat, dass in diesen Fällen – aufgrund gesellschaftsrechtlicher Vorgaben – das Einkommen nicht der GbR, sondern unmittelbar den G´ftern zuzurechnen war und so für die Stpfl. gewerbesteuerlichen Vorteile erzielbar waren (insb. Saldierung von Ergebnissen), hat der Gesetzgeber die Regeln über die Mehrmütterorganschaft in § 14 Abs. 1 KStG mit Wirkung ab 2000 eingeführt (vgl. § 34 Abs. 6 KStG), wobei **ab 2003** die Regeln insoweit modifiziert werden, als jeder G´fter der PersG an der Organgesellschaft **zumindest mit 25 %** beteiligt sein muss, während bis einschließlich 2002 die Beteiligungshöhe des G´fters irrelevant ist. Im Hinblick auf dieses Beteiligungserfordernis sind u.U. Umstrukturierungen der Beteiligungen notwendig, wenn das Rechtsinstitut der Organschaft aufrecht erhalten werden soll. Beteiligungsverkäufe innerhalb der G´fter der Innen-GbR sind unschädlich. Bei Umstrukturierungen in der Weise, dass ein G´fter seine Beteiligung veräußert und aus der GbR ausscheidet, sind die zeitlichen Einschränkungen des § 14 Abs. 2 Nr. 1 KStG zu beachten.

Hinweis: Für die Bearbeitung sei darauf hingewiesen, dass der Gesetzestext unverständliche Formulierungen enthält, die schlicht als Versehen eingestuft werden müssen, so z.B.:

- In der Fassung ab 2000 ist in § 14 Abs. 2 Nr. 1 KStG für die finanzielle Eingliederung auf § 14 Abs. 1 Nr. 1 KStG in der damaligen Fassung verwiesen (vgl. § 34 Abs. 6 KStG). Es bestand jedoch schon immer Einigkeit zwischen der Verwaltung und der Rspr., dass bei Mehrmütterorganschaften ausnahmsweise das Additionsverbot nicht gilt. Es kann aus meiner Sicht nicht angenommen werden, dass rückwirkend diese Verschärfung eingeführt werden soll.
- In der Fassung ab 2003 ist der Verweis in § 14 Abs. 2 KStG auf § 14 Abs. 1 Nr. 3 KStG unverständlich, es muss wohl § 14 Abs. 1 Nr. 2 KStG gemeint sein.

3.4 Ergebnisabführungsvertrag

Nur durch einen EAV wird die Möglichkeit eröffnet, das Einkommen der OG dem OrgT unmittelbar zuzurechnen. Selbst eine Eingliederung der OG in den OrgT ist für sich allein nicht ausreichend, gesellschaftsrechtlich ergeben sich lediglich Erleichterungen in Bezug auf den Abschluss eines EAV. Diese Voraussetzung besteht unabhängig davon, ob die OG die Rechtsform einer AG bzw. KGaA oder GmbH hat. Bei der GmbH muss der abgeschlossene EAV seinem wesentlichen Inhalt (und den formellen Voraussetzungen des Abschlusses) nach dem aktienrechtlichen EAV entsprechen (vgl. § 17 KStG). Der EAV muss **bis zum Ende des Wj.** der erstmaligen Anwendung auf **mindestens fünf Jahre** abgeschlossen und bis zum Ende des folgenden Wj. gesellschaftsrechtlich wirksam werden. Er muss während der gesamten Geltungsdauer durchgeführt werden (§ 14 Abs. 1 und 3 KStG).

Folgende Anforderungen sind zunächst im Einzelnen zu prüfen:

- Abschlusszeitpunkt,
- Zeitpunkt der Wirksamkeit,
- Mindestlaufzeit des Vertrages,
- Durchführungsgebot.

3 Steuerrechtliche Voraussetzungen der Organschaft

Die Unterscheidung in den Abschlusszeitpunkt und Zeitpunkt der Wirksamkeit erklärt sich aus dem (zumindest bei nichteingegliederten Gesellschaften) mehrstufigen Verfahren beim Abschluss von EAV. Für den Abschluss des EAV ist der Vorstand der beteiligten Gesellschaften zuständig, der EAV wird – ausgenommen bei der Eingliederung – aber erst **mit Zustimmung der Hauptversammlung** der beteiligten Gesellschaften wirksam. Die Zustimmung der Hauptversammlung hat hier ausnahmsweise Außenwirkung, beschneidet also nicht nur im Innenverhältnis der Gesellschaft die Kompetenz des Vorstandes. Zusätzlich ist für die Wirksamkeit die **Eintragung in das Handelsregister** notwendig, die Eintragung hat konstitutive Wirkung. Da die Stpfl. keinen Einfluss auf die tatsächliche Eintragung haben, wird aus Praktikabilitätsgründen der Eintragung in das Handelsregister innerhalb der in § 14 Abs. 1 Nr. 3 KStG genannten Frist eine Rückwirkung beigelegt. Handels- und gesellschaftsrechtlich wird die Rückwirkung von EAV dann zugelassen, wenn der Jahresabschluss der OG noch nicht festgestellt ist[140]. Auch bei einer GmbH als OG bedarf es der Zustimmung der beteiligten Gesellschafterversammlungen und der Eintragung in das Handelsregister. Unterschiede bestehen insoweit nicht.

Der EAV selbst bedarf lediglich der Schriftform und muss – aus steuerlichen Gründen – lediglich die Verpflichtung der vollständigen Gewinnabführung (zur Klarstellung auch der Verlustübernahme) und die Mindestlaufzeit enthalten.

Bei eingegliederten OG ist die Zustimmung der Hauptversammlung und die Eintragung in das Handelsregister nicht notwendig; die Erleichterung erklärt sich daraus, dass es der Hauptgesellschaft auch ohne EAV möglich ist, den Jahresüberschuss der eingegliederten Gesellschaft voll umfänglich an sich zu ziehen (vgl. § 323 Abs. 1 AktG).

Der Vertrag muss auf mindestens **fünf (Zeit-)Jahre** abgeschlossen und für diesen Zeitraum auch durchgeführt werden. Eine Beendigung des EAV während eines Jahres wirkt dabei auf den Beginn dieses Wirtschaftsjahres zurück (vgl. § 14 Abs. 1 Nr. 3 KStG). Der Vertrag muss auch während dieser Zeit entsprechend dem (handelsrechtlichen und steuerlichen) Vertragsinhalt durchgeführt werden. Eine Beendigung des Vertrages vor Ablauf der Mindestlaufzeit führt zu einer rückwirkenden Nichtanerkennung der Organschaft, aus den in der Vertragslaufzeit abgeführten Gewinnen bzw. übernommenen Verlusten sind die allgemeinen steuerlichen Folgerungen zu ziehen.[141] Eine Beendigung vor Ablauf der Mindestzeit ist nur dann (für die Vergangenheit) unschädlich, wenn für die Kündigung des Vertrages ein wichtiger Grund bestand, z.B. die Beteiligung an der OG verkauft wurde. Wurde ein EAV nach fünf Jahren zunächst nicht weiter durchgeführt, anschließend aber wieder aufgenommen, muss die „neue Vertragsdauer" wiederum fünf Jahre betragen.

Das **Durchführungsgebot** bezieht sich zum einen auf die tatsächliche Verlustübernahme, zum anderen auf die Abführung des ganzen Gewinns der OG auf den OrgT und schließlich auf die Nichtabführung von vororganschaftlichen Gewinnrücklagen an den OrgT bei nichteingegliederten OG. Die beteiligten Gesellschaften haben also auf die Mindest- und die Höchstabführung des Gewinnes zu achten. Es ist bei der Höhe des abzuführenden Gewinnes darauf hinzuweisen, dass die Beträge der Gewinnabführung zwischen Gesellschaftsrecht und Steuerrecht differieren. Nach den **gesellschaftsrechtlichen Anforderungen** darf eine nichteingegliederte Organgesellschaft (vgl. § 301 AktG)

---

[140] Vgl. nur *Krieger*, Münchener Handbuch des Gesellschaftsrechtes, AG § 71 Anm. 9; *Hüffer*, § 294 Anm. 20.
[141] Sog. **verunglückte Organschaften**. Die Gewinnabführungen sind als vGA, die Verlustübernahme als verdeckte Einlage der Organschaft, anzusehen.

höchstens den ohne die Verpflichtung zur Gewinnabführung entstehenden Jahresüberschuss, vermindert um einen Verlustvortrag aus dem Vorjahr und um die in die gesetzlichen Rücklagen einzustellenden Beträge, abführen. Eine Rücklagenbildung bei der OG ist dabei ausdrücklich zugelassen, eine Abführung vororganschaftlicher Rücklagen verboten. **Steuerlich** besteht gem. § 14 Abs. 1 Nr. 4 KStG nur eine eingeschränkte Zulässigkeit der Rücklagenbildung bei der OG; nur die Rücklagen (mit Ausnahme der gesetzlichen Rücklagen), die bei vernünftiger kaufmännischer Beurteilung zu bilden sind, dürfen den abgeführten Gewinn mindern. Es ist also darauf zu achten, dass bei der OG keine Rücklagen entgegen dem Durchführungsgebot des EAV gebildet werden.

Bei eingegliederten OG ist es möglich, auch vorvertragliche Rücklagen an den OegT auszukehren[142]. Diese Auskehrung kann entweder in Form einer Gewinnausschüttung oder durch eine Gewinnabführung erfolgen, bei nichteingegliederten OG kann die Auskehrung dieser Rücklagen nur in Form einer Gewinnausschüttung an alle Anteilseigner erfolgen. Die Auskehrung vororganschaftlicher Rücklagen in Form der Gewinnausschüttung widerspricht nicht dem Durchführungsgebot des EAV.

> **Beispiel 95: Auskehrung von vororganschaftlichen Rücklagen**
> An der OG sind neben der OrgT (95 % Beteiligung) noch die Minderheits-G′fter X und Y beteiligt. Zu Beginn der Organschaft waren Gewinnrücklagen i.H.v. 1.000 ausgewiesen. Die OrgT will diese Gewinnrücklagen vereinnahmen.
>
> **Lösung:**
> Eine Abführung an die OrgT kommt nicht in Betracht. Die „vororganschaftlichen Rücklagen" können nur im Wege einer Gewinnausschüttung an alle G′fter ausgekehrt werden. An dieser Gewinnausschüttung nehmen auch die Minderheitsgesellschafter teil.

4 Einkommensermittlung bei der Organschaft

4.1 Überblick

Die steuerliche Einkommensermittlung der Organschaft für die OG und den OrgT hat zunächst von der HB der beteiligten Gesellschaften auszugehen. Handelsrechtlich wird die Gewinnabführung bzw. die Verlustübernahme über die G+V abgewickelt, steuerrechtlich handelt es sich um eine außerbilanzielle Einkommenszurechnung. Daher ist zunächst das Einkommen der OG und des OrgT so zu ermitteln, als ob sie unabhängige Gesellschaften wären. Daraus folgt, dass die bilanziellen Auswirkungen der Organschaft in einem **ersten Schritt** rückgängig gemacht werden, bevor in einem **zweiten Schritt** das Einkommen der OG dem OrgT zugerechnet wird. Sog. Ausgleichszahlungen (§ 304 AktG, § 16 KStG) sind jeweils von der OG zu besteuern. Die Höhe der Ausgleichszahlungen bilden „eigenes Einkommen der OG" unabhängig davon, wer die Zahlungen leistet.

---

[142] Es ist kein Minderheitenschutz notwendig.

4.2 Einkommensermittlung der Organgesellschaft

Die Organgesellschaft ist steuerlich eigenes Einkommensermittlungssubjekt, auszugehen ist – wie bei der unabhängigen Kapitalgesellschaft – von dem allgemeinen Einkommensermittlungsschema, welches sich aus § 8 Abs. 1 KStG ableitet.

	Jahresüberschuss lt. Handelsrecht (§§ 275, 277 Abs. 3 HGB)	
+/./.	steuerliche Korrekturen	
=	StB-Ergebnis	
+	nichtabziehbare BA	nur beispielhaft[143]
+	verdeckte Gewinnausschüttung	
./.	verdeckte Einlagen	
=	**Einkünfte** aus Gewerbebetrieb (Zwischensumme I)	
+	an den OrgT abgeführten Gewinn	1. Schritt
./.	vom OrgT übernommener Verlustausgleich	
=	**Zwischensumme II**	
./.	abzugsfähige Spenden (§ 9 KStG) beispielhaft	
=	Einkommen der OG	
./.	dem OrgT zuzurechnendes Einkommen	2. Schritt
=	**eigenes Einkommen der Organgesellschaft**	

Beispiel 96: Einkommensermittlung ohne Rücklagenbildung

Die X-AG ist ein von der Y-AG abhängiges und mit einem EAV verbundenes Unternehmen. Die Voraussetzungen der Organschaft sind erfüllt. Die X-AG erzielt in 01 einen vorläufigen Jahresüberschuss (Vor-Gewinnabführung) i.H.v. 200, den sie vollständig an die Y-AG als OrgT abführt. Besonderheiten bei der Einkommensermittlung der X-AG (z.B. vGA) haben sich nicht ergeben.

Lösung (verkürzt):

Jahresüberschuss laut Handelsrecht:	0
StB-Ergebnis:	0
+/./. außerbilanzielle Korrekturen:	0
Einkünfte aus Gewerbebetrieb (Zwischensumme I):	0
+ an den OrgT abgeführter Gewinn:	200
Zwischensumme II:	200
(Einkommen der Organgesellschaft)	
./. dem OrgT zuzurechnendes Einkommen	200
eigenes Einkommen der OG:	0

---

[143] Vgl. zur Einkommensermittlung Kap. III.2.2.

Besonderheiten können sich ergeben, wenn die OG steuerlich zulässig (§ 14 Abs. 1 Nr. 4 KStG) Gewinnrücklagen bildet. Der handelsrechtliche Jahresüberschuss besteht in diesem Fall in der Höhe der Rücklagenbildung, die **Gewinnabführung** an den OrgT **unterschreitet** das diesem zuzurechnende Einkommen ebenfalls i.H.d. Rücklagenbildung. Die zulässige Rücklagenbildung hat keinen Einfluss auf das steuerlich dem OrgT zuzurechnende Einkommen.

Beispiel 97: Einkommensermittlung mit Rücklagenbildung
In dem vorgenannten Beispiel hat die X-AG im zulässigen Rahmen von dem vorläufigen Jahresüberschuss 20 in die Gewinnrücklagen eingestellt.

Lösung:

Bilanzgewinn laut Handelsrecht:	0
+ Einstellung in die Gewinnrücklagen:	20
+/./. steuerliche Korrekturen:	0
StB-Ergebnis:	20
+/./. außerbilanzielle Korrekturen:	0
Einkünfte aus Gewerbebetrieb (Zwischensumme I):	20
+ an den OrgT abgeführter Gewinn:	**180**
Zwischensumme II:	200
= Einkommen der OG:	200
./. **dem OrgT zuzurechnendes Einkommen:**	**200**
eigenes Einkommen der OG:	**0**

In diesem Fall unterschreitet die handelsrechtliche Gewinnabführung das steuerlich dem OrgT zugerechnete Einkommen, es handelt sich um eine sog. **Minderabführung**. Gem. § 27 Abs. 6 KStG erhöht sich i.H.d. Minderabführung das steuerliche Einlagekonto der OG; es wird eine Einlage des OrgT fingiert. Bei **Auflösung der Rücklage** während des Bestehens der Organschaft ergibt sich das **umgekehrte Bild** bei der Einkommensermittlung der OG:

Bilanzgewinn laut Handelsrecht:	0
./. Auflösung der Gewinnrücklagen:	20
+/./. steuerliche Korrekturen:	0
StB-Ergebnis:	./. 20
+/./. außerbilanzielle Korrekturen:	0
Einkünfte aus Gewerbebetrieb (Zwischensumme I):	./. 20
+ an den OrgT abgeführter Gewinn:	**20**
Zwischensumme II:	0
= Einkommen der OG:	0
./. **dem OrgT zuzurechnendes Einkommen:**	**0**
eigenes Einkommen der OG:	**0**

In dem Fall der Rücklagenauflösung überschreitet die Gewinnabführung das dem OrgT zuzurechnende Einkommen, es handelt sich um eine sog. **Mehrabführung**. Gem. § 27 Abs. 6 KStG wird hierdurch das steuerliche Einlagekonto der OG gemindert, das hierdurch auch negativ werden kann. Die Mehrabführung wird steuerlich als Einlagenrückgewähr erfasst.

Sog. **Mehr- bzw. Minderabführungen** treten bei Abweichungen der steuerlichen Einkommenszurechnung von der handelsrechtlichen Gewinnabführung auf. Solche Differenzen können aufgrund von Bilanzierungsunterschieden in Handels- und StB (z.B. Rückstellung wegen drohender Verluste in der OG wird steuerlich nicht anerkannt; Aktivierung von Ingangsetzungsaufwendungen gem. §§ 269, 282 HGB) oder aufgrund von Einkommensermittlungsunterschieden und damit verbundenen Differenzen zwischen Einkommen und Gewinnabführung (bzw. Verlustübernahme) eintreten. Letztere Differenzen treten in Fällen der besprochenen Rücklagenbildung bzw. -auflösung sowie z.B. dann auf, wenn der OrgT handelsrechtlich zum vorherigen Ausgleich eines vororganschaftlichen Verlustes verpflichtet ist, ein steuerlicher Verlustabzug aber nicht möglich ist (vgl. § 15 Nr. 1 KStG). Wird dem OrgT steuerlich aber wegen § 15 Nr. 1 KStG (merke: ein Abzug vororganschaftlicher Verluste ist während der Organschaft nicht möglich) das volle Einkommen der OG zugerechnet, liegt eine Minderabführung vor, die bei der OG zu einer Erhöhung des steuerlichen Einlagekontos führt; die Rechtsfolgen bei dem OrgT treten dementsprechend auf dem Beteiligungskonto (**früher: aktiver Ausgleichsposten**) auf.

Eine weitere Besonderheit liegt bei **verdeckten Gewinnausschüttungen der OG an den OrgT** vor. Hierbei ist zu beachten, dass aufgrund der getrennten Einkommensermittlung und der sich hieran anschließenden Einkommenszurechnung an den OrgT eine doppelte Erfassung der vGA beim OrgT, nämlich sowohl beim zugerechneten und anhand beim eigenen Einkommen droht. Die h.M. nimmt diese notwendige Korrektur nicht beim zugerechneten, sondern beim eigenen Einkommen des OrgT vor[144].

Beispiel 98: vGA innerhalb der Organschaft
Die OG verkauft an den OrgT Waren zu einem Preis unterhalb des Marktpreises. Der OrgT verkauft diese Waren innerhalb des gleichen Jahres zu dem Marktpreis an Dritte.

Lösung:
Die vGA (in Form der verhinderten Vermögensmehrung) erhöht zunächst das Einkommen der OG, welches dem OrgT zugerechnet wird. Bei dem OrgT entsteht jedoch – wegen des zu niedrigen Einkaufspreises – ein zu hoher eigener Gewinn, so dass die vGA doppelt erfasst werden würde. Die h.M. eliminiert die vGA beim OrgT; diese Korrektur beim OrgT führt jedoch dazu, dass der OrgT bei einem Verkauf erst in einem folgenden Wj. den Bilanzansatz der Waren einkommensneutral auf den „Markt-Einkaufspreis" anheben muss.

M.E. ist eine Korrektur in diesen Fällen bei dem Einkommen der OG systematisch befriedigender und praktisch einfacher. Die vGA führt bei der OG nicht zu einer Erhöhung des Einkommens, das zugerechnete Einkommen ist entsprechend niedriger. Die vGA wird lediglich bei Veräußerung der Waren an

---

[144] *Schmidt/Müller/Stöcker*, Organschaft, Anm. 529, 531.

Dritte beim OrgT erfasst. Dies entspricht dem konzernrechtlichen System, dass erst der Umsatz an außenstehende Dritte zu einer Erhöhung des Konzernerfolgs führen soll (vgl. auch BFH vom 20.08.1986, BStBl II 1987, 455).

4.3 Einkommensermittlung des Organträgers

Für die Einkommensermittlung des OrgT ist zunächst wiederum an § 8 KStG anzuknüpfen. Ausgangspunkt ist auch hier die handelsrechtliche Gewinnermittlung des OrgT. Dabei ist zu berücksichtigen, dass sich die handelsrechtliche Gewinnabführung als Betriebseinnahme, die Verlustübernahme als Betriebsausgabe (§§ 275, 277 Abs. 3 HGB) ausgewirkt hat, während steuerlich das Einkommen der OG **außerhalb der Bilanz** zugerechnet wird. Daher ist das Einkommen des OrgT – ähnlich wie das der OG – zweistufig in der Weise zu ermitteln, dass die Gewinnabführung/Verlustübernahme zunächst außerhalb der Bilanz eliminiert und anschließend das Einkommen der OG zugerechnet wird.

Einkommensermittlung des OrgT (berücksichtigt sind hier nur die organschaftsspezifischen Ermittlungsschritte):

	Handelsrechtlicher Jahresüberschuss (§§ 275, 277 Abs. 3 HGB)
./.	steuerliche Korrekturen
=	StB-Ergebnis
./.	**von der OG abgeführter Gewinn**
+	**an die OG geleisteter Verlustausgleich**
=	eigenes Einkommen des OrgT
+/./.	**zugerechnetes Einkommen der OG**
=	**vom OrgT z.v.E.**

Die bei der OG besprochenen **Mehr-/Minderabführungen** haben naturgemäß auch Auswirkungen auf das Einkommen des OrgT.

> **Beispiel 99: Das Einkommen des OrgT bei Rücklagenbildung**
> Die OG bildet in handels- und steuerrechtlich zulässiger Weise eine Gewinnrücklage (§ 14 Abs. 1 Nr. 4 KStG), die nicht die Höhe des zugerechneten Einkommens, aber die Höhe der Gewinnabführung beeinflusst. Der (vorläufige) Jahresüberschuss der OG habe 200, die Gewinnrücklage 20 betragen. Der „eigene Gewinn" des OrgT beläuft sich auf 100.
>
> **Lösung:**
>
> | | |
> |---|---:|
> | handelsrechtlicher Jahresüberschuss: | 280 |
> | ./. steuerliche Korrekturbeträge: | 0 |
> | StB-Gewinn: | 280 |
> | **./. von der OG abgeführter Gewinn**: | 180 |
> | eigenes Einkommen des OrgT: | 100 |
> | **+ zugerechnetes Einkommen der OG**: | 200 |
> | **vom OrgT z.v.E.:** | 300 |

Der OrgT hat ein höheres z.v.E. als handelsrechtlichen Jahresüberschuss; die Differenz liegt in der sog. Minderabführung. Nach neuem Recht ist die **Min-**

derabführung – entsprechend der Behandlung bei der OG – dem Beteiligungsbuchwert als **fingierte Einlage** zuzuführen (durch die Neuregelung in § 27 Abs. 6 KStG ist m.E. auch die Behandlung beim OrgT als Zuführung/Minderung des Beteiligungs-Buchwertes vorbestimmt (a.A. zum alten Recht BFH vom 24.07.1996, BStBl II 1996, 614). Wird die Rücklage bei der OG in späteren Jahren aufgelöst, wodurch die Gewinnabführung das zugerechnete Einkommen übersteigt (Mehrabführung), hat eine entsprechende Verrechnung mit dem Beteiligungs-Buchwert zu erfolgen. Übersteigt die Mehrabführung den Beteiligungs-Buchwert, ist der übersteigende Betrag als Beteiligungsertrag des OrgT zu erfassen.

Hinweis: Der Ansatz beim Beteiligungs-Buchwert entspricht der früheren Bildung von aktiven und passiven Ausgleichsposten. Bestehen bei körperschaftsteuerlichen Systemwechsel noch aktive oder passive Ausgleichsposten (bei früheren Mehrabführungen) sind diese Posten dem Beteiligungs-Buchwert zu- oder abzuschreiben. Es kann dabei auch der Fall eintreten (höherer passiver Ausgleichsposten als Beteiligungs-Buchwert), dass der Beteiligungsansatz negativ wird[145].

Die **spiegelbildliche Behandlung von Minder- bzw. Mehrabführungen** gilt auch in anderen Fällen der Minder- bzw. Mehrabführungen als den in § 27 Abs. 6 KStG Genannten. Voraussetzung ist jedoch stets, dass es sich um Vorgänge handeln muss, die ihre Ursache in organschaftlicher Zeit haben. Mehrabführungen, die ihre Ursache in vororganschaftlicher Zeit haben, sind als Gewinnausschüttungen, Minderabführungen als Einlagen zu behandeln. Minderabführungen führen insoweit zum gleichen Ergebnis (Aufstockung des Beteiligungs-Buchwertes) unabhängig davon, ob sie ihre Ursache in organschaftlicher Zeit oder vororganschaftlicher Zeit haben (vgl. zum alten Recht das Beispiel in A 59 Abs. 4 KStR und BMF vom 28.10.1997, BStBl I 1997, 939).

Eine Neuerung hat die Behandlung von steuerfreien Erträgen der OG gem. § 8b Abs. 1 KStG und die Zurechnung dieser steuerfreien Erträge zum Einkommen des OrgT erfahren. Bisher war bei der Zurechnung zu prüfen, ob der OrgT auch selbst zum begünstigten Empfängerkreis gehört (sog. internationales Schachtelprivileg, vgl. § 15 Abs. 1 Nr. 3 KStG a.F.). Nunmehr werden diese Erträge unmittelbar bei der Ermittlung des Einkommens des OrgT erfasst, d.h. diese Erträge unterliegen nicht dem von der OG zugerechneten, sondern dem eigenen Einkommen des OrgT. Daher müssen diese Erträge von den OG an den OrgT weitergemeldet werden. Eine ähnliche Regelung ist in § 37 Abs. 3 S. 2 KStG enthalten. Werden der OrgT Beteiligungserträge der OG zugerechnet, bei der auf der Ebene der OG eine **Nachbelastung** stattfinden müsste, wird dieser unmittelbar beim OrgT durchgeführt. Man kann dies als konsequente Weiterführung des in § 15 Nr. 2 KStG enthaltenen Gedankens ansehen.

---

[145] *Witt* in *Dötsch/Eversberg/Jost/Witt*, KStG und EStG § 14 KStG Anm. 20.

5 Besonderheiten der Organschaft

5.1 Vorzeitige Beendigung von Organschaften

Es ist bereits ausgeführt worden, dass bei Nicht-Einhaltung der Mindestlaufzeit des EAV von fünf Jahren, aber auch bei Verstoß gegen das Durchführungsgebot innerhalb der ersten fünf Jahre (z.B. zu hohe Rücklagenbildung unter Verstoß gegen § 14 Abs. 1 Nr. 4 KStG bzw. die Abführung von vororganschaftlichen Rücklagen im Vertragskonzern) die Wirkungen der körperschaftsteuerlichen Organschaft **von Anfang an** nicht eintreten. Dies gilt bei einer vorzeitigen Beendigung nur dann nicht, wenn die Kündigung auf einem wichtigen Grund beruht. Die bereits gezogenen Folgerungen aus der steuerlichen Organschaft sind bei einer Unwirksamkeit ex tunc für die Vergangenheit rückgängig zu machen.

Die OG ist mit ihrem Einkommen zu veranlagen, die vollzogenen Gewinnabführungen sind als andere Ausschüttungen zu werten (BFH vom 13.09.1989, BStBl II 1990, 24). Hieraus können sich KSt-Änderungen ergeben, wobei nach neuem Recht nur eine KSt-Erhöhung eintreten kann (§ 38 KStG), da die Gewinnabführung nicht auf einem Gewinnausschüttungsbeschluss für ein vergangenes Jahr beruht (vgl. § 37 Abs. 2 KStG). Allerdings besteht bei vororganschaftlichen Verlusten und späterem positivem Einkommen der OG nunmehr auch die Möglichkeit, den Verlustabzug gem. § 10d EStG geltend zu machen. Hat die OG während der Organschaft Verluste erlitten und sind diese vom OrgT im Wege des Verlustausgleichs übernommen worden, ist dies als Einlage des OrgT in die OG anzusehen. Bei der OG erhöht sich das steuerliche Einlagekonto (§ 27 Abs. 6 KStG), beim OrgT die AK der Beteiligung.

5.2 Auskehrung vororganschaftlicher Rücklagen

Vororganschaftliche Rücklagen dürfen nur im Eingliederungskonzern an den OrgT abgeführt werden, da hier kein Schutz von außenstehenden G'ftern zu besorgen ist; sie scheiden mit Eintragung der Eingliederung aus der OG aus (§ 320a AktG). Bei einem Vertragskonzern dürfen diese Rücklagen nicht abgeführt werden, können aber im Rahmen einer Gewinnausschüttung an alle Anteilseigner ausgekehrt werden.

Bei einer Ausschüttung vororganschaftlicher Rücklagen an die Anteilseigner im alten Recht konnte das KSt-Minderungspotential für die Ausschüttung mitverwendet werden (§ 28 Abs. 6 KStG a.F.), dieses Minderungspotential stand also nicht dem OrgT, sondern den außenstehenden G'ftern entsprechend ihrem Beteiligungsverhältnis zu.

Bei solchen Ausschüttungen nach neuem Recht deckt sich das Ausschüttungspotential mit den Rücklagen, die evtl. Realisierung von KSt-Guthaben (§ 37 Abs. 2 KStG) wird für die Ausschüttung nicht mitverwendet. Sie steht allein dem OrgT zu, da der KSt-Erstattungsanspruch in organschaftlicher Zeit entsteht; insoweit hat sich die Lage für außenstehende Anteilseigner verschlechtert.

Schließlich ist darauf hinzuweisen, dass die zulässige **Abführung** vororganschaftlicher Rücklagen im Eingliederungskonzern keine Gewinnausschüttung i.S.d. § 37 KStG ist, es kann also kein KSt-Guthaben realisiert werden; es empfiehlt sich deshalb, diese Rücklagen auch bei einer eingegliederten OG nicht im Rahmen der Gewinnabführung, sondern durch eine Gewinnausschüttung an die Anteilseigner auszukehren.

5.3 Besteuerung von Ausgleichszahlungen

Die OG kann verpflichtet sein, an außenstehende Aktionäre Ausgleichszahlungen leisten zu müssen (vgl. § 304 AktG). Dieser Ausgleich kann entweder in einem – auf die Verhältnisse des Vertragsabschlusses abstellenden – festen Ausgleich (sog. Garantiedividende, § 304 Abs. 2 S. 1 AktG) oder in einem – auf die jeweilige Ertragssituation des OrgT abstellenden – variablen Ausgleich (§ 304 Abs. 2 S. 2 AktG) bestehen. Da das KSt-Recht sowohl nach altem als auch nach neuem Recht ein geschlossenes System darstellt, ist die einmalige Erfassung der Ausgleichszahlungen als Einkommen der Kapitalgesellschaft sicherzustellen.[146]

Es bestand sonst die Gefahr, dass außenstehende Anteilseigner der OG das KSt-Guthaben auf ihre ESt anrechnen lassen konnten (Ausgleichszahlungen werden beim Anteilseigner wie Dividenden gem. § 20 Abs. 1 Nr. 1 und 3 EStG erfasst) und demgegenüber auf der Ebene der Kapitalgesellschaft keine entsprechende KSt erhoben wird, weil z.B. entweder die OG selbst Verluste erlitten hat oder der von ihr abgeführte Gewinn bei dem OrgT zum Ausgleich dort entstandener Verluste verwendet wird. Nach neuem Recht muss gewährleistet sein, dass „Einkommen von KapG" sowohl auf der Ebene der KapG als auch auf der Ebene der Anteilseigner (Halbeinkünfteverfahren) erfasst werden.

> **Beispiel 100: Behandlung der Ausgleichszahlungen**
> Eine OG hat sich im EAV verpflichtet, an die außenstehenden Aktionäre 7 als Ausgleichszahlungen zu leisten. Die OG erzielt (ohne die Gewinnabführung, aber unter Berücksichtigung der Ausgleichszahlungen) einen vorläufigen Jahresüberschuss von 93, der OrgT einen Verlust (ohne die Gewinnabführung) von 300.
>
> **Lösung (ohne Regelung des § 16 KStG):**
>
> **Einkommensermittlung bei der OG** (verkürzt):
>
> | | |
> |---|---|
> | ./. StB-Ergebnis: | 0 |
> | + **Ausgleichszahlungen** (§ 4 Abs. 5 Nr. 9 EStG): | 7 |
> | Einkünfte aus Gewerbebetrieb: | 7 |
> | + **an OrgT abgeführten Gewinn**: | 93 |
> | Zwischensumme: | 100 |
> | = Einkommen der OG: | 100 |
> | ./. **dem OrgT zuzurechnendes Einkommen**: | 100 |
> | eigenes Einkommen: | 0 |
>
> **Ermittlung des Einkommens des OrgT** (verkürzt):
>
> | | |
> |---|---|
> | StB-Ergebnis: | ./. 207 |
> | ./. von der OG abgeführter Gewinn: | 93 |
> | eigenes Einkommen des OT: | ./. 300 |
> | + zugerechnetes Einkommen: | 100 |
> | vom OrgT z.v.E.: | ./. 200 |

---

[146] *Sauter/Heurung*, GmbHR 2001, 758.

Es wurde m.a.W. eine **„Dividende" bezahlt, der kein eigenes Einkommen gegenübersteht**.

Auf der Ebene der Anteilseigner würde sich folgendes Ergebnis ergeben:

a) **Nach altem Recht:**

Ausgleichszahlung als Einnahmen aus Kapitalvermögen gem. § 20 Abs. 1 Nr. 1 EStG:	7
+ Anrechnungsguthaben gem. § 20 Abs. 1 Nr. 3 EStG:	3
Einnahmen:	10

Diese Einnahmen hat der AE nach seinem individuellen Steuersatz zu erfassen; das KSt-Guthaben i.H.v. 3/7 dieser Einnahmen konnte er auf seine ESt anrechnen lassen.

b) **Nach neuem Recht:**
Ausgleichszahlungen als Einnahmen gem. § 20 Abs. 1 Nr. 1 EStG: 7.
Diese Ausgleichszahlungen hat der Anteilseigner nach neuem Recht nur zur Hälfte anzusetzen (§ 3 Nr. 40 d EStG), da von einer definitiven Vorbelastung bei der Kapitalgesellschaft ausgegangen wird.
Bei dieser Verfahrensweise ist die vom Gesetzgeber gewollte Einmalbesteuerung des Gewinns der OG nicht durchzusetzen. Daher hat sich der Gesetzgeber dazu entschieden, die Ausgleichszahlungen bei der Gesellschaft, die sie tatsächlich geleistet hat, als nicht abzugsfähige BA zu behandeln (§ 4 Abs. 4 Nr. 9 EStG) und bei der OG ein von dieser z.v.E. i.H.d. Ausgleichszahlungen und der darauf lastenden KSt anzusetzen. Nach altem Recht beträgt das Einkommen 100/70 der Ausgleichszahlung, nach neuem Recht 4/3 der Ausgleichszahlungen. Die unterschiedliche Besteuerung entspricht dem unterschiedlichen KSt-Satz.

Beispiel 101: BMG der Ausgleichszahlungen
Als BMG für die Ausgleichszahlung wurde im EAV ein Gewinn von 100 errechnet.

Lösung:

a) **Nach altem Recht:**
Die Ausgleichszahlungen an die Anteilseigner wurden mit 70 (Gewinn ./. der Ausschüttungsbelastung) festgesetzt. Die OG hat 100/70 x 70 = 100 als eigenes Einkommen zu versteuern.

b) **Nach neuem Recht:**
Die Ausgleichszahlungen betragen 75 (Gewinn – KSt). Die OG hat 4/3 x 75 = 100 als eigenes Einkommen zu versteuern.

Die OG hat die Ausgleichszahlungen auch dann als eigenes Einkommen zu versteuern, wenn die **Ausgleichszahlungen** tatsächlich vom **OrgT übernommen** werden. Dies hat der OrgT bei der Ermittlung des eigenen Einkommens zu berücksichtigen, indem er das der OG zuzurechnende Einkommen i.H.d. Ausgleichszahlungen (ohne KSt) bei seiner Einkommensermittlung abzieht.

Beispiel 102: Übernahme der Ausgleichszahlungen
Die OG ermittelt nach Abzug der Ausgleichszahlungen (7.500) und der darauf lastenden KSt (2.500) einen (ohne die Gewinnabführung) vorläufigen Jahresüberschuss von 100.000. Der OrgT ermittelt (ebenfalls ohne die Gewinnabführung) einen Jahresüberschuss von 100.000. Die Ausgleichszahlungen werden vom OrgT übernommen.

Lösung:
Einkommensermittlung bei der OG (stark vereinfacht):

Handelsrechtlicher Jahresüberschuss:	0
+ KSt-Ausgleichszahlung:	2.500
+ Ausgleichszahlung:	7.500
+ Gewinnabführung:	100.000
Einkommen der OG:	110.000
./. dem OrgT zuzurechnendes Einkommen:	100.000
z.v.E.:	10.000

Einkommensermittlung beim OrgT (stark vereinfacht):

Handelsrechtlicher Jahresüberschuss:	200.000
StB-Gewinn:	200.000
+ Ausgleichszahlungen:	7.500
./. Gewinnabführung:	100.000
eigenes Einkommen des OrgT:	107.500
+ dem OrgT zuzurechnendes Einkommen der OG:	100.000
./. der OG zuzurechnendes Einkommen:	7.500
z.v.E. des OrgT:	200.000

Das Ergebnis entspricht demjenigen, was bei der Zahlung der Ausgleichszahlungen durch die OG ermittelt worden wäre, es ist somit unabhängig von dem tatsächlichen Schuldner der Ausgleichszahlungen.

Bei einer **verunglückten Organschaft** (z.B. wegen vorzeitiger Beendigung des EAV) müssen auch die Ausgleichszahlungen steuerlich anders gewertet werden. Die von der OG geleisteten Ausgleichszahlungen sind andere Gewinnausschüttungen, die kein evtl. vorhandenes KSt-Guthaben (vgl. § 37 Abs. 2 KStG) realisieren können. Die Leistung der Ausgleichszahlungen durch den OrgT sind als Einlage in die OG anzusehen, wodurch sich der Beteiligungs-Buchwert beim OrgT entsprechend erhöht.

Hinweis: Die Ausgleichszahlungen zählen zu den anderen Ausschüttungen, für die ab 2001 (vgl. § 34 Abs. 9 S. 1 Nr. 2 KStG) neues Recht gilt. Ausgleichszahlungen, die zwar für 2000, tatsächlich aber erst in 2001 geleistet werden, müssten demnach bereits nach neuem Recht erfasst werden. Die Finanzverwaltung (BMF vom 22.11.2001, BStBl I 2001, 874) lässt jedoch zu, wenn diese Ausgleichszahlungen nach den Regeln abgewickelt werden, die für offene Gewinnausschüttungen gelten. Bei Ausgleichszahlungen in 2001 für 2000 darf danach noch das Anrechnungsverfahren angewendet werden.

VI Die Bedeutung von Kapitalmaßnahmen

1 Die Bedeutung von Kapitalerhöhungen

1.1 Gesellschaftsrechtliche Grundlagen der Kapitalerhöhung

Unter einer Kapitalerhöhung versteht man die Erhöhung des Nennkapitals einer Kapitalgesellschaft. Die Erhöhung des Nennkapitals kann bei Kapitalgesellschaften erfolgen durch eine zusätzliche Zuführung von Kapital von außen (**Kapitalerhöhung gegen Einlagen**, vgl. §§ 182 ff. AktG, §§ 55 ff. GmbHG) oder durch eine **Umwandlung von Rücklagen in Nennkapital** (vgl. §§ 207 ff. AktG, §§ 57 c ff. GmbHG). Bei einer KGaA, bei der das Kapital aus dem Grundkapital und den Einlagen der Komplementäre besteht, versteht man unter einer Kapitalerhöhung im engeren Sinne nur eine Erhöhung des Nennkapitals, da die Zuführung von Eigenkapital durch die Komplementäre eine Erhöhung ihrer Einlagen bedeutet, die sich nach personengesellschaftsrechtlichen Grundsätzen vollzieht.

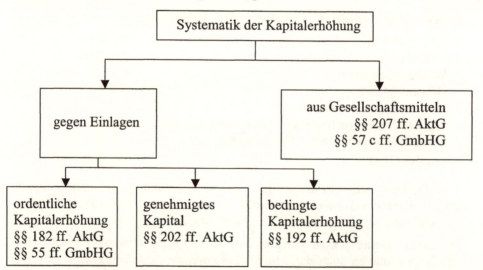

Bei Kapitalerhöhung gegen Einlagen kann die Einlage entweder gegen Bar- oder gegen Sacheinlage erfolgen; das Bezugsrecht der G'fter kann unter bestimmten Voraussetzungen ausgeschlossen werden.

Die Kapitalerhöhung aus Gesellschaftsmitteln besteht in einer Umwandlung von Rücklagen in gezeichnetes Kapital. Das Bezugsrecht kann nicht zwingend ausgeschlossen werden.

Die im AktG getroffene Unterscheidung zwischen ordentlicher Kapitalerhöhung, bedingten Kapital und genehmigten Kapital hat für diese Fragen keine Bedeutung. Bei diesen Kapitalmaßnahmen handelt es sich allesamt um Kapitalerhöhungen gegen Einlagen.

Die Einlagen können bei einer **Kapitalerhöhung gegen Einlagen** sowohl als Bar- als auch als Sacheinlagen erfolgen. Die Kapitalerhöhung wird mit der Eintragung in das Handelsregister wirksam (vgl. § 189 AktG, §§ 54 Abs. 3, 57 GmbHG). Bei der Kapitalerhöhung gegen Einlagen haben die G'fter ein Bezugsrecht (Ausnahme beim bedingten

Kapital), welches allerdings unter gewissen Voraussetzungen ausgeschlossen werden kann. Das Bezugsrecht dient der Aufrechterhaltung des relativen Wertes der Beteiligung. Deshalb kann das Bezugsrecht z.B. unter erleichterten Bedingungen dann ausgeschlossen werden, wenn das Kapital nur unwesentlich erhöht wird (maximal 10 % im Verhältnis zu dem bei Kapitalerhöhung vorhandenem Grundkapital) und der Ausgabepreis den Börsenpreis nicht wesentlich unterschreitet (§ 186 Abs. 3 AktG). Man geht in diesen Fällen davon aus, dass die eintretende Verwässerung bzw. Verwässerungsgefahr für den Aktionär in einem angemessenen Verhältnis zu dem Vorteil der Gesellschaft steht[147]. Eine Kapitalerhöhung gegen Einlagen bedeutet m.a.W. immer, dass das Gesamteigenkapital der Gesellschaft durch die Kapitalerhöhung gestiegen ist.

Bei der **Kapitalerhöhung aus Gesellschaftsmitteln** erfolgt eine solche Vermehrung des Gesamteigenkapitals der Gesellschaft nicht. Das Eigenkapital der Gesellschaft bleibt unverändert, die Aktivseite der Bilanz wird davon nicht berührt. Es ändert sich jedoch die Bindung des Kapitals an die Gesellschaft. Die durch die Kapitalerhöhung umgewandelten Rücklagen unterliegen nach Durchführung der Maßnahme den strengen Kapitalbindungsvorschriften für Nennkapital und können nur nach erfolgter Kapitalherabsetzung an die G´fter ausgekehrt werden. Bei dieser Kapitalerhöhung ist das Bezugsrecht der G´fter zwingend, da sie an den umgewandelten Rücklagen entsprechend ihrer Beteiligungshöhe bereits „wirtschaftliches Eigentum" hatten, was durch einen Bezugsrechtsausschluss enteignet werden würde. Es können sowohl Kapital- als auch Gewinnrücklagen in Nennkapital umgewandelt werden (§ 208 AktG, § 57d GmbHG). Die für die Kapitalerhöhung zu verwendenden Rücklagen müssen im Zeitpunkt des Kapitalerhöhungsbeschlusses entweder bereits als solche in einer festgestellten Bilanz ausgewiesen sein oder zumindest im letzten Beschluss über die Verwendung des Jahresergebnisses als Zuführung zu diesen Rücklagen ausgewiesen werden. Dabei unterliegen Gewinnrücklagen, die einem bestimmten Zweck dienen, der Umwandlungssperre (vgl. § 57d Abs. 3 GmbHG). Dies gilt vor allem für die Rücklage für eigene Anteile (aber auch für die Pflichtrücklage im Aktienrecht), die beim Erwerb eigener Anteile durch die Gesellschaft gebildet werden muss (§ 33 Abs. 2 GmbHG, § 71 Abs. 2 AktG jeweils i.V.m. § 272 Abs. 4 HGB).

Unabhängig davon, ob durch die Kapitalerhöhung aus Gesellschaftsmitteln neue Geschäftsanteile gebildet werden oder lediglich der Nennbetrag der Geschäftsanteile erhöht wird, entstehen dem AE keine zusätzlichen AK. Die AK der AE verteilen sich nunmehr auf alle Geschäftsanteile im Verhältnis der Nennbeträge (vgl. § 57o GmbHG, § 220 AktG für das Gesellschaftsrecht, § 3 KapErhStG für das Steuerrecht).

> **Beispiel 103: Verteilung der AK**
> Bei einer Ein-Mann-GmbH wird das Stammkapital von 30.000 € auf 50.000 € durch Umwandlung von Gewinnrücklagen erhöht. Die AK der Anteile haben 30.000 € betragen.
>
> **Lösung:**
> Nach Kapitalerhöhung verteilen sich die AK nunmehr auf alle Anteile. Veräußert der AE einen 50 %igen Anteil (Nennwert entspricht 25.000 €) für 100.000 €, erzielt er einen Veräußerungsgewinn gem. § 17 Abs. 2 EStG i.H.v.

---

[147] Vgl. *Marsch-Barner*, AG 1994, 532.

85.000 €, da dem Veräußerungspreis von 100.000 € nur AK von 15.000 € gegenüberstehen.

1.2 Steuerliche Besonderheiten der Kapitalerhöhung

Die Kapitalerhöhung gegen Einlagen führt auf der Ebene der Kapitalgesellschaft zu keinen steuerlichen Besonderheiten. Auf die Gliederung des verwendbaren Eigenkapitals hatte die Kapitalerhöhung keine Auswirkung, weil nur das für Ausschüttungen verwendbare Eigenkapital gegliedert wurde (vgl. § 29 Abs. 2 KStG a.F.), wozu diese Einlagen gerade nicht gehörten. Die Anteilseigner haben insoweit erhöhte AK. Im Ergebnis hat sich durch die Systemumstellung hierbei nichts geändert.

Werden die Anteile in Ausübung eines Bezugsrechts erworben, ist der Anschaffungspreis der Einzahlungsbetrag zuzüglich der nach der sog. Gesamtwertmethode ermittelten AK des Bezugsrechtes; die AK der Alt-Anteile mindern sich dabei entsprechend[148].

1.2.1 Steuerliche Behandlung der Kapitalerhöhung aus Gesellschaftsmitteln nach altem Recht

Die Kapitalerhöhung aus Gesellschaftsmitteln konnte nach altem Recht Auswirkungen auf die Gliederung des verwendbaren Eigenkapitals haben (vgl. insoweit §§ 29 Abs. 3, 41 Abs. 3, 47 Abs. 1 S. 1 Nr. 2 KStG a.F.). Das Anrechnungsverfahren stellte als – weitgehend – geschlossenes System sicher, dass das **in den Gewinnrücklagen eingeschlossene KSt-Guthaben** bei Verlassen der Ebene der Kapitalgesellschaft durch Gewinnausschüttung oder durch Auskehrung bei einer Kapitalherabsetzung/Liquidation dem Anteilseigner vermittelt wird. Vereinfacht konnte man sagen, dass nicht der Rechtsgrund der Auszahlung für die Ingangsetzung des Anrechnungsverfahrens, sondern der für die Auszahlung verwendete Teil des Eigenkapitals (Gewinne oder Einlagen) dafür maßgebend war. Es war deshalb notwendig, bei Umwandlung von Rücklagen in Nennkapital das umgewandelte KSt-Guthaben weiterhin auszuweisen und spätestens im Liquidationsfall dem Anteilseigner über §§ 20 Abs. 1 Nr. 2, 36 Abs. 2 Nr. 3 EStG a.F. zuzuweisen. Es ging um die Ausnutzung des KSt-Guthabens auf AE-Ebene, die nur durch einen der GA gleichgestellten Vorgang möglich war.

Technisch erfolgte dies zunächst dadurch, dass bei einer Umwandlung von Rücklagen zunächst das EK 03 und 04 (in dieser Reihenfolge, vgl. § 41 Abs. 3 KStG a.F.) für die Kapitalerhöhung verwendet und auch tatsächlich aus der Gliederung des verwendbaren Eigenkapitals „gestrichen" wurde. Ein für die Kapitalerhöhung darüber hinausgehender zu verwendender Betrag verringerte das verwendbare Eigenkapital nicht, wurde lediglich gesondert ausgewiesen (§§ 47 Abs. 1 S. 1 Nr. 2, 29 Abs. 3 KStG a.F.). Der **Sonderausweis** erfolgte lediglich in einem Betrag, der feststellte, in welcher Höhe im verwendbaren Eigenkapital Teile des Nennbetrages erhalten waren; eine Zuordnung zu einzelnen „EK-Töpfen" erfolgte nicht.

---

[148] *Schmidt*, EStG, § 17 Anm. 157; vgl. hierzu *Preißer*, Band 1, Teil A. Kap. II.

Beispiel 104: Sonderausweis I
Das Nennkapital beträgt 50.
Feststellung des verwendbaren Eigenkapitals **vor Kapitalerhöhung** von 420 gem. § 47 Abs. 1 S. 1 Nr. 1 KStG a.F.

- EK 40: 120,
- EK 02: 100,
- EK 03: 100,
- EK 04: 100.

Lösung:
Nach der Kapitalerhöhung um 420 beträgt das vEK

- EK 40: 120,
- EK 02: 100,
- EK 03: 0,
- EK 04: 0.

Der Sonderausweis gem. § 47 Abs. 1 S. 1 Nr. 2 KStG a.F. beträgt 220 und das Nennkapital beträgt nunmehr 470.

Diese Art der Dokumentation des KSt-Guthabens ermöglichte i.V.m. § 28 Abs. 3 KStG a.F., dass möglichst zeitnah vorhandenes KSt-Guthaben realisiert werden konnte. Dies hat sich besonders deutlich gezeigt, wenn im Zeitpunkt der Kapitalerhöhung nur belastete Beträge vorhanden waren und später unbelastete Teilbeträge durch steuerfreie Erträge (EK 01/EK 02) bzw. Einlagen (EK 04) das vEK erhöhten. Das KSt-Guthaben in den belasteten Teilbeträgen konnte realisiert werden, „das dem Sonderausweis zugeordnete verwendbare Eigenkapital" rückte in die unbelasteten Teilbeträge[149].

1.2.2 Steuerliche Behandlung der Kapitalerhöhung aus Gesellschaftsmitteln nach Systemwechsel

Die steuerliche Grundproblematik der Kapitalerhöhung aus Gesellschaftsmitteln hat sich auch nach dem Systemwechsel nicht geändert. Das neue System besteuert Gewinne von Kapitalgesellschaften – nach seiner Vorstellung – ebenfalls in einem geschlossenen System, wenn auch auf zwei Ebenen (Kapitalgesellschaft und Anteilseigner). Gewinne werden nur dann endgültig richtig erfasst, wenn neben der **Körperschaftsbesteuerung auch das Halbeinkünfteverfahren** auf der Ebene des Anteilseigners zur Anwendung kommt. Deshalb muss sicher gestellt werden, dass in Nennkapital umgewandelte Gewinnrücklagen dokumentiert werden, damit sie spätestens im Liquidationsfall nach dem Halbeinkünfteverfahren besteuert werden und nicht als steuerneutrale Nennkapitalrückzahlungen (u.U. mit der Folge des § 17 Abs. 4 EStG) behandelt werden können.

Gem. § 28 Abs. 1 KStG n.F. wird bei Umwandlungen für Rücklagen in Nennkapital ein positiver Bestand des „steuerlichen Einlagekontos" des § 27 KStG vor den anderen Rücklagen verwendet; maßgebend ist der sich am Schluss des Wirtschaftsjahres der Umwandlung ergebende Betrag, so dass diese Rechtsfolge steuerlich durch nachträgliche Zuzahlung in das Einlagekonto erreicht werden kann. Werden sonstige Rücklagen für die

---

[149] Vgl. zur Systematik *Dötsch*, DB 1981, 1994 und 2302.

Kapitalerhöhung verwendet, folgt entsprechend der früheren Regel des § 47 Abs. 1 S. 1 Nr. 2 KStG a.F. ein **Sonderausweis**; eine Zuordnung der Rücklagen zu bestimmten Töpfen erfolgt auch nach neuem Recht nicht (§ 28 Abs. 1 S. 3 KStG n.F.).

Verfahrensrechtlich bestimmt § 39 Abs. 2 KStG n.F. (der erst durch das UntStFG eingeführt worden ist), dass der bis zum Systemwechsel vorhandene Sonderausweis den Anfangsbestand des neuen Sonderausweises i.S.d. § 28 Abs. 1 S. 3 KStG bildet. Eine Veränderung gegenüber dem alten System hat sich durch die Einfügung des § 28 Abs. 3 KStG n.F. in Bezug auf die Fortführung des Sonderausweises ergeben. Gem. § 28 Abs. 3 KStG n.F. wird der Sonderausweis am Ende eines Wirtschaftsjahres, mit einem positiven Stand des steuerlichen Einlagekontos verrechnet. Dies führt im Ergebnis dazu, dass die sonstigen Rücklagen durch nachträgliche Einlagen der Anteilseigner ersetzt werden[150]. Spätere Ausschüttungen werden durch den Sonderausweis nicht berührt, sie werden nach der neuen „Verwendungsreihenfolge" der §§ 37 Abs. 2, 38 Abs. 1 S. 4 KStG n.F. ausgekehrt (soweit ein Sonderausweis besteht, kann gem. § 28 Abs. 3 KStG n.F. ein steuerliches Einlagekonto nicht zu Ausschüttungen verwendet werden). Dies führt für ordentliche Gewinnausschüttungen dazu, dass zunächst das KSt-Guthaben gem. § 37 Abs. 2 KStG realisiert werden kann, auch wenn im Zeitpunkt der Kapitalerhöhung diese steuerlichen Alt-Rücklagen den Sonderausweis gebildet haben (d.h. eigentlich zu „Nennkapital" geworden sind). Spätere Einkommen der Kapitalgesellschaft erlauben es dennoch hochbelastete Teilbeträge schnell auszuschütten[151].

Beispiel 105: Sonderausweis II
Gesonderte Feststellungen im Zeitpunkt der Kapitalerhöhung:

- KSt-Guthaben gem. § 37 KStG: 20,
- EK 02: 100,
- Steuerliches Einlagekonto: 100.

Das Nennkapital habe 50 betragen, das nicht gesondert festgestellte neutrale Vermögen 220, die Rücklagen insgesamt 420.

Lösung:
Nach erfolgter Kapitalerhöhung um 420 wurden folgende Beträge festgestellt:

- KSt-Guthaben: 20,
- EK 02: 100,
- Sonderausweis gem. § 28 Abs. 1 S. 3 KStG n.F.: 320.

Der Unterschied zum früheren Recht besteht zunächst darin, dass das für die Kapitalerhöhung verwendete EK 03 im Sonderausweis des § 28 Abs. 1 S. 3 KStG n.F. enthalten und nicht – wie bei § 41 Abs. 3 KStG a.F. – aus den Rücklagen entnommen und dem „echten Nennkapital" zugeführt worden ist. Erzielt die Gesellschaft nach erfolgter Kapitalerhöhung Gewinne und stehen handelsrechtlich Rücklagen für eine Gewinnausschüttung zur Verfügung, wird zunächst das KSt-Guthaben aktiviert (§ 37 Abs. 2 KStG n.F.). Insoweit führt die Kapitalerhöhung vor und nach Systemwechsel zu ähnlichen Konsequenzen.

---

[150] Vgl. *Linklaters & Oppenhoff/Rädler*, Beilage DB 1/2002, 53.
[151] Insoweit stimmt die Systematik des alten und neuen Systems überein.

Beispiel 106: Die anschließende Gewinnausschüttung
Die KapG aus Bsp. 105 hat inzwischen Gewinnrücklagen i.H.v. 150 thesauriert und nimmt eine offene Gewinnausschüttung i.H.v. 120 vor. Welche Rechtsfolgen entstehen auf der Ebene der KapG?

Lösung:
Gem. § 37 Abs. 2 KStG kann das KSt-Guthaben i.H.v. 20 mobilisiert werden. Die Verwendung des EK 02 richtet sich nach der Differenzrechnung des § 38 Abs. 1 S. 4 KStG:

- Leistungen: 120,
- ausschüttbarer Gewinn: 150,
- EK 02:   100,
- Differenz: 50.

Die Leistungen übersteigen die Differenz zwischen aG und EK 02 um 70 und müssen insoweit an dem EK 02 finanziert werden. Die GA löst also sowohl eine KSt-Minderung i.H.v. 20 als auch eine KSt-Erhöhung von 30 aus[152].

2 Die Bedeutung der Kapitalherabsetzung

2.1 Die gesellschaftsrechtlichen Grundlagen der Kapitalherabsetzung

Gesellschaftsrechtlich unterscheidet man die **ordentliche Kapitalherabsetzung** mit Auskehrung des freiwerdenden Vermögens an die Anteilseigner und die **vereinfachte Kapitalherabsetzung** zum Ausgleich von Verlusten (vgl. für die ordentliche Kapitalherabsetzung: §§ 222 ff. AktG, § 58 GmbHG; für die vereinfachte Kapitalherabsetzung: §§ 229 ff. AktG, §§ 58a ff. GmbHG).

Bei der ordentlichen Kapitalherabsetzung sind wegen der Auskehrung des Kapitals an die Anteilseigner besondere Gläubigerschutzbestimmungen einzuhalten. Bei der vereinfachten Kapitalherabsetzung erfolgt keine Auskehrung von Kapital an die Anteilseigner, hier wird das Nennkapital lediglich dem wahren Stand des Eigenkapitals angepasst. Daher ist aus gesellschaftsrechtlicher Sicht sicherzustellen, dass die Kapitalherabsetzung nur insoweit vorgenommen wird, als sie tatsächlich zum Ausgleich von Verlusten notwendig ist (vgl. §§ 230, 233 AktG, §§ 58c, 58d GmbHG). Dem Gläubigerschutz dienen hierbei bestimmte Ausschüttungssperren für künftig entstehende Gewinne und die Bildung von Kapitalrücklagen bei Nichteintritt angenommener Verluste.

Steuerlich hat die Kapitalherabsetzung als gesellschaftsrechtlicher Vorgang keine **Auswirkungen** auf das **Einkommen** der Gesellschaft. Körperschaftsteuerliche Auswirkungen können sich in erster Linie dann ergeben, wenn eine Kapitalherabsetzung nach erfolgter Kapitalerhöhung aus Gesellschaftsmitteln **mit Auszahlung an die Anteilseigner** erfolgt.

---
[152] Zur Begründung vgl. oben Kap. IV.3.4.

2.2 Steuerliche Besonderheiten der Kapitalherabsetzung

Keine Besonderheiten bestehen zunächst, wenn eine Kapitalherabsetzung ausschließlich unter Verwendung von eingezahltem Nennkapital erfolgt. Auf Ebene der Gesellschaft ergeben sich nach altem und neuem Recht keine Auswirkungen, auf der Ebene der G´fter führt die Rückzahlung nicht zu Einkünften aus Kapitalvermögen, sondern stellt sich als „Teil-Veräußerung" dar, welche sich nach § 17 Abs. 4 EStG, § 21 Abs. 2 Nr. 3 UmwStG beurteilt. Einkünfte entstehen dann, wenn der zurückgezahlte Betrag die AK der Anteilseigner übersteigt. Nach neuem Recht (ab 2002) ist auf diesen Teil des Herabsetzungsbetrages das Halbeinkünfteverfahren gem. § 3 Nr. 40c S. 2 EStG anzuwenden. Die Steuerpflicht ergibt sich ab 2002 schon ab einer Beteiligung von 1 % (§ 17 Abs. 1 EStG n.F.). Bei Beteiligungen im Betriebsvermögen werden die Rückzahlungen mit dem Beteiligungsbuchwert verrechnet, bei Übersteigen liegen Einkünfte gem. §§ 15, 3 Nr. 40a EStG n.F. vor. Ist Anteilseigner selber eine Kapitalgesellschaft, findet auf die Rückzahlung ab 2002 § 8b Abs. 2 KStG n.F. Anwendung; ein den Beteiligungsbuchwert übersteigender Rückzahlungsbetrag bleibt der Ermittlung des Einkommens außer Ansatz.

2.2.1 Behandlung der Kapitalherabsetzung nach altem Recht

Erfolgt die Kapitalherabsetzung mit Auskehrung des frei gewordenen Betrags an die Anteilseigner, treten die bei der Kapitalerhöhung besprochenen Besonderheiten auf. Es wird das „geschlossene" System des Anrechnungsverfahrens, nachdem Gewinnrücklagen – unabhängig von Auszahlungsgrund – mit dem individuellen Steuersatz des Anteilseigners besteuert werden sollen, in Gang gesetzt.

Nach dem Anrechnungsverfahren ergaben sich unterschiedliche Auswirkungen abhängig von dem für die Ausschüttung verwendeten Teilbeträgen des verwendbaren Eigenkapitals. Daher kam es im Zeitpunkt der Herabsetzung und Auskehrung darauf an, in welcher Reihenfolge die Teilbeträge für die Auskehrungen in Anspruch zu nehmen waren. Gem. § 41 Abs. 2 KStG a.F. wurden zuerst die in dem **Sonderausweis** des § 47 Abs. 1 S. 1 Nr. 2 KStG a.F. enthaltenen Beträge verwendet.[153] Je nach Zusammensetzung des verwendbaren Eigenkapitals zum Zeitpunkt der Herabsetzung ergaben sich unterschiedliche Folgen, da auch insoweit für die Ermittlung der körperschaftsteuerlichen Folgen der Herstellung der Ausschüttungsbelastung die allgemeine Verwendungsreihenfolge des § 28 Abs. 3 KStG a.F. einzuhalten war.

Nach umstrittener Ansicht der Finanzverwaltung mussten darüber hinausgehende Beträge (aus dem verwendbaren Eigenkapital ausgeschiedene Teile des Nennkapitals) wie folgt verwendet werden[154]:

- Der Teil des Nennkapitals, der EK 03 entspricht; hieraus ergab sich die Folge einer 30 %igen Pauschbesteuerung gem. § 5 KapErhStG.
- Der Teil des Nennkapitals, der EK 04 entspricht; hieraus ergeben sich die oben beschriebenen Steuerfolgen insb. des § 17 Abs. 4 EStG.
- Der übrige Teil des Nennkapitals, der nicht aus der Umwandlung entstanden ist. Die Steuerfolgen ergeben sich insb. gem. § 17 Abs. 4 EStG.

---

[153] § 41 Abs. 2 KStG a.F. ergänzte die Regelung des § 28 Abs. 3 KStG a.F.
[154] Vgl. zu der Problematik *Krebs*, DB 1979, 1577.

Beispiel 107: Die anschließende Kapitalherabsetzung I
Die X-GmbH hatte das Kapital aus Gesellschaftsmitteln erhöht. Nunmehr soll das Kapital um 220 herabgesetzt werden.
Die Feststellungen des vEK gem. § 47 KStG lauten wie folgt:

- EK 40: 240,
- EK 02: 100.

Sonderausweis gem. § 47 Abs. 1 Nr. 2 KStG a.F.: 220,
Nennkapital vor Herabsetzung: 470.

Lösung:
Für die Kapitalherabsetzung wird gem. § 28 Abs. 3 KStG a.F. zunächst EK 40 verwendet. Wie bei einer Ausschüttung wird für die Kapitalherabsetzung nur 60/70 des Herabsetzungsbetrages verwendet, 10/70 finanzieren sich aus der KSt-Minderung (vgl. § 28 Abs. 6 KStG a.F.). Die Kapitalherabsetzung führt auf der Ebene der Kapitalgesellschaft zu einer KSt-Minderung von 10/70 von 220). Der Sonderausweis vermindert sich um 220.
Beim Anteilseigner führt die Auskehrung des EK 40 zu sonstigen Bezügen i.S.d. § 20 Abs. 1 Nr. 2 EStG, die er im Ergebnis wie eine Gewinnausschüttung (zuzüglich des Anrechnungsguthabens) zu versteuern hat.

2.2.2 Behandlung der Kapitalherabsetzung nach Systemwechsel

Ähnlich wie das Anrechnungsverfahren geht das neue System von einer primären Verwendung der in dem Sonderausweis liegenden umgewandelten Gewinn-Rücklagen aus (§ 28 Abs. 2 S. 2 KStG). Systemwidrig ist es nach dem Systemwechsel jedoch nicht möglich, „umgewandelte Alt-Rücklagen" über das KSt-Guthaben des § 37 Abs. 2 KStG n.F. zu mobilisieren. Eine KSt-Minderung wird nur bei ordentlichen Gewinnausschüttungen gewährt, dazu zählt die Auskehrung des herabgesetzten Kapitals nicht.[155] Dies könnte schließlich dazu führen, dass die in dem Guthaben repräsentierte Tarifbelastung definitiv wird. Ansonsten gilt die „Verwendungsreihenfolge" der §§ 38 Abs. 1, 27 KStG n.F. mit der Folge, dass es zu einer KSt-Erhöhung kommen kann.

Beispiel 108: Die anschließende Kapitalherabsetzung II
Im Zeitpunkt der Herabsetzung sei festgestellt:

- KSt-Guthaben: 20,
- Teilbetrag des EK 02: 100,
- Steuerliches Einlagekonto: 100,
- Gewinnrücklagen laut StB (nicht festgestellt): 520,
- Sonderausweis gem. § 28 Abs. S. 3 KStG n.F.: 320,
- Kapitalherabsetzungsbetrag: 220.

---

[155] *Köster* in *H/H/R*, § 37 Abs. 2, R 21 will entgegen dem Wortlaut eine Körperschaftsteuer-Minderung gewähren; dies wäre zwar wünschenswert, widerspricht jedoch dem insoweit eindeutigen Wortlaut des Gesetzes.

Lösung:
Folgende Differenzrechnung ist aufzustellen:

- Leistungen: 220,
- AG: 420,
- EK 02: 100,
- Differenz: 320.

Gem. § 28 Abs. 2 S. 1 KStG n.F. wird für die Kapitalherabsetzung zunächst der Sonderausweis vermindert. Gem. § 38 Abs. 1 S. 4 KStG gilt der Teilbetrag des fortgeführten EK 02 noch nicht verwendet, da die Leistung (220) den um das EK 02 verminderten ausschüttbaren Gewinn nicht übersteigt.

Es treten bei der Kapitalgesellschaft keine Rechtsfolgen ein. Der Anteilseigner hat insoweit Einnahmen gem. § 20 Abs. 1 Nr. 2 EStG, die nach den Grundsätzen des Halbeinkünfteverfahrens zu erfassen sind. Der Sonderausweis gem. § 28 Abs. 1 S. 3 ist künftig mit 100 gesondert festzustellen.

Hinweis: Durch das Unternehmenssteuer-Fortentwicklungsgesetz ist die Anwendung der §§ 5, 6 KapErhStG verlängert worden. Die Vorschriften sind nunmehr letztmals auf die Rückzahlung von Nennkapital anzuwenden, dass durch eine Kapitalerhöhung im letzten Wj. entstanden ist, indem das KStG a.F. anzuwenden war.

2.2.3 Vereinfachte Kapitalherabsetzung ohne Auskehrung von Vermögen

Bei der vereinfachten Kapitalherabsetzung ohne Auskehrung war nach **bisherigem Recht** eine Verwendungsreihenfolge nicht gesetzlich vorgegeben. Nach herrschender Ansicht sollte für eine solche Herabsetzung, bei der das KSt-Guthaben mangels Auskehrung nicht zu mobilisieren war, die umgewandelten Gewinnrücklagen zuletzt verwendet werden. Dies bedeutet, dass zuerst die umgewandelten Teilbeträge des EK 03 und EK 04, anschließend das „ursprüngliche echte Nennkapital" und nur dann, wenn der Herabsetzungsbetrag diese Teilbeträge überschritten hat, das in dem Sonderausweis enthaltende Nennkapital verwendet wird. Bei der Kapitalherabsetzung wurde im Gegenzug das EK 04 erhöht, weil darin wirtschaftlich eine Einlage der Anteilseigner zu sehen war.

Nach neuem Recht wird gem. § 28 Abs. 2 KStG zuerst der Sonderausweis verringert, ein Zugang auf dem Einlagekonto findet insoweit nicht statt (nur ein überschießender Betrag wird dem Einlagekonto gem. § 28 Abs. 1 S. 1, 2. HS KStG zugeschrieben). Insoweit hat sich das Verständnis bei einer vereinfachten Kapitalherabsetzung ohne Rückzahlung geändert. Im Ergebnis wird aber nur so verhindert, dass umgewandelte Gewinnrücklagen bei Herabsetzung ohne Rückzahlung an die Anteilseigner als Auszahlungen aus dem Einlagekonto im Ergebnis steuerfrei ausgekehrt werden könnten. Durch dieses Verständnis ist zumindest eine Besteuerungslücke verhindert worden; evtl. Auskehrungen aus dem Sonderausweis entsprechenden Kapital unterliegen beim Anteilseigner anschließend dem Halbeinkünfteverfahren.

Hieran ist deutlich geworden, dass der Systemwechsel einen Paradigmenwechsel mit sich gebracht hat. Während nach altem Recht für den Anteilseigner KSt-Guthaben gesichert werden musste (vgl. die obige Verwendungsreihenfolge bei der vereinfachten Kapitalherabsetzung ohne Auskehrung), steht in diesen Fällen nunmehr die Sicherung der Nachbesteuerung beim Anteilseigner durch das Halbeinkünfteverfahren im Vordergrund.

2 Die Bedeutung der Kapitalherabsetzung

Beispiel 109: Zusammenfassendes Beispiel zu Kapitalerhöhung aus Gesellschaftsmitteln mit anschließender Kapitalherabsetzung

Eine GmbH erhöht in 03 ihr Nennkapital von 50 auf 400 durch Umwandlung von Rücklagen in Nennkapital. In 04 setzt die GmbH das Kapital um 300 herab, da sich die Expansionspläne zerschlagen haben.
Die GmbH trifft zum 31.12.02 folgende Feststellungen:

- KSt-Guthaben: 40,
- EK 02: 140,
- steuerliches Einlagekonto: 40.

Die GmbH hat in der Bilanz Rücklagen i.H.v. 420 ausgewiesen. Das steuerliche Einlagekonto verändert sich vom 31.12.02 bis zum Ablauf des Jahres nicht und es werden nach der Rücklagen-Umwandlung dem Konto keine Beträge zugeführt (vgl. § 28 Abs. 3 KStG). Es haben sich in 03 und 04 keine Geschäftsvorfälle mit Auswirkungen auf die Bilanz ergeben.

Lösung:

zeitlicher Bezugspunkt	nicht gesondert festgestellte Rücklagen in der StB	KSt-Guthaben	EK 02	steuerliches Einlagekonto	Nennkapital	Sonderausweis
vor Kapitalerhöhung:	420	40	140	40	50	-
nach Kapitalerhöhung um 350	70	40	140	–	400	310
nach der Kapitalherabsetzung um 300 (1. Schritt auf der Ebene der KapG)	370	40	140	–	100	10

Bei Auszahlung an die AE gilt die Kapitalherabsetzung, soweit der Sonderausweis gemindert worden ist, als Gewinnausschüttung mit der Folge, dass die §§ 38, 27 KStG Anwendung finden (§ 28 Abs. 2 S. 2 KStG n.F.). Gem. § 38 Abs. 1 S. 4 KStG ist folgende Differenzrechnung aufzustellen:

- Leistung: 300,
- ausschüttbarer Gewinn (§ 27 Abs. 1 S. 4 KStG n.F.): 370,
- EK 02: 140,
- Differenz: 230.

Die Leistung übersteigt die Differenz um 70, insoweit ist die Kapitalrückzahlung mit dem EK 02 zu verrechnen. Das EK 02 wird zusätzlich durch die KSt-Erhöhung (30) gemindert. Das KSt-Guthaben wird nach herrschender Ansicht bei einer Kapitalrückzahlung[156], die lediglich als Ausschüttung gilt, nicht mobilisiert, da es sich nicht um eine Gewinnausschüttung handelt, die auf einem den gesellschaftsrechtlichen Vorschriften entsprechenden Gewinnverwendungsbeschluss beruht (§ 37 Abs. 2 S. 1 KStG). Insoweit stellt das KSt-Recht nach der Systemumstellung die Kapitalgesellschaften, die ihr Kapital herabsetzen und an die AE auskehren, schlechter als vor dem Systemwechsel. Ein Grund hierfür ist nicht ersichtlich.

Beim AE führt die Rückzahlung zu Einkünften aus Kapitalvermögen in dieser Höhe (§ 20 Abs. 1 Nr. 2 EStG). Die KapG hat zum 31.12.04 folgende Feststellungen zu treffen:

- KSt-Guthaben: 40,
- EK 02: 40,
- Sonderausweis (§ 28 Abs. 1 S. 3 u. 4 KStG): 10.

Die KSt-Belastung auf der Einkommensverwendungsebene beträgt aufgrund der Rückzahlung 30.

Wenn die KapG ein zweites Mal das Kapital auf 50, den ursprünglichen Bestand, herabsetzt, mindert sich wiederum zunächst der Sonderausweis um 10, anschließend erhöht sich das steuerliche Einlagekonto um 40. Erfolgt eine Rückzahlung dieser 50, hat in Bezug auf die Minderung des Sonderausweises die Differenzrechnung der §§ 38, 27 KStG Anwendung zu finden, in Bezug auf die weitere Rückzahlung i.H.v. 40 wird gem. § 28 Abs. 2 S. 2, 2. HS KStG n.F. unmittelbar auf das steuerliche Einlagekonto zugegriffen, entsprechende Bescheinigungen sind auszustellen.

3 Die steuerliche Behandlung der Liquidation

3.1 Gesellschaftsrechtliche Grundlagen der Liquidation

Unter der Liquidation einer Gesellschaft versteht man deren Auflösung in einem geordneten privatautonomen (z.B. §§ 60 ff. GmbHG oder §§ 262 ff. AktG) oder staatlich vorgegebenen (Insolvenzordnung) Verfahren. Eine Gesellschaft kann also durch Beschluss der G´fter, durch Insolvenzeröffnungsbeschluss des Insolvenzgerichts und in Ausnahmefällen auch durch Urteil eines Zivilgerichts aufgelöst werden. Letzteres ist dann der Fall, wenn ein G´fter die Auflösungsklage gegen die Gesellschaft erhoben hat (vgl. z.B. § 61 GmbHG). Sowohl bei dem **privatautonomen** Verfahren als auch dem **Insolvenzverfahren** steht die Sicherung der Gläubiger im Vordergrund. Für die Besteuerung der Gesellschaft in der Liquidation sind gesellschaftsrechtliche und bilanzrechtliche Vorfragen maßgebend, die nicht immer hinreichend beachtet werden.

Nach fast unbestrittener Auffassung endet mit dem Auflösungsbeschluss die Gesellschaft als Werbende der Gesellschaft. Der Zweck der Gesellschaft ist nunmehr auf die

---

[156] Vgl. aber *Köster* in *H/H/R*, § 37 Abs. 2 R 21 m.w.N.

3 Die steuerliche Behandlung der Liquidation

Abwicklung der Gesellschaft und Verteilung des Restvermögens gerichtet. Daher hat der G'fter auf den Tag vor dem Auflösungsbeschluss einen letzten Jahresabschluss für die Gesellschaft aufzustellen[157]. Dabei ist fraglich, ob dieser Jahresabschluss hinsichtlich der Bewertung nach den Grundsätzen der Unternehmensfortführung oder bereits nach Abwicklungsgrundsätzen aufzustellen ist. Die Entscheidung dieser Frage hat vor allem Auswirkungen auf die Zuordnung von durch die Liquidation eingetretenen Verlusten. Wenn man den Jahresabschluss nach Unternehmensfortführungsgesichtspunkten aufstellt, wirken sich die durch die Liquidation notwendigen Wertberichtigungen erst auf den Abwicklungszeitraum aus, im anderen Fall bereits im letzten Wj. als werden der Gesellschaft. Aus Gründen der Transparenz und vor allem zum Schutze der Gläubiger, die gewinnabhängige Ansprüche haben (z.B. stille G'fter), wird hier die Ansicht vertreten, den letzten Jahresabschluss der werdenden Gesellschaften nach allgemeinen Grundsätzen aufzustellen[158]. Bilanzidentität zwischen **diesem Abschluss** und der **notwendigen Liquidationseröffnungsbilanz** besteht also nach der hier vertretenen Auffassung nicht. Gesellschaftsrechtlich ist also **zwingend** ein **Rumpfwirtschaftsjahr** zu bilden, einer Umstellung des im Gesellschaftsvertrag festgeschriebenen Wirtschaftsjahres bedarf es nicht[159].

Die Liquidatoren bzw. der Insolvenzverwalter haben während der Liquidation nach allgemeinen Vorschriften einen Jahresabschluss aufzustellen. Für diese Jahresabschlüsse gelten besondere Bewertungsvorschriften, ansonsten unterliegen sie allgemeinen Regeln, wie z.B. in Bezug auf die Prüfung und Offenlegung. Auf den Schluss der Liquidation und nach Ablauf des Sperrjahres haben die Liquidatoren eine Schlussbilanz aufzustellen, so dass auch bei Beendigung der Liquidation ein Rumpf-Wj. entstehen kann. Ob daneben eine „besondere Schlussrechnung" (vgl. § 74 GmbHG) aufzustellen ist, ist zwar bestritten, bedarf für steuerliche Zwecke aber keiner Erörterung.

3.2 Besonderheiten der Liquidation auf Gesellschaftsebene

3.2.1 Systematische Grundlagen

Die Liquidation einer KapG führt auf der Ebene der Gesellschaft in Bezug auf zwei Aspekte zu körperschaftsteuerlichen Folgen, die streng zu unterscheiden sind. Zum einen geht es um die **Besteuerung des während der Abwicklung erzielten Einkommens**, zum anderen um die **Auswirkungen der Verteilung des Vermögens an die G'fter**. Es geht – wie auch bei der werbenden Gesellschaft – um die Trennung der körperschaftsteuerlichen Auswirkungen der Ebene der Einkommenserzielung von der Ebene der Einkommensverwendung.

Soweit eine Verteilung erfolgt, wird das jeweilige (alte bzw. neue) geschlossene Körperschaftsteuersystem in Gang gesetzt. Dies bedeutet für das Anrechnungsverfahren, dass vorhandenes KSt-Minderungs- bzw. Erhöhungspotential spätestens in diesem Zeitpunkt realisiert wird (vgl. § 41 Abs. 1 KStG a.F.); für den Übergangszeitraum kann insoweit ebenfalls KSt-Guthaben gem. § 37 Abs. 2 KStG n.F. oder Erhöhungspotential gem. § 38 KStG n.F. realisiert werden[160]. Nur Liquidationen, die nach dem Übergangszeitraum

---

[157] Vgl. statt aller *Scholz/Schmidt*, 9. Aufl., § 71 Anm. 8.
[158] Vgl. *Hueck/Schulze/Osterloh*, § 71 Anm. 3.
[159] Vgl. aber *Förschle/Kropp/Deubert*, DB 1994, 1000.
[160] Vgl. dazu den durch das UntStFG eingeführten § 40 Abs. 4 KStG n.F.

enden (nach dem 31.12.2017), führen auf der Ebene der Kapitalgesellschaft im Verteilungszeitpunkt zu keinen steuerlichen Auswirkungen.

Die Finanzverwaltung (A 46 KStR) gewährt der KapG ein Wahlrecht, ob sie das Einkommen des letzten Wirtschaftsjahres bis zum Beginn der Liquidation in den Abwicklungszeitraum einbeziehen oder ob sie insoweit ein **Rumpf-Wirtschaftjahr** bilden will. Die Gesellschaft hat – wie soeben erläutert worden ist – handelsbilanzrechtlich zwingend auf den Tag vor Beginn der Liquidation eine Handelsbilanz aufzustellen, m.a.W. **zwingend** ein Rumpf-Wj. zu bilden. Dieses Rumpf-Wj. hat auch für die Besteuerung zu gelten, so dass das Wahlrecht der Finanzverwaltung eigentlich ins Leere läuft[161].

Durch das UntStFG hat sich für Liquidationen, **die über den Systemwechsel hinweg** andauern, eine Klarstellung für die Anwendung der körperschaftsteuerlichen Vorschriften ergeben. Liquidationen, deren Besteuerungszeitraum nach dem 31.12.2000 endet, sind nach neuem Recht sowohl für die Einkommensermittlung auf Ebene der KapG als auch in Bezug auf die Auswirkungen der Einkommensverteilung auf die Gesellschaft behandeln. Allerdings besteht für die KapG die Möglichkeit, auf den 31.12.2000 den Liquidations-Besteuerungszeitraum enden zu lassen und bis dahin erfolgte Leistungen nach dem System des Anrechnungsverfahrens zu erfassen (§ 34 Abs. 11 KStG n.F., sog. **Antragsbesteuerung**).

3.2.2 Einkommensermittlung im Abwicklungszeitraum

Die Einkommensermittlungsvorschriften haben sich durch die Unternehmenssteuerreform mit Ausnahme der §§ 8a, 8b KStG n.F. nicht grundlegend geändert.[162] Für die Ermittlung des im Abwicklungszeitraums erzielten Einkommens sind neben § 11 KStG die allgemeinen Vorschriften maßgebend. Zu beachten ist, dass der **Einkommensermittlungszeitraum** im Liquidationsstadium die gesamte Liquidation umfasst, er soll aber grundsätzlich drei Jahre nicht übersteigen. Dauert die Liquidation ersichtlich länger, kann nach drei Jahren auf Ebene der KapG zwar eine Liquidationsbesteuerung vorzunehmen sein, die in Bezug auf die tatsächliche Besteuerung des längeren Zeitraums lediglich als Zwischenveranlagung anzusehen ist. Die Zwischenveranlagung sollte dann bei Endveranlagung der Liquidation gem. § 175 Abs. 1 Nr. 2 AO aufgehoben werden[163]. Die Ermittlung des Abwicklungsgewinns erfolgt durch Gegenüberstellung des

- Abwicklungsendvermögens (**§ 11 Abs. 3 KStG**) und
- Abwicklungsanfangsvermögens (**§ 11 Abs. 4 KStG**).

Das Abwicklungsanfangsvermögen (§ 11 Abs. 4 KStG) ist das Betriebsvermögen am Schluss des der Liquidation vorangegangenen, der letzten Veranlagung zugrunde gelegten Wj. Gem. § 11 Abs. 4 S. 3 KStG ist das Anfangsvermögen um Ausschüttungen zu kürzen, die in dem Abwicklungszeitraum vorgenommen worden sind. Auf diese Weise wird technisch sichergestellt, dass Vorgänge der Gewinnverteilung auf die Ermittlung des Gewinns keine Auswirkungen haben können (vgl. § 8 Abs. 3 KStG). Es sei aber darauf hingewiesen, dass nach gesellschaftsrechtlichen Vorgaben mit Auflösungsbeschluss vor Beendigung der Liquidation und Ablauf des Sperrjahres keine Verteilung des Vermögens

---

[161] *Olbrich*, DStR 2001, 1090 ff.; a.A. *Dötsch/Pung*, DB 2002, 1232.
[162] Vgl. oben Kap. III.2.2.
[163] Im Einzelnen fraglich *Hübl* in H/H/R, KStG, § 11 Anm. 25.

an die G´fter erfolgen darf. Hierzu zählen auch Gewinnausschüttungen für frühere Jahre und evtl. vorzunehmende Abschlagszahlungen in der Liquidation (**striktes Thesaurierungsgebot**).

Das Abwicklungsendvermögen (§ 11 Abs. 3 KStG) ist das zur Verteilung kommende Vermögen abzüglich der steuerfreien Vermögensmehrungen. Das Endvermögen ist entsprechend der Regelung des § 16 Abs. 3 EStG mit dem gemeinen Wert zu bewerten.

Das so ermittelte Abwicklungs-Endvermögen ist erst nach Anwendung allgemeiner Ermittlungsvorschriften der KSt zu unterwerfen. Das bedeutet, dass die Ausgangsgröße vor allem um nicht abzugsfähige BA (§§ 3c, 4 Abs. 5 EStG, § 10 KStG), verdeckte Vermögensverlagerungen auf die G´fter sowie verdeckte Einlagen der G´fter im Abwicklungszeitraum zu korrigieren sind. Das Einkommen im Abwicklungszeitraum kann sich durch einen Verlustvortrag aus früheren Jahren ebenso mindern wie ein Verlust im Abwicklungszeitraum auf den dem Abwicklungszeitraum vorangegangene Veranlagungszeitraum zurückzutragen ist.

Die **Entwicklung des steuerlichen Einkommens** im Abwicklungszeitraum lässt sich – stark vereinfacht – wie folgt darstellen:

Abwicklungsendvermögen (gemeiner Wert)
./. steuerfreie Vermögensvermehrung
    z.B. Beteiligungserträge (§ 8b Abs. 1 und 2 KStG n.F.)
./. verdeckter Einlagen
./. abziehbare Aufwendungen (§ 9 KStG)
+ nicht abziehbare BA (§§ 3c, 4 Abs. 5 EStG, § 10 KStG)
+ verdeckte Vermögensverlagerungen auf G'fter (entsprechend § 8 Abs. 3 S. 2 KStG)
= **Steuerliches Endvermögen**
./. **steuerliches Anfangsvermögen**
    (bereits gekürzt um Gewinnausschüttung für vorvergangene Jahre)
= **Steuerlicher Abwicklungsgewinn**
./. z.B. Verlustvortrag aus früheren Jahren
= **steuerliches Einkommen im Abwicklungszeitraum**

3.2.3 Auswirkungen der Vermögensverteilung im Anrechnungsverfahren

Endet die Liquidation bis zum 31.12.2000 oder stellt die Körperschaft bis zum 30.06.2002 einen Antrag, auf 31.12.2000 einen Zwischenabschluss zu erstellen, sind die steuerlichen Folgen bis zu diesem Zeitpunkt nach altem Recht zu ziehen (§ 34 Abs. 11 KStG n.F.). Es gilt jeweils das Recht zu dem Zeitpunkt, in dem die Liquidation endet.

In diesen Fällen kann die Verteilung des Vermögens bzw. die bis dahin (gesellschaftsrechtlich zu Unrecht) erfolgten Abschlagszahlungen Auswirkungen auf die KSt der Gesellschaft haben (Auswirkungen auf er Einkommensverwendungsebene). Im geschlossenen System des Anrechnungsverfahrens wurden für solche Leistungen auch außerhalb ordentlicher Gewinnausschüttungen die Ausschüttungsbelastung nach allgemeinen Regeln mit entsprechenden körperschaftsteuerlichen Folgen hergestellt (vgl. § 41 Abs. 1 KStG a.F.). Die körperschaftsteuerlichen Folgen sind für den Abwicklungszeitraum zu ziehen unabhängig davon, ob es sich bei den Leistungen um offene Zahlungen an die G´fter oder um verdeckte Vermögensverlagerungen handelt. Der Abwicklungszeitraum ist nur als ein Besteuerungszeitraum anzusehen.

Beispiel 110: Vermögensverteilung I
Eine KapG beendet die Liquidation zum 30.11.2000 und hat nach den Zugängen zum verwendbaren Eigenkapital aufgrund des im Abwicklungszeitraum erzielten Einkommens folgende Einkommensgliederung:

- EK 40: 360;
- EK 01: 100;
- EK 02: 120;
- Nennkapital: 200.

Lösung:
Die Verteilung entspricht einer **Vollausschüttung**, es treten folgende körperschaftsteuerliche Folgen ein.

- Verteilung des EK 40: KSt-Minderung i.H.v. 10/60 von 360 = 60
- Verteilung des EK 01: Es treten keine Auswirkungen ein (vgl. § 40 Nr. 1 KStG a.F.)
- Verteilung des EK 02: Es tritt KSt-Erhöhung von 30/100 von 120 = 36 ein.
- Die KSt des Veranlagungszeitraums 2000 mindert sich im Ergebnis um 24.

Entsprechendes gilt, wenn eine KapG den Antrag auf „Zwischen-Liquidation" zum 30.12.2000 stellt. Die KapG hat zum 31.12.2000 ihr verwendbares Eigenkapital gemäß den Vorschriften des Anrechnungsverfahrens (einschließlich § 47 Abs. 1 Nr. 1 KStG a.F.) letztmalig zu gliedern. Dabei ist das bis dahin erzielte Einkommen hinzuzurechnen. Bis dahin erfolgte Liquidationsraten oder verdeckte Vermögensverteilungen an die G'fter sind mit diesem verwendbaren Eigenkapital zu verrechnen, die entsprechenden körperschaftsteuerlichen Folgen sind zu ziehen[164]. Das im Fall der Antragstellung zum 31.12.2000 verbleibende Eigenkapital wird entsprechend den Vorschriften des § 36 KStG n.F. umgegliedert, auf den Zeitpunkt der Vollbeendigung der Liquidation ist evtl. ein KSt-Guthaben gem. § 37 Abs. 1 KStG zu ermitteln.

3.2.4 Auswirkungen im Übergangszeitraum

Gem. § 34 Abs. 11 KStG ist auf Liquidationen, deren Besteuerungszeitraum 2001 oder später endet[165], neues KSt-Recht anzuwenden. Die Anwendung neuen Rechtes bedeutet im Übergangszeitraum auch die Realisierung von KSt-Guthaben und KSt-Erhöhungspotential gem. §§ 37, 38 KStG. Gemäß des erst im Zuge des UntStFG eingeführten § 40 Abs. 4 KStG wird entsprechend dem Wortlaut des § 37 Abs. 2 KStG und entgegen der Regelung bei der Kapitalherabsetzung die KSt-Minderung auch bei sonstigen Leistungen im Rahmen der Liquidation gewährt. Körperschaftsteuerliche Auswirkungen der Vermögensverteilung können sich bei Liquidation letztmalig für 2017 ergeben, erst ab 2018 gilt insoweit uneingeschränkt neues Recht.

Beispiel 111: Vermögensverteilung II
Eine KapG beendet ihre Liquidation zum 30.06.2002, ein Antrag auf Zwischenabschluss gem. § 34 Abs. 11 KStG sei nicht gestellt. Nach Ermittlung

---
[164] *Dötsch/Pung*, DB 2002, 1233.
[165] *Dötsch/Pung*, DB 2002, 173 ff.

des Einkommens für den Abwicklungszeitraum ergeben sich folgende Feststellungen:

- KSt-Guthaben: 60,
- EK 02: 120.

In der StB auf den 30.06.2002 sind Gewinnrücklagen i.H.v. 580 ausgewiesen (die Zahlen entsprechen dem obigen Beispiel für den Zeitraum des Anrechnungsverfahrens).

Lösung:
Bei Verteilung des Vermögens ergeben sich auf der Ebene der KapG folgende Auswirkungen: Gem. § 37 Abs. 2 KStG n.F. i.V.m. § 40 Abs. 4 KStG n.F. wird das KSt-Guthaben i.H.v. 60 realisiert, auf die Ausschüttung aus dem EK 02 müssen 36 (30/100) KSt „nachbezahlt" werden. Es können nur 70/100 des EK 02 an die Anteilseigner ausgekehrt werden. Diese körperschaftsteuerlichen Auswirkungen entsprechen auf der Ebene der KapG insoweit den Auswirkungen nach dem Anrechnungsverfahren. Die KSt-Änderungen sind für den Veranlagungszeitraum vorzunehmen, in dem die Liquidation bzw. der jeweilige Besteuerungszeitraum endet.

3.3 Besonderheiten auf der Ebene des Anteilseigners

3.3.1 Systematische Grundlagen

Sowohl das alte als auch das neue KSt-System verstehen sich als geschlossene Systeme. Eine systemgerechte Besteuerung ist bei beiden Systemen nur unter Einbeziehung der Steuerfolgen beim AE möglich.

Beim Anrechnungsverfahren muss spätestens im Zeitpunkt der Liquidation die auf den Gewinnrücklagen lastende KSt – wegen ihres Charakters als Interimsteuer – auf die AE übergewälzt werden, d.h. auf der Ebene der KapG ist die Ausschüttungsbelastung herzustellen, welche beim AE zunächst als ESt-Vorauszahlung den Einnahmen hinzugerechnet und anschließend angerechnet werden kann.

Beim Halbeinkünfteverfahren kommt es bei Verteilung des Vermögens beim AE zu der „Nachbelastung" i.H.d. Hälfte der Einnahmen (vgl. § 3 Nr. 40 EStG). Soweit steuerliche keine Gewinne, sondern Einlagen[166] ausgekehrt werden, liegt ein Veräußerungsvorgang gem. § 17 Abs. 4 EStG vor; bei einem unter dieser Schwelle beteiligten AE, der die Beteiligung im Privatvermögen hält, sind diese Auszahlungen steuerlich irrelevant[167]. Bei einem AE, der die Beteiligung im Betriebsvermögen hält, stellen die den Beteiligungsbuchwert übersteigenden Auszahlungen aus dem EK 04 bzw. des steuerlichen Einlagekontos bzw. Nennkapital Beteiligungserträge dar, bei KapG als AE steuerfreie Erträge gem. § 8b Abs. 1 KStG.

---

[166] Das frühere EK 04 bzw. das steuerliche Einlagenkonto und Nennkapital, welches nicht in dem sog. Sonderausweis enthalten ist.
[167] Mit Ausnahme der Annahme eines privaten Veräußerungsgeschäfts, wo allerdings in entsprechender Anwendung des § 17 Abs. 4 S. 3 EStG ebenfalls nur die Rückzahlungen aus dem EK 04 bzw. des steuerlichen Einlagekontos und dem Nennkapital steuerpflichtig sind.

3.3.2 Auswirkungen im Anrechnungsverfahren

Wenn in dem Bsp. unter 3.2.3 der Alleingesellschafter AK aus seiner Beteiligung i.H.v. 200 gehabt hat, ergeben sich folgende Auswirkungen:
Einnahmen gem. § 20 Abs. 1 Nr. 2 EStG:

Aus EK 40: 420 (70/60 von 360)
aus EK 01: 100 (vgl. § 40 Nr. 1 KStG und § 36 Abs. 2 Nr. 3 EStG a.F.)
aus EK 02: 84 (70/100 von 120)

Einnahmen 604
+ Anrechnungsguthaben (30/70 von 504): 216
Einnahmen aus Kapitalvermögen: 820

Die Einnahmen von 820 hat der AE mit seinem individuellen ESt-Satz der ESt zu unterwerfen, das Anrechnungsguthaben (und die im Beispiel nicht aufgeführte Kapitalertragsteuer) kann er auf die ESt-Schuld anrechnen. Ein Veräußerungsgewinn gem. § 17 Abs. 4 EStG entsteht nicht, da das Nennkapital den AK entspricht.

In vielen Fällen entsteht bei Liquidation ein **Auflösungsverlust**, da AE der Gesellschaft Krisendarlehen gegeben haben, die die AK der Beteiligung erhöht haben, aber in der Liquidation nicht zurückbezahlt werden können.

Nach altem Recht konnten wesentlich beteiligte AE (Beteiligung größer gleich 10 %) einen Auflösungsverlust in voller Höhe gem. § 17 Abs. 4 EStG geltend machen. Nach neuem Recht ist die Beteiligungsgrenze zwar abgesenkt worden, so dass mehr AE in die Anwendung des § 17 Abs. 4 EStG einbezogen werden. Ein Verlust kann aber entsprechend dem Halbeinkünfteverfahren nur noch i.H.d. Hälfte steuerliche genutzt werden (vgl. § 3c Abs. 2 EStG). Es ist also für die AE entscheidend, wann ein Auflösungsverlust entsteht und ab wann die Neuregelung des § 17 Abs. 4 EStG anwendbar ist[168].

Ein Auflösungsverlust ist entstanden, sobald feststeht, dass mit Zuteilungen nach § 17 Abs. 4 S. 2 EStG nicht mehr zu rechnen ist und in welcher Höhe dem AE nachträgliche AK oder sonstige i.R.d. § 17 Abs. 2 EStG zu berücksichtigende Aufwendungen entstanden sind. Es kann für einen mit mindestens 10 % beteiligten AE interessant sein, einen Auflösungsverlust nach Beginn der Liquidation möglichst noch in 2000 geltend zu machen.

Die Anwendbarkeit des § 17 Abs. 4 EStG a.F. auf Liquidationen ist nicht eindeutig geklärt. Während für Leistungen der Gesellschaft, die beim AE zu Einnahmen i.S.d. § 20 Abs. 1 Nr. 2 EStG führen, die Anwendung des neuen bzw. alten Rechts auf der Ebene der Kapitalgesellschaft und des AE über § 34 Abs. 11 S. 5 KStG n.F. parallelisiert ist, ist dies bei der Anwendung des § 17 Abs. 4 EStG nicht eindeutig. Die maßgebenden Anwendungsregeln des § 52 Abs. 4a, Abs. 34 a EStG geben keine klare Auskunft bzw. führen zu unsystematischen Ergebnissen. Beide Vorschriften knüpfen an das Wj. der KapG an, an der die Anteile bestehen. Die Bestimmung von steuerlichen Wirtschaftsjahren ist bei in Liquidation befindlichen KapG schwierig, da mit Beginn der Liquidation ein einheitlicher Besteuerungszeitraum besteht. Eine mit § 34 Abs. 11 S. 5 KStG stimmige Lösung wird nur erreicht, wenn man davon ausgeht, dass mangels Bestehens von Wirtschaftsjahren eine Anknüpfung an §§ 52 Abs. 4a, 34 a EStG keinen Sinn macht. Dann gilt die allgemeine Anwendung des neuen Rechtes ab 2001, wie sie für die Liquidationsraten nunmehr auch ausdrücklich geregelt ist.

---

[168] *Dötsch/Pung*, DB 2002, 173.

3   Die steuerliche Behandlung der Liquidation

Bei Liquidationen, die in 2001 enden, ist demnach neues Recht anzuwenden. Dies gilt insoweit auch für die Neuregelung des „§ 17 Abs. 4 EStG mit der Folge, dass ab diesem Zeitpunkt die Rechtsfolgen ausschließlich nach neuem Recht zu ziehen sind, es sei denn die KapG hätte einen Antrag gem. § 34 Abs. 11a KStG gestellt.

3.3.3 Auswirkungen im Übergangszeitraum

Die Folgen aus einer Liquidation im Übergangszeitraum auf der Ebene des AE soll die **Fortführung des Beispiels** aus 3.2.4 zeigen; es wird davon ausgegangen, dass er Alleingesellschafter AK i.H.v. 200 gehabt hat.

Lösung: Vermögensverteilung III
Gem. § 34 Abs. 11 S. 5 KStG ist bei dem AE bereits neues Recht anzuwenden. Der G´fter hat Einnahmen gem. § 20 Abs. 1 Nr. 2 EStG mit der Ausnahme der Rückzahlung von Nennkapital. Die Besonderheit besteht darin, dass der G´fter im Zeitpunkt der Liquidation auch noch das KSt-Guthaben abzüglich der KSt-Erhöhung aus dem EK 02 ausbezahlt bekommt. Hierdurch errechnen sich seine Einnahmen wie folgt:

Auskehrung der Gewinnrücklagen	580,
+ KSt-Guthaben	60,
./. KSt-Erhöhung	36,
Saldierung der Einnahmen gem. § 20 Abs. 1 Nr. 2 EStG	604.

Die Höhe der Einnahmen entspricht dem o.g. Ergebnis (mit Ausnahme des KSt-Guthabens). Die Rückzahlung des Kapitals führt bei dem AE nicht zu einem steuerpflichtigen Veräußerungsgewinn, da insoweit AK in gleicher Höhe gegenüberstehen. Die Bezüge gem. § 20 Abs. Nr. 2 EStG unterliegen beim AE dem Halbeinkünfteverfahren, sie sind i.H.v. 302 mit dem individuellen Steuersatz zu erfassen (§ 3 Nr. 40d EStG).
Ob bei dieser Behandlung gegenüber dem Anrechnungsverfahren eine Besserstellung liegt, hängt vom persönlichen Steuersatz des AE ab. Hinzuweisen ist jedoch darauf, dass die Altrücklagen einer definitiven KSt-Belastung von 30 % unterliegen, bei den Bezügen aus EK 01 nach der Neuregelung eine günstigere Steuerfolge eintritt, da diese ohne Körperschaftsteuer-Vorbelastung beim AE nur der hälftigen Besteuerung unterliegen.
Wichtig ist für den AE vor allem die neue Rechtslage hinsichtlich der Behandlung eines Auflösungsgewinnes bzw. -verlustes. Je nach Ergebnis und Beteiligungshöhe ist die neue oder alte Rechtslage günstiger (bei Liquidationen über dem 31.12.2017 hinaus).
Bei Liquidationen im **Übergang zum reinen neuen System** hat die Gesellschaft ähnlich wie nach § 34 Abs. 11a KStG einen Zwischenabschluss zu erstellen, bis dahin geleistete Abschlagszahlungen können letztmals ein KSt-Guthaben bzw. eine KSt-Erhöhung gem. §§ 37, 38 KStG realisieren. Bis dahin nicht verbrauchtes KSt-Guthaben wird also definitiv (§ 40 Abs. 4 KStG).

Zusammenfassendes Beispiel 112: Die volle Liquidation
Eine GmbH wird aufgrund eines Liquidationsbeschlusses vom 20.06.01 zum 31.12.02 in der Weise beendet, dass das Vermögen an die AE (nach Ablauf des Sperrjahres) verteilt wird. Die GmbH hat im Abwicklungszeitraum ein Gewinn erzielt, die Bestände des für die Verteilung in Frage kommenden Vermögens sehen wie folgt aus:

- KSt-Guthaben: 80,
- EK 02: 100,
- steuerliches Einlagekonto: 40,
- das Nennkapital beträgt 50,
- das EK (mit Ausnahme des Nennkapitals) 800.

Lösung:
Es stellt sich zunächst die Frage, ob bei Liquidationen eine „**liquidationsbedingte Umgliederung**" vorzunehmen ist[169]. Dies hätte in dem Beispiel auf der Ebene der KapG eine Umgliederung des Nennkapitals in das steuerliche Einlagekonto zur Folge.
Die Teilbeträge würden nach der Umgliederung wie folgt aussehen:

- KSt-Guthaben: 80,
- EK 02:   100,
- steuerliches Einlagekonto: 90.

Hier wird die Ansicht vertreten, dass § 28 KStG n.F. nur Fälle regelt, in denen zunächst eine Kapitalerhöhung aus Gesellschaftsmitteln stattgefunden hat, in denen Gewinn-Rücklagen in Nennkapital umgewandelt worden sind. Wenn sich an eine solche Kapitalerhöhung eine -herabsetzung oder Auflösung anschließt, ist eine Regelung für die Behandlung der in dem sog. Sonderausweis enthaltenen Rücklagen zu treffen, da nur so die Abgeschlossenheit des KSt-Systems gewährleistet wird. Hat eine solche Kapitalerhöhung aus Gesellschaftsmitteln jedoch nicht stattgefunden, ist eine Umgliederung nicht notwendig, die **Verteilung des Vermögens ist wie eine Vollausschüttung zu behandeln.**

Auszahlungen führen bei dem AE insoweit zu Einnahmen aus Kapitalvermögen, als nicht das Nennkapital und das steuerliche Einlagekonto verwendet wird. In dem Beispiel für die Verteilung des Vermögens zu folgenden Einnahmen, die beim AE dem Halbeinkünfteverfahren unterliegen:
Aus der StB lässt sich ableiten, dass Gewinnrücklagen (mit Ausnahme des steuerlichen Einlagekontos) i.H.v. 760 vorliegen, deren Auszahlung bei AE zu Einnahmen aus Kapitalvermögen führen. Die Folge dieser Auszahlungen ist die vollständige Realisierung des KSt-Minderungs- und KSt-Erhöhungspotentials (§ 40 Abs. 4 KStG n.F.).

---

[169] *Dötsch* in *Dötsch/Eversberg/Jost/Witt*, KStG und EStG, § 40 KStG, Anm. 32 geht davon aus, dass bei jeder Liquidation zunächst eine Kapitalherabsetzung auf 0 vorzunehmen ist, deren Folgen dem § 28 Abs. 2 KStG n.F. zu entnehmen sind.

Die Einnahmen aus Kapitalvermögen berechnen sich beim AE wie folgt:

Auszahlung von Rücklagen:	760
+ KSt-Minderung:	80
./. KSt-Erhöhung:	30
Einnahmen aus Kapitalvermögen:	870

I.H.d. Auszahlung des Nennkapitals und des steuerlichen Einlagekontos (90) liegt ein Vorgang vor, der nach § 17 Abs. 4 EStG zu beurteilen ist. Für die Besteuerung kommt es letztendlich auf die AK bei dem jeweiligen AE an.

Teil D

Umwandlungssteuerrecht

D Umwandlungssteuerrecht

I Allgemeines

Aufgrund von veränderten wirtschaftlichen Rahmenbedingungen kann es für Unternehmen erforderlich sein, sich diesen neuen Bedingungen anzupassen. Die Folge daraus ist, dass die Unternehmen eine Konzentration oder Dekonzentration ihrer Aktivitäten vornehmen. Hierfür stehen den Unternehmen mit dem neuen UmwG verschiedene Gestaltungsmöglichkeiten zur Verfügung.

Am 01.01.1995 trat das UmwG in Kraft. Das Gesetzgebungsverfahren war mit einer langen Vorlaufphase behaftet. Im Jahre 1988 erstellte das Bundesministerium der Justiz einen Diskussionsentwurf, erst in 1994 wurde nach einem Referentenentwurf aus 1992 ein gemeinsamer Gesetzesentwurf der Bundesregierung und der Regierungskoalition im Bundestag angenommen. Wie so viele Gesetze musste auch das UmwG den Umweg über den Vermittlungsausschuss antreten. Im Vermittlungsausschuss wurden die mitbestimmungsrechtlichen Regelungen, die die Belegschaften bei Umwandlungen betreffen, geregelt. Ende 1994 wurde dann die entsprechende Zustimmung des Bundesrats erteilt.

Die handelsrechtlichen Möglichkeiten der Umwandlungen werden ab dem 01.01.1995 durch das ebenfalls neue UmwStG ergänzt, da ab 01.01.1995 für alle Fälle eine Umwandlung ohne Auflösung und Versteuerung stiller Reserven zugelassen wird. Damit wurde die Umwandlungs- und Spaltungsbremse, „Versteuerung der stillen Reserven" – in der Lit. häufig kritisiert – nunmehr abgeschafft. Das Umwandlungsgesetz (UmwG) behandelt die folgenden Arten der Umwandlung:

- Verschmelzung,
- Spaltung,
- Vermögensübertragung,
- Formwechsel.

Hinsichtlich der an den Umwandlungen beteiligten Rechtsträgern soll hier nur auf die „gängigen" Rechtsformen (wie AG, GmbH, OHG, KG und GmbH & Co. KG, die Gesellschaft bürgerlichen Rechts (GbR) und Einzelunternehmen) eingegangen.

Aufgrund der Reformfreudigkeit des Gesetzgebers, hat auch das UmwStG 1995 seit In-Kraft-Treten bis zum heutigen Tag neun Änderungen hinnehmen müssen. Der Gesetzgeber hat die Änderungen in seinen Begründungen zwar oftmals nur als „Klarstellung" hingestellt, jedoch dienten diese Änderungen der Beseitigung von Missgeschicken und der Unterbindung von Interpretationen, die der Finanzverwaltung nicht genehm waren, aber auch der – zukünftigen – Verhinderung unerwünschter Vorteile[1] durch Umwand-

---

[1] Zum Bsp. die Verlustnutzung durch Umwandlung.

lung². Von diesen neun Änderungen sind als gravierernste Änderungen folgende herauszuheben:

- Änderung durch das Gesetz zur Fortsetzung der Unternehmenssteuerreform vom 30.10.1997 (BGBl I 1997, 3121).
- Änderung durch das Steuersenkungsgesetz (StSenkG) vom 23.10.2000 (BGBl I 2000, 1433).
- Änderung durch das Unternehmenssteuerfortentwicklungsgesetz (UntStFG) vom 20.12.2001 (BGBl I 2001, 3858).

Der Gesetzgeber hat auch das UmwG seit 1995 mehrfach geändert, allerdings nicht so häufig, wie das UmwStG. Die hier zu erwähnenden Änderungen sind enthalten im

- Gesetz zur Änderung des UmwG, des PartGG und anderer Gesetze vom 22.07.1998 (BGBl I 1998, 1878),
- Handelsrechtsreformgesetz (BGBl I 1998, 1474).

Durch das PartGG wurde es den Partnerschaftsgesellschaften ermöglicht, eine Umstrukturierung genauso vorzunehmen wie Personenhandelsgesellschaften. Durch das Handelsrechtsreformgesetz wurde der Kaufmannsbegriff, das Firmenrecht und das Recht der PersG grundlegend reformiert.

Die Gründe für Umstrukturierungen von Unternehmen sind vielschichtig. Sie können in der Ausnutzung von steuerlichen Möglichkeiten bestehen, aber auch aus rein betriebswirtschaftlichen Gründen erfolgen. In der heutigen Zeit stehen wohl meist die wirtschaftlichen Beweggründe im Vordergrund, genannt seien hier nur die letzten Firmenzusammenschlüsse in der Automobilindustrie oder der Mineralölindustrie. Dabei waren eher die Synergieeffekte bzw. die Marktkonzentration ausschlaggebend als die steuerlichen Folgen daraus. Dennoch sind die steuerlichen Folgen nicht zu vernachlässigen, auch wenn der Gesetzgeber ab 2001 das so genannte Umwandlungsmodell („Step up Modell")³ nicht mehr zulässt. Hierzu zählen unter anderem bei der Zusammenführung von KapG die Verlustnutzung durch den übernehmenden Rechtsträger.

---

[2] *Hörtnagel* in *Schmitt/Hörtnagel/Stratz*, Umwandlungsgesetz/Umwandlungssteuergesetz, 3. Aufl., Tz. 5 und 6 Einf. UmwStG.
[3] Die Möglichkeit, über die Umwandlung von der KapG auf die PersG unter Berücksichtigung der AK der Anteile an der KapG zu Abschreibungsvolumen auf der Ebene der PersG zu kommen.

II Zivilrechtliche Grundlagen der Umwandlung

Das UmwG ist wie folgt aufgebaut:

Verschmelzung	§§ 2 – 122 UmwG
Spaltung	§§ 123 – 173 UmwG
Vermögensübertragung	§§ 174 – 189 UmwG
Formwechsel	§§ 190 – 304 UmwG

Die Verschmelzung – es handelt sich hier um die Übertragung des Vermögens eines Rechtsträgers auf einen anderen bestehenden Rechtsträger bzw. von zwei oder mehreren Rechtsträgern auf einen neu zu gründenden Rechtsträger – ist als „Grundfall" der Umwandlung sehr ausführlich geregelt; die übrigen Formen der Umwandlung greifen darauf zurück, sofern keine vorrangigen Spezialregelungen bestehen. § 1 UmwG legt den Anwendungsbereich des Gesetzes fest. Nach dem Gesetzeswortlaut können an der Umwandlung nur Rechtsträger mit Sitz im Inland beteiligt sein[4] (§ 1 Abs. 1 UmwG); dies gilt sowohl für den übertragenden als auch für den übernehmenden Rechtsträger. Somit werden grenzüberschreitende Umwandlungen grundsätzlich ausgeschlossen[5].

1 Fälle der Verschmelzung

Die Vorschriften zur Verschmelzung sind im zweiten Buch des UmwG in den §§ 2 – 122 geregelt. Die Vorschriften §§ 2 – 38 UmwG beinhalten den allgemeinen Teil. Diese Regelungen sind bei der Beurteilung der Verschmelzungsanforderungen immer mit heranzuziehen, die besonderen Regelungen der §§ 39 – 122 UmwG stellen nur ergänzende Vorschriften dar.

Hinsichtlich der Verschmelzung haben sich durch das neue UmwG im Detail nicht viele Neuerungen ergeben. Es bietet gegenüber der früheren Rechtslage jedoch eine Erweiterung des Kreises der Gesellschaften, die miteinander verschmolzen werden können. Gem. § 3 UmwG können an der Verschmelzung als übertragende, übernehmende oder neu gegründete Rechtsträger beteiligt sein:

PersG (OHG, KG)	§ 3 Abs. 1 Nr. 1 UmwG
KapG (GmbH, AG, KGaA)	§ 3 Abs. 1 Nr. 2 UmwG
Eingetragene Genossenschaften	§ 3 Abs. 1 Nr. 3 UmwG
Eingetragene Vereine (§ 21 BGB)	§ 3 Abs. 1 Nr. 4 UmwG
Genossenschaftliche Prüfungsverbände	§ 3 Abs. 1 Nr. 5 UmwG
Versicherungsvereine auf Gegenseitigkeit	§ 3 Abs. 1 Nr. 6 UmwG

---

[4] Siehe *Schaumburg*, Internationales Steuerrecht, 2. Auflage, Tz. 17.53.
[5] Siehe *Stratz*, in Schmitt/Hörtnagel/Stratz, a.a.O., Tz. 3 zu § 1 UmwG.

Gem. § 3 Abs. 2 und 3 UmwG können noch weitere Rechtsträger an der Verschmelzung beteiligt sein:

Wirtschaftliche Vereine (§ 22 BGB), soweit sie übertragender Rechtsträger sind.	§ 3 Abs. 2 Nr. 1 UmwG
Natürliche Personen, die als Alleingesellschafter einer KapG deren Vermögen übernehmen.	§ 3 Abs. 2 Nr. 2 UmwG
Aufgelöste Rechtsträger, wenn die Fortsetzung dieser Rechtsträger beschlossen werden können.	§ 3 Abs. 2 Nr. 3 UmwG

Nach § 3 Abs. 4 UmwG ist es möglich, dass eine Verschmelzung von Rechtsträgern mit gleicher Rechtsform sowie zwischen Rechtsträgern mit unterschiedlicher Rechtsform (so genannte „Mischverschmelzungen") durchgeführt werden kann. Ein Teil der Verschmelzungsmöglichkeiten ist der nachfolgenden Tabelle zu entnehmen.

Übertragender Rechtsträger	Übernehmender oder neuer Rechtsträger			
	AG	GmbH	PersG	Nat. Person
AG	§§ 60 – 77[732]	§§ 46 – 59	§§ 39 – 45	§§ 120 – 122
		§§ 60 – 77	§§ 60 – 77	§§ 60 – 77
GmbH	§§ 46 – 59	§§ 46 – 59	§§ 39 – 45	§§ 120 – 122
	§§ 60 – 77		§§ 46 – 59	§§ 46 – 59
PersG	§§ 39 – 45	§§ 39 – 45	§§ 39 – 45	
	§§ 60 – 77	§§ 46 – 59		

Mit der obigen Tabelle werden nur die gängigen Verschmelzungsmöglichkeiten aufgezeigt. Die dort aufgeführten Vorschriften beinhalten unter anderem die Verfahrensabläufe aus zivilrechtlicher Sicht (Verschmelzungsbericht, Unterrichtung der G´fter, G´fter-Versammlungen, Beschlussfassungen u.a.). Das UmwG regelt in den allgemeinen Vorschriften (§§ 2 – 38 UmwG) Regelungen, die für alle Verschmelzungsfälle anzuwenden sind. Diese Vorschriften gelten gem. § 125 UmwG auch für Fälle der Spaltung, soweit dort nichts anderes geregelt ist. Hinsichtlich des Formwechsels bestehen in den §§ 190 ff. UmwG eigenständige Vorschriften. Besonders wichtig von den allgemeinen Vorschriften des Zweiten Buches – Erster Teil – sind die folgenden Regelungen:

Verschmelzungsvertrag	§ 4 UmwG
Inhalt des Verschmelzungsvertrags	§ 5 UmwG
Form des Verschmelzungsvertrags	§ 6 UmwG
Verschmelzungsbericht	§ 8 UmwG
Beschlüsse über den Verschmelzungsvertrag	§ 13 UmwG
Anmeldung der Verschmelzung	§ 16 UmwG
Anlagen der Anmeldung – insb. Bilanz des übertragenden Rechtsträgers	§ 17 UmwG
Eintragung und Bekanntmachung der Verschmelzung	§ 19 UmwG

---

[732] Alle Paragrafen in dieser Übersicht sind solche des UmwG.

1 Fälle der Verschmelzung

Wirkung der Eintragung	§ 20 UmwG
Wertansätze des übernehmenden Rechtsträgers	§ 24 UmwG
Abfindungsangebot im Verschmelzungsvertrag	§ 29 UmwG

Hiervon sind von unter anderem neben den formalen Vorschriften der §§ 17, 20, 24 und 29 UmwG sowohl hinsichtlich der bilanziellen Möglichkeiten als auch der Wirkung der Umwandlung von zentraler Bedeutung. So regelt der § 20 UmwG, dass mit Eintragung der Verschmelzung – bei der Spaltung gem. § 131 UmwG – der übertragende Rechtsträger sein Vermögen auf den übernehmenden Rechtsträger übertragen hat und er damit erloschen ist, ohne dass er abgewickelt werden müsste. Beim Formwechsel gibt es hinsichtlich der Wirkung der Umwandlung im UmwG (§ 202 UmwG) eine eigenständige Vorschrift.

Nach § 16 UmwG haben die an der Umwandlung beteiligten Rechtsträger die Verschmelzung/Spaltung(über § 125 i.V.m. § 16 UmwG)/Formwechsel (§ 198 UmwG) beim Registergericht (Handels-, Partnerschafts-, Genossenschafts- oder Vereinsregister)[733] anzumelden. Diesem Antrag sind Anlagen beizufügen, die bei der Verschmelzung gem. § 17 UmwG, bei der Spaltung gem. § 125 i.V.m. § 17 UmwG gesetzlich normiert sind. Bezüglich des Formwechsels enthält das Fünfte Buch, Erster Teil in § 199 UmwG auch hier wieder eigenständige Regelungen. Die Anforderungen an die Anlagen für die Verschmelzung und die Spaltung sehen neben den Verträgen, Beschlüssen, Zustimmungserklärungen, Verzichtserklärungen im § 17 Abs. 2 UmwG vor, dass die Umwandlung rückwirkend durchgeführt werden kann. Die Rückwirkungsmöglichkeit wird auf **acht Monate** befristet. Der Gesetzgeber hat diese Frist mit der Bilanz des übertragenden Rechtsträgers gekoppelt, d.h. beim Registerrichter muss als Anlage zur Anmeldung beim Gericht auch eine Bilanz beigefügt werden, die nicht älter als acht Monate sein darf. Als weitere Voraussetzung für die Bilanz sieht § 17 Abs. 2 UmwG vor, dass diese Bilanz nur nach den Vorschriften zur Erstellung einer Jahresbilanz – somit also nach handelsrechtlichen Grundsätzen – aufgestellt sein darf. Auf die Diskrepanz zwischen dem UmwG (§ 17 Abs. 2 UmwG) und dem UmwStG (§ 3 UmwStG) wird in dem steuerrechtlichen Teil eingegangen.

Der übernehmende Rechtsträger kann gem. § 24 UmwG entscheiden, wie er die WG des übertragenden Rechtsträgers in seiner Bilanz ansetzen will. Er ist nicht an die Wertansätze des übertragenden Rechtsträgers gebunden, sondern hat gem. § 24 UmwG ein Ansatzwahlrecht. Hintergrund dieses Ansatzwahlrechts ist, dass durch die zwingende Buchwertverknüpfung i.d.R. beim übernehmenden Rechtsträger trotz erheblicher stiller Reserven Verluste entstehen können, die den Wert der Anteile der bisherigen G'fter des übernehmenden Rechtsträgers mindern, obwohl wirtschaftlich keine Wertminderung eingetreten war.[734] Zu Übernahmeverlusten kommt es i.d.R. dann, wenn der übernehmende Rechtsträger höhere AK als den BW des übernommenen Vermögens hat oder die untergehenden Anteile einen höheren BW als das übergehende Vermögen haben.

---

[733] Zuständig ist jeweils das Amtsgericht, (§§ 125 – 169 FGG), wobei durch Rechtsverordnung die Führung der Register für den Bezirk mehrerer Amtsgericht bei einem Amtsgericht gebündelt werden kann.
[734] Siehe *Hörtnagel* in *Schmitt/Hörtnagel/Stratz*, a.a.O., Tz. 1 zu § 24 UmwG.

Nach § 13 Abs. 1 UmwG wird der Verschmelzungsvertrag nur wirksam, wenn die Anteilsinhaber der beteiligten Rechtsträger zustimmen. Damit ist jedoch noch nichts über die Qualität dieser Mehrheit ausgesagt. Hinsichtlich der einzelnen Mehrheitsverhältnisse ist zwischen den Gesellschaftsformen zu unterscheiden, somit sind diese in den besonderen Vorschriften des UmwG zu finden. Folgende Mehrheitsverhältnisse sind hier zu berücksichtigen:

Gesellschaftsform	Mehrheitsverhältnisse bezüglich der Zustimmung zum Verschmelzungsvertrag
PersHG	Grundsätzlich Einstimmigkeit gem. § 43 Abs. 1 UmwG. Der Gesellschaftsvertrag kann eine Mehrheitsentscheidung von mindestens 3/4 der Stimmen vorsehen (§ 43 Abs. 2 UmwG).
PartG	Grundsätzlich Einstimmigkeit gem. § 45d Abs. 1 UmwG. Der Gesellschaftsvertrag kann eine Mehrheitsentscheidung von mindestens 3/4 der Stimmen vorsehen (§ 45d Abs. 2 UmwG).
GmbH	Der Verschmelzungsbeschluss bedarf einer Mehrheit von 3/4 der abgegebenen Stimmen der Gesellschafterversammlung (§ 50 Abs. 1 UmwG). Der Gesellschaftsvertrag kann eine **größere** Mehrheit vorsehen.
Aktiengesellschaft[735] und KGaA	Der Verschmelzungsbeschluss bedarf einer Mehrheit von 3/4 der bei Beschlussfassung vertretenen Grundkapitals (§ 65 Abs. 1 UmwG). Der Gesellschaftsvertrag kann eine **größere** Mehrheit vorsehen.

Nach der obigen Übersicht erscheint es, als müssten Minderheitsgesellschafter gegen ihren Willen an einer Umwandlung teilnehmen. Der Gesetzgeber hat mit § 29 UmwG das Abfindungsangebot als zwingenden Bestandteil des Verschmelzungsvertrages vorgesehen. Danach hat der übernehmende Rechtsträger jedem Gesellschafter den Erwerb seiner Anteile gegen eine angemessene Barabfindung anzubieten. Da diese Barabfindung ein zwingender Bestandteil des Verschmelzungsvertrages ist, darf der Registerrichter die Umwandlung beim Fehlen dieser Voraussetzung nicht eintragen. Sollte eine Eintragung dennoch erfolgen, ist die Umwandlung dadurch allerdings nicht gescheitert, denn hier greift die Vorschrift § 20 Abs. 2 UmwG, wonach Mängel der Verschmelzung die Wirkung der Eintragung gem. § 20 Abs. 1 UmwG unberührt lassen. Die Gesellschafter, die an der Umwandlung nicht teilnehmen wollen, können dieses Angebot gem. § 31 UmwG nur binnen zwei Monaten nach dem Tage der Eintragung der Verschmelzung annehmen.

---

[735] Aktiengesellschaft wird im Folgenden mit AG abgekürzt.

2 Verschmelzung zur Aufnahme

Bei der Verschmelzung von Rechtsträgern wird unterschieden in

- Verschmelzung zur Aufnahme und
- Verschmelzung zur Neugründung.

Die Verschmelzung zur Aufnahme lässt sich dadurch charakterisieren, dass die Übertragung des Vermögens einer oder mehrerer Rechtsträger als Ganzes auf einen schon bestehenden Rechtsträger erfolgt. Den Anteilinhabern des übertragenden Rechtsträgers sind Anteile an dem übernehmenden Rechtsträger zu gewähren.

Beispiel 1: Verschmelzung zur Aufnahme
Die Gesellschafter A und B der X-GmbH beschließen die Verschmelzung auf die Y-GmbH (Anteilsinhaber C und D). C und D stimmen der Verschmelzung mit der X-GmbH zu. Die Verträge wurden am 10.05.2002 unterzeichnet mit der Maßgabe, dass die Verschmelzung rückwirkend zum 01.01.2002 (Verschmelzungsstichtag gem. § 5 Abs. 1 Nr. 6 UmwG) durchgeführt werden soll. Die Anmeldung beim HR erfolgte am 15.06.2002. Die Eintragung ins HR erfolgte am 01.08.2002. Welche Konsequenzen ergeben sich für die Gesellschafter der übertragenden X-GmbH?

Lösung:
Durch die Eintragung ins HR ist die übertragende X-GmbH erloschen (§ 20 UmwG). Die G´fter der untergegangenen X-GmbH werden nun G´fter des aufnehmenden Rechtsträgers (Y-GmbH). Ihnen sind Anteile an diesem Rechtsträger zu gewähren. Bezüglich dieser Anteile hat die Y-GmbH eine Kapitalerhöhung vorzunehmen. Hierfür sind die Vorschriften §§ 53 und 55 UmwG zu beachten. Die aufnehmende Gesellschaft kann die verschmelzungsbedingte Kapitalerhöhung gem. § 55 UmwG[10] in vereinfachter Form vornehmen, da die strengen Vorschriften des GmbHG (§§ 55 ff. GmbHG) zum Teil nicht anzuwenden sind.

Beispiel 2: Up-stream-merger
Die M-GmbH ist zu 100 % an der T-GmbH beteiligt. Am 14.04.2002 wird auf der Gesellschafterversammlung die Verschmelzung der T-GmbH auf die M-GmbH (so genannter „up-stream-merger") beschlossen. Welche Konsequenzen ergeben sich bei der M-GmbH hinsichtlich des Stammkapitals?

Lösung:
Eine Kapitalerhöhung bei der M-GmbH darf gem. § 54 Abs. 1 UmwG (bei AG § 68 UmwG) nicht vorgenommen werden. Bei der Verschmelzung einer 100 %igen Tochter auf die Muttergesellschaft entfällt daher eine Kapitalerhö-

---

[10] Bei Aktiengesellschaften § 69 UmwG.

hung. Die Kapitalerhöhung bei der Muttergesellschaft würde im Rahmen der Verschmelzung dazu führen, dass die übernehmende Gesellschaft durch die Gesamtrechtsnachfolge eigene – und zwar neu geschaffene – Gesellschaftsanteile erhielte, da sie in die Stellung des übertragenden Rechtsträgers eintritt. Im Ergebnis läge also ein Verstoß gegen das Verbot vor, eigene Gesellschaftsanteile durch Kapitalerhöhung zu schaffen.

Die Verschmelzung zur Aufnahme kann zwischen den in § 3 UmwG aufgeführten Rechtsträgern erfolgen. Darunter fällt unter anderem auch die so genannte „Rückumwandlung", d.h. Verschmelzung von der KapG auf eine bereits bestehende PersG. Diese Fälle der Umwandlung waren bis zum Ergehen des StSenkG 2001 steuerlich interessant, da im Wege der Umwandlung die G´fter der KapG ihre AK für die Beteiligung an der KapG in „Steuersubstrat" umwandeln konnten – so genanntes „Step-up-Modell". Seit dem 01.01.2001 ist diese Möglichkeit nicht mehr zugelassen (siehe § 4 Abs. 6 UmwStG n.F.).

3 Verschmelzung zur Neugründung

Bei der Verschmelzung zur Neugründung gehen die übertragenden – **mindestens zwei** – Rechtsträger als Rechtspersonen unter, während ihr Vermögen **im Ganzen** auf einen dadurch neu gebildeten Rechtsträger übergeht. Diese Form der Verschmelzung stellt einen Sonderfall des UmwG dar, da zum Verschmelzungsvorgang als solchem noch die Errichtung eines neuen Rechtsträgers hinzukommt. Gem. § 37 UmwG muss der Verschmelzungsvertrag den Gesellschaftsvertrag und die Satzung des neuen Rechtsträgers enthalten.

> **Beispiel 3: Verschmelzung zur Neugründung**
> Die M-GmbH mit den G´fter A und B und die O-GmbH mit den G´fter C und D beschließen die Verschmelzung auf die neu zu gründende MO-GmbH. In dem Gesellschaftsvertrag, der gem. § 37 UmwG dem Verschmelzungsvertrag beigefügt bzw. in ihm enthalten sein muss, wird beschlossen, dass das Stammkapital der MO-GmbH 200.000 € betragen soll. Die Verschmelzung wird am 20.03.2002 beschlossen mit Wirkung vom 01.01.2002. Folgende Bilanzen liegen dieser Verschmelzung zugrunde:
>
> | A | HB zum 31.12.2001 der M-GmbH | | P |
> |---|---|---|---|
> | Anlagevermögen | 100.000 € | Stammkapital | 100.000 € |
> | Umlaufvermögen | 300.000 € | Rücklagen | 50.000 € |
> | | | Verbindlichkeiten | 250.000 € |
> | | 400.000 € | | 400.000 € |

A	HB zum 31.12.2001 der O-GmbH		P
Anlagevermögen	400.000 €	Stammkapital	100.000 €
Umlaufvermögen	200.000 €	Rücklagen	100.000 €
		Verbindlichkeiten	400.000 €
	600.000 €		600.000 €

Lösung:
Beide Gesellschaften haben einen Vermögenswert von je 1.000.000 €. Daher können die G′fter der übertragenden Rechtsträger an der übernehmenden neu gegründeten Gesellschaft zu je 25 % beteiligt werden. Die Bilanz der übernehmenden Gesellschaft zum 31.12.2001 ist in diesem Fall wie folgt aufzustellen:

A	Bilanz nach Verschmelzung zum 31.12.2001 der MO-GmbH		P
Anlagevermögen	500.000 €	Stammkapital	200.000 €
Umlaufvermögen	500.000 €	Rücklagen	150.000 €
		Verbindlichkeiten	650.000 €
	1.000.000 €		1.000.000 €

Eine HB für den übernehmenden Rechtsträger zum 31.12.2001 kann nicht mehr aufgestellt werden, hierbei handelt es sich ausschließlich um eine StB, da die Verschmelzung rückwirkend schon zum 31.12.2001 erfolgt – siehe Tz. 02.03 UE[11] – auf die weiteren steuerlichen Maßnahmen wird später eingegangen. Handelsrechtlich erfolgt der Übergang erst in der nächsten Jahresbilanz bzw. bei Verschmelzung zur Neugründung in der EB.

4 Fälle der Spaltung

Die Vorschriften der Spaltung sind im Dritten Buch des UmwG in den **§§ 123 – 173 UmwG** geregelt. Ebenso wie bei der Verschmelzung gibt es auch bei der Spaltung einen allgemeinen Teil, der dem Spaltungsrecht vorangestellt ist. Im allgemeinen Teil (§§ 123 – 137 UmwG) sind allgemeinverbindliche Regelungen für die Spaltung von Rechtsträgern normiert. Unter dem Begriff Spaltung als Oberbegriff versteht man, dass das Vermögen einer Gesellschaft auf eine oder mehrere Nachfolgegesellschaften aufgeteilt wird. Kenzeichnend für die Spaltung ist weiterhin, dass die G′fter der Ursprungsgesellschaft oder die ausgliedernde Gesellschaft auch an der/den Nachfolgegesellschaft(en) beteiligt sein müssen. Das Gesetz regelt jedoch nicht, ob die Beteiligung an den Nachfolgegesellschaften der Beteiligung an der Ursprungsgesellschaft entsprechen muss. Es kann deshalb zu **beteiligungswahrenden** oder auch zu **beteiligungsändernden** Spaltungen kommen. Nach § 123 UmwG bestehen drei verschiedene Arten der Spaltung:

---

[11] UE = Umwandlungssteuererlass, BMF-Schreiben vom 25.03.1998 (BStBl I 1998, 268).

1. Aufspaltung gem. § 123 Abs. 1 UmwG,
2. Abspaltung gem. § 123 Abs. 2 UmwG,
3. Ausgliederung gem. § 123 Abs. 3 UmwG,

wobei in allen drei Konstellationen eine Spaltung zur Aufnahme (jeweils Nr. 1) und zur Neugründung (jeweils Nr. 2) in Betracht kommt.

Abweichend von der Verschmelzung kann gem. § 123 Abs. 4 UmwG die Spaltung durch gleichzeitige Übertragung auf bestehende oder neu entstehende Rechtsträger erfolgen.

Die spaltungsfähigen Rechtsträger sind in § 124 UmwG i.V.m. § 3 Abs. 1 UmwG bezeichnet. Über § 124 Abs. 2 UmwG i.V.m. § 3 Abs. 4 UmwG kann es bei der Spaltung auch zu rechtsformübergreifenden (im Gegensatz zu den rechtsformwahrenden) Spaltungen kommen – z.B. Aufspaltung einer KapG auf zwei PersG. Bei der Spaltung erfolgt ein Vermögensübergang im Wege der so genannten Sonderrechtsnachfolge (partielle Gesamtrechtsnachfolge) auf einen anderen Rechtsträger. Der andere (aufnehmende oder neugegründete) Rechtsträger gewährt dafür Anteile.

5 Aufspaltung zur Aufnahme oder Neugründung

Wird eine Gesellschaft aufgespalten, geht die übertragende Gesellschaft gem. § 131 Abs. 1 Nr. 2 UmwG unter, d.h. sie erlischt, ohne dass sie abgewickelt wird. Das Vermögen der Gesellschaft geht auf mindestens zwei Rechtsträger – bereits bestehende oder neu entstehende – über. Die G´fter der übertragenden Gesellschaft erhalten Anteile an den aufnehmenden Rechtsträgern. Die Vermögensteile gehen jeweils als Ganzes – Sonderrechtsnachfolge – auf den übernehmenden Rechtsträger über.

Beispiel 4: Aufspaltung
Die P-GmbH soll aufgespalten werden. Hierzu haben die G´fter im April 2002 den entsprechenden Beschluss gefasst, dass die Spaltung zum 01.01.2002 erfolgen soll. Als aufnehmende Rechtsträger sind an der Spaltung die bestehende Q-GmbH und die neu zu gründende Z-GmbH beteiligt. Die G´fter an der P-GmbH waren bisher zu je 50 % an der Gesellschaft beteiligt und hielten ihre Anteile im PV. Die P-GmbH hat zum 31.12.2001 folgende HB aufgestellt:

A	HB zum 31.12.2001 der P-GmbH		P
Vermögen I	200.000 €	Stammkapital	100.000 €
Vermögen II	200.000 €	Verbindlichkeiten	300.000 €
	400.000 €		400.000 €

Die HB der bereits bestehenden Q-GmbH weist folgende Werte aus:

A	HB zum 31.12.2001 der Q-GmbH		P
Anlagevermögen	400.000 €	Stammkapital	100.000 €
Umlaufvermögen	200.000 €	Rücklagen	100.000 €
		Verbindlichkeiten	400.000 €
	600.000 €		600.000 €

Bei der neu zu gründenden Z-GmbH wird das Stammkapital auf 50.000 € festgesetzt. Im Spaltungsplan wird ausgeführt, dass das Vermögen I auf die Q-GmbH und das Vermögen II auf die Z-GmbH übergehen soll – beide Vermögen sind gleichmäßig werthaltig.

Lösung:
Die Bilanzen – Steuerbilanzen – haben nach der Aufspaltung zum 31.12.2001 folgendes Bild:

A	Bilanz nach Aufspaltung zum 31.12.2001 der Q-GmbH		P
Anlagevermögen	400.000 €	Stammkapital	**150.000 €**
Umlaufvermögen	200.000 €		
Vermögen I	200.000 €	Rücklagen	100.000 €
		VB	400.000 €
		VB der P-GmbH	150.000 €
	800.000 €		800.000 €

Die Q-GmbH hat aufgrund der Aufnahme, durch die Aufspaltung der P-GmbH ihr Stammkapital zu erhöhen, damit sie die neuen Anteile an die G´fter der übertragenden Gesellschaft gewähren kann – es handelt sich um eine Form der Sachgründung gem. § 5 Abs. 4 GmbHG. Die Stammkapitalerhöhung ist nach den Wertverhältnissen des übergehenden Vermögens zu dem aufnehmenden Vermögen vorzunehmen, es sei denn, den neuen G´fter wird eine Ausgleichszahlung zugesprochen.

A	Bilanz nach Spaltung zum 31.12.2001 der Z-GmbH		P
		Stammkapital	50.000 €
Vermögen II	200.000 €	Verbindlichkeiten	150.000 €
	200.000 €		200.000 €

Die G´fter der untergehenden P-GmbH erhalten nach der Aufspaltung für ihre Anteile an der P-GmbH nunmehr Anteile an der Q-GmbH und an der Z-GmbH.

6 Abspaltung zur Aufnahme oder Neugründung

Der Unterschied zur Aufspaltung besteht bei der Abspaltung darin, dass der übertragende Rechtsträger durch die Abspaltung nicht untergeht. Auch hier geht ein Vermögensteil als Ganzes – Sonderrechtsnachfolge – auf einen aufnehmenden oder neuen Rechtsträger über. Der aufnehmende bzw. neue Rechtsträger hat im Wege der Abspaltung Anteile an die **G´fter** des übertragenden Rechtsträgers zu gewähren.

7 Ausgliederung zur Aufnahme oder Neugründung

Der Unterschied der Ausgliederung im Vergleich zur Abspaltung besteht in der Gewährung der Anteile des aufnehmenden bzw. neuen Rechtsträgers. Bei der Ausgliederung erhält die **Gesellschaft** die neuen Anteile. Der übertragende Rechtsträger besteht bei der Ausgliederung weiterhin. Zwischen den Rechtsträgern besteht nach der Ausgliederung ein Mutter – Tochterverhältnis. Die Vermögensteile gehen als Ganzes – Sonderrechtsnachfolge (= partielle Gesamtrechtsnachfolge) – auf den übernehmenden Rechtsträger über.

8 Formwechsel

Der Formwechsel ist im Fünften Buch in den Vorschriften der §§ 190 – 304 UmwG geregelt. Ebenso wie bei der Verschmelzung und der Spaltung ist das Gesetz auch hier so aufgebaut, dass vorweg ein allgemeiner Teil die allgemeinverbindlichen Regelungen enthält (§§ 190 – 213 UmwG). Im Vergleich zu den bisher behandelten Umwandlungsarten ist beim Formwechsel nur ein Rechtsträger beteiligt. Beim Formwechsel handelt es sich lediglich um die Änderung der Rechtsform eines Rechtsträgers ohne Vermögensübertragung, unter Beibehaltung der Identität und ohne Wechsel der Anteilseigner. Welche Rechtsträger formwechselnd umgewandelt werden können, ergibt sich aus § 191 Abs. 1 UmwG. Dies sind:

- Personenhandelsgesellschaften und Partnerschaftsgesellschaften,
- Kapitalgesellschaften,
- Eingetragene Genossenschaften,
- Rechtsfähige Vereine,
- Versicherungsvereine auf Gegenseitigkeit,
- Körperschaften und Anstalten des öffentlichen Rechts.

Die möglichen neuen Rechtsformen nach dem Formwechsel sind im Vergleich zu den Rechtsformen vor dem Formwechsel durch den Gesetzgeber beschränkt worden. Nach § 191 Abs. 2 UmwG kommen folgende Rechtsformen in Betracht:

- Gesellschaften des bürgerlichen Rechts (GbR),
- Personenhandelsgesellschaften und Partnerschaftsgesellschaften,
- Kapitalgesellschaften,
- Eingetragene Genossenschaften.

Die Aufzählungen in den Abs. 1 und 2 des § 191 UmwG sind abschließend.

9 Vermögensübertragung

Die Vermögensübertragung ist geregelt in den §§ 174 – 189 UmwG und betrifft die Fälle, bei denen mindestens ein Rechtsträger keine G´fter bzw. Anteilseigner hat. In diesen Fällen kommt eine Verschmelzung/Aufspaltung und Abspaltung nicht in Betracht. Davon sind insb. die Gebietskörperschaften betroffen sowie die Versicherungsvereine auf Gegenseitigkeit. Auf eine vertiefende Erörterung wird hier nachfolgend verzichtet.

III Steuerrechtliche Grundlagen der Umwandlung

1 Aufbau und Rechtsquellen

Mit der Reform des UmwG erfolgte ebenfalls die Reform des UmwStG[12]. Die Überschrift des Gesetzes lässt vermuten, dass bei Umwandlungen eine entsprechende Steuer zu erheben ist. Das UmwStG regelt jedoch eher den gegenteiligen Fall: Mit dem UmwStG werden die Fälle behandelt, bei denen es durch Umwandlung von einem auf ein anderes Unternehmen grundsätzlich zur Aufdeckung von stillen Reserven kommen würde. Die Besteuerung dieser stillen Reserven wird durch das UmwStG hinausgeschoben (Stichwort: Steuerstundung), es kommt jedoch durch das UmwStG nicht zu einer endgültigen Nichtbesteuerung. Ziel des UmwStG ist es, die steuerrechtlichen Vorschriften an die durch die Neufassung des UmwG geschaffenen Umwandlungsmöglichkeiten anzupassen. Betriebswirtschaftlich erwünschte Umstrukturierungen, die durch die Neufassung des UmwG handelsrechtlich möglich sind, sollen nicht durch steuerliche Folgen behindert werden, soweit dem nicht spezifische Belange des Steuerrechts entgegenstehen.[13] Leider hat sich der Gesetzgeber in der Folgezeit von diesem zu begrüßenden Grundsatz verabschiedet und auch in das UmwStG steuerliche Fallstricke eingebaut oder steuerliche Nutzungsmöglichkeiten versagt – siehe z.B. die Verlustnutzung im Bereich von KapG. Dennoch werden durch das UmwStG steuerliche Hemmnisse bei der Umstrukturierung von Unternehmen weitgehend beseitigt. Das UmwStG lässt die Vermögensübertragung zu BW zu (Buchwertfortführung) und geht von dem sonst im Steuerrecht geltenden Individualprinzip ab. Jedoch gelten diese Vorschriften - mit Ausnahme der in § 23 UmwStG aufgeführten Möglichkeiten – nur bei Umstrukturierungen im Inlandsbereich (vgl. § 1 Abs. 5 UmwStG).

Das UmwStG regelt zunächst in den Teilen 2 bis 7 die Umwandlungen des UmwG (§ 1 Abs. 1 UmwStG). Des Weiteren wird in den Absätzen 2 – 4 des § 1 UmwStG auf die Verschmelzung, den Formwechsel sowie die Auf- und Abspaltung besonders eingegangen. Das UmwG erfasst außer dem Formwechsel nur Fälle der Vermögensübertragung im Wege der Gesamtrechtsnachfolge. Das UmwStG regelt aber auch die Fälle, in denen nach dem Spezialitätsgrundsatz zu bestimmende WG im Wege der Einzelrechtsnachfolge auf neue Rechtsträger übergehen. § 20 UmwStG erfasst demzufolge auch Einbringungen eines Betriebes, Teilbetriebes, Mitunternehmeranteils oder Beteiligungen von KapG in eine KapG im Wege der Einzelrechtsübertragung bzw. der erweiterten Anwachsung. Vergleichbare Vermögensübertragungen in eine PersG regelt der § 24 UmwStG.[14] Der Aufbau des UmwStG ist der nachfolgenden Übersicht zu entnehmen:

---

[12] UmwStG n.F. vom 28.10.1994 (BGBl I, 3267); zuletzt geändert durch das UntStFG vom 20.12.2001 (BGBl I 2001, 3858).
[13] Siehe BT-Drcks.12/6885, 14.
[14] Siehe *Hörtnagel* in *Schmitt/Hörtnagel/Stratz*, a.a.O., Tz. 30 Einf. UmwStG.

1 Aufbau und Rechtsquellen

Vorschriften des UmwStG	Behandeln Umwandlungen von der KapG auf PersG/Einzelunternehmen/KapG
§§ 1 – 19[15] (1. – 7. Teil des UmwStG)	• Verschmelzung von KapG auf PersG/Einzelunternehmen (§§ 3 – 10) • Verschmelzung von KapG auf KapG (§§ 11 – 13) • Formwechsel von KapG auf PersG (§ 14) • Auf- und Abspaltung von KapG auf KapG (§ 15) • Auf- und Abspaltung von KapG auf PersG (§ 16) • Gewerbesteuerliche Behandlung der o.g. Umwandlungen (§§ 18 – 19)
	Behandeln Umwandlungen von PersG/Einzelunternehmen/ KapG auf KapG
§§ 20 – 23 und 25 (8. und 10. Teil des UmwStG)	• Verschmelzung von PersG auf KapG • Formwechsel von PersG in KapG • Ausgliederung des Vermögens eines Einzelunternehmers in eine KapG • Ausgliederung des Vermögens einer KapG auf eine andere KapG • Alle übrigen Einbringungsvorgänge in KapG, die nicht unter das UmwG fallen (z.B. Einbringung eines freiberuflichen Vermögens in eine KapG) • Teilumsetzung der Fusionsrichtlinie gem. § 23
	Behandeln Umwandlungen von PersG/Einzelunternehmen auf PersG
§ 24 (9. Teil des UmwStG)	• Verschmelzung von PersG auf PersG • Spaltung von PersG auf PersG • Ausgliederung von Vermögen eines Einzelunternehmers in eine PersG • Einbringung von freiberuflichen Betriebsvermögens in eine PersG
§ 26 (11. Teil des UmwStG)	Verhinderung von Missbräuchen
§ 27 (12. Teil des UmwStG)	Zeitliche Anwendungsvorschrift

Neben den in der obigen Übersicht aufgeführten Vorschriften des UmwStG sind auch noch Vorschriften aus anderen Steuergesetzen bei der Umwandlung zu beachten. Hierzu zählen vorrangig die Regelungen des KStG[16].

---

[15] Alle Paragrafen in dieser Übersicht sind solche des UmwStG.

§ 27 Abs. 6 und 7 KStG	Einlagekonto bei Verschmelzung und Spaltung
§ 37 Abs. 1 KStG	KSt-Guthaben/-Minderung beim Übernahmegewinn
§ 38 KStG	KSt-Erhöhung/im Zusammenhang mit § 10 UmwStG
§ 40 KStG	Regelungen zur Umwandlung

Zu erwähnen sind auch noch die Vorschriften des KSt a.F.[17], die ebenfalls bei der Umwandlung bis zum 31.12.2000 zu berücksichtigen sind.

§ 38 KStG a.F.	Gliederung des verwendbaren Eigenkapitals bei Verschmelzung von KapG
§ 38a KStG a.F.	Gliederung des verwendbaren Eigenkapitals bei Spaltung von KapG
§ 38b KStG a.F.	Sonderfälle des Vermögensübergangs
§ 42 KStG a.F.	Vermögensübertragung auf steuerbefreite Übernehmerin

Ergänzend zu diesen gesetzlichen Normen hat die Verwaltung ihrerseits zum UmwStG Verwaltungsanweisungen herausgegeben. Der Umwandlungssteuererlass (a.a.O.) vom 25.03.1998 ist ein BMF-Schreiben, hat aber schon fast die Form eines verwaltungsinternen Kommentars und behandelt alle Vorschriften des UmwStG und alle anderen Vorschriften anderer Gesetzesnormen, die mit der Umwandlung im Zusammenhang stehen[18]. Als weitere gravierende Verwaltungsvorschrift ist das BMF-Schreiben vom 16.04.1999 (BStBl I 1999, 455) zu erwähnen. Hier hat die Verwaltung ihre Sicht bezüglich der Verlustnutzung gem. § 8 Abs. 4 KStG und § 12 Abs. 3 S. 2 UmwStG dargelegt.

2 Anwendung des UmwStG

Die Anwendung des UmwStG 1995 ist in § 27 UmwStG geregelt. Zunächst sind dort die allgemeinen Anwendungsregeln zu berücksichtigen, die nach Ansicht der Verwaltung (Tz. 01 UE) im Einklang mit § 318 UmwG stehen sollen. Leider hat der Gesetzgeber sich in seiner Wortwahl des § 27 Abs. 1 UmwStG vergriffen, da er hier von „Wirksamwerden" spricht. Die Umwandlung wird allerdings erst wirksam, wenn die Eintragung in das HR erfolgt ist – § 20 UmwG. Die Verwaltung musste erst den BFH (Urteil vom 19.05.1998, BStBl II 1998, 642) bemühen, damit ihre dem gesetzlichen Wortlaut entgegenstehende – Auffassung durch die Richter bestätigt wurde.

Durch die Unternehmenssteuerreform haben sich auch Änderungen bezüglich des UmwStG nach dem StSenkG ergeben. Der Gesetzgeber hat den § 27 UmwStG um einen Abs. 1a erweitert. Hiermit wurden Regelungen zur zeitlichen Anwendung der neuen Vorschriften aufgenommen. Der Anwendungszeitpunkt stimmt mit den Regelungen überein, die für die Einführung des Halbeinkünfteverfahrens gelten. Die geänderten Vorschriften

---

[16] In der Fassung des StSenkG vom 23.10.2000 (BGBl I 2000, 1433, 1452).
[17] In der Fassung der Bekanntmachung vom 22.04.1999 (BGBl I 1999, 1034).
[18] Siehe *Hörtnagel* in *Schmitt/Hörtnagel/Stratz*, a.a.O., Tz. 9 Einf. UmwStG.

sind somit für die Umwandlungsfälle anzuwenden, bei denen der steuerliche Übertragungsstichtag ab dem 01.01.2001 vorliegt. Durch den Satz 2[19] kommen auch die Vorschriften des StSenkG zum Tragen, wenn die Umwandlung noch bis zum 31.08.2001 beim HR beantragt wird und gem. § 17 Abs. 2 UmwG die Bilanz vom 31.12.2000 als Anlage vorgelegt wird, soweit für diese Umwandlung ein Rechtsakt i.S.d. UmwStG in 2001 wirksam geworden ist. Hierbei kann es sich auch schon um einen Beschluss der G'fter im Jahr 2001 handeln. Damit werden die rechtlichen Rückwirkungsmöglichkeiten unterbunden. Es können nur noch Umwandlungen nach altem Recht durchgeführt werden, bei denen nicht nur der steuerliche Übertragungsstichtag im Jahr 2000 liegt, sondern auch alle Rechtsakte in 2000 wirksam geworden sind[20]. In der Begründung des Gesetzgebers heißt es, dass durch den Satz 2 ein missbräuchlicher Wechsel vom neuen zum alten Recht durch rückwirkende Umwandlungen verhindert werden soll. Hinsichtlich einer Übergangsregelung wird auf das BMF-Schreiben vom 17.11.2000 (BStBl I 2000, 1521) verwiesen.

Diese Sonderregelung des § 27 Abs. 1a UmwStG gilt ausschließlich für den Übergang zum StSenkG. Für die danach vorzunehmenden Umwandlungen sind wieder die eigentlichen Vorschriften über die Rückwirkung anzusetzen.

3 Steuerliche Rückwirkung

Zivilrechtlich geht das Vermögen des übertragenden Rechtsträgers auf den übernehmenden Rechtsträger gem. § 20 Abs. 1 UmwG mit Eintragung in das HR über. Gem. § 20 Abs. 1 Nr. 2 UmwG erlischt zum gleichen Zeitpunkt der übertragende Rechtsträger. Bis zu diesem Zeitpunkt verbleibt zivilrechtlich das Vermögen des übertragenden Rechtsträgers auch bei diesem. Im Verschmelzungs- bzw. Spaltungsvertrag wird jedoch geregelt, von welchem Zeitpunkt – Verschmelzungs- oder Spaltungsstichtag – die unternehmerischen Risiken und Chancen auf den übernehmenden Rechtsträger übergehen. Gem. § 17 Abs. 2 S. 4 UmwG muss die SB des übertragenden Rechtsträgers auf einen Stichtag aufgestellt werden, der höchstens acht Monate vor dem Tag der Anmeldung der Verschmelzung/Spaltung zur Registereintragung liegt.

Steuerlich wird dieser Rückwirkung des UmwG (zumindest teilweise) gefolgt. Nach § 2 Abs. 1 UmwStG sind das Einkommen und das Vermögen von übertragender und übernehmender Körperschaft so zu ermitteln, als ob das Vermögen der Körperschaft mit Ablauf des Stichtags der Bilanz, die dem Vermögensübergang zugrunde liegt (**= steuerlicher Übertragungsstichtag**), ganz auf die Übernehmerin übergegangen wäre.[21] § 2 UmwStG knüpft damit an § 17 UmwG an. Nach Auffassung der Verwaltung (Tz. 02.01 – 02.03 UE) ist der dem handelsrechtlichen Umwandlungsstichtag vorangehende Bilanz-

---

[19] Der § 27 Abs. 1a S. 2 UmwStG wurde durch das UntStFG vom 20.12.2001 (BGBl I 3858) in dem Sinne ergänzt, dass der Rechtsakt auch später wirksam werden kann und nicht begrenzt ist auf das in § 27 Abs. 1a S. 1 UmwStG bezeichnete Wj.
[20] Zum Begriff der Beantragung in § 27 Abs. 3 UmwStG vgl. FG Köln vom 11.04.2001 (EFG 2001, 1041).
[21] Siehe *Streck/Posdziech* (GmbHR 1995, 272).

stichtag der **steuerliche Übertragungsstichtag** i.S.d. § 2 Abs. 1 UmwStG. In den Fällen der Verschmelzung, der Spaltung und der Vermögensübertragung ist § 17 Abs. 2 UmwG maßgebend. Die Wahl eines anderen steuerlichen Übertragungsstichtages ist nicht möglich.

Beispiel 5: Rückwirkende Verschmelzung I
Am 12.05.2001 wird eine Umwandlung rückwirkend auf den 01.01.2001 – Verschmelzungsstichtag gem. § 5 Abs. 1 Nr. 6 UmwG – beschlossen. Der Umwandlung liegt die Bilanz vom 31.12.2000 zugrunde.

Lösung:
Grundsätzlich ist der steuerliche Übertragungsstichtag der 31.12.2000. Jedoch wird in diesem speziellen Fall gem. § 27 Abs. 1a UmwStG der steuerliche Übertragungsstichtag auf den 01.01.2001 festgelegt.

Beispiel 6: Rückwirkende Verschmelzung II
Die M-GmbH hat ein abweichendes Wj. Bilanzstichtag ist der 30.06. Am 20.12.2003 beschließen die G'fter, dass die M-GmbH auf die N-GmbH & Co. KG verschmolzen werden soll. Als Verschmelzungsstichtag wird der 01.07.2003 festgelegt und bei der Anmeldung zum HR wird die Bilanz vom 30.06.2003 beigefügt.

Lösung:
Nach § 2 UmwStG und Tz. 02.01 – Tz.02.03 UE ist der steuerliche Übertragungsstichtag der 30.06.2003.

Die steuerliche Rückwirkung gilt gem. § 2 Abs. 1 S. 1 UmwStG für das Einkommen und das Vermögen und somit für alle einkommens- und vermögensbezogenen Steuern. Die Rückwirkung gilt mithin nicht für die Verkehrsteuern – hierzu zählen insb. die USt und die GrESt. Von der Rückwirkung werden folgende Steuern erfasst:

- Die Steuern vom Einkommen:
  - ESt,
  - KSt,
  - Gewerbeertragsteuer.

- Die Steuern vom Vermögen:
  - Vermögensteuer[22],
  - Gewerbekapitalsteuer[23],
  - Grundsteuer,
  - Erbschaftsteuer (strittig).

---

[22] Nur bis einschließlich 1996.
[23] Nur bis einschließlich 1997.

Hinsichtlich der Erbschaftsteuer vertritt die Verwaltung in Tz. 01.01 UE die Auffassung, dass die Rückwirkung hier nicht gelten soll. In der Lit.[24] wird hingegen eine andere Auffassung vertreten, denn auch die Erbschaftsteuer stellt als Bemessungsgrundlage auf das übergehende Vermögen ab, welches im Erbfall zu bewerten ist.

Die steuerliche Rückwirkung gilt, wie oben dargestellt, nicht für die GrESt. Die Umwandlungsvorgänge mit Vermögensübertragung lösen jedoch eine GrESt-Pflicht aus, d.h. für die Fälle der Verschmelzung und der Spaltung, nicht jedoch für die Fälle des Formwechsels. Bezüglich der GrESt-Pflicht beim Formwechsel ist die Verwaltung erst nach langem Vorlauf der Meinung des BFH vom 04.12.1996 (BStBl II 1997, 661) beigetreten[25]. Die GrESt entsteht mit Eintragung der Umwandlung in das HR. Wie diese zu berücksichtigen ist, wird von der Verwaltung differenziert gesehen. Handelt es sich um eine Umwandlung, die unter den zweiten bis siebten Teil des UmwStG fällt, wird die GrESt als Kosten der Umwandlung als BA berücksichtigt (Tz. 04.43 UE), bei Umwandlungen i.S.d. achten bis zehnten Teils des UmwStG ist sie dagegen als zusätzliche AK des WG zu aktivieren (Tz. 22.01 und 24.04 UE). In diesen Fällen (Einbringung in eine KapG oder PersG) geht die Verwaltung von einem „Anschaffungsvorgang" aus.

Die steuerliche Rückwirkung bedeutet, dass das Einkommen und das Vermögen des übertragenden und des übernehmenden Rechtsträgers so ermittelt werden, als ob der Vermögensübergang bereits mit Ablauf des steuerlichen Übertragungsstichtages stattgefunden hätte und (bei Verschmelzung und Aufspaltung) der übertragende Rechtsträger gleichzeitig aufgelöst worden wäre. Kommt jedoch die zivilrechtliche Umwandlung nicht zustande (z.B. keine Eintragung im HR), so ist auch steuerlich keine Umwandlung durchzuführen. Es verbleibt somit bei der bisherigen Rechtsform. Die bisher schon steuerlich vorgenommenen Maßnahmen (z.B. Versteuerung des Übernahmegewinns) sind wieder rückgängig zu machen – Korrektur gem. § 175 Abs. 1 Nr. 2 AO. Für die Ertragsbesteuerung sind die Einkünfte somit schon nach den Besteuerungsgrundsätzen bei dem übernehmenden Rechtsträger zu ermitteln. Schuldrechtliche Vereinbarungen (z.B. Darlehens-, Kauf-, Miet- oder Pachtverträge) zwischen dem übertragenden und dem übernehmenden Rechtsträger dürfen den Gewinn des Übernehmers nicht mehr beeinflussen.

Ausgehend von dem Grundfall des UmwStG – Verschmelzung von der KapG auf eine PersG – ist die Rückwirkung hinsichtlich der Leistungsbeziehungen zwischen den beteiligten Rechtsträgern besonders zu betrachten. Die in dem Zeitraum zwischen Übertragungsstichtag und Eintragung ins HR angefallenen Leistungsbeziehungen werden nicht aufgehoben, da es sich hier um reine innerbetriebliche Vorgänge handelt. Die Vergütungen (Miete, Pacht, Gehälter, Zinsen) sind nach dem Übertragungsstichtag nicht mehr BA. Es handelt sich hier vielmehr um Einkünfte i.S.d. § 15 Abs. 1 Nr. 2 EStG der G´fter, wenn sie gleichzeitig auch MU bei der übernehmenden PersG sind. Ist der G´fter nicht an der übernehmenden PersG beteiligt, stellen diese Ausgaben BA dar.

Besonders zu betrachten sind in diesem Zusammenhang die bei der übertragenden KapG gebildeten Pensionsrückstellungen für die G´fter der KapG. Diese Pensionsrückstellungen sind nach der Übertragung auf die PersG nicht gewinnerhöhend aufzulösen. Sie werden bei der PersG fortgeführt und zwar mit dem Anschaffungsbarwert (Tz. 06.03

---

[24] Siehe *Hörtnagel* in *Schmitt/Hörtnagel/Stratz*, a.a.O., Tz. 27 § 2 UmwStG, m.w.N.
[25] Erlass des FinMin. BaWü vom 18.09.1997 (DStR 1997, 1576).

UE). Die Erhöhung der Rückstellung um die jährlichen Zinsen kann von der PersG vorgenommen werden. Weitere Zuführungen sind Vergütungen i.S.d. § 15 Abs. 1 Nr. 2 EStG. Wird hingegen eine KapG auf einen Einzelunternehmer übertragen, ist die Pensionsrückstellung gewinnerhöhend aufzulösen (Tz. 06.04 UE). Für den Auflösungsgewinn kann eine steuerliche Rücklage i.S.d. § 6 Abs. 2 UmwStG gebildet werden. Zu dieser ganzen Thematik hat die Verwaltung in Tz. 02.28 UE auf ein noch zu ergehendes BMF – Schreiben hingewiesen, das aber bis heute noch aussteht.

Die Problematik bezüglich der von der übertragenden KapG beschlossenen Gewinnausschüttungen nach dem steuerlichen Übertragungsstichtag und der Gewinnausschüttungen, die nach dem steuerlichen Übertragungsstichtag abfließen, deren Beschluss aber vor diesem Stichtag lag, hat die Verwaltung in den Tz. 02.15 – 02.26 UE für die KSt nach der Rechtslage bis einschließlich 2000 geregelt. Hier ging es vornehmlich um die Klärung der Frage, welche KSt sich ändert und mit welchem verwendbaren Eigenkapital i.S.d. § 29 KStG a.F. diese Gewinnausschüttungen zu verrechnen waren. Zu den hier zu betrachtenden Gewinnausschüttungen zählten neben den „ordentlichen" – beruhend auf einem Gewinnausschüttungsbeschluss – auch die „anderen" Ausschüttungen – vGA und Vorabausschüttungen. Durch die Änderung des KSt-Systems – Wegfall des Anrechnungsverfahrens – hat sich diese Problematik entschärft. Nach dem neuen System haben die Gewinnausschüttungen noch evtl. Auswirkungen auf das KSt-Guthaben i.S.d. § 37 KStG oder die KSt-Erhöhung i.S.d. § 38 KStG. Diese Änderungen erfolgen jedoch nur dann, wenn die Gewinnausschüttungen abgeflossen sind (§ 37 Abs. 2 und § 38 Abs. 2 KStG). Für die Gewinnausschüttungen, die nach dem steuerlichen Übertragungsstichtag beschlossen werden, bedeutet dies, dass sie keine Auswirkungen mehr auf das KSt-Guthaben bzw. auf das festgestellte alte EK 02 i.S.d. § 38 KStG haben. Wurden die Ausschüttungen durchgeführt, handelt es sich bei der übernehmenden PersG um eine Entnahme der G'fter der PersG. Liegt allerdings eine verspätete Gewinnausschüttung – d.h. ein Beschluss vor dem steuerlichen Übertragungsstichtag und Abfluss danach – sind hier die Tz. 02.21 und 02.22 UE analog auch auf das neue Recht anzuwenden. In der Bilanz der KapG ist eine Ausschüttungsverbindlichkeit einzustellen und die Ausschüttung gilt zum steuerlichen Übertragungsstichtag als abgeflossen. Dadurch ergeben sich Änderungen bei der KSt und bei den verbleibenden Beständen gem. § 37 und § 38 KStG.

IV Umwandlung von der Kapitalgesellschaft auf die Personengesellschaft

Durch die Reform des UmwG und UmwStG 1995 ist es – im Gegensatz zu der vorherigen Rechtslage – nunmehr auch möglich, die Umwandlung von einer KapG auf eine PersG erfolgsneutral vorzunehmen. Nach altem Recht bis einschließlich 1994, musste bei diesen Umwandlungen auf der Ebene der untergehenden KapG die stillen Reserven aufgedeckt werden, d.h. die Vermögensübertragung einer KapG auf eine PersG wurde wie eine Veräußerung der WG der KapG behandelt. Das UmwStG ist so aufgebaut, dass zunächst immer Regelungen des übertragenden Rechtsträgers aufgeführt sind. Danach werden die übernehmenden Rechtsträger sowie die Anteilseigner/G'fter behandelt. Die Gründe für einen Rechtsformwechsel können vielschichtig sein und ergeben sich in der Regel durch Aufstellung von steuerlichen Belastungsvergleichen. Darüber hinaus sind folgende Gründe anzuführen:

- Künftiges niedrigeres Einkommensteuerniveau;
- GwSt-Anrechnung nur für Personenunternehmen;
- Erbschaftsteuerliche Aspekte;
- Umstrukturierungen nach § 6 Abs. 5 EstG; gilt insb. für Personenunternehmen;
- Unternehmensveräußerungen; der Erwerber eines Unternehmens wird im Zweifel nicht bereit sein, Anteile an KapG zu erwerben, die nicht in Abschreibungssubstrat umsetzbar sind. In diesen Fällen wird vielfach der Veräußerer gezwungen sein, die KapG in ein Personenunternehmen umzuwandeln und dieses hiernach zu veräußern. Dass diese Veräußerung GwSt i.S.d. § 18 UmwStG nach sich zieht, ist mit zu berücksichtigen, da diese nicht nach § 35 EStG anrechenbar ist. (Fiktiv) Anrechenbar ist nur laufender Gewinn aus werbender Tätigkeit. Der Erwerber hat den Vorteil, dass sein Kaufpreis auf die einzelnen WG aufgeteilt wird und künftig entsprechende Abschreibungen vorgenommen werden.

1 Steuerliche Regelungen des übertragenden Rechtsträgers

Die Regelungen für den übertragenden Rechtsträger hat der Gesetzgeber in § 3 UmwStG aufgeführt. Diese Vorschrift beinhaltet ein steuerliches Wahlrecht bezüglich der Wertansätze in der steuerlichen SB des übertragenden Rechtsträgers. Die übertragende KapG kann ihre WG in der Bilanz mit dem BW, einem Zwischenwert oder dem TW ansetzen. Der BW ist gem. § 3 S. 3 UmwStG der Wert, der sich nach den steuerlichen Vorschriften über die Gewinnermittlung ergibt. Ein Ansatz mit dem BW ist auch möglich, wenn nach handelsrechtlichen Vorschriften ein höherer Wert angesetzt werden muss – § 3 S. 2 UmwStG. Werden die WG mit dem BW angesetzt ergibt sich bei der übertragenden KapG kein **Übertragungsgewinn**. Die Ausübung des Wahlrechts des § 3 UmwStG in Richtung auf einen Zwischen- oder den TW ist für den übertragenden Rechtsträger nur sinnvoll, wenn dieser noch Verlustvorträge i.S.d. § 10d Abs. 4 EStG hat.

Diese Verlustvorträge könnten somit noch auf der Ebene des übertragenden Rechtsträgers ausgenutzt werden, da die Verlustvorträge gem. § 4 Abs. 2 S. 2 UmwStG nicht auf die übernehmende PersG übergehen. Die übernehmende PersG hätte jedoch bei einem Teilwert- bzw. Zwischenwertansatz in der Bilanz der übertragenden KapG später die Möglichkeit durch erhöhte Abschreibungen, den Verlust doch noch zu nutzen. Dieses vom Gesetzgeber aufgeführte steuerliche Wahlrecht kann jedoch nach Ansicht der Verwaltung zur Zeit nicht genutzt werden. Auch wenn der Gesetzgeber das UmwStG nach 1995 diverse Male (siehe Kap. I) geändert hat, so wurde dieses Wahlrecht nie angetastet. Dennoch wird in Tz. 03.01 UE das Wahlrecht wieder versagt, was mit der handelsrechtlichen Vorschrift des § 17 Abs. 2 UmwG begründet wird. Die Bilanzen, die beim HR einzureichen sind, werden nach den Vorschriften zur Erstellung der Jahresbilanz aufgestellt. Hieran knüpft nun die Verwaltung den Grundsatz der Maßgeblichkeit der HB für die StB, wonach das steuerliche Wahlrecht ins Leere läuft. In der Lit.[26] wird diese Auffassung heftigst kritisiert. Die einzige Möglichkeit zur Aufdeckung von stillen Reserven sieht die Verwaltung nur im Rahmen der Wertaufholung gem. § 280 HGB i.V.m. § 6 Abs. 1 Nr. 1 und 2 EStG. Dieses Wahlrecht ist aber unabhängig von einer Umwandlung auszuüben und ist keine ausschließliche Maßnahme in der Umwandlung – so aber wohl die Lesart der Tz. 03.01 UE. Als Fazit bleibt zunächst, dass die Verwaltung keine Aufstockung in der StB der übertragenden KapG akzeptiert. Rspr. zu diesem Punkt liegt bisher noch nicht vor.

2 Steuerliche Regelungen des übernehmenden Rechtsträgers

Bevor mit den steuerlichen Ausführungen des übernehmenden Rechtsträgers begonnen wird, ist noch ein Blick auf die handelsrechtlichen Möglichkeiten zu werfen. Wie unter 1 dargelegt, besteht für den übernehmenden Rechtsträger gem. § 24 UmwG die Möglichkeit, hinsichtlich des Wertansatzes der von der KapG übernommenen WG, ein Ansatzwahlrecht auszuüben. Die übernehmende PersG kann die WG in ihrer HB (Jahresbilanz) mit dem BW oder einem höheren Wert ansetzen. Unter dem Begriff „Jahresbilanz" wird hier nicht die Übernahmebilanz (EB) verstanden, sondern vielmehr die erste Bilanz nach der steuerlichen Übertragung. Der Ansatz mit einem höheren Wert kann bis zur Höhe der AK der wegfallenden Anteile an der untergehenden KapG erfolgen[27]. Die Aufstockung ist handelsrechtlich dann sinnvoll, wenn die AK der Anteile an der untergehenden KapG höher sind, als der Wert des übergehenden Vermögens; insoweit wird der übernehmenden Gesellschaft zugebilligt, dass sie einen bilanziellen Übernahmeverlust ausgleichen kann.

---

[26] Siehe *Hörtnagel* in *Schmitt/Hörtnagel/Stratz*, a.a.O., § 3 Tz. 37 UmwStG m.w.N.
[27] Vgl. BT Drucksache 12/6699, 93.

2 Steuerliche Regelungen des übernehmenden Rechtsträgers

Beispiel 7: Steuerneutrale Verschmelzung
Die M-GmbH soll zum 01.01.2002 auf die Z-KG verschmolzen werden. Die Z-KG hält die Anteile an der M-GmbH und hat sie mit den AK bilanziert. Folgende HB werden zum 31.12.2001 vorgelegt.

A	HB zum 31.12.2001 der M-GmbH		P
Anlagevermögen	150.000 €	Stammkapital	100.000 €
Umlaufvermögen	150.000 €	Rücklagen	50.000 €
		Verbindlichkeiten	150.000 €
	300.000 €		300.000 €

A	HB zum 31.12.2001 der Z-KG		P
Anlagevermögen	400.000 €	Kapital Kompl.	100.000 €
Beteiligung an der M-GmbH	300.000 €	Kapital Komm.	100.000 €
		Verbindlichkeiten	500.000 €
	700.000 €		700.000 €

Unter dem Gesichtspunkt, das die Z-KG keinen Übernahmeverlust ausweisen möchte, sind die entsprechenden HB zu erstellen. Im Anlagevermögen der M-GmbH sind stille Reserven von 500.000 € vorhanden.

Lösung:
Ohne die Aufstockung würde bei der übernehmenden Z-KG ein Übernahmeverlust i.H.v. 150.000 € auszuweisen sein (übergehendes Vermögen von 150.000 € abzüglich BW der Anteile von 300.000 €). Nach § 24 UmwG kann dieser Übernahmeverlust durch Ansatz eines höheren Wertes bei den übergehenden WG ausgeglichen werden. Dieser Ausgleich erfolgt jedoch erst in der nächsten Jahresbilanz, d.h. in der HB zum 31.12.2002. Aufgrund der Umwandlung werden die HB der beteiligten Rechtsträger nicht rückwirkend geändert. Unter der Annahme, dass die Z-KG in 2002 keine weiteren Zugänge in ihrer HB zu verzeichnen hatte, würde sich zum 31.12.2002 folgende Bilanz ergeben.

A	HB zum 31.12.2002 der Z-KG		P
Anlagevermögen	400.000 €	Kapital Komplementär	100.000 €
Beteiligung an der M-GmbH	weggefallen	Kapital Kommanditist	100.000 €
Anlagevermögen der M-GmbH – aufgestockt i.S.d. § 24 UmwG	300.000 €	VB	500.000 €
Umlaufvermögen der M-GmbH	150.000 €	VB der M-GmbH	150.000 €
	850.000 €		850.000 €

Hier wird ersichtlich, dass über § 24 UmwG der eigentliche handelsbilanzielle Übernahmeverlust ausgeglichen wird.

Nach § 4 Abs. 1 UmwStG ist die übernehmende PersG an die Wertansätze der übertragenden KapG ausdrücklich gebunden. Insoweit wirkt § 17 Abs. 2 S. 2 UmwG (BW-Ansatz) auch auf die StB der übernehmenden PersG. Zum Bilanzstichtag nach der steuerlichen Übertragung wäre bei der Inanspruchnahme des Wertansatzwahlrechts gem. § 24 UmwG die HB und die StB nicht mehr identisch. Die Verwaltung möchte hier die Wiederherstellung der Maßgeblichkeit erreichen, in dem sie gem. Tz. 03.02 UE fordert, dass die WG an dem der Umwandlung folgenden Bilanzstichtag auch in der StB insoweit bis zur Höhe der steuerlichen AK oder HK der übertragenden Körperschaft erfolgswirksam aufzustocken sind. Diese so genannte „phasenverschobene Maßgeblichkeit" wird in der Lit.[28] stark kritisiert, denn eine Abweichung von der HB zur StB aus anderen Gründen ist nicht im Wege der Maßgeblichkeit zu den folgenden Stichtagen anzugleichen.

Bezogen auf Bsp. 7 würde dies bedeuten, dass in der StB zum 31.12.2002 ebenfalls eine Aufstockung der WG vorgenommen werden muss, die eine ertragsteuerliche und gewerbesteuerliche Auswirkung in 2002 nach sich ziehen. Die aufgestockten Werte mindern in der Folgezeit durch höhere Abschreibungen den Gewinn und somit auch die Ertragsteuern und die GwSt, jedoch muss zunächst die volle Steuerlast vorfinanziert werden; bei sinkenden Steuersätzen bleibt eine definitive Steuerlast bestehen.

Die Verschmelzung von der KapG auf die PersG ist ein Fall der Gesamtrechtsnachfolge. Somit befinden sich in den Vorschriften § 4 Abs. 2 und 3 UmwStG Regelungen über die Gesamtrechtsnachfolge. Die übernehmende PersG tritt in die Rechtsstellung der übertragenden KapG ein und zwar hinsichtlich der

- AfA, Sonder-AfA,
- Rücklagen,
- Verbleibensfristen.

Ein verbleibender Verlustabzug i.S.d. § 10d EStG geht nach § 4 Abs. 2 S. 2 UmwStG ausdrücklich nicht auf die übernehmende PersG über. Dasselbe gilt nach dem Steuerbereinigungsgesetz 1999[29] auch für einen Verlustabzug i.S.d. §§ 2a, 15 Abs. 4 und 15a EStG.

In § 4 Abs. 3 UmwStG wird vom Gesetzgeber die Abschreibung der im Rahmen der Umwandlung aufgestockten WG geregelt. Ab 2001 ist diese Vorschrift zunächst nicht mehr anzuwenden, da eine Aufstockung der WG weder i.S.d. § 3 UmwStG noch i.S.d. § 4 Abs. 6 UmwStG vorgenommen werden kann. Die Rechtslage bis einschließlich 2000 sah noch unter Umständen eine Aufstockung i.S.d. § 4 Abs. 6 UmwStG vor. Über § 4 Abs. 6 UmwStG a.F. kam es somit zur Anwendung des § 4 Abs. 3 UmwStG.

3   Übernahmegewinn/Übernahmeverlust

Wird eine KapG auf eine PersG verschmolzen, entsteht infolge des Vermögensübergangs ein Übernahmegewinn oder ein Übernahmeverlust. Dieser ist gem. § 4 Abs. 4

---

[28] Siehe *Dehmer*, Umwandlungssteuererlass 1998, Tz. 03.02.
[29] Vom 22.12.1999 (BGBl I 1999, 2601).

3 Übernahmegewinn/Übernahmeverlust

UmwStG abhängig von der Höhe des übergehenden Vermögens der KapG und den BW der Beteiligung an der übergehenden KapG. Da die Umwandlung zu BW erfolgt – zur Zeit ohne das Wahlrecht gem. § 3 UmwStG – werden bei der Umwandlung von der KapG auf die PersG mit dem Übernahmegewinn die offenen Reserven der KapG versteuert. Sind bei der übertragenden KapG keine offenen Reserven vorhanden, kann grundsätzlich kein Übernahmegewinn entstehen. Ein Übernahmeverlust ergibt sich, wenn der BW der Anteile den Wert des übernommenen Vermögens übersteigt.

Der Übernahmegewinn/Übernahmeverlust wird vom Gesetzgeber in den Vorschriften § 4 Abs. 4 – 6 UmwStG geregelt. Die Ermittlung erfolgt nach folgendem Schema:

    Wert, mit dem die übergegangenen WG zu übernehmen sind
./. BW der Anteile an dem übertragenden Rechtsträger
= Übernahmegewinn Stufe I bzw. Übernahmeverlust Stufe I
+ Sperrbetrag gem. § 50c Abs. 4 EStG – siehe § 52 Abs. 59 EStG
= Übernahmegewinn Stufe II bzw. Übernahmeverlust Stufe II

Der Sperrbetrag gem. § 50c Abs. 4 EStG, der nach § 4 Abs. 5 UmwStG den Übernahmegewinn erhöht oder den Übernahmeverlust vermindert, hat die Auswirkungen, dass die vom § 50c EStG gewollte Rechtsfolge – ausschüttungsbedingte TW-AfA für Anteile, die von einem nicht zur Anrechnung von KSt berechtigten Anteilseigner, erworben wurden – im Wege der Umwandlung von der KapG auf die PersG nicht vorgenommen werden können. Durch das UntStFG vom 30.10.1997 (BGBl I 1997, 3121) hat der Gesetzgeber die Personengruppe des § 50c EStG erweitert, in dem er mit § 50c Abs. 11 EStG die Anteilseigner mit aufgenommen hat, die gem. § 17 EStG nicht wesentlich beteiligt sind. Diese Regelung, wird allerdings künftig insoweit in den Hintergrund gedrängt, als eine wesentliche Beteiligung i.S.d. § 17 EStG bereits ab 1999 von weniger als 10 % vorliegt. Ab 2001 gilt dann nur die Grenze von 1 %, der § 50c EStG wurde ab 2001 gestrichen. Die Rechtsfolgen des § 50c EStG sind jedoch noch bis einschließlich 2009 zu beachten.

Beispiel 8: Übernahmegewinn
Die Adam & Bauer OHG hält 100 % der Anteile an der Schröder GmbH. Die G´fter der OHG sind jeweils zu 50 % an der PersG beteiligt. Die Schröder GmbH soll im Wege der Verschmelzung zur Aufnahme gem. § 2 Nr. 1 UmwG auf die Adam & Bauer OHG umgewandelt werden. Als SB, die der Umwandlung zu Grunde liegt, wurde von der Schröder GmbH die Bilanz vom 31.12.2002 vorgelegt. Die Umwandlung wurde beim HR am 15.07.2003 angemeldet. Die Eintragung erfolgte am 03.09.2003.

A	HB zum 31.12.2002 der Schröder GmbH		P
Anlagevermögen	400.000 €	Stammkapital	100.000 €
		Rücklagen	140.000 €
Umlaufvermögen	250.000 €	Jahresüberschuss	75.000 €
		Verbindlichkeiten	310.000 €
		KSt-Rückstellung	25.000 €
	650.000 €		650.000 €

Das KSt-Guthaben gem. § 37 KStG beträgt zum 31.12.2002 10.000 €. Die Bilanz der Adam & Bauer OHG weist zum 31.12.2002 folgende Werte aus.

A	HB zum 31.12.2002 der Adam & Bauer OHG		P
Anlagevermögen	300.000 €	Kapital Adam	150.000 €
Beteiligung Schröder GmbH	100.000 €	Kapital Bauer	150.000 €
Umlaufvermögen	300.000 €	Verbindlichkeiten	400.000 €
	700.000 €		700.000 €

Die Beteiligung an der Schröder GmbH wird mit den AK ausgewiesen.

Lösung:
Bezüglich der Umwandlung von der Schröder GmbH auf die Adam & Bauer OHG ist ein Übernahmeergebnis i.S.d. § 4 Abs. 4 und 5 UmwStG zu ermitteln. Das KSt-Guthaben gem. § 37 KStG ist nach § 10 UmwStG im Veranlagungszeitraum der Umwandlung beim übertragenden Rechtsträger in der Weise zu berücksichtigen, dass sich dessen KSt-Schuld entsprechend vermindert. Auswirkungen ergeben sich dadurch auf das zu übertragende Vermögen. Die Bilanz der Schröder GmbH hat danach vor Verschmelzung folgendes Bild:

A	Bilanz zum 31.12.2002 der Schröder GmbH		P
Anlagevermögen	400.000 €	Stammkapital	100.000 €
		Rücklagen	140.000 €
Umlaufvermögen	250.000 €	**Jahresüberschuss**	**85.000 €**
		Verbindlichkeiten	310.000 €
		KSt-Rückstellung	**15.000 €**
	650.000 €		650.000 €

Der Übernahmegewinn ermittelt sich wie folgt:

BW des Anlagevermögens der GmbH		400.000 €
BW des Umlaufvermögens der GmbH	+	250.000 €
Abzüglich Schulden der GmbH	./.	325.000 €
Wert, mit dem die übergegangenen WG zu übernehmen sind	=	*325.000 €*
Abzüglich BW der Anteile an der übertragenden KapG	./.	100.000 €
Übernahmegewinn Stufe I	=	*225.000 €*
Korrektur gem. § 4 Abs. 5 UmwStG		–
Übernahmegewinn Stufe II	=	*225.000 €*

Der Übernahmegewinn entsteht mit Ablauf des steuerlichen Übertragungsstichtages (Tz. 04.09 UE), mithin zum 31.12.2002. Er unterliegt bei den MU der aufnehmenden PersG der Besteuerung – hier der Einkommensbesteuerung.

Der Übernahmegewinn wird in der einheitlichen und gesonderten Feststellung gem. § 180 AO erfasst und auf die MU verteilt. Eine Tarifbegünstigung kann nicht gewährt werden. Der Übernahmegewinn unterliegt gem. § 18 Abs. 2 UmwStG nicht der GwSt.

Die StB der Adam & Bauer OHG hat zum steuerlichen Übertragungsstichtag unter Berücksichtigung des übergegangenen Vermögens der Schröder GmbH folgendes Bild:

A	StB zum 31.12.2002 der Adam & Bauer OHG nach Umwandlung		P
Anlagevermögen	700.000 €	Kapital Adam	262.500 €
Beteiligung Schröder GmbH	entfallen	Kapital Bauer	262.500 €
Umlaufvermögen	550.000 €	VB	710.000 €
		KSt-Rückstellung	15.000 €
	1.250.000 €		1.250.000 €

Der Übernahmegewinn der Stufe I wird den G'fter der OHG anteilig auf ihren Kapitalkonten zugewiesen. Die Hinzurechnung des Sperrbetrages gem. § 50c Abs. 4 EStG i.V.m. § 4 Abs. 5 UmwStG erfolgt außerhalb der Bilanz und hat somit keine Auswirkungen auf den bilanziellen Übernahmegewinn.

4 Behandlung des Übernahmeverlustes

Entsteht durch die Umwandlung von der KapG auf die PersG ein Verlust, ist dieser nicht berücksichtigungsfähig – so die Regelung des § 4 Abs. 6 UmwStG. Der Gesetzgeber begründet dies damit, dass durch die Systemumstellung in 2001 in dem Fall, dass der Veräußerer der Anteile des übertragenden Rechtsträgers eine KapG ist, dieser den Veräußerungsgewinn gem. § 8b Abs. 2 KStG nicht versteuern muss. Dementsprechend soll der Erwerber, soweit er die erworbene Gesellschaft in ein Personenunternehmen umwandelt, auch kein Step-up-Volumen bekommen. Diese Begründung greift allerdings nicht, wenn der Veräußerer der Anteile eine natürliche Person ist, denn dann muss er den Veräußerungsgewinn zumindest zur Hälfte besteuern; damit müsste dann auch die Berücksichtigung der Hälfte des Übernahmeverlustes möglich sein. Ebenso verhält es sich, wenn der Veräußerer einbringungsgeborene Anteile veräußert. Der Gewinn daraus ist dann voll steuerpflichtig die Berücksichtigung des Übernahmeverlustes müsste daher in voller Höhe erfolgen. Dem ist aber nicht so, auch in diesen Fällen wird die Berücksichtigung des Übernahmeverlustes versagt[30].

Beispiel 9: Übernahmeverlust
Die Boll & Dell OHG hält die Anteile an der Batic GmbH zu 100 %. Die G'fter der OHG sind jeweils zu 50 % an der PersG beteiligt. Die Batic GmbH soll im Wege der Verschmelzung zur Aufnahme gem. § 2 Nr. 1 UmwG auf die

---
[30] Vgl. *Förster/van Lishaut* (FR 2000, 1189).

IV Umwandlung von der Kapitalgesellschaft auf die Personengesellschaft

Boll & Dell OHG umgewandelt werden. Als SB, die der Umwandlung zu Grunde liegt, wurde von der Batic GmbH die Bilanz vom 31.12.2002 vorgelegt. Die Umwandlung wurde beim HR am 10.05.2003 angemeldet. Die Eintragung erfolgte am 23.07.2003.

HB zum 31.12.2002 der Batic GmbH

Anlagevermögen	200.000 €	Stammkapital	50.000 €
		Rücklagen	70.000 €
Umlaufvermögen	100.000 €	Jahresüberschuss	75.000 €
		Verbindlichkeiten	80.000 €
		KSt-Rückstellung	25.000 €
	300.000 €		300.000 €

Das gem. § 38 KStG festzustellende „EK 02" beträgt zum 31.12.2002 35.000 €.
Die Bilanz der Boll & Dell OHG weist zum 31.12.2002 folgende Werte aus:

A	HB zum 31.12.2002 der Boll & Dell OHG		P
Anlagevermögen	200.000 €	Kapital Boll	100.000 €
Beteiligung Batic GmbH	250.000 €	Kapital Dell	100.000 €
Umlaufvermögen	100.000 €	Verbindlichkeiten	350.000 €
	550.000 €		550.000 €

Die Beteiligung an der Batic GmbH wird mit den AK ausgewiesen.

Lösung:
Bezüglich der Umwandlung von der Batic GmbH auf die Boll & Dell OHG ist ein Übernahmeergebnis i.S.d. § 4 Abs. 4 und 5 UmwStG zu ermitteln. Die KSt-Erhöhung gem. § 38 KStG ist nach § 10 UmwStG im VZ der Umwandlung beim übertragenden Rechtsträger in der Weise zu berücksichtigen, dass sich dessen KSt-Schuld entsprechend erhöht. Auswirkungen ergeben sich dadurch auf das zu übertragende Vermögen. Die Bilanz der Schröder GmbH hat danach vor Verschmelzung folgendes Bild:

A	Bilanz zum 31.12.2002 der Batic GmbH		P
Anlagevermögen	200.000 €	Stammkapital	50.000 €
		Rücklagen	70.000 €
Umlaufvermögen	100.000 €	**Jahresüberschuss**	**60.000 €**
		Verbindlichkeiten	80.000 €
		KSt-Rückstellung	**40.000 €**
	300.000 €		300.000 €

Der Übernahmegewinn ermittelt sich wie folgt:

BW des Anlagevermögens der GmbH		200.000 €
BW des Umlaufvermögens der GmbH	+	100.000 €
Abzüglich Schulden der GmbH	./.	120.000 €
Wert, mit dem die übergegangenen WG zu übernehmen sind	=	**180.000 €**
Abzüglich BW der Anteile an der übertragenden KapG	./.	250.000 €
Übernahmegewinn Stufe I	=	**./. 70.000 €**
Korrektur gem. § 4 Abs. 5 UmwStG		–
Übernahmegewinn Stufe II	=	**./. 70.000 €**

Der Übernahmeverlust entsteht mit Ablauf des steuerlichen Übertragungsstichtages (Tz. 04.09 UE), mithin zum 31.12.2002. Eine Berücksichtigung des Übernahmeverlustes ist gem. § 4 Abs. 6 UmwStG nicht möglich. Die StB der Boll & Dell OHG hat zum steuerlichen Übertragungsstichtag unter Berücksichtigung des übergegangenen Vermögens der Batic GmbH folgendes Bild:

A	StB zum 31.12.2002 der Boll & Dell OHG nach Umwandlung		P
Anlagevermögen	400.000 €	Kapital Boll	65.000 €
Beteiligung Batic GmbH	entfallen	Kapital Dell	65.000 €
Umlaufvermögen	200.000 €	Verbindlichkeiten	430.000 €
		KSt-Rückstellung	40.000 €
	600.000 €		600.000 €

5 Besteuerung des Übernahmegewinns

Soweit ein Übernahmegewinn entsteht, ist dieser gem. § 4 Abs. 7 UmwStG abhängig von der Rechtspersönlichkeit des MU zu versteuern. Die Begründung für die unterschiedliche steuerliche Behandlung des Übernahmegewinns liegt darin, dass der Gesetzgeber den Übernahmegewinn wie eine Gewinnausschüttung behandelt. Der Übernahmegewinn enthält die offenen Reserven der übertragenden Gesellschaft. Diese haben bei der übertragenden Gesellschaft der Besteuerung (mit 25 % KSt; Altrücklagen mit 30 %) unterlegen. Ist eine KapG MU der übernehmenden PersG, darf daher keine weitere Besteuerung erfolgen. Hier gelten dann die Grundsätze des § 8b Abs. 1 KStG. Die inländische Betriebsstätte einer beschränkt steuerpflichtigen Körperschaft wird einer inländischen Körperschaft gleichgestellt. Ist eine natürliche Person MU, muss die Halbeinkünftebesteuerung vorgenommen werden.

Die Begründung des Gesetzgebers zeigt auf, dass aufgrund der Systematik des neuen Körperschaftsteuerrechts die Übernahmegewinne, die regelmäßig die offenen Reserven der übertragenden KapG darstellen, schon bei dieser Gesellschaft mit einem Steuersatz von 25 bzw. 30 % versteuert wurden. Nach dem Grundsatz der Einmalbesteuerung in der Kette von KapG sowie des Halbeinkünfteverfahrens bei Ausschüttungen von KapG an ihre G´fter, ist bei den MU der übernehmenden PersG folgende Zuordnung der Einkünfte vorzunehmen:

Übernehmende PersG			
KapG als MU	**Inländische Betriebsstätte** einer beschränkt steuerpflichtigen KapG als MU	**PersG** als MU	**Natürliche Person** als MU
Keine Besteuerung des Übernahmegewinns	**Keine** Besteuerung des Übernahmegewinns, Betriebsstätte wird der inländischen KapG gleichgestellt	**Besteuerung** nach dem **Halbeinkünfteverfahren**	Besteuerung nach dem **Halbeinkünfteverfahren**

Soweit auch in der Zeit ab 2001 ein Sperrbetrag nach § 50c Abs. 4 EStG aus Altjahren bei der Ermittlung des Übernahmeergebnisses zu berücksichtigen ist, wirkt dieser sich nur bei natürlichen Personen als Anteilseigner des aufnehmenden Rechtsträgers aus; bei KapG als MU der aufnehmenden PersG läuft § 50c Abs. 4 EStG ins Leere.

Die Besteuerung beim G´fter erfolgt nach den allgemeinen Grundsätzen des ESt-Rechts. Es handelt sich hier um Einkünfte aus Gewerbebetrieb und nicht um solche aus Kapitalvermögen, auch wenn bei der Umwandlung von der KapG auf die PersG grundsätzlich nur die offenen Reserven der übertragenden KapG in den Übernahmegewinn einfließen. Der Übernahmegewinn unterliegt keiner Begünstigung (z.B. § 34 EStG), er wird gem. § 18 UmwStG nicht der GwSt unterworfen. Vom Grundsatz – § 18 Abs. 1 UmwStG – ist der Übernahmegewinn auch bei der Ermittlung des Gewerbeertrags mit zu berücksichtigen. Der Gesetzgeber hat jedoch die Gewerbebesteuerung für diese Gewinne gem. § 18 Abs. 2 UmwStG ausgenommen. Um missbräuchliche Gestaltungen zu verhindern hat der Gesetzgeber mit der Vorschrift des § 18 Abs. 4 UmwStG die GwStfreiheit gem. § 18 Abs. 2 UmwStG dergestalt eingeschränkt, dass eine

- Aufgabe oder
- Veräußerung

des Einzelunternehmens oder der PersG, auf die die KapG umgewandelt worden ist, die innerhalb von fünf Jahren nach der Umwandlung vorgenommen wird, schädlich ist und eine Belastung mit GewSt nach sich zieht. Dieses gilt auch gem. § 18 Abs. 4 S. 2 UmwStG, wenn ein Teilbetrieb oder ein Anteil an einer PersG aufgegeben oder veräußert wird. Es soll damit aus der Sicht des Gesetzgebers die Umgehung der GwSt durch Umwandlung verhindert werden. Würde z.B. eine KapG liquidiert, unterliegt der Liquidationsgewinn der GewSt. Dieses könnte man durch Umwandlung von der KapG auf die PersG bzw. auf das Einzelunternehmen und nachfolgender Aufgabe des Betriebs verhindern. Die GewSt ist nach § 18 Abs. 4 S. 3 UmwStG nunmehr auch nicht auf die ESt i.S.d. § 35 EStG anzurechnen. Der Gesetzgeber hat diese Vorschrift mit dem UntStFG vom

6 Schicksal des gesondert festgestellten Guthabens sowie des „EK 02"

20.12.2001 aufgenommen, wobei es sich hier jedoch nur um eine klarstellende Aufnahme handeln soll.

6 Schicksal des gesondert festgestellten Guthabens sowie des „EK 02"

Soweit der übertragende Rechtsträger noch über ein Guthaben i.S.d. § 37 KStG[31] verfügt, wird dieses im VZ, in den der steuerliche Übertragungsstichtag fällt, gegen die Steuerschuld der übertragenden KapG gerechnet – § 10 UmwStG. Problematisch sind hier u.U. die Übertragungen auf den Stichtag 01.01.2001. Mit der Vorschrift § 27 Abs. 1a UmwStG wird eine rückwirkende Umwandlung zum 31.12.2000 – steuerlicher Übertragungsstichtag – nicht zugelassen, somit findet diese Umwandlung auch steuerlich zum 01.01.2001 statt. Da das KSt-Guthaben erst auf den 31.12.2001 festzustellen ist und somit zum steuerlichen Übertragungsstichtag noch nicht ermittelt wurde, sind diese Rechtsfolgen ebenfalls auch auf die vorbeschriebene Umwandlung anzuwenden. Wenn am aufnehmenden Rechtsträger (= PersG) eine KapG als MU beteiligt ist, ist der anteilig auf diesen MU entfallende Guthabenbetrag bei dieser KapG gem. § 37 Abs. 3 KStG steuer- und guthabenerhöhend zu behandeln, auch wenn dadurch ein Übernahmeverlust entsteht. Das Guthaben erhöht das übergehende Vermögen des übertragenden Rechtsträgers zum steuerlichen Übertragungsstichtag.

Durch die Änderungen aufgrund des UntStFG vom 20.12.2001 (BGBl I 2001, 3858) wurde die Anrechnung des KSt-Guthabens i.S.d. § 37 KStG dahingehend erschwert, dass bei der Umwandlung von der KapG auf die PersG (bzw. Einzelunternehmer) von den ausschüttungsfähigen Rücklagen auszugehen ist. Der Gesetzgeber geht hier von dem in der StB ausgewiesenen Kapital abzüglich des gezeichneten Kapitals sowie abzüglich des dem Einlagekonto i.S.d. §§ 28 Abs. 2 S. 1 und 29 Abs. 1 KStG zugewiesenen Kapital aus. Somit kann es in Umwandlungsfällen zum Verlust von KSt – Guthaben kommen, wenn das verwendbare Kapital i.S.d. § 10 UmwStG nicht ausreicht, um das Guthaben zu verbrauchen. Dieses nicht verbrauchte KSt-Guthaben fließt dann dem Fiskus zu.

Über § 10 UmwStG erfolgt eine KSt-Erhöhung, wenn der übertragende Rechtsträger noch über ein gem. § 38 KStG gesondert festgestelltes positives EK 02 verfügt. Zum steuerlichen Übertragungsstichtag wäre aus diesem EK 02 eine definitive KSt-Erhöhung zu berechnen und die Steuerschuld im VZ des steuerlichen Übertragungsstichtags zu erhöhen. Die Erhöhung beträgt – abweichend vom Gesetzestext – 30/100 des Bestandes an EK 02.

---

[31] S. hierzu *Maurer*, Teil C, Kap. III und IV (Ausführungen zu § 37 KStG).

7 Einlagefiktion nach § 5 UmwStG

Der Grundfall, den das UmwStG behandelt, ist die Umwandlung von der KapG auf die PersG, wenn die PersG auch gleichzeitig Anteilseigner der übertragenden KapG ist. Im § 5 UmwStG werden Sonderfälle behandelt, die bei der Ermittlung des Übernahmegewinns/Übernahmeverlustes zu einer Einlagefiktion der Anteile an der übertragenden KapG führen. Der Gesetzgeber hat vier Sonderfälle im § 5 UmwStG geregelt.

1. **§ 5 Abs. 1 UmwStG** – Erwirbt die übernehmende PersG die Anteile an der übertragenden KapG nach dem steuerlichen Übertragungsstichtag, wird fingiert, dass die Anteile bereits zum steuerlichen Übertragungsstichtag angeschafft wurden (Tz. 05.01 UE); obwohl der Anschaffungsvorgang nach dem steuerlichen Übertragungsstichtag stattfindet.

2. **§ 5 Abs. 2 UmwStG** – Befinden sich die Anteile im PV des G´fter und liegt eine **wesentliche Beteiligung** i.S.d. § 17 EstG vor, **gelten (= Fiktion)** diese Anteile als am steuerlichen Übertragungsstichtag mit den AK in das BV der übernehmenden PersG eingelegt (Tz. 05.04 UE). Diese Regelung gilt nicht für Anteile, bei denen ein Veräußerungsverlust nach § 17 Abs. 2 S. 4 EStG nicht zu berücksichtigen wäre – die Veränderung des § 17 Abs. 2 S. 4 EStG i.d.F. des StEntlG 1999/2000/2002 gilt auch für die VZ 1996 bis 1998; dabei sind die Anteile, die innerhalb der letzten fünf Jahre zu einer wesentlichen Beteiligung geführt haben, auch im gedachten Veräußerungsverlustfall wie wesentliche i.S.d. § 5 Abs. 2 UmwStG zu behandeln (Tz. 05.06 UE). Im Zusammenhang mit der Absenkung der Beteiligungsgrenze des § 17 Abs. 1 EStG auf 10 % durch das Steuerentlastungsgesetz 1999/2000/2002 (Zu Beachten auch die Absenkung der Beteiligungsgrenze auf 1 % durch das StSenkG ergibt sich ein Übergangsproblem hinsichtlich des Rückbezugs einer Umwandlung. Bei einer Umwandlung, die in 1999 zivilrechtlich wirksam wird (neue Beteiligungsgrenzen von mind. 10 %/1 %), bei der wegen § 2 Abs. 1 UmwStG der steuerliche Übertragungsstichtag noch in 1998 liegt (alte Beteiligungsgrenze von mehr als 25 %), stellt sich die Frage, ob für die Anwendung des § 5 Abs. 2 UmwStG auf den Zeitpunkt des zivilrechtlichen Wirksamwerdens der Umwandlung oder auf den steuerlichen Übertragungsstichtag abzustellen ist. Nach Auffassung der OFD Koblenz vom 28.12.2000 (GmbHR 2001, 162) ist für die Beurteilung, ob eine Beteiligung i.S.d. § 17 EStG vorliegt, auf den Zeitpunkt des zivilrechtlichen Wirksamwerdens der Umwandlung abzustellen.

3. **§ 5 Abs. 3 UmwStG** – Befinden sich die Anteile zum steuerlichen Übertragungsstichtag in einem BV eines Gesellschafters der PersG, **gelten (= Fiktion)** diese Anteile zum steuerlichen Übertragungsstichtag als in das BV der PersG **zum BW eingelegt** – in gleicher Höhe ist im anderen BV eine Entnahme zu verzeichnen. Diese Regelung gilt allerdings nicht wenn die (nicht wesentlichen) Anteile kurz vor der Umwandlung in ein BV mit einem hohen TW (höher als die AK im PV) des Anteilseigners eingelegt worden sind; dann sind auch insoweit die historischen AK bei der Ermittlung des Übernahmegewinns zu berücksichtigen (Tz. 05.14 UE).

7   Einlagefiktion nach § 5 UmwStG

4. **§ 5 Abs. 4 UmwStG** – Einbringungsgeborene Anteile **gelten** mit den **AK** zur Ermittlung des Übernahmegewinns als eingelegt. Einbringungsgeborene Anteile entstehen dann, wenn die Anteile an der KapG durch Einbringung eines Einzelunternehmens, Mitunternehmeranteils (vgl. § 20 UmwStG) erworben wurden und die Einbringung unter dem TW erfolgte (Tz. 05.13 UE).

Beispiel 10: Fiktive Einlage
An dem übertragenden Rechtsträger, der A-GmbH sind die natürlichen Personen A und B zu je 50 % beteiligt. Die Anteile werden von A und B jeweils im Privatvermögen gehalten. Auf den 01.01.2003 soll die A-GmbH auf die bestehende A/B-KG verschmolzen werden. Die G´fter A und B hatten folgende AK für die Beteiligung an der A-GmbH:

- Für A: 100.000 €,
- Für B: 200.000 €.

Die A-GmbH erstellt am 31.12.2002 folgende Übertragungsbilanz i.S.d. § 17 Abs. 2 UmwG.

A	Bilanz zum 31.12.2002 der A-GmbH		P
Anlagevermögen	500.000 €	Stammkapital	100.000 €
		Rücklagen	300.000 €
Umlaufvermögen	500.000 €	Jahresüberschuss	100.000 €
		Verbindlichkeiten	500.000 €
	1.000.000 €		1.000.000 €

Die übernehmende PersG A/B-KG hat vor der Umwandlung zum 31.12.2002 folgende Bilanz erstellt:

A	Bilanz zum 31.12.2002 der A/B KG		P
Anlagevermögen	400.000 €	Kapital Kompl. A	100.000 €
		Kapital Komm. B	100.000 €
Umlaufvermögen	400.000 €	Rückstellungen	100.000 €
		Verbindlichkeiten	500.000 €
	800.000 €		800.000 €

Lösung:

Nach erfolgter Umwandlung hat die Bilanz der übernehmenden PersG folgendes Bild:

A	Bilanz zum 31.12.2002 der A/B-KG nach Umwandlung		P
Anlagevermögen	900.000 €	Kapital Kompl. A	100.000 €
		Kapital Komm. B	100.000 €
		Übernahmegewinn[32]	500.000 €
Umlaufvermögen	900.000 €	Rückstellungen	100.000 €
		Verbindlichkeiten	1.000.000 €
	1.800.000 €		1.800.000 €

§ 4 Abs. 4 UmwStG setzt zur Ermittlung des Übernahmegewinns voraus, dass sich die Anteile an der übertragenden KapG im Gesamthandsvermögen der aufnehmenden PersG befinden. Dies ist allerdings eine Voraussetzung, die fiktiv erst geschaffen werden muss. Aus diesem Grunde bestimmt § 5 Abs. 2 UmwStG, dass die Anteile, die unter § 17 EStG fallen, als zum steuerlichen Übertragungsstichtag in das Gesamthandsvermögen der aufnehmenden PersG eingelegt gelten.

Allerdings erfolgt keine tatsächliche Einlage; diese Fiktion gilt nur für die Ermittlung des Übernahmegewinns. Wie aus der Bilanz des aufnehmenden Rechtsträgers ersichtlich, ist der bilanzielle Übernahmegewinn nicht um die individuellen AK der MU gekürzt. Diese Kürzung findet für jeden G´fter **getrennt** und **außerhalb** der Bilanz statt.

	Gesamt	A	B
Übergehendes Buchvermögen	500.000 €	250.000 €	250.000 €
Abzüglich AK	300.000 €	100.000 €	200.000 €
Außerbilanzieller Übernahmegewinn	200.000 €	100.000 €	100.000 €

8 Gewinnerhöhung durch Vereinigung von Forderungen und Verbindlichkeiten

Zwischen dem übertragenden Rechtsträger und dem übernehmenden Rechtsträger können am steuerlichen Übertragungsstichtag Forderungen und Verbindlichkeiten bestehen. Mit der Eintragung der Verschmelzung in das HR des übernehmenden Rechtsträgers

---

[32] Der Übernahmegewinn kann in eine gesamthänderisch gebundene Rücklage eingestellt oder anteilig auf die Kapitalkonten verteilt werden.

geht das Vermögen des übertragenden Rechtsträgers auf die übernehmende PersG bzw. auf den Alleingesellschafter (§ 9 UmwStG) über[33]. Infolge von Konfusion im Rahmen der Umwandlung vereinigen sich die Forderungen und Verbindlichkeiten. Ein **Übernahmefolgegewinn** kann im Rahmen einer Umwandlung entstehen, wenn sich Forderungen und Verbindlichkeiten nicht in gleicher Höhe gegenüberstehen – **inkongruente Konfusion** – d.h., wenn die Forderungen vormals schon wertberichtigt wurden.

Dieser Übernahmefolgegewinn ist ein laufender Gewinn der übernehmenden PersG – es fallen somit Einkommen-, Körperschaft- und GwSt auf diesen Gewinn an – und ist nach Tz. 06.02 UE nicht als Teil des Übernahmeergebnisses anzusehen. Der Übernahmefolgegewinn entsteht gem. Tz. 06.01 i.V.m. 02.05 UE mit Ablauf des steuerlichen Übertragungsstichtages. *Schmitt*[34] führt dazu aus, dass der Gewinn bei der PersG bzw. bei deren G´fter eine logische Sekunde nach dem Ablauf des steuerlichen Übertragungsstichtages entsteht. Der Übernahmefolgegewinn kann somit auch nicht mit einem entstehenden Übernahmeverlust kompensiert werden, was nach dem In-Kraft-Treten des StSenkG 2001 sicherlich interessant wäre, da ab 2001 die Übernahmeverluste gem. § 4 Abs. 6 UmwStG nicht mehr steuerlich genutzt werden können.

§ 6 Abs. 1 UmwStG bietet die Möglichkeit, dass der Gewinn mittels einer Rücklage nicht der sofortigen Besteuerung unterworfen wird. Die Rücklage ist jedoch in den folgenden drei Jahren zu mindestens einem Drittel gewinnerhöhend aufzulösen.

9 Besteuerung nicht wesentlich beteiligter Anteilseigner

Die Regelungen bezüglich der Ermittlung des Übernahmegewinns nach den Vorschriften der §§ 4 ff. UmwStG gelten nicht für die Anteilseigner, die nicht wesentlich i.S.d. § 17 EStG an der übertragenden KapG beteiligt sind. Für diese Personengruppe regelt § 7 UmwStG die Besteuerung des Übernahmeergebnisses. Insoweit bleibt der Wert der übergehenden WG bei der Ermittlung des Übernahmegewinns außer Ansatz (vgl. § 4 Abs. 3 S. 3 UmwStG). Diese Folge ergibt sich allerdings automatisch, wenn für jeden G´fter isoliert ein Übernahmegewinn ermittelt wird; insoweit geht das BV zur Ermittlung des Übernahmegewinns nur quotal auf den einzelnen G´fter über.

Dem nicht wesentlich beteiligten Anteilseigner werden im Rahmen der Umwandlung die offenen Rücklagen der übertragenden Gesellschaft als Einkünfte aus Kapitalvermögen zum steuerlichen Übertragungsstichtag zugerechnet. Die so ermittelten Einkünfte aus Kapitalvermögen unterliegen ab dem steuerlichen Übertragungsstichtag in 2001 bereits dem Halbeinkünfteverfahren. Dadurch, dass die Einkünfte als solche i.S.d. § 20 Abs. 1 Nr. 1 EStG qualifiziert werden (bisher hieß es im Gesetz nur „Einkünfte aus Kapitalvermögen" generell), muss für diese Einkünfte Kapitalertragsteuer einbehalten und abgeführt werden (§ 43 Abs. 1 Nr. 1a EStG). Die AK des unwesentlich beteiligten Anteilseigners sind nicht zum Abzug zu bringen.

---

[33] *Schmitt* in *Schmitt/Hörtnagel/Stratz*, a.a.O., Tz. 1 § 6 UmwStG.
[34] *Schmitt* in *Schmitt/Hörtnagel/Stratz*, a.a.O., Tz. 3 § 6 UmwStG.

Die offenen Rücklagen werden anhand des Eigenkapitals der Gesellschaft wie folgt ermittelt:

	Eigenkapital lt. StB
+	Gezeichnetes Kapital
+	Kapitalrücklagen
+	Gewinnrücklagen
+ (./.)	Gewinnvortrag/Verlustvortrag
+ (./.)	Jahresüberschuss/Jahresfehlbetrag
+	Steuerliche Sonderpositionen
./.	Gezeichnetes Kapital
./.	Vollständiger Wert des Einlagekontos gem. § 27 KStG der sich nach Anwendung des Werts gem. § 29 Abs. 1 KStG[35] ergibt
+	Kapital i.S.d. § 28 KStG
=	Kapital i.S.d. § 7 UmwStG
Aufteilung des Kapitals im Verhältnis der Anteile zum Nennkapital	

10 Vermögensübergang auf eine natürliche Person

Seit 1995 ist nunmehr auch möglich, die Umwandlung von der KapG auf den AlleinG´fter steuerneutral vorzunehmen. Diesbezüglich regelt § 9 UmwStG, dass für diese Art der Umwandlung die Vorschriften des §§ 3 ff. UmwStG analog anzuwenden sind. Die Umwandlung ist in das HR einzutragen, also muss der übernehmende G´fter Einzelkaufmann sein. Ist dies bisher nicht der Fall, so hat er sich als Einzelkaufmann gem. § 18 HGB in das HR eintragen zu lassen (konstitutive Eintragung).

11 Umwandlungen von der Kapitalgesellschaft auf die Personengesellschaft nach der Rechtslage bis zum 31.12.2000

Bis zum 31.12.2000 konnte das so genannte „Step-up-Modell" im Wege der Umwandlung von der KapG – wenn auch ab 1997 eingeschränkt – durchgeführt werden. Sinn und Zweck dieses Modells war, dass ein Erwerber von Anteilen an einer KapG seine AK für diese Anteile im Wege der Rückumwandlung steuerlich geltend machen konnte. In der Regel entstand durch hohe AK – Bezahlung der stillen Reserven – ein Übernahmeverlust, der steuerlich durch Aufdeckung von stillen Reserven ausgeglichen wurde. Damit entstand für die Zukunft ein erhöhtes Abschreibungsvolumen. Durch die Neufassung des § 4 Abs. 6 UmwStG hat der Gesetzgeber dieses unterbunden (siehe hierzu 4.3). Nach alter Rechtslage wurde der Übernahmegewinn/Übernahmeverlust wie folgt ermittelt (hier im Vergleich zur aktuellen Rechtslage):

---

[35] In der Fassung des UntStFG.

Rechtslage des UmwStG **vor** Ergehen des Gesetzes zur Fortsetzung der Unternehmenssteuerreform[36]	Rechtslage des UmwStG **nach** Ergehen des Gesetzes zur Fortsetzung der Unternehmenssteuerreform
Wert mit dem die übergegangenen WG zu übernehmen sind; ggf. auch ein negativer Wert	Wert mit dem die übergegangenen WG zu übernehmen sind; **bei negativem Wert ist mit 0 DM/€ weiterzurechnen**
Abzüglich BW der Anteile an der übertragenden Körperschaft	Abzüglich BW der Anteile an der übertragenden Körperschaft
= **Übernahmegewinn/-verlust der Stufe I**	= **Übernahmegewinn/-verlust der Stufe I**
Zzgl. Anzurechnende KSt gem. § 10 UmwStG	Zzgl. Anzurechnende KSt gem. § 10 UmwStG
Zzgl. Sperrbetrag nach § 50c EStG	Zzgl. Sperrbetrag nach § 50c EStG
= **Übernahmegewinn/-verlust der Stufe II**	= **Übernahmegewinn/-verlust der Stufe II**
Bei verbliebenen Übernahmeverlust	**Bei verbliebenen Übernahmeverlust**
Aufstockung bis zur Höhe des Teilwerts	Aufstockung bis zur Höhe des Teilwerts
Es verbleibt immer noch ein Übernahmeverlust	**Es verbleibt immer noch ein Übernahmeverlust**
Abzug als **sofort abzugsfähige BA** gem. § 4 Abs. 6 UmwStG	**Aktivierung und Abschreibung auf 15 Jahre** gem. § 4 Abs. 6 UmwStG

Ob die Änderungen (hier speziell § 4 Abs. 5 und 6 UmwStG) durch das Gesetz zur Fortsetzung der Unternehmenssteuerreform auch wirklich anwendbar sind, bleibt nach Ergehen des BFH-Urteils vom 29.11.2000 (BStBl II 2001, 374) sehr fraglich. Der BFH sieht beim Zustandekommen des Gesetzes die Verletzung des Parlamentsvorbehalts (Art. 20 Abs. 3, Art. 76 Abs. 1 GG - weil die Streichung des § 12 Abs. 2 Satz 4 UmwStG auf einen Einigungsvorschlag des Vermittlungsausschusses zurückzuführen ist, der die Grenzen überschritten hat, die den Beschlussempfehlungen des Vermittlungsausschusses zwischen Bundestag und Bundesrat gesetzt sind). Es bleibt abzuwarten, wie sich die Verwaltung – die vom BFH aufgefordert wurde, dem laufenden Verfahren beizutreten – hierzu äußert. Der BFH erwägt gem. Art. 100 Abs. 1 GG die Frage vom Bundesverfassungsgericht klären zu lassen.

Die obige Ermittlung ist i.d.R. für jeden G'fter der PersG getrennt vorzunehmen; etwaige hierdurch aufzudeckende stille Reserven sind dann in Ergänzungsbilanzen der einzelnen G'fter einzustellen.

Der Übernahmegewinn ist gem. § 18 Abs. 2 UmwStG nicht der GwSt zu unterwerfen, damit sind auch die Rechtsfolgen des § 4 Abs. 6 UmwStG nicht zu ziehen. Der Gesetzgeber hat seine Auffassung bezüglich der GewSt bei Übernahmeverlusten und entsprechenden „Step-up" erst mit dem StEntlG 1999/2000/2002 gesetzlich normiert. Bis einschließlich 1998 sah der Gesetzeswortlaut im § 18 Abs. 2 UmwStG nur die Behandlung von Übernahmegewinnen vor. Daraus wurde geschlossen, dass die Übernahmeverluste hier nicht mit einzubeziehen waren. Die Verwaltung hat durch den Umwandlungssteuererlass vom 25.03.1998 in Tz. 18.02 UE jedoch schon sehr frühzeitig die Auffassung vertreten,

---

[36] Anmeldung zum HR vor dem 05.08.1997.

dass die GewSt-Freiheit analog auch für Übernahmeverluste gilt, d.h. die Mehrabschreibungen aus den aufgestockten Werten i.S.d. § 4 Abs. 6 UmwStG sind bei der GwSt nicht zu berücksichtigen. Die Auffassung der Verwaltung war denn auch etwas verwunderlich, da im UmwStG an anderen Stellen – z.B. § 4 Abs. 4 UmwStG – eine Unterscheidung zwischen Gewinn und Verlust vorgenommen wurde. Der BFH hat mit Urteil vom 20.06.2000 (BStBl II 2001, 35) entschieden, dass § 18 Abs. 2 UmwStG in der Fassung bis einschließlich 1998 nicht für die Übernahmeverluste gilt. Die Verwaltung hat diesen Urteil mit Veröffentlichung im BStBl anerkannt, mit dem Hintergrund, dass ab 1999 die gesetzliche Neuregelung gilt.

Nach dem alten Recht wurde der Übernahmegewinn bzw. der Übernahmeverlust gem. § 4 Abs. 5 UmwStG noch um die anrechenbare KSt erhöht bzw. vermindert. Es handelt sich hier um die KSt gem. § 10 UmwStG. Damit den ehemaligen G´fter der übertragenden KapG durch die Umwandlung kein Anrechnungsguthaben verloren geht, bestimmt § 10 UmwStG, dass den Anteilseignern die KSt, die auf den belasteten Teilbeträgen des vEK lasten (EK 45, 40 und 30), in voller Höhe auf die ESt/KSt anzurechnen sind. Maßgeblich ist hierbei allerdings die tatsächliche Belastung und nicht etwa die Ausschüttungsbelastung. Danach ergeben sich folgende Anrechnungsbeträge aus den einzelnen belasteten Kapitalteilen:

- EK 45   45/55 des Bestandes,
- EK 40   40/60 des Bestandes,
- EK 30   30/70 des Bestandes.

Da jede Anrechnung einer KSt auch deren Versteuerung als Einnahme bedingt (vgl. parallel hierzu § 20 Abs. 1 Nr. 3 EStG a.F.) wird der Anrechnungsbetrag bei der Ermittlung des Übernahmegewinns erhöhend berücksichtigt.

Sind im vEK negative und positive belastete Eigenkapitalteile vorhanden, sind die positiven und die negativen Steuerbeträge gem. Tz 10.02 UE miteinander zu saldieren (und nicht die Bestände des Eigenkapitals). Es kommt allerdings nicht zu einer Nachforderung von KSt, soweit die negativen Beträge überwiegen. Liegen positive belastete und negative unbelastete Teilbeträge des vEK (EK 0) vor, sieht die Verwaltung gem. Tz. 10.03 UE keine Saldierung vor.

Beispiel 11: KSt-Aufstockung
In der Bilanz des übertragenden Rechtsträgers werden neben dem Stammkapital von 50.000 € Gewinnrücklagen von 500.000 € ausgewiesen. Die übernehmende PersG hält die Anteile an der übertragenden KapG mit dem Nennwert in ihrer Bilanz. In der Gliederung des vEK werden die Rücklagen wie folgt ausgewiesen:

- EK 45   110.000 €,
- EK 40   300.000 €,
- EK 02   90.000 €.

Lösung:
Es ist ein Übernahmegewinn der Stufe II von 790.000 € festzustellen, der sich wie folgt ermittelt:

Übergehendes Buchvermögen			550.000 €
Abzüglich AK der wegfallenden Anteile		./.	50.000 €
Übernahmegewinn der Stufe I		**+**	**500.000 €**
Zzgl. KSt gem. § 4 Abs. 5 UmwStG	Bestand EK 45 x 45/55	+	90.000 €
	Bestand EK 40 x 40/60	+	200.000 €
Übernahmegewinn der Stufe II		**=**	**790.000 €**

Beispiel 12: Aufstockung bei rechnerischem Umwandlungsverlust

Die A/B-OHG hält die Anteile an der C-GmbH zu 100 %. Die G´fter der OHG sind jeweils zu 50 % an der PersG beteiligt. Die C-GmbH soll im Wege der Verschmelzung zur Aufnahme gem. § 2 Nr. 1 UmwG auf die A/B-OHG umgewandelt werden. Als SB, die der Umwandlung zugrunde liegt, wurde von der C-GmbH die Bilanz vom 31.12.1999 vorgelegt. Die Umwandlung wurde beim HR am 15.07.2000 angemeldet. Die Eintragung erfolgte am 03.09.2000. Die in den Bilanzen in Klammern aufgeführten Werte sind die TW zum 31.12.1999.

A	Bilanz zum 31.12.1999 der C-GmbH		P
AV	400.000 €	Stammkapital	100.000 €
	(600.000 €)		
		Rücklagen	140.000 €
UV	250.000 €	Jahresüberschuss	60.000 €
	(300.000 €)		
		Verbindlichkeiten	350.000 €
	650.000 €		650.000 €

Das verwendbare Eigenkapital gliedert sich zum 31.12.1999 wie folgt:

EK 40	EK 45	EK 02
60.000 €	95.000 €	45.000 €

Die Bilanz der A/B-OHG weist zum 31.12.1999 folgende Werte aus:

A	Bilanz zum 31.12.1999 der A/B-OHG		P
AV	300.000 €	Kapital A	150.000 €
Bet. C-GmbH	500.000 €	Kapital B	150.000 €
UV	300.000 €	Rückstellungen	100.000 €
		Verbindlichkeiten	700.000 €
	1.100.000 €		1.100.000 €

Die Beteiligung an der C-GmbH wird mit den AK ausgewiesen.

Lösung:
Zum steuerlichen Übertragungsstichtag 31.12.1999 ist folgendes Übernahmeergebnis zu ermitteln:

Übergehendes Vermögen der C-GmbH		300.000 €
Abzüglich AK der Anteile an der C-GmbH	./.	500.000 €
Übernahmeverlust der Stufe I	=	./. 200.000 €
Zzgl. Anzurechende KSt gem. § 4 Abs. 5 i.V.m. § 10 UmwStG 40/60 von 60.000 € 45/55 von 95.000 €	+	117.727 €
Übernahmeverlust der Stufe II	=	./. 82.273 €

Dieser Übernahmeverlust ist gem. § 4 Abs. 6 UmwStG durch Aufstockung von stillen Reserven auszugleichen. Dabei sind gem. § 4 Abs. 6 UmwStG zunächst die stillen Reserven in den WG der übertragenden Gesellschaft aufzudecken. Sollten diese nicht ausreichen, sind gem. § 4 Abs. 6 S. 2 UmwStG die stillen Reserven in den immateriellen WG und der Firmenwert in die Aufstockung mit einzubeziehen. Ein darüber hinaus verbleibender Verlust ist zu aktivieren und auf 15 Jahre abzuschreiben. Die Aufstockung erfolgt nach Tz. 04.33 UE und zwar quotal auf alle stille Reserven anteilig. Es ergeben sich danach folgende aufzudeckende stille Reserven:

WG	BW	Stille Reserven	Aufzuteilende stille Reserven – nach dem Verhältnis der Gesamtreserven zu den aufzuteilenden Reserven
AV	400.000 €	200.000 €	82.273 €/250.000 € x 200.000 € = **65.818 €**
UV	250.000 €	50.000 €	82.273 €/250.000 € x 50.000 € = **16.455 €**

Die Bilanz der aufnehmenden PersG hat nach der Umwandlung zum steuerlichen Übertragungsstichtag folgendes Bild:

A	Bilanz zum 31.12.1999 der A/B-OHG		P
Anlagevermögen	765.818 €	Kapital A	150.000 €
Beteiligung C-GmbH	weggefallen	Kapital B	150.000 €
Umlaufvermögen	566.455 €	Übernahmeverlust	./. 117.727 €
		Rückstellungen	100.000 €
		Verbindlichkeiten	1.050.000 €
	1.332.273 €		1.332.273 €

Der bilanzielle Übernahmeverlust i.H.v. 117.727 € entspricht der anzurechnenden KSt. Das ist auch konsequent, da der eigentliche bilanzielle Übernahmeverlust der Stufe I (= 200.000 €) nur um die bilanzielle Aufstockung i.H.v. 82.273 € kompensiert wird. Die bilanzielle Aufstockung ist begrenzt durch die anzurechnende KSt; damit schließt sich der „Kreis" und die Höhe des bilanziellen Übernahmeverlustes ergibt sich in der entsprechenden Höhe.

12 Umwandlung von der GmbH in die GmbH & Co. KG

Die Umwandlung von der GmbH in die GmbH & Co. KG ist im Wege der Verschmelzung, Spaltung und des Formwechsels möglich.

Bei der Verschmelzung sind die Verschmelzung zur Neugründung und zur Aufnahme denkbar. Voraussetzung für die Umwandlung zur Neugründung ist jedoch, dass an der übertragenden GmbH wiederum eine GmbH beteiligt ist. Um bei der aufnehmenden Gesellschaft Komplementärin zu werden, ist es erforderlich, dass die spätere Komplementär-GmbH bereits zum G´fterkreis der übertragenden Gesellschaft zählt. Entscheidend ist die G´ftereigenschaft und nicht die Vermögenseinlage. Der übertragende Rechtsträger bleibt auch insoweit bestehen, als dieser selbst G´fter des übertragenden Rechtsträgers (also Beteiligung an sich selbst) durch Halten eigener Anteile ist[37]. Hinsichtlich der Verschmelzung zur Aufnahme ergeben sich hier keine weiteren Besonderheiten.

In Sonderfällen, insb. dann, wenn nicht das gesamte Vermögen der GmbH übertragen werden soll, wird eine Spaltung oder die Einbringung von einzelnen Wirtschaftsgütern in eine GmbH & Co. KG in Betracht gezogen werden müssen[38]. Auch hier ist zu beachten, dass bei der Aufspaltung auf neu errichtete Rechtsträger, die G´fter des Spaltungsträgers G´fter des übernehmenden Rechtsträgers werden. Für die Übertragung auf eine GmbH & Co. KG ist Voraussetzung, dass eine GmbH bereits G´fter des Spaltungsträgers ist. Sind an der übertragenden Gesellschaft zunächst nur natürliche Personen bzw. PersG beteiligt, müssen diese G´fter daher Bruchteile ihrer Anteile an eine zuvor neu gegründete GmbH abtreten.

Beispiel 13: Aufspaltung mit Umwegen
An der A-GmbH sind die G´fter B und C (beides natürliche Personen) zu je 50 % beteiligt. Die G´fter planen eine Umstrukturierung ihres Unternehmens dahingehend, dass die beiden Tb I + II der GmbH im Wege der Aufspaltung auf zwei GmbH & Co. KG übertragen werden sollen. Im Zuge der Vorbereitung wird von den G´fter B und C die D-GmbH gegründet. Die D-GmbH erhält von den G´fter B und C durch Abtretung jeweils 5 % Anteile an der A-GmbH. Die Anteile an der A-GmbH werden nunmehr wir folgt gehalten.

- B   45 %,
- C   45 %,
- D-GmbH   10 %.

---

[37] *Schulze zur Wiesche* (DB 1996, 1539).
[38] *Sigel* (GmbHR 1998, 1209).

Lösung:
Durch Spaltungsvertrag werden die Teilbetriebe I und II auf die neu zu gründende PersG übertragen.

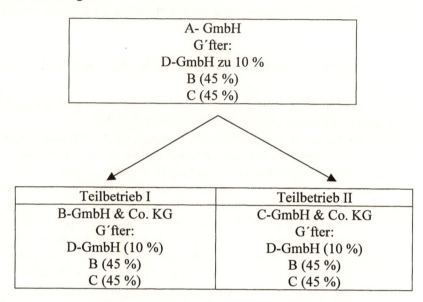

Die Abtretung der GmbH-Anteile an die D-GmbH muss nicht schon zum zivilrechtlichen Umwandlungsstichtag vorgelegen haben, es reicht aus, wenn die D-GmbH zum Zeitpunkt der Umwandlungshandlungen (Vertragsabschluss, Umwandlungsbeschluss, Registeranmeldung) beteiligt war. Zu diesem Stichtag muss gem. § 3 Abs. 1 UmwG ein beteiligungsfähiger Rechtsträger bestehen[39]. Eine Abspaltung aus dem Vermögen einer GmbH auf eine neu errichtete GmbH & Co. KG ist nur möglich, wenn im Zeitpunkt der Abspaltung eine GmbH in die Gesellschaft des übertragenden Rechtsträgers eingetreten ist.

Neben den bereits genannten Umwandlungsarten gilt der Formwechsel als Standardfall für die Umwandlung von der GmbH auf die GmbH & Co. KG. Auch bei dieser Umwandlungsart ist es erforderlich, dass die Komplementär GmbH an der übertragenden KapG vor den Umwandlungsbeschlüssen bereits beteiligt war. Das UmwG geht hier von der Identität der G´fter vor und nach der Umwandlung aus. Es wird als zulässig erachtet, wenn die Komplementär-GmbH kurze Zeit vor dem Formwechsel einen Minianteil an der formwechselnden KapG übernimmt. Hinsichtlich der Durchführung der Umwandlung sind hier keine weiteren Besonderheiten zu beachten.

---

[39] *Dehmer*, Umwandlungssteuererlass 1998, Tz. 02.08.

13 Formwechsel von einer KapG in eine PersG

Aus steuerlicher Sicht ändert sich nichts in Bezug auf das, was unter 4.12 ausgeführt worden ist. Rechtsgrundlage hierfür ist die Vorschrift des § 14 UmwStG. Da handelsrechtlich bei einem Formwechsel i.d.R. keine Bilanzen zum Übertragungsstichtag erstellt werden dürfen, besteht steuerlich die Pflicht, nach § 14 S. 2 UmwStG für den übertragenden Rechtsträger eine Übertragungsbilanz und für die PersG eine EB zu erstellen.

V Verschmelzung von Kapitalgesellschaften

Die Verschmelzung von KapG ist im UmwStG in den §§ 11 – 13 UmwStG geregelt. Die Regelungen bezüglich des verwendbaren Eigenkapitals der KapG sind dem KStG zu entnehmen. Hierzu sind anzuführen die §§ 27, 28, 29, 37, 38 und 40 KStG. In diesen Vorschriften wird unter anderem auch die Behandlung des KSt-Guthabens und des Bestandes des ehemaligen EK 02 geregelt. Zur Veranschaulichung der Verschmelzung von KapG wird zunächst ein Grundfall vorgestellt.

Beispiel 14: Grundfall zur Verschmelzung von KapG
Die X-GmbH ist an der Y-GmbH zu 100 % beteiligt. Die Tochter (Y-GmbH) soll im Wege der Verschmelzung zur Aufnahme auf die Muttergesellschaft (X-GmbH) verschmolzen werden. Als handelsrechtlicher Verschmelzungsstichtag wurde im Verschmelzungsvertrag der 01.01.2003 aufgenommen. Dem HR wird gem. § 17 Abs. 2 UmwG folgende SB des übertragenden Rechtsträgers (Y-GmbH) zum 31.12.2002 zur Anmeldung vorgelegt:

A	Bilanz zum 31.12.2002 der Y-GmbH		P
Anlagevermögen	200.000 €	Stammkapital	100.000 €
		Rücklagen	100.000 €
Umlaufvermögen	100.000 €	Jahresüberschuss	50.000 €
		Verbindlichkeiten	50.000 €
	300.000 €		300.000 €

Die Bestände gem. der §§ 37 und 38 KStG wurden zum 31.12.2002 wie folgt festgestellt:

- KSt-Guthaben: 40.000 €,
- Alt-EK 02: 70.000 €.

Der aufnehmende Rechtsträger hat zum 31.12.2002 folgende Bilanz vor Verschmelzung aufgestellt:

A	Bilanz zum 31.12.2002 der X-GmbH		P
Anlagevermögen	300.000 €	Stammkapital	200.000 €
Beteiligung Y-GmbH	100.000 €	Rücklagen	200.000 €
Umlaufvermögen	200.000 €	Jahresüberschuss	100.000 €
		Verbindlichkeiten	100.000 €
	600.000 €		600.000 €

Die Bestände gem. der §§ 37 und 38 KStG wurden zum 31.12.2002 wie folgt festgestellt:

- KSt-Guthaben: 30.000 €,
- Alt-EK 02: 30.000 €.

Lösung:
Für die Verschmelzung sind aus steuerlicher Sicht die §§ 11 – 13 UmwStG maßgebend, die nachfolgend noch näher erläutert werden. Die aufnehmende KapG (X-GmbH) hat steuerlich die übergehenden WG der übertragenden KapG (Y-GmbH) zum steuerlichen Übertragungsstichtag (= 31.12.2002) in ihre StB aufzunehmen. So wird nach der Verschmelzung vom übernehmenden Rechtsträger folgende StB erstellt:

A	Bilanz zum 31.12.2002 der X-GmbH		P
Anlagevermögen	500.000 €	Stammkapital	200.000 €
Beteiligung Y-GmbH	weggefallen	Rücklagen	200.000 €
Umlaufvermögen	300.000 €	Jahresüberschuss	100.000 €
		Übernahmegewinn	150.000 €
		Verbindlichkeiten	150.000 €
	800.000 €		800.000 €

Nach § 40 Abs. 1 KStG sind die Guthabenbeträge i.S.d. § 37 KStG und die Bestände des Alt-EK 02 i.S.d. § 38 KStG des übertragenden Rechtsträgers beim übernehmenden Rechtsträger zu erfassen und bei seiner Feststellung mit zu berücksichtigen. Damit ergeben sich beim übernehmenden Rechtsträger nach der Verschmelzung folgende Bestände:

	KSt-Guthaben	Alt-EK 02
Bestände vor Verschmelzung	30.000 €	30.000 €
Zugang gem. § 40 Abs. 1 KStG	40.000 €	70.000 €
Bestände nach Verschmelzung	70.000 €	100.000 €

1 Steuerliche Behandlung beim übertragenden Rechtsträger

Das steuerliche Wahlrecht bezüglich des Ansatzes der WG in der Übertragungsbilanz ist - wie § 3 UmwStG bei der Verschmelzung von der KapG auf die PersG – auch bei der Verschmelzung von einer KapG auf eine andere KapG in § 11 Abs. 1 S. 2 UmwStG normiert. Aber auch hier besteht die gleiche Problematik, wie sie schon im Rahmen des § 3 UmwStG aufgezeigt wurde, denn der handelsrechtliche Zwang zum Ansatz des BW in der beim HR vorzulegenden Bilanz schlägt auch hier zurück auf die StB des übertragenden Rechtsträgers. So sieht sich die Verwaltung auch in diesen Fällen nicht in der Lage, das steuerliche Wahlrecht des § 11 Abs. 1 S. 2 UmwStG derzeit umzusetzen. Gem. Tz.

11.01 UE gelten die gleichen Regelungen wie sie in Tz. 03.01 UE aufgeführt wurden. Dem übernehmenden Rechtsträger steht aber gem. § 24 UmwG die Möglichkeit zu, in seiner der Umwandlung folgenden HB, die übergehenden WG mit einem höheren Wert – begrenzt durch die AK – anzusetzen. Wird dieses vom übernehmenden Rechtsträger vorgenommen, so hat er in seiner der Umwandlung folgenden StB die handelsrechtliche Aufstockung steuerrechtlich auch vorzunehmen. Diese Aufstockung erfolgt dann steuerwirksam (Tz. 11.02 UE) mit voller KSt- und GewSt-Belastung.

In der Vorschrift § 11 UmwStG werden neben dem Wahlrecht aber auch noch andere Besonderheiten für die KapG geregelt. So regelt § 11 Abs. 1 Nr. 1 UmwStG, dass die übergehenden WG beim übertragenden Rechtsträger mit dem TW angesetzt werden müssen (Folge: Realisierung eines Übertragungsgewinns, der der vollen Besteuerung unterliegt), wenn die Besteuerung der stillen Reserven der übergehenden WG beim übernehmenden Rechtsträger nicht sichergestellt ist. Denkbar wären hier die Fälle der Verschmelzung auf eine steuerbefreite KapG oder auf eine ausländische KapG (ohne die Besonderheiten des § 23 UmwStG).

Die zweite Möglichkeit des § 11 UmwStG sieht vor, dass stille Reserven aufzudecken sind, wenn neben den Gesellschaftsrechten auch noch andere Gegenleistungen gewährt werden. Der Regelfall liegt hier entsprechend dann vor, wenn neben der Übertragung des Vermögens zum Beispiel Ausgleichszahlungen an die G'fter geleistet werden – so genannter Spitzenausgleich. Bezüglich dieses Spitzenausgleichs sieht § 11 Abs. 1 Nr. 2 UmwStG vor, dass eine Aufstockung der WG in der Übertragungsbilanz erfolgt, allerdings begrenzt in der Höhe bis zum TW der WG. Das BMF hat im Umwandlungssteuererlass jedoch ausgeführt, dass nicht jede Zuzahlung zu einer Aufstockung in der Übertragungsbilanz führt. Vielmehr kommt es darauf an, wer die Zuzahlung leistet und wer die Zuzahlung erhält. Gem. Tz 11.05 UE liegt nur dann eine Gegenleistung i.S.d. § 11 Abs. 1 Nr. 2 UmwStG vor, wenn die übernehmende KapG Zahlungen an die Anteilseigner der übertragenden KapG leistet. Alle anderen denkbaren Möglichkeiten sind nicht in die Rechtsfolge des § 11 UmwStG mit einzubeziehen. Wie diese zu behandeln sind führt das BMF in seinem Umwandlungssteuererlass aus und ist der nachfolgenden Übersicht zu entnehmen:

Ausgangsfall	Regelung im UmwSt-Erlass	UmwSt-Erlass-Tz.
Zahlung durch die übertragende KapG	Keine Gegenleistung i.S.d. § 11 UmwStG Es können sein: • Erwerb eigener Anteile, • Verdeckte Gewinnausschüttung, • Andere Gewinnausschüttung.	11.08
Zahlung durch die G'fter der übernehmenden oder übertragenden KapG	Die Zahlungen sind nach den allgemeinen steuerlichen Grundsätzen zu beurteilen. Sie führen zu Veräußerungserlösen beim Empfänger und zu AK beim Leistenden.	11.10 und 11.11

1 Steuerliche Behandlung beim übertragenden Rechtsträger

Beispiel 15: Verschmelzung ohne den Minderheitsgesellschafter
Die Adam GmbH soll im Wege der Verschmelzung auf die Opel GmbH umgewandelt werden. Der Minderheitsgesellschafter der Adam GmbH, Franz Corsa, wird im Rahmen der Verschmelzung mit 500.000 € abgefunden. Die Gegenleistung wird von der Opel GmbH gewährt. Die Adam GmbH stellt zum 31.12.2002 folgende SB auf.

A	Bilanz der Adam GmbH zum 2002		P
Anlagevermögen	600.000 €	Stammkapital	200.000 €
Umlaufvermögen	700.000 €	Gewinnrücklagen	600.000 €
		sonstige Passiva	500.000 €
	1.300.000 €		1.300.000 €

Zum 31.12.2002 sind folgende stille Reserven vorhanden:

- Firmenwert   1.000.000 €,
- immaterielle WG   250.000 €,
- Anlagevermögen   250.000 €,
- Umlaufvermögen   200.000 €.

Lösung:
Der BW der Adam GmbH beträgt zum 31.12.2002:   800.000 €.
Der TW der Adam GmbH beträgt zum 31.12.2002: 2.500.000 €.

Die Lösung erfolgt in zwei Schritten.

1. Ermittlung des Teils, der entgeltlich übertragen wurde.
   Hierzu kann folgende Formel angewandt werden:

   $$\frac{\text{Gesamtgegenleistung zum gemeinen Wert}}{\text{Gesamtwert der übergehenden WG zum TW}}$$

   In Zahlen ausgedrückt:
   500.000 € (Gegenleistung)/2.500.000 € (TW) x 100 = **20 %**

2. Es erfolgt eine Verteilung des auf die einzelnen WG entfallenden Teils der Gegenleistung und zwar entsprechend der im 1. Schritt ermittelten Verhältniszahl.
   Die 500.000 € sind in der Weise zu verteilen, dass 20 % auf die BW (20 % von 800.000 € = 160.000 €) und 20 % auf die stillen Reserven (20 % von 1.700.000 € = 340.000 €) entfallen.

Hiernach müsste die Adam GmbH zum 31.12.2002 folgende Übertragungsbilanz aufstellen:

A	Bilanz der Adam GmbH zum 2002		P
Firmenwert	200.000 €	Stammkapital	200.000 €
Immat. WG	50.000 €	Gewinnrücklagen	600.000 €
Anlagevermögen	650.000 €	Übertragungsgewinn	204.000 €
Umlaufvermögen	740.000 €	sonstige Passiva	500.000 €
		KSt	68.000 €
		GewSt	68.000 €
	1.640.000 €		1.640.000 €

Der Übertragungsgewinn ermittelt sich wie folgt:

Übergehendes Vermögen		1.140.000 €
BW des Vermögens	./.	800.000 €
	=	340.000 €
GewSt (Annahme 20 %)	./.	68.000 €
Zwischensumme	=	272.000 €
KSt 25 %	./.	68.000 €
Übertragungsgewinn	=	**204.000 €**

2 Steuerliche Behandlung beim übernehmenden Rechtsträger

Die Regelungen des übernehmende Rechtsträger sind in § 12 UmwStG aufgeführt. Zunächst wird geklärt, mit welchem Wert der übernehmende Rechtsträger die übergehenden WG des übertragenden Rechtsträgers in seiner Bilanz anzusetzen hat. Der Gesetzgeber hat hier den gleichen Ansatz wie in § 4 Abs. 1 UmwStG gewählt, d.h. der Ansatz der WG beim übernehmenden Rechtsträger ist abhängig vom Ansatz in der steuerlichen Übertragungsbilanz – also zur Zeit nur die BW – Ausnahme, wenn stille Reserven gem. § 11 Abs. 1 Nr. 2 UmwStG aufgedeckt werden mussten.

Durch die Überführung der WG auf den aufnehmenden Rechtsträger entsteht bei diesem ein Übernahmegewinn oder Übernahmeverlust. Dieser bleibt jedoch steuerlich gem. § 12 Abs. 2 UmwStG außer Ansatz. Der Übernahmegewinn betrifft im Grundsatz die offenen Rücklagen, die bereits der KSt unterlegen haben. Durch die Steuerfreistellung beim übernehmenden Rechtsträger wird verhindert, dass diese Gewinne noch einmal der KSt unterworfen werden. Da der Übernahmegewinn oder Übernahmeverlust bilanziell entsteht und sich auf das Ergebnis der KapG auswirkt, erfolgt eine außerbilanzielle Korrektur (vgl. Tz. 12.03 UE).

Wenn auf den Beteiligungswert an der übertragenden KapG in Vorjahren eine steuerlich wirksame TW-AfA, eine Übertragung nach § 6b EStG oder Ausschüttungen aus dem EK04/steuerliches Einlagekonto gem. § 27 KStG der übertragenden KapG vorgenommen wurde(n), so ist die dadurch entstandene Minderung des Beteiligungsansatzes durch einen steuerpflichtigen Beteiligungskorrekturgewinn im Rahmen der Umwandlung rückgängig zu machen und zwar außerbilanziell gem. § 12 Abs. 2 S. 2 UmwStG (vgl. auch Tz. 12.04 – 12.08 UE). Dies gilt jedoch nicht, wenn sich die TW-AfA nach § 8b Abs. 3 KStG nicht ausgewirkt hat – vgl. hierzu § 12 Abs. 2 S. 3 UmwStG.

Hinsichtlich der Verschmelzung von KapG untereinander gelten auch die Regelungen der Gesamtrechtsnachfolge. Hier wird in § 12 Abs. 3 UmwStG unter anderem geregelt, dass die AfA, die Regelungen für die Verbleibensdauer usw. bei der Verschmelzung von KapG anzuwenden sind. Die Gesamtrechtsnachfolge gilt auch für einen übergehenden Verlustabzug i.S.d. § 10d Abs. 3 S. 2 EStG – gem. § 12 Abs. 3 S. 2 UmwStG. Der Verlustvortrag des übertragenden Rechtsträgers kann von der übernehmenden KapG nur im Rahmen des Verlustausgleichs in dem Jahr, in den der steuerliche Übertragungsstichtag und als Vortrag in den folgenden Wj. genutzt werden. Ein Verlustrücktrag beim übernehmenden Rechtsträger ist nicht möglich.

Als Voraussetzungen für den Verlustvortrag ist in § 12 Abs. 3 S. 2 UmwStG geregelt, dass der Betrieb oder Betriebsteil, der den Verlust verursacht hat, über den Umwandlungsstichtag hinaus in einem nach dem Gesamtbild der wirtschaftlichen Verhältnisse vergleichbaren Umfang in den folgenden 5 Jahren fortgeführt wird. Das BMF hat am 16.04.1999 (BStBl I 1999, 455) zu dieser Vorschrift und der Regelung zu § 8 Abs. 4 KStG ein Anwendungsschreiben herausgegeben. Zu den Begriffen Betrieb und Betriebsteil wird in dem BMF-Schreiben ausgeführt, dass der Betreib die gesamte wirtschaftliche Aktivität eines Unternehmens umfasst. Ein Betriebsteil ist demgegenüber eine abgrenzbare wirtschaftliche Aktivität, der bestimmte personelle und sachliche Ressourcen zugeordnet werden können (z.B. eine Produktlinie oder bei Holdinggesellschaften die einzelne Beteiligung). Nach dem o.g. Anwendungsschreiben – Tz. 37 – braucht der Betriebsteil nicht die Voraussetzungen eines Teilbetriebes i.S.v. R 139 Abs. 3 EStR zu erfüllen.

Der Verlustabzug geht nur auf die übernehmende Körperschaft über, wenn der ursprüngliche Betrieb oder Betriebsteil in dem Umfang, in dem er im Durchschnitt der Verlustphase bestand, fortgeführt wird. Danach muss der Betrieb oder Betriebsteil bei der KapG, der der verbleibende Verlustabzug i.S.d. § 10d Abs. 3 S. 2 EStG zuzurechnen ist, am steuerlichen Übertragungsstichtag noch in dem Umfang vorhanden sein, in dem er in dem Durchschnitt während der Verlustphase bestand. Ist der ursprüngliche Betrieb oder Betriebsteil nach dieser Zeit im Umfang erheblich reduziert worden (z.B. durch Veräußerung von Produktionsanlagen an Dritte), steht § 12 Abs. 3 S. 2 UmwStG dem Übergang des auf den Betrieb oder Betriebsteils entfallenden verbleibenden Verlustabzugs entgegen. Die Entwicklung des Umfangs des Betriebs oder Betriebsteils ist anhand der besonderen Umstände des Einzelfalls zu beurteilen. Dabei sind insb. als Kriterien zugrunde zu legen: Das Aktivvermögen, der Umsatz, das Auftragsvolumen und ggf. die Anzahl der Arbeitnehmer.

Der im Gesetz genannte Fünfjahreszeitraum beginnt mit dem steuerlichen Übertragungsstichtag – auf das Datum im HR kommt es nicht an. Für den Übergang des Verlustabzugs ist es unschädlich, wenn der Betrieb oder Betriebsteil in den folgenden fünf Jahren erweitert wird. Es genügt, wenn er mindestens in dem geforderten Umfang fortgeführt wird. Für die Beurteilung des Umfangs des Betriebs oder Betriebsteils gelten die oben dargestellten Ausführungen.

3 Verhältnis von § 12 Abs. 3 S. 2 UmwStG zu § 8 Abs. 4 KStG

Die beiden Vorschriften §§ 12 Abs. 3 S. 2 UmwStG und 8 Abs. 4 KStG sind nebeneinander zu prüfen[40]. Nach Tz. 47 des BMF-Schreibens vom 16.04.1999 ist § 12 Abs. 3 S. 2 UmwStG die Vorschrift, die den Verlustabzug bei der übernehmenden KapG und § 8 Abs. 4 KStG die Vorschrift, die den Abzug eigener Verluste bei der KapG regelt. Um überhaupt zu einem Verlustabzug nach § 12 Abs. 3 S. 2 UmwStG zu gelangen, müssen die Verluste die Hürde des § 8 Abs. 4 KStG genommen haben. Folgendes Beispiel wird dazu im BMF-Schreiben aufgeführt (Tz. 47):

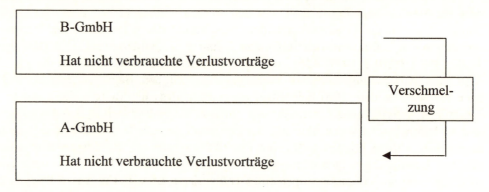

Nach der Verschmelzung ergibt sich folgendes Bild:

A-GmbH	
Eigener nicht verbrauchter Verlust	Nicht verbrauchter Verlust der B – GmbH
Altgesellschafter der A-GmbH sind nach Verschmelzung nur noch zu 49 % Anteilseigner.	G´fter der B-GmbH sind nach Verschmelzung zu 51 % an der A-GmbH beteiligt.
Prüfung des § 8 Abs. 4 KStG Sind die Tatbestandsmerkmale des § 8 Abs. 4 KStG erfüllt, kann die A-GmbH ihre eigenen Verluste nicht mehr verrechnen.	**Prüfung des § 12 Abs. 3 S. 2 UmwStG** Eine Übertragung des Verlustes der B-GmbH (nicht verbraucht) ist nicht ausgeschlossen, wenn die Voraussetzungen des § 12 Abs. 3 S. 2 UmwStG erfüllt sind.

---

[40] Zum Konkurrenzverhältnis von § 8 Abs. 4 KStG und § 12 Abs. 3 S. 2 UmwStG siehe auch *Düll/Fuhrmann* in (DStR 2000, 1166).

4 Betriebsprüfung bei der übertragenden Gesellschaft nach Umwandlung

Wird bei der übertragenden Gesellschaft eine Außenprüfung durchgeführt und ändert sich der Verlust bzw. entsteht ein Verlust, ist die gesonderte Feststellung i.S.d. § 10d Abs. 3 S. 2 EStG zu ändern bzw. erstmalig festzustellen. Bei der Übernehmerin ist dieser Bescheid aufgrund der Gesamtrechtsnachfolge als Grundlagenbescheid zu berücksichtigen[41].

Damit sind aber auch die einzelnen Voraussetzungen des § 12 Abs. 3 UmwStG zu prüfen, zu denen auch die Fortführung von 5 Jahren nach Umwandlung zählt.

Eine Veräußerung/Aufgabe des Betriebs oder Betriebsteils innerhalb dieser 5 Jahre ist schädlich für den Verlustabzug und führt somit zu einer Versagung des Verlustabzugs bei der übernehmenden Gesellschaft.

5 Übernahmefolgegewinn bei der Verschmelzung von Kapitalgesellschaften

Gem. § 12 Abs. 4 S. 2 UmwStG gelten die Grundsätze des § 6 Abs. 1 – 5 UmwStG sinngemäß für den Teil des Gewinns, der sich ergibt, wenn Forderungen und Verbindlichkeiten zwischen der übertragenen und der übernehmenden Gesellschaft als Folge der Verschmelzung wegfallen und die Forderungen und Verbindlichkeiten vor der Verschmelzung unterschiedliche Wertansätze aufwiesen.

Der Übernahmefolgegewinn unterliegt voll der Besteuerung bei der übernehmenden KapG. Gem. § 12 Abs. 4 S. 2 i.V.m. § 6 Abs. 2 UmwStG kann die Übernehmerin hierfür aber eine den steuerlichen Gewinn mindernde Rücklage bilden, die jedoch in den drei folgenden Wj. mit mindestens je 1/3 aufzulösen ist.

6 Übergang des Körperschaftssteuerguthabens i.S.d. § 37 KStG bzw. der unbelasteten Teilbeträge i.S.d. § 38 KStG

Nach § 40 Abs. 1 KStG sind die gem. § 37 KStG festgestellten KSt-Guthabenbeträge sowie die gem. § 38 KStG festgestellten „Alt-Bestände" des EK 02 auf den übernehmenden Rechtsträger zu übertragen. Diese Beträge werden dort in die Feststellung des übernehmenden Rechtsträgers miteinbezogen und erhöhen seine Bestände bzw. führen zu evtl. erstmaligen Feststellungen.

---

[41] Siehe *Dötsch* in *Dötsch/Eversberg/Jost/Witt*, KStG, Anhang UmwStG, Tz. 461.

7 Gliederung des verwendbaren Eigenkapitals nach der Rechtslage bis einschließlich 2000

Das verwendbare Eigenkapital (vEK) der übertragenen KapG wird zum vEK der übernehmenden KapG addiert. Im UmwStG ist diesbezüglich nichts geregelt. Die Regelungen sind dem § 38 KStG zu entnehmen. § 38 a.F. KStG ist gem. § 54 Abs. 12 KStG erstmals auf den Übergang des Vermögens anzuwenden, der auf Rechtsakten beruht, die nach dem 31.12.1994 wirksam werden. Durch die Addition des vEK bleibt die auf dem vEK der übertragenen KapG lastende KSt in vollem Umfang als Anrechnungsguthaben bei der übernehmenden KapG erhalten. Die Hinzurechnung zum vEK der übernehmenden KapG hat bei der vEK-Gliederung zum Schluss des Wj. zu erfolgen, in das der steuerliche Übertragungsstichtag fällt. Bei der Übertragerin wird das verwendbare Eigenkapital nach der Vermögensübertragung gem. § 47 Abs. 1 KStG a.F. gesondert festgestellt; es werden regelmäßig „0-Bestände" festgestellt. Gem. § 38 Abs.1 S. 1 KStG ist folgendes vEK hinzuzurechnen:

- vEK der übertragenen KapG, das sich zum Übertragungsstichtag aus der gesonderten Feststellung ergibt.
- Die einzelnen Teilbeträge des vEK der übertragenen KapG sind den Teilbeträgen der übernehmenden KapG hinzuzurechnen.

Die Ermittlung bzw. die Zusammenfassung des vEK nach der Verschmelzung von zwei KapG ist gem. § 38 KStG in drei Schritten vorzunehmen:

1. Addition der vEK-Teilbeträge und des Sonderausweises gem. § 47 Abs. 1 Nr. 2 KStG der übertragenen und der übernehmenden KapG.

2. **Angleichung in der Nennkapitalsphäre**
   Prüfung, ob im Zuge der Verschmelzung bisherige Rücklagen (vEK) der übertragenen KapG zu Nennkapital der übernehmenden KapG oder umgekehrt bisheriges Nennkapital der übertragenen KapG zu Rücklagen (vEK) der übernehmenden KapG geworden sind. Die Folgen des § 38 Abs. 1 S. 2 und 3 KStG sind zu beachten.
   Beim Nennkapital ist zu unterscheiden in:

   a) Das Nennkapital ist höher als die Summe der Nennkapitalien beider an der Verschmelzung beteiligten KapG:
   Übersteigt das Nennkapital, soweit es nicht durch Zuzahlung oder Sacheinlage entstanden ist, die Summe des Nennkapitals der beiden an der Verschmelzung beteiligten KapG, schreibt § 38 Abs. 1 S. 2 KStG vor, dass auf den Unterschiedsbetrag § 29 Abs. 3 KStG anzuwenden ist. Dieser Differenzbetrag ist demnach gem. § 47 Abs. 1 Nr. 2 KStG gesondert festzustellen. Es handelt sich hier im Ergebnis um eine Kapitalerhöhung aus Gesellschaftsmitteln.

   b) Das Nennkapital ist niedriger als die Summe der Nennkapitalien beider an der Verschmelzung beteiligten KapG:
   Ist das Nennkapital, soweit es nicht durch Zuzahlung oder Sacheinlage entstanden ist, niedriger als die Summe des Nennkapitals der beiden an der Verschmelzung

nach § 47 Abs. 1 Nr. 2 KStG festgestellten Betrag. Es handelt sich im Ergebnis um eine Kapitalherabsetzung ohne Auskehrung, d.h. Nennkapital wird in Rücklagen umgewandelt. Für das vEK bedeutet dies einen entsprechenden Zugang.

3. Angleichung der Rücklagensphäre

    Rücklagen lt. StB der übernehmenden KapG nach der Verschmelzung und Sonderausweis
./. Summe der Teilbeträge des vEK lt. Gliederungsrechnung der übernehmenden
    KapG nach der Verschmelzung
= Differenzbetrag

Anpassung erfolgt über das EK 04 (§ 38 Abs. 1 S. 4 KStG).

Beispiel 16: Verschmelzung zur Neugründung
Die Benz GmbH und die Mercedes GmbH sollen auf die neu gegründete Daimler GmbH verschmolzen werden. Das Eigenkapital der Gesellschaften sieht vor der Verschmelzung wie folgt aus.

Beträge in DM	Nennkapital	Rücklagen	vEK (EK 45)	Sonderausweis
Mercedes GmbH	200.000	100.000	100.000	–
Benz GmbH	60.000	280.000	280.000	–
Daimler GmbH	320.000	320.000	320.000	?

Lösung:
Die Gliederung des Eigenkapitals erfolgt in drei Schritten gem. § 38 KStG.

Beträge in DM		Gliederung des vEK (EK 45)	Sonderausweis gem. § 47 Abs. 1 S. 1 Nr. 2 KStG
1.	Zusammenfassung der Teilbeträge des vEK	380.000	
2.	Angleichung der Nennkapitalsphäre		
	Nennkapital der übernehmenden KapG Daimler GmbH	320.000	
	abzgl. Nennkapital		
	Mercedes GmbH	./. 200.000	
	Benz GmbH	./. 60.000	
	Mehrbetrag = Zugang	= 60.000	
	Sonderausweis		+ 60.000
3.	Angleichung in der Rücklagensphäre vEK lt. StB: Rücklagen der übernehmenden KapG Daimler GmbH	320.000	
	+ Sonderausweis	+ 60.000	

abzgl.	380.000		
Summe des vEK lt. Gliederung	./. 380.000		
Bestände nach Verschmelzung		380.000	60.000

Beispiel 17: Verschmelzung mit Spitzenausgleich
Der G´fter der Pauli GmbH – Hans Pauli – hat auf der Gesellschafterversammlung im Mai 2002 beschlossen, dass die Pauli GmbH auf die Herta GmbH verschmolzen werden soll. Die G´fter der Herta GmbH haben ebenfalls auf ihrer G´fterversammlung den Beschluss zur Verschmelzung gefasst. Die aufnehmende Herta GmbH leistet an den G´fter Hans Pauli einen Spitzenausgleich i.H.v. 100.000 €.

Bei der Herta GmbH wird eine Kapitalerhöhung von 50.000 € vorgenommen – das Stammkapital beträgt nach Umwandlung demnach 150.000 €.
Die Umwandlung soll zum 01.01.2002 (Verschmelzungsstichtag gem. § 5 Abs. Nr. 6 UmwG) erfolgen.

Die in den Bilanzen in Klammern aufgeführten Werte sind die TW zum 31.12.2001.

A	Bilanz der Pauli GmbH zum 31.12.2001		P
Anlagevermögen	400.000 € (490.000 €)	Stammkapital	100.000 €
Umlaufvermögen	200.000 € (250.000 €)	Jahresüberschuss	60.000 €
		sonstige Passiva	440.000 €
	600.000 €		600.000 €

Das Guthaben gem. § 37 KStG wurde zum 31.12.2001 i.H.v. 30.000 € festgestellt.
Die Pauli GmbH hat zum 31.12.2001 einen Vermögenswert von 300.000 €.
Die Bilanz der Herta GmbH weist zum 31.12.2001 folgende Werte aus :

A	Bilanz der Herta GmbH zum 31.12.2001		P
Anlagevermögen	400.000 €	Stammkapital	100.000 €
Umlaufvermögen	500.000 €	Jahresüberschuss	120.000 €
		sonstige Passiva	680.000 €
	900.000 €		900.000 €

Das Guthaben gem. § 37 KStG wurde zum 31.12.2001 i.H.v. 80.000 € festgestellt. Die Herta GmbH hat ebenfalls einen Vermögenswert von 300.000 €. Führen Sie bitte die Umwandlung aus steuerlicher Sicht durch – ohne Berücksichtigunh von GewSt und SolZ.

Lösung:
Hinsichtlich der Verschmelzung der Pauli GmbH auf die Herta GmbH, ist der Spitzenausgleich, den die übernehmende KapG gezahlt hat, gem. § 11 Abs. 1 Nr. 2 UmwStG bei der übertragenden Gesellschaft mit dem Gegenwert anzusetzen (Tz. 11.06 UE).
Insoweit sind bei der übertragenden Gesellschaft stille Reserven aufzudecken. Jedoch werden mit dem Spitzenausgleich nicht nur stille Reserven gezahlt sondern auch anteilig die übergehenden BW. Es ist somit die Zuzahlung nur zum Teil auf die stillen Reserven zu verteilen. Das Verhältnis ist dementsprechend wie folgt zu ermitteln:

$$\frac{\text{Zuzahlung} \times 100}{\text{TW des übergegangenen Vermögens}}$$

Danach ergibt sich folgendes Verhältnis: 100 T€ x 100/300 T€ = 33,33 %.
Auf den BW und die stillen Reserven fallen somit folgende Beträge:

WG	BW = 33,33 %	Stille Reserven = 66,67%
AV	100.000 € x 33,33% = 33.330 € im Verhältnis zu 400.000/600.000 = 22.220 €	100.000 € ./. 33.330 € = 66.670 € im Verhältnis der stillen Reserven zu den gesamten stillen Reserven 90.000/140.000 = 42.860 €
UV	100.000 x 33,33% = 33.330 € im Verhältnis zu 200.000/600.000 = 11.110 €	100.000 € ./. 33.330 € = 66.670 € im Verhältnis der stillen Reserven zu den gesamten stillen Reserven 50.000/140.000 = 23.810 €

Bei der Pauli GmbH entsteht durch die Aufdeckung stiller Reserven ein Übertragungsgewinn, der der KSt und der GewSt unterliegt. Von der Betrachtung der GewSt sollte bei diesem Fall abgesehen werden. Die Übertragungsbilanz sieht nach Berücksichtigung der Zuzahlung wie folgt aus:

A	Bilanz der Pauli GmbH zum 31.12.2001		P
Anlagevermögen	442.860 €	Stammkapital	100.000 €
Umlaufvermögen	223.810 €	Jahresüberschuss	100.003 €
		sonstige Passiva	440.000 €
		KSt wegen § 11 Abs. 1 Nr. 2 KStG	16.667 €
	666.670 €		666.670 €

Der Übernahmegewinn aufgrund der Umwandlung ist wie folgt zu berechnen:

Übergehendes Vermögen	200.002 €
abzgl. Anteile	0 €
Übernahmegewinn	200.002 €

Der Übernahmegewinn ist gem. § 12 Abs. 2 S. 1 UmwStG steuerfrei.
Die Bilanz der übernehmenden Herta GmbH hat zum steuerlichen Übertragungsstichtag folgendes Bild:

A	Bilanz der Herta GmbH zum 31.12.2001 nach Umwandlung		P
Anlagevermögen	400.000 €	Stammkapital	150.000 €
AV Pauli	442.860 €	JÜ	120.000 €
Umlaufvermögen	500.000 €	Übernahmegewinn	150.002 €
UV Pauli	223.810 €	sonstige Passiva	680.000 €
		VB Pauli	440.000 €
		KSt Pauli	26.668 €
	1.566.670 €		1.566.670 €

Aufgrund der Verschmelzung sind gem. § 40 Abs. 1 KStG die festgestellten Beträge i.S.d. § 37 Abs. 1 KStG und § 38 Abs. 1 KStG der übertragenden Pauli GmbH auf die übernehmende Herta GmbH zu übertragen und ihren eigenen Beträgen hinzuzurechnen.

	KSt-Guthaben i.S.d. § 37 Abs. 1 KStG	Teilbeträge i.S.d. § 38 Abs. 1 KStG
Bestände der Herta GmbH vor Umwandlung zum 31.12.2001	80.000 €	keine
Zugang aufgrund der Umwandlung, (§ 40 Abs. 1 KStG)	30.000 €	keine
Bestände nach Umwandlung	110.000 €	keine

VI Spaltung

Bei der Spaltung – im Wege der Aufnahme oder im Wege der Neugründung gegen Gewährung von Anteilen – wird zwischen drei Möglichkeiten differenziert:

1. Aufspaltung,
2. Abspaltung,
3. Ausgliederung.

Die Aufspaltung ist in § 123 Abs. 1 UmwG geregelt. Danach wird das Vermögen eines Rechtsträgers unter Auflösung ohne Abwicklung auf mindestens zwei andere Rechtsträger aufgeteilt. Der aufnehmende Rechtsträger hat im Gegenzug den Anteilseignern des übertragenden Rechtsträgers Anteile zu gewähren (vgl. auch Tz. 00.09 UE). Folgendes Schaubild verdeutlicht die Aufspaltung.

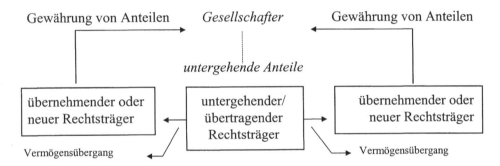

Bei der Abspaltung – geregelt in § 123 Abs. 2 UmwG – bleibt der übertragende Rechtsträger bestehen, er überträgt lediglich Teile seines Vermögens auf einen oder mehrere Rechtsträger. Der aufnehmende Rechtsträger hat im Gegenzug den Anteilseignern des übertragenden Rechtsträgers Anteile zu gewähren (vgl. auch Tz. 00.10 UE) – siehe nachfolgendes Schaubild.

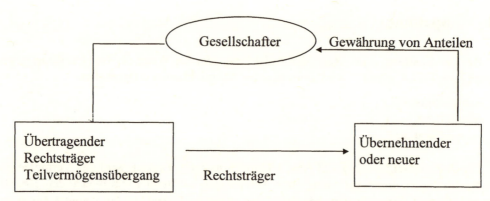

Die Ausgliederung – § 123 Abs. 3 UmwG – entspricht im wesentlichen der Abspaltung. Die Anteile an den übernehmenden oder neuen Rechtsträgern fallen jedoch in das Vermögen des ausgliedernden Rechtsträgers (vgl. auch Tz. 00.11 UE).

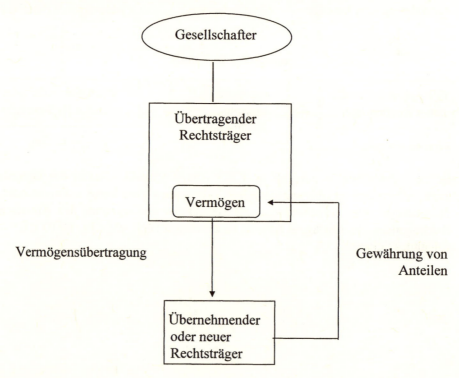

Die einzelnen Spaltungsmöglichkeiten sind in der Übersicht der Tz. 00.12 UE dargestellt.

1 Bilanzielle Darstellung der Spaltung

Schematisch gesehen erfolgt eine Aufspaltung oder Abspaltung nach dem nachstehend aufgeführten Muster:

Aufspaltung

A	Bilanz der Altgesellschaft XY (vor der Spaltung)		P
Teilbetrieb I Teilbetrieb II	Stammkapital		50.000 €

A	Bilanz der neu gegründeten KapG A (nach der Spaltung)		P
Teilbetrieb I	Stammkapital (mindestens 25.000/50.000 € – abhängig von der Gesellschaftsform) Gewährung der Anteile für die G´fter der Altgesellschaft, ggf. Kapitalrücklage		50.000 €

A	Bilanz der bisher schon bestehenden KapG B (nach der Spaltung)		P
Bisherige WG der KapG B Teilbetrieb II	Stammkapital Kapitalerhöhung um ... €; Gewährung der Anteile für die G´fter der Altgesellschaft, ggf. steuerfreier Übernahmegewinn		50.000 €

Abspaltung

A	Bilanz der Altgesellschaft Z (vor der Spaltung)		P
Teilbetrieb I Teilbetrieb II	Stammkapital		50.000 €

A	Bilanz der neu gegründeten KapG A (nach der Spaltung)		P
Teilbetrieb I	Stammkapital (mindestens 25.000/50.000 € – abhängig von der Gesellschaftsform) Gewährung der Anteile für die G´fter der Altgesellschaft, ggf. Kapitalrücklage		50.000 €

A	Bilanz der Altgesellschaft Z (nach der Spaltung)	P
Teilbetrieb II	Stammkapital Ggf. Kapitalherabsetzung nach § 139 UmwG; allerdings vereinfacht nach §§ 58a – 58f GmbHG	50.000 €

Der übertragende Rechtsträger hat gem. § 125 i.V.m. § 17 Abs. 2 UmwG eine Bilanz zum Übertragungsstichtag aufzustellen. In den Fällen der Aufspaltung ist die Bilanzierung unproblematisch, da der übertragende Rechtsträger untergeht. In den Fällen der Abspaltung, bei denen die Gegenleistung für die Übertragung eines Teils des Vermögens nicht dem übertragenden Rechtsträger, sondern dessen G´fter gewährt werden, ist für die handelsrechtliche Bilanzierung zu unterscheiden, ob der Saldo aus übertragenden Aktiven und Passiven positiv oder negativ ist. Ein positiver Saldo führt beim übertragenden Rechtsträger zu einer Vermögensminderung, die sich im handelsbilanziellen Ausweis des Eigenkapitals niederschlagen muss.[42] Da die Übertragung der Gesellschaftsrechte unmittelbar an den G´fter erfolgt, ist in der Abspaltung eine Auskehrung eines Teils des Vermögens zu sehen. In diesen Fällen kann es dann auch zu Kapitalherabsetzungen kommen, wenn das zu übertragende Vermögen unter Einbeziehung der stillen Reserven zur Deckung des gezeichneten Kapitals nicht ausreicht.

Beim übernehmenden Rechtsträger sind gem. § 125 UmwG die Vorschriften des UmwG über die Verschmelzung entsprechend anzuwenden. Danach braucht der übernehmende Rechtsträger bei der Spaltung zur Aufnahme keine besondere Bilanz zu erstellen; es handelt sich vielmehr um einen laufenden Geschäftsvorfall. Bei der Spaltung zur Neugründung muss hingegen eine Bilanz (EB) zum Spaltungsstichtag aufgestellt werden.

2 Spaltung im Steuerrecht

Nach § 15 Abs. 1 UmwStG kann eine begünstigte Spaltung (i.d.R. eine steuerneutrale Spaltung) nur dann eintreten, wenn

- Bei einer Aufspaltung Teilbetriebe auf die aufnehmenden Gesellschaften übergehen;
- Bei einer Abspaltung Teilbetriebe auf die aufnehmenden Gesellschaften (oder die aufnehmende Gesellschaft) übergehen und das in der Altgesellschaft verbliebene Vermögen ebenfalls einen Teilbetrieb bildet und diesen gänzlich zugerechnet werden kann – vgl. Tz. 15.01 und 15.07 ff. UE.

Hinsichtlich des übergehenden oder verbleibenden Teilbetriebs handelt es sich um die rein steuerliche Regelung. Nach § 123 UmwG muss bei einer Spaltung lediglich Vermögen übertragen werden. Insoweit wird die Vorschrift des § 15 UmwStG auch als Spaltungsbremse bezeichnet.

---

[42] *Sagasser/Bula*, Umwandlungen, L 9.

Der Begriff Teilbetrieb ist somit auch nur ein rein steuerlicher und wird aus dem Steuerrecht heraus definiert. Anhaltspunkt sind hier die ESt-R, und zwar die R 139 Abs. 3 EStR. Danach ist ein Teilbetrieb ein mit einer gewissen Selbständigkeit ausgestatteter, organisch geschlossener Teil des Gesamtbetriebs, der für sich betrachtet alle Merkmale eines Betriebs i.S.d. EStG aufweist und für sich lebensfähig ist. Das BMF folgt mit seinem Schreiben vom 16.08.2000 (BStBl I 2000, 1253) der sog. funktionalen Betrachtungsweise bei einzelnen WG, d.h. einzelne WG sind nicht deshalb schon als wesentliche Betriebsgrundlage zu betrachten, nur weil in ihnen erhebliche stille Reserven ruhen. Neben dieser klassischen Definition des Begriffs Teilbetriebs, werden nach § 15 Abs. 1 UmwStG noch weitere fiktive Teilbetriebe im Rahmen der Spaltung anerkannt. Dazu zählen

a) MU-Anteile, § 15 Abs. 1 S. 2 UmwStG (Tz. 15.03 – 15.04 UE);
b) 100 %ige Beteiligungen an einer KapG, § 15 Abs. 1 S. 2 UmwStG (Tz. 15.05 – 15.06 UE).

Werden einzelne WG, die wesentliche Betriebsgrundlagen darstellen, von mehreren Teilbereichen des Unternehmens genutzt, so liegen keine Teilbetriebe vor. In Tz. 15.07 UE wird dies als Spaltungshindernis bezeichnet. Handelt es sich bei diesen Betriebsgrundlagen um Grundstücke, so ist bis zum Zeitpunkt des Spaltungsbeschlusses eine Realteilung vorzunehmen, damit die Spaltung auch steuerlich durchgeführt werden kann. Aus Billigkeitsgründen lässt die Verwaltung eine ideelle Teilung (Bruchteilseigentum) zu.

Die Teilbetriebsvoraussetzung muss spätestens zum Zeitpunkt des Beschlusses über die Spaltung vorgelegen haben – Tz. 15.10 UE. Fehlt es an diesen Voraussetzungen und wird die Spaltung zivilrechtlich durchgeführt – das UmwG kennt keinen Begriff „Teilbetrieb" –, so muss die Spaltung auch steuerlich nachvollzogen werden, allerdings nicht mit den Regelungen des § 15 UmwStG. In diesem Fall sind bei der Aufspaltung die Regelungen über die Liquidation entsprechend anzuwenden. Fehlt es bei der Abspaltung an der Teilbetriebsvoraussetzung, wird die Vermögensübertragung als Sachausschüttung behandelt; es werden jedoch nur die stillen Reserven des abgespaltenen Vermögens aufgedeckt (vgl. Tz. 15.11 UE).

Beispiel 18: Fehlende Teilbetriebseigenschaft
Die Pauli GmbH hat einen Produktionsbetrieb und eine Reihe von Mietshäusern. Im Wege der Spaltung möchte die GmbH diese beiden Bereiche trennen.

Lösung
Handelsrechtlich ist hier eine Spaltung möglich. Steuerrechtlich kann die Spaltung nicht gewinnneutral durchgeführt werden, weil die auf eine Nachfolgegesellschaft übergehenden Mietshäuser keinen Teilbetrieb i.S.d. § 16 EStG darstellen. Auch eine Abspaltung des Produktionsbetriebs ist nicht möglich, da das Vermögen der übertragenden Gesellschaft noch einen Teilbetrieb darstellen muss.

Beispiel 19:
Die Meier GmbH möchte einen ihrer drei Teilbetriebe (Teilbetrieb I = 100 %ige Beteiligung an der Bolten GmbH) auf die Bodo GmbH abspalten. Das Betriebsgrundstück der Meier GmbH dient als wesentliche Betriebsgrundlage allen Teilbetrieben zu je 1/3. An der Meier GmbH sind die G´fter Meier, Bolten und Möhring beteiligt.

Der Umwandlungssteuererlass (Tz. 15.07) sieht zunächst in der gemeinsamen Nutzung der wesentlichen Betriebsgrundlage ein Spaltungshindernis. Nach dem Umwandlungssteuererlass hätte in diesem Fall vor der Spaltung eine reale Teilung erfolgen müssen. Sollte die Realteilung unzumutbar[43] sein, kann aus Billigkeitsgründen eine ideelle Teilung (Bruchteilseigentum) im Verhältnis der tatsächlichen Nutzung nach der Spaltung ausreichen.

Lösung:

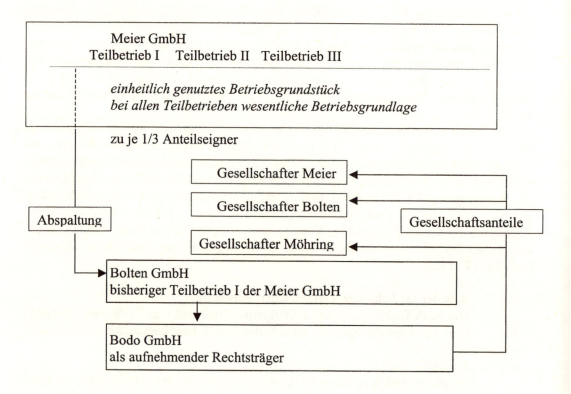

---

[43] *Dehmer*, Umwandlungssteuererlass 1998, zu Tz. 15.07 – er hinterfragt hier zu Recht, was denn unter Unzumutbarkeit zu verstehen sei.

3 Steuerliche Bilanzierung des übertragenden/aufnehmenden Rechtsträgers

Der übertragende Rechtsträger hat zum steuerlichen Übertragungsstichtag eine StB aufzustellen – § 15 Abs. 2 UmwStG. Bedeutung hat diese Vorschrift wohl nur für die Fälle der Abspaltung, da bei der Abspaltung – anders als bei der Aufspaltung – der übertragende Rechtsträger nicht erlischt[44]. Ansonsten gelten für den übertragenden Rechtsträger durch den Verweis im § 15 Abs. 1 S. 1 UmwStG auf die Vorschriften der §§ 11 – 13 UmwStG dieselben Regelungen wie bei der Verschmelzung. Insoweit gilt auch bei der Spaltung, dass das Wahlrecht gem. § 11 Abs. 1 S. 2 UmwStG nicht ausgeübt werden kann.

Der übernehmende Rechtsträger hat bei der Spaltung zur Aufnahme keine Verpflichtung eine auf den steuerlichen Übertragungsstichtag zu erstellende Übernahmebilanz vorzulegen. Stimmt der steuerliche Übertragungsstichtag mit dem regulären Abschlussstichtag überein, wird der Vermögensübergang steuerlich aufgrund der Rückwirkung gem. § 2 Abs. 1 UmwStG bereits in der auf diesen Stichtag aufzustellenden StB erfasst[45].

4 Missbrauchstatbestände des § 15 Abs. 3 UmwStG

Das Ertragsteuerrecht geht von dem Grundsatz aus, dass die stillen Reserven eines Wirtschaftsguts beim Ausscheiden aus dem BV eines Rechtsträgers bei demjenigen zu erfassen sind, bei dem sie entstanden sind. Die Spaltung von KapG ist eine Ausnahme von diesem Grundsatz, die allerdings an enge Voraussetzungen geknüpft ist, wie eingangs (s. Kap. VI.2) dargestellt. Um zu verhindern

- dass dieser Grundsatz umgangen wird,
- bzw. um die gesetzlich zugelassene Ausnahme zu erreichen
- und um im Ergebnis Einzelwirtschaftsgüter steuerneutral zu übertragen,

enthält § 15 Abs. 3 UmwStG eine Reihe von Missbrauchsvorschriften.

Nach § 15 Abs. 3 S. 1 UmwStG kann der Erwerb und die Aufstockung von fiktiven Teilbetrieben als Missbrauchstatbestand gewertet werden. Das Bewertungswahlrecht kann nicht in Anspruch genommen werden, wenn MU-Anteile oder 100%ige Beteiligungen innerhalb eines Zeitraums von 3 Jahren vor dem steuerlichen Übertragungsstichtag durch Übertragung von WG, die kein Teilbetrieb sind, erworben oder aufgestockt wurden.

Beispiel 20: Missbräuchliche Gestaltung?
Die Mann GmbH hält neben einem echten Teilbetrieb 70 % der Anteile an der Frau GmbH. Die Mann GmbH bringt diese Anteile in die neu zu gründende

---

[44] *Hörtnagel* in *Schmitt/Hörtnagel/Stratz*, a.a.O., Tz. 107 § 15 UmwStG.
[45] *Hörtnagel* in *Schmitt/Hörtnagel/Stratz*, a.a.O., Tz. 109 § 15 UmwStG.

Kind GmbH gegen Gewährung von 100 % der Anteile an der Kind GmbH ein. Danach soll die Mann GmbH aufgespalten werden.

Lösung:
Hinsichtlich der 100 %igen Beteiligung an der Kind GmbH handelt es sich nicht um einen Teilbetrieb, da die 100 %ige Beteiligung durch Einbringung der 70 %igen Beteiligung an der Frau GmbH erworben wurde. Die 70 %ige Beteiligung war kein Teilbetrieb i.S.d. § 15 Abs. 1 S. 3 UmwStG.

§ 15 Abs. 3 S. 2 – 4 UmwStG regelt die Veräußerung und die Vorbereitung von Veräußerungen durch bzw. nach der Spaltung. Nach diesen Vorschriften ist die Steuerneutralität ausgeschlossen, wenn innerhalb des Zeitraums von der Planung bis zur Handelsregistereintragung der Spaltung subjektiv die Absicht besteht, durch die Spaltung die steuerfreie Veräußerung[46] zu ermöglichen. Die Veräußerung muss an außenstehende Personen vollzogen werden, d.h. solche Personen, die nicht zum Gesellschafterkreis gehören, oder solche, die nicht als verbundene Unternehmen des Veräußerers bzw. als Konzernunternehmen zu beurteilen sind.

Nach § 15 Abs. 3 S. 4 UmwStG besteht die unwiderlegliche Annahme einer Veräußerungsabsicht, wenn innerhalb des Fünf-Jahres-Zeitraum mehr als 20 % der Anteile veräußert werden[47]. Diese Quote (20 %) bezieht sich auf die Anteile an der übertragenden KapG vor der Spaltung[48].

Beispiel 21: Zu schnell?
Die A-KapG spaltet einen Teilbetrieb auf die bestehende B-KapG ab. Der Alleingesellschafter der A-KapG veräußert die Anteile an der B-KapG kurze Zeit später.

Lösung:
Im wirtschaftlichen Ergebnis hat hier die A-KapG ihren Teilbetrieb ohne gewerbesteuerliche und körperschaftsteuerliche Belastung übertragen.
Abzustellen ist hinsichtlich der 20%-Grenze auf die Anteile der übertragenden KapG vor der Spaltung selbst; die Quote ist hier entsprechend dem Verhältnis der übergehenden Vermögensteile zu dem bei der übertragenden Gesellschaft vor der Spaltung vorhandenen Vermögens aufzuteilen.

Beispiel 22:
Die A-KapG spaltet sich in die B-KapG und in die C-KapG jeweils durch Einbringung eines Teilbetriebs.

---

[46] Hinsichtlich der Frage, ob auch „Veräußerungen" im Konzern unter diese Vorschrift fallen, siehe *Fey/Neyer* (GmbHR 1999, 274) mit dortigen Fallbeispielen.
[47] Nach der Vfg. der OFD Nbg vom 09.02.2000 (GmbHR 2000, 519) gilt dies auch dann, wenn nicht die Spaltgesellschaft unmittelbar, sondern ihre Anteilseigner verschmolzen oder gespalten werden und die vom übernehmenden Rechtsträger ausgegebenen neuen Anteile an außenstehende Personen fallen.
[48] Siehe Tz. 15.28 UE, a.a.O..

Wert des Teilbetriebs 1 (KapG B)   400.000 €,
Wert des Teilbetriebs 2 (KapG C)   600.000 €.

Der Alleingesellschafter veräußert:
a) 40 % seiner Beteiligung an der KapG B,
b) 40 % seiner Beteiligung an der KapG C,
c) jeweils 30 % seiner Beteiligung an der KapG B + C.

Lösung:

a) Es werden 40 % von 400.000 € = 160.000 € veräußert, was einer Quote von 16 % entspricht und somit unter der Grenze von 20 % liegt. Es handelt sich um keine schädliche Veräußerung i.S.d. § 15 Abs. 3 S. 3 und 4 UmwStG.

b) Es werden 40 % von 600.000 € = 240.000 € veräußert, was einer Quote von 24 % entspricht und somit über[49] der Grenze von 20 % liegt. Es handelt sich um eine schädliche Veräußerung i.S.d. § 15 Abs. 3 S. 3 und 4 UmwStG.

c) Jede Veräußerung für sich gesehen liegt unterhalb von 20 % (12 % und 18 %). Insgesamt beträgt die Quote jedoch 30%, da spätestens mit der zweiten Veräußerung § 15 Abs. 3 S. 3 und 4 UmwStG greift.

Zu beachten ist hier, dass die 20 %-Quote ausgeschöpft ist, wenn einer der G´fter diese Veräußerung vorgenommen hat, d.h. keiner anderer G´fter darf dann noch eine Veräußerung vornehmen. Die Rechtsfolgen einer schädlichen Veräußerung treffen steuerrechtlich immer die übertragende Gesellschaft und damit mittelbar auch die übrigen G´fter – Tz. 15.30 UE.

§ 15 Abs. 3 UmwStG regelt, dass die Trennung von Gesellschafterstämmen durch die Spaltung ein Missbrauch sein kann, wenn die Beteiligung an der KapG nicht mindestens fünf Jahre vor der Spaltung bestanden hat.

---

[49] § 15 Abs. 3 S. 4 UmwStG bestimmt als Bagatellgrenze 20 % der vor Wirksamwerden der Spaltung an der übertragenden Körperschaft bestehenden Anteile. Ein Bezug auf das Nominalkapital wird durch die Vorschrift allerdings nicht hergestellt, so dass es auf den **tatsächlichen Wert** im Zeitpunkt des Wirksamwerdens der Spaltung ankommt.

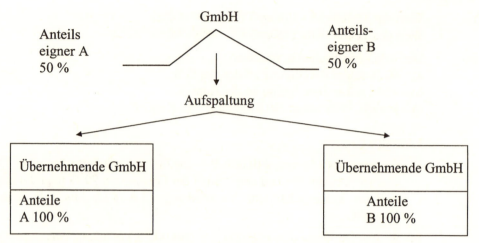

Eine Trennung von Gesellschafterstämmen liegt hier vor. Für das Ansatzwahlrecht kommt es darauf an, dass A und B seit mindestens fünf Jahren an der übertragenden GmbH beteiligt sind.

5 Übergehender Verlustabzug nach § 10d EStG

Ein bestehender Verlustabzug nach § 10d EStG geht auf die aufnehmende(n) Gesellschaft(en) anteilig über und kann von dieser/diesen im Wege des Verlustausgleichs im Jahr des steuerlichen Übertragungsstichtags und als Verlustvortrag genutzt werden – Tz. 15.42 – 15.49 UE. Die Aufteilung gebietet ein zweistufiges Prüfungsverfahren:

1. Maßgebend ist das Verhältnis, wie es in den Angaben zum Umtauschverhältnis der Anteile nach § 126 Abs. 1 UmwG zum Ausdruck kommt;
2. Entspricht das Umtauschverhältnis nicht den Wertverhältnissen, ist der Aufteilungsmaßstab auf der Grundlage der gemeinen Werte zu ermitteln.

Der Übergang des verbleibenden Verlustabzugs setzt allerdings unter dem Blickwinkel des § 12 Abs. 3 S. 2 i.V.m. § 15 Abs. 1 UmwStG voraus, dass der verlustverursachende Betrieb oder Betriebsteil von der KapG, bei der dieser Betrieb oder Betriebsteil im Rahmen der Umwandlung verbleibt oder auf die er übergeht, in dem erforderlichen Umfang fortgeführt wird. Nur unter diesen Voraussetzungen ist der Verlustabzug möglich, soweit er nach § 15 Abs. 4 UmwStG teilweise einer anderen – nicht den „Verlustbringer" beinhaltenden – übernehmenden KapG zuzuordnen ist. Überträgt die aufnehmende KapG den Betrieb oder Betriebsteil im Wege der Einzelrechtsnachfolge, ist der Verlustabzug nachträglich zu versagen.

Beispiel 23:
Die Verlustgesellschaft X-GmbH besteht aus den Teilbetrieben TB 1, TB 2 und TB 3. Verluste hat nur der TB 1 verursacht. Die X-GmbH wird aufgespal-

ten in die TB 1 GmbH, die TB 2 GmbH und die TB 3 GmbH. Der verbleibende Verlustabzug wird wie folgt aufgeteilt:

TB 1 – GmbH 1/10
TB 2 – GmbH 3/10
TB 3 – GmbH 6/10

Lösung:
Wenn der verlustverursachende Betriebsteil in dem erforderlichen Umfang von der TB 1 GmbH fortgeführt wird, steht § 12 Abs. 3 S. 2 UmwStG auch dem Verlustabzug bei der TB 2 GmbH und der TB 3 GmbH nicht entgegen. Ansonsten geht er für alle Fortführungsgesellschaften verloren.
Auf die Tz. 41 ff. des BMF-Schreibens vom 16.04.1999 (BStBl I 1999, 455) wird hingewiesen.

Beispiel 24: Abschließendes Beispiel zur Spaltung
An der Moser GmbH sind seit Gründung die G'fter Herta und Albert Moser zu je 50 % beteiligt. Die Anteile werden in deren PV gehalten. Die Bilanz 2001 der Moser GmbH wurde vom StB Franko Rastelli am 15.03.2002 erstellt und hat folgendes Bild:

A	Bilanz zum 31.12.2001		P
Teilbetrieb Münzprägerei	3.500.000 €	Stammkapital	200.000 €
Beteiligung EURO Geldautomaten GmbH	500.000 €	Gewinnrücklage	1.000.000 €
		Bilanzgewinn	1.000.000 €
		Verbindlichkeiten	1.800.000 €
	4.000.000 €		4.000.000 €

Zum 31.12.2001 wurde gem. § 37 Abs. 2 KStG ein KSt-Guthaben i.H.v. 150.000 € festgestellt.
Die Beteiligung an der EURO Geldautomaten GmbH wird von der Moser GmbH zu 100 % gehalten. Diese Beteiligung wurde zum 31.12.2000 durch Einbringung der Anteile an der ADDI GmbH erworben. Die Anteile an der ADDI GmbH (60 % des Stammkapitals) wurden von der Moser GmbH in 1997 für 500.000 € erworben und so auch in den Bilanzen aufgeführt. Durch Einbringungsvertrag vom 17.06.2001 wurde diese 60 %ige Beteiligung in die EURO Geldautomaten GmbH gegen Gewährung von neuen Gesellschaftsrechten – 100 % – (Sachgründung) eingebracht. Die aufnehmende EURO Geldautomaten GmbH hat die Anteile mit dem BW angesetzt. Die Anteile haben zum 31.12.2001 einen Verkehrswert von 1.000.000 €.
Mit Spaltungsvertrag vom 22.08.2002 wurde beschlossen, dass die Beteiligung an der EURO Geldautomaten GmbH rückwirkend zum 01.01.2002 auf die Münster GmbH abgespalten wird. Die G'fter der Münster GmbH haben einen entsprechenden Gesellschafterbeschluss gefasst. Laut Spaltungsplan entspricht

die Beteiligung an der EURO Geldautomaten GmbH einem Anteil von 25 % des Gesamtvermögens der Moser GmbH.
Bei der aufnehmenden Münster GmbH wird aufgrund der Spaltung eine Nennkapitalerhöhung von 100.000 € vorgenommen.
Die Münster GmbH hat vor der Spaltung die folgende Bilanz aufgestellt:

A	Bilanz zum 31.12.2001 (Münster GmbH)		P
Anlagevermögen	2.500.000 €	Stammkapital	200.000 €
Umlaufvermögen	11.750.000 €	Gewinnrücklage	2.100.000 €
RAP	1.050.000 €	Bilanzgewinn	800.000 €
		Verbindlichkeiten	12.200.000 €
	15.300.000 €		15.300.000 €

Zum 31.12.2001 wurde gem. § 37 Abs. 2 KStG ein KSt-Guthaben i.H.v. 350.000 € festgestellt.
Die Spaltung wurde am 15.11.2002 in das HR eingetragen.
Aufgabe: Führen Sie bitte die Spaltung aus steuerlicher Sicht durch. Es soll von einer Gewerbesteuerbelastung von 15 % ausgegangen werden.

Lösung:
Gem. der §§ 123 ff UmwG ist die Abspaltung der Beteiligung an der EURO Geldautomaten GmbH möglich. Auch eine rückwirkende Spaltung kann hier vorgenommen werden – § 125 i.V.m. 17 UmwG. Nach dem Zivilrecht kommt es nur darauf an, dass überhaupt Vermögen abgespalten wird. Durch die Eintragung ins HR wird gem. § 131 Abs. 1 Nr. 1 UmwG bewirkt, dass das im Spaltungsplan vorgesehene Vermögen als Gesamtheit auf den übernehmenden Rechtsträger übergeht.
Nach § 15 Abs. 1 UmStG sind bei der Abspaltung die §§ 11 – 13 UmwStG entsprechend anzuwenden. Voraussetzung dafür ist jedoch, dass das abgespaltene Vermögen zum Zeitpunkt des Spaltungsvertrages die Voraussetzungen eines Teilbetriebes erfüllt – Tz. 15.10 UE – und das verbleibende Vermögen ebenfalls einen Teilbetrieb i.S.d. R 139 Abs. 3 EStR darstellt.
Als fiktiver Teilbetrieb ist auch die 100 %ige Beteiligung an einer KapG anzusehen – § 15 Abs. 1 S. 3 UmwStG. Gem. § 15 Abs. 3 S. 1 UmwStG ist § 11 Abs. 1 UmwStG – Ansatz mit dem BW – nicht anzuwenden, wenn die Anteile an der KapG innerhalb von 3 Jahren vor der Abspaltung durch Einbringung von WG, die keinen Teilbetrieb i.S.d. § 15 Abs. 1 UmwStG darstellen, erworben wurden. In diesem Fall wurde die 60 %ige Beteiligung an der ADDI GmbH durch Einbringung in die EURO Geldautomaten GmbH zu einer 100 %igen Beteiligung, die damit dann die Voraussetzungen des § 15 Abs. 1 S. 3

UmwStG erfüllt. Da die Einbringung jedoch in einem Zeitraum von 3 Jahren vor der Abspaltung gemacht worden ist, kommt die Missbrauchsvorschrift des § 15 Abs. 3 UmwStG zum Tragen.

In der Bilanz der übertragenden Gesellschaft ist somit gem. § 11 Abs. 2 UmwStG wegen Tz. 15.11 UE die Abspaltung wie eine Sachausschüttung zu behandeln, die zum gemeinen Wert vorzunehmen ist. Bei der aufnehmenden Gesellschaft sind die WG als Einlage zu beurteilen.

Durch die Abspaltung erhalten die G´fter der abspaltenden Gesellschaft Gesellschaftsrechte an dem aufnehmenden Rechtsträger. Bei der Moser GmbH ist nunmehr zum steuerlichen Übertragungsstichtag diese Sachausschüttung zu berücksichtigen.

Der gemeine Wert der Beteiligung an der EURO Geldautomaten GmbH beträgt nach Sachverhalt 1.000.000 €.

Durch die Sachausschüttung ergeben sich bei der Moser GmbH aber auch noch Konsequenzen bezüglich der KSt und der GewSt. Da der Ansatz der Sachausschüttung in der Bilanz der Moser GmbH mit dem gemeinen Wert erfolgt – Tz. 15.11 UE – werden bei der Moser GmbH 500.000 € stille Reserven aufgedeckt. Es ergeben sich somit GewSt-Auswirkungen von 75.000 € und KSt-Auswirkungen von 106.250 € (25 % von 500.000 € abzüglich 75.000 €).

Die Bilanz zum steuerlichen Übertragungsstichtag hat unter Berücksichtigung der Sachausschüttung folgendes Bild:

A	Bilanz zum 31.12.2001		P
Teilbetrieb Münzprägerei	3.500.000 €	Stammkapital	200.000 €
Beteiligung EURO Geldautomaten GmbH	ausgeschüttet	Gewinnrücklage	1.000.000 €
		Bilanzgewinn	318.750 €
		KSt	106.250 €
		GewSt	75.000 €
		Verbindlichkeiten	1.800.000 €
	3.500.000 €		3.500.000 €

Bei der aufnehmenden Münster GmbH wird der Übergang der Beteiligung an der EURO Geldautomaten GmbH wie eine Einlage behandelt. Die Einlage ist nach § 6 Abs. 1 Nr. 5 EStG mit dem TW bei der Münster GmbH anzusetzen.

Die Bilanz der Münster GmbH ist zum 31.12.2001 aufgrund der Einlage wie folgt aufzustellen:

A	Bilanz zum 31.12.2001 (Münster GmbH)		P
Anlagevermögen	2.500.000 €	Stammkapital	300.000 €
Beteiligung EURO Geldautomaten GmbH	1.000.000 €	Gewinnrücklage	2.000.000 €
		Bilanzgewinn	1.800.000 €
Umlaufvermögen	11.750.000 €	Verbindlichkeiten	12.200.000 €
RAP	1.050.000 €		
	16.300.000 €		16.300.000 €

Die aufgrund der Spaltung beschlossene Nennkapitalerhöhung ist trotz der fehlgeschlagenen steuerneutralen Spaltung durchzuführen. Die Einlage der G´fter Moser ist als nicht in das Nennkapital geleistete Einlage i.S.d. § 27 KStG zu erfassen. Die Nennkapitalerhöhung aus Gesellschaftsmitteln ist gem. § 29 KStG vorrangig aus dem gem. § 27 KStG festgestellten Kapital zu finanzieren.

Bei den G´fter Moser ergeben sich folgende Auswirkungen:

Die Sachausschüttung ist bei den G´fter Moser als Einkünfte aus Kapitalvermögen gem. § 20 Abs. 1 Nr. 1 und 3 EStG zu erfassen. Hinsichtlich der Einlage in die Münster GmbH ergeben sich für die gewährten Anteile aufgrund der Spaltung AK i.H.v. 1.000.000 €.

VII Einbringung in eine Kapitalgesellschaft

Das UmwStG regelt in den Teilen 1 – 7 die Fälle, bei denen es sich um Umstrukturierungsmaßnahmen handelt, wo als übertragender Rechtsträger eine KapG auftritt. Im 8. – 10. Teil des UmwStG werden vom Gesetzgeber die Einbringungsfälle in eine KapG behandelt. Diese werden auch als Einbringung bezeichnet. Hierunter fallen aber auch die Umwandlungsarten des UmwG, d.h. die Verschmelzung, Spaltung und der Formwechsel in eine KapG sind ebenfalls möglich. Dabei handelt es sich gleichermaßen um Fälle der Gesamtrechtsnachfolge. In den §§ 20 – 22 UmwStG finden sich Regelungen zur steuerlichen Behandlung der sog. Sacheinlage in eine KapG. Bezogen auf die Einbringungsfälle innerhalb der Europäischen Union[776] – Grundlage ist hierfür die EG-Fusionsrichtlinie – regelt das UmwStG diese Fälle in § 23 des Gesetzes. Darüber hinaus werden dann in § 24 UmwStG die Einbringungen von BV in eine PersG behandelt.

Die Voraussetzungen, nach denen eine Einbringung in eine KapG ohne Gewinnrealisierung möglich ist, sind in § 20 Abs. 1 und 2 UmwStG aufgeführt. Die Einbringung eines Betriebs usw. in eine KapG gegen Gewährung von Gesellschaftsrechten ist ein Tauschvorgang, der grundsätzlich zur Realisierung der stillen Reserven des eingebrachten BV führen müsste.

Für die begünstigte Einbringung i.S.d. § 20 UmwStG müssen folgende Tatbestandsvoraussetzungen erfüllt sein, wenn die Rechtsfolgen – BWfortführung, Zwischenwertansatz oder Teilwertansatz – des § 20 Abs. 2 UmwStG erreicht werden sollen. Danach muss es sich handeln um die Einbringung eines

- Betriebs,
- Teilbetriebs
- MU-Anteils,
- Anteils an einer KapG (jedoch unter der Voraussetzung, dass die aufnehmende Gesellschaft nach der Einbringung eine mehrheitsvermittelnde Stellung an der KapG innehat, deren Anteile sie aufgenommen hat).

Die Einbringung muss in eine unbeschränkt steuerpflichtige KapG erfolgen und die aufnehmende KapG muss dem Einbringenden dafür neue Gesellschaftsanteile gewähren.

Bei der Einbringung müssen auch die Tatbestandsvoraussetzungen des § 20 Abs. 1 UmwStG erfüllt sein. Werden nur einzelne WG eingebracht, treten die Rechtsfolgen des § 20 UmwStG nicht ein. Ebenfalls kommt es nicht zu einer Einbringung i.S.d. § 20 UmwStG, wenn einzelne WG, die eine wesentliche Betriebsgrundlage des Betriebs sind, in die KapG nicht miteingebracht werden. Unschädlich ist es jedoch, wenn nicht wesentliche WG nicht mit auf die KapG übergehen. Für diese WG ist dann ein Entnahmegewinn zu versteuern.

Zivilrechtlich und steuerrechtlich wird die verschleierte Sachgründung nicht anerganz oder teilweise der gesellschaftsvertraglichen Stammeinlage entspricht. Anschließend zahlt die KapG gegen Einbringung der von vornherein vereinbarten Sacheinlage die Bar-

---

[776] So die Überschrift des § 23 UmwStG; tatsächlich gemeint ist die Europäische Gemeinschaft.

einlage zurück oder verrechnet sie im Fall der teilweisen Erbringung der Bareinlage mit dem noch nicht eingezahlten Teil der Bareinlage. Dabei werden im Zuge des Gründungsvorgangs „neue Anteile" i.S.d. § 20 Abs. 1 UmwStG gewährt[51].

Beispiel 25: Sachgründung
Der Einzelunternehmer Bauer bringt sein Einzelunternehmen in eine KapG ein, die durch diese Sacheinlage gegründet werden soll. Zum 31.12.2001 wurde von dem Einzelunternehmer Bauer folgende Bilanz aufgestellt. Das Stammkapital der KapG soll 50.000 € betragen.

A	Bilanz zum 31.12.2001 des Einzelunternehmers Bauer		P
Anlagevermögen	500.000 €	Kapital	50.000 €
Umlaufvermögen	100.000 €	Verbindlichkeiten	550.000 €
	600.000 €		600.000 €

Die Einbringung soll zum 31.12.2001 erfolgen.

Lösung:
Der Einzelunternehmer kann sein Einzelunternehmen im Wege der Sachgründung in eine KapG einbringen. Es handelt sich hier zivilrechtlich um eine Ausgliederung des BV aus dem gesamten Vermögen des Einzelunternehmers Bauer, also eine Unterart der Spaltung - § 152 UmwG. Nach § 20 Abs. 1 i.V.m. Abs. 2 UmwStG kann Bauer bei der KapG die BW fortführen. Die EB der KapG ist wie folgt aufzustellen:

A	Bilanz zum 31.12.2001 der KapG		P
AV	500.000 €	Stammkapital	50.000 €
UV	100.000 €	Verbindlichkeiten	550.000 €
	600.000 €		600.000 €

1 Steuerliche Ansätze bei der Kapitalgesellschaft

Das Ansatzwahlrecht für die übergehenden WG hat nach dem Gesetzeswortlaut nicht der Einbringende, sondern die aufnehmende KapG. Gem. § 20 Abs. 2 S. 1 UmwStG hat die KapG die Wahlmöglichkeit, ob sie die WG mit dem Buchwert oder einem höheren Wert ansetzt. Der Einbringungsgewinn, der sich beim Ansatz der WG über dem BW ergibt, ist von dem Einbringenden zu versteuern.

---

[51] Siehe *Dötsch*, Das neue Umwandlungssteuerrecht ab 1995, Anh. UmwStG Tz. 189.

1 Steuerliche Ansätze bei der Kapitalgesellschaft

Eine besondere Regelung enthält § 20 Abs. 2 S. 2 UmwStG. Danach ist es für die aufnehmende KapG möglich, den BW-Ansatz zu wählen, wenn sie nach handelsrechtlichen Vorschriften verpflichtet ist, einen höheren Wert anzusetzen.

Beispiel 26: Steuerliche Luftposten

Der Einzelunternehmer Lippelt möchte sein Einzelunternehmen zum 31.12.2001 in eine KapG einbringen. Folgende HB wurde zum 31.12.2001 erstellt. In der Bilanz der KapG soll das Mindeststammkapital von 25.000 € ausgewiesen werden.

A	Bilanz zum 31.12.2001 des Einzelunternehmers Lippelt		P
Anlagevermögen (stille Reserven 100.000 €)	400.000 €	Kapital	10.000 €
Umlaufvermögen	300.000 €	Verbindlichkeiten	690.000 €
	700.000 €		700.000 €

Lösung:
Wird die Einbringung zu BW durchgeführt, kann das Stammkapital der GmbH nicht finanziert werden. Handelsrechtlich müssen somit stille Reserven von 15.000 € aufgedeckt werden. Die HB der GmbH hat somit folgendes Bild.

A	EB (HB) zum 31.12.2001 GmbH		P
AV	415.000 €	Stammkapital	25.000 €
UV	300.000 €	Verbindlichkeiten	690.000 €
	715.000 €		715.000 €

Damit entsteht aber für den Einbringenden auch ein Einbringungsgewinn i.H.v. 15.000 €, der von diesem besteuert werden muss.

Die handelsrechtliche Notwendigkeit, stille Reserven aufzudecken, kann steuerrechtlich dadurch vermieden werden, dass in der StB anstatt des Ansatzes der stillen Reserven ein Luftposten in der Bilanz eingestellt wird.

A	EB (StB) zum 31.12.2001 GmbH		P
AV	400.000 €	Stammkapital	25.000 €
UV	300.000 €	Verbindlichkeiten	690.000 €
Luftposten	15.000 €		
	715.000 €		715.000 €

Grundsätzlich gilt auch in den Einbringungsfällen die Maßgeblichkeit der HB für die StB – § 5 Abs. 1 EStG. So ist das Wahlrecht des § 20 Abs. 1 UmwStG im Zusammenhang mit der HB auszuüben. Davon abweichend kann jedoch gem. § 20 Abs. 2 S. 2 UmwStG in der StB der BW beibehalten werden, wenn in der HB ein höherer Wert angesetzt werden muss – siehe auch Tz. 20.27 UE. Dieser in der StB anzusetzende „Luftposten" ist kein WG und somit kein Bestandteil des BV. Er nimmt auch nicht am BVV teil.

Da in der HB höhere BW aktiviert sind, ist das Handelsbilanzergebnis um die dadurch höheren AfA-Beträge und im Veräußerungsfall höheren BW „steuerlich" zu niedrig. Dieses Ergebnis muss steuerlich korrigiert werden, da insoweit keine oder geringere stillen Reserven aufgedeckt worden sind. Soweit keine eigene StB erstellt wird, kann diese Korrektur nur außerbilanziell erfolgen.

M.E. muss der Luftposten um die handelsrechtlich höheren AfA-Beträge gemindert werden; diese Minderung kann allerdings nur steuerneutral erfolgen. Da ein „Aktivposten (Luftposten)" gemindert wird, muss die dadurch eintretende Gewinnauswirkung außerbilanziell neutralisiert werden. Somit kann der Luftposten nicht erst bei Liquidation der KapG wegfallen.

Die Verwaltung begrenzt im Umwandlungssteuererlass – Tz. 20.27 – jedoch die Höhe des Luftpostens. Danach ist es nur möglich einen Luftposten bis zur Höhe des Mindeststammkapitals zu bilden.

Beispiel 27: Begrenzter steuerlicher Luftposten
Der Einzelunternehmer Lippelt möchte sein Einzelunternehmen zum 31.12.2001 in eine KapG einbringen. Folgende HB wurde zum 31.12.2001 erstellt. In der Bilanz der KapG soll das Mindeststammkapital von 100.000 € ausgewiesen werden.

A	Bilanz zum 31.12.2001 des Einzelunternehmers Lippelt		P
Anlagevermögen (stille Reserven 100.000 €)	400.000 €	Kapital	10.000 €
Umlaufvermögen	300.000 €	Verbindlichkeiten	690.000 €
	700.000 €		700.000 €

Lösung:
Wird die Einbringung zu BW durchgeführt, kann das Stammkapital der GmbH nicht finanziert werden. Handelsrechtlich müssen somit stille Reserven von 90.000 € aufgedeckt werden. Die HB der GmbH hat somit folgendes Bild.

A	EB (HB) zum 31.12.2001 GmbH		P
Anlagevermögen	490.000 €	Stammkapital	100.000 €
Umlaufvermögen	300.000 €	Verbindlichkeiten	690.000 €
	790.000 €		790.000 €

Damit entsteht aber für den Einbringenden auch ein Einbringungsgewinn i.H.v. 90.000 €, der von diesem versteuert werden muss.

Diese handelsrechtliche Notwendigkeit, stille Reserven aufzudecken, kann steuerrechtlich dadurch vermieden werden, dass in der StB anstatt des Ansatzes der stillen Reserven ein Luftposten in die Bilanz eingestellt wird, jedoch nach Verwaltungsauffassung nur bis zur Höhe des Mindeststammkapitals. Der Luftposten wird in der StB mit 15.000 € berücksichtigt. 10.000 € werden als Kapital eingebracht, so dass 15.000 € als Luftposten in der StB ausgewiesen werden können. Für die restlichen 75.000 € sind auch in der StB stille Reserven aufzudecken.

A	EB (StB) zum 31.12.2001 GmbH		P
AV	475.000 €	Stammkapital	100.000 €
UV	300.000 €	Verbindlichkeiten	690.000 €
Luftposten	15.000 €		
	790.000 €		790.000 €

Die einzig mögliche Ausnahme von dem Grundsatz in Tz. 20.27 UE sieht die Verwaltung darin, dass der höhere Wertansatz der zutreffenden Darstellung der Beteiligungsverhältnisse dient. Wird also eine Einbringung in eine bereits bestehende KapG vorgenommen, so bemessen sich die neuen Gesellschaftsanteile nach dem Verhältnis des eingebrachten Vermögens zum aufnehmenden Vermögen. Diese Gesellschaftsanteile können dann auch zu einem Luftposten führen, der wesentlich höher als das Mindeststammkapital ist. Auf das Bsp. in Tz. 20.28 UE wird hingewiesen.

Neben dem Wahlrecht des § 20 Abs. 2 S. 1 und 2 UmwStG bezüglich des Ansatzes der WG in der Bilanz der aufnehmenden KapG, hat der Gesetzgeber in § 20 Abs. 2 S. 4 UmwStG einen gesetzlichen Zwang zur Aufdeckung von stillen Reserven geregelt. In den Fällen, in denen die Passivposten die Aktivposten übersteigen, ist das BV so anzusetzen, dass sich die Aktivposten und die Passivposten ausgleichen, wobei das Eigenkapital nicht zu berücksichtigen ist.

Beispiel 28: Teilaufdeckung mit Luftposten
Der Einzelunternehmer Moor möchte sein Einzelunternehmen zum 31.12.2001 in eine KapG einbringen. Folgende HB wurde zum 31.12.2001 erstellt. In der Bilanz der KapG soll das Mindeststammkapital von 25.000 € ausgewiesen werden.

A	Bilanz zum 31.12.2001 des Einzelunternehmers Moor		P
Anlagevermögen	400.000 €		
(stille Reserven 100.000 €)			
Umlaufvermögen	300.000 €	Verbindlichkeiten	750.000 €
Kapital	50.000 €		
	750.000 €		750.000 €

Lösung:
Bevor das Vermögen in die KapG eingebracht werden kann, müssen die Aktiv- und die Passivposten ausgeglichen werden. In der Bilanz des Einzelunternehmers Moor sind deshalb zunächst 50.000 € stille Reserven aufzudecken.

Zur Finanzierung des Stammkapitals von 25.000 € werden handelsrechtlich aber auch noch weitere stille Reserven von 25.000 € benötigt.
Die HB der GmbH hat somit folgendes Bild.

A	EB (HB) zum 31.12.2001 GmbH		P
AV	475.000 €	Stammkapital	25.000 €
UV	300.000 €	Verbindlichkeiten	750.000 €
	775.000 €		775.000 €

Steuerrechtlich kann der Einbringende Moor nun noch den Ansatz eines Luftpostens hinsichtlich des zu erbringenden Mindeststammkapital wählen. Hiermit vermeidet er die Aufdeckung von weiteren stillen Reserven i.H.v. 25.000 €.

A	EB (StB) zum 31.12.2001 GmbH		P
Anlagevermögen	450.000 €	Stammkapital	25.000 €
Umlaufvermögen	300.000 €	Verbindlichkeiten	750.000 €
Luftposten	25.000 €		
	775.000 €		775.000 €

Diese Vorschrift kann auch Auswirkungen haben, wenn nicht ein Einzelunternehmen in eine KapG eingebracht wird, sondern eine PersG. Nach Verwaltungsauffassung – Tz. 20.05 UE – ist nicht die PersG als eigenständige Rechtspersönlichkeit als Einbringende zu betrachten, sondern vielmehr bringen die einzelnen MU ihren Mitunternehmeranteil in die KapG ein. Verdeutlicht wird dieses durch das nachfolgende Beispiel.

Beispiel 29: Doppelte Aufdeckung und teilweise Luftposten
Die Mauer & Kelle OHG mit ihren G´fter Mauer und Kelle – zu je 50 % G´fter der OHG – soll in die Mauer & Kelle GmbH formwechselnd zum 31.12.2001 umgewandelt werden. Zum 31.12.2001 wird folgende Bilanz der OHG aufgestellt.

A	Bilanz zum 31.12.2001 der Mauer & Kelle OHG		P
AV	200.000 €	Kapital Maurer	100.000 €
(stille Reserven 100.000 €)		Kapital Kelle	100.000 €
UV	200.000 €	Verbindlichkeiten	350.000 €
(stille Reserven 100.000 €)			
Kapital Kelle	150.000 €		
	550.000 €		550.000 €

Das Stammkapital der GmbH soll 25.000 € betragen.

Lösung:
Sieht man sich die Summe der Kapitalkonten an, dann übersteigen die Passivposten nicht die Aktivposten, so dass es nicht zum Ausgleich i.S.d. § 20 Abs. 2 S. 4 UmwStG käme. Da jedoch die Einbringung von jedem MU einzeln vorzunehmen ist, hat der G´fter Kelle ein negatives Kapitalkonto, welches i.S.d. § 20 Abs. 2 S. 4 UmwStG auszugleichen ist.

Der G´fter Kelle muss 50.000 € stille Reserven aufdecken. Die Aufdeckung erfolgt natürlich nur anteilig auf seine persönlichen stillen Reserven. Ihm stehen von Anlage- und Umlaufvermögen jeweils 50 % der stillen Reserven zu. Die Verteilung der stillen Reserven, die aufzudecken sind, erfolgt quotal gleichmäßig auf alle WG. Für den G´fter Kelle werden jeweils 25.000 € im Anlage- und Umlaufvermögen aufgedeckt. Des Weiteren hat der G´fter Kelle noch sein anteiliges Stammkapital von 12.500 € zu finanzieren. In der HB werden dafür stille Reserven aufgedeckt; in der StB kann hierfür vom G´fter Kelle der Luftposten gem. § 20 Abs. 2 Satz 2 UmwStG gewählt werden.

A	Bilanz (HB) zum 31.12.2001 der Mauer & Kelle GmbH		P
Anlagevermögen	231.250 €	Stammkapital	25.000 €
Umlaufvermögen	231.250 €	Darlehen Moor	87.500 €
		Verbindlichkeiten	350.000 €
	462.500 €		462.500 €

A	Bilanz (StB) zum 31.12.2001 der Mauer & Kelle GmbH		P
Anlagevermögen	225.000 €	Stammkapital	25.000 €
Umlaufvermögen	225.000 €	Darlehen Moor	87.500 €
Luftposten	12.500 €	Verbindlichkeiten	350.000 €
	462.500 €		462.500 €

Aufgrund der aufgedeckten stillen Reserven entsteht in der Bilanz der KapG erhöhtes Abschreibungsvolumen. Dieses Abschreibungsvolumen steht der GmbH und damit den beiden Anteilseignern der GmbH zu. Versteuern muss dieses Abschreibungsvolumen durch seinen Einbringungsgewinn der G´fter Kelle. Anders als bei PersG ist es hier nicht möglich die Aufstockungsbeträge in Ergänzungsbilanzen einzustellen. Gegebenenfalls müssen sich die beiden G´fter privatrechtlich über einen finanziellen Ausgleich einigen.

2 Veräußerungspreis und Anschaffungskosten bei der Einbringung

Eine Sacheinlage stellt begrifflich eine Veräußerung von BV dar. Deshalb ist der Wert, mit dem die KapG die Einlage ansetzt, der Veräußerungspreis des Einbringenden (§ 20 Abs. 4 S. 1 UmwStG).

Der Veräußerungspreis ist also abhängig von der Wahlrechtsausübung des § 20 Abs. 2 S. 1 UmwStG. Bei der BW-Fortführung ergibt sich somit ein Veräußerungsergebnis von 0 € (Aktiva abzgl. Passiva).

Beispiel 30: Kein Veräußerungsergebnis?

A	Bilanz zum 31.12.2001 der Schön & Schrill OHG		P
Anlagevermögen	500.000 €	Kapital Schön	100.000 €
Umlaufvermögen	500.000 €	Kapital Schrill	100.000 €
		Verbindlichkeiten	800.000 €
	1.000.000 €		1.000.000 €

Die OHG soll zu BW in die Schön & Schrill GmbH umgewandelt werden. Das Stammkapital wird auf 100.000 € festgesetzt. Das restliche Eigenkapital der G'fter der OHG soll als Darlehen in der Bilanz der GmbH ausgewiesen werden.

Lösung:
Die Bilanz der Schön & Schrill GmbH hat nach dem Vorgang der Einbringung folgendes Bild:

A	Bilanz zum 31.12.2001 der Schön & Schrill GmbH		P
Anlagevermögen	500.000 €	Stammkapital	100.000 €
Umlaufvermögen	500.000 €	Darlehen Schön	50.000 €
		Darlehen Schrill	50.000 €
		Verbindlichkeiten	800.000 €
	1.000.000 €		1.000.000 €

Bei der Schön & Schrill GmbH wurde das BV angesetzt mit:

- Stammkapital 100.000 €,
- andere WG 100.000 €.

Das Veräußerungsergebnis beträgt 0 €, da das übergehende Vermögen aus der PersG ebenfalls 200.000 € beträgt. Die Veräußerungspreise sind für jeden G'fter gesondert zu ermitteln.

Bei dem Ansatz mit dem BW ist die Einbringung erfolgsneutral. Wird hingegen seitens der aufnehmenden KapG ein Zwischenwert- oder TW-Ansatz gewählt, entsteht bei dem Einbringenden ein Veräußerungsgewinn. Dieser Veräußerungsgewinn ist nach den Regelungen des § 16 EStG zu besteuern. Ein Veräußerungsgewinn wird gem. § 34 EStG ermäßigt besteuert, wenn der Einbringende eine natürliche Person ist (§ 20 Abs. 5 S. 1 UmwStG). Die Folgerungen der §§ 16 Abs. 4 und 17 Abs. 3 EStG gelten nur beim TWansatz (§ 20 Abs. 5 S. 2 UmwStG).

2 Veräußerungspreis und Anschaffungskosten bei der Einbringung

Der Veräußerungsgewinn des jeweiligen Einbringenden ist gem. § 20 Abs. 5 UmwStG – unabhängig vom Ansatz bei der KapG – nach § 34 Abs. 1 EStG begünstigt, wenn der Einbringende eine natürliche Person ist und der Veräußerungsgewinn ab dem VZ 2001 (bei abweichenden Wj. Ab dem VZ 2001/2002 nicht bereits durch § 3 Nr. 40 Buchst. b und c EStG begünstigt ist (dies ist immer dann der Fall, wenn in dem eingebrachten Vermögen auch Anteile an anderen KapG enthalten waren). Durch diese Regelung wird sichergestellt, dass der Einbringungsgewinn nur soweit nach § 34 Abs. 1 EStG begünstigt ist, wie er nicht der Halbeinkünftebesteuerung unterliegt.

Beispiel 31: Ermäßigte Besteuerung oder Halbeinkünfteverfahren?
Der Einzelunternehmer U bringt per 31.12.2002 seinen Betrieb in eine hierfür gegründete KapG U-GmbH gegen Gewährung von Anteilen zu TW ein. In dem eingebrachten Betrieb ist eine Beteiligung an der A-AG enthalten; stille Reserven werden insoweit i.H.v. 300.000 € durch den Einbringungsvorgang aufgedeckt. Durch die Einbringung der übrigen WG des Einzelunternehmens werden weiter stille Reserven i.H.v. 500.000 € aufgedeckt.

Lösung:
Nach § 34 EStG (halber Steuersatz bei Vollendung des 55. Lebensjahres oder dauernd erwerbunfähig – ansonsten „Fünftelungsregelung") ist der Einbringungserfolg i.H.v. 500.000 € begünstigt.
Die aufgedeckten stillen Reserven aus den eingebrachten Anteilen an der A-GmbH sind nicht nach § 34 EStG begünstigt, sondern „nur" nach dem Halbeinkünfteverfahren gem. § 3 Nr. 40 Buchst. b) EStG.

Gem. § 20 Abs. 4 UmwStG gilt als AK der Wert, mit dem die KapG das eingebrachte BV ansetzt. Nach § 20 UmwStG sind die AK für die Anteile an der KapG noch wie folgt zu korrigieren:

- Gem. § 20 Abs. 4 S. 2 UmwStG werden die AK noch um die Gewährung anderer WG vermindert.
- Gem. § 20 Abs. 7 S. 3 UmwStG werden die AK um die Entnahmen vermindert sowie erhöhen Einlagen die AK.

Bezogen auf das Beispiel 31 ergeben sich für die G´fter Schön und Schrill folgende AK für die neuen Gesellschaftsrechte an der Schön & Schrill GmbH:

	G´fter Schön	G´fter Schrill
Anteilig übergegangenes Vermögen	100.000 €	100.000 €
Abzüglich Darlehen gem. § 20 Abs. 4 S. 2 UmwStG	50.000 €	50.000 €
AK für die Anteile an der Schön & Schrill GmbH	50.000 €	50.000 €

3 Zeitpunkt der Einbringung und Rückwirkung

Da § 2 UmwStG für die Einbringungsfälle nicht anwendbar ist, musste eine eigenständige Regelung für die Frage der steuerlichen Rückwirkung geschaffen werden – vgl. hierzu § 20 Abs. 7 und 8 UmwStG – vgl. auch Tz. 20.19 UE

Nach § 20 Abs. 7 UmwStG darf auf Antrag die Besteuerung nach den Regeln des übernehmenden Rechtsträgers bereits zum steuerlichen Übertragungsstichtag erfolgen (steuerliche Rückwirkung). Steuerlicher Übertragungsstichtag ist nach § 20 (8) UmwStG

- bei Verschmelzungen oder Spaltung der Stichtag der Übertragungsbilanz, die beim HR nach § 17 Abs. 2 UmwG einzureichen ist; dieser Stichtag darf höchstens 8 Monate vor der Anmeldung beim HR liegen;
- in allen übrigen Fällen (z.B. Einbringung eines freiberuflichen Vermögens) ein Stichtag, der höchstens 8 Monate vor dem Einbringungsvertrag liegt.

Wird der Antrag nach § 20 Abs. 7 UmwStG gestellt, sind die Besteuerungsregeln der KapG ab dem steuerlichen Übertragungsstichtag anzuwenden; das gilt allerdings nicht für Entnahmen und Einlagen.

Im Interimszeitraum (Zeitraum zwischen dem steuerlichen Übertragungsstichtag und dem Abschluss des „Einbringungsvertrages"[52]) getätigte Entnahmen und Einlagen mindern das Vermögen der übertragenden PersG bereits zum steuerlichen Übertragungsstichtag.

Bilanztechnisch werden die

- Entnahmen als Passivposten (nachlaufende Entnahmen),
- Einlagen als Aktivposten (nachlaufende Einlagen).

in die steuerliche Übertragungsbilanz aufgenommen und gehen über in die Bilanz der KapG. Der Abfluss der Entnahmen bzw. der Zufluss der Einlagen ist dann entsprechend mit diesen Posten zu verrechnen.

Beispiel 32: Nachlaufende Entnahmen
Die vorläufige steuerliche Übertragungsbilanz der A/B/C OHG hat zum 31.12.2003 folgendes Bild:

A	Übertragungsbilanz A/B/C OHG		P
diverse Aktiva	800.000 €	Kapital A	200.000 €
		Kapital B	100.000 €
		Kapital C	100.000 €
		diverse Passiva	400.000 €
	800.000 €		800.000 €

---

[52] Die Finanzverwaltung geht bezüglich des Interimszeitraums von dem Zeitraum zwischen dem steuerlichen Übertragungsstichtag und dem Tag der Eintragung im HR aus – siehe Tz. 20.20 UE i.V.m. Tz 02.08/02.07 UE, a.a.O. –. U.E. ist hier aber auch das Ende des Interimszeitraums mit Abschluss des „Einbringungsvertrages" anzusetzen, da zu diesem Zeitpunkt die G´fter die Einbringung gewollt haben.

3 Zeitpunkt der Einbringung und Rückwirkung

Am 30.06.2004 wird der Beschluss gefasst, die PersG rückwirkend zum 01.01.2004 in eine KapG im Wege des Formwechsels umzuwandeln.
Bis zum 30.06.2004 wurden noch Entnahmen der G´fter i.H.v. jeweils insgesamt 60.000 € getätigt.

Lösung:
Obwohl bereits am 31.12.2003/01.01.2004 für diesen Personenzusammenschluss die Besteuerungsregelungen für KapG gelten, sind die nach dem steuerlichen Übertragungsstichtag bis zum Ende des so genannten Interimszeitraum (m.E. bis zum Beschluss über die Umwandlung) getätigten Entnahmen (und Einlagen) noch der übertragenden PersG und damit den MU zuzurechnen. Vgl. § 20 Abs. 7 S. 2 UmwStG.

Aus praktischen Gründen werden diese sog. nachlaufenden Entnahmen noch in die Bilanz des übertragenden Rechtsträgers PersG erfolgsneutral als Passivposten eingestellt. Entsprechend verändern (vermindern bei Entnahmen) sich die Kapitalkonten der jeweiligen MU um diese jeweils 60.000 €.

Unter Berücksichtigung der nachlaufenden Entnahmen hat die Bilanz der PersG folgendes Bild:

A	Bilanz der PersG	P
diverse Aktiva	800.000 €	
	Kapital A	140.000 €
	Kapital B	40.000 €
	Kapital C	40.000 €
	Nachlaufende Entnahmen A	60.000 €
	Nachlaufende Entnahmen B	60.000 €
	Nachlaufende Entnahmen C	60.000 €
	diverse Passiva	400.000 €
	800.000 €	800.000 €

Diese nachlaufenden Entnahmen werden dann in der steuerlichen EB der KapG entsprechend übernommen. Wenn die Mittel abfließen, bucht die KapG als aufnehmender Rechtsträger gegen den Passivposten „Nachlaufende Entnahmen".

In gesondert gelagerten Fällen kann es auch dazu kommen, dass durch die nachlaufenden Entnahmen das Buchkapital eines einbringenden MU negativ wird und gem. § 20 Abs. 2 S. 4 UmwStG stille Reserven zum Ausgleich des negativen Bucheinbringungswerts aufgedeckt werden müssen.

Leistungen an den G´fter im Rückwirkungszeitraum, die aus der Sicht einer KapG vGA darstellen, werden gem. § 20 Abs. 7 UmwStG noch als Entnahmen behandelt.

Nach dem steuerlichen Übertragungsstichtag geschlossene Verträge mit den G´fter (z.B. Gehalts- oder Mietverträge) wirken nicht auf den steuerlichen Übertragungsstichtag zurück.

Bereits vor dem steuerlichen Übertragungsstichtag geschlossenen Verträge, deren Vergütung bisher unter § 15 Abs. 1 Nr. 2 EStG fielen, werden mit Ablauf des steuerlichen Übertragungsstichtags auch steuerrechtlich als schuldrechtliche Verträge angesehen, so dass der angemessene Teil hiervon eine BA darstellt; der unangemessene Teil ist im Interimszeitraum allerdings keine vGA, sondern eine Entnahme; vgl. hierzu Tz. 20.21 UE.

Beispiel 33: Rückwirkende Einbringung
Die Bolle GmbH ist an der Muli GmbH & Co. KG als Kommanditistin mit 60 % am Kommanditkapital beteiligt. Am 15.06.2003 wurde von den G´fter der Bolle GmbH der Beschluss gefasst, dass der MU-Anteil in die Harder GmbH eingebracht werden soll. Die Einbringung soll rückwirkend zum 31.12.2002 erfolgen.
Die Harder GmbH wird durch diese Sacheinbringung gegründet. Das Stammkapital soll 50.000 € betragen.
Die Bolle GmbH hat zum 31.12.2002 folgende Bilanz aufgestellt.

A	Bilanz der Bolle GmbH zum 31.12.2002		P
Anlagevermögen	200.000 €	Stammkapital	100.000 €
Beteiligung Muli GmbH	40.000 €	Gewinnrücklage	150.000 €
Umlaufvermögen	495.000 €	Jahresüberschuss	75.000 €
		KSt-Rückstellung 2002	25.000 €
		Restliche VB	385.000 €
	735.000 €		735.000 €

Gem. § 37 Abs. 2 KStG wurde zum 31.12.2002 ein KSt-Guthaben i.H.v. 20.000 € festgestellt.
Die Bilanz der Muli GmbH & Co. KG wurde vom StB zum 31.12.1999 wie folgt erstellt:

A	Bilanz der Muli GmbH & Co. KG zum 31.12.2002		P
Anlagevermögen	100.000 €	Kapital Muli GmbH	0 €
Umlaufvermögen	200.000 €	Kapital Muli	40.000 €
Variables Kapital der		Kapital Bolle GmbH	60.000 €
Bolle GmbH	20.000 €	Variables Kapital der Muli	100.000 €
		Restliche VB	120.000 €
	320.000 €		320.000 €

Im AV der Muli GmbH & Co. KG sind stille Reserven von 200.000 € enthalten.
Aufgabenstellung: Führen Sie bitte die Einbringung i.S.d. UmwStG durch – alle notwendigen Anträge sollen als gestellt gelten – dabei soll der Gewinn steuerlich so niedrig wie möglich bleiben.

- Stellen Sie bitte die EB der Harder GmbH auf.
- Welche Auswirkungen ergeben sich für den G´fter Bolle GmbH?

(Veräußerungsgewinn, Versteuerung, AK der Anteile an der Harder GmbH und Art der Anteile).

3 Zeitpunkt der Einbringung und Rückwirkung

Lösung:
Steuerrechtlich erfüllt die vorliegende Umwandlung den Tatbestand der Einbringung i.S.d. §§ 20 ff. UmwStG. Es werden hier MU-Anteile gegen Gewährung von Gesellschaftsrechten in eine KapG eingebracht. Nach § 20 UmwStG liegt eine begünstigende Einbringung vor, wenn diese Voraussetzungen erfüllt sind:

- Einbringung i.S. einer Sacheinlage,
- eines MU-Anteils,
- gegen Gewährung neuer Gesellschaftsanteile,
- zugunsten des Einbringenden,
- in eine unbeschränkt steuerpflichtige KapG.

In dem vorliegenden Sachverhalt wird ein MU-Anteil einer KapG in die KapG eingebracht.

Aufgrund der Einbringung in die KapG wird diese steuerlich grundsätzlich zu dem Zeitpunkt wirksam, in dem das wirtschaftliche Eigentum an dem eingebrachten Vermögen auf die KapG übergeht. Die Übertragung des wirtschaftlichen Eigentums erfolgt regelmäßig zu dem im Einbringungsvertrag vorgesehenen Zeitpunkt des Übergangs der Nutzungen und Lasten.

Abweichend hiervon darf der steuerliche Übertragungsstichtag – entspr. der Regelung des § 17 UmwG – gem. § 20 Abs. 7 und 8 UmwStG auf Antrag der übernehmenden KapG um bis zu 8 Monate zurückbezogen werden.

Gem. § 20 Abs. 8 UmwStG ist in diesem Sachverhalt der 31.12.2002 als steuerlicher Übertragungsstichtag anzusehen.

Die Rückwirkung gilt für die ESt, KSt und auch für die GwSt. Ab Übertragung, also ab dem 31.12.2002, ist der eingebrachte MUabteil bei der aufnehmenden KapG auch steuerlich zu berücksichtigen (siehe auch Tz. 20.20 UE). Das Einkommen beim Einbringenden und bei der übernehmenden KapG sind so zu ermitteln, als wären die WG mit Ablauf des gewählten steuerlichen Übertragungsstichtags in die KapG eingebracht worden.

Die Harder GmbH wird durch Einbringung neu gegründet, und zwar im Wege der Sachgründung. Als Stammkapital wurde lt. Sachverhalt ein Betrag von 50.000 € angesetzt. Aufgrund des übergehenden Vermögens von 40.000 € wären grundsätzlich stille Reserven von 10.000 € aufzudecken, um das Stammkapital von 50.000 € finanzieren zu können. Laut Aufgabenstellung soll das steuerliche Ergebnis dieser Einbringung so niedrig wie möglich bleiben, so dass hier von dem Luftposten gem. § 20 Abs. 2 S. 2 UmwStG Gebrauch gemacht wird. So wird vermieden, dass stille Reserven i.H.v. 10.000 € aufgedeckt werden. Die EB der Harder GmbH sieht wie folgt aus:

A	EB der Harder GmbH		P
Beteiligung Muli GmbH & Co.	40.000 €	Stammkapital	50.000 €
Luftposten	10.000 €		
	50.000 €		50.000 €

Gem. § 20 Abs. 4 UmwStG gilt der Wert, mit dem die aufnehmende KapG das Vermögen ansetzt für den Einbringenden als Veräußerungspreis (VP) sowie gleichzeitig als AK für die Anteile.

	VP	AK
Wert mit dem die aufnehmende KapG das Vermögen ansetzt	50.000 €	50.000 €
./. Luftposten	10.000 €	10.000 €
Veräußerungspreis	40.000 €	
./. BW des MU-Anteils	40.000 €	
Veräußerungsgewinn	0 €	
AK		40.000 €

In der Bilanz der Bolle GmbH treten an die Stelle der MU-Anteile nunmehr die Anteile an der Harder GmbH.

Da die Einbringung zu BW erfolgte, handelt es sich bezüglich dieser Anteile um einbringungsgeborene Anteile i.S.d. § 21 UmwStG.

4 Einbringung von der GmbH & Co. KG in die GmbH

Die Einbringung einer GmbH & Co. KG in eine GmbH ist nach dem UmwG im Wege der Verschmelzung, Spaltung und des Formwechsels möglich. Als G´fter der PersG wird die Komplementär-GmbH grundsätzlich auch G´fter der neuen GmbH bzw. der aufnehmenden GmbH.

Um zu vermeiden, dass nach der Einbringung zwei GmbHs vorliegen (die GmbH, in die eingebracht wird sowie die Komplementär-GmbH der KG, die ebenfalls Anteile an der aufnehmenden GmbH aufgrund der Einbringung ihres MU-Anteils erhält), ist es möglich, eine Einbringung in die Komplementär-GmbH vorzunehmen.

Hierbei bestehen zwei Möglichkeiten, nämlich

1. eine Verschmelzung auf die Komplementär-GmbH oder
2. eine Anwachsung, d.h. die bisherigen Kommanditisten übertragen ihre Anteile an der KG auf die Komplementär-GmbH und erhalten dafür Anteile an der GmbH. Die Komplementär-GmbH wird dadurch Eigentümerin des gesamten BV.

VIII Einbringung in eine Kapitalgesellschaft der Europäischen Gemeinschaft

Grundsätzlich ist das UmwG durch § 1 UmwG nur auf die Fälle beschränkt, bei denen übertragender und aufnehmender Rechtsträger ihren Sitz im Inland haben. Insoweit ist eine grenzüberschreitende Umwandlung nicht möglich[779].

Durch § 23 UmwStG werden Einbringungen von Teilbetrieben oder Betrieben in der Europäischen Gemeinschaft sowie der Anteilstausch innerhalb der EG geregelt. Es handelt sich hier nicht um Neuerungen des UmwStG 1995, vielmehr wurden verschiedene Einzelregelungen des § 20 UmwStG 1977 in einer neuen Vorschrift zusammengefasst.

§ 23 Abs. 1 – 3 UmwStG regelt die Einbringung eines Betriebes oder Teilbetriebes in eine inländische Betriebsstätte einer EG-KapG sowie die Einbringung einer Betriebsstätte in eine EG-KapG. In § 23 Abs. 4 UmwStG wird der Anteilstausch über die Grenze geregelt. Grundlage hierfür ist die Umsetzung der EG-Fusionsrichtlinie, die am 23.07.1990 der EG-Rat durch die „Richtlinie über das gemeinsame Steuersystem für Fusionen, Spaltungen, die Einbringung von Unternehmensteilen und den Austausch von Anteilen, die Gesellschaften von Mitgliedsstaaten betreffen" (ABl. EG Nr. L 225/1) erlassen hat und von den nationalen Gesetzgebern in geltendes Recht umgesetzt wurde. Die in der Vorschrift genannten Begriffe Teilbetrieb und Betriebsstätte sind nach Tz. 23.01 UE wie folgt auszulegen:

Teilbetrieb	Betriebsstätte
Entspricht dem Teilbetriebsbegriff des § 20 UmwStG sowie des § 16 EStG. (Gem. R 139 Abs. 3 EStR 1999 ist ein Teilbetrieb ein mit einer gewissen Selbständigkeit ausgestatteter, organisch geschlossener Teil des Gesamtbetriebs, der für sich betrachtet alle Merkmale eines Betriebs i.S.d. EStG aufweist und für sich lebensfähig ist.)	Entspricht dem abkommensrechtlichen Begriff der Betriebsstätte. (Gem. Art. 5 OECD – MA handelt es sich hier um eine feste Geschäftseinrichtung, durch die die Tätigkeit eines Unternehmens ganz oder teilweise ausgeübt wird.)

1 Inländische Kapitalgesellschaft als Einbringende

Bringt eine inländische KapG einen Betrieb oder Teilbetrieb in eine EG-KapG ein, dann gelten gem. § 23 Abs. 1 UmwStG folgende Vorschriften des § 20 UmwStG entsprechend.

- Wertansatzwahlrecht (§ 20 Abs. 2 S. 1 – 4 UmwStG),
- Wertansatzverknüpfung (§ 20 Abs. 4 S. 1 UmwStG),
- Freibeträge (§ 16 Abs. 4 und § 17 Abs. 3 EStG),
- Rückwirkung (§ 20 Abs. 7 und 8 UmwStG).

---

[779] Siehe *Jacobs*, Internationale Unternehmensbesteuerung, 973.

698   VIII   Einbringung in eine Kapitalgesellschaft der Europäischen Gemeinschaft

Beispiel 34:
Die Einbringung soll – wie in der nachstehenden Skizze dargestellt – erfolgen.

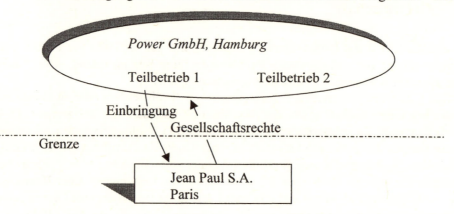

Lösung:
Die Jean Paul S.A. unterhält nach der Einbringung eine Betriebsstätte im Inland, die durch die Einbringung des Teilbetriebs begründet wird – Fall des § 23 Abs. 1 S. 2 UmwStG – und wird dadurch beschränkt steuerpflichtig. Gem. § 23 Abs.1 i.V.m. § 20 Abs. 2 S. 1 UmwStG kann die Jean Paul S.A. das eingebrachte BV wahlweise mit dem BW oder einem höheren Wert ansetzen.

Beispiel 35:

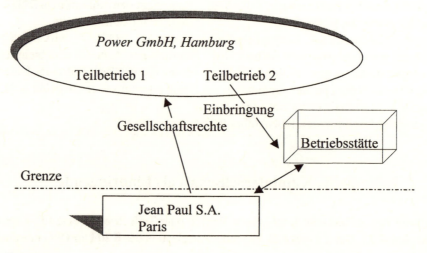

Lösung:
Die Jean Paul S.A. unterhält im Inland eine Betriebsstätte, in die der Teilbetrieb 2 der Power GmbH eingebracht wird. Im Gegensatz zum vorgehenden Bsp. wird hier durch die Einbringung keine Betriebsstätte begründet, da sie vor der Einbringung schon vorhanden war. Gem. § 23 Abs. 1 i.V.m. § 20 Abs. 2

S. 1 UmwStG kann die Jean Paul S.A. das eingebrachte BV in der Betriebsstätte wahlweise mit dem BW oder einem höheren Wert ansetzen.

Wird der Betrieb oder Teilbetrieb in eine nicht in der EG belegende KapG eingebracht unterhält nach der Einbringung diese Gesellschaft zwar eine Betriebsstätte im Inland und wird dadurch beschränkt steuerpflichtig, jedoch fallen diese Einbringungen nicht unter die Begünstigungen des § 23 Abs. 1 UmwStG. Die Nicht-EG-KapG hat das eingebrachte BV mit dem TW anzusetzen und es kommt bei der einbringenden Gesellschaft zur Gewinnrealisierung und Versteuerung.

2 Ausländische Kapitalgesellschaft als Einbringende

Bringt eine EG-KapG eine inländische Betriebsstätte in eine inländische KapG ein, dann gelten gem. § 23 Abs. 2 UmwStG folgende Vorschriften des § 20 UmwStG

- Wertansatzwahlrecht (§ 20 Abs. 2 S. 1 – 4 UmwStG),
- Wertansatzverknüpfung (§ 20 Abs. 4 S. 1 UmwStG),
- Freibeträge (§ 16 Abs. 4 und § 17 Abs. 3 EStG),
- Rückwirkung (§ 20 Abs. 7 und 8 UmwStG).

Beispiel 36:

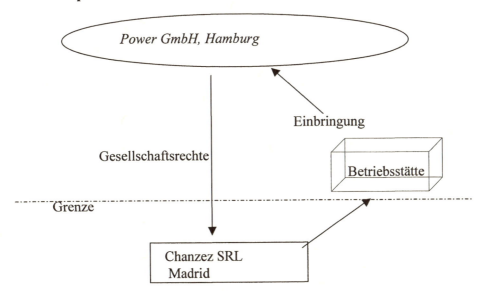

Lösung:
Soweit die ausländische KapG inländisches Betriebsstättenvermögen in die inländische KapG gegen Gewährung von Gesellschaftsrechten einbringt, ist bei

BW-Fortführung eine Steuerneutralität gem. § 23 Abs. 2 UmwStG möglich, wenn als Einbringende eine EG-KapG auftritt.

Die gleichen Voraussetzungen gelten über § 23 Abs. 2 UmwStG auch dann, wenn eine EG-KapG ihre inländische Betriebsstätte in eine andere EG-KapG einbringt.

Beispiel 37:

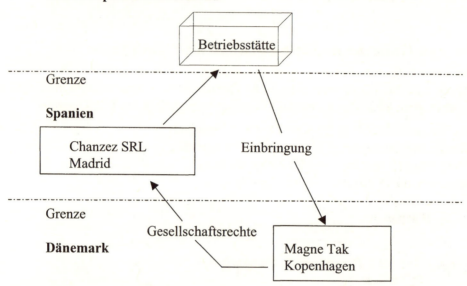

Lösung:
Auch in diesem Fall kann die Einbringung erfolgsneutral vorgenommen werden.

3 Unbeschränkt körperschaftsteuerpflichtige Kapitalgesellschaft bringt eine EG-Betriebsstätte in eine EG-Kapitalgesellschaft ein

In diesen Einbringungsfällen kann auch der BW-Ansatz vorgenommen werden, allerdings gibt § 23 Abs. 3 UmwStG nur Verweise auf die Wertansatzverknüpfung gem. § 20 Abs. 4 S. 1 UmwStG und die Rückwirkung gem. § 20 Abs. 7 und 8 UmwStG.

Beispiel 38:

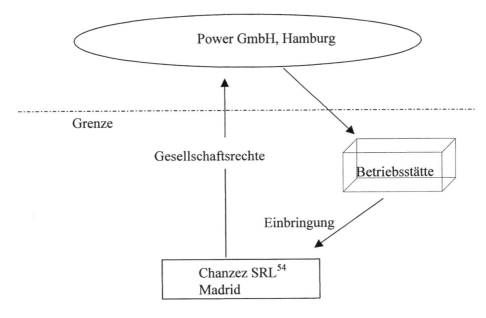

Lösung:
Die Einbringung der ausländischen Betriebsstätte der unbeschränkt steuerpflichtigen Power GmbH in die EG-KapG kann gem. § 23 Abs. 3 UmwStG zu BW erfolgen. Die Besteuerung des Einbringungsgewinns obliegt jedoch dem Betriebsstättenstaat und kann nur vermieden werden, wenn bei der aufnehmenden Gesellschaft die WG mit dem BW angesetzt werden – siehe auch Tz. 23.08 UE –. In der Vorschrift des § 23 Abs. 3 UmwStG ist dann auch kein Hinweis auf § 20 Abs. 2 S. 1 UmwStG zu finden, sondern nur die Verweise auf § 20 Abs. 4, 7 und 8 UmwStG. Werden die WG mit dem BW angesetzt, sind die im Gegenzug gewährten neuen Anteile mit dem BW anzusetzen. Für die Veräußerung dieser Anteile ist § 8b Abs. 4 KStG zu beachten, wonach die Begünstigung von Veräußerungsgewinnen von ausländischen Anteilen in diesen Fällen innerhalb der Siebenjahresfrist nicht gegeben ist.

Hinsichtlich der Wertansätze für das eingebrachte Vermögen wird über Tz. 23.09 der einbringenden Gesellschaft eine erhöhte Mitwirkungspflicht – § 90 Abs. 2 AO – zugewiesen. Kommt die Gesellschaft dieser Mitwirkungspflicht nicht nach, werden die Anteile mit dem BW angesetzt.

---

[54] Sociedad de Responsabilidad Limitada (Sociedad Limitada).

4 Anteilstausch über die Grenze

Erfolgt ein Anteilstausch über die Grenze, so ist gem. § 23 Abs. 4 UmwStG in diesen Fällen ebenfalls das Wertansatzwahlrecht (§ 20 Abs. 2 S. 1 – 4 UmwStG) und die Wertansatzverknüpfung (§ 20 Abs. 4 S. 1 UmwStG) gegeben.

Beispiel 39:

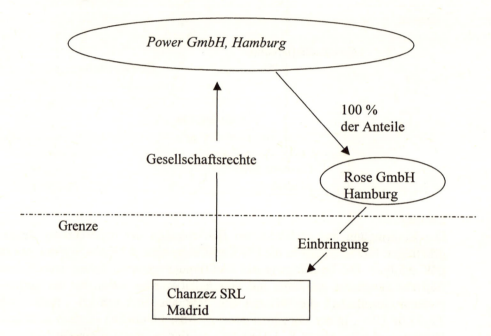

Lösung:
Nach § 23 Abs. 4 UmwStG können von der Power GmbH die Anteile an der Rose GmbH steuerneutral in die spanische KapG eingebracht werden.

IX Formwechsel

Hinsichtlich des Formwechsels ergeben sich aus steuerlicher Sicht keine weiteren Besonderheiten gegenüber der Verschmelzung oder der Einbringung. Wird eine KapG formwechselnd in eine PersG umgewandelt, gelten gem. § 14 UmwStG die gleichen Regelungen, wie bei der Verschmelzung von der KapG auf die PersG[55].

Da handelsrechtlich bei einem Formwechsel i.d.R. keine Bilanzen zum Übertragungsstichtag erstellt werden dürfen, besteht steuerlich die Pflicht, nach § 14 S. 2 UmwStG für den „übertragenden" Rechtsträger eine Übertragungsbilanz und für die PersG eine EB zu erstellen – und zwar auf denselben Stichtag.

Wird eine PersG formwechselnd umgewandelt in eine KapG, sind die entsprechenden Regelungen in § 25 UmwStG aufgeführt. Diesbezüglich gelten die Vorschriften des achten Teils des UmwStG – somit also die §§ 20 ff. UmwStG. Auch in diesem Fall muss von der übertragenden Gesellschaft zum steuerlichen Übertragungsstichtag eine StB aufgestellt werden – § 25 S. 2 UmwStG. Als Besonderheit ist in diesem Fall noch anzuführen, dass das Wahlrecht gem. § 20 Abs. 2 S. 1 UmwStG für die nach Formwechsel entstandene KapG bezüglich des Ansatzes der WG nicht gilt. Beim Formwechsel besteht gem. § 24 UmwG keine Möglichkeit das dort aufgeführte Wahlrecht auszuüben, weshalb es handelsrechtlich nur möglich ist, die BW fortzuführen. Danach ist es auch nach Verwaltungsauffassung – Tz. 20.30 UE – nur möglich, bei dem Formwechsel von der PersG in die KapG die BW fortzuführen.

---

[55] Zur Interpretation der Altfassung des § 18 Abs. 4 UmwStG 1995 (vor der Version des StEntlG 1999/2000/2002); vgl. BFH vom 11.12.2001 (BFH/NV 2002, 600).

Stichwortregister

Abfärbetheorie 298
Abgeld 264
Abgrenzungsgrundsätze 150
Abnutzbares Anlagevermögen
   steuerrechtliche Bewertung 157
Absetzung für Abnutzung 74
Absetzung für außergewöhnliche
   technische oder wirtschaftliche
   Abnutzung 76
Absetzung für Substanzverringerung 74
Abspaltung 624, 669
Abweichungen zwischen Handels- und
   Steuerbilanz 136
Abziehbare Spenden 458, 468
Abzinsung einer Forderung 228
AfA 75
Aktive Rechnungsabgrenzung 146
Altrücklagen 607
Angleichungsbuchungen
   bei Einzelunternehmen 279
   bei Kapitalgesellschaften 282
   bei Personengesellschaften 280
Anlagen im Bau 201
Anpassungen an die Prüferbilanz 278
Anpassungsbuchungen 279
Anrechnungsverfahren 427, 526
   Gewinnthesaurierung 515
   Verluste 562
Ansatzwahlrecht 684
Anschaffungskosten 168
   Finanzierungskosten 174
   Fremdwährung 171
   Garantierückbehalt 172
   Gesamtkaufpreis für mehrere
     Wirtschaftsgüter 169
   Korrektur 691
   nachträgliche Minderung 172
   Tausch 173
   Übernahme von Verbindlichkeiten 170
   Umsatzsteuer (Vorsteuer) 171
   verdeckte Gewinnausschüttung 172
   Zuschüsse 171

Ansparabschreibung
   Begriff 98
   Existenzgründer 101
Anzahlungen 201
Aufgeld 264
Auflösung stiller Reserven 613
Aufsichtsratvergütungen 464
Aufspaltung 622, 669
Ausgleichszahlungen 587
Ausgliederung 624, 670
Ausschüttbarer Gewinn 538, 548
Außenprüfung 663
Außerbilanzliche Gewinnkorrektur 280
Ballooning 462
Beizulegender Wert 178
Beteiligung
   Begriff 202
   Bewertung 202
   Kapitalgesellschaft 201
   phasengleiche Aktivierung der Erträge
     204
Beteiligung an einer
   Personengesellschaft 395
   Bilanzierung der Beteiligung 396
   Veräußerung der Beteiligung 400
Beteiligungserträge 203
Betriebe gewerblicher Art 443
Betriebs- und Geschäftsausstattung 201
Betriebsaufspaltung
   echte Betriebsaufspaltung 356
   Ehegatten- und Familien-
     Betriebsaufspaltung 360
   Gesamtdarstellung 355
   kapitalistische Betriebsaufspaltung
     356
   laufende Besteuerung 364
   mitunternehmerische
     Betriebsaufspaltung 356, 367
   personelle Verflechtung 359
   Problemfälle der personellen
     Verflechtung 361
   umgekehrte Betriebsaufspaltung 356
   unechte Betriebsaufspaltung 356

unerkannte Betriebsaufspaltung 368
Betriebsprüfung 663
Betriebsvermögen 120
  Gliederung 120, 121
  Qualifikation 120
Betriebsvermögensvergleich 4, 268
  Auswirkung von Bilanzberichtigungen 268
  Gewinnauswirkung der Berichtigung von Entnahmen und Einlagen 269
Betriebsvorrichtung 82
Bewertungsgrundsätze 149
Bewertungsstetigkeit 150
Bewertungsvorschriften 156
Bilanzänderung 285
Bilanzberichtigung 283
Bilanzenzusammenhang 278, 287
Bilanzidentität 149
Bilanzierungsgrundsätze 110
Bilanzierungsverbote 122
Bilanzpostenmethode 271
Bodenbefestigungen 191
Börsenpreis 178
Buchwert 660
Buchwertfortführung 690
Cliquentheorie *Siehe* verdeckte Gewinnausschüttung
Damnum 148, 264
Dauernde Wertminderung 162
  abnutzbares Anlagevermögen 163
  nicht abnutzbares Anlagevermögen 165
  Umlaufvermögen 166
Dekonzentration 613
Devisentermingeschäfte 233
Devisenverbindlichkeiten 265
Disagio 148
Dividenden 520
  307
Eigenbesitz 112
  Bilanzierung 112
Eigenkapital 522
Eigentumsvorbehalt 112
Einbringung 683, 696

Zeitpunkt 692
Einbringung nach § 24 UmwStG 375
Einheitliche GmbH & Co. KG 345
Einheitsbilanz 126
Einkaufskommissionsgeschäfte 113
Einkommen 458
  Hinzurechnungen 461
  Kürzungen 465
Einkommensbestandteile 527
Einkommensverwendungsebene 562
Einlage
  beim Einzelunternehmer 59
  Bewertung 63
Einlagen 53, 528
Einnahmeüberschussrechnung
  § 11 EStG 14
  abnutzbares Anlagevermögen 18
  Bargeld 26
  Besonderheiten bei den Betriebseinnahmen 12
  durchlaufende Posten 13
  Einlagen 22
  einzelne Posten 16
  Entnahmen 22
  Gesamtdarstellung 9
  gewillkürtes Betriebsvermögen 29
  nicht abnutzbares Anlagevermögen 20
  Personenkreis 6
  Spezialfragen 22
  Tausch 28
  Umlaufvermögen 17
  Umsatzsteuer 26
  Unterschied zum Betriebsvermögensvergleich 4
  wiederkehrende Zahlungen 30
Einzelbewertung 149
Entnahme
  beim Einzelunternehmer 56
  Bewertung 56
Entnahmen 53
Erbbaurecht 192
  Beendigung 198
  Bilanzierung 193
  Erbbauzinsen 196

Stichwortregister

Erschließungskosten 196
Ergänzungsbilanz 312
Ergebnisabführungsvertrag 572, 578
   Durchführung 580
   Wirksamkeit 579
Erhöhte Absetzungen 92
Eröffnungsbilanz 703
Euroumrechnungsrücklage 251
Festwert 224
Fiktive Anschaffungskosten 174
Finaler Entnahmebegriff 57
Finanzierungsleasing 113
Firmenwert 142
   Abschreibung 142
   Berechnung 143
Forderungen 225
   Bewertung 226
   Einzel- und Pauschalbewertung 226
   Verrechnungsverbot 229
Forderungen in ausländischer Währung
   Bewertung 226
Formwechsel 703
Fremdfinanzierung 496
Fremdwährungsposten 229
   Anschaffung von
      Vermögensgegenständen 230
   Bankkonten 230
   Bewertungsgrundsatz 229
   Forderungen 230
   Geldbestände 230
   schwebende Geschäfte 232
   Verbindlichkeiten 230
   Wertpapiere 236
   Zeitpunkt der Bewertung 231
Fünftelungsregelung 691
G+V-Methode 275
Gaststätteneinbauten 82
Gebäude auf fremdem Grund 181
Gebäude auf fremdem Grund und Boden 113
Gebäudeabbruch 170
Gebäudeteile 182
   Bestandteile des Gebäudes 182
   selbständige Wirtschaftsgüter 182

Gemeiner Wert 180
Gemeinnützige Organisationen 450
Gemeinnützige Zwecke 449
Geschäftsführer *Siehe* verdeckte
   Gewinnausschüttung
Geschäftswert 142
Geschlossene Position 234
Gesellschafter-Fremdkapital
   Mischvergütungen 498
   safe haven 498
Gesellschaftsrechtliche Privatvorgänge 65
Gesonderte Feststellung 517
Gewährung von Anteilen 669, 670
   299
Gewerblich tätige Mitunternehmerschaft 297
Gewillkürtes Betriebsvermögen 120
Gewinnbegriff 268
Gewinnermittlung
   Ermittlungstechniken 3
Gliederungsrechnung 527
GmbH & Co. KG 336, 696
   Anteilsveräußerung 345
   Betriebsvermögen 341
   Gewinnermittlung 339
   verdeckte Gewinnausschüttung 347
Going-Concern-Prinzip 149
Grundstücke und Gebäude 181
Grundstücke und Grundstücksteile
   im BV von Einzelunternehmen 184
   im BV von Kapitalgesellschaften 188
   im BV von Personengesellschaften 185
Gründung 440
Halbeinkünfteverfahren 429, 628
Herstellungskosten 175
Immaterieller Vermögensgegenstand
   Bilanzierungsgebot 140
   Bilanzierungsverbot 141
   entgeltlicher Erwerb 141
Immaterielles Einzelwirtschaftsgut 142
Immaterielles Gesamtwirtschaftsgut 141
Immaterielles Wirtschaftsgut

entgeltlicher Erwerb 141
Immobilienleasing 114
Imparitätsprinzip 150
Interimszeit 692
Juristische Personen 434
Kapitalerhöhung 590, 664
   aus Gesellschaftsmitteln 591
   gegen Einlagen 591
   Sonderausweis 594
Kapitalertragsteuer 647
Kapitalherabsetzung 595
KGaA 371
Konzentration 613
Körperschaften 436
Körperschaftsteuer 664
KSt-Erhöhung 531
KSt-Guthaben 541, 556, 643
   Vernichtung 520
KSt-Minderung 531
KSt-Satz 429
Ladeneinbauten 82
Leasing
   bilanzielle Darstellung 115
   Zurechnungskriterien 114
Leistungs-AfA 81
Lineare AfA 81
Liquidation 600
Liquidationsbesteuerung
   Abwicklugsendvermögen 602
   Abwicklungsanfangsvermögen 602
Luftposten 685
Marktpreis 178
Maschinen 200
Maßgeblichkeit 122, 134, 634
   abweichende Steuerbilanz 129
   Aktivierungsgebot 123
   Aktivierungsverbot 123
   Anpassung außerhalb der Bilanz 131
   Bewertungswahlrechte 122
   Bewertungswahlrechte nach Handelsrecht 125
   Bewertungswahlrechte nach Steuerrecht 125
   Bilanzierungshilfen 123
   Bilanzierungswahlrechte 122
   Bilanzierungswahlrechte nach Steuerrecht 124
   Durchbrechung 135
   Durchbrechung der Maßgeblichkeit 125
   Einfluss der EUGH-Rechtsprechung 133
   Passivierungsgebot 123
   Passivierungsverbot 123
Maßgeblichkeitsprinzip 123
Mehr/Weniger"-Rechnung 270
Mehrabführung 582
Mehrmütterorganschaft 572, 577
Mietereinbauten 117
Minderabführung 583
Minderheitsgesellschafter 659
Missbrauchstatbestand 675
Mitunternehmeranteile 675
Mitunternehmerschaft
   Anrechnung der GewSt 422
   atypische stille Gesellschaft 349
   Besteuerung gem. § 15 Abs. 1 Nr. 2 EStG 296
   Doppelgesellschaften 336
   Gewinnermittlung 318
   GmbH & atypisch still 351
   Grundfragen 291
   Innengesellschaft 304
   korrespondierende Bilanzierung 332
   Übertragung von WG 421
   Unterbeteiligung 305
   Vergütung für die Überlassung von WG 310
   310
   zweistufige Gewinnermittlung 308
Mobilienleasing 114
Nachbesteuerung 456
Nachlaufende Einlagen 692
Nachlaufende Entnahmen 692
Nicht abnutzbares Anlagevermögen
   handelsrechtliche Bewertung 158, 160, 161
   steuerrechtliche Bewertung 160

Nicht abzugsfähige Aufwendungen 463
Nicht abzugsfähige Betriebsausgaben
    277, 462
Nicht wirtschaftliche
    Vermögensverwaltung 452
Notwendiges Betriebsvermögen 120
Notwendiges Privatvermögen 120
Nutzungseinlage 61
Offene Gewinnausschüttungen 526
    Anrechnungsverfahren 526
Organschaft 571
    Ausgleichsposten 583
    Ergebnisabführungsvertrag 578
    vororganschaftliche Rücklagen 586
Outbound-Bereich 72
Partnerschaftsgesellschaften 614, 624, 625
Passive Rechnungsabgrenzung 146
Pensionszusagen 494
Personengesellschaft *Siehe* auch unter
    Mitunternehmerschaft
    Auflösung 387
    Ausscheiden eines Gesellschafters 414
    Gründung 373
    lästiger Gesellschafter 418
    Realteilung mit Spitzenausgleich 392
Phasengleiche Erfassung von
    Dividendenansprüchen 346
Planmäßige Abschreibung 74
Privatbereich
    Gesellschafter einer
        Kapitalgesellschaft 69
    gesellschaftsrechtliche
        Gewinnermittlung 66
    Personengesellschafter 67
Realisationsprinzip 150
Rechnungsabgrenzungsposten 146
    Spezialvorschriften 147
    Voraussetzungen 147
Rechtsträger 615
    neue 615
    übernehmender 615, 660
    übertragender 615, 657
Reinvestitionsrücklage 238

Aufgabe oder Veräußerung des
    Betriebs 247
Fortführung bei der Realteilung 247
Übertragungsmöglichkeiten 244
Reinvestitionsrücklage gem. § 6b Abs.
    10 EStG 241
Anwendung auf
    Personengesellschaften 243
Reinvestitionsrücklage gem. § 6b Abs. 3
    EStG
Auflösung 240
Bildung 240
Gewinnzuschlag 240
Rentenverbindlichkeit
    Bewertung 266
Rücklage für Ersatzbeschaffung 247
    Aufgabe oder Veräußerung des
        Betriebs 250
    Auflösung 250
    behördlicher Eingriff 248
    Ersatzwirtschaftsgut 250
    höhere Gewalt 248
Rückstellung 252, 260
    Ansammlungsrückstellung 255
    Ausgleichsverpflichtung gem. § 89b
        HGB 259
    Begriff 252
    Bewertung in der Steuerbilanz 255
    Bonus 260
    Bürgschaft 260
    Handelsbilanz 253
    latente Steuern 258
    öffentlich-rechtliche Verpflichtung
        256
    Provision 261
    Prozesskosten 261
    Schadenersatz 262
    Sozialplan 262
    Steuerbilanz 253
    Substanzerhaltungsverpflichtung 262
    Tantieme 260
    ungewisse Verbindlichkeiten 256
    Urlaub 262
Rückwirkung

steuerliche 692
Rückwirkungsverbot 473
Rückzahlung 482
Sachgründung
   verschleierte 683
Satzungsklauseln 482
Schaufensteranlagen 82
Scheinbestandteil 82
Schrottwert 96
Schuldzinsen 101
   gemischtes Kontokorrentkonto 102
   Zwei- und Mehrkontenmodell 104
Schütt-aus-hol-zurück-Verfahren 523
Schwebende Geschäfte
   in ausländischer Währung 232
Selbständige Gebäudeteile 82
Sicherungsübereignung 112
Sonderabschreibung gem. § 7g EStG 97
Sonderabschreibungen
   gem. § 7a EStG 92
   Kumulierungsverbot 95
   mehrere Beteiligte 95
Sonderbetriebsvermögen 310, 326
Sonderbilanz 311, 326
   Konkurrenzproblem 328
   spezielle Gewinnermittlung 329
Sonder-Bebtriebsvermögen I 327
Sonder-Betriebsvermögen II 333
Spaltung 621, 669, 692
Spaltungsbremse 613, 672
Spitzenausgleich 658
Steuerbefreiung 448
Steuerbilanz 675
Steuerfreiheit *Siehe*
   Halbeinkünfteverhahren
Steuerliches Einlagekonto 538, 561
Steuerliche Rückwirkung 629, 692
Steuerlicher Übertragungsstichtag 692
Steuerpflicht 434, 456
Steuersenkungsgesetz 691
Stichtagsprinzip 149
Stiftung & Co. KG 372
Teilbetrieb 670, 673
Teilvermögensübergang 670

Teilwert 179
   Grenzwerte 179
   Teilwertvermutung 179
Trennung von Gesellschafterstämmen 678
Treuhandverhältnis 112
Übergangszeit 517
Übergangszeitraum 431, 540, 556
Übernahmefolgegewinn 663
Übernahmegewinn 636
Übernahmeverlust 636
Überschussrechnung *Siehe* unter
   Einnahmeüberschussrechnung
Übertragung von stillen Reserven
   gem. § 6b Abs. 1 EStG 237
   gem. § 6b Abs. 10 EStG 241
   gem. R 35 EStR 247
Übertragungsbilanz 660, 692, 703
Übertragungsgewinn 633
Übertragungsstichtag
   steuerlicher 692
Umgekehrte Maßgeblichkeit 122
Umgliederung 517
Umlaufvermögen
   handelsrechtliche Bewertung 161
   steuerrechtliche Bewertung 161
Umwandlungsgesetz 613
Umwandlungssteuergesetz 613, 626
Unentgeltlicher Erwerb 174
Unterwegs befindliche Ware 113
VEK 664
Veräußerungsgewinn 690
Veräußerungspreis 689
Verbindlichkeit
   Abzinsung 265
   Anlagevermögen oder
      Umlaufvermögen 263
   Bewertung 263
   in ausländischer Währung 265
   Saldierungsverbot 267
Verdeckte Einlage 503
   Begriff 505
   Einlagefähigkeit 506
   Forderungsverzicht 510

Stichwortregister

Verdeckte Gewinnausschüttung 468, 470
   Angemessenheit 472
   beherrschender Gesellschafter 472
   Beweislast 472
   Cliquentheorie 474
   Darlehen 474
   Einzelfälle 486
   Fiktionstheorie 471, 479
   Geschäftsführer 477
   Geschäftsführer-Vergütung 490
   nahestehende Person 475
   Pensionszusagen 494
   Rückgängigmachung 481
   steuerliche Folgen 553
   Tantieme 491
Verdeckte Mitunternehmerschaft 306
Verein 437
Verluste 562
   Technik des ~abzugs 562
   Technik des ~rücktrags 563
Verlustfreie Bewertung 178
Vermögensgegenstand 110
Vermögensübertragung 664, 670
Verschmelzung 615, 656, 659, 663, 692
Verwendbares Eigenkapital 527, 664
   Verwendungsfestschreibung 533
Verwendungsfestschreibung 539
vGA 693, 694

Vollständigkeitsgebot 110
Vor-Gesellschaft 440
Vorgründungsgesellschaft 440
Vorräte 214
   Definition 214
   Durchschnittsbewertung 220
   Gängigkeitsabschlag 219

Lifo-Methode 222
Teilwertabschreibung 214
Verbrauchsfolgeunterstellung 221
Verlustfreie Bewertung 219
Wahlrecht 657
Wechsel der Gewinnermittlung 37, 52
Wertaufhellung
   Anwendungsgrundsätze 153
   bessere Erkenntnis nach Bilanzaufstellung 154
   Tag der Bilanzaufstellung 153
   wertaufhellende Tatsachen 154
   wertbeeinflussende Tatsachen 154
Wertaufhellungsgrundsatz 151
Wertaufholung 162
   abnutzbares Anlagevermögen 164
   nicht abnutzbares Anlagevermögen 166
   Umlaufvermögen 167
Wertaufholungsrücklage 251
Wertpapiere 205
   Bewertung 206
   Bezugsrechte 210
   Durchschnittsbewertung 208
   in ausländischer Währung 236
   junge Aktien 210
   Stückzinsen 211
   Teilwert 206
   Verbrauchsfolgeverfahren 210
Wertpapiererträge 212
Wettbewerbsverbot 486
Wirtschaftliches Eigentum 111
Wirtschaftsgut 110
   persönliche Zurechnung 111
Zebragesellschaft 301
Zweckbetrieb 452
Zweischneidigkeit der Bilanz 268

PP 4107

04 0227 01 02